智元微库
OPEN MIND

成长也是一种美好

Evidence Act

证据法
检索一本通

下册

张卫平 编著

人民邮电出版社

北京

民事证据法篇

行政证据法篇

刑事证据法篇

一、证据及其种类

1. 证据裁判原则[①]

相关法律条文

《中华人民共和国刑事诉讼法》（1979 年 7 月 1 日通过，1996 年 3 月 17 日第一次修正，2012 年 3 月 14 日第二次修正，2018 年 10 月 26 日第三次修正）

第五十五条 【重证据、重调查研究、不轻信口供原则】对一切案件的判处都要重证据，重调查研究，不轻信口供。只有被告人供述，没有其他证据的，不能认定被告人有罪和处以刑罚；没有被告人供述，证据确实、充分的，可以认定被告人有罪和处以刑罚。

证据确实、充分，应当符合以下条件：

（一）定罪量刑的事实都有证据证明；

（二）据以定案的证据均经法定程序查证属实；

（三）综合全案证据，对所认定事实已排除合理怀疑。

相关司法解释规定

《最高人民法院关于适用〈中华人民共和国刑事诉讼法〉的解释》（法释〔2021〕1 号，2021 年 3 月 1 日起施行）[②]

第六十九条 认定案件事实，必须以证据为根据。

第七十条 审判人员应当依照法定程序收集、审查、核实、认定证据。

第七十一条 证据未经当庭出示、辨认、质证等法庭调查程序查证属实，不得作为定案的根据。

---

① 涉及证据的地方司法性文件包括《关于刑事案件涉案财物证据收集工作指引（试行）》（桂高法会〔2019〕21 号）、《江苏省检察机关刑事案件证据审查指引》（苏检发诉一字〔2017〕3 号）、《刑事案件基本证据要求》（黔高法〔2016〕47 号）、《贵州省高级人民法院关于适用非法证据排除规则的指导意见（试行）》（2014 年 12 月 23 日发布）、《关于刑事案件证据若干问题的意见》（苏高法〔2008〕101 号）、《江西省高级人民法院、江西省人民检察院、江西省公安厅关于规范故意杀人死刑案件证据工作的意见（试行）》（赣高法发〔2007〕38 号，2007 年 11 月 15 日）、《上海市高级人民法院、上海市人民检察院、上海市公安局、上海市司法局关于重大故意杀人、故意伤害、抢劫和毒品犯罪案件基本证据及其规格的意见》（2006 年 7 月 31 日发布）、《四川省高级人民法院、四川省人民检察院、四川省公安厅关于规范刑事证据工作的若干意见（试行）》（川高法〔2005〕19 号，2005 年 3 月 16 日）、《北京市高级人民法院关于办理各类案件有关证据问题的规定（试行）》（京高法发〔2001〕219 号，2001 年 9 月 17 日发布）等。

② 取代了《最高人民法院关于适用〈中华人民共和国刑事诉讼法〉的解释》（法释〔2012〕21 号）。

《人民检察院刑事诉讼规则》（高检发释字〔2019〕4号，2019年12月30日起施行）①

第六十二条　证据的审查认定，应当结合案件的具体情况，从证据与待证事实的关联程度、各证据之间的联系、是否依照法定程序收集等方面进行综合审查判断。

第六十三条　人民检察院侦查终结或者提起公诉的案件，证据应当确实、充分。证据确实、充分，应当符合以下条件：

（一）定罪量刑的事实都有证据证明；

（二）据以定案的证据均经法定程序查证属实；

（三）综合全案证据，对所认定事实已排除合理怀疑。

第一百七十六条　人民检察院办理直接受理侦查的案件，应当全面、客观地收集、调取犯罪嫌疑人有罪或者无罪、罪轻或者罪重的证据材料，并依法进行审查、核实。办案过程中必须重证据，重调查研究，不轻信口供。严禁刑讯逼供和以威胁、引诱、欺骗以及其他非法方法收集证据，不得强迫任何人证实自己有罪。

相关部门规章

《公安机关办理刑事案件程序规定》（公安部2012年12月13日修订发布，2020年7月20日修正）

第八条　公安机关办理刑事案件，应当重证据，重调查研究，不轻信口供。严禁刑讯逼供和以威胁、引诱、欺骗以及其他非法方法收集证据，不得强迫任何人证实自己有罪。

相关司法文件

《最高人民法院、最高人民检察院、公安部、国家安全部、司法部关于适用认罪认罚从宽制度的指导意见》（高检发〔2019〕13号，2019年10月11日起施行）

3. 坚持证据裁判原则。办理认罪认罚案件，应当以事实为根据，以法律为准绳，严格按照证据裁判要求，全面收集、固定、审查和认定证据。坚持法定证明标准，侦查终结、提起公诉、作出有罪裁判应当做到犯罪事实清楚，证据确实、充分，防止因犯罪嫌疑人、被告人认罪而降低证据要求和证明标准。对犯罪嫌疑人、被告人认罪认罚，但证据不足，不能认定其有罪的，依法作出撤销案件、不起诉决定或者宣告无罪。

29. 证据开示。人民检察院可以针对案件具体情况，探索证据开示制度，保障犯

---

① 2019年12月2日最高人民检察院第十三届检察委员会第二十八次会议通过《人民检察院刑事诉讼规则》，取代了《人民检察院刑事诉讼规则（试行）》（高检发释字〔2012〕2号，1997年1月15日通过，1998年12月16日第一次修订，2012年10月16日第二次修订），而后者在此之前取代了《人民检察院实施〈中华人民共和国刑事诉讼法〉规则（试行）》（高检法释字〔1997〕1号）。

罪嫌疑人的知情权和认罪认罚的真实性及自愿性。

九、社会调查评估

35. 侦查阶段的社会调查。犯罪嫌疑人认罪认罚，可能判处管制、宣告缓刑的，公安机关可以委托犯罪嫌疑人居住地的社区矫正机构进行调查评估。

公安机关在侦查阶段委托社区矫正机构进行调查评估，社区矫正机构在公安机关移送审查起诉后完成调查评估的，应当及时将评估意见提交受理案件的人民检察院或者人民法院，并抄送公安机关。

36. 审查起诉阶段的社会调查。犯罪嫌疑人认罪认罚，人民检察院拟提出缓刑或者管制量刑建议的，可以及时委托犯罪嫌疑人居住地的社区矫正机构进行调查评估，也可以自行调查评估。人民检察院提起公诉时，已收到调查材料的，应当将材料一并移送，未收到调查材料的，应当将委托文书随案移送；在提起公诉后收到调查材料的，应当及时移送人民法院。

37. 审判阶段的社会调查。被告人认罪认罚，人民法院拟判处管制或者宣告缓刑的，可以及时委托被告人居住地的社区矫正机构进行调查评估，也可以自行调查评估。

社区矫正机构出具的调查评估意见，是人民法院判处管制、宣告缓刑的重要参考。对没有委托社区矫正机构进行调查评估或者判决前未收到社区矫正机构调查评估报告的认罪认罚案件，人民法院经审理认为被告人符合管制、缓刑适用条件的，可以判处管制、宣告缓刑。

38. 司法行政机关的职责。受委托的社区矫正机构应当根据委托机关的要求，对犯罪嫌疑人、被告人的居所情况、家庭和社会关系、一贯表现、犯罪行为的后果和影响、居住地村（居）民委员会和被害人意见、拟禁止的事项等进行调查了解，形成评估意见，及时提交委托机关。

《最高人民检察院关于充分发挥检察职能为打好"三大攻坚战"提供司法保障的意见》（2018 年 6 月 11 日起施行）

四、坚持严格依法办案，加强证据审查把关，夯实案件质量基础

牢固树立案件质量是司法活动生命线的理念，严守罪刑法定、疑罪从无、证据裁判原则，善于运用法治思维和法治方式、政治智慧和法律智慧办理涉"三大攻坚战"案件。要准确把握法律政策界限，严格区分经济纠纷与经济犯罪、金融创新与金融犯罪、正当融资与非法集资、个人犯罪与企业违规、单位犯罪等的界限。办理涉及企业的案件，要落实平等保护各种所有制经济的宪法和法律原则，讲究办案方式，依法维护企业合法权益。办理案件要注意听取行业主管、监管部门意见，防止机械司法，确保案件的质量和效果。认真贯彻落实以审判为中心的刑事诉讼制度改革要求，加强对金融、扶贫、环保领域刑事案件侦查活动的监督引导和证据审查，严把事实关、证据关和法律适用关，既体现从严从快惩处相关犯罪要求，又实事求

是、依法办案，确保批捕、起诉的案件都成为经得起法律和历史检验的铁案，让人民群众在每一起案件中都感受到公平正义。

《人民法院办理刑事案件第一审普通程序法庭调查规程（试行）》（法发〔2017〕31号，2018年1月1日起试行）

一、一般规定

第一条　法庭应当坚持证据裁判原则。认定案件事实，必须以证据为根据。法庭调查应当以证据调查为中心，法庭认定并依法排除的非法证据，不得宣读、质证。证据未经当庭出示、宣读、辨认、质证等法庭调查程序查证属实，不得作为定案的根据。

第二条　法庭应当坚持程序公正原则。人民检察院依法承担被告人有罪的举证责任，被告人不承担证明自己无罪的责任。法庭应当居中裁判，严格执行法定的审判程序，确保控辩双方在法庭调查环节平等对抗，通过法庭审判的程序公正实现案件裁判的实体公正。

《最高人民法院关于全面推进以审判为中心的刑事诉讼制度改革的实施意见》（法发〔2017〕5号，2017年2月17日起施行）

一、坚持严格司法原则，树立依法裁判理念

1.坚持证据裁判原则，认定案件事实，必须以证据为根据。重证据，重调查研究，不轻信口供，没有证据不得认定案件事实。

2.坚持非法证据排除原则，不得强迫任何人证实自己有罪。经审查认定的非法证据，应当依法予以排除，不得作为定案的根据。

3.坚持疑罪从无原则，认定被告人有罪，必须达到犯罪事实清楚，证据确实、充分的证明标准。不得因舆论炒作、上访闹访等压力作出违反法律的裁判。

4.坚持程序公正原则，通过法庭审判的程序公正实现案件裁判的实体公正。发挥庭审在查明事实、认定证据、保护诉权、公正裁判中的决定性作用，确保诉讼证据出示在法庭、案件事实查明在法庭、诉辩意见发表在法庭、裁判结果形成在法庭。

《最高人民法院、最高人民检察院、公安部、国家安全部、司法部关于推进以审判为中心的刑事诉讼制度改革的意见》（法发〔2016〕18号，2016年7月20日起施行）

二、严格按照法律规定的证据裁判要求，没有证据不得认定犯罪事实。侦查机关侦查终结，人民检察院提起公诉，人民法院作出有罪判决，都应当做到犯罪事实清楚，证据确实、充分。

侦查机关、人民检察院应当按照裁判的要求和标准收集、固定、审查、运用证据，人民法院应当按照法定程序认定证据，依法作出裁判。

人民法院作出有罪判决，对于证明犯罪构成要件的事实，应当综合全案证据排除合理怀疑，对于量刑证据存疑的，应当作出有利于被告人的认定。

《最高人民检察院关于深化检察改革的意见（2013—2017 年工作规划）》（高检发〔2015〕5 号，2015 年 2 月 15 日起施行）

23. 适应以审判为中心的诉讼制度改革，全面贯彻证据裁判规则。严格规范取证程序，依法收集、固定、保存、审查、运用证据，配合有关部门完善证人、鉴定人出庭制度，举证、质证、认定证据标准，健全落实罪刑法定、疑罪从无、非法证据排除的法律制度。进一步明确检察环节非法证据排除的范围、程序和标准。

24. 健全冤假错案防范、纠正、责任追究机制。完善对限制人身自由司法措施和侦查手段的司法监督，加强对刑讯逼供和非法取证的源头预防。落实和完善讯问职务犯罪嫌疑人全程同步录音录像制度，推动有条件的地方建立对所有讯问活动、重要取证活动全程同步录音或录像制度。强化诉讼过程中当事人和其他诉讼参与人的知情权、陈述权、辩护辩论权、申请权、申诉权的制度保障。建立对犯罪嫌疑人、被告人、罪犯的辩解、申诉、控告认真审查、及时处理机制，完善诉权救济机制，为诉讼权利受到不当限制或者非法侵犯的当事人提供畅通的救济渠道。实行办案质量终身负责制和错案责任倒查问责制。统一错案责任认定标准，明确纠错主体和启动程序。明确检察人员工作职责、工作流程、工作标准。

《最高人民法院关于全面深化人民法院改革的意见——人民法院第四个五年改革纲要（2014—2018）》（法发〔2015〕3 号，2015 年 2 月 4 日起施行）

10. 全面贯彻证据裁判原则。强化庭审中心意识，落实直接言词原则，严格落实证人、鉴定人出庭制度，发挥庭审对侦查、起诉程序的制约和引导作用。坚决贯彻疑罪从无原则，严格实行非法证据排除规则，进一步明确非法证据的范围和排除程序。

《最高人民法院关于建立健全防范刑事冤假错案工作机制的意见》（法发〔2013〕11 号，2013 年 10 月 9 日起施行）

一、坚持刑事诉讼基本原则，树立科学司法理念

5. 坚持证据裁判原则。认定案件事实，必须以证据为根据。应当依照法定程序审查、认定证据。认定被告人有罪，应当适用证据确实、充分的证明标准。

《最高人民法院关于进一步加强刑事审判工作的决定》（法发〔2007〕28 号，2007 年 8 月 28 日起施行）

31. 严格证据采信制度。认真审查证据的客观性、合法性、关联性，"重证据，不轻信口供"。只有被告人供述，没有其他证据的，不能认定被告人有罪。对于采用刑讯逼供等非法方法取得的被告人供述、被害人陈述和证人证言，不得作为定罪的根据。健全证人、鉴定人出庭作证制度，落实证人、鉴定人等出庭作证的经济补偿措施，加强对证人、鉴定人的人身保护。

39. 研究制定刑事证据规则。规范举证、质证、认证活动；规范和完善刑事鉴定制度，健全和强化对认定案件事实和量刑有关键作用的证人、鉴定人出庭作证制度，

并积极探索健全相关配套措施；规范排除非法言词证据的程序、举证责任、证明标准等问题，完善刑事证据制度。

《最高人民法院、最高人民检察院、公安部、司法部关于进一步严格依法办案确保办理死刑案件质量的意见》（法发〔2007〕11号，2007年3月9日起施行）

二、办理死刑案件应当遵循的原则要求

（四）坚持证据裁判原则，重证据、不轻信口供

6.办理死刑案件，要坚持重证据、不轻信口供的原则。只有被告人供述，没有其他证据的，不能认定被告人有罪；没有被告人供述，其他证据确实充分的，可以认定被告人有罪。对刑讯逼供取得的犯罪嫌疑人供述、被告人供述和以暴力、威胁等非法方法收集的被害人陈述、证人证言，不能作为定案的根据。对被告人作出有罪判决的案件，必须严格按照刑事诉讼法第一百六十二条的规定，做到"事实清楚，证据确实、充分"。证据不足，不能认定被告人有罪的，应当作出证据不足、指控的犯罪不能成立的无罪判决。

党内规范性文件

《中共中央关于全面推进依法治国若干重大问题的决定》（2014年10月23日中国共产党第十八届中央委员会第四次全体会议通过）

四、保证公正司法，提高司法公信力

（三）……推进以审判为中心的诉讼制度改革，确保侦查、审查起诉的案件事实证据经得起法律的检验。全面贯彻证据裁判规则，严格依法收集、固定、保存、审查、运用证据，完善证人、鉴定人出庭制度，保证庭审在查明事实、认定证据、保护诉权、公正裁判中发挥决定性作用。

相关案例

可参考"陈满申诉案——最高人民检察院指导案例第26号"

本案的指导意义主要在于明确了证据裁判原则。证据裁判原则是现代刑事诉讼的一项基本原则，是正确惩治犯罪，防止冤假错案的重要保障。证据裁判原则不仅要求认定案件事实必须以证据为依据，而且所依据的证据必须客观真实、合法有效。2012年《刑事诉讼法》第48条第3款规定："证据必须经过查证属实，才能作为定案的根据。"（2018年《刑事诉讼法》已修正）这是证据使用的根本原则，违背这一原则就有可能导致冤假错案，放纵罪犯或者侵犯公民的合法权利。检察机关审查逮捕、审查起诉和复查刑事申诉案件，都必须注意对证据的客观性、合法性进行审查，及时防止和纠正冤假错案。对于刑事申诉案件，经审查，如果原审裁判据以定案的有关证据，在原审过程中未经法定程序证明其真实性、合法性，而人民法院据此认定被告人有罪的，人民检察院应当依法进行监督。

2012年《刑事诉讼法》第195条第1项规定："案件事实清楚，证据确实、充分，依据法律认定被告人有罪的，应当作出有罪判决。"证据确实、充分，不仅是对单一证据的要求，而且是对审查判断全案证据的要求。只有使各项证据相互印证，合理解释消除证据之间存在的矛盾，才能确保查明案件事实真相，避免出现冤假错案。特别是在将犯罪嫌疑人、被告人有罪供述作为定罪主要证据的案件中，尤其要重视以客观性证据检验补强口供等言词证据。只有口供而没有其他客观性证据，或者口供与其他客观性证据相互矛盾、不能相互印证，对所认定的事实不能排除合理怀疑的，应当坚持疑罪从无原则，不能认定被告人有罪。

2. 证 据 种 类

相关法律条文

《中华人民共和国刑事诉讼法》（1979 年 7 月 1 日通过，1996 年 3 月 17 日第一次修正，2012 年 3 月 14 日第二次修正，2018 年 10 月 26 日第三次修正）

第五十条　【证据及其种类】可以用于证明案件事实的材料，都是证据。

证据包括：

（一）物证；

（二）书证；

（三）证人证言；

（四）被害人陈述；

（五）犯罪嫌疑人、被告人供述和辩解；

（六）鉴定意见；

（七）勘验、检查、辨认、侦查实验等笔录；

（八）视听资料、电子数据。

证据必须经过查证属实，才能作为定案的根据。

相关司法解释规定

《最高人民法院关于适用〈中华人民共和国刑事诉讼法〉的解释》（法释〔2021〕1 号，2021 年 3 月 1 日起施行）

第七十二条　应当运用证据证明的案件事实包括：

（一）被告人、被害人的身份；

（二）被指控的犯罪是否存在；

（三）被指控的犯罪是否为被告人所实施；

（四）被告人有无刑事责任能力，有无罪过，实施犯罪的动机、目的；

（五）实施犯罪的时间、地点、手段、后果以及案件起因等；

（六）是否系共同犯罪或者犯罪事实存在关联，以及被告人在犯罪中的地位、作用；

（七）被告人有无从重、从轻、减轻、免除处罚情节；

（八）有关涉案财物处理的事实；

（九）有关附带民事诉讼的事实；

（十）有关管辖、回避、延期审理等的程序事实；

（十一）与定罪量刑有关的其他事实。

认定被告人有罪和对被告人从重处罚，适用证据确实、充分的证明标准。

相关部门规章

《公安机关办理刑事案件程序规定》（公安部 2012 年 12 月 13 日修订发布，2020 年 7 月 20 日修正）

第五十九条　可以用于证明案件事实的材料，都是证据。

证据包括：

（一）物证；

（二）书证；

（三）证人证言；

（四）被害人陈述；

（五）犯罪嫌疑人供述和辩解；

（六）鉴定意见；

（七）勘验、检查、侦查实验、搜查、查封、扣押、提取、辨认等笔录；

（八）视听资料、电子数据。

证据必须经过查证属实，才能作为认定案件事实的根据。

第六十九条　需要查明的案件事实包括：

（一）犯罪行为是否存在；

（二）实施犯罪行为的时间、地点、手段、后果以及其他情节；

（三）犯罪行为是否为犯罪嫌疑人实施；

（四）犯罪嫌疑人的身份；

（五）犯罪嫌疑人实施犯罪行为的动机、目的；

（六）犯罪嫌疑人的责任以及与其他同案人的关系；

（七）犯罪嫌疑人有无法定从重、从轻、减轻处罚以及免除处罚的情节；

（八）其他与案件有关的事实。

相关司法文件

《最高人民法院、最高人民检察院、公安部办理黑社会性质组织犯罪案件座谈会纪要》（法〔2009〕382 号，2009 年 12 月 9 日起施行）

7. 关于视听资料的收集、使用。公安机关在侦查时要特别重视对涉黑犯罪视听资料的收集。对于那些能够证明涉案犯罪组织具备黑社会性质组织的"四个特征"及其实施的具体违法犯罪活动的录音、录像资料，要及时提取、固定、移送。通过特殊侦查措施获取的视听资料，在移送审查起诉时，公安机关对证据的来源、提取经过应予说明。

相关案例

郑州市人民检察院诉黄某故意杀人案——《最高人民法院公报》2003 年第 3 期

起诉书指控：1998 年 10 月 23 日晚，被告人黄某与女友刘某在与刘某同村的王某家打牌。在打牌过程中，黄、刘二人发生了口角，后两人一同回到同居的住处。第二天早上 9 时许，黄某离开该住处。上午 10 时 30 分左右，刘某父亲刘某运上楼查电话线时发现刘某被害。经法医鉴定：刘某系被他人扼勒颈部并用单刃刺器刺伤左颈部致机械性窒息合并失血性休克而死亡，死亡时间约为 1998 年 10 月 24 日凌晨 1 时许。公安机关经过现场调查及讯问黄某，同时根据法医对刘某死亡时间的鉴定证实：在刘某被害的时间，只有黄某在场。根据黄某的供述、刘某运等证人证言、鉴定结论、现场勘查笔录，以及有关查证情况等证据，公诉机关认为，黄某故意非法剥夺他人生命，致刘某死亡，其行为已构成故意杀人罪。

被告人黄某否认杀害刘某。

被告人黄某的辩护人辩称：公诉机关仅依据关于刘某死亡时间的鉴定结论，指控被告人黄某构成故意杀人罪，严重不符合"证据应当确实充分"的法定证明标准。在本案中，黄某没有故意杀害刘某的犯罪动机；起诉书认定的刘某死亡时间与刑事技术鉴定书记载的刘某尸体的尸斑、角膜、瞳孔等尸体现象明显不符；死者体内检出了非黄某所留的"大量精子"，说明刘某有可能是在黄某离开后被他人所害，刘某被害一案应另行核实定性为强奸杀人案。

法庭调查中，控辩双方对公诉机关提供的证据进行了质证：

1. 公诉机关提供的被告人黄某的所有供述材料，刘某运、任某、王某等证人证言以及黄某当庭供述可以证明：案发前一天晚上，黄某和刘某在王某家打牌时发生了口角。案发当天上午 9 时许，黄某离开刘某家，并与刘某之母任某有过对话。黄某离开后帮刘某姐姐去买电脑配件。上午 10 时 30 分左右，刘某运发现女儿刘某被害死亡。

被告人黄某辩称没有杀害刘某，自 23 日晚至次日上午 9 时许，他和刘某始终在一起，他离开时刘某还活着。辩护人认为：黄某与刘某发生口角之事，不能证明黄某具有杀害刘某的动机。

2. 公诉机关提供的郑州市公安局（98）公法医鉴字第 243 号刑事技术鉴定书（以下简称 243 号鉴定书）"现场情况"一栏中有关刘某被杀案现场勘查笔录记载：刘某遇害的现场位于二楼的西侧，为一室一厅居室，门锁完好，无撬压痕迹；室内的厕所外窗开启，纱窗关闭，未见攀爬痕迹。卧室西侧、南侧窗户均为铝合金推拉窗，未见攀爬痕迹。

被告人黄某的辩护人认为：该刑事技术鉴定书"现场情况"的有关记载是错误的。有关该案现场的照片显示：卧室西侧窗户铝合金推拉窗及纱窗均呈开启状，卧室南侧窗户铝合金推拉窗开启、纱窗关闭。

3. 公诉机关提供的 243 号鉴定书记载："根据尸检情况，死者颈前及右侧有散在片状擦伤及皮下出血，甲状软骨有一水平走向的环形闭锁式索沟，颈部皮下及肌肉组织出血，结合颜面部青紫肿胀、眼结膜点状出血、心肺外膜下点状出血等窒息征象，说明刘某生前曾被人扼颈（手）、勒颈（电源线）致机械性窒息。死者颈部插一匕首，检验见其创道斜向内后下方，致左侧颈内静脉贯通创、左侧锁骨下动脉一分枝横断，左胸腔内大量积血，结合尸斑较浅淡、两肺苍白等失血征象，说明刘某系在心脏尚未完全停跳时被人用单刃刺器（匕首）刺伤左颈部致大量失血。""刘某系被他人扼勒颈部并用单刃刺器刺伤左颈部致机械性窒息合并失血性休克而死亡。"

被告人黄某的辩护人认为：由于凶器之一的匕首来源不明，凶器上也没有提取到指纹，没有证据证明是黄某实施了用手扼颈、用电源线勒颈并用单刃刺器刺伤刘某左颈部致刘某死亡的行为。

4. 公诉机关提供的 243 号鉴定书、公安部（99）公物证鉴字第 3994 号物证鉴定书，最高人民检察院（2000）高检技鉴第 05 号鉴定书（以下简称 05 号鉴定书）和省、市有关部门的法医关于刘某死亡时间的研究记录，均证明刘某的死亡时间为 1998 年 10 月 24 日凌晨 1 时或 2 时许。

被告人黄某的辩护人认为：刘某死亡时间的结论存在疑点。其一，刘某的死亡时间是以尸冷为唯一尸体现象得出的结论，未实际考虑死者当时赤身裸体、大量失血并置于非木质地板上等这些影响尸冷进而影响死亡时间推定的重要因素。其二，243 号鉴定书记载，死者"尸斑分布于尸体背侧未受压部位，淡紫红色，指压部分褪色"，"角膜透明"，"瞳孔圆形散大，直径约 0.5cm"。根据法医学文献，上述尸体现象应分别出现于死后 2~3 小时、1 小时以内和 4 小时以内。被害人的这些尸体现象，均不符合已死亡 12 小时的现象，表明上述法医鉴定关于被害人已死亡 12 小时的推定是不可靠的。其三，公安部（99）公物证鉴字第 3904 号物证鉴定书没有鉴定人签名，不宜作为定案的证据；有关部门研究刘某死亡时间的会议纪要，不属于《刑事诉讼法》规定的证据种类范围，不具有证据效力；最高人民检察院 05 号鉴定书，是根据郑州市公安局的 243 号鉴定书作出的，证据效力有限。

5. 公诉机关提供的公安部（98）公物证鉴字第 3059 号物证检验报告记载："刘某的阴道擦拭检见大量精子，并检出 A、B 型物质"。经公安部（98）公物证鉴字第 3276 号物证鉴定书、（2001）公物证鉴字第 2303 号物证鉴定书证实，"该精子 DNA 基因型与黄某 DNA 基因型不同"。

辩护人认为：死者体内有他人"大量精子"表明，刘某被害的时间应发生在 24 日早晨 9 时许黄某离开刘某之后。根据公安部的三份鉴定书中对"简要案情"均描述为"刘某被强奸杀害"这一事实，本案应定性为强奸杀人案。

郑州市中级人民法院认为：公诉机关指控被告人犯罪，必须做到指控的事实清楚，证据确实、充分。在本案中，根据现有证据，起诉书指控被告人黄某杀害刘某的动机事实不清，证据不足。证据显示，凶手杀害刘某时所使用的手段是用手扼颈、用电源线勒颈并用单刃刺器刺伤左颈部，致刘某因"机械性窒息合并失血性休克而死亡"，而公诉机关出示的证据，不能证实黄某实施了这一直接、具体的行为杀害了刘某。起诉书指控黄某犯故意杀人罪的证据，只有关于被害人刘某死亡时间的鉴定结论这个唯一的间接证据，而刑事技术鉴定书记载的被害人尸斑、角膜、瞳孔等尸体现象，按照法医学文献推定的死亡时间与鉴定书关于刘某死亡时间的鉴定结论之间存在明显矛盾，现有证据对此不能予以合理地解释。公诉机关在法庭调查中没能够对"死者刘某阴道分泌物中的大量精子出自何人""刘某遇害前是否被他人强奸"等重大疑点问题进行说明，现有证据亦不能对此给予合理地解释。这说明，本案的事实并没有调查清楚，公诉机关提供的现有证据，明显不足以证明刘某确系黄某所杀。由于事实不清，证据不足，郑州市人民检察院指控被告人黄某杀害刘某不能成立，故不予支持。被告人黄某及其辩护人关于公诉机关的指控事实不清、证据不足的辩解、辩护意见依法得以成立，应予采纳。据此，郑州市中级人民法院于 2002 年 7 月 30 日判决被告人黄某无罪。

二、证据的调查与收集

1．辩护人的阅卷权

《中华人民共和国刑事诉讼法》（1979 年 7 月 1 日通过，1996 年 3 月 17 日第一次修正，2012 年 3 月 14 日第二次修正，2018 年 10 月 26 日第三次修正）

第四十条 【辩护人的查阅案卷权】辩护律师自人民检察院对案件审查起诉之日起，可以查阅、摘抄、复制本案的案卷材料。其他辩护人经人民法院、人民检察院许可，也可以查阅、摘抄、复制上述材料。

《中华人民共和国律师法》（1996 年 5 月 15 日通过，2001 年 12 月 29 日第一次修正，2007 年 10 月 28 日修订，2012 年 10 月 26 日第二次修正，2017 年 9 月 1 日第三次修正）

第三十四条 律师担任辩护人的，自人民检察院对案件审查起诉之日起，有权查阅、摘抄、复制本案的案卷材料。

《最高人民法院关于适用〈中华人民共和国刑事诉讼法〉的解释》（法释〔2021〕1 号，2021 年 3 月 1 日起施行）

第五十三条 辩护律师可以查阅、摘抄、复制案卷材料。其他辩护人经人民法院许可，也可以查阅、摘抄、复制案卷材料。合议庭、审判委员会的讨论记录以及其他依法不公开的材料不得查阅、摘抄、复制。

辩护人查阅、摘抄、复制案卷材料的，人民法院应当提供便利，并保证必要的时间。

值班律师查阅案卷材料的，适用前两款规定。

复制案卷材料可以采用复印、拍照、扫描、电子数据拷贝等方式。

《人民检察院刑事诉讼规则》（高检发释字〔2019〕4 号，2019 年 12 月 30 日起施行）

第四十七条 自人民检察院对案件审查起诉之日起，应当允许辩护律师查阅、摘抄、复制本案的案卷材料。案卷材料包括案件的诉讼文书和证据材料。

人民检察院直接受理侦查案件移送起诉，审查起诉案件退回补充侦查、改变管辖、提起公诉的，应当及时告知辩护律师。

第四十八条 自人民检察院对案件审查起诉之日起，律师以外的辩护人向人民检察院申请查阅、摘抄、复制本案的案卷材料或者申请同在押、被监视居住的犯罪嫌疑人会见和通信的，由人民检察院负责捕诉的部门进行审查并作出是否许可的决定，在三日以内书面通知申请人。

人民检察院许可律师以外的辩护人同在押或者被监视居住的犯罪嫌疑人通信的，可以要求看守所或者公安机关将书信送交人民检察院进行检查。

律师以外的辩护人申请查阅、摘抄、复制案卷材料或者申请同在押、被监视居住的犯罪嫌疑人会见和通信，具有下列情形之一的，人民检察院可以不予许可：

（一）同案犯罪嫌疑人在逃的；

（二）案件事实不清，证据不足，或者遗漏罪行、遗漏同案犯罪嫌疑人需要补充侦查的；

（三）涉及国家秘密或者商业秘密的；

（四）有事实表明存在串供、毁灭、伪造证据或者危害证人人身安全可能的。

第四十九条　辩护律师或者经过许可的其他辩护人到人民检察院查阅、摘抄、复制本案的案卷材料，由负责案件管理的部门及时安排，由办案部门提供案卷材料。因办案部门工作等原因无法及时安排的，应当向辩护人说明，并自即日起三个工作日以内安排辩护人阅卷，办案部门应当予以配合。

人民检察院应当为辩护人查阅、摘抄、复制案卷材料设置专门的场所或者电子卷宗阅卷终端设备。必要时，人民检察院可以派员在场协助。

辩护人复制案卷材料可以采取复印、拍照、扫描、刻录等方式，人民检察院不收取费用。

第五十条　案件提请批准逮捕或者移送起诉后，辩护人认为公安机关在侦查期间收集的证明犯罪嫌疑人无罪或者罪轻的证据材料未提交，申请人民检察院向公安机关调取的，人民检察院负责捕诉的部门应当及时审查。经审查，认为辩护人申请调取的证据已收集并且与案件事实有联系的，应当予以调取；认为辩护人申请调取的证据未收集或者与案件事实没有联系的，应当决定不予调取并向辩护人说明理由。公安机关移送相关证据材料的，人民检察院应当在三日以内告知辩护人。

人民检察院办理直接受理侦查的案件，适用前款规定。

相关部门规章

《法律援助值班律师工作办法》（司规〔2020〕6 号，2020 年 8 月 20 日起施行）

第六条　值班律师依法提供以下法律帮助：

（一）提供法律咨询；

（二）提供程序选择建议；

（三）帮助犯罪嫌疑人、被告人申请变更强制措施；

（四）对案件处理提出意见；

（五）帮助犯罪嫌疑人、被告人及其近亲属申请法律援助；

（六）法律法规规定的其他事项。

值班律师在认罪认罚案件中，还应当提供以下法律帮助：

（一）向犯罪嫌疑人、被告人释明认罪认罚的性质和法律规定；

（二）对人民检察院指控罪名、量刑建议、诉讼程序适用等事项提出意见；

（三）犯罪嫌疑人签署认罪认罚具结书时在场。

值班律师办理案件时，可以应犯罪嫌疑人、被告人的约见进行会见，也可以经办案机关允许主动会见；自人民检察院对案件审查起诉之日起可以查阅案卷材料、了解案情。

第二十一条　侦查阶段，值班律师可以向侦查机关了解犯罪嫌疑人涉嫌的罪名及案件有关情况；案件进入审查起诉阶段后，值班律师可以查阅案卷材料，了解案情，人民检察院、人民法院应当及时安排，并提供便利。已经实现卷宗电子化的地方，人民检察院、人民法院可以安排在线阅卷。

相关司法文件

《人民检察院诉讼档案管理办法》（2016 年 10 月 18 日起施行）

第二十四条　依据相关规定需要查阅、摘抄、复制诉讼档案的，律师可以持律师执业证书、律师事务所证明和委托书或者法律援助公函，其他辩护人或者诉讼代理人可以持身份证明和委托书，向档案所在人民检察院案件管理部门提出申请。案件管理部门通知办案部门根据情况到档案部门办理相关手续。

第二十五条　对已有电子版本的诉讼档案，原则上不提供纸质原件，只提供复制件。复制件加盖档案证明专用章后，与档案原件具有同等效力。

《最高人民法院、最高人民检察院、公安部、国家安全部、司法部关于依法保障律师执业权利的规定》（司发〔2015〕14 号，2015 年 9 月 16 日起施行）

第十四条　辩护律师自人民检察院对案件审查起诉之日起，可以查阅、摘抄、复制本案的案卷材料，人民检察院检察委员会的讨论记录、人民法院合议庭、审判委员会的讨论记录以及其他依法不能公开的材料除外。人民检察院、人民法院应当为辩护律师查阅、摘抄、复制案卷材料提供便利，有条件的地方可以推行电子化阅卷，允许刻录、下载材料。侦查机关应当在案件移送审查起诉后三日以内，人民检察院应当在提起公诉后三日以内，将案件移送情况告知辩护律师。案件提起公诉后，人民检察院对案卷所附证据材料有调整或者补充的，应当及时告知辩护律师。辩护律师对调整或者补充的证据材料，有权查阅、摘抄、复制。辩护律师办理申诉、抗诉案件，在人民检察院、人民法院经审查决定立案后，可以持律师执业证书、律师事务所证明和委托书或者法律援助公函到案卷档案管理部门、持有案卷档案的办案部门查阅、摘抄、复制已经审理终结案件的案卷材料。

辩护律师提出阅卷要求的，人民检察院、人民法院应当当时安排辩护律师阅卷，无法当时安排的，应当向辩护律师说明并安排其在三个工作日以内阅卷，不得限制辩护律师阅卷的次数和时间。有条件的地方可以设立阅卷预约平台。

人民检察院、人民法院应当为辩护律师阅卷提供场所和便利，配备必要的设备。因复制材料发生费用的，只收取工本费用。律师办理法律援助案件复制材料发生的费用，应当予以免收或者减收。辩护律师可以采用复印、拍照、扫描、电子数据拷贝等方式复制案卷材料，可以根据需要带律师助理协助阅卷。办案机关应当核实律师助理的身份。

辩护律师查阅、摘抄、复制的案卷材料属于国家秘密的，应当经过人民检察院、人民法院同意并遵守国家保密规定。律师不得违反规定，披露、散布案件重要信息和案卷材料，或者将其用于本案辩护、代理以外的其他用途。

《最高人民检察院关于依法保障律师执业权利的规定》（高检发〔2014〕21号，2014年12月23日起施行）

第六条　人民检察院应当依法保障律师的阅卷权。自案件移送审查起诉之日起，人民检察院应当允许辩护律师查阅、摘抄、复制本案的案卷材料；经人民检察院许可，诉讼代理人也可以查阅、摘抄、复制本案的案卷材料。人民检察院应当及时受理并安排律师阅卷，无法及时安排的，应当向律师说明并安排其在三个工作日以内阅卷。人民检察院应当依照检务公开的相关规定，完善互联网等律师服务平台，并配备必要的速拍、复印、刻录等设施，为律师阅卷提供尽可能的便利。律师查阅、摘抄、复制案卷材料应当在人民检察院设置的专门场所进行。必要时，人民检察院可以派员在场协助。

相关部门规范性文件

《海关总署关于贯彻执行〈关于刑事诉讼法实施中若干问题的规定〉的通知》（署法〔1998〕202号，1998年4月15日起施行）

二、关于律师参加刑事诉讼

（二）刑事诉讼法第三十三条规定，公诉案件自案件移送审查起诉之日起，犯罪嫌疑人有权委托辩护人；第三十六条第一款规定，辩护律师自人民检察院对案件审查起诉之日起，可以查阅、摘抄、复制本案的诉讼文书、技术性鉴定材料，其他辩护人经人民检察院许可，也可以查阅、摘抄、复制上述材料；同条第二款和《规定》第13条又规定，辩护律师或者其他辩护人在审判阶段可以到人民法院查阅、摘抄、复制本案所指控的犯罪事实的材料。但是，对于辩护律师或者其他辩护人到海关等行政部门查阅关于被告人（原犯罪嫌疑人）受指控的犯罪事实的案卷材料的则未作规定。据此，对辩护律师向海关提出阅卷要求的，海关应当依法说明并予以婉拒。

相关行业规定

《中华全国律师协会律师办理刑事案件规范》（律发通〔2017〕51 号，2017 年 8 月 27 日起施行）

第三十二条　自案件移送审查起诉之日起，辩护律师、代理律师应当及时与人民检察院、人民法院联系，办理查阅、摘抄、复制案卷材料等事宜。

第三十三条　案卷材料包括案件的诉讼文书和证据材料。根据相关法律的规定，对讯问过程应当进行同步录音录像的，辩护律师、代理律师可以根据案件需要依法要求查阅、复制。

第三十四条　复制案卷材料可以采用复印、拍照、扫描、电子数据拷贝等方式。摘抄、复制时应当保证其准确性、完整性。

第三十五条　对于以下案卷材料，辩护律师、代理律师应当及时查阅、复制：

（一）侦查机关、检察机关补充侦查的证据材料；

（二）人民检察院、人民法院根据犯罪嫌疑人、被告人、辩护律师的申请向侦查机关、公诉机关调取在侦查、审查起诉期间已收集的有关犯罪嫌疑人、被告人无罪、罪轻的证据材料；

（三）人民法院根据被告人、辩护律师的申请调取的检察机关未移送的证据材料以及有关被告人自首、坦白、立功等量刑情节的材料。

第三十六条　辩护律师应当认真研读全部案卷材料，根据案情需要制作阅卷笔录或案卷摘要。阅卷时应当重点了解以下事项：

（一）犯罪嫌疑人、被告人的个人信息等基本情况；

（二）犯罪嫌疑人、被告人被认定涉嫌或被指控犯罪的时间、地点、动机、目的、手段、后果及其他可能影响定罪量刑的法定、酌定情节等；

（三）犯罪嫌疑人、被告人无罪、罪轻的事实和材料；

（四）证人、鉴定人、勘验检查笔录制作人的身份、资质或资格等相关情况；

（五）被害人的个人信息等基本情况；

（六）侦查、审查起诉期间的法律手续和诉讼文书是否合法、齐备；

（七）鉴定材料的来源、鉴定意见及理由、鉴定机构是否具有鉴定资格等；

（八）同案犯罪嫌疑人、被告人的有关情况；

（九）证据的真实性、合法性和关联性，证据之间的矛盾与疑点；

（十）证据能否证明起诉意见书、起诉书所认定涉嫌或指控的犯罪事实；

（十一）是否存在非法取证的情况；

（十二）未成年人刑事案件，在被讯问时法定代理人或合适成年人是否在场；

（十三）涉案财物查封、扣押、冻结和移送的情况；

（十四）其他与案件有关的情况。

第三十七条　律师参与刑事诉讼获取的案卷材料，不得向犯罪嫌疑人、被告人的亲友以及其他单位和个人提供，不得擅自向媒体或社会公众披露。

辩护律师查阅、摘抄、复制的案卷材料属于国家秘密的，应当经过人民检察院、人民法院同意并遵守国家保密规定。律师不得违反规定，披露、散布案件重要信息和案卷材料，或者将其用于本案辩护、代理以外的其他用途。

2．辩护人的调查取证权

相关法律条文

《中华人民共和国刑事诉讼法》（1979 年 7 月 1 日通过，1996 年 3 月 17 日第一次修正，2012 年 3 月 14 日第二次修正，2018 年 10 月 26 日第三次修正）

第四十一条　【辩护人申请调查取证权】辩护人认为在侦查、审查起诉期间公安机关、人民检察院收集的证明犯罪嫌疑人、被告人无罪或者罪轻的证据材料未提交的，有权申请人民检察院、人民法院调取。

第四十三条　【辩护律师的调查取证权】辩护律师经证人或者其他有关单位和个人同意，可以向他们收集与本案有关的材料，也可以申请人民检察院、人民法院收集、调取证据，或者申请人民法院通知证人出庭作证。

辩护律师经人民检察院或者人民法院许可，并且经被害人或者其近亲属、被害人提供的证人同意，可以向他们收集与本案有关的材料。

《中华人民共和国律师法》（1996 年 5 月 15 日通过，2001 年 12 月 29 日第一次修正，2007 年 10 月 28 日修订，2012 年 10 月 26 日第二次修正，2017 年 9 月 1 日第三次修正）

第三十五条　受委托的律师根据案情的需要，可以申请人民检察院、人民法院收集、调取证据或者申请人民法院通知证人出庭作证。

律师自行调查取证的，凭律师执业证书和律师事务所证明，可以向有关单位或者个人调查与承办法律事务有关的情况。

相关司法解释规定

《最高人民法院关于适用〈中华人民共和国刑事诉讼法〉的解释》（法释〔2021〕1 号，2021 年 3 月 1 日起施行）

第五十七条　辩护人认为在调查、侦查、审查起诉期间监察机关、公安机关、人民检察院收集的证明被告人无罪或者罪轻的证据材料未随案移送，申请人民法院调取的，应当以书面形式提出，并提供相关线索或者材料。人民法院接受申请后，应当向人民检察院调取。人民检察院移送相关证据材料后，人民法院应当及时通知辩护人。

第五十八条　辩护律师申请向被害人及其近亲属、被害人提供的证人收集与本案有关的材料，人民法院认为确有必要的，应当签发准许调查书。

第五十九条　辩护律师向证人或者有关单位、个人收集、调取与本案有关的证据材料，因证人或者有关单位、个人不同意，申请人民法院收集、调取，或者申请通知证人出庭作证，人民法院认为确有必要的，应当同意。

第六十条　辩护律师直接申请人民法院向证人或者有关单位、个人收集、调取证据材料，人民法院认为确有必要，且不宜或者不能由辩护律师收集、调取的，应当同意。

人民法院向有关单位收集、调取的书面证据材料，必须由提供人签名，并加盖单位印章；向个人收集、调取的书面证据材料，必须由提供人签名。

人民法院对有关单位、个人提供的证据材料，应当出具收据，写明证据材料的名称、收到的时间、件数、页数以及是否为原件等，由书记员、法官助理或者审判人员签名。

收集、调取证据材料后，应当及时通知辩护律师查阅、摘抄、复制，并告知人民检察院。

第六十一条　本解释第五十八条至第六十条规定的申请，应当以书面形式提出，并说明理由，写明需要收集、调取证据材料的内容或者需要调查问题的提纲。

对辩护律师的申请，人民法院应当在五日以内作出是否准许、同意的决定，并通知申请人；决定不准许、不同意的，应当说明理由。

第六十五条　律师担任诉讼代理人的，可以查阅、摘抄、复制案卷材料。其他诉讼代理人经人民法院许可，也可以查阅、摘抄、复制案卷材料。

律师担任诉讼代理人，需要收集、调取与本案有关的证据材料的，参照适用本解释第五十九条至第六十一条的规定。

第三百二十五条　自诉案件当事人因客观原因不能取得的证据，申请人民法院调取的，应当说明理由，并提供相关线索或者材料。人民法院认为有必要的，应当及时调取。

对通过信息网络实施的侮辱、诽谤行为，被害人向人民法院告诉，但提供证据确有困难的，人民法院可以要求公安机关提供协助。

《人民检察院刑事诉讼规则》（高检发释字〔2019〕4号，2019年12月30日起施行）

第五十二条　案件移送起诉后，辩护律师依据刑事诉讼法第四十三条第一款的规定申请人民检察院收集、调取证据的，人民检察院负责捕诉的部门应当及时审查。经审查，认为需要收集、调取证据的，应当决定收集、调取并制作笔录附卷；决定不予收集、调取的，应当书面说明理由。

人民检察院根据辩护律师的申请收集、调取证据时，辩护律师可以在场。

第五十三条　辩护律师申请人民检察院许可其向被害人或者其近亲属、被害人提供的证人收集与本案有关材料的，人民检察院负责捕诉的部门应当及时进行审查。人民检察院应当在五日以内作出是否许可的决定，通知辩护律师；不予许可的，应当书面说明理由。

第五十六条　经人民检察院许可，诉讼代理人查阅、摘抄、复制本案案卷材料的，参照本规则第四十九条的规定办理。

律师担任诉讼代理人，需要申请人民检察院收集、调取证据的，参照本规则第五十二条的规定办理。

第三百六十三条　在审查起诉期间，人民检察院可以根据辩护人的申请，向监察机关、公安机关调取在调查、侦查期间收集的证明犯罪嫌疑人、被告人无罪或者罪轻的证据材料。

相关司法文件

《最高人民法院、最高人民检察院、公安部、国家安全部、司法部关于依法保障律师执业权利的规定》（司发〔2015〕14号，2015年9月16日起施行）

第十六条　在刑事诉讼审查起诉、审理期间，辩护律师书面申请调取公安机关、人民检察院在侦查、审查起诉期间收集但未提交的证明犯罪嫌疑人、被告人无罪或者罪轻的证据材料的，人民检察院、人民法院应当依法及时审查。经审查，认为辩护律师申请调取的证据材料已收集并且与案件事实有联系的，应当及时调取。相关证据材料提交后，人民检察院、人民法院应当及时通知辩护律师查阅、摘抄、复制。经审查决定不予调取的，应当书面说明理由。

第十七条　辩护律师申请向被害人或者其近亲属、被害人提供的证人收集与本案有关的材料的，人民检察院、人民法院应当在七日以内作出是否许可的决定，并通知辩护律师。辩护律师书面提出有关申请时，办案机关不许可的，应当书面说明理由；辩护律师口头提出申请的，办案机关可以口头答复。

第十八条　辩护律师申请人民检察院、人民法院收集、调取证据的，人民检察院、人民法院应当在三日以内作出是否同意的决定，并通知辩护律师。辩护律师书面提出有关申请时，办案机关不同意的，应当书面说明理由；辩护律师口头提出申请的，办案机关可以口头答复。

第十九条　辩护律师申请向正在服刑的罪犯收集与案件有关的材料的，监狱和其他监管机关在查验律师执业证书、律师事务所证明和犯罪嫌疑人、被告人委托书或法律援助公函后，应当及时安排并提供合适的场所和便利。

正在服刑的罪犯属于辩护律师所承办案件的被害人或者其近亲属、被害人提供的证人的，应当经人民检察院或者人民法院许可。

《最高人民检察院关于依法保障律师执业权利的规定》（高检发〔2014〕21号，2014年12月23日起施行）

第七条 人民检察院应当依法保障律师在刑事诉讼中的申请收集、调取证据权。律师收集到有关犯罪嫌疑人不在犯罪现场、未达到刑事责任年龄、属于依法不负刑事责任的精神病人的证据，告知人民检察院的，人民检察院相关办案部门应当及时进行审查。

案件移送审查逮捕或者审查起诉后，律师依据刑事诉讼法第三十九条申请人民检察院调取侦查部门收集但未提交的证明犯罪嫌疑人无罪或者罪轻的证据材料的，人民检察院应当及时进行审查，决定是否调取。经审查，认为律师申请调取的证据未收集或者与案件事实没有联系决定不予调取的，人民检察院应当向律师说明理由。人民检察院决定调取后，侦查机关移送相关证据材料的，人民检察院应当在三日以内告知律师。

案件移送审查起诉后，律师依据刑事诉讼法第四十一条第一款的规定申请人民检察院收集、调取证据，人民检察院认为需要收集、调取证据的，应当决定收集、调取并制作笔录附卷；决定不予收集、调取的，应当书面说明理由。人民检察院根据律师的申请收集、调取证据时，律师可以在场。

律师向被害人或者其近亲属、被害人提供的证人收集与本案有关的材料，向人民检察院提出申请的，人民检察院应当在七日以内作出是否许可的决定。人民检察院没有许可的，应当书面说明理由。

《最高人民法院、最高人民检察院、公安部、国家安全部、司法部、全国人大常委会法制工作委员会关于实施刑事诉讼法若干问题的规定》（2013年1月1日起施行）[①]

二、辩护与代理

8.……对于辩护律师申请人民检察院、人民法院收集、调取证据，人民检察院、人民法院认为需要调查取证的，应当由人民检察院、人民法院收集、调取证据，不得向律师签发准许调查决定书，让律师收集、调取证据。

八、审判

27.……自案件移送审查起诉之日起，人民检察院可以根据辩护人的申请，向公安机关调取未提交的证明犯罪嫌疑人、被告人无罪或者罪轻的证据材料。在法庭审理过程中，人民法院可以根据辩护人的申请，向人民检察院调取未提交的证明被告人无罪或者罪轻的证据材料，也可以向人民检察院调取需要调查核实的证据材料。公安机关、人民检察院应当自收到要求调取证据材料决定书后三日内移交。

---

① 取代了《最高人民法院、最高人民检察院、公安部、国家安全部、司法部、全国人大常委会关于刑事诉讼法实施中若干问题的规定》（1998年1月19日）。

相关部门规范性文件

《海关总署关于贯彻执行〈关于刑事诉讼法实施中若干问题的规定〉的通知》（署法〔1998〕202 号，1998 年 4 月 15 日起施行）

二、关于律师参加刑事诉讼法

（三）刑事诉讼法第三十七条规定，辩护律师经证人或者其他有关单位和个人同意，可以向他们收集与本案有关的材料，也可以申请人民检察院、人民法院收集、调取证据；《规定》第 15 条也明确了辩护律师在收集与刑事案件有关材料时须经证人或者其他有关单位和个人同意的规定。鉴于法律对律师参与刑事诉讼不同阶段所享有权利与义务有不同的规定，走私罪嫌疑案件在移送人民检察院审查起诉前，遇有律师向海关提出收集、调取与本案有关的材料要求的，海关不予答应；另根据《规定》第 15 条关于"对辩护律师申请人民检察院、人民法院收集、调取证据的，人民检察院、人民法院认为需要调查取证的，应当由人民检察院、人民法院收集调取证据，不应当向律师签发准许调查决定书，让律师收集、调取证据"的规定，经辩护律师申请，由人民检察院、人民法院到海关调查、收取证据的，海关应当予以配合，但遇有辩护律师持人民检察院或者人民法院签发的调查决定书向海关调查、收取证据的，海关则不予提供。

相关行业规定

《中华全国律师协会律师办理刑事案件规范》（律发通〔2017〕51 号，2017 年8 月 27 日起施行）

第三十八条　辩护律师经证人或者其他有关单位和个人同意，可以向他们收集与案件有关的证据材料；被调查人不同意的，可以申请人民检察院、人民法院收集、调取相关证据，或者申请人民法院通知该证人出庭作证。

辩护律师经人民检察院或者人民法院许可，并且经被害人或者其近亲属、被害人提供的证人同意，可以向他们收集与案件有关的证据材料。

第三十九条　辩护律师根据案件需要向已经在侦查机关、检察机关做过证的证人了解案件情况、调查取证、核实证据，一般应当通过申请人民法院通知该证人到庭，以当庭接受询问的方式进行。如证人不能出庭作证的，辩护律师直接向证人调查取证时，应当严格依法进行，并可以对取证过程进行录音或录像，也可以调取证人自书证言。

第四十条　辩护律师调查、收集与案件有关的证据材料，应当持律师事务所证明，出示律师职业证书，一般由二人进行。

第四十一条　辩护律师调查、收集证据材料时，为保证证据材料的真实性，可以根据案情需要邀请与案件无关的人员在场见证。

第四十二条　辩护律师对证人进行调查，应当制作调查笔录。调查笔录应当载明调查人、被调查人、记录人的姓名，调查的时间、地点，被调查人的身份信息，证人如实作证的要求，作伪证或隐匿罪证应当负法律责任的说明以及被调查事项等。

第四十三条　辩护律师制作调查笔录，应当客观、准确地记录调查内容，并经被调查人核对。被调查人如有修改、补充，应当由其在修改处签字、盖章或者捺指印确认。调查笔录经被调查人核对后，应当由其在笔录上逐页签名并在末页签署记录无误的意见。

第四十四条　辩护律师制作调查笔录不得误导、引诱证人。不得事先书写笔录内容；不得先行向证人宣读犯罪嫌疑人、被告人或其他证人的笔录；不得替证人代书证言；不得擅自更改、添加笔录内容；向不同的证人调查取证时应当分别进行；调查取证时犯罪嫌疑人、被告人的亲友不得在场。

第四十五条　辩护律师收集物证、书证和视听资料时，应当尽可能提取原件；无法提取原件的，可以复制、拍照或者录像，并记录原件存放地点和持有人的信息。

第四十六条　辩护律师可以申请人民检察院、人民法院收集、调取案件有关的电子证据。

辩护律师可以采取复制、打印、截屏、拍照或者录像等方式收集、固定电子邮件、电子数据交换、网上聊天记录、博客、微博客、微信、手机短信、电子签名、域名等电子数据，并记录复制、打印、截屏、拍照、录像的时间、地点、原始储存介质存放地点、电子数据来源、持有人等信息，必要时可以委托公证机构对上述过程进行公证。

对于存在于存储介质中的电子数据，应当尽可能收集原始存储介质。对于存在于网络空间中的电子数据，可以通过有权方提取或通过公证形式予以固定。

第四十七条　辩护律师在调查、收集证据材料时，可以录音、录像。

第四十八条　辩护律师认为在侦查、审查起诉期间公安机关、人民检察院收集的证明犯罪嫌疑人、被告人无罪或者罪轻的证据材料未提交的，应当书面申请人民检察院、人民法院调取。

第四十九条　人民检察院、人民法院根据申请收集、调取证据时，辩护律师可以在场。

第五十条　辩护律师收集的有关犯罪嫌疑人、被告人不在犯罪现场、未达到刑事责任年龄、属于依法不负刑事责任的精神病人的证据，应当及时告知办案机关。辩护律师可以要求收取证据的办案机关出具回执。

3．辩护人的特定证据开示义务

相关法律条文

《中华人民共和国刑事诉讼法》（1979 年 7 月 1 日通过，1996 年 3 月 17 日第一次修正，2012 年 3 月 14 日第二次修正，2018 年 10 月 26 日第三次修正）

第四十二条　【辩护人对特定证据的处理原则】辩护人收集的有关犯罪嫌疑人不在犯罪现场、未达到刑事责任年龄、属于依法不负刑事责任的精神病人的证据，应当及时告知公安机关、人民检察院。

相关司法解释规定

《人民检察院刑事诉讼规则》（高检发释字〔2019〕4 号，2019 年 12 月 30 日起施行）

第五十一条　在人民检察院侦查、审查逮捕、审查起诉过程中，辩护人收集的有关犯罪嫌疑人不在犯罪现场、未达到刑事责任年龄、属于依法不负刑事责任的精神病人的证据，告知人民检察院的，人民检察院应当及时审查。

相关部门规章

《公安机关办理刑事案件程序规定》（公安部 2012 年 12 月 13 日修订发布，2020 年 7 月 20 日修正）

第五十八条　案件侦查终结前，辩护律师提出要求的，公安机关应当听取辩护律师的意见，根据情况进行核实，并记录在案。辩护律师提出书面意见的，应当附卷。

对辩护律师收集的犯罪嫌疑人不在犯罪现场、未达到刑事责任年龄、属于依法不负刑事责任的精神病人的证据，公安机关应当进行核实并将有关情况记录在案，有关证据应当附卷。

4．公检法等依职权收集证据

相关法律条文

《中华人民共和国刑事诉讼法》（1979 年 7 月 1 日通过，1996 年 3 月 17 日第一次修正，2012 年 3 月 14 日第二次修正，2018 年 10 月 26 日第三次修正）

第五十二条　【证据收集的一般原则】审判人员、检察人员、侦查人员必须依照法定程序，收集能够证实犯罪嫌疑人、被告人有罪或者无罪、犯罪情节轻重的各种证据。严禁刑讯逼供和以威胁、引诱、欺骗以及其他非法方法收集证据，不得强迫任何人证实自己有罪。必须保证一切与案件有关或者了解案情的公民，有客观地充分地提供证据的条件，除特殊情况外，可以吸收他们协助调查。

第五十三条 【运用证据的原则】公安机关提请批准逮捕书、人民检察院起诉书、人民法院判决书，必须忠实于事实真象。故意隐瞒事实真象的，应当追究责任。

第五十四条 【证据的收集与使用】人民法院、人民检察院和公安机关有权向有关单位和个人收集、调取证据。有关单位和个人应当如实提供证据。

行政机关在行政执法和查办案件过程中收集的物证、书证、视听资料、电子数据等证据材料，在刑事诉讼中可以作为证据使用。

对涉及国家秘密、商业秘密、个人隐私的证据，应当保密。

凡是伪造证据、隐匿证据或者毁灭证据的，无论属于何方，必须受法律追究。

《中华人民共和国监察法》（2018 年 3 月 20 日起施行）①

第十八条 监察机关行使监督、调查职权，有权依法向有关单位和个人了解情况，收集、调取证据。有关单位和个人应当如实提供。

监察机关及其工作人员对监督、调查过程中知悉的国家秘密、商业秘密、个人隐私，应当保密。

任何单位和个人不得伪造、隐匿或者毁灭证据。

第二十三条 监察机关调查涉嫌贪污贿赂、失职渎职等严重职务违法或者职务犯罪，根据工作需要，可以依照规定查询、冻结涉案单位和个人的存款、汇款、债券、股票、基金份额等财产。有关单位和个人应当配合。

冻结的财产经查明与案件无关的，应当在查明后三日内解除冻结，予以退还。

第二十四条 监察机关可以对涉嫌职务犯罪的被调查人以及可能隐藏被调查人或者犯罪证据的人的身体、物品、住处和其他有关地方进行搜查。在搜查时，应当出示搜查证，并有被搜查人或者其家属等见证人在场。

搜查女性身体，应当由女性工作人员进行。

监察机关进行搜查时，可以根据工作需要提请公安机关配合。公安机关应当依法予以协助。

第二十五条 监察机关在调查过程中，可以调取、查封、扣押用以证明被调查人涉嫌违法犯罪的财物、文件和电子数据等信息。采取调取、查封、扣押措施，应当收集原物原件，会同持有人或者保管人、见证人，当面逐一拍照、登记、编号、开列清单，由在场人员当场核对、签名，并将清单副本交财物、文件的持有人或者保管人。

---

① 这里不再列举《人民法院监察工作条例》（2008 年 6 月 5 日印发，2013 年 1 月 31 日修订），尽管它也涉及一些证据和证明的规定和程序，但主要是涉及纪律处分。而《监察法》主要涉及公职人员的职务违法犯罪，因此《监察法》的规定与刑事诉讼的证据规则有紧密的联系。

对调取、查封、扣押的财物、文件，监察机关应当设立专用账户、专门场所，确定专门人员妥善保管，严格履行交接、调取手续，定期对账核实，不得毁损或者用于其他目的。对价值不明物品应当及时鉴定，专门封存保管。

查封、扣押的财物、文件经查明与案件无关的，应当在查明后三日内解除查封、扣押，予以退还。

第二十六条　监察机关在调查过程中，可以直接或者指派、聘请具有专门知识、资格的人员在调查人员主持下进行勘验检查。勘验检查情况应当制作笔录，由参加勘验检查的人员和见证人签名或者盖章。

第二十七条　监察机关在调查过程中，对于案件中的专门性问题，可以指派、聘请有专门知识的人进行鉴定。鉴定人进行鉴定后，应当出具鉴定意见，并且签名。

第二十八条　监察机关调查涉嫌重大贪污贿赂等职务犯罪，根据需要，经过严格的批准手续，可以采取技术调查措施，按照规定交有关机关执行。

批准决定应当明确采取技术调查措施的种类和适用对象，自签发之日起三个月以内有效；对于复杂、疑难案件，期限届满仍有必要继续采取技术调查措施的，经过批准，有效期可以延长，每次不得超过三个月。对于不需要继续采取技术调查措施的，应当及时解除。

第三十三条　监察机关依照本法规定收集的物证、书证、证人证言、被调查人供述和辩解、视听资料、电子数据等证据材料，在刑事诉讼中可以作为证据使用。

监察机关在收集、固定、审查、运用证据时，应当与刑事审判关于证据的要求和标准相一致。

以非法方法收集的证据应当依法予以排除，不得作为案件处置的依据。

第四十条　监察机关对职务违法和职务犯罪案件，应当进行调查，收集被调查人有无违法犯罪以及情节轻重的证据，查明违法犯罪事实，形成相互印证、完整稳定的证据链。

严禁以威胁、引诱、欺骗及其他非法方式收集证据，严禁侮辱、打骂、虐待、体罚或者变相体罚被调查人和涉案人员。

相关司法解释规定

《最高人民法院关于适用〈中华人民共和国刑事诉讼法〉的解释》（法释〔2021〕1号，2021年3月1日起施行）

第七十五条　行政机关在行政执法和查办案件过程中收集的物证、书证、视听资料、电子数据等证据材料，经法庭查证属实，且收集程序符合有关法律、行政法规规定的，可以作为定案的根据。

根据法律、行政法规规定行使国家行政管理职权的组织，在行政执法和查办案件过程中收集的证据材料，视为行政机关收集的证据材料。

第七十六条　监察机关依法收集的证据材料，在刑事诉讼中可以作为证据使用。对前款规定证据的审查判断，适用刑事审判关于证据的要求和标准。

第七十九条　人民法院依照刑事诉讼法第一百九十六条的规定调查核实证据，必要时，可以通知检察人员、辩护人、自诉人及其法定代理人到场。上述人员未到场的，应当记录在案。

人民法院调查核实证据时，发现对定罪量刑有重大影响的新的证据材料的，应当告知检察人员、辩护人、自诉人及其法定代理人。必要时，也可以直接提取，并及时通知检察人员、辩护人、自诉人及其法定代理人查阅、摘抄、复制。

第八十一条　公开审理案件时，公诉人、诉讼参与人提出涉及国家秘密、商业秘密或者个人隐私的证据的，法庭应当制止；确与本案有关的，可以根据具体情况，决定将案件转为不公开审理，或者对相关证据的法庭调查不公开进行。

《人民检察院刑事诉讼规则》（高检发释字〔2019〕4 号，2019 年 12 月 30 日起施行）

第六十四条　行政机关在行政执法和查办案件过程中收集的物证、书证、视听资料、电子数据等证据材料，经人民检察院审查符合法定要求的，可以作为证据使用。

行政机关在行政执法和查办案件过程中收集的鉴定意见、勘验、检查笔录，经人民检察院审查符合法定要求的，可以作为证据使用。

第六十五条　监察机关依照法律规定收集的物证、书证、证人证言、被调查人供述和辩解、视听资料、电子数据等证据材料，在刑事诉讼中可以作为证据使用。

第一百六十九条　进行调查核实，可以采取询问、查询、勘验、检查、鉴定、调取证据材料等不限制被调查对象人身、财产权利的措施。不得对被调查对象采取强制措施，不得查封、扣押、冻结被调查对象的财产，不得采取技术侦查措施。

《最高人民法院、最高人民检察院关于办理环境污染刑事案件适用法律若干问题的解释》（法释〔2016〕29 号，2017 年 1 月 1 日起施行）

第十二条　环境保护主管部门及其所属监测机构在行政执法过程中收集的监测数据，在刑事诉讼中可以作为证据使用。

公安机关单独或者会同环境保护主管部门，提取污染物样品进行检测获取的数据，在刑事诉讼中可以作为证据使用。

第十三条　对国家危险废物名录所列的废物，可以依据涉案物质的来源、产生过程、被告人供述、证人证言以及经批准或者备案的环境影响评价文件等证据，结合环境保护主管部门、公安机关等出具的书面意见作出认定。

对于危险废物的数量，可以综合被告人供述、涉案企业的生产工艺、物耗、能耗情况，以及经批准或者备案的环境影响评价文件等证据作出认定。

相关部门规章

《依法惩治长江流域非法捕捞等违法犯罪的意见》（公通字〔2020〕17号，2020年12月17日起施行）

三、健全完善工作机制，保障相关案件的办案效果

（三）全面收集涉案证据材料。对于农业农村（渔政）部门等行政机关在行政执法和查办案件过程中收集的物证、书证、视听资料、电子数据等证据材料，在刑事诉讼或者公益诉讼中可以作为证据使用。农业农村（渔政）部门等行政机关和公安机关要依法及时、全面收集与案件相关的各类证据，并依法进行录音录像，为案件的依法处理奠定事实根基。对于涉案船只、捕捞工具、渔获物等，应当在采取拍照、录音录像、称重、提取样品等方式固定证据后，依法妥善保管；公安机关保管有困难的，可以委托农业农村（渔政）部门保管；对于需要放生的渔获物，可以在固定证据后先行放生；对于已死亡且不宜长期保存的渔获物，可以由农业农村（渔政）部门采取捐赠捐献用于科研、公益事业或者销毁等方式处理。

《公安机关办理刑事案件程序规定》（公安部2012年12月13日修订发布，2020年7月20日修正）

第六十条　公安机关必须依照法定程序，收集、调取能够证实犯罪嫌疑人有罪或者无罪、犯罪情节轻重的各种证据。必须保证一切与案件有关或者了解案情的公民，有客观地充分地提供证据的条件，除特殊情况外，可以吸收他们协助调查。

第六十一条　公安机关向有关单位和个人收集、调取证据时，应当告知其必须如实提供证据。

对涉及国家秘密、商业秘密、个人隐私的证据，应当保密。

对于伪造证据、隐匿证据或者毁灭证据的，应当追究其法律责任。

第六十二条　公安机关向有关单位和个人调取证据，应当经办案部门负责人批准，开具调取证据通知书，明确调取的证据和提供时限。被调取单位及其经办人、持有证据的个人应当在通知书上盖章或者签名，拒绝盖章或者签名的，公安机关应当注明。必要时，应当采用录音录像方式固定证据内容及取证过程。

第六十三条　公安机关接受或者依法调取的行政机关在行政执法和查办案件过程中收集的物证、书证、视听资料、电子数据、鉴定意见、勘验笔录、检查笔录等证据材料，经公安机关审查符合法定要求的，可以作为证据使用。

第一百七十四条　对接受的案件，或者发现的犯罪线索，公安机关应当迅速进行审查。发现案件事实或者线索不明的，必要时，经办案部门负责人批准，可以进行调查核实。

调查核实过程中，公安机关可以依照有关法律和规定采取询问、查询、勘验、鉴定和调取证据材料等不限制被调查对象人身、财产权利的措施。但是，不得对被

调查对象采取强制措施，不得查封、扣押、冻结被调查对象的财产，不得采取技术侦查措施。

第一百九十一条　公安机关对已经立案的刑事案件，应当及时进行侦查，全面、客观地收集、调取犯罪嫌疑人有罪或者无罪、罪轻或者罪重的证据材料。

第一百九十二条　公安机关经过侦查，对有证据证明有犯罪事实的案件，应当进行预审，对收集、调取的证据材料的真实性、合法性、关联性及证明力予以审查、核实。

第一百九十三条　公安机关侦查犯罪，应当严格依照法律规定的条件和程序采取强制措施和侦查措施，严禁在没有证据的情况下，仅凭怀疑就对犯罪嫌疑人采取强制措施和侦查措施。

第一百九十四条　公安机关开展勘验、检查、搜查、辨认、查封、扣押等侦查活动，应当邀请有关公民作为见证人。

下列人员不得担任侦查活动的见证人：

（一）生理上、精神上有缺陷或者年幼，不具有相应辨别能力或者不能正确表达的人；

（二）与案件有利害关系，可能影响案件公正处理的人；

（三）公安机关的工作人员或者其聘用的人员。

确因客观原因无法由符合条件的人员担任见证人的，应当对有关侦查活动进行全程录音录像，并在笔录中注明有关情况。

第一百九十五条　公安机关侦查犯罪，涉及国家秘密、商业秘密、个人隐私的，应当保密。

相关司法文件

《最高人民法院、最高人民检察院、公安部关于办理电信网络诈骗等刑事案件适用法律若干问题的意见（二）》（法发〔2021〕22号，2021年6月17日起施行）

十三、办案地公安机关可以通过公安机关信息化系统调取异地公安机关依法制作、收集的刑事案件受案登记表、立案决定书、被害人陈述等证据材料。调取时不得少于两名侦查人员，并应记载调取的时间、使用的信息化系统名称等相关信息，调取人签名并加盖办案地公安机关印章。经审核证明真实的，可以作为证据使用。

十六、办理电信网络诈骗犯罪案件，应当充分贯彻宽严相济刑事政策。在侦查、审查起诉、审判过程中，应当全面收集证据、准确甄别犯罪嫌疑人、被告人在共同犯罪中的层级地位及作用大小，结合其认罪态度和悔罪表现，区别对待，宽严并用，科学量刑，确保罚当其罪。

对于电信网络诈骗犯罪集团、犯罪团伙的组织者、策划者、指挥者和骨干分子，以及利用未成年人、在校学生、老年人、残疾人实施电信网络诈骗的，依法从严惩处。

对于电信网络诈骗犯罪集团、犯罪团伙中的从犯，特别是其中参与时间相对较短、诈骗数额相对较低或者从事辅助性工作并领取少量报酬，以及初犯、偶犯、未成年人、在校学生等，应当综合考虑其在共同犯罪中的地位作用、社会危害程度、主观恶性、人身危险性、认罪悔罪表现等情节，可以依法从轻、减轻处罚。犯罪情节轻微的，可以依法不起诉或者免予刑事处罚；情节显著轻微危害不大的，不以犯罪论处。

《最高人民法院、最高人民检察院、公安部、司法部关于进一步加强虚假诉讼犯罪惩治工作的意见》（法发〔2021〕10号，2021年3月10日起施行）

第二十一条　对于存在虚假诉讼犯罪嫌疑的民事案件，人民法院可以依职权调查收集证据。

当事人自认的事实与人民法院、人民检察院依职权调查并经审理查明的事实不符的，人民法院不予确认。

《人民检察院办理网络犯罪案件规定》（2021年1月25日起施行）

第十二条　经公安机关商请，根据追诉犯罪的需要，人民检察院可以派员适时介入重大、疑难、复杂网络犯罪案件的侦查活动，并对以下事项提出引导取证意见：

（一）案件的侦查方向及可能适用的罪名；

（二）证据的收集、提取、保全、固定、检验、分析等；

（三）关联犯罪线索；

（四）追赃挽损工作；

（五）其他需要提出意见的事项。

人民检察院开展引导取证活动时，涉及专业性问题的，可以指派检察技术人员共同参与。

第十五条　人民检察院可以根据案件侦查情况，向公安机关提出以下取证意见：

（一）能够扣押、封存原始存储介质的，及时扣押、封存；

（二）扣押可联网设备时，及时采取信号屏蔽、信号阻断或者切断电源等方式，防止电子数据被远程破坏；

（三）及时提取账户密码及相应数据，如电子设备、网络账户、应用软件等的账户密码，以及存储于其中的聊天记录、电子邮件、交易记录等；

（四）及时提取动态数据，如内存数据、缓存数据、网络连接数据等；

（五）及时提取依赖于特定网络环境的数据，如点对点网络传输数据、虚拟专线网络中的数据等；

（六）及时提取书证、物证等客观证据，注意与电子数据相互印证。

第五十三条　承办案件的人民检察院需要向办理关联网络犯罪案件的人民检察院调取证据材料的，可以持相关法律文书和证明文件申请调取在案证据材料，被申请的人民检察院应当配合。

第五十四条　承办案件的人民检察院需要异地调查取证的，可以将相关法律文书及证明文件传输至证据所在地的人民检察院，请其代为调查取证。相关法律文书应当注明具体的取证对象、方式、内容和期限等。

被请求协助的人民检察院应当予以协助，及时将取证结果送达承办案件的人民检察院；无法及时调取的，应当作出说明。被请求协助的人民检察院有异议的，可以与承办案件的人民检察院进行协商；无法解决的，由承办案件的人民检察院报请共同的上级人民检察院决定。

第五十五条　承办案件的人民检察院需要询问异地证人、被害人的，可以通过远程视频系统进行询问，证人、被害人所在地的人民检察院应当予以协助。远程询问的，应当对询问过程进行同步录音录像。

《最高人民法院、最高人民检察院、公安部、司法部关于依法惩治非法野生动物交易犯罪的指导意见》（公通字〔2020〕19 号，2020 年 12 月 18 日起施行）

八、办理非法野生动物交易案件中，行政执法部门依法收集的物证、书证、视听资料、电子数据等证据材料，在刑事诉讼中可以作为证据使用。

对不易保管的涉案野生动物及其制品，在做好拍摄、提取检材或者制作足以反映原物形态特征或者内容的照片、录像等取证工作后，可以移交野生动物保护主管部门及其指定的机构依法处置。对存在或者可能存在疫病的野生动物及其制品，应立即通知野生动物保护主管部门依法处置。

《最高人民法院、最高人民检察院、公安部、国家安全部、司法部关于规范量刑程序若干问题的意见》（法发〔2020〕38 号，2020 年 11 月 6 日起施行）

第二条　侦查机关、人民检察院应当依照法定程序，全面收集、审查、移送证明犯罪嫌疑人、被告人犯罪事实、量刑情节的证据。

对于法律规定并处或者单处财产刑的案件，侦查机关应当根据案件情况对被告人的财产状况进行调查，并向人民检察院移送相关证据材料。人民检察院应当审查并向人民法院移送相关证据材料。

人民检察院在审查起诉时发现侦查机关应当收集而未收集量刑证据的，可以退回侦查机关补充侦查，也可以自行侦查。人民检察院退回补充侦查的，侦查机关应当按照人民检察院退回补充侦查提纲的要求及时收集相关证据。

《最高人民检察院关于办理涉互联网金融犯罪案件有关问题座谈会纪要》（高检诉〔2017〕14 号，2017 年 6 月 2 日起施行）

二、准确界定涉互联网金融行为法律性质

（一）非法吸收公众存款行为的认定

9. 在非法吸收公众存款罪中，原则上认定主观故意并不要求以明知法律的禁止性规定为要件。特别是具备一定涉金融活动相关从业经历、专业背景或在犯罪活动中担任一定管理职务的犯罪嫌疑人，应当知晓相关金融法律管理规定，如果有证据证明其实际从事的行为应当批准而未经批准，行为在客观上具有非法性，原则上就可以认定其具有非法吸收公众存款的主观故意。在证明犯罪嫌疑人的主观故意时，可以收集运用犯罪嫌疑人的任职情况、职业经历、专业背景、培训经历、此前任职单位或者其本人因从事同类行为受到处罚情况等证据，证明犯罪嫌疑人提出的"不知道相关行为被法律所禁止，故不具有非法吸收公众存款的主观故意"等辩解不能成立。除此之外，还可以收集运用以下证据进一步印证犯罪嫌疑人知道或应当知道其所从事行为具有非法性，比如犯罪嫌疑人故意规避法律以逃避监管的相关证据：自己或要求下属与投资人签订虚假的亲友关系确认书，频繁更换宣传用语逃避监管，实际推介内容与宣传用语、实际经营状况不一致，刻意向投资人夸大公司兑付能力，在培训课程中传授或接受规避法律的方法，等等。

13. 确定犯罪嫌疑人的吸收金额时，应当重点审查、运用以下证据：（1）涉案主体自身的服务器或第三方服务器上存储的交易记录等电子数据；（2）会计账簿和会计凭证；（3）银行账户交易记录、POS 机支付记录；（4）资金收付凭证、书面合同等书证。仅凭投资人报案数据不能认定吸收金额。

（二）集资诈骗行为的认定

16. 证明主观上是否具有非法占有目的，可以重点收集、运用以下客观证据：

（1）与实施集资诈骗整体行为模式相关的证据：投资合同、宣传资料、培训内容等；

（2）与资金使用相关的证据：资金往来记录、会计账簿和会计凭证、资金使用成本（包括利息和佣金等）、资金决策使用过程、资金主要用途、财产转移情况等；

（3）与归还能力相关的证据：吸收资金所投资项目内容、投资实际经营情况、盈利能力、归还本息资金的主要来源、负债情况、是否存在虚构业绩等虚假宣传行为等；

（4）其他涉及欺诈等方面的证据：虚构融资项目进行宣传、隐瞒资金实际用途、隐匿销毁账簿；等等。司法会计鉴定机构对相关数据进行鉴定时，办案部门可以根据查证犯罪事实的需要提出重点鉴定的项目，保证司法会计鉴定意见与待证的构成要件事实之间的关联性。

五、证据的收集、审查与运用

28. 涉互联网金融犯罪案件证据种类复杂、数量庞大且分散于各地，收集、审查、运用证据的难度大。各地检察机关公诉部门要紧紧围绕证据的真实性、合法性、关联性，引导公安机关依法全面收集固定证据，加强证据的审查、运用，确保案件事实经得起法律的检验。

29. 对于重大、疑难、复杂涉互联网金融犯罪案件，检察机关公诉部门要依法提前介入侦查，围绕指控犯罪的需要积极引导公安机关全面收集固定证据，必要时与公安机关共同会商，提出完善侦查思路、侦查提纲的意见建议。加强对侦查取证合法性的监督，对应当依法排除的非法证据坚决予以排除，对应当补正或作出合理解释的及时提出意见。

31. 落实"三统两分"要求，健全证据交换共享机制，协调推进跨区域案件办理。对涉及主案犯罪嫌疑人的证据，一般由主案侦办地办案机构负责收集，其他地区提供协助。其他地区办案机构需要主案侦办地提供证据材料的，应当向主案侦办地办案机构提出证据需求，由主案侦办地办案机构收集并依法移送。无法移送证据原件的，应当在移送复制件的同时，按照相关规定作出说明。各地检察机关公诉部门之间要加强协作，加强与公安机关的协调，督促本地公安机关与其他地区公安机关做好证据交换共享相关工作。案件进入审查起诉阶段后，检察机关公诉部门可以根据案件需要，直接向其他地区检察机关调取证据，其他地区检察机关公诉部门应积极协助。此外，各地检察机关在办理案件过程中发现对其他地区案件办理有重要作用的证据，应当及时采取措施并通知相应检察机关，做好依法移送工作。

《最高人民法院、最高人民检察院、公安部关于办理电信网络诈骗等刑事案件适用法律若干问题的意见》（法发〔2016〕32号，2016年12月20日起施行）

二、依法严惩电信网络诈骗犯罪

（四）……因犯罪嫌疑人、被告人故意隐匿、毁灭证据等原因，致拨打电话次数、发送信息条数的证据难以收集的，可以根据经查证属实的日拨打人次数、日发送信息条数，结合犯罪嫌疑人、被告人实施犯罪的时间、犯罪嫌疑人、被告人的供述等相关证据，综合予以认定。

六、证据的收集和审查判断

（一）办理电信网络诈骗案件，确因被害人人数众多等客观条件的限制，无法逐一收集被害人陈述的，可以结合已收集的被害人陈述，以及经查证属实的银行账户交易记录、第三方支付结算账户交易记录、通话记录、电子数据等证据，综合认定被害人人数及诈骗资金数额等犯罪事实。

（二）公安机关采取技术侦查措施收集的案件证明材料，作为证据使用的，应当随案移送批准采取技术侦查措施的法律文书和所收集的证据材料，并对其来源等作出书面说明。

《最高人民法院、最高人民检察院、公安部、国家安全部、司法部关于推进以审判为中心的刑事诉讼制度改革的意见》（法发〔2016〕18号，2016年7月20日起施行）

三、建立健全符合裁判要求、适应各类案件特点的证据收集指引。探索建立命案等重大案件检查、搜查、辨认、指认等过程录音录像制度。完善技术侦查证据的移送、审查、法庭调查和使用规则以及庭外核实程序。统一司法鉴定标准和程序。完善见证人制度。

四、侦查机关应当全面、客观、及时收集与案件有关的证据。

侦查机关应当依法收集证据。对采取刑讯逼供、暴力、威胁等非法方法收集的言词证据，应当依法予以排除。侦查机关收集物证、书证不符合法定程序，可能严重影响司法公正，不能补正或者作出合理解释的，应当依法予以排除。

对物证、书证等实物证据，一般应当提取原物、原件，确保证据的真实性。需要鉴定的，应当及时送检。证据之间有矛盾的，应当及时查证。所有证据应当妥善保管，随案移送。

《最高人民法院、最高人民检察院、公安部、司法部刑事案件速裁程序试点工作座谈会纪要（二）》（法〔2015〕382号，2015年12月22日起施行）

8.适当简化取证规程。通过中国公安信息网获取的户籍信息、违法犯罪记录、出入境信息、在逃人员信息等材料，下载打印后由二名以上的侦查人员签字并加盖县级以上公安机关印章的，可以作为证据使用。

需要异地公安机关代为核实情况、调查取证，或者异地办理查询、查封、扣押、冻结或者解除冻结与犯罪有关的财物、文件的，办案地县级以上公安机关可以通过有关办案协作平台提出协查请求，或者将相关的法律文书、办案协作函件和工作证件电传至协作地相应层级公安机关。协作地公安机关应当在三个工作日内派员办理，并通过电传、邮寄等方式及时反馈办理结果及相关法律文书原件或者复印件。除办理扣押外，办案地公安机关可以不派员前往协作地。协作地公安机关反馈的法律文书为复印件的，办案地公安机关应当加盖本机关印章。

涉案财物有有效价格证明的，根据有效价格证明认定涉案财物价值；无有效价格证明，或者根据价格证明认定犯罪数额明显不合理的，应当按照有关规定委托估价机构估价。对与案件有关、性质不能确定、数量较大或者成批的需要取样检验的物品，经县级以上公安机关负责人批准，可以抽样取证。

《最高人民法院、最高人民检察院、公安部、司法部关于依法办理家庭暴力犯罪案件的意见》（2015年3月2日起施行）

二、案件受理

11.及时、全面收集证据。公安机关在办理家庭暴力案件时，要充分、全面地收集、固定证据，除了收集现场的物证、被害人陈述、证人证言等证据外，还应当注意及时向村（居）委会、人民调解委员会、妇联、共青团、残联、医院、学校、幼儿园等单位、组织的工作人员，以及被害人的亲属、邻居等收集涉及家庭暴力的处理记录、病历、照片、视频等证据。

14.加强自诉案件举证指导。家庭暴力犯罪案件具有案发周期较长、证据难以保存、被害人处于相对弱势、举证能力有限、相关事实难以认定等特点。有些特点在自诉案件中表现得更为突出。因此，人民法院在审理家庭暴力自诉案件时，对于因当事人举证能力不足等原因，难以达到法律规定的证据要求的，应当及时对当事人进行举证指导，告知需要收集的证据及收集证据的方法。对于因客观原因不能取得的证据，当事人申请人民法院调取的，人民法院应当认真审查，认为确有必要的，应当调取。

《最高人民法院、最高人民检察院、公安部关于办理非法集资刑事案件适用法律若干问题的意见》（公通字〔2014〕16号，2014年3月25日起施行）

六、关于证据的收集问题

办理非法集资刑事案件中，确因客观条件的限制无法逐一收集集资参与人的言词证据的，可结合已收集的集资参与人的言词证据和依法收集并查证属实的书面合同、银行账户交易记录、会计凭证及会计账簿、资金收付凭证、审计报告、互联网电子数据等证据，综合认定非法集资对象人数和吸收资金数额等犯罪事实。

《最高人民法院、最高人民检察院、公安部关于办理侵犯知识产权刑事案件适用法律若干问题的意见》（法发〔2011〕3号，2011年1月10日起施行）

二、关于办理侵犯知识产权刑事案件中行政执法部门收集、调取证据的效力问题

行政执法部门依法收集、调取、制作的物证、书证、视听资料、检验报告、鉴定结论、勘验笔录、现场笔录，经公安机关、人民检察院审查，人民法院庭审质证确认，可以作为刑事证据使用。

行政执法部门制作的证人证言、当事人陈述等调查笔录，公安机关认为有必要作为刑事证据使用的，应当依法重新收集、制作。

三、关于办理侵犯知识产权刑事案件的抽样取证问题和委托鉴定问题

公安机关在办理侵犯知识产权刑事案件时，可以根据工作需要抽样取证，或者商请同级行政执法部门、有关检验机构协助抽样取证。法律、法规对抽样机构或者抽样方法有规定的，应当委托规定的机构并按照规定方法抽取样品。

公安机关、人民检察院、人民法院在办理侵犯知识产权刑事案件时，对于需要鉴定的事项，应当委托国家认可的有鉴定资质的鉴定机构进行鉴定。

公安机关、人民检察院、人民法院应当对鉴定结论进行审查，听取权利人、犯罪嫌疑人、被告人对鉴定结论的意见，可以要求鉴定机构作出相应说明。

四、关于侵犯知识产权犯罪自诉案件的证据收集问题

人民法院依法受理侵犯知识产权刑事自诉案件，对于当事人因客观原因不能取得的证据，在提起自诉时能够提供有关线索，申请人民法院调取的，人民法院应当依法调取。

十一、关于侵犯著作权犯罪案件"未经著作权人许可"的认定问题

"未经著作权人许可"一般应当依据著作权人或者其授权的代理人、著作权集体管理组织、国家著作权行政管理部门指定的著作权认证机构出具的涉案作品版权认证文书，或者证明出版者、复制发行者伪造、涂改授权许可文件或者超出授权许可

范围的证据，结合其他证据综合予以认定。

在涉案作品种类众多且权利人分散的案件中，上述证据确实难以一一取得，但有证据证明涉案复制品系非法出版、复制发行的，且出版者、复制发行者不能提供获得著作权人许可的相关证明材料的，可以认定为"未经著作权人许可"。但是，有证据证明权利人放弃权利、涉案作品的著作权不受我国著作权法保护，或者著作权保护期限已经届满的除外。

《最高人民检察院关于适用〈关于办理死刑案件审查判断证据若干问题的规定〉和〈关于办理刑事案件排除非法证据若干问题的规定〉的指导意见》（高检发研字〔2010〕13 号，2010 年 12 月 30 日起施行）

二、进一步规范职务犯罪案件办案程序，依法客观收集证据

5. 人民检察院办理职务犯罪案件，应当严格依法收集和固定证据，既要收集证明案件事实的各种证据，又要及时固定证明取证行为合法性的证据，确保案件事实清楚，证据确实、充分，取证程序合法。

6. 人民检察院办理职务犯罪案件，应当全面、客观地收集和固定证据。既要收集证明犯罪嫌疑人有罪、罪重的各种证据，又要收集证明犯罪嫌疑人无罪、罪轻的各种证据。

7. 严格执行讯问职务犯罪嫌疑人全程同步录音录像制度。因未严格执行相关规定，或者在执行中弄虚作假造成不良后果的，依照有关规定追究主要责任人员的责任。

8. 侦查监督、公诉、控告申诉等部门应当依照两个《规定》的要求，加强对检察机关侦查部门收集、固定证据活动的审查与监督，发现违反有关规定的，及时提出纠正意见。

《最高人民法院、最高人民检察院、公安部、国家安全部、司法部关于加强协调配合积极推进量刑规范化改革的通知》（法发〔2010〕47 号，2010 年 11 月 6 日起施行）

二、更新执法理念，加强协作配合，深入推进量刑规范化改革

3. 要高度重视调查取证工作。侦查机关、检察机关不但要注重收集各种证明犯罪嫌疑人、被告人有罪、罪重的证据，而且要注重收集各种证明犯罪嫌疑人、被告人无罪、罪轻的证据；不但要注重收集各种法定量刑情节，而且要注重查明各种酌定量刑情节，比如案件起因、被害人过错、退赃退赔、民事赔偿、犯罪嫌疑人、被告人一贯表现等，确保定罪量刑事实清楚，证据确实充分。为量刑规范化和公正量刑，以及做好调解工作、化解社会矛盾奠定基础。

4. 要进一步强化审查起诉工作。人民检察院审查案件，要客观全面审查案件证据，既要注重审查定罪证据，也要注重审查量刑证据；既要注重审查法定量刑情节，也要注重审查酌定量刑情节；既要注重审查从重量刑情节，也要注重审查从轻、减

轻、免除处罚量刑情节。在审查案件过程中，可以要求侦查机关提供法庭审判所必需的与量刑有关的各种证据材料。对于量刑证据材料的移送，依照有关规定进行。

8. 要进一步提高法庭审理的质量和水平。在法庭审理中，应当保障量刑程序的相对独立性，要合理安排定罪量刑事实调查顺序和辩论重点，对于被告人对指控的犯罪事实和罪名没有异议的案件，可以主要围绕量刑和其他有争议的问题进行调查和辩论；对于被告人不认罪或者辩护人作无罪辩护的案件，应当先查明定罪事实和量刑事实，再围绕定罪和量刑问题进行辩论。公诉人、辩护人要积极参与法庭调查和法庭辩论。审判人员对量刑证据有疑问的，可以对证据进行调查核实，必要时也可以要求人民检察院补充调查核实。人民检察院应当补充调查核实有关证据，必要时可以要求侦查机关提供协助。

《最高人民法院、最高人民检察院、公安部、国家安全部、司法部关于对司法工作人员在诉讼活动中的渎职行为加强法律监督的若干规定（试行）》（高检会〔2010〕4号，2010年7月26日起施行）

第五条　人民检察院认为需要核实国家安全机关工作人员在诉讼活动中的渎职行为的，应当报经检察长批准，委托国家安全机关进行调查。国家安全机关应当及时将调查结果反馈人民检察院。必要时，人民检察院可以会同国家安全机关共同进行调查。

对于公安机关工作人员办理危害国家安全犯罪案件中渎职行为的调查，比照前款规定执行。

第六条　人民检察院发现检察人员在诉讼活动中涉嫌渎职的，应当报经检察长批准，及时进行调查核实。

人民法院、公安机关、国家安全机关、司法行政机关有证据证明检察人员涉嫌渎职的，可以向人民检察院提出，人民检察院应当及时进行调查核实并反馈调查结果。

上一级人民检察院接到对检察人员在诉讼活动中涉嫌渎职行为的举报、控告的，可以直接进行调查，也可以交由下级人民检察院调查。交下级人民检察院调查的，下级人民检察院应当将调查结果及时报告上一级人民检察院。

第七条　人民检察院调查司法工作人员在诉讼活动中的渎职行为，可以询问有关当事人或者知情人，查阅、调取或者复制相关法律文书或者报案登记材料、案卷材料、罪犯改造材料，对受害人可以进行伤情检查，但是不得限制被调查人的人身自由或者财产权利。

人民检察院通过查阅、复制、摘录等方式能够满足调查需要的，一般不调取相关法律文书或者报案登记材料、案卷材料、罪犯改造材料。

人民检察院在调查期间，应当对调查内容保密。

第八条　人民检察院对司法工作人员在诉讼活动中的涉嫌渎职行为进行调查，

调查期限不得超过一个月。确需延长调查期限的，可以报经检察长批准，延长二个月。

第九条　人民检察院对司法工作人员在诉讼活动中的涉嫌渎职行为进行调查，在查证属实并由有关机关作出停止执行职务的处理前，被调查人不停止执行职务。

第十条　人民检察院对司法工作人员在诉讼活动中的涉嫌渎职行为调查完毕后，应当制作调查报告，根据已经查明的情况提出处理意见，报检察长决定后作出处理。

（一）认为有犯罪事实需要追究刑事责任的，应当按照刑事诉讼法关于管辖的规定依法立案侦查或者移送有管辖权的机关立案侦查，并建议有关机关停止被调查人执行职务，更换办案人。

（二）对于确有渎职违法行为，但是尚未构成犯罪的，应当依法向被调查人所在机关发出纠正违法通知书，并将证明其渎职行为的材料按照干部管理权限移送有关机关处理。对于确有严重违反法律的渎职行为，虽未构成犯罪，但被调查人继续承办案件将严重影响正在进行的诉讼活动的公正性，且有关机关未更换办案人的，应当建议更换办案人。

（三）对于审判人员在审理案件时有贪污受贿、徇私舞弊、枉法裁判或者其他违反法律规定的诉讼程序的行为，可能影响案件正确判决、裁定的，应当分别依照刑事诉讼法、民事诉讼法和行政诉讼法规定的程序对该案件的判决、裁定提出抗诉。

（四）对于举报、控告不实的，应当及时向被调查人所在机关说明情况。调查中询问过被调查人的，应当及时向被调查人本人说明情况，并采取适当方式在一定范围内消除不良影响。同时，将调查结果及时回复举报人、控告人。

（五）对于举报人、控告人捏造事实诬告陷害，意图使司法工作人员受刑事追究，情节严重的，依法追究刑事责任。调查人员与举报人、控告人恶意串通，诬告陷害司法工作人员的，一并追究相关法律责任。

对于司法工作人员涉嫌渎职犯罪需要立案侦查的，对渎职犯罪的侦查和对诉讼活动的其他法律监督工作应当分别由不同的部门和人员办理。

第十一条　被调查人不服人民检察院的调查结论的，可以向人民检察院提出申诉，人民检察院应当进行复查，并在十日内将复查决定反馈申诉人及其所在机关。申诉人不服人民检察院的复查决定的，可以向上一级人民检察院申请复核。上一级人民检察院应当进行复核，并在二十日内将复核决定及时反馈申诉人，通知下级人民检察院。

第十二条　人民检察院经过调查，认为作为案件证据材料的犯罪嫌疑人、被告人供述、证人证言、被害人陈述系司法工作人员采用暴力、威胁、引诱、欺骗等违法手段获取的，在审查或者决定逮捕、审查起诉时应当依法予以排除，不得作为认定案件事实的根据。有关调查材料应当存入诉讼卷宗，随案移送。

《最高人民法院、最高人民检察院、公安部、司法部关于依法惩治拐卖妇女儿童犯罪的意见》（法发〔2010〕7号，2010年3月15日起施行）

四、证据

11. 公安机关应当依照法定程序，全面收集能够证实犯罪嫌疑人有罪或者无罪、犯罪情节轻重的各种证据。

要特别重视收集、固定买卖妇女、儿童犯罪行为交易环节中钱款的存取证明、犯罪嫌疑人的通话清单、乘坐交通工具往来有关地方的票证、被拐卖儿童的DNA鉴定结论、有关监控录像、电子信息等客观性证据。

取证工作应当及时，防止时过境迁，难以弥补。

12. 公安机关应当高度重视并进一步加强DNA数据库的建设和完善。对失踪儿童的父母，或者疑似被拐卖的儿童，应当及时采集血样进行检验，通过全国DNA数据库，为查获犯罪，帮助被拐卖的儿童及时回归家庭提供科学依据。

13. 拐卖妇女、儿童犯罪所涉地区的办案单位应当加强协作配合。需要到异地调查取证的，相关司法机关应当密切配合；需要进一步补充查证的，应当积极支持。

《最高人民法院、最高人民检察院、公安部、监察部、国家安全生产监督管理总局关于严格依法及时办理危害生产安全刑事案件的通知》（高检会〔2008〕5号，2008年6月6日起施行）

三、公安机关、人民检察院根据事故的性质和造成的危害后果，对涉嫌构成犯罪的，应当按照案件管辖规定，及时立案侦查，采取强制措施和侦查措施。犯罪嫌疑人逃匿的，公安机关应当迅速开展追捕工作。要全面收集证明犯罪嫌疑人有罪无罪以及犯罪情节轻重的证据材料。对容易灭失的痕迹、物证应当首先采取措施提取、固定。

需要有关部门进行鉴定的，公安机关、检察机关应当及时建议事故调查组组织鉴定，也可以自行组织鉴定，事故调查组组织鉴定，或者委托有关部门鉴定，或者公安机关、检察机关自行组织鉴定的，鉴定报告原则上应当自委托或者决定之日起20日内作出。不涉及机械、电气、瓦斯、化学、有毒有害物（气）体、锅炉压力容器、起重机械、地质勘察、工程设计与施工质量、火灾以及非法开采、破坏矿产资源量认定等专业技术问题的，不需要进行鉴定，相关事实和证据符合法定条件的，可以逮捕、公诉和审判。

《最高人民检察院关于加强渎职侵权检察工作的决定》（高检发〔2000〕17号，2000年5月29日起施行）

二、正确履行侦查工作职责

7. 重视案件的初查。初查可根据渎职侵权犯罪案件的特点分别采用不同方式，既可以秘密进行，也可以公开进行。对过失犯罪，或者危害结果比较明确的，可以公开调查。初查严禁对证人、关系人、被调查对象采取强制措施，不得查封、扣押、冻结财产。

初查中，可以请纪检监察、审计等部门配合调查。可以提前介入纪检监察、审计部门的调查工作。

9. 严格按照刑事诉讼法关于案件管辖的规定办理案件。对涉嫌犯罪的国家机关工作人员同时又在企业、事业单位和其他组织兼职的，应按其犯罪过程中实际起作用的职务认定主体身份，确定案件管辖；对利用何种职务暂时难以确定，但已构成犯罪的，检察机关可先行立案侦查，待查清事实后，再按规定移送管辖。

对属于渎职犯罪案件认定要件的其他刑事犯罪案件，应当按管辖分工移送有关部门查处，涉及渎职犯罪的相关证据的，检察机关可直接进行调查，也可请有关单位、人员协助查证。对公安机关应当立案而不依法立案的案件，要依法通过立案监督程序通知其立案侦查。对重特大渎职犯罪案件所涉及的必须及时查清的案件，经上级检察机关同意，可以并案查处。

国家机关工作人员利用职权实施的其他重大的犯罪案件，需要由人民检察院直接受理的，经省级以上人民检察院决定，可以由人民检察院渎职侵权检察部门立案侦查。

11. 办案中要依法全面、客观地收集证据，确保证据的合法性。要运用科技手段依法收集和固定证据，为侦查办案服务。

三、建立和完善案件管理体制和工作运行机制

16. 建立请求专业协作制度。根据渎职侵权案件涉及法律、法规多，领域广，技术性、专业性强等特点，办案中要争取有关部门和技术力量的协作和支持，可请审计、技术监督、工商、税务、稽核、仲裁等部门专业人员，以及发案单位的纪检监察部门、上级主管部门协助办案，也可向他们咨询，请其出具有关技术性证明。

相关部门规范性文件

《最高人民检察院、公安部关于公安机关办理经济犯罪案件的若干规定》（公通字〔2017〕25号，2018年1月1日起施行）

第五章　侦查取证

第三十五条　公安机关办理经济犯罪案件，应当及时进行侦查，依法全面、客观、及时地收集、调取、固定、审查能够证实犯罪嫌疑人有罪或者无罪、罪重或者罪轻以及与涉案财物有关的各种证据，并防止犯罪嫌疑人逃匿、销毁证据或者转移、隐匿涉案财物。

严禁调取与经济犯罪案件无关的证据材料，不得以侦查犯罪为由滥用侦查措施为他人收集民事诉讼证据。

第三十六条　公安机关办理经济犯罪案件，应当遵守法定程序，遵循有关技术标准，全面、客观、及时地收集、提取电子数据；人民检察院应当围绕真实性、合

法性、关联性审查判断电子数据。

依照规定程序通过网络在线提取的电子数据，可以作为证据使用。

第三十七条 公安机关办理经济犯罪案件，需要采取技术侦查措施的，应当严格依照有关法律、规章和规范性文件规定的范围和程序办理。

第三十八条 公安机关办理非法集资、传销以及利用通信工具、互联网等技术手段实施的经济犯罪案件，确因客观条件的限制无法逐一收集被害人陈述、证人证言等相关证据的，可以结合已收集的言词证据和依法收集并查证属实的物证、书证、视听资料、电子数据等实物证据，综合认定涉案人员人数和涉案资金数额等犯罪事实，做到证据确实、充分。

第三十九条 公安机关办理生产、销售伪劣商品犯罪案件、走私犯罪案件、侵犯知识产权犯罪案件，对同一批次或者同一类型的涉案物品，确因实物数量较大，无法逐一勘验、鉴定、检测、评估的，可以委托或者商请有资格的鉴定机构、专业机构或者行政执法机关依照程序按照一定比例随机抽样勘验、鉴定、检测、评估，并由其制作取样记录和出具相关书面意见。有关抽样勘验、鉴定、检测、评估的结果可以作为该批次或者该类型全部涉案物品的勘验、鉴定、检测、评估结果，但是不符合法定程序，且不能补正或者作出合理解释，可能严重影响案件公正处理的除外。

法律、法规和规范性文件对鉴定机构或者抽样方法另有规定的，从其规定。

第四十条 公安机关办理经济犯罪案件应当与行政执法机关加强联系、密切配合，保证准确有效地执行法律。

公安机关应当根据案件事实、证据和法律规定依法认定案件性质，对案情复杂、疑难，涉及专业性、技术性问题的，可以参考有关行政执法机关的认定意见。

行政执法机关对经济犯罪案件中有关行为性质的认定，不是案件进入刑事诉讼程序的必经程序或者前置条件。法律、法规和规章另有规定的，从其规定。

第四十一条 公安机关办理重大、疑难、复杂的经济犯罪案件，可以听取人民检察院的意见，人民检察院认为确有必要时，可以派员适时介入侦查活动，对收集证据、适用法律提出意见，监督侦查活动是否合法。对人民检察院提出的意见，公安机关应当认真审查，并将结果及时反馈人民检察院。没有采纳的，应当说明理由。

第四十二条 公安机关办理跨区域性的重大经济犯罪案件，应当向人民检察院通报立案侦查情况，人民检察院可以根据通报情况调度办案力量，开展指导协调等工作。需要逮捕犯罪嫌疑人的，公安机关应当提前与人民检察院沟通。

第四十三条 人民检察院在审查逮捕、审查起诉中发现公安机关办案人员以非法方法收集犯罪嫌疑人供述、被害人陈述、证人证言等证据材料的，应当依法排除非法证据并提出纠正意见。需要重新调查取证的，经县级以上公安机关负责人批准，应当另行指派办案人员重新调查取证。必要时，人民检察院也可以自行收集犯罪嫌疑人供述、被害人陈述、证人证言等证据材料。

公安机关发现收集物证、书证不符合法定程序，可能严重影响司法公正的，应当要求办案人员予以补正或者作出合理解释；不能补正或者作出合理解释的，应当依法予以排除，不得作为提请批准逮捕、移送审查起诉的依据。

人民检察院发现收集物证、书证不符合法定程序，可能严重影响司法公正的，应当要求公安机关予以补正或者作出合理解释，不能补正或者作出合理解释的，应当依法予以排除，不得作为批准逮捕、提起公诉的依据。

第四十四条　对民事诉讼中的证据材料，公安机关在立案后应当依照刑事诉讼法以及相关司法解释的规定进行审查或者重新收集。未经查证核实的证据材料，不得作为刑事证据使用。

第四十五条　人民检察院已经作出不起诉决定的案件，公安机关不得针对同一法律事实的同一犯罪嫌疑人继续侦查或者补充侦查，但是有新的事实或者证据的，可以重新立案侦查。

《最高人民法院、最高人民检察院、公安部办理毒品犯罪案件毒品提取、扣押、称量、取样和送检程序若干问题的规定》（公禁毒〔2016〕511号，2016年7月1日起施行）①

第一章　总　　则

第一条　为规范毒品的提取、扣押、称量、取样和送检程序，提高办理毒品犯罪案件的质量和效率，根据《中华人民共和国刑事诉讼法》《最高人民法院关于适用〈中华人民共和国刑事诉讼法〉的解释》《人民检察院刑事诉讼规则（试行）》《公安机关办理刑事案件程序规定》等有关规定，结合办案工作实际，制定本规定。

第二条　公安机关对于毒品的提取、扣押、称量、取样和送检工作，应当遵循依法、客观、准确、公正、科学和安全的原则，确保毒品实物证据的收集、固定和保管工作严格依法进行。

第三条　人民检察院、人民法院办理毒品犯罪案件，应当审查公安机关对毒品的提取、扣押、称量、取样、送检程序以及相关证据的合法性。

毒品的提取、扣押、称量、取样、送检程序存在瑕疵，可能严重影响司法公正的，人民检察院、人民法院应当要求公安机关予以补正或者作出合理解释。经公安机关补正或者作出合理解释的，可以采用相关证据；不能补正或者作出合理解释的，对相关证据应当依法予以排除，不得作为批准逮捕、提起公诉或者判决的依据。

第二章　提取、扣押

第四条　侦查人员应当对毒品犯罪案件有关的场所、物品、人身进行勘验、检查或者搜查，及时准确地发现、固定、提取、采集毒品及内外包装物上的痕迹、生

---

①　其他相关规定有《全国部分法院审理毒品犯罪案件工作座谈会纪要》（2008年12月1日）。

物样本等物证，依法予以扣押。必要时，可以指派或者聘请具有专门知识的人，在侦查人员的主持下进行勘验、检查。

侦查人员对制造毒品、非法生产制毒物品犯罪案件的现场进行勘验、检查或者搜查时，应当提取并当场扣押制造毒品、非法生产制毒物品的原料、配剂、成品、半成品和工具、容器、包装物以及上述物品附着的痕迹、生物样本等物证。

提取、扣押时，不得将不同包装物内的毒品混合。

现场勘验、检查或者搜查时，应当对查获毒品的原始状态拍照或者录像，采取措施防止犯罪嫌疑人及其他无关人员接触毒品及包装物。

第五条　毒品的扣押应当在有犯罪嫌疑人在场并有见证人的情况下，由两名以上侦查人员执行。

毒品的提取、扣押情况应当制作笔录，并当场开具扣押清单。

笔录和扣押清单应当由侦查人员、犯罪嫌疑人和见证人签名。犯罪嫌疑人拒绝签名的，应当在笔录和扣押清单中注明。

第六条　对同一案件在不同位置查获的两个以上包装的毒品，应当根据不同的查获位置进行分组。

对同一位置查获的两个以上包装的毒品，应当按照以下方法进行分组：

（一）毒品或者包装物的外观特征不一致的，根据毒品及包装物的外观特征进行分组；

（二）毒品及包装物的外观特征一致，但犯罪嫌疑人供述非同一批次毒品的，根据犯罪嫌疑人供述的不同批次进行分组；

（三）毒品及包装物的外观特征一致，但犯罪嫌疑人辩称其中部分不是毒品或者不知是否为毒品的，对犯罪嫌疑人辩解的部分疑似毒品单独分组。

第七条　对查获的毒品应当按其独立最小包装逐一编号或者命名，并将毒品的编号、名称、数量、查获位置以及包装、颜色、形态等外观特征记录在笔录或者扣押清单中。

在毒品的称量、取样、送检等环节，毒品的编号、名称以及对毒品外观特征的描述应当与笔录和扣押清单保持一致；不一致的，应当作出书面说明。

第八条　对体内藏毒的案件，公安机关应当监控犯罪嫌疑人排出体内的毒品，及时提取、扣押并制作笔录。笔录应当由侦查人员和犯罪嫌疑人签名；犯罪嫌疑人拒绝签名的，应当在笔录中注明。在保障犯罪嫌疑人隐私权和人格尊严的情况下，可以对排毒的主要过程进行拍照或者录像。

必要时，可以在排毒前对犯罪嫌疑人体内藏毒情况进行透视检验并以透视影像的形式固定证据。

体内藏毒的犯罪嫌疑人为女性的，应当由女性工作人员或者医师检查其身体，并由女性工作人员监控其排毒。

第九条　现场提取、扣押等工作完成后，一般应当由两名以上侦查人员对提取、扣押的毒品及包装物进行现场封装，并记录在笔录中。

封装应当在有犯罪嫌疑人在场并有见证人的情况下进行；应当使用封装袋封装毒品并加密封口，或者使用封条贴封包装，作好标记和编号，由侦查人员、犯罪嫌疑人和见证人在封口处、贴封处或者指定位置签名并签署封装日期。犯罪嫌疑人拒绝签名的，侦查人员应当注明。

确因情况紧急、现场环境复杂等客观原因无法在现场实施封装的，经公安机关办案部门负责人批准，可以及时将毒品带至公安机关办案场所或者其他适当的场所进行封装，并对毒品移动前后的状态进行拍照固定，作出书面说明。

封装时，不得将不同包装内的毒品混合。对不同组的毒品，应当分别独立封装，封装后可以统一签名。

第十条　必要时，侦查人员应当对提取、扣押和封装的主要过程进行拍照或者录像。

照片和录像资料应当反映提取、扣押和封装活动的主要过程以及毒品的原始位置、存放状态和变动情况。照片应当附有相应的文字说明，文字说明应当与照片反映的情况相对应。

第十一条　公安机关应当设置专门的毒品保管场所或者涉案财物管理场所，指定专人保管封装后的毒品及包装物，并采取措施防止毒品发生变质、泄漏、遗失、损毁或者受到污染等。

对易燃、易爆、具有毒害性以及对保管条件、保管场所有特殊要求的毒品，在处理前应当存放在符合条件的专门场所。公安机关没有具备保管条件的场所的，可以借用其他单位符合条件的场所进行保管。

第三章　称　　量

第十二条　毒品的称量一般应当由两名以上侦查人员在查获毒品的现场完成。

不具备现场称量条件的，应当按照本规定第九条的规定对毒品及包装物封装后，带至公安机关办案场所或者其他适当的场所进行称量。

第十三条　称量应当在有犯罪嫌疑人在场并有见证人的情况下进行，并制作称量笔录。

对已经封装的毒品进行称量前，应当在有犯罪嫌疑人在场并有见证人的情况下拆封，并记录在称量笔录中。

称量笔录应当由称量人、犯罪嫌疑人和见证人签名。犯罪嫌疑人拒绝签名的，应当在称量笔录中注明。

第十四条　称量应当使用适当精度和称量范围的衡器。称量的毒品质量不足一百克的，衡器的分度值应当达到零点零一克；一百克以上且不足一千克的，分度值应当达到零点一克；一千克以上且不足十千克的，分度值应当达到一克；十千克以上且不足一百千克的，分度值应当达到十克；一百千克以上且不足一吨的，分度值应当达到一百克；一吨以上的，分度值应当达到一千克。

称量前，称量人应当将衡器示数归零，并确保其处于正常的工作状态。

称量所使用的衡器应当经过法定计量检定机构检定并在有效期内，一般不得随意搬动。

法定计量检定机构出具的计量检定证书复印件应当归入证据材料卷，并随案移送。

第十五条　对两个以上包装的毒品，应当分别称量，并统一制作称量笔录，不得混合后称量。

对同一组内的多个包装的毒品，可以采取全部毒品及包装物总质量减去包装物质量的方式确定毒品的净质量；称量时，不同包装物内的毒品不得混合。

第十六条　多个包装的毒品系包装完好、标识清晰完整的麻醉药品、精神药品制剂的，可以按照其包装、标识或者说明书上标注的麻醉药品、精神药品成分的含量计算全部毒品的质量，或者从相同批号的药品制剂中随机抽取三个包装进行称量后，根据麻醉药品、精神药品成分的含量计算全部毒品的质量。

第十七条　对体内藏毒的案件，应当将犯罪嫌疑人排出体外的毒品逐一称量，统一制作称量笔录。

犯罪嫌疑人供述所排出的毒品系同一批次或者毒品及包装物的外观特征相似的，可以按照本规定第十五条第二款规定的方法进行称量。

第十八条　对同一容器内的液态毒品或者固液混合状态毒品，应当采用拍照或者录像等方式对其原始状态进行固定，再统一称量。必要时，可以对其原始状态固定后，再进行固液分离并分别称量。

第十九条　现场称量后将毒品带回公安机关办案场所或者送至鉴定机构取样的，应当按照本规定第九条的规定对毒品及包装物进行封装。

第二十条　侦查人员应当对称量的主要过程进行拍照或者录像。

照片和录像资料应当清晰显示毒品的外观特征、衡器示数和犯罪嫌疑人对称量结果的指认情况。

第四章　取　　样

第二十一条　毒品的取样一般应当在称量工作完成后，由两名以上侦查人员在查获毒品的现场或者公安机关办案场所完成。必要时，可以指派或者聘请具有专门知识的人进行取样。

在现场或者公安机关办案场所不具备取样条件的，应当按照本规定第九条的规定对毒品及包装物进行封装后，将其送至鉴定机构并委托鉴定机构进行取样。

第二十二条　在查获毒品的现场或者公安机关办案场所取样的，应当在有犯罪嫌疑人在场并有见证人的情况下进行，并制作取样笔录。

对已经封装的毒品进行取样前，应当在有犯罪嫌疑人在场并有见证人的情况下拆封，并记录在取样笔录中。

取样笔录应当由取样人、犯罪嫌疑人和见证人签名。犯罪嫌疑人拒绝签名的，应当在取样笔录中注明。

必要时，侦查人员应当对拆封和取样的主要过程进行拍照或者录像。

第二十三条　委托鉴定机构进行取样的，对毒品的取样方法、过程、结果等情况应当制作取样笔录，但鉴定意见包含取样方法的除外。

取样笔录应当由侦查人员和取样人签名，并随案移送。

第二十四条　对单个包装的毒品，应当按照下列方法选取或者随机抽取检材：

（一）粉状。将毒品混合均匀，并随机抽取约一克作为检材；不足一克的全部取作检材。

（二）颗粒状、块状。随机选择三个以上不同的部位，各抽取一部分混合作为检材，混合后的检材质量不少于一克；不足一克的全部取作检材。

（三）膏状、胶状。随机选择三个以上不同的部位，各抽取一部分混合作为检材，混合后的检材质量不少于三克；不足三克的全部取作检材。

（四）胶囊状、片剂状。先根据形状、颜色、大小、标识等外观特征进行分组；对于外观特征相似的一组，从中随机抽取三粒作为检材，不足三粒的全部取作检材。

（五）液态。将毒品混合均匀，并随机抽取约二十毫升作为检材；不足二十毫升的全部取作检材。

（六）固液混合状态。按照本款以上各项规定的方法，分别对固态毒品和液态毒品取样；能够混合均匀成溶液的，可以将其混合均匀后按照本款第五项规定的方法取样。

对其他形态毒品的取样，参照前款规定的取样方法进行。

第二十五条　对同一组内两个以上包装的毒品，应当按照下列标准确定选取或者随机抽取独立最小包装的数量，再根据本规定第二十四条规定的取样方法从单个包装中选取或者随机抽取检材：

（一）少于十个包装的，应当选取所有的包装；

（二）十个以上包装且少于一百个包装的，应当随机抽取其中的十个包装；

（三）一百个以上包装的，应当随机抽取与包装总数的平方根数值最接近的整数个包装。

对选取或者随机抽取的多份检材，应当逐一编号或者命名，且检材的编号、名称应当与其他笔录和扣押清单保持一致。

第二十六条　多个包装的毒品系包装完好、标识清晰完整的麻醉药品、精神药品制剂的，可以从相同批号的药品制剂中随机抽取三个包装，再根据本规定第二十四条规定的取样方法从单个包装中选取或者随机抽取检材。

第二十七条 在查获毒品的现场或者公安机关办案场所取样的，应当使用封装袋封装检材并加密封口，作好标记和编号，由取样人、犯罪嫌疑人和见证人在封口处或者指定位置签名并签署封装日期。犯罪嫌疑人拒绝签名的，侦查人员应当注明。

从不同包装中选取或者随机抽取的检材应当分别独立封装，不得混合。

对取样后剩余的毒品及包装物，应当按照本规定第九条的规定进行封装。选取或者随机抽取的检材应当由专人负责保管。在检材保管和送检过程中，应当采取妥善措施防止其发生变质、泄漏、遗失、损毁或者受到污染等。

第二十八条 委托鉴定机构进行取样的，应当使用封装袋封装取样后剩余的毒品及包装物并加密封口，作好标记和编号，由侦查人员和取样人在封口处签名并签署封装日期。

第二十九条 对取样后剩余的毒品及包装物，应当及时送至公安机关毒品保管场所或者涉案财物管理场所进行妥善保管。

对需要作为证据使用的毒品，不起诉决定或者判决、裁定（含死刑复核判决、裁定）发生法律效力后方可处理。

第五章 送 检

第三十条 对查获的全部毒品或者从查获的毒品中选取或者随机抽取的检材，应当由两名以上侦查人员自毒品被查获之日起三日以内，送至鉴定机构进行鉴定。

具有案情复杂、查获毒品数量较多、异地办案、在交通不便地区办案等情形的，送检时限可以延长至七日。

公安机关应当向鉴定机构提供真实、完整、充分的鉴定材料，并对鉴定材料的真实性、合法性负责。

第三十一条 侦查人员送检时，应当持本人工作证件、鉴定聘请书等材料，并提供鉴定事项相关的鉴定资料；需要复核、补充或者重新鉴定的，还应当持原鉴定意见复印件。

第三十二条 送检的侦查人员应当配合鉴定机构核对鉴定材料的完整性、有效性，并检查鉴定材料是否满足鉴定需要。

公安机关鉴定机构应当在收到鉴定材料的当日作出是否受理的决定，决定受理的，应当与公安机关办案部门签订鉴定委托书；不予受理的，应当退还鉴定材料并说明理由。

第三十三条 具有下列情形之一的，公安机关应当委托鉴定机构对查获的毒品进行含量鉴定：

（一）犯罪嫌疑人、被告人可能被判处死刑的；

（二）查获的毒品系液态、固液混合物或者系毒品半成品的；

（三）查获的毒品可能大量掺假的；

（四）查获的毒品系成分复杂的新类型毒品，且犯罪嫌疑人、被告人可能被判处七年以上有期徒刑的；

（五）人民检察院、人民法院认为含量鉴定对定罪量刑有重大影响而书面要求进行含量鉴定的。

进行含量鉴定的检材应当与进行成分鉴定的检材来源一致，且一一对应。

第三十四条　对毒品原植物及其种子、幼苗，应当委托具备相应资质的鉴定机构进行鉴定。当地没有具备相应资质的鉴定机构的，可以委托侦办案件的公安机关所在地的县级以上农牧、林业行政主管部门，或者设立农林相关专业的普通高等学校、科研院所出具检验报告。

第六章　附　　则

第三十五条　本规定所称的毒品，包括毒品的成品、半成品、疑似物以及含有毒品成分的物质。

毒品犯罪案件中查获的其他物品，如制毒物品及其半成品、含有制毒物品成分的物质、毒品原植物及其种子和幼苗的提取、扣押、称量、取样和送检程序，参照本规定执行。

第三十六条　本规定所称的"以上""以内"包括本数，"日"是指工作日。

第三十七条　扣押、封装、称量或者在公安机关办案场所取样时，无法确定犯罪嫌疑人、犯罪嫌疑人在逃或者犯罪嫌疑人在异地被抓获且无法及时到场的，应当在有见证人的情况下进行，并在相关笔录、扣押清单中注明。

犯罪嫌疑人到案后，公安机关应当以告知书的形式告知其扣押、称量、取样的过程、结果。犯罪嫌疑人拒绝在告知书上签名的，应当将告知情况形成笔录，一并附卷；犯罪嫌疑人对称量结果有异议，有条件重新称量的，可以重新称量，并制作称量笔录。

第三十八条　毒品的提取、扣押、封装、称量、取样活动有见证人的，笔录材料中应当写明见证人的姓名、身份证件种类及号码和联系方式，并附其常住人口信息登记表等材料。

下列人员不得担任见证人：

（一）生理上、精神上有缺陷或者年幼，不具有相应辨别能力或者不能正确表达的人；

（二）犯罪嫌疑人的近亲属，被引诱、教唆、欺骗、强迫吸毒的被害人及其近亲属，以及其他与案件有利害关系并可能影响案件公正处理的人；

（三）办理该毒品犯罪案件的公安机关、人民检察院、人民法院的工作人员、实习人员或者其聘用的协勤、文职、清洁、保安等人员。

由于客观原因无法由符合条件的人员担任见证人或者见证人不愿签名的，应当在笔录材料中注明情况，并对相关活动进行拍照并录像。

第三十九条　本规定自 2016 年 7 月 1 日起施行。

《最高人民法院、最高人民检察院、公安部关于办理网络犯罪案件适用刑事诉讼程序若干问题的意见》（公通字〔2014〕10号，2014年5月4日起施行）

三、关于网络犯罪案件的初查

10.对接受的案件或者发现的犯罪线索，在审查中发现案件事实或者线索不明，需要经过调查才能够确认是否达到犯罪追诉标准的，经办案部门负责人批准，可以进行初查。

初查过程中，可以采取询问、查询、勘验、检查、鉴定、调取证据材料等不限制初查对象人身、财产权利的措施，但不得对初查对象采取强制措施和查封、扣押、冻结财产。

四、关于网络犯罪案件的跨地域取证

11.公安机关跨地域调查取证的，可以将办案协作函和相关法律文书及凭证电传或者通过公安机关信息化系统传输至协作地公安机关。协作地公安机关经审查确认，在传来的法律文书上加盖本地公安机关印章后，可以代为调查取证。

12.询（讯）问异地证人、被害人以及与案件有关联的犯罪嫌疑人的，可以由办案地公安机关通过远程网络视频等方式进行询（讯）问并制作笔录。

远程询（讯）问的，应当由协作地公安机关事先核实被询（讯）问人的身份。办案地公安机关应当将询（讯）问笔录传输至协作地公安机关。询（讯）问笔录经被询（讯）问人确认并逐页签名、捺指印后，由协作地公安机关协作人员签名或者盖章，并将原件提供给办案地公安机关。询（讯）问人员收到笔录后，应当在首页右上方写明"于某年某月某日收到"，并签名或者盖章。

远程询（讯）问的，应当对询（讯）问过程进行录音录像，并随案移送。

异地证人、被害人以及与案件有关联的犯罪嫌疑人亲笔书写证词、供词的，参照本条第二款规定执行。

六、关于网络犯罪案件的其他问题

19.采取技术侦查措施收集的材料作为证据使用的，应当随案移送批准采取技术侦查措施的法律文书和所收集的证据材料。使用有关证据材料可能危及有关人员的人身安全，或者可能产生其他严重后果的，应当采取不暴露有关人员身份、技术方法等保护措施，必要时，可以由审判人员在庭外进行核实。

20.对针对或者组织、教唆、帮助不特定多数人实施的网络犯罪案件，确因客观条件限制无法逐一收集相关言词证据的，可以根据记录被害人数、被侵害的计算机信息系统数量、涉案资金数额等犯罪事实的电子数据、书证等证据材料，在慎重审查被告人及其辩护人所提辩解、辩护意见的基础上，综合全案证据材料，对相关犯罪事实作出认定。

《公安部关于公安机关办理醉酒驾驶机动车犯罪案件的指导意见》（公交管〔2011〕190号，2011年9月19日起施行）

一、进一步规范现场调查

1. 严格血样提取条件。交通民警要严格按照《交通警察道路执勤执法工作规范》的要求检查酒后驾驶机动车行为，检查中发现机动车驾驶人有酒后驾驶机动车嫌疑的，立即进行呼气酒精测试，对涉嫌醉酒驾驶机动车、当事人对呼气酒精测试结果有异议，或者拒绝配合呼气酒精测试等方法测试以及涉嫌饮酒后、醉酒驾驶机动车发生交通事故的，应当立即提取血样检验血液酒精含量。

2. 及时固定犯罪证据。对查获醉酒驾驶机动车嫌疑人的经过、呼气酒精测试和提取血样过程应当及时制作现场调查记录；有条件的，还应当通过拍照或者录音、录像等方式记录；现场有见证人的，应当及时收集证人证言。发现当事人涉嫌饮酒后或者醉酒驾驶机动车的，依法扣留机动车驾驶证，对当事人驾驶的机动车，需要作为证据的，可以依法扣押。

二、进一步规范办案期限

5. 规范血样提取送检。交通民警对当事人血样提取过程应当全程监控，保证收集证据合法、有效。提取的血样要当场登记封装，并立即送县级以上公安机关检验鉴定机构或者经公安机关认可的其他具备资格的检验鉴定机构进行血液酒精含量检验。因特殊原因不能立即送检的，应当按照规范低温保存，经上级公安机关交通管理部门负责人批准，可以在3日内送检。

6. 提高检验鉴定效率。要加快血液酒精检验鉴定机构建设，加强检验鉴定技术人员的培养。市、县公安机关尚未建立检验鉴定机构的，要尽快建立具有血液酒精检验职能的检验鉴定机构，并建立24小时值班制度。要切实提高血液酒精检验鉴定效率，对送检的血样，检验鉴定机构应当在3日内出具检验报告。当事人对检验结果有异议的，应当告知其在接到检验报告后3日内提出重新检验申请。

三、进一步规范立案侦查

9. 全面客观收集证据。对已经立案的醉酒驾驶机动车案件，应当全面、客观地收集、调取犯罪证据材料，并严格审查、核实。要及时检查、核实车辆和人员基本情况及机动车驾驶人违法犯罪信息，详细记录现场查获醉酒驾驶机动车的过程、人员车辆基本特征以及现场采取呼气酒精测试、实施强制措施、提取血样、口头传唤、固定证据等情况。讯问犯罪嫌疑人时，应当对犯罪嫌疑人是否有罪以及情节轻重等情况作重点讯问，并听取无罪辩解。要及时收集能够证明犯罪嫌疑人是否醉酒驾驶机动车的证人证言、视听资料等其他证据材料。

5. 妨害证明的法律制裁

相关法律条文

《中华人民共和国监察官法》(2021 年 8 月 20 日通过, 2022 年 1 月 1 日起施行)

第五十二条　监察官有下列行为之一的, 依法给予处理; 构成犯罪的, 依法追究刑事责任:

(一) 贪污贿赂的;

(二) 不履行或者不正确履行监督职责, 应当发现的问题没有发现, 或者发现问题不报告、不处置, 造成恶劣影响的;

(三) 未经批准、授权处置问题线索, 发现重大案情隐瞒不报, 或者私自留存、处理涉案材料的;

(四) 利用职权或者职务上的影响干预调查工作、以案谋私的;

(五) 窃取、泄露调查工作信息, 或者泄露举报事项、举报受理情况以及举报人信息的;

(六) 隐瞒、伪造、变造、故意损毁证据、案件材料的;

(七) 对被调查人或者涉案人员逼供、诱供, 或者侮辱、打骂、虐待、体罚、变相体罚的;

(八) 违反规定采取调查措施或者处置涉案财物的;

(九) 违反规定发生办案安全事故, 或者发生安全事故后隐瞒不报、报告失实、处置不当的;

(十) 其他职务违法犯罪行为。

监察官有其他违纪违法行为, 影响监察官队伍形象, 损害国家和人民利益的, 依法追究相应责任。

《中华人民共和国法律援助法》(2021 年 8 月 20 日通过, 2022 年 1 月 1 日起施行)

第四十八条　有下列情形之一的, 法律援助机构应当作出终止法律援助的决定:

(一) 受援人以欺骗或者其他不正当手段获得法律援助;

(二) 受援人故意隐瞒与案件有关的重要事实或者提供虚假证据;

(三) 受援人利用法律援助从事违法活动;

(四) 受援人的经济状况发生变化, 不再符合法律援助条件;

(五) 案件终止审理或者已经被撤销;

(六) 受援人自行委托律师或者其他代理人;

(七) 受援人有正当理由要求终止法律援助;

(八) 法律法规规定的其他情形。

法律援助人员发现有前款规定情形的, 应当及时向法律援助机构报告。

《中华人民共和国刑法》（1979 年 7 月 1 日通过，2020 年 12 月 26 日第十一次修正）

第二百二十九条　【提供虚假证明文件罪】承担资产评估、验资、验证、会计、审计、法律服务、保荐、安全评价、环境影响评价、环境监测等职责的中介组织的人员故意提供虚假证明文件，情节严重的，处五年以下有期徒刑或者拘役，并处罚金；有下列情形之一的，处五年以上十年以下有期徒刑，并处罚金：

（一）提供与证券发行相关的虚假的资产评估、会计、审计、法律服务、保荐等证明文件，情节特别严重的；

（二）提供与重大资产交易相关的虚假的资产评估、会计、审计等证明文件，情节特别严重的；

（三）在涉及公共安全的重大工程、项目中提供虚假的安全评价、环境影响评价等证明文件，致使公共财产、国家和人民利益遭受特别重大损失的。

有前款行为，同时索取他人财物或者非法收受他人财物构成犯罪的，依照处罚较重的规定定罪处罚。

第三百零五条　【伪证罪】在刑事诉讼中，证人、鉴定人、记录人、翻译人对与案件有重要关系的情节，故意作虚假证明、鉴定、记录、翻译，意图陷害他人或者隐匿罪证的，处三年以下有期徒刑或者拘役；情节严重的，处三年以上七年以下有期徒刑。

第三百零六条　【辩护人、诉讼代理人毁灭证据、伪造证据、妨害作证罪】在刑事诉讼中，辩护人、诉讼代理人毁灭、伪造证据，帮助当事人毁灭、伪造证据，威胁、引诱证人违背事实改变证言或者作伪证的，处三年以下有期徒刑或者拘役；情节严重的，处三年以上七年以下有期徒刑。

辩护人、诉讼代理人提供、出示、引用的证人证言或者其他证据失实，不是有意伪造的，不属于伪造证据。

第三百零七条　【妨害作证罪】以暴力、威胁、贿买等方法阻止证人作证或者指使他人作伪证的，处三年以下有期徒刑或者拘役；情节严重的，处三年以上七年以下有期徒刑。

【帮助毁灭、伪造证据罪】帮助当事人毁灭、伪造证据，情节严重的，处三年以下有期徒刑或者拘役。

司法工作人员犯前两款罪的，从重处罚。

第三百零七条之一　【虚假诉讼罪】以捏造的事实提起民事诉讼，妨害司法秩序或者严重侵害他人合法权益的，处三年以下有期徒刑、拘役或者管制，并处或者单处罚金；情节严重的，处三年以上七年以下有期徒刑，并处罚金。

单位犯前款罪的，对单位判处罚金，并对其直接负责的主管人员和其他直接责任人员，依照前款的规定处罚。

有第一款行为，非法占有他人财产或者逃避合法债务，又构成其他犯罪的，依照处罚较重的规定定罪从重处罚。

司法工作人员利用职权，与他人共同实施前三款行为的，从重处罚；同时构成其他犯罪的，依照处罚较重的规定定罪从重处罚。

第三百零八条　【打击报复证人罪】对证人进行打击报复的，处三年以下有期徒刑或者拘役；情节严重的，处三年以上七年以下有期徒刑。

第三百零八条之一　【泄露不应公开的案件信息罪】司法工作人员、辩护人、诉讼代理人或者其他诉讼参与人，泄露依法不公开审理的案件中不应当公开的信息，造成信息公开传播或者其他严重后果的，处三年以下有期徒刑、拘役或者管制，并处或者单处罚金。

【故意泄露国家秘密罪】【过失泄露国家秘密罪】有前款行为，泄露国家秘密的，依照本法第三百九十八条的规定定罪处罚。

【披露、报道不应公开的案件信息罪】公开披露、报道第一款规定的案件信息，情节严重的，依照第一款的规定处罚。

单位犯前款罪的，对单位判处罚金，并对其直接负责的主管人员和其他直接责任人员，依照第一款的规定处罚。

第三百零九条　【扰乱法庭秩序罪】有下列扰乱法庭秩序情形之一的，处三年以下有期徒刑、拘役、管制或者罚金：

（一）聚众哄闹、冲击法庭的；

（二）殴打司法工作人员或者诉讼参与人的；

（三）侮辱、诽谤、威胁司法工作人员或者诉讼参与人，不听法庭制止，严重扰乱法庭秩序的；

（四）有毁坏法庭设施，抢夺、损毁诉讼文书、证据等扰乱法庭秩序行为，情节严重的。

第三百一十一条　【拒绝提供间谍犯罪、恐怖主义犯罪、极端主义犯罪证据罪】明知他人有间谍犯罪或者恐怖主义、极端主义犯罪行为，在司法机关向其调查有关情况、收集有关证据时，拒绝提供，情节严重的，处三年以下有期徒刑、拘役或者管制。

《中华人民共和国刑事诉讼法》（1979 年 7 月 1 日通过，1996 年 3 月 17 日第一次修正，2012 年 3 月 14 日第二次修正，2018 年 10 月 26 日第三次修正）

第四十四条　【辩护人的义务】辩护人或者其他任何人，不得帮助犯罪嫌疑人、被告人隐匿、毁灭、伪造证据或者串供，不得威胁、引诱证人作伪证以及进行其他干扰司法机关诉讼活动的行为。

违反前款规定的，应当依法追究法律责任，辩护人涉嫌犯罪的，应当由办理辩护人所承办案件的侦查机关以外的侦查机关办理。辩护人是律师的，应当及时通知其所在的律师事务所或者所属的律师协会。

相关司法解释规定

《最高人民法院、最高人民检察院关于办理窝藏、包庇刑事案件适用法律若干问题的解释》（法释〔2021〕16号，2021年8月11日起施行）

第二条　明知是犯罪的人，为帮助其逃避刑事追究，或者帮助其获得从宽处罚，实施下列行为之一的，应当依照刑法第三百一十条第一款的规定，以包庇罪定罪处罚：

（一）故意顶替犯罪的人欺骗司法机关的；

（二）故意向司法机关作虚假陈述或者提供虚假证明，以证明犯罪的人没有实施犯罪行为，或者犯罪的人所实施行为不构成犯罪的；

（三）故意向司法机关提供虚假证明，以证明犯罪的人具有法定从轻、减轻、免除处罚情节的；

（四）其他作假证明包庇的行为。

第三条　明知他人有间谍犯罪或者恐怖主义、极端主义犯罪行为，在司法机关向其调查有关情况、收集有关证据时，拒绝提供，情节严重的，依照刑法第三百一十一条的规定，以拒绝提供间谍犯罪、恐怖主义犯罪、极端主义犯罪证据罪定罪处罚；作假证明包庇的，依照刑法第三百一十条的规定，以包庇罪从重处罚。

第七条　为帮助同一个犯罪的人逃避刑事处罚，实施窝藏、包庇行为，又实施洗钱行为，或者掩饰、隐瞒犯罪所得及其收益行为，或者帮助毁灭证据行为，或者伪证行为的，依照处罚较重的犯罪定罪，并从重处罚，不实行数罪并罚。

《最高人民法院、最高人民检察院关于办理非法利用信息网络、帮助信息网络犯罪活动等刑事案件适用法律若干问题的解释》（法释〔2019〕15号，2019年11月1日起施行）

第五条　拒不履行信息网络安全管理义务，致使影响定罪量刑的刑事案件证据灭失，具有下列情形之一的，应当认定为刑法第二百八十六条之一第一款第三项规定的"情节严重"：

（一）造成危害国家安全犯罪、恐怖活动犯罪、黑社会性质组织犯罪、贪污贿赂犯罪案件的证据灭失的；

（二）造成可能判处五年有期徒刑以上刑罚犯罪案件的证据灭失的；

（三）多次造成刑事案件证据灭失的；

（四）致使刑事诉讼程序受到严重影响的；

（五）其他情节严重的情形。

《人民检察院刑事诉讼规则》（高检发释字〔2019〕4 号，2019 年 12 月 30 日起施行）

第六十条　人民检察院发现辩护人有帮助犯罪嫌疑人、被告人隐匿、毁灭、伪造证据、串供，或者威胁、引诱证人作伪证以及其他干扰司法机关诉讼活动的行为，可能涉嫌犯罪的，应当将涉嫌犯罪的线索或者证据材料移送有管辖权的机关依法处理。

人民检察院发现辩护律师在刑事诉讼中违反法律、法规或者执业纪律的，应当及时向其所在的律师事务所、所属的律师协会以及司法行政机关通报。

《最高人民法院、最高人民检察院关于办理虚假诉讼刑事案件适用法律若干问题的解释》（法释〔2018〕17 号，2018 年 10 月 1 日起施行）

第一条　采取伪造证据、虚假陈述等手段，实施下列行为之一，捏造民事法律关系，虚构民事纠纷，向人民法院提起民事诉讼的，应当认定为刑法第三百零七条之一第一款规定的"以捏造的事实提起民事诉讼"：

（一）与夫妻一方恶意串通，捏造夫妻共同债务的；

（二）与他人恶意串通，捏造债权债务关系和以物抵债协议的；

（三）与公司、企业的法定代表人、董事、监事、经理或者其他管理人员恶意串通，捏造公司、企业债务或者担保义务的；

（四）捏造知识产权侵权关系或者不正当竞争关系的；

（五）在破产案件审理过程中申报捏造的债权的；

（六）与被执行人恶意串通，捏造债权或者对查封、扣押、冻结财产的优先权、担保物权的；

（七）单方或者与他人恶意串通，捏造身份、合同、侵权、继承等民事法律关系的其他行为。

隐瞒债务已经全部清偿的事实，向人民法院提起民事诉讼，要求他人履行债务的，以"以捏造的事实提起民事诉讼"论。

向人民法院申请执行基于捏造的事实作出的仲裁裁决、公证债权文书，或者在民事执行过程中以捏造的事实对执行标的提出异议、申请参与执行财产分配的，属于刑法第三百零七条之一第一款规定的"以捏造的事实提起民事诉讼"。

第六条　诉讼代理人、证人、鉴定人等诉讼参与人与他人通谋，代理提起虚假民事诉讼、故意作虚假证言或者出具虚假鉴定意见，共同实施刑法第三百零七条之一前三款行为的，依照共同犯罪的规定定罪处罚；同时构成妨害作证罪，帮助毁灭、伪造证据罪等犯罪的，依照处罚较重的规定定罪从重处罚。

第七条　采取伪造证据等手段篡改案件事实，骗取人民法院裁判文书，构成犯罪的，依照刑法第二百八十条、第三百零七条等规定追究刑事责任。

三、证明责任与证明标准

1. 举 证 责 任

相关法律条文

《中华人民共和国刑事诉讼法》（1979 年 7 月 1 日通过，1996 年 3 月 17 日第一次修正，2012 年 3 月 14 日第二次修正，2018 年 10 月 26 日第三次修正）

第五十一条 【举证责任】公诉案件中被告人有罪的举证责任由人民检察院承担，自诉案件中被告人有罪的举证责任由自诉人承担。

相关司法解释规定

《最高人民法院关于适用〈中华人民共和国刑事诉讼法〉的解释》（法释〔2021〕1 号，2021 年 3 月 1 日起施行）

第一百八十八条 附带民事诉讼当事人对自己提出的主张，有责任提供证据。

《人民检察院刑事诉讼规则》（高检发释字〔2019〕4 号，2019 年 12 月 30 日起施行）

第六十一条 人民检察院认定案件事实，应当以证据为根据。

公诉案件中被告人有罪的举证责任由人民检察院承担。人民检察院在提起公诉指控犯罪时，应当提出确实、充分的证据，并运用证据加以证明。

人民检察院提起公诉，应当秉持客观公正立场，对被告人有罪、罪重、罪轻的证据都应当向人民法院提出。

第四百零一条 在法庭审理中，下列事实不必提出证据进行证明：

（一）为一般人共同知晓的常识性事实；

（二）人民法院生效裁判所确认并且未依审判监督程序重新审理的事实；

（三）法律、法规的内容以及适用等属于审判人员履行职务所应当知晓的事实；

（四）在法庭审理中不存在异议的程序事实；

（五）法律规定的推定事实；

（六）自然规律或者定律。

相关司法文件

《最高人民法院、最高人民检察院、公安部、国家安全部、司法部关于推进以审判为中心的刑事诉讼制度改革的意见》（法发〔2016〕18 号 2016 年，7 月 20 日起施行）

八、进一步完善公诉机制，被告人有罪的举证责任，由人民检察院承担。对被告人不认罪的，人民检察院应当强化庭前准备和当庭讯问、举证、质证。

2. 起诉与审判阶段的证明标准

相关法律条文

《中华人民共和国刑事诉讼法》（1979 年 7 月 1 日通过，1996 年 3 月 17 日第一次修正，2012 年 3 月 14 日第二次修正，2018 年 10 月 26 日第三次修正）

第五十五条　【重证据、重调查研究、不轻信口供原则】对一切案件的判处都要重证据，重调查研究，不轻信口供。只有被告人供述，没有其他证据的，不能认定被告人有罪和处以刑罚；没有被告人供述，证据确实、充分的，可以认定被告人有罪和处以刑罚。

证据确实、充分，应当符合以下条件：

（一）定罪量刑的事实都有证据证明；

（二）据以定案的证据均经法定程序查证属实；

（三）综合全案证据，对所认定事实已排除合理怀疑。

相关司法解释规定

《人民检察院刑事诉讼规则》（高检发释字〔2019〕4 号，2019 年 12 月 30 日起施行）

第三百五十五条　人民检察院认为犯罪嫌疑人的犯罪事实已经查清，证据确实、充分，依法应当追究刑事责任的，应当作出起诉决定。

具有下列情形之一的，可以认为犯罪事实已经查清：

（一）属于单一罪行的案件，查清的事实足以定罪量刑或者与定罪量刑有关的事实已经查清，不影响定罪量刑的事实无法查清的；

（二）属于数个罪行的案件，部分罪行已经查清并符合起诉条件，其他罪行无法查清的；

（三）无法查清作案工具、赃物去向，但有其他证据足以对被告人定罪量刑的；

（四）证人证言、犯罪嫌疑人供述和辩解、被害人陈述的内容主要情节一致，个别情节不一致，但不影响定罪的。

对于符合前款第二项情形的，应当以已经查清的罪行起诉。

第三百六十八条　具有下列情形之一，不能确定犯罪嫌疑人构成犯罪和需要追究刑事责任的，属于证据不足，不符合起诉条件：

（一）犯罪构成要件事实缺乏必要的证据予以证明的；

（二）据以定罪的证据存在疑问，无法查证属实的；

（三）据以定罪的证据之间、证据与案件事实之间的矛盾不能合理排除的；

（四）根据证据得出的结论具有其他可能性，不能排除合理怀疑的；

（五）根据证据认定案件事实不符合逻辑和经验法则，得出的结论明显不符合常理的。

《最高人民法院、最高人民检察院关于适用犯罪嫌疑人、被告人逃匿、死亡案件违法所得没收程序若干问题的规定》（法释〔2017〕1号，2017年1月5日起施行）

第十条　同时具备以下情形的，应当认定为本规定第九条规定的"有证据证明有犯罪事实"：

（一）有证据证明发生了犯罪事实；

（二）有证据证明该犯罪事实是犯罪嫌疑人、被告人实施的；

（三）证明犯罪嫌疑人、被告人实施犯罪行为的证据真实、合法。

第十五条　出庭的检察人员应当宣读没收违法所得申请书，并在法庭调查阶段就申请没收的财产属于违法所得及其他涉案财产等相关事实出示、宣读证据。

对于确有必要出示但可能妨碍正在或者即将进行的刑事侦查的证据，针对该证据的法庭调查不公开进行。

利害关系人及其诉讼代理人对申请没收的财产属于违法所得及其他涉案财产等相关事实及证据有异议的，可以提出意见；对申请没收的财产主张权利的，应当出示相关证据。

第十七条　申请没收的财产具有高度可能属于违法所得及其他涉案财产的，应当认定为本规定第十六条规定的"申请没收的财产属于违法所得及其他涉案财产"。

巨额财产来源不明犯罪案件中，没有利害关系人对违法所得及其他涉案财产主张权利，或者利害关系人对违法所得及其他涉案财产虽然主张权利但提供的相关证据没有达到相应证明标准的，应当视为本规定第十六条规定的"申请没收的财产属于违法所得及其他涉案财产"。

相关部门规章

《公安机关办理刑事案件程序规定》（公安部2012年12月13日修订发布，2020年7月20日修正）

第七十条　公安机关移送审查起诉的案件，应当做到犯罪事实清楚，证据确实、充分。

证据确实、充分，应当符合以下条件：

（一）认定的案件事实都有证据证明；

（二）认定案件事实的证据均经法定程序查证属实；

（三）综合全案证据，对所认定事实已排除合理怀疑。

对证据的审查，应当结合案件的具体情况，从各证据与待证事实的关联程度、各证据之间的联系等方面进行审查判断。

只有犯罪嫌疑人供述，没有其他证据的，不能认定案件事实；没有犯罪嫌疑人供述，证据确实、充分的，可以认定案件事实。

相关司法文件

《最高人民法院、最高人民检察院、公安部、国家安全部、司法部关于推进以审判为中心的刑事诉讼制度改革的意见》（法发〔2016〕18号，2016年7月20日起施行）

九、完善不起诉制度，对未达到法定证明标准的案件，人民检察院应当依法作出不起诉决定，防止事实不清、证据不足的案件进入审判程序。完善撤回起诉制度，规范撤回起诉的条件和程序。

《最高人民法院、最高人民检察院、公安部、司法部刑事案件速裁程序试点工作座谈会纪要（二）》（法〔2015〕382号，2015年12月22日起施行）

7.准确把握证明标准。被告人自愿认罪，有关键证据证明被告人实施了指控的犯罪行为的，可以认定被告人有罪。对于量刑事实的认定，采取有利于被告人原则。

《最高人民法院关于建立健全防范刑事冤假错案工作机制的意见》（法发〔2013〕11号，2013年10月9日起施行）

二、严格执行法定证明标准，强化证据审查机制

6.定罪证据不足的案件，应当坚持疑罪从无原则，依法宣告被告人无罪，不得降格作出"留有余地"的判决。

定罪证据确实、充分，但影响量刑的证据存疑的，应当在量刑时作出有利于被告人的处理。

死刑案件，认定对被告人适用死刑的事实证据不足的，不得判处死刑。

7.重证据，重调查研究，切实改变"口供至上"的观念和做法，注重实物证据的审查和运用。只有被告人供述，没有其他证据的，不能认定被告人有罪。

8.采用刑讯逼供或者冻、饿、晒、烤、疲劳审讯等非法方法收集的被告人供述，应当排除。

除情况紧急必须现场讯问以外，在规定的办案场所外讯问取得的供述，未依法对讯问进行全程录音录像取得的供述，以及不能排除以非法方法取得的供述，应当排除。

9.现场遗留的可能与犯罪有关的指纹、血迹、精斑、毛发等证据，未通过指纹鉴定、DNA鉴定等方式与被告人、被害人的相应样本作同一认定的，不得作为定案的根据。涉案物品、作案工具等未通过辨认、鉴定等方式确定来源的，不得作为定案的根据。

对于命案，应当审查是否通过被害人近亲属辨认、指纹鉴定、DNA鉴定等方式

确定被害人身份。

《最高人民法院研究室关于信用卡犯罪法律适用若干问题的复函》（法研〔2010〕105 号，2010 年 7 月 5 日起施行）

二、发卡银行的"催收"应有电话录音、持卡人或其家属签字等证据证明。"两次催收"一般应分别采用电话、信函、上门等两种以上催收形式。

四、非法套现犯罪的证据规格，仍应遵循刑事诉讼法规定的证据确实、充分的证明标准。原则上应向各持卡人询问并制作笔录。如因持卡人数量众多、下落不明等客观原因导致无法取证，且其他证据已能确实、充分地证明使用信用卡非法套现的犯罪事实及套现数额的，则可以不向所有持卡人询问并制作笔录。

《最高人民法院、最高人民检察院、公安部办理黑社会性质组织犯罪案件座谈会纪要》（法〔2009〕382 号，2009 年 12 月 9 日起施行）

4. 关于认定黑社会性质组织犯罪的证据要求。办理涉黑案件同样应当坚持案件"事实清楚，证据确实、充分"的法定证明标准。但应当注意的是，"事实清楚"是指能够对定罪量刑产生影响的事实必须清楚，而不是指整个案件的所有事实和情节都要一一查证属实；"证据确实、充分"是指能够据以定罪量刑的证据确实、充分，而不是指案件中所涉全部问题的证据都要达到确实、充分的程度。对此，一定要准确理解和把握，不要纠缠那些不影响定罪量刑的枝节问题。比如，在可以认定某犯罪组织已将所获经济利益部分用于组织活动的情况下，即使此部分款项的具体数额难以全部查实，也不影响定案。

《人民检察院办理起诉案件质量标准（试行）》（高检诉发〔2007〕63 号，2007 年 6 月 19 日起施行）

一、符合下列条件的，属于达到起诉案件质量标准

（二）证据确实、充分

1. 证明案件事实和情节的证据合法有效，依据法律和有关司法解释排除非法证据；

2. 证明犯罪构成要件的事实和证据确实、充分；

3. 据以定罪的证据之间不存在矛盾或者矛盾能够合理排除；

4. 根据证据得出的结论具有排他性。

《人民检察院办理不起诉案件质量标准（试行）》（高检诉发〔2007〕63 号，2007 年 6 月 19 日起施行）

一、符合下列条件的，属于达到不起诉案件质量标准

（一）根据刑事诉讼法第一百四十条第四款决定不起诉的案件

人民检察院对于经过补充侦查并且具有下列情形之一的案件，经检察委员会讨论决定，可以作出不起诉决定：

1. 据以定罪的证据存在疑问，无法查证属实的；

2. 犯罪构成要件事实缺乏必要的证据予以证明的；

3. 据以定罪的证据之间的矛盾不能合理排除的；

4. 根据证据得出的结论具有其他可能性的。

《最高人民检察院公诉厅毒品犯罪案件公诉证据标准指导意见（试行）》（〔2005〕高检诉发第32号，2005年4月25日起施行）

根据毒品犯罪案件证据的共性和特性，公诉证据标准可分为一般证据标准和特殊证据标准。一般证据标准，是指毒品犯罪通常具有的证据种类和形式；特殊证据标准，是指对某些毒品犯罪除一般证据种类和形式外，还应具有的特殊证据形式。

一、一般证据标准

一般证据标准，包括证明毒品犯罪的客体、客观方面、主体和主观方面的证据种类和形式。毒品犯罪侵犯的客体主要是国家对毒品的管理制度，在一些特殊的毒品犯罪中，还同时侵害了国家海关管理制度等。对此，一般可通过犯罪事实的认定予以明确。《指导意见（试行）》主要针对的是证明毒品犯罪的主体、主观方面和客观方面的证据种类和形式问题。

（一）关于犯罪主体的证据

毒品犯罪的主体既有一般主体，也有特殊主体，包括自然人和单位。关于犯罪主体（自然人）的证据主要参考以下内容：

1. 居民身份证、临时居住证、工作证、护照、港澳居民来往内地通行证、台湾居民来往大陆通行证、中华人民共和国旅行证，以及边民证；

2. 户口簿或微机户口卡；

3. 个人履历表或入学、入伍、招工、招干等登记表；

4. 医院出生证明；

5. 犯罪嫌疑人、被告人的供述；

6. 有关人员（如亲属、邻居等）关于犯罪嫌疑人、被告人情况的证言。

通过上述证据证明犯罪嫌疑人、被告人的姓名（曾用名）、出生年月日、居民身份证号、民族、籍贯、出生地、职业、住所地等基本情况。贩卖毒品罪的犯罪嫌疑人、被告人必须是年满14周岁的自然人；其他毒品犯罪的犯罪嫌疑人、被告人必须是年满16周岁的自然人。

收集、审查、判断上述证据需要注意的问题：

1. 居民身份证、工作证等身份证明文件的核实

对居民身份证、临时居住证、工作证、护照、港澳居民来往内地通行证、台湾居民来往大陆通行证、中华人民共和国旅行证，以及边民证的真实性存在疑问，如有其他证据能够证明犯罪嫌疑人、被告人真实情况的，可根据其他证据予以认定；现有证据无法证明的，应向证明身份文件上标明的原出具机关予以核实；原机关已撤销或者变更导致无法核实的，应向有权主管机关予以核查。经核查证明材料不真

实的，应当向犯罪嫌疑人、被告人户籍所在地的公安机关、原用人单位调取证据。犯罪嫌疑人、被告人的真实姓名、住址无法查清的，应按其绰号或自报情况起诉，并在起诉书中注明。被告人自报姓名可能造成损害他人名誉、败坏道德风俗等不良影响的，可以对被告人进行编号并按编号制作起诉书，同时在起诉书中附具被告人的照片。犯罪嫌疑人、被告人认为公安机关提取的法定书证（户口簿、身份证等）所记载的个人情况不真实，但没有证据证明的，应以法定书证为准。对于年龄有争议的，一般以户籍登记文件为准；出生原始记录证明户籍登记确有错误的，可以根据原始记录等有效证据予以认定。对年龄有争议，又缺乏证据的情况下，可以采用"骨龄鉴定法"，并结合其他证据予以认定。

2. 国籍的认定

国籍的认定，涉及案件的审判管辖级别。审查起诉毒品犯罪案件时，应当查明犯罪嫌疑人、被告人的国籍。外国人的国籍，以其入境时的有效证件予以证明。对于没有护照的，可根据边民证认定其国籍；缅甸的个别地区使用"马帮丁"作为该地区居民的身份证明，故根据"马帮丁"也可认定其国籍。此外，根据有关国家有权管理机关出具的证明材料（同时附有我国司法机关的《委托函》或者能够证明该份证据取证合法的证明材料），也可以认定其国籍。国籍不明的，可商请我国出入境管理部门或者我国驻外使领馆予以协助查明。无法查明国籍的，以无国籍人论。无国籍人，属于外国人。

3. 刑事责任能力的确定

犯罪嫌疑人、被告人的言行举止反映他（她）可能患有精神性疾病的，应当尽量收集能够证明其精神状况的证据。证人证言可作为证明犯罪嫌疑人、被告人刑事责任能力的证据。经查不能排除犯罪嫌疑人、被告人具有精神性疾病可能性的，应当作司法精神病鉴定。

（二）关于犯罪主观方面的证据

毒品犯罪的主观方面为故意。关于主观方面的证据主要参考以下内容：

1. 犯罪嫌疑人、被告人及其同案犯的供述和辩解；

2. 有关证人证言；

3. 有关书证（书信、电话记录、手机短信记录）；

4. 其他有助于判断主观故意的客观事实。

通过证据1、证据2和证据3，证明毒品犯罪案件的起因、犯罪动机、犯罪目的等主观特征。当以上证据均无法证明犯罪嫌疑人、被告人在主观上是否具有毒品犯罪的"明知"时，可通过证据4，即根据一定的客观事实判定"明知"。

收集、审查、判断上述证据需要注意的问题：

1. 对于毒品犯罪中目的犯的认定，应注意收集证明犯罪嫌疑人、被告人主观犯罪目的之证据，例如，《刑法》第355条第2款规定的"以牟利为目的"。

2.对于毒品犯罪中共同犯罪的认定，应注意收集证明共同故意的证据。

3.推定"明知"应当慎重使用。对于具有下列情形之一，并且犯罪嫌疑人、被告人不能做出合理解释的，可推定其明知，但有相反证据的除外：（1）故意选择没有海关和边防检查站的边境路段绕行出入境的；（2）经过海关或边检站时，以假报、隐匿、伪装等蒙骗手段逃避海关、边防检查的；（3）采用假报、隐匿、伪装等蒙骗手段逃避邮检的；（4）采用体内藏毒的方法运输毒品的。对于具有下列情形之一的，能否推定明知还需结合其他证据予以综合判断：（1）受委托或雇佣携带毒品，获利明显超过正常标准的；（2）犯罪嫌疑人、被告人所有物、住宅、院落里藏有毒品的；（3）毒品包装物上留下的指纹与犯罪嫌疑人、被告人的指纹经鉴定一致的；（4）犯罪嫌疑人、被告人持有毒品的。

（三）关于犯罪客观方面的证据

毒品犯罪在客观方面表现为各种形式的毒品犯罪行为，如走私、贩卖、运输、制造毒品、非法持有毒品等。证明毒品犯罪客观方面的证据主要参考以下内容：

1.物证及其照片，包括毒品、毒品的半成品、毒品的前体化学物、毒品原植物、毒品原植物的种子或幼苗、制毒物品、毒资、盛装毒品的容器或包装物、作案工具等实物及其照片；

2.毒资转移的凭证，如银行的支付凭证（如存折、本票、汇票、支票）和记账凭证，毒品、制毒物品、毒品原植物等物品的交付凭证（托运单、货单、仓单、邮寄单），交通运输凭证（车票、船票、机票），同案犯之间的书信等；

3.报案记录、投案记录、举报记录（信件）、控告记录（信件）、破案报告、吸毒记录等能说明案件及相关情况的书面材料；

4.毒品、毒资、作案工具及其他涉案物品的扣押清单；

5.相关证人证言，包括海关、边防检查人员、侦查人员的证言，以及鉴定人员对鉴定所作的说明；

6.辨认笔录、指认笔录及其照片情况的文字记录，包括有关知情人员对犯罪嫌疑人、被告人的辨认和犯罪嫌疑人、被告人对毒品、毒资等犯罪对象的指认情况；

7.犯罪嫌疑人、被告人的供述和辩解；

8.毒品鉴定和检验报告，包括毒品鉴定、制毒物品鉴定、毒品原植物鉴定、毒品原植物的种子或幼苗鉴定、文检鉴定、指纹鉴定、犯罪嫌疑人或被告人是否吸食毒品的检验报告，以及被引诱、教唆、欺骗、强迫吸毒的被害人和被容留吸毒的人员是否吸食毒品的检验报告；

9.现场勘验、检查笔录及照片、录像、现场制图，包括对现场的勘验、对人身的检查、对物品的检查；

10.毒品数量的称量笔录；

11.视听资料，包括录音带、录像带、电子数据等。

通过上述证据证明：毒品犯罪事实是否存在；犯罪嫌疑人、被告人是否实施毒品犯罪行为；犯罪嫌疑人、被告人实施毒品犯罪行为的性质；犯罪的时间、地点、手段、后果；毒品的种类及其数量；共同犯罪中，犯罪嫌疑人、被告人之间的关系及其在共同犯罪中所起的作用和地位；犯罪嫌疑人、被告人的财产状况；是否具有法定或酌定从重、从轻、减轻或免除处罚的情节；涉及管辖、强制措施、诉讼期限的事实；其他与定罪量刑有关的事实。

收集、审查、判断上述证据需要注意以下问题。

1. 毒品犯罪案件中所涉及的毒品、制毒物品，以及毒品原植物、种子、幼苗，都必须属于刑法规定的范围。

2. 收集证据过程中，应注意固定、保全证据，防止证据在转移过程中因保管失当而发生变化或灭失。

3. 公安机关对作为证据使用的实物应当随案移送检察机关，对不宜或不便移送的，应将这些物品的扣押清单、照片或者其他证明文件随案移送检察机关。

4. 注意审查犯罪嫌疑人、被告人的供述等言词证据，对于以刑讯逼供、诱供、指供、骗供等非法方法收集的言词证据，坚决依法予以排除。

5. 在毒品、制毒物品等物证灭失的情况下，仅有犯罪嫌疑人、被告人自己的供述，不能定罪；但是，当犯罪嫌疑人、被告人的供述与同案犯的供述吻合，并且完全排除诱供、刑讯逼供、串供等情形，能够相互印证的口供可以作为定罪的证据。

6. 毒品数量是指毒品净重。称量时，要扣除包装物和容器的重量。毒品称量应由二名以上侦查人员当场、当面进行，并拍摄现场照片。查获毒品后，应当场制作称量笔录，要求犯罪嫌疑人当场签字；犯罪嫌疑人拒绝签字的，应作出情况说明。

7. 审查鉴定时，要注意鉴定主体是否合格、鉴定内容和范围是否全面、鉴定程序是否符合规范（包括检材提取、检验、鉴定方法、鉴定过程、鉴定人有无签字等）、鉴定结论是否明确具体、鉴定报告的体例形式是否符合规范要求，以及鉴定结论是否告知犯罪嫌疑人、被告人。

8. 公安机关依法使用技术侦查手段秘密收集的证据，因为涉及保密问题，不能直接作为证据使用；必须使用技术侦查手段秘密收集的证据证明犯罪事实时，应将其转化为诉讼证据。

二、特殊证据标准

特殊证据标准主要包括主体特殊的毒品犯罪、有被害人的毒品犯罪、毒品犯罪的再犯，以及某些个罪所需的特殊证据形式。

（一）单位犯罪的特殊证据

《刑法》第347条走私、贩卖、运输、制造毒品罪、第350条走私制毒物品罪、非法买卖制毒物品罪、第355条非法提供麻醉药品、精神药品罪都规定单位可以构成本罪主体。单位毒品犯罪除一般证据标准外，还需要参考以下内容：

1. 证明单位犯罪主体身份的证据，例如，单位注册登记证明、单位代表身份证明、营业执照、办公地和主要营业地证明等；

2. 证明单位犯罪主观故意的证据，例如，证明单位犯罪的目的、实施犯罪的决定形成等证明材料；

3. 证明单位犯罪非法所得归属的证据，例如，证明单位、资金流动、非法利益分配情况等证明材料；

4. 证明单位犯罪中直接负责的主管人员和其他直接责任人员的证据。

通过上述证据证明犯罪系单位行为，与自然人犯罪相区分。

收集、审查、判断上述证据需要注意以下问题：

1. 我国刑法中规定的单位，既包括国有、集体所有的公司、企业、事业单位，也包括依法设立的合资经营、合作经营企业和具有法人资格的独资、私营等公司、企业、事业单位；

2. 个人为进行违法犯罪活动而设立的公司、企业、事业单位实施犯罪的，或者公司、企业、事业单位设立后，以实施犯罪为主要活动的，以自然人犯罪论处；

3. 盗用单位名义实施犯罪，违法所得由实施犯罪的个人私分的，依照刑法有关自然人犯罪的规定定罪处刑。

（二）特殊主体的特殊证据

《刑法》第355条规定的非法提供麻醉药品、精神药品罪的主体是特殊主体，即依法从事生产、运输、管理、使用国家管制的精神药品和麻醉药品的单位和个人。该罪的特殊证据主要参考以下内容：

1. 国家主管部门颁发的生产、运输、管理、使用国家管制的精神药品、麻醉药品的"许可证"；

2. 有关单位对国家管制的精神药品和麻醉药品的来源、批号的证明及管理规定；

3. 特殊行业专营证；

4. 有关批文；

5. 有关个人的工作证、职称证明、授权书、职务任命书。

通过上述证据证明犯罪主体具有从事生产、运输、管理、使用国家管制的麻醉药品、精神药品的权力和职能。

（三）有被害人的毒品犯罪的特殊证据

《刑法》第353条规定的引诱、教唆、欺骗他人吸毒罪、强迫他人吸毒罪属于有被害人的毒品犯罪。这一类犯罪的特殊证据主要参考以下内容：

1. 被引诱、教唆、欺骗吸食、注射毒品的被害人的陈述；

2. 被强迫吸食、注射毒品的被害人的陈述；

3. 被引诱、教唆、欺骗、强迫吸食、注射毒品的未成年人的法定代理人及其亲属的证言。

通过上述证据证明被害人的客观存在，以及被告人引诱、教唆、欺骗他人吸毒、强迫他人吸毒的客观事实。

（四）毒品犯罪再犯的特殊证据

《刑法》第 356 条规定，因走私、贩卖、运输、制造、非法持有毒品罪被判过刑，又犯本节规定之罪的，从重处罚。毒品犯罪再犯的特殊证据主要是证明犯罪嫌疑人、被告人具有走私、贩卖、运输、制造毒品罪、非法持有毒品罪前科的生效判决和裁定。

收集、审查、判断这类证据需要注意以下问题：

1. 毒品再犯前科的罪名仅指走私、贩卖、运输、制造毒品罪和非法持有毒品罪；

2. 对于同时构成毒品再犯和刑法总则规定累犯的犯罪嫌疑人、被告人，一律适用刑法分则第 356 条关于毒品再犯的从重处罚规定，不再援引刑法总则中关于累犯的规定。

（五）走私、贩卖、运输、制造毒品罪的特殊证据

《刑法》第 347 条第 2 款第 4、5 项规定，走私、贩卖、运输、制造毒品，以暴力抗拒检查、拘留、逮捕，情节严重的，或者参与有组织的国际贩毒活动的，应当处十五年有期徒刑、无期徒刑或者死刑，并处没收财产。符合这两项规定的走私、贩卖、运输、制造毒品罪的特殊证据主要参考下列内容：

1. 公安、海关、边检部门出具的证明犯罪嫌疑人、被告人暴力抗拒检查、拘留、逮捕的材料；

2. 证明犯罪嫌疑人、被告人参与有组织的国际贩毒活动的材料或者犯罪记录。

通过上述证据证明犯罪嫌疑人、被告人是否具有以暴力抗拒检查、拘留、逮捕的严重情节，是否参与有组织的国际贩毒活动。符合上述两种情形的，应依法适用加重的法定刑。

（六）非法种植毒品原植物罪的特殊证据

根据《刑法》第 351 条第 1 款第 2、3 项之规定，行为人非法种植毒品原植物，经公安机关处理后又种植的，或者抗拒铲除的，构成本罪。本罪的特殊证据主要参考以下内容：

1. 公安机关对原种植行为的处理情况说明；

2. 公安机关的处理决定（包括行政处罚决定）；

3. 公安机关责令铲除毒品原植物的通知书；

4. 公安机关警告或责令改正的记录。

通过上述证据证明公安机关曾处理过犯罪嫌疑人、被告人种植毒品原植物的行为，或者公安机关曾责令犯罪嫌疑人、被告人铲除其非法种植的毒品原植物，或者强制铲除犯罪嫌疑人、被告人种植的毒品原植物，但是犯罪嫌疑人、被告人拒绝铲除。非法种植毒品原植物数量没有达到《刑法》第 351 条第 1 款第 1 项规定的数量

较大程度，又不能证实行为人具有上述两种情形之一的，不构成犯罪。

《最高人民法院、最高人民检察院、公安部关于严格依法履行职责，切实保障刑事案件办案质量的通知》（法〔2004〕196号，2004年9月6日起施行）

二、认真履行法定职责，严格依法办案

公安机关、人民检察院、人民法院在刑事诉讼中分别履行侦查、检察、审判职责，每个阶段的工作都关系到刑事案件的办案质量。因此，要本着对刑事案件办案质量高度负责的态度，严格遵守法律、法律解释、司法解释和有关规定，在刑事诉讼中的每一个环节，在案件事实、证据、程序、适用法律等方面严格履行法定职责，从严、从细、从实地办理每一起案件。

要把查明案件事实与遵守法定程序联系起来，严格执行刑事诉讼法及司法解释有关管辖的规定，避免因管辖混乱造成案件久拖不决；严格依照规定收集、审查、认定证据，避免出现非法证据和瑕疵证据。以刑讯逼供或者威胁、引诱、欺骗等非法的方法收集的犯罪嫌疑人、被告人供述、证人证言、被害人陈述，绝不能作为定案的根据。对案件存在的疑点、矛盾的证据以及辩护人提供的证据材料等，必须给予高度重视，认真、及时进行核实，保证证明案件事实的证据确实、充分。对应当办理换押手续的，办案机关必须及时依照有关规定办理换押手续；因法定事由需要延长、重新计算办案期限的，办案机关应当及时书面通知看守所。对犯罪嫌疑人、被告人被羁押的案件，不能在刑事诉讼法规定的侦查羁押、审查起诉、第一审、第二审期限内办结，需要继续查证、审理的，要依法将强制措施变更为取保候审或者监视居住。

对于刑事案件办案质量的评定，应当根据全案事实、证据、程序和适用法律等方面进行综合判断，不能单纯以破案率、批捕率、起诉率或者定罪率作为衡量办案质量的标准。

三、公安机关要依法全面、及时收集证据，确保移送审查起诉的案件事实清楚，证据确实、充分

公安机关应当依照刑事诉讼法、司法解释及其他有关规定的程序，严把案件侦查关，全面、及时收集与案件相关的证据，收集证明犯罪嫌疑人有罪或者无罪、罪重或者罪轻等涉及案件事实的所有证据。有条件的单位，可以采取同期录音、录像等有效措施固定证据。

公安机关在侦查过程中，对符合法定逮捕条件的，应当提请批准逮捕。对于采取取保候审、监视居住等方法，足以防止发生社会危险性而没有逮捕必要的，侦查终结后可以直接移送人民检察院审查起诉。

公安机关要高度重视批捕后的侦查工作和退回补充侦查工作。对于人民检察院退回补充侦查或者要求提供法庭审判所必需的证据材料的，应当按照要求及时补充证据或有关材料；确实无法补充的，应当说明理由。

对于侦查终结移送审查起诉的案件，应当做到犯罪事实清楚，证据确实、充分，犯罪性质和罪名认定明确，法律手续完备。对于案件事实不清、证据不足，不能移送人民检察院审查起诉的，应当继续进行侦查工作；待查清案件事实，证据确实、充分后，再移送人民检察院审查起诉。

公安机关要积极推行侦查人员旁听案件制度，从所办案件的法庭审判中检验办案质量。

四、人民检察院要全面审查案件，确保向人民法院提起公诉的案件事实清楚，证据确实、充分

人民检察院应当依法全面、正确掌握逮捕条件，对于公安机关提请批准逮捕的犯罪嫌疑人，经审查符合法定批捕条件的，依法作出批准逮捕的决定。

人民检察院审查批准逮捕，在必要的时候，可以派人参加公安机关对重大案件的讨论，对调查取证和适用法律提出意见，公安机关应做好证据的全面收集、审查和固定工作，确保案件依法及时移送人民检察院审查起诉。

人民检察院对于公安机关移送起诉和直接受理侦查终结的案件，应当按照有关规定认真进行审查，严把案件起诉关。审查后，对犯罪嫌疑人的犯罪事实已经查清，证据确实、充分，依法应当追究刑事责任的，应当作出起诉决定，向人民法院提起公诉；对于符合不起诉条件的，依法作出不起诉决定。

对于案件事实不清、证据不足的案件，人民检察院要求公安机关补充侦查的，应当提出补充侦查提纲，列明需要补充侦查的事项和目的。对于经过两次补充侦查的案件，人民检察院仍然认为证据不足，不符合起诉条件的，应当依法作出不起诉的决定。

在审判过程中，对于需要补充提供法庭审判所必需的证据或者补充侦查的，人民检察院应当依法补充侦查，必要时可以要求公安机关提供帮助。

五、人民法院要严格依法办实，确保案件最终得到公正处理

人民法院在审理案件过程中，应当严格依照刑事诉讼法和司法解释的规定开庭审判，除因法定事由延长审理期限的以外，必须严格遵守法律规定的审理期限。在庭审过程中，要对证据仔细核实，认真听取公诉人、当事人和辩护人以及其他诉讼参与人的意见，查清案件事实，确保案件最终得到公正处理，严把案件审判关。

人民法院要根据已经审理查明的事实、证据和有关的法律规定，准确适用法律，对案件事实清楚，证据确实、充分，依据法律认定被告人有罪或者无罪的，依法作出认定被告人有罪或者无罪的判决；对于经过查证，只有部分犯罪事实清楚、证据确实、充分的案件，要就该部分事实和证据进行认定和判决；对于查证以后，仍然证据不足，在法律规定的审理期限内无法再行收集充分的证据，不能认定被告人有罪的，除人民检察院提出补充侦查建议的以外，应当依法作出证据不足、指控的犯罪不能成立的无罪判决。

人民法院作出的判决生效以后，对被扣押、冻结的赃款赃物及其孳息，依照刑事诉讼法的有关规定处理。

《最高人民检察院关于加强国家机关工作人员利用职权侵犯人权犯罪案件审查起诉工作的通知》（2004年7月14日起施行）

二、公诉部门要在全面、深入理解掌握有关法律政策的基础上，针对国家机关工作人员利用职权侵犯人权犯罪案件的特点，全面审查案件材料，严把事实关、证据关和适用法律关，确保案件质量。重点审查以下几方面问题：一是审查嫌疑人的身份状况，确定其是否属于国家机关工作人员及是否利用了职务便利。二是审查犯罪事实、情节是否清楚，侦查部门认定的犯罪性质和罪名是否正确，认定的法定从轻、从重、减轻和免除处罚的情节是否准确。三是审查嫌疑人有无遗漏罪行，是否具有共同犯罪的情况和其他应当追究刑事责任的人。

在审查起诉过程中，公诉部门要强化证据观念，准确把握"犯罪事实清楚、证据确实充分"的证明标准。要注意审查全案证据的合法性、客观性和关联性，对以刑讯逼供或者威胁、引诱、欺骗等非法方法收集的犯罪嫌疑人供述、被害人陈述、证人证言，不能作为认定犯罪的根据。既要注意对犯罪嫌疑人有罪、罪重证据的审查，也要注意对其无罪、罪轻证据的审查。

《最高人民检察院关于进一步加强公诉工作的决定》（高检发诉字〔2002〕17号，2002年9月12日起施行）

4.牢固树立证据意识，提高运用证据的能力和水平。公诉工作的核心，是审查证据判断案件性质，运用证据指控、证实犯罪。审查证据材料必须全面、客观，既要注意对犯罪嫌疑人、被告人有罪、罪重证据的审查，也要注意对无罪、罪轻证据的审查。准确把握"犯罪事实清楚、证据确实充分"的证明标准，研究制定常见犯罪的证据参考标准，不断提高运用证据的能力和水平。

7.依法对侦查活动进行监督。对于以刑讯逼供或者威胁、引诱、欺骗等非法手段收集的犯罪嫌疑人供述、被害人陈述、证人证言，不能作为指控犯罪的证据。对侦查活动中刑讯逼供、徇私舞弊、非法取证、任意改变强制措施和其他违反刑事诉讼法的行为，依法提出纠正意见；构成犯罪的，移送有关部门追究刑事责任。加大追诉漏罪、漏犯力度，防止犯罪分子逃脱法律制裁。

9.支持律师依法履行辩护职责。在审查起诉阶段，支持律师及时介入刑事诉讼，会见在押的犯罪嫌疑人。依法为律师调查取证提供条件，认真听取其辩护意见，准确查明犯罪事实，正确适用法律。研究、探索证据交换的模式，探索实行控辩双方在审判前相互交换证据材料和信息，促进司法公正。

张某臣交通肇事案——《人民司法·案例》2016 年第 20 期

2010 年 9 月 15 日，闫某因乔迁新居，在会宾楼宴请张某臣、韩某、孙某、宋某等人。14 时许，张某臣、韩某、孙某、宋某等从饭店出来，张某臣与韩某同乘一辆两轮摩托车，行驶至沈阳某路，发生单方交通事故，张某臣受伤，韩某死亡。

沈阳市某区人民检察院指控被告人张某臣犯交通肇事罪。附带民事诉讼原告人韩某祥、李某请求法院依法判令被告人赔偿 682272 元，附带民事诉讼被告人孙某、闫某承担连带赔偿责任。

被告人张某臣和辩护人辩称，案发当时骑摩托车的是死者韩某，张是乘员，应无罪。附带民事诉讼被告人孙某、闫某都辩称，两人对张、韩没有实施任何侵权行为，不应当承担赔偿责任。

沈阳市该人民法院认为：本案指控张某臣犯交通肇事罪的主要事实不清，控方所举证据不足以证明张某臣犯交通肇事罪，无法排除合理怀疑，故公诉机关指控被告人张某臣犯交通肇事罪的证据不足，指控罪名不能成立。关于附带民事诉讼原告人对附带民事诉讼被告人孙某、附带民事诉讼被告人闫某的诉讼，可另案告诉。法院依照《刑事诉讼法》第 195 条第 3 项、《民事诉讼法》第 64 条第 1 款的规定，判决被告人张某臣无罪，驳回附带民事诉讼原告人韩某祥、李某对被告人张某臣的诉讼请求。

一审宣判后，公诉机关提出抗诉，原审附带民事诉讼原告人韩某祥、李某提出上诉。沈阳市中级人民法院认为，虽然中国刑事警察学院司法鉴定中心检验意见书和沈阳汽车性能质量司法鉴定所鉴定意见书证实张某臣损伤符合交通事故中驾驶员损伤特点，张某臣为事故时摩托车驾驶人，同时证人张某亦证实该节，但综合全案其他证人宋某、张某荣、闫某、韩某祥、韩某的证言等证据，能够证实最初及中途的摩托车驾驶人均是韩某。被害人韩某家属曾因保险理赔事宜找过张某臣，让其承认骑摩托车的事实。另外，张某臣眼部有残疾、无驾驶证，并一直否认驾驶摩托车肇事。综上，公诉机关出示的鉴定意见及证人张某的证言与上述证据相矛盾，不能形成证实从饭店到肇事地点韩某与被告张某臣之间存在换乘事实的完整证据链条，并得出张某臣驾驶机动车辆发生交通事故导致韩某死亡的结论，故公诉机关指控被告人张某臣犯交通肇事罪的主要事实不清、证据不足，按照疑罪从无的原则，原审法院依法认定张某臣无罪是正确的。因此，对于抗诉机关的抗诉理由和意见不予采纳。对于上诉人韩某祥、李某就附带民事判决部分提出的上诉请求，因缺乏事实和法律依据，亦不予支持。关于附带民事诉讼原告人对附带民事诉讼被告人的诉讼，可另案起诉。

本案主要涉及我国刑事案件有罪认定证明标准的理解与适用问题。第一，依照《刑事诉讼法》第49条的规定，我国检察机关被赋予代表国家指控犯罪的法定职权，按照职权与义务相统一的原则，刑事公诉案件中对于存在犯罪构成事实的证明责任理应全部置于检察机关。而我国《刑事诉讼法》第195条第1项规定的"事实清楚，证据确实、充分"，是指检察机关指控或者自诉人告诉犯罪证明责任的证明程度或者证明标准，即检察机关要证明到使法官确信其主张的犯罪构成事实存在而非真伪不明的程度，这就是法院作出有罪认定的标准。案件事实清楚是法院对指控事实审查后所欲达至的理想的客观真实状态，更应定位在司法证明的目的层面，从实质意义上讲，它显然缺乏独立判断的操作路径，而具体案件中要判断据以定案的证据是否确实、充分，以此认定犯罪事实存在与否。因此，该标准中"证据确实、充分"系本质内容和适用要求。《刑事诉讼法》第53条第2款又对第195条第1项规定的定罪证明标准进行具体化，既包括对据以定案证据的个体效力要求，又包括对据以定案证据的体系效果要求。展而言之，一要做到每个据以定案的证据都具有真实性、合法性，而且与认定有罪事实相关联，能够发挥证明效力；二要做到据以定案证据体系内不存在无法化解的证明方向性矛盾，或者只存在可以忽略的细枝末节问题，相关证据足以形成锁链充分支持有罪事实的认定，没有存在其他可能的合理怀疑或者合理怀疑已被现有证据体系予以排除。应当指出的是，现行《刑事诉讼法》第53条第2款首次以立法形式将排除合理怀疑规定为衡量证据是否确实、充分的主观因素和指标，这无疑是对长期以来我国刑事诉讼侧重客观和正面确认犯罪构成事实的证明标准内涵的合理补充。因此，对于指控的犯罪构成事实的存在，特别是被告人实施了犯罪行为的认定，应当达到确定无疑排除一切合理怀疑的程度，法官既要能从正面肯定的角度做到内心确信，又要能从反面否定的角度做到排除合理怀疑得出唯一结论，否则就不能作出有罪认定的裁判。

第二，本案指控事实未达到法院作出有罪认定的证明标准。鉴于本案既有证据表明被告人为驾驶人有犯罪嫌疑，又有证据表明被告人实为乘员应属无罪，法院衡量指控事实是否达到定罪证明标准可以从正反两个方面加以综合分析。

首先，指控被告人有犯罪嫌疑的主要证据是否真实、可靠难以确定，指控犯罪的证据亦不充分。本案中，公诉人指控被告人张某臣系驾车人的主要证据有证人张某的目击证言、沈阳汽车性能质量司法鉴定所鉴定意见书和中国刑事警察学院司法鉴定中心检验意见书。因控辩双方就两份鉴定意见书分歧较大，在开庭前法院依法通知两个机构派相关鉴定人出庭作证，但中国刑事警察学院司法鉴定中心接到法院通知后，无任何正当理由未派员出庭。鉴于两个机构鉴定同一事项且方法类似、结论相同，毕竟沈阳汽车性能质量司法鉴定所的鉴定人已出庭作证，法院在本案中并未依据《刑事诉讼法》第187条第3款规定，直接确认该中心的检验意见不得作为定案的根据。经过庭审质证可知，前两份证据与指控事实在形式上都具有关联性，也无侦查机关违法取证或者鉴定机构欠缺资质等不合法问题，然而关于中国刑事警察学院司法鉴定中心检验意见的庭审质证，因鉴定人未出庭，则无法有效发挥审查确定该证据效力的功能，故法院对前两份证据真实性或者证明力的评价，是认定本案事实的关键。

关于证人张某的目击证言的效力分析。证人张某在证言中称："当时我和我对象在道南由西向东走步，看见由东向西开过来一辆两轮摩托车，刮马路边石上了，刮了有 10 米左右，车前轮就上马路石上了，后轮没上去就倒了，骑摩托车人就滑出去了，死者在摩托车前轮上马路边石时就甩出去了，撞在路边的树上之后又蹦回来了躺在马路边石上，上身在马路边石下边，下身在马路石上边，过一会来一个人把死者翻到马路边石下边了，说是死者的亲属。我确定是伤者骑的摩托车，当时我走到远兴门业时正好往北看，整个事故过程我全看见了。死者和伤者穿的都是浅色上衣，骑摩托车的人头发比坐摩托车的头发长，坐摩托车的人头发很短，是球头。"因被告人张某臣始终供述驾驶人不是他而是韩某，则该目击证言就成为支持公诉机关对张某臣指控的最有力的直接证据。经查，死者韩某家属因张某作证确实支付其两万元以示感谢，但张某在二审庭审中否认是在看到悬赏广告后主动找到被害人家属并作证的事实，此节与其在原审的证言不符。且死者韩某的父亲证实被害人的姐姐韩某曾给韩某买了一份人身意外保险，交通事故发生后，韩某的姐姐曾找过张某臣，让张某臣承认是他骑的摩托车，但张某臣没有承认。韩某的姐姐亦承认该事实，足见证人张某证言的可靠性尚需佐证。同时，证人张某证言中所指对象即高某的证言称："只看到事故现场，但没看见是怎么发生的"，不能发挥补强作用。加之证人张某陈述在肇事现场他同环卫女工有过对话，也未得到环卫工人王某阳证言的印证。从常理来讲，突发交通肇事时间极短，即使证人偶然目击也难以记清详情，但本案证人张某自称在马路对面看到了这起交通事故，并对事故细节即被害人韩某碰撞的位置等进行了具体过细的描述，该节亦有悖于客观常理。所以，证人张某的目击证言作为直接证据是否真实可靠存疑，不具有独立完整的证明效力。

关于沈阳汽车性能质量司法鉴定所鉴定意见的效力分析。就该鉴定意见的依据及原理等问题，沈阳汽车性能质量司法鉴定所鉴定人员在庭审中作出说明，即由于张某臣除头皮挫裂伤外，其双手、右腕、右上肢软组织挫伤、擦皮伤符合交通事故中驾驶人伤势特征，且死者韩某被摔在车辆前方撞击死亡，以此确认张某臣为事故时摩托车驾驶人。但是，在庭审中回答法官相关问题时，该鉴定人员也承认，如果驾驶员处于醉酒状态，不能控制自己的行为，则需要具体问题具体分析，不排除存在车倒下驾驶人飞出去的情况。本案的乙醇检验报告能够证实，韩某血乙醇174mg/100ml，尿乙醇 149mg/100ml，其显系过量饮酒，而张某臣的静脉血中却未检出乙醇。从本案交通事故发生的现实条件看，当时肇事摩托车速仅为 47km/h，且张某臣头脑清醒自我防护能力强，不能完全排除发生其作为乘客没有摔到车前方，而醉酒的骑车人反而失控摔倒致死的情况，故形成上述损伤特征和现场状况系存在其他可能性。加之，原审法院在审理期间曾准备将此案委托公安部司法鉴定中心或者司法部鉴定所进行鉴定，相应鉴定机构之所以未接受委托，最重要的原因是他们认为材料不全，无法鉴定。所以，该鉴定意见不具有唯一性和排他性，不足以采信，不能以此认定张某臣系驾驶人。

另外，案涉道路交通事故认定书所载的张某臣驾车及责任认定内容，都是建立在鉴定意见已确认张某臣为驾驶人的基础之上的，事故认定书对于本案谁是驾驶人的待证事项显系传来证据，其证明力要依赖于鉴定意见的准确性和权威性。可见，现有指控张某臣系交通肇事实施者的主要证据是否真实、可靠难以确定，上述指控犯罪的证据亦不足以相互印证，系证据不充分。

其次，支持被告人可能无罪的主要证据，足以构成针对本案指控事实的合理怀疑。本案指控的核心事实是张某臣无证驾驶无号牌两轮摩托车载乘韩某发生单方交通事故。从当时与张某臣一同赴宴的宋某、张某荣、闫某等证人的证言来看，他们都称看到出饭店后是韩某驾车载张某臣离开，而且张某当时驾驶摩托车还与韩某同向开行了一段。这些证人证言与张某臣本人供述完全吻合。证人宋某在证言中称："我和张某臣、韩某、孙某一起出来。孙某喝酒喝多了骑不了摩托车，这时张某臣把孙某抱了下来，韩某上去蹚车，车一脚就着了。韩某驮着张某臣，我骑电动车驮着孙某，当时我先起的步，韩某、张某臣在我车后面。骑了三四分钟，孙某的帽子掉了，我停下车给孙某捡帽子。这时，韩某骑摩托车驮着张某臣就超过了我，当我骑电动车驮着孙某走到该路，就看见张某臣和韩某躺在地上。"这段证词能够证实从饭店出来和其中途捡帽子时系韩某骑摩托车的事实。

从全案证据进行综合分析，如果按照指控事实成立的逻辑进行推理，则韩某与张某臣在中途应有换乘的行为。但是，从饭店刚开出去的一段都在宋某、张某等证人视线之内，骑车同向而行的宋某证实其在中途捡帽子的时候看到仍是韩某骑的摩托车。从捡帽子的地方到案发现场骑电动自行车只有两三分钟的车程，这给换乘留下的现实可能性和时空区域都很小，最为重要的是就中途换乘与否检察机关不能提供证据加以证明。从张、韩两人的身体条件和是否具备驾驶资格方面分析可知，张某臣系视力二级残疾人，其左眼先天失明，右眼视力为 0.2~0.3，看 5 米内的物体都非常模糊，又没有摩托车驾驶证，正常情况下根本不能驾驶摩托车，而死者韩某并无身体残障，还持有机动车驾驶证，故韩某当时骑摩托车载张某臣显然更符合一般生活常理推断。同时，辩护人提及的现场勘验记录上已记载肇事车辆车牌号，而沈阳市公安局交警支队开发区大队出具的交通事故责任认定书中却确定肇事车辆是无牌照的，这种因侦查机关工作过失造成的文书证据上的矛盾与瑕疵也确实存在。所以，现有支持被告人可能无罪的主要证据与指控被告人有犯罪嫌疑的主要证据之间存在明显矛盾，证据与指控的事实之间不能形成完整证据链条，没有达到内心确信，且足以对认定指控事实构成无法排除的合理怀疑。

最后，本案应适用疑罪从无原则宣告被告人无罪。

我国《刑事诉讼法》第195条第3项规定，"证据不足，不能认定被告人有罪的，应当作出证据不足、指控的犯罪不能成立的无罪判决"，这是我国法院认定犯罪遵循疑罪从无证据法则的规范表述。所谓疑罪，就是上文所述指控犯罪事实真伪不明的状态，展开讲是指已有相当证据证明被告人有重大犯罪嫌疑，但全案证据未达到确实、充分的程度，尚不能确认被告人就是真正的罪犯。疑罪从无，就是在刑事司法中出现这种既不排除犯罪嫌疑又不能证明有罪的两难情况下，从法律上推定为无罪的一种司法处理方式。从司法实践来看，法院作出证据不足、指控的犯罪不能成立的无罪判决，要针对以下四个方面来审查，从而确认指控犯罪证据不足，事实处于真伪不明的状态：一是没有充分、有效的证据，足以确认犯罪构成要件事实；二是指控证据的客观真实性存在疑问，无法查证属实；三是全案证据之间存在明显矛盾，证据与指控的事实之间不能形成完整证据链条；四是依据现有证据，运用逻辑和经验法则加以推理判断，指控定罪事实存在的结论不具有唯一性，无法排除犯罪事实不存在等其他可能性。

一方面，法院审查确认指控犯罪证据不足的过程，与运用有罪认定的证明标准中排除合理怀疑的反向尺度进行裁量判断，两者实质上是刑事诉讼贯彻疑罪从无原则的一体两面，集中呈现出法官审慎行使刑事定罪权所具有的正反向辩证推理、主客观相互融合的鲜明特征；另一方面，必须看到在具体案件中贯彻疑罪从无原则进行疑罪事实认定与判断，具有其相对独立的证明要求和标准，而且不像证明犯罪成立的理由和依据要求实现裁判的准确性和完整性的统一，只需要通过认定主要证据是非法取得的、证据之间存在矛盾或者证据锁链不闭合，或者由于客观情况导致证据难以取得等多种情况中的一项理由，或者只要能够说明存在合理怀疑，就可以认定待证事实证据不足，其判断说理的方式与逻辑相对简化。

通过对本案控辩双方证据的分析，可以认定指控事实未达到法院作出有罪认定的证明标准，即指控事实是否存在，尚有合理怀疑无法排除。进一步讲，辩方证据是否能够完全否定指控事实呢？答案也是否定的。虽然目击证人张某证言的可靠性受到质疑，但对其目击证言尚无其他证据足以推翻；另外，即便两份鉴定意见不具有结论唯一性，但毕竟其意见系依据死者和伤者损伤部位、特点以及现场情况，运用相关汽车动力和人体工程学原理进行的综合分析认定，具有一定的合理性。

对于现场录像的问题，公诉机关曾两次退回办案机关补充侦查，办案机关不能提供的原因是没有现场监控录像。虽然现有公安卷中确附有一张四号街的录像光盘，但该录像缺少案发时间段的内容，无法反映案发当时客观情况，在原审法院开庭庭审中控辩双方也都未要求对该录像进行质证。侦查机关对于本案驾乘关系及中途是否存在换乘可能的诸多其他客观证据亦没有查实，如案发现场的指纹、碰撞痕迹等没有进行提取和检验，被告人和死者韩某从离开饭店到宋某捡帽子，再到某路路口至肇事现场等几个重要地点的距离及时间没有进行调查勘验，也就无法依据客观证据认定驾乘关系及中途是否存在换乘的事实。况且，基于常情常理，依张某臣视力有残疾推断驾车的可能性小，又因中途时间太短推断换乘可能小，但由于情理只是建立在经验认识的基础上，因此，本案在没有完整清晰的交通现场监控录像可以重现肇事事实等情况下，无法完全排除韩某与张某臣于当时酒后驾车途中，存在违背常规让视力有问题的张某臣换乘作驾驶员的低概率事件发生的可能。综上，本案事实认定系真伪不明，确属疑罪案件，原审法院遵循疑罪从无原则，根据《刑事诉讼法》第 195 条第 3 项规定，作出证据不足、指控的犯罪不能成立的无罪判决，是完全正确的。

3. 审查与批准逮捕阶段的证明标准

相关司法解释规定

《人民检察院刑事诉讼规则》（高检发释字〔2019〕4 号，2019 年 12 月 30 日起施行）

第一百二十八条　人民检察院对有证据证明有犯罪事实，可能判处徒刑以上刑罚的犯罪嫌疑人，采取取保候审尚不足以防止发生下列社会危险性的，应当批准或者决定逮捕：

（一）可能实施新的犯罪的；

（二）有危害国家安全、公共安全或者社会秩序的现实危险的；

（三）可能毁灭、伪造证据，干扰证人作证或者串供的；

（四）可能对被害人、举报人、控告人实施打击报复的；

（五）企图自杀或者逃跑的。

有证据证明有犯罪事实是指同时具备下列情形：

（一）有证据证明发生了犯罪事实；

（二）有证据证明该犯罪事实是犯罪嫌疑人实施的；

（三）证明犯罪嫌疑人实施犯罪行为的证据已经查证属实。

犯罪事实既可以是单一犯罪行为的事实，也可以是数个犯罪行为中任何一个犯罪行为的事实。

第一百二十九条　犯罪嫌疑人具有下列情形之一的，可以认定为"可能实施新的犯罪"：

（一）案发前或者案发后正在策划、组织或者预备实施新的犯罪的；

（二）扬言实施新的犯罪的；

（三）多次作案、连续作案、流窜作案的；

（四）一年内曾因故意实施同类违法行为受到行政处罚的；

（五）以犯罪所得为主要生活来源的；

（六）有吸毒、赌博等恶习的；

（七）其他可能实施新的犯罪的情形。

第一百三十条　犯罪嫌疑人具有下列情形之一的，可以认定为"有危害国家安全、公共安全或者社会秩序的现实危险"：

（一）案发前或者案发后正在积极策划、组织或者预备实施危害国家安全、公共安全或者社会秩序的重大违法犯罪行为的；

（二）曾因危害国家安全、公共安全或者社会秩序受到刑事处罚或者行政处罚的；

（三）在危害国家安全、黑恶势力、恐怖活动、毒品犯罪中起组织、策划、指挥作用或者积极参加的；

（四）其他有危害国家安全、公共安全或者社会秩序的现实危险的情形。

第一百三十一条　犯罪嫌疑人具有下列情形之一的，可以认定为"可能毁灭、伪造证据，干扰证人作证或者串供"：

（一）曾经或者企图毁灭、伪造、隐匿、转移证据的；

（二）曾经或者企图威逼、恐吓、利诱、收买证人，干扰证人作证的；

（三）有同案犯罪嫌疑人或者与其在事实上存在密切关联犯罪的犯罪嫌疑人在逃，重要证据尚未收集到位的；

（四）其他可能毁灭、伪造证据，干扰证人作证或者串供的情形。

第一百三十二条　犯罪嫌疑人具有下列情形之一的，可以认定为"可能对被害人、举报人、控告人实施打击报复"：

（一）扬言或者准备、策划对被害人、举报人、控告人实施打击报复的；

（二）曾经对被害人、举报人、控告人实施打击、要挟、迫害等行为的；

（三）采取其他方式滋扰被害人、举报人、控告人的正常生活、工作的；

（四）其他可能对被害人、举报人、控告人实施打击报复的情形。

第一百三十三条　犯罪嫌疑人具有下列情形之一的，可以认定为"企图自杀或者逃跑"：

（一）着手准备自杀、自残或者逃跑的；

（二）曾经自杀、自残或者逃跑的；

（三）有自杀、自残或者逃跑的意思表示的；

（四）曾经以暴力、威胁手段抗拒抓捕的；

（五）其他企图自杀或者逃跑的情形。

第一百三十四条　人民检察院办理审查逮捕案件，应当全面把握逮捕条件，对有证据证明有犯罪事实、可能判处徒刑以上刑罚的犯罪嫌疑人，除具有刑事诉讼法

第八十一条第三款、第四款规定的情形外，应当严格审查是否具备社会危险性条件。

第一百三十五条　人民检察院审查认定犯罪嫌疑人是否具有社会危险性，应当以公安机关移送的社会危险性相关证据为依据，并结合案件具体情况综合认定。必要时，可以通过讯问犯罪嫌疑人、询问证人等诉讼参与人、听取辩护律师意见等方式，核实相关证据。

依据在案证据不能认定犯罪嫌疑人符合逮捕社会危险性条件的，人民检察院可以要求公安机关补充相关证据，公安机关没有补充移送的，应当作出不批准逮捕的决定。

相关部门规章

《公安机关办理刑事案件程序规定》（公安部 2012 年 12 月 13 日修订发布，2020 年 7 月 20 日修正）

第一百三十三条　对有证据证明有犯罪事实，可能判处徒刑以上刑罚的犯罪嫌疑人，采取取保候审尚不足以防止发生下列社会危险性的，应当提请批准逮捕：

（一）可能实施新的犯罪的；

（二）有危害国家安全、公共安全或者社会秩序的现实危险的；

（三）可能毁灭、伪造证据，干扰证人作证或者串供的；

（四）可能对被害人、举报人、控告人实施打击报复的；

（五）企图自杀或者逃跑的。

对于有证据证明有犯罪事实，可能判处十年有期徒刑以上刑罚的，或者有证据证明有犯罪事实，可能判处徒刑以上刑罚，曾经故意犯罪或者身份不明的，应当提请批准逮捕。

公安机关在根据第一款的规定提请人民检察院审查批准逮捕时，应当对犯罪嫌疑人具有社会危险性说明理由。

第一百三十四条　有证据证明有犯罪事实，是指同时具备下列情形：

（一）有证据证明发生了犯罪事实；

（二）有证据证明该犯罪事实是犯罪嫌疑人实施的；

（三）证明犯罪嫌疑人实施犯罪行为的证据已有查证属实的。

前款规定的"犯罪事实"既可以是单一犯罪行为的事实，也可以是数个犯罪行为中任何一个犯罪行为的事实。

相关司法文件

《最高人民检察院、公安部关于逮捕社会危险性条件若干问题的规定（试行）》（高检会〔2015〕9 号，2015 年 10 月 9 日起施行）

第二条　人民检察院办理审查逮捕案件，应当全面把握逮捕条件，对有证据证明有犯罪事实、可能判处徒刑以上刑罚的犯罪嫌疑人，除刑诉法第七十九条第二、三款规定的情形外，应当严格审查是否具备社会危险性条件。公安机关侦查刑事案件，应当收集、固定犯罪嫌疑人是否具有社会危险性的证据。

第三条　公安机关提请逮捕犯罪嫌疑人的，应当同时移送证明犯罪嫌疑人具有社会危险性的证据。对于证明犯罪事实的证据能够证明犯罪嫌疑人具有社会危险性的，应当在提请批准逮捕书中专门予以说明。对于证明犯罪事实的证据不能证明犯罪嫌疑人具有社会危险性的，应当收集、固定犯罪嫌疑人具备社会危险性条件的证据，并在提请逮捕时随卷移送。

第四条　人民检察院审查认定犯罪嫌疑人是否具有社会危险性，应当以公安机关移送的社会危险性相关证据为依据，并结合案件具体情况综合认定。必要时可以通过讯问犯罪嫌疑人、询问证人等诉讼参与人、听取辩护律师意见等方式，核实相关证据。依据在案证据不能认定犯罪嫌疑人符合逮捕社会危险性条件的，人民检察院可以要求公安机关补充相关证据，公安机关没有补充移送的，应当作出不批准逮捕的决定。

《最高人民检察院侦查监督厅关于人民检察院审查逮捕工作中适用"附条件逮捕"的意见（试行）》（2013 年 4 月 19 日起施行）

四、"现有证据所证明的事实已经基本构成犯罪"，是指依据现有已查证属实的证据，基本上能够认定犯罪嫌疑人的行为已构成犯罪，但证据还略有欠缺或较为薄弱，需要在捕后进一步补充完善定罪所必需的证据。

对于《人民检察院审查逮捕质量标准》明确规定"不属于有证据证明有犯罪事实"的情形，不得批准（决定）逮捕。

五、"经过进一步侦查能够收集到定罪所必需的证据"，是指经过进一步侦查取证，能够完善证据体系，证实犯罪嫌疑人的行为已构成犯罪。对此，需要结合全案现有证据和欠缺证据的情况以及侦查机关的侦查方案、取证技术和侦查能力等进行综合判断。所欠缺的证据已经灭失或者丧失取证条件，不具备补充完善证据可能的，不属于"经过进一步侦查能够收集到定罪所必需的证据"。

七、人民检察院侦查监督部门经审查，认为案件符合本意见规定情形，具有适用"附条件逮捕"的可能性的，应当要求侦查机关书面说明案件有进一步收集、补充、完善证据的客观依据并提供补充取证的工作方案。必要时，可以就事实认定和补充取证听取本院公诉部门的意见。

八、人民检察院侦查监督部门审查可能适用"附条件逮捕"的案件，应当讯问犯罪嫌疑人，听取其供述和辩解。必要时，可以询问证人、被害人、鉴定人等诉讼参与人。犯罪嫌疑人聘请辩护律师的，可以听取辩护律师意见；辩护律师提出要求的，应当听取辩护律师意见。

《最高人民检察院侦查监督厅关于加强侦查监督说理工作的指导意见（试行）》（高检侦监发〔2012〕1号，2012年1月9日起施行）

二、对不（予）批准逮捕决定的说理

（二）说理重点

对因不构成犯罪决定不捕的案件，重点围绕不具备犯罪构成要件或者符合刑事诉讼法第十五条规定的不追究刑事责任情形进行说理。

对因事实不清、证据不足决定不捕的案件，重点围绕证据的客观性、关联性、合法性进行说理。对侦查机关（部门）说理，应当指出哪些事实不清；对于证据不足的，应当指出欠缺哪些证据，并就补充取证提出建议；因取证不合法而排除非法证据的，应当指出违法的表现，阐明排除的理由。

对因无逮捕必要决定不捕的案件，重点围绕涉嫌犯罪的性质、社会危害程度、认罪悔罪表现、法定从轻或者减轻、免除处罚情节以及具备取保候审、监视居住条件，不羁押不至于危害社会、妨碍诉讼或者存在不适宜羁押情形等进行说理。因侦查机关（部门）不移送证明逮捕必要性的证据而决定不捕的，应当向侦查机关（部门）明确指出。

《人民检察院审查逮捕质量标准》（最高人民检察院，2010年8月25日起施行）

第二条　"有证据证明有犯罪事实"，是指同时具备以下情形：

（一）有证据证明发生了犯罪事实，该犯罪事实可以是单一犯罪行为的事实，也可以是数个犯罪行为中任何一个犯罪行为的事实；

（二）有证据证明犯罪事实是犯罪嫌疑人实施的；

（三）证明犯罪嫌疑人实施犯罪行为的证明已有查证属实的。

第三条　具有以下情形之一的，不属于"有证据证明有犯罪事实"：

（一）证据所证明的事实不构成犯罪的；

（二）仅有犯罪嫌疑人的有罪供述，而无其他证据印证的；

（三）证明犯罪嫌疑人有罪和无罪的主要证据之间存在重大矛盾且难以排除的；

（四）共同犯罪案件中，同案犯的供述存在重大矛盾，且无其他证据证明犯罪嫌疑人实施了共同犯罪行为的；

（五）没有直接证据，而间接证据不能相互印证的；

（六）证明犯罪的证据中，对于采取刑讯逼供等非法手段取得的犯罪嫌疑人供述和采用暴力、威胁等非法手段取得的证人证言、被害人陈述依法予以排除后，其余的证据不足以证明有犯罪事实的；

（七）现有证据不足以证明犯罪主观方面要件的；

（八）虽有证据证明发生了犯罪事实，但无证据证明犯罪事实是该犯罪嫌疑人实施的；

（九）其他不能证明有犯罪事实的情形。

第十条　办理审查逮捕案件，认为证据存有疑问的，可以复核有关证据，讯问犯罪嫌疑人，询问证人。必要时，可以派人参加侦查机关对重大案件的讨论。

审查下列案件，应当讯问犯罪嫌疑人：

（一）犯罪嫌疑人是否有犯罪事实、是否有逮捕必要等关键问题有疑点的，主要包括：罪与非罪界限不清的，是否达到刑事责任年龄需要确认的，有无逮捕必要难以把握的，犯罪嫌疑人的供述前后矛盾或者违背常理的，据以定罪的主要证据之间存在重大矛盾的；

（二）案情重大疑难复杂的，主要包括：涉嫌造成被害人死亡的故意杀人案、故意伤害致人死亡案以及其他可能判处无期徒刑以上刑罚的，在罪与非罪认定上存在重大争议的；

（三）犯罪嫌疑人系未成年人的；

（四）有线索或者证据表明侦查活动可能存在刑讯逼供、暴力取证等违法犯罪行为的。

对被拘留的犯罪嫌疑人不予讯问的，应当送达听取犯罪嫌疑人意见书，由犯罪嫌疑人填写后，及时收回审查并附卷。犯罪嫌疑人要求讯问的，一般应当讯问。

讯问犯罪嫌疑人时，应当依法告知其诉讼权利和义务，认真听取其供述和辩解。

讯问未被拘留的犯罪嫌疑人，讯问前应当征求侦查机关的意见。

第十二条　审查逮捕过程中，应当依照法律和相关规定严格审查证据的合法性。对采用刑讯逼供等非法手段取得的犯罪嫌疑人供述和采用暴力、威胁等非法手段取得的证人证言、被害人陈述，应当依法予以排除，不能作为批准逮捕的根据。

对未严格遵守法律规定收集的其他证据，应当要求侦查机关依法重新收集或者予以补正，保证证据的合法性。

《最高人民检察院关于印发部分罪案〈审查逮捕证据参考标准（试行）〉的通知》（高检侦监发〔2003〕107 号，2003 年 11 月 27 日起施行）

各省、自治区、直辖市人民检察院侦查监督处，军事检察院刑事检察厅，新疆生产建设兵团人民检察院侦查监督处：

证据问题是审查逮捕工作乃至整个刑事诉讼活动的核心问题。为了指导各级检察机关侦查监督部门办理审查逮捕案件工作，提高办案质量和效率，我厅制定了部分罪案《审查逮捕证据参考标准（试行）》，现予以印发试行，并对有关问题通知如下：

1. 审查逮捕证据参考标准分为通用证据参考标准和具体罪案证据参考标准两个部分。前者是办理审查逮捕所有刑事案件时均须审查的证据参考标准，后者是办理审查逮捕具体罪案时须审查的证据参考标准。在办案工作中，必须综合审查这两个方面的证据。

2. 审查逮捕案件证据参考标准是指导性、参考性的，而不是硬性的要求，也不是必备的最低标准。司法实践中的案件千差万别、情况复杂，具体案件逮捕需要具备哪些证据，应根据案件的实际情况进行选择。证据参考标准中所列各项不能孤立使用，必须将各类证据有机结合起来，同时需要案件承办人充分发挥主观能动性，运用法律知识、办案经验作出判断。

3. 这次印发的有十种具体罪案审查逮捕证据参考标准。今后，我们将继续选择一批常见、重点罪案，研究制定其审查逮捕证据参考标准，逐步形成审查逮捕证据体系。

4. 研究制定审查逮捕案件证据参考标准是一项复杂的工程，需要有一个逐步发展完善的过程。各级检察机关侦查监督部门要勇于探索，注意总结办案中审查和运用证据的经验，为做好这项工作积极献计献策。尤其是对于这次印发的审查逮捕案件通用证据参考标准和十种具体罪案证据参考标准，试行中遇到的问题，以及对体例、内容有何修改意见，请及时报我厅。

5. 为了取得公安机关工作上的配合，各省级检察院应主动将审查逮捕案件证据参考标准向公安机关有关部门通报。

《部分罪案审查逮捕证据参考标准（试行）》

一、审查逮捕通用证据参考标准

人民检察院侦查监督部门对有关部门移送审查逮捕的案件，应从程序和实体两个方面审查证据：

（一）程序方面

1. 诉讼程序的有关证据材料：

（1）受案登记表、立案决定书。

（2）证明案件来源的有关证据材料。

（3）破获案件过程说明或破案报告书。

（4）拘留证、监视居住决定书、取保候审决定书，保证书、缴纳保证金收据，对被拘留人家属或单位通知书等有关法律文书。

（5）拘留人大代表、政协委员的报告及该代表所属的同级人大主席团或常委会同意拘留的许可证明。

（6）其他有关证明材料。

2. 取证程序约有关证据材料：

（1）证明讯问犯罪嫌疑人、询问证人的主体合法，并且为两人以上进行的证据。

（2）证明已经告知犯罪嫌疑人、证人权利、义务的证据。

（3）犯罪嫌疑人、证人被讯问、询问后，在笔录上签署的意见；侦查人员的签名。

（4）证明没有刑讯逼供、诱供、诱证情况的证据。

（5）提供证据的个人或单位的签名及加盖的单位公章。

（6）搜查、起获赃物时的见证人。

（二）实体方面

1. 主体身份：

（1）自然人普通主体的身份证明：证明犯罪嫌疑人的姓名、性别、出生年月日、居住地的户籍资料、居民身份证、出生证、户口迁移证明、护照或经经晤后外方出具的外籍身份证明材料等法定身份证件（原件或附有制作过程文字说明并加盖复制单位印章的复制件），或者户籍所在地公安机关核实的其他证据（以上证据材料在排除合理怀疑的情况下可以只具备其中一种）。对于户籍、出生证等材料内容不实的，应提供其他证据材料。

对于不讲真实姓名、住址，身份不明的犯罪嫌疑人可以按照其自报的姓名、身份、年龄或者拍照编号审查批捕，必要时可以对共进行骨龄鉴定。对于流窜作案的犯罪嫌疑人，除处于法定责任年龄段，应当具备能够证明共年龄的身份证件等材料外，如一时难以取得犯罪嫌疑人的法定身价证件或户籍所在地公安机关的其他证据，根据其自报的身份或者同案人证明的身份材料审查批捕。

（2）自然人的特殊主体的身份证明：证明所在单位性质或所有制形式的证据材料、所在单位或组织人事部门出具的表明犯罪嫌疑人身份、职务及职权范围或职责权限的有关证明材料。外国人犯罪的案件，应有护照等身份证明材料。人大代表、政协委员犯罪的案件，应注明身份，并附身份证明材料。

（3）单位主体的身份证明：企业法人营业执照、法人工商注册登记证明、法人设立证明、国有公司性质证明及非法人单位的身价证明、法人税务登记证明和单位代码证等。

（4）法定代表人等的身份证明：法定代表人、直接负责的主管人员和其他直接责任人在单位的任职、职责、负责权限的证明材料。

2. 需要追究刑事责任并可能判处徒刑以上刑罚：

犯罪嫌疑人达到刑事责任年龄，具有刑事责任能力，不属于正当防卫、紧急避险或刑诉法第十五条规定情形之一，根据《刑法》总则和分则有关条款的规定，可能判处有期徒刑以上刑罚。

3. 有逮捕必要：

（1）犯罪嫌疑人具有社会危险性，即采取取保候审、监视居住等方法不足以防止发生社会危险性。

①犯罪嫌疑人有行政刑事处罚记录，也包括：受过刑事处罚，曾因其他案件被相对不起诉，受过劳动教养、治安处罚及其他行政处罚。

②属于危害国家安全犯罪、恐怖犯罪、有组织犯罪、黑社会性质组织犯罪、暴力犯罪等严重危害社会治安和社会秩序的犯罪嫌疑人，累犯或多次犯罪、犯罪集团或共同犯罪的主犯，流窜犯罪；属于犯罪情节特别严重；具有法定从重情节；犯罪

嫌疑人没有悔罪表现。

③犯罪嫌疑人可能逃跑、自杀、串供、干扰证人作证以及伪造、毁灭证据等妨害刑事诉讼活动的正常进行的，或者存在行凶报复、继续作案的可能，如曾以自伤、自残方法逃避侦查，持有外国护照或者可能逃避侦查；已经逃跑或逃跑后抓获的。

④属于违反刑诉法第五十六条、第五十七条规定，情节严重的。

（2）犯罪嫌疑人不具有不适合羁押的特殊情况。

①犯罪嫌疑人未患有严重疾病或正在怀孕、哺乳自己婴儿，不属于未成年人、在校学生和年老体弱及残障。

②经济犯罪案件逮捕法人代表或其他骨干不可能严重影响企业合法的生产经营。

二、盗窃罪案审查逮捕证据参考标准

盗窃罪，是指触犯《刑法》第 264 条的规定，以非法占有为目的，秘密窃取公私财物，数额较大或者多次盗窃公私财物的行为。其他以盗窃罪定罪处罚的有：（1）盗窃信用卡并使用的；（2）盗窃增值税专用发票或者可以用于骗取出口退税、抵扣税款的其他发票的；（3）以牟利为目的，盗接他人通信线路、复制他人电信码号或者明知是盗接、复制的电信设备、设施而使用的；（4）邮政工作人员私自开拆邮件、电报，盗窃财物的；（5）利用计算机盗窃的；（6）单位有关人员为谋取单位利益组织实施盗窃行为，情节严重的；（7）将电信卡非法充值后使用，造成电信资费损失数额较大的，盗用他人密码上网，造成他人电信资费损失数额较大的。

对提请批捕的盗窃案件，应当注意从以下几个方面审查证据：

（一）有证据证明发生了盗窃犯罪事实

重点审查：

1.收缴的被盗财物、增值税专用发票或者可以用于骗取出口退税、抵扣税款的其他发票的实物或照片、犯罪工具、被盗现场勘查报告等证明发生以非法占有为目的，秘密窃取公私财物的行为的证据。

2.电信账单、使用记录、犯罪工具实物或照片等证明发生盗接他人通信线路、复制他人电信码号或者明知是盗接、复制的电信设备、设施而使用的行为的证据。

3.被窃信用卡被使用的记录的书证、视听资料等证明发生盗窃信用卡并使用的行为的证据。

4.缴获的被私自开拆的邮件、电报、被盗的财物实物或照片等证明发生邮政工作人员私自开拆邮件、电报，盗窃财物的行为的证据。

5.资金往来证明、技术鉴定、被盗物品的实物、照片或所有权证书等证明发生利用计算机盗窃行为的证据。

6.物品价值不明，涉及罪与非罪的，由能够确定赃物价值的价格鉴证部门出具的物品财产估价鉴定结论或购物发票等能证明个人盗窃行为所盗公私财物价值人民币五百元至二千元以上且不具有情节轻微情形的，或接近上述数额较大的标准但具有严重情节的，或证明犯罪嫌疑人一年内入户盗窃或者在公共场所扒窃三次以上等多次盗窃的证据。

7. 对于盗窃公民或单位所有的银行存折的，该存折已加密、是活期或定期的证据。

8. 证明盗窃犯罪事实发生的被害人陈述、证人证言、犯罪嫌疑人供述以及被盗物品未追回，但供证一致的证据等。

9. 证明未利用职务便利或工作便利的证据。

（二）有证据证明盗窃犯罪事实系犯罪嫌疑人实施的

重点审查：

1. 显示犯罪嫌疑人实施盗窃犯罪的视听资料。

2. 被害人对涉案赃物的辨认笔录。

3. 犯罪嫌疑人的供认。

4. 证人证言及辨认笔录。

5. 同案犯罪嫌疑人供述及辨认笔录。

6. 对犯罪嫌疑人实施盗窃犯罪遗留在犯罪现场、犯罪工具、犯罪对象上的指纹、足迹等所做的鉴定。

7. 在犯罪嫌疑人身边、住处或其他相关地方发现的赃款赃物及提取笔录。

8. 犯罪嫌疑人对盗窃地点的辨认笔录。

9. 其他能够证明犯罪嫌疑人实施盗窃犯罪的证据。

（三）证明犯罪嫌疑人实施盗窃犯罪行为的证据已有查证属实的

重点审查：

1. 能够排除合理怀疑的视听资料。

2. 能够印证的被害人指认。

3. 能够印证的犯罪嫌疑人供述。

4. 能够相互印证或与其他证据互相印证的证人证言。

5. 能够互相印证或与其他证据相互印证的同案犯供述。

6. 能够与其他证据相互印证的、在犯罪嫌疑人住所或其他地方发现的赃款赃物。

7. 其他查证属实的证明犯罪嫌疑人实施盗窃犯罪的证据。

三、故意杀人罪案审查逮捕证据参考标准

故意杀人罪，是指触犯《刑法》第 232 条的规定，故意非法剥夺他人生命权利的行为。其他以故意杀人罪定罪处罚的有：（1）非法拘禁使用暴力致人死亡的；（2）使用暴力刑讯逼供致人死亡的；（3）体罚虐待被监管人致人死亡的；（4）聚众斗殴致人死亡的；（5）聚众"打砸抢"致人死亡的；（6）组织和利用邪教组织制造、散布迷信邪说，指使、胁迫其成员或者其他人实施自杀行为的；（7）组织、策划、煽动、教唆、帮助邪教组织人员自杀的；（8）行为人实施抢劫后，为灭口而故意杀人的；（9）行为人在交通肇事后为逃避法律追究，将被害人带离事故现场后隐藏或遗弃，致使被害人无法得到救助而死亡的。

对提请批捕的故意杀人案件，应当注意从以下几个方面审查证据：

（一）有证据证明发生了故意杀人犯罪事实

重点审查：

1. 尸体检验鉴定报告、法医活体鉴定结论、刑事科学技术照片、现场勘查图及现场勘查笔录等证明发生非法剥夺他人生命权利的行为的证据。

2. 证明非法剥夺他人生命权利的行为出于故意的证据。

3. 证明故意杀人犯罪事实发生的被害人陈述、证人证言、犯罪嫌疑人供述等。

（二）有证据证明故意杀人犯罪事实系犯罪嫌疑人实施的

重点审查：

1. 显示犯罪嫌疑人实施故意杀人犯罪的视听资料。

2. 故意杀人未遂、中止的，被害人的指认。

3. 犯罪嫌疑人的供认。

4. 证人证言。

5. 同案犯罪嫌疑人的供述。

6. 对遗留在犯罪工具、犯罪现场和犯罪嫌疑人、被害人身、衣物上的指纹、足迹、血迹等所做的能够证明犯罪嫌疑人实施故意杀人犯罪的鉴定。

7. 犯罪嫌疑人有作案时间及故意杀人的动机、目的的证据。

8. 其他能够证明犯罪嫌疑人实施故意杀人犯罪的证据。

（三）证明犯罪嫌疑人实施故意杀人犯罪行为的证据已有查证属实的

重点审查：

1. 能够排除合理怀疑的视听资料。

2. 其他证据能够印证的被害人的指认。

3. 其他证据能够印证的犯罪嫌疑人的供述。

4. 能够相互印证的证人证言。

5. 能够与其他证据相互印证的证人证言或者同案犯供述。

6. 其他查证属实的证明犯罪嫌疑人实施故意杀人犯罪的证据。

四、故意伤害罪案审查逮捕证据参考标准

故意伤害罪，是指触犯《刑法》第 234 条的规定，非法故意损害他人身体健康的行为。其他以故意伤害罪定罪处罚的有：（1）非法拘禁使用暴力致人伤残的；（2）使用暴力刑讯逼供致人伤残的；（3）体罚虐待被监管人致人伤残的；（4）聚众斗殴致人重伤的；（5）聚众"打砸抢"致人伤残的；（6）组织和利用邪教组织制造、散布迷信邪说，指使、胁迫其成员或者其他人实施自伤行为的；（7）组织、策划、煽动、教唆、帮助邪教组织人员自残的；（8）行为人在交通肇事后为逃避法律追究，将被害人带离事故现场后隐藏或遗弃，致使被害人无法得到救助而严重残疾的。

对提请批捕的故意伤害案件，应当注意从以下几个方面审查证据：

（一）有证据证明发生了故意伤害犯罪事实

重点审查：

1. 法医鉴定结论、医院诊断证明、刑事科学技术照片、现场勘查图及现场勘查笔录等证明发生非法损害他人身体健康的行为的证据。

2. 证明故意伤害行为所造成的伤害后果达到轻伤以上程度的鉴定。

3. 证明非法损害他人身体健康的行为出于故意的证据。

4. 证明故意伤害犯罪事实发生的被害人陈述、证人证言、犯罪嫌疑人供述等。

（二）有证据证明故意伤害犯罪事实系犯罪嫌疑人实施的

重点审查：

1. 显示犯罪嫌疑人实施故意伤害犯罪的视听资料。

2. 被害人的指认。

3. 犯罪嫌疑人的供认。

4. 证人证言及辨认笔录。

5. 同案犯罪嫌疑人的供述。

6. 对遗留在犯罪工具、犯罪现场和犯罪嫌疑人、被害人身体、衣物上的指纹、足迹、血迹等所做的能够证明犯罪嫌疑人实施故意伤害犯罪的鉴定。

7. 犯罪嫌疑人有作案时间及故意伤害的动机、目的的证据。

8. 其他能够证明犯罪嫌疑人实施故意伤害犯罪的证据。

（三）证明犯罪嫌疑人实施故意伤害犯罪行为的证据已有查证属实的

1. 能够排除合理怀疑的视听资料。

2. 其他证据能够印证的被害人的指认。

3. 其他证据能够印证的犯罪嫌疑人的供述。

4. 能够相互印证的证人证言。

5. 能够与其他证据相互印证的证人证言或者同案犯供述。

6. 其他查证属实的证明犯罪嫌疑人实施故意伤害犯罪的证据。

五、强奸罪案审查逮捕证据参考标准

强奸罪，是指触犯《刑法》第236条的规定，违背妇女意志，使用暴力、胁迫或者其他手段，强行与妇女性交的行为。其他以强奸罪定罪处罚的有：（1）奸淫不满14周岁幼女的；（2）收买被拐卖的妇女，强行与其发生性关系的；（3）利用职权、从属关系，以胁迫手段奸淫现役军人的妻子的；（4）明知被害人是精神病患者或者痴呆者（程度严重）而与其发生性关系的；（5）组织和利用邪教组织，以迷信邪说引诱、胁迫、欺骗或者其他手段，奸淫妇女、幼女的。

对提请批捕的强奸案件，应当注意从以下几个方面审查证据：

（一）有证据证明发生了强奸犯罪事实

重点审查：

1. 法医鉴定，被害人报案、控告、陈述，被害人亲友检举，犯罪嫌疑人供述，证人证言等证明发生强奸行为的证据。

2. 被害人伤情鉴定、犯罪工具实物或照片、现场勘查笔录、药物检验报告和发案背景等证明与妇女性交的行为违背其意志的证据，包括使用暴力、胁迫或者其他手段的证据。

3. 证明明知被害人不满 14 周岁或是精神病患者或者痴呆者（经法医鉴定为程度严重）的证据。

（二）有证据证明强奸犯罪事实系犯罪嫌疑人实施的

重点审查：

1. 显示犯罪嫌疑人实施强奸犯罪的视听资料。

2. 被害人的指认。

3. 犯罪嫌疑人的供认。

4. 证人证言。

5. 同案犯罪嫌疑人的供述。

6. 对遗留在犯罪工具、犯罪现场和犯罪嫌疑人、被害人身体、衣物上的指纹、足迹、血迹、精斑等所做的能够证明犯罪嫌疑人实施强奸犯罪的鉴定及被害人伤情鉴定。

7. 其他能够证明犯罪嫌疑人实施强奸犯罪的证据。

（三）证明犯罪嫌疑人实施强奸犯罪行为的证据已有查证属实的

重点审查：

1. 能够排除合理怀疑的视听资料。

2. 其他证据能够印证的被害人的指认。

3. 其他证据能够印证的犯罪嫌疑人的供述。

4. 能够相互印证的证人证言。

5. 能够与其他证据相互印证的证人证言或者同案犯供述。

6. 已有查证属实的证明犯罪嫌疑人实施强奸犯罪的其他证据。

六、抢劫罪案审查逮捕证据参考标准

抢劫罪，是指触犯《刑法》第 263 条的规定，以非法占有为目的，当场使用暴力、胁迫或者其他方法强行夺取公私财物的行为。其他以抢劫罪定罪处罚的有：（1）携带凶器抢夺的；（2）犯盗窃、诈骗、抢夺罪，为窝藏赃物、抗拒抓捕或者毁灭罪证而当场使用暴力或者以暴力相威胁的；（3）聚众打砸抢，毁坏或抢走公私财物的首要分子。

对提请批捕的抢劫案件，应当注意从以下几个方面审查证据：

（一）有证据证明发生了抢劫犯罪事实

重点审查：

1. 被劫物品实物或照片等证明发生抢劫行为的证据。

2. 被害人伤情鉴定或诊断证明、伤情照片、犯罪工具实物或照片、麻醉药物化验报告等证明强行夺取公私财物时当场使用了暴力、胁迫或者其他方法的证据。使用暴力强度不大，被害人无明显伤情，但供证一致足以证实有该情节的证据。

3. 证明抢劫犯罪事实发生的被害人陈述、证人证言、犯罪嫌疑人供述等。

（二）有证据证明抢劫犯罪事实系犯罪嫌疑人实施的

重点审查：

1. 显示犯罪嫌疑人实施抢劫犯罪的视听资料。

2. 被害人的指认。

3. 犯罪嫌疑人的供认。

4. 证人证言。

5. 同案犯罪嫌疑人的供述。

6. 对遗留在犯罪工具、犯罪现场和犯罪嫌疑人、被害人身体、衣物上的指纹、血迹等所做的能够证明犯罪嫌疑人实施抢劫犯罪的鉴定和现场勘验材料。

7. 其他能够证明犯罪嫌疑人实施抢劫犯罪的证据。

（三）证明犯罪嫌疑人实施抢劫犯罪行为的证据已有查证属实的

重点审查：

1. 能够排除合理怀疑的视听资料。

2. 其他证据能够印证的被害人的指认。

3. 其他证据能够印证的犯罪嫌疑人的供述。

4. 能够相互印证的证人证言。

5. 能够与其他证据相互印证的证人证言或者同案犯供述。

6. 其他查证属实的证明犯罪嫌疑人实施抢劫犯罪的证据。

七、非法拘禁罪案审查逮捕证据参考标准

非法拘禁罪，是指触犯《刑法》第 238 条的规定，以拘禁或者其他强制方法，非法剥夺他人人身自由的行为。其他以非法拘禁罪定罪处罚的有：收买被拐卖的妇女、儿童，非法剥夺、限制其人身自由的。

对提请批捕的非法拘禁案件，应当注意从以下几个方面审查证据：

（一）有证据证明发生了非法拘禁犯罪事实

重点审查：

1. 犯罪现场照片、现场勘查笔录、犯罪工具实物或照片、伤情鉴定等证明发生拘禁他人或者以其他方法剥夺他人人身自由的行为的证据。

2. 证明非法拘禁犯罪事实发生的被害人陈述、证人证言、犯罪嫌疑人供述和解救被害人的相关证据等。

3. 证明拘禁他人或者以其他方法剥夺他人人身自由的行为系非法的证据。

（二）有证据证明非法拘禁犯罪事实系犯罪嫌疑人实施的

重点审查：

1. 在犯罪嫌疑人实施拘禁地解救出被害人的证据。

2. 被害人的指认。

3. 犯罪嫌疑人的供认。

4. 证人证言。

5. 同案犯罪嫌疑人的供述。

6. 其他能够证明犯罪嫌疑人实施非法拘禁犯罪的证据。

（三）证明犯罪嫌疑人实施非法拘禁犯罪行为的证据已有查证属实的

重点审查：

1. 其他证据能够印证的被害人的指认。

2. 其他证据能够印证的犯罪嫌疑人的供述。

3. 能够相互印证的证人证言。

4. 能够与其他证据相互印证的证人证言或同案犯供述。

5. 能够排除合理怀疑的被害人因非法拘禁在身体、精神方面受到损害的相关证明材料。

6. 其他查证属实的证明犯罪嫌疑人实施非法拘禁犯罪的证据。

八、合同诈骗罪案审查逮捕证据参考标准

合同诈骗罪，是指触犯《刑法》第 224 条的规定，以非法占有为目的，在签订合同、履行合同过程中，骗取对方当事人财物，数额较大的行为。

对提请批捕的合同诈骗案件，应当注意从以下几个方面审查证据：

（一）有证据证明发生了合同诈骗犯罪事实

重点审查：

1. 查获的合同、工商部门出具的工商登记资料等证明有以虚构的单位或者冒用他人名义签订合同的行为的证据。

2. 查获的伪造、变造、作废的票据或虚假的产权证明、双方签订的合同、担保合同或担保条款等，证明有以伪造、变造、作废的票据或者虚假的产权证明作担保的行为的证据。

3. 犯罪嫌疑人没有履行能力、犯罪嫌疑人部分履行合同、双方先后签订的多份合同等证明没有实际履行能力，以先履行小额合同或者部分履行合同的方法，诱骗对方当事人继续签订和履行合同的行为的证据。

4. 双方签订的合同、犯罪嫌疑人收受被害人给付的货物、预付款或者担保财产、犯罪嫌疑人逃匿等，证明有收受对方当事人给付的货物、货款、预付款或者担保财产后逃匿的行为的证据。

5. 证明犯罪嫌疑人有以其他方法骗取对方当事人财物的行为的证据。

6. 证明合同诈骗事实发生的被害人陈述、证人证言、犯罪嫌疑人供述等。

7. 证明犯罪嫌疑人的合同诈骗行为以非法占有为目的的证据，如具有逃匿、躲避或者出走不归，或者以其他方法逃避承担民事责任的；以隐匿等方法占有财物的；对骗得财物进行私分、挥霍使用的；用于归还欠债或者抵偿债务的；用于进行其他违法犯罪活动（包括非法经营活动）的；其他企图使他人丧失对财物占有的情形。

（二）有证据证明合同诈骗犯罪事实系犯罪嫌疑人实施的

重点审查：

1. 被害人的指认。

2. 犯罪嫌疑人的供认。

3. 证人证言。

4. 同案犯罪嫌疑人的供述。

5. 对合同、收条或伪造票据上的签名笔迹所做的能够证明犯罪嫌疑人实施合同诈骗犯罪的鉴定。

6. 其他能够证明犯罪嫌疑人实施合同诈骗犯罪的证据。

（三）证明犯罪嫌疑人实施合同诈骗犯罪行为的证据已有查证属实的

重点审查：

1. 其他证据能够印证的被害人的指认。

2. 其他证据能够印证的犯罪嫌疑人的供述。

3. 能够相互印证的证人证言。

4. 能够与其他证据相互印证的证人证言或者同案犯供述。

5. 其他证据能够印证的涉案合同文本。

6. 查证属实的证明犯罪嫌疑人实施合同诈骗犯罪的其他证据。

九、伪造货币罪案审查逮捕证据参考标准

伪造货币罪，是指触犯《刑法》第 170 条的规定，仿照人民币或者外币的面额、图案、色彩、质地、式样、规格等，使用各种方法，非法制造假货币、冒充真货币的行为。其他以伪造货币罪定罪处罚的有：行为人销售、伪造货币版样或者与他人事前通谋、为他人伪造货币提供版样的。

对提请批捕的伪造货币案件，应当注意从以下几个方面审查证据：

（一）有证据证明发生了伪造货币犯罪事实

重点审查：

1. 查获的伪造货币的实物或照片、收缴的犯罪工具或照片等证明发生伪造货币的行为的证据。

2. 证明伪造货币的总面额达到二千元以上，或者币量达到二百张（枚）以上的证据。

3. 证明伪造货币犯罪事实发生的证人证言、犯罪嫌疑人供述等。

4. 证明是假币的有关部门的鉴定。

（二）有证据证明伪造货币犯罪事实是否系犯罪嫌疑人实施的

重点审查：

1. 现场查获犯罪嫌疑人实施伪造货币犯罪的证据。

2. 犯罪嫌疑人的供认。

3. 证人证言。

4. 同案犯罪嫌疑人的供述。

5. 其他能够证明犯罪嫌疑人实施伪造货币犯罪的证据。

（三）证明犯罪嫌疑人实施伪造货币犯罪行为的证据已有查证属实的

重点审查：

1. 现场查获犯罪嫌疑人实施犯罪的，现场勘查笔录、收缴的假币、犯罪工具或照片等证据。

2. 其他证据能够印证的犯罪嫌疑人的供述。

3. 能够相互印证的证人证言。

4. 能够与其他证据相互印证的证人证言或者同案犯、被雇人员供述。

5. 其他已有查证属实的证明犯罪嫌疑人实施伪造货币犯罪的证据。

十、交通肇事罪案审查逮捕证据参考标准

交通肇事罪，是指触犯《刑法》第 133 条的规定，违反交通运输管理法规，因而发生重大事故，致人重伤、死亡或者造成公私财产遭受重大损失的行为。其他以交通肇事罪定罪处罚的有：

（1）交通肇事后，单位主管人员、机动车辆所有人、承包人或者乘车人指使肇事人逃逸，致使被害人因得不到救助而死亡的；（2）单位主管人员、机动车辆所有人或者机动车辆承钮人指使、强令他人违章驾驶造成重大交通事故的。

对提请批捕的交通肇事案件，应当注意从以下几个方面审查证据：

（一）有证据证明发生了交通肇事犯罪事实

重点审查：

1. 生效的交通事故认定责任书、现场照片、现场勘查笔录、肇事车辆检验报告等证明发生触犯交通运输管理法规，因而发生重大事故的行为的证据。

2. 被害人伤情照片、伤情鉴定、尸体检验报告、损失财产照片及估价证明等证明交通肇事行为造成了如下严重后果之一的证据：死亡 1 人或者重伤 3 人以上，负事故全部或者主要责任的；死亡 3 人以上，负事故同等责任的；造成公共财产或者他人财产直接损失，负事故全部或者主要责任，无能力赔偿数额在 30 万元以上的；对事故负全部责任或者主要责任的，造成重伤 1 人以上，情节恶劣，后果严重的；

致 1 人以上重伤，负事故全部或者主要责任，情节严重的。

3. 证明在交通肇事后逃逸的证据。

4. 证明交通肇事的行为出于过失的证据。

5. 证明交通肇事犯罪事实发生的被害人陈述、证人证言、同案犯和犯罪嫌疑人供述等。

（二）有证据证明交通肇事犯罪事实系犯罪嫌疑人实施的

重点审查：

1. 交通事故发生后，现场抓获犯罪嫌疑人的证据。

2. 显示犯罪嫌疑人实施交通肇事犯罪的视听资料。

3. 被害人的指认。

4. 同案犯罪嫌疑人的供述。

5. 犯罪嫌疑人的供认。

6. 证人证言。

7. 交通肇事后具有逃逸情节的证据材料。

8. 证明犯罪嫌疑人所驾车辆为肇事车辆的技术鉴定结论及性能检测报告。

9. 其他能够证明犯罪嫌疑人实施交通肇事犯罪的证据。

（三）证明犯罪嫌疑人实施交通肇事犯罪行为的证据已有查证属实的

重点审查：

1. 现场抓获犯罪嫌疑人的，现场照片、现场勘查笔录、交通事故认定责任书等证据。

2. 能够排除合理怀疑的视听资料。

3. 其他证据能够印证的被害人的指认。

4. 其他证据能够印证的犯罪嫌疑人的供述。

5. 能够相互印证的证人证言。

6. 能够与其他证据相互印证的证人证言。

7. 其他查证属实的证明犯罪嫌疑人实施交通肇事犯罪的证据。

十一、伪证罪案审查逮捕证据参考标准

伪证罪，是指触犯《刑法》第 305 条的规定，在刑事诉讼中，证人、鉴定人、记录人、翻译人对与案件有关的重要情节，故意作虚假证明、鉴定、记录、翻译，意图陷害他人或隐匿罪证的行为。

对提请批捕的伪证案件，应当注意从以下几个方面审查证据：

（一）有证据证明发生了伪证犯罪事实

重点审查：

1. 犯罪嫌疑人在相关案件中担任证人、鉴定人、记录人、翻译人的证据（如相关案件的笔录材料、鉴定委托书、鉴定结论等），虚假证明、鉴定、记录、翻译等证明发生作伪证的行为的证据。

2. 证明证人、鉴定人、记录人、翻译人所作的虚假证明、鉴定、记录、翻译是与案件有重要关系的情节的证据。

3. 证明作伪证的意图是为了陷害他人或者隐匿罪证的证据。

（二）有证据证明伪证犯罪事实系犯罪嫌疑人实施的

重点审查：

1. 犯罪嫌疑人的供认。

2. 有关的书证。

3. 指使人的证言。

4. 同案犯罪嫌疑人的供述。

5. 其他能够证明犯罪嫌疑人实施伪证犯罪的证据。

（三）证明犯罪嫌疑人实施伪证犯罪行为的证据已有查证属实的

重点审查：

1. 其他证据能够印证的犯罪嫌疑人的供述。

2. 能够相互印证的有关书证。

3. 其他查证属实的证明犯罪嫌疑人实施伪证犯罪的证据。

《最高人民法院、最高人民检察院、海关总署办理走私刑事案件适用法律若干问题的意见》（法〔2002〕139 号，2002 年 7 月 8 日起施行）

四、关于走私犯罪嫌疑人的逮捕条件

对走私犯罪嫌疑人提请逮捕和审查批准逮捕，应当依照刑事诉讼法第六十条规定的逮捕条件来办理。一般按照下列标准掌握：

（一）有证据证明有走私犯罪事实

1. 有证据证明发生了走私犯罪事实

有证据证明发生了走私犯罪事实，须同时满足下列两项条件：

（1）有证据证明发生了违反国家法律、法规，逃避海关监管的行为；

（2）查扣的或者有证据证明的走私货物、物品的数量、价值或者偷逃税额达到刑法及相关司法解释规定的起刑点。

2. 有证据证明走私犯罪事实系犯罪嫌疑人实施的

有下列情形之一，可认为走私犯罪事实系犯罪嫌疑人实施的：

（1）现场查获犯罪嫌疑人实施走私犯罪的；

（2）视听资料显示犯罪嫌疑人实施走私犯罪的；

（3）犯罪嫌疑人供认的；

（4）有证人证言指证的；

（5）有同案的犯罪嫌疑人供述的；

（6）其他证据能够证明犯罪嫌疑人实施走私犯罪的。

3. 证明犯罪嫌疑人实施走私犯罪行为的证据已经查证属实的

符合下列证据规格要求之一，属于证明犯罪嫌疑人实施走私犯罪行为的证据已经查证属实的：

（1）现场查获犯罪嫌疑人实施犯罪，有现场勘查笔录、留置盘问记录、海关扣留查问笔录或者海关查验（检查）记录等证据证实的；

（2）犯罪嫌疑人的供述有其他证据能够印证的；

（3）证人证言能够相互印证的；

（4）证人证言或者同案犯供述能够与其他证据相互印证的；

（5）证明犯罪嫌疑人实施走私犯罪的其他证据已经查证属实的。

《最高人民检察院、公安部关于依法适用逮捕措施有关问题的规定》（高检会〔2001〕10 号，2001 年 8 月 16 日起施行）

一、公安机关提请批准逮捕、人民检察院审查批准逮捕都应当严格依照法律规定的条件和程序进行

（一）刑事诉讼法第六十条规定的"有证据证明有犯罪事实"是指同时具备以下三种情形：1. 有证据证明发生了犯罪事实；2. 有证据证明该犯罪事实是犯罪嫌疑人实施的；3. 证明犯罪嫌疑人实施犯罪行为的证据已有查证属实的。

"有证据证明有犯罪事实"，并不要求查清全部犯罪事实。其中"犯罪事实"既可以是单一犯罪行为的事实，也可以是数个犯罪行为中任何一个犯罪行为的事实。

四、非法证据排除

1. 非法证据排除的一般规则

《中华人民共和国刑事诉讼法》（1979 年 7 月 1 日通过，1996 年 3 月 17 日第一次修正，2012 年 3 月 14 日第二次修正，2018 年 10 月 26 日第三次修正）

第五十六条 【非法证据排除规则】采用刑讯逼供等非法方法收集的犯罪嫌疑人、被告人供述和采用暴力、威胁等非法方法收集的证人证言、被害人陈述，应当予以排除。收集物证、书证不符合法定程序，可能严重影响司法公正的，应当予以补正或者作出合理解释；不能补正或者作出合理解释的，对该证据应当予以排除。

在侦查、审查起诉、审判时发现有应当排除的证据的，应当依法予以排除，不得作为起诉意见、起诉决定和判决的依据。

《最高人民法院关于适用〈中华人民共和国刑事诉讼法〉的解释》（法释〔2021〕1 号，2021 年 3 月 1 日起施行）

第一百二十三条 采用下列非法方法收集的被告人供述，应当予以排除：

（一）采用殴打、违法使用戒具等暴力方法或者变相肉刑的恶劣手段，使被告人遭受难以忍受的痛苦而违背意愿作出的供述；

（二）采用以暴力或者严重损害本人及其近亲属合法权益等相威胁的方法，使被告人遭受难以忍受的痛苦而违背意愿作出的供述；

（三）采用非法拘禁等非法限制人身自由的方法收集的被告人供述。

第一百二十四条 采用刑讯逼供方法使被告人作出供述，之后被告人受该刑讯逼供行为影响而作出的与该供述相同的重复性供述，应当一并排除，但下列情形除外：

（一）调查、侦查期间，监察机关、侦查机关根据控告、举报或者自己发现等，确认或者不能排除以非法方法收集证据而更换调查、侦查人员，其他调查、侦查人员再次讯问时告知有关权利和认罪的法律后果，被告人自愿供述的；

（二）审查逮捕、审查起诉和审判期间，检察人员、审判人员讯问时告知诉讼权利和认罪的法律后果，被告人自愿供述的。

第一百二十五条 采用暴力、威胁以及非法限制人身自由等非法方法收集的证人证言、被害人陈述，应当予以排除。

第一百二十六条 收集物证、书证不符合法定程序，可能严重影响司法公正的，应当予以补正或者作出合理解释；不能补正或者作出合理解释的，对该证据应当予以排除。

认定"可能严重影响司法公正"，应当综合考虑收集证据违反法定程序以及所造成后果的严重程度等情况。

《人民检察院刑事诉讼规则》（高检发释字〔2019〕4号，2019年12月30日起施行）

第六十六条　对采用刑讯逼供等非法方法收集的犯罪嫌疑人供述和采用暴力、威胁等非法方法收集的证人证言、被害人陈述，应当依法排除，不得作为移送审查逮捕、批准或者决定逮捕、移送起诉以及提起公诉的依据。

第六十七条　对采用下列方法收集的犯罪嫌疑人供述，应当予以排除：

（一）采用殴打、违法使用戒具等暴力方法或者变相肉刑的恶劣手段，使犯罪嫌疑人遭受难以忍受的痛苦而违背意愿作出的供述；

（二）采用以暴力或者严重损害本人及其近亲属合法权益等进行威胁的方法，使犯罪嫌疑人遭受难以忍受的痛苦而违背意愿作出的供述；

（三）采用非法拘禁等非法限制人身自由的方法收集的供述。

第六十八条　对采用刑讯逼供方法使犯罪嫌疑人作出供述，之后犯罪嫌疑人受该刑讯逼供行为影响而作出的与该供述相同的重复性供述，应当一并排除，但下列情形除外：

（一）侦查期间，根据控告、举报或者自己发现等，公安机关确认或者不能排除以非法方法收集证据而更换侦查人员，其他侦查人员再次讯问时告知诉讼权利和认罪认罚的法律规定，犯罪嫌疑人自愿供述的；

（二）审查逮捕、审查起诉期间，检察人员讯问时告知诉讼权利和认罪认罚的法律规定，犯罪嫌疑人自愿供述的。

第六十九条　采用暴力、威胁以及非法限制人身自由等非法方法收集的证人证言、被害人陈述，应当予以排除。

第七十条　收集物证、书证不符合法定程序，可能严重影响司法公正的，人民检察院应当及时要求公安机关补正或者作出书面解释；不能补正或者无法作出合理解释的，对该证据应当予以排除。

对公安机关的补正或者解释，人民检察院应当予以审查。经补正或者作出合理解释的，可以作为批准或者决定逮捕、提起公诉的依据。

第七十一条　对重大案件，人民检察院驻看守所检察人员在侦查终结前应当对讯问合法性进行核查并全程同步录音、录像，核查情况应当及时通知本院负责捕诉的部门。

负责捕诉的部门认为确有刑讯逼供等非法取证情形的，应当要求公安机关依法排除非法证据，不得作为提请批准逮捕、移送起诉的依据。

第五百六十七条　人民检察院应当对侦查活动中是否存在以下违法行为进行监督：

（一）采用刑讯逼供以及其他非法方法收集犯罪嫌疑人供述的；

（二）讯问犯罪嫌疑人依法应当录音或者录像而没有录音或者录像，或者未在法定羁押场所讯问犯罪嫌疑人的；

（三）采用暴力、威胁以及非法限制人身自由等非法方法收集证人证言、被害人陈述，或者以暴力、威胁等方法阻止证人作证或者指使他人作伪证的；

（四）伪造、隐匿、销毁、调换、私自涂改证据，或者帮助当事人毁灭、伪造证据的；

（五）违反刑事诉讼法关于决定、执行、变更、撤销强制措施的规定，或者强制措施法定期限届满，不予释放、解除或者变更的；

（六）应当退还取保候审保证金不退还的；

（七）违反刑事诉讼法关于讯问、询问、勘验、检查、搜查、鉴定、采取技术侦查措施等规定的；

（八）对与案件无关的财物采取查封、扣押、冻结措施，或者应当解除查封、扣押、冻结而不解除的；

（九）贪污、挪用、私分、调换、违反规定使用查封、扣押、冻结的财物及其孳息的；

（十）不应当撤案而撤案的；

（十一）侦查人员应当回避而不回避的；

（十二）依法应当告知犯罪嫌疑人诉讼权利而不告知，影响犯罪嫌疑人行使诉讼权利的；

（十三）对犯罪嫌疑人拘留、逮捕、指定居所监视居住后依法应当通知家属而未通知的；

（十四）阻碍当事人、辩护人、诉讼代理人、值班律师依法行使诉讼权利的；

（十五）应当对证据收集的合法性出具说明或者提供证明材料而不出具、不提供的；

（十六）侦查活动中的其他违反法律规定的行为。

相关部门规章

《公安机关办理刑事案件程序规定》（公安部 2012 年 12 月 13 日修订发布，2020 年 7 月 20 日修正）

第七十一条　采用刑讯逼供等非法方法收集的犯罪嫌疑人供述和采用暴力、威胁等非法方法收集的证人证言、被害人陈述，应当予以排除。

收集物证、书证、视听资料、电子数据违反法定程序，可能严重影响司法公正的，应当予以补正或者作出合理解释；不能补正或者作出合理解释的，对该证据应当予以排除。

在侦查阶段发现有应当排除的证据的，经县级以上公安机关负责人批准，应当依法予以排除，不得作为提请批准逮捕、移送审查起诉的依据。

人民检察院认为可能存在以非法方法收集证据情形，要求公安机关进行说明的，公安机关应当及时进行调查，并向人民检察院作出书面说明。

相关司法文件

《人民法院办理刑事案件排除非法证据规程（试行）》（法发〔2017〕31号，2018年1月1日起试行）

为贯彻落实《最高人民法院、最高人民检察院、公安部、国家安全部、司法部关于推进以审判为中心的刑事诉讼制度改革的意见》和《关于办理刑事案件严格排除非法证据若干问题的规定》，规范非法证据排除程序，准确惩罚犯罪，切实保障人权，有效防范冤假错案，根据法律规定，结合司法实际，制定本规程。

第一条　采用下列非法方法收集的被告人供述，应当予以排除：

（一）采用殴打、违法使用戒具等暴力方法或者变相肉刑的恶劣手段，使被告人遭受难以忍受的痛苦而违背意愿作出的供述；

（二）采用以暴力或者严重损害本人及其近亲属合法权益等进行威胁的方法，使被告人遭受难以忍受的痛苦而违背意愿作出的供述；

（三）采用非法拘禁等非法限制人身自由的方法收集的被告人供述。

采用刑讯逼供方法使被告人作出供述，之后被告人受该刑讯逼供行为影响而作出的与该供述相同的重复性供述，应当一并排除，但下列情形除外：

（一）侦查期间，根据控告、举报或者自己发现等，侦查机关确认或者不能排除以非法方法收集证据而更换侦查人员，其他侦查人员再次讯问时告知诉讼权利和认罪的法律后果，被告人自愿供述的；

（二）审查逮捕、审查起诉和审判期间，检察人员、审判人员讯问时告知诉讼权利和认罪的法律后果，被告人自愿供述的。

第二条　采用暴力、威胁以及非法限制人身自由等非法方法收集的证人证言、被害人陈述，应当予以排除。

第三条　采用非法搜查、扣押等违反法定程序的方法收集物证、书证，可能严重影响司法公正的，应当予以补正或者作出合理解释；不能补正或者作出合理解释的，对有关证据应当予以排除。

第四条　依法予以排除的非法证据，不得宣读、质证，不得作为定案的根据。

《最高人民法院、最高人民检察院、公安部、国家安全部、司法部关于办理刑事案件严格排除非法证据若干问题的规定》（法发〔2017〕15 号，2017 年 6 月 27 日起施行）

为准确惩罚犯罪，切实保障人权，规范司法行为，促进司法公正，根据《中华人民共和国刑事诉讼法》及有关司法解释等规定，结合司法实际，制定如下规定。

一、一 般 规 定

第一条 严禁刑讯逼供和以威胁、引诱、欺骗以及其他非法方法收集证据，不得强迫任何人证实自己有罪。对一切案件的判处都要重证据，重调查研究，不轻信口供。

第二条 采取殴打、违法使用戒具等暴力方法或者变相肉刑的恶劣手段，使犯罪嫌疑人、被告人遭受难以忍受的痛苦而违背意愿作出的供述，应当予以排除。

第三条 采用以暴力或者严重损害本人及其近亲属合法权益等进行威胁的方法，使犯罪嫌疑人、被告人遭受难以忍受的痛苦而违背意愿作出的供述，应当予以排除。

第四条 采用非法拘禁等非法限制人身自由的方法收集的犯罪嫌疑人、被告人供述，应当予以排除。

第五条 采用刑讯逼供方法使犯罪嫌疑人、被告人作出供述，之后犯罪嫌疑人、被告人受该刑讯逼供行为影响而作出的与该供述相同的重复性供述，应当一并排除，但下列情形除外：

（一）侦查期间，根据控告、举报或者自己发现等，侦查机关确认或者不能排除以非法方法收集证据而更换侦查人员，其他侦查人员再次讯问时告知诉讼权利和认罪的法律后果，犯罪嫌疑人自愿供述的；

（二）审查逮捕、审查起诉和审判期间，检察人员、审判人员讯问时告知诉讼权利和认罪的法律后果，犯罪嫌疑人、被告人自愿供述的。

第六条 采用暴力、威胁以及非法限制人身自由等非法方法收集的证人证言、被害人陈述，应当予以排除。

第七条 收集物证、书证不符合法定程序，可能严重影响司法公正的，应当予以补正或者作出合理解释；不能补正或者作出合理解释的，对有关证据应当予以排除。

《最高人民法院、最高人民检察院、公安部、国家安全部、司法部关于依法保障律师执业权利的规定》（司发〔2015〕14 号，2015 年 9 月 16 日起施行）

第二十三条 辩护律师在侦查、审查起诉、审判期间发现案件有关证据存在刑事诉讼法第五十四条规定的情形的，可以向办案机关申请排除非法证据。

辩护律师在开庭以前申请排除非法证据，人民法院对证据收集合法性有疑问的，应当依照刑事诉讼法第一百八十二条第二款的规定召开庭前会议，就非法证据排除问题了解情况，听取意见。

辩护律师申请排除非法证据的，办案机关应当听取辩护律师的意见，按照法定程序审查核实相关证据，并依法决定是否予以排除。

《最高人民检察院关于切实履行检察职能防止和纠正冤假错案的若干意见》（2013 年 9 月 9 日）

二、严格规范职务犯罪案件办案程序

3. 人民检察院办理直接受理立案侦查的案件，应当全面、客观地收集、调取犯罪嫌疑人有罪或者无罪、罪轻或者罪重的证据材料，并依法进行审查、核实，严禁刑讯逼供和以威胁、引诱、欺骗以及其他非法方法收集证据，不得强迫任何人证实自己有罪。

4. 严格遵守法律程序。在办案中不得规避管辖、滥用强制措施和侦查措施、违法延长办案期限。讯问犯罪嫌疑人，应当在规定的场所进行，保证犯罪嫌疑人的饮食和必要的休息时间并记录在案。

6. 严格执行全程同步录音、录像制度。在每次讯问犯罪嫌疑人的时候，对讯问过程实行全程录音、录像，并在讯问笔录中注明。因未严格执行相关规定，或者在执行中弄虚作假造成不良后果的，依照有关规定追究主要责任人员的责任。侦查部门移送审查逮捕、审查起诉时，应当将讯问录音、录像连同案卷和证据材料一并移送审查。

三、严格把好审查逮捕和审查起诉关

10. 注重证据的综合审查和运用。要注重审查证据的客观性、真实性，尤其是证据的合法性。在审查逮捕、审查起诉过程中，应当认真审查侦查机关是否移交证明犯罪嫌疑人有罪或者无罪、犯罪情节轻重的全部证据。辩护人认为侦查机关收集的证明犯罪嫌疑人无罪或者罪轻的证据材料未提交，申请人民检察院向侦查机关调取，经审查认为辩护人申请调取的证据已收集并且与案件事实有联系的，应当予以调取。只有犯罪嫌疑人供述，没有其他证据的，不得认定犯罪嫌疑人有罪。对于命案等重大案件，应当强化对实物证据和刑事科学技术鉴定的审查，对于其中可能判处死刑的案件，必须坚持最严格的证据标准，确保定罪量刑的事实均有证据证明且查证属实，证据与证据之间、证据与案件事实之间不存在无法排除的矛盾和无法解释的疑问，全案证据已经形成完整的证明体系。在提起公诉时，应当移送全部在案证据材料。

11. 依法讯问犯罪嫌疑人。办理审查逮捕、审查起诉案件，应当依法讯问犯罪嫌疑人，认真听取犯罪嫌疑人供述和辩解，对无罪和罪轻的辩解应当认真调查核实，对前后供述出现反复的原因必须审查，必要时应当调取审查讯问犯罪嫌疑人的录音、录像。审查逮捕、审查起诉过程中第一次讯问犯罪嫌疑人，应当讯问其供述是否真实，并记入笔录。对被羁押的犯罪嫌疑人要结合提讯凭证的记载，核查提讯时间、讯问人与讯问笔录的对应关系。

13. 依法排除非法证据。采用刑讯逼供等非法方法收集的犯罪嫌疑人供述和采用暴力、威胁等非法方法收集的证人证言、被害人陈述，应当依法排除，不得作为批准、决定逮捕或者提起公诉的依据。收集物证、书证不符合法定程序，可能严重影响司法公正的，应当及时要求侦查机关补正或者作出书面解释；不能补正或者无法作出合理解释的，对该证据应当予以排除。对非法证据依法予以排除后，其他证据不能证明犯罪嫌疑人实施犯罪行为的，应当不批准或者决定逮捕，已经移送审查起诉的，可以将案件退回侦查机关补充侦查或者作出不起诉决定。

14. 及时调查核实非法取证的材料或者线索。当事人及其辩护人、诉讼代理人报案、控告、举报侦查人员采用刑讯逼供等非法方法收集证据并提供涉嫌非法取证的人员、时间、地点、方式和内容等材料或者线索的，人民检察院应当受理并及时进行审查，对于根据现有材料无法证明证据收集合法性的，应当及时进行调查核实。

15. 做好对讯问原始录音、录像的审查。对于侦查机关随案移送或者人民检察院调取的讯问犯罪嫌疑人录音、录像，认为可能存在非法取证行为的，应当审查相关的录音、录像；对于重大、疑难、复杂案件，必要时可以审查全部录音、录像。经审查，发现讯问过程存在违法行为，录音、录像内容与讯问笔录不一致等情形的，应当要求侦查机关予以纠正、补正或者作出书面解释；发现讯问笔录与讯问犯罪嫌疑人录音、录像内容有重大实质性差异的，或者侦查机关不能补正或者作出合理解释的，该讯问笔录不能作为批准、决定逮捕或者提起公诉的依据。

16. 对以下五种情形，不符合逮捕或者起诉条件的，不得批准逮捕或者提起公诉：（1）案件的关键性证据缺失的；（2）犯罪嫌疑人拒不认罪或者翻供，而物证、书证、勘验、检查笔录、鉴定意见等其他证据无法证明犯罪的；（3）只有犯罪嫌疑人供述没有其他证据印证的；（4）犯罪嫌疑人供述与被害人陈述、证人证言、物证、书证等证据存在关键性矛盾，不能排除的；（5）不能排除存在刑讯逼供、暴力取证等违法情形可能的。

四、坚决依法纠正刑事执法司法活动中的突出问题

18. 进一步健全对立案后侦查工作的跟踪监督机制，加强对公安机关办理刑事案件过程的监督。对命案等重大复杂案件、突发性恶性案件、争议较大的疑难案件、有重大社会影响的案件，应当与侦查机关协商，及时派员介入，通过介入现场勘查、参加案件讨论等方式，提出取证意见和适用法律的意见，引导侦查人员依法全面收集、固定和完善证据，防止隐匿、伪造证据。对命案等重大案件报请延长羁押期限的，应当讯问犯罪嫌疑人和听取律师意见。侦查监督、公诉、渎职侵权检察、监所检察等各职能部门应当通力合作，加大对刑讯逼供、暴力取证、隐匿伪造证据等违

法行为的查处力度，区分情况采取提出口头纠正意见、发出纠正违法通知书等方式及时提出意见；涉嫌犯罪的，及时立案侦查；对侦查环节存在的普遍性、倾向性问题，适时向侦查机关通报情况，必要时提出检察建议。

19. 加强对所外讯问的监督。做好对拘留、逮捕之前讯问活动的监督；发现未依法将犯罪嫌疑人送入看守所的，应当查明原因、所外看押地点及讯问情况；重点监督看守所如实、详细、准确地填写犯罪嫌疑人入所体检记录，必要时建议采用录像或者拍照的方式记录犯罪嫌疑人身体状况；对于侦查机关以起赃、辨认等为由提解犯罪嫌疑人出所的，应当及时了解提解的时间、地点、理由、审批手续及是否存在所外讯问等情况，做好提押、还押时的体检情况记录的检察监督。

21. 加强死刑复核案件的法律监督。省级人民检察院对于进入死刑复核程序的案件，认为死刑二审裁判确有错误，依法不应当判处死刑，以及严重违反法定程序可能影响公正审判的，或者发现被告人自首、立功、达成赔偿协议取得被害方谅解等新的证据材料和有关情况，可能影响死刑适用的，应当及时向最高人民检察院报告。最高人民检察院办理死刑复核监督案件，要认真审查相关案卷材料，重视当事人及其近亲属或者受委托的律师递交的申诉材料，充分考虑办案检察院、被告人、辩护人及被害人的意见，对于事实、证据存在疑问的案件，必要时可以通过调阅案卷、复核主要证据等方式进行核查。对于定罪证据不足的案件，应当坚持疑罪从无原则；对于定罪证据确实、充分，但影响量刑的证据存在疑点的案件，应当依法提出监督意见。

《最高人民检察院关于适用〈关于办理死刑案件审查判断证据若干问题的规定〉和〈关于办理刑事案件排除非法证据若干问题的规定〉的指导意见》（高检发研字〔2010〕13 号，2010 年 12 月 30 日起施行）

三、严格审查、判断证据，确保办案质量

9. 严格遵守两个《规定》确立的规则，认真审查、鉴别、分析证据，正确认定案件事实。既要审查证据的内容是否真实客观、形式是否合法完备，也要审查证据收集过程是否合法；既要依法排除非法证据，也要做好瑕疵证据的审查补正和完善工作。

10. 对犯罪嫌疑人供述和证人证言、被害人陈述，要结合全案的其他证据，综合审查其内容的客观真实性，同时审查侦查机关（部门）是否将每一次讯问、询问笔录全部移送。对以刑讯逼供等非法手段取得的犯罪嫌疑人供述和采用暴力、威胁等非法手段取得的证人证言、被害人陈述，应当依法排除；对于使用其他非法手段获取的犯罪嫌疑人供述、证人证言、被害人陈述，根据其违法危害程度与刑讯逼供和暴力、威胁手段是否相当，决定是否依法排除。

11. 审查逮捕、审查起诉过程中第一次讯问犯罪嫌疑人，应当讯问其供述是否真实，并记入笔录。对被羁押的犯罪嫌疑人要结合提讯凭证的记载，核查提讯时间、讯问人与讯问笔录的对应关系；对提押至看守所以外的场所讯问的，应当要求侦查机关（部门）提供必要性的说明，审查其理由是否成立。要审查犯罪嫌疑人是否通晓当地通用语言。

12. 对犯罪嫌疑人的供述和辩解，应当结合其全部供述和辩解及其他证据进行审查；犯罪嫌疑人的有罪供述，无其他证据相互印证，不能作为批准或者决定逮捕、提起公诉的根据；有其他证据相互印证，无罪辩解理由不能成立的，该供述可以作为批准或者决定逮捕、提起公诉的根据。

13. 犯罪嫌疑人或者其聘请的律师提出受到刑讯逼供的，应当告知其如实提供相关的证据或者线索，并认真予以核查。认为有刑讯逼供嫌疑的，应当要求侦查机关（部门）提供全部讯问笔录、原始的讯问过程录音录像、出入看守所的健康检查情况、看守管教人员的谈话记录以及讯问过程合法性的说明；必要时，可以询问讯问人员、其他在场人员、看守管教人员或者证人，调取驻所检察室的相关材料。发现犯罪嫌疑人有伤情的，应当及时对伤势的成因和程度进行必要的调查和鉴定。对同步录音录像有疑问的，可以要求侦查机关（部门）对不连贯部分的原因予以说明，必要时可以协同检察技术部门进行审查。

14. 加强对侦查活动中讯问犯罪嫌疑人的监督。犯罪嫌疑人没有在决定羁押的当日被送入看守所的，应当查明所外看押地点及提讯情况；要监督看守所如实、详细、准确地填写犯罪嫌疑人入所体检记录，必要时建议采用录像或者拍照的方式记录犯罪嫌疑人身体状况；发现侦查机关（部门）所外提讯的，应当及时了解所外提讯的时间、地点、理由、审批手续和犯罪嫌疑人所外接受讯问的情况，做好提押、还押时的体检情况记录的检察监督。发现违反有关监管规定的，及时依照有关法律、规定提出纠正意见或者检察建议，并记录在案。

15. 审查证人证言、被害人陈述，应当注意对询问程序、方式、内容以及询问笔录形式的审查。发现不符合规定的，应当要求侦查机关（部门）补正或者说明。注意审查证人、被害人能否辨别是非、正确表达，必要时进行询问、了解，同时审查证人、被害人作证是否个别进行；对证人、被害人在法律规定以外的地点接受询问的，应当审查其原因，必要时对该证言或者陈述进行复核。对证人证言、被害人陈述的内容是否真实，应当结合其他证据综合判断。对于犯罪嫌疑人及其辩护人或者证人、被害人提出侦查机关（部门）采用暴力、威胁等非法手段取证的，应当告知其要如实提供相关证据或者线索，并认真核查。

16. 对物证、书证以及勘验、检查笔录、搜查笔录、视听资料、电子证据等，既要审查其是否客观、真实反映案件事实，也要加强对证据的收集、制作程序和证据形式的审查。发现物证、书证和视听资料、电子证据等来源及收集、制作过程不明，或者勘验、检查笔录、搜查笔录的形式不符合规定或者记载内容有矛盾的，应当要求侦查机关（部门）补正，无法补正的应当作出说明或者合理解释，无法作出合理说明或者解释的，不能作为证据使用；发现侦查机关（部门）在勘验、检查、搜查过程中对与案件事实可能有关联的相关痕迹、物品应当提取而没有提取，应当要求侦查机关（部门）补充收集、调取；对物证的照片、录像或者复制品不能反映原物的外形和特征，或者书证的副本、复制件不能反映原件特征及其内容的，应当要求侦查机关（部门）重新制作；发现在案的物证、书证以及视听资料、电子证据等应当鉴定而没有鉴定的，应当要求侦查机关（部门）鉴定，必要时自行委托鉴定。

17. 对侦查机关（部门）的补正、说明，以及重新收集、制作的情况，应当认真审查，必要时可以进行复核。对于经侦查机关（部门）依法重新收集、及时补正或者能够作出合理解释，不影响物证、书证真实性的，可以作为批准或者决定逮捕、提起公诉的根据。侦查机关（部门）没有依法重新收集、补正，或者无法补正、重新制作且没有作出合理的解释或者说明，无法认定证据真实性的，该证据不能作为批准或者决定逮捕、提起公诉的根据。

18. 对于根据犯罪嫌疑人的供述、指认，提取到隐蔽性很强的物证、书证的，既要审查与其他证明犯罪事实发生的证据是否相互印证，也要审查侦查机关（部门）在犯罪嫌疑人供述、指认之前是否掌握该证据的情况，综合全案证据，判断是否作为批准或者决定逮捕、提起公诉的根据。

19. 审查鉴定意见，要着重审查检材的来源、提取、保管、送检是否符合法律及有关规定，鉴定机构或者鉴定人员是否具备法定资格和鉴定条件，鉴定意见的形式要件是否完备，鉴定程序是否合法，鉴定结论是否科学合理。检材来源不明或者可能被污染导致鉴定意见存疑的，应当要求侦查机关（部门）进行重新鉴定或者补充鉴定，必要时检察机关可以另行委托进行重新鉴定或者补充鉴定；鉴定机构或者鉴定人员不具备法定资格和鉴定条件，或者鉴定事项超出其鉴定范围以及违反回避规定的，应当要求侦查机关（部门）另行委托重新鉴定，必要时检察机关可以另行委托进行重新鉴定；鉴定意见形式要件不完备的，应当通过侦查机关（部门）要求鉴定机构补正；对鉴定程序、方法、结论等涉及专门技术问题的，必要时听取检察技术部门或者其他具有专门知识的人员的意见。

20. 发现侦查人员以刑讯逼供或者暴力、威胁等非法手段收集犯罪嫌疑人供述、被害人陈述、证人证言的，应当提出纠正意见，同时应当要求侦查机关（部门）另行指派侦查人员重新调查取证，必要时也可以自行调查取证。侦查机关（部门）未另行指派侦查人员重新调查取证的，可以依法退回补充侦查。经审查发现存在刑讯逼供、暴力取证等非法取证行为，该非法言词证据被排除后，其他证据不能证明犯罪嫌疑人实施犯罪行为的，应当不批准或者决定逮捕，已经移送审查起诉的，可以将案件退回侦查机关（部门）或者不起诉。办案人员排除非法证据的，应当在审查报告中说明。

五、进一步健全工作机制，形成监督合力

27. 加大对刑讯逼供、暴力取证等违法犯罪行为的查办力度。侦查监督、公诉、渎职侵权检察、监所检察等各职能部门应当通力合作，完善情况通报、案件线索发现、证据移送、案件查办等各环节相互协调的工作机制。进一步提高对刑讯逼供、暴力取证等违法犯罪的发现能力和查办水平，通过对违法犯罪的及时有效追究，切实遏制非法取证等违法行为。

28. 完善审查逮捕、审查起诉对侦查活动监督的衔接机制和信息资源共享机制。对于批准或者决定逮捕但需要继续收集、补充、完善、固定证据的案件，以及不批准逮捕需要补充侦查的案件，侦查监督部门应当提出补充证据材料的意见，在送交侦查机关（部门）的同时，将副本送交公诉部门。侦查监督和公诉部门应当密切配合，跟踪监督，督促侦查机关（部门）补充完善证据。受理审查起诉的案件，应当审查侦查机关（部门）是否按照补充侦查意见补充相关证据材料。

29. 进一步健全和完善介入侦查。引导取证工作机制。侦查监督、公诉部门要加强与侦查机关（部门）的配合与制约。对于需要介入侦查以及侦查机关（部门）要求介入侦查的案件，应当及时介入，参与勘验、检查、复验、复查，参与对重大案件的讨论，对证据的收集、固定和补充、完善提出建议。发现侦查活动有违法情形的，应当及时依法提出纠正意见。

30. 充分发挥刑事科学技术在办案中的重要作用。职务犯罪侦查、侦查监督、公诉、监所检察、检察技术部门要密切合作，运用技术手段提高发现、收集、固定证据的能力，提高涉及专门技术问题证据材料的审查、判断、运用的能力和水平。

31. 加强与侦查机关、审判机关的沟通与协调。通过联席会议、案件质量评析通报等形式，研究分析证据的收集、审查、判断、运用中发现的问题，与侦查机关、审判机关共同研究解决办法，并且结合当地实际健全完善贯彻落实两个《规定》的相关机制和措施。

32. 上级人民检察院应当不断总结实践中的经验和问题，强化管理、检查和监督，加强对下级人民检察院的业务指导。对于重大犯罪案件、在全国或者当地有重大影响的案件、上级人民检察院督办的案件以及经有关部门协调、协调意见与检察机关不一致的案件，下级人民检察院应当及时向上级人民检察院报告。

《最高人民法院、最高人民检察院、公安部、国家安全部、司法部关于办理刑事案件排除非法证据若干问题的规定》（法发〔2010〕20 号，2010 年 7 月 1 日起施行）

为规范司法行为，促进司法公正，根据刑事诉讼法和相关司法解释，结合人民法院、人民检察院、公安机关、国家安全机关和司法行政机关办理刑事案件工作实际，制定本规定。

第一条　采用刑讯逼供等非法手段取得的犯罪嫌疑人、被告人供述和采用暴力、威胁等非法手段取得的证人证言、被害人陈述，属于非法言词证据。

第二条　经依法确认的非法言词证据，应当予以排除，不能作为定案的根据。

第三条　人民检察院在审查批准逮捕、审查起诉中，对于非法言词证据应当依法予以排除，不能作为批准逮捕、提起公诉的根据。

第十四条　物证、书证的取得明显违反法律规定，可能影响公正审判的，应当予以补正或者作出合理解释，否则，该物证、书证不能作为定案的根据。

《最高人民法院关于进一步加强刑事审判工作的通知》（法〔2005〕149 号，2005 年 7 月 26 日起施行）

三、各级人民法院必须牢固树立人权保障意识和证据意识，坚决落实"有罪则判，无罪放人"的要求。严格执行刑事诉讼法和最高人民法院关于刑事审判工作的司法解释，规范刑事案件庭审行为，充分听取被告人关于罪轻或者无罪的辩解和辩护人的意见。对于证明被告人罪轻或者无罪的证据，必要时人民法院应当依法调查、核实，切实保障被告人依法行使诉讼权利。目前，最高人民法院正在着手制定相关的规定，进一步强调坚决执行非法言词证据的排除规则。注意从源头上把关，防止刑讯逼供等违法办案行为对公正司法的影响。

相关案例

可参见"杜培武故意杀人案"①

该案中杜培武被屈打成招，深刻反映了刑讯逼供对事实认定、正确定罪量刑的恶劣影响，体现出非法证据排除规则确立的必要性。作为当时一系列冤案之一，杜培武案的拨乱反正也推动了刑事诉讼法建立和健全非法证据排除规则，使刑讯逼供获取的非法证据最终得以在立法上禁绝。

2．检察机关和侦查机关对非法证据的调查核实

相关法律条文

《中华人民共和国刑事诉讼法》（1979 年 7 月 1 日通过，1996 年 3 月 17 日第一次修正，2012 年 3 月 14 日第二次修正，2018 年 10 月 26 日第三次修正）

第五十七条　【对非法证据的纠正】人民检察院接到报案、控告、举报或者发现侦查人员以非法方法收集证据的，应当进行调查核实。对于确有以非法方法收集证据情形的，应当提出纠正意见；构成犯罪的，依法追究刑事责任。

---

① 参见宋随军等主编：《刑事诉讼证据实证分析》，法律出版社 2006 年版，第 100~103 页。

相关司法文件

《最高人民检察院、公安部、国家安全部关于重大案件侦查终结前开展讯问合法性核查工作若干问题的意见》（高检发办字〔2020〕4号，2020年1月13日起实施）

第七条　检察人员对重大案件犯罪嫌疑人进行核查询问时，应当向其告知：如果经调查核实存在刑讯逼供等非法取证情形的，办案机关将依法排除相关证据；如果犯罪嫌疑人在核查询问时明确表示侦查阶段没有刑讯逼供等非法取证情形，在审判阶段又提出排除非法证据申请的，应当说明理由，人民法院经审查对证据收集的合法性没有疑问的，可以驳回申请。

第八条　检察人员应当围绕侦查阶段是否存在刑讯逼供等非法取证情形对相关犯罪嫌疑人进行核查询问，一般不询问具体案情。犯罪嫌疑人提出存在刑讯逼供等非法取证情形的，可以要求犯罪嫌疑人具体说明刑讯逼供、非法取证的人员、时间、地点、方式等相关信息。犯罪嫌疑人当场向检察人员展示身体损害伤情的，检察人员应当进行拍照或者录像。必要的时候，可以组织对犯罪嫌疑人进行身体检查。

检察人员应当制作询问笔录，询问结束时，将询问笔录交犯罪嫌疑人核对，犯罪嫌疑人没有阅读能力的，应当向他宣读，发现漏记、错记的，应当及时补正。犯罪嫌疑人确认询问笔录没有错误的，由犯罪嫌疑人在笔录上逐页签名、捺指印确认，并标明日期。询问笔录应当与录音录像内容一致或者意思相符。

第九条　犯罪嫌疑人、辩护律师或者值班律师在人民检察院开展核查询问和听取意见时均明确表示没有刑讯逼供等非法取证情形，并且检察人员未发现刑讯逼供等非法取证线索的，人民检察院驻看守所检察人员可以据此制作重大案件讯问合法性核查意见书，送达侦查机关，讯问合法性核查程序终结，并将相关材料移送人民检察院负责捕诉的部门。

第十条　犯罪嫌疑人、辩护律师或者值班律师反映存在刑讯逼供等非法取证情形的，人民检察院驻看守所检察人员可以采取以下方式进行初步调查核实：

（一）询问相关人员；

（二）根据需要，可以听取犯罪嫌疑人的辩护律师或者值班律师意见；

（三）调取看守所或者办案区视频监控录像；

（四）调取、查询犯罪嫌疑人出入看守所的身体检查记录及相关材料，调取提讯登记、押解记录等有关材料；

（五）其他调查核实方式。

驻所检察人员初步调查核实后，应当制作初步核查意见函，连同证据材料一并移送人民检察院负责捕诉的部门。

第十二条　人民检察院负责捕诉的部门可以采取以下方式对刑讯逼供等非法取证行为进行进一步调查核实：

（一）询问犯罪嫌疑人；

（二）向办案人员了解情况；

（三）询问在场人员及证人；

（四）听取犯罪嫌疑人的辩护律师或者值班律师意见；

（五）调取讯问笔录、讯问录音、录像；

（六）调取、查询犯罪嫌疑人出入看守所的身体检查记录及相关材料；

（七）进行伤情、病情检查或者鉴定；

（八）其他调查核实方式。

驻所检察人员应当做好配合工作。

第十三条　经调查核实，人民检察院负责捕诉的部门发现存在刑讯逼供等非法取证线索的，应当听取侦查机关意见，并记录在案。

第十五条　调查核实结束后七个工作日以内，人民检察院负责捕诉的部门应当根据核查情况作出核查结论，制作重大案件讯问合法性核查意见书，并送达侦查机关。

经核查，确有刑讯逼供等非法取证情形，或者现有证据不能排除刑讯逼供等非法取证情形的，应当报经本院检察长批准后，通知侦查机关依法排除非法证据。

侦查机关提出异议的，人民检察院应当在七个工作日以内予以复查，并将复查结果通知侦查机关。

第十六条　侦查机关对存在刑讯逼供等非法取证情形无异议或者经复查认定确有刑讯逼供等非法取证情形的，侦查机关应当及时依法排除非法证据，不得作为提请批准逮捕、移送审查起诉的根据，并制作排除非法证据结果告知书，将排除非法证据情况书面告知人民检察院负责捕诉的部门。

人民检察院对审查认定的非法证据，应当依法予以排除，不得作为批准或者决定逮捕、提起公诉的根据。

《最高人民法院、最高人民检察院、公安部、国家安全部、司法部关于办理刑事案件严格排除非法证据若干问题的规定》（法发〔2017〕15 号，2017 年 6 月 27 日起施行）

二、侦　　查

第八条　侦查机关应当依照法定程序开展侦查，收集、调取能够证实犯罪嫌疑人有罪或者无罪、罪轻或者罪重的证据材料。

第九条　拘留、逮捕犯罪嫌疑人后，应当按照法律规定送看守所羁押。犯罪嫌疑人被送交看守所羁押后，讯问应当在看守所讯问室进行。因客观原因侦查机关在看守所讯问室以外的场所进行讯问的，应当作出合理解释。

第十条　侦查人员在讯问犯罪嫌疑人的时候，可以对讯问过程进行录音录像；

对于可能判处无期徒刑、死刑的案件或者其他重大犯罪案件，应当对讯问过程进行录音录像。

侦查人员应当告知犯罪嫌疑人对讯问过程录音录像，并在讯问笔录中写明。

第十一条　对讯问过程录音录像，应当不间断进行，保持完整性，不得选择性地录制，不得剪接、删改。

第十二条　侦查人员讯问犯罪嫌疑人，应当依法制作讯问笔录。讯问笔录应当交犯罪嫌疑人核对，对于没有阅读能力的，应当向他宣读。对讯问笔录中有遗漏或者差错等情形，犯罪嫌疑人可以提出补充或者改正。

第十三条　看守所应当对提讯进行登记，写明提讯单位、人员、事由、起止时间以及犯罪嫌疑人姓名等情况。

看守所收押犯罪嫌疑人，应当进行身体检查。检查时，人民检察院驻看守所检察人员可以在场。检查发现犯罪嫌疑人有伤或者身体异常的，看守所应当拍照或者录像，分别由送押人员、犯罪嫌疑人说明原因，并在体检记录中写明，由送押人员、收押人员和犯罪嫌疑人签字确认。

第十四条　犯罪嫌疑人及其辩护人在侦查期间可以向人民检察院申请排除非法证据。对犯罪嫌疑人及其辩护人提供相关线索或者材料的，人民检察院应当调查核实。调查结论应当书面告知犯罪嫌疑人及其辩护人。对确有以非法方法收集证据情形的，人民检察院应当向侦查机关提出纠正意见。

侦查机关对审查认定的非法证据，应当予以排除，不得作为提请批准逮捕、移送审查起诉的根据。

对重大案件，人民检察院驻看守所检察人员应当在侦查终结前询问犯罪嫌疑人，核查是否存在刑讯逼供、非法取证情形，并同步录音录像。经核查，确有刑讯逼供、非法取证情形的，侦查机关应当及时排除非法证据，不得作为提请批准逮捕、移送审查起诉的根据。

第十五条　对侦查终结的案件，侦查机关应当全面审查证明证据收集合法性的证据材料，依法排除非法证据。排除非法证据后，证据不足的，不得移送审查起诉。

侦查机关发现办案人员非法取证的，应当依法作出处理，并可另行指派侦查人员重新调查取证。

三、审查逮捕、审查起诉

第十六条　审查逮捕、审查起诉期间讯问犯罪嫌疑人，应当告知其有权申请排除非法证据，并告知诉讼权利和认罪的法律后果。

第十七条　审查逮捕、审查起诉期间，犯罪嫌疑人及其辩护人申请排除非法证据，并提供相关线索或者材料的，人民检察院应当调查核实。调查结论应当书面告知犯罪嫌疑人及其辩护人。

人民检察院在审查起诉期间发现侦查人员以刑讯逼供等非法方法收集证据的，应当依法排除相关证据并提出纠正意见，必要时人民检察院可以自行调查取证。

人民检察院对审查认定的非法证据，应当予以排除，不得作为批准或者决定逮捕、提起公诉的根据。被排除的非法证据应当随案移送，并写明为依法排除的非法证据。

第十八条　人民检察院依法排除非法证据后，证据不足，不符合逮捕、起诉条件的，不得批准或者决定逮捕、提起公诉。

对于人民检察院排除有关证据导致对涉嫌的重要犯罪事实未予认定，从而作出不批准逮捕、不起诉决定，或者对涉嫌的部分重要犯罪事实决定不起诉的，公安机关、国家安全机关可要求复议、提请复核。

3．证据收集合法性的法庭调查

相关法律条文

《中华人民共和国刑事诉讼法》（1979年7月1日通过，1996年3月17日第一次修正，2012年3月14日第二次修正，2018年10月26日第三次修正）

第五十八条　【证据收集合法性的调查】法庭审理过程中，审判人员认为可能存在本法第五十六条规定的以非法方法收集证据情形的，应当对证据收集的合法性进行法庭调查。

当事人及其辩护人、诉讼代理人有权申请人民法院对以非法方法收集的证据依法予以排除。申请排除以非法方法收集的证据的，应当提供相关线索或者材料。

相关司法解释规定

《最高人民法院关于适用〈中华人民共和国刑事诉讼法〉的解释》（法释〔2021〕1号，2021年3月1日起施行）

第一百二十七条　当事人及其辩护人、诉讼代理人申请人民法院排除以非法方法收集的证据的，应当提供涉嫌非法取证的人员、时间、地点、方式、内容等相关线索或者材料。

第一百二十八条　人民法院向被告人及其辩护人送达起诉书副本时，应当告知其申请排除非法证据的，应当在开庭审理前提出，但庭审期间才发现相关线索或者材料的除外。

第一百二十九条　开庭审理前，当事人及其辩护人、诉讼代理人申请人民法院排除非法证据的，人民法院应当在开庭前及时将申请书或者申请笔录及相关线索、材料的复制件送交人民检察院。

第一百三十条　开庭审理前，人民法院可以召开庭前会议，就非法证据排除等问题了解情况，听取意见。

在庭前会议中，人民检察院可以通过出示有关证据材料等方式，对证据收集的合法性加以说明。必要时，可以通知调查人员、侦查人员或者其他人员参加庭前会议，说明情况。

第一百三十一条　在庭前会议中，人民检察院可以撤回有关证据。撤回的证据，没有新的理由，不得在庭审中出示。

当事人及其辩护人、诉讼代理人可以撤回排除非法证据的申请。撤回申请后，没有新的线索或者材料，不得再次对有关证据提出排除申请。

第一百三十二条　当事人及其辩护人、诉讼代理人在开庭审理前未申请排除非法证据，在庭审过程中提出申请的，应当说明理由。人民法院经审查，对证据收集的合法性有疑问的，应当进行调查；没有疑问的，驳回申请。

驳回排除非法证据的申请后，当事人及其辩护人、诉讼代理人没有新的线索或者材料，以相同理由再次提出申请的，人民法院不再审查。

第一百三十三条　控辩双方在庭前会议中对证据收集是否合法未达成一致意见，人民法院对证据收集的合法性有疑问的，应当在庭审中进行调查；对证据收集的合法性没有疑问，且无新的线索或者材料表明可能存在非法取证的，可以决定不再进行调查并说明理由。

第一百三十四条　庭审期间，法庭决定对证据收集的合法性进行调查的，应当先行当庭调查。但为防止庭审过分迟延，也可以在法庭调查结束前调查。

第一百三十六条　控辩双方申请法庭通知调查人员、侦查人员或者其他人员出庭说明情况，法庭认为有必要的，应当通知有关人员出庭。

根据案件情况，法庭可以依职权通知调查人员、侦查人员或者其他人员出庭说明情况。

调查人员、侦查人员或者其他人员出庭的，应当向法庭说明证据收集过程，并就相关情况接受控辩双方和法庭的询问。

《人民检察院刑事诉讼规则》（高检发释字〔2019〕4号，2019年12月30日起施行）

第七十二条　人民检察院发现侦查人员以非法方法收集证据的，应当及时进行调查核实。

当事人及其辩护人或者值班律师、诉讼代理人报案、控告、举报侦查人员采用刑讯逼供等非法方法收集证据，并提供涉嫌非法取证的人员、时间、地点、方式和内容等材料或者线索的，人民检察院应当受理并进行审查。根据现有材料无法证明证据收集合法性的，应当及时进行调查核实。

上一级人民检察院接到对侦查人员采用刑讯逼供等非法方法收集证据的报案、控告、举报，可以直接进行调查核实，也可以交由下级人民检察院调查核实。交由下级人民检察院调查核实的，下级人民检察院应当及时将调查结果报告上一级人民检察院。

人民检察院决定调查核实的，应当及时通知公安机关。

第七十三条　人民检察院经审查认定存在非法取证行为的，对该证据应当予以排除，其他证据不能证明犯罪嫌疑人实施犯罪行为的，应当不批准或者决定逮捕。已经移送起诉的，可以依法将案件退回监察机关补充调查或者退回公安机关补充侦查，或者作出不起诉决定。被排除的非法证据应当随案移送，并写明为依法排除的非法证据。

对于侦查人员的非法取证行为，尚未构成犯罪的，应当依法向其所在机关提出纠正意见。对于需要补正或者作出合理解释的，应当提出明确要求。

对于非法取证行为涉嫌犯罪需要追究刑事责任的，应当依法立案侦查。

第四百一十条　在法庭审理过程中，被告人及其辩护人提出被告人庭前供述系非法取得，审判人员认为需要进行法庭调查的，公诉人可以通过出示讯问笔录、提讯登记、体检记录、采取强制措施或者侦查措施的法律文书、侦查终结前对讯问合法性进行核查的材料等证据材料，有针对性地播放讯问录音、录像，提请法庭通知调查人员、侦查人员或者其他人员出庭说明情况等方式，对证据收集的合法性加以证明。

审判人员认为可能存在刑事诉讼法第五十六条规定的以非法方法收集其他证据的情形，需要进行法庭调查的，公诉人可以参照前款规定对证据收集的合法性进行证明。

公诉人不能当庭证明证据收集的合法性，需要调查核实的，可以建议法庭休庭或者延期审理。

在法庭审理期间，人民检察院可以要求监察机关或者公安机关对证据收集的合法性进行说明或者提供相关证明材料。必要时，可以自行调查核实。

第四百一十一条　公诉人对证据收集的合法性进行证明后，法庭仍有疑问的，可以建议法庭休庭，由人民法院对相关证据进行调查核实。人民法院调查核实证据，通知人民检察院派员到场的，人民检察院可以派员到场。

相关司法文件

《人民法院办理刑事案件排除非法证据规程（试行）》（法发〔2017〕31号，2018年1月1日起试行）

第五条　被告人及其辩护人申请排除非法证据，应当提供相关线索或者材料。"线索"是指内容具体、指向明确的涉嫌非法取证的人员、时间、地点、方式等；

"材料"是指能够反映非法取证的伤情照片、体检记录、医院病历、讯问笔录、讯问录音录像或者同监室人员的证言等。

被告人及其辩护人申请排除非法证据，应当向人民法院提交书面申请。被告人书写确有困难的，可以口头提出申请，但应当记录在案，并由被告人签名或者捺印。

第七条　开庭审理前，承办法官应当阅卷，并对证据收集的合法性进行审查：

（一）被告人在侦查、审查起诉阶段是否提出排除非法证据申请；提出申请的，是否提供相关线索或者材料；

（二）侦查机关、人民检察院是否对证据收集的合法性进行调查核实；调查核实的，是否作出调查结论；

（三）对于重大案件，人民检察院驻看守所检察人员在侦查终结前是否核查讯问的合法性，是否对核查过程同步录音录像；进行核查的，是否作出核查结论；

（四）对于人民检察院在审查逮捕、审查起诉阶段排除的非法证据，是否随案移送并写明为依法排除的非法证据。

人民法院对证据收集的合法性进行审查后，认为需要补充证据材料的，应当通知人民检察院在三日内补送。

第八条　人民法院向被告人及其辩护人送达起诉书副本时，应当告知其有权在开庭审理前申请排除非法证据并同时提供相关线索或者材料。上述情况应当记录在案。

被告人申请排除非法证据，但没有辩护人的，人民法院应当通知法律援助机构指派律师为其提供辩护。

第九条　被告人及其辩护人申请排除非法证据，应当在开庭审理前提出，但在庭审期间发现相关线索或者材料等情形除外。

第十条　被告人及其辩护人申请排除非法证据，并提供相关线索或者材料的，人民法院应当召开庭前会议，并在召开庭前会议三日前将申请书和相关线索或者材料的复制件送交人民检察院。

被告人及其辩护人申请排除非法证据，未提供相关线索或者材料的，人民法院应当告知其补充提交。被告人及其辩护人未能补充的，人民法院对申请不予受理，并在开庭审理前告知被告人及其辩护人。上述情况应当记录在案。

第十一条　对于可能判处无期徒刑、死刑或者黑社会性质组织犯罪、严重毒品犯罪等重大案件，被告人在驻看守所检察人员对讯问的合法性进行核查询问时，明确表示侦查阶段没有刑讯逼供等非法取证情形，在审判阶段又提出排除非法证据申请的，应当说明理由。人民法院经审查对证据收集的合法性没有疑问的，可以驳回申请。

驻看守所检察人员在重大案件侦查终结前未对讯问的合法性进行核查询问，或者未对核查询问过程全程同步录音录像，被告人及其辩护人在审判阶段提出排除非法证据申请，提供相关线索或者材料，人民法院对证据收集的合法性有疑问的，应当依法进行调查。

第十二条　在庭前会议中，人民法院对证据收集的合法性进行审查的，一般按照以下步骤进行：

（一）被告人及其辩护人说明排除非法证据的申请及相关线索或者材料；

（二）公诉人提供证明证据收集合法性的证据材料；

（三）控辩双方对证据收集的合法性发表意见；

（四）控辩双方对证据收集的合法性未达成一致意见的，审判人员归纳争议焦点。

第十三条　在庭前会议中，人民检察院应当通过出示有关证据材料等方式，有针对性地对证据收集的合法性作出说明。人民法院可以对有关材料进行核实，经控辩双方申请，可以有针对性地播放讯问录音录像。

第十四条　在庭前会议中，人民检察院可以撤回有关证据。撤回的证据，没有新的理由，不得在庭审中出示。

被告人及其辩护人可以撤回排除非法证据的申请。撤回申请后，没有新的线索或者材料，不得再次对有关证据提出排除申请。

第十五条　控辩双方在庭前会议中对证据收集的合法性达成一致意见的，法庭应当在庭审中向控辩双方核实并当庭予以确认。对于一方在庭审中反悔的，除有正当理由外，法庭一般不再进行审查。

控辩双方在庭前会议中对证据收集的合法性未达成一致意见，人民法院应当在庭审中进行调查，但公诉人提供的相关证据材料确实、充分，能够排除非法取证情形，且没有新的线索或者材料表明可能存在非法取证的，庭审调查举证、质证可以简化。

第十六条　审判人员应当在庭前会议报告中说明证据收集合法性的审查情况，主要包括控辩双方的争议焦点以及就相关事项达成的一致意见等内容。

第十七条　被告人及其辩护人在开庭审理前未申请排除非法证据，在庭审过程中提出申请的，应当说明理由。人民法院经审查，对证据收集的合法性有疑问的，应当进行调查；没有疑问的，应当驳回申请。

人民法院驳回排除非法证据的申请后，被告人及其辩护人没有新的线索或者材料，以相同理由再次提出申请的，人民法院不再审查。

第十八条　人民法院决定对证据收集的合法性进行法庭调查的，应当先行当庭调查。对于被申请排除的证据和其他犯罪事实没有关联等情形，为防止庭审过分迟延，可以先调查其他犯罪事实，再对证据收集的合法性进行调查。

在对证据收集合法性的法庭调查程序结束前，不得对有关证据宣读、质证。

第十九条　法庭决定对证据收集的合法性进行调查的，一般按照以下步骤进行：

（一）召开庭前会议的案件，法庭应当在宣读起诉书后，宣布庭前会议中对证据收集合法性的审查情况，以及控辩双方的争议焦点；

（二）被告人及其辩护人说明排除非法证据的申请及相关线索或者材料；

（三）公诉人出示证明证据收集合法性的证据材料，被告人及其辩护人可以对相关证据进行质证，经审判长准许，公诉人、辩护人可以向出庭的侦查人员或者其他人员发问；

（四）控辩双方对证据收集的合法性进行辩论。

第二十条　公诉人对证据收集的合法性加以证明，可以出示讯问笔录、提讯登记、体检记录、采取强制措施或者侦查措施的法律文书、侦查终结前对讯问合法性的核查材料等证据材料，也可以针对被告人及其辩护人提出异议的讯问时段播放讯问录音录像，提请法庭通知侦查人员或者其他人员出庭说明情况。不得以侦查人员签名并加盖公章的说明材料替代侦查人员出庭。

庭审中，公诉人当庭不能举证或者为提供新的证据需要补充侦查，建议延期审理的，法庭可以同意。

第二十一条　被告人及其辩护人可以出示相关线索或者材料，并申请法庭播放特定讯问时段的讯问录音录像。

被告人及其辩护人向人民法院申请调取侦查机关、人民检察院收集但未提交的讯问录音录像、体检记录等证据材料，人民法院经审查认为该证据材料与证据收集的合法性有关的，应当予以调取；认为与证据收集的合法性无关的，应当决定不予调取，并向被告人及其辩护人说明理由。

被告人及其辩护人申请人民法院通知侦查人员或者其他人员出庭说明情况，人民法院认为确有必要的，可以通知上述人员出庭。

第二十二条　法庭对证据收集的合法性进行调查的，应当重视对讯问录音录像的审查，重点审查以下内容：

（一）讯问录音录像是否依法制作。对于可能判处无期徒刑、死刑的案件或者其他重大犯罪案件，是否对讯问过程进行录音录像；

（二）讯问录音录像是否完整。是否对每一次讯问过程录音录像，录音录像是否全程不间断进行，是否有选择性录制、剪接、删改等情形；

（三）讯问录音录像是否同步制作。录音录像是否自讯问开始时制作，至犯罪嫌疑人核对讯问笔录、签字确认后结束；讯问笔录记载的起止时间是否与讯问录音录像反映的起止时间一致；

（四）讯问录音录像与讯问笔录的内容是否存在差异。对与定罪量刑有关的内容，讯问笔录记载的内容与讯问录音录像是否存在实质性差异，存在实质性差异的，以讯问录音录像为准。

第二十四条　人民法院对控辩双方提供的证据来源、内容等有疑问的，可以告知控辩双方补充证据或者作出说明；必要时，可以宣布休庭，对证据进行调查核实。法庭调查核实证据，可以通知控辩双方到场，并将核实过程记录在案。

对于控辩双方补充的和法庭庭外调查核实取得的证据，未经当庭出示、质证等法庭调查程序查证属实，不得作为证明证据收集合法性的根据。

第二十五条　人民法院对证据收集的合法性进行调查后，应当当庭作出是否排除有关证据的决定。必要时，可以宣布休庭，由合议庭评议或者提交审判委员会讨论，再次开庭时宣布决定。

第二十七条　人民法院对证人证言、被害人陈述、物证、书证等证据收集合法性的审查、调查程序，参照上述规定。

第二十八条　人民法院对证据收集合法性的审查、调查结论，应当在裁判文书中写明，并说明理由。

第二十九条　人民检察院、被告人及其法定代理人提出抗诉、上诉，对第一审人民法院有关证据收集合法性的审查、调查结论提出异议的，第二审人民法院应当审查。

第三十条　被告人及其辩护人在第一审程序中未提出排除非法证据的申请，在第二审程序中提出申请，有下列情形之一的，第二审人民法院应当审查：

（一）第一审人民法院没有依法告知被告人申请排除非法证据的权利的；

（二）被告人及其辩护人在第一审庭审后发现涉嫌非法取证的相关线索或者材料的。

第三十五条　审判监督程序、死刑复核程序中对证据收集合法性的审查、调查，参照上述规定。

《最高人民法院、最高人民检察院、公安部、国家安全部、司法部关于办理刑事案件严格排除非法证据若干问题的规定》（法发〔2017〕15号，2017年6月27日起施行）

四、辩　　护

第十九条　犯罪嫌疑人、被告人申请提供法律援助的，应当按照有关规定指派法律援助律师。

法律援助值班律师可以为犯罪嫌疑人、被告人提供法律帮助，对刑讯逼供、非法取证情形代理申诉、控告。

第二十条　犯罪嫌疑人、被告人及其辩护人申请排除非法证据，应当提供涉嫌非法取证的人员、时间、地点、方式、内容等相关线索或者材料。

第二十一条　辩护律师自人民检察院对案件审查起诉之日起，可以查阅、摘抄、复制讯问笔录、提讯登记、采取强制措施或者侦查措施的法律文书等证据材料。其他辩护人经人民法院、人民检察院许可，也可以查阅、摘抄、复制上述证据材料。

第二十二条　犯罪嫌疑人、被告人及其辩护人向人民法院、人民检察院申请调取公安机关、国家安全机关、人民检察院收集但未提交的讯问录音录像、体检记录等证据材料，人民法院、人民检察院经审查认为犯罪嫌疑人、被告人及其辩护人申请调取的证据材料与证明证据收集的合法性有联系的，应当予以调取；认为与证明证据收集的合法性没有联系的，应当决定不予调取并向犯罪嫌疑人、被告人及其辩护人说明理由。

五、审　　判

第二十三条　人民法院向被告人及其辩护人送达起诉书副本时，应当告知其有权申请排除非法证据。

被告人及其辩护人申请排除非法证据，应当在开庭审理前提出，但在庭审期间发现相关线索或者材料等情形除外。人民法院应当在开庭审理前将申请书和相关线索或者材料的复制件送交人民检察院。

第二十四条　被告人及其辩护人在开庭审理前申请排除非法证据，未提供相关线索或者材料，不符合法律规定的申请条件的，人民法院对申请不予受理。

第二十五条　被告人及其辩护人在开庭审理前申请排除非法证据，按照法律规定提供相关线索或者材料的，人民法院应当召开庭前会议。人民检察院应当通过出示有关证据材料等方式，有针对性地对证据收集的合法性作出说明。人民法院可以核实情况，听取意见。

人民检察院可以决定撤回有关证据，撤回的证据，没有新的理由，不得在庭审中出示。

被告人及其辩护人可以撤回排除非法证据的申请。撤回申请后，没有新的线索或者材料，不得再次对有关证据提出排除申请。

第二十八条　公诉人宣读起诉书后，法庭应当宣布开庭审理前对证据收集合法性的审查及处理情况。

第二十九条　被告人及其辩护人在开庭审理前未申请排除非法证据，在法庭审理过程中提出申请的，应当说明理由。

对前述情形，法庭经审查，对证据收集的合法性有疑问的，应当进行调查；没有疑问的，应当驳回申请。

法庭驳回排除非法证据申请后，被告人及其辩护人没有新的线索或者材料，以相同理由再次提出申请的，法庭不再审查。

第三十条　庭审期间，法庭决定对证据收集的合法性进行调查的，应当先行当庭调查。但为防止庭审过分迟延，也可以在法庭调查结束前进行调查。

第三十二条　法庭对控辩双方提供的证据有疑问的，可以宣布休庭，对证据进行调查核实。必要时，可以通知公诉人、辩护人到场。

第三十三条　法庭对证据收集的合法性进行调查后，应当当庭作出是否排除有关证据的决定。必要时，可以宣布休庭，由合议庭评议或者提交审判委员会讨论，再次开庭时宣布决定。

在法庭作出是否排除有关证据的决定前，不得对有关证据宣读、质证。

第三十六条　人民法院对证据收集合法性的审查、调查结论，应当在裁判文书中写明，并说明理由。

第三十七条　人民法院对证人证言、被害人陈述等证据收集合法性的审查、调查，参照上述规定。

第三十八条　人民检察院、被告人及其法定代理人提出抗诉、上诉，对第一审人民法院有关证据收集合法性的审查、调查结论提出异议的，第二审人民法院应当审查。

被告人及其辩护人在第一审程序中未申请排除非法证据，在第二审程序中提出申请的，应当说明理由。第二审人民法院应当审查。

人民检察院在第一审程序中未出示证据证明证据收集的合法性，第一审人民法院依法排除有关证据的，人民检察院在第二审程序中不得出示之前未出示的证据，但在第一审程序后发现的除外。

第三十九条　第二审人民法院对证据收集合法性的调查，参照上述第一审程序的规定。

第四十一条　审判监督程序、死刑复核程序中对证据收集合法性的审查、调查，参照上述规定。

《最高人民法院、最高人民检察院、公安部、国家安全部、司法部、全国人大常委会法制工作委员会关于实施刑事诉讼法若干问题的规定》（2013年1月1日起施行）

三、证据

11.……法庭经对当事人及其辩护人、诉讼代理人提供的相关线索或者材料进行审查后，认为可能存在刑事诉讼法第五十四条规定的以非法方法收集证据情形的，应当对证据收集的合法性进行法庭调查。法庭调查的顺序由法庭根据案件审理情况确定。

《最高人民法院、最高人民检察院、公安部、国家安全部、司法部关于办理刑事案件排除非法证据若干问题的规定》（法发〔2010〕20号，2010年7月1日起施行）

第四条　起诉书副本送达后开庭审判前，被告人提出其审判前供述是非法取得的，应当向人民法院提交书面意见。被告人书写确有困难的，可以口头告诉，由人民法院工作人员或者其辩护人作出笔录，并由被告人签名或者捺指印。

人民法院应当将被告人的书面意见或者告诉笔录复印件在开庭前交人民检察院。

第五条　被告人及其辩护人在开庭审理前或者庭审中，提出被告人审判前供述是非法取得的，法庭在公诉人宣读起诉书之后，应当先行当庭调查。

法庭辩论结束前，被告人及其辩护人提出被告人审判前供述是非法取得的，法庭也应当进行调查。

第六条　被告人及其辩护人提出被告人审判前供述是非法取得的，法庭应当要求其提供涉嫌非法取证的人员、时间、地点、方式、内容等相关线索或者证据。

第八条　法庭对于控辩双方提供的证据有疑问的，可以宣布休庭，对证据进行调查核实。必要时，可以通知检察人员、辩护人到场。

第九条　庭审中，公诉人为提供新的证据需要补充侦查，建议延期审理的，法庭应当同意。

被告人及其辩护人申请通知讯问人员、讯问时其他在场人员或者其他证人到庭，法庭认为有必要的，可以宣布延期审理。

第十条　经法庭审查，具有下列情形之一的，被告人审判前供述可以当庭宣读、质证：

（一）被告人及其辩护人未提供非法取证的相关线索或者证据的；

（二）被告人及其辩护人已提供非法取证的相关线索或者证据，法庭对被告人审判前供述取得的合法性没有疑问的；

（三）公诉人提供的证据确实、充分，能够排除被告人审判前供述属非法取得的。

对于当庭宣读的被告人审判前供述，应当结合被告人当庭供述以及其他证据确定能否作为定案的根据。

4．检察机关对证据收集合法性的证明

相关法律条文

《中华人民共和国刑事诉讼法》（1979 年 7 月 1 日通过，1996 年 3 月 17 日第一次修正，2012 年 3 月 14 日第二次修正，2018 年 10 月 26 日第三次修正）

第五十九条　【证据收集合法性的证明】在对证据收集的合法性进行法庭调查的过程中，人民检察院应当对证据收集的合法性加以证明。

现有证据材料不能证明证据收集的合法性的，人民检察院可以提请人民法院通知有关侦查人员或者其他人员出庭说明情况；人民法院可以通知有关侦查人员或者其他人员出庭说明情况。有关侦查人员或者其他人员也可以要求出庭说明情况。经人民法院通知，有关人员应当出庭。

相关司法解释规定

《最高人民法院关于适用〈中华人民共和国刑事诉讼法〉的解释》（法释〔2021〕1号，2021年3月1日起施行）

第一百三十五条　法庭决定对证据收集的合法性进行调查的，由公诉人通过宣读调查、侦查讯问笔录、出示提讯登记、体检记录、对讯问合法性的核查材料等证据材料，有针对性地播放讯问录音录像，提请法庭通知有关调查人员、侦查人员或者其他人员出庭说明情况等方式，证明证据收集的合法性。

讯问录音录像涉及国家秘密、商业秘密、个人隐私或者其他不宜公开内容的，法庭可以决定对讯问录音录像不公开播放、质证。

公诉人提交的取证过程合法的说明材料，应当经有关调查人员、侦查人员签名，并加盖单位印章。未经签名或者盖章的，不得作为证据使用。上述说明材料不能单独作为证明取证过程合法的根据。

《人民检察院刑事诉讼规则》（高检发释字〔2019〕4号，2019年12月30日起施行）

第七十四条　人民检察院认为可能存在以刑讯逼供等非法方法收集证据情形的，可以书面要求监察机关或者公安机关对证据收集的合法性作出说明。说明应当加盖单位公章，并由调查人员或者侦查人员签名。

第七十五条　对于公安机关立案侦查的案件，存在下列情形之一的，人民检察院在审查逮捕、审查起诉和审判阶段，可以调取公安机关讯问犯罪嫌疑人的录音、录像，对证据收集的合法性以及犯罪嫌疑人、被告人供述的真实性进行审查：

（一）认为讯问活动可能存在刑讯逼供等非法取证行为的；

（二）犯罪嫌疑人、被告人或者辩护人提出犯罪嫌疑人、被告人供述系非法取得，并提供相关线索或者材料的；

（三）犯罪嫌疑人、被告人提出讯问活动违反法定程序或者翻供，并提供相关线索或者材料的；

（四）犯罪嫌疑人、被告人或者辩护人提出讯问笔录内容不真实，并提供相关线索或者材料的；

（五）案情重大、疑难、复杂的。

人民检察院调取公安机关讯问犯罪嫌疑人的录音、录像，公安机关未提供，人民检察院经审查认为不能排除有刑讯逼供等非法取证行为的，相关供述不得作为批准逮捕、提起公诉的依据。

人民检察院直接受理侦查的案件，负责侦查的部门移送审查逮捕、移送起诉时，应当将讯问录音、录像连同案卷材料一并移送审查。

第七十六条　对于提起公诉的案件，被告人及其辩护人提出审前供述系非法取得，并提供相关线索或者材料的，人民检察院可以将讯问录音、录像连同案卷材料一并移送人民法院。

第七十七条　在法庭审理过程中，被告人或者辩护人对讯问活动合法性提出异议，公诉人可以要求被告人及其辩护人提供相关线索或者材料。必要时，公诉人可以提请法庭当庭播放相关时段的讯问录音、录像，对有关异议或者事实进行质证。

需要播放的讯问录音、录像中涉及国家秘密、商业秘密、个人隐私或者含有其他不宜公开内容的，公诉人应当建议在法庭组成人员、公诉人、侦查人员、被告人及其辩护人范围内播放。因涉及国家秘密、商业秘密、个人隐私或者其他犯罪线索等内容，人民检察院对讯问录音、录像的相关内容进行技术处理的，公诉人应当向法庭作出说明。

第七十八条　人民检察院认为第一审人民法院有关证据收集合法性的审查、调查结论导致第一审判决、裁定错误的，可以依照刑事诉讼法第二百二十八条的规定向人民法院提出抗诉。

第三百九十三条　人民检察院在开庭审理前收到人民法院或者被告人及其辩护人、被害人、证人等送交的反映证据系非法取得的书面材料的，应当进行审查。对于审查逮捕、审查起诉期间已经提出并经查证不存在非法取证行为的，应当通知人民法院、有关当事人和辩护人，并按照查证的情况做好庭审准备。对于新的材料或者线索，可以要求监察机关、公安机关对证据收集的合法性进行说明或者提供相关证明材料。

第三百九十六条　当事人、辩护人、诉讼代理人在庭前会议中提出证据系非法取得，人民法院认为可能存在以非法方法收集证据情形的，人民检察院应当对证据收集的合法性进行说明。需要调查核实的，在开庭审理前进行。

相关部门规章

《公安机关办理刑事案件程序规定》（公安部 2012 年 12 月 13 日修订发布，2020 年 7 月 20 日修正）

第七十二条　人民法院认为现有证据材料不能证明证据收集的合法性，通知有关侦查人员或者公安机关其他人员出庭说明情况的，有关侦查人员或者其他人员应当出庭。必要时，有关侦查人员或者其他人员也可以要求出庭说明情况。侦查人员或者其他人员出庭，应当向法庭说明证据收集过程，并就相关情况接受发问。

经人民法院通知，人民警察应当就其执行职务时目击的犯罪情况出庭作证。

相关司法文件

《人民法院办理刑事案件排除非法证据规程（试行）》（法发〔2017〕31号，2018年1月1日起试行）

第六条　证据收集合法性的举证责任由人民检察院承担。

人民检察院未提供证据，或者提供的证据不能证明证据收集的合法性，经过法庭审理，确认或者不能排除以非法方法收集证据情形的，对有关证据应当予以排除。

第二十三条　侦查人员或者其他人员出庭的，应当向法庭说明证据收集过程，并就相关情况接受发问。对发问方式不当或者内容与证据收集的合法性无关的，法庭应当制止。

经人民法院通知，侦查人员不出庭说明情况，不能排除以非法方法收集证据情形的，对有关证据应当予以排除。

第三十一条　人民检察院应当在第一审程序中全面出示证明证据收集合法性的证据材料。

人民检察院在第一审程序中未出示证明证据收集合法性的证据，第一审人民法院依法排除有关证据的，人民检察院在第二审程序中不得出示之前未出示的证据，但在第一审程序后发现的除外。

《最高人民法院、最高人民检察院、公安部、国家安全部、司法部关于办理刑事案件严格排除非法证据若干问题的规定》（法发〔2017〕15号，2017年6月27日起施行）

第二十六条　公诉人、被告人及其辩护人在庭前会议中对证据收集是否合法未达成一致意见，人民法院对证据收集的合法性有疑问的，应当在庭审中进行调查；人民法院对证据收集的合法性没有疑问，且没有新的线索或者材料表明可能存在非法取证的，可以决定不再进行调查。

第二十七条　被告人及其辩护人申请人民法院通知侦查人员或者其他人员出庭，人民法院认为现有证据材料不能证明证据收集的合法性，确有必要通知上述人员出庭作证或者说明情况的，可以通知上述人员出庭。

第三十一条　公诉人对证据收集的合法性加以证明，可以出示讯问笔录、提讯登记、体检记录、采取强制措施或者侦查措施的法律文书、侦查终结前对讯问合法性的核查材料等证据材料，有针对性地播放讯问录音录像，提请法庭通知侦查人员或者其他人员出庭说明情况。

被告人及其辩护人可以出示相关线索或者材料，并申请法庭播放特定时段的讯问录音录像。

侦查人员或者其他人员出庭，应当向法庭说明证据收集过程，并就相关情况接受发问。对发问方式不当或者内容与证据收集的合法性无关的，法庭应当制止。

公诉人、被告人及其辩护人可以对证据收集的合法性进行质证、辩论。

《最高人民检察院关于适用〈关于办理死刑案件审查判断证据若干问题的规定〉和〈关于办理刑事案件排除非法证据若干问题的规定〉的指导意见》（高检发研字〔2010〕13号，2010年12月30日施行）

四、做好证据合法性证明工作，提高依法指控犯罪的能力

21. 对证据的合法性进行证明，是检察机关依法指控犯罪、强化诉讼监督、保证办案质量的一项重要工作。要坚持对证据的合法性进行严格审查，依法排除非法证据，进一步提高出庭公诉水平，做好证据合法性证明工作。

22. 收到人民法院送交的反映被告人庭前供述是非法取得的书面意见或者告诉笔录复印件等有关材料后，应当及时根据提供的相关证据或者线索进行审查。审查逮捕、审查起诉期间已经提出并经查证不存在非法取证行为的，按照查证的情况做好庭审应对准备。提起公诉后提出新的证据或者线索的，应当要求侦查机关（部门）提供相关证明，必要时可以自行调查核实。

23. 庭审中，被告人及其辩护人提出被告人庭前供述是非法取得，没有提供相关证据或者线索的，公诉人应当根据全案证据情况综合说明该证据的合法性。被告人及其辩护人提供了相关证据或者线索，法庭经审查对被告人审判前供述取得的合法性有疑问的，公诉人应当向法庭提供讯问笔录、出入看守所的健康检查记录、看守管教人员的谈话记录以及侦查机关（部门）对讯问过程合法性的说明，讯问过程有录音录像的，应当提供。必要时提请法庭通知讯问时其他在场人员或者其他证人出庭作证，仍不能证明的，提请法庭通知讯问人员出庭作证。对被告人及其辩护人庭审中提出的新证据或者线索，当庭不能举证证明的，应当依法建议法庭延期审理，要求侦查机关（部门）提供相关证明，必要时可以自行调查核实。

24. 对于庭审中经综合举证、质证后认为被告人庭前供述取得的合法性已经能够证实，但法庭仍有疑问的，可以建议法庭休庭对相关证据进行：调查核实。法庭进行庭外调查通知检察人员到场的，必要时检察人员应当到场。对法庭调查核实后的证据持有异议的，应当建议法庭重新开庭进行调查。

25. 对于庭审中被告人及其辩护人提出未到庭证人的书面证言、未到庭被害人的书面陈述是非法取得的，可以从证人或者被害人的作证资格、询问人员、询问程序和方式以及询问笔录的法定形式等方面对合法性作出说明；有原始询问过程录音录像或者其他证据能证明合法性的，可以在法庭上宣读或者出示。被告人及其辩护人提出明确的新证据或者线索，需要进一步调查核实的，应当依法建议法庭延期审理，要求侦查机关（部门）提供相关证明，必要时可以自行调查核实、对被告人及其辩护人所提供的证人证言、被害人陈述等证据取得的合法性有疑问的，应当建议法庭要求其提供证明。

26. 被告人及其辩护人在提起公诉后提出证据不合法的新证据或者线索，侦查机

关（部门）对证据的合法性不能提供证据予以证明，或者提供的证据不够确实、充分，且其他证据不能充分证明被告人有罪的，可以撤回起诉，将案件退回侦查机关（部门）或者不起诉。

《最高人民法院、最高人民检察院、公安部、国家安全部、司法部关于办理刑事案件排除非法证据若干问题的规定》（法发〔2010〕20 号，2010 年 7 月 1 日起施行）

第七条　经审查，法庭对被告人审判前供述取得的合法性有疑问的，公诉人应当向法庭提供讯问笔录、原始的讯问过程录音录像或者其他证据，提请法庭通知讯问时其他在场人员或者其他证人出庭作证，仍不能排除刑讯逼供嫌疑的，提请法庭通知讯问人员出庭作证，对该供述取得的合法性予以证明。公诉人当庭不能举证的，可以根据刑事诉讼法第一百六十五条的规定，建议法庭延期审理。

经依法通知，讯问人员或者其他人员应当出庭作证。

公诉人提交加盖公章的说明材料，未经有关讯问人员签名或者盖章的，不能作为证明取证合法性的证据。

控辩双方可以就被告人审判前供述取得的合法性问题进行质证、辩论。

第十三条　庭审中，检察人员、被告人及其辩护人提出未到庭证人的书面证言、未到庭被害人的书面陈述是非法取得的，举证方应当对其取证的合法性予以证明。

对前款所述证据，法庭应当参照本规定有关规定进行调查。

5．非法证据的最终处理

相关法律条文

《中华人民共和国刑事诉讼法》（1979 年 7 月 1 日通过，1996 年 3 月 17 日第一次修正，2012 年 3 月 14 日第二次修正，2018 年 10 月 26 日第三次修正）

第六十条　【非法证据的处理】对于经过法庭审理，确认或者不能排除存在本法第五十六条规定的以非法方法收集证据情形的，对有关证据应当予以排除。

相关司法解释规定

《最高人民法院关于适用〈中华人民共和国刑事诉讼法〉的解释》（法释〔2021〕1 号，2021 年 3 月 1 日起施行）

第一百三十七条　法庭对证据收集的合法性进行调查后，确认或者不能排除存在刑事诉讼法第五十六条规定的以非法方法收集证据情形的，对有关证据应当排除。

第一百三十八条　具有下列情形之一的，第二审人民法院应当对证据收集的合法性进行审查，并根据刑事诉讼法和本解释的有关规定作出处理：

（一）第一审人民法院对当事人及其辩护人、诉讼代理人排除非法证据的申请没有审查，且以该证据作为定案根据的；

（二）人民检察院或者被告人、自诉人及其法定代理人不服第一审人民法院作出的有关证据收集合法性的调查结论，提出抗诉、上诉的；

（三）当事人及其辩护人、诉讼代理人在第一审结束后才发现相关线索或者材料，申请人民法院排除非法证据的。

《人民检察院刑事诉讼规则》（高检发释字〔2019〕4 号，2019 年 12 月 30 日起施行）

第二百六十四条　经审查讯问犯罪嫌疑人录音、录像，发现公安机关、本院负责侦查的部门讯问不规范，讯问过程存在违法行为，录音、录像内容与讯问笔录不一致等情形的，应当逐一列明并向公安机关、本院负责侦查的部门书面提出，要求其予以纠正、补正或者书面作出合理解释。发现讯问笔录与讯问犯罪嫌疑人录音、录像内容有重大实质性差异的，或者公安机关、本院负责侦查的部门不能补正或者作出合理解释的，该讯问笔录不能作为批准或者决定逮捕、提起公诉的依据。

第二百六十五条　犯罪嫌疑人及其辩护人申请排除非法证据，并提供相关线索或者材料的，人民检察院应当调查核实。发现侦查人员以刑讯逼供等非法方法收集证据的，应当依法排除相关证据并提出纠正意见。

审查逮捕期限届满前，经审查无法确定存在非法取证的行为，但也不能排除非法取证可能的，该证据不作为批准逮捕的依据。检察官应当根据在案的其他证据认定案件事实和决定是否逮捕，并在作出批准或者不批准逮捕的决定后，继续对可能存在的非法取证行为进行调查核实。经调查核实确认存在以刑讯逼供等非法方法收集证据情形的，应当向公安机关提出纠正意见。以非法方法收集的证据，不得作为提起公诉的依据。

第二百六十六条　审查逮捕期间，犯罪嫌疑人申请排除非法证据，但未提交相关线索或者材料，人民检察院经全面审查案件事实、证据，未发现侦查人员存在以非法方法收集证据的情形，认为符合逮捕条件的，可以批准逮捕。

审查起诉期间，犯罪嫌疑人及其辩护人又提出新的线索或者证据，或者人民检察院发现新的证据，经调查核实认为侦查人员存在以刑讯逼供等非法方法收集证据情形的，应当依法排除非法证据，不得作为提起公诉的依据。

排除非法证据后，犯罪嫌疑人不再符合逮捕条件但案件需要继续审查起诉的，应当及时变更强制措施。案件不符合起诉条件的，应当作出不起诉决定。

相关司法文件

《人民法院办理刑事案件排除非法证据规程（试行）》（法发〔2017〕31 号，2018 年 1 月 1 日起试行）

第二十六条　经法庭审理，具有下列情形之一的，对有关证据应当予以排除：

（一）确认以非法方法收集证据的；

（二）应当对讯问过程录音录像的案件没有提供讯问录音录像，或者讯问录音录像存在选择性录制、剪接、删改等情形，现有证据不能排除以非法方法收集证据的；

（三）侦查机关除紧急情况外没有在规定的办案场所讯问，现有证据不能排除以非法方法收集证据的；

（四）驻看守所检察人员在重大案件侦查终结前未对讯问合法性进行核查，或者未对核查过程同步录音录像，或者录音录像存在选择性录制、剪接、删改等情形，现有证据不能排除以非法方法收集证据的；

（五）其他不能排除存在以非法方法收集证据的。

第三十二条　第二审人民法院对证据收集合法性的调查，参照上述第一审程序的规定。

第三十三条　第一审人民法院对被告人及其辩护人排除非法证据的申请未予审查，并以有关证据作为定案的根据，可能影响公正审判的，第二审人民法院应当裁定撤销原判，发回原审人民法院重新审判。

第三十四条　第一审人民法院对依法应当排除的非法证据未予排除的，第二审人民法院可以依法排除相关证据。排除非法证据后，应当按照下列情形分别作出处理：

（一）原判决认定事实和适用法律正确、量刑适当的，应当裁定驳回上诉或者抗诉，维持原判；

（二）原判决认定事实没有错误，但适用法律有错误，或者量刑不当的，应当改判；

（三）原判决事实不清或者证据不足的，可以在查清事实后改判；也可以裁定撤销原判，发回原审人民法院重新审判。

《最高人民法院、最高人民检察院、公安部、国家安全部、司法部关于办理刑事案件严格排除非法证据若干问题的规定》（法发〔2017〕15 号，2017 年 6 月 27 日起施行）

第三十四条　经法庭审理，确认存在本规定所规定的以非法方法收集证据情形的，对有关证据应当予以排除。法庭根据相关线索或者材料对证据收集的合法性有疑问，而人民检察院未提供证据或者提供的证据不能证明证据收集的合法性，不能排除存在本规定所规定的以非法方法收集证据情形的，对有关证据应当予以排除。

对依法予以排除的证据，不得宣读、质证，不得作为判决的根据。

第三十五条　人民法院排除非法证据后，案件事实清楚，证据确实、充分，依据法律认定被告人有罪的，应当作出有罪判决；证据不足，不能认定被告人有罪的，应当作出证据不足、指控的犯罪不能成立的无罪判决；案件部分事实清楚，证据确实、充分的，依法认定该部分事实。

第四十条 第一审人民法院对被告人及其辩护人排除非法证据的申请未予审查，并以有关证据作为定案根据，可能影响公正审判的，第二审人民法院可以裁定撤销原判，发回原审人民法院重新审判。

第一审人民法院对依法应当排除的非法证据未予排除的，第二审人民法院可以依法排除非法证据。排除非法证据后，原判决认定事实和适用法律正确、量刑适当的，应当裁定驳回上诉或者抗诉，维持原判；原判决认定事实没有错误，但适用法律有错误，或者量刑不当的，应当改判；原判决事实不清楚或者证据不足的，可以裁定撤销原判，发回原审人民法院重新审判。

《最高人民法院、最高人民检察院、公安部、国家安全部、司法部关于办理刑事案件排除非法证据若干问题的规定》(法发〔2010〕20 号，2010 年 7 月 1 日起施行)

第十一条 对被告人审判前供述的合法性，公诉人不提供证据加以证明，或者已提供的证据不够确实、充分的，该供述不能作为定案的根据。

第十二条 对于被告人及其辩护人提出的被告人审判前供述是非法取得的意见，第一审人民法院没有审查，并以被告人审判前供述作为定案根据的，第二审人民法院应当对被告人审判前供述取得的合法性进行审查。检察人员不提供证据加以证明，或者已提供的证据不够确实、充分的，被告人该供述不能作为定案的根据。

五、言辞证据

1．证人的资格与证言的审查

相关法律条文

《中华人民共和国刑事诉讼法》（1979 年 7 月 1 日通过，1996 年 3 月 17 日第一次修正，2012 年 3 月 14 日第二次修正，2018 年 10 月 26 日第三次修正）

第六十一条 【证人证言法庭质证原则】证人证言必须在法庭上经过公诉人、被害人和被告人、辩护人双方质证并且查实以后，才能作为定案的根据。法庭查明证人有意作伪证或者隐匿罪证的时候，应当依法处理。

第六十二条 【证人的资格与义务】凡是知道案件情况的人，都有作证的义务。

生理上、精神上有缺陷或者年幼，不能辨别是非、不能正确表达的人，不能作证人。

相关部门规章

《公安机关办理刑事案件程序规定》（公安部 2012 年 12 月 13 日修订发布，2020 年 7 月 20 日修正）

第七十三条 凡是知道案件情况的人，都有作证的义务。

生理上、精神上有缺陷或者年幼，不能辨别是非，不能正确表达的人，不能作证人。

对于证人能否辨别是非，能否正确表达，必要时可以进行审查或者鉴别。

相关案例

张某贩卖毒品案——对无直接证据案件应运用间接证据之间的印证定案[①]

2014 年 3、4 月，被告人张某来到浙江省某市，同年 8 月开始通过其持有的该市移动短号为 758×× 的手机联系买家，在该市区贩卖毒品。吸毒人员通过口口相传，知道需要毒品时就可电话联系 758×× 这一移动短号求购。双方谈好交易后，张某会将一个他人名下的尾号为 7476 的银行账户发送给购毒人员，要求对方按照人民币 400 元 / 克的价格将相应的毒资款打入该账户。由于事先张某将自己持有的另一部号码为 1597353×××× 的手机与该账户进行了绑定，因此，毒资入账后，张某就会收到该账户余额变动短信通知。不久，张某就会通过移动短号 758×× 的手

[①] 参见罗志刚、唐海波：《对无直接证据案件应运用间接证据之间的印证定案——浙江衢州中院裁定张传勇贩卖毒品案》，载《人民法院报》2016 年 2 月 25 日，第 6 版。

机短信通知吸毒者毒品藏放处，而后吸毒者到指定地点取毒品。尾号为 7476 的银行账户的入账金额共计人民币 4.9 万元，除 8 月 14 日福清步行街支行柜台现存 400 元外，其余款项均由江某存入。该账户内 44050 元通过网银被转至张某名下的尾号为 5414 的银行账户内，张某即从 ATM 上将其取现或转账、消费。至案发，张某共收到毒资 48600 元，折合贩卖毒品 121.5 克。

浙江省江山市人民法院经审理认为，被告人张某明知是毒品而进行贩卖，其行为已构成贩卖毒品罪。公诉机关的指控成立。遂以贩卖毒品罪判处被告人张某有期徒刑 15 年，并处没收财产 5 万元。

一审宣判后，被告人张某以原判认定其贩卖毒品 121.5 克事实不清，证据不足为由，提出上诉。该市中级人民法院经审理认为，在案的证人证言、物证、书证之间能够相互印证，证实张某贩卖毒品 121.5 克的事实。原判认定事实正确，定量、量刑均符合法律规定。上诉、辩护意见均依据不足，不予采纳。故裁定驳回上诉，维持原判。现判决已生效。

该类案件定案的关键是要通过审查、认定在案的间接证据，使间接证据能形成完整的证据锁链，从而准确地认定案件事实。

1. 在案间接证据之间的相互印证

本案中，周某、徐某等大量购毒者的证言证明，其等购买毒品首先拨打短号为 758××× 的手机，与一名外地人联系，然后将购毒款打入尾号为 7476 的银行账户，根据对方发回的短信至藏毒地点取到毒品。相关通信客户详单、机主信息及通话、短信记录、银行账户交易明细、手机检验报告、辨认笔录等证据与上述证人证言相印证，能够证明短号为 758××× 的手机、尾号为 7476 的银行账户用于贩卖毒品犯罪，毒品的交易价格是每克 400 元。而短号为 758××× 的手机系侦查人员抓获张某时从张某身上扣押，尾号为 7476 的银行账户由张某参与申请开户并与张某使用的号码为 1597353×××× 的手机绑定、尾号为 7476 的银行账户中有 44050 元通过网银转至以张某实名开户的尾号为 5414 的银行账户、张某从尾号为 5414 的银行账户中取款等事实，均直接指向利用短号为 758××× 的手机和尾号为 7476 的银行账户，采用"打卡埋雷"方式贩卖毒品的人即张某。

2. 作出判决之前应当深入分析被告人的辩解

本案完全利用间接证据定案，虽然涉案的手机及银行卡等均证明张某即采用"打卡埋雷"方式在该市实施贩卖毒品行为的人，但在作出判决之前还应当深入细致地分析被告人的辩解。关于从张某身上所扣押的短号为 758××× 的手机，张某的辩解先后有"不知道是谁的，我没有这个手机""来江山时，身上就有三部手机（包括短号 758××× 手机）""路边捡来的""11 月在一处公园草丛内捡来的""被抓前几天在某公园大门口进去左手边的石凳处捡来的"，辩解过程前后不一，漏洞百出。另外，张某在被抓获时还刻意隐藏该手机，说明张某对该手机可能会成为对其定罪的证据具有明显的意识，张某关于该手机不是其本人所用的辩解不能成立。

对于尾号分别为 7476 和 5414 的两张银行卡，张某归案后直至一审庭审中始终辩解该两张银行卡与其无关，且辩解其从未在该市的银行 ATM 上取过款。但在案证据显示，尾号为 7476 的银行账户申请开户单上系张某签字并与张某使用的号码为 1597353×××× 的手机绑定，尾号为 7476 的银行账户中有 44050 元通过网银转至以张某实名开户的尾号为 5414 的银行账户，相关视频监控资料还显示张某使用尾号为 5414 的银行卡在该市 ATM 上多次取款。张某的一审判决之前的辩解前后矛盾，且明显不符合常理，不能推翻在案间接证据证明其贩卖毒品的事实。

3. 从逻辑和情理上分析被告人提出的新辩解

现在从证据上看，尾号为 7476 的银行账户是用于收毒资是明确的，既然"阿华"委托张某办理该银行卡的目的是用于贩毒，就应该让张某绑定"阿华"自己的电话号码而不应是张某自己的号码，否则购毒者存入钱款时"阿华"无法及时掌握款项存入信息，本案所采用"打卡埋雷"的贩毒模式便无法实施。

"阿华"与张某已见过多次，二人较为熟悉，让张某落网对"阿华"极为不利；根据张某的辩解，其不知道"阿华"贩毒，那么其在被抓获时刻意隐藏短号为 758××× 手机的行为无法得到合理的解释；以自己的名义办理银行卡给陌生人使用，将承担相当大的风险，这应该是每个普通人都了解的常识，一个陌生人因贪图 200 元钱而协助张某以自己名义办理银行卡并给张某使用可信度极小；张某提到"阿华"委托其办卡的时间是中秋节后，而 2014 年的中秋节是 9 月 8 日，但尾号为 7476 的银行账户的开户日期却是 8 月 2 日，时间上存在矛盾。

综上所述，本案虽然没有直接证据，但间接证据之间能够相互印证，形成完整的证据链，证明被告人采用"打卡埋雷"的方式实施贩卖毒品行为。法院对所认定的事实已排除合理怀疑，使定案证据达到确实、充分程度，体现了重证据不轻信口供的定案原则。

2．证人及其近亲属、鉴定人与被害人的保护

相关法律条文

《中华人民共和国刑事诉讼法》（1979 年 7 月 1 日通过，1996 年 3 月 17 日第一次修正，2012 年 3 月 14 日第二次修正，2018 年 10 月 26 日第三次修正）

第六十三条 【证人及其近亲属的保护】人民法院、人民检察院和公安机关应当保障证人及其近亲属的安全。

对证人及其近亲属进行威胁、侮辱、殴打或者打击报复，构成犯罪的，依法追究刑事责任；尚不够刑事处罚的，依法给予治安管理处罚。

第六十四条　【证人、鉴定人与被害人的特殊保护】对于危害国家安全犯罪、恐怖活动犯罪、黑社会性质的组织犯罪、毒品犯罪等案件，证人、鉴定人、被害人因在诉讼中作证，本人或者其近亲属的人身安全面临危险的，人民法院、人民检察院和公安机关应当采取以下一项或者多项保护措施：

（一）不公开真实姓名、住址和工作单位等个人信息；

（二）采取不暴露外貌、真实声音等出庭作证措施；

（三）禁止特定的人员接触证人、鉴定人、被害人及其近亲属；

（四）对人身和住宅采取专门性保护措施；

（五）其他必要的保护措施。

证人、鉴定人、被害人认为因在诉讼中作证，本人或者其近亲属的人身安全面临危险的，可以向人民法院、人民检察院、公安机关请求予以保护。

人民法院、人民检察院、公安机关依法采取保护措施，有关单位和个人应当配合。

相关司法解释规定

《最高人民法院关于适用〈中华人民共和国刑事诉讼法〉的解释》（法释〔2021〕1号，2021年3月1日起施行）

第二百五十六条　证人、鉴定人、被害人因出庭作证，本人或者其近亲属的人身安全面临危险的，人民法院应当采取不公开其真实姓名、住址和工作单位等个人信息，或者不暴露其外貌、真实声音等保护措施。辩护律师经法庭许可，查阅对证人、鉴定人、被害人使用化名情况的，应当签署保密承诺书。

审判期间，证人、鉴定人、被害人提出保护请求的，人民法院应当立即审查；认为确有保护必要的，应当及时决定采取相应保护措施。必要时，可以商请公安机关协助。

第二百五十七条　决定对出庭作证的证人、鉴定人、被害人采取不公开个人信息的保护措施的，审判人员应当在开庭前核实其身份，对证人、鉴定人如实作证的保证书不得公开，在判决书、裁定书等法律文书中可以使用化名等代替其个人信息。

《人民检察院刑事诉讼规则》（高检发释字〔2019〕4号，2019年12月30日起施行）

第七十九条　人民检察院在办理危害国家安全犯罪、恐怖活动犯罪、黑社会性质的组织犯罪、毒品犯罪等案件过程中，证人、鉴定人、被害人因在诉讼中作证，本人或者其近亲属人身安全面临危险，向人民检察院请求保护的，人民检察院应当受理并及时进行审查。对于确实存在人身安全危险的，应当立即采取必要的保护措施。人民检察院发现存在上述情形的，应当主动采取保护措施。

人民检察院可以采取以下一项或者多项保护措施：

（一）不公开真实姓名、住址和工作单位等个人信息；

（二）建议法庭采取不暴露外貌、真实声音等出庭作证措施；

（三）禁止特定的人员接触证人、鉴定人、被害人及其近亲属；

（四）对人身和住宅采取专门性保护措施；

（五）其他必要的保护措施。

人民检察院依法决定不公开证人、鉴定人、被害人的真实姓名、住址和工作单位等个人信息的，可以在起诉书、询问笔录等法律文书、证据材料中使用化名。但是应当另行书面说明使用化名的情况并标明密级，单独成卷。

人民检察院依法采取保护措施，可以要求有关单位和个人予以配合。

对证人及其近亲属进行威胁、侮辱、殴打或者打击报复，构成犯罪或者应当给予治安管理处罚的，人民检察院应当移送公安机关处理；情节轻微的，予以批评教育、训诫。

相关部门规章

《公安机关办理刑事案件程序规定》（公安部 2012 年 12 月 13 日修订发布，2020 年 7 月 20 日修正）

第七十四条　公安机关应当保障证人及其近亲属的安全。

对证人及其近亲属进行威胁、侮辱、殴打或者打击报复，构成犯罪的，依法追究刑事责任；尚不够刑事处罚的，依法给予治安管理处罚。

第七十五条　对危害国家安全犯罪、恐怖活动犯罪、黑社会性质的组织犯罪、毒品犯罪等案件，证人、鉴定人、被害人因在侦查过程中作证，本人或者其近亲属的人身安全面临危险的，公安机关应当采取以下一项或者多项保护措施：

（一）不公开真实姓名、住址、通信方式和工作单位等个人信息；

（二）禁止特定的人员接触被保护人；

（三）对被保护人的人身和住宅采取专门性保护措施；

（四）将被保护人带到安全场所保护；

（五）变更被保护人的住所和姓名；

（六）其他必要的保护措施。

证人、鉴定人、被害人认为因在侦查过程中作证，本人或者其近亲属的人身安全面临危险，向公安机关请求予以保护，公安机关经审查认为符合前款规定的条件，确有必要采取保护措施的，应当采取上述一项或者多项保护措施。

公安机关依法采取保护措施，可以要求有关单位和个人配合。

案件移送审查起诉时，应当将采取保护措施的相关情况一并移交人民检察院。

第七十六条　公安机关依法决定不公开证人、鉴定人、被害人的真实姓名、住址、通信方式和工作单位等个人信息的，可以在起诉意见书、询问笔录等法律文书、证据材料中使用化名等代替证人、鉴定人、被害人的个人信息。但是，应当另行书面说明使用化名的情况并标明密级，单独成卷。

第七十七条　证人保护工作所必需的人员、经费、装备等，应当予以保障。

证人因履行作证义务而支出的交通、住宿、就餐等费用，应当给予补助。证人作证的补助列入公安机关业务经费。

相关司法文件

《最高人民法院、最高人民检察院、公安部、国家安全部、司法部、全国人大常委会法制工作委员会关于实施刑事诉讼法若干问题的规定》（2013年1月1日起施行）

三、证据

12.……人民法院、人民检察院和公安机关依法决定不公开证人、鉴定人、被害人的真实姓名、住址和工作单位等个人信息的，可以在判决书、裁定书、起诉书、询问笔录等法律文书、证据材料中使用化名等代替证人、鉴定人、被害人的个人信息。但是，应当书面说明使用化名的情况并标明密级，单独成卷。辩护律师经法庭许可，查阅对证人、鉴定人、被害人使用化名情况的，应当签署保密承诺书。

3．证人出庭作证

相关法律条文

《中华人民共和国刑事诉讼法》（1979年7月1日通过，1996年3月17日第一次修正，2012年3月14日第二次修正，2018年10月26日第三次修正）

第一百九十二条　【出庭作证】公诉人、当事人或者辩护人、诉讼代理人对证人证言有异议，且该证人证言对案件定罪量刑有重大影响，人民法院认为证人有必要出庭作证的，证人应当出庭作证。

人民警察就其执行职务时目击的犯罪情况作为证人出庭作证，适用前款规定。

公诉人、当事人或者辩护人、诉讼代理人对鉴定意见有异议，人民法院认为鉴定人有必要出庭的，鉴定人应当出庭作证。经人民法院通知，鉴定人拒不出庭作证的，鉴定意见不得作为定案的根据。

第一百九十三条　【强制出庭作证】经人民法院通知，证人没有正当理由不出庭作证的，人民法院可以强制其到庭，但是被告人的配偶、父母、子女除外。

证人没有正当理由拒绝出庭或者出庭后拒绝作证的，予以训诫，情节严重的，经院长批准，处以十日以下的拘留。被处罚人对拘留决定不服的，可以向上一级人民法院申请复议。复议期间不停止执行。

第六十五条　【证人作证费用的负担及待遇】证人因履行作证义务而支出的交

通、住宿、就餐等费用，应当给予补助。证人作证的补助列入司法机关业务经费，由同级政府财政予以保障。

有工作单位的证人作证，所在单位不得克扣或者变相克扣其工资、奖金及其他福利待遇。

相关司法解释规定

《最高人民法院关于适用〈中华人民共和国刑事诉讼法〉的解释》（法释〔2021〕1号，2021年3月1日起施行）

第二百四十六条　公诉人可以提请法庭通知证人、鉴定人、有专门知识的人、调查人员、侦查人员或者其他人员出庭，或者出示证据。被害人及其法定代理人、诉讼代理人，附带民事诉讼原告人及其诉讼代理人也可以提出申请。

在控诉方举证后，被告人及其法定代理人、辩护人可以提请法庭通知证人、鉴定人、有专门知识的人、调查人员、侦查人员或者其他人员出庭，或者出示证据。

第二百四十七条　控辩双方申请证人出庭作证，出示证据，应当说明证据的名称、来源和拟证明的事实。法庭认为有必要的，应当准许；对方提出异议，认为有关证据与案件无关或者明显重复、不必要，法庭经审查异议成立的，可以不予准许。

第二百四十九条　公诉人、当事人或者辩护人、诉讼代理人对证人证言有异议，且该证人证言对定罪量刑有重大影响，或者对鉴定意见有异议，人民法院认为证人、鉴定人有必要出庭作证的，应当通知证人、鉴定人出庭。

控辩双方对侦破经过、证据来源、证据真实性或者合法性等有异议，申请调查人员、侦查人员或者有关人员出庭，人民法院认为有必要的，应当通知调查人员、侦查人员或者有关人员出庭。

第二百五十三条　证人具有下列情形之一，无法出庭作证的，人民法院可以准许其不出庭：

（一）庭审期间身患严重疾病或者行动极为不便的；

（二）居所远离开庭地点且交通极为不便的；

（三）身处国外短期无法回国的；

（四）有其他客观原因，确实无法出庭的。

具有前款规定情形的，可以通过视频等方式作证。

第二百五十四条　证人出庭作证所支出的交通、住宿、就餐等费用，人民法院应当给予补助。

第二百五十五条　强制证人出庭的，应当由院长签发强制证人出庭令，由法警执行。必要时，可以商请公安机关协助。

《人民检察院刑事诉讼规则》（高检发释字〔2019〕4号，2019年12月30日起施行）

第八十条　证人在人民检察院侦查、审查逮捕、审查起诉期间因履行作证义务而支出的交通、住宿、就餐等费用，人民检察院应当给予补助。

相关司法文件

《人民法院办理刑事案件第一审普通程序法庭调查规程（试行）》（法发〔2017〕31号，2018年1月1日起试行）

三、出庭作证程序

第十二条　控辩双方可以申请法庭通知证人、鉴定人、侦查人员和有专门知识的人等出庭。

被害人及其法定代理人、诉讼代理人，附带民事诉讼原告人及其诉讼代理人也可以提出上述申请。

第十三条　控辩双方对证人证言、被害人陈述有异议，申请证人、被害人出庭，人民法院经审查认为证人证言、被害人陈述对案件定罪量刑有重大影响的，应当通知证人、被害人出庭。

控辩双方对鉴定意见有异议，申请鉴定人或者有专门知识的人出庭，人民法院经审查认为有必要的，应当通知鉴定人或者有专门知识的人出庭。

控辩双方对侦破经过、证据来源、证据真实性或者证据收集合法性等有异议，申请侦查人员或者有关人员出庭，人民法院经审查认为有必要的，应当通知侦查人员或者有关人员出庭。

为查明案件事实、调查核实证据，人民法院可以依职权通知上述人员到庭。

人民法院通知证人、被害人、鉴定人、侦查人员、有专门知识的人等出庭的，控辩双方协助有关人员到庭。

第十四条　应当出庭作证的证人，在庭审期间因身患严重疾病等客观原因确实无法出庭的，可以通过视频等方式作证。

证人视频作证的，发问、质证参照证人出庭作证的程序进行。

前款规定适用于被害人、鉴定人、侦查人员。

第十五条　人民法院通知出庭的证人，无正当理由拒不出庭的，可以强制其出庭，但是被告人的配偶、父母、子女除外。

强制证人出庭的，应当由院长签发强制证人出庭令，并由法警执行。必要时，可以商请公安机关协助执行。

第十六条　证人、鉴定人、被害人因出庭作证，本人或者其近亲属的人身安全面临危险的，人民法院应当采取不公开其真实姓名、住址和工作单位等个人信息，或者不暴露其外貌、真实声音等保护措施。

决定对出庭作证的证人、鉴定人、被害人采取不公开个人信息的保护措施的，审判人员应当在开庭前核实其身份，对证人、鉴定人如实作证的保证书不得公开，在判决书、裁定书等法律文书中可以使用化名等代替其个人信息。

审判期间，证人、鉴定人、被害人提出保护请求的，人民法院应当立即审查，确有必要的，应当及时决定采取相应的保护措施。必要时，可以商请公安机关采取专门性保护措施。

第十七条　证人、鉴定人和有专门知识的人出庭作证所支出的交通、住宿、就餐等合理费用，除由控辩双方支付的以外，列入出庭作证补助专项经费，在出庭作证后由人民法院依照规定程序发放。

第十八条　证人、鉴定人出庭，法庭应当当庭核实其身份、与当事人以及本案的关系，审查证人、鉴定人的作证能力、专业资质，并告知其有关作证的权利义务和法律责任。

证人、鉴定人作证前，应当保证向法庭如实提供证言、说明鉴定意见，并在保证书上签名。

第十九条　证人出庭后，先向法庭陈述证言，然后先由举证方发问；发问完毕后，对方也可以发问。根据案件审理需要，也可以先由申请方发问。

控辩双方向证人发问完毕后，可以发表本方对证人证言的质证意见。控辩双方如有新的问题，经审判长准许，可以再行向证人发问。

审判人员认为必要时，可以询问证人。法庭依职权通知证人出庭的情形，审判人员应当主导对证人的询问。经审判长准许，被告人可以向证人发问。

第二十条　向证人发问应当遵循以下规则：

（一）发问内容应当与案件事实有关；

（二）不得采用诱导方式发问；

（三）不得威胁或者误导证人；

（四）不得损害证人人格尊严；

（五）不得泄露证人个人隐私。

第二十一条　控辩一方发问方式不当或者内容与案件事实无关，违反有关发问规则的，对方可以提出异议。对方当庭提出异议的，发问方应当说明发问理由，审判长判明情况予以支持或者驳回；对方未当庭提出异议的，审判长也可以根据情况予以制止。

第二十二条　审判长认为证人当庭陈述的内容与案件事实无关或者明显重复的，可以进行必要的提示。

第二十三条　有多名证人出庭作证的案件，向证人发问应当分别进行。

多名证人出庭作证的，应当在法庭指定的地点等候，不得谈论案情，必要时可以采取隔离等候措施。证人出庭作证后，审判长应当通知法警引导其退庭。证人不得旁听对案件的审理。

被害人没有列为当事人参加法庭审理，仅出庭陈述案件事实的，参照适用前款规定。

第二十四条　证人证言之间存在实质性差异的，法庭可以传唤有关证人到庭对质。

审判长可以分别询问证人，就证言的实质性差异进行调查核实。经审判长准许，控辩双方可以向证人发问。审判长认为有必要的，可以准许证人之间相互发问。

第二十五条　证人出庭作证的，其庭前证言一般不再出示、宣读，但下列情形除外：

（一）证人出庭作证时遗忘或者遗漏庭前证言的关键内容，需要向证人作出必要提示的；

（二）证人的当庭证言与庭前证言存在矛盾，需要证人作出合理解释的。

为核实证据来源、证据真实性等问题，或者帮助证人回忆，经审判长准许，控辩双方可以在询问证人时向其出示物证、书证等证据。

第二十六条　控辩双方可以申请法庭通知有专门知识的人出庭，协助本方就鉴定意见进行质证。有专门知识的人可以与鉴定人同时出庭，在鉴定人作证后向鉴定人发问，并对案件中的专门性问题提出意见。

申请有专门知识的人出庭，应当提供人员名单，并不得超过二人。有多种类鉴定意见的，可以相应增加人数。

第二十七条　对被害人、鉴定人、侦查人员、有专门知识的人的发问，参照适用证人的有关规定。

同一鉴定意见由多名鉴定人作出，有关鉴定人以及对该鉴定意见进行质证的有专门知识的人，可以同时出庭，不受分别发问规则的限制。

《最高人民法院、最高人民检察院、公安部、国家安全部、司法部关于推进以审判为中心的刑事诉讼制度改革的意见》（法发〔2016〕18号，2016年7月20日起施行）

十二、完善对证人、鉴定人的法庭质证规则。落实证人、鉴定人、侦查人员出庭作证制度，提高出庭作证率。公诉人、当事人或者辩护人、诉讼代理人对证人证言有异议，人民法院认为该证人证言对案件定罪量刑有重大影响的，证人应当出庭作证。

健全证人保护工作机制，对因作证面临人身安全等危险的人员依法采取保护措施。建立证人、鉴定人等作证补助专项经费划拨机制。完善强制证人到庭制度。

《最高人民法院、最高人民检察院、公安部、国家安全部、司法部、全国人大常委会法制工作委员会关于实施刑事诉讼法若干问题的规定》（2013年1月1日起施行）

八、审判

28.人民法院依法通知证人、鉴定人出庭作证的，应当同时将证人、鉴定人出庭通知书送交控辩双方，控辩双方应当予以配合。

29.……依法应当出庭的鉴定人经人民法院通知未出庭作证的，鉴定意见不得作为定案的根据。鉴定人由于不能抗拒的原因或者有其他正当理由无法出庭的，人民法院可以根据案件审理情况决定延期审理。

4．讯问犯罪嫌疑人

相关法律条文

《中华人民共和国刑事诉讼法》（1979年7月1日通过，1996年3月17日第一次修正，2012年3月14日第二次修正，2018年10月26日第三次修正）

第八十八条　【批准逮捕中的讯问】人民检察院审查批准逮捕，可以讯问犯罪嫌疑人；有下列情形之一的，应当讯问犯罪嫌疑人：

（一）对是否符合逮捕条件有疑问的；

（二）犯罪嫌疑人要求向检察人员当面陈述的；

（三）侦查活动可能有重大违法行为的。

【批准逮捕中的询问与听取意见】人民检察院审查批准逮捕，可以询问证人等诉讼参与人，听取辩护律师的意见；辩护律师提出要求的，应当听取辩护律师的意见。

第一百一十八条　【讯问的主体】讯问犯罪嫌疑人必须由人民检察院或者公安机关的侦查人员负责进行。讯问的时候，侦查人员不得少于二人。

犯罪嫌疑人被送交看守所羁押以后，侦查人员对其进行讯问，应当在看守所内进行。

第一百一十九条　【讯问的时间与地点】对不需要逮捕、拘留的犯罪嫌疑人，可以传唤到犯罪嫌疑人所在市、县内的指定地点或者到他的住处进行讯问，但是应当出示人民检察院或者公安机关的证明文件。对在现场发现的犯罪嫌疑人，经出示工作证件，可以口头传唤，但应当在讯问笔录中注明。

【传唤、拘传的限制性规定】传唤、拘传持续的时间不得超过十二小时；案情特别重大、复杂，需要采取拘留、逮捕措施的，传唤、拘传持续的时间不得超过二十四小时。

不得以连续传唤、拘传的形式变相拘禁犯罪嫌疑人。传唤、拘传犯罪嫌疑人，应当保证犯罪嫌疑人的饮食和必要的休息时间。

第一百二十条　【讯问的程序】侦查人员在讯问犯罪嫌疑人的时候，应当首先讯问犯罪嫌疑人是否有犯罪行为，让他陈述有罪的情节或者无罪的辩解，然后向他提出问题。犯罪嫌疑人对侦查人员的提问，应当如实回答。但是对与本案无关的问题，有拒绝回答的权利。

侦查人员在讯问犯罪嫌疑人的时候，应当告知犯罪嫌疑人享有的诉讼权利，如实供述自己罪行可以从宽处理和认罪认罚的法律规定。

第一百二十一条　【讯问聋、哑人的要求】讯问聋、哑的犯罪嫌疑人，应当有通晓聋、哑手势的人参加，并且将这种情况记明笔录。

第一百二十二条　【讯问笔录的制作】讯问笔录应当交犯罪嫌疑人核对，对于没有阅读能力的，应当向他宣读。如果记载有遗漏或者差错，犯罪嫌疑人可以提出补充或者改正。犯罪嫌疑人承认笔录没有错误后，应当签名或者盖章。侦查人员也应当在笔录上签名。犯罪嫌疑人请求自行书写供述的，应当准许。必要的时候，侦查人员也可以要犯罪嫌疑人亲笔书写供词。

第一百二十三条　【讯问的录音、录像】侦查人员在讯问犯罪嫌疑人的时候，可以对讯问过程进行录音或者录像；对于可能判处无期徒刑、死刑的案件或者其他重大犯罪案件，应当对讯问过程进行录音或者录像。

录音或者录像应当全程进行，保持完整性。

《中华人民共和国监察法》（2018 年 3 月 20 日起施行）

第十九条　对可能发生职务违法的监察对象，监察机关按照管理权限，可以直接或者委托有关机关、人员进行谈话或者要求说明情况。

第二十条　在调查过程中，对涉嫌职务违法的被调查人，监察机关可以要求其就涉嫌违法行为作出陈述，必要时向被调查人出具书面通知。

对涉嫌贪污贿赂、失职渎职等职务犯罪的被调查人，监察机关可以进行讯问，要求其如实供述涉嫌犯罪的情况。

第二十一条　在调查过程中，监察机关可以询问证人等人员。

第二十二条　被调查人涉嫌贪污贿赂、失职渎职等严重职务违法或者职务犯罪，监察机关已经掌握其部分违法犯罪事实及证据，仍有重要问题需要进一步调查，并有下列情形之一的，经监察机关依法审批，可以将其留置在特定场所：

（一）涉及案情重大、复杂的；

（二）可能逃跑、自杀的；

（三）可能串供或者伪造、隐匿、毁灭证据的；

（四）可能有其他妨碍调查行为的。

对涉嫌行贿犯罪或者共同职务犯罪的涉案人员，监察机关可以依照前款规定采取留置措施。

留置场所的设置、管理和监督依照国家有关规定执行。

第四十一条　调查人员采取讯问、询问、留置、搜查、调取、查封、扣押、勘验检查等调查措施，均应当依照规定出示证件，出具书面通知，由二人以上进行，形成笔录、报告等书面材料，并由相关人员签名、盖章。

调查人员进行讯问以及搜查、查封、扣押等重要取证工作，应当对全过程进行录音录像，留存备查。

第四十二条　调查人员应当严格执行调查方案，不得随意扩大调查范围、变更调查对象和事项。

对调查过程中的重要事项，应当集体研究后按程序请示报告。

相关司法解释规定

《人民检察院刑事诉讼规则》（高检发释字〔2019〕4号，2019年12月30日起施行）

第九章　侦　查
第二节　讯问犯罪嫌疑人

第一百八十二条　讯问犯罪嫌疑人，由检察人员负责进行。讯问时，检察人员或者检察人员和书记员不得少于二人。

讯问同案的犯罪嫌疑人，应当个别进行。

第一百八十三条　对于不需要逮捕、拘留的犯罪嫌疑人，可以传唤到犯罪嫌疑人所在市、县内的指定地点或者到他的住处进行讯问。

传唤犯罪嫌疑人，应当出示传唤证和工作证件，并责令犯罪嫌疑人在传唤证上签名或者盖章，并捺指印。

犯罪嫌疑人到案后，应当由其在传唤证上填写到案时间。传唤结束时，应当由其在传唤证上填写传唤结束时间。拒绝填写的，应当在传唤证上注明。

对在现场发现的犯罪嫌疑人，经出示工作证件，可以口头传唤，并将传唤的原因和依据告知被传唤人。在讯问笔录中应当注明犯罪嫌疑人到案时间、到案经过和传唤结束时间。

本规则第八十四条第二款的规定适用于传唤犯罪嫌疑人。

第一百八十四条　传唤犯罪嫌疑人时，其家属在场的，应当当场将传唤的原因和处所口头告知其家属，并在讯问笔录中注明。其家属不在场的，应当及时将传唤的原因和处所通知被传唤人家属。无法通知的，应当在讯问笔录中注明。

第一百八十五条　传唤持续的时间不得超过十二小时。案情特别重大、复杂，需要采取拘留、逮捕措施的，传唤持续的时间不得超过二十四小时。两次传唤间隔的时间一般不得少于十二小时，不得以连续传唤的方式变相拘禁犯罪嫌疑人。

传唤犯罪嫌疑人，应当保证犯罪嫌疑人的饮食和必要的休息时间。

第一百八十六条　犯罪嫌疑人被送交看守所羁押后，检察人员对其进行讯问，应当填写提讯、提解证，在看守所讯问室进行。

因辨认、鉴定、侦查实验或者追缴犯罪有关财物的需要，经检察长批准，可以提押犯罪嫌疑人出所，并应当由两名以上司法警察押解。不得以讯问为目的将犯罪嫌疑人提押出所进行讯问。

第一百八十七条　讯问犯罪嫌疑人一般按照下列顺序进行：

（一）核实犯罪嫌疑人的基本情况，包括姓名、出生年月日、户籍地、公民身份号码、民族、职业、文化程度、工作单位及职务、住所、家庭情况、社会经历、是否属于人大代表、政协委员等；

（二）告知犯罪嫌疑人在侦查阶段的诉讼权利，有权自行辩护或者委托律师辩护，告知其如实供述自己罪行可以依法从宽处理和认罪认罚的法律规定；

（三）讯问犯罪嫌疑人是否有犯罪行为，让他陈述有罪的事实或者无罪的辩解，应当允许其连贯陈述。

犯罪嫌疑人对检察人员的提问，应当如实回答。但是对与本案无关的问题，有拒绝回答的权利。

讯问犯罪嫌疑人时，应当告知犯罪嫌疑人将对讯问进行全程同步录音、录像。告知情况应当在录音、录像中予以反映，并记明笔录。

讯问时，对犯罪嫌疑人提出的辩解要认真查核。严禁刑讯逼供和以威胁、引诱、欺骗以及其他非法的方法获取供述。

第一百八十八条　讯问犯罪嫌疑人，应当制作讯问笔录。讯问笔录应当忠实于原话，字迹清楚，详细具体，并交犯罪嫌疑人核对。犯罪嫌疑人没有阅读能力的，应当向他宣读。如果记载有遗漏或者差错，应当补充或者改正。犯罪嫌疑人认为讯问笔录没有错误的，由其在笔录上逐页签名或者盖章，并捺指印，在末页写明“以上笔录我看过（向我宣读过），和我说的相符”，同时签名或者盖章，并捺指印，注明日期。如果犯罪嫌疑人拒绝签名、盖章、捺指印的，应当在笔录上注明。讯问的检察人员、书记员也应当在笔录上签名。

第一百八十九条　犯罪嫌疑人请求自行书写供述的，检察人员应当准许。必要时，检察人员也可以要求犯罪嫌疑人亲笔书写供述。犯罪嫌疑人应当在亲笔供述的末页签名或者盖章，并捺指印，注明书写日期。检察人员收到后，应当在首页右上方写明“于某年某月某日收到”，并签名。

第一百九十条　人民检察院办理直接受理侦查的案件，应当在每次讯问犯罪嫌疑人时，对讯问过程实行全程录音、录像，并在讯问笔录中注明。

第十章　审查逮捕和审查起诉
第一节　一般规定

第二百五十八条　人民检察院讯问犯罪嫌疑人时，应当首先查明犯罪嫌疑人的基本情况，依法告知犯罪嫌疑人诉讼权利和义务，以及认罪认罚的法律规定，听取其供述和辩解。犯罪嫌疑人翻供的，应当讯问其原因。犯罪嫌疑人申请排除非法证据的，应当告知其提供相关线索或者材料。犯罪嫌疑人检举揭发他人犯罪的，应当予以记录，并依照有关规定移送有关机关、部门处理。

讯问犯罪嫌疑人应当制作讯问笔录，并交犯罪嫌疑人核对或者向其宣读。经核对无误后逐页签名或者盖章，并捺指印后附卷。犯罪嫌疑人请求自行书写供述的，应当准许，但不得以自行书写的供述代替讯问笔录。

犯罪嫌疑人被羁押的，讯问应当在看守所讯问室进行。

第二百五十九条　办理审查逮捕、审查起诉案件，可以询问证人、被害人、鉴定人等诉讼参与人，并制作笔录附卷。询问时，应当告知其诉讼权利和义务。

询问证人、被害人的地点按照刑事诉讼法第一百二十四条的规定执行。

第二百六十条　讯问犯罪嫌疑人，询问被害人、证人、鉴定人，听取辩护人、被害人及其诉讼代理人的意见，应当由检察人员负责进行。检察人员或者检察人员和书记员不得少于二人。

讯问犯罪嫌疑人，询问证人、鉴定人、被害人，应当个别进行。

第二百六十三条　对于公安机关提请批准逮捕、移送起诉的案件，检察人员审查时发现存在本规则第七十五条第一款规定情形的，可以调取公安机关讯问犯罪嫌疑人的录音、录像并审查相关的录音、录像。对于重大、疑难、复杂的案件，必要时可以审查全部录音、录像。

对于监察机关移送起诉的案件，认为需要调取有关录音、录像的，可以商监察机关调取。

对于人民检察院直接受理侦查的案件，审查时发现负责侦查的部门未按照本规则第七十五条第三款的规定移送录音、录像或者移送不全的，应当要求其补充移送。对取证合法性或者讯问笔录真实性等产生疑问的，应当有针对性地审查相关的录音、录像。对于重大、疑难、复杂的案件，可以审查全部录音、录像。

相关部门规章

《公安机关办理刑事案件程序规定》（公安部 2012 年 12 月 13 日修订发布，2020 年 7 月 20 日修正）

第八章　侦　查
第二节　讯问犯罪嫌疑人

第一百九十八条　讯问犯罪嫌疑人，除下列情形以外，应当在公安机关执法办案场所的讯问室进行：

（一）紧急情况下在现场进行讯问的；

（二）对有严重伤病或者残疾、行动不便的，以及正在怀孕的犯罪嫌疑人，在其住处或者就诊的医疗机构进行讯问的。

对于已送交看守所羁押的犯罪嫌疑人，应当在看守所讯问室进行讯问。

对于正在被执行行政拘留、强制隔离戒毒的人员以及正在监狱服刑的罪犯，可以在其执行场所进行讯问。

对于不需要拘留、逮捕的犯罪嫌疑人，经办案部门负责人批准，可以传唤到犯罪嫌疑人所在市、县公安机关执法办案场所或者到他的住处进行讯问。

第一百九十九条　传唤犯罪嫌疑人时，应当出示传唤证和侦查人员的人民警察证，并责令其在传唤证上签名、捺指印。

犯罪嫌疑人到案后，应当由其在传唤证上填写到案时间。传唤结束时，应当由其在传唤证上填写传唤结束时间。犯罪嫌疑人拒绝填写的，侦查人员应当在传唤证上注明。

对在现场发现的犯罪嫌疑人，侦查人员经出示人民警察证，可以口头传唤，并将传唤的原因和依据告知被传唤人。在讯问笔录中应当注明犯罪嫌疑人到案方式，并由犯罪嫌疑人注明到案时间和传唤结束时间。

对自动投案或者群众扭送到公安机关的犯罪嫌疑人，可以依法传唤。

第二百条　传唤持续的时间不得超过十二小时。案情特别重大、复杂，需要采取拘留、逮捕措施的，经办案部门负责人批准，传唤持续的时间不得超过二十四小时。不得以连续传唤的形式变相拘禁犯罪嫌疑人。

传唤期限届满，未作出采取其他强制措施决定的，应当立即结束传唤。

第二百零一条　传唤、拘传、讯问犯罪嫌疑人，应当保证犯罪嫌疑人的饮食和必要的休息时间，并记录在案。

第二百零二条　讯问犯罪嫌疑人，必须由侦查人员进行。讯问的时候，侦查人员不得少于二人。

讯问同案的犯罪嫌疑人，应当个别进行。

第二百零三条　侦查人员讯问犯罪嫌疑人时，应当首先讯问犯罪嫌疑人是否有犯罪行为，并告知犯罪嫌疑人享有的诉讼权利，如实供述自己罪行可以从宽处理以及认罪认罚的法律规定，让他陈述有罪的情节或者无罪的辩解，然后向他提出问题。

犯罪嫌疑人对侦查人员的提问，应当如实回答。但是对与本案无关的问题，有拒绝回答的权利。

第一次讯问，应当问明犯罪嫌疑人的姓名、别名、曾用名、出生年月日、户籍所在地、现住地、籍贯、出生地、民族、职业、文化程度、政治面貌、工作单位、家庭情况、社会经历，是否属于人大代表、政协委员，是否受过刑事处罚或者行政处理等情况。

第二百零四条　讯问聋、哑的犯罪嫌疑人，应当有通晓聋、哑手势的人参加，并在讯问笔录上注明犯罪嫌疑人的聋、哑情况，以及翻译人员的姓名、工作单位和职业。

讯问不通晓当地语言文字的犯罪嫌疑人，应当配备翻译人员。

第二百零五条 侦查人员应当将问话和犯罪嫌疑人的供述或者辩解如实地记录清楚。制作讯问笔录应当使用能够长期保持字迹的材料。

第二百零六条 讯问笔录应当交犯罪嫌疑人核对；对于没有阅读能力的，应当向他宣读。如果记录有遗漏或者差错，应当允许犯罪嫌疑人补充或者更正，并捺指印。笔录经犯罪嫌疑人核对无误后，应当由其在笔录上逐页签名、捺指印，并在末页写明"以上笔录我看过（或向我宣读过），和我说的相符"。拒绝签名、捺指印的，侦查人员应当在笔录上注明。

讯问笔录上所列项目，应当按照规定填写齐全。侦查人员、翻译人员应当在讯问笔录上签名。

第二百零七条 犯罪嫌疑人请求自行书写供述的，应当准许；必要时，侦查人员也可以要求犯罪嫌疑人亲笔书写供词。犯罪嫌疑人应当在亲笔供词上逐页签名、捺指印。侦查人员收到后，应当在首页右上方写明"于某年某月某日收到"，并签名。

第二百零八条 讯问犯罪嫌疑人，在文字记录的同时，可以对讯问过程进行录音录像。对于可能判处无期徒刑、死刑的案件或者其他重大犯罪案件，应当对讯问过程进行录音录像。

前款规定的"可能判处无期徒刑、死刑的案件"，是指应当适用的法定刑或者量刑档次包含无期徒刑、死刑的案件。"其他重大犯罪案件"，是指致人重伤、死亡的严重危害公共安全犯罪、严重侵犯公民人身权利犯罪，以及黑社会性质组织犯罪、严重毒品犯罪等重大故意犯罪案件。

对讯问过程录音录像的，应当对每一次讯问全程不间断进行，保持完整性。不得选择性地录制，不得剪接、删改。

第二百零九条 对犯罪嫌疑人供述的犯罪事实、无罪或者罪轻的事实、申辩和反证，以及犯罪嫌疑人提供的证明自己无罪、罪轻的证据，公安机关应当认真核查；对有关证据，无论是否采信，都应当如实记录、妥善保管，并连同核查情况附卷。

相关司法文件

《最高人民法院、最高人民检察院、公安部、国家安全部、司法部关于推进以审判为中心的刑事诉讼制度改革的意见》（法发〔2016〕18 号，2016 年 7 月 20 日起施行）

五、完善讯问制度，防止刑讯逼供，不得强迫任何人证实自己有罪。严格按照有关规定要求，在规范的讯问场所讯问犯罪嫌疑人。严格依照法律规定对讯问过程全程同步录音录像，逐步实行对所有案件的讯问过程全程同步录音录像。

探索建立重大案件侦查终结前对讯问合法性进行核查制度。对公安机关、国家安全机关和人民检察院侦查的重大案件，由人民检察院驻看守所检察人员询问犯罪嫌疑人，核查是否存在刑讯逼供、非法取证情形，并同步录音录像。经核查，确有刑讯逼供、非法取证情形的，侦查机关应当及时排除非法证据，不得作为提请批准逮捕、移送审查起诉的根据。

六、在案件侦查终结前，犯罪嫌疑人提出无罪或者罪轻的辩解，辩护律师提出犯罪嫌疑人无罪或者依法不应追究刑事责任的意见，侦查机关应当依法予以核实。

《最高人民检察院关于印发〈人民检察院讯问职务犯罪嫌疑人实行全程同步录音录像的规定〉的通知》（高检发反贪字〔2014〕213 号，2014 年 5 月 26 日起施行）

第一条　为了进一步规范执法行为，依法惩治犯罪，保障人权，提高执法水平和办案质量，根据《中华人民共和国刑事诉讼法》《人民检察院刑事诉讼规则（试行）》等有关规定，结合人民检察院直接受理侦查职务犯罪案件工作实际，制定本规定。

第二条　人民检察院讯问职务犯罪嫌疑人实行全程同步录音、录像，是指人民检察院办理直接受理侦查的职务犯罪案件，讯问犯罪嫌疑人时，应当对每一次讯问的全过程实施不间断的录音、录像。

讯问录音、录像是人民检察院在直接受理侦查职务犯罪案件工作中规范讯问行为、保证讯问活动合法性的重要手段。讯问录音、录像应当保持完整，不得选择性录制，不得剪接、删改。

讯问录音、录像资料是检察机关讯问职务犯罪嫌疑人的工作资料，实行有条件调取查看或者法庭播放。

第三条　讯问录音、录像，实行讯问人员和录制人员相分离的原则。讯问由检察人员负责，不得少于二人；录音、录像应当由检察技术人员负责。特别情况下，经检察长批准，也可以指定其他检察人员负责。刑事诉讼法有关回避的规定适用于录制人员。

第四条　讯问录音、录像的，应当由检察人员填写《录音录像通知单》，写明讯问开始的时间、地点等情况送检察技术部门或者通知其他检察人员。检察技术部门接到《录音录像通知单》后，应当指派检察技术人员实施。其他检察人员接到通知后，应当按照本规定进行录制。

第五条　讯问在押犯罪嫌疑人，应当在看守所进行。讯问未羁押的犯罪嫌疑人，除客观原因或者法律另有规定外，应当在人民检察院讯问室进行。

在看守所、人民检察院的讯问室或者犯罪嫌疑人的住处等地点讯问的，讯问录音、录像应当从犯罪嫌疑人进入讯问室或者讯问人员进入其住处时开始录制，至犯罪嫌疑人在讯问笔录上签字、捺指印，离开讯问室或者讯问人员离开犯罪嫌疑人的住处等地点时结束。

第六条　讯问开始时，应当告知犯罪嫌疑人将对讯问进行全程同步录音、录像，告知情况应在录音、录像和笔录中予以反映。

犯罪嫌疑人不同意录音、录像的，讯问人员应当进行解释，但不影响录音、录像进行。

第七条　全程同步录像，录制的图像应当反映犯罪嫌疑人、检察人员、翻译人员及讯问场景等情况，犯罪嫌疑人应当在图像中全程反映，并显示与讯问同步的时间数码。在人民检察院讯问室讯问的，应当显示温度和湿度。

第八条　讯问犯罪嫌疑人时，除特殊情况外，检察人员应当着检察服，做到仪表整洁，举止严肃、端庄，用语文明、规范。严禁刑讯逼供或者使用威胁、引诱、欺骗等非法方法进行讯问。

第九条　讯问过程中，需要出示、核实或者辨认书证、物证等证据的，应当当场出示，让犯罪嫌疑人核实或者辨认，并对核实、辨认的全过程进行录音、录像。

第十条　讯问过程中，因技术故障等客观情况无法录音、录像的，一般应当停止讯问，待故障排除后再行讯问。讯问停止的原因、时间和再行讯问开始的时间等情况，应当在笔录和录音、录像中予以反映。

无法录音、录像的客观情况一时难以消除又必须继续讯问的，讯问人员可以继续进行讯问，但应当告知犯罪嫌疑人，同时报告检察长并获得批准。未录音、录像的情况及告知、报告情况应当在笔录中予以说明，由犯罪嫌疑人签字确认。待条件具备时，应当对未录的内容及时进行补录。

第十一条　讯问结束后，录制人员应当立即将讯问录音、录像资料原件交给讯问人员，经讯问人员和犯罪嫌疑人签字确认后当场封存，交由检察技术部门保存。同时，复制讯问录音、录像资料存入讯问录音、录像数据管理系统，按照授权供审查决定逮捕、审查起诉以及法庭审理时审查之用。没有建立讯问录音、录像数据管理系统的，应当制作讯问录音、录像资料复制件，交办案人员保管，按照人民检察院刑事诉讼规则的有关规定移送。

讯问结束后，录制人员应当及时制作讯问录音、录像的相关说明，经讯问人员和犯罪嫌疑人签字确认后，交由检察技术部门立卷保管。

讯问录音、录像制作说明应当反映讯问的具体起止时间，参与讯问的检察人员、翻译人员及录制人员等姓名、职务、职称，犯罪嫌疑人姓名及案由，讯问地点等情况。讯问在押犯罪嫌疑人的，讯问人员应当在说明中注明提押和还押时间，由监管人员和犯罪嫌疑人签字确认。对犯罪嫌疑人拒绝签字的，应当在说明中注明。

第十二条　讯问笔录应当与讯问录音、录像内容一致或者意思相符。禁止记录人员原封不动复制此前笔录中的讯问内容，作为本次讯问记录。

讯问结束时，讯问人员应当对讯问笔录进行检查、核对，发现漏记、错记的，应当及时补正，并经犯罪嫌疑人签字确认。

第十三条　人民检察院直接受理侦查的案件，侦查部门移送审查决定逮捕、审查起诉时，应当注明讯问录音、录像资料存入讯问录音、录像数据管理系统，并将讯问录音、录像次数、起止时间等情况，随同案卷材料移送案件管理部门审查后，由案件管理部门移送侦查监督或者公诉部门审查。侦查监督或者公诉部门审查认为讯问活动可能涉嫌违法或者讯问笔录可能不真实，需要审查讯问录音、录像资料的，应当说明涉嫌违法讯问或者讯问笔录可能失实的时间节点并告知侦查部门。侦查部门应当及时予以授权，供侦查监督或者公诉部门对存入讯问录音、录像数据管理系统相应的讯问录音、录像资料进行审查。没有建立讯问录音、录像数据管理系统的，应当调取相应时段的讯问录音、录像资料并刻录光盘，及时移送侦查监督或者公诉部门审查。

移送讯问录音、录像资料复制件的，侦查监督部门审查结束后，应当将移送审查的讯问录音、录像资料复制件连同案卷材料一并送还侦查部门。公诉部门对移送的讯问录音、录像资料复制件应当妥善保管，案件终结后随案归档保存。

第十四条　案件提起公诉后在庭前会议或者法庭审理过程中，人民法院、被告人或者其辩护人对庭前讯问活动合法性提出异议的，或者被告人辩解因受刑讯逼供等非法方法而供述的，公诉人应当要求被告人及其辩护人提供相关线索或者材料。被告人及其辩护人提供相关线索或者材料的，公诉人可以将相关时段的讯问录音、录像资料提请法庭播放，对有关异议或者事实进行质证。

第十五条　公诉人认为讯问录音、录像资料不宜在法庭上播放的，应当建议在审判人员、公诉人、被告人及其辩护人的范围内进行播放、质证，必要时可以建议法庭通知讯问人员、录制人员参加。

第十六条　人民法院、被告人或者其辩护人对讯问录音、录像资料刻录光盘或者复制件提出异议的，公诉人应当将检察技术部门保存的相应原件当庭启封质证。案件审结后，经公诉人和被告人签字确认后对讯问录音、录像资料原件再行封存，并由公诉部门及时送还检察技术部门保存。

第十七条　讯问过程中犯罪嫌疑人检举揭发与本案无关的犯罪事实或者线索的，应当予以保密，不得泄露。违反本条规定，造成泄密后果的，应当追究相关责任。

庭前会议或者法庭审理过程中，人民法院、被告人及其辩护人认为被告人检举揭发与本案无关的犯罪事实或者线索影响量刑，需要举证、质证的，应当由承办案件的人民检察院出具证明材料，经承办人签名后，交公诉人向审判人员、被告人及其辩护人予以说明。提供的证明材料必须真实，发现证明材料失实或者是伪造的，经查证属实，应当追究相关责任。

第十八条　案件办理完毕，办案期间录制的讯问录音、录像资料存入讯问录音、录像数据管理系统的或者刻录光盘的原件，由检察技术部门向本院档案部门移交归档。讯问录音、录像资料的保存期限与案件卷宗保存期限相同。

讯问录音、录像资料一般不公开使用。需要公开使用的，应当由检察长决定。

非办案部门或者人员需要查阅讯问录音、录像资料的，应当报经检察长批准。

案件在申诉、复查过程中，涉及讯问活动合法性或者办案人员责任认定等情形，需要启封讯问录音、录像资料原件的，应当由检察长决定。启封时，被告人或者其委托的辩护人、近亲属应当到场见证。

第十九条　参与讯问录音、录像的人员，对讯问情况应当严格保密。泄露办案秘密的，应当追究相关责任。

第二十条　初查阶段询问初查对象需要录音或者录像的，应当告知初查对象。询问证人需要录音或者录像的，应当事先征得证人同意，并参照本规定执行。

第二十一条　实施讯问录音、录像，禁止下列情形：

（一）未按照刑事诉讼法第一百二十一条和本规定对讯问活动进行全程同步录音、录像的；

（二）对讯问活动采取不供不录等选择性录音、录像的；

（三）为规避监督故意关闭讯问录音录像系统、视频监控系统的；

（四）擅自公开或者泄露讯问录音、录像资料或者泄露办案秘密的；

（五）因玩忽职守、管理不善等造成讯问录音、录像资料遗失或者违规使用讯问录音、录像资料的；

（六）其他违反本规定或者玩忽职守、弄虚作假，给案件侦查、起诉、审判造成不良后果等情形的。

讯问人员、检察技术人员及其他有关人员具有以上情形之一的，根据《检察人员纪律处分条例（试行）》等规定，应当给予批评教育；情节较重，给案件侦查、起诉、审判造成较为严重后果或者对案件当事人合法权益造成较为严重侵害的，应当视情给予警告、记过、记大过处分；情节严重，给案件侦查、起诉、审判造成严重后果或者对案件当事人合法权益造成严重侵害的，应当视情给予降级、撤职或者开除处分；构成犯罪的，应当追究相关责任人员的刑事责任。

第二十二条　本规定由最高人民检察院负责解释。自发布之日起施行。此前规定与本规定不一致的，以本规定为准。

《最高人民法院、最高人民检察院、公安部、国家安全部、司法部、全国人大常委会法制工作委员会关于实施刑事诉讼法若干问题的规定》（2013年1月1日起施行）

六、侦查

19.……侦查人员对讯问过程进行录音或者录像的，应当在讯问笔录中注明。人民检察院、人民法院可以根据需要调取讯问犯罪嫌疑人的录音或者录像，有关机关应当及时提供。

5. 侦查中询问证人和被害人

相关法律条文

《中华人民共和国刑事诉讼法》（1979 年 7 月 1 日通过，1996 年 3 月 17 日第一次修正，2012 年 3 月 14 日第二次修正，2018 年 10 月 26 日第三次修正）

第一百二十四条 【询问证人的地点、方式与要求】侦查人员询问证人，可以在现场进行，也可以到证人所在单位、住处或者证人提出的地点进行，在必要的时候，可以通知证人到人民检察院或者公安机关提供证言。在现场询问证人，应当出示工作证件，到证人所在单位、住处或者证人提出的地点询问证人，应当出示人民检察院或者公安机关的证明文件。

【个别询问原则】询问证人应当个别进行。

第一百二十五条 【询问证人时的告知义务】询问证人，应当告知他应当如实地提供证据、证言和有意作伪证或者隐匿罪证要负的法律责任。

第一百二十六条 【询问证人笔录的制作】本法第一百二十二条的规定，也适用于询问证人。

第一百二十七条 【询问被害人的法律适用】询问被害人，适用本节各条规定。

相关司法解释规定

《人民检察院刑事诉讼规则》（高检发释字〔2019〕4 号，2019 年 12 月 30 日起施行）

第一百九十一条 人民检察院在侦查过程中，应当及时询问证人，并且告知证人履行作证的权利和义务。

人民检察院应当保证一切与案件有关或者了解案情的公民有客观充分地提供证据的条件，并为他们保守秘密。除特殊情况外，人民检察院可以吸收他们协助调查。

第一百九十二条 询问证人，应当由检察人员负责进行。询问时，检察人员或者检察人员和书记员不得少于二人。

第一百九十三条 询问证人，可以在现场进行，也可以到证人所在单位、住处或者证人提出的地点进行。必要时，也可以通知证人到人民检察院提供证言。到证人提出的地点进行询问的，应当在笔录中记明。

询问证人应当个别进行。

在现场询问证人，应当出示工作证件。到证人所在单位、住处或者证人提出的地点询问证人，应当出示人民检察院的证明文件。

第一百九十四条 询问证人，应当问明证人的基本情况以及与当事人的关系，并且告知证人应当如实提供证据、证言和故意作伪证或者隐匿罪证应当承担的法律责任，但是不得向证人泄露案情，不得采用拘禁、暴力、威胁、引诱、欺骗以及其他非法方法获取证言。

询问重大或者有社会影响的案件的重要证人，应当对询问过程实行全程录音、录像，并在询问笔录中注明。

第一百九十五条　询问被害人，适用询问证人的规定。

相关部门规章

《公安机关办理刑事案件程序规定》（公安部 2012 年 12 月 13 日修订发布，2020 年 7 月 20 日修正）

第八章　侦　查

第三节　询问证人、被害人

第二百一十条　询问证人、被害人，可以在现场进行，也可以到证人、被害人所在单位、住处或者证人、被害人提出的地点进行。在必要的时候，可以书面、电话或者当场通知证人、被害人到公安机关提供证言。

询问证人、被害人应当个别进行。

在现场询问证人、被害人，侦查人员应当出示人民警察证。到证人、被害人所在单位、住处或者证人、被害人提出的地点询问证人、被害人，应当经办案部门负责人批准，制作询问通知书。询问前，侦查人员应当出示询问通知书和人民警察证。

第二百一十一条　询问前，应当了解证人、被害人的身份，证人、被害人、犯罪嫌疑人之间的关系。询问时，应当告知证人、被害人必须如实地提供证据、证言和有意作伪证或者隐匿罪证应负的法律责任。

侦查人员不得向证人、被害人泄露案情或者表示对案件的看法，严禁采用暴力、威胁等非法方法询问证人、被害人。

第二百一十二条　本规定第二百零六条、第二百零七条的规定，也适用于询问证人、被害人。

6. 鉴　　定①

相关法律条文

《中华人民共和国刑事诉讼法》（1979 年 7 月 1 日通过，1996 年 3 月 17 日第一次修正，2012 年 3 月 14 日第二次修正，2018 年 10 月 26 日第三次修正）

第二章　侦　查

第一百四十六条　【鉴定的范围】【鉴定人的种类】为了查明案情，需要解决案件中某些专门性问题的时候，应当指派、聘请有专门知识的人进行鉴定。

第一百四十七条　【鉴定的程序及法律责任】鉴定人进行鉴定后，应当写出鉴定意见，并且签名。

鉴定人故意作虚假鉴定的，应当承担法律责任。

第一百四十八条　【鉴定意见的告知义务】【对鉴定意见的异议及其处理】侦查机关应当将用作证据的鉴定意见告知犯罪嫌疑人、被害人。如果犯罪嫌疑人、被害人提出申请，可以补充鉴定或者重新鉴定。

第一百四十九条　【精神病鉴定的期间规定】对犯罪嫌疑人作精神病鉴定的期间不计入办案期限。

《全国人民代表大会常务委员会关于司法鉴定管理问题的决定》（2005 年 2 月 28 日通过，2015 年 4 月 24 日修正）

为了加强对鉴定人和鉴定机构的管理，适应司法机关和公民、组织进行诉讼的需要，保障诉讼活动的顺利进行，特作如下决定：

一、司法鉴定是指在诉讼活动中鉴定人运用科学技术或者专门知识对诉讼涉及的专门性问题进行鉴别和判断并提供鉴定意见的活动。

二、国家对从事下列司法鉴定业务的鉴定人和鉴定机构实行登记管理制度：

（一）法医类鉴定；

---

① 与刑事鉴定相关的法律规范还有《公安机关鉴定人登记管理办法》（公安部 2020 年 5 月 1 日起施行）；《公安机关鉴定机构登记管理办法》（公安部 2020 年 5 月 1 日起施行）、《司法部办公厅关于推荐适用〈法医学虚拟解剖操作规程〉等 28 项司法鉴定技术规范的通知》（2015 年 11 月 20 日）、《司法部办公厅关于推荐适用〈周围神经损伤鉴定实施规范〉等 13 项司法鉴定技术规范的通知》（2014 年 3 月 17 日）、《司法部关于进一步发挥司法鉴定制度作用防止冤假错案的意见》（2014 年 2 月 13 日）、《司法部司法鉴定管理局关于适用〈人体损伤程度鉴定标准〉有关问题的通知》（2014 年 1 月 6 日）、《人民检察院鉴定机构登记管理办法》《人民检察院鉴定人登记管理办法》（2007 年 1 月 1 日起施行）、《病残儿医学鉴定管理办法》（国家计划生育委员会 2002 年 1 月 18 日）、《司法鉴定执业分类规定（试行）》（司法部 2000 年 1 月 1 日起施行）、《精神疾病司法鉴定暂行规定》（最高人民法院、最高人民检察院、公安部、司法部、卫生部 1989 年 8 月 1 日起施行）等。至于与民事鉴定部分共通的鉴定规范，可参见民事证据部分第 18 节。

（二）物证类鉴定；

（三）声像资料鉴定；

（四）根据诉讼需要由国务院司法行政部门商最高人民法院、最高人民检察院确定的其他应当对鉴定人和鉴定机构实行登记管理的鉴定事项。

法律对前款规定事项的鉴定人和鉴定机构的管理另有规定的，从其规定。

三、国务院司法行政部门主管全国鉴定人和鉴定机构的登记管理工作。省级人民政府司法行政部门依照本决定的规定，负责对鉴定人和鉴定机构的登记、名册编制和公告。

四、具备下列条件之一的人员，可以申请登记从事司法鉴定业务：

（一）具有与所申请从事的司法鉴定业务相关的高级专业技术职称；

（二）具有与所申请从事的司法鉴定业务相关的专业执业资格或者高等院校相关专业本科以上学历，从事相关工作五年以上；

（三）具有与所申请从事的司法鉴定业务相关工作十年以上经历，具有较强的专业技能。

因故意犯罪或者职务过失犯罪受过刑事处罚的，受过开除公职处分的，以及被撤销鉴定人登记的人员，不得从事司法鉴定业务。

五、法人或者其他组织申请从事司法鉴定业务的，应当具备下列条件：

（一）有明确的业务范围；

（二）有在业务范围内进行司法鉴定所必需的仪器、设备；

（三）有在业务范围内进行司法鉴定所必需的依法通过计量认证或者实验室认可的检测实验室；

（四）每项司法鉴定业务有三名以上鉴定人。

六、申请从事司法鉴定业务的个人、法人或者其他组织，由省级人民政府司法行政部门审核，对符合条件的予以登记，编入鉴定人和鉴定机构名册并公告。

省级人民政府司法行政部门应当根据鉴定人或者鉴定机构的增加和撤销登记情况，定期更新所编制的鉴定人和鉴定机构名册并公告。

七、侦查机关根据侦查工作的需要设立的鉴定机构，不得面向社会接受委托从事司法鉴定业务。

人民法院和司法行政部门不得设立鉴定机构。

八、各鉴定机构之间没有隶属关系；鉴定机构接受委托从事司法鉴定业务，不受地域范围的限制。

鉴定人应当在一个鉴定机构中从事司法鉴定业务。

九、在诉讼中，对本决定第二条所规定的鉴定事项发生争议，需要鉴定的，应当委托列入鉴定人名册的鉴定人进行鉴定。鉴定人从事司法鉴定业务，由所在的鉴定机构统一接受委托。

鉴定人和鉴定机构应当在鉴定人和鉴定机构名册注明的业务范围内从事司法鉴定业务。

鉴定人应当依照诉讼法律规定实行回避。

十、司法鉴定实行鉴定人负责制度。鉴定人应当独立进行鉴定，对鉴定意见负责并在鉴定书上签名或者盖章。多人参加的鉴定，对鉴定意见有不同意见的，应当注明。

十一、在诉讼中，当事人对鉴定意见有异议的，经人民法院依法通知，鉴定人应当出庭作证。

十二、鉴定人和鉴定机构从事司法鉴定业务，应当遵守法律、法规，遵守职业道德和职业纪律，尊重科学，遵守技术操作规范。

十三、鉴定人或者鉴定机构有违反本决定规定行为的，由省级人民政府司法行政部门予以警告，责令改正。

鉴定人或者鉴定机构有下列情形之一的，由省级人民政府司法行政部门给予停止从事司法鉴定业务三个月以上一年以下的处罚；情节严重的，撤销登记：

（一）因严重不负责任给当事人合法权益造成重大损失的；

（二）提供虚假证明文件或者采取其他欺诈手段，骗取登记的；

（三）经人民法院依法通知，拒绝出庭作证的；

（四）法律、行政法规规定的其他情形。

鉴定人故意作虚假鉴定，构成犯罪的，依法追究刑事责任；尚不构成犯罪的，依照前款规定处罚。

十四、司法行政部门在鉴定人和鉴定机构的登记管理工作中，应当严格依法办事，积极推进司法鉴定的规范化、法制化。对于滥用职权、玩忽职守，造成严重后果的直接责任人员，应当追究相应的法律责任。

十五、司法鉴定的收费标准由省、自治区、直辖市人民政府价格主管部门会同同级司法行政部门制定。

十六、对鉴定人和鉴定机构进行登记、名册编制和公告的具体办法，由国务院司法行政部门制定，报国务院批准。

十七、本决定下列用语的含义是：

（一）法医类鉴定，包括法医病理鉴定、法医临床鉴定、法医精神病鉴定、法医物证鉴定和法医毒物鉴定。

（二）物证类鉴定，包括文书鉴定、痕迹鉴定和微量鉴定。

（三）声像资料鉴定，包括对录音带、录像带、磁盘、光盘、图片等载体上记录的声音、图像信息的真实性、完整性及其所反映的情况过程进行的鉴定和对记录的声音、图像中的语言、人体、物体作出种类或者同一认定。

十八、本决定自 2005 年 10 月 1 日起施行。

相关司法解释规定

《最高人民法院关于审理走私、非法经营、非法使用兴奋剂刑事案件适用法律若干问题的解释》（法释〔2019〕16号，2020年1月1日起施行）

第八条　对于是否属于本解释规定的"兴奋剂""兴奋剂目录所列物质""体育运动""国内、国际重大体育竞赛"等专门性问题，应当依据《中华人民共和国体育法》《反兴奋剂条例》等法律法规，结合国务院体育主管部门出具的认定意见等证据材料作出认定。

《最高人民法院、最高人民检察院关于办理组织考试作弊等刑事案件适用法律若干问题的解释》（法释〔2019〕13号，2019年9月4日起施行）

第三条　具有避开或者突破考场防范作弊的安全管理措施，获取、记录、传递、接收、存储考试试题、答案等功能的程序、工具，以及专门设计用于作弊的程序、工具，应当认定为刑法第二百八十四条之一第二款规定的"作弊器材"。

对于是否属于刑法第二百八十四条之一第二款规定的"作弊器材"难以确定的，依据省级以上公安机关或者考试主管部门出具的报告，结合其他证据作出认定；涉及专用间谍器材、窃听、窃照专用器材、"伪基站"等器材的，依照相关规定作出认定。

《最高人民法院、最高人民检察院关于办理利用未公开信息交易刑事案件适用法律若干问题的解释》（法释〔2019〕10号，2019年7月1日起施行）

第二条　内幕信息以外的其他未公开的信息难以认定的，司法机关可以在有关行政主（监）管部门的认定意见的基础上，根据案件事实和法律规定作出认定。

《人民检察院刑事诉讼规则》（高检发释字〔2019〕4号，2019年12月30日起施行）

第二百一十八条　人民检察院为了查明案情，解决案件中某些专门性的问题，可以进行鉴定。

鉴定由人民检察院有鉴定资格的人员进行。必要时，也可以聘请其他有鉴定资格的人员进行，但是应当征得鉴定人所在单位同意。

第二百一十九条　人民检察院应当为鉴定人提供必要条件，及时向鉴定人送交有关检材和对比样本等原始材料，介绍与鉴定有关的情况，并明确提出要求鉴定解决的问题，但是不得暗示或者强迫鉴定人作出某种鉴定意见。

第二百二十条　对于鉴定意见，检察人员应当进行审查，必要时可以进行补充鉴定或者重新鉴定。重新鉴定的，应当另行指派或者聘请鉴定人。

第二百二十一条　用作证据的鉴定意见，人民检察院办案部门应当告知犯罪嫌疑人、被害人；被害人死亡或者没有诉讼行为能力的，应当告知其法定代理人、近亲属或诉讼代理人。

犯罪嫌疑人、被害人或被害人的法定代理人、近亲属、诉讼代理人提出申请，可以补充鉴定或者重新鉴定，鉴定费用由请求方承担。但原鉴定违反法定程序的，由人民检察院承担。

犯罪嫌疑人的辩护人或者近亲属以犯罪嫌疑人有患精神病可能而申请对犯罪嫌疑人进行鉴定的，鉴定费用由申请方承担。

第二百二十二条 对犯罪嫌疑人作精神病鉴定的期间不计入羁押期限和办案期限。

第三百三十二条 人民检察院认为需要对案件中某些专门性问题进行鉴定而监察机关或者公安机关没有鉴定的，应当要求监察机关或者公安机关进行鉴定。必要时，也可以由人民检察院进行鉴定，或者由人民检察院聘请有鉴定资格的人进行鉴定。

人民检察院自行进行鉴定的，可以商请监察机关或者公安机关派员参加，必要时可以聘请有鉴定资格或者有专门知识的人参加。

第三百三十三条 在审查起诉中，发现犯罪嫌疑人可能患有精神病的，人民检察院应当依照本规则的有关规定对犯罪嫌疑人进行鉴定。

犯罪嫌疑人的辩护人或者近亲属以犯罪嫌疑人可能患有精神病而申请对犯罪嫌疑人进行鉴定的，人民检察院也可以依照本规则的有关规定对犯罪嫌疑人进行鉴定。鉴定费用由申请方承担。

第三百三十四条 人民检察院对鉴定意见有疑问的，可以询问鉴定人或者有专门知识的人并制作笔录附卷，也可以指派有鉴定资格的检察技术人员或者聘请其他有鉴定资格的人进行补充鉴定或者重新鉴定。

人民检察院对鉴定意见等技术性证据材料需要进行专门审查的，按照有关规定交检察技术人员或者其他有专门知识的人进行审查并出具审查意见。

第三百三十六条 人民检察院对物证、书证、视听资料、电子数据及勘验、检查、辨认、侦查实验等笔录存在疑问的，可以要求调查人员或者侦查人员提供获取、制作的有关情况，必要时也可以询问提供相关证据材料的人员和见证人并制作笔录附卷，对物证、书证、视听资料、电子数据进行鉴定。

第五百四十一条 人民检察院对公安机关移送的强制医疗案件，发现公安机关对涉案精神病人进行鉴定违反法律规定，具有下列情形之一的，应当依法提出纠正意见：

（一）鉴定机构不具备法定资质的；

（二）鉴定人不具备法定资质或者违反回避规定的；

（三）鉴定程序违反法律或者有关规定，鉴定的过程和方法违反相关专业规范要求的；

（四）鉴定文书不符合法定形式要件的；

（五）鉴定意见没有依法及时告知相关人员的；

（六）鉴定人故意作虚假鉴定的；

（七）其他违反法律规定的情形。

人民检察院对精神病鉴定程序进行监督，可以要求公安机关补充鉴定或者重新鉴定。必要时，可以询问鉴定人并制作笔录，或者委托具有法定资质的鉴定机构进行补充鉴定或者重新鉴定。

《最高人民法院、最高人民检察院关于办理药品、医疗器械注册申请材料造假刑事案件适用法律若干问题的解释》（法释〔2017〕15 号，2017 年 9 月 1 日起施行）

第八条　对是否属于虚假的药物非临床研究报告、药物或者医疗器械临床试验报告及相关材料，是否影响药品或者医疗器械安全性、有效性评价结果，以及是否属于严重不良事件等专门性问题难以确定的，可以根据国家药品监督管理部门设置或者指定的药品、医疗器械审评等机构出具的意见，结合其他证据作出认定。

《最高人民法院、最高人民检察院关于办理扰乱无线电通信管理秩序等刑事案件适用法律若干问题的解释》（法释〔2017〕11 号，2017 年 7 月 1 日起施行）

第九条　对案件所涉的有关专门性问题难以确定的，依据司法鉴定机构出具的鉴定意见，或者下列机构出具的报告，结合其他证据作出认定：

（一）省级以上无线电管理机构、省级无线电管理机构依法设立的派出机构、地市级以上广播电视主管部门就是否系"伪基站""黑广播"出具的报告；

（二）省级以上广播电视主管部门及其指定的检测机构就"黑广播"功率、覆盖范围出具的报告；

（三）省级以上航空、铁路、船舶等主管部门就是否干扰导航、通信等出具的报告。

对移动终端用户受影响的情况，可以依据相关通信运营商出具的证明，结合被告人供述、终端用户证言等证据作出认定。

《最高人民法院、最高人民检察院关于办理环境污染刑事案件适用法律若干问题的解释》（法释〔2016〕29 号，2017 年 1 月 1 日起施行）

第十四条　对案件所涉的环境污染专门性问题难以确定的，依据司法鉴定机构出具的鉴定意见，或者国务院环境保护主管部门、公安部门指定的机构出具的报告，结合其他证据作出认定。

《最高人民法院关于审理为境外窃取、刺探、收买、非法提供国家秘密、情报案件具体应用法律若干问题的解释》（法释〔2001〕4 号，2001 年 1 月 22 日起施行）

第七条　审理为境外窃取、刺探、收买、非法提供国家秘密案件，需要对有关事项是否属于国家秘密以及属于何种密级进行鉴定的，由国家保密工作部门或者省、自治区、直辖市保密工作部门鉴定。

相关部门规章

《司法鉴定程序通则》（司法部2015年12月24日修订，2016年5月1日起施行）

第一章 总 则

第一条 为了规范司法鉴定机构和司法鉴定人的司法鉴定活动，保障司法鉴定质量，保障诉讼活动的顺利进行，根据《全国人民代表大会常务委员会关于司法鉴定管理问题的决定》和有关法律、法规的规定，制定本通则。

第二条 司法鉴定是指在诉讼活动中鉴定人运用科学技术或者专门知识对诉讼涉及的专门性问题进行鉴别和判断并提供鉴定意见的活动。司法鉴定程序是指司法鉴定机构和司法鉴定人进行司法鉴定活动的方式、步骤以及相关规则的总称。

第三条 本通则适用于司法鉴定机构和司法鉴定人从事各类司法鉴定业务的活动。

第四条 司法鉴定机构和司法鉴定人进行司法鉴定活动，应当遵守法律、法规、规章，遵守职业道德和执业纪律，尊重科学，遵守技术操作规范。

第五条 司法鉴定实行鉴定人负责制度。司法鉴定人应当依法独立、客观、公正地进行鉴定，并对自己作出的鉴定意见负责。司法鉴定人不得违反规定会见诉讼当事人及其委托的人。

第六条 司法鉴定机构和司法鉴定人应当保守在执业活动中知悉的国家秘密、商业秘密，不得泄露个人隐私。

第七条 司法鉴定人在执业活动中应当依照有关诉讼法律和本通则规定实行回避。

第八条 司法鉴定收费执行国家有关规定。

第九条 司法鉴定机构和司法鉴定人进行司法鉴定活动应当依法接受监督。对于有违反有关法律、法规、规章规定行为的，由司法行政机关依法给予相应的行政处罚；对于有违反司法鉴定行业规范行为的，由司法鉴定协会给予相应的行业处分。

第十条 司法鉴定机构应当加强对司法鉴定人执业活动的管理和监督。司法鉴定人违反本通则规定的，司法鉴定机构应当予以纠正。

第二章 司法鉴定的委托与受理

第十一条 司法鉴定机构应当统一受理办案机关的司法鉴定委托。

第十二条 委托人委托鉴定的，应当向司法鉴定机构提供真实、完整、充分的鉴定材料，并对鉴定材料的真实性、合法性负责。司法鉴定机构应当核对并记录鉴定材料的名称、种类、数量、性状、保存状况、收到时间等。

诉讼当事人对鉴定材料有异议的，应当向委托人提出。

本通则所称鉴定材料包括生物检材和非生物检材、比对样本材料以及其他与鉴定事项有关的鉴定资料。

第十三条　司法鉴定机构应当自收到委托之日起七个工作日内作出是否受理的决定。对于复杂、疑难或者特殊鉴定事项的委托，司法鉴定机构可以与委托人协商决定受理的时间。

第十四条　司法鉴定机构应当对委托鉴定事项、鉴定材料等进行审查。对属于本机构司法鉴定业务范围，鉴定用途合法，提供的鉴定材料能够满足鉴定需要的，应当受理。

对于鉴定材料不完整、不充分，不能满足鉴定需要的，司法鉴定机构可以要求委托人补充；经补充后能够满足鉴定需要的，应当受理。

第十五条　具有下列情形之一的鉴定委托，司法鉴定机构不得受理：

（一）委托鉴定事项超出本机构司法鉴定业务范围的；

（二）发现鉴定材料不真实、不完整、不充分或者取得方式不合法的；

（三）鉴定用途不合法或者违背社会公德的；

（四）鉴定要求不符合司法鉴定执业规则或者相关鉴定技术规范的；

（五）鉴定要求超出本机构技术条件或者鉴定能力的；

（六）委托人就同一鉴定事项同时委托其他司法鉴定机构进行鉴定的；

（七）其他不符合法律、法规、规章规定的情形。

第十六条　司法鉴定机构决定受理鉴定委托的，应当与委托人签订司法鉴定委托书。司法鉴定委托书应当载明委托人名称、司法鉴定机构名称、委托鉴定事项、是否属于重新鉴定、鉴定用途、与鉴定有关的基本案情、鉴定材料的提供和退还、鉴定风险，以及双方商定的鉴定时限、鉴定费用及收取方式、双方权利义务等其他需要载明的事项。

第十七条　司法鉴定机构决定不予受理鉴定委托的，应当向委托人说明理由，退还鉴定材料。

第三章　司法鉴定的实施

第十八条　司法鉴定机构受理鉴定委托后，应当指定本机构具有该鉴定事项执业资格的司法鉴定人进行鉴定。

委托人有特殊要求的，经双方协商一致，也可以从本机构中选择符合条件的司法鉴定人进行鉴定。

委托人不得要求或者暗示司法鉴定机构、司法鉴定人按其意图或者特定目的提供鉴定意见。

第十九条　司法鉴定机构对同一鉴定事项，应当指定或者选择二名司法鉴定人进行鉴定；对复杂、疑难或者特殊鉴定事项，可以指定或者选择多名司法鉴定人进行鉴定。

第二十条　司法鉴定人本人或者其近亲属与诉讼当事人、鉴定事项涉及的案件有利害关系，可能影响其独立、客观、公正进行鉴定的，应当回避。

司法鉴定人曾经参加过同一鉴定事项鉴定的，或者曾经作为专家提供过咨询意见的，或者曾被聘请为有专门知识的人参与过同一鉴定事项法庭质证的，应当回避。

第二十一条 司法鉴定人自行提出回避的，由其所属的司法鉴定机构决定；委托人要求司法鉴定人回避的，应当向该司法鉴定人所属的司法鉴定机构提出，由司法鉴定机构决定。

委托人对司法鉴定机构作出的司法鉴定人是否回避的决定有异议的，可以撤销鉴定委托。

第二十二条 司法鉴定机构应当建立鉴定材料管理制度，严格监控鉴定材料的接收、保管、使用和退还。

司法鉴定机构和司法鉴定人在鉴定过程中应当严格依照技术规范保管和使用鉴定材料，因严重不负责任造成鉴定材料损毁、遗失的，应当依法承担责任。

第二十三条 司法鉴定人进行鉴定，应当依下列顺序遵守和采用该专业领域的技术标准、技术规范和技术方法：

（一）国家标准；

（二）行业标准和技术规范；

（三）该专业领域多数专家认可的技术方法。

第二十四条 司法鉴定人有权了解进行鉴定所需要的案件材料，可以查阅、复制相关资料，必要时可以询问诉讼当事人、证人。

经委托人同意，司法鉴定机构可以派员到现场提取鉴定材料。现场提取鉴定材料应当由不少于二名司法鉴定机构的工作人员进行，其中至少一名应为该鉴定事项的司法鉴定人。现场提取鉴定材料时，应当有委托人指派或者委托的人员在场见证并在提取记录上签名。

第二十五条 鉴定过程中，需要对无民事行为能力人或者限制民事行为能力人进行身体检查的，应当通知其监护人或者近亲属到场见证；必要时，可以通知委托人到场见证。

对被鉴定人进行法医精神病鉴定的，应当通知委托人或者被鉴定人的近亲属或者监护人到场见证。

对需要进行尸体解剖的，应当通知委托人或者死者的近亲属或者监护人到场见证。

到场见证人员应当在鉴定记录上签名。见证人员未到场的，司法鉴定人不得开展相关鉴定活动，延误时间不计入鉴定时限。

第二十六条 鉴定过程中，需要对被鉴定人身体进行法医临床检查的，应当采取必要措施保护其隐私。

第二十七条 司法鉴定人应当对鉴定过程进行实时记录并签名。记录可以采取笔记、录音、录像、拍照等方式。记录应当载明主要的鉴定方法和过程，检查、检验、检测结果，以及仪器设备使用情况等。记录的内容应当真实、客观、准确、完整、清晰，记录的文本资料、音像资料等应当存入鉴定档案。

第二十八条　司法鉴定机构应当自司法鉴定委托书生效之日起三十个工作日内完成鉴定。

鉴定事项涉及复杂、疑难、特殊技术问题或者鉴定过程需要较长时间的，经本机构负责人批准，完成鉴定的时限可以延长，延长时限一般不得超过三十个工作日。鉴定时限延长的，应当及时告知委托人。

司法鉴定机构与委托人对鉴定时限另有约定的，从其约定。

在鉴定过程中补充或者重新提取鉴定材料所需的时间，不计入鉴定时限。

第二十九条　司法鉴定机构在鉴定过程中，有下列情形之一的，可以终止鉴定：

（一）发现有本通则第十五条第二项至第七项规定情形的；

（二）鉴定材料发生耗损，委托人不能补充提供的；

（三）委托人拒不履行司法鉴定委托书规定的义务、被鉴定人拒不配合或者鉴定活动受到严重干扰，致使鉴定无法继续进行的；

（四）委托人主动撤销鉴定委托，或者委托人、诉讼当事人拒绝支付鉴定费用的；

（五）因不可抗力致使鉴定无法继续进行的；

（六）其他需要终止鉴定的情形。

终止鉴定的，司法鉴定机构应当书面通知委托人，说明理由并退还鉴定材料。

第三十条　有下列情形之一的，司法鉴定机构可以根据委托人的要求进行补充鉴定：

（一）原委托鉴定事项有遗漏的；

（二）委托人就原委托鉴定事项提供新的鉴定材料的；

（三）其他需要补充鉴定的情形。

补充鉴定是原委托鉴定的组成部分，应当由原司法鉴定人进行。

第三十一条　有下列情形之一的，司法鉴定机构可以接受办案机关委托进行重新鉴定：

（一）原司法鉴定人不具有从事委托鉴定事项执业资格的；

（二）原司法鉴定机构超出登记的业务范围组织鉴定的；

（三）原司法鉴定人应当回避没有回避的；

（四）办案机关认为需要重新鉴定的；

（五）法律规定的其他情形。

第三十二条　重新鉴定应当委托原司法鉴定机构以外的其他司法鉴定机构进行；因特殊原因，委托人也可以委托原司法鉴定机构进行，但原司法鉴定机构应当指定原司法鉴定人以外的其他符合条件的司法鉴定人进行。

接受重新鉴定委托的司法鉴定机构的资质条件应当不低于原司法鉴定机构，进行重新鉴定的司法鉴定人中应当至少有一名具有相关专业高级专业技术职称。

第三十三条　鉴定过程中，涉及复杂、疑难、特殊技术问题的，可以向本机构以外的相关专业领域的专家进行咨询，但最终的鉴定意见应当由本机构的司法鉴定人出具。

专家提供咨询意见应当签名，并存入鉴定档案。

第三十四条　对于涉及重大案件或者特别复杂、疑难、特殊技术问题或者多个鉴定类别的鉴定事项，办案机关可以委托司法鉴定行业协会组织协调多个司法鉴定机构进行鉴定。

第三十五条　司法鉴定人完成鉴定后，司法鉴定机构应当指定具有相应资质的人员对鉴定程序和鉴定意见进行复核；对于涉及复杂、疑难、特殊技术问题或者重新鉴定的鉴定事项，可以组织三名以上的专家进行复核。

复核人员完成复核后，应当提出复核意见并签名，存入鉴定档案。

第四章　司法鉴定意见书的出具

第三十六条　司法鉴定机构和司法鉴定人应当按照统一规定的文本格式制作司法鉴定意见书。

第三十七条　司法鉴定意见书应当由司法鉴定人签名。多人参加的鉴定，对鉴定意见有不同意见的，应当注明。

第三十八条　司法鉴定意见书应当加盖司法鉴定机构的司法鉴定专用章。

第三十九条　司法鉴定意见书应当一式四份，三份交委托人收执，一份由司法鉴定机构存档。司法鉴定机构应当按照有关规定或者与委托人约定的方式，向委托人发送司法鉴定意见书。

第四十条　委托人对鉴定过程、鉴定意见提出询问的，司法鉴定机构和司法鉴定人应当给予解释或者说明。

第四十一条　司法鉴定意见书出具后，发现有下列情形之一的，司法鉴定机构可以进行补正：

（一）图像、谱图、表格不清晰的；

（二）签名、盖章或者编号不符合制作要求的；

（三）文字表达有瑕疵或者错别字，但不影响司法鉴定意见的。

补正应当在原司法鉴定意见书上进行，由至少一名司法鉴定人在补正处签名。必要时，可以出具补正书。

对司法鉴定意见书进行补正，不得改变司法鉴定意见的原意。

第四十二条　司法鉴定机构应当按照规定将司法鉴定意见书以及有关资料整理立卷、归档保管。

第五章　司法鉴定人出庭作证

第四十三条　经人民法院依法通知，司法鉴定人应当出庭作证，回答与鉴定事项有关的问题。

第四十四条　司法鉴定机构接到出庭通知后，应当及时与人民法院确认司法鉴定人出庭的时间、地点、人数、费用、要求等。

第四十五条　司法鉴定机构应当支持司法鉴定人出庭作证，为司法鉴定人依法出庭提供必要条件。

第四十六条　司法鉴定人出庭作证，应当举止文明，遵守法庭纪律。

第六章　附　则

第四十七条　本通则是司法鉴定机构和司法鉴定人进行司法鉴定活动应当遵守和采用的一般程序规则，不同专业领域对鉴定程序有特殊要求的，可以依据本通则制定鉴定程序细则。

第四十八条　本通则所称办案机关，是指办理诉讼案件的侦查机关、审查起诉机关和审判机关。

第四十九条　在诉讼活动之外，司法鉴定机构和司法鉴定人依法开展相关鉴定业务的，参照本通则规定执行。

第五十条　本通则自 2016 年 5 月 1 日起施行。司法部 2007 年 8 月 7 日发布的《司法鉴定程序通则》（司法部第 107 号令）同时废止。

《公安机关办理刑事案件程序规定》（公安部 2012 年 12 月 13 日修订发布，2020 年 7 月 20 日修正）

第八章　侦　查
第八节　鉴　定

第二百四十八条　为了查明案情，解决案件中某些专门性问题，应当指派、聘请有专门知识的人进行鉴定。

需要聘请有专门知识的人进行鉴定，应当经县级以上公安机关负责人批准后，制作鉴定聘请书。

第二百四十九条　公安机关应当为鉴定人进行鉴定提供必要的条件，及时向鉴定人送交有关检材和对比样本等原始材料，介绍与鉴定有关的情况，并且明确提出要求鉴定解决的问题。

禁止暗示或者强迫鉴定人作出某种鉴定意见。

第二百五十条　侦查人员应当做好检材的保管和送检工作，并注明检材送检环节的责任人，确保检材在流转环节中的同一性和不被污染。

第二百五十一条　鉴定人应当按照鉴定规则，运用科学方法独立进行鉴定。鉴定后，应当出具鉴定意见，并在鉴定意见书上签名，同时附上鉴定机构和鉴定人的资质证明或者其他证明文件。

多人参加鉴定，鉴定人有不同意见的，应当注明。

第二百五十二条　对鉴定意见，侦查人员应当进行审查。

对经审查作为证据使用的鉴定意见，公安机关应当及时告知犯罪嫌疑人、被害人或者其法定代理人。

第二百五十三条　犯罪嫌疑人、被害人对鉴定意见有异议提出申请，以及办案部门或者侦查人员对鉴定意见有疑义的，可以将鉴定意见送交其他有专门知识的人员提出意见。必要时，询问鉴定人并制作笔录附卷。

第二百五十四条　经审查，发现有下列情形之一的，经县级以上公安机关负责人批准，应当补充鉴定：

（一）鉴定内容有明显遗漏的；

（二）发现新的有鉴定意义的证物的；

（三）对鉴定证物有新的鉴定要求的；

（四）鉴定意见不完整，委托事项无法确定的；

（五）其他需要补充鉴定的情形。

经审查，不符合上述情形的，经县级以上公安机关负责人批准，作出不准予补充鉴定的决定，并在作出决定后三日以内书面通知申请人。

第二百五十五条　经审查，发现有下列情形之一的，经县级以上公安机关负责人批准，应当重新鉴定：

（一）鉴定程序违法或者违反相关专业技术要求的；

（二）鉴定机构、鉴定人不具备鉴定资质和条件的；

（三）鉴定人故意作虚假鉴定或者违反回避规定的；

（四）鉴定意见依据明显不足的；

（五）检材虚假或者被损坏的；

（六）其他应当重新鉴定的情形。

重新鉴定，应当另行指派或者聘请鉴定人。

经审查，不符合上述情形的，经县级以上公安机关负责人批准，作出不准予重新鉴定的决定，并在作出决定后三日以内书面通知申请人。

第二百五十六条　公诉人、当事人或者辩护人、诉讼代理人对鉴定意见有异议，经人民法院依法通知的，公安机关鉴定人应当出庭作证。

鉴定人故意作虚假鉴定的，应当依法追究其法律责任。

第二百五十七条　对犯罪嫌疑人作精神病鉴定的时间不计入办案期限，其他鉴定时间都应当计入办案期限。

相关司法文件

《最高人民法院、最高人民检察院公安部、司法部、生态环境部关于办理环境污染刑事案件有关问题座谈会纪要》（2019 年 2 月 20 日起施行）

13. 关于危险废物的认定

会议针对危险废物如何认定以及是否需要鉴定的问题进行了讨论。会议认为，根据《环境解释》的规定精神，对于列入《国家危险废物名录》的，如果来源和相应特征明确，司法人员根据自身专业技术知识和工作经验认定难度不大的，司法机关可以依据名录直接认定。对于来源和相应特征不明确的，由生态环境部门、公安机关等出具书面意见，司法机关可以依据涉案物质的来源、产生过程、被告人供述、证人证言以及经批准或者备案的环境影响评价文件等证据，结合上述书面意见作出是否属于危险废物的认定。对于需要生态环境部门、公安机关等出具书面认定意见的，区分下列情况分别处理：（1）对已确认固体废物产生单位，且产废单位环评文件中明确为危险废物的，根据产废单位建设项目环评文件和审批、验收意见、案件笔录等材料，可对照《国家危险废物名录》等出具认定意见。（2）对已确认固体废物产生单位，但产废单位环评文件中未明确为危险废物的，应进一步分析废物产生工艺，对照判断其是否列入《国家危险废物名录》。列入名录的可以直接出具认定意见；未列入名录的，应根据原辅材料、产生工艺等进一步分析其是否具有危险特性，不可能具有危险特性的，不属于危险废物；可能具有危险特性的，抽取典型样品进行检测，并根据典型样品检测指标浓度，对照《危险废物鉴别标准》（GB5085.1-7）出具认定意见。（3）对固体废物产生单位无法确定的，应抽取典型样品进行检测，根据典型样品检测指标浓度，对照《危险废物鉴别标准》（GB5085.1-7）出具认定意见。对确需进一步委托有相关资质的检测鉴定机构进行检测鉴定的，生态环境部门或者公安机关按照有关规定开展检测鉴定工作。

14. 关于鉴定的问题

会议指出，针对当前办理环境污染犯罪案件中存在的司法鉴定有关问题，司法部将会同生态环境部，加快准入一批诉讼急需、社会关注的环境损害司法鉴定机构，加快对环境损害司法鉴定相关技术规范和标准的制定、修改和认定工作，规范鉴定程序，指导各地司法行政机关会同价格主管部门制定出台环境损害司法鉴定收费标准，加强与办案机关的沟通衔接，更好地满足办案机关需求。

会议要求，司法部应当根据《关于严格准入严格监管提高司法鉴定质量和公信力的意见》（司发〔2017〕11 号）的要求，会同生态环境部加强对环境损害司法鉴定机构的事中事后监管，加强司法鉴定社会信用体系建设，建立黑名单制度，完善退出机制，及时向社会公开违法违规的环境损害司法鉴定机构和鉴定人行政处罚、行业惩戒等监管信息，对弄虚作假造成环境损害鉴定评估结论严重失实或者违规收取高额费用、情节严重的，依法撤销登记。鼓励有关单位或者个人向司法部、生态环境部举报环境损害司法鉴定机构的违法违规行为。

会议认为，根据《环境解释》的规定精神，对涉及案件定罪量刑的核心或者关键专门性问题难以确定的，由司法鉴定机构出具鉴定意见。实践中，这类核心或者关键专门性问题主要是案件具体适用的定罪量刑标准涉及的专门性问题，比如公私财产损失数额、超过排放标准倍数、污染物性质判断等。对案件的其他非核心或者关键专门性问题，或者可鉴定也可不鉴定的专门性问题，一般不委托鉴定。比如，适用《环境解释》第一条第二项"非法排放、倾倒、处置危险废物三吨以上"的规定对当事人追究刑事责任的，除可能适用公私财产损失第二档定罪量刑标准的以外，则不应再对公私财产损失数额或者超过排放标准倍数进行鉴定。涉及案件定罪量刑的核心或者关键专门性问题难以鉴定或者鉴定费用明显过高的，司法机关可以结合案件其他证据，并参考生态环境部门意见、专家意见等作出认定。

15. 关于监测数据的证据资格问题

会议针对实践中地方生态环境部门及其所属监测机构委托第三方监测机构出具报告的证据资格问题进行了讨论。会议认为，地方生态环境部门及其所属监测机构委托第三方监测机构出具的监测报告，地方生态环境部门及其所属监测机构在行政执法过程中予以采用的，其实质属于《环境解释》第十二条规定的"环境保护主管部门及其所属监测机构在行政执法过程中收集的监测数据"，在刑事诉讼中可以作为证据使用。

《最高人民法院、最高人民检察院、公安部关于办理盗窃油气、破坏油气设备等刑事案件适用法律若干问题的意见》（法发〔2018〕18号，2018年9月28日起施行）

七、关于专门性问题的认定

对于油气的质量、标准等专门性问题，综合油气企业提供的证据材料、犯罪嫌疑人、被告人及其辩护人所提辩解、辩护意见等认定；难以确定的，依据司法鉴定机构出具的鉴定意见或者国务院公安部门指定的机构出具的报告，结合其他证据认定。

油气企业提供的证据材料，应当有工作人员签名和企业公章。

《最高人民法院、司法部关于建立司法鉴定管理与使用衔接机制的意见》（司发通〔2016〕98号，2016年10月9日起施行）

各省、自治区、直辖市高级人民法院、司法厅（局），解放军军事法院，新疆维吾尔自治区高级人民法院生产建设兵团分院，新疆生产建设兵团司法局：

为贯彻落实党的十八届四中、五中全会精神，充分发挥司法鉴定在审判活动中的积极作用，最高人民法院、司法部根据《全国人民代表大会常务委员会关于司法鉴定管理问题的决定》（以下简称《决定》），就建立司法鉴定管理与使用衔接机制提出以下意见。

一、加强沟通协调，促进司法鉴定管理与使用良性互动

建立司法鉴定管理与使用衔接机制，规范司法鉴定工作，提高司法鉴定质量，是发挥司法鉴定作用，适应以审判为中心的诉讼制度改革的重要举措。人民法院和司法行政机关要充分认识司法鉴定管理与使用衔接机制对于促进司法公正、提高审判质量与效率的重要意义，立足各自职能定位，加强沟通协调，共同推动司法鉴定工作健康发展，确保审判活动的顺利进行。

司法行政机关要严格按照《决定》规定履行登记管理职能，切实加强对法医类、物证类、声像资料、环境损害司法鉴定以及根据诉讼需要由司法部商最高人民法院、最高人民检察院确定的其他应当实行登记管理的鉴定事项的管理，严格把握鉴定机构和鉴定人准入标准，加强对鉴定能力和质量的管理，规范鉴定行为，强化执业监管，健全淘汰退出机制，清理不符合规定的鉴定机构和鉴定人，推动司法鉴定工作依法有序进行。

人民法院要根据审判工作需要，规范鉴定委托，完善鉴定材料的移交程序，规范技术性证据审查工作，规范庭审质证程序，指导和保障鉴定人出庭作证，加强审查判断鉴定意见的能力，确保司法公正。

人民法院和司法行政机关要以问题为导向，进一步理顺司法活动与行政管理的关系，建立常态化的沟通协调机制，开展定期和不定期沟通会商，协调解决司法鉴定委托与受理、鉴定人出庭作证等实践中的突出问题，不断健全完善相关制度。

人民法院和司法行政机关要积极推动信息化建设，建立信息交流机制，开展有关司法鉴定程序规范、名册编制、公告等政务信息和相关资料的交流传阅，加强鉴定机构和鉴定人执业资格、能力评估、奖惩记录、鉴定人出庭作证等信息共享，推动司法鉴定管理与使用相互促进。

二、完善工作程序，规范司法鉴定委托与受理

委托与受理是司法鉴定的关键环节，是保障鉴定活动顺利实施的重要条件。省级司法行政机关要适应人民法院委托鉴定需要，依法科学、合理编制鉴定机构和鉴定人名册，充分反映鉴定机构和鉴定人的执业能力和水平，在向社会公告的同时，提供多种获取途径和检索服务，方便人民法院委托鉴定。

人民法院要加强对委托鉴定事项特别是重新鉴定事项的必要性和可行性的审查，择优选择与案件审理要求相适应的鉴定机构和鉴定人。

司法行政机关要严格规范鉴定受理程序和条件，明确鉴定机构不得违规接受委托；无正当理由不得拒绝接受人民法院的鉴定委托；接受人民法院委托鉴定后，不得私自接收当事人提交而未经人民法院确认的鉴定材料；鉴定机构应规范鉴定材料的接收和保存，实现鉴定过程和检验材料流转的全程记录和有效控制；鉴定过程中需要调取或者补充鉴定材料的，由鉴定机构或者当事人向委托法院提出申请。

三、加强保障监督，确保鉴定人履行出庭作证义务

鉴定人出庭作证对于法庭通过质证解决鉴定意见争议具有重要作用。人民法院要加强对鉴定意见的审查，通过强化法庭质证解决鉴定意见争议，完善鉴定人出庭作证的审查、启动和告知程序，在开庭前合理期限以书面形式告知鉴定人出庭作证的相关事项。人民法院要为鉴定人出庭提供席位、通道等，依法保障鉴定人出庭作证时的人身安全及其他合法权益。经人民法院同意，鉴定人可以使用视听传输技术或者同步视频作证室等作证。刑事法庭可以配置同步视频作证室，供依法应当保护或其他确有保护必要的鉴定人作证时使用，并可采取不暴露鉴定人外貌、真实声音等保护措施。

鉴定人在人民法院指定日期出庭发生的交通费、住宿费、生活费和误工补贴，按照国家有关规定应当由当事人承担的，由人民法院代为收取。

司法行政机关要监督、指导鉴定人依法履行出庭作证义务。对于无正当理由拒不出庭作证的，要依法严格查处，追究鉴定人和鉴定机构及机构代表人的责任。

四、严处违法违规行为，维持良好司法鉴定秩序

司法鉴定事关案件当事人切身利益，对于司法鉴定违法违规行为必须及时处置，严肃查处。司法行政机关要加强司法鉴定监督，完善处罚规则，加大处罚力度，促进鉴定人和鉴定机构规范执业。监督信息应当向社会公开。鉴定人和鉴定机构对处罚决定有异议的，可依法申请行政复议或者提起行政诉讼。人民法院在委托鉴定和审判工作中发现鉴定机构或鉴定人存在违规受理、无正当理由不按照规定或约定时限完成鉴定、经人民法院通知无正当理由拒不出庭作证等违法违规情形的，可暂停委托其从事人民法院司法鉴定业务，并告知司法行政机关或发出司法建议书。司法行政机关按照规定的时限调查处理，并将处理结果反馈人民法院。鉴定人或者鉴定机构经依法认定有故意作虚假鉴定等严重违法行为的，由省级人民政府司法行政部门给予停止从事司法鉴定业务三个月至一年的处罚；情节严重的，撤销登记；构成犯罪的，依法追究刑事责任；人民法院可视情节不再委托其从事人民法院司法鉴定业务；在执业活动中因故意或者重大过失给当事人造成损失的，依法承担民事责任。

人民法院和司法行政机关要根据本地实际情况，切实加强沟通协作，根据本意见建立灵活务实的司法鉴定管理与使用衔接机制，发挥司法鉴定在促进司法公正、提高司法公信力、维护公民合法权益和社会公平正义中的重要作用。

《最高人民法院、最高人民检察院、公安部关于办理醉酒驾驶机动车刑事案件适用法律若干问题的意见》（法发〔2013〕15 号，2013 年 12 月 18 日起施行）

五、公安机关在查处醉酒驾驶机动车的犯罪嫌疑人时，对查获经过、呼气酒精含量检验和抽取血样过程应当制作记录；有条件的，应当拍照、录音或者录像；有证人的，应当收集证人证言。

六、血液酒精含量检验鉴定意见是认定犯罪嫌疑人是否醉酒的依据。犯罪嫌疑

人经呼气酒精含量检验达到本意见第一条规定的醉酒标准，在抽取血样之前脱逃的，可以以呼气酒精含量检验结果作为认定其醉酒的依据。

犯罪嫌疑人在公安机关依法检查时，为逃避法律追究，在呼气酒精含量检验或者抽取血样前又饮酒，经检验其血液酒精含量达到本意见第一条规定的醉酒标准的，应当认定为醉酒。

《人民检察院鉴定规则（试行）》（高检发办字〔2006〕33 号，2007 年 1 月 1 日起实施）

第四章　鉴　　定

第十四条　鉴定机构接受鉴定委托后，应当指派两名以上鉴定人共同进行鉴定。根据鉴定需要可以聘请其他鉴定机构的鉴定人参与鉴定。

第十五条　具备鉴定条件的，一般应当在受理后十五个工作日以内完成鉴定；特殊情况不能完成的，经检察长批准，可以适当延长，并告知委托单位。

第十六条　鉴定应当严格执行技术标准和操作规程。需要进行实验的，应当记录实验时间、条件、方法、过程、结果等，并由实验人签名，存档备查。

第十七条　具有下列情形之一的，鉴定机构可以接受案件承办单位的委托，进行重新鉴定：

（一）鉴定意见与案件中其他证据相矛盾的；

（二）有证据证明鉴定意见确有错误的；

（三）送检材料不真实的；

（四）鉴定程序不符合法律规定的；

（五）鉴定人应当回避而未回避的；

（六）鉴定人或者鉴定机构不具备鉴定资格的；

（七）其他可能影响鉴定客观、公正情形的。

重新鉴定时，应当另行指派或者聘请鉴定人。

第十八条　鉴定事项有遗漏或者发现新的相关重要鉴定材料的，鉴定机构可以接受委托，进行补充鉴定。

第十九条　有重大、疑难、复杂的专门性问题时，经检察长批准，鉴定机构可以组织会检鉴定。

会检鉴定人可以由本鉴定机构的鉴定人与聘请的其他鉴定机构的鉴定人共同组成；也可以全部由聘请的其他鉴定机构的鉴定人组成。

会检鉴定人应当不少于三名，采取鉴定人分别独立检验，集体讨论的方式进行。

会检鉴定应当出具鉴定意见。鉴定人意见有分歧的，应当在鉴定意见中写明分歧的内容和理由，并分别签名或者盖章。

第六章　出　　庭

第二十四条　鉴定人接到人民法院的出庭通知后，应当出庭。因特殊情况不能出庭的，应当向法庭说明原因。

第二十五条　鉴定人在出庭前，应当准备出庭需要的相关材料。

鉴定人出庭时，应当遵守法庭规则，依法接受法庭质证，回答与鉴定有关的询问。

《最高人民检察院关于贯彻〈全国人民代表大会常务委员会关于司法鉴定管理问题的决定〉有关工作的通知》（高检发办字〔2005〕11号，2005年9月21日起施行）

各省、自治区、直辖市人民检察院，军事检察院，新疆生产建设兵团人民检察院：

2005年2月28日，十届全国人大常委会第十四次会议通过了《全国人民代表大会常务委员会关于司法鉴定管理问题的决定》（以下简称《决定》），将从今年10月1日起施行。

司法鉴定体制改革是司法体制改革的重要内容。全国人大常委会专门就司法鉴定管理问题作出决定，是推进司法鉴定体制改革的重要举措，对于完善我国司法鉴定法律制度，规范司法鉴定管理活动，解决当前司法鉴定管理工作中存在的问题，促进公正执法，具有十分重要的意义。检察机关作为国家法律监督机关，在维护法律的统一正确实施、保障在全社会实现公平和正义方面承担着重要职责。检察机关设立鉴定机构，开展必要的鉴定工作，是履行法律监督职能的客观需要，不仅可以为职务犯罪侦查工作提供有力的技术支持，也可以为批捕、公诉工作中正确审查判断证据提供科学的依据。《决定》明确了检察机关鉴定机构的设置、职能和工作范围，是检察机关开展鉴定工作的重要法律依据。各级人民检察院要认真贯彻《决定》，严格规范检察机关的鉴定工作，依法开展司法鉴定活动。

根据中央关于司法鉴定管理体制改革的精神，结合"两院三部"关于做好《全国人民代表大会常务委员会关于司法鉴定管理问题的决定》实施前有关工作的通知中关于侦查机关要在各系统的统一部署下，积极稳妥地推进现有鉴定机构及其职能的调整，健全管理体制的要求，检察机关将依据《决定》，对鉴定工作实行统一管理。各级人民检察院要在最高人民检察院的统一领导下，按照《决定》和中央关于司法鉴定体制改革的部署，稳步推进司法鉴定体制改革。

一、根据《决定》的规定，自10月1日起，各级检察机关的鉴定机构不得面向社会接受委托从事鉴定业务，鉴定人员不得参与面向社会服务的司法鉴定机构组织的司法鉴定活动。

二、根据《决定》的有关规定，检察机关的鉴定机构和鉴定人员不得在司法行政机关登记注册从事面向社会的鉴定业务。已经登记注册的事业性质鉴定机构，如继续面向社会从事司法鉴定业务，要在10月1日前与人民检察院在人、财、物上脱钩，否则应办理注销登记。

三、检察机关鉴定机构可以受理下列鉴定案件：

1. 检察机关业务工作所需的鉴定；

2. 有关部门交办的鉴定；

3. 其他司法机关委托的鉴定。

四、各级检察技术部门要围绕"强化法律监督，维护公平正义"的检察工作主题，着眼于提高检察机关法律监督能力，加大对批捕、公诉工作中技术性证据的审查力度，积极开展文证审查工作，为检察机关履行法律监督职能提供技术保障。

五、检察机关内部委托的鉴定，仍实行逐级委托制度。其他司法机关委托的鉴定，实行同级委托制度，即进行鉴定前，需有同级司法机关的委托或介绍。

六、为贯彻落实《决定》，最高人民检察院将制定《人民检察院鉴定工作规则》、《人民检察院鉴定机构管理办法》、《人民检察院鉴定人管理办法》、《人民检察院文证审查工作规定》和各专业门类的工作细则等，进一步加强和规范人民检察院的鉴定工作。各级人民检察院要根据《决定》要求和精神，结合中央政法委关于开展"规范执法行为，促进执法公正"专项整改活动的要求，加强检察机关鉴定工作管理，规范工作程序，保证鉴定质量。

《最高人民法院、最高人民检察院、公安部、国家安全部、司法部关于做好〈全国人民代表大会常务委员会关于司法鉴定管理问题的决定〉施行前有关工作的通知》（司发通〔2005〕62 号，2005 年 7 月 27 日起施行）

各省、自治区、直辖市高级人民法院、人民检察院、公安厅（局）、国家安全厅（局）、司法厅（局），新疆维吾尔自治区高级人民法院生产建设兵团分院，新疆生产建设兵团人民检察院、公安局、司法局：

《全国人民代表大会常务委员会关于司法鉴定管理问题的决定》（以下简称《决定》）已于 2 月 28 日十届全国人大常委会第十四次会议通过并发布，自 10 月 1 日起施行。《决定》是推动司法鉴定体制改革，规范和加强司法鉴定管理工作的重要法律依据，各级人民法院、人民检察院、公安机关、国家安全机关、司法行政机关要认真学习，统一认识，加强沟通，密切协作，在中央统一部署下积极稳妥地做好《决定》实施的各项准备工作。在《决定》发布至施行前的过渡期间，针对新的司法鉴定管理体制需要逐步建立健全的实际，要合理发挥现有司法鉴定资源的作用，既防止不顾需要滥设司法鉴定机构，造成无序发展，又防止为社会提供司法鉴定服务的能力锐减，甚至形成空白。必须树立全局观念，维持司法鉴定工作的正常秩序，满足司法机关和公民、组织的需求，保障诉讼活动的顺利进行，为《决定》的顺利施行创造有利条件。为此，特通知如下：

一、公安机关、检察机关、国家安全机关要严格根据《决定》的要求，在各系统的统一部署下，积极稳妥地推进现有鉴定机构及其职能的调整，健全管理机制，规范鉴定活动。

二、人民法院、司法行政机关已经设立的司法鉴定机构应当于 9 月 30 日前按照

《决定》要求及新的管理体制完成调整工作。具体措施、进度安排，分别由最高人民法院、司法部研究制定，部署实施。调整措施部署实施前，现有鉴定机构可以继续从事司法鉴定业务。

三、过渡期间，司法部将根据《决定》尽快修改制定面向社会服务的司法鉴定机构和司法鉴定人登记管理办法。各地要根据新修订的两个规章的规定，于9月30日前完成对现有经司法行政机关登记和人民法院名册中的法医类、物证类、声像资料司法鉴定机构及其鉴定人员的审核，符合条件的由省级司法行政机关分别情况予以登记、编制统一的面向社会服务的司法鉴定机构、司法鉴定人名册，并予公告。对现有暂未纳入统一管理范围的各类鉴定机构，可以继续开展相关司法鉴定服务。对根据诉讼需要，需纳入统一管理范围的司法鉴定业务和鉴定机构，由司法部与最高人民法院、最高人民检察院依据《决定》规定协商确定。

四、过渡期间，省级司法行政机关确因现有规模、布局、类别难以满足社会对司法鉴定需求而需要新核准司法鉴定机构、补充鉴定人员的，其核准从事的鉴定业务范围，必须属于《决定》已经明确规定的法医类、物证类、声像资料鉴定，其准入条件按照《决定》和修改后的面向社会服务的司法鉴定机构和司法鉴定人登记管理办法执行。

五、过渡期间，各地要采取有效措施，确保司法鉴定工作的有序进行。各项鉴定业务活动，必须严格执行现行司法鉴定工作程序、工作制度、技术标准、执业准则，依法规范开展鉴定服务，确保鉴定质量。司法鉴定服务的收费，继续执行各地现行的做法和标准，但应停止向有关部门申报新的鉴定收费项目和标准。各有关部门应根据中央关于司法体制改革的精神和《决定》的要求，加强协调与合作，共同维护好过渡期间司法鉴定工作的正常秩序。

六、各有关部门对《决定》实施的准备工作要高度重视，加强领导，顾全大局，密切协作，积极稳妥地推进和落实各项工作。中央有关部门将在充分调研、协调一致的基础上，陆续制定出台实施《决定》的配套法规和制度，各地、各有关部门要步调一致，严格执行统一部署及相关规定，不得各自为政。

七、过渡期间，各地、各有关部门要建立贯彻执行《决定》的信息反馈制度，将贯彻落实《决定》精神和执行本通知过程中遇到的有关问题，及时向上级机关报告，以便统一研究，协调解决，在中央的统一部署和指导下，确保实施《决定》的各项准备工作顺利进行。

《全国人大常委会法工委关于司法鉴定管理问题的决定施行前可否对司法鉴定机构和司法鉴定人实施准入管理等问题的意见》（法工委发函〔2005〕52号，2005年6月20日起施行）

司法部：

你部2005年5月12日来函（司发函〔2005〕110号）收悉。经研究，答复如下：

一、《关于司法鉴定管理问题的决定》（以下简称《决定》）第十八条规定，决定自 2005 年 10 月 1 日起施行。为了保证决定的顺利实施，在决定生效前，可以依照决定精神和有关规定，开展相关工作。

二、《决定》第三条规定，省级人民政府司法行政部门负责对鉴定人和鉴定机构的登记、名册编制和公告。第六条规定，申请从事司法鉴定业务的个人、法人或者其他组织，由省级人民政府司法行政部门审核，对符合条件的予以登记，编入鉴定人和鉴定机构名册并公告。依照上述规定，对鉴定机构和鉴定人实行的是登记制而不是审批制，对于申请从事司法鉴定业务的个人、法人或者其他组织，符合决定规定条件的，司法行政部门应当予以登记。

三、《决定》第七条规定："侦查机关根据侦查工作的需要设立的鉴定机构，不得面向社会接受委托从事司法鉴定业务。""人民法院和司法行政部门不得设立鉴定机构。"依照上述规定，鉴定机构如果由人民法院、司法行政部门设立的，或者其设立后在人、财、物方面与人民法院、司法行政部门存在隶属关系的，应当不予登记；由侦查机关设立的，或者在人、财、物方面与侦查机关存在隶属关系的，不得面向社会接受委托从事司法鉴定业务。

四、根据《决定》第七条的规定，侦查机关设立的鉴定机构及其鉴定人不得面向社会接受委托从事司法鉴定业务。考虑到公安机关设立的鉴定机构在技术、设备、人员等方面有较好的实力和基础，长期以来也承担了大量的鉴定任务，因此，对公安机关设立的鉴定机构，在不面向社会提供鉴定服务的前提下，可以接受司法机关、监察、海关、工商等行政执法机关的委托从事非诉或在诉讼中没有争议的鉴定业务。根据《决定》第九条："在诉讼中，对本决定第二条所规定的鉴定事项发生争议，需要鉴定的，应当委托列入鉴定人名册的鉴定人进行鉴定"的规定，如果公安机关有关鉴定机构及其鉴定人接受司法机关委托从事诉讼中有争议的鉴定事项则需经过省级司法行政部门登记，列入鉴定人名册。对于公安机关设立的鉴定机构及其鉴定人如何进行登记、编制名册，以及如何从事鉴定业务的问题，建议司法部与最高人民法院、最高人民检察院、公安部等有关部门共同协商确定。

《最高人民法院关于审理生产、销售伪劣商品刑事案件有关鉴定问题的通知》（法〔2001〕70 号，2001 年 5 月 21 日起施行）

各省、自治区、直辖市高级人民法院，解放军军事法院，新疆维吾尔自治区高级人民法院生产建设兵团分院：

自全国开展整顿和规范市场经济秩序工作以来，各地人民法院陆续受理了一批生产、销售伪劣产品、假冒商标和非法经营等严重破坏社会主义市场经济秩序的犯罪案件。此类案件中涉及的生产、销售的产品，有的纯属伪劣产品，有的则只是侵犯知识产权的产品。由于涉案产品是否"以假充真""以次充好""以不合格产品冒充合格产品"，直接影响到对被告人的定罪及处刑，为准确适用刑法和《最高人民法院、最高人民检察院关于办理生产、销售伪劣商品刑事案件具体应用法律若干问题的解释》（以下简称《解释》），严惩假冒伪劣商品犯罪，不放纵和轻纵犯罪分子，现就审理生产、销售伪劣商品、假冒商标和非法经营等严重破坏社会主义市场经济秩序的犯罪案件中可能涉及的假冒伪劣商品的有关鉴定问题通知如下：

一、对于提起公诉的生产、销售伪劣产品、假冒商标、非法经营等严重破坏社会主义市场经济秩序的犯罪案件，所涉生产、销售的产品是否属于"以假充真""以次充好""以不合格产品冒充合格产品"难以确定的，应当根据《解释》第一条第五款的规定，由公诉机关委托法律、行政法规规定的产品质量检验机构进行鉴定。

二、根据《解释》第三条和第四条的规定，人民法院受理的生产、销售假药犯罪案件和生产、销售不符合卫生标准的食品犯罪案件，均需有"省级以上药品监督管理部门设置或者确定的药品检验机构"和"省级以上卫生行政部门确定的机构"出具的鉴定结论。

三、经鉴定确系伪劣商品，被告人的行为既构成生产、销售伪劣产品罪，又构成生产、销售假药罪或者生产、销售不符合卫生标准的食品罪，或者同时构成侵犯知识产权、非法经营等其他犯罪的，根据《刑法》第一百四十九条第二款和《解释》第十条的规定，应当依照处罚较重的规定定罪处罚。

《最高人民检察院关于"骨龄鉴定"能否作为确定刑事责任年龄证据使用的批复》（高检发研字〔2000〕6 号，2000 年 2 月 21 日起施行）

宁夏回族自治区人民检察院：

你院《关于"骨龄鉴定"能否作为证据使用的请示》收悉，经研究批复如下：

犯罪嫌疑人不讲真实姓名、住址，年龄不明的，可以委托进行骨龄鉴定或其他科学鉴定，经审查，鉴定结论能够准确确定犯罪嫌疑人实施犯罪行为时的年龄的，可以作为判断犯罪嫌疑人年龄的证据使用。如果鉴定结论不能准确确定犯罪嫌疑人实施犯罪行为时的年龄，而且鉴定结论又表明犯罪嫌疑人年龄在刑法规定的应负刑事责任年龄上下的，应当依法慎重处理。

《最高人民检察院关于 CPS 多道心理测试鉴定结论能否作为诉讼证据使用问题的批复》（高检发研字〔1999〕12 号，1999 年 9 月 10 日起施行）

四川省人民检察院：

你院川检发研〔1999〕20 号《关于 CPS 多道心理测试鉴定结论能否作为诉讼证据使用的请示》收悉。经研究，批复如下：

CPS 多道心理测试（俗称测谎）鉴定结论与刑事诉讼法规定的鉴定结论不同，不属于刑事诉讼法规定的证据种类。人民检察院办理案件，可以使用 CPS 多道心理测试鉴定结论帮助审查、判断证据，但不能将 CPS 多道心理测试鉴定结论作为证据使用。

国务院规范性文件

《国务院办公厅关于尽快落实〈刑事诉讼法〉有关条款规定的通知》（国办发〔1997〕37号，1997年10月23日起施行）

各省、自治区、直辖市人民政府：

修改后的《中华人民共和国刑事诉讼法》（以下简称《刑事诉讼法》）已于1997年1月1日起施行。根据《刑事诉讼法》第一百二十条第二款"对人身伤害的医学鉴定有争议需要重新鉴定或者对精神病的医学鉴定，由省级人民政府指定的医院进行"和第二百一十四条第三款"对于罪犯确有严重疾病，必须保外就医的，由省级人民政府指定的医院开具证明文件，依照法律规定的程序审批"的规定，进行医学鉴定的医院应当由省级人民政府指定。为了保证《刑事诉讼法》上述规定的有效实施，保护公民的合法权利，经国务院领导同志同意，现通知如下：

一、省级人民政府应当尽快按照《刑事诉讼法》第一百二十条第二款和第二百一十四条第三款的规定指定进行医学鉴定的医院。

二、指定医院应当考虑办案需要，所指定的医院必须能够胜任鉴定工作。

三、指定医院应当注意地区之间的平衡，做到方便办案，一般一个地区至少应当指定一家医院承担医学鉴定工作。

四、省级人民政府根据本地区现有条件可以分批指定，在执行中也可以根据需要进行必要调整。

五、省级人民政府应当将指定的医院向人民法院、检察院及国务院卫生行政部门正式发文通告。

相关部门规范性文件

《公安机关鉴定规则》（公通字〔2017〕6号，公安部2017年2月16日起施行）

第四章 鉴定的委托

第十六条 公安机关办案部门对与案（事）件有关需要检验鉴定的人身、尸体、生物检材、痕迹、文件、视听资料、电子数据及其他相关物品、物质等，应当及时委托鉴定。

第十七条 本级公安机关鉴定机构有鉴定能力的，应当委托该机构；超出本级公安机关鉴定机构鉴定项目或者鉴定能力范围的，应当向上级公安机关鉴定机构逐级委托；特别重大案（事）件的鉴定或者疑难鉴定，可以向有鉴定能力的公安机关鉴定机构委托。

第十八条 因技术能力等原因，需要委托公安机关以外的鉴定机构进行鉴定的，应当严格管理。各省级公安机关应当制定对外委托鉴定管理办法以及对外委托鉴定机构和鉴定人名册。

第十九条 委托鉴定单位应当向鉴定机构提交：

（一）鉴定委托书；

（二）证明送检人身份的有效证件；

（三）委托鉴定的检材；

（四）鉴定所需的比对样本；

（五）鉴定所需的其他材料。

委托鉴定单位应当指派熟悉案（事）件情况的两名办案人员送检。

第二十条　委托鉴定单位提供的检材，应当是原物、原件。

无法提供原物、原件的，应当提供符合本专业鉴定要求的复印件、复制件。所提供的复印件、复制件应当有复印、复制无误的文字说明，并加盖委托鉴定单位公章。

送检的检材、样本应当使用规范包装，标识清楚。

第二十一条　委托鉴定单位及其送检人向鉴定机构介绍的情况、提供的检材和样本应当客观真实，来源清楚可靠。委托鉴定单位应当保证鉴定材料的真实性、合法性。

对受到污染、可能受到污染或者已经使用过的原始检材、样本，应当作出文字说明。

对具有爆炸性、毒害性、放射性、传染性等危险的检材、样本，应当作出文字说明和明显标识，并在排除危险后送检；因鉴定工作需要不能排除危险的，应当采取相应防护措施。不能排除危险或者无法有效防护，可能危及鉴定人员和机构安全的，不得送检。

第二十二条　委托鉴定单位及其送检人不得暗示或者强迫鉴定机构及其鉴定人作出某种鉴定意见。

第二十三条　具有下列情形之一的，公安机关办案部门不得委托该鉴定机构进行鉴定：

（一）未取得合法鉴定资格证书的；

（二）超出鉴定项目或者鉴定能力范围的；

（三）法律、法规规定的其他情形。

第五章　鉴定的受理

第二十四条　鉴定机构可以受理下列委托鉴定：

（一）公安系统内部委托的鉴定；

（二）人民法院、人民检察院、国家安全机关、司法行政机关、军队保卫部门，以及监察、海关、工商、税务、审计、卫生计生等其他行政执法机关委托的鉴定；

（三）金融机构保卫部门委托的鉴定；

（四）其他党委、政府职能部门委托的鉴定。

第二十五条　鉴定机构应当在公安机关登记管理部门核准的鉴定项目范围内受

理鉴定事项。

第二十六条 鉴定机构可以内设专门部门或者专门人员负责受理委托鉴定工作。

第二十七条 鉴定机构受理鉴定时，按照下列程序办理：

（一）查验委托主体和委托文件是否符合要求；

（二）听取与鉴定有关的案（事）件情况介绍；

（三）查验可能具有爆炸性、毒害性、放射性、传染性等危险的检材或者样本，对确有危险的，应当采取措施排除或者控制危险；

（四）核对检材和样本的名称、数量和状态，了解检材和样本的来源、采集和包装方法等；

（五）确认是否需要补送检材和样本；

（六）核准鉴定的具体要求；

（七）鉴定机构受理人与委托鉴定单位送检人共同填写鉴定事项确认书，一式两份，鉴定机构和委托鉴定单位各持一份。

第二十八条 鉴定事项确认书应当包括下列内容：

（一）鉴定事项确认书编号；

（二）鉴定机构全称和受理人姓名；

（三）委托鉴定单位全称和委托书编号；

（四）送检人姓名、职务、证件名称及号码和联系电话；

（五）鉴定有关案（事）件名称、案件编号；

（六）案（事）件情况摘要；

（七）收到的检材和样本的名称、数量、性状、包装，检材的提取部位和提取方法等情况；

（八）鉴定要求；

（九）鉴定方法和技术规范；

（十）鉴定机构与委托鉴定单位对鉴定时间以及送检检材和样本等使用、保管、取回事项进行约定，并由送检人和受理人分别签字。

第二十九条 鉴定机构对检验鉴定可能造成检材、样本损坏或者无法留存的，应当事先征得委托鉴定单位同意，并在鉴定事项确认书中注明。

第三十条 具有下列情形之一的，鉴定机构不予受理：

（一）超出本规则规定的受理范围的；

（二）违反鉴定委托程序的；

（三）委托其他鉴定机构正在进行相同内容鉴定的；

（四）超出本鉴定机构鉴定项目范围或者鉴定能力的；

（五）检材、样本不具备鉴定条件的或危险性未排除的；

（六）法律、法规规定的其他情形。

鉴定机构对委托鉴定不受理的，应当经鉴定机构负责人批准，并向委托鉴定单位出具《不予受理鉴定告知书》。

第六章　鉴定的实施

第三十一条　鉴定工作实行鉴定人负责制度。鉴定人应当独立进行鉴定。

鉴定的实施，应当由两名以上具有本专业鉴定资格的鉴定人负责。

第三十二条　必要时，鉴定机构可以聘请本机构以外的具有专门知识的人员参与，为鉴定提供专家意见。

第三十三条　鉴定机构应当在受理鉴定委托之日起十五个工作日内作出鉴定意见，出具鉴定文书。法律法规、技术规程另有规定，或者侦查破案、诉讼活动有特别需要，或者鉴定内容复杂、疑难及检材数量较大的，鉴定机构可以与委托鉴定单位另行约定鉴定时限。

需要补充检材、样本的，鉴定时限从检材、样本补充齐全之日起计算。

第三十四条　实施鉴定前，鉴定人应当查看鉴定事项确认书，核对受理鉴定的检材和样本，明确鉴定任务和鉴定方法，做好鉴定的各项准备工作。

第三十五条　鉴定人应当按照本专业的技术规范和方法实施鉴定，并全面、客观、准确地记录鉴定的过程、方法和结果。

多人参加鉴定，鉴定人有不同意见的，应当注明。

第三十六条　具有下列情形之一的，鉴定机构及其鉴定人应当中止鉴定：

（一）因存在技术障碍无法继续进行鉴定的；

（二）需补充鉴定材料无法补充的；

（三）委托鉴定单位书面要求中止鉴定的；

（四）因不可抗力致使鉴定无法继续进行的；

（五）委托鉴定单位拒不履行鉴定委托书规定的义务，被鉴定人拒不配合或者鉴定活动受到严重干扰，致使鉴定无法继续进行的。

中止鉴定原因消除后，应当继续进行鉴定。鉴定时限从批准继续鉴定之日起重新计算。

中止鉴定或者继续鉴定，由鉴定机构负责人批准。

第三十七条　中止鉴定原因确实无法消除的，鉴定机构应当终止鉴定，将有关检材和样本等及时退还委托鉴定单位，并出具书面说明。

中止鉴定，由鉴定机构负责人批准。

第三十八条　根据鉴定工作需要，省级以上公安机关可以依托所属鉴定机构按鉴定专业设立鉴定专家委员会。

鉴定专家委员会应当根据本规则规定，按照鉴定机构的指派对辖区有争议和疑难鉴定事项提供专家意见。

第三十九条　鉴定专家委员会的成员应当具有高级专业技术资格或者职称。

鉴定专家委员会可以聘请公安机关外的技术专家。

鉴定专家委员会组织实施鉴定时，相同专业的鉴定专家人数应当是奇数且不得少于三人。

第四十条　对鉴定意见，办案人员应当进行审查。

对经审查作为证据使用的鉴定意见，公安机关应当及时告知犯罪嫌疑人、被害人或者其法定代理人。

第四十一条　犯罪嫌疑人、被害人对鉴定意见有异议提出申请，以及办案部门或者办案人员对鉴定意见有疑义的，公安机关可以将鉴定意见送交其他有专门知识的人员提出意见。必要时，询问鉴定人并制作笔录附卷。

第七章　补充鉴定、重新鉴定

第四十二条　对有关人员提出的补充鉴定申请，经审查，发现有下列情形之一的，经县级以上公安机关负责人批准，应当补充鉴定：

（一）鉴定内容有明显遗漏的；

（二）发现新的有鉴定意义的证物的；

（三）对鉴定证物有新的鉴定要求的；

（四）鉴定意见不完整，委托事项无法确定的；

（五）其他需要补充鉴定的情形。

经审查，不存在上述情形的，经县级以上公安机关负责人批准，作出不准予补充鉴定的决定，并在作出决定后三日以内书面通知申请人。

第四十三条　对有关人员提出的重新鉴定申请，经审查，发现有下列情形之一的，经县级以上公安机关负责人批准，应当重新鉴定：

（一）鉴定程序违法或者违反相关专业技术要求的；

（二）鉴定机构、鉴定人不具备鉴定资质和条件的；

（三）鉴定人故意作出虚假鉴定或者违反回避规定的；

（四）鉴定意见依据明显不足的；

（五）检材虚假或者被损坏的；

（六）其他应当重新鉴定的情形。

重新鉴定，应当另行指派或者聘请鉴定人。

经审查，不存在上述情形的，经县级以上公安机关负责人批准，作出不准予重新鉴定的决定，并在作出决定后三日以内书面通知申请人。

第四十四条　进行重新鉴定，可以另行委托其他鉴定机构进行鉴定。鉴定机构应当从列入鉴定人名册的鉴定人中，选择与原鉴定人专业技术资格或者职称同等以上的鉴定人实施。

第八章　鉴　定　文　书

第四十五条　鉴定文书分为《鉴定书》和《检验报告》两种格式。

客观反映鉴定的由来、鉴定过程，经过检验、论证得出鉴定意见的，出具《鉴定书》。

客观反映鉴定的由来、鉴定过程，经过检验直接得出检验结果的，出具《检验报告》。

鉴定后，鉴定机构应当出具鉴定文书，并由鉴定人及授权签字人在鉴定文书上签名，同时附上鉴定机构和鉴定人的资质证明或者其他证明文件。

第四十六条　鉴定文书应当包括：

（一）标题；

（二）鉴定文书的唯一性编号和每一页的标识；

（三）委托鉴定单位名称、送检人姓名；

（四）鉴定机构受理鉴定委托的日期；

（五）案件名称或者与鉴定有关的案（事）件情况摘要；

（六）检材和样本的描述；

（七）鉴定要求；

（八）鉴定开始日期和实施鉴定的地点；

（九）鉴定使用的方法；

（十）鉴定过程；

（十一）《鉴定书》中应当写明必要的论证和鉴定意见，《检验报告》中应当写明检验结果；

（十二）鉴定人的姓名、专业技术资格或者职称、签名；

（十三）完成鉴定文书的日期；

（十四）鉴定文书必要的附件；

（十五）鉴定机构必要的声明。

第四十七条　鉴定文书的制作应当符合以下要求：

（一）鉴定文书格式规范、文字简练、图片清晰、资料齐全、卷面整洁、论证充分、表述准确；使用规范的文字和计量单位。

（二）鉴定文书正文使用打印文稿，并在首页唯一性编号和末页成文日期上加盖鉴定专用章。鉴定文书内页纸张两页以上的，应当在内页纸张正面右侧边缘中部骑缝加盖鉴定专用章。

（三）鉴定文书制作正本、副本各一份。正本交委托鉴定单位，副本由鉴定机构存档。

（四）鉴定文书存档文件包括：鉴定文书副本、审批稿、检材和样本照片或者检材和样本复制件、检验记录、检验图表、实验记录、鉴定委托书、鉴定事项确认书、鉴定文书审批表等资料。

（五）补充鉴定或者重新鉴定的，应当单独制作鉴定文书。

第四十八条　鉴定机构应当指定授权签字人、实验室负责人审核鉴定文书。审批签发鉴定文书，应当逐一审验下列内容：

（一）鉴定主体是否合法；

（二）鉴定程序是否规范；

（三）鉴定方法是否科学；

（四）鉴定意见是否准确；

（五）文书制作是否合格；

（六）鉴定资料是否完备。

第四十九条　鉴定文书制作完成后，鉴定机构应当及时通知委托鉴定单位领取，或者按约定的方式送达委托鉴定单位。

委托鉴定单位应当在约定时间内领取鉴定文书。

鉴定文书和相关检材、样本的领取情况，由领取人和鉴定机构经办人分别签字。

第五十条　委托鉴定单位有要求的，鉴定机构应当向其解释本鉴定意见的具体含义和使用注意事项。

第十章　出　庭　作　证

第五十三条　公诉人、当事人或者辩护人、诉讼代理人对鉴定意见有异议，经人民法院依法通知的，公安机关鉴定人应当出庭作证。

第五十四条　鉴定人出庭作证时，应当依法接受法庭质证，回答与鉴定有关的询问。

第五十五条　公安机关应当对鉴定人出庭作证予以保障，并保证鉴定人的安全。

《最高人民法院、最高人民检察院、公安部、司法部、新闻出版署关于公安部光盘生产源鉴定中心行使行政、司法鉴定权有关问题的通知》（公通字〔2000〕21号，2000年3月9日）

为适应"扫黄""打非"、保护知识产权工作的需要，解决目前各地办案过程中遇到的光盘生产源无法识别的问题，经中央机构编制委员会办公室批准，公安部组建了光盘生产源鉴定中心（设在广东省深圳市，以下简称鉴定中心）。目前，鉴定中心的各项筹备工作已完毕，所开发研制的光盘生产源识别方法已通过了由最高人民法院、最高人民检察院、公安部、司法部和国家新闻出版署派员组成的专家委员会的评审鉴定，具备了行政、司法鉴定能力。现将有关问题通知如下：

一、鉴定范围和内容

鉴定中心负责对各地人民法院、人民检察院、公安机关、司法行政机关、新闻出版行政机关、音像行政管理部门和其他行政执法机关在办理制黄贩黄、侵权盗版案件中所查获的光盘及母盘进行鉴定，确定送检光盘及母盘的生产企业。

企事业单位因业务工作需要，提出鉴定申请的，鉴定中心也可以进行上述鉴定。

二、鉴定程序

办案单位认为需要进行行政、司法鉴定的，应持有本单位所在地县级以上人民法院、人民检察院、公安机关、司法行政机关或其他行政执法机关出具的公函；新闻出版行政机关、音像行政管理部门办案需要鉴定的，由当地省级以上新闻出版机关、音像行政管理部门出具委托鉴定公函。

企事业单位需要鉴定的，由本单位向鉴定中心出具委托鉴定公函。鉴定中心在接受鉴定委托后，应立即组织 2 名以上专业技术人员进行鉴定，在 30 天以内出具《中华人民共和国公安部光盘生产源鉴定书》（见附件），并报公安部治安管理局备案。

委托鉴定可通过寄递方式提出。

三、鉴定费用

鉴定中心接受人民法院、人民检察院、公安机关、司法行政机关、新闻出版行政机关、音像行政管理部门或其他行政执法机关委托鉴定的，不收取鉴定费用。

鉴定中心接受企事业单位委托鉴定的，按照国家有关规定收费鉴定费用。

四、鉴定的法律效力

鉴定中心出具的鉴定书可以作为定案依据。

7．专家辅助人

相关司法解释规定

《人民检察院刑事诉讼规则》（高检发释字〔2019〕4 号，2019 年 12 月 30 日起施行）

第一百九十六条　检察人员对于与犯罪有关的场所、物品、人身、尸体应当进行勘验或者检查。必要时，可以指派检察技术人员或者聘请其他具有专门知识的人，在检察人员的主持下进行勘验、检查。

第三百三十五条　人民检察院审查案件时，对监察机关或者公安机关的勘验、检查，认为需要复验、复查的，应当要求其复验、复查，人民检察院可以派员参加；也可以自行复验、复查，商请监察机关或者公安机关派员参加，必要时也可以指派检察技术人员或者聘请其他有专门知识的人参加。

相关司法文件

《最高人民检察院关于指派、聘请有专门知识的人参与办案若干问题的规定（试行）》（高检发释字〔2018〕1 号，2018 年 4 月 3 日起试行）

第一条　为了规范和促进人民检察院指派、聘请有专门知识的人参与办案，根据《中华人民共和国刑事诉讼法》《中华人民共和国民事诉讼法》《中华人民共和国行政诉讼法》等法律规定，结合检察工作实际，制定本规定。

第二条　本规定所称"有专门知识的人"，是指运用专门知识参与人民检察院的办案活动，协助解决专门性问题或者提出意见的人，但不包括以鉴定人身份参与办案的人。

本规定所称"专门知识"，是指特定领域内的人员理解和掌握的、具有专业技术性的认识和经验等。

第三条　人民检察院可以指派、聘请有鉴定资格的人员，或者经本院审查具备专业能力的其他人员，作为有专门知识的人参与办案。

有下列情形之一的人员，不得作为有专门知识的人参与办案：

（一）因违反职业道德，被主管部门注销鉴定资格、撤销鉴定人登记，或者吊销其他执业资格、近三年以内被处以停止执业处罚的；

（二）无民事行为能力或者限制民事行为能力的；

（三）近三年以内违反本规定第十八条至第二十一条规定的；

（四）以办案人员等身份参与过本案办理工作的；

（五）不宜作为有专门知识的人参与办案的其他情形。

第四条　人民检察院聘请检察机关以外的人员作为有专门知识的人参与办案，应当核实其有效身份证件和能够证明符合本规定第三条第一款要求的材料。

第五条　具备条件的人民检察院可以明确专门部门，负责建立有专门知识的人推荐名单库。

第六条　有专门知识的人的回避，适用《中华人民共和国刑事诉讼法》《中华人民共和国民事诉讼法》《中华人民共和国行政诉讼法》等法律规定中有关鉴定人回避的规定。

第七条　人民检察院办理刑事案件需要收集证据的，可以指派、聘请有专门知识的人开展下列工作：

（一）在检察官的主持下进行勘验或者检查；

（二）就需要鉴定、但没有法定鉴定机构的专门性问题进行检验；

（三）其他必要的工作。

第八条　人民检察院在审查起诉时，发现涉及专门性问题的证据材料有下列情形之一的，可以指派、聘请有专门知识的人进行审查，出具审查意见：

（一）对定罪量刑有重大影响的；

（二）与其他证据之间存在无法排除的矛盾的；

（三）就同一专门性问题有两份或者两份以上的鉴定意见，且结论不一致的；

（四）当事人、辩护人、诉讼代理人有异议的；

（五）其他必要的情形。

第九条　人民检察院在人民法院决定开庭后，可以指派、聘请有专门知识的人，协助公诉人做好下列准备工作：

（一）掌握涉及专门性问题证据材料的情况；

（二）补充审判中可能涉及的专门知识；

（三）拟定讯问被告人和询问证人、鉴定人、其他有专门知识的人的计划；

（四）拟定出示、播放、演示涉及专门性问题证据材料的计划；

（五）制定质证方案；

（六）其他必要的工作。

第十条　刑事案件法庭审理中，人民检察院可以申请人民法院通知有专门知识的人出庭，就鉴定人作出的鉴定意见提出意见。

第十一条　刑事案件法庭审理中，公诉人出示、播放、演示涉及专门性问题的证据材料需要协助的，人民检察院可以指派、聘请有专门知识的人进行操作。

第十二条　人民检察院在对公益诉讼案件决定立案和调查收集证据时，就涉及专门性问题的证据材料或者专业问题，可以指派、聘请有专门知识的人协助开展下列工作：

（一）对专业问题进行回答、解释、说明；

（二）对涉案专门性问题进行评估、审计；

（三）对涉及复杂、疑难、特殊技术问题的鉴定事项提出意见；

（四）在检察官的主持下勘验物证或者现场；

（五）对行政执法卷宗材料中涉及专门性问题的证据材料进行审查；

（六）其他必要的工作。

第十三条　公益诉讼案件法庭审理中，人民检察院可以申请人民法院通知有专门知识的人出庭，就鉴定人作出的鉴定意见或者专业问题提出意见。

第十四条　人民检察院在下列办案活动中，需要指派、聘请有专门知识的人的，可以适用本规定：

（一）办理控告、申诉、国家赔偿或者国家司法救助案件；

（二）办理监管场所发生的被监管人重伤、死亡案件；

（三）办理民事、行政诉讼监督案件；

（四）检察委员会审议决定重大案件和其他重大问题；

（五）需要指派、聘请有专门知识的人的其他办案活动。

第十五条　人民检察院应当为有专门知识的人参与办案提供下列必要条件：

（一）介绍与涉案专门性问题有关的情况；

（二）提供涉及专门性问题的证据等案卷材料；

（三）明确要求协助或者提出意见的问题；

（四）有专门知识的人参与办案所必需的其他条件。

第十六条　人民检察院依法保障接受指派、聘请参与办案的有专门知识的人及其近亲属的安全。

对有专门知识的人及其近亲属进行威胁、侮辱、殴打、打击报复等，构成违法犯罪的，人民检察院应当移送公安机关处理；情节轻微的，予以批评教育、训诫。

第十七条　有专门知识的人因参与办案而支出的交通、住宿、就餐等费用，由人民检察院承担。对于聘请的有专门知识的人，应当给予适当报酬。

上述费用从人民检察院办案业务经费中列支。

第十八条　有专门知识的人参与办案，应当遵守法律规定，遵循技术标准和规范，恪守职业道德，坚持客观公正原则。

第十九条　有专门知识的人应当保守参与办案中所知悉的国家秘密、商业秘密、个人隐私以及其他不宜公开的内容。

第二十条　有专门知识的人应当妥善保管、使用并及时退还参与办案中所接触的证据等案卷材料。

第二十一条　有专门知识的人不得在同一案件中同时接受刑事诉讼当事人、辩护人、诉讼代理人，民事、行政诉讼对方当事人、诉讼代理人，或者人民法院的委托。

第二十二条　有专门知识的人违反本规定第十八条至第二十一条的规定，出现重大过错，影响正常办案的，人民检察院应当停止其作为有专门知识的人参与办案，并从推荐名单库中除名。必要时，可以建议其所在单位或者有关部门给予行政处分或者其他处分。构成违法犯罪的，依法追究行政责任或者刑事责任。

第二十三条　各省、自治区、直辖市人民检察院可以依照本规定，结合本地实际，制定具体实施办法，并报最高人民检察院备案。

第二十四条　本规定由最高人民检察院负责解释。

第二十五条　本规定自公布之日起试行。

六、实物证据

1. 侦查中的勘验、检查

《中华人民共和国刑事诉讼法》（1979 年 7 月 1 日通过，1996 年 3 月 17 日第一次修正，2012 年 3 月 14 日第二次修正，2018 年 10 月 26 日第三次修正）

第一百二十八条 【勘验、检查的范围】侦查人员对于与犯罪有关的场所、物品、人身、尸体应当进行勘验或者检查。在必要的时候，可以指派或者聘请具有专门知识的人，在侦查人员的主持下进行勘验、检查。

第一百二十九条 【现场保护及勘验】任何单位和个人，都有义务保护犯罪现场，并且立即通知公安机关派员勘验。

第一百三十条 【执行勘验、检查】侦查人员执行勘验、检查，必须持有人民检察院或者公安机关的证明文件。

第一百三十一条 【尸体解剖的程序】对于死因不明的尸体，公安机关有权决定解剖，并且通知死者家属到场。

第一百三十二条 【人身检查】为了确定被害人、犯罪嫌疑人的某些特征、伤害情况或者生理状态，可以对人身进行检查，可以提取指纹信息，采集血液、尿液等生物样本。

犯罪嫌疑人如果拒绝检查，侦查人员认为必要的时候，可以强制检查。

检查妇女的身体，应当由女工作人员或者医师进行。

第一百三十三条 【勘验、检查笔录的制作】勘验、检查的情况应当写成笔录，由参加勘验、检查的人和见证人签名或者盖章。

第一百三十四条 【复验、复查】人民检察院审查案件的时候，对公安机关的勘验、检查，认为需要复验、复查时，可以要求公安机关复验、复查，并且可以派检察人员参加。

第一百三十五条 【侦查实验】为了查明案情，在必要的时候，经公安机关负责人批准，可以进行侦查实验。

侦查实验的情况应当写成笔录，由参加实验的人签名或者盖章。

侦查实验，禁止一切足以造成危险、侮辱人格或者有伤风化的行为。

相关司法解释规定

《最高人民法院关于适用〈中华人民共和国刑事诉讼法〉的解释》（法释〔2021〕1 号，2021 年 3 月 1 日起施行）

第八十条　下列人员不得担任见证人：

（一）生理上、精神上有缺陷或者年幼，不具有相应辨别能力或者不能正确表达的人；

（二）与案件有利害关系，可能影响案件公正处理的人；

（三）行使勘验、检查、搜查、扣押、组织辨认等监察调查、刑事诉讼职权的监察、公安、司法机关的工作人员或者其聘用的人员。

对见证人是否属于前款规定的人员，人民法院可以通过相关笔录载明的见证人的姓名、身份证件种类及号码、联系方式以及常住人口信息登记表等材料进行审查。

由于客观原因无法由符合条件的人员担任见证人的，应当在笔录材料中注明情况，并对相关活动进行全程录音录像。

《人民检察院刑事诉讼规则》（高检发释字〔2019〕4 号，2019 年 12 月 30 日起施行）

第一百九十六条　检察人员对于与犯罪有关的场所、物品、人身、尸体应当进行勘验或者检查。必要时，可以指派检察技术人员或者聘请其他具有专门知识的人，在检察人员的主持下进行勘验、检查。

第一百九十七条　勘验时，人民检察院应当邀请两名与案件无关的见证人在场。

勘查现场，应当拍摄现场照片。勘查的情况应当写明笔录并制作现场图，由参加勘查的人和见证人签名。勘查重大案件的现场，应当录像。

第一百九十八条　人民检察院解剖死因不明的尸体，应当通知死者家属到场，并让其在解剖通知书上签名或者盖章。

死者家属无正当理由拒不到场或者拒绝签名、盖章的，不影响解剖的进行，但是应当在解剖通知书上记明。对于身份不明的尸体，无法通知死者家属的，应当记明笔录。

第一百九十九条　为了确定被害人、犯罪嫌疑人的某些特征、伤害情况或者生理状态，人民检察院可以对其人身进行检查，可以提取指纹信息，采集血液、尿液等生物样本。

必要时，可以指派、聘请法医或者医师进行人身检查。采集血液等生物样本应当由医师进行。

犯罪嫌疑人如果拒绝检查，检察人员认为必要时可以强制检查。

检查妇女的身体，应当由女工作人员或者医师进行。

人身检查不得采用损害被检查人生命、健康或者贬低其名誉、人格的方法。在人身检查过程中知悉的被检查人的个人隐私，检察人员应当予以保密。

第二百条　为了查明案情，必要时经检察长批准，可以进行侦查实验。

侦查实验，禁止一切足以造成危险、侮辱人格或者有伤风化的行为。

第二百零一条　侦查实验，必要时可以聘请有关专业人员参加，也可以要求犯罪嫌疑人、被害人、证人参加。

相关部门规章

《公安机关办理刑事案件程序规定》（公安部 2012 年 12 月 13 日修订发布，2020 年 7 月 20 日修正）

第八章　侦　查
第四节　勘验、检查

第二百一十三条　侦查人员对于与犯罪有关的场所、物品、人身、尸体应当进行勘验或者检查，及时提取、采集与案件有关的痕迹、物证、生物样本等。在必要的时候，可以指派或者聘请具有专门知识的人，在侦查人员的主持下进行勘验、检查。

第二百一十四条　发案地派出所、巡警等部门应当妥善保护犯罪现场和证据，控制犯罪嫌疑人，并立即报告公安机关主管部门。

执行勘查的侦查人员接到通知后，应当立即赶赴现场；勘查现场，应当持有刑事犯罪现场勘查证。

第二百一十五条　公安机关对案件现场进行勘查，侦查人员不得少于二人。

第二百一十六条　勘查现场，应当拍摄现场照片、绘制现场图、制作笔录，由参加勘查的人和见证人签名。对重大案件的现场勘查，应当录音录像。

第二百一十七条　为了确定被害人、犯罪嫌疑人的某些特征、伤害情况或者生理状态，可以对人身进行检查，依法提取、采集肖像、指纹等人体生物识别信息，采集血液、尿液等生物样本。被害人死亡的，应当通过被害人近亲属辨认、提取生物样本鉴定等方式确定被害人身份。

犯罪嫌疑人拒绝检查、提取、采集的，侦查人员认为必要的时候，经办案部门负责人批准，可以强制检查、提取、采集。

检查妇女的身体，应当由女工作人员或者医师进行。

检查的情况应当制作笔录，由参加检查的侦查人员、检查人员、被检查人员和见证人签名。被检查人员拒绝签名的，侦查人员应当在笔录中注明。

第二百一十八条　为了确定死因，经县级以上公安机关负责人批准，可以解剖尸体，并且通知死者家属到场，让其在解剖尸体通知书上签名。

死者家属无正当理由拒不到场或者拒绝签名的，侦查人员应当在解剖尸体通知书上注明。对身份不明的尸体，无法通知死者家属的，应当在笔录中注明。

第二百一十九条　对已查明死因，没有继续保存必要的尸体，应当通知家属领回处理，对于无法通知或者通知后家属拒绝领回的，经县级以上公安机关负责人批准，可以及时处理。

第二百二十条　公安机关进行勘验、检查后，人民检察院要求复验、复查的，公安机关应当进行复验、复查，并可以通知人民检察院派员参加。

第二百二十一条　为了查明案情，在必要的时候，经县级以上公安机关负责人批准，可以进行侦查实验。

进行侦查实验，应当全程录音录像，并制作侦查实验笔录，由参加实验的人签名。

进行侦查实验，禁止一切足以造成危险、侮辱人格或者有伤风化的行为。

相关部门规范性文件

《公安机关刑事案件现场勘验检查规则》（公通字〔2015〕31号，公安部2015年10月22日起施行）

第一章　总　　则

第一条　为规范公安机关刑事案件现场勘验、检查工作，保证现场勘验、检查质量，根据《中华人民共和国刑事诉讼法》和《公安机关办理刑事案件程序规定》的有关规定，制定本规则。

第二条　刑事案件现场勘验、检查，是侦查人员运用科学技术手段，对与犯罪有关的场所、物品、人身、尸体等进行勘验、检查的侦查活动。

第三条　刑事案件现场勘验、检查的任务，是发现、固定、提取与犯罪有关的痕迹、物证及其他信息，存储现场信息资料，判断案件性质，分析犯罪过程，确定侦查方向和范围，为侦查破案、刑事诉讼提供线索和证据。

第四条　公安机关对具备勘验、检查条件的刑事案件现场，应当及时进行勘验、检查。

第五条　刑事案件现场勘验、检查的内容，包括现场保护、现场实地勘验检查、现场访问、现场搜索与追踪、侦查实验、现场分析、现场处理、现场复验与复查等。

第六条　刑事案件现场勘验、检查由公安机关组织现场勘验、检查人员实施。必要时，可以指派或者聘请具有专门知识的人，在侦查人员的组织下进行勘验、检查。

公安机关现场勘验、检查人员是指公安机关及其派出机构经过现场勘验、检查专业培训考试，取得现场勘验、检查资格的侦查人员。

第七条　公安机关进行现场勘验、检查应当注意保护公民生命健康安全，尽量避免或者减少财产损失。

第八条　刑事案件现场勘验、检查工作应当遵循依法、安全、及时、客观、全面、细致的原则。

现场勘验、检查人员应当严格遵守保密规定，不得擅自发布刑事案件现场有关情况，泄露国家秘密、商业秘密、个人隐私。

第二章　现场勘验检查职责的划分

第九条　县级公安机关及其派出机构负责辖区内刑事案件的现场勘验、检查。对于案情重大、现场复杂的案件，可以向上一级公安机关请求支援。上级公安机关认为有必要时，可以直接组织现场勘验、检查。

第十条　涉及两个县级以上地方公安机关的刑事案件现场勘验、检查，由受案地公安机关进行，案件尚未受理的，由现场所在地公安机关进行。

第十一条　新疆生产建设兵团和铁路、交通、民航、森林公安机关及海关缉私部门负责其管辖的刑事案件的现场勘验、检查。

第十二条　公安机关和军队、武装警察部队互涉刑事案件的现场勘验、检查，依照公安机关和军队互涉刑事案件管辖分工的有关规定确定现场勘验、检查职责。

第十三条　人民法院、人民检察院和国家安全机关、军队保卫部门、监狱等部门管辖的案件，需要公安机关协助进行现场勘验、检查，并出具委托书的，有关公安机关应当予以协助。

第三章　现 场 保 护

第十四条　发案地公安机关接到刑事案件报警后，对于有犯罪现场的，应当迅速派员赶赴现场，做好现场保护工作。

第十五条　负责保护现场的人民警察应当根据案件具体情况，划定保护范围，设置警戒线和告示牌，禁止无关人员进入现场。

第十六条　负责保护现场的人民警察除抢救伤员、紧急排险等情况外，不得进入现场，不得触动现场上的痕迹、物品和尸体；处理紧急情况时，应当尽可能避免破坏现场上的痕迹、物品和尸体，对现场保护情况应当予以记录，对现场原始情况应当拍照或者录像。

第十七条　负责保护现场的人民警察对现场可能受到自然、人为因素破坏的，应当对现场上的痕迹、物品和尸体等采取相应的保护措施。

第十八条　保护现场的时间，从发现刑事案件现场开始，至现场勘验、检查结束。需要继续勘验、检查或者需要保留现场的，应当对整个现场或者部分现场继续予以保护。

第十九条　负责现场保护的人民警察应当将现场保护情况及时报告现场勘验、检查指挥员。

第四章　现场勘验检查的组织指挥

第二十条　公安机关对刑事案件现场勘验、检查应当统一指挥，周密组织，明确分工，落实责任，及时完成各项任务。

第二十一条　现场勘验、检查的指挥员由具有现场勘验、检查专业知识和组织指挥能力的人民警察担任。

第二十二条　现场勘验、检查的指挥员依法履行下列职责：

（一）决定和组织实施现场勘验、检查的紧急措施；

（二）制定和实施现场勘验、检查的工作方案；

（三）对参加现场勘验、检查人员进行分工；

（四）指挥、协调现场勘验、检查工作；

（五）确定现场勘验、检查见证人；

（六）审核现场勘验检查工作记录；

（七）组织现场分析；

（八）决定对现场的处理。

第二十三条　现场勘验、检查人员依法履行下列职责：

（一）实施现场紧急处置；

（二）开展现场调查访问；

（三）发现、固定和提取现场痕迹、物证等；

（四）记录现场保护情况、现场原始情况和现场勘验、检查情况，制作《现场勘验检查工作记录》；

（五）参与现场分析；

（六）提出处理现场的意见；

（七）将现场勘验信息录入"全国公安机关现场勘验信息系统"；

（八）利用现场信息串并案件。

第五章　现场实地勘验检查

第二十四条　公安机关对刑事案件现场进行勘验、检查不得少于二人。

勘验、检查现场时，应当邀请一至二名与案件无关的公民作见证人。由于客观原因无法由符合条件的人员担任见证人的，应当在笔录材料中注明情况，并对相关活动进行录像。

勘验、检查现场，应当拍摄现场照片，绘制现场图，制作笔录，由参加勘查的人和见证人签名。对重大案件的现场，应当录像。

第二十五条　现场勘验、检查人员到达现场后，应当了解案件发生、发现和现场保护情况。需要采取搜索、追踪、堵截、鉴别、安全检查和控制销赃等紧急措施的，应当立即报告现场指挥员，并依照有关法律法规果断处置。

具备使用警犬追踪或者鉴别条件的，在不破坏现场痕迹、物证的前提下，应当立即使用警犬搜索和追踪，提取有关物品、嗅源。

第二十六条　勘验、检查暴力犯罪案件现场，可以视案情部署武装警戒，防止造成新的危害后果。

第二十七条　公安机关应当为现场勘验、检查人员配备必要的安全防护设施和器具。现场勘验、检查人员应当增强安全意识，注意自身防护。对涉爆、涉枪、放火、制毒、涉危险物质、危险场所等可能危害勘验、检查人身安全的现场，应当先由专业人员排除险情，再进行现场勘验、检查。

第二十八条　执行现场勘验、检查任务的人员，应当持有《刑事案件现场勘查证》。《刑事案件现场勘查证》由公安部统一样式，省级公安机关统一制发。

第二十九条　执行现场勘验、检查任务的人员，应当使用相应的个人防护装置，防止个人指纹、足迹、DNA 等信息遗留现场造成污染。

第三十条　勘验、检查现场时，非勘验、检查人员不得进入现场。确需进入现场的，应当经指挥员同意，并按指定路线进出现场。

第三十一条　现场勘验、检查按照以下工作步骤进行：

（一）巡视现场，划定勘验、检查范围；

（二）按照"先静后动，先下后上，先重点后一般，先固定后提取"的原则，根据现场实际情况确定勘验、检查流程；

（三）初步勘验、检查现场，固定和记录现场原始状况；

（四）详细勘验、检查现场，发现、固定、记录和提取痕迹、物证；

（五）记录现场勘验、检查情况。

第三十二条　勘验、检查人员应当及时采集并记录现场周边的视频信息、基站信息、地理信息及电子信息等相关信息。勘验、检查与电子数据有关的犯罪现场时，应当按照有关规范处置相关设备，保护电子数据和其他痕迹、物证。

第三十三条　勘验、检查繁华场所、敏感地区发生的煽动性或者影响较恶劣的案件时，应当采用适当方法对现场加以遮挡，在取证结束后及时清理现场，防止造成不良影响。

第三十四条　为了确定被害人、犯罪嫌疑人的某些特征、伤害情况或者生理状态，可以对人身进行检查，可以提取指纹信息，采集血液、口腔拭子、尿液等生物样本。犯罪嫌疑人拒绝检查、提取、采集的，侦查人员认为必要的时候，经办案部门负责人批准，可以强制检查、提取、采集。

检查妇女的身体，应当由女工作人员或者医师进行。

检查的情况应当制作笔录，由参加检查的侦查人员、检查人员、被检查人员和见证人签名。被检查人员拒绝签名的，侦查人员应当在笔录中注明。

第三十五条　勘验、检查有尸体的现场，应当有法医参加。

第三十六条　为了确定死因，经县级以上公安机关负责人批准，可以解剖尸体。

第三十七条　解剖尸体应当通知死者家属到场，并让死者家属在《解剖尸体通知书》上签名。死者家属无正当理由拒不到场或者拒绝签名的，可以解剖尸体，但是应当在《解剖尸体通知书》上注明。对于身份不明的尸体，无法通知死者家属的，应当在笔录中注明。

解剖外国人尸体应当通知死者家属或者其所属国家驻华使、领馆有关官员到场，并请死者家属或者其所属国家驻华使、领馆有关官员在《解剖尸体通知书》上签名。死者家属或者其所属国家驻华使、领馆有关官员无正当理由拒不到场或者拒绝签名的，可以解剖尸体，但应当在《解剖尸体通知书》上注明。对于身份不明外国人的尸体，无法通知死者家属或者有关使、领馆的，应当在笔录中注明。

第三十八条　移动现场尸体前，应当对尸体的原始状况及周围的痕迹、物品进行照相、录像，并提取有关痕迹、物证。

第三十九条　解剖尸体应当在尸体解剖室进行。确因情况紧急，或者受条件限制，需要在现场附近解剖的，应当采取隔离、遮挡措施。

第四十条　检验、解剖尸体时，应当捺印尸体指纹和掌纹。必要时，提取血液、尿液、胃内容和有关组织、器官等。尸体指纹和掌纹因客观条件无法捺印时需在相关记录中注明。

第四十一条　检验、解剖尸体时，应当照相、录像。对尸体损伤痕迹和有关附着物等应当进行细目照相、录像。

对无名尸体的面貌、生理、病理特征，以及衣着、携带物品和包裹尸体物品等，应当进行详细检查和记录，拍摄辨认照片。

第六章　现场勘验检查工作记录

第四十二条　现场勘验、检查结束后，应当及时将现场信息录入"全国公安机关现场勘验信息系统"并制作《现场勘验检查工作记录》。其中，对命案现场信息应当在勘查结束后七个工作日内录入，对其他现场信息应当在勘查结束后五个工作日内录入。

《现场勘验检查工作记录》包括现场勘验笔录、现场图、现场照片、现场录像和现场录音。

第四十三条　现场勘验检查工作记录应当客观、全面、详细、准确、规范，能够作为核查现场或者恢复现场原状的依据。

第四十四条　现场勘验笔录正文需要载明现场勘验过程及结果，包括与犯罪有关的痕迹和物品的名称、位置、数量、性状、分布等情况，尸体的位置、衣着、姿势、血迹分布、性状和数量以及提取痕迹、物证情况等。

第四十五条　对现场进行多次勘验、检查的，在制作首次现场勘验检查工作记录后，逐次制作补充勘验检查工作记录。

第四十六条　现场勘验、检查人员应当制作现场方位图、现场平面示意图，并根据现场情况选择制作现场平面比例图、现场平面展开图、现场立体图和现场剖面图等。

第四十七条　绘制现场图应当符合以下基本要求：

（一）标明案件名称，案件发现时间、案发地点；

（二）完整反映现场的位置、范围；

（三）准确反映与犯罪活动有关的主要物体，标明尸体、主要痕迹、主要物证、作案工具等具体位置；

（四）文字说明简明、准确；

（五）布局合理，重点突出，画面整洁，标识规范；

（六）现场图注明方向、图例、绘图单位、绘图日期和绘图人。

第四十八条　现场照相和录像包括方位、概貌、重点部位和细目四种。

第四十九条　现场照相和录像应当符合以下基本要求：

（一）影像清晰、主题突出、层次分明、色彩真实；

（二）清晰、准确记录现场方位、周围环境及原始状态，记录痕迹、物证所在部位、形状、大小及其相互之间的关系；

（三）细目照相、录像应当放置比例尺；

（四）现场照片需有文字说明。

第五十条　现场绘图、现场照相、录像、现场勘验笔录应当相互吻合。

第五十一条　现场绘图、现场照相、录像、现场勘验笔录等现场勘验、检查的原始资料应当妥善保存。现场勘验、检查原始记录可以用纸质形式或者电子形式记录，现场勘验、检查人员、见证人应当在现场签字确认，以电子形式记录的可以使用电子签名。

第七章　现场痕迹物品文件的提取与扣押

第五十二条　现场勘验、检查中发现与犯罪有关的痕迹、物品，应当固定、提取。

提取现场痕迹、物品，应当分别提取，分开包装，统一编号，注明提取的地点、部位、日期，提取的数量、名称、方法和提取人；对特殊检材，应当采取相应的方法提取和包装，防止损坏或者污染。

第五十三条　提取秘密级以上的文件，应当由县级以上公安机关负责人批准，按照有关规定办理，防止泄密。

第五十四条　在现场勘验、检查中，应当对能够证明犯罪嫌疑人有罪或者无罪的各种物品和文件予以扣押；对有可能成为痕迹物证载体的物品、文件，应当予以提取、扣押，进一步检验，但不得扣押或者提取与案件无关的物品、文件，对与犯罪有关的物品、文件和有可能成为痕迹物证载体的物品、文件的持有人无正当理由拒绝交出物品、文件的，现场勘验、检查人员可以强行扣押或者提取。

第五十五条　现场勘验、检查中需要扣押或者提取物品、文件的，由现场勘验、检查指挥员决定。执行扣押或者提取物品、文件时，侦查人员不得少于二人，并持有关法律文书和相关证件，同时应当有见证人在场。

第五十六条　现场勘验、检查中，发现爆炸物品、毒品、枪支、弹药和淫秽物品以及其他危险品或者违禁物品，应当立即扣押，固定相关证据后，交有关部门处理。

第五十七条　扣押物品、文件时，当场开具《扣押清单》，写明扣押的日期和物品、文件的名称、编号、数量、特征及其来源等，由侦查人员、见证人和物品、文件持有人分别签名或者盖章。对于持有人拒绝签名或者无法查清持有人的，应当在《扣押清单》上注明。

《扣押清单》一式三份，一份交物品、文件持有人，一份交公安机关保管人员，一份附卷备查。

提取现场痕迹、物品应当填写《提取痕迹、物证登记表》，写明物品、文件的编号、名称、数量、特征和来源等，由侦查人员、见证人和物品、文件持有人分别签名或者盖章。对于物品持有人拒绝签名或者无法查清持有人的，应当在《提取痕迹、物证登记表》上注明。

第五十八条　对应当扣押但不便提取的物品、文件，经登记、拍照或者录像、估价后，可以交被扣押物品、文件持有人保管或者封存，并明确告知物品持有人应当妥善保管，不得转移、变卖、毁损。

交被扣押物品、文件持有人保管或者封存的，应当开具《登记保存清单》，在清单上写明封存地点和保管责任人，注明已经拍照或者录像，由侦查人员、见证人和持有人签名或者盖章。

《登记保存清单》一式两份，一份交给物品、文件持有人，一份连同照片或者录像资料附卷备查。

对应当扣押但容易腐烂变质以及其他不易保管的物品，权利人明确的，经其本人书面同意或者申请，经县级以上公安机关负责人批准，在拍照或者录像固定后委托有关部门变卖、拍卖，所得款项存入本单位唯一合规账户，待诉讼终结后一并处理。

第五十九条　对不需要继续保留或者经调查证实与案件无关的检材和被扣押物品、文件，应当及时退还原主，填写《发还清单》一式三份，由承办人、领取人签名或者盖章，一份交物品、文件的原主，一份交物品保管人，一份附卷备查。

第六十条　对公安机关扣押物品、文件有疑问的，物品、文件持有人可以向扣押单位咨询；认为扣押不当的，可以向扣押物品、文件的公安机关申诉或者控告。

第六十一条　上级公安机关发现下级公安机关扣押物品、文件不当的，应当责令下级公安机关纠正，下级公安机关应当立即执行。必要时，上级公安机关可以就申诉、控告事项直接作出处理决定。

第六十二条　对于现场提取的痕迹、物品和扣押的物品、文件，应当按照有关规定建档管理，存放于专门场所，由专人负责，严格执行存取登记制度，严禁侦查人员自行保管。

第八章 现 场 访 问

第六十三条 现场勘验、检查人员应当向报案人、案件发现人，被害人及其亲属，其他知情人或者目击者了解、收集有关刑事案件现场的情况和线索。

第六十四条 现场访问包括以下主要内容：

（一）刑事案件发现和发生的时间、地点、详细经过，发现后采取的保护措施，现场情况，有无可疑人或者其他人在现场，现场有无反常情况，以及物品损失等情况；

（二）现场可疑人或者作案人数、作案人性别、年龄、口音、身高、体态、相貌、衣着打扮、携带物品及特征，来去方向、路线等；

（三）与刑事案件现场、被害人有关的其他情况。

第六十五条 现场访问应当制作询问笔录。

第九章 现场外围的搜索和追踪

第六十六条 现场勘验、检查中，应当根据痕迹、视频、嗅源、物证、目击者描述及其他相关信息对现场周围和作案人的来去路线进行搜索和追踪。

第六十七条 现场搜索、追踪的任务包括：

（一）搜寻隐藏在现场周围或者尚未逃离的作案人；

（二）寻找与犯罪有关的痕迹、物品等；

（三）搜寻被害人尸体、人体生物检材、衣物等；

（四）寻找隐藏、遗弃的赃款赃物等；

（五）发现并排除可能危害安全的隐患；

（六）确定作案人逃跑的方向和路线，追踪作案人；

（七）发现现场周边相关视频信息。

第六十八条 在现场搜索、追踪中，发现与犯罪有关的痕迹、物证，应当予以固定、提取。

第十章 侦 查 实 验

第六十九条 为了证实现场某一具体情节的形成过程、条件和原因等，可以进行侦查实验。

进行侦查实验应当经县级以上公安机关负责人批准。

第七十条 侦查实验的任务包括：

（一）验证在现场条件下能否听到某种声音或者看到某种情形；

（二）验证在一定时间内能否完成某一行为；

（三）验证在现场条件下某种行为或者作用与遗留痕迹、物品的状态是否吻合；

（四）确定某种条件下某种工具能否形成某种痕迹；

（五）研究痕迹、物品在现场条件下的变化规律；

（六）分析判断某一情节的发生过程和原因；

（七）其他需要通过侦查实验作出进一步研究、分析、判断的情况。

第七十一条　侦查实验应当符合以下要求：

（一）侦查实验一般在发案地点进行，燃烧、爆炸等危险性实验，应当在其他能够确保安全的地点进行；

（二）侦查实验的时间、环境条件应当与发案时间、环境条件基本相同；

（三）侦查实验使用的工具、材料应当与发案现场一致或者基本一致；必要时，可以使用不同类型的工具或者材料进行对照实验；

（四）如条件许可，类同的侦查实验应当进行二次以上；

（五）评估实验结果应当考虑到客观环境、条件变化对实验的影响和可能出现的误差；

（六）侦查实验，禁止一切足以造成危险、侮辱人格或者有伤风化的行为。

第七十二条　对侦查实验的过程和结果，应当制作《侦查实验笔录》，参加侦查实验的人员应当在《侦查实验笔录》上签名。进行侦查实验，应当录音、录像。

第十一章　现 场 分 析

第七十三条　现场勘验、检查结束后，勘验、检查人员应当进行现场分析。

第七十四条　现场分析的内容包括：

（一）侵害目标和损失；

（二）作案地点、场所；

（三）开始作案的时间和作案所需要的时间；

（四）作案人出入现场的位置、侵入方式和行走路线；

（五）作案人数；

（六）作案方式、手段和特点；

（七）作案工具；

（八）作案人在现场的活动过程；

（九）作案人的个人特征和作案条件；

（十）有无伪装或者其他反常现象；

（十一）作案动机和目的；

（十二）案件性质；

（十三）是否系列犯罪；

（十四）侦查方向和范围；

（十五）其他需要分析解决的问题。

第七十五条　勘验、检查人员在现场勘验、检查后，应当运用"全国公安机关现场勘验信息系统"和各种信息数据库开展刑事案件率并工作，并将串并案情况录入"全国公安机关现场勘验信息系统"。

第十二章　现场的处理

第七十六条　现场勘验、检查结束后，现场勘验、检查指挥员决定是否保留现场。

对不需要保留的现场，应当及时通知有关单位和人员进行处理。

对需要保留的现场，应当及时通知有关单位和个人，指定专人妥善保护。

第七十七条　对需要保留的现场，可以整体保留或者局部保留。

第七十八条　现场勘验、检查结束后，现场勘验、检查指挥员决定是否保留尸体。

（一）遇有死因未定、身份不明或者其他情况需要复验的，应当保存尸体；

（二）对没有必要继续保存的尸体，经县级以上公安机关负责人批准，应当立即通知死者家属处理。对无法通知或者通知后家属拒绝领回的，经县级以上公安机关负责人批准，可以按照有关规定及时处理；

（三）对没有必要继续保存的外国人尸体，经县级以上公安机关负责人批准，应当立即通知死者家属或者所属国驻华使、领馆的官员处理。对无法通知或者通知后外国人家属或者其所属国驻华使、领馆的官员拒绝领回的，经县级以上公安机关负责人批准，并书面通知外事部门后，可以按照有关规定及时处理。

第十三章　现场的复验、复查

第七十九条　遇有下列情形之一，应当对现场进行复验、复查：

（一）案情重大、现场情况复杂的；

（二）侦查工作需要从现场进一步收集信息、获取证据的；

（三）人民检察院审查案件时认为需要复验、复查的；

（四）当事人提出不同意见，公安机关认为有必要复验、复查的；

（五）其他需要复验、复查的。

第八十条　对人民检察院要求复验、复查的，公安机关复验、复查时，可以通知人民检察院派员参加。

第十四章　附　　则

第八十一条　公安机关对其他案件、事件、事故现场的勘验、检查，可以参照本规则执行。

第八十二条　本规则自发布之日起施行。《公安机关刑事案件现场勘验检查规则》（2005年10月1日颁布并实施）同时废止。

2. 侦查中的搜查

相关法律条文

《中华人民共和国刑事诉讼法》（1979 年 7 月 1 日通过，1996 年 3 月 17 日第一次修正，2012 年 3 月 14 日第二次修正，2018 年 10 月 26 日第三次修正）

第一百三十六条 【搜查的对象】为了收集犯罪证据、查获犯罪人，侦查人员可以对犯罪嫌疑人以及可能隐藏罪犯或者犯罪证据的人的身体、物品、住处和其他有关的地方进行搜查。

第一百三十七条 【协助义务的规定】任何单位和个人，有义务按照人民检察院和公安机关的要求，交出可以证明犯罪嫌疑人有罪或者无罪的物证、书证、视听资料等证据。

第一百三十八条 【搜查证】进行搜查，必须向被搜查人出示搜查证。

在执行逮捕、拘留的时候，遇有紧急情况，不另用搜查证也可以进行搜查。

第一百三十九条 【搜查的程序和要求】在搜查的时候，应当有被搜查人或者他的家属，邻居或者其他见证人在场。

搜查妇女的身体，应当由女工作人员进行。

第一百四十条 【搜查笔录的制作】搜查的情况应当写成笔录，由侦查人员和被搜查人或者他的家属，邻居或者其他见证人签名或者盖章。如果被搜查人或者他的家属在逃或者拒绝签名、盖章，应当在笔录上注明。

相关司法解释规定

《人民检察院刑事诉讼规则》（高检发释字〔2019〕4 号，2019 年 12 月 30 日起施行）

第二百零二条 人民检察院有权要求有关单位和个人，交出能够证明犯罪嫌疑人有罪或者无罪以及犯罪情节轻重的证据。

第二百零三条 为了收集犯罪证据，查获犯罪人，经检察长批准，检察人员可以对犯罪嫌疑人以及可能隐藏罪犯或者犯罪证据的人的身体、物品、住处、工作地点和其他有关的地方进行搜查。

第二百零四条 搜查应当在检察人员的主持下进行，可以有司法警察参加。必要时，可以指派检察技术人员参加或者邀请当地公安机关、有关单位协助进行。

执行搜查的人员不得少于二人。

第二百零五条 搜查时，应当向被搜查人或者他的家属出示搜查证。

在执行逮捕、拘留的时候，遇有下列紧急情况之一，不另用搜查证也可以进行搜查：

（一）可能随身携带凶器的；

（二）可能隐藏爆炸、剧毒等危险物品的；

（三）可能隐匿、毁弃、转移犯罪证据的；

（四）可能隐匿其他犯罪嫌疑人的；

（五）其他紧急情况。

搜查结束后，搜查人员应当在二十四小时以内补办有关手续。

第二百零六条　搜查时，应当有被搜查人或者其家属、邻居或者其他见证人在场，并且对被搜查人或者其家属说明阻碍搜查、妨碍公务应负的法律责任。

搜查妇女的身体，应当由女工作人员进行。

第二百零七条　搜查时，如果遇到阻碍，可以强制进行搜查。对以暴力、威胁方法阻碍搜查的，应当予以制止，或者由司法警察将其带离现场。阻碍搜查构成犯罪的，应当依法追究刑事责任。

相关部门规章

《公安机关办理刑事案件程序规定》（公安部 2012 年 12 月 13 日修订发布，2020 年 7 月 20 日修正）

第八章　侦　查

第五节　搜　查

第二百二十二条　为了收集犯罪证据、查获犯罪人，经县级以上公安机关负责人批准，侦查人员可以对犯罪嫌疑人以及可能隐藏罪犯或者犯罪证据的人的身体、物品、住处和其他有关的地方进行搜查。

第二百二十三条　进行搜查，必须向被搜查人出示搜查证，执行搜查的侦查人员不得少于二人。

第二百二十四条　执行拘留、逮捕的时候，遇有下列紧急情况之一的，不用搜查证也可以进行搜查：

（一）可能随身携带凶器的；

（二）可能隐藏爆炸、剧毒等危险物品的；

（三）可能隐匿、毁弃、转移犯罪证据的；

（四）可能隐匿其他犯罪嫌疑人的；

（五）其他突然发生的紧急情况。

第二百二十五条　进行搜查时，应当有被搜查人或者他的家属、邻居或者其他见证人在场。

公安机关可以要求有关单位和个人交出可以证明犯罪嫌疑人有罪或者无罪的物证、书证、视听资料等证据。遇到阻碍搜查的，侦查人员可以强制搜查。

搜查妇女的身体，应当由女工作人员进行。

第二百二十六条　搜查的情况应当制作笔录，由侦查人员和被搜查人或者他的家属，邻居或者其他见证人签名。

如果被搜查人拒绝签名，或者被搜查人在逃，他的家属拒绝签名或者不在场的，侦查人员应当在笔录中注明。

3. 侦查中查封、扣押物证、书证

相关法律条文

《中华人民共和国刑事诉讼法》（1979 年 7 月 1 日通过，1996 年 3 月 17 日第一次修正，2012 年 3 月 14 日第二次修正，2018 年 10 月 26 日第三次修正）

第一百四十一条　【查封、扣押物证、书证的范围】在侦查活动中发现的可用以证明犯罪嫌疑人有罪或者无罪的各种财物、文件，应当查封、扣押；与案件无关的财物、文件，不得查封、扣押。

对查封、扣押的财物、文件，要妥善保管或者封存，不得使用、调换或者损毁。

第一百四十二条　【扣押清单的制作】对查封、扣押的财物、文件，应当会同在场见证人和被查封、扣押财物、文件持有人查点清楚，当场开列清单一式二份，由侦查人员、见证人和持有人签名或者盖章，一份交给持有人，另一份附卷备查。

第一百四十三条　【扣押邮件、电报】侦查人员认为需要扣押犯罪嫌疑人的邮件、电报的时候，经公安机关或者人民检察院批准，即可通知邮电机关将有关的邮件、电报检交扣押。

不需要继续扣押的时候，应即通知邮电机关。

第一百四十四条　【对扣押物的处理】对查封、扣押的财物、文件、邮件、电报或者冻结的存款、汇款、债券、股票、基金份额等财产，经查明确实与案件无关的，应当在三日以内解除查封、扣押、冻结，予以退还。

相关司法解释规定

《人民检察院刑事诉讼规则》（高检发释字〔2019〕4 号，2019 年 12 月 30 日起施行）

第二百零八条　检察人员可以凭人民检察院的证明文件，向有关单位和个人调取能够证明犯罪嫌疑人有罪或者无罪以及犯罪情节轻重的证据材料，并且可以根据需要拍照、录像、复印和复制。

第二百零九条　调取物证应当调取原物。原物不便搬运、保存，或者依法应当返还被害人，或者因保密工作需要不能调取原物的，可以将原物封存，并拍照、录像。对原物拍照或者录像应当足以反映原物的外形、内容。

调取书证、视听资料应当调取原件。取得原件确有困难或者因保密需要不能调取原件的，可以调取副本或者复制件。

调取书证、视听资料的副本、复制件和物证的照片、录像的，应当书面记明不能调取原件、原物的原因，制作过程和原件、原物存放地点，并由制作人员和原书证、视听资料、物证持有人签名或者盖章。

第二百一十条　在侦查活动中发现的可以证明犯罪嫌疑人有罪、无罪或者犯罪情节轻重的各种财物和文件，应当查封或者扣押；与案件无关的，不得查封或者扣押。查封或者扣押应当经检察长批准。

不能立即查明是否与案件有关的可疑的财物和文件，也可以查封或者扣押，但应当及时审查。经查明确实与案件无关的，应当在三日以内解除查封或者予以退还。

持有人拒绝交出应当查封、扣押的财物和文件的，可以强制查封、扣押。

对于犯罪嫌疑人、被告人到案时随身携带的物品需要扣押的，可以依照前款规定办理。对于与案件无关的个人用品，应当逐件登记，并随案移交或者退还其家属。

第二百一十七条　对于扣押的款项和物品，应当在三日以内将款项存入唯一合规账户，将物品送负责案件管理的部门保管。法律或者有关规定另有规定的除外。

对于查封、扣押在人民检察院的物品、文件、邮件、电报，人民检察院应当妥善保管。经查明确实与案件无关的，应当在三日以内作出解除或者退还决定，并通知有关单位、当事人办理相关手续。

相关部门规章

《公安机关办理刑事案件程序规定》（公安部 2012 年 12 月 13 日修订发布，2020 年 7 月 20 日修正）

第五章　证　据

第六十四条　收集、调取的物证应当是原物。只有在原物不便搬运、不易保存或者依法应当由有关部门保管、处理或者依法应当返还时，才可以拍摄或者制作足以反映原物外形或者内容的照片、录像或者复制品。

物证的照片、录像或者复制品经与原物核实无误或者经鉴定证明为真实的，或者以其他方式确能证明其真实的，可以作为证据使用。原物的照片、录像或者复制品，不能反映原物的外形和特征的，不能作为证据使用。

第六十五条　收集、调取的书证应当是原件。只有在取得原件确有困难时，才可以使用副本或者复制件。

书证的副本、复制件，经与原件核实无误或者经鉴定证明为真实的，或者以其他方式确能证明其真实的，可以作为证据使用。书证有更改或者更改迹象不能作出合理解释的，或者书证的副本、复制件不能反映书证原件及其内容的，不能作为证据使用。

第六十七条　物证的照片、录像或者复制品，书证的副本、复制件，视听资料、电子数据的复制件，应当附有关制作过程及原件、原物存放处的文字说明，并由制作人和物品持有人或者物品持有单位有关人员签名。

第八章　侦　查
第六节　查封、扣押

第二百二十七条　在侦查活动中发现的可用以证明犯罪嫌疑人有罪或者无罪的各种财物、文件，应当查封、扣押；但与案件无关的财物、文件，不得查封、扣押。

持有人拒绝交出应当查封、扣押的财物、文件的，公安机关可以强制查封、扣押。

第二百二十八条　在侦查过程中需要扣押财物、文件的，应当经办案部门负责人批准，制作扣押决定书；在现场勘查或者搜查中需要扣押财物、文件的，由现场指挥人员决定；但扣押财物、文件价值较高或者可能严重影响正常生产经营的，应当经县级以上公安机关负责人批准，制作扣押决定书。

在侦查过程中需要查封土地、房屋等不动产，或者船舶、航空器以及其他不宜移动的大型机器、设备等特定动产的，应当经县级以上公安机关负责人批准并制作查封决定书。

第二百二十九条　执行查封、扣押的侦查人员不得少于二人，并出示本规定第二百二十八条规定的有关法律文书。

查封、扣押的情况应当制作笔录，由侦查人员、持有人和见证人签名。对于无法确定持有人或者持有人拒绝签名的，侦查人员应当在笔录中注明。

第二百三十条　对查封、扣押的财物和文件，应当会同在场见证人和被查封、扣押财物、文件的持有人查点清楚，当场开列查封、扣押清单一式三份，写明财物或者文件的名称、编号、数量、特征及其来源等，由侦查人员、持有人和见证人签名，一份交给持有人，一份交给公安机关保管人员，一份附卷备查。

对于财物、文件的持有人无法确定，以及持有人不在现场或者拒绝签名的，侦查人员应当在清单中注明。

依法扣押文物、贵金属、珠宝、字画等贵重财物的，应当拍照或者录音录像，并及时鉴定、估价。

执行查封、扣押时，应当为犯罪嫌疑人及其所扶养的亲属保留必需的生活费用和物品。能够保证侦查活动正常进行的，可以允许有关当事人继续合理使用有关涉案财物，但应当采取必要的保值、保管措施。

第二百三十一条　对作为犯罪证据但不便提取或者没有必要提取的财物、文件，经登记、拍照或者录音录像、估价后，可以交财物、文件持有人保管或者封存，并且开具登记保存清单一式两份，由侦查人员、持有人和见证人签名，一份交给财物、文件持有人，另一份连同照片或者录音录像资料附卷备查。财物、文件持有人应当妥善保管，不得转移、变卖、毁损。

第二百三十二条　扣押犯罪嫌疑人的邮件、电子邮件、电报，应当经县级以上公安机关负责人批准，制作扣押邮件、电报通知书，通知邮电部门或者网络服务单位检交扣押。

不需要继续扣押的时候，应当经县级以上公安机关负责人批准，制作解除扣押邮件、电报通知书，立即通知邮电部门或者网络服务单位。

第二百三十三条　对查封、扣押的财物、文件、邮件、电子邮件、电报，经查明确实与案件无关的，应当在三日以内解除查封、扣押，退还原主或者原邮电部门、网络服务单位；原主不明确的，应当采取公告方式告知原主认领。在通知原主或者公告后六个月以内，无人认领的，按照无主财物处理，登记后上缴国库。

第二百三十四条　有关犯罪事实查证属实后，对于有证据证明权属明确且无争议的被害人合法财产及其孳息，且返还不损害其他被害人或者利害关系人的利益，不影响案件正常办理的，应当在登记、拍照或者录音录像和估价后，报经县级以上公安机关负责人批准，开具发还清单返还，并在案卷材料中注明返还的理由，将原物照片、发还清单和被害人的领取手续存卷备查。

领取人应当是涉案财物的合法权利人或者其委托的人；委托他人领取的，应当出具委托书。侦查人员或者公安机关其他工作人员不得代为领取。

查找不到被害人，或者通知被害人后，无人领取的，应当将有关财产及其孳息随案移送。

第二百三十五条　对查封、扣押的财物及其孳息、文件，公安机关应当妥善保管，以供核查。任何单位和个人不得违规使用、调换、损毁或者自行处理。

县级以上公安机关应当指定一个内设部门作为涉案财物管理部门，负责对涉案财物实行统一管理，并设立或者指定专门保管场所，对涉案财物进行集中保管。

对价值较低、易于保管，或者需要作为证据继续使用，以及需要先行返还被害人的涉案财物，可以由办案部门设置专门的场所进行保管。办案部门应当指定不承担办案工作的民警负责本部门涉案财物的接收、保管、移交等管理工作；严禁由侦查人员自行保管涉案财物。

第二百三十六条　在侦查期间，对于易损毁、灭失、腐烂、变质而不宜长期保存，或者难以保管的物品，经县级以上公安机关主要负责人批准，可以在拍照或者录音录像后委托有关部门变卖、拍卖，变卖、拍卖的价款暂予保存，待诉讼终结后一并处理。

对于违禁品，应当依照国家有关规定处理；需要作为证据使用的，应当在诉讼终结后处理。

4．侦查中的查询

《人民检察院刑事诉讼规则》（高检发释字〔2019〕4号，2019年12月30日起施行）

第二百一十二条　人民检察院根据侦查犯罪的需要，可以依照规定查询、冻结犯罪嫌疑人的存款、汇款、债券、股票、基金份额等财产，并可以要求有关单位和个人配合。

查询、冻结前款规定的财产，应当制作查询、冻结财产通知书，通知银行或者其他金融机构、邮政部门执行。冻结财产的，应当经检察长批准。

第二百一十六条　查询、冻结与案件有关的单位的存款、汇款、债券、股票、基金份额等财产的办法适用本规则第二百一十二条至第二百一十五条的规定。

《公安机关办理刑事案件程序规定》（公安部2012年12月13日修订发布，2020年7月20日修正）

第八章　侦　查
第七节　查询、冻结

第二百三十七条　公安机关根据侦查犯罪的需要，可以依照规定查询、冻结犯罪嫌疑人的存款、汇款、证券交易结算资金、期货保证金等资金，债券、股票、基金份额和其他证券，以及股权、保单权益和其他投资权益等财产，并可以要求有关单位和个人配合。

对于前款规定的财产，不得划转、转账或者以其他方式变相扣押。

第二百三十八条　向金融机构等单位查询犯罪嫌疑人的存款、汇款、证券交易结算资金、期货保证金等资金，债券、股票、基金份额和其他证券，以及股权、保单权益和其他投资权益等财产，应当经县级以上公安机关负责人批准，制作协助查询财产通知书，通知金融机构等单位协助办理。

5．侦查中的辨认

《人民检察院刑事诉讼规则》（高检发释字〔2019〕4号，2019年12月30日起施行）

第二百二十三条　为了查明案情，必要时，检察人员可以让被害人、证人和犯罪嫌疑人对与犯罪有关的物品、文件、尸体或场所进行辨认；也可以让被害人、证人对犯罪嫌疑人进行辨认，或者让犯罪嫌疑人对其他犯罪嫌疑人进行辨认。

第二百二十四条　辨认应当在检察人员的主持下进行，执行辨认的人员不得少于二人。在辨认前，应当向辨认人详细询问被辨认对象的具体特征，避免辨认人见到被辨认对象，并应当告知辨认人有意作虚假辨认应负的法律责任。

第二百二十五条　几名辨认人对同一被辨认对象进行辨认时，应当由每名辨认人单独进行。必要时，可以有见证人在场。

第二百二十六条　辨认时，应当将辨认对象混杂在其他对象中。不得在辨认前向辨认人展示辨认对象及其影像资料，不得给辨认人任何暗示。

辨认犯罪嫌疑人时，被辨认的人数不得少于七人，照片不得少于十张。

辨认物品时，同类物品不得少于五件，照片不得少于五张。

对犯罪嫌疑人的辨认，辨认人不愿公开进行时，可以在不暴露辨认人的情况下进行，并应当为其保守秘密。

相关部门规章

《公安机关办理刑事案件程序规定》（公安部 2012 年 12 月 13 日修订发布，2020 年 7 月 20 日修正）

第八章　侦　查
第九节　辨　认

第二百五十八条　为了查明案情，在必要的时候，侦查人员可以让被害人、证人或者犯罪嫌疑人对与犯罪有关的物品、文件、尸体、场所或者犯罪嫌疑人进行辨认。

第二百五十九条　辨认应当在侦查人员的主持下进行。主持辨认的侦查人员不得少于二人。

几名辨认人对同一辨认对象进行辨认时，应当由辨认人个别进行。

第二百六十条　辨认时，应当将辨认对象混杂在特征相类似的其他对象中，不得在辨认前向辨认人展示辨认对象及其影像资料，不得给辨认人任何暗示。

辨认犯罪嫌疑人时，被辨认的人数不得少于七人；对犯罪嫌疑人照片进行辨认的，不得少于十人的照片。

辨认物品时，混杂的同类物品不得少于五件；对物品的照片进行辨认的，不得少于十个物品的照片。

对场所、尸体等特定辨认对象进行辨认，或者辨认人能够准确描述物品独有特征的，陪衬物不受数量的限制。

第二百六十一条　对犯罪嫌疑人的辨认，辨认人不愿意公开进行时，可以在不暴露辨认人的情况下进行，并应当为其保守秘密。

第二百六十二条　对辨认经过和结果，应当制作辨认笔录，由侦查人员、辨认人、见证人签名。必要时，应当对辨认过程进行录音录像。

6．技术侦查获取的证据

相关法律条文

《中华人民共和国刑事诉讼法》（1979 年 7 月 1 日通过，1996 年 3 月 17 日第一次修正，2012 年 3 月 14 日第二次修正，2018 年 10 月 26 日第三次修正）

第一百五十二条　【技术侦查措施的实施要求】采取技术侦查措施，必须严格按照批准的措施种类、适用对象和期限执行。

侦查人员对采取技术侦查措施过程中知悉的国家秘密、商业秘密和个人隐私，应当保密；对采取技术侦查措施获取的与案件无关的材料，必须及时销毁。

采取技术侦查措施获取的材料，只能用于对犯罪的侦查、起诉和审判，不得用于其他用途。

公安机关依法采取技术侦查措施，有关单位和个人应当配合，并对有关情况予以保密。

第一百五十四条　【技术侦查措施取得证据的适用原则】依照本节规定采取侦查措施收集的材料在刑事诉讼中可以作为证据使用。如果使用该证据可能危及有关人员的人身安全，或者可能产生其他严重后果的，应当采取不暴露有关人员身份、技术方法等保护措施，必要的时候，可以由审判人员在庭外对证据进行核实。

相关司法解释规定

《人民检察院刑事诉讼规则》（高检发释字〔2019〕4 号，2019 年 12 月 30 日起施行）

第二百二十九条　人民检察院采取技术侦查措施应当根据侦查犯罪的需要，确定采取技术侦查措施的种类和适用对象，按照有关规定报请批准。批准决定自签发之日起三个月以内有效。对于不需要继续采取技术侦查措施的，应当及时解除；对于复杂、疑难案件，期限届满仍有必要继续采取技术侦查措施的，应当在期限届满前十日以内制作呈请延长技术侦查措施期限报告书，写明延长的期限及理由，经过原批准机关批准，有效期可以延长，每次不得超过三个月。

采取技术侦查措施收集的材料作为证据使用的，批准采取技术侦查措施的法律文书应当附卷，辩护律师可以依法查阅、摘抄、复制。

第二百三十条　采取技术侦查措施收集的物证、书证及其他证据材料，检察人员应当制作相应的说明材料，写明获取证据的时间、地点、数量、特征以及采取技术侦查措施的批准机关、种类等，并签名和盖章。

对于使用技术侦查措施获取的证据材料，如果可能危及特定人员的人身安全、涉及国家秘密或者公开后可能暴露侦查秘密或者严重损害商业秘密、个人隐私的，应当采取不暴露有关人员身份、技术方法等保护措施。必要时，可以建议不在法庭上质证，由审判人员在庭外对证据进行核实。

第二百三十一条　检察人员对采取技术侦查措施过程中知悉的国家秘密、商业秘密和个人隐私，应当保密；对采取技术侦查措施获取的与案件无关的材料，应当及时销毁，并对销毁情况制作记录。

采取技术侦查措施获取的证据、线索及其他有关材料，只能用于对犯罪的侦查、起诉和审判，不得用于其他用途。

相关部门规章

《公安机关办理刑事案件程序规定》（公安部 2012 年 12 月 13 日修订发布，2020 年 7 月 20 日修正）

第八章　侦　查

第十节　技术侦查

第二百六十八条　采取技术侦查措施收集的材料在刑事诉讼中可以作为证据使用。使用技术侦查措施收集的材料作为证据时，可能危及有关人员的人身安全，或者可能产生其他严重后果的，应当采取不暴露有关人员身份和使用的技术设备、侦查方法等保护措施。

采取技术侦查措施收集的材料作为证据使用的，采取技术侦查措施决定书应当附卷。

第二百六十九条　采取技术侦查措施收集的材料，应当严格依照有关规定存放，只能用于对犯罪的侦查、起诉和审判，不得用于其他用途。

采取技术侦查措施收集的与案件无关的材料，必须及时销毁，并制作销毁记录。

第二百七十条　侦查人员对采取技术侦查措施过程中知悉的国家秘密、商业秘密和个人隐私，应当保密。

公安机关依法采取技术侦查措施，有关单位和个人应当配合，并对有关情况予以保密。

第二百七十三条　公安机关依照本节规定实施隐匿身份侦查和控制下交付收集的材料在刑事诉讼中可以作为证据使用。

使用隐匿身份侦查和控制下交付收集的材料作为证据时，可能危及隐匿身份人员的人身安全，或者可能产生其他严重后果的，应当采取不暴露有关人员身份等保护措施。

相关司法文件

《最高人民法院、最高人民检察院、公安部、国家安全部、司法部、全国人大常委会法制工作委员会关于实施刑事诉讼法若干问题的规定》（2013年1月1日起施行）

20.……采取技术侦查措施收集的材料作为证据使用的，批准采取技术侦查措施的法律文书应当附卷，辩护律师可以依法查阅、摘抄、复制，在审判过程中可以向法庭出示。

7. 补充侦查

相关法律条文

《中华人民共和国刑事诉讼法》（1979年7月1日通过，1996年3月17日第一次修正，2012年3月14日第二次修正，2018年10月26日第三次修正）

第一百七十五条　【补充侦查】人民检察院审查案件，可以要求公安机关提供法庭审判所必需的证据材料；认为可能存在本法第五十六条规定的以非法方法收集证据情形的，可以要求其对证据收集的合法性作出说明。

人民检察院审查案件，对于需要补充侦查的，可以退回公安机关补充侦查，也可以自行侦查。

对于补充侦查的案件，应当在一个月以内补充侦查完毕。补充侦查以二次为限。补充侦查完毕移送人民检察院后，人民检察院重新计算审查起诉期限。

对于二次补充侦查的案件，人民检察院仍然认为证据不足，不符合起诉条件的，应当作出不起诉的决定。

相关司法解释规定

《最高人民法院关于适用〈中华人民共和国刑事诉讼法〉的解释》（法释〔2021〕1号，2021年3月1日起施行）

第二百七十四条　审判期间，公诉人发现案件需要补充侦查，建议延期审理的，合议庭可以同意，但建议延期审理不得超过两次。

人民检察院将补充收集的证据移送人民法院的，人民法院应当通知辩护人、诉讼代理人查阅、摘抄、复制。

补充侦查期限届满后，人民检察院未将补充的证据材料移送人民法院的，人民法院可以根据在案证据作出判决、裁定。

《人民检察院刑事诉讼规则》（高检发释字〔2019〕4号，2019年12月30日起施行）

第三百四十条　人民检察院对监察机关或者公安机关移送的案件进行审查后，

在人民法院作出生效判决之前，认为需要补充提供证据材料的，可以书面要求监察机关或者公安机关提供。

第三百四十一条　人民检察院在审查起诉中发现有应当排除的非法证据，应当依法排除，同时可以要求监察机关或者公安机关另行指派调查人员或者侦查人员重新取证。必要时，人民检察院也可以自行调查取证。

第三百四十二条　人民检察院认为犯罪事实不清、证据不足或者存在遗漏罪行、遗漏同案犯罪嫌疑人等情形需要补充侦查的，应当制作补充侦查提纲，连同案卷材料一并退回公安机关补充侦查。人民检察院也可以自行侦查，必要时可以要求公安机关提供协助。

第三百四十三条　人民检察院对于监察机关移送起诉的案件，认为需要补充调查的，应当退回监察机关补充调查。必要时，可以自行补充侦查。

需要退回补充调查的案件，人民检察院应当出具补充调查决定书、补充调查提纲，写明补充调查的事项、理由、调查方向、需补充收集的证据及其证明作用等，连同案卷材料一并送交监察机关。

人民检察院决定退回补充调查的案件，犯罪嫌疑人已被采取强制措施的，应当将退回补充调查情况书面通知强制措施执行机关。监察机关需要讯问的，人民检察院应当予以配合。

第三百四十四条　对于监察机关移送起诉的案件，具有下列情形之一的，人民检察院可以自行补充侦查：

（一）证人证言、犯罪嫌疑人供述和辩解、被害人陈述的内容主要情节一致，个别情节不一致的；

（二）物证、书证等证据材料需要补充鉴定的；

（三）其他由人民检察院查证更为便利、更有效率、更有利于查清案件事实的情形。

自行补充侦查完毕后，应当将相关证据材料入卷，同时抄送监察机关。人民检察院自行补充侦查的，可以商请监察机关提供协助。

第三百四十五条　人民检察院负责捕诉的部门对本院负责侦查的部门移送起诉的案件进行审查后，认为犯罪事实不清、证据不足或者存在遗漏罪行、遗漏同案犯罪嫌疑人等情形需要补充侦查的，应当制作补充侦查提纲，连同案卷材料一并退回负责侦查的部门补充侦查。必要时，也可以自行侦查，可以要求负责侦查的部门予以协助。

第三百四十六条　退回监察机关补充调查、退回公安机关补充侦查的案件，均应当在一个月以内补充调查、补充侦查完毕。

补充调查、补充侦查以二次为限。

补充调查、补充侦查完毕移送起诉后，人民检察院重新计算审查起诉期限。

人民检察院负责捕诉的部门退回本院负责侦查的部门补充侦查的期限、次数按照本条第一款至第三款的规定执行。

第四百二十二条　在审判过程中，对于需要补充提供法庭审判所必需的证据或者补充侦查的，人民检察院应当自行收集证据和进行侦查，必要时可以要求监察机关或者公安机关提供协助；也可以书面要求监察机关或者公安机关补充提供证据。

人民检察院补充侦查，适用本规则第六章、第九章、第十章的规定。

补充侦查不得超过一个月。

相关部门规章

《公安机关办理刑事案件程序规定》（公安部 2012 年 12 月 13 日修订发布，2020 年 7 月 20 日修正）

第二百九十六条　对人民检察院退回补充侦查的案件，根据不同情况，报县级以上公安机关负责人批准，分别作如下处理：

（一）原认定犯罪事实不清或者证据不够充分的，应当在查清事实、补充证据后，制作补充侦查报告书，移送人民检察院审查；对确实无法查明的事项或者无法补充的证据，应当书面向人民检察院说明情况；

（二）在补充侦查过程中，发现新的同案犯或者新的罪行，需要追究刑事责任的，应当重新制作起诉意见书，移送人民检察院审查；

（三）发现原认定的犯罪事实有重大变化，不应当追究刑事责任的，应当撤销案件或者对犯罪嫌疑人终止侦查，并将有关情况通知退查的人民检察院；

（四）原认定犯罪事实清楚，证据确实、充分，人民检察院退回补充侦查不当的，应当说明理由，移送人民检察院审查。

第二百九十七条　对于人民检察院在审查起诉过程中以及在人民法院作出生效判决前，要求公安机关提供法庭审判所必需的证据材料的，应当及时收集和提供。

相关司法文件

《最高人民检察院、公安部关于加强和规范补充侦查工作的指导意见》（2020 年 3 月 27 日起施行）

第一条　为进一步完善以证据为核心的刑事指控体系，加强和规范补充侦查工作，提高办案质效，根据《中华人民共和国刑事诉讼法》《人民检察院刑事诉讼规则》《公安机关办理刑事案件程序规定》等有关规定，结合办案实践，制定本指导意见。

第二条　补充侦查是依照法定程序，在原有侦查工作的基础上，进一步查清事实，补充完善证据的诉讼活动。

人民检察院审查逮捕提出补充侦查意见，审查起诉退回补充侦查、自行补充侦查，要求公安机关提供证据材料，要求公安机关对证据的合法性作出说明等情形，适用本指导意见的相关规定。

第三条　开展补充侦查工作应当遵循以下原则：

1.必要性原则。补充侦查工作应当具备必要性，不得因与案件事实、证据无关的原因退回补充侦查。

2.可行性原则。要求补充侦查的证据材料应当具备收集固定的可行性，补充侦查工作应当具备可操作性，对于无法通过补充侦查收集证据材料的情形，不能适用补充侦查。

3.说理性原则。补充侦查提纲应当写明补充侦查的理由、案件定性的考虑、补充侦查的方向、每一项补证的目的和意义，对复杂问题、争议问题作适当阐明，具备条件的，可以写明补充侦查的渠道、线索和方法。

4.配合性原则。人民检察院、公安机关在补充侦查之前和补充侦查过程中，应当就案件事实、证据、定性等方面存在的问题和补充侦查的相关情况，加强当面沟通、协作配合，共同确保案件质量。

5.有效性原则。人民检察院、公安机关应当以增强补充侦查效果为目标，把提高证据质量、解决证据问题贯穿于侦查、审查逮捕、审查起诉全过程。

第四条　人民检察院开展补充侦查工作，应当书面列出补充侦查提纲。补充侦查提纲应当分别归入检察内卷、侦查内卷。

第五条　公安机关提请人民检察院审查批准逮捕的，人民检察院应当接收。经审查，不符合批捕条件的，应当依法作出不批准逮捕决定。人民检察院对于因证据不足作出不批准逮捕决定，需要补充侦查的，应当制作补充侦查提纲，列明证据体系存在的问题、补充侦查方向、取证要求等事项并说明理由。公安机关应当按照人民检察院的要求开展补充侦查。补充侦查完毕，认为符合逮捕条件的，应当重新提请批准逮捕。对于人民检察院不批准逮捕而未说明理由的，公安机关可以要求人民检察院说明理由。对人民检察院不批准逮捕的决定认为有错误的，公安机关可以依法要求复议、提请复核。

对于作出批准逮捕决定的案件，确有必要的，人民检察院可以根据案件证据情况，就完善证据体系、补正证据合法性、全面查清案件事实等事项，向公安机关提出捕后侦查意见。逮捕之后，公安机关应当及时开展侦查工作。

第六条　人民检察院在审查起诉期间发现案件存在事实不清、证据不足或者存在遗漏罪行、遗漏同案犯罪嫌疑人等情形需要补充侦查的，应当制作补充侦查提纲，连同案卷材料一并退回公安机关并引导公安机关进一步查明案件事实、补充收集证据。

人民检察院第一次退回补充侦查时，应当向公安机关列明全部补充侦查事项。在案件事实或证据发生变化、公安机关未补充侦查到位或者重新报送的材料中发现矛盾和问题的，可以第二次退回补充侦查。

第七条　退回补充侦查提纲一般包括以下内容：

（一）阐明补充侦查的理由，包括案件事实不清、证据不足的具体表现和问题；

（二）阐明补充侦查的方向和取证目的；

（三）明确需要补充侦查的具体事项和需要补充收集的证据目录；

（四）根据起诉和审判的证据标准，明确补充、完善证据需要达到的标准和必备要素；

（五）有遗漏罪行的，应当指出在起诉意见书中没有认定的犯罪嫌疑人的罪行；

（六）有遗漏同案犯罪嫌疑人需要追究刑事责任的，应当建议补充移送；

（七）其他需要列明的事项。

补充侦查提纲、捕后侦查意见可参照本条执行。

第八条　案件退回补充侦查后，人民检察院和公安机关的办案人员应当加强沟通，及时就取证方向、落实补证要求等达成一致意见。公安机关办案人员对于补充侦查提纲有异议的，双方及时沟通。

对于事实证据发生重大变化的案件，可能改变定性的案件，证据标准难以把握的重大、复杂、疑难、新型案件，以及公安机关提出请求的案件，人民检察院在退回补充侦查期间，可以了解补充侦查开展情况，查阅证据材料，对补充侦查方向、重点、取证方式等提出建议，必要时可列席公安机关的案件讨论并发表意见。

第九条　具有下列情形之一的，一般不退回补充侦查：

（一）查清的事实足以定罪量刑或者与定罪量刑有关的事实已经查清，不影响定罪量刑的事实无法查清的；

（二）作案工具、赃物去向等部分事实无法查清，但有其他证据足以认定，不影响定罪量刑的；

（三）犯罪嫌疑人供述和辩解、证人证言、被害人陈述的主要情节能够相互印证，只有个别情节不一致但不影响定罪量刑的；

（四）遗漏同案犯罪嫌疑人或者同案犯罪嫌疑人在逃，在案犯罪嫌疑人定罪量刑的事实已经查清且符合起诉条件，公安机关不能及时补充移送同案犯罪嫌疑人的；

（五）补充侦查事项客观上已经没有查证可能性的；

（六）其他没有必要退回补充侦查的。

第十条　对于具有以下情形可以及时调取的有关证据材料，人民检察院可以发出《调取证据材料通知书》，通知公安机关直接补充相关证据并移送，以提高办案效率：

（一）案件基本事实清楚，虽欠缺某些证据，但收集、补充证据难度不大且在审查起诉期间内能够完成的；

（二）证据存在书写不规范、漏填、错填等瑕疵，公安机关可以在审查起诉期间补正、说明的；

（三）证据材料制作违反程序规定但程度较轻微，通过补正可以弥补的；

（四）案卷诉讼文书存在瑕疵，需进行必要的修改或补充的；

（五）缺少前科材料、释放证明、抓获经过等材料，侦查人员能够及时提供的；

（六）其他可以通知公安机关直接补充相关证据的。

第十一条　人民检察院在审查起诉过程中，具有下列情形之一，自行补充侦查更为适宜的，可以依法自行开展侦查工作：

（一）影响定罪量刑的关键证据存在灭失风险，需要及时收集和固定证据，人民检察院有条件自行侦查的；

（二）经退回补充侦查未达到要求，自行侦查具有可行性的；

（三）有证据证明或者有迹象表明侦查人员可能存在利用侦查活动插手民事、经济纠纷、实施报复陷害等违法行为和刑讯逼供、非法取证等违法行为，不宜退回补充侦查的；

（四）其他需要自行侦查的。

人民检察院开展自行侦查工作应依法规范开展。

第十二条　自行侦查由检察官组织实施，必要时可以调配办案人员。开展自行侦查的检察人员不得少于二人。自行侦查过程中，需要技术支持和安全保障的，由检察机关的技术部门和警务部门派员协助。

人民检察院通过自行侦查方式补强证据的，公安机关应当依法予以配合。

人民检察院自行侦查，适用《中华人民共和国刑事诉讼法》规定的讯问、询问、勘验、检查、查封、扣押、鉴定等侦查措施，应当遵循法定程序，在法定期限内侦查完毕。

第十三条　人民检察院对公安机关移送的案件进行审查后，在法院作出生效判决前，认为需要补充审判所必需的证据材料的，可以发出《调取证据材料通知书》，要求公安机关提供。人民检察院办理刑事审判监督案件，可以向公安机关发出《调取证据材料通知书》。

第十四条　人民检察院在办理刑事案件过程中，发现可能存在《中华人民共和国刑事诉讼法》第五十六条规定的以非法方法收集证据情形的，可以要求公安机关对证据收集的合法性作出书面说明或者提供相关证明材料，必要时，可以自行调查核实。

第十五条　公安机关经补充侦查重新移送后，人民检察院应当接收，及时审查公安机关制作的书面补充侦查报告和移送的补充证据，根据补充侦查提纲的内容核对公安机关应补充侦查事项是否补查到位，补充侦查活动是否合法，补充侦查后全案证据是否已确实、充分。经审查，公安机关未能按要求开展补充侦查工作，无法达到批捕标准的，应当依法作出不批捕决定；经二次补充侦查仍然证据不足，不符合起诉条件的，人民检察院应当依法作出不起诉决定。对人民检察院不起诉决定认为错误的，公安机关可以依法复议、复核。

对公安机关要求复议的不批准逮捕案件、不起诉案件，人民检察院应当另行指派检察官办理。人民检察院办理公安机关对不批准逮捕决定和不起诉决定要求复议、提请复核的案件，应当充分听取公安机关的意见，相关意见应当附卷备查。

第十六条　公安机关开展补充侦查工作，应当按照人民检察院补充侦查提纲的要求，及时、认真补充完善相关证据材料；对于补充侦查提纲不明确或者有异议的，应当及时与人民检察院沟通；对于无法通过补充侦查取得证据的，应当书面说明原因、补充侦查过程中所做的工作以及采取的补救措施。公安机关补充侦查后，应当单独立卷移送人民检察院，人民检察院应当依法接收案卷。

第十七条　对公安机关未及时有效开展补充侦查工作的，人民检察院应当进行口头督促，对公安机关不及时补充侦查导致证据无法收集影响案件处理的，必要时可以发出检察建议；公安机关存在非法取证等情形的，应当依法启动调查核实程序，根据情节，依法向公安机关发出纠正违法通知书，涉嫌犯罪的，依法进行侦查。

公安机关以非法方法收集的犯罪嫌疑人供述、被害人陈述、证人证言等证据材料，人民检察院应当依法排除并提出纠正意见，同时可以建议公安机关另行指派侦查人员重新调查取证，必要时人民检察院也可以自行调查取证。公安机关发现办案人员非法取证的，应当依法作出处理，并可另行指派侦查人员重新调查取证。

第十八条　案件补充侦查期限届满，公安机关认为原认定的犯罪事实有重大变化，不应当追究刑事责任而未将案件重新移送审查起诉的，应当以书面形式告知人民检察院，并说明理由。公安机关应当将案件重新移送审查起诉而未重新移送审查起诉的，人民检察院应当要求公安机关说明理由。人民检察院认为公安机关理由不成立的，应当要求公安机关重新移送审查起诉。人民检察院发现公安机关不应当撤案而撤案的，应当进行立案监督。公安机关未重新移送审查起诉，且未及时以书面形式告知并说明理由的，人民检察院应当提出纠正意见。

第十九条　人民检察院、公安机关在自行侦查、补充侦查工作中，根据工作需要，可以提出协作要求或者意见、建议，加强沟通协调。

第二十条　人民检察院、公安机关应当建立联席会议、情况通报会等工作机制，定期通报补充侦查工作总体情况，评析证据收集和固定上存在的问题及争议。针对补充侦查工作中发现的突出问题，适时组织联合调研检查，共同下发问题通报并督促整改，加强沟通，统一认识，共同提升补充侦查工作质量。

推行办案人员旁听法庭审理机制，了解指控犯罪、定罪量刑的证据要求和审判标准。

第二十一条　人民检察院各部门之间应当加强沟通，形成合力，提升补充侦查工作质效。人民检察院需要对技术性证据和专门性证据补充侦查的，可以先由人民检察院技术部门或有专门知识的人进行审查，根据审查意见，开展补充侦查工作。

第二十二条　本指导意见自下发之日起实施。

《最高人民法院、最高人民检察院、公安部、国家安全部、司法部、全国人大常委会法制工作委员会关于实施刑事诉讼法若干问题的规定》（2013年1月1日起施行）

八、审　　判

31.法庭审理过程中，被告人揭发他人犯罪行为或者提供重要线索，人民检察院认为需要进行查证的，可以建议补充侦查。

8．电子数据的特殊规则 [①]

相关部门规章

《公安机关办理刑事案件程序规定》（公安部2012年12月13日修订发布，2020年7月20日修正）

第六十六条　收集、调取电子数据，能够扣押电子数据原始存储介质的，应当扣押原始存储介质，并制作笔录、予以封存。

确因客观原因无法扣押原始存储介质的，可以现场提取或者网络在线提取电子数据。无法扣押原始存储介质，也无法现场提取或者网络在线提取的，可以采取打印、拍照或者录音录像等方式固定相关证据，并在笔录中注明原因。

收集、调取的电子数据，足以保证完整性，无删除、修改、增加等情形的，可以作为证据使用。经审查无法确定真伪，或者制作、取得的时间、地点、方式等有疑问，不能提供必要证明或者作出合理解释的，不能作为证据使用。

相关司法文件

《人民检察院办理网络犯罪案件规定》（2021年1月25日起施行）

第三章　电子数据的审查

第二十七条　电子数据是以数字化形式存储、处理、传输的，能够证明案件事实的数据，主要包括以下形式：

（一）网页、社交平台、论坛等网络平台发布的信息；

（二）手机短信、电子邮件、即时通信、通信群组等网络通信信息；

---

① 与电子证据或电子数据相关的其他法律规范还包括公安部2005年发布的《公安机关电子数据鉴定规则》、最高人民检察院2009年《人民检察院电子证据勘验程序规则（试行）》、2016年发布的《公安机关执法细则》等，但由于笔者无法通过网络检索到权威的版本，故不在本书列举。同时，电子证据的国家级技术标准和规范包括GB/T 29360—2012《电子物证数据恢复检验规程》、GB/T 29361—2012《电子物证文件一致性检验规程》、GB/T 29362—2012《电子物证数据搜索检验规程》，此外还存在其他公共安全行业标准和司法鉴定技术规范，本书也不再列明。

（三）用户注册信息、身份认证信息、数字签名、生物识别信息等用户身份信息；

（四）电子交易记录、通信记录、浏览记录、操作记录、程序安装、运行、删除记录等用户行为信息；

（五）恶意程序、工具软件、网站源代码、运行脚本等行为工具信息；

（六）系统日志、应用程序日志、安全日志、数据库日志等系统运行信息；

（七）文档、图片、音频、视频、数字证书、数据库文件等电子文件及其创建时间、访问时间、修改时间、大小等文件附属信息。

第二十八条　电子数据取证主要包括以下方式：收集、提取电子数据；电子数据检查和侦查实验；电子数据检验和鉴定。

收集、提取电子数据可以采取以下方式：

（一）扣押、封存原始存储介质；

（二）现场提取电子数据；

（三）在线提取电子数据；

（四）冻结电子数据；

（五）调取电子数据。

第二十九条　人民检察院办理网络犯罪案件，应当围绕客观性、合法性、关联性的要求对电子数据进行全面审查。注重审查电子数据与案件事实之间的多元关联，加强综合分析，充分发挥电子数据的证明作用。

第三十条　对电子数据是否客观、真实，注重审查以下内容：

（一）是否移送原始存储介质，在原始存储介质无法封存、不便移动时，是否说明原因，并注明相关情况；

（二）电子数据是否有数字签名、数字证书等特殊标识；

（三）电子数据的收集、提取过程及结果是否可以重现；

（四）电子数据有增加、删除、修改等情形的，是否附有说明；

（五）电子数据的完整性是否可以保证。

第三十一条　对电子数据是否完整，注重审查以下内容：

（一）原始存储介质的扣押、封存状态是否完好；

（二）比对电子数据完整性校验值是否发生变化；

（三）电子数据的原件与备份是否相同；

（四）冻结后的电子数据是否生成新的操作日志。

第三十二条　对电子数据的合法性，注重审查以下内容：

（一）电子数据的收集、提取、保管的方法和过程是否规范；

（二）查询、勘验、扣押、调取、冻结等的法律手续是否齐全；

（三）勘验笔录、搜查笔录、提取笔录等取证记录是否完备；

（四）是否由符合法律规定的取证人员、见证人、持有人（提供人）等参与，因客观原因没有见证人、持有人（提供人）签名或者盖章的，是否说明原因；

（五）是否按照有关规定进行同步录音录像；

（六）对于收集、提取的境外电子数据是否符合国（区）际司法协作及相关法律规定的要求。

第三十三条　对电子数据的关联性，注重审查以下内容：

（一）电子数据与案件事实之间的关联性；

（二）电子数据及其存储介质与案件当事人之间的关联性。

第三十四条　原始存储介质被扣押封存的，注重从以下方面审查扣押封存过程是否规范：

（一）是否记录原始存储介质的品牌、型号、容量、序列号、识别码、用户标识等外观信息，是否与实物一一对应；

（二）是否封存或者计算完整性校验值，封存前后是否拍摄被封存原始存储介质的照片，照片是否清晰反映封口或者张贴封条处的状况；

（三）是否由取证人员、见证人、持有人（提供人）签名或者盖章。

第三十五条　对原始存储介质制作数据镜像予以提取固定的，注重审查以下内容：

（一）是否记录原始存储介质的品牌、型号、容量、序列号、识别码、用户标识等外观信息，是否记录原始存储介质的存放位置、使用人、保管人；

（二）是否附有制作数据镜像的工具、方法、过程等必要信息；

（三）是否计算完整性校验值；

（四）是否由取证人员、见证人、持有人（提供人）签名或者盖章。

第三十六条　提取原始存储介质中的数据内容并予以固定的，注重审查以下内容：

（一）是否记录原始存储介质的品牌、型号、容量、序列号、识别码、用户标识等外观信息，是否记录原始存储介质的存放位置、使用人、保管人；

（二）所提取数据内容的原始存储路径，提取的工具、方法、过程等信息，是否一并提取相关的附属信息、关联痕迹、系统环境等信息；

（三）是否计算完整性校验值；

（四）是否由取证人员、见证人、持有人（提供人）签名或者盖章。

第三十七条　对于在线提取的电子数据，注重审查以下内容：

（一）是否记录反映电子数据来源的网络地址、存储路径或者数据提取时的进入步骤等；

（二）是否记录远程计算机信息系统的访问方式、电子数据的提取日期和时间、提取的工具、方法等信息，是否一并提取相关的附属信息、关联痕迹、系统环境等信息；

（三）是否计算完整性校验值；

（四）是否由取证人员、见证人、持有人（提供人）签名或者盖章。

对可能无法重复提取或者可能出现变化的电子数据，是否随案移送反映提取过程的拍照、录像、截屏等材料。

第三十八条　对冻结的电子数据，注重审查以下内容：

（一）冻结手续是否符合规定；

（二）冻结的电子数据是否与案件事实相关；

（三）冻结期限是否即将到期、有无必要继续冻结或者解除；

（四）冻结期间电子数据是否被增加、删除、修改等。

第三十九条　对调取的电子数据，注重审查以下内容：

（一）调取证据通知书是否注明所调取的电子数据的相关信息；

（二）被调取单位、个人是否在通知书回执上签名或者盖章；

（三）被调取单位、个人拒绝签名、盖章的，是否予以说明；

（四）是否计算完整性校验值或者以其他方法保证电子数据的完整性。

第四十条　对电子数据进行检查、侦查实验，注重审查以下内容：

（一）是否记录检查过程、检查结果和其他需要记录的内容，并由检查人员签名或者盖章；

（二）是否记录侦查实验的条件、过程和结果，并由参加侦查实验的人员签名或者盖章；

（三）检查、侦查实验使用的电子设备、网络环境等是否与发案现场一致或者基本一致；

（四）是否使用拍照、录像、录音、通信数据采集等一种或者多种方式客观记录检查、侦查实验过程。

第四十一条　对电子数据进行检验、鉴定，注重审查以下内容：

（一）鉴定主体的合法性。包括审查司法鉴定机构、司法鉴定人员的资质，委托鉴定事项是否符合司法鉴定机构的业务范围，鉴定人员是否存在回避等情形；

（二）鉴定材料的客观性。包括鉴定材料是否真实、完整、充分，取得方式是否合法，是否与原始电子数据一致；

（三）鉴定方法的科学性。包括鉴定方法是否符合国家标准、行业标准，方法标准的选用是否符合相关规定；

（四）鉴定意见的完整性。是否包含委托人、委托时间、检材信息、鉴定或者分析论证过程、鉴定结果以及鉴定人签名、日期等内容；

（五）鉴定意见与其他在案证据能否相互印证。

对于鉴定机构以外的机构出具的检验、检测报告，可以参照本条规定进行审查。

第四十二条　行政机关在行政执法和查办案件过程中依法收集、提取的电子数据，人民检察院经审查符合法定要求的，可以作为刑事案件的证据使用。

第四十三条　电子数据的收集、提取程序有下列瑕疵，经补正或者作出合理解释的，可以采用；不能补正或者作出合理解释的，不得作为定案的根据：

（一）未以封存状态移送的；

（二）笔录或者清单上没有取证人员、见证人、持有人（提供人）签名或者盖章的；

（三）对电子数据的名称、类别、格式等注明不清的；

（四）有其他瑕疵的。

第四十四条　电子数据系篡改、伪造、无法确定真伪的，或者有其他无法保证电子数据客观、真实情形的，不得作为定案的根据。

电子数据有增加、删除、修改等情形，但经司法鉴定、当事人确认等方式确定与案件相关的重要数据未发生变化，或者能够还原电子数据原始状态、查清变化过程的，可以作为定案的根据。

第四十五条　对于无法直接展示的电子数据，人民检察院可以要求公安机关提供电子数据的内容、存储位置、附属信息、功能作用等情况的说明，随案移送人民法院。

《最高人民检察院关于办理涉互联网金融犯罪案件有关问题座谈会纪要》（高检诉〔2017〕14 号，2017 年 6 月 2 日起施行）

30.电子数据在涉互联网金融犯罪案件的证据体系中地位重要，对于指控证实相关犯罪事实具有重要作用。随着互联网技术的不断发展，电子数据的形式、载体出现了许多新的变化，对电子数据的勘验、提取、审查等提出了更高要求，处理不当会对电子数据的真实性、合法性造成不可逆转的损害。检察机关公诉部门要严格执行《最高人民法院、最高人民检察院、公安部关于办理刑事案件收集提取和审查判断电子数据问题的若干规定》（法发〔2016〕22 号），加强对电子数据收集、提取程序和技术标准的审查，确保电子数据的真实性、合法性。对云存储电子数据等新类型电子数据进行提取、审查时，要高度重视程序合法性、数据完整性等问题，必要时主动征求相关领域专家意见，在提取前会同公安机关、云存储服务提供商制定科学合法的提取方案，确保万无一失。

《最高人民法院、最高人民检察院、公安部关于办理刑事案件收集提取和审查判断电子数据若干问题的规定》（法发〔2016〕22 号，2016 年 10 月 1 日起施行）

为规范电子数据的收集提取和审查判断，提高刑事案件办理质量，根据《中华人民共和国刑事诉讼法》等有关法律规定，结合司法实际，制定本规定。

一、一般规定

第一条　电子数据是案件发生过程中形成的，以数字化形式存储、处理、传输的，能够证明案件事实的数据。

电子数据包括但不限于下列信息、电子文件：

（一）网页、博客、微博客、朋友圈、贴吧、网盘等网络平台发布的信息；

（二）手机短信、电子邮件、即时通信、通信群组等网络应用服务的通信信息；

（三）用户注册信息、身份认证信息、电子交易记录、通信记录、登录日志等信息；

（四）文档、图片、音视频、数字证书、计算机程序等电子文件。

以数字化形式记载的证人证言、被害人陈述以及犯罪嫌疑人、被告人供述和辩解等证据，不属于电子数据。确有必要的，对相关证据的收集、提取、移送、审查，可以参照适用本规定。

第二条　侦查机关应当遵守法定程序，遵循有关技术标准，全面、客观、及时地收集、提取电子数据；人民检察院、人民法院应当围绕真实性、合法性、关联性审查判断电子数据。

第三条　人民法院、人民检察院和公安机关有权依法向有关单位和个人收集、调取电子数据。有关单位和个人应当如实提供。

第四条　电子数据涉及国家秘密、商业秘密、个人隐私的，应当保密。

第五条　对作为证据使用的电子数据，应当采取以下一种或者几种方法保护电子数据的完整性：

（一）扣押、封存电子数据原始存储介质；

（二）计算电子数据完整性校验值；

（三）制作、封存电子数据备份；

（四）冻结电子数据；

（五）对收集、提取电子数据的相关活动进行录像；

（六）其他保护电子数据完整性的方法。

第六条　初查过程中收集、提取的电子数据，以及通过网络在线提取的电子数据，可以作为证据使用。

二、电子数据的收集与提取

第七条　收集、提取电子数据，应当由二名以上侦查人员进行。取证方法应当符合相关技术标准。

第八条　收集、提取电子数据，能够扣押电子数据原始存储介质的，应当扣押、封存原始存储介质，并制作笔录，记录原始存储介质的封存状态。

封存电子数据原始存储介质，应当保证在不解除封存状态的情况下，无法增加、删除、修改电子数据。封存前后应当拍摄被封存原始存储介质的照片，清晰反映封口或者张贴封条处的状况。

封存手机等具有无线通信功能的存储介质，应当采取信号屏蔽、信号阻断或者切断电源等措施。

第九条　具有下列情形之一，无法扣押原始存储介质的，可以提取电子数据，但应当在笔录中注明不能扣押原始存储介质的原因、原始存储介质的存放地点或者电子数据的来源等情况，并计算电子数据的完整性校验值：

（一）原始存储介质不便封存的；

（二）提取计算机内存数据、网络传输数据等不是存储在存储介质上的电子数据的；

（三）原始存储介质位于境外的；

（四）其他无法扣押原始存储介质的情形。

对于原始存储介质位于境外或者远程计算机信息系统上的电子数据，可以通过网络在线提取。

为进一步查明有关情况，必要时，可以对远程计算机信息系统进行网络远程勘验。进行网络远程勘验，需要采取技术侦查措施的，应当依法经过严格的批准手续。

第十条　由于客观原因无法或者不宜依据第八条、第九条的规定收集、提取电子数据的，可以采取打印、拍照或者录像等方式固定相关证据，并在笔录中说明原因。

第十一条　具有下列情形之一的，经县级以上公安机关负责人或者检察长批准，可以对电子数据进行冻结：

（一）数据量大，无法或者不便提取的；

（二）提取时间长，可能造成电子数据被篡改或者灭失的；

（三）通过网络应用可以更为直观地展示电子数据的；

（四）其他需要冻结的情形。

第十二条　冻结电子数据，应当制作协助冻结通知书，注明冻结电子数据的网络应用账号等信息，送交电子数据持有人、网络服务提供者或者有关部门协助办理。解除冻结的，应当在三日内制作协助解除冻结通知书，送交电子数据持有人、网络服务提供者或者有关部门协助办理。

冻结电子数据，应当采取以下一种或者几种方法：

（一）计算电子数据的完整性校验值；

（二）锁定网络应用账号；

（三）其他防止增加、删除、修改电子数据的措施。

第十三条　调取电子数据，应当制作调取证据通知书，注明需要调取电子数据的相关信息，通知电子数据持有人、网络服务提供者或者有关部门执行。

第十四条　收集、提取电子数据，应当制作笔录，记录案由、对象、内容、收集、提取电子数据的时间、地点、方法、过程，并附电子数据清单，注明类别、文件格式、完整性校验值等，由侦查人员、电子数据持有人（提供人）签名或者盖章；

电子数据持有人（提供人）无法签名或者拒绝签名的，应当在笔录中注明，由见证人签名或者盖章。有条件的，应当对相关活动进行录像。

第十五条　收集、提取电子数据，应当根据刑事诉讼法的规定，由符合条件的人员担任见证人。由于客观原因无法由符合条件的人员担任见证人的，应当在笔录中注明情况，并对相关活动进行录像。

针对同一现场多个计算机信息系统收集、提取电子数据的，可以由一名见证人见证。

第十六条　对扣押的原始存储介质或者提取的电子数据，可以通过恢复、破解、统计、关联、比对等方式进行检查。必要时，可以进行侦查实验。

电子数据检查，应当对电子数据存储介质拆封过程进行录像，并将电子数据存储介质通过写保护设备接入检查设备进行检查；有条件的，应当制作电子数据备份，对备份进行检查；无法使用写保护设备且无法制作备份的，应当注明原因，并对相关活动进行录像。

电子数据检查应当制作笔录，注明检查方法、过程和结果，由有关人员签名或者盖章。进行侦查实验的，应当制作侦查实验笔录，注明侦查实验的条件、经过和结果，由参加实验的人员签名或者盖章。

第十七条　对电子数据涉及的专门性问题难以确定的，由司法鉴定机构出具鉴定意见，或者由公安部指定的机构出具报告。对于人民检察院直接受理的案件，也可以由最高人民检察院指定的机构出具报告。

具体办法由公安部、最高人民检察院分别制定。

三、电子数据的移送与展示

第十八条　收集、提取的原始存储介质或者电子数据，应当以封存状态随案移送，并制作电子数据的备份一并移送。

对网页、文档、图片等可以直接展示的电子数据，可以不随案移送打印件；人民法院、人民检察院因设备等条件限制无法直接展示电子数据的，侦查机关应当随案移送打印件，或者附展示工具和展示方法说明。

对冻结的电子数据，应当移送被冻结电子数据的清单，注明类别、文件格式、冻结主体、证据要点、相关网络应用账号，并附查看工具和方法的说明。

第十九条　对侵入、非法控制计算机信息系统的程序、工具以及计算机病毒等无法直接展示的电子数据，应当附电子数据属性、功能等情况的说明。

对数据统计量、数据同一性等问题，侦查机关应当出具说明。

第二十条　公安机关报请人民检察院审查批准逮捕犯罪嫌疑人，或者对侦查终结的案件移送人民检察院审查起诉的，应当将电子数据等证据一并移送人民检察院。人民检察院在审查批准逮捕和审查起诉过程中发现应当移送的电子数据没有移送或者移送的电子数据不符合相关要求的，应当通知公安机关补充移送或者进行补正。

对于提起公诉的案件，人民法院发现应当移送的电子数据没有移送或者移送的电子数据不符合相关要求的，应当通知人民检察院。

公安机关、人民检察院应当自收到通知后三日内移送电子数据或者补充有关材料。

第二十一条　控辩双方向法庭提交的电子数据需要展示的，可以根据电子数据的具体类型，借助多媒体设备出示、播放或者演示。必要时，可以聘请具有专门知识的人进行操作，并就相关技术问题作出说明。

四、电子数据的审查与判断

第二十二条　对电子数据是否真实，应当着重审查以下内容：

（一）是否移送原始存储介质；在原始存储介质无法封存、不便移动时，有无说明原因，并注明收集、提取过程及原始存储介质的存放地点或者电子数据的来源等情况；

（二）电子数据是否具有数字签名、数字证书等特殊标识；

（三）电子数据的收集、提取过程是否可以重现；

（四）电子数据如有增加、删除、修改等情形的，是否附有说明；

（五）电子数据的完整性是否可以保证。

第二十三条　对电子数据是否完整，应当根据保护电子数据完整性的相应方法进行验证：

（一）审查原始存储介质的扣押、封存状态；

（二）审查电子数据的收集、提取过程，查看录像；

（三）比对电子数据完整性校验值；

（四）与备份的电子数据进行比较；

（五）审查冻结后的访问操作日志；

（六）其他方法。

第二十四条　对收集、提取电子数据是否合法，应当着重审查以下内容：

（一）收集、提取电子数据是否由二名以上侦查人员进行，取证方法是否符合相关技术标准；

（二）收集、提取电子数据，是否附有笔录、清单，并经侦查人员、电子数据持有人（提供人）、见证人签名或者盖章；没有持有人（提供人）签名或者盖章的，是否注明原因；对电子数据的类别、文件格式等是否注明清楚；

（三）是否依照有关规定由符合条件的人员担任见证人，是否对相关活动进行录像；

（四）电子数据检查是否将电子数据存储介质通过写保护设备接入检查设备；有条件的，是否制作电子数据备份，并对备份进行检查；无法制作备份且无法使用写保护设备的，是否附有录像。

第二十五条　认定犯罪嫌疑人、被告人的网络身份与现实身份的同一性，可以通过核查相关 IP 地址、网络活动记录、上网终端归属、相关证人证言以及犯罪嫌疑人、被告人供述和辩解等进行综合判断。

认定犯罪嫌疑人、被告人与存储介质的关联性，可以通过核查相关证人证言以及犯罪嫌疑人、被告人供述和辩解等进行综合判断。

第二十六条　公诉人、当事人或者辩护人、诉讼代理人对电子数据鉴定意见有异议，可以申请人民法院通知鉴定人出庭作证。人民法院认为鉴定人有必要出庭的，鉴定人应当出庭作证。

经人民法院通知，鉴定人拒不出庭作证的，鉴定意见不得作为定案的根据。对没有正当理由拒不出庭作证的鉴定人，人民法院应当通报司法行政机关或者有关部门。

公诉人、当事人或者辩护人、诉讼代理人可以申请法庭通知有专门知识的人出庭，就鉴定意见提出意见。

对电子数据涉及的专门性问题的报告，参照适用前三款规定。

第二十七条　电子数据的收集、提取程序有下列瑕疵，经补正或者作出合理解释的，可以采用；不能补正或者作出合理解释的，不得作为定案的根据：

（一）未以封存状态移送的；

（二）笔录或者清单上没有侦查人员、电子数据持有人（提供人）、见证人签名或者盖章的；

（三）对电子数据的名称、类别、格式等注明不清的；

（四）有其他瑕疵的。

第二十八条　电子数据具有下列情形之一的，不得作为定案的根据：

（一）电子数据系篡改、伪造或者无法确定真伪的；

（二）电子数据有增加、删除、修改等情形，影响电子数据真实性的；

（三）其他无法保证电子数据真实性的情形。

五、附　　则

第二十九条　本规定中下列用语的含义：

（一）存储介质，是指具备数据信息存储功能的电子设备、硬盘、光盘、优盘、记忆棒、存储卡、存储芯片等载体。

（二）完整性校验值，是指为防止电子数据被篡改或者破坏，使用散列算法等特定算法对电子数据进行计算，得出的用于校验数据完整性的数据值。

（三）网络远程勘验，是指通过网络对远程计算机信息系统实施勘验，发现、提取与犯罪有关的电子数据，记录计算机信息系统状态，判断案件性质，分析犯罪过程，确定侦查方向和范围，为侦查破案、刑事诉讼提供线索和证据的侦查活动。

（四）数字签名，是指利用特定算法对电子数据进行计算，得出的用于验证电子数据来源和完整性的数据值。

（五）数字证书，是指包含数字签名并对电子数据来源、完整性进行认证的电子文件。

（六）访问操作日志，是指为审查电子数据是否被增加、删除或者修改，由计算机信息系统自动生成的对电子数据访问、操作情况的详细记录。

第三十条　本规定自 2016 年 10 月 1 日起施行。之前发布的规范性文件与本规定不一致的，以本规定为准。

《最高人民检察院关于充分发挥检察职能依法保障和促进科技创新的意见》（高检发〔2016〕9 号，2016 年 7 月 7 日起施行）

3. 推进知识产权领域行政执法与刑事司法衔接机制建设。积极利用知识产权行政执法与刑事司法衔接信息共享平台、侵权假冒行政处罚案件信息公开制度，推动实现涉嫌侵权假冒犯罪案件"网上移送、网上受理、网上监督"。加强跨地区、跨部门执法司法协作与联动机制建设，完善线索通报、信息共享、证据移交、案件协调等协作机制，着力打击链条式、产业化侵犯知识产权犯罪，建立行政执法与司法优势互补、有机衔接的知识产权保护体系。

12. 努力提高法律服务能力水平。办理涉及科技创新犯罪案件政策性、专业性较强，检察人员要加强相关专业知识学习和对有关犯罪的研究。探索建立专门的知识产权办案机构或者办案小组，有条件的地区试行知识产权案件集中管辖。培养、选拔专家型人才和业务骨干从事涉及科技创新案件的办理工作。探索利用大数据分析等技术手段，提高互联网条件下电子证据的收集、固定和综合运用能力。细化侵犯知识产权犯罪案件和其他妨害科技创新犯罪案件证据收集、固定、审查运用的标准，强化办案指引。推行对重大疑难复杂犯罪案件介入侦查引导取证机制，确保侦查取证的合法性、有效性和案件定性的准确性。探索建立知识产权专家库，建立健全专家证人、专家咨询、技术鉴定等案件办理机制，完善有专门知识的人出庭作证制度，为办案提供智力支持。

《人民检察院电子证据鉴定程序规则（试行）》（最高人民检察院 2009 年）

第一章　总　　则

第一条　为规范人民检察院电子证据鉴定工作程序，根据《人民检察院鉴定机构登记管理办法》《人民检察院鉴定人登记管理办法》和《人民检察院鉴定规则（试行）》等有关规定，结合检察机关电子证据鉴定工作实际，制定本规则。

第二条　电子证据是指由电子信息技术应用而出现的各种能够证明案件真实情况的材料及其派生物。

第三条　电子证据鉴定是人民检察院司法鉴定人根据相关的理论和方法，对诉讼活动中涉及的电子证据进行检验鉴定，并作出意见的一项专门性技术活动。

第四条　电子证据鉴定范围：

（一）电子证据数据内容一致性的认定；

（二）对各类存储介质或设备存储数据内容的认定；

（三）对各类存储介质或设备已删除数据内容的认定；

（四）加密文件数据内容的认定；

（五）计算机程序功能或系统状况的认定；

（六）电子证据的真伪及形成过程的认定；

（七）根据诉讼需要进行的关于电子证据的其他认定。

第三章　检　验　鉴　定

第十二条　检验鉴定应当由两名以上鉴定人员进行。必要时，可以指派或者聘请其他具有专门知识的人员参加。

第十三条　检验鉴定应当自受理之日起十五个工作日内完成。特殊情况不能完成的，经检察长批准，可以适当延长，并告知委托单位。

第十四条　受理鉴定后，鉴定人应当制定方案。必要时，可以进一步了解案情，查阅案卷，参与询问或讯问。

第十五条　检验鉴定过程应当严格按照技术规范操作，并做好相应的工作记录。检验鉴定应当对检材复制件进行，对检材的关键操作应当进行全程录像。检材每次使用结束后应当重新封签，并填写《使用和封存记录》。

特殊情况无法复制的，在检验鉴定过程中，采取必要措施，确保检材不被修改。对特殊原因采取的技术操作，应当在《使用和封存记录》中注明。

第十六条　检验鉴定过程应进行详细的工作记录，包括：

（一）操作起止时间、地点和人员；

（二）使用的设备名称、型号和软件名称等；

（三）具体方法和步骤；

（四）结果。

第十七条　检材具有无线通信功能的，鉴定人应当在屏蔽环境下进行操作，防止受外界影响造成内部数据的改变。

第十八条　鉴定过程中遇有下列情况之一的，应当中止鉴定：

（一）需要补充检材的，书面通知委托单位；

（二）委托单位要求中止鉴定的；

（三）其他原因。

第十九条　鉴定过程中遇有下列情况之一的，应当终止鉴定：

（一）补充检材后仍无法满足鉴定条件的，书面通知委托单位；

（二）委托单位要求终止鉴定的；

（三）其他原因。

第二十条　鉴定过程中遇到重大、疑难、复杂的专门性问题时，经检察长批准，鉴定机构可以组织会检鉴定。

第二十一条 根据鉴定要求，经检验鉴定确定的电子证据应当复制保存于安全的存储介质中。无法复制的，可通过截取屏幕图像、拍照、录像、打印等方式固定提取。

第四章 检验鉴定文书

第二十二条 检验鉴定完成后，应当制作检验鉴定文书。检验鉴定文书包括鉴定书和检验报告，经检验鉴定确定的电子证据作为检验鉴定文书的附件。

第二十三条 检验鉴定文书应当按照《人民检察院检验鉴定文书格式标准》制作。

第二十四条 检验鉴定文书正本交委托单位；副本连同记录材料等由鉴定机构存档备查。

第二十五条 鉴定文书的归档管理，应当依照人民检察院相关规定执行。

第五章 附 则

第二十六条 本规则由最高人民检察院检察技术信息研究中心负责解释，自颁布之日起试行。

《最高人民法院、最高人民检察院、海关总署办理走私刑事案件适用法律若干问题的意见》（法〔2002〕139号，2002年7月8日起施行）

二、关于电子数据证据的收集、保全问题

走私犯罪侦查机关对于能够证明走私犯罪案件真实情况的电子邮件、电子合同、电子账册、单位内部的电子信息资料等电子数据应当作为刑事证据予以收集、保全。

侦查人员应当对提取、复制电子数据的过程制作有关文字说明，记明案由、对象、内容，提取、复制的时间、地点，电子数据的规格、类别、文件格式等，并由提取、复制电子数据的制作人、电子数据的持有人和能够证明提取、复制过程的见证人签名或者盖章，附所提取、复制的电子数据一并随案移送。

电子数据的持有人不在案或者拒绝签字的，侦查人员应当记明情况；有条件的可将提取、复制有关电子数据的过程拍照或者录像。

相关部门规范性文件

《公安机关办理刑事案件电子数据取证规则》（2019年2月1日起施行）

第一章 总 则

第一条 为规范公安机关办理刑事案件电子数据取证工作，确保电子数据取证质量，提高电子数据取证效率，根据《中华人民共和国刑事诉讼法》《公安机关办理刑事案件程序规定》等有关规定，制定本规则。

第二条 公安机关办理刑事案件应当遵守法定程序，遵循有关技术标准，全面、客观、及时地收集、提取涉案电子数据，确保电子数据的真实、完整。

第三条　电子数据取证包括但不限于：

（一）收集、提取电子数据；

（二）电子数据检查和侦查实验；

（三）电子数据检验与鉴定。

第四条　公安机关电子数据取证涉及国家秘密、警务工作秘密、商业秘密、个人隐私的，应当保密；对于获取的材料与案件无关的，应当及时退还或者销毁。

第五条　公安机关接受或者依法调取的其他国家机关在行政执法和查办案件过程中依法收集、提取的电子数据可以作为刑事案件的证据使用。

第二章　收集提取电子数据

第一节　一般规定

第六条　收集、提取电子数据，应当由二名以上侦查人员进行。必要时，可以指派或者聘请专业技术人员在侦查人员主持下进行收集、提取电子数据。

第七条　收集、提取电子数据，可以根据案情需要采取以下一种或者几种措施、方法：

（一）扣押、封存原始存储介质；

（二）现场提取电子数据；

（三）网络在线提取电子数据；

（四）冻结电子数据；

（五）调取电子数据。

第八条　具有下列情形之一的，可以采取打印、拍照或者录像等方式固定相关证据：

（一）无法扣押原始存储介质并且无法提取电子数据的；

（二）存在电子数据自毁功能或装置，需要及时固定相关证据的；

（三）需现场展示、查看相关电子数据的。

根据前款第二、三项的规定采取打印、拍照或者录像等方式固定相关证据后，能够扣押原始存储介质的，应当扣押原始存储介质；不能扣押原始存储介质但能够提取电子数据的，应当提取电子数据。

第九条　采取打印、拍照或者录像方式固定相关证据的，应当清晰反映电子数据的内容，并在相关笔录中注明采取打印、拍照或者录像等方式固定相关证据的原因，电子数据的存储位置、原始存储介质特征和所在位置等情况，由侦查人员、电子数据持有人（提供人）签名或者盖章；电子数据持有人（提供人）无法签名或者拒绝签名的，应当在笔录中注明，由见证人签名或者盖章。

第二节　扣押、封存原始存储介质

第十条　在侦查活动中发现的可以证明犯罪嫌疑人有罪或者无罪、罪轻或者罪重的电子数据，能够扣押原始存储介质的，应当扣押、封存原始存储介质，并制作笔录，记录原始存储介质的封存状态。

勘验、检查与电子数据有关的犯罪现场时，应当按照有关规范处置相关设备，扣押、封存原始存储介质。

第十一条　对扣押的原始存储介质，应当按照以下要求封存：

（一）保证在不解除封存状态的情况下，无法使用或者启动被封存的原始存储介质，必要时，具备数据信息存储功能的电子设备和硬盘、存储卡等内部存储介质可以分别封存；

（二）封存前后应当拍摄被封存原始存储介质的照片。照片应当反映原始存储介质封存前后的状况，清晰反映封口或者张贴封条处的状况；必要时，照片还要清晰反映电子设备的内部存储介质细节；

（三）封存手机等具有无线通信功能的原始存储介质，应当采取信号屏蔽、信号阻断或者切断电源等措施。

第十二条　对扣押的原始存储介质，应当会同在场见证人和原始存储介质持有人（提供人）查点清楚，当场开列《扣押清单》一式三份，写明原始存储介质名称、编号、数量、特征及其来源等，由侦查人员、持有人（提供人）和见证人签名或者盖章，一份交给持有人（提供人），一份交给公安机关保管人员，一份附卷备查。

第十三条　对无法确定原始存储介质持有人（提供人）或者原始存储介质持有人（提供人）无法签名、盖章或者拒绝签名、盖章的，应当在有关笔录中注明，由见证人签名或者盖章。由于客观原因无法由符合条件的人员担任见证人的，应当在有关笔录中注明情况，并对扣押原始存储介质的过程全程录像。

第十四条　扣押原始存储介质，应当收集证人证言以及犯罪嫌疑人供述和辩解等与原始存储介质相关联的证据。

第十五条　扣押原始存储介质时，可以向相关人员了解、收集并在有关笔录中注明以下情况：

（一）原始存储介质及应用系统管理情况，网络拓扑与系统架构情况，是否由多人使用及管理，管理及使用人员的身份情况；

（二）原始存储介质及应用系统管理的用户名、密码情况；

（三）原始存储介质的数据备份情况，有无加密磁盘、容器，有无自毁功能，有无其它移动存储介质，是否进行过备份，备份数据的存储位置等情况；

（四）其他相关的内容。

第三节　现场提取电子数据

第十六条　具有下列无法扣押原始存储介质情形之一的，可以现场提取电子数据：

（一）原始存储介质不便封存的；

（二）提取计算机内存数据、网络传输数据等不是存储在存储介质上的电子数据的；

（三）案件情况紧急，不立即提取电子数据可能会造成电子数据灭失或者其他严重后果的；

（四）关闭电子设备会导致重要信息系统停止服务的；

（五）需通过现场提取电子数据排查可疑存储介质的；

（六）正在运行的计算机信息系统功能或者应用程序关闭后，没有密码无法提取的；

（七）其他无法扣押原始存储介质的情形。

无法扣押原始存储介质的情形消失后，应当及时扣押、封存原始存储介质。

第十七条　现场提取电子数据可以采取以下措施保护相关电子设备：

（一）及时将犯罪嫌疑人或者其他相关人员与电子设备分离；

（二）在未确定是否易丢失数据的情况下，不能关闭正在运行状态的电子设备；

（三）对现场计算机信息系统可能被远程控制的，应当及时采取信号屏蔽、信号阻断、断开网络连接等措施；

（四）保护电源；

（五）有必要采取的其他保护措施。

第十八条　现场提取电子数据，应当遵守以下规定：

（一）不得将提取的数据存储在原始存储介质中；

（二）不得在目标系统中安装新的应用程序。如果因为特殊原因，需要在目标系统中安装新的应用程序的，应当在笔录中记录所安装的程序及目的；

（三）应当在有关笔录中详细、准确记录实施的操作。

第十九条　现场提取电子数据，应当制作《电子数据现场提取笔录》，注明电子数据的来源、事由和目的、对象、提取电子数据的时间、地点、方法、过程、不能扣押原始存储介质的原因、原始存储介质的存放地点，并附《电子数据提取固定清单》，注明类别、文件格式、完整性校验值等，由侦查人员、电子数据持有人（提供人）签名或者盖章；电子数据持有人（提供人）无法签名或者拒绝签名的，应当在笔录中注明，由见证人签名或者盖章。

第二十条　对提取的电子数据可以进行数据压缩，并在笔录中注明相应的方法和压缩后文件的完整性校验值。

第二十一条　由于客观原因无法由符合条件的人员担任见证人的，应当在《电子数据现场提取笔录》中注明情况，并全程录像，对录像文件应当计算完整性校验值并记入笔录。

第二十二条　对无法扣押的原始存储介质且无法一次性完成电子数据提取的，经登记、拍照或者录像后，可以封存后交其持有人（提供人）保管，并且开具《登记保存清单》一式两份，由侦查人员、持有人（提供人）和见证人签名或者盖章，一份交给持有人（提供人），另一份连同照片或者录像资料附卷备查。

持有人（提供人）应当妥善保管，不得转移、变卖、毁损，不得解除封存状态，不得未经办案部门批准接入网络，不得对其中可能用作证据的电子数据增加、删除、修改。必要时，应当保持计算机信息系统处于开机状态。

对登记保存的原始存储介质，应当在七日以内作出处理决定，逾期不作出处理决定的，视为自动解除。经查明确实与案件无关的，应当在三日以内解除。

第四节　网络在线提取电子数据

第二十三条　对公开发布的电子数据、境内远程计算机信息系统上的电子数据，可以通过网络在线提取。

第二十四条　网络在线提取应当计算电子数据的完整性校验值；必要时，可以提取有关电子签名认证证书、数字签名、注册信息等关联性信息。

第二十五条　网络在线提取时，对可能无法重复提取或者可能会出现变化的电子数据，应当采用录像、拍照、截获计算机屏幕内容等方式记录以下信息：

（一）远程计算机信息系统的访问方式；

（二）提取的日期和时间；

（三）提取使用的工具和方法；

（四）电子数据的网络地址、存储路径或者数据提取时的进入步骤等；

（五）计算完整性校验值的过程和结果。

第二十六条　网络在线提取电子数据应当在有关笔录中注明电子数据的来源、事由和目的、对象，提取电子数据的时间、地点、方法、过程，不能扣押原始存储介质的原因，并附《电子数据提取固定清单》，注明类别、文件格式、完整性校验值等，由侦查人员签名或者盖章。

第二十七条　网络在线提取时需要进一步查明下列情形之一的，应当对远程计算机信息系统进行网络远程勘验：

（一）需要分析、判断提取的电子数据范围的；

（二）需要展示或者描述电子数据内容或者状态的；

（三）需要在远程计算机信息系统中安装新的应用程序的；

（四）需要通过勘验行为让远程计算机信息系统生成新的除正常运行数据外电子数据的；

（五）需要收集远程计算机信息系统状态信息、系统架构、内部系统关系、文件目录结构、系统工作方式等电子数据相关信息的；

（六）其他网络在线提取时需要进一步查明有关情况的情形。

第二十八条　网络远程勘验由办理案件的县级公安机关负责。上级公安机关对下级公安机关刑事案件网络远程勘验提供技术支援。对于案情重大、现场复杂的案件，上级公安机关认为有必要时，可以直接组织指挥网络远程勘验。

第二十九条　网络远程勘验应当统一指挥，周密组织，明确分工，落实责任。

第三十条　网络远程勘验应当由符合条件的人员作为见证人。由于客观原因无法由符合条件的人员担任见证人的，应当在《远程勘验笔录》中注明情况，并按照本规则第二十五条的规定录像，录像可以采用屏幕录像或者录像机录像等方式，录像文件应当计算完整性校验值并记入笔录。

第三十一条　远程勘验结束后，应当及时制作《远程勘验笔录》，详细记录远程勘验有关情况以及勘验照片、截获的屏幕截图等内容。由侦查人员和见证人签名或者盖章。

远程勘验并且提取电子数据的，应当按照本规则第二十六条的规定，在《远程勘验笔录》注明有关情况，并附《电子数据提取固定清单》。

第三十二条　《远程勘验笔录》应当客观、全面、详细、准确、规范，能够作为还原远程计算机信息系统原始情况的依据，符合法定的证据要求。

对计算机信息系统进行多次远程勘验的，在制作首次《远程勘验笔录》后，逐次制作补充《远程勘验笔录》。

第三十三条　网络在线提取或者网络远程勘验时，应当使用电子数据持有人、网络服务提供者提供的用户名、密码等远程计算机信息系统访问权限。

采用技术侦查措施收集电子数据的，应当严格依照有关规定办理批准手续。收集的电子数据在诉讼中作为证据使用时，应当依照刑事诉讼法第一百五十四条规定执行。

第三十四条　对以下犯罪案件，网络在线提取、远程勘验过程应当全程同步录像：

（一）严重危害国家安全、公共安全的案件；

（二）电子数据是罪与非罪、是否判处无期徒刑、死刑等定罪量刑关键证据的案件；

（三）社会影响较大的案件；

（四）犯罪嫌疑人可能被判处五年有期徒刑以上刑罚的案件；

（五）其他需要全程同步录像的重大案件。

第三十五条　网络在线提取、远程勘验使用代理服务器、点对点传输软件、下载加速软件等网络工具的，应当在《网络在线提取笔录》或者《远程勘验笔录》中注明采用的相关软件名称和版本号。

第五节　冻结电子数据

第三十六条　具有下列情形之一的，可以对电子数据进行冻结：

（一）数据量大，无法或者不便提取的；

（二）提取时间长，可能造成电子数据被篡改或者灭失的；

（三）通过网络应用可以更为直观地展示电子数据的；

（四）其他需要冻结的情形。

第三十七条　冻结电子数据，应当经县级以上公安机关负责人批准，制作《协助冻结电子数据通知书》，注明冻结电子数据的网络应用账号等信息，送交电子数据持有人、网络服务提供者或者有关部门协助办理。

第三十八条　不需要继续冻结电子数据时，应当经县级以上公安机关负责人批准，在三日以内制作《解除冻结电子数据通知书》，通知电子数据持有人、网络服务提供者或者有关部门执行。

第三十九条　冻结电子数据的期限为六个月。有特殊原因需要延长期限的，公安机关应当在冻结期限届满前办理继续冻结手续。每次续冻期限最长不得超过六个月。继续冻结的，应当按照本规则第三十七条的规定重新办理冻结手续。逾期不办理继续冻结手续的，视为自动解除。

第四十条　冻结电子数据，应当采取以下一种或者几种方法：

（一）计算电子数据的完整性校验值；

（二）锁定网络应用账号；

（三）采取写保护措施；

（四）其他防止增加、删除、修改电子数据的措施。

第六节　调取电子数据

第四十一条　公安机关向有关单位和个人调取电子数据，应当经办案部门负责人批准，开具《调取证据通知书》，注明需要调取电子数据的相关信息，通知电子数据持有人、网络服务提供者或者有关部门执行。被调取单位、个人应当在通知书回执上签名或者盖章，并附完整性校验值等保护电子数据完整性方法的说明，被调取单位、个人拒绝盖章、签名或者附说明的，公安机关应当注明。必要时，应当采用录音或者录像等方式固定证据内容及取证过程。

公安机关应当协助因客观条件限制无法保护电子数据完整性的被调取单位、个人进行电子数据完整性的保护。

第四十二条　公安机关跨地域调查取证的，可以将《办案协作函》和相关法律文书及凭证传真或者通过公安机关信息化系统传输至协作地公安机关。协作地办案部门经审查确认后，在传来的法律文书上加盖本地办案部门印章后，代为调查取证。

协作地办案部门代为调查取证后，可以将相关法律文书回执或者笔录邮寄至办案地公安机关，将电子数据或者电子数据的获取、查看工具和方法说明通过公安机关信息化系统传输至办案地公安机关。

办案地公安机关应当审查调取电子数据的完整性，对保证电子数据的完整性有疑问的，协作地办案部门应当重新代为调取。

第三章　电子数据的检查和侦查实验
第一节　电子数据检查

第四十三条　对扣押的原始存储介质或者提取的电子数据，需要通过数据恢复、破解、搜索、仿真、关联、统计、比对等方式，以进一步发现和提取与案件相关的线索和证据时，可以进行电子数据检查。

第四十四条　电子数据检查，应当由二名以上具有专业技术的侦查人员进行。必要时，可以指派或者聘请有专门知识的人参加。

第四十五条　电子数据检查应当符合相关技术标准。

第四十六条　电子数据检查应当保护在公安机关内部移交过程中电子数据的完整性。移交时，应当办理移交手续，并按照以下方式核对电子数据：

（一）核对其完整性校验值是否正确；

（二）核对封存的照片与当前封存的状态是否一致。

对于移交时电子数据完整性校验值不正确、原始存储介质封存状态不一致或者未封存可能影响证据真实性、完整性的，检查人员应当在有关笔录中注明。

第四十七条　检查电子数据应当遵循以下原则：

（一）通过写保护设备接入到检查设备进行检查，或者制作电子数据备份、对备份进行检查；

（二）无法使用写保护设备且无法制作备份的，应当注明原因，并全程录像；

（三）检查前解除封存、检查后重新封存前后应当拍摄被封存原始存储介质的照片，清晰反映封口或者张贴封条处的状况；

（四）检查具有无线通信功能的原始存储介质，应当采取信号屏蔽、信号阻断或者切断电源等措施保护电子数据的完整性。

第四十八条　检查电子数据，应当制作《电子数据检查笔录》，记录以下内容：

（一）基本情况。包括检查的起止时间，指挥人员、检查人员的姓名、职务，检查的对象，检查的目的等；

（二）检查过程。包括检查过程使用的工具，检查的方法与步骤等；

（三）检查结果。包括通过检查发现的案件线索、电子数据等相关信息。

（四）其他需要记录的内容。

第四十九条　电子数据检查时需要提取电子数据的，应当制作《电子数据提取固定清单》，记录该电子数据的来源、提取方法和完整性校验值。

第二节　电子数据侦查实验

第五十条　为了查明案情，必要时，经县级以上公安机关负责人批准可以进行电子数据侦查实验。

第五十一条　电子数据侦查实验的任务包括：

（一）验证一定条件下电子设备发生的某种异常或者电子数据发生的某种变化；

（二）验证在一定时间内能否完成对电子数据的某种操作行为；

（三）验证在某种条件下使用特定软件、硬件能否完成某种特定行为、造成特定后果；

（四）确定一定条件下某种计算机信息系统应用或者网络行为能否修改、删除特定的电子数据；

（五）其他需要验证的情况。

第五十二条　电子数据侦查实验应当符合以下要求：

（一）应当采取技术措施保护原始存储介质数据的完整性；

（二）有条件的，电子数据侦查实验应当进行二次以上；

（三）侦查实验使用的电子设备、网络环境等应当与发案现场一致或者基本一致；必要时，可以采用相关技术方法对相关环境进行模拟或者进行对照实验；

（四）禁止可能泄露公民信息或者影响非实验环境计算机信息系统正常运行的行为。

第五十三条　进行电子数据侦查实验，应当使用拍照、录像、录音、通信数据采集等一种或多种方式客观记录实验过程。

第五十四条　进行电子数据侦查实验，应当制作《电子数据侦查实验笔录》，记录侦查实验的条件、过程和结果，并由参加侦查实验的人员签名或者盖章。

第四章　电子数据委托检验与鉴定

第五十五条　为了查明案情，解决案件中某些专门性问题，应当指派、聘请有专门知识的人进行鉴定，或者委托公安部指定的机构出具报告。

需要聘请有专门知识的人进行鉴定，或者委托公安部指定的机构出具报告的，应当经县级以上公安机关负责人批准。

第五十六条　侦查人员送检时，应当封存原始存储介质、采取相应措施保护电子数据完整性，并提供必要的案件相关信息。

第五十七条　公安部指定的机构及其承担检验工作的人员应当独立开展业务并承担相应责任，不受其他机构和个人影响。

第五十八条　公安部指定的机构应当按照法律规定和司法审判机关要求承担回避、保密、出庭作证等义务，并对报告的真实性、合法性负责。

公安部指定的机构应当运用科学方法进行检验、检测，并出具报告。

第五十九条　公安部指定的机构应当具备必需的仪器、设备并且依法通过资质认定或者实验室认可。

第六十条　委托公安部指定的机构出具报告的其他事宜，参照《公安机关鉴定规则》等有关规定执行。

第五章　附　则

第六十一条　本规则自 2019 年 2 月 1 日起施行。公安部之前发布的文件与本规则不一致的，以本规则为准。

《最高人民法院、最高人民检察院、公安部、国家安全部关于依法办理非法生产销售使用"伪基站"设备案件的意见》（公通字〔2014〕13号，2014年3月14日起施行）

四、加强协作配合

人民法院、人民检察院、公安机关、国家安全机关要认真履行职责，加强协调配合，形成工作合力。国家安全机关要依法做好相关鉴定工作；公安机关要全面收集证据，特别是注意做好相关电子数据的收集、固定工作，对疑难、复杂案件，及时向人民检察院、人民法院通报情况，对已经提请批准逮捕的案件，积极跟进、配合人民检察院的审查批捕工作，认真听取意见；人民检察院对于公安机关提请批准逮捕、移送审查起诉的案件，符合批捕、起诉条件的，应当依法尽快予以批捕、起诉；人民法院应当加强审判力量，制订庭审预案，并依法及时审结。

《最高人民法院、最高人民检察院、公安部关于办理网络犯罪案件适用刑事诉讼程序若干问题的意见》（公通字〔2014〕10号，2014年5月4日起施行）

五、关于电子数据的取证与审查

13. 收集、提取电子数据，应当由二名以上具备相关专业知识的侦查人员进行。取证设备和过程应当符合相关技术标准，并保证所收集、提取的电子数据的完整性、客观性。

14. 收集、提取电子数据，能够获取原始存储介质的，应当封存原始存储介质，并制作笔录，记录原始存储介质的封存状态，由侦查人员、原始存储介质持有人签名或者盖章；持有人无法签名或者拒绝签名的，应当在笔录中注明，由见证人签名或者盖章。有条件的，侦查人员应当对相关活动进行录像。

15. 具有下列情形之一，无法获取原始存储介质的，可以提取电子数据，但应当在笔录中注明不能获取原始存储介质的原因、原始存储介质的存放地点等情况，并由侦查人员、电子数据持有人、提供人签名或者盖章；持有人、提供人无法签名或者拒绝签名的，应当在笔录中注明，由见证人签名或者盖章；有条件的，侦查人员应当对相关活动进行录像：

（1）原始存储介质不便封存的；

（2）提取计算机内存存储的数据、网络传输的数据等不是存储在存储介质上的电子数据的；

（3）原始存储介质位于境外的；

（4）其他无法获取原始存储介质的情形。

16. 收集、提取电子数据应当制作笔录，记录案由、对象、内容，收集、提取电子数据的时间、地点、方法、过程，电子数据的清单、规格、类别、文件格式、完整性校验值等，并由收集、提取电子数据的侦查人员签名或者盖章。远程提取电子数据的，应当说明原因，有条件的，应当对相关活动进行录像。通过数据恢复、破解等方式获取被删除、隐藏或者加密的电子数据的，应当对恢复、破解过程和方法作出说明。

17. 收集、提取的原始存储介质或者电子数据，应当以封存状态随案移送，并制作电子数据的复制件一并移送。

对文档、图片、网页等可以直接展示的电子数据，可以不随案移送电子数据打印件，但应当附有展示方法说明和展示工具；人民法院、人民检察院因设备等条件限制无法直接展示电子数据的，公安机关应当随案移送打印件。

对侵入、非法控制计算机信息系统的程序、工具以及计算机病毒等无法直接展示的电子数据，应当附有电子数据属性、功能等情况的说明。

对数据统计数量、数据同一性等问题，公安机关应当出具说明。

18. 对电子数据涉及的专门性问题难以确定的，由司法鉴定机构出具鉴定意见，或者由公安部指定的机构出具检验报告。

《最高人民法院、最高人民检察院、公安部关于办理组织领导传销活动刑事案件适用法律若干问题的意见》（公通字〔2013〕37号，2013年11月14日起施行）

一、关于传销组织层级及人数的认定问题

办理组织、领导传销活动刑事案件中，确因客观条件的限制无法逐一收集参与传销活动人员的言词证据的，可以结合依法收集并查证属实的缴纳、支付费用及计酬、返利记录，视听资料，传销人员关系图，银行账户交易记录，互联网电子数据，鉴定意见等证据，综合认定参与传销的人数、层级数等犯罪事实。

《最高人民法院、最高人民检察院、公安部关于办理网络赌博犯罪案件适用法律若干问题的意见》（公通字〔2010〕40号，2010年8月31日起施行）

五、关于电子证据的收集与保全

侦查机关对于能够证明赌博犯罪案件真实情况的网站页面、上网记录、电子邮件、电子合同、电子交易记录、电子账册等电子数据，应当作为刑事证据予以提取、复制、固定。

侦查人员应当对提取、复制、固定电子数据的过程制作相关文字说明，记录案由、对象、内容以及提取、复制、固定的时间、地点、方法，电子数据的规格、类别、文件格式等，并由提取、复制、固定电子数据的制作人、电子数据的持有人签名或者盖章，附所提取、复制、固定的电子数据一并随案移送。

对于电子数据存储在境外的计算机上的，或者侦查机关从赌博网站提取电子数据时犯罪嫌疑人未到案的，或者电子数据的持有人无法签字或者拒绝签字的，应当由能够证明提取、复制、固定过程的见证人签名或者盖章，记明有关情况。必要时，可对提取、复制、固定有关电子数据的过程拍照或者录像。

《计算机犯罪现场勘验与电子证据检查规则》（公信安〔2005〕161号，公安部2005年1月1日起施行）

第一章　总　则

第一条　为规范计算机犯罪现场勘验与电子证据检查工作，确保现场勘验检查质量，根据《刑事诉讼法》《公安机关办理刑事案件程序规定》、《公安部刑事案件现场勘查规则》，制定本规则。

第二条　在本规则中，电子证据包括电子数据、存储媒介和电子设备。

第三条　计算机犯罪现场勘验与电子证据检查包括：

（一）现场勘验检查，是指在犯罪现场实施勘验，以提取、固定现场存留的与犯罪有关电子证据和其他相关证据。

（二）远程勘验，是指通过网络对远程目标系统实施勘验，以提取、固定远程目标系统的状态和存留的电子数据。

（三）电子证据检查，是指检查已扣押、封存、固定的电子证据，以发现和提取与案件相关的线索和证据。

第四条　计算机犯罪现场勘验与电子证据检查的任务是，发现、固定、提取与犯罪相关的电子证据及其他证据，进行现场调查访问，制作和存储现场信息资料，判断案件性质，确定侦查方向和范围，为侦查破案提供线索和证据。

第五条　计算机犯罪现场勘验与电子证据检查，应当严格遵守国家法律、法规的有关规定。不受其他任何单位、个人的干涉。

第六条　执行计算机犯罪现场勘验与电子证据检查任务的人员，应当具备计算机现场勘验与电子证据检查的专业知识和技能。

第七条　计算机犯罪现场勘验与电子证据检查工作，应当以事实为依据，防止主观臆断，严禁弄虚作假。

第二章　组织与指挥

第八条　计算机犯罪现场勘验与电子证据检查，应当由县级以上公安机关公共信息网络安全监察部门负责组织实施。必要时，可以指派或者聘请具有专门知识的人参加。

第九条　对计算机犯罪现场进行勘验和对电子证据进行检查不得少于二人。现场勘验检查，应当邀请一至两名与案件无关的公民作见证人。公安司法人员不能充当见证人。电子证据检查，应当遵循办案人员与检查人员分离的原则。检查工作应当由具备电子证据检查技能的专业技术人员实施，办案人员应当予以配合。

第十条　对计算机犯罪现场勘验与电子证据检查应当统一指挥，周密组织，明确分工，落实责任。

第十一条　计算机犯罪现场勘验与电子证据检查的指挥员应当由具有计算机犯罪现场勘验与电子证据检查专业知识和组织指挥能力的人民警察担任。重大、特别重大案件的勘验检查工作，指挥员由案发地公安机关负责人担任。必要时，上级公安机关可以直接组织指挥现场勘验和电子证据检查工作。

第三章　电子证据的固定与封存

第十二条　固定和封存电子证据的目的是保护电子证据的完整性、真实性和原始性。

作为证据使用的存储媒介、电子设备和电子数据应当在现场固定或封存。

第十三条　封存电子设备和存储媒介的方法是：

（一）采用的封存方法应当保证在不解除封存状态的情况下，无法使用被封存的存储媒介和启动被封存电子设备。

（二）封存前后应当拍摄被封存电子设备和存储媒介的照片并制作《封存电子证据清单》，照片应当从各个角度反映设备封存前后的状况，清晰反映封口或张贴封条处的状况。

第十四条　固定存储媒介和电子数据包括以下方式：

（一）完整性校验方式。是指计算电子数据和存储媒介的完整性校验值，并制作、填写《固定电子证据清单》；

（二）备份方式。是指复制、制作原始存储媒介的备份，并依照第十三条规定的方法封存原始存储媒介；

（三）封存方式。对于无法计算存储媒介完整性校验值或制作备份的情形，应当依照第十三条规定的方法封存原始存储媒介，并在勘验、检查笔录上注明不计算完整性校验值或制作备份的理由。

第四章　现场勘验检查

第十五条　现场勘验检查程序包括：

（一）保护现场；

（二）收集证据；

（三）提取、固定易丢失数据；

（四）在线分析；

（五）提取、固定证物。

第十六条　对现场状况以及提取数据、封存物品文件的过程、在线分析的关键步骤应当录像，录像带应当编号封存。

第十七条　在现场拍摄的照片应当统一编号制作《勘验检查照片记录表》。

第十八条　在现场提取的易丢失数据以及现场在线分析时生成和提取的电子数据，应当计算其完整性校验值并制作、填写《固定电子证据清单》，以保证其完整性和真实性。

第十九条　在线分析是指在现场不关闭电子设备的情况下直接分析和提取电子系统中的数据。除以下情形外，一般不得实施在线分析：

（一）案件情况紧急，在现场不实施在线分析可能会造成严重后果的；

（二）情况特殊，不允许关闭电子设备或扣押电子设备的；

（三）在线分析不会损害目标设备中重要电子数据的完整性、真实性的。重要电子数据是指可能作为证据的电子数据。

第二十条　易丢失数据提取和在线分析，应当依循以下原则：

（一）不得将生成、提取的数据存储在原始存储媒介中。

（二）不得在目标系统中安装新的应用程序。如果因为特殊原因，需要在目标系统中安装新的应用程序的，应当在《现场勘验检查笔录》中记录所安装的程序及其目的。

（三）应当在《现场勘验检查笔录》中详细、准确记录实施的操作以及对目标系统可能造成的影响。

第二十一条　现场勘验检查结束后，应当在及时制作《现场勘验检查工作记录》。《现场勘验检查工作记录》由《现场勘验检查笔录》《固定电子证据清单》《封存电子证据清单》和《勘验检查照片记录表》等内容组成。

第五章　远　程　勘　验

第二十二条　远程勘验过程中提取的目标系统状态信息、目标网站内容以及勘验过程中生成的其他电子数据，应当计算其完整性校验值并制作《固定电子证据清单》。

第二十三条　应当采用录像、照相、截获计算机屏幕内容等方式记录远程勘验过程中提取、生成电子证据等关键步骤。

第二十四条　远程勘验结束后，应当及时制作《远程勘验工作记录》。《远程勘验工作记录》由《远程勘验笔录》《固定电子证据清单》《勘验检查照片记录表》以及截获的屏幕截图等内容组成。

第二十五条　通过网络监听获取特定主机通信内容以提取电子证据时，应当遵循与远程勘验相同的规定。

第六章　电子证据检查

第二十六条　办案人员将电子证据移交给检查人员时应同时提供《固定电子证据清单》和《封存电子证据清单》的复印件，检查人员应当依照以下原则检查电子证据的完整性：

（一）对于以完整性校验方式保护的电子数据，检查人员应当核对其完整性校验值是否正确；

（二）对于以封存方式保护的电子设备或存储媒介，检查人员应当比对封存的照片与当前封存的状态是否一致；

（三）存储媒介完整性校验值不正确、封存状态不一致或未封存的，检查人员应当在《电子证据检查笔录》中注明，并由送检人签名。

第二十七条　电子证据检查包括：

（一）检查、分析电子证据中包含的电子数据，提取与案件相关的电子证据。

（二）检查、分析电子证据中包含的电子数据，制作《电子证据检查笔录》描述检查结论。

第二十八条　从电子证据中提取电子数据，应当制作《提取电子数据清单》，记录该电子数据的来源和提取方法。

第二十九条　复制、制作原始存储媒介的备份应当遵循以下原则：

（一）复制并重新封存原始存储媒介。

（二）对解除封存状态、开始复制、复制结束、重新封存等关键步骤应当录像记录检查人员实施的操作。

（三）复制完成后应当依照第十三条规定重新封存原始存储媒介，并制作、填写《封存电子证据清单》。

第三十条　除下列情形外，不得直接检查原始存储媒介，应当制作、复制原始存储媒介的备份，并在备份存储媒介上实施检查：

（一）情况紧急的重大案件，不立即检查可能延误案件的侦查工作，导致严重后果的；

（二）已计算存储媒介的完整性校验值，检查过程能够保证不修改原始存储媒介所存储的数据的；

（三）因技术条件限制，无法复制原始存储媒介的。

第三十一条　检查原始电子设备，或者因第三十条描述的原因，需要直接检查原始存储媒介的，应当遵循以下原则：

（一）对解除封存状态、检查过程的关键操作、重新封存等重要步骤应当录像；

（二）检查完毕后应当依照第十三条规定重新封存原始存储媒介和原始电子设备，并制作、填写《封存电子证据清单》；

（三）应当制作《原始证据使用记录》，记录直接检查原始证据的原因和目的、实施的操作、对原始存储媒介和原始电子设备中存储的信息可能产生的影响，并由两名检查人员签名。

第三十二条　电子证据检查结束后，应当及时制作《电子证据检查工作记录》。

《电子证据检查工作记录》由《电子证据检查笔录》《提取电子数据清单》《封存电子证据清单》和《原始证据使用记录》等内容构成。

第七章　勘验检查记录

第三十三条　《现场勘验检查工作记录》《远程勘验工作记录》《电子证据检查工作记录》应当加盖骑缝章后由至少两名勘验、检查人员签名。

《现场勘验检查工作记录》应当由至少一名见证人签名。

第三十四条　《现场勘验检查笔录》的内容一般包括：

（一）基本情况。包括勘验检查的地点，起止时间，指挥人员、勘查人员的姓名、职务，见证人的姓名、住址等；

（二）现场情形。包括现场的设备环境、网络结构、运行状态等；

（三）勘查过程。包括勘查的基本情况，易丢失证据提取的过程、产生的数据，在线勘验、检查过程中实施的操作、对数据可能产生的影响、提取的数据，封存物品、固定证据的有关情况等；

（四）勘查结果。包括提取物证的有关情况、勘查形成的结论以及发现的案件线索等。

第三十五条　《现场勘查照片记录表》应当记录该相片拍摄的内容、对象，并编号入卷。拍摄的照片可以是数码照片或光学照片。

第三十六条　《远程勘验笔录》的内容一般包括：

（一）基本情况，包括勘验的起止时间，指挥人员、勘验人员的姓名、职务，勘验的对象，勘验的目的等；

（二）勘验过程，包括勘验使用的工具，勘验的方法与步骤，提取和固定数据的方法等；

（三）勘验结果，包括通过勘验发现的案件线索，目标系统的状况，目标网站的内容等。

第三十七条　《电子证据检查笔录》的内容一般包括：

（一）基本情况，包括检查的起止时间，指挥人员、勘验人员的姓名、职务，检查的对象，检查的目的等；

（二）检查过程，包括检查过程使用的工具，检查的方法与步骤，提取数据的方法等；

（三）检查结果，包括通过检查发现的案件线索，提取的信息内容等。

第八章　附　　则

第三十八条　对刑事案件现场勘验、检查应当遵循公安机关对刑事案件现场勘验、检查的有关规定。

第三十九条　本规则自发布之日起施行。

《最高人民法院、最高人民检察院、公安部关于依法开展打击淫秽色情网站专项行动有关工作的通知》（公通字〔2004〕53 号，2004 年 7 月 16 日起施行）

三、加强协调配合，形成打击合力

当前，淫秽色情网站违法犯罪活动不仅数量多，而且技术含量高，传播范围广，作案手段隐蔽，逃避打击能力强。各级公安机关、人民检察院、人民法院在办案中要坚持实事求是，科学、正确认识此类犯罪活动的特殊性，按照"基本事实清楚、基本证据确凿"的原则，不纠缠细枝末节，密切配合，齐心协力，依法从重从快打击利用淫秽色情网站的各种犯罪活动。公安机关应当组织专门力量，扎扎实实地做好侦查工作。淫秽色情网站所在地公安机关和淫秽色情网站制作、维护人居住地公安机关发现淫秽色情网站后均应立即依法立案侦查，全力侦破利用淫秽色情网站犯罪案件，抓捕犯罪嫌疑人。要切实做好证据的收集、固定和保全工作，将侦查中获取的电子数据制作成电子证据文档光盘作为证据随案件其他证据一并移送，为起诉和审判打下坚实基础；人民检察院对公安机关提请逮捕和移送审查起诉的犯罪嫌疑人，要依法从快批捕和提起公诉；人民法院对人民检察院提起公诉的案件，应该当依法及时审判。各级公安机关、人民检察院、人民法院对案件定性、证据认定、案件管辖等有关问题发生分歧时，要加强沟通与协调，加快办案进度，提高办案效率，形成打击合力，有效震慑犯罪。

七、证明程序

1. 庭前会议中的证据与证明

相关法律条文

《中华人民共和国刑事诉讼法》（1979 年 7 月 1 日通过，1996 年 3 月 17 日第一次修正，2012 年 3 月 14 日第二次修正，2018 年 10 月 26 日第三次修正）

第一百八十七条 【开庭前的准备】人民法院决定开庭审判后，应当确定合议庭的组成人员，将人民检察院的起诉书副本至迟在开庭十日以前送达被告人及其辩护人。

在开庭以前，审判人员可以召集公诉人、当事人和辩护人、诉讼代理人，对回避、出庭证人名单、非法证据排除等与审判相关的问题，了解情况，听取意见。

人民法院确定开庭日期后，应当将开庭的时间、地点通知人民检察院，传唤当事人，通知辩护人、诉讼代理人、证人、鉴定人和翻译人员，传票和通知书至迟在开庭三日以前送达。公开审判的案件，应当在开庭三日以前先期公布案由、被告人姓名、开庭时间和地点。

上述活动情形应当写入笔录，由审判人员和书记员签名。

相关司法解释规定

《最高人民法院关于适用〈中华人民共和国刑事诉讼法〉的解释》（法释〔2021〕1 号，2021 年 3 月 1 日起施行）

第二百二十六条 案件具有下列情形之一的，人民法院可以决定召开庭前会议：

（一）证据材料较多、案情重大复杂的；

（二）控辩双方对事实、证据存在较大争议的；

（三）社会影响重大的；

（四）需要召开庭前会议的其他情形。

第二百二十七条 控辩双方可以申请人民法院召开庭前会议，提出申请应当说明理由。人民法院经审查认为有必要的，应当召开庭前会议；决定不召开的，应当告知申请人。

第二百二十八条 庭前会议可以就下列事项向控辩双方了解情况，听取意见：

（一）是否对案件管辖有异议；

（二）是否申请有关人员回避；

（三）是否申请不公开审理；

（四）是否申请排除非法证据；

（五）是否提供新的证据材料；

（六）是否申请重新鉴定或者勘验；

（七）是否申请收集、调取证明被告人无罪或者罪轻的证据材料；

（八）是否申请证人、鉴定人、有专门知识的人、调查人员、侦查人员或者其他人员出庭，是否对出庭人员名单有异议；

（九）是否对涉案财物的权属情况和人民检察院的处理建议有异议；

（十）与审判相关的其他问题。

庭前会议中，人民法院可以开展附带民事调解。

对第一款规定中可能导致庭审中断的程序性事项，人民法院可以在庭前会议后依法作出处理，并在庭审中说明处理决定和理由。控辩双方没有新的理由，在庭审中再次提出有关申请或者异议的，法庭可以在说明庭前会议情况和处理决定理由后，依法予以驳回。

庭前会议情况应当制作笔录，由参会人员核对后签名。

第二百二十九条　庭前会议中，审判人员可以询问控辩双方对证据材料有无异议，对有异议的证据，应当在庭审时重点调查；无异议的，庭审时举证、质证可以简化。

第二百三十条　庭前会议由审判长主持，合议庭其他审判员也可以主持庭前会议。

召开庭前会议应当通知公诉人、辩护人到场。

庭前会议准备就非法证据排除了解情况、听取意见，或者准备询问控辩双方对证据材料的意见的，应当通知被告人到场。有多名被告人的案件，可以根据情况确定参加庭前会议的被告人。

第二百三十一条　庭前会议一般不公开进行。

根据案件情况，庭前会议可以采用视频等方式进行。

第二百三十二条　人民法院在庭前会议中听取控辩双方对案件事实、证据材料的意见后，对明显事实不清、证据不足的案件，可以建议人民检察院补充材料或者撤回起诉。建议撤回起诉的案件，人民检察院不同意的，开庭审理后，没有新的事实和理由，一般不准许撤回起诉。

第二百三十三条　对召开庭前会议的案件，可以在开庭时告知庭前会议情况。对庭前会议中达成一致意见的事项，法庭在向控辩双方核实后，可以当庭予以确认；未达成一致意见的事项，法庭可以归纳控辩双方争议焦点，听取控辩双方意见，依法作出处理。

控辩双方在庭前会议中就有关事项达成一致意见，在庭审中反悔的，除有正当理由外，法庭一般不再进行处理。

《人民检察院刑事诉讼规则》（高检发释字〔2019〕4 号，2019 年 12 月 30 日起施行）

第三百九十五条　在庭前会议中，公诉人可以对案件管辖、回避、出庭证人、鉴定人、有专门知识的人的名单、辩护人提供的无罪证据、非法证据排除、不公开审理、延期审理、适用简易程序或者速裁程序、庭审方案等与审判相关的问题提出和交换意见，了解辩护人收集的证据等情况。

对辩护人收集的证据有异议的，应当提出，并简要说明理由。

公诉人通过参加庭前会议，了解案件事实、证据和法律适用的争议和不同意见，解决有关程序问题，为参加法庭审理做好准备。

第三百九十六条　当事人、辩护人、诉讼代理人在庭前会议中提出证据系非法取得，人民法院认为可能存在以非法方法收集证据情形的，人民检察院应当对证据收集的合法性进行说明。需要调查核实的，在开庭审理前进行。

相关司法文件

《最高人民法院关于深化人民法院司法体制综合配套改革的意见——人民法院第五个五年改革纲要（2019—2023）》（法发〔2019〕8 号，2019 年 2 月 27 日起施行）

43. 推进刑事诉讼制度改革。深化以审判为中心的刑事诉讼制度改革，推进落实庭前会议制度、非法证据排除制度，完善法庭调查程序，落实证人、鉴定人、侦查人员出庭作证制度，落实和完善技术侦查证据的随案移送和法庭调查规则，确保庭审发挥实质性作用。规范认罪案件和不认罪案件的量刑程序。严格落实刑事缺席审判制度和被告人逃匿、死亡案件违法所得没收制度，细化相关操作性规定。推广应用刑事案件智能辅助办案系统，完善刑事案件不同诉讼阶段基本证据指引，配合中央有关部门将其嵌入跨部门大数据办案平台。进一步支持刑事案件律师辩护全覆盖试点，完善工作衔接机制，充分保障刑事辩护律师依法执业权利。探索建立死刑复核案件通知辩护制度，健全相关工作程序。完善刑罚执行制度，推动统一刑罚执行体制。推动完善"病残孕"罪犯的刑罚交付执行工作机制，解决判前未羁押罪犯交付执行难问题。完善刑事裁判涉财产部分执行案件移送执行机制和退出执行机制。全面推进涉案财物跨部门集中管理信息平台系统在全国法院上线运行，完善相关数据汇聚上传机制。规范刑事申诉案件立案审查标准，完善审查刑事申诉案件的程序和要求。

《人民法院办理刑事案件庭前会议规程（试行）》（法发〔2017〕31 号，2018 年 1 月 1 日起试行）

第一条　人民法院适用普通程序审理刑事案件，对于证据材料较多、案情疑难复杂、社会影响重大或者控辩双方对事实证据存在较大争议等情形的，可以决定在开庭审理前召开庭前会议。

控辩双方可以申请人民法院召开庭前会议。申请召开庭前会议的，应当说明需要处理的事项。人民法院经审查认为有必要的，应当决定召开庭前会议；决定不召开庭前会议的，应当告知申请人。

被告人及其辩护人在开庭审理前申请排除非法证据，并依照法律规定提供相关线索或者材料的，人民法院应当召开庭前会议。

第二条 庭前会议中，人民法院可以就与审判相关的问题了解情况，听取意见，依法处理回避、出庭证人名单、非法证据排除等可能导致庭审中断的事项，组织控辩双方展示证据，归纳争议焦点，开展附带民事调解。

第三条 庭前会议由承办法官主持，其他合议庭成员也可以主持或者参加庭前会议。根据案件情况，承办法官可以指导法官助理主持庭前会议。

公诉人、辩护人应当参加庭前会议。根据案件情况，被告人可以参加庭前会议；被告人申请参加庭前会议或者申请排除非法证据等情形的，人民法院应当通知被告人到场；有多名被告人的案件，主持人可以根据案件情况确定参加庭前会议的被告人。

被告人申请排除非法证据，但没有辩护人的，人民法院应当通知法律援助机构指派律师为被告人提供帮助。

庭前会议中进行附带民事调解的，人民法院应当通知附带民事诉讼当事人到场。

第八条 人民法院应当根据案件情况，综合控辩双方意见，确定庭前会议需要处理的事项，并在召开庭前会议三日前，将会议的时间、地点、人员和事项等通知参会人员。通知情况应当记录在案。

被告人及其辩护人在开庭审理前申请排除非法证据的，人民法院应当在召开庭前会议三日前，将申请书及相关线索或者材料的复制件送交人民检察院。

第九条 庭前会议开始后，主持人应当核实参会人员情况，宣布庭前会议需要处理的事项。

有多名被告人参加庭前会议，涉及事实证据问题的，应当组织各被告人分别参加，防止串供。

第十条 庭前会议中，主持人可以就下列事项向控辩双方了解情况，听取意见：

（一）是否对案件管辖有异议；

（二）是否申请有关人员回避；

（三）是否申请不公开审理；

（四）是否申请排除非法证据；

（五）是否申请提供新的证据材料；

（六）是否申请重新鉴定或者勘验；

（七）是否申请调取在侦查、审查起诉期间公安机关、人民检察院收集但未随案移送的证明被告人无罪或者罪轻的证据材料；

（八）是否申请向证人或有关单位、个人收集、调取证据材料；

（九）是否申请证人、鉴定人、侦查人员、有专门知识的人出庭，是否对出庭人员名单有异议；

（十）与审判相关的其他问题。

对于前款规定中可能导致庭审中断的事项，人民法院应当依法作出处理，在开庭审理前告知处理决定，并说明理由。控辩双方没有新的理由，在庭审中再次提出有关申请或者异议的，法庭应当依法予以驳回。

第十四条　被告人及其辩护人在开庭审理前申请排除非法证据，并依照法律规定提供相关线索或者材料的，人民检察院应当在庭前会议中通过出示有关证据材料等方式，有针对性地对证据收集的合法性作出说明。人民法院可以对有关证据材料进行核实；经控辩双方申请，可以有针对性地播放讯问录音录像。

人民检察院可以撤回有关证据，撤回的证据，没有新的理由，不得在庭审中出示。被告人及其辩护人可以撤回排除非法证据的申请，撤回申请后，没有新的线索或者材料，不得再次对有关证据提出排除申请。

控辩双方在庭前会议中对证据收集的合法性未达成一致意见，人民法院应当开展庭审调查，但公诉人提供的相关证据材料确实、充分，能够排除非法取证情形，且没有新的线索或者材料表明可能存在非法取证的，庭审调查举证、质证可以简化。

第十五条　控辩双方申请重新鉴定或者勘验，应当说明理由。人民法院经审查认为理由成立，有关证据材料可能影响定罪量刑且不能补正的，应当准许。

第十六条　被告人及其辩护人书面申请调取公安机关、人民检察院在侦查、审查起诉期间收集但未随案移送的证明被告人无罪或者罪轻的证据材料，并提供相关线索或者材料的，人民法院应当调取，并通知人民检察院在收到调取决定书后三日内移交。

被告人及其辩护人申请向证人或有关单位、个人收集、调取证据材料，应当说明理由。人民法院经审查认为有关证据材料可能影响定罪量刑的，应当准许；认为有关证据材料与案件无关或者明显重复、没有必要的，可以不予准许。

第十七条　控辩双方申请证人、鉴定人、侦查人员、有专门知识的人出庭，应当说明理由。人民法院经审查认为理由成立的，应当通知有关人员出庭。

控辩双方对出庭证人、鉴定人、侦查人员、有专门知识的人的名单有异议，人民法院经审查认为异议成立的，应当依法作出处理；认为异议不成立的，应当依法驳回。

人民法院通知证人、鉴定人、侦查人员、有专门知识的人等出庭后，应当告知控辩双方协助有关人员到庭。

第十八条　召开庭前会议前，人民检察院应当将全部证据材料移送人民法院。被告人及其辩护人应当将收集的有关被告人不在犯罪现场、未达到刑事责任年龄、属于依法不负刑事责任的精神病人等证明被告人无罪或者依法不负刑事责任的全部证据材料提交人民法院。

人民法院收到控辩双方移送或者提交的证据材料后，应当通知对方查阅、摘抄、复制。

第十九条　庭前会议中，对于控辩双方决定在庭审中出示的证据，人民法院可以组织展示有关证据，听取控辩双方对在案证据的意见，梳理存在争议的证据。

对于控辩双方在庭前会议中没有争议的证据材料，庭审时举证、质证可以简化。

人民法院组织展示证据的，一般应当通知被告人到场，听取被告人意见；被告人不到场的，辩护人应当在召开庭前会议前听取被告人意见。

第二十条　人民法院可以在庭前会议中归纳控辩双方的争议焦点。对控辩双方没有争议或者达成一致意见的事项，可以在庭审中简化审理。

人民法院可以组织控辩双方协商确定庭审的举证顺序、方式等事项，明确法庭调查的方式和重点。协商不成的事项，由人民法院确定。

第二十二条　人民法院在庭前会议中听取控辩双方对案件事实证据的意见后，对于明显事实不清、证据不足的案件，可以建议人民检察院补充材料或者撤回起诉。建议撤回起诉的案件，人民检察院不同意的，人民法院开庭审理后，没有新的事实和理由，一般不准许撤回起诉。

《最高人民法院关于全面推进以审判为中心的刑事诉讼制度改革的实施意见》（法发〔2017〕5号，2017年2月17日起施行）

二、规范庭前准备程序，确保法庭集中审理

5.对被告人及其辩护人申请排除非法证据，证据材料较多、案情重大复杂，或者社会影响重大等案件，人民法院可以召开庭前会议。

庭前会议在法庭或者其他办案场所进行，由审判人员主持，控辩双方参加，必要时可以通知被告人到场。

6.人民法院可以在庭前会议中组织控辩双方展示证据，听取控辩双方对在案证据的意见，并梳理存在争议的证据。对控辩双方在庭前会议中没有争议的证据，可以在庭审中简化举证、质证。

人民法院可以在庭前会议中听取控辩双方对与审判相关问题的意见，询问控辩双方是否提出申请或者异议，并归纳控辩双方的争议焦点。对控辩双方没有争议或者达成一致意见的事项，可以在庭审中简化审理。

被害方提起附带民事诉讼的，可以在庭前会议中进行调解。

7.控辩双方对管辖、回避、出庭证人名单等事项提出申请或者异议，可能导致庭审中断的，人民法院可以在庭前会议中对有关事项依法作出处理，确保法庭集中、持续审理。

对案件中被告人及其辩护人申请排除非法证据的情形，人民法院可以在庭前会议中核实情况、听取意见。人民检察院可以决定撤回有关证据；撤回的证据，没有新的理由，不得在庭审中出示。被告人及其辩护人可以撤回排除非法证据的申请；撤回申请后，没有新的线索或者材料，不得再次对有关证据提出排除申请。

8. 人民法院在庭前会议中听取控辩双方对案件事实证据的意见后，对明显事实不清、证据不足的案件，可以建议人民检察院补充侦查或者撤回起诉。

对人民法院在庭前会议中建议撤回起诉的案件，人民检察院不同意的，人民法院开庭审理后，没有新的事实和理由，一般不准许撤回起诉。

《最高人民法院、最高人民检察院、公安部、国家安全部、司法部关于推进以审判为中心的刑事诉讼制度改革的意见》（法发〔2016〕18 号，2016 年 7 月 20 日起施行）

十、完善庭前会议程序，对适用普通程序审理的案件，健全庭前证据展示制度，听取出庭证人名单、非法证据排除等方面的意见。

《最高人民检察院关于加强出庭公诉工作的意见》（高检发诉字〔2015〕5 号，2015 年 6 月 15 日起施行）

二、进一步加强庭前准备工作

3. 积极介入侦查引导取证。对重大、疑难、复杂案件，坚持介入范围适当、介入时机适时、介入程度适度原则，通过出席现场勘查和案件讨论等方式，按照提起公诉的标准，对收集证据、适用法律提出意见，监督侦查活动是否合法，引导侦查机关（部门）完善证据链条和证明体系。

4. 加强庭前审查。全面审查证据材料的客观性、关联性、合法性，全面审查涉及定罪量刑的各种证据，对据以定罪的关键证据必须严格审查，对犯罪嫌疑人、被告人的无罪辩解必须高度重视，对定罪疑难且单一的言词证据必须认真复核，对矛盾证据必须严格甄别。对没有直接证据证实犯罪的，要综合审查判断间接证据是否形成完整证据链条。高度重视对物证、书证等客观性证据的审查和运用，掌握司法会计、法医、精神病、痕迹检验等鉴定意见以及电子证据相关的专业性知识和审查判断方法。突出对证据合法性的审查，坚决排除非法证据，及时补正瑕疵证据。正确适用法律和司法解释，全面贯彻宽严相济刑事政策，准确认定行为性质，确保不枉不纵。

5. 有效运用庭前会议解决争议。对需要召开庭前会议提请解决的案件管辖、回避、庭审方案和出庭证人、鉴定人、有专门知识的人、侦查人员的名单等与审判相关的问题，公诉人要提前准备好意见。注意了解辩护人收集证据的情况，明确诉辩焦点，有针对性地交换意见和向法庭阐明观点。重视辩护人提出的非法证据排除意见，正确区分非法证据与瑕疵证据，能够在庭前会议环节解决的非法证据问题力争解决。庭前会议结束后注意查漏补缺，充分利用会议中获取的事实、证据信息和辩护意见，做好证据补强、程序安排和庭审预案的调整完善等工作。对辩护律师提出的执业权利受侵犯的情况，要积极查证并监督纠正。

三、强化当庭指控证实犯罪和庭外监督工作

7. 强化当庭讯问。法庭讯问要讲究章法，合理选择运用解释性讯问、追问等方式，做到层次分明、重点突出、有的放矢。讯问被告人应把握主动，从容应对，确保当庭指控犯罪全面、准确、有力。对被告人的合理辩解认真予以对待，对被告人当庭不实供述予以揭露，对庭前的有罪供述予以固定。

8. 强化当庭询问。公诉人询问出庭作证的证人，可以要求证人连贯陈述，也可以直接发问。发问应简洁清楚，重点围绕与定罪量刑紧密相关的事实以及证言中有遗漏、矛盾、模糊不清和有争议的内容进行。当事人和辩护人、诉讼代理人对证人发问后，公诉人可以根据证人回答的情况，向法庭申请再次对证人发问。发现辩护人对证人有提示性、诱导性发问的，公诉人要及时提请合议庭予以制止。

9. 强化当庭示证。公诉人出示证据应以证明公诉主张为目的，善于根据案件的不同种类、特点和庭审实际情况，围绕犯罪构成要件和争议焦点，合理安排和调整示证顺序，做到详略得当，要点突出。根据案件的具体情况和证据状况，结合被告人的认罪态度，示证可以采用分组示证或逐一示证的方式。

10. 强化当庭质证。公诉人质证要目的明确、逻辑清晰，紧紧围绕案件事实和证据的客观性、关联性、合法性进行。熟练掌握各类证据的质证方法和质证策略，熟悉言词证据和实物证据的特点差异，善于从不同角度区别质证，保证质证效果。善于根据庭审变化动向，掌握质证主动性，提高质证的针对性和有效性。

11. 强化证据合法性的证明。对被告或辩护人当庭提出被告人庭前供述系非法取得，法庭决定进行调查时，公诉人可以根据讯问笔录、羁押记录、出入看守所的健康检查记录、看守管教人员的谈话记录以及侦查机关对讯问过程合法性的说明等，对庭前讯问被告人的合法性进行证明。必要时，可以要求法庭播放讯问录音、录像，申请法庭通知侦查人员或者其他人员出庭说明情况。审判人员认为可能存在以非法方法收集其他证据的情形需要进行法庭调查的，公诉人可以参照上述方法对证据收集的合法性进行证明。

《最高人民法院关于建立健全防范刑事冤假错案工作机制的意见》（法发〔2013〕11 号，2013 年 10 月 9 日起施行）

三、切实遵守法定诉讼程序，强化案件审理机制

10. 庭前会议应当归纳事实、证据争点。控辩双方有异议的证据，庭审时重点调查；没有异议的，庭审时举证、质证适当简化。

11. 审判案件应当以庭审为中心。事实证据调查在法庭，定罪量刑辩论在法庭，裁判结果形成于法庭。

12. 证据未经当庭出示、辨认、质证等法庭调查程序查证属实，不得作为定案的根据。

采取技术侦查措施收集的证据，除可能危及有关人员的人身安全，或者可能产生其他严重后果，由人民法院依职权庭外调查核实的外，未经法庭调查程序查证属实，不得作为定案的根据。

13. 依法应当出庭作证的证人没有正当理由拒绝出庭或者出庭后拒绝作证，其庭前证言真实性无法确认的，不得作为定案的根据。

14. 保障被告人及其辩护人在庭审中的发问、质证、辩论等诉讼权利。对于被告人及其辩护人提出的辩解理由、辩护意见和提交的证据材料，应当当庭或者在裁判文书中说明采纳与否及理由。

15. 定罪证据存疑的，应当书面建议人民检察院补充调查。人民检察院在二个月内未提交书面材料的，应当根据在案证据依法作出裁判。

四、认真履行案件把关职责，完善审核监督机制

20. 复核死刑案件，应当讯问被告人。辩护律师提出要求的，应当听取意见。证据存疑的，应当调查核实，必要时到案发地调查。

五、充分发挥各方职能作用，建立健全制约机制

24. 切实保障辩护人会见、阅卷、调查取证等辩护权利。辩护人申请调取可能证明被告人无罪、罪轻的证据，应当准许。

2．法庭调查程序

相关法律条文

《中华人民共和国刑事诉讼法》（1979 年 7 月 1 日通过，1996 年 3 月 17 日第一次修正，2012 年 3 月 14 日第二次修正，2018 年 10 月 26 日第三次修正）

第一百九十一条　【法庭调查】公诉人在法庭上宣读起诉书后，被告人、被害人可以就起诉书指控的犯罪进行陈述，公诉人可以讯问被告人。

被害人、附带民事诉讼的原告人和辩护人、诉讼代理人，经审判长许可，可以向被告人发问。

审判人员可以讯问被告人。

第一百九十四条　【调查核实证言、鉴定结论】证人作证，审判人员应当告知他要如实地提供证言和有意作伪证或者隐匿罪证要负的法律责任。公诉人、当事人和辩护人、诉讼代理人经审判长许可，可以对证人、鉴定人发问。审判长认为发问的内容与案件无关的时候，应当制止。

审判人员可以询问证人、鉴定人。

第一百九十五条　【调查核实物证、证据文书】公诉人、辩护人应当向法庭出示物证，让当事人辨认，对未到庭的证人的证言笔录、鉴定人的鉴定意见、勘验笔录

和其他作为证据的文书，应当当庭宣读。审判人员应当听取公诉人、当事人和辩护人、诉讼代理人的意见。

第一百九十六条 【休庭调查】法庭审理过程中，合议庭对证据有疑问的，可以宣布休庭，对证据进行调查核实。

人民法院调查核实证据，可以进行勘验、检查、查封、扣押、鉴定和查询、冻结。

第一百九十七条 【调取新证据】法庭审理过程中，当事人和辩护人、诉讼代理人有权申请通知新的证人到庭，调取新的物证，申请重新鉴定或者勘验。

公诉人、当事人和辩护人、诉讼代理人可以申请法庭通知有专门知识的人出庭，就鉴定人作出的鉴定意见提出意见。

法庭对于上述申请，应当作出是否同意的决定。

第二款规定的有专门知识的人出庭，适用鉴定人的有关规定。

第二百零七条 【法庭笔录】法庭审判的全部活动，应当由书记员写成笔录，经审判长审阅后，由审判长和书记员签名。

法庭笔录中的证人证言部分，应当当庭宣读或者交给证人阅读。证人在承认没有错误后，应当签名或者盖章。

法庭笔录应当交给当事人阅读或者向他宣读。当事人认为记载有遗漏或者差错的，可以请求补充或者改正。当事人承认没有错误后，应当签名或者盖章。

相关司法解释规定

《最高人民法院关于适用〈中华人民共和国刑事诉讼法〉的解释》（法释〔2021〕1号，2021年3月1日起施行）

第二百四十一条 在审判长主持下，被告人、被害人可以就起诉书指控的犯罪事实分别陈述。

第二百四十二条 在审判长主持下，公诉人可以就起诉书指控的犯罪事实讯问被告人。

经审判长准许，被害人及其法定代理人、诉讼代理人可以就公诉人讯问的犯罪事实补充发问；附带民事诉讼原告人及其法定代理人、诉讼代理人可以就附带民事部分的事实向被告人发问；被告人的法定代理人、辩护人，附带民事诉讼被告人及其法定代理人、诉讼代理人可以在控诉方、附带民事诉讼原告方就某一问题讯问、发问完毕后向被告人发问。

根据案件情况，就证据问题对被告人的讯问、发问可以在举证、质证环节进行。

第二百四十三条 讯问同案审理的被告人，应当分别进行。

第二百四十四条 经审判长准许，控辩双方可以向被害人、附带民事诉讼原告人发问。

第二百四十五条　必要时，审判人员可以讯问被告人，也可以向被害人、附带民事诉讼当事人发问。

第二百四十八条　已经移送人民法院的案卷和证据材料，控辩双方需要出示的，可以向法庭提出申请，法庭可以准许。案卷和证据材料应当在质证后当庭归还。

需要播放录音录像或者需要将证据材料交由法庭、公诉人或者诉讼参与人查看的，法庭可以指令值庭法警或者相关人员予以协助。

第二百五十条　公诉人、当事人及其辩护人、诉讼代理人申请法庭通知有专门知识的人出庭，就鉴定意见提出意见的，应当说明理由。法庭认为有必要的，应当通知有专门知识的人出庭。

申请有专门知识的人出庭，不得超过二人。有多种类鉴定意见的，可以相应增加人数。

第二百五十八条　证人出庭的，法庭应当核实其身份、与当事人以及本案的关系，并告知其有关权利义务和法律责任。证人应当保证向法庭如实提供证言，并在保证书上签名。

第二百五十九条　证人出庭后，一般先向法庭陈述证言；其后，经审判长许可，由申请通知证人出庭的一方发问，发问完毕后，对方也可以发问。

法庭依职权通知证人出庭的，发问顺序由审判长根据案件情况确定。

第二百六十条　鉴定人、有专门知识的人、调查人员、侦查人员或者其他人员出庭的，参照适用前两条规定。

第二百六十一条　向证人发问应当遵循以下规则：

（一）发问的内容应当与本案事实有关；

（二）不得以诱导方式发问；

（三）不得威胁证人；

（四）不得损害证人的人格尊严。

对被告人、被害人、附带民事诉讼当事人、鉴定人、有专门知识的人、调查人员、侦查人员或者其他人员的讯问、发问，适用前款规定。

第二百六十二条　控辩双方的讯问、发问方式不当或者内容与本案无关的，对方可以提出异议，申请审判长制止，审判长应当判明情况予以支持或者驳回；对方未提出异议的，审判长也可以根据情况予以制止。

第二百六十三条　审判人员认为必要时，可以询问证人、鉴定人、有专门知识的人、调查人员、侦查人员或者其他人员。

第二百六十四条　向证人、调查人员、侦查人员发问应当分别进行。

第二百六十五条　证人、鉴定人、有专门知识的人、调查人员、侦查人员或者其他人员不得旁听对本案的审理。有关人员作证或者发表意见后，审判长应当告知其退庭。

第二百六十七条　举证方当庭出示证据后，由对方发表质证意见。

第二百六十八条　对可能影响定罪量刑的关键证据和控辩双方存在争议的证据，一般应当单独举证、质证，充分听取质证意见。

对控辩双方无异议的非关键证据，举证方可以仅就证据的名称及拟证明的事实作出说明。

召开庭前会议的案件，举证、质证可以按照庭前会议确定的方式进行。

根据案件和庭审情况，法庭可以对控辩双方的举证、质证方式进行必要的指引。

第二百六十九条　审理过程中，法庭认为有必要的，可以传唤同案被告人、分案审理的共同犯罪或者关联犯罪案件的被告人等到庭对质。

第二百七十条　当庭出示的证据，尚未移送人民法院的，应当在质证后当庭移交。

第二百七十一条　法庭对证据有疑问的，可以告知公诉人、当事人及其法定代理人、辩护人、诉讼代理人补充证据或者作出说明；必要时，可以宣布休庭，对证据进行调查核实。

对公诉人、当事人及其法定代理人、辩护人、诉讼代理人补充的和审判人员庭外调查核实取得的证据，应当经过当庭质证才能作为定案的根据。但是，对不影响定罪量刑的非关键证据、有利于被告人的量刑证据以及认定被告人有犯罪前科的裁判文书等证据，经庭外征求意见，控辩双方没有异议的除外。

有关情况，应当记录在案。

第二百七十二条　公诉人申请出示开庭前未移送或者提交人民法院的证据，辩护方提出异议的，审判长应当要求公诉人说明理由；理由成立并确有出示必要的，应当准许。

辩护方提出需要对新的证据作辩护准备的，法庭可以宣布休庭，并确定准备辩护的时间。

辩护方申请出示开庭前未提交的证据，参照适用前两款规定。

第二百七十三条　法庭审理过程中，控辩双方申请通知新的证人到庭，调取新的证据，申请重新鉴定或者勘验的，应当提供证人的基本信息、证据的存放地点，说明拟证明的事项，申请重新鉴定或者勘验的理由。法庭认为有必要的，应当同意，并宣布休庭；根据案件情况，可以决定延期审理。

人民法院决定重新鉴定的，应当及时委托鉴定，并将鉴定意见告知人民检察院、当事人及其辩护人、诉讼代理人。

第二百七十五条　人民法院向人民检察院调取需要调查核实的证据材料，或者根据被告人、辩护人的申请，向人民检察院调取在调查、侦查、审查起诉期间收集的有关被告人无罪或者罪轻的证据材料，应当通知人民检察院在收到调取证据材料决定书后三日以内移交。

第二百七十六条　法庭审理过程中，对与量刑有关的事实、证据，应当进行调查。

人民法院除应当审查被告人是否具有法定量刑情节外，还应当根据案件情况审查以下影响量刑的情节：

（一）案件起因；

（二）被害人有无过错及过错程度，是否对矛盾激化负有责任及责任大小；

（三）被告人的近亲属是否协助抓获被告人；

（四）被告人平时表现，有无悔罪态度；

（五）退赃、退赔及赔偿情况；

（六）被告人是否取得被害人或者其近亲属谅解；

（七）影响量刑的其他情节。

第二百七十七条　审判期间，合议庭发现被告人可能有自首、坦白、立功等法定量刑情节，而人民检察院移送的案卷中没有相关证据材料的，应当通知人民检察院在指定时间内移送。

审判期间，被告人提出新的立功线索的，人民法院可以建议人民检察院补充侦查。

第二百七十八条　对被告人认罪的案件，在确认被告人了解起诉书指控的犯罪事实和罪名，自愿认罪且知悉认罪的法律后果后，法庭调查可以主要围绕量刑和其他有争议的问题进行。

对被告人不认罪或者辩护人作无罪辩护的案件，法庭调查应当在查明定罪事实的基础上，查明有关量刑事实。

《人民检察院刑事诉讼规则》（高检发释字〔2019〕4 号，2019 年 12 月 30 日起施行）

第三百九十七条　人民检察院向人民法院移送全部案卷材料后，在法庭审理过程中，公诉人需要出示、宣读、播放有关证据的，可以申请法庭出示、宣读、播放。

人民检察院基于出庭准备和庭审举证工作的需要，可以取回有关案卷材料和证据。

取回案卷材料和证据后，辩护律师要求查阅案卷材料的，应当允许辩护律师在人民检察院查阅、摘抄、复制案卷材料。

第三百九十八条　公诉人在法庭上应当依法进行下列活动：

（一）宣读起诉书，代表国家指控犯罪，提请人民法院对被告人依法审判；

（二）讯问被告人；

（三）询问证人、被害人、鉴定人；

（四）申请法庭出示物证，宣读书证、未到庭证人的证言笔录、鉴定人的鉴定意见、勘验、检查、辨认、侦查实验等笔录和其他作为证据的文书，播放作为证据的视听资料、电子数据等；

（五）对证据采信、法律适用和案件情况发表意见，提出量刑建议及理由，针对被告人、辩护人的辩护意见进行答辩，全面阐述公诉意见；

（六）维护诉讼参与人的合法权利；

（七）对法庭审理案件有无违反法律规定诉讼程序的情况记明笔录；

（八）依法从事其他诉讼活动。

第三百九十九条 在法庭审理中，公诉人应当客观、全面、公正地向法庭出示与定罪、量刑有关的证明被告人有罪、罪重或者罪轻的证据。

按照审判长要求，或者经审判长同意，公诉人可以按照以下方式举证、质证：

（一）对于可能影响定罪量刑的关键证据和控辩双方存在争议的证据，一般应当单独举证、质证；

（二）对于不影响定罪量刑且控辩双方无异议的证据，可以仅就证据的名称及其证明的事项、内容作出说明；

（三）对于证明方向一致、证明内容相近或者证据种类相同，存在内在逻辑关系的证据，可以归纳、分组示证、质证。

公诉人出示证据时，可以借助多媒体设备等方式出示、播放或者演示证据内容。

定罪证据与量刑证据需要分开的，应当分别出示。

第四百条 公诉人讯问被告人，询问证人、被害人、鉴定人，出示物证，宣读书证、未出庭证人的证言笔录等应当围绕下列事实进行：

（一）被告人的身份；

（二）指控的犯罪事实是否存在，是否为被告人所实施；

（三）实施犯罪行为的时间、地点、方法、手段、结果，被告人犯罪后的表现等；

（四）犯罪集团或者其他共同犯罪案件中参与犯罪人员的各自地位和应负的责任；

（五）被告人有无刑事责任能力，有无故意或者过失，行为的动机、目的；

（六）有无依法不应当追究刑事责任的情况，有无法定的从重或者从轻、减轻以及免除处罚的情节；

（七）犯罪对象、作案工具的主要特征，与犯罪有关的财物的来源、数量以及去向；

（八）被告人全部或者部分否认起诉书指控的犯罪事实的，否认的根据和理由能否成立；

（九）与定罪、量刑有关的其他事实。

第四百零一条 在法庭审理中，下列事实不必提出证据进行证明：

（一）为一般人共同知晓的常识性事实；

（二）人民法院生效裁判所确认并且未依审判监督程序重新审理的事实；

（三）法律、法规的内容以及适用等属于审判人员履行职务所应当知晓的事实；

（四）在法庭审理中不存在异议的程序事实；

（五）法律规定的推定事实；

（六）自然规律或者定律。

第四百零二条　讯问被告人、询问证人不得采取可能影响陈述或者证言客观真实的诱导性发问以及其他不当发问方式。

辩护人向被告人或者证人进行诱导性发问以及其他不当发问可能影响陈述或者证言的客观真实的，公诉人可以要求审判长制止或者要求对该项陈述或者证言不予采纳。

讯问共同犯罪案件的被告人、询问证人应当个别进行。

被告人、证人、被害人对同一事实的陈述存在矛盾的，公诉人可以建议法庭传唤有关被告人、通知有关证人同时到庭对质，必要时可以建议法庭询问被害人。

第四百零三条　被告人在庭审中的陈述与在侦查、审查起诉中的供述一致或者不一致的内容不影响定罪量刑的，可以不宣读被告人供述笔录。

被告人在庭审中的陈述与在侦查、审查起诉中的供述不一致，足以影响定罪量刑的，可以宣读被告人供述笔录，并针对笔录中被告人的供述内容对被告人进行讯问，或者提出其他证据进行证明。

第四百零四条　公诉人对证人证言有异议，且该证人证言对案件定罪量刑有重大影响的，可以申请人民法院通知证人出庭作证。

人民警察就其执行职务时目击的犯罪情况作为证人出庭作证，适用前款规定。

公诉人对鉴定意见有异议的，可以申请人民法院通知鉴定人出庭作证。经人民法院通知，鉴定人拒不出庭作证的，公诉人可以建议法庭不予采纳该鉴定意见作为定案的根据，也可以申请法庭重新通知鉴定人出庭作证或者申请重新鉴定。

必要时，公诉人可以申请法庭通知有专门知识的人出庭，就鉴定人作出的鉴定意见提出意见。

当事人或者辩护人、诉讼代理人对证人证言、鉴定意见有异议，公诉人认为必要时，可以申请人民法院通知证人、鉴定人出庭作证。

第四百零五条　证人应当由人民法院通知并负责安排出庭作证。

对于经人民法院通知而未到庭的证人或者出庭后拒绝作证的证人的证言笔录，公诉人应当当庭宣读。

对于经人民法院通知而未到庭的证人的证言笔录存在疑问，确实需要证人出庭作证，且可以强制其到庭的，公诉人应当建议人民法院强制证人到庭作证和接受质证。

第四百零六条　证人在法庭上提供证言，公诉人应当按照审判长确定的顺序向证人发问。可以要求证人就其所了解的与案件有关的事实进行陈述，也可以直接发问。

证人不能连贯陈述的，公诉人可以直接发问。

向证人发问，应当针对证言中有遗漏、矛盾、模糊不清和有争议的内容，并着重围绕与定罪量刑紧密相关的事实进行。

发问采取一问一答形式，提问应当简洁、清楚。

证人进行虚假陈述的，应当通过发问澄清事实，必要时可以宣读在侦查、审查起诉阶段制作的该证人的证言笔录或者出示、宣读其他证据。

当事人和辩护人、诉讼代理人向证人发问后，公诉人可以根据证人回答的情况，经审判长许可，再次向证人发问。

询问鉴定人、有专门知识的人参照上述规定进行。

第四百零七条　必要时，公诉人可以建议法庭采取不暴露证人、鉴定人、被害人外貌、真实声音等出庭作证保护措施，或者建议法庭根据刑事诉讼法第一百五十四条的规定在庭外对证据进行核实。

第四百零八条　对于鉴定意见、勘验、检查、辨认、侦查实验等笔录和其他作为证据的文书以及经人民法院通知而未到庭的被害人的陈述笔录，公诉人应当当庭宣读。

第四百零九条　公诉人向法庭出示物证，一般应当出示原物，原物不易搬运、不易保存或者已返还被害人的，可以出示反映原物外形和特征的照片、录像、复制品，并向法庭说明情况及与原物的同一性。

公诉人向法庭出示书证，一般应当出示原件。获取书证原件确有困难的，可以出示书证副本或者复制件，并向法庭说明情况及与原件的同一性。

公诉人向法庭出示物证、书证，应当对该物证、书证所要证明的内容、获取情况作出说明，并向当事人、证人等问明物证的主要特征，让其辨认。对该物证、书证进行鉴定的，应当宣读鉴定意见。

第四百一十二条　在法庭审理过程中，对证据合法性以外的其他程序事实存在争议的，公诉人应当出示、宣读有关诉讼文书、侦查或者审查起诉活动笔录。

第四百一十三条　对于搜查、查封、扣押、冻结、勘验、检查、辨认、侦查实验等活动中形成的笔录存在争议，需要调查人员、侦查人员以及上述活动的见证人出庭陈述有关情况的，公诉人可以建议合议庭通知其出庭。

第四百一十四条　在法庭审理过程中，合议庭对证据有疑问或者人民法院根据辩护人、被告人的申请，向人民检察院调取在侦查、审查起诉中收集的有关被告人无罪或者罪轻的证据材料的，人民检察院应当自收到人民法院要求调取证据材料决定书后三日以内移交。没有上述材料的，应当向人民法院说明情况。

第四百一十五条　在法庭审理过程中，合议庭对证据有疑问并在休庭后进行勘验、检查、查封、扣押、鉴定和查询、冻结的，人民检察院应当依法进行监督，发现上述活动有违法情况的，应当提出纠正意见。

第四百一十六条　人民法院根据申请收集、调取的证据或者在合议庭休庭后自行调查取得的证据，应当经过庭审出示、质证才能决定是否作为判决的依据。未经庭审出示、质证直接采纳为判决依据的，人民检察院应当提出纠正意见。

第四百一十七条　在法庭审理过程中，经审判长许可，公诉人可以逐一对正在调查的证据和案件情况发表意见，并同被告人、辩护人进行辩论。证据调查结束时，公诉人应当发表总结性意见。

在法庭辩论中，公诉人与被害人、诉讼代理人意见不一致的，公诉人应当认真听取被害人、诉讼代理人的意见，阐明自己的意见和理由。

《最高人民法院关于减刑、假释案件审理程序的规定》（法释〔2014〕5号，2014年6月1日起施行）

第七条　人民法院开庭审理减刑、假释案件，应当通知人民检察院、执行机关及被报请减刑、假释罪犯参加庭审。

人民法院根据需要，可以通知证明罪犯确有悔改表现或者立功、重大立功表现的证人，公示期间提出不同意见的人，以及鉴定人、翻译人员等其他人员参加庭审。

第十一条　庭审过程中，合议庭人员对报请理由有疑问的，可以向被报请减刑、假释罪犯、证人、执行机关代表、检察人员提问。

庭审过程中，检察人员对报请理由有疑问的，在经审判长许可后，可以出示证据，申请证人到庭，向被报请减刑、假释罪犯及证人提问并发表意见。被报请减刑、假释罪犯对报请理由有疑问的，在经审判长许可后，可以出示证据，申请证人到庭，向证人提问并发表意见。

第十二条　庭审过程中，合议庭对证据有疑问需要进行调查核实，或者检察人员、执行机关代表提出申请的，可以宣布休庭。

第十五条　人民法院书面审理减刑案件，可以提讯被报请减刑罪犯；书面审理假释案件，应当提讯被报请假释罪犯。

相关司法文件

《人民检察院办理网络犯罪案件规定》（2021年1月25日起实施）

第四十七条　人民法院开庭审理网络犯罪案件，公诉人出示证据可以借助多媒体示证、动态演示等方式进行。必要时，可以向法庭申请指派检察技术人员或者聘请其他有专门知识的人进行相关技术操作，并就专门性问题发表意见。

公诉人在出示电子数据时，应当从以下方面进行说明：

（一）电子数据的来源、形成过程；

（二）电子数据所反映的犯罪手段、人员关系、资金流向、行为轨迹等案件事实；

（三）电子数据与被告人供述、被害人陈述、证人证言、物证、书证等的相互印证情况；

（四）其他应当说明的内容。

第四十八条　在法庭审理过程中，被告人及其辩护人针对电子数据的客观性、合法性、关联性提出辩解或者辩护意见的，公诉人可以围绕争议点从证据来源是否合法，提取、复制、制作过程是否规范，内容是否真实完整，与案件事实有无关联等方面，有针对性地予以答辩。

《最高人民法院、最高人民检察院、公安部、国家安全部、司法部关于规范量刑程序若干问题的意见》（法发〔2020〕38 号，2020 年 11 月 6 日起施行）

第十五条　对于被告人不认罪或者辩护人做无罪辩护的案件，法庭调查和法庭辩论分别进行。

在法庭调查阶段，应当在查明定罪事实的基础上，查明有关量刑事实，被告人及其辩护人可以出示证明被告人无罪或者罪轻的证据，当庭发表质证意见。

在法庭辩论阶段，审判人员引导控辩双方先辩论定罪问题。在定罪辩论结束后，审判人员告知控辩双方可以围绕量刑问题进行辩论，发表量刑建议或者意见，并说明依据和理由。被告人及其辩护人参加量刑问题的调查的，不影响作无罪辩解或者辩护。

第十六条　在法庭调查中，公诉人可以根据案件的不同种类、特点和庭审的实际情况，合理安排和调整举证顺序。定罪证据和量刑证据分开出示的，应当先出示定罪证据，后出示量刑证据。

对于有数起犯罪事实的案件的量刑证据，可以在对每起犯罪事实举证时分别出示，也可以对同类犯罪事实一并出示；涉及全案综合量刑情节的证据，一般应当在举证阶段最后出示。

第十九条　在法庭审理中，审判人员对量刑证据有疑问的，可以宣布休庭，对证据进行调查核实，必要时也可以要求人民检察院补充调查核实。人民检察院补充调查核实有关证据，必要时可以要求侦查机关提供协助。

对于控辩双方补充的证据，应当经过庭审质证才能作为定案的根据。但是，对于有利于被告人的量刑证据，经庭外征求意见，控辩双方没有异议的除外。

第二十条　被告人及其辩护人、被害人及其诉讼代理人申请人民法院调取在侦查、审查起诉阶段收集的量刑证据材料，人民法院认为确有必要的，应当依法调取；人民法院认为不需要调取的，应当说明理由。

《人民法院办理刑事案件第一审普通程序法庭调查规程（试行）》（法发〔2017〕31号，2018年1月1日起试行）

二、宣布开庭和讯问、发问程序

第七条　公诉人宣读起诉书后，审判长应当询问被告人对起诉书指控的犯罪事实是否有异议，听取被告人的供述和辩解。对于被告人当庭认罪的案件，应当核实被告人认罪的自愿性和真实性，听取其供述和辩解。

在审判长主持下，公诉人可以就起诉书指控的犯罪事实讯问被告人，为防止庭审过分迟延，就证据问题向被告人的讯问可在举证、质证环节进行。经审判长准许，被害人及其法定代理人、诉讼代理人可以就公诉人讯问的犯罪事实补充发问；附带民事诉讼原告人及其法定代理人、诉讼代理人可以就附带民事部分的事实向被告人发问；被告人的法定代理人、辩护人，附带民事诉讼被告人及其法定代理人、诉讼代理人可以在控诉一方就某一问题讯问完毕后向被告人发问。有多名被告人的案件，辩护人对被告人的发问，应当在审判长主持下，先由被告人本人的辩护人进行，再由其他被告人的辩护人进行。

第八条　有多名被告人的案件，对被告人的讯问应当分别进行。

被告人供述之间存在实质性差异的，法庭可以传唤有关被告人到庭对质。审判长可以分别讯问被告人，就供述的实质性差异进行调查核实。经审判长准许，控辩双方可以向被告人讯问、发问。审判长认为有必要的，可以准许被告人之间相互发问。

根据案件审理需要，审判长可以安排被告人与证人、被害人依照前款规定的方式进行对质。

第九条　申请参加庭审的被害人众多，且案件不属于附带民事诉讼范围的，被害人可以推选若干代表人参加或者旁听庭审，人民法院也可以指定若干代表人。

对被告人讯问、发问完毕后，其他证据出示前，在审判长主持下，参加庭审的被害人可以就起诉书指控的犯罪事实作出陈述。经审判长准许，控辩双方可以在被害人陈述后向被害人发问。

第十条　为解决被告人供述和辩解中的疑问，审判人员可以讯问被告人，也可以向被害人、附带民事诉讼当事人发问。

第十一条　有多起犯罪事实的案件，对被告人不认罪的事实，法庭调查一般应当分别进行。

被告人不认罪或者认罪后又反悔的案件，法庭应当对与定罪和量刑有关的事实、证据进行全面调查。

被告人当庭认罪的案件，法庭核实被告人认罪的自愿性和真实性，确认被告人知悉认罪的法律后果后，可以重点围绕量刑事实和其他有争议的问题进行调查。

四、举证、质证程序

第二十八条　开庭讯问、发问结束后，公诉人先行举证。公诉人举证完毕后，被告人及其辩护人举证。

公诉人出示证据后，经审判长准许，被告人及其辩护人可以有针对性地出示证据予以反驳。

控辩一方举证后，对方可以发表质证意见。必要时，控辩双方可以对争议证据进行多轮质证。

被告人及其辩护人认为公诉人出示的有关证据对本方诉讼主张有利的，可以在发表质证意见时予以认可，或者在发表辩护意见时直接援引有关证据。

第二十九条　控辩双方随案移送或者庭前提交，但没有当庭出示的证据，审判长可以进行必要的提示；对于其中可能影响定罪量刑的关键证据，审判长应当提示控辩双方出示。

对于案件中可能影响定罪量刑的事实、证据存在疑问，控辩双方没有提及的，审判长应当引导控辩双方发表质证意见，并依法调查核实。

第三十条　法庭应当重视对证据收集合法性的审查，对证据收集的合法性有疑问的，应当调查核实证明取证合法性的证据材料。

对于被告人及其辩护人申请排除非法证据，依法提供相关线索或者材料，法庭对证据收集的合法性有疑问，决定进行调查的，一般应当先行当庭调查。

第三十一条　对于可能影响定罪量刑的关键证据和控辩双方存在争议的证据，一般应当单独举证、质证，充分听取质证意见。

对于控辩双方无异议的非关键性证据，举证方可以仅就证据的名称及其证明的事项作出说明，对方可以发表质证意见。

召开庭前会议的案件，举证、质证可以按照庭前会议确定的方式进行。根据案件审理需要，法庭可以对控辩双方的举证、质证方式进行必要的提示。

第三十二条　物证、书证、视听资料、电子数据等证据，应当出示原物、原件。取得原物、原件确有困难的，可以出示照片、录像、副本、复制件等足以反映原物、原件外形和特征以及真实内容的材料，并说明理由。

对于鉴定意见和勘验、检查、辨认、侦查实验等笔录，应当出示原件。

第三十三条　控辩双方出示证据，应当重点围绕与案件事实相关的内容或者控辩双方存在争议的内容进行。

出示证据时，可以借助多媒体设备等方式出示、播放或者演示证据内容。

第三十四条　控辩双方对证人证言、被害人陈述、鉴定意见无异议，有关人员不需要出庭的，或者有关人员因客观原因无法出庭且无法通过视频等方式作证的，可以出示、宣读庭前收集的书面证据材料或者作证过程录音录像。

被告人当庭供述与庭前供述的实质性内容一致的，可以不再出示庭前供述；当庭供述与庭前供述存在实质性差异的，可以出示、宣读庭前供述中存在实质性差异的内容。

第三十五条　采用技术侦查措施收集的证据，应当当庭出示。当庭出示、辨认、质证可能危及有关人员的人身安全，或者可能产生其他严重后果的，应当采取不暴露有关人员身份、不公开技术侦查措施和方法等保护措施。

法庭决定在庭外对技术侦查证据进行核实的，可以召集公诉人和辩护律师到场。在场人员应当履行保密义务。

第三十六条　法庭对证据有疑问的，可以告知控辩双方补充证据或者作出说明；必要时，可以在其他证据调查完毕后宣布休庭，对证据进行调查核实。法庭调查核实证据，可以通知控辩双方到场，并将核实过程记录在案。

对于控辩双方补充的和法庭庭外调查核实取得的证据，应当经过庭审质证才能作为定案的根据。但是，对于不影响定罪量刑的非关键性证据和有利于被告人的量刑证据，经庭外征求意见，控辩双方没有异议的除外。

第三十七条　控辩双方申请出示庭前未移送或提交人民法院的证据，对方提出异议的，申请方应当说明理由，法庭经审查认为理由成立并确有出示必要的，应当准许。

对方提出需要对新的证据作辩护准备的，法庭可以宣布休庭，并确定准备的时间。

第三十八条　法庭审理过程中，控辩双方申请通知新的证人到庭，调取新的证据，申请重新鉴定或者勘验的，应当提供证人的基本信息、证据的存放地点、说明拟证明的案件事实、要求重新鉴定或者勘验的理由。法庭认为有必要的，应当同意，并宣布延期审理；不同意的，应当说明理由并继续审理。

第三十九条　公开审理案件时，控辩双方提出涉及国家秘密、商业秘密或者个人隐私的证据的，法庭应当制止。有关证据确与本案有关的，可以根据具体情况，决定将案件转为不公开审理，或者对相关证据的法庭调查不公开进行。

第四十条　审判期间，公诉人发现案件需要补充侦查，建议延期审理的，法庭可以同意，但建议延期审理不得超过两次。

人民检察院将补充收集的证据移送人民法院的，人民法院应当通知辩护人、诉讼代理人查阅、摘抄、复制。辩护方提出需要对补充收集的证据作辩护准备的，法庭可以宣布休庭，并确定准备的时间。

补充侦查期限届满后，经人民法院通知，人民检察院未建议案件恢复审理，且未说明原因的，人民法院可以决定按人民检察院撤诉处理。

第四十一条　人民法院向人民检察院调取需要调查核实的证据材料，或者根据被告人及其辩护人的申请，向人民检察院调取在侦查、审查起诉期间收集的有关被告人无罪或者罪轻的证据材料，应当通知人民检察院在收到调取证据材料决定书后三日内移交。

第四十二条　法庭除应当审查被告人是否具有法定量刑情节外，还应当根据案件情况审查以下影响量刑的情节：

（一）案件起因；

（二）被害人有无过错及过错程度，是否对矛盾激化负有责任及责任大小；

（三）被告人的近亲属是否协助抓获被告人；

（四）被告人平时表现，有无悔罪态度；

（五）退赃、退赔及赔偿情况；

（六）被告人是否取得被害人或者其近亲属谅解；

（七）影响量刑的其他情节。

第四十三条　审判期间，被告人及其辩护人提出有自首、坦白、立功等法定量刑情节，或者人民法院发现被告人可能有上述法定量刑情节，而人民检察院移送的案卷中没有相关证据材料的，应当通知人民检察院移送。

审判期间，被告人及其辩护人提出新的立功情节，并提供相关线索或者材料的，人民法院可以建议人民检察院补充侦查。

第四十四条　被告人当庭不认罪或者辩护人作无罪辩护的，法庭对定罪事实进行调查后，可以对与量刑有关的事实、证据进行调查。被告人及其辩护人可以当庭发表质证意见，出示证明被告人罪轻或者无罪的证据。被告人及其辩护人参加量刑事实、证据的调查，不影响无罪辩解或者辩护。

《最高人民法院关于全面推进以审判为中心的刑事诉讼制度改革的实施意见》（法发〔2017〕5号，2017年2月17日起施行）

三、规范普通审理程序，确保依法公正审判

11.证明被告人有罪或者无罪、罪轻或者罪重的证据，都应当在法庭上出示，依法保障控辩双方的质证权。

对影响定罪量刑的关键证据和控辩双方存在争议的证据，一般应当单独质证。

12.法庭应当依照法定程序审查、核实、认定证据。证据未经当庭出示、辨认、质证等法庭调查程序查证属实，不得作为定案的根据。

13.采取技术侦查措施收集的证据，当庭质证可能危及有关人员的人身安全，或者可能产生其他严重后果的，应当采取不暴露有关人员身份、不公开技术侦查措施和方法等保护措施。

法庭决定在庭外对技术侦查证据进行核实的，可以召集公诉人、侦查人员和辩护律师到场。在场人员应当履行保密义务。

14.控辩双方对证人证言有异议，人民法院认为证人证言对案件定罪量刑有重大影响的，应当通知证人出庭作证。控辩双方申请证人出庭的，人民法院通知证人出庭后，申请方应当负责协助相关证人到庭。

证人没有正当理由不出庭作证的，人民法院在必要时可以强制证人到庭。

根据案件情况，可以实行远程视频作证。

15. 控辩双方对鉴定意见有异议，人民法院认为鉴定人有必要出庭的，应当通知鉴定人出庭作证。

16. 证人、鉴定人、被害人因出庭作证，本人或者其近亲属的人身安全面临危险的，人民法院应当采取不公开其真实姓名、住址、工作单位和联系方式等个人信息，或者不暴露其外貌、真实声音等保护措施。必要时，可以建议有关机关采取专门性保护措施。

人民法院应当建立证人出庭作证补助专项经费机制，对证人出庭作证所支出的交通、住宿、就餐等合理费用给予补助。

《最高人民法院、最高人民检察院、公安部、国家安全部、司法部关于推进以审判为中心的刑事诉讼制度改革的意见》（法发〔2016〕18 号，2016 年 7 月 20 日起施行）

十一、规范法庭调查程序，确保诉讼证据出示在法庭、案件事实查明在法庭。证明被告人有罪或者无罪、罪轻或者罪重的证据，都应当在法庭上出示，依法保障控辩双方的质证权利。对定罪量刑的证据，控辩双方存在争议的，应当单独质证；对庭前会议中控辩双方没有异议的证据，可以简化举证、质证。

《最高人民法院、最高人民检察院、公安部、国家安全部、司法部关于依法保障律师执业权利的规定》（司发〔2015〕14 号，2015 年 9 月 16 日起施行）

第二十四条　辩护律师在开庭以前提出召开庭前会议、回避、补充鉴定或者重新鉴定以及证人、鉴定人出庭等申请的，人民法院应当及时审查作出处理决定，并告知辩护律师。

第二十八条　法庭审理过程中，经审判长准许，律师可以向当事人、证人、鉴定人和有专门知识的人发问。

第二十九条　法庭审理过程中，律师可以就证据的真实性、合法性、关联性，从证明目的、证明效果、证明标准、证明过程等方面，进行法庭质证和相关辩论。

第三十二条　法庭审理过程中，律师可以提出证据材料，申请通知新的证人、有专门知识的人出庭，申请调取新的证据，申请重新鉴定或者勘验、检查。在民事诉讼中，申请有专门知识的人出庭，应当在举证期限届满前向人民法院申请，经法庭许可后才可以出庭。

第三十八条　法庭审理过程中，律师就回避、案件管辖、非法证据排除、申请通知证人、鉴定人、有专门知识的人出庭，申请通知新的证人到庭，调取新的证据，申请重新鉴定、勘验等问题当庭提出申请，或者对法庭审理程序提出异议的，法庭原则上应当休庭进行审查，依照法定程序作出决定。其他律师有相同异议的，应一并提出，法庭一并休庭审查。法庭决定驳回申请或者异议的，律师可当庭提出复议。

经复议后，律师应当尊重法庭的决定，服从法庭的安排。

律师不服法庭决定保留意见的内容应当详细记入法庭笔录，可以作为上诉理由，或者向同级或者上一级人民检察院申诉、控告。

《刑事抗诉案件出庭规则（试行）》（〔2001〕高检诉发第 11 号，2001 年 3 月 5 日起施行）

三、法 庭 调 查

第九条　检察人员应当根据抗诉案件的不同情况分别采取以下举证方式：

（一）对于事实清楚，证据确实、充分，只是由于原审判决、裁定定性不准、裁定定性不准、适用法律错误导致量刑明显不当，或者因人民法院审判活动违反法定诉讼程序而提起抗诉的案件，如果原审事实、证据没有变化，在宣读支持抗诉意见书后由检察人员提请，并经审判长许可和辩护方同意，除了对新的辩论观点所依据的证据进行举证、质证以外，可以直接进入法庭辩论。

（二）对于因原审判决、裁定认定部分事实不清、运用部分证据错误，导致定性不准，量刑明显不当而抗诉的案件，出庭的检察人员对经过原审举证、质证并成为判决、裁定依据，且诉讼双方没有异议的证据，不必逐一举证、质证，应当将法庭调查、辩论的焦点放在检察机关认为原审判决、裁定认定错误的事实和运用错误的证据上，并就有关事实和证据进行详细调查、举证和论证。对原审未质证清楚，二审、再审对犯罪事实又有争议的证据，或者在二审、再审期间收集的新的证据，应当进行举证、质证。

（三）对于因原审判决、裁定认定事实不清、证据不足，导致定性不准、量刑明显不当而抗诉的案件，出庭的检察人员应当对案件的事实、证据、定罪、量刑等方面的问题进行全面举证。庭审中应当注意围绕抗诉重点举证、质证、答辩，充分阐明抗诉观点，翔实、透彻地论证抗诉理由及其法律依据。

第十条　检察人员在审判长的主持下讯问被告人、讯问应当围绕抗诉理由以及对原审判决、裁定认定事实有争议的部分进行，对没有异议的事实不再全面讯问。

讯问前应当先就原审被告人过去所作的供述是否属实进行讯问。如果被告人回答不属实，应当讯问哪些不属实。针对翻供，可以进行政策攻心和法制教育，或者利用被告人供述的前后矛盾进行讯问，或者适时举出相关证据予以反驳。

讯问时应当注意方式、方法，讲究技巧和策略。对被告人供述不清、不全、前后矛盾，或者供述明显不合情理，或者供述与已查证属实的证据相矛盾的问题，应当讯问。与案件无关、被告人已经供述清楚或者无争议的问题，不应当讯问。

讯问被告人应当有针对性，语言准确、简练、严密。

对辩护人已经提问而被告人作出客观回答的问题，一般不进行重复讯问。辩护人提问后，被告人翻供或者回答含糊不清的，如果涉及案件事实、性质的认定或者影响量刑的，检察人员必须有针对性重复讯问。辩护人提问的内容与案件无关，或者采取不适当的发问语言和态度的，检察人员应当及时请求合议庭予以制止。

在法庭调查结束前，检察人员可以根据辩护人、诉讼代理人、审判长（审判员）发问的情况，进行补充讯问。

第十一条 证人、鉴定人应当由人民法院通知并负责安排出庭作证。对证人的询问，应当按照刑事诉讼法第一百五十六条规定的顺序进行，但对辩方提供的证人，公诉人认为由辩护人先行发问更为适当的，可以由辩护人先行发问。

检察人员对证人发问，应当针对证言中有遗漏、矛盾、模糊不清的有争议的内容，并着重围绕与定罪量刑紧密相关的事实进行。发问应当采取一问一答的形式，做到简洁清楚。

证人进行虚假陈述的，应当通过发问澄清事实，必要时还应当出示、宣读证据配合发问。

第十二条 询问鉴定人参照第十一条的规定进行。

第十三条 检察人员应当在提请合议庭同意宣读有关证言、书证或者出示物证时，说明该证据的证明对象。合议庭同意后，在举证前，检察人员应当说明取证主体、取证对象以及取证时间和地点，说明取证程序合法。

对检察人员收集的新证据，向法庭出示时也应当说明证据的来源和证明作用以及证人的有关情况，提请法庭质证。

第十四条 二审期间审判人员通过调查核实取得的新证据，应当由审判人员在法庭上出示，检察人员应当进行质证。

第十五条 检察人员对辩护人在法庭上出示的证据材料，无论是新的证据材料还是原审庭审时已经举证、质证的证据材料，均应积极参与质证。既要对辩护人所出示证据材料的真实性发表意见，也要注意辩护人的举证意图。如果辩护人运用该证据材料所说明观点不能成立，应当及时予以反驳。对辩护人、当事人、原审被告人出示的新的证据材料，检察人员认为必要时，可以进行讯问、质证，并就该证据材料的合法性证明力提出意见。

第十六条 法庭审理过程中，对证据有疑问或者需要补充新的证据、重新鉴定或勘验现场等，检察人员可以向审判长提出休庭或延期审理的建议。

3. 举 证 质 证

相关司法文件

《人民检察院公诉人出庭举证质证工作指引》（2018 年 7 月 3 日起施行）
第一章 总 则
第一条 为适应以审判为中心的刑事诉讼制度改革新要求，全面贯彻证据裁判规则，进一步加强和改进公诉人出庭举证质证工作，构建认罪和不认罪案件相区别的出庭公诉模式，增强指控犯罪效果，根据《中华人民共和国刑事诉讼法》和相关规定，结合检察工作实际，制定本工作指引。

第二条　举证是指在出庭支持公诉过程中，公诉人向法庭出示、宣读、播放有关证据材料并予以说明，对出庭作证人员进行询问，以证明公诉主张成立的诉讼活动。

质证是指在审判人员的主持下，由控辩双方对所出示证据材料及出庭作证人员的言词证据的证据能力和证明力相互进行质疑和辩驳，以确认是否作为定案依据的诉讼活动。

第三条　公诉人出庭举证质证，应当以辩证唯物主义认识论为指导，以事实为根据，以法律为准绳，注意运用逻辑法则和经验法则，有力揭示和有效证实犯罪，提高举证质证的质量、效率和效果，尊重和保障犯罪嫌疑人、被告人和其他诉讼参与人诉讼权利，努力让人民群众在每一个司法案件中感受到公平正义。

第四条　公诉人举证质证，应当遵循下列原则：

（一）实事求是，客观公正；

（二）突出重点，有的放矢；

（三）尊重辩方，理性文明；

（四）遵循法定程序，服从法庭指挥。

第五条　公诉人可以根据被告人是否认罪，采取不同的举证质证模式。

被告人认罪的案件，经控辩双方协商一致并经法庭同意，举证质证可以简化。

被告人不认罪或者辩护人作无罪辩护的案件，一般应当全面详细举证质证。但对辩护方无异议的证据，经控辩双方协商一致并经法庭同意，举证质证也可以简化。

第六条　公诉人举证质证，应当注重与现代科技手段相融合，积极运用多媒体示证、电子卷宗、出庭一体化平台等，增强庭审指控犯罪效果。

第二章　举证质证的准备

第七条　公诉人审查案件时，应当充分考虑出庭准备和庭审举证质证工作的需要，有针对性地制作审查报告。

第八条　公诉人基于出庭准备和庭审举证质证工作的需要，可以在开庭前从人民法院取回有关案卷材料和证据，或者查阅电子卷宗。

第九条　公诉案件开庭前，公诉人应当进一步熟悉案情，掌握证据情况，深入研究与本案有关的法律政策问题，熟悉审判可能涉及的专业知识，围绕起诉书指控的犯罪事实和情节，制作举证质证提纲，做好举证质证准备。

制作举证质证提纲应当注意以下方面：

（一）证据的取得是否符合法律规定；

（二）证据是否符合法定形式；

（三）证据是否为原件、原物，照片、录像、复制件、副本等与原件、原物是否相符；

（四）发现证据时的客观环境；

（五）证据形成的原因；

（六）证人或者提供证据的人与本案有无利害关系；

（七）证据与待证事实之间的关联关系；

（八）证据之间的相互关系；

（九）证据是否共同指向同一待证事实，有无无法排除的矛盾和无法解释的疑问，全案证据是否形成完整的证明体系，根据全案证据认定的事实是否足以排除合理怀疑，结论是否具有唯一性；

（十）证据是否具有证据能力及其证明力的其他问题。

第十条　公诉人应当通过参加庭前会议，及时掌握辩护方提供的证据，全面了解被告人及其辩护人对证据的主要异议，并在审判人员主持下，就案件的争议焦点、证据的出示方式等进行沟通，确定举证顺序、方式。根据举证需要，公诉人可以申请证人、鉴定人、侦查人员、有专门知识的人出庭，对辩护方出庭人员名单提出异议。

审判人员在庭前会议中组织展示证据的，公诉人应当出示拟在庭审中出示的证据，梳理存在争议的证据，听取被告人及其辩护人的意见。

被告人及其辩护人在开庭审理前申请排除非法证据，并依照法律规定提供相关线索或者材料的，公诉人经查证认为不存在非法取证行为的，应当在庭前会议中通过出示有关证据材料等方式，有针对性地对证据收集的合法性作出说明。

公诉人可以在庭前会议中撤回有关证据。撤回的证据，没有新的理由，不得在庭审中出示。

公诉人应当根据庭前会议上就举证方式达成的一致意见，修改完善举证提纲。

第十一条　公诉人在开庭前收到人民法院转交或者被告人及其辩护人、被害人、证人等递交的反映证据系非法取得的书面材料的，应当进行审查。对于审查逮捕、审查起诉期间已经提出并经查证不存在非法取证行为的，应当通知人民法院，或者告知有关当事人和辩护人，并按照查证的情况做好庭审准备。对于新的材料或者线索，可以要求侦查机关对证据收集的合法性进行说明或者提供相关证明材料，必要时可以自行调查核实。

第十二条　公诉人在庭前会议后依法收集的证据，在开庭前应当及时移送人民法院，并了解被告人或者其辩护人是否提交新的证据。如果有新的证据，公诉人应当对该证据进行审查。

第十三条　公诉人在开庭前，应当通过讯问被告人、听取辩护人意见、参加庭前会议、与法庭沟通等方式，了解掌握辩护方所收集的证明被告人无罪、罪轻或者反映存在非法取证行为的相关材料情况，进一步熟悉拟在庭审中出示的相关证据，围绕证据的真实性、关联性、合法性，全面预测被告人、辩护人可能提出的质证观点，有针对性地制作和完善质证提纲。

第三章　举　证
第一节　举证的基本要求

第十四条　公诉人举证，一般应当遵循下列要求：

（一）公诉人举证，一般应当全面出示证据；出示、宣读、播放每一份（组）证据时，一般应当出示证据的全部内容。根据普通程序、简易程序以及庭前会议确定的举证方式和案件的具体情况，也可以简化出示，但不得随意删减、断章取义。没有召开庭前会议的，公诉人可以当庭与辩护方协商，并经法庭许可确定举证方式。

（二）公诉人举证前，应当先就举证方式作出说明；庭前会议对简化出示证据达成一致意见的，一并作出说明。

（三）出示、宣读、播放每一份（组）证据前，公诉人一般应当先就证据证明方向，证据的种类、名称、收集主体和时间以及所要证明的内容向法庭作概括说明。

（四）对于控辩双方无异议的非关键性证据，举证时可以仅就证据的名称及所证明的事项作出说明；对于可能影响定罪量刑的关键证据和控辩双方存在争议的证据，以及法庭认为有必要调查核实的证据，应当详细出示。

（五）举证完毕后，应当对出示的证据进行归纳总结，明确证明目的。

（六）使用多媒体示证的，应当与公诉人举证同步进行。

第十五条　公诉人举证，应当主要围绕下列事实，重点围绕控辩双方争议的内容进行：

（一）被告人的身份；

（二）指控的犯罪事实是否存在，是否为被告人所实施；

（三）实施犯罪行为的时间、地点、方法、手段、结果，被告人犯罪后的表现等；

（四）犯罪集团或者其他共同犯罪案件中参与犯罪人员的各自地位和应负的责任；

（五）被告人有无刑事责任能力，有无故意或者过失，行为的动机、目的；

（六）有无依法不应当追究刑事责任的情形，有无法定从重或者从轻、减轻以及免除处罚的情节；

（七）犯罪对象、作案工具的主要特征，与犯罪有关的财物的来源、数量以及去向；

（八）被告人全部或者部分否认起诉书指控的犯罪事实的，否认的根据和理由能否成立；

（九）与定罪、量刑有关的其他事实。

第十六条　对于公诉人简化出示的证据，辩护人要求公诉人详细出示的，可以区分不同情况作出处理。具有下列情形之一的，公诉人应当详细出示：

（一）审判人员要求详细出示的；

（二）辩护方要求详细出示并经法庭同意的；

（三）简化出示证据可能影响举证效果的。

具有下列情形之一的，公诉人可以向法庭说明理由，经法庭同意后，可以不再详细出示：

（一）公诉人已经详细出示过相关证据，辩护方重复要求的；

（二）公诉人简化出示的证据能够证明案件事实并反驳辩护方异议的；

（三）辩护方所要求详细出示的内容与起诉书认定事实无关的；

（四）被告人承认指控的犯罪事实和情节的。

第十七条　辩护方当庭申请公诉人宣读出示案卷中对被告人有利但未被公诉人采信的证据的，可以建议法庭决定由辩护方宣读出示，并说明不采信的理由。法庭采纳辩护方申请要求公诉人宣读出示的，公诉人应当出示。

第十八条　公诉人、被告人及其辩护人对收集被告人供述是否合法未达成一致意见，人民法院在庭审中对证据合法性进行调查的，公诉人可以根据讯问笔录、羁押记录、提讯登记、出入看守所的健康检查记录、医院病历、看守管教人员的谈话记录、采取强制措施或者侦查措施的法律文书、侦查机关对讯问过程合法性的证明材料、侦查机关或者检察机关对证据收集合法性调查核实的结论、驻看守所检察人员在侦查终结前对讯问合法性的核查结论等，对庭前讯问被告人的合法性进行证明，可以要求法庭播放讯问同步录音、录像，必要时可以申请法庭通知侦查人员或者其他人员出庭说明情况。

控辩双方对收集证人证言、被害人陈述、收集物证、书证等的合法性以及其他程序事实发生争议的，公诉人可以参照前款规定出示、宣读有关法律文书、侦查或者审查起诉活动笔录等予以证明。必要时，可以建议法庭通知负责侦查的人员以及搜查、查封、扣押、冻结、勘验、检查、辨认、侦查实验等活动的见证人出庭陈述有关情况。

第二节　举证的一般方法

第十九条　举证一般应当一罪名一举证、一事实一举证，做到条理清楚、层次分明。

第二十条　举证顺序应当以有利于证明公诉主张为目的，公诉人可以根据案件的不同种类、特点和庭审实际情况，合理安排和调整举证顺序。一般先出示定罪证据，后出示量刑证据；先出示主要证据，后出示次要证据。

公诉人可以按照与辩护方协商并经法庭许可确定的举证顺序进行举证。

第二十一条　根据案件的具体情况和证据状况，结合被告人的认罪态度，举证可以采用分组举证或者逐一举证的方式。

案情复杂、同案被告人多、证据数量较多的案件，一般采用分组举证为主、逐一举证为辅的方式。

对证据进行分组时，应当遵循证据之间的内在逻辑关系，可以将证明方向一致或者证明内容相近的证据归为一组；也可以按照证据种类进行分组，并注意各组证据在证明内容上的层次和递进关系。

第二十二条　对于可能影响定罪量刑的关键证据和控辩双方存在争议的证据，应当单独举证。

被告人认罪的案件，对控辩双方无异议的定罪证据，可以简化出示，主要围绕量刑和其他有争议的问题出示证据。

第二十三条　对于被告人不认罪案件，应当立足于证明公诉主张，通过合理举证构建证据体系，反驳被告人的辩解，从正反两个方面予以证明。重点一般放在能够有力证明指控犯罪事实系被告人所为的证据和能够证明被告人无罪辩解不成立的证据上，可以将指控证据和反驳证据同时出示。

对于被告人翻供的，应当综合运用证据，阐明被告人翻供的时机、原因、规律，指出翻供的不合理、不客观、有矛盾之处。

第二十四条　"零口供"案件的举证，可以采用关键证据优先法。公诉人根据案件证据情况，优先出示定案的关键证据，重点出示物证、书证、现场勘查笔录等客观性证据，直接将被告人与案件建立客观联系，在此基础上构建全案证据体系。

辩点较多案件的举证，可以采用先易后难法。公诉人根据案件证据情况和庭前会议了解的被告人及辩护人的质证观点，先出示被告人及辩护人没有异议的证据或者分歧较小的证据，后出示控辩双方分歧较大的证据，使举证顺利推进，为集中精力对分歧证据进行质证作准备。

依靠间接证据定案的不认罪案件的举证，可以采用层层递进法。公诉人应当充分运用逻辑推理，合理安排举证顺序，出示的后一份（组）证据与前一份（组）证据要紧密关联，环环相扣，层层递进，通过逻辑分析揭示各个证据之间的内在联系，综合证明案件已经排除合理怀疑。

第二十五条　对于一名被告人有一起犯罪事实或者案情比较简单的案件，可以根据案件证据情况按照法律规定的证据种类举证。

第二十六条　对于一名被告人有数起犯罪事实的案件，可以以每一起犯罪事实为单元，将证明犯罪事实成立的证据分组举证或者逐一举证。其中，涉及每起犯罪事实中量刑情节的证据，应当在对该起犯罪事实举证中出示；涉及全案综合量刑情节的证据，应当在全案的最后出示。

第二十七条　对于数名被告人有一起犯罪事实的案件，根据各被告人在共同犯罪中的地位、作用及情节，一般先出示证明主犯犯罪事实的证据，再出示证明从犯犯罪事实的证据。

第二十八条　对于数名被告人有数起犯罪事实的案件，可以采用不同的分组方法和举证顺序，或者按照作案时间的先后顺序，或者以主犯参与的犯罪事实为主线，或者以参与人数的多少为标准，并注意区分犯罪集团的犯罪行为、一般共同犯罪行为和个别成员的犯罪行为，分别进行举证。

第二十九条　对于单位犯罪案件，应当先出示证明单位构成犯罪的证据，再出示对其负责的单位主管人员或者其他直接责任人员构成犯罪的证据。对于指控被告单位犯罪与指控单位主管人员或者其他直接责任人员犯罪的同一份证据可以重复出示，但重复出示时仅予以说明即可。

第三节　各类证据的举证要求

第三十条　出示的物证一般应当是原物。原物不易搬运、不易保存或者已返还被害人的，可以出示反映原物外形和特征的照片、录像、复制品，并向法庭说明情况及与原物的同一性。

出示的书证一般应当是原件，获取书证原件确有困难的，可以出示书证副本或者复制件，并向法庭说明情况及与原件的同一性。

出示物证、书证时，应当对物证、书证所要证明的内容、收集情况作概括说明，可以提请法庭让当事人、证人等诉讼参与人辨认。物证、书证经过技术鉴定的，可以宣读鉴定意见。

第三十一条　询问出庭作证的证人，应当遵循以下规则：

（一）发问应当单独进行；

（二）发问应当简洁、清楚；

（三）发问应当采取一问一答形式，不宜同时发问多个内容不同的问题；

（四）发问的内容应当着重围绕与定罪、量刑紧密相关的事实进行；

（五）不得以诱导方式发问；

（六）不得威胁或者误导证人；

（七）不得损害证人的人格尊严；

（八）不得泄露证人个人隐私；

（九）询问未成年人，应当结合未成年人的身心特点进行。

第三十二条　证人出庭的，公诉人可以要求证人就其了解的与案件有关的事实进行陈述，也可以直接发问。对于证人采取猜测性、评论性、推断性语言作证的，公诉人应当提醒其客观表述所知悉的案件事实。

公诉人认为证人作出的回答对案件事实和情节的认定有决定性或者重大影响，可以提请法庭注意。

证人出庭作证的证言与庭前提供的证言相互矛盾的，公诉人应当问明理由，并对该证人进行询问，澄清事实。认为理由不成立的，可以宣读证人在改变证言前的笔录内容，并结合相关证据予以反驳。

对未到庭证人的证言笔录，应当当庭宣读。宣读前，应当说明证人和本案的关系。对证人证言笔录存在疑问、确实需要证人出庭陈述或者有新的证人的，公诉人可以要求延期审理，由人民法院通知证人到庭提供证言和接受质证。

根据案件情况，公诉人可以申请实行证人远程视频作证。

控辩双方对证人证言无异议，证人不需要出庭的，或者证人因客观原因无法出庭且无法通过视频等方式作证的，公诉人可以出示、宣读庭前收集的书面证据材料或者作证过程录音、录像。

第三十三条　公诉人申请出庭的证人当庭改变证言、被害人改变其庭前的陈述，公诉人可以询问其言词发生变化的理由，认为理由不成立的，可以择机有针对性地宣读其在侦查、审查起诉阶段的证言、陈述，或者出示、宣读其他证据，对证人、被害人进行询问，予以反驳。

第三十四条　对被害人、鉴定人、侦查人员、有专门知识的人的询问，参照适用询问证人的规定。

第三十五条　宣读被告人供述，应当根据庭审中被告人供述的情况进行。被告人有多份供述且内容基本一致的，一般选择证明力最充分的一份或者几份出示。被告人当庭供述与庭前供述的实质性内容一致的，可以不再宣读庭前供述，但应当向法庭说明；被告人当庭供述与庭前供述存在实质性差异的，公诉人应当问明理由，认为理由不成立的，应当就存在实质性差异的内容宣读庭前供述，并结合相关证据予以反驳。

第三十六条　被告人作无罪辩解或者当庭供述与庭前供述内容不一致，足以影响定罪量刑的，公诉人可以有针对性地宣读被告人庭前供述笔录，并针对笔录中被告人的供述内容对被告人进行讯问，或者出示其他证据进行证明，予以反驳，并提请法庭对其当庭供述不予采信。对翻供内容需要调查核实的，可以建议法庭休庭或者延期审理。

第三十七条　鉴定意见以及勘验、检查、辨认和侦查实验等笔录应当当庭宣读，并对鉴定人、勘验人、检查人、辨认人、侦查实验人员的身份、资质、与当事人及本案的关系作出说明，必要时提供证据予以证明。鉴定人、有专门知识的人出庭，公诉人可以根据需要对其发问。发问时适用对证人询问的相关要求。

第三十八条　播放视听资料，应当首先对视听资料的来源、制作过程、制作环境、制作人员以及所要证明的内容进行概括说明。播放一般应当连续进行，也可以根据案情分段进行，但应当保持资料原貌，不得对视听资料进行剪辑。

播放视听资料，应当向法庭提供视听资料的原始载体。提供原始载体确有困难的，可以提供复制件，但应当向法庭说明原因。

出示音频资料，也可以宣读庭前制作的附有声音资料语言内容的文字记录。

第三十九条　出示以数字化形式存储、处理、传输的电子数据证据，应当对该证据的原始存储介质、收集提取过程等予以简要说明，围绕电子数据的真实性、完整性、合法性，以及被告人的网络身份与现实身份的同一性出示证据。

第四章　质　证

第一节　质证的基本要求

第四十条　公诉人质证应当根据辩护方所出示证据的内容以及对公诉方证据提出的质疑，围绕案件事实、证据和适用法律进行。

质证应当一证一质一辩。质证阶段的辩论，一般应当围绕证据本身的真实性、关联性、合法性，针对证据能力有无以及证明力大小进行。对于证据与证据之间的关联性、证据的综合证明作用问题，一般在法庭辩论阶段予以答辩。

第四十一条　对影响定罪量刑的关键证据和控辩双方存在争议的证据，一般应当单独质证。

对控辩双方没有争议的证据，可以在庭审中简化质证。

对于被告人认罪案件，主要围绕量刑和其他有争议的问题质证，对控辩双方无异议的定罪证据，可以不再质证。

第四十二条　公诉人可以根据需要将举证质证、讯问询问结合起来，在质证阶段对辩护方观点予以适当辩驳，但应当区分质证与辩论之间的界限，重点针对证据本身的真实性、关联性、合法性进行辩驳。

第四十三条　在每一份（组）证据或者全部证据质证完毕后，公诉人可以根据具体案件情况，提请法庭对证据进行确认。

第二节　对辩护方质证的答辩

第四十四条　辩护方对公诉方当庭出示、宣读、播放的证据的真实性、关联性、合法性提出的质证意见，公诉人应当进行全面、及时和有针对性地答辩。

辩护方提出的与证据的证据能力或者证明力无关、与公诉主张无关的质证意见，公诉人可以说明理由不予答辩，并提请法庭不予采纳。

公诉人答辩一般应当在辩护方提出质证意见后立即进行。在不影响庭审效果的情况下，也可以根据需要在法庭辩论阶段结合其他证据综合发表意见，但应当向法庭说明。

第四十五条　对辩护方符合事实和法律的质证，公诉人应当实事求是、客观公正地发表意见。

辩护方因对证据内容理解有误而质证的，公诉人可以对证据情况进行简要说明。

第四十六条　公诉人对辩护方质证的答辩，应当重点针对可能动摇或者削弱证据能力、证明力的质证观点进行答辩，对于不影响证据能力、证明力的质证观点可以不予答辩或者简要答辩。

第四十七条　辩护方质疑言词证据之间存在矛盾的，公诉人可以综合全案证据，立足证据证明体系，从认知能力、与当事人的关系、客观环境等角度，进行重点答辩，合理解释证据之间的矛盾。

第四十八条　辩护人询问证人或者被害人有下列情形之一的，公诉人应当及时提请审判长制止，必要时应当提请法庭对该项陈述或者证言不予采信：

（一）以诱导方式发问的；

（二）威胁或者误导证人的；

（三）使被害人、证人以推测性、评论性、推断性意见作为陈述或者证言的；

（四）发问内容与本案事实无关的；

（五）对被害人、证人带有侮辱性发问的；

（六）其他违反法律规定的情形。

对辩护人询问侦查人员、鉴定人和有专门知识的人的质证，参照前款规定。

第四十九条　辩护方质疑证人当庭证言与庭前证言存在矛盾的，公诉人可以有针对性地对证人进行发问，也可以提请法庭决定就有异议的内容由被告人与证人进行对质诘问，在发问或对质诘问过程中，对前后矛盾或者疏漏之处作出合理解释。

第五十条　辩护方质疑被告人庭前供述系非法取得的，公诉人可以综合采取以下方式证明取证的合法性：

（一）宣读被告人在审查（决定）逮捕、审查起诉阶段的讯问笔录，证实其未曾供述过在侦查阶段受到刑讯逼供，或者证实其在侦查机关更换侦查人员且再次讯问时告知诉讼权利和认罪的法律后果后仍自愿供述，或者证实其在检察人员讯问并告知诉讼权利和认罪的法律后果后仍自愿供述；

（二）出示被告人的羁押记录，证实其接受讯问的时间、地点、次数等符合法律规定；

（三）出示被告人出入看守所的健康检查记录、医院病历，证实其体表和健康情况；

（四）出示看守管教人员的谈话记录；

（五）出示与被告人同监舍人员的证言材料；

（六）当庭播放或者庭外核实讯问被告人的录音、录像；

（七）宣读重大案件侦查终结前讯问合法性核查笔录，当庭播放或者庭外核实对讯问合法性进行核查时的录音、录像；

（八）申请侦查人员出庭说明办案情况。

公诉人当庭不能证明证据收集的合法性，需要调查核实的，可以建议法庭休庭或者延期审理。

第五十一条　辩护人质疑收集被告人供述存在程序瑕疵申请排除证据的，公诉人可以宣读侦查机关的补正说明。没有补正说明的，也可以从讯问的时间地点符合法律规定，已进行权利告知，不存在威胁、引诱、欺骗等情形，被告人多份供述内容一致，全案证据能够互相印证，被告人供述自愿性未受影响，程序瑕疵没有严重影响司法公正等方面作出合理解释。必要时，可以提请法庭播放同步录音录像，从被告人供述时情绪正常、表达流畅、能够趋利避害等方面证明庭前供述自愿性，对瑕疵证据作出合理解释。

第五十二条　辩护方质疑物证、书证的，公诉人可以宣读侦查机关收集物证、书证的补正说明，从此类证据客观、稳定、不易失真以及取证主体、程序、手段合法等方面有针对性地予以答辩。

第五十三条　辩护方质疑鉴定意见的，公诉人可以从鉴定机构和鉴定人的法定资质、检材来源、鉴定程序、鉴定意见形式要件符合法律规定等方面，有针对性地予以答辩。

第五十四条　辩护方质疑不同鉴定意见存在矛盾的，公诉人可以阐释不同鉴定意见对同一问题得出不同结论的原因，阐明检察机关综合全案情况，结合案件其他证据，采信其中一份鉴定意见的理由。必要时，可以申请鉴定人、有专门知识的人出庭。控辩双方仍存在重大分歧，且辩护方质疑有合理依据，对案件有实质性影响的，可以建议法庭休庭或者延期审理。

第五十五条　辩护方质疑勘验、检查、搜查笔录的，公诉人可以从勘验、检查、搜查系依法进行，笔录的制作符合法律规定，勘验、检查、搜查人员和见证人有签名或者盖章等方面，有针对性地予以答辩。

第五十六条　辩护方质疑辨认笔录的，公诉人可以从辨认的过程、方法，以及辨认笔录的制作符合有关规定等方面，有针对性地予以答辩。

第五十七条　辩护方质疑侦查实验笔录的，公诉人可以从侦查实验的审批、过程、方法、法律依据、技术规范或者标准、侦查实验的环境条件与原案接近程度、结论的科学性等方面，有针对性地予以答辩。

第五十八条　辩护方质疑视听资料的，公诉人可以从此类证据具有不可增添性、真实性强，内容连续完整，所反映的行为人的言语动作连贯自然，提取、复制、制作过程合法，内容与案件事实关联程度等方面，有针对性地予以答辩。

第五十九条　辩护方质疑电子数据的，公诉人可以从此类证据提取、复制、制作过程、内容与案件事实关联程度等方面，有针对性地予以答辩。

第六十条　辩护方质疑采取技术侦查措施获取的证据材料合法性的，公诉人可以通过说明采取技术侦查措施的法律规定、出示批准采取技术侦查措施的法律文书等方式，有针对性地予以答辩。

第六十一条　辩护方在庭前提出排除非法证据申请，经审查被驳回后，在庭审中再次提出排除申请的，或者辩护方撤回申请后再次对有关证据提出排除申请的，公诉人应当审查辩护方是否提出新的线索或者材料。没有新的线索或者材料表明可能存在非法取证的，公诉人可以建议法庭予以驳回。

第六十二条　辩护人仅采用部分证据或者证据的部分内容，对证据证明的事项发表不同意见的，公诉人可以立足证据认定的全面性、同一性原则，综合全案证据予以答辩。必要时，可以扼要概述已经法庭质证过的其他证据，用以反驳辩护方的质疑。

第六十三条　对单个证据质证的同时，公诉人可以简单点明该证据与其他证据的印证情况，以及在整个证据链条中的作用，通过边质证边论证的方式，使案件事实逐渐清晰，减轻辩论环节综合分析论证的任务。

第三节　对辩护方证据的质证

第六十四条　公诉人应当认真审查辩护方向法庭提交的证据。对于开庭五日前未提交给法庭的，可以当庭指出，并根据情况，决定是否要求查阅该证据或者建议休庭；属于下列情况的，可以提请法庭不予采信：

（一）不符合证据的真实性、关联性、合法性要求的证据；

（二）辩护人提供的证据明显有悖常理的；

（三）其他需要提请法庭不予采信的情况。

对辩护方提出的无罪证据，公诉人应当本着实事求是、客观公正的原则进行质证。对于与案件事实不符的证据，公诉人应当针对辩护方证据的真实性、关联性、合法性提出质疑，否定证据的证明力。

对被告人的定罪、量刑有重大影响的证据，当庭难以判断的，公诉人可以建议法庭休庭或者延期审理。

第六十五条　对辩护方提请出庭的证人，公诉人可以从以下方面进行质证：

（一）证人与案件当事人、案件处理结果有无利害关系；

（二）证人的年龄、认知、记忆和表达能力、生理和精神状态是否影响作证；

（三）证言的内容及其来源；

（四）证言的内容是否为证人直接感知，证人感知案件事实时的环境、条件和精神状态；

（五）证人作证是否受到外界的干扰或者影响；

（六）证人与案件事实的关系；

（七）证言前后是否矛盾；

（八）证言之间以及与其他证据之间能否相互印证，有无矛盾。

第六十六条　辩护方证人未出庭的，公诉人认为其证言对案件的定罪量刑有重大影响的，可以提请法庭通知其出庭。

对辩护方证人不出庭的，公诉人可以从取证主体合法性、取证是否征得证人同意、是否告知证人权利义务、询问未成年人时其法定代理人或者有关人员是否到场、是否单独询问证人等方面质证。质证中可以将证言与已经出示的证据材料进行对比分析，发现并反驳前后矛盾且不能作出合理解释的证人证言。证人证言前后矛盾或者与案件事实无关的，应当提请法庭注意。

第六十七条　对辩护方出示的鉴定意见和提请出庭的鉴定人，公诉人可以从以下方面进行质证：

（一）鉴定机构和鉴定人是否具有法定资质；

（二）鉴定人是否存在应当回避的情形；

（三）检材的来源、取得、保管、送检是否符合法律和有关规定，与相关提取笔录、扣押物品清单等记载的内容是否相符，检材是否充足、可靠；

（四）鉴定意见的形式要件是否完备，是否注明提起鉴定的事由、鉴定委托人、鉴定机构、鉴定要求、鉴定过程、鉴定方法、鉴定日期等相关内容，是否由鉴定机构加盖司法鉴定专用章并由鉴定人签名、盖章；

（五）鉴定程序是否符合法律和有关规定；

（六）鉴定的过程和方法是否符合相关专业的规范要求；

（七）鉴定意见是否明确；

（八）鉴定意见与案件待证事实有无关联；

（九）鉴定意见与勘验、检查笔录及相关照片等其他证据是否矛盾；

（十）鉴定意见是否依法及时告知相关人员，当事人对鉴定意见有无异议。

必要时，公诉人可以申请法庭通知有专门知识的人出庭，对辩护方出示的鉴定意见进行必要的解释说明。

第六十八条　对辩护方出示的物证、书证，公诉人可以从以下方面进行质证：

（一）物证、书证是否为原物、原件；

（二）物证的照片、录像、复制品，是否与原物核对无误；

（三）书证的副本、复制件，是否与原件核对无误；

（四）物证、书证的收集程序、方式是否符合法律和有关规定；

（五）物证、书证在收集、保管、鉴定过程中是否受损或者改变；

（六）物证、书证与案件事实有无关联。

第六十九条　对辩护方出示的视听资料，公诉人可以从以下方面进行质证：

（一）收集过程是否合法，来源及制作目的是否清楚；

（二）是否为原件，是复制件的，是否有复制说明；

（三）制作过程中是否存在威胁、引诱当事人等违反法律、相关规定的情形；

（四）内容和制作过程是否真实，有无剪辑、增加、删改等情形；

（五）内容与案件事实有无关联。

第七十条　对辩护方出示的电子数据，公诉人可以从以下方面进行质证：

（一）是否随原始存储介质移送，在原始存储介质无法封存、不便移动等情形时，是否有提取、复制过程的说明；

（二）收集程序、方式是否符合法律及有关技术规范；

（三）电子数据内容是否真实，有无删除、修改、增加等情形；

（四）电子数据制作过程中是否受到暴力胁迫或者引诱因素的影响；

（五）电子数据与案件事实有无关联。

第七十一条　对于因专门性问题不能对有关证据发表质证意见的，可以建议休庭，向有专门知识的人咨询意见。必要时，可以建议延期审理，进行鉴定或者重新鉴定。

第四节　法庭对质

第七十二条　控辩双方针对同一事实出示的证据出现矛盾的，公诉人可以提请法庭通知相关人员到庭对质。

第七十三条　被告人、证人对同一事实的陈述存在矛盾需要对质的，公诉人可以建议法庭传唤有关被告人、证人同时到庭对质。

各被告人之间对同一事实的供述存在矛盾需要对质的，公诉人可以在被告人全部陈述完毕后，建议法庭当庭进行对质。

第七十四条　辩护方质疑物证、书证、鉴定意见、勘验、检查、搜查、辨认、侦查实验等笔录、视听资料、电子数据的，必要时，公诉人可以提请法庭通知鉴定人、有专门知识的人、侦查人员、见证人等出庭。

辩护方质疑采取技术侦查措施获取的证据材料合法性的，必要时，公诉人可以建议法庭采取不暴露有关人员身份、不公开技术侦查措施和方法等保护措施，在庭外对证据进行核实，并要求在场人员履行保密义务。

对辩护方出示的鉴定意见等技术性证据和提请出庭的鉴定人，必要时，公诉人可以提请法庭通知有专门知识的人出庭，与辩护方提请出庭的鉴定人对质。

第七十五条　在对质过程中，公诉人应当重点就证据之间的矛盾点进行发问，并适时运用其他证据指出不真实、不客观、有矛盾的证据材料。

第五章　附　则

第七十六条　本指引主要适用于人民检察院派员出庭支持公诉的第一审非速裁程序案件。对于派员出席第二审、再审案件法庭的举证、质证工作，可以参考本指引。

第七十七条　本指引自印发之日起施行。

4．认证的一般规则

相关司法解释规定

《最高人民法院关于适用〈中华人民共和国刑事诉讼法〉的解释》（法释〔2021〕1号，2021年3月1日起施行）

第一百三十九条　对证据的真实性，应当综合全案证据进行审查。

对证据的证明力，应当根据具体情况，从证据与案件事实的关联程度、证据之间的联系等方面进行审查判断。

第一百四十条　没有直接证据，但间接证据同时符合下列条件的，可以认定被告人有罪：

（一）证据已经查证属实；

（二）证据之间相互印证，不存在无法排除的矛盾和无法解释的疑问；

（三）全案证据形成完整的证据链；

（四）根据证据认定案件事实足以排除合理怀疑，结论具有唯一性；

（五）运用证据进行的推理符合逻辑和经验。

第一百四十一条　根据被告人的供述、指认提取到了隐蔽性很强的物证、书证，且被告人的供述与其他证明犯罪事实发生的证据相互印证，并排除串供、逼供、诱供等可能性的，可以认定被告人有罪。

第一百四十二条　对监察机关、侦查机关出具的被告人到案经过、抓获经过等材料，应当审查是否有出具该说明材料的办案人员、办案机关的签名、盖章。

对到案经过、抓获经过或者确定被告人有重大嫌疑的根据有疑问的，应当通知人民检察院补充说明。

第一百四十三条　下列证据应当慎重使用，有其他证据印证的，可以采信：

（一）生理上、精神上有缺陷，对案件事实的认知和表达存在一定困难，但尚未丧失正确认知、表达能力的被害人、证人和被告人所作的陈述、证言和供述；

（二）与被告人有亲属关系或者其他密切关系的证人所作的有利于被告人的证言，或者与被告人有利害冲突的证人所作的不利于被告人的证言。

第一百四十四条　证明被告人自首、坦白、立功的证据材料，没有加盖接受被告人投案、坦白、检举揭发等的单位的印章，或者接受人员没有签名的，不得作为定案的根据。

对被告人及其辩护人提出有自首、坦白、立功的事实和理由，有关机关未予认定，或者有关机关提出被告人有自首、坦白、立功表现，但证据材料不全的，人民法院应当要求有关机关提供证明材料，或者要求有关人员作证，并结合其他证据作出认定。

第一百四十五条　证明被告人具有累犯、毒品再犯情节等的证据材料，应当包括前罪的裁判文书、释放证明等材料；材料不全的，应当通知人民检察院提供。

第一百四十六条　审查被告人实施被指控的犯罪时或者审判时是否达到相应法定责任年龄，应当根据户籍证明、出生证明文件、学籍卡、人口普查登记、无利害关系人的证言等证据综合判断。

证明被告人已满十二周岁、十四周岁、十六周岁、十八周岁或者不满七十五周岁的证据不足的，应当作出有利于被告人的认定。

相关部门规章

《依法惩治长江流域非法捕捞等违法犯罪的意见》（公通字〔2020〕17 号，2020 年 12 月 17 日起施行）

三、健全完善工作机制，保障相关案件的办案效果

（五）正确认定案件事实。要全面审查与定罪量刑有关的证据，确保据以定案的证据均经法定程序查证属实，确保综合全案证据，对所认定的事实排除合理怀疑。既要审查犯罪嫌疑人、被告人的供述和辩解，更要重视对相关物证、书证、证人证言、视听资料、电子数据等其他证据的审查判断。对于携带相关工具但是否实施电鱼、毒鱼、炸鱼等非法捕捞作业，是否进入禁捕水域范围以及非法捕捞渔获物种类、数量等事实难以直接认定的，可以根据现场执法音视频记录、案发现场周边视频监控、证人证言等证据材料，结合犯罪嫌疑人、被告人的供述和辩解等，综合作出认定。

相关司法文件

《最高人民法院、最高人民检察院、公安部、司法部关于进一步加强虚假诉讼犯罪惩治工作的意见》（法发〔2021〕10 号，2021 年 3 月 10 日起施行）

第十一条　人民法院、人民检察院认定民事诉讼当事人和其他诉讼参与人的行为涉嫌虚假诉讼犯罪，除民事诉讼当事人、其他诉讼参与人或者案外人的陈述、证言外，一般还应有物证、书证或者其他证人证言等证据相印证。

《人民检察院办理网络犯罪案件规定》（2021 年 1 月 25 日起施行）

第七条　人民检察院办理网络犯罪案件应当加强对电子数据收集、提取、保全、固定等的审查，充分运用同一电子数据往往具有的多元关联证明作用，综合运用电子数据与其他证据，准确认定案件事实。

第十一条　人民检察院办理网络犯罪案件应当重点围绕主体身份同一性、技术手段违法性、上下游行为关联性等方面全面审查案件事实和证据，注重电子数据与其他证据之间的相互印证，构建完整的证据体系。

第十七条　认定网络犯罪的犯罪嫌疑人，应当结合全案证据，围绕犯罪嫌疑人与原始存储介质、电子数据的关联性、犯罪嫌疑人网络身份与现实身份的同一性，注重审查以下内容：

（一）扣押、封存的原始存储介质是否为犯罪嫌疑人所有、持有或者使用；

（二）社交、支付结算、网络游戏、电子商务、物流等平台的账户信息、身份认证信息、数字签名、生物识别信息等是否与犯罪嫌疑人身份关联；

（三）通话记录、短信、聊天信息、文档、图片、语音、视频等文件内容是否能够反映犯罪嫌疑人的身份；

（四）域名、IP 地址、终端 MAC 地址、通信基站信息等是否能够反映电子设备

为犯罪嫌疑人所使用;

（五）其他能够反映犯罪嫌疑人主体身份的内容。

第十八条　认定犯罪嫌疑人的客观行为,应当结合全案证据,围绕其利用的程序工具、技术手段的功能及其实现方式、犯罪行为和结果之间的关联性,注重审查以下内容:

（一）设备信息、软件程序代码等作案工具;

（二）系统日志、域名、IP 地址、Wi-Fi 信息、地理位置信息等是否能够反映犯罪嫌疑人的行为轨迹;

（三）操作记录、网络浏览记录、物流信息、交易结算记录、即时通信信息等是否能够反映犯罪嫌疑人的行为内容;

（四）其他能够反映犯罪嫌疑人客观行为的内容。

第十九条　认定犯罪嫌疑人的主观方面,应当结合犯罪嫌疑人的认知能力、专业水平、既往经历、人员关系、行为次数、获利情况等综合认定,注重审查以下内容:

（一）反映犯罪嫌疑人主观故意的聊天记录、发布内容、浏览记录等;

（二）犯罪嫌疑人行为是否明显违背系统提示要求、正常操作流程;

（三）犯罪嫌疑人制作、使用或者向他人提供的软件程序是否主要用于违法犯罪活动;

（四）犯罪嫌疑人支付结算的对象、频次、数额等是否明显违反正常交易习惯;

（五）犯罪嫌疑人是否频繁采用隐蔽上网、加密通信、销毁数据等措施或者使用虚假身份;

（六）其他能够反映犯罪嫌疑人主观方面的内容。

第二十条　认定犯罪行为的情节和后果,应当结合网络空间、网络行为的特性,从违法所得、经济损失、信息系统的破坏、网络秩序的危害程度以及对被害人的侵害程度等综合判断,注重审查以下内容:

（一）聊天记录、交易记录、音视频文件、数据库信息等能够反映犯罪嫌疑人违法所得、获取和传播数据及文件的性质、数量的内容;

（二）账号数量、信息被点击次数、浏览次数、被转发次数等能够反映犯罪行为对网络空间秩序产生影响的内容;

（三）受影响的计算机信息系统数量、服务器日志信息等能够反映犯罪行为对信息网络运行造成影响程度的内容;

（四）被害人数量、财产损失数额、名誉侵害的影响范围等能够反映犯罪行为对被害人的人身、财产等造成侵害的内容;

（五）其他能够反映犯罪行为情节、后果的内容。

第二十一条　人民检察院办理网络犯罪案件,确因客观条件限制无法逐一收集相关言词证据的，可以根据记录被害人人数、被侵害的计算机信息系统数量、涉案资金数额等犯罪事实的电子数据、书证等证据材料，在审查被告人及其辩护人所提辩解、辩护意见的基础上，综合全案证据材料，对相关犯罪事实作出认定。

第二十二条　对于数量众多的同类证据材料，在证明是否具有同样的性质、特征或者功能时，因客观条件限制不能全部验证的，可以进行抽样验证。

第二十三条　对鉴定意见、电子数据等技术性证据材料，需要进行专门审查的，应当指派检察技术人员或者聘请其他有专门知识的人进行审查并提出意见。

《最高人民法院、最高人民检察院、公安部、司法部关于依法惩治非法野生动物交易犯罪的指导意见》（公通字〔2020〕19号，2020年12月18日起施行）

七、对野生动物及其制品种属类别，非法捕捞、狩猎的工具、方法，以及对野生动物资源的损害程度、食用涉案野生动物对人体健康的危害程度等专门性问题，可以由野生动物保护主管部门、侦查机关或者有专门知识的人依据现场勘验、检查笔录等出具认定意见。难以确定的，依据司法鉴定机构出具的鉴定意见，或者本意见第六条第二款所列机构出具的报告，结合其他证据作出认定。

《最高人民法院关于依法加大知识产权侵权行为惩治力度的意见》（法发〔2020〕33号，2020年9月14日）

四、加大刑事打击力度

14. 通过网络销售实施侵犯知识产权犯罪的非法经营数额、违法所得数额，应当综合考虑网络销售电子数据、银行账户往来记录、送货单、物流公司电脑系统记录、证人证言、被告人供述等证据认定。

《人民法院办理刑事案件第一审普通程序法庭调查规程（试行）》（法发〔2017〕31号，2018年1月1日起试行）

五、认证规则

第四十五条　经过控辩双方质证的证据，法庭应当结合控辩双方质证意见，从证据与待证事实的关联程度、证据之间的印证联系、证据自身的真实性程度等方面，综合判断证据能否作为定案的根据。

证据与待证事实没有关联，或者证据自身存在无法解释的疑问，或者证据与待证事实以及其他证据存在无法排除的矛盾的，不得作为定案的根据。

第四十六条　通过勘验、检查、搜查等方式收集的物证、书证等证据，未通过辨认、鉴定等方式确定其与案件事实的关联的，不得作为定案的根据。

法庭对鉴定意见有疑问的，可以重新鉴定。

第四十七条　收集证据的程序、方式不符合法律规定，严重影响证据真实性的，人民法院应当建议人民检察院予以补正或者作出合理解释；不能补正或者作出合理解释的，有关证据不得作为定案的根据。

第四十八条　证人没有出庭作证，其庭前证言真实性无法确认的，不得作为定案的根据。

证人当庭作出的证言与其庭前证言矛盾，证人能够作出合理解释，并与相关证据印证的，应当采信其庭审证言；不能作出合理解释，而其庭前证言与相关证据印证的，可以采信其庭前证言。

第四十九条　经人民法院通知，鉴定人拒不出庭作证的，鉴定意见不得作为定案的根据。

有专门知识的人当庭对鉴定意见提出质疑，鉴定人能够作出合理解释，并与相关证据印证的，应当采信鉴定意见；不能作出合理解释，无法确认鉴定意见可靠性的，有关鉴定意见不能作为定案的根据。

第五十条　被告人的当庭供述与庭前供述、自书材料存在矛盾，被告人能够作出合理解释，并与相关证据印证的，应当采信其当庭供述；不能作出合理解释，而其庭前供述、自书材料与相关证据印证的，可以采信其庭前供述、自书材料。

法庭应当结合讯问录音录像对讯问笔录进行全面审查。讯问笔录记载的内容与讯问录音录像存在实质性差异的，以讯问录音录像为准。

第五十一条　对于控辩双方提出的事实证据争议，法庭应当当庭进行审查，经审查后作出处理的，应当当庭说明理由，并在裁判文书中写明；需要庭后评议作出处理的，应当在裁判文书中说明理由。

第五十二条　法庭认定被告人有罪，必须达到犯罪事实清楚，证据确实、充分，对于定罪事实应当综合全案证据排除合理怀疑。定罪证据不足的案件，不能认定被告人有罪，应当作出证据不足、指控的犯罪不能成立的无罪判决。定罪证据确实、充分，量刑证据存疑的，应当作出有利于被告人的认定。

《最高人民法院关于全面推进以审判为中心的刑事诉讼制度改革的实施意见》（法发〔2017〕5号，2017年2月17日起施行）

四、完善证据认定规则，切实防范冤假错案

21. 采取刑讯逼供、暴力、威胁等非法方法收集的言词证据，应当予以排除。

收集物证、书证不符合法定程序，可能严重影响司法公正，不能补正或者作出合理解释的，对有关证据应当予以排除。

22. 被告人在侦查终结前接受检察人员对讯问合法性的核查询问时，明确表示侦查阶段不存在刑讯逼供、非法取证情形，在审判阶段又提出排除非法证据申请，法庭经审查对证据收集的合法性没有疑问的，可以驳回申请。

检察人员在侦查终结前未对讯问合法性进行核查，或者未对核查过程全程同步录音录像，被告人在审判阶段提出排除非法证据申请，人民法院经审查对证据收集的合法性存在疑问的，应当依法进行调查。

23. 法庭决定对证据收集的合法性进行调查的，应当先行当庭调查。但为防止庭审过分迟延，也可以在法庭调查结束前进行调查。

24.法庭对证据收集的合法性进行调查的，应当重视对讯问过程录音录像的审查。讯问笔录记载的内容与讯问录音录像存在实质性差异的，以讯问录音录像为准。

对于法律规定应当对讯问过程录音录像的案件，公诉人没有提供讯问录音录像，或者讯问录音录像存在选择性录制、剪接、删改等情形，现有证据不能排除以非法方法收集证据情形的，对有关供述应当予以排除。

25.现有证据材料不能证明证据收集合法性的，人民法院可以通知有关侦查人员出庭说明情况。不得以侦查人员签名并加盖公章的说明材料替代侦查人员出庭。

经人民法院通知，侦查人员不出庭说明情况，不能排除以非法方法收集证据情形的，对有关证据应当予以排除。

26.法庭对证据收集的合法性进行调查后，应当当庭作出是否排除有关证据的决定。必要时，可以宣布休庭，由合议庭评议或者提交审判委员会讨论，再次开庭时宣布决定。

在法庭作出是否排除有关证据的决定前，不得对有关证据宣读、质证。

27.通过勘验、检查、搜查等方式收集的物证、书证等证据，未通过辨认、鉴定等方式确定其与案件事实的关联的，不得作为定案的根据。

28.收集证据的程序、方式存在瑕疵，严重影响证据真实性，不能补正或者作出合理解释的，有关证据不得作为定案的根据。

29.证人没有出庭作证，其庭前证言真实性无法确认的，不得作为定案的根据。证人当庭作出的证言与其庭前证言矛盾，证人能够作出合理解释，并与相关证据印证的，可以采信其庭审证言；不能作出合理解释，而其庭前证言与相关证据印证的，可以采信其庭前证言。

经人民法院通知，鉴定人拒不出庭作证的，鉴定意见不得作为定案的根据。

30.人民法院作出有罪判决，对于定罪事实应当综合全案证据排除合理怀疑。

定罪证据不足的案件，不能认定被告人有罪，应当作出证据不足、指控的犯罪不能成立的无罪判决。定罪证据确实、充分，量刑证据存疑的，应当作出有利于被告人的认定。

《最高人民法院关于处理自首和立功若干具体问题的意见》（法发〔2010〕60号，2010年12月22日起施行）

六、关于立功线索的查证程序和具体认定

被告人在一、二审审理期间检举揭发他人犯罪行为或者提供侦破其他案件的重要线索，人民法院经审查认为该线索内容具体、指向明确的，应及时移交有关人民检察院或者公安机关依法处理。

侦查机关出具材料，表明在三个月内还不能查证并抓获被检举揭发的人，或者不能查实的，人民法院审理案件可不再等待查证结果。

被告人检举揭发他人犯罪行为或者提供侦破其他案件的重要线索经查证不属实，

又重复提供同一线索，且没有提出新的证据材料的，可以不再查证。

根据被告人检举揭发破获的他人犯罪案件，如果已有审判结果，应当依据判决确认的事实认定是否查证属实；如果被检举揭发的他人犯罪案件尚未进入审判程序，可以依据侦查机关提供的书面查证情况认定是否查证属实。检举揭发的线索经查确有犯罪发生，或者确定了犯罪嫌疑人，可能构成重大立功，只是未能将犯罪嫌疑人抓获归案的，对可能判处死刑的被告人一般要留有余地，对其他被告人原则上应酌情从轻处罚。

被告人检举揭发或者协助抓获的人的行为构成犯罪，但因法定事由不追究刑事责任、不起诉、终止审理的，不影响对被告人立功表现的认定；被告人检举揭发或者协助抓获的人的行为应判处无期徒刑以上刑罚，但因具有法定、酌定从宽情节，宣告刑为有期徒刑或者更轻刑罚的，不影响对被告人重大立功表现的认定。

七、关于自首、立功证据材料的审查

人民法院审查的自首证据材料，应当包括被告人投案经过、有罪供述以及能够证明其投案情况的其他材料。投案经过的内容一般应包括被告人投案时间、地点、方式等。证据材料应加盖接受被告人投案的单位的印章，并有接受人员签名。

人民法院审查的立功证据材料，一般应包括被告人检举揭发材料及证明其来源的材料、司法机关的调查核实材料、被检举揭发人的供述等。被检举揭发案件已立案、侦破，被检举揭发人被采取强制措施、公诉或者审判的，还应审查相关的法律文书。证据材料应加盖接收被告人检举揭发材料的单位的印章，并有接收人员签名。

人民法院经审查认为证明被告人自首、立功的材料不规范、不全面的，应当由检察机关、侦查机关予以完善或者提供补充材料。

上述证据材料在被告人被指控的犯罪一、二审审理时已形成的，应当经庭审质证。

5．各类证据的具体认证

相关司法解释规定

《最高人民法院关于适用〈中华人民共和国刑事诉讼法〉的解释》（法释〔2021〕1号，2021年3月1日起施行）

第二节　物证、书证的审查与认定

第八十二条　对物证、书证应当着重审查以下内容：

（一）物证、书证是否为原物、原件，是否经过辨认、鉴定；物证的照片、录像、复制品或者书证的副本、复制件是否与原物、原件相符，是否由二人以上制作，有无制作人关于制作过程以及原物、原件存放于何处的文字说明和签名；

（二）物证、书证的收集程序、方式是否符合法律、有关规定；经勘验、检查、搜查提取、扣押的物证、书证，是否附有相关笔录、清单，笔录、清单是否经调查人员或者侦查人员、物品持有人、见证人签名，没有签名的，是否注明原因；物品的名称、特征、数量、质量等是否注明清楚；

（三）物证、书证在收集、保管、鉴定过程中是否受损或者改变；

（四）物证、书证与案件事实有无关联；对现场遗留与犯罪有关的具备鉴定条件的血迹、体液、毛发、指纹等生物样本、痕迹、物品，是否已作 DNA 鉴定、指纹鉴定等，并与被告人或者被害人的相应生物特征、物品等比对；

（五）与案件事实有关联的物证、书证是否全面收集。

第八十三条　据以定案的物证应当是原物。原物不便搬运、不易保存、依法应当返还或者依法应当由有关部门保管、处理的，可以拍摄、制作足以反映原物外形和特征的照片、录像、复制品。必要时，审判人员可以前往保管场所查看原物。

物证的照片、录像、复制品，不能反映原物的外形和特征的，不得作为定案的根据。

物证的照片、录像、复制品，经与原物核对无误、经鉴定或者以其他方式确认真实的，可以作为定案的根据。

第八十四条　据以定案的书证应当是原件。取得原件确有困难的，可以使用副本、复制件。

对书证的更改或者更改迹象不能作出合理解释，或者书证的副本、复制件不能反映原件及其内容的，不得作为定案的根据。

书证的副本、复制件，经与原件核对无误、经鉴定或者以其他方式确认真实的，可以作为定案的根据。

第八十五条　对与案件事实可能有关联的血迹、体液、毛发、人体组织、指纹、足迹、字迹等生物样本、痕迹和物品，应当提取而没有提取，应当鉴定而没有鉴定，应当移送鉴定意见而没有移送，导致案件事实存疑的，人民法院应当通知人民检察院依法补充收集、调取、移送证据。

第八十六条　在勘验、检查、搜查过程中提取、扣押的物证、书证，未附笔录或者清单，不能证明物证、书证来源的，不得作为定案的根据。

物证、书证的收集程序、方式有下列瑕疵，经补正或者作出合理解释的，可以采用：

（一）勘验、检查、搜查、提取笔录或者扣押清单上没有调查人员或者侦查人员、物品持有人、见证人签名，或者对物品的名称、特征、数量、质量等注明不详的；

（二）物证的照片、录像、复制品，书证的副本、复制件未注明与原件核对无异，无复制时间，或者无被收集、调取人签名的；

（三）物证的照片、录像、复制品，书证的副本、复制件没有制作人关于制作过程和原物、原件存放地点的说明，或者说明中无签名的；

（四）有其他瑕疵的。

物证、书证的来源、收集程序有疑问，不能作出合理解释的，不得作为定案的根据。

<h2>第三节　证人证言、被害人陈述的审查与认定</h2>

第八十七条　对证人证言应当着重审查以下内容：

（一）证言的内容是否为证人直接感知；

（二）证人作证时的年龄，认知、记忆和表达能力，生理和精神状态是否影响作证；

（三）证人与案件当事人、案件处理结果有无利害关系；

（四）询问证人是否个别进行；

（五）询问笔录的制作、修改是否符合法律、有关规定，是否注明询问的起止时间和地点，首次询问时是否告知证人有关权利义务和法律责任，证人对询问笔录是否核对确认；

（六）询问未成年证人时，是否通知其法定代理人或者刑事诉讼法第二百八十一条第一款规定的合适成年人到场，有关人员是否到场；

（七）有无以暴力、威胁等非法方法收集证人证言的情形；

（八）证言之间以及与其他证据之间能否相互印证，有无矛盾；存在矛盾的，能否得到合理解释。

第八十八条　处于明显醉酒、中毒或者麻醉等状态，不能正常感知或者正确表达的证人所提供的证言，不得作为证据使用。

证人的猜测性、评论性、推断性的证言，不得作为证据使用，但根据一般生活经验判断符合事实的除外。

第八十九条　证人证言具有下列情形之一的，不得作为定案的根据：

（一）询问证人没有个别进行的；

（二）书面证言没有经证人核对确认的；

（三）询问聋、哑人，应当提供通晓聋、哑手势的人员而未提供的；

（四）询问不通晓当地通用语言、文字的证人，应当提供翻译人员而未提供的。

第九十条　证人证言的收集程序、方式有下列瑕疵，经补正或者作出合理解释的，可以采用；不能补正或者作出合理解释的，不得作为定案的根据：

（一）询问笔录没有填写询问人、记录人、法定代理人姓名以及询问的起止时间、地点的；

（二）询问地点不符合规定的；

（三）询问笔录没有记录告知证人有关权利义务和法律责任的；

（四）询问笔录反映出在同一时段，同一询问人员询问不同证人的；

（五）询问未成年人，其法定代理人或者合适成年人不在场的。

第九十一条　证人当庭作出的证言，经控辩双方质证、法庭查证属实的，应当作为定案的根据。

证人当庭作出的证言与其庭前证言矛盾，证人能够作出合理解释，并有其他证据印证的，应当采信其庭审证言；不能作出合理解释，而其庭前证言有其他证据印证的，可以采信其庭前证言。

经人民法院通知，证人没有正当理由拒绝出庭或者出庭后拒绝作证，法庭对其证言的真实性无法确认的，该证人证言不得作为定案的根据。

第九十二条　对被害人陈述的审查与认定，参照适用本节的有关规定。

第四节　被告人供述和辩解的审查与认定

第九十三条　对被告人供述和辩解应当着重审查以下内容：

（一）讯问的时间、地点，讯问人的身份、人数以及讯问方式等是否符合法律、有关规定；

（二）讯问笔录的制作、修改是否符合法律、有关规定，是否注明讯问的具体起止时间和地点，首次讯问时是否告知被告人有关权利和法律规定，被告人是否核对确认；

（三）讯问未成年被告人时，是否通知其法定代理人或者合适成年人到场，有关人员是否到场；

（四）讯问女性未成年被告人时，是否有女性工作人员在场；

（五）有无以刑讯逼供等非法方法收集被告人供述的情形；

（六）被告人的供述是否前后一致，有无反复以及出现反复的原因；

（七）被告人的供述和辩解是否全部随案移送；

（八）被告人的辩解内容是否符合案情和常理，有无矛盾；

（九）被告人的供述和辩解与同案被告人的供述和辩解以及其他证据能否相互印证，有无矛盾；存在矛盾的，能否得到合理解释。

必要时，可以结合现场执法音视频记录、讯问录音录像、被告人进出看守所的健康检查记录、笔录等，对被告人的供述和辩解进行审查。

第九十四条　被告人供述具有下列情形之一的，不得作为定案的根据：

（一）讯问笔录没有经被告人核对确认的；

（二）讯问聋、哑人，应当提供通晓聋、哑手势的人员而未提供的；

（三）讯问不通晓当地通用语言、文字的被告人，应当提供翻译人员而未提供的；

（四）讯问未成年人，其法定代理人或者合适成年人不在场的。

第九十五条　讯问笔录有下列瑕疵，经补正或者作出合理解释的，可以采用；

不能补正或者作出合理解释的，不得作为定案的根据：

（一）讯问笔录填写的讯问时间、讯问地点、讯问人、记录人、法定代理人等有误或者存在矛盾的；

（二）讯问人没有签名的；

（三）首次讯问笔录没有记录告知被讯问人有关权利和法律规定的。

第九十六条　审查被告人供述和辩解，应当结合控辩双方提供的所有证据以及被告人的全部供述和辩解进行。

被告人庭审中翻供，但不能合理说明翻供原因或者其辩解与全案证据矛盾，而其庭前供述与其他证据相互印证的，可以采信其庭前供述。

被告人庭前供述和辩解存在反复，但庭审中供认，且与其他证据相互印证的，可以采信其庭审供述；被告人庭前供述和辩解存在反复，庭审中不供认，且无其他证据与庭前供述印证的，不得采信其庭前供述。

第五节　鉴定意见的审查与认定

第九十七条　对鉴定意见应当着重审查以下内容：

（一）鉴定机构和鉴定人是否具有法定资质；

（二）鉴定人是否存在应当回避的情形；

（三）检材的来源、取得、保管、送检是否符合法律、有关规定，与相关提取笔录、扣押清单等记载的内容是否相符，检材是否可靠；

（四）鉴定意见的形式要件是否完备，是否注明提起鉴定的事由、鉴定委托人、鉴定机构、鉴定要求、鉴定过程、鉴定方法、鉴定日期等相关内容，是否由鉴定机构盖章并由鉴定人签名；

（五）鉴定程序是否符合法律、有关规定；

（六）鉴定的过程和方法是否符合相关专业的规范要求；

（七）鉴定意见是否明确；

（八）鉴定意见与案件事实有无关联；

（九）鉴定意见与勘验、检查笔录及相关照片等其他证据是否矛盾；存在矛盾的，能否得到合理解释；

（十）鉴定意见是否依法及时告知相关人员，当事人对鉴定意见有无异议。

第九十八条　鉴定意见具有下列情形之一的，不得作为定案的根据：

（一）鉴定机构不具备法定资质，或者鉴定事项超出该鉴定机构业务范围、技术条件的；

（二）鉴定人不具备法定资质，不具有相关专业技术或者职称，或者违反回避规定的；

（三）送检材料、样本来源不明，或者因污染不具备鉴定条件的；

（四）鉴定对象与送检材料、样本不一致的；

（五）鉴定程序违反规定的；

（六）鉴定过程和方法不符合相关专业的规范要求的；

（七）鉴定文书缺少签名、盖章的；

（八）鉴定意见与案件事实没有关联的；

（九）违反有关规定的其他情形。

第九十九条　经人民法院通知，鉴定人拒不出庭作证的，鉴定意见不得作为定案的根据。

鉴定人由于不能抗拒的原因或者有其他正当理由无法出庭的，人民法院可以根据情况决定延期审理或者重新鉴定。

鉴定人无正当理由拒不出庭作证的，人民法院应当通报司法行政机关或者有关部门。

第一百条　因无鉴定机构，或者根据法律、司法解释的规定，指派、聘请有专门知识的人就案件的专门性问题出具的报告，可以作为证据使用。

对前款规定的报告的审查与认定，参照适用本节的有关规定。

经人民法院通知，出具报告的人拒不出庭作证的，有关报告不得作为定案的根据。

第一百零一条　有关部门对事故进行调查形成的报告，在刑事诉讼中可以作为证据使用；报告中涉及专门性问题的意见，经法庭查证属实，且调查程序符合法律、有关规定的，可以作为定案的根据。

第六节　勘验、检查、辨认、侦查实验等笔录的审查与认定

第一百零二条　对勘验、检查笔录应当着重审查以下内容：

（一）勘验、检查是否依法进行，笔录制作是否符合法律、有关规定，勘验、检查人员和见证人是否签名或者盖章；

（二）勘验、检查笔录是否记录了提起勘验、检查的事由，勘验、检查的时间、地点，在场人员、现场方位、周围环境等，现场的物品、人身、尸体等的位置、特征等情况，以及勘验、检查的过程；文字记录与实物或者绘图、照片、录像是否相符；现场、物品、痕迹等是否伪造、有无破坏；人身特征、伤害情况、生理状态有无伪装或者变化等；

（三）补充进行勘验、检查的，是否说明了再次勘验、检查的原由，前后勘验、检查的情况是否矛盾。

第一百零三条　勘验、检查笔录存在明显不符合法律、有关规定的情形，不能作出合理解释的，不得作为定案的根据。

第一百零四条　对辨认笔录应当着重审查辨认的过程、方法，以及辨认笔录的制作是否符合有关规定。

第一百零五条　辨认笔录具有下列情形之一的，不得作为定案的根据：

（一）辨认不是在调查人员、侦查人员主持下进行的；

（二）辨认前使辨认人见到辨认对象的；

（三）辨认活动没有个别进行的；

（四）辨认对象没有混杂在具有类似特征的其他对象中，或者供辨认的对象数量不符合规定的；

（五）辨认中给辨认人明显暗示或者明显有指认嫌疑的；

（六）违反有关规定，不能确定辨认笔录真实性的其他情形。

第一百零六条　对侦查实验笔录应当着重审查实验的过程、方法，以及笔录的制作是否符合有关规定。

第一百零七条　侦查实验的条件与事件发生时的条件有明显差异，或者存在影响实验结论科学性的其他情形的，侦查实验笔录不得作为定案的根据。

第七节　视听资料、电子数据的审查与认定

第一百零八条　对视听资料应当着重审查以下内容：

（一）是否附有提取过程的说明，来源是否合法；

（二）是否为原件，有无复制及复制份数；是复制件的，是否附有无法调取原件的原因、复制件制作过程和原件存放地点的说明，制作人、原视听资料持有人是否签名；

（三）制作过程中是否存在威胁、引诱当事人等违反法律、有关规定的情形；

（四）是否写明制作人、持有人的身份，制作的时间、地点、条件和方法；

（五）内容和制作过程是否真实，有无剪辑、增加、删改等情形；

（六）内容与案件事实有无关联。

对视听资料有疑问的，应当进行鉴定。

第一百零九条　视听资料具有下列情形之一的，不得作为定案的根据：

（一）系篡改、伪造或者无法确定真伪的；

（二）制作、取得的时间、地点、方式等有疑问，不能作出合理解释的。

第一百一十条　对电子数据是否真实，应当着重审查以下内容：

（一）是否移送原始存储介质；在原始存储介质无法封存、不便移动时，有无说明原因，并注明收集、提取过程及原始存储介质的存放地点或者电子数据的来源等情况；

（二）是否具有数字签名、数字证书等特殊标识；

（三）收集、提取的过程是否可以重现；

（四）如有增加、删除、修改等情形的，是否附有说明；

（五）完整性是否可以保证。

第一百一十一条　对电子数据是否完整，应当根据保护电子数据完整性的相应方法进行审查、验证：

（一）审查原始存储介质的扣押、封存状态；

（二）审查电子数据的收集、提取过程，查看录像；

（三）比对电子数据完整性校验值；

（四）与备份的电子数据进行比较；

（五）审查冻结后的访问操作日志；

（六）其他方法。

第一百一十二条　对收集、提取电子数据是否合法，应当着重审查以下内容：

（一）收集、提取电子数据是否由二名以上调查人员、侦查人员进行，取证方法是否符合相关技术标准；

（二）收集、提取电子数据，是否附有笔录、清单，并经调查人员、侦查人员、电子数据持有人、提供人、见证人签名或者盖章；没有签名或者盖章的，是否注明原因；对电子数据的类别、文件格式等是否注明清楚；

（三）是否依照有关规定由符合条件的人员担任见证人，是否对相关活动进行录像；

（四）采用技术调查、侦查措施收集、提取电子数据的，是否依法经过严格的批准手续；

（五）进行电子数据检查的，检查程序是否符合有关规定。

第一百一十三条　电子数据的收集、提取程序有下列瑕疵，经补正或者作出合理解释的，可以采用；不能补正或者作出合理解释的，不得作为定案的根据：

（一）未以封存状态移送的；

（二）笔录或者清单上没有调查人员或者侦查人员、电子数据持有人、提供人、见证人签名或者盖章的；

（三）对电子数据的名称、类别、格式等注明不清的；

（四）有其他瑕疵的。

第一百一十四条　电子数据具有下列情形之一的，不得作为定案的根据：

（一）系篡改、伪造或者无法确定真伪的；

（二）有增加、删除、修改等情形，影响电子数据真实性的；

（三）其他无法保证电子数据真实性的情形。

第一百一十五条　对视听资料、电子数据，还应当审查是否移送文字抄清材料以及对绰号、暗语、俗语、方言等不易理解内容的说明。未移送的，必要时，可以要求人民检察院移送。

第八节　技术调查、侦查证据的审查与认定

第一百一十六条　依法采取技术调查、侦查措施收集的材料在刑事诉讼中可以作为证据使用。

采取技术调查、侦查措施收集的材料，作为证据使用的，应当随案移送。

第一百一十七条　使用采取技术调查、侦查措施收集的证据材料可能危及有关人员的人身安全，或者可能产生其他严重后果的，可以采取下列保护措施：

（一）使用化名等代替调查、侦查人员及有关人员的个人信息；

（二）不具体写明技术调查、侦查措施使用的技术设备和技术方法；

（三）其他必要的保护措施。

第一百一十八条　移送技术调查、侦查证据材料的，应当附采取技术调查、侦查措施的法律文书、技术调查、侦查证据材料清单和有关说明材料。

移送采用技术调查、侦查措施收集的视听资料、电子数据的，应当制作新的存储介质，并附制作说明，写明原始证据材料、原始存储介质的存放地点等信息，由制作人签名，并加盖单位印章。

第一百一十九条　对采取技术调查、侦查措施收集的证据材料，除根据相关证据材料所属的证据种类，依照本章第二节至第七节的相应规定进行审查外，还应当着重审查以下内容：

（一）技术调查、侦查措施所针对的案件是否符合法律规定；

（二）技术调查措施是否经过严格的批准手续，按照规定交有关机关执行；技术侦查措施是否在刑事立案后，经过严格的批准手续；

（三）采取技术调查、侦查措施的种类、适用对象和期限是否按照批准决定载明的内容执行；

（四）采取技术调查、侦查措施收集的证据材料与其他证据是否矛盾；存在矛盾的，能否得到合理解释。

第一百二十条　采取技术调查、侦查措施收集的证据材料，应当经过当庭出示、辨认、质证等法庭调查程序查证。

当庭调查技术调查、侦查证据材料可能危及有关人员的人身安全，或者可能产生其他严重后果的，法庭应当采取不暴露有关人员身份和技术调查、侦查措施使用的技术设备、技术方法等保护措施。必要时，审判人员可以在庭外对证据进行核实。

第一百二十一条　采用技术调查、侦查证据作为定案根据的，人民法院在裁判文书中可以表述相关证据的名称、证据种类和证明对象，但不得表述有关人员身份和技术调查、侦查措施使用的技术设备、技术方法等。

第一百二十二条　人民法院认为应当移送的技术调查、侦查证据材料未随案移送的，应当通知人民检察院在指定时间内移送。人民检察院未移送的，人民法院应当根据在案证据对案件事实作出认定。

相关案例

可参见"江福庆故意杀人案——（2015）浙刑三终字第 47 号刑事裁定书"[①]

《刑事诉讼法》第五十四条明确规定："采用刑讯逼供等非法方法收集的犯罪嫌疑人、被告人供述和采用暴力、威胁等非法方法收集的证人证言、被害人陈述，应当予以排除。收集物证、书证不符合法定程序，可能严重影响司法公正的，应当予以补正或者作出合理解释；不能补正或者作出合理解释的，对该证据应当予以排除。"可见，刑事诉讼法针对非法言词证据与实物证据采取了截然不同的态度。对于非法言词证据，采取绝对排除原则。而对于非法实物证据，则给予其进行补正或者合理解释的机会，若得到了补正或者作出了合理解释则具有证据能力，在程序上可采；反之，则沦为非法证据，直接予以排除。对于这类效力待定的证据类型，我们将其称为"瑕疵证据"。本案中，沾有被告人血迹的血纱布以及在案发现场提取的血指纹均系破获本案以及最终据以定案的重要物证，但公安机关当年在现场勘查时未依法制作提取笔录和清单，属于典型的"瑕疵证据"。针对上述物证所存在的瑕疵问题，一、二审法院均准确适用了相关规则，对被告人江福庆的犯罪事实作出了认定。

一、尽管公安机关在提取沾有被告人血迹的血纱布时未依法制作提取笔录和清单，但破案经过及被告人供述等其他证据材料能够证明血纱布来源的，不属于来源不清的情形，可以作为定案证据采用

本案中，留有江福庆血迹的布片系本案破获、也是本案据以定案的重要物证，但关于该物证的来源及收集程序存在问题。由于当年 DNA 技术尚未得到广泛应用，全国只有公安部在进行实验性尝试，浙江省公安厅尚未开设 DNA 检验专业，故尽管现场勘查笔录显示，案发现场衣物及布橱柜上均留下了大量血迹，但大都没有提取。而对于其中怀疑沾有被告人血迹的一块血纱布，尽管进行了提取，但没有制作提取笔录和清单来记录提取情况，在程序上并不规范，导致该布片从现场何部位提取、何人提取等情况不清。后经询问调查，由于时间久远仍无法确认，这就不可避免地要涉及物证的来源问题，进而影响到该证据是否具有定案证据的资格。《最高人民法院关于适用〈中华人民共和国刑事诉讼法〉的解释》（以下简称《解释》）第 73 条第 3 款规定："对物证、书证的来源、收集程序有疑问，不能作出合理解释的，该物证、书证不得作为定案的根据。"

本案中，血纱布的来源及收集程序确实存在问题，但根据被告人的供述及公安机关出具的破案经过等证据材料，对该血纱布的来源可以作出合理解释，不属于来源不清的情形，故依法可以作为定案根据使用。具体来说：首先，从被告人江福庆的供述来看，其多次供称"在与被害人抢夺水果刀的过程中，右手食指和中指被被

---

① 参见聂昭伟. 未制作提取笔录的物证作为证据使用的情形［J］. 人民司法，2016（35）：20-22.

害人咬破，流了很多血，在杀害被害人后去衣柜里翻找过"；人身检查笔录亦显示，江福庆的右手食指和中指前端留有两处伤疤，愈合后无法弯曲。可见，在案发现场是完全可以提取到留有被告人血迹的布片的。其次，从本案破案经过看出，义乌市公安局系在清理多年来未破命案积案过程中，发现"义乌2000.09.10篁园新村凶杀案"案卷中有一个包装检材的信封，封面上书"9·10篁园新村案犯血样"，里面有一小片血布片。同时，义乌市公安局排除了2000年9月10日篁园新村及附近发生过类似案件。而且，公安机关在多年以来连犯罪嫌疑人都无法确定的情况下，也不可能在这一点上作假，擅自将被告人的血迹沾染到纱布上去。故可以确定该布片与该案犯罪事实存在相关性，不属于来源不清的情形，故一、二审法院将其作为定案证据使用是正确的。

解决了血纱布的来源问题，证明纱布上血迹系本案犯罪嫌疑人江福庆所留的法医物证检验鉴定书，也就摆脱了"无源之水、无本之木"的困扰，可以名正言顺地作为定案证据采用。鉴定意见是专业人员以其专业知识对所收集到证据的证明力予以全面揭示，由于检材与对其进行的相关鉴定系一个整体，故鉴定意见的合法性及关联性首先要依附于检材的合法性与关联性。如果检材因来源不清而被依法排除，那么，相关鉴定意见也就不能作为定案根据采用。这就要求法官在面对鉴定意见时，首先要对检材的来源进行审查。对此，《解释》第84条第（3）项规定："检材的来源、取得、保管、送检是否符合法律、有关规定，与相关提取笔录、扣押物品清单等记载的内容是否相符，检材是否充足、可靠。"《解释》第85条第（3）项进一步规定："送检材料、样本来源不明，或者因污染不具备鉴定条件的"，不得作为定案的证据使用。本案中，法医物证检验鉴定书上的血迹来源于血纱布，而血纱布源于本案的侦破过程，与案件事实具有相关性，故一、二审法院将该鉴定书作为定案证据采用是恰当的。

二、尽管公安机关没有将血指纹所依附的检材即塑料盒提取到案，但现场勘验检查笔录及照片能够清楚地反映出该痕迹物证的来源，同样不存在来源不清的问题，可以作为定案证据采用

本案中，现场提取塑料盒上的一枚血指纹经鉴定系被告人江福庆所留，该证据系本案破获也是本案据以定案的另一重要物证，但关于该物证的来源及收集程序同样存在问题。在本案侦查过程中，侦查机关在提取被告人留在现场的血指纹时，并没有将依附于其上的检材即塑料盒一同提取到案，并制作相应的提取笔录和清单。根据《解释》第84条第（3）项、第85条第（3）项的规定，如果物证检材来源不清的，鉴定意见不能作为定案证据使用。然而，本案公安机关尽管没有提取血指纹的检材塑料盒，但勘验检查笔录记载，"在案发现场房间有一只黑色旅行包，旅行包上压着一只塑料盒，盒上有血迹，从中提取到血指纹若干"。此外，侦查人员还针对该塑料盒进行了全景及特写镜头拍照。《解释》第70条规定："据以定案的物证应当

是原物。原物不便搬运，不易保存，依法应当由有关部门保管、处理，或者依法应当返还的，可以拍摄、制作足以反映原物外形和特征的照片、录像、复制品。"考虑到该物证的特殊性，及所附生物检材易污染需要特殊条件保存，侦查机关采用照片方式对该塑料盒予以复制移送，而且塑料盒的照片足以反映原物的外形与特征，可以作为定案的根据采用。在塑料盒来源清楚的情况下，一、二审法院将针对该塑料盒上血指纹的鉴定意见书作为定案证据采用是恰当的。

三、被告人江福庆的供述在细节上与在案其他证据能够相互印证，且属于讯问人员未掌握的内容，能够排除逼供、诱供等非法取证情形，具有较强的证明力

江福庆归案后，即向当地警方详细供述了自己的犯罪事实，在细节上与案发当年收集到的证人证言、现场勘查笔录及照片、尸体检验鉴定意见等证据能够相互印证。更重要的是，由于江福庆并非被案发当地即浙江省义乌市警方抓获，而系被黑龙江警方抓获。黑龙江警方通过比对发现江福庆系网上逃犯，但现场勘查笔录及尸体检验鉴定书等证据材料保存在浙江省义乌市公安局，黑龙江警方并不掌握上述证据材料的内容，故不可能对被告人进行诱供、逼供。被告人江福庆在黑龙江先做出详细供述，后移交义乌警方，其供述内容进一步得到案发当时所提取的其他物证、书证、证人证言等证据的印证，相当于是"先供后证"情形，该供述的证明力高。

综上所述，公安机关在案发现场提取到被告人江福庆所留的血迹、指纹，虽然血迹与指纹依附于其上的相关检材没有提取到案，或者虽提取到案但没有制作提取笔录与清单，但在案其他证据能够证明上述检材的来源，故不属于来源不清的情形，可以作为定案证据采用。此外，被告人在被抓获当地警方并不掌握具体细节的情况下主动交代，后得到其他物证、书证、证人证言等证据的印证，该供述的证明价值高。故一、二审法院据此认定江福庆故意杀人事实清楚，证据确实、充分，是正确的。

八、特别程序的证据与证明

1．第二审程序的证据与证明

相关司法解释规定

《最高人民法院关于适用〈中华人民共和国刑事诉讼法〉的解释》（法释〔2021〕1号，2021年3月1日起施行）

第三百八十七条　第二审人民法院对第一审人民法院移送的上诉、抗诉案卷、证据，应当审查是否包括下列内容：

（一）移送上诉、抗诉案件函；

（二）上诉状或者抗诉书；

（三）第一审判决书、裁定书八份（每增加一名被告人增加一份）及其电子文本；

（四）全部案卷、证据，包括案件审理报告和其他应当移送的材料。

前款所列材料齐全的，第二审人民法院应当收案；材料不全的，应当通知第一审人民法院及时补送。

第三百九十五条　第二审期间，人民检察院或者被告人及其辩护人提交新证据的，人民法院应当及时通知对方查阅、摘抄或者复制。

第三百九十六条　开庭审理第二审公诉案件，应当在决定开庭审理后及时通知人民检察院查阅案卷。自通知后的第二日起，人民检察院查阅案卷的时间不计入审理期限。

第三百九十九条　开庭审理上诉、抗诉案件，可以重点围绕对第一审判决、裁定有争议的问题或者有疑问的部分进行。根据案件情况，可以按照下列方式审理：

（一）宣读第一审判决书，可以只宣读案由、主要事实、证据名称和判决主文等；

（二）法庭调查应当重点围绕对第一审判决提出异议的事实、证据以及新的证据等进行；对没有异议的事实、证据和情节，可以直接确认；

（三）对同案审理案件中未上诉的被告人，未被申请出庭或者人民法院认为没有必要到庭的，可以不再传唤到庭；

（四）被告人犯有数罪的案件，对其中事实清楚且无异议的犯罪，可以不在庭时审理。

同案审理的案件，未提出上诉、人民检察院也未对其判决提出抗诉的被告人要求出庭的，应当准许。出庭的被告人可以参加法庭调查和辩论。

第四百条　第二审案件依法不开庭审理的，应当讯问被告人，听取其他当事人、辩护人、诉讼代理人的意见。合议庭全体成员应当阅卷，必要时应当提交书面阅卷意见。

《人民检察院刑事诉讼规则》（高检发释字〔2019〕4 号，2019 年 12 月 30 日起施行）

第四百四十九条　检察人员在审查第一审案卷材料时，应当复核主要证据，可以讯问原审被告人。必要时，可以补充收集证据、重新鉴定或者补充鉴定。需要原侦查案件的公安机关补充收集证据的，可以要求其补充收集。

被告人、辩护人提出被告人自首、立功等可能影响定罪量刑的材料和线索的，可以移交公安机关调查核实，也可以自行调查核实。发现遗漏罪行或者同案犯罪嫌疑人的，应当建议公安机关侦查。

对于下列原审被告人，应当进行讯问：

（一）提出上诉的；

（二）人民检察院提出抗诉的；

（三）被判处无期徒刑以上刑罚的。

第四百五十条　人民检察院办理死刑上诉、抗诉案件，应当进行下列工作：

（一）讯问原审被告人，听取原审被告人的上诉理由或者辩解；

（二）听取辩护人的意见；

（三）复核主要证据，必要时询问证人；

（四）必要时补充收集证据；

（五）对鉴定意见有疑问的，可以重新鉴定或者补充鉴定；

（六）根据案件情况，可以听取被害人的意见。

第四百五十一条　出席第二审法庭前，检察人员应当制作讯问原审被告人、询问被害人、证人、鉴定人和出示、宣读、播放证据计划，拟写答辩提纲，并制作出庭意见。

第四百五十二条　在法庭审理中，检察官应当针对原审判决或者裁定认定事实或适用法律、量刑等方面的问题，围绕抗诉或者上诉理由以及辩护人的辩护意见，讯问原审被告人，询问被害人、证人、鉴定人，出示和宣读证据，并提出意见和进行辩论。

第四百五十三条　需要出示、宣读、播放第一审期间已移交人民法院的证据的，出庭的检察官可以申请法庭出示、宣读、播放。

在第二审法庭宣布休庭后需要移交证据材料的，参照本规则第四百二十八条的规定办理。

2. 审判监督程序的证据与证明

相关法律条文

《中华人民共和国刑事诉讼法》（1979 年 7 月 1 日通过，1996 年 3 月 17 日第一次修正，2012 年 3 月 14 日第二次修正，2018 年 10 月 26 日第三次修正）

第二百五十三条　【因申诉而重新审判的情形】当事人及其法定代理人、近亲属的申诉符合下列情形之一的，人民法院应当重新审判：

（一）有新的证据证明原判决、裁定认定的事实确有错误，可能影响定罪量刑的；

（二）据以定罪量刑的证据不确实、不充分、依法应当予以排除，或者证明案件事实的主要证据之间存在矛盾的；

（三）原判决、裁定适用法律确有错误的；

（四）违反法律规定的诉讼程序，可能影响公正审判的；

（五）审判人员在审理该案件的时候，有贪污受贿，徇私舞弊，枉法裁判行为的。

相关司法解释规定

《最高人民法院关于适用〈中华人民共和国刑事诉讼法〉的解释》（法释〔2021〕1 号，2021 年 3 月 1 日起施行）

第四百五十七条　对立案审查的申诉案件，应当在三个月以内作出决定，至迟不得超过六个月。因案件疑难、复杂、重大或者其他特殊原因需要延长审查期限的，参照本解释第二百一十条的规定处理。

经审查，具有下列情形之一的，应当根据刑事诉讼法第二百五十三条的规定，决定重新审判：

（一）有新的证据证明原判决、裁定认定的事实确有错误，可能影响定罪量刑的；

（二）据以定罪量刑的证据不确实、不充分、依法应当排除的；

（三）证明案件事实的主要证据之间存在矛盾的；

（四）主要事实依据被依法变更或者撤销的；

（五）认定罪名错误的；

（六）量刑明显不当的；

（七）对违法所得或者其他涉案财物的处理确有明显错误的；

（八）违反法律关于溯及力规定的；

（九）违反法定诉讼程序，可能影响公正裁判的；

（十）审判人员在审理该案件时有贪污受贿、徇私舞弊、枉法裁判行为的。

申诉不具有上述情形的，应当说服申诉人撤回申诉；对仍然坚持申诉的，应当书面通知驳回。

第四百五十八条　具有下列情形之一，可能改变原判决、裁定据以定罪量刑的事实的证据，应当认定为刑事诉讼法第二百五十三条第一项规定的"新的证据"：

（一）原判决、裁定生效后新发现的证据；

（二）原判决、裁定生效前已经发现，但未予收集的证据；

（三）原判决、裁定生效前已经收集，但未经质证的证据；

（四）原判决、裁定所依据的鉴定意见，勘验、检查等笔录被改变或者否定的；

（五）原判决、裁定所依据的被告人供述、证人证言等证据发生变化，影响定罪量刑，且有合理理由的。

《人民检察院刑事诉讼规则》（高检发释字〔2019〕4号，2019年12月30日起施行）

第五百九十一条　人民检察院认为人民法院已经发生法律效力的判决、裁定确有错误，具有下列情形之一的，应当按照审判监督程序向人民法院提出抗诉：

（一）有新的证据证明原判决、裁定认定的事实确有错误，可能影响定罪量刑的；

（二）据以定罪量刑的证据不确实、不充分的；

（三）据以定罪量刑的证据依法应当予以排除的；

（四）据以定罪量刑的主要证据之间存在矛盾的；

（五）原判决、裁定的主要事实依据被依法变更或者撤销的；

（六）认定罪名错误且明显影响量刑的；

（七）违反法律关于追诉时效期限的规定的；

（八）量刑明显不当的；

（九）违反法律规定的诉讼程序，可能影响公正审判的；

（十）审判人员在审理案件的时候有贪污受贿，徇私舞弊，枉法裁判行为的。

对于同级人民法院已经发生法律效力的判决、裁定，人民检察院认为可能有错误的，应当另行指派检察官或者检察官办案组进行审查。经审查，认为有前款规定情形之一的，应当提请上一级人民检察院提出抗诉。

对已经发生法律效力的判决、裁定的审查，参照本规则第五百八十五条的规定办理。

《最高人民法院关于刑事再审案件开庭审理程序的具体规定（试行）》（法释〔2001〕31号，2002年1月1日起施行）

第三条　以有新的证据证明原判决、裁定认定的事实确有错误为由提出申诉的，应当同时附有新的证据目录、证人名单和主要证据复印件或者照片。需要申请人民法院调取证据的，应当附有证据线索。未附有的，应当在七日内补充；经补充后仍不完备或逾期不补的，应当决定不予受理。

第十三条　人民法院应当在开庭三十日前通知人民检察院、当事人或者辩护人查阅、复制双方提交的新证据目录及新证据复印件、照片。

人民法院应当在开庭十五日前通知控辩双方查阅、复制人民法院调取的新证据目录及新证据复印件、照片等证据。

第十四条　控辩双方收到再审决定书或抗诉书后，人民法院通知开庭之日前，可以提交新的证据。开庭后，除对原审被告人（原审上诉人）有利的外，人民法院不再接纳新证据。

第二十一条　在审判长主持下，控辩双方对提出的新证据或者有异议的原审据以定罪量刑的证据进行质证。

第二十三条　合议庭根据控辩双方举证、质证和辩论情况，可以当庭宣布认证结果。

相关司法文件

《人民检察院检察建议工作规定》（2019 年 2 月 26 日起施行）

第十四条　检察官可以采取以下措施进行调查核实：

（一）查询、调取、复制相关证据材料；

（二）向当事人、有关知情人员或者其他相关人员了解情况；

（三）听取被建议单位意见；

（四）咨询专业人员、相关部门或者行业协会等对专门问题的意见；

（五）委托鉴定、评估、审计；

（六）现场走访、查验；

（七）查明事实所需要采取的其他措施。

进行调查核实，不得采取限制人身自由和查封、扣押、冻结财产等强制性措施。

第十五条　检察官一般应当在检察长作出决定后两个月以内完成检察建议事项的调查核实。情况紧急的，应当及时办结。

检察官调查核实完毕，应当制作调查终结报告，写明调查过程和认定的事实与证据，提出处理意见。认为需要提出检察建议的，应当起草检察建议书，一并报送检察长，由检察长或者检察委员会讨论决定是否提出检察建议。

经调查核实，查明相关单位不存在需要纠正或者整改的违法事实或者重大隐患，决定不提出检察建议的，检察官应当将调查终结报告连同相关材料订卷存档。

《最高人民检察院关于加强和改进刑事抗诉工作的意见》（高检发诉字〔2014〕29 号，2014 年 11 月 26 日）

16. 对刑事抗诉案件的证据，应当重点从以下几个方面进行审查：认定犯罪主体的证据是否确实、充分；认定犯罪事实的证据是否确实、充分；涉及犯罪性质、决定罪名的证据是否确实、充分；涉及量刑情节的证据是否确实、充分；提出抗诉的刑事案件，支持抗诉意见的证据是否具备合法性、客观性和关联性；抗诉证据之间、抗诉意见与抗诉证据之间是否存在矛盾；支持抗诉意见的证据是否确实、充分。

17.办理刑事抗诉案件，应当讯问原审被告人，并可根据案情需要复核或者补充相关证据。

《最高人民检察院关于刑事抗诉工作的若干意见》（高检发诉字〔2001〕7号，2001年3月2日起施行）

二、刑事抗诉的范围

（一）人民法院刑事判决或裁定在认定事实、采信证据方面确有下列错误的，人民检察院应当提出抗诉和支持抗诉：

1.刑事判决或裁定认定事实有错误，导致定性或者量刑明显不当的。主要包括：刑事判决或裁定认定的事实与证据不一致；认定的事实与裁判结论有重大矛盾；有新的证据证明刑事判决或裁定认定事实确有错误。

2.刑事判决或裁定采信证据有错误，导致定性或者量刑明显不当的。主要包括：刑事判决或裁定据以认定案件事实的证据不确实；据以定案的证据不足以认定案件事实，或者所证明的案件事实与裁判结论之间缺乏必然联系；据以定案的证据之间存在矛盾；经审查犯罪事实清楚、证据确实充分，人民法院以证据不足为由判决无罪错误的。

三、不宜抗诉的情形

（一）原审刑事判决或裁定认定事实、采信证据有下列情形之一的，一般不宜提出抗诉：

1.判决或裁定采信的证据不确实、不充分，或者证据之间存有矛盾，但是支持抗诉主张的证据也不确实、不充分，或者不能合理排除证据之间的矛盾的；

2.被告人提出罪轻、无罪辩解或者翻供后，有罪证据之间的矛盾无法排除，导致起诉书、判决书对事实的认定分歧较大的；

3.人民法院以证据不足、指控的犯罪不能成立为由，宣告被告人无罪的案件，人民检察院如果发现新的证据材料证明被告人有罪，应当重新起诉，不能提出抗诉；

4.刑事判决改变起诉定性，导致量刑差异较大，但没有足够证据证明人民法院改变定性错误的；

5.案件基本事实清楚，因有关量刑情节难以查清，人民法院从轻处罚的。

四、刑事抗诉案件的审查

（二）对刑事抗诉案件的证据，应当重点从以下几个方面进行审查：

1.认定主体的证据是否确实充分；

2.认定犯罪行为和证明犯罪要素的证据是否确实充分；

3. 涉及犯罪性质、决定罪名的论据是否确实充分；

4. 涉及量刑情节的相关证据是否确实充分；

5. 提出抗诉的刑事案件，支持抗诉主张的证据是否具备合法性、客观性和关联性；抗诉主张的每一环节是否均有相应的证据予以证实；抗诉主张与抗诉证据之间、抗诉证据与抗诉证据之间是否不存在矛盾；支持抗诉主张的证据是否形成完整的锁链。

3. 涉外刑事案件中证据的司法协助

相关法律条文

《中华人民共和国国际刑事司法协助法》（2018 年 10 月 26 日起施行）

第四章　调查取证

第一节　向外国请求调查取证

第二十五条　办案机关需要外国就下列事项协助调查取证的，应当制作刑事司法协助请求书并附相关材料，经所属主管机关审核同意后，由对外联系机关及时向外国提出请求：

（一）查找、辨认有关人员；

（二）查询、核实涉案财物、金融账户信息；

（三）获取并提供有关人员的证言或者陈述；

（四）获取并提供有关文件、记录、电子数据和物品；

（五）获取并提供鉴定意见；

（六）勘验或者检查场所、物品、人身、尸体；

（七）搜查人身、物品、住所和其他有关场所；

（八）其他事项。

请求外国协助调查取证时，办案机关可以同时请求在执行请求时派员到场。

第二十六条　向外国请求调查取证的，请求书及所附材料应当根据需要载明下列事项：

（一）被调查人的姓名、性别、住址、身份信息、联系方式和有助于确认被调查人的其他资料；

（二）需要向被调查人提问的问题；

（三）需要查找、辨认人员的姓名、性别、住址、身份信息、联系方式、外表和行为特征以及有助于查找、辨认的其他资料；

（四）需要查询、核实的涉案财物的权属、地点、特性、外形和数量等具体信息，需要查询、核实的金融账户相关信息；

（五）需要获取的有关文件、记录、电子数据和物品的持有人、地点、特性、外形和数量等具体信息；

（六）需要鉴定的对象的具体信息；

（七）需要勘验或者检查的场所、物品等的具体信息；

（八）需要搜查的对象的具体信息；

（九）有助于执行请求的其他材料。

第二十七条　被请求国要求归还其提供的证据材料或者物品的，办案机关应当尽快通过对外联系机关归还。

第二节　向中华人民共和国请求调查取证

第二十八条　外国可以请求中华人民共和国就本法第二十五条第一款规定的事项协助调查取证。

外国向中华人民共和国请求调查取证的，请求书及所附材料应当根据需要载明本法第二十六条规定的事项。

第二十九条　外国向中华人民共和国请求调查取证时，可以同时请求在执行请求时派员到场。经同意到场的人员应当遵守中华人民共和国法律，服从主管机关和办案机关的安排。

第三十条　办案机关要求请求国保证归还其提供的证据材料或者物品，请求国作出保证的，可以提供。

第五章　安排证人作证或者协助调查

第一节　向外国请求安排证人作证或者协助调查

第三十一条　办案机关需要外国协助安排证人、鉴定人来中华人民共和国作证或者通过视频、音频作证，或者协助调查的，应当制作刑事司法协助请求书并附相关材料，经所属主管机关审核同意后，由对外联系机关及时向外国提出请求。

第三十二条　向外国请求安排证人、鉴定人作证或者协助调查的，请求书及所附材料应当根据需要载明下列事项：

（一）证人、鉴定人的姓名、性别、住址、身份信息、联系方式和有助于确认证人、鉴定人的其他资料；

（二）作证或者协助调查的目的、必要性、时间和地点等；

（三）证人、鉴定人的权利和义务；

（四）对证人、鉴定人的保护措施；

（五）对证人、鉴定人的补助；

（六）有助于执行请求的其他材料。

第三十三条　来中华人民共和国作证或者协助调查的证人、鉴定人在离境前，其入境前实施的犯罪不受追诉；除因入境后实施违法犯罪而被采取强制措施的以外，其人身自由不受限制。

证人、鉴定人在条约规定的期限内或者被通知无需继续停留后十五日内没有离境的，前款规定不再适用，但是由于不可抗力或者其他特殊原因未能离境的除外。

第三十四条　对来中华人民共和国作证或者协助调查的证人、鉴定人，办案机关应当依法给予补助。

第三十五条　来中华人民共和国作证或者协助调查的人员系在押人员的，由对外联系机关会同主管机关与被请求国就移交在押人员的相关事项事先达成协议。

主管机关和办案机关应当遵守协议内容，依法对被移交的人员予以羁押，并在作证或者协助调查结束后及时将其送回被请求国。

第二节　向中华人民共和国请求安排证人作证或者协助调查

第三十六条　外国可以请求中华人民共和国协助安排证人、鉴定人赴外国作证或者通过视频、音频作证，或者协助调查。

外国向中华人民共和国请求安排证人、鉴定人作证或者协助调查的，请求书及所附材料应当根据需要载明本法第三十二条规定的事项。

请求国应当就本法第三十三条第一款规定的内容作出书面保证。

第三十七条　证人、鉴定人书面同意作证或者协助调查的，办案机关应当及时将证人、鉴定人的意愿、要求和条件通过所属主管机关通知对外联系机关，由对外联系机关通知请求国。

安排证人、鉴定人通过视频、音频作证的，主管机关或者办案机关应当派员到场，发现有损害中华人民共和国的主权、安全和社会公共利益以及违反中华人民共和国法律的基本原则的情形的，应当及时制止。

第三十八条　外国请求移交在押人员出国作证或者协助调查，并保证在作证或者协助调查结束后及时将在押人员送回的，对外联系机关应当征求主管机关和在押人员的意见。主管机关和在押人员均同意出国作证或者协助调查的，由对外联系机关会同主管机关与请求国就移交在押人员的相关事项事先达成协议。

在押人员在外国被羁押的期限，应当折抵其在中华人民共和国被判处的刑期。

相关司法解释规定

《最高人民法院关于适用〈中华人民共和国刑事诉讼法〉的解释》（法释〔2021〕1号，2021年3月1日起施行）

第七十七条　对来自境外的证据材料，人民检察院应当随案移送有关材料来源、提供人、提取人、提取时间等情况的说明。经人民法院审查，相关证据材料能够证明案件事实且符合刑事诉讼法规定的，可以作为证据使用，但提供人或者我国与有关国家签订的双边条约对材料的使用范围有明确限制的除外；材料来源不明或者真实性无法确认的，不得作为定案的根据。

当事人及其辩护人、诉讼代理人提供来自境外的证据材料的，该证据材料应当经所在国公证机关证明，所在国中央外交主管机关或者其授权机关认证，并经中华人民共和国驻该国使领馆认证，或者履行中华人民共和国与该所在国订立的有关条约中规定的证明手续，但我国与该国之间有互免认证协定的除外。

《人民检察院刑事诉讼规则》（高检发释字〔2019〕4号，2019年12月30日起施行）

第六百七十二条　人民检察院刑事司法协助的范围包括刑事诉讼文书送达，调查取证，安排证人作证或者协助调查，查封、扣押、冻结涉案财物，返还违法所得及其他涉案财物，移管被判刑人以及其他协助。

相关部门规章

《公安机关办理刑事案件程序规定》（公安部2012年12月13日修订发布，2020年7月20日修正，2020年9月1日起施行）

第十三条　根据《中华人民共和国引渡法》《中华人民共和国国际刑事司法协助法》，中华人民共和国缔结或者参加的国际条约和公安部签订的双边、多边合作协议，或者按照互惠原则，我国公安机关可以和外国警察机关开展刑事司法协助和警务合作。

第三百七十五条　公安机关进行刑事司法协助和警务合作的范围，主要包括犯罪情报信息的交流与合作，调查取证，安排证人作证或者协助调查，查封、扣押、冻结涉案财物，没收、返还违法所得及其他涉案财物，送达刑事诉讼文书，引渡、缉捕和递解犯罪嫌疑人、被告人或者罪犯，以及国际条约、协议规定的其他刑事司法协助和警务合作事宜。

第三百八十一条　需要通过国际刑事警察组织查找或者缉捕犯罪嫌疑人、被告人或者罪犯，查询资料、调查取证的，应当提出申请层报国际刑事警察组织中国国家中心局。

第三百八十二条　公安机关需要外国协助安排证人、鉴定人来中华人民共和国作证或者通过视频、音频作证，或者协助调查的，应当制作刑事司法协助请求书并附相关材料，经公安部审核同意后，由对外联系机关及时向外国提出请求。

来中华人民共和国作证或者协助调查的证人、鉴定人离境前，公安机关不得就其入境前实施的犯罪进行追究；除因入境后实施违法犯罪而被采取强制措施的以外，其人身自由不受限制。

证人、鉴定人在条约规定的期限内或者被通知无需继续停留后十五日内没有离境的，前款规定不再适用，但是由于不可抗力或者其他特殊原因未能离境的除外。

相关司法文件

《最高人民法院、最高人民检察院、公安部关于办理电信网络诈骗等刑事案件适用法律若干问题的意见（二）》（法发〔2021〕22 号，2021 年 6 月 17 日起施行）

十四、通过国（区）际警务合作收集或者境外警方移交的境外证据材料，确因客观条件限制，境外警方未提供相关证据的发现、收集、保管、移交情况等材料的，公安机关应当对上述证据材料的来源、移交过程以及种类、数量、特征等作出书面说明，由两名以上侦查人员签名并加盖公安机关印章。经审核能够证明案件事实的，可以作为证据使用。

《人民检察院办理网络犯罪案件规定》（2021 年 1 月 25 日起施行）

第六章　跨国（边）境司法协作

第五十六条　办理跨国网络犯罪案件应当依照《中华人民共和国国际刑事司法协助法》及我国批准加入的有关刑事司法协助条约，加强国际司法协作，维护我国主权、安全和社会公共利益，尊重协作国司法主权、坚持平等互惠原则，提升跨国司法协作质效。

第五十七条　地方人民检察院在案件办理中需要向外国请求刑事司法协助的，应当制作刑事司法协助请求书并附相关材料，经报最高人民检察院批准后，由我国与被请求国间司法协助条约规定的对外联系机关向外国提出申请。没有刑事司法协助条约的，通过外交途径联系。

第五十八条　人民检察院参加现场移交境外证据的检察人员不少于二人，外方有特殊要求的除外。

移交、开箱、封存、登记的情况应当制作笔录，由最高人民检察院或者承办案件的人民检察院代表、外方移交人员签名或者盖章，一般应当全程录音录像。有其他见证人的，在笔录中注明。

第五十九条　人民检察院对境外收集的证据，应当审查证据来源是否合法、手续是否齐备以及证据的移交、保管、转换等程序是否连续、规范。

第六十条　人民检察院办理涉香港特别行政区、澳门特别行政区、台湾地区的网络犯罪案件，需要当地有关部门协助的，可以参照本规定及其他相关规定执行。

《最高人民法院、最高人民检察院、公安部关于办理电信网络诈骗等刑事案件适用法律若干问题的意见》（法发〔2016〕32 号，2016 年 12 月 20 日起施行）

六、证据的收集和审查判制

（三）依照国际条约、刑事司法协助、互助协议或平等互助原则，请求证据材料所在地司法机关收集，或通过国际警务合作机制、国际刑警组织启动合作取证程序收集的境外证据材料，经查证属实，可以作为定案的依据。公安机关应对其来源、提取人、提取时间或者提供人、提供时间以及保管移交的过程等作出说明。

对其他来自境外的证据材料，应当对其来源、提供人、提供时间以及提取人、提取时间进行审查。能够证明案件事实且符合刑事诉讼法规定的，可以作为证据使用。

《海峡两岸共同打击犯罪及司法互助协议》（海峡两岸关系协会 2009 年 4 月 26 日）

八、调查取证

双方同意依己方规定相互协助调查取证，包括取得证言及陈述；提供书证、物证及视听资料；确定关系人所在或确认其身分；勘验、鉴定、检查、访视、调查；搜索及扣押等。

受请求方在不违反己方规定前提下，应尽量依请求方要求之形式提供协助。

受请求方协助取得相关证据资料，应及时移交请求方。但受请求方已进行侦查、起诉或审判程序者，不在此限。

十八、互免证明

双方同意依本协议请求及协助提供之证据资料、司法文书及其他资料，不要求任何形式之证明。

4. 未成年人刑事案件中的证据与证明

相关法律条文

《中华人民共和国刑事诉讼法》（1979 年 7 月 1 日通过，1996 年 3 月 17 日第一次修正，2012 年 3 月 14 日第二次修正，2018 年 10 月 26 日第三次修正）

第二百七十九条 【未成年犯罪人情况调查】公安机关、人民检察院、人民法院办理未成年人刑事案件，根据情况可以对未成年犯罪嫌疑人、被告人的成长经历、犯罪原因、监护教育等情况进行调查。

第二百八十一条 【对未成年犯罪人的讯问与审判】对于未成年人刑事案件，在讯问和审判的时候，应当通知未成年犯罪嫌疑人、被告人的法定代理人到场。无法通知、法定代理人不能到场或者法定代理人是共犯的，也可以通知未成年犯罪嫌疑人、被告人的其他成年亲属，所在学校、单位、居住地基层组织或者未成年人保护组织的代表到场，并将有关情况记录在案。到场的法定代理人可以代为行使未成年犯罪嫌疑人、被告人的诉讼权利。

到场的法定代理人或者其他人员认为办案人员在讯问、审判中侵犯未成年人合法权益的，可以提出意见。讯问笔录、法庭笔录应当交给到场的法定代理人或者其他人员阅读或者向他宣读。

讯问女性未成年犯罪嫌疑人，应当有女工作人员在场。

审判未成年人刑事案件，未成年被告人最后陈述后，其法定代理人可以进行补充陈述。

询问未成年被害人、证人，适用第一款、第二款、第三款的规定。

相关司法解释规定

《最高人民法院关于适用〈中华人民共和国刑事诉讼法〉的解释》（法释〔2021〕1 号，2021 年 3 月 1 日起施行）

第五百五十五条　人民法院审理未成年人刑事案件，在讯问和开庭时，应当通知未成年被告人的法定代理人到场。法定代理人无法通知、不能到场或者是共犯的，也可以通知合适成年人到场，并将有关情况记录在案。

到场的法定代理人或者其他人员，除依法行使刑事诉讼法第二百八十一条第二款规定的权利外，经法庭同意，可以参与对未成年被告人的法庭教育等工作。

适用简易程序审理未成年人刑事案件，适用前两款规定。

第五百五十六条　询问未成年被害人、证人，适用前条规定。

审理未成年人遭受性侵害或者暴力伤害案件，在询问未成年被害人、证人时，应当采取同步录音录像等措施，尽量一次完成；未成年被害人、证人是女性的，应当由女性工作人员进行。

第五百五十八条　开庭审理涉及未成年人的刑事案件，未成年被害人、证人一般不出庭作证；必须出庭的，应当采取保护其隐私的技术手段和心理干预等保护措施。

第五百六十八条　对人民检察院移送的关于未成年被告人性格特点、家庭情况、社会交往、成长经历、犯罪原因、犯罪前后的表现、监护教育等情况的调查报告，以及辩护人提交的反映未成年被告人上述情况的书面材料，法庭应当接受。

必要时，人民法院可以委托社区矫正机构、共青团、社会组织等对未成年被告人的上述情况进行调查，或者自行调查。

第五百七十五条　对未成年被告人情况的调查报告，以及辩护人提交的有关未成年被告人情况的书面材料，法庭应当审查并听取控辩双方意见。上述报告和材料可以作为办理案件和教育未成年人的参考。

人民法院可以通知作出调查报告的人员出庭说明情况，接受控辩双方和法庭的询问。

《人民检察院刑事诉讼规则》（高检发释字〔2019〕4 号，2019 年 12 月 30 日起施行）

第四百六十一条　人民检察院根据情况可以对未成年犯罪嫌疑人的成长经历、

犯罪原因、监护教育等情况进行调查，并制作社会调查报告，作为办案和教育的参考。

人民检察院开展社会调查，可以委托有关组织和机构进行。开展社会调查应当尊重和保护未成年人隐私，不得向不知情人员泄露未成年犯罪嫌疑人的涉案信息。

人民检察院应当对公安机关移送的社会调查报告进行审查。必要时，可以进行补充调查。

人民检察院制作的社会调查报告应当随案移送人民法院。

第四百六十五条　在审查逮捕、审查起诉中，人民检察院应当讯问未成年犯罪嫌疑人，听取辩护人的意见，并制作笔录附卷。辩护人提出书面意见的，应当附卷。对于辩护人提出犯罪嫌疑人无罪、罪轻或者减轻、免除刑事责任、不适宜羁押或者侦查活动有违法情形等意见的，检察人员应当进行审查，并在相关工作文书中叙明辩护人提出的意见，说明是否采纳的情况和理由。

讯问未成年犯罪嫌疑人，应当通知其法定代理人到场，告知法定代理人依法享有的诉讼权利和应当履行的义务。到场的法定代理人可以代为行使未成年犯罪嫌疑人的诉讼权利，代为行使权利时不得损害未成年犯罪嫌疑人的合法权益。

无法通知、法定代理人不能到场或者法定代理人是共犯的，也可以通知未成年犯罪嫌疑人的其他成年亲属，所在学校、单位或者居住地的村民委员会、居民委员会、未成年人保护组织的代表到场，并将有关情况记录在案。未成年犯罪嫌疑人明确拒绝法定代理人以外的合适成年人到场，且有正当理由的，人民检察院可以准许，但应当在征求其意见后通知其他合适成年人到场。

到场的法定代理人或者其他人员认为检察人员在讯问中侵犯未成年犯罪嫌疑人合法权益提出意见的，人民检察院应当记录在案。对合理意见，应当接受并纠正。讯问笔录应当交由到场的法定代理人或者其他人员阅读或者向其宣读，并由其在笔录上签名或者盖章，并捺指印。

讯问女性未成年犯罪嫌疑人，应当有女性检察人员参加。

询问未成年被害人、证人，适用本条第二款至第五款的规定。询问应当以一次为原则，避免反复询问。

第四百六十六条　讯问未成年犯罪嫌疑人应当保护其人格尊严。

讯问未成年犯罪嫌疑人一般不得使用戒具。对于确有人身危险性必须使用戒具的，在现实危险消除后应当立即停止使用。

《最高人民法院关于审理未成年人刑事案件具体应用法律若干问题的解释》（法释〔2006〕1号，2006年1月23日起施行）

第四条　对于没有充分证据证明被告人实施被指控的犯罪时已经达到法定刑事责任年龄且确实无法查明的，应当推定其没有达到相应法定刑事责任年龄。

相关证据足以证明被告人实施被指控的犯罪时已经达到法定刑事责任年龄，但是无法准确查明被告人具体出生日期的，应当认定其达到相应法定刑事责任年龄。

相关部门规章

《公安机关办理刑事案件程序规定》（公安部 2012 年 12 月 13 日修订发布，2020 年 7 月 20 日修正，2020 年 9 月 1 日起施行）

第十章　特别程序

第一节　未成年人刑事案件诉讼程序

第三百二十二条　公安机关办理未成年人刑事案件，根据情况可以对未成年犯罪嫌疑人的成长经历、犯罪原因、监护教育等情况进行调查并制作调查报告。

作出调查报告的，在提请批准逮捕、移送审查起诉时，应当结合案情综合考虑，并将调查报告与案卷材料一并移送人民检察院。

第三百二十三条　讯问未成年犯罪嫌疑人，应当通知未成年犯罪嫌疑人的法定代理人到场。无法通知、法定代理人不能到场或者法定代理人是共犯的，也可以通知未成年犯罪嫌疑人的其他成年亲属，所在学校、单位、居住地或者办案单位所在地基层组织或者未成年人保护组织的代表到场，并将有关情况记录在案。到场的法定代理人可以代为行使未成年犯罪嫌疑人的诉讼权利。

到场的法定代理人或者其他人员提出侦查人员在讯问中侵犯未成年人合法权益的，公安机关应当认真核查，依法处理。

第三百二十四条　讯问未成年犯罪嫌疑人应当采取适合未成年人的方式，耐心细致地听取其供述或者辩解，认真审核、查证与案件有关的证据和线索，并针对其思想顾虑、恐惧心理、抵触情绪进行疏导和教育。

讯问女性未成年犯罪嫌疑人，应当有女工作人员在场。

第三百二十五条　讯问笔录应当交未成年犯罪嫌疑人、到场的法定代理人或者其他人员阅读或者向其宣读；对笔录内容有异议的，应当核实清楚，准予更正或者补充。

第三百二十六条　询问未成年被害人、证人，适用本规定第三百二十三条、第三百二十四条、第三百二十五条的规定。

询问未成年被害人、证人，应当以适当的方式进行，注意保护其隐私和名誉，尽可能减少询问频次，避免造成二次伤害。必要时，可以聘请熟悉未成年人身心特点的专业人员协助。

相关司法文件

《未成年人刑事检察工作指引（试行）》（高检发未检字〔2017〕1号，2017年3月2日起试行）

第二章　特殊检察制度

第二节　社会调查

第二十八条　【基本要求】人民检察院办理未成年人刑事案件，应当对公安机关或者辩护人提供的社会调查报告及相关材料进行认真审查，并作为审查逮捕、审查起诉、提出量刑建议以及帮教等工作的重要参考。

第二十九条　【应当调查】对于未成年人刑事案件，一般应当进行社会调查，但未成年人犯罪情节轻微，且在调查案件事实的过程中已经掌握未成年犯罪嫌疑人的成长经历、犯罪原因、监护教育等情况的，可以不进行专门的社会调查。

第三十条　【督促调查】对于卷宗中没有证明未成年犯罪嫌疑人的成长经历、犯罪原因、监护教育等情况的材料或者材料不充分的，人民检察院应当要求公安机关提供或者补充提供。

未成年犯罪嫌疑人不讲真实姓名、住址，身份不明，无法进行社会调查的，人民检察院应当要求公安机关出具书面情况说明。无法进行调查的原因消失后，应当督促公安机关开展社会调查。

第三十一条　【自行调查】人民检察院对于公安机关移送审查起诉的未成年人刑事案件，未随案移送社会调查报告及其附属材料，经发函督促七日内仍不补充移送的；或者随案移送的社会调查报告不完整，需要补充调查的；或者人民检察院认为应当进行社会调查的，可以进行调查或补充调查。

第三十二条　【知情权保护】开展社会调查应当充分保障未成年人及其法定代理人的知情权，并在调查前将调查人员的组成、调查程序、调查内容及对未成年人隐私保护等情况及时告知未成年人及其法定代理人。

第三十三条　【隐私权保护】开展社会调查时，调查人员不得驾驶警车、穿着检察制服，应当尊重和保护未成年人名誉，避免向不知情人员泄露未成年人的涉罪信息。

第三十四条　【调查方式、程序】人民检察院自行开展社会调查的，调查人员不得少于二人。

开展社会调查应当走访未成年犯罪嫌疑人的监护人、亲友、邻居、老师、同学、被害人或者其近亲属等相关人员。必要时可以通过电话、电子邮件或者其他方式向身在外地的被害人或其他人员了解情况。

经被调查人同意，可以采取拍照、同步录音录像等形式记录调查内容。

第三十五条　【心理测评】社会调查过程中，根据需要，经未成年犯罪嫌疑人及其法定代理人同意，可以进行心理测评。

第三十六条　【调查内容】社会调查主要包括以下内容：

（一）个人基本情况，包括未成年人的年龄、性格特点、健康状况、成长经历（成长中的重大事件）、生活习惯、兴趣爱好、教育程度、学习成绩、一贯表现、不良行为史、经济来源等；

（二）社会生活状况，包括未成年人的家庭基本情况（家庭成员、家庭教育情况和管理方式、未成年人在家庭中的地位和遭遇、家庭成员之间的感情和关系、监护人职业、家庭经济状况、家庭成员有无重大疾病或遗传病史等）、社区环境（所在社区治安状况、邻里关系、在社区的表现、交往对象及范围等）、社会交往情况（朋辈交往、在校或者就业表现、就业时间、职业类别、工资待遇、与老师、同学或者同事的关系等）；

（三）与涉嫌犯罪相关的情况，包括犯罪目的、动机、手段、与被害人的关系等；犯罪后的表现，包括案发后、羁押或取保候审期间的表现、悔罪态度、赔偿被害人损失等；社会各方意见，包括被害方的态度、所在社区基层组织及辖区派出所的意见等，以及是否具备有效监护条件、社会帮教措施；

（四）认为应当调查的其他内容。

第三十七条　【调查笔录】调查情况应当制作笔录，并由被调查人进行核对。被调查人确认无误，签名后捺手印。

以单位名义出具的证明材料，由材料出具人签名，并加盖单位印章。以个人名义出具的证明材料，由材料出具人签名，并附个人身份证复印件。

第三十八条　【制作报告】社会调查结束后，应当制作社会调查报告，由调查人员签名，并加盖单位印章。

社会调查报告的主要内容包括：

（一）调查主体、方式及简要经过；

（二）调查内容；

（三）综合评价，包括对未成年犯罪嫌疑人的身心健康、认知、解决问题能力、可信度、自主性、与他人相处能力以及社会危险性、再犯可能性等情况的综合分析；

（四）意见建议，包括对未成年犯罪嫌疑人的处罚和教育建议等。

社会调查人员意见不一致的，应当在报告中写明。

调查笔录或者其他能够印证社会调查报告内容的书面材料，应当附在社会调查报告之后。

第三十九条　【委托调查】人民检察院开展社会调查可以委托有关组织或者机构进行。当地有青少年事务社会工作等专业机构的，应当主动与其联系，以政府购买服务等方式，将社会调查交由其承担。

委托调查的，应当向受委托的组织或者机构发出社会调查委托函，载明被调查对象的基本信息、案由、基本案情、调查事项、调查时限等，并要求其在社会调查完成后，将社会调查报告、原始材料包括调查笔录、调查问卷、社会调查表、有关单位和个人出具的证明材料、书面材料、心理评估报告、录音录像资料等，一并移送委托的人民检察院。

第四十条　【保密及回避原则】人民检察院委托进行社会调查的，应当明确告知受委托组织或机构为每一个未成年人指派两名社会调查员进行社会调查；不得指派被调查人的近亲属或者与本案有利害关系的人员进行调查。社会调查时，社会调查员应当出示社会调查委托函、介绍信和工作证，不得泄露未成年犯罪嫌疑人的犯罪信息、个人隐私等情况，并对社会调查的真实性负法律责任。

第四十一条　【了解情况】经人民检察院许可，社会调查员可以查阅部分诉讼文书并向未检检察官了解案件基本情况。

社会调查员进行社会调查，应当会见被调查的未成年犯罪嫌疑人，当面听取其陈述。未成年犯罪嫌疑人未被羁押的，可以到未成年犯罪嫌疑人的住所或者其他适当场所进行会见。未成年犯罪嫌疑人被羁押的，经公安机关审查同意，可以到羁押场所进行会见。

会见未在押的未成年犯罪嫌疑人，应征得其法定代理人的同意。

第四十二条　【审查认定】人民检察院收到公安机关或者受委托调查组织或者机构移送的社会调查报告及相关材料后，应当认真审查材料是否齐全、内容是否真实，听取未成年犯罪嫌疑人及其法定代理人或者其他到场人员、辩护人的意见，并记录在案。

第四十三条　【重新调查】对公安机关或者受委托调查组织或者机构出具的社会调查报告，经审查有下列情形之一的，人民检察院应当重新进行社会调查：

（一）调查材料有虚假成分的；

（二）社会调查结论与其他证据存在明显矛盾的；

（三）调查人员系案件当事人的近亲属或与案件有利害关系，应当回避但没有回避的；

（四）人民检察院认为需要重新调查的其他情形。

第四十四条　【文书表述】承办人应当在案件审查报告中对开展社会调查的情况进行详细说明，并在决定理由部分写明对社会调查报告提出的处罚建议的采纳情况及理由。

人民检察院在制作附条件不起诉决定书、不起诉决定书、起诉书等法律文书时，应当叙述通过社会调查或者随案调查查明的未成年犯罪嫌疑人、被不起诉人、被告人的成长经历、犯罪原因、监护教育等内容。

第四十五条　【移送法院】人民检察院提起公诉的案件，社会调查报告及相关资料应当随案移送人民法院。

社会调查报告的内容应当在庭审中宣读，必要时可以通知调查人员出庭说明情况。委托调查的，可以要求社会调查员出庭宣读社会调查报告。

第三章　讯问未成年犯罪嫌疑人

第一节　一般规定

第九十四条　【基本原则】人民检察院讯问未成年犯罪嫌疑人，应当充分照顾不同年龄段未成年人的身心特点，注意营造信任、宽松的沟通氛围，采用平和的讯问方式和通俗易懂的语言，做到耐心倾听、理性引导。

第九十五条　【主要任务】讯问未成年犯罪嫌疑人，不仅要查明犯罪事实、核实主体身份以及是否有自首、立功、坦白等情节，听取其有罪的供述或者无罪、罪轻的辩解，还应当深入了解未成年犯罪嫌疑人的成长经历、犯罪原因、监护教育等相关情况，充分获取其不良行为、违法犯罪、是否曾经遭受侵害以及回归社会的实际需求、有利条件、不利因素等方面的信息，并适时对未成年犯罪嫌疑人进行教育引导。

第九十六条　【人员要求】讯问未成年犯罪嫌疑人，应当由两名熟悉未成年人身心特点的检察人员进行。讯问女性未成年犯罪嫌疑人，应当有女性检察人员参加。

讯问聋、哑或者不通晓当地语言、文字的未成年犯罪嫌疑人，应当有通晓聋、哑手势或者当地语言、文字且与本案无利害关系的人员进行翻译。未成年犯罪嫌疑人的聋、哑或者不通晓当地语言、文字以及翻译人员的姓名、性别、工作单位和职业等情况应当记录在案。

第九十七条　【地点选择】讯问未被羁押的未成年犯罪嫌疑人，一般应当在检察机关专设的未成年人检察工作室进行。未成年犯罪嫌疑人及其法定代理人的住所、学校或者其他场所更为适宜的，也可以在上述地点进行讯问。

讯问被羁押的未成年犯罪嫌疑人，羁押场所设有专门讯问室的，应当在专门讯问室进行；没有设立的，应当协调公安机关设立适合未成年犯罪嫌疑人身心特点的专门讯问室。

第九十八条　【时间要求】讯问未成年犯罪嫌疑人的时间应当以减少对其不利影响为前提。未成年人为在校学生的，应当避免在正常教学期间进行讯问。

在讯问过程中，应当根据未成年犯罪嫌疑人的心理状态、情绪变化等实际情况，及时调整讯问的时间和节奏，避免对其身心造成负面影响，保证讯问活动顺利进行。

第九十九条　【尊重人格】讯问未成年犯罪嫌疑人要维护其人格尊严，不得使用带有暴力性、贬损性色彩的语言。

讯问未成年犯罪嫌疑人一般不得使用械具。对于确有人身危险性，必须使用械具的，在现实危险消除后，应当立即停止使用。

第一百条　【隐私保护】讯问未成年犯罪嫌疑人可以不着检察制服，但着装应当朴素、简洁、大方。

办案人员到未成年犯罪嫌疑人住所、学校或者工作单位进行讯问的，应当避免穿着制服、驾驶警车或者采取其他可能暴露未成年犯罪嫌疑人身份、隐私，影响其名誉的方式。

第一百零一条 【讯问方式】讯问未成年犯罪嫌疑人的语言要符合未成年人的认知能力，能够被未成年人充分理解。

讯问可以采取圆桌或座谈的方式进行。

讯问未成年犯罪嫌疑人应当采取非对抗的讯问方式，详细告知其如实供述案件事实的法律规定和国家对未成年人的保护政策，鼓励其理性决策。

讯问过程中要注意耐心倾听，让未成年犯罪嫌疑人有充分的机会表达自己观点。对于未成年犯罪嫌疑人提出的疑问或者法律问题，应当充分予以解释和说明。

第一百零二条 【专家辅助】根据案件具体情况，人民检察院在讯问未成年犯罪嫌疑人时可以聘请心理专家给予必要的辅助，并记录在案。

第一百零三条 【心理疏导和测评】讯问过程中，应当全程对未成年犯罪嫌疑人的生理、心理、精神状态予以关注，必要时可以进行心理疏导和测评。

第一百零四条 【录音录像】有下列情形之一的，可以对讯问未成年犯罪嫌疑人的过程进行录音录像：

（一）犯罪嫌疑人不认罪的；

（二）犯罪嫌疑人前后供述不一的；

（三）辩护人提出曾受到刑讯逼供、诱供的；

（四）其他必要的情形。

录音录像应当全程不间断进行，保持完整性，不得选择性地录制，不得剪接、删改。

第二节 讯问前准备

第一百零五条 【了解情况】讯问前，办案人员应当认真审查案卷材料。必要时可以调取公安机关同步录音录像资料，并与公安侦查人员、管教干警、法定代理人、法律援助律师等进行沟通，了解未成年犯罪嫌疑人的相关情况；也可以通过电话、信函、走访等方式开展调查，以提高讯问的针对性。

第一百零六条 【制定讯问提纲】办案人员应当根据案件具体情况和未成年犯罪嫌疑人身心特点、成长经历、家庭情况等，制定详细的讯问提纲或者讯问方案。

第一百零七条 【告知文书】讯问未成年犯罪嫌疑人应当准备以下告知法律文书：

（一）未成年犯罪嫌疑人权利义务告知书；

（二）法定代理人或者合适成年人到场通知书；

（三）法定代理人或者合适成年人权利义务告知书；

（四）传唤证或者提讯提解证；

（五）根据案件具体情况应当准备的其他告知文书，如心理测评告知书等。

第一百零八条　【通知到场】讯问未成年犯罪嫌疑人，应当通知其法定代理人到场。无法通知、法定代理人不能到场或者法定代理人是共犯的，可以通知合适成年人到场，并将有关情况记录在案。

讯问前应当将讯问的时间、地点提前通知法定代理人或者合适成年人，并要求其携带到场通知书、身份证或者工作证、户口簿等身份证明文件。

需要对到场参与讯问的法定代理人取证的，应当先行对其进行询问并制作笔录。

目睹案件发生过程，提供证人证言的，不适宜担任合适成年人。

第三节　讯　问

第一百零九条　【介绍参与人员】讯问开始时，办案人员应当首先向未成年犯罪嫌疑人表明身份，告知其讯问人员的姓名、单位、法律职务。

合适成年人到场的，办案人员应当向未成年犯罪嫌疑人介绍合适成年人的身份、职业等基本情况以及合适成年人制度的法律意义等，并让合适成年人与未成年犯罪嫌疑人就生活、学习、家庭等非涉案情况进行短暂交流。交谈情况应当记录在案。

第一百一十条　【权利义务告知】办案人员应当告知未成年犯罪嫌疑人及其法定代理人或者合适成年人依法享有的诉讼权利、相关法律规定以及案件的进展情况。告知时，应当以未成年人可以理解的语言进行解释说明，并通过由未成年犯罪嫌疑人亲笔书写告知内容或者让其复述等方式，以确保未成年人真正理解其诉讼权利、义务以及供述可能产生的法律后果。告知的情形应当记录在案。

第一百一十一条　【缓解情绪】正式讯问开始前，办案人员应当尽可能缓解未成年犯罪嫌疑人的紧张情绪，与其建立信任友善关系，为正式讯问打下良好的基础。

第一百一十二条　【核查主体】讯问未成年犯罪嫌疑人主体方面内容应当注意：

（一）核实未成年犯罪嫌疑人的年龄身份情况，问明出生年月日、公历还是农历、生肖属相、每年何时过生日、就学就业经历、家庭成员的年龄情况等；

（二）掌握未成年犯罪嫌疑人的健康情况，问明是否有影响羁押的严重疾病、生理发育是否有缺陷、是否有病史特别是精神病史、女性未成年犯罪嫌疑人是否处于怀孕或者哺乳期等；

（三）核实未成年犯罪嫌疑人的前科情况；

（四）了解未成年犯罪嫌疑人的监护状况，问明其法定代理人的基本情况及联系方式、父母和亲属是否在本地、是否具备监护能力或者有无其他愿意承担监护责任的人选等；

（五）了解未成年犯罪嫌疑人的生活背景、成长经历，问明其家庭环境、学校教育、社区环境、社会交往、兴趣爱好、脾气性格等；

（六）其他应当注意的内容。

第一百一十三条　【核查客观方面】讯问未成年犯罪嫌疑人客观方面内容应当

注意：

（一）讯问实施犯罪行为的具体时间、地点，参与人员、侵害对象、手段、结果，以及在共同犯罪中的地位与作用；

（二）了解被害人是否有过错以及过错程度；

（三）讯问犯罪对象、作案工具的主要特征、与犯罪有关的财物的来源、数量以及去向，核实退赔赃款赃物的情况；

（四）其他应当注意的问题。

第一百一十四条　【核查主观方面】讯问未成年犯罪嫌疑人主观方面内容应当注意：

（一）详细讯问未成年犯罪嫌疑人的作案动机目的，实施犯罪行为时所持有的心理态度等；

（二）共同犯罪的，要问明是否有预谋和分工，是否被他人胁迫、引诱或者被教唆；

（三）问明中止犯罪的原因及案发后到案的情况，以及是否具有自首、立功表现等；

（四）有犯罪前科的，要问明再犯罪的原因，以及犯罪后的主观悔罪认识。

第一百一十五条　【探究犯罪原因】讯问过程中，应当以预防再犯罪为目标，深入探究未成年人走上犯罪道路的主客观原因以及回归社会的不利因素和有利条件。

第一百一十六条　【自书供述】未成年犯罪嫌疑人请求自行书写供述的，办案人员应当准许。必要时，办案人员也可以要求其亲笔书写供述。

第一百一十七条　【适时教育】主要犯罪事实讯问完毕后，办案人员可以结合案情及未成年犯罪嫌疑人个体情况，有针对性地开展教育。

讯问过程中要注意把握教育感化的契机，适时向其讲解相关法律，帮助其明辨是非，促使其认罪悔罪，增强法治意识。

第一百一十八条　【及时鼓励】办案人员要注意掌握未成年犯罪嫌疑人的优点、特长并予以肯定，未成年犯罪嫌疑人认错悔罪或者表现好时，应予及时鼓励。

第一百一十九条　【写致歉信】为释放未成年犯罪嫌疑人的心理压力，促使其深刻反省错误，办案人员根据情况可以建议其给被害人写致歉信。

第一百二十条　【掌控情境】讯问过程中，要注意防止未成年犯罪嫌疑人发生抵触、烦躁、悲观等消极情况。如果发生，应当保持冷静，及时予以安抚、引导。

第一百二十一条　【在场监督】法定代理人或者合适成年人认为办案人员的讯问行为侵犯了未成年犯罪嫌疑人的合法权益时，可以提出意见。对于合理意见，办案人员应当接受并纠正；对于不合理意见，应当说明理由。相关内容应当记录在案。

第一百二十二条　【中止讯问】当未成年犯罪嫌疑人出现恐慌、紧张、激动、疲劳等不宜继续讯问的情形时，办案人员应当及时中止讯问，在法定代理人或者合适成年人协助下消除上述情形后再行讯问。必要时，可以由具有心理咨询师资质的检察人员或者专门的心理咨询师进行心理干预和情绪疏导。

第一百二十三条　【制作笔录】办案人员应当忠实记录讯问过程，讯问笔录应当充分体现未成年人的语言风格。

第一百二十四条　【签名确认】讯问完毕后，讯问笔录应当交未成年犯罪嫌疑人、到场的法定代理人或者合适成年人阅读或者向其宣读。经未成年犯罪嫌疑人、法定代理人、合适成年人核对无误后，分别在讯问笔录上签名并捺指印确认。

第四章　询问未成年被害人、证人
第一节　一般规定

第一百二十五条　【主要任务】询问未成年被害人，不仅要查明案件事实，还应当深入了解未成年人因犯罪行为在身体、心理、生活等方面所遭受的不良影响以及确保健康成长的需求等情况，并注重对其合法权益的保护。

第一百二十六条　【地点选择】询问未成年被害人应当选择未成年人住所或者其他让未成年人感到安全的场所进行。

经未成年人及其法定代理人同意，可以通知未成年被害人到检察机关专设的未成年人检察工作室接受询问。

第一百二十七条　【时间要求】询问未成年被害人的时间应当以不伤害其身心健康为前提。

询问不满十四周岁未成年人，由办案人员根据其生理、心理等表现确定时间，每次正式询问持续时间一般不超过一小时，询问间隔可以安排适当的休息。

询问过程中，应当根据未成年被害人的心理状态、情绪变化等实际情况，及时调整询问节奏，避免对其身心造成负面影响，保证询问活动顺利进行。

第一百二十八条　【呵护身心】询问未成年被害人要注意呵护其身心健康，维护人格尊严。

第一百二十九条　【次数限制】询问未成年被害人应当以一次询问为原则，尽可能避免反复询问造成二次伤害。公安机关已询问未成年被害人并制作笔录的，除特殊情况外一般不再重复询问。

第一百三十条　【参与询问】对于性侵害等严重侵害未成年人人身权利的犯罪案件，可以通过提前介入侦查的方式参与公安机关询问未成年被害人工作。对询问过程一般应当进行录音录像，尽量避免在检察环节重复询问。

第一百三十一条　【语言方式】询问未成年被害人的语言要符合未成年人的认知能力，能够被未成年人所充分理解。

询问可以采取圆桌或者座谈的方式进行。

询问过程中要注意耐心倾听，让未成年被害人有充分的机会表达自己观点。尽可能避免程式化的一问一答取证方式，确保其陈述的连贯性和完整性。

对于未成年被害人提出的疑问或者法律问题，应当认真予以解释和说明。

第一百三十二条 【录音录像】询问未成年被害人时，一般应当对询问过程进行录音录像，录音录像应当全程不间断进行，保持完整性，不得选择性地录制，不得剪接、删改。

第一百三十三条 【依照办理】询问被害人时的基本原则、人员选择、隐私保护、专家辅助、心理疏导和测评等方面的内容依照第三章第一节的有关规定办理。

第二节　询问前准备

第一百三十四条 【询问提纲】办案人员应当根据案件具体情况和未成年被害人身心特点、成长经历、家庭情况等制定详细的询问提纲或者询问方案。

第一百三十五条 【告知文书】询问未成年被害人应当告知的法律文书主要包括：

（一）未成年被害人诉讼权利义务告知书；

（二）法定代理人或者合适成年人到场通知书；

（三）法定代理人或者合适成年人权利义务告知书；

（四）询问通知书；

（五）根据案件具体情况需要准备的其他告知文书，如心理测评告知书等。

第一百三十六条 【通知到场】询问未成年被害人，有关通知其法定代理人或者合适成年人到场的要求依照本指引第一百零八条的规定办理。

第三节　询　问

第一百三十七条 【权利告知】办案人员应当告知未成年人及其法定代理人或者合适成年人依法享有的诉讼权利、相关法律规定以及案件的进展情况，并要求未成年人及其法定代理人或者合适成年人在权利义务告知书上签字确认（年幼的未成年人可以由法定代理人或合适成年人代签）。告知诉讼权利时，应当进行解释说明，重点告知未成年被害人及其法定代理人提起附带民事诉讼及获得赔偿的权利。告知的情形应当记录在案。

第一百三十八条 【作证能力评估】询问年幼的未成年被害人，要认真评估其理解能力和作证能力，并制定交流的基本规则，未成年人的回答可以是"我不理解"。

第一百三十九条 【询问内容】询问未成年被害人主要有以下内容：

（一）核实未成年人，特别是性侵害案件未成年被害人的年龄身份情况，问明具体出生年月日、公历还是农历、生肖属相、每年何时过生日、就学就业经历、家庭成员的年龄情况等；

（二）了解未成年人的健康状况，问明生理发育是否有缺陷、是否有病史特别是精神病史，受侵害后身体、心理康复及生活状况等；

（三）问明案发时间、地点、经过、被侵害具体情况，尤其是侵害者是谁。要根据未成年人的年龄和心理特点突出询问重点，对与定罪量刑有关的事实应当进行全面询问；

（四）了解未成年被害人案发后获得赔偿的情况及其对侵害人的处理意见；

（五）其他应当询问的内容。

第一百四十条　【不同策略】对不同年龄段的未成年人要采取不同的询问策略，防止机械、武断的成年人思维方式和行为伤害到未成年人的身心健康及合法权益。

第一百四十一条　【注意事项】询问中应当尽量使用开放性问题，便于未成年人自由叙述回答，以此获取准确信息。注意避免诱导性询问或者暗示性询问以及对同一问题的反复询问，防止其因产生熟悉感而作出虚假性陈述。对未成年人的回答，办案人员不得用明示或者暗示的方式予以赞赏或者表示失望。

第一百四十二条　【适时引导】询问过程中，对于有过错的未成年被害人，办案人员应当结合具体案情及未成年被害人的个体情况，适时开展有针对性的行为规范和法治教育。

第一百四十三条　【依照适用】询问未成年被害人、证人时，有关介绍参与人员、缓解情绪、在场监督、中止询问、制作笔录及签名确认的要求依照本指引第三章第三节的有关规定办理。

询问未成年证人，适用本章规定。

第五章　未成年人刑事案件审查逮捕
第二节　案件审查

第一百五十条　【精神病鉴定】人民检察院发现未成年犯罪嫌疑人可能存在精神疾患或者智力发育严重迟滞的，应当作出不批准逮捕决定，并通知公安机关依法进行鉴定。

第一百五十一条　【社会调查】人民检察院应当督促公安机关全面收集未成年人犯罪原因、违法情况、不良行为史、成长经历、家庭背景等相关材料。对于公安机关没有提供社会调查报告的，人民检察院应当要求公安机关提供，也可以自行或者委托有关组织和机构进行调查。必要时可以介入侦查，引导取证。

第一百五十二条　【年龄审查】人民检察院审查未成年人刑事案件，应当注重对未成年人年龄证据的审查，重点审查是否已满十四、十六、十八周岁。

对于未成年人年龄证据，一般应当以公安机关加盖公章、附有未成年人照片的户籍证明为准。当户籍证明与其他证据存在矛盾时，应当遵循以下原则：

（一）可以调取医院的分娩记录、出生证明、户口簿、户籍登记底卡、居民身份证、临时居住证、护照、入境证明、港澳居民来往内地通行证、台湾居民来往大陆通行证、中华人民共和国旅行证、学籍卡、计生台账、防疫证、（家）族谱等证明文件，收集接生人员、邻居、同学等其他无利害关系人的证言，综合审查判断，排除合理怀疑，采纳各证据共同证实的相对一致的年龄。

（二）犯罪嫌疑人不讲真实姓名、住址，年龄不明的，可以委托进行骨龄鉴定或者其他科学鉴定。经审查，鉴定意见能够准确确定犯罪嫌疑人实施犯罪行为时的年龄的，可以作为判断犯罪嫌疑人年龄的证据参考。若鉴定意见不能准确确定犯罪嫌疑人实施犯罪行为时的年龄，而且显示犯罪嫌疑人年龄在法定应负刑事责任年龄上下，但无法查清真实年龄的，应当作出有利于犯罪嫌疑人的认定。

第一百五十三条 【事实证据审查】人民检察院在审查批准逮捕过程中，应当着重查清以下事实：

（一）现有证据是否足以证明有犯罪事实的发生；

（二）现有证据是否足以证实发生的犯罪事实是犯罪嫌疑人所为；

（三）证明犯罪嫌疑人实施犯罪行为的证据是否已经查证属实。

第六章 未成年人刑事案件审查起诉

第一节 一般规定

第一百七十条 【讯问询问】人民检察院审查起诉未成年人刑事案件，应当讯问未成年犯罪嫌疑人，并制作笔录附卷。

必要时，可以询问未成年被害人、证人，并制作笔录附卷。

第一百七十二条 【精神病鉴定】在审查起诉过程中，发现未成年犯罪嫌疑人可能存在精神疾患或者智力发育严重迟滞的，人民检察院应当退回公安机关委托或者自行委托鉴定机构对未成年犯罪嫌疑人进行精神病鉴定。

未成年犯罪嫌疑人的法定代理人、辩护人或者近亲属以该未成年犯罪嫌疑人可能患有精神疾病而申请对其进行鉴定的，人民检察院应当委托鉴定机构对未成年犯罪嫌疑人进行鉴定，鉴定费用由申请方承担。

《最高人民法院、最高人民检察院、公安部、民政部关于依法处理监护人侵害未成年人权益行为若干问题的意见》（法发〔2014〕24号，2015年1月1日起施行）

8.公安机关在办理监护侵害案件时，应当依照法定程序，及时、全面收集固定证据，保证办案质量。

询问未成年人，应当考虑未成年人的身心特点，采取和缓的方式进行，防止造成进一步伤害。

未成年人有其他监护人的，应当通知其他监护人到场。其他监护人无法通知或者未能到场的，可以通知未成年人的其他成年亲属、所在学校、村（居）民委员会、未成年人保护组织的代表以及专业社会工作者等到场。

《人民检察院办理未成年人刑事案件的规定》（高检发研字〔2013〕7号，2002年3月25日通过，2006年12月28日第一次修订，2013年12月19日第二次修订，2013年12月27日施行）

第九条 人民检察院根据情况可以对未成年犯罪嫌疑人的成长经历、犯罪原因、监护教育等情况进行调查，并制作社会调查报告，作为办案和教育的参考。

人民检察院开展社会调查，可以委托有关组织和机构进行。开展社会调查应当尊重和保护未成年人名誉，避免向不知情人员泄露未成年犯罪嫌疑人的涉罪信息。

人民检察院应当对公安机关移送的社会调查报告进行审查，必要时可以进行补充调查。

提起公诉的案件，社会调查报告应当随案移送人民法院。

第十五条　审查逮捕未成年犯罪嫌疑人，应当审查公安机关依法提供的证据和社会调查报告等材料。公安机关没有提供社会调查报告的，人民检察院根据案件情况可以要求公安机关提供，也可以自行或者委托有关组织和机构进行调查。

第十七条　人民检察院办理未成年犯罪嫌疑人审查逮捕案件，应当讯问未成年犯罪嫌疑人，听取辩护律师的意见，并制作笔录附卷。

讯问未成年犯罪嫌疑人，应当根据该未成年人的特点和案件情况，制定详细的讯问提纲，采取适宜该未成年人的方式进行，讯问用语应当准确易懂。

讯问未成年犯罪嫌疑人，应当告知其依法享有的诉讼权利，告知其如实供述案件事实的法律规定和意义，核实其是否有自首、立功、坦白等情节，听取其有罪的供述或者无罪、罪轻的辩解。

讯问未成年犯罪嫌疑人，应当通知其法定代理人到场，告知法定代理人依法享有的诉讼权利和应当履行的义务。无法通知、法定代理人不能到场或者法定代理人是共犯的，也可以通知未成年犯罪嫌疑人的其他成年亲属，所在学校、单位或者居住地的村民委员会、居民委员会、未成年人保护组织的代表等合适成年人到场，并将有关情况记录在案。到场的法定代理人可以代为行使未成年犯罪嫌疑人的诉讼权利，行使时不得侵犯未成年犯罪嫌疑人的合法权益。

未成年犯罪嫌疑人明确拒绝法定代理人以外的合适成年人到场，人民检察院可以准许，但应当另行通知其他合适成年人到场。

到场的法定代理人或者其他人员认为办案人员在讯问中侵犯未成年犯罪嫌疑人合法权益的，可以提出意见。讯问笔录应当交由到场的法定代理人或者其他人员阅读或者向其宣读，并由其在笔录上签字、盖章或者捺指印确认。

讯问女性未成年犯罪嫌疑人，应当有女性检察人员参加。

询问未成年被害人、证人，适用本条第四款至第七款的规定。

第十八条　讯问未成年犯罪嫌疑人一般不得使用械具。对于确有人身危险性，必须使用械具的，在现实危险消除后，应当立即停止使用。

第二十三条　人民检察院审查起诉未成年人刑事案件，应当讯问未成年犯罪嫌疑人。讯问未成年犯罪嫌疑人适用本规定第十七条、第十八条的规定。

第七十六条　人民检察院复查未成年人刑事申诉案件，应当直接听取未成年人及其法定代理人的陈述或者辩解，认真审核、查证与案件有关的证据和线索，查清案件事实，依法作出处理。

案件复查终结作出处理决定后，应当向未成年人及其法定代理人当面送达法律文书，做好释法说理和教育工作。

《最高人民检察院关于进一步加强未成年人刑事检察工作的决定》（高检发诉字〔2012〕152 号，2012 年 10 月 22 日起施行）

13. 建立健全逮捕必要性证明制度和社会调查报告制度。要进一步加强对逮捕必要性证据、社会调查报告等材料的审查。公安机关没有收集移送上述材料的，应当要求其收集移送。人民检察院也可以根据情况，自行或者委托有关部门、社会组织进行社会调查，并制作社会调查报告。要综合未成年犯罪嫌疑人性格特点、家庭情况、社会交往、成长经历、犯罪原因、犯罪后态度、帮教条件等因素，考量逮捕、起诉的必要性，依法慎重作出决定，并以此作为帮教的参考和依据。

5．死刑案件中的证据与证明

相关法律条文

《中华人民共和国刑事诉讼法》（1979 年 7 月 1 日通过，1996 年 3 月 17 日第一次修正，2012 年 3 月 14 日第二次修正，2018 年 10 月 26 日第三次修正）

第二百五十一条　【死刑复核的调查】最高人民法院复核死刑案件，应当讯问被告人，辩护律师提出要求的，应当听取辩护律师的意见。

【死刑复核中的检察监督】在复核死刑案件过程中，最高人民检察院可以向最高人民法院提出意见。最高人民法院应当将死刑复核结果通报最高人民检察院。

相关司法解释规定

《人民检察院刑事诉讼规则》（高检发释字〔2019〕4 号，2019 年 12 月 30 日起施行）

第六百零九条　对死刑复核监督案件的审查可以采取下列方式：

（一）审查人民法院移送的材料、下级人民检察院报送的相关案卷材料、当事人及其近亲属或者受委托的律师提交的材料；

（二）向下级人民检察院调取案件审查报告、公诉意见书、出庭意见书等，了解案件相关情况；

（三）向人民法院调阅或者查阅案卷材料；

（四）核实或者委托核实主要证据；

（五）讯问被告人、听取受委托的律师的意见；

（六）就有关技术性问题向专门机构或者有专门知识的人咨询，或者委托进行证据审查；

（七）需要采取的其他方式。

《最高人民法院关于死刑复核及执行程序中保障当事人合法权益的若干规定》(法释〔2019〕12 号，2019 年 9 月 1 日起施行)

第三条　辩护律师提交相关手续、辩护意见及证据等材料的，可以经高级人民法院代收并随案移送，也可以寄送至最高人民法院。

第四条　最高人民法院复核裁定作出后，律师提交辩护意见及证据材料的，应当接收并出具接收清单；经审查，相关意见及证据材料可能影响死刑复核结果的，应当暂停交付执行或者停止执行，但不再办理接收委托辩护手续。

相关司法文件

《最高人民法院、最高人民检察院、公安部、国家安全部、司法部关于办理死刑案件审查判断证据若干问题的规定》(法发〔2010〕20 号，2010 年 7 月 1 日实施)

为依法、公正、准确、慎重地办理死刑案件，惩罚犯罪，保障人权，根据《中华人民共和国刑事诉讼法》等有关法律规定，结合司法实际，制定本规定。

一、一般规定

第一条　办理死刑案件，必须严格执行刑法和刑事诉讼法，切实做到事实清楚，证据确实、充分，程序合法，适用法律正确，确保案件质量。

第二条　认定案件事实，必须以证据为根据。

第三条　侦查人员、检察人员、审判人员应当严格遵守法定程序，全面、客观地收集、审查、核实和认定证据。

第四条　经过当庭出示、辨认、质证等法庭调查程序查证属实的证据，才能作为定罪量刑的根据。

第五条　办理死刑案件，对被告人犯罪事实的认定，必须达到证据确实、充分。

证据确实、充分是指：

(一)定罪量刑的事实都有证据证明；

(二)每一个定案的证据均已经法定程序查证属实；

(三)证据与证据之间、证据与案件事实之间不存在矛盾或者矛盾得以合理排除；

(四)共同犯罪案件中，被告人的地位、作用均已查清；

(五)根据证据认定案件事实的过程符合逻辑和经验规则，由证据得出的结论为唯一结论。

办理死刑案件，对于以下事实的证明必须达到证据确实、充分：

(一)被指控的犯罪事实的发生；

(二)被告人实施了犯罪行为与被告人实施犯罪行为的时间、地点、手段、后果以及其他情节；

(三)影响被告人定罪的身份情况；

（四）被告人有刑事责任能力；

（五）被告人的罪过；

（六）是否共同犯罪及被告人在共同犯罪中的地位、作用；

（七）对被告人从重处罚的事实。

二、证据的分类审查与认定

1. 物证、书证

第六条　对物证、书证应当着重审查以下内容：

（一）物证、书证是否为原物、原件，物证的照片、录像或者复制品及书证的副本、复制件与原物、原件是否相符；物证、书证是否经过辨认、鉴定；物证的照片、录像或者复制品和书证的副本、复制件是否由二人以上制作，有无制作人关于制作过程及原件、原物存放于何处的文字说明及签名。

（二）物证、书证的收集程序、方式是否符合法律及有关规定；经勘验、检查、搜查提取、扣押的物证、书证，是否附有相关笔录或者清单；笔录或者清单是否有侦查人员、物品持有人、见证人签名，没有物品持有人签名的，是否注明原因；对物品的特征、数量、质量、名称等注明是否清楚。

（三）物证、书证在收集、保管及鉴定过程中是否受到破坏或者改变。

（四）物证、书证与案件事实有无关联。对现场遗留与犯罪有关的具备检验鉴定条件的血迹、指纹、毛发、体液等生物物证、痕迹、物品，是否通过 DNA 鉴定、指纹鉴定等鉴定方式与被告人或者被害人的相应生物检材、生物特征、物品等作同一认定。

（五）与案件事实有关联的物证、书证是否全面收集。

第七条　对在勘验、检查、搜查中发现与案件事实可能有关联的血迹、指纹、足迹、字迹、毛发、体液、人体组织等痕迹和物品应当提取而没有提取，应当检验而没有检验，导致案件事实存疑的，人民法院应当向人民检察院说明情况，人民检察院依法可以补充收集、调取证据，作出合理的说明或者退回侦查机关补充侦查，调取有关证据。

第八条　据以定案的物证应当是原物。只有在原物不便搬运、不易保存或者依法应当由有关部门保管、处理或者依法应当返还时，才可以拍摄或者制作足以反映原物外形或者内容的照片、录像或者复制品。物证的照片、录像或者复制品，经与原物核实无误或者经鉴定证明为真实的，或者以其他方式确能证明其真实的，可以作为定案的根据。原物的照片、录像或者复制品，不能反映原物的外形和特征的，不能作为定案的根据。

据以定案的书证应当是原件。只有在取得原件确有困难时，才可以使用副本或者复制件。书证的副本、复制件，经与原件核实无误或者经鉴定证明为真实的，或者以其他方式确能证明其真实的，可以作为定案的根据。书证有更改或者更改迹象不能作出合理解释的，书证的副本、复制件不能反映书证原件及其内容的，不能作为定案的根据。

第九条　经勘验、检查、搜查提取、扣押的物证、书证，未附有勘验、检查笔录，搜查笔录，提取笔录，扣押清单，不能证明物证、书证来源的，不能作为定案的根据。

物证、书证的收集程序、方式存在下列瑕疵，通过有关办案人员的补正或者作出合理解释的，可以采用：

（一）收集调取的物证、书证，在勘验、检查笔录，搜查笔录，提取笔录，扣押清单上没有侦查人员、物品持有人、见证人签名或者物品特征、数量、质量、名称等注明不详的；

（二）收集调取物证照片、录像或者复制品，书证的副本、复制件未注明与原件核对无异，无复制时间、无被收集、调取人（单位）签名（盖章）的；

（三）物证照片、录像或者复制品，书证的副本、复制件没有制作人关于制作过程及原物、原件存放于何处的说明或者说明中无签名的；

（四）物证、书证的收集程序、方式存在其他瑕疵的。

对物证、书证的来源及收集过程有疑问，不能作出合理解释的，该物证、书证不能作为定案的根据。

第十条　具备辨认条件的物证、书证应当交由当事人或者证人进行辨认，必要时应当进行鉴定。

2. 证人证言

第十一条　对证人证言应当着重审查以下内容：

（一）证言的内容是否为证人直接感知。

（二）证人作证时的年龄、认知水平、记忆能力和表达能力，生理上和精神上的状态是否影响作证。

（三）证人与案件当事人、案件处理结果有无利害关系。

（四）证言的取得程序、方式是否符合法律及有关规定：有无使用暴力、威胁、引诱、欺骗以及其他非法手段取证的情形；有无违反询问证人应当个别进行的规定；笔录是否经证人核对确认并签名（盖章）、捺指印；询问未成年证人，是否通知了其法定代理人到场，其法定代理人是否在场等。

（五）证人证言之间以及与其他证据之间能否相互印证，有无矛盾。

第十二条　以暴力、威胁等非法手段取得的证人证言，不能作为定案的根据。

处于明显醉酒、麻醉品中毒或者精神药物麻醉状态，以致不能正确表达的证人所提供的证言，不能作为定案的根据。

证人的猜测性、评论性、推断性的证言，不能作为证据使用，但根据一般生活经验判断符合事实的除外。

第十三条　具有下列情形之一的证人证言，不能作为定案的根据：

（一）询问证人没有个别进行而取得的证言；

（二）没有经证人核对确认并签名（盖章）、捺指印的书面证言；

（三）询问聋哑人或者不通晓当地通用语言、文字的少数民族人员、外国人，应当提供翻译而未提供的。

第十四条　证人证言的收集程序和方式有下列瑕疵，通过有关办案人员的补正或者作出合理解释的，可以采用：

（一）没有填写询问人、记录人、法定代理人姓名或者询问的起止时间、地点的；

（二）询问证人的地点不符合规定的；

（三）询问笔录没有记录告知证人应当如实提供证言和有意作伪证或者隐匿罪证要负法律责任内容的；

（四）询问笔录反映出在同一时间段内，同一询问人员询问不同证人的。

第十五条　具有下列情形的证人，人民法院应当通知出庭作证；经依法通知不出庭作证证人的书面证言经质证无法确认的，不能作为定案的根据：

（一）人民检察院、被告人及其辩护人对证人证言有异议，该证人证言对定罪量刑有重大影响的；

（二）人民法院认为其他应当出庭作证的。

证人在法庭上的证言与其庭前证言相互矛盾，如果证人当庭能够对其翻证作出合理解释，并有相关证据印证的，应当采信庭审证言。

对未出庭作证证人的书面证言，应当听取出庭检察人员、被告人及其辩护人的意见，并结合其他证据综合判断。未出庭作证证人的书面证言出现矛盾，不能排除矛盾且无证据印证的，不能作为定案的根据。

第十六条　证人作证，涉及国家秘密或者个人隐私的，应当保守秘密。

证人出庭作证，必要时，人民法院可以采取限制公开证人信息、限制询问、遮蔽容貌、改变声音等保护性措施。

3. 被害人陈述

第十七条　对被害人陈述的审查与认定适用前述关于证人证言的有关规定。

4. 被告人供述和辩解

第十八条　对被告人供述和辩解应当着重审查以下内容：

（一）讯问的时间、地点、讯问人的身份等是否符合法律及有关规定，讯问被告人的侦查人员是否不少于二人，讯问被告人是否个别进行等。

（二）讯问笔录的制作、修改是否符合法律及有关规定，讯问笔录是否注明讯问的起止时间和讯问地点，首次讯问时是否告知被告人申请回避、聘请律师等诉讼权利，被告人是否核对确认并签名（盖章）、捺指印，是否有不少于二人的讯问人签名等。

（三）讯问聋哑人、少数民族人员、外国人时是否提供了通晓聋、哑手势的人员或者翻译人员，讯问未成年同案犯时，是否通知了其法定代理人到场，其法定代理人是否在场。

（四）被告人的供述有无以刑讯逼供等非法手段获取的情形，必要时可以调取被告人进出看守所的健康检查记录、笔录。

（五）被告人的供述是否前后一致，有无反复以及出现反复的原因；被告人的所有供述和辩解是否均已收集入卷；应当入卷的供述和辩解没有入卷的，是否出具了相关说明。

（六）被告人的辩解内容是否符合案情和常理，有无矛盾。

（七）被告人的供述和辩解与同案犯的供述和辩解以及其他证据能否相互印证，有无矛盾。

对于上述内容，侦查机关随案移送有录音录像资料的，应当结合相关录音录像资料进行审查。

第十九条　采用刑讯逼供等非法手段取得的被告人供述，不能作为定案的根据。

第二十条　具有下列情形之一的被告人供述，不能作为定案的根据：

（一）讯问笔录没有经被告人核对确认并签名（盖章）、捺指印的；

（二）讯问聋哑人、不通晓当地通用语言、文字的人员时，应当提供通晓聋、哑手势的人员或者翻译人员而未提供的。

第二十一条　讯问笔录有下列瑕疵，通过有关办案人员的补正或者作出合理解释的，可以采用：

（一）笔录填写的讯问时间、讯问人、记录人、法定代理人等有误或者存在矛盾的；

（二）讯问人没有签名的；

（三）首次讯问笔录没有记录告知被讯问人诉讼权利内容的。

第二十二条　对被告人供述和辩解的审查，应当结合控辩双方提供的所有证据以及被告人本人的全部供述和辩解进行。

被告人庭前供述一致，庭审中翻供，但被告人不能合理说明翻供理由或者其辩解与全案证据相矛盾，而庭前供述与其他证据能够相互印证的，可以采信被告人庭前供述。

被告人庭前供述和辩解出现反复，但庭审中供认的，且庭审中的供述与其他证据能够印证的，可以采信庭审中的供述；被告人庭前供述和辩解出现反复，庭审中不供认，且无其他证据与庭前供述印证的，不能采信庭前供述。

5. 鉴定意见

第二十三条　对鉴定意见应当着重审查以下内容：

（一）鉴定人是否存在应当回避而未回避的情形。

（二）鉴定机构和鉴定人是否具有合法的资质。

（三）鉴定程序是否符合法律及有关规定。

（四）检材的来源、取得、保管、送检是否符合法律及有关规定，与相关提取笔录、扣押物品清单等记载的内容是否相符，检材是否充足、可靠。

（五）鉴定的程序、方法、分析过程是否符合本专业的检验鉴定规程和技术方法要求。

（六）鉴定意见的形式要件是否完备，是否注明提起鉴定的事由、鉴定委托人、鉴定机构、鉴定要求、鉴定过程、检验方法、鉴定文书的日期等相关内容，是否由鉴定机构加盖鉴定专用章并由鉴定人签名盖章。

（七）鉴定意见是否明确。

（八）鉴定意见与案件待证事实有无关联。

（九）鉴定意见与其他证据之间是否有矛盾，鉴定意见与检验笔录及相关照片是否有矛盾。

（十）鉴定意见是否依法及时告知相关人员，当事人对鉴定意见是否有异议。

第二十四条　鉴定意见具有下列情形之一的，不能作为定案的根据：

（一）鉴定机构不具备法定的资格和条件，或者鉴定事项超出本鉴定机构项目范围或者鉴定能力的；

（二）鉴定人不具备法定的资格和条件、鉴定人不具有相关专业技术或者职称、鉴定人违反回避规定的；

（三）鉴定程序、方法有错误的；

（四）鉴定意见与证明对象没有关联的；

（五）鉴定对象与送检材料、样本不一致的；

（六）送检材料、样本来源不明或者确实被污染且不具备鉴定条件的；

（七）违反有关鉴定特定标准的；

（八）鉴定文书缺少签名、盖章的；

（九）其他违反有关规定的情形。

对鉴定意见有疑问的，人民法院应当依法通知鉴定人出庭作证或者由其出具相关说明，也可以依法补充鉴定或者重新鉴定。

6. 勘验、检查笔录

第二十五条　对勘验、检查笔录应当着重审查以下内容：

（一）勘验、检查是否依法进行，笔录的制作是否符合法律及有关规定的要求，勘验、检查人员和见证人是否签名或者盖章等。

（二）勘验、检查笔录的内容是否全面、详细、准确、规范：是否准确记录了提起勘验、检查的事由，勘验、检查的时间、地点，在场人员、现场方位、周围环境等情况；是否准确记载了现场、物品、人身、尸体等的位置、特征等详细情况以及勘验、检查、搜查的过程；文字记载与实物或者绘图、录像、照片是否相符；固定证据的形式、方法是否科学、规范；现场、物品、痕迹等是否被破坏或者伪造，是否是原始现场；人身特征、伤害情况、生理状况有无伪装或者变化等。

（三）补充进行勘验、检查的，前后勘验、检查的情况是否有矛盾，是否说明了再次勘验、检查的原由。

（四）勘验、检查笔录中记载的情况与被告人供述、被害人陈述、鉴定意见等其他证据能否印证，有无矛盾。

第二十六条　勘验、检查笔录存在明显不符合法律及有关规定的情形，并且不能作出合理解释或者说明的，不能作为证据使用。

勘验、检查笔录存在勘验、检查没有见证人的，勘验、检查人员和见证人没有签名、盖章的，勘验、检查人员违反回避规定的等情形，应当结合案件其他证据，审查其真实性和关联性。

7. 视听资料

第二十七条　对视听资料应当着重审查以下内容：

（一）视听资料的来源是否合法，制作过程中当事人有无受到威胁、引诱等违反法律及有关规定的情形；

（二）是否载明制作人或者持有人的身份，制作的时间、地点和条件以及制作方法；

（三）是否为原件，有无复制及复制份数；调取的视听资料是复制件的，是否附有无法调取原件的原因、制作过程和原件存放地点的说明，是否有制作人和原视听资料持有人签名或者盖章；

（四）内容和制作过程是否真实，有无经过剪辑、增加、删改、编辑等伪造、变造情形；

（五）内容与案件事实有无关联性。

对视听资料有疑问的，应当进行鉴定。

对视听资料，应当结合案件其他证据，审查其真实性和关联性。

第二十八条　具有下列情形之一的视听资料，不能作为定案的根据：

（一）视听资料经审查或者鉴定无法确定真伪的；

（二）对视听资料的制作和取得的时间、地点、方式等有异议，不能作出合理解释或者提供必要证明的。

8. 其他规定

第二十九条　对于电子邮件、电子数据交换、网上聊天记录、网络博客、手机短信、电子签名、域名等电子证据，应当主要审查以下内容：

（一）该电子证据存储磁盘、存储光盘等可移动存储介质是否与打印件一并提交；

（二）是否载明该电子证据形成的时间、地点、对象、制作人、制作过程及设备情况等；

（三）制作、储存、传递、获得、收集、出示等程序和环节是否合法，取证人、制作人、持有人、见证人等是否签名或者盖章；

（四）内容是否真实，有无剪裁、拼凑、篡改、添加等伪造、变造情形；

（五）该电子证据与案件事实有无关联性。

对电子证据有疑问的，应当进行鉴定。

对电子证据，应当结合案件其他证据，审查其真实性和关联性。

第三十条　侦查机关组织的辨认，存在下列情形之一的，应当严格审查，不能确定其真实性的，辨认结果不能作为定案的根据：

（一）辨认不是在侦查人员主持下进行的。

（二）辨认前使辨认人见到辨认对象的。

（三）辨认人的辨认活动没有个别进行的。

（四）辨认对象没有混杂在具有类似特征的其他对象中，或者供辨认的对象数量不符合规定的；尸体、场所等特定辨认对象除外。

（五）辨认中给辨认人明显暗示或者明显有指认嫌疑的。

有下列情形之一的，通过有关办案人员的补正或者作出合理解释的，辨认结果可以作为证据使用：

（一）主持辨认的侦查人员少于二人的；

（二）没有向辨认人详细询问辨认对象的具体特征的；

（三）对辨认经过和结果没有制作专门的规范的辨认笔录，或者辨认笔录没有侦查人员、辨认人、见证人的签名或者盖章的；

（四）辨认记录过于简单，只有结果没有过程的；

（五）案卷中只有辨认笔录，没有被辨认对象的照片、录像等资料，无法获悉辨认的真实情况的。

第三十一条　对侦查机关出具的破案经过等材料，应当审查是否有出具该说明材料的办案人、办案机关的签字或者盖章。

对破案经过有疑问，或者对确定被告人有重大嫌疑的根据有疑问的，应当要求侦查机关补充说明。

三、证据的综合审查和运用

第三十二条　对证据的证明力，应当结合案件的具体情况，从各证据与待证事实的关联程度、各证据之间的联系等方面进行审查判断。

证据之间具有内在的联系，共同指向同一待证事实，且能合理排除矛盾的，才能作为定案的根据。

第三十三条　没有直接证据证明犯罪行为系被告人实施，但同时符合下列条件的可以认定被告人有罪：

（一）据以定案的间接证据已经查证属实；

（二）据以定案的间接证据之间相互印证，不存在无法排除的矛盾和无法解释的疑问；

（三）据以定案的间接证据已经形成完整的证明体系；

（四）依据间接证据认定的案件事实，结论是唯一的，足以排除一切合理怀疑；

（五）运用间接证据进行的推理符合逻辑和经验判断。

根据间接证据定案的，判处死刑应当特别慎重。

第三十四条　根据被告人的供述、指认提取到了隐蔽性很强的物证、书证，且与其他证明犯罪事实发生的证据互相印证，并排除串供、逼供、诱供等可能性的，可以认定有罪。

第三十五条　侦查机关依照有关规定采用特殊侦查措施所收集的物证、书证及其他证据材料，经法庭查证属实，可以作为定案的根据。

法庭依法不公开特殊侦查措施的过程及方法。

第三十六条　在对被告人作出有罪认定后，人民法院认定被告人的量刑事实，除审查法定情节外，还应审查以下影响量刑的情节：

（一）案件起因；

（二）被害人有无过错及过错程度，是否对矛盾激化负有责任及责任大小；

（三）被告人的近亲属是否协助抓获被告人；

（四）被告人平时表现及有无悔罪态度；

（五）被害人附带民事诉讼赔偿情况，被告人是否取得被害人或者被害人近亲属谅解；

（六）其他影响量刑的情节。

既有从轻、减轻处罚等情节，又有从重处罚等情节的，应当依法综合相关情节予以考虑。

不能排除被告人具有从轻、减轻处罚等量刑情节的，判处死刑应当特别慎重。

第三十七条　对于有下列情形的证据应当慎重使用，有其他证据印证的，可以采信：

（一）生理上、精神上有缺陷的被害人、证人和被告人，在对案件事实的认知和表达上存在一定困难，但尚未丧失正确认知、正确表达能力而作的陈述、证言和供述；

（二）与被告人有亲属关系或者其他密切关系的证人所作的对该被告人有利的证言，或者与被告人有利害冲突的证人所作的对该被告人不利的证言。

第三十八条　法庭对证据有疑问的，可以告知出庭检察人员、被告人及其辩护人补充证据或者作出说明；确有核实必要的，可以宣布休庭，对证据进行调查核实。法庭进行庭外调查时，必要时，可以通知出庭检察人员、辩护人到场。出庭检察人员、辩护人一方或者双方不到场的，法庭记录在案。

人民检察院、辩护人补充的和法庭庭外调查核实取得的证据，法庭可以庭外征求出庭检察人员、辩护人的意见。双方意见不一致，有一方要求人民法院开庭进行调查的，人民法院应当开庭。

第三十九条　被告人及其辩护人提出有自首的事实及理由，有关机关未予认定的，应当要求有关机关提供证明材料或者要求相关人员作证，并结合其他证据判断自首是否成立。

被告人是否协助或者如何协助抓获同案犯的证明材料不全，导致无法认定被告人构成立功的，应当要求有关机关提供证明材料或者要求相关人员作证，并结合其他证据判断立功是否成立。

被告人有检举揭发他人犯罪情形的，应当审查是否已经查证属实；尚未查证的，应当及时查证。

被告人累犯的证明材料不全，应当要求有关机关提供证明材料。

第四十条　审查被告人实施犯罪时是否已满十八周岁，一般应当以户籍证明为依据；对户籍证明有异议，并有经查证属实的出生证明文件、无利害关系人的证言等证据证明被告人不满十八周岁的，应认定被告人不满十八周岁；没有户籍证明以及出生证明文件的，应当根据人口普查登记、无利害关系人的证言等证据综合进行判断，必要时，可以进行骨龄鉴定，并将结果作为判断被告人年龄的参考。

未排除证据之间的矛盾，无充分证据证明被告人实施被指控的犯罪时已满十八周岁且确实无法查明的，不能认定其已满十八周岁。

第四十一条　本规定自二〇一〇年七月一日起施行。

《最高人民法院、最高人民检察院、公安部、司法部关于进一步严格依法办案确保办理死刑案件质量的意见》（法发〔2007〕11号，2007年3月9日起施行）

三、认真履行法定职责，严格依法办理死刑案件

（一）侦查

8.侦查机关应当依照刑事诉讼法、司法解释及其他有关规定所规定的程序，全面、及时收集证明犯罪嫌疑人有罪或者无罪、罪重或者罪轻等涉及案件事实的各种证据，严禁违法收集证据。

9.对可能属于精神病人、未成年人或者怀孕的妇女的犯罪嫌疑人，应当及时进行鉴定或者调查核实。

10.加强证据的收集、保全和固定工作。对证据的原物、原件要妥善保管，不得损毁、丢失或者擅自处理。对与查明案情有关需要鉴定的物品、文件、电子数据、痕迹、人身、尸体等，应当及时进行刑事科学技术鉴定，并将鉴定报告附卷。涉及

命案的，应当通过被害人近亲属辨认、DNA 鉴定、指纹鉴定等方式确定被害人身份。对现场遗留的与犯罪有关的具备同一认定检验鉴定条件的血迹、精斑、毛发、指纹等生物物证、痕迹、物品，应当通过 DNA 鉴定、指纹鉴定等刑事科学技术鉴定方式与犯罪嫌疑人的相应生物检材、生物特征、物品等作同一认定。侦查机关应当将用作证据的鉴定结论告知犯罪嫌疑人、被害人。如果犯罪嫌疑人、被害人提出申请，可以补充鉴定或者重新鉴定。

11. 提讯在押的犯罪嫌疑人，应当在羁押犯罪嫌疑人的看守所内进行。严禁刑讯逼供或者以其他非法方法获取供述。讯问犯罪嫌疑人，在文字记录的同时，可以根据需要录音录像。

12. 侦查人员询问证人、被害人，应当依照刑事诉讼法第九十七条的规定进行。严禁违法取证，严禁暴力取证。

14. 侦查机关将案件移送人民检察院审查起诉时，应当将包括第一次讯问笔录及勘验、检查、搜查笔录在内的证明犯罪嫌疑人有罪或者无罪、罪重或者罪轻等涉及案件事实的所有证据一并移送。

15. 对于可能判处死刑的案件，人民检察院在审查逮捕工作中应当全面、客观地审查证据，对以刑讯逼供等非法方法取得的犯罪嫌疑人供述、被害人陈述、证人证言应当依法排除。对侦查活动中的违法行为，应当提出纠正意见。

（二）提起公诉

17. 人民检察院自收到移送审查起诉的案件材料之日起三日以内，应当告知犯罪嫌疑人有权委托辩护人；犯罪嫌疑人经济困难的，应当告知其可以向法律援助机构申请法律援助。辩护律师自审查起诉之日起，可以查阅、摘抄、复制本案的诉讼文书、技术性鉴定材料，可以同在押的犯罪嫌疑人会见和通信。其他辩护人经人民检察院许可，也可以查阅、摘抄、复制上述材料，同在押的犯罪嫌疑人会见和通信。人民检察院应当为辩护人查阅、摘抄、复制材料提供便利。

18. 人民检察院审查案件，应当讯问犯罪嫌疑人，听取被害人和犯罪嫌疑人、被害人委托的人的意见，并制作笔录附卷。被害人和犯罪嫌疑人、被害人委托的人在审查起诉期间没有提出意见的，应当记明附卷。人民检察院对证人证言笔录存在疑问或者认为对证人的询问不具体或者有遗漏的，可以对证人进行询问并制作笔录。

19. 人民检察院讯问犯罪嫌疑人时，既要听取犯罪嫌疑人的有罪供述，又要听取犯罪嫌疑人无罪或罪轻的辩解。犯罪嫌疑人提出受到刑讯逼供的，可以要求侦查人员作出说明，必要时进行核查。对刑讯逼供取得的犯罪嫌疑人供述和以暴力、威胁等非法方法收集的被害人陈述、证人证言，不能作为指控犯罪的根据。

20. 对可能属于精神病人、未成年人或者怀孕的妇女的犯罪嫌疑人，应当及时委托鉴定或者调查核实。

21. 人民检察院审查案件的时候，对公安机关的勘验、检查，认为需要复验、复查的，应当要求公安机关复验、复查，人民检察院可以派员参加；也可以自行复验、复查，商请公安机关派员参加，必要时也可以聘请专门技术人员参加。

22.人民检察院对物证、书证、视听资料、勘验、检查笔录存在疑问的，可以要求侦查人员提供获取、制作的有关情况。必要时可以询问提供物证、书证、视听资料的人员，对物证、书证、视听资料委托进行技术鉴定。询问过程及鉴定的情况应当附卷。

23.人民检察院审查案件的时候，认为事实不清、证据不足或者遗漏罪行、遗漏同案犯罪嫌疑人等情形，需要补充侦查的，应当提出需要补充侦查的具体意见，连同案卷材料一并退回公安机关补充侦查。公安机关应当在一个月以内补充侦查完毕。人民检察院也可以自行侦查，必要时要求公安机关提供协助。

25.人民检察院对于退回补充侦查的案件，经审查仍然认为不符合起诉条件的，可以作出不起诉决定。具有下列情形之一，不能确定犯罪嫌疑人构成犯罪和需要追究刑事责任的，属于证据不足，不符合起诉条件：（1）据以定罪的证据存在疑问，无法查证属实的；（2）犯罪构成要件事实缺乏必要的证据予以证明的；（3）据以定罪的证据之间的矛盾不能合理排除的；（4）根据证据得出的结论具有其他可能性的。

（三）辩护、提供法律帮助

28.辩护律师经证人或者其他有关单位和个人同意，可以向他们收集证明犯罪嫌疑人、被告人无罪或者罪轻的证据，申请人民检察院、人民法院收集、调取证据，或者申请人民法院通知证人出庭作证，也可以申请人民检察院、人民法院依法委托鉴定机构对有异议的鉴定结论进行补充鉴定或者重新鉴定。对于辩护律师的上述申请，人民检察院、人民法院应当及时予以答复。

（四）审判

32.人民法院应当通知下列情形的被害人、证人、鉴定人出庭作证：（一）人民检察院、被告人及其辩护人对被害人陈述、证人证言、鉴定结论有异议，该被害人陈述、证人证言、鉴定结论对定罪量刑有重大影响的；（二）人民法院认为其他应当出庭作证的。经人民法院依法通知，被害人、证人、鉴定人应当出庭作证；不出庭作证的被害人、证人、鉴定人的书面陈述、书面证言、鉴定结论经质证无法确认的，不能作为定案的根据。

33.人民法院审理案件，应当注重审查证据的合法性。对有线索或者证据表明可能存在刑讯逼供或者其他非法取证行为的，应当认真审查。人民法院向人民检察院调取相关证据时，人民检察院应当在三日以内提交。人民检察院如果没有相关材料，应当向人民法院说明情况。

35.人民法院应当根据已经审理查明的事实、证据和有关的法律规定，依法作出裁判。对案件事实清楚，证据确实、充分，依据法律认定被告人有罪的，应当作出有罪判决；对依据法律认定被告人无罪的，应当作出无罪判决；证据不足，不能认定被告人有罪的，应当作出证据不足、指控的犯罪不能成立的无罪判决；定罪的证据确实，但影响量刑的证据存有疑点，处刑时应当留有余地。

41. 复核死刑案件，合议庭成员应当阅卷，并提出书面意见存查。对证据有疑问的，应当对证据进行调查核实，必要时到案发现场调查。

42. 高级人民法院复核死刑案件，应当讯问被告人。最高人民法院复核死刑案件，原则上应当讯问被告人。

智元微库
OPEN MIND

成 长 也 是 一 种 美 好

Evidence Act

证据法
检索一本通

上册

张卫平 编著

人民邮电出版社

北京

图书在版编目（ＣＩＰ）数据

证据法检索一本通 / 张卫平编著. -- 北京 : 人民
邮电出版社，2022.1
　ISBN 978-7-115-57930-0

　Ⅰ．①证… Ⅱ．①张… Ⅲ．①证据－法律－中国
Ⅳ．①D925.113.04

　中国版本图书馆CIP数据核字(2021)第227786号

◆编　　著　张卫平
　责任编辑　黄琳佳
　责任印制　周昇亮
◆人民邮电出版社出版发行　　北京市丰台区成寿寺路11号
　邮编 100164　电子邮件 315@ptpress.com.cn
　网址 https://www.ptpress.com.cn
　涿州市京南印刷厂印刷
◆开本：720×960　1/16
　印张：51.25　　　　　　　　　2022 年 1 月第 1 版
　字数：750 千字　　　　　　　2022 年 1 月河北第 1 次印刷

定　价：199.00 元（全 2 册）

读者服务热线：（010）81055522　印装质量热线：（010）81055316
反盗版热线：（010）81055315
广告经营许可证：京东市监广登字 20170147 号

前言

  本书此次再版，作者主要在标题设计、规范分级、条文增减、内容补充等方面做了必要调整，例如删减已经废止的规范条文，更新已经修改的规范条文，填补新增立法的规范条文。经过详细全面的"增、减、废、改"修订工作，本版收集了截至 2021 年 8 月 20 日之前发布的法律、行政法规、部门规章、司法解释、司法规范性文件、行政规范性文件等，对民事、刑事、行政领域的证据规则与证明规范进行了细致的汇编整理。

  1. **新增"行政证据法篇"，实现证据法编排的完整性。** 行政诉讼、行政复议、行政裁决、行政执法、行政赔偿等特殊的程序构造，有不同于民事、刑事的证据法律规范与证明程序要求。例如，行政机关负担较重的举证责任，刑事与行政互通线索与证据，行政机关在处罚、许可、强制等执法程序须调查取证。同时，行政证据法律规范也有类似民事、刑事领域的共通特征与规则，三者的并列有利于相互间的对照与明晰，在异同之间适应各自的司法实践与需求。

  2. **新增一级标题与规范目录，发挥"一本通"检索的便利性。** 本书此次再版，根据法律规范的分布，设置了数个一级标题，实现不同规范的大类组合，方便读者迅速定位检索内容。同时，新版补充了本书法律规范目录，列明本书收录的所有法律文件名称，增加读者对证据规范的认识渠道和检索方式。这些改进均服务于本书"一本通"的功能角色，使读者既能了解证据法的全貌，也可把握证据规则的细节。

  3. **更新近期新法和修法内容，保障工具书参考与引用的权威性。** 再版补充和更新了重要法律规范的立法修法内容，如《中华人民共和国民法典》（2021 年 1 月 1 日起施行）、《中华人民共和国个人信息保护法》（2021 年 11 月 1 日起施行）、《人民法院在线诉讼规则》（法释〔2021〕12 号）、《人民检察院公益诉讼办案规则》（2021 年 7 月 1 日起施行）、《最高人民法院关于民事诉讼证据的若干规定》（法释〔2019〕19 号）、《中华人民共和国刑事诉讼法》（2018 年 10 月 26 日修正）、《中华人民共和国法律援助法》（2022 年 1 月 1 日起施行）、《最高人民法院关于适用〈中华人民共和国刑事诉讼法〉的解释》（法释〔2021〕1 号）、《公安机关办理刑事案件程序规定》（2020 年 7 月 20 日修正）、《人民检察院刑事诉讼规则》（高检发释字〔2019〕4 号）等。

本书旨在为证据法的实务操作与法律学习提供重要的参考工具，在此郑重感谢读者朋友们的支持与鼓励。最后，衷心感谢本书编辑黄琳佳女士的辛劳工作，本书的初版与再版也凝结了黄女士的勤奋与付出。

张卫平

2021 年 8 月

证据法律规范细目

民事证据法篇

1. 法律

（1）《中华人民共和国民事诉讼法》（2017 年 6 月 27 日修正）

（2）《中华人民共和国个人信息保护法》（2021 年 11 月 1 日起施行）

（3）《中华人民共和国道路交通安全法》（2021 年 4 月 29 日修正）

（4）《中华人民共和国民法典》（2021 年 1 月 1 日起施行）

（5）《中华人民共和国著作权法》（2020 年 11 月 11 日修正）

（6）《中华人民共和国专利法》（2020 年 10 月 17 日修正）

（7）《中华人民共和国商标法》（2019 年 4 月 23 日修正）

（8）《中华人民共和国电子签名法》（2019 年 4 月 23 日修正）

（9）《中华人民共和国职业病防治法》（2018 年 12 月 29 日修正）

（10）《中华人民共和国律师法》（2017 年 9 月 1 日修正）

（11）《中华人民共和国公证法》（2017 年 9 月 1 日修正）

（12）《中华人民共和国仲裁法》（2017 年 9 月 1 日修正）

（13）《中华人民共和国水污染防治法》（2017 年 6 月 27 日修正）

（14）《中华人民共和国反家庭暴力法》（2016 年 3 月 1 日起施行）

（15）《中华人民共和国特种设备安全法》（2014 年 1 月 1 日起施行）

（16）《中华人民共和国消费者权益保护法》（2013 年 10 月 25 日修正）

（17）《中华人民共和国农村土地承包经营纠纷调解仲裁法》（2010 年 1 月 1 日起施行）

（18）《中华人民共和国劳动争议调解仲裁法》（2008 年 5 月 1 日起施行）

（19）《中华人民共和国海事诉讼特别程序法》（2000 年 7 月 1 日起施行）

（20）《中华人民共和国海商法》（1993 年 7 月 1 日起施行）

2. 司法解释

（1）《人民法院在线诉讼规则》（法释〔2021〕12 号）

（2）《人民检察院民事诉讼监督规则》（2021年8月1日起施行）

（3）《人民检察院公益诉讼办案规则》（2021年7月1日起施行）

（4）《最高人民法院关于审理使用人脸识别技术处理个人信息相关民事案件适用法律若干问题的规定》（法释〔2021〕15号）

（5）《最高人民法院关于审理侵害植物新品种权纠纷案件具体应用法律问题的若干规定（二）》（法释〔2021〕14号）

（6）《最高人民法院关于审理银行卡民事纠纷案件若干问题的规定》（法释〔2021〕10号）

（7）《最高人民法院关于审理侵害知识产权民事案件适用惩罚性赔偿的解释》（法释〔2021〕4号）

（8）《最高人民法院关于适用〈中华人民共和国民法典〉有关担保制度的解释》（法释〔2020〕28号）

（9）《最高人民法院关于审理劳动争议案件适用法律问题的解释（一）》（法释〔2020〕26号）

（10）《最高人民法院关于审理建设工程施工合同纠纷案件适用法律问题的解释（一）》（法释〔2020〕25号）

（11）《最高人民法院关于适用〈中华人民共和国民法典〉物权编的解释（一）》（法释〔2020〕24号）

（12）《最高人民法院关于适用〈中华人民共和国民法典〉婚姻家庭编的解释（一）》（法释〔2020〕22号）

（13）《最高人民法院关于人民法院执行工作若干问题的规定（试行）》（法释〔1998〕15号，2020年修正）

（14）《最高人民法院关于知识产权民事诉讼证据的若干规定》（法释〔2020〕12号）

（15）《最高人民法院关于审理民间借贷案件适用法律若干问题的规定》（2020年修正）

（16）《关于内地与澳门特别行政区法院就民商事案件相互委托送达司法文书和调取证据的安排》（法释〔2001〕26号，2020年修正）

（17）《最高人民法院关于审理生态环境损害赔偿案件的若干规定（试行）》（法释〔2019〕8号，2020年修正）

（18）《最高人民法院、最高人民检察院关于检察公益诉讼案件适用法律若干问题的解释》（法释〔2018〕6号，2020年修正）

（19）《最高人民法院关于审理医疗损害责任纠纷案件适用法律若干问题的解释》（法释〔2017〕20号，2020年修正）

（20）《最高人民法院关于适用〈中华人民共和国公司法〉若干问题的规定（四）》

题的规定》(法释〔2012〕5 号,2020 年修正)

(38)《最高人民法院关于审理铁路运输人身损害赔偿纠纷案件适用法律若干问题的解释》(法释〔2010〕5 号,2020 年修正)

(39)《最高人民法院关于审理建筑物区分所有权纠纷案件适用法律若干问题的解释》(法释〔2009〕7 号,2020 年修正)

(40)《最高人民法院关于审理涉及驰名商标保护的民事纠纷案件应用法律若干问题的解释》(法释〔2009〕3 号,2020 年修正)

(41)《最高人民法院关于适用〈中华人民共和国民事诉讼法〉审判监督程序若干问题的解释》(法释〔2008〕14 号,2020 年修正)

(42)《最高人民法院关于审理船舶碰撞纠纷案件若干问题的规定》(法释〔2008〕7 号,2020 年修正)

(43)《最高人民法院关于审理不正当竞争民事案件应用法律若干问题的解释》(法释〔2007〕2 号,2020 年修正)

(44)《最高人民法院关于审理侵害植物新品种权纠纷案件具体应用法律问题的若干规定》(法释〔2007〕1 号,2020 年修正)

(45)《最高人民法院关于审理人身损害赔偿案件适用法律若干问题的解释》(法释〔2003〕20 号,2020 年修正)

(46)《最高人民法院关于审理期货纠纷案件若干问题的规定》(法释〔2003〕10 号,2020 年修正)

(47)《最高人民法院关于诉讼代理人查阅民事案件材料的规定》(法释〔2002〕39 号,2020 年修正)

(48)《最高人民法院关于审理票据纠纷案件若干问题的规定》(法释〔2000〕32 号,2020 年修正)

(49)《最高人民法院关于审理著作权民事纠纷案件适用法律若干问题的解释》(法释〔2002〕31 号,2020 年修正)

(50)《最高人民法院关于审查存单纠纷案件的若干规定》(法释〔1997〕8 号,2020 年修正)

(51)《最高人民法院关于民事诉讼证据的若干规定》(法释〔2019〕19 号)

(52)《最高人民法院关于技术调查官参与知识产权案件诉讼活动的若干规定》(法释〔2019〕2 号)

(53)《最高人民法院关于知识产权法庭若干问题的规定》(法释〔2018〕22 号)

(54)《最高人民法院关于审查知识产权纠纷行为保全案件适用法律若干问题的规定》(法释〔2018〕21 号)

(55)《最高人民法院关于互联网法院审理案件若干问题的规定》(法释〔2018〕16 号)

（56）《最高人民法院关于人民法院通过互联网公开审判流程信息的规定》（法释〔2018〕7号）

（57）《最高人民法院关于人民法院办理仲裁裁决执行案件若干问题的规定》（法释〔2018〕5号）

（58）《最高人民法院关于审理海洋自然资源与生态环境损害赔偿纠纷案件若干问题的规定》（法释〔2017〕23号）

（59）《最高人民法院关于内地与香港特别行政区法院就民商事案件相互委托提取证据的安排》（法释〔2017〕4号）

（60）《最高人民法院关于人民法院登记立案若干问题的规定》（法释〔2015〕8号，2015年5月1日起施行）

（61）《最高人民法院关于适用〈中华人民共和国企业破产法〉若干问题的规定（一）》（法释〔2011〕22号）

（62）《最高人民法院关于人民法院办理海峡两岸送达文书和调查取证司法互助案件的规定》（法释〔2011〕15号）

（63）《最高人民法院关于适用〈中华人民共和国海事诉讼特别程序法〉若干问题的解释》（法释〔2003〕3号）

（64）《最高人民法院关于审理证券市场因虚假陈述引发的民事赔偿案件的若干规定》（法释〔2003〕2号）

（65）《人民法院对外委托司法鉴定管理规定》（法释〔2002〕8号）

（66）《最高人民法院关于规范人民法院再审立案的若干意见（试行）》（2002年11月1日起试行）

3. 司法性文件

（1）《全国法院贯彻实施民法典工作会议纪要》（法〔2021〕94号）

（2）《最高人民法院、司法部关于为律师提供一站式诉讼服务的意见》（法发〔2021〕3号）

（3）《最高人民法院关于人民法院民事诉讼中委托鉴定审查工作若干问题的规定》（法〔2020〕202号）

（4）《最高人民法院关于依法加大知识产权侵权行为惩治力度的意见》（法发〔2020〕33号）

（5）《最高人民法院关于依法妥善审理涉新冠肺炎疫情民事案件若干问题的指导意见（三）》（法发〔2020〕20号）

（6）《最高人民检察院、中央军委政法委员会关于加强军地检察机关公益诉讼协作工作的意见》（2020年4月22日）

（7）《民事诉讼程序繁简分流改革试点问答口径（一）》（2020年4月15日）

（8）《最高人民法院关于新冠肺炎疫情防控期间加强和规范在线诉讼工作的通知》

（法〔2020〕49号）

（9）《最高人民法院关于全面加强知识产权司法保护的意见》（法发〔2020〕11号）

（10）《全国法院民商事审判工作会议纪要》（法〔2019〕254号）

（11）《最高人民法院关于依法妥善审理高空抛物、坠物案件的意见》（法发〔2019〕25号）

（12）《最高人民法院关于为设立科创板并试点注册制改革提供司法保障的若干意见》（法发〔2019〕17号）

（13）《最高人民法院关于为深化两岸融合发展提供司法服务的若干措施》（2019年3月25日）

（14）《最高人民检察院、生态环境部及国家发展和改革委员会、司法部、自然资源部、住房城乡建设部、交通运输部、水利部、农业农村部、国家林业和草原局关于在检察公益诉讼中加强协作配合依法打好污染防治攻坚战的意见》（2019年1月2日）

（15）《最高人民法院关于加强和规范裁判文书释法说理的指导意见》（法发〔2018〕10号）

（16）《最高人民检察院关于指派、聘请有专门知识的人参与办案若干问题的规定（试行）》（高检发释字〔2018〕1号，2018年4月3日试行）

（17）《最高人民法院关于充分发挥审判职能作用为企业家创新创业营造良好法治环境的通知》（法〔2018〕1号）

（18）《最高人民法院司法责任制实施意见（试行）》（法发〔2017〕20号）

（19）《最高人民法院巡回法庭审判管理工作指导意见》（法发〔2017〕9号，2017年4月6日）

（20）《第八次全国法院民事商事审判工作会议（民事部分）纪要》（法〔2016〕399号，2016年11月21日）

（21）《最高人民法院关于防范和制裁虚假诉讼的指导意见》（法发〔2016〕13号）

（22）《最高人民法院关于当前商事审判工作中的若干具体问题》（最高人民法院民事审判第二庭庭长杨临萍　2015年12月24日）

（23）《最高人民法院关于当前民事审判工作中的若干具体问题》（最高人民法院民事审判第一庭庭长程新文　2015年12月24日）

（24）《最高人民法院关于全面深化人民法院改革的意见——人民法院第四个五年改革纲要（2014—2018）》（法发〔2015〕3号，2015年2月4日）

（25）《最高人民法院关于知识产权法院技术调查官参与诉讼活动若干问题的暂行规定》（法〔2014〕360号）

（26）《最高人民法院、民政部、环境保护部关于贯彻实施环境民事公益诉讼制

度的通知》（法〔2014〕352 号）

（27）《最高人民法院、最高人民检察院、公安部、民政部关于依法处理监护人
侵害未成年人权益行为若干问题的意见》（法发〔2014〕24 号）

（28）《最高人民法院民一庭关于婚姻关系存续期间夫妻一方以个人名义所负债
务性质如何认定的答复》（〔2014〕民一他字第 10 号，2014 年 7 月 12 日）

（29）《最高人民法院关于全面加强环境资源审判工作　为推进生态文明建设提
供有力司法保障的意见》（法发〔2014〕11 号，2014 年 6 月 23 日）

（30）《最高人民法院关于认真学习贯彻实施消费者权益保护法的通知》（法
〔2013〕288 号，2013 年 12 月 18 日）

（31）《人民法院诉讼档案管理办法》（2014 年 1 月 1 日起施行）

（32）《人民法院电子诉讼档案管理暂行办法》（2014 年 1 月 1 日起施行）

（33）《关于依据国际公约和双边司法协助条约办理民商事案件司法文书送达和
调查取证司法协助请求的规定实施细则（试行）》（法发〔2013〕6 号）

（34）《最高人民法院关于在知识产权审判中贯彻落实〈全国人民代表大会常务
委员会关于修改《中华人民共和国民事诉讼法》的决定〉有关问题的通
知》（法〔2012〕317 号）

（35）《关于在审判执行工作中切实规范自由裁量权行使保障法律统一适用的指
导意见》（法发〔2012〕7 号，2012 年 2 月 28 日）

（36）《最高人民法院关于进一步规范人民法院涉港澳台调查取证工作的通知》（法
〔2011〕243 号）

（37）《关于依法制裁规避执行行为的若干意见》（法〔2011〕195 号）

（38）《最高人民法院关于充分发挥知识产权审判职能作用推动社会主义文化
大发展大繁荣和促进经济自主协调发展若干问题的意见（法发〔2011〕
18 号）

（39）《最高人民法院关于进一步做好边境地区涉外民商事案件审判工作的指导
意见》（法发〔2010〕57 号）

（40）《最高人民法院关于适用〈中华人民共和国侵权责任法〉若干问题的通知》
（法发〔2010〕23 号）

（41）《关于当前形势下审理民商事合同纠纷案件若干问题的指导意见》（最高人
民法院 2009 年 7 月 7 日）

（42）《最高人民法院关于当前经济形势下知识产权审判服务大局若干问题的意
见》（法发〔2009〕23 号）

（43）《最高人民法院关于审理涉及金融不良债权转让案件工作座谈会纪要》（法
发〔2009〕19 号，2009 年 4 月 3 日）

（44）《最高人民法院关于贯彻实施国家知识产权战略若干问题的意见》（法发

〔2009〕16 号）

（45）《最高人民法院关于适用〈关于民事诉讼证据的若干规定〉中有关举证时限规定的通知》（法发〔2008〕42 号）

（46）《最高人民法院关于依法做好抗震救灾恢复重建期间民事审判和执行工作的通知》（法〔2008〕164 号）

（47）《最高人民法院关于处理涉及汶川地震相关案件适用法律问题的意见（一）》（2008 年 7 月 14 日）

（48）《涉及家庭暴力婚姻案件审理指南》（最高人民法院中国应用法学研究所2008 年 3 月）

（49）《最高人民法院对外委托鉴定、评估、拍卖等工作管理规定》（法办发〔2007〕5 号）

（50）《最高人民法院关于全面加强知识产权审判工作为建设创新型国家提供司法保障的意见》（法发〔2007〕1 号）

（51）《最高人民法院关于认真贯彻律师法依法保障律师在诉讼中执业权利的通知》（法〔2006〕38 号）

（52）《最高人民法院民事审判第四庭、中国海事局关于规范海上交通事故调查与海事案件审理工作的指导意见》（法民四〔2006〕第 1 号）

（53）《第二次全国涉外商事海事审判工作会议纪要》（2005 年 12 月 26 日）

（54）《最高人民法院关于天津市邮政局与焦长年存单纠纷一案中如何分配举证责任问题的函复》（民一他字〔2003〕第 16 号）

（55）《最高人民检察院法律政策研究室关于通过伪造证据骗取法院民事裁判占有他人财物的行为如何适用法律问题的答复》（高检研发〔2002〕第 18 号）

（56）《人民法院司法鉴定工作暂行规定》（最高人民法院 2001 年 11 月 16 日）

（57）《全国审判监督工作座谈会关于当前审判监督工作若干问题的纪要》（最高人民法院 2001 年 11 月 1 日）

（58）《全国法院知识产权审判工作会议关于审理技术合同纠纷案件若干问题的纪要》（法〔2001〕84 号）

（59）《最高人民法院关于严格执行公开审判制度的若干规定》（法发〔1999〕3 号，1999 年 3 月 8 日）

（60）《关于从国外调取民事或商事证据的公约》（1970 年 3 月 18 日签订，1998 年2 月 6 日对我国生效）

（61）《关于全国部分法院知识产权审判工作座谈会纪要》（法〔1998〕65 号）

（62）《全国人民代表大会常务委员会关于我国加入〈关于从国外调取民事或商事证据的公约〉的决定》（1997 年 7 月 3 日通过）

（63）《最高人民法院关于审理期货纠纷案件座谈会纪要》（1995 年 10 月 27 日）

（64）《最高人民法院办公厅关于转发国家工商行政管理局〈关于立即停止对法院办案取证收费的函〉的通知》（法办〔1989〕78号）

（65）《人民法院档案管理办法》（法办发〔1991〕46号，1991年12月24日起施行）

4. 行政法规

《诉讼费用交纳办法》（中华人民共和国国务院令第481号，2007年4月1日起施行）

5. 部门性文件

（1）《公证程序规则》（2020年10月20日修正）

（2）《司法部、环境保护部关于规范环境损害司法鉴定管理工作的通知》（司法通〔2015〕118号，2015年12月21日）

（3）《关于确立劳动关系有关事项的通知》（劳社部发〔2005〕12号，2005年5月25日）

（4）《企业登记档案资料查询办法》（工商企字〔1996〕第398号，2003年3月13日修改）

（5）《〈关于领导干部收入申报材料可否作为民事诉讼证据使用的请示〉的答复意见》（中纪法复〔2002〕10号，2002年4月17日）

（6）《金融机构协助查询、冻结、扣划工作管理规定》（银发〔2002〕1号，2002年1月15日）

（7）《司法部律师公证工作指导司关于〈关于公证处办理证据保全公证中对物证能否采用封签进行封存的请示〉的复函》（1999年12月3日）

（8）《中国人民银行、最高人民法院、最高人民检察院、公安部关于查询、冻结、扣划企业事业单位、机关、团体银行存款的通知》（1993年12月11日）

（9）《房屋拆迁证据保全公证细则》（司法部1993年12月1日发布，1994年2月1日起施行）

（10）《中国人民银行、最高人民法院、最高人民检察院、公安部、司法部关于查询、停止支付和没收个人在银行的存款以及存款人死亡后的存款过户或支付手续的联合通知》（〔1980〕银储字第18号，1980年11月22日）

6. 行业规定

《中国国际经济贸易仲裁委员会证据指引》（2015年3月1日起施行）

7. 相关案例

（1）证据收集程序的合法性：北大方正公司、红楼研究所与高术天力公司、高术公司计算机软件著作权侵权纠纷案——最高人民法院（2006）民三提字第1号民事判决书

（2）法院依申请调查收集证据程序：国际华侨公司诉长江影业公司影片发行权

许可合同纠纷案——最高人民法院（2001）民三终字第 3 号民事判决书

（3）恶意串通的证明标准："北京瑞邦安信投资顾问有限公司与北京帅府大厦发展有限公司等确认合同无效纠纷上诉案"评析——北京市第三中级人民法院（2015）三中民终字第 00603 号民事判决书

（4）举证期限：李某与张某房屋租赁合同纠纷案——广东省广州市中级人民法院（2016）粤 01 民终 3488 号民事判决书

（5）视听资料证明力：中国建设银行某县支行诉杨某不当得利纠纷案——《最高人民法院公报》2003 年第 6 期

（6）电子数据的公证证明：湖北省体育彩票管理中心与吕某彩票合同纠纷上诉案——《人民司法·案例》2010 年第 10 期

（7）证言证明力：王某诉上海浦东冠忠公共交通有限公司人身损害赔偿纠纷案——上海市卢湾区人民法院（2004）卢民一（民）初字第 1651 号民事判决书

（8）鉴定意见的证明力：王某诉许某道路交通事故人身损害赔偿纠纷案——天津市第一中级人民法院（2011）一中民四终字第 0993 号民事判决书

行政证据法篇

1. 法律

（1）《中华人民共和国道路交通安全法》（2021年4月29日修正）

（2）《中华人民共和国食品安全法》（2021年4月29日修正）

（3）《中华人民共和国海警法》（2021年2月1日起施行）

（4）《中华人民共和国行政处罚法》（2021年7月15日起施行）

（5）《中华人民共和国专利法》（2020年10月17日修正）

（6）《中华人民共和国公职人员政务处分法》（2020年7月1日起施行）

（7）《中华人民共和国土壤污染防治法》（2019年1月1日起施行）

（8）《中华人民共和国行政复议法》（2017年9月1日修正）

（9）《中华人民共和国行政诉讼法》（2017年6月27日修正）

（10）《中华人民共和国出境入境管理法》（2013年7月1日起施行）

（11）《中华人民共和国治安管理处罚法》（2012年10月26日修正）

（12）《中华人民共和国国家赔偿法》（2012年10月26日修正）

（13）《中华人民共和国行政强制法》（2012年1月1日起施行）

（14）《中华人民共和国居民身份证法》（2011年10月29日修正）

（15）《中华人民共和国反垄断法》（2008年8月1日起施行）

（16）《中华人民共和国反洗钱法》（2007年1月1日起施行）

（17）《中华人民共和国价格法》（1998年5月1日起施行）

2. 行政法规

（1）《建设工程抗震管理条例》（2021年9月1日起施行）

（2）《防范和处置非法集资条例》（2021年5月1日起施行）

（3）《排污许可管理条例》（2021年3月1日起施行）

（4）《政府督查工作条例》（2021年2月1日起施行）

（5）《行政执法机关移送涉嫌犯罪案件的规定》（2020年8月14日起施行）

（6）《中华人民共和国知识产权海关保护条例》（2018年3月19日修订）

（7）《中华人民共和国道路交通安全法实施条例》（2017年10月7日修订）

（8）《中华人民共和国专利法实施细则》（2010年1月9日修订）

（9）《中华人民共和国行政复议法实施条例》（2007年8月1日起施行）

（10）《中华人民共和国海关行政处罚实施条例》（2004年11月1日起施行）

（11）《中华人民共和国反倾销条例》（2004年3月31日修订）

（12）《中华人民共和国反补贴条例》（2004年3月31日修订）

3. 部门规章

（1）《医疗保障行政处罚程序暂行规定》（2021年7月15日起施行）

（2）《中华人民共和国海关办理行政处罚案件程序规定》（2021 年 7 月 15 日起施行）

（3）《规范医疗保障基金使用监督管理行政处罚裁量权办法》（2021 年 7 月 15 日起施行）

（4）《证券期货违法行为行政处罚办法》（2021 年 7 月 14 日起施行）

（5）《市场监督管理行政处罚程序规定》（2021 年 7 月 2 日修正）

（6）《重大专利侵权纠纷行政裁决办法》（2021 年 6 月 1 日起施行）

（7）《药品检查管理办法（试行）》（国药监药管〔2021〕31 号）

（8）《文化市场综合执法行政处罚裁量权适用办法》（文旅综执发〔2021〕11 号）

（9）《生态环境保护专项督察办法》（中生环督办〔2021〕1 号）

（10）《职业病诊断与鉴定管理办法》（2021 年 1 月 4 日起施行）

（11）《出版物鉴定管理办法》（国新出发〔2020〕22 号）

（12）《关于依法惩治非法野生动物交易犯罪的指导意见》（公通字〔2020〕19 号）

（13）《国家版权局关于进一步做好著作权行政执法证据审查和认定工作的通知》（国版发〔2020〕2 号）

（14）《国家外汇管理局行政复议程序》（2020 年 10 月 23 日起施行）

（15）《国家外汇管理局行政处罚办法》（2020 年 10 月 1 日起施行）

（16）《道路交通安全违法行为处理程序规定》（2020 年 5 月 1 日起施行）

（17）《公安机关办理行政案件程序规定》（2020 年 8 月 6 日修正）

（18）《公安机关办理国家赔偿案件程序规定》（2018 年 10 月 1 日起施行）

（19）《税务行政复议规则》（2018 年 6 月 15 日修正）

（20）《反倾销问卷调查规则》（2018 年 5 月 4 日起施行）

（21）《专利行政执法证据规则（试行）》（国知发管字〔2016〕31 号）

4．司法解释

（1）《人民检察院公益诉讼办案规则》（2021 年 7 月 1 日起施行）

（2）《最高人民法院、最高人民检察院关于检察公益诉讼案件适用法律若干问题的解释》（法释〔2018〕6 号，2020 年 12 月 28 日修正）

（3）《最高人民法院关于审理商标授权确权行政案件若干问题的规定》（法释〔2017〕2 号）（2020 年 12 月 23 日修正）

（4）《最高人民法院关于审理行政协议案件若干问题的规定》（法释〔2019〕17 号）

（5）《最高人民法院关于适用〈中华人民共和国行政诉讼法〉的解释》（法释〔2018〕1 号）

（6）《最高人民法院关于国家赔偿监督程序若干问题的规定》（法释〔2017〕9 号）

（7）《人民检察院行政诉讼监督规则（试行）》（2016 年 4 月 15 日起试行）

（8）《最高人民法院关于审理工伤保险行政案件若干问题的规定》（法释〔2014〕9号）

（9）《最高人民法院关于人民法院赔偿委员会适用质证程序审理国家赔偿案件的规定》（法释〔2013〕27号）

（10）《最高人民法院关于审理涉及农村集体土地行政案件若干问题的规定》（法释〔2011〕20号）

（11）《最高人民法院关于审理政府信息公开行政案件若干问题的规定》（法释〔2011〕17号）

（12）《最高人民法院关于人民法院赔偿委员会审理国家赔偿案件程序的规定》（法释〔2011〕6号）

（13）《最高人民法院关于审理行政许可案件若干问题的规定》（法释〔2009〕20号）

（14）《最高人民法院关于审理反补贴行政案件应用法律若干问题的规定》（法释〔2002〕36号）

（15）《最高人民法院关于审理反倾销行政案件应用法律若干问题的规定》（法释〔2002〕35号）

（16）《最高人民法院关于行政诉讼证据若干问题的规定》（法释〔2002〕21号）

（17）《人民检察院办理行政执法机关移送涉嫌犯罪案件的规定》（高检发释字〔2001〕4号）

（18）《最高人民法院关于审理行政赔偿案件若干问题的规定》（法发〔1997〕10号）

5. 司法文件

（1）《最高人民法院关于推进行政诉讼程序繁简分流改革的意见》（法发〔2021〕17号）

（2）《最高人民法院第一巡回法庭关于行政审判法律适用若干问题的会议纪要》（2018年7月23日）

（3）《最高人民检察院、国土资源部关于加强协作推进行政公益诉讼促进法治国土建设的意见》（高检会〔2017〕4号）

（4）《最高人民法院第二巡回法庭关于援引〈关于执行《中华人民共和国行政诉讼法》若干问题的解释〉的意见》（法二巡〔2016〕4号）

（5）《最高人民法院第二巡回法庭关于规范和加强行政审判工作的意见》（法二巡〔2016〕3号）

（6）《行政审判办案指南（一）》（最高人民法院办公厅法办〔2014〕17号）

（7）《最高人民法院办公厅关于国家赔偿法实施中若干问题的座谈会纪要》（最高人民法院办公厅法办〔2012〕490号，2012年12月25日）

（8）《关于审理公司登记行政案件若干问题的座谈会纪要》（法办〔2012〕62号）

（9）《最高人民法院关于审理证券行政处罚案件证据若干问题的座谈会纪要》（法〔2011〕225号）

（10）《最高人民法院、最高人民检察院关于对民事审判活动与行政诉讼实行法律监督的若干意见（试行）》（高检会〔2011〕1号）

（11）《最高人民法院关于开展行政诉讼简易程序试点工作的通知》（法〔2010〕446号）

（12）《人民检察院国家赔偿工作规定》（高检发〔2010〕29号）

（13）《最高人民法院关于当前形势下做好行政审判工作的若干意见》（法发〔2009〕38号）

（14）《最高人民法院关于审理与低温雨雪冰冻灾害有关的行政案件若干问题座谈会纪要》（法〔2008〕139号）

（15）《最高人民检察院、全国整顿和规范市场经济秩序领导小组办公室、公安部、监察部关于在行政执法中及时移送涉嫌犯罪案件的意见》（高检会〔2006〕2号）

6. 行政规范性文件

（1）《应急管理部、公安部、最高人民法院、最高人民检察院安全生产行政执法与刑事司法衔接工作办法》（应急〔2019〕54号）

（2）《国务院办公厅关于全面推行行政执法公示制度执法全过程记录制度重大执法决定法制审核制度的指导意见》（国办发〔2018〕118号）

（3）《税务行政应诉工作规程》（税总发〔2017〕135号）

（4）《国务院办公厅关于加强和改进行政应诉工作的意见》（国办发〔2016〕54号）

（5）《国家工商行政管理总局关于工商行政管理机关电子数据证据取证工作的指导意见》（工商市字〔2011〕248号）

（6）《交通警察道路执勤执法工作规范》（公通字〔2008〕58号，2009年1月1日起施行）

（7）《城市房屋拆迁行政裁决工作规程》（建住房〔2003〕252号）

7. 行业规定

《律师承办行政案件规范（试行）》（2005年3月12日经中华全国律师协会第五届常务理事会审议通过）

8. 相关案例

（1）指导案例101号：罗某诉重庆市彭水苗族土家族自治县地方海事处政府信息公开案

（2）指导案例91号：沙某等诉马鞍山市花山区人民政府房屋强制拆除行政赔

偿案

（3）指导案例 41 号：宣某等诉浙江省某市国土资源局收回国有土地使用权案

（4）张某不服上海市闵行区城市交通行政执法大队交通行政处罚案［上海市闵行区人民法院（2009）闵行初字第 76 号］

（5）廖某诉重庆市公安局交通管理局第二支队道路交通管理行政处罚决定案（《最高人民法院公报》2007 年第 1 期刊载）

（6）松业石料厂诉荥阳市劳保局工伤认定案（《最高人民法院公报》2005 年第 8 期刊载）

刑事证据法篇

1. 法律

（1）《中华人民共和国监察官法》（2022年1月1日起施行）

（2）《中华人民共和国法律援助法》（2022年1月1日起施行）

（3）《中华人民共和国刑法》（2020年12月26日修正）

（4）《中华人民共和国刑事诉讼法》（2018年10月26日修正）

（5）《中华人民共和国国际刑事司法协助法》（2018年10月26日起施行）

（6）《中华人民共和国监察法》（2018年3月20日起施行）

（7）《中华人民共和国律师法》（2017年9月1日修正）

（8）《全国人民代表大会常务委员会关于司法鉴定管理问题的决定》（2015年4月24日修正）

2. 司法解释

（1）《最高人民法院、最高人民检察院关于办理窝藏、包庇刑事案件适用法律若干问题的解释》（法释〔2021〕16号）

（2）《最高人民法院关于适用〈中华人民共和国刑事诉讼法〉的解释》（法释〔2021〕1号）

（3）《人民检察院刑事诉讼规则》（高检发释字〔2019〕4号）

（4）《最高人民法院关于审理走私、非法经营、非法使用兴奋剂刑事案件适用法律若干问题的解释》（法释〔2019〕16号）

（5）《最高人民法院最高人民检察院关于办理非法利用信息网络、帮助信息网络犯罪活动等刑事案件适用法律若干问题的解释》（法释〔2019〕15号）

（6）《最高人民法院最高人民检察院关于办理组织考试作弊等刑事案件适用法律若干问题的解释》（法释〔2019〕13号）

（7）《最高人民法院关于死刑复核及执行程序中保障当事人合法权益的若干规定》（法释〔2019〕12号）

（8）《最高人民法院、最高人民检察院关于办理利用未公开信息交易刑事案件适用法律若干问题的解释》（法释〔2019〕10号）

（9）《最高人民法院、最高人民检察院关于办理虚假诉讼刑事案件适用法律若干问题的解释》（法释〔2018〕17号）

（10）《最高人民法院、最高人民检察院关于办理药品、医疗器械注册申请材料造假刑事案件适用法律若干问题的解释》（法释〔2017〕15号）

（11）《最高人民法院、最高人民检察院关于办理扰乱无线电通讯管理秩序等刑事案件适用法律若干问题的解释》（法释〔2017〕11号）

（12）《最高人民法院、最高人民检察院关于适用犯罪嫌疑人、被告人逃匿、死

亡案件违法所得没收程序若干问题的规定》（法释〔2017〕1号）

（13）《最高人民法院、最高人民检察院关于办理环境污染刑事案件适用法律若干问题的解释》（法释〔2016〕29号）

（14）《最高人民法院关于减刑、假释案件审理程序的规定》（法释〔2014〕5号）

（15）《最高人民法院关于审理未成年人刑事案件具体应用法律若干问题的解释》（法释〔2006〕1号）

（16）《最高人民法院关于刑事再审案件开庭审理程序的具体规定（试行）》（法释〔2001〕31号）

（17）《最高人民法院关于审理为境外窃取、刺探、收买、非法提供国家秘密、情报案件具体应用法律若干问题的解释》（法释〔2001〕4号）

3．部门规章

（1）《依法惩治长江流域非法捕捞等违法犯罪的意见》（公通字〔2020〕17号）

（2）《法律援助值班律师工作办法》（司规〔2020〕6号）

（3）《公安机关办理刑事案件程序规定》（公安部2020年7月20日修正）

（4）《司法鉴定程序通则》（司法部2015年12月24日修订）

4．相关司法文件

（1）《最高人民法院、最高人民检察院、公安部关于办理电信网络诈骗等刑事案件适用法律若干问题的意见（二）》（法发〔2021〕22号）

（2）《最高人民法院、最高人民检察院、公安部、司法部关于进一步加强虚假诉讼犯罪惩治工作的意见》（法发〔2021〕10号）

（3）《人民检察院办理网络犯罪案件规定》（2021年1月25日起施行）

（4）《最高人民法院、最高人民检察院、公安部、国家安全部、司法部关于规范量刑程序若干问题的意见》（法发〔2020〕38号）

（5）《最高人民法院关于依法加大知识产权侵权行为惩治力度的意见》（法发〔2020〕33号）

（6）《最高人民法院、最高人民检察院、公安部、司法部关于依法惩治非法野生动物交易犯罪的指导意见》（公通字〔2020〕19号）

（7）《最高人民检察院、公安部、国家安全部关于重大案件侦查终结前开展讯问合法性核查工作若干问题的意见》（高检发办字〔2020〕4号）

（8）《最高人民检察院、公安部关于加强和规范补充侦查工作的指导意见》（2020年3月27日起施行）

（9）《最高人民法院、最高人民检察院、公安部、国家安全部、司法部关于适用认罪认罚从宽制度的指导意见》（高检发〔2019〕13号）

（10）《最高人民法院关于深化人民法院司法体制综合配套改革的意见——人民法院第五个五年改革纲要（2019—2023）》（法发〔2019〕8号）

（11）《人民检察院检察建议工作规定》（2019年2月26日起施行）

（12）《最高人民法院、最高人民检察院公安部、司法部、生态环境部关于办理环境污染刑事案件有关问题座谈会纪要》（2019年2月20日起施行）

（13）《最高人民法院、最高人民检察院、公安部关于办理盗窃油气、破坏油气设备等刑事案件适用法律若干问题的意见》（法发〔2018〕18号）

（14）《人民检察院公诉人出庭举证质证工作指引》（2018年7月3日起施行）

（15）《最高人民检察院关于充分发挥检察职能为打好"三大攻坚战"提供司法保障的意见》（高检发〔2018〕8号）

（16）《人民法院办理刑事案件第一审普通程序法庭调查规程（试行）》（法发〔2017〕31号）

（17）《人民法院办理刑事案件排除非法证据规程（试行）》（法发〔2017〕31号）

（18）《人民法院办理刑事案件庭前会议规程（试行）》（法发〔2017〕31号）

（19）《最高人民法院、最高人民检察院、公安部、国家安全部、司法部关于办理刑事案件严格排除非法证据若干问题的规定》（法发〔2017〕15号）

（20）《最高人民检察院关于办理涉互联网金融犯罪案件有关问题座谈会纪要》（高检诉〔2017〕14号）

（21）《最高人民法院关于全面推进以审判为中心的刑事诉讼制度改革的实施意见》（法发〔2017〕5号）

（22）《未成年人刑事检察工作指引（试行）》（高检发未检字〔2017〕1号）

（23）《最高人民法院、司法部关于建立司法鉴定管理与使用衔接机制的意见》（司发通〔2016〕98号）

（24）《最高人民法院、最高人民检察院、公安部关于办理电信网络诈骗等刑事案件适用法律若干问题的意见》（法发〔2016〕32号）

（25）《最高人民法院、最高人民检察院、公安部关于办理刑事案件收集提取和审查判断电子数据若干问题的规定》（法发〔2016〕22号）

（26）《最高人民法院、最高人民检察院、公安部、国家安全部、司法部关于推进以审判为中心的刑事诉讼制度改革的意见》（法发〔2016〕18号）

（27）《人民检察院诉讼档案管理办法》（2016年10月18日起施行）

（28）《最高人民检察院关于加强职务犯罪侦查预防能力建设的意见》（高检发反贪字〔2016〕289号）

（29）《最高人民检察院关于充分发挥检察职能依法保障和促进科技创新的意见》（高检发〔2016〕9号）

（30）《刑事案件速裁程序试点工作座谈会纪要（二）》（法〔2015〕382号）

（31）《最高人民检察院、公安部关于逮捕社会危险性条件若干问题的规定（试行）》（高检会〔2015〕9号）

（32）《最高人民法院、最高人民检察院、公安部、国家安全部、司法部关于依法保障律师执业权利的规定》（司发〔2015〕14号）

（33）《最高人民法院关于全面深化人民法院改革的意见——人民法院第四个五年改革纲要（2014—2018）》（法发〔2015〕3号）

（34）《最高人民法院、最高人民检察院、公安部、司法部关于依法办理家庭暴力犯罪案件的意见》（法发〔2015〕4号）

（35）《最高人民检察院关于加强出庭公诉工作的意见》（高检发诉字〔2015〕5号）

（36）最高人民检察院《关于深化检察改革的意见（2013—2017年工作规划）》（高检发〔2015〕5号）

（37）《最高人民检察院关于依法保障律师执业权利的规定》（高检发〔2014〕21号）

（38）《最高人民检察院关于加强和改进刑事抗诉工作的意见》（高检发诉字〔2014〕29号）

（39）《最高人民法院、最高人民检察院、公安部、民政部关于依法处理监护人侵害未成年人权益行为若干问题的意见》（法发〔2014〕24号）

（40）《最高人民法院、最高人民检察院、公安部关于办理非法集资刑事案件适用法律若干问题的意见》（公通字〔2014〕16号）

（41）《最高人民检察院关于印发〈人民检察院讯问职务犯罪嫌疑人实行全程同步录音录像的规定〉的通知》（高检发反贪字〔2014〕213号）

（42）《最高人民法院、最高人民检察院、公安部关于办理醉酒驾驶机动车刑事案件适用法律若干问题的意见》（法发〔2013〕15号）

（43）《最高人民法院关于建立健全防范刑事冤假错案工作机制的意见》（法发〔2013〕11号）

（44）《最高人民检察院关于切实履行检察职能防止和纠正冤假错案的若干意见》（高检发〔2013〕11号）

（45）《人民检察院办理未成年人刑事案件的规定》（高检发研字〔2013〕7号）

（46）《关于人民检察院审查逮捕工作中适用"附条件逮捕"的意见（试行）》（高检侦监〔2013〕15号）

（47）《最高人民法院、最高人民检察院、公安部、国家安全部、司法部、全国人大常委会法制工作委员会关于实施刑事诉讼法若干问题的规定》（2013年1月1日起施行）

（48）《最高人民检察院关于进一步加强未成年人刑事检察工作的决定》（高检发诉字〔2012〕152号）

（49）《最高人民检察院侦查监督厅关于加强侦查监督说理工作的指导意见（试

行）》（高检侦监发〔2012〕1 号）

（50）《最高人民法院、最高人民检察院、公安部关于办理侵犯知识产权刑事案件适用法律若干问题的意见》（法发〔2011〕3 号）

（51）《最高人民法院研究室关于信用卡犯罪法律适用若干问题的复函》（法研〔2010〕105 号）

（52）《最高人民法院关于处理自首和立功若干具体问题的意见》（法发〔2010〕60 号）

（53）《最高人民法院、最高人民检察院、公安部、国家安全部、司法部关于加强协调配合积极推进量刑规范化改革的通知》（法发〔2010〕47 号）

（54）《最高人民检察院关于适用〈关于办理死刑案件审查判断证据若干问题的规定〉和〈关于办理刑事案件排除非法证据若干问题的规定〉的指导意见》（高检发研字〔2010〕13 号）

（55）《人民法院量刑程序指导意见（试行）》（法发〔2010〕36 号）

（56）《最高人民法院、最高人民检察院、公安部、国家安全部、司法部关于办理刑事案件排除非法证据若干问题的规定》（法发〔2010〕20 号）

（57）《最高人民法院、最高人民检察院、公安机关、国家安全机关、司法部关于办理死刑案件审查判断证据若干问题的规定》（法发〔2010〕20 号）

（58）《最高人民法院、最高人民检察院、公安部、司法部关于依法惩治拐卖妇女儿童犯罪的意见》（法发〔2010〕7 号）

（59）《最高人民法院、最高人民检察院、公安部、国家安全部、司法部关于对司法工作人员在诉讼活动中的渎职行为加强法律监督的若干规定（试行）》（高检会〔2010〕4 号）

（60）《人民检察院审查逮捕质量标准》（最高人民检察院 2010 年 8 月 25 日起施行）

（61）《最高人民法院、最高人民检察院、公安部办理黑社会性质组织犯罪案件座谈会纪要》（法〔2009〕382 号）

（62）《人民检察院电子证据鉴定程序规则（试行）》（最高人民检察院 2009 年）

（63）《最高人民法院、最高人民检察院、公安部、监察部、国家安全生产监督管理总局关于严格依法及时办理危害生产安全刑事案件的通知》（高检会〔2008〕5 号）

（64）《人民检察院办理起诉案件质量标准（试行）》（高检诉发〔2007〕63 号）

（65）《人民检察院办理不起诉案件质量标准（试行）》（高检诉发〔2007〕63 号）

（66）《最高人民法院关于进一步加强刑事审判工作的决定》（法发〔2007〕28 号）

（67）《最高人民法院、最高人民检察院、公安部、司法部关于进一步严格依法办案确保办理死刑案件质量的意见》（法发〔2007〕11 号）

（68）《人民检察院鉴定规则（试行）》（高检发办字〔2006〕33号）

（69）《最高人民法院关于进一步加强刑事审判工作的通知》（法〔2005〕149号）

（70）《最高人民法院、最高人民检察院、公安部、国家安全部、司法部关于做好〈全国人民代表大会常务委员会关于司法鉴定管理问题的决定〉施行前有关工作的通知》（司发通〔2005〕62号）

（71）《全国人大常委会法工委关于司法鉴定管理问题的决定施行前可否对司法鉴定机构和司法鉴定人实施准入管理等问题的意见》（法工委发函〔2005〕52号）

（72）《最高人民检察院公诉庭毒品犯罪案件公诉证据标准指导意见（试行）》（〔2005〕高检诉发第32号）

（73）《最高人民检察院关于贯彻〈全国人民代表大会常务委员会关于司法鉴定管理问题的决定〉有关工作的通知》（高检发办字〔2005〕11号）

（74）《最高人民法院、最高人民检察院、公安部关于严格依法履行职责，切实保障刑事案件办案质量的通知》（法〔2004〕196号）

（75）《最高人民检察院关于加强国家机关工作人员利用职权侵犯人权犯罪案件审查起诉工作的通知》（2004年7月14日）

（76）《最高人民检察院关于印发部分罪案〈审查逮捕证据参考标准（试行）〉的通知》（高检侦监发〔2003〕107号）

（77）《最高人民法院、最高人民检察院、海关总署办理走私刑事案件适用法律若干问题的意见》（法〔2002〕139号）

（78）《最高人民检察院关于进一步加强公诉工作的决定》（高检发诉字〔2002〕17号）

（79）《最高人民法院关于审理生产、销售伪劣商品刑事案件有关鉴定问题的通知》（法〔2001〕70号）

（80）《最高人民检察院、公安部关于依法适用逮捕措施有关问题的规定》（高检会〔2001〕10号）

（81）《刑事抗诉案件出庭规则（试行）》（〔2001〕高检诉发第11号）

（82）《最高人民检察院关于刑事抗诉工作的若干意见》（高检发诉字〔2001〕7号）

（83）《最高人民检察院关于加强渎职侵权检察工作的决定》（2000年5月29日）

（84）《最高人民检察院关于"骨龄鉴定"能否作为确定刑事责任年龄证据使用的批复》（高检发研字〔2000〕6号）

（85）《最高人民检察院关于CPS多道心理测试鉴定结论能否作为诉讼证据使用问题的批复》（高检发研字〔1999〕12号）

5. 国务院规范性文件

《国务院办公厅关于尽快落实〈刑事诉讼法〉有关条款规定的通知》（国办发〔1997〕37 号）

6. 部门规范性文件

（1）《公安机关办理刑事案件电子数据取证规则》（公通字〔2018〕41 号）

（2）《最高人民检察院、公安部关于公安机关办理经济犯罪案件的若干规定》（公通字〔2017〕25 号）

（3）《公安机关鉴定规则》（公通字〔2017〕6 号）

（4）《最高人民法院、最高人民检察院、公安部办理毒品犯罪案件毒品提取、扣押、称量、取样和送检程序若干问题的规定》（公禁毒〔2016〕511 号）

（5）《公安机关刑事案件现场勘验检查规则》（公通字〔2015〕31 号）

（6）《最高人民法院、最高人民检察院、公安部、国家安全部关于依法办理非法生产销售使用"伪基站"设备案件的意见》（公通字〔2014〕13 号）

（7）《最高人民法院、最高人民检察院、公安部关于办理网络犯罪案件适用刑事诉讼程序若干问题的意见》（公通字〔2014〕10 号）

（8）《最高人民法院、最高人民检察院、公安部关于办理组织领导传销活动刑事案件适用法律若干问题的意见》（公通字〔2013〕37 号）

（9）《公安部关于公安机关办理醉酒驾驶机动车犯罪案件的指导意见》（公交管〔2011〕190 号）

（10）《最高人民法院、最高人民检察院、公安部关于办理网络赌博犯罪案件适用法律若干问题的意见》（公通字〔2010〕40 号）

（11）《计算机犯罪现场勘验与电子证据检查规则》（公信安〔2005〕161 号）

（12）《最高人民法院、最高人民检察院、公安部关于依法开展打击淫秽色情网站专项行动有关工作的通知》（公通字〔2004〕53 号）

（13）《最高人民法院、最高人民检察院、公安部、司法部、新闻出版署关于公安部光盘生产源鉴定中心行使行政、司法鉴定权有关问题的通知》（公通字〔2000〕21 号）

（14）《海关总署关于贯彻执行〈关于刑事诉讼法实施中若干问题的规定〉的通知》（署法〔1998〕202 号）

7. 党内规范性文件

《中共中央关于全面推进依法治国若干重大问题的决定》（2014 年 10 月 23 日中国共产党第十八届中央委员会第四次全体会议通过）

8. 行业规定

《中华全国律师协会律师办理刑事案件规范》（律发通〔2017〕51 号）

9. 团体规定

《海峡两岸共同打击犯罪及司法互助协议》（海峡两岸关系协会，2009 年 4 月 26 日）

10. 相关案例

（1）陈满申诉案——最高人民检察院指导案例第 26 号

（2）郑州市人民检察院诉黄某故意杀人案——《最高人民法院公报》2003 年第 3 期

（3）张某交通肇事案——《人民司法·案例》2016 年第 20 期

（4）杜培武故意杀人案——《刑事诉讼证据实证分析》2006 年法律出版社出版

（5）张某贩卖毒品案——对无直接证据案件应运用间接证据之间的印证定案

（6）江福庆故意杀人案——（2015）浙刑三终字第 47 号刑事裁定书

目录

民事证据法篇　　　　　　　　　　　　　　1

行政证据法篇　　　　　　　　　　　　**231**

刑事证据法篇　　　　　　　　　　　　**445**

民事证据法篇

行政证据法篇

刑事证据法篇

一、证据的范围与属性

1. 证 据 种 类

导读

　　我国民事证据制度的一个突出特点是将证据种类做明确规定。证据种类法定化的优势在于通过证据形式的规范有利于人们更方便地运用各种证据，针对各种证据的特点进行审查和判断，劣势在于容易被种类的法定限制。现行民事诉讼法关于证据种类的规定，可能存在两个方面的问题：其一，种类划分过细。这使法定种类证据缺乏较强的涵盖力，使实践当中新型证据难以纳入现有的种类之中，从而影响该证据的使用。其二，各类证据的划分标准缺乏统一性。有的是以证据信息的物质载体形式作为划分标准，如书证、视听资料；有的是以形成原因或方式作为划分标准，如电子证据；有的则是以主体作为划分标准，如勘验笔录。由于划分标准不统一，就有可能给证据归类造成困难。例如，手机拍摄的文书资料或记录，究竟属于书证、电子证据，还是视听资料？视听资料与电子证据的划分同样存在这样的困难。电子证据强调的是以数字化生成的信息作为其特征，而视听资料是以可听可视的表现形式作为特征。但是录音或录像也同样可能是以数字化方式生成的，如果以数字化生成作为根据，这些可听可视的资料也应当归入电子证据。如果只有非数字化生成的录音录像才能作为视听资料，这样必然导致录音录像这一证据资料的分割。当然，如果从实用主义的角度去理解，只要方便好用，遵从人们的适用习惯，划分标准也不是太大的问题。

相关法律条文

《中华人民共和国民事诉讼法》（1991 年 4 月 9 日通过，2007 年 10 月 28 日第一次修正，2012 年 8 月 31 日第二次修正，2017 年 6 月 27 日第三次修正）

　　第六十三条　证据包括：

　　（一）当事人的陈述；

　　（二）书证；

　　（三）物证；

　　（四）视听资料；

　　（五）电子数据；

　　（六）证人证言；

（七）鉴定意见；

（八）勘验笔录。

证据必须查证属实，才能作为认定事实的根据。

《中华人民共和国民法典》（2020 年 5 月 28 日公布，2021 年 1 月 1 日起施行）

第一百三十五条　民事法律行为可以采用书面形式、口头形式或者其他形式；法律、行政法规规定或者当事人约定采用特定形式的，应当采用特定形式。

第四百六十九条　当事人订立合同，可以采用书面形式、口头形式或者其他形式。

书面形式是合同书、信件、电报、电传、传真等可以有形地表现所载内容的形式。

以电子数据交换、电子邮件等方式能够有形地表现所载内容，并可以随时调取查用的数据电文，视为书面形式。

第一千一百三十八条　遗嘱人在危急情况下，可以立口头遗嘱。口头遗嘱应当有两个以上见证人在场见证。危急情况消除后，遗嘱人能够以书面或者录音录像形式立遗嘱的，所立的口头遗嘱无效。

《中华人民共和国消费者权益保护法》（1993 年 10 月 31 日通过，2009 年 8 月 27 日第一次修正，2013 年 10 月 25 日第二次修正）

第二十二条　经营者提供商品或者服务，应当按照国家有关规定或者商业惯例向消费者出具发票等购货凭证或者服务单据；消费者索要发票等购货凭证或者服务单据的，经营者必须出具。

《中华人民共和国海商法》（1993 年 7 月 1 日起施行）

第三十七条　船长应当将船上发生的出生或者死亡事件记入航海日志，并在两名证人的参加下制作证明书。死亡证明书应当附有死者遗物清单。死者有遗嘱的，船长应当予以证明。死亡证明书和遗嘱由船长负责保管，并送交家属或者有关方面。

第七十七条　除依照本法第七十五条的规定作出保留外，承运人或者代其签发提单的人签发的提单，是承运人已经按照提单所载状况收到货物或者货物已经装船的初步证据；承运人向善意受让提单的包括收货人在内的第三人提出的与提单所载状况不同的证据，不予承认。

第八十条　承运人签发提单以外的单证用以证明收到待运货物的，此项单证即为订立海上货物运输合同和承运人接收该单证中所列货物的初步证据。

承运人签发的此类单证不得转让。

相关司法解释规定

《最高人民法院关于审理因垄断行为引发的民事纠纷案件应用法律若干问题的规定》（法释〔2012〕5号，2012年1月30日通过，2020年12月23日修正）

第十条　原告可以以被告对外发布的信息作为证明其具有市场支配地位的证据。被告对外发布的信息能够证明其在相关市场内具有支配地位的，人民法院可以据此作出认定，但有相反证据足以推翻的除外。

第十一条　证据涉及国家秘密、商业秘密、个人隐私或者其他依法应当保密的内容的，人民法院可以依职权或者当事人的申请采取不公开开庭、限制或者禁止复制、仅对代理律师展示、责令签署保密承诺书等保护措施。①

《最高人民法院关于民事诉讼证据的若干规定》（法释〔2019〕19号，2001年12月6日通过，2019年10月14日修正）②

第八十五条　人民法院应当以证据能够证明的案件事实为根据依法作出裁判。

审判人员应当依照法定程序，全面、客观地审核证据，依据法律的规定，遵循法官职业道德，运用逻辑推理和日常生活经验，对证据有无证明力和证明力大小独立进行判断，并公开判断的理由和结果。

2. 证据的合法性

导读

> 民事诉讼中的证据合法性，是指在民事诉讼中，人们使用特定证据认定案件事实时必须符合法律规定的要求，不为法律所禁止，否则不具有证据效力。对证据合法性的要求，目的是保障证据的真实性和维护他人或其他组织的合法权益，体现了人们对程序正义和实体正义的双重要求。证据合法性主要包括以下四个方

---

① 厦门市中级人民法院2015年1月起施行《知识产权审判保密令制度》，在全国率先创立了保密令制度。

② 涉及民事证据的地方司法性文件有：《上海市高级人民法院关于数据电文证据若干问题的解答》（2007年9月19日）；《浙江省高级人民法院关于适用〈关于民事诉讼证据的若干规定〉的指导意见》（2007年7月13日）；《北京市高级人民法院关于知识产权民事诉讼证据适用若干问题的解答》（2007年4月5日）；《辽宁省高级人民法院关于商事审判中适用证据规则若干问题的指导意见》（2005年1月26日）；《深圳市法院民事诉讼庭前交换证据规则》（2003年8月1日）；《北京市高级人民法院关于办理各类案件有关证据问题的规定（试行）》（2001年9月17日）；《山东省高级人民法院民事诉讼证据规则（试行）》（2001年7月12日）；《广东省法院民事、经济纠纷案件庭前交换证据暂行规则》（1999年7月20日）；《昆明市中级人民法院民事证据规则》（1998年6月25日）；等等。这些地方法院指定的解释性文件仍然现行有效，在法律和司法解释之外补充着民事证据规则，在审判实践中值得注意和重视。

面：（1）证据主体合法。证据主体是指形成证据内容的个人或单位。证据主体合法，是指形成证据的主体须符合法律的要求。主体不合法也将导致证据的不合法。（2）证据形式合法。证据形式的合法性，是指作为证据不仅要求在内容上是真实的，还要求形式上同时也符合法律规定的要求。（3）证据取得方法合法。当事人收集的证据材料能否作为法院认定案件事实的证据，还要看该证据材料取得方法是否符合法律的规定。法律规定证据取得方法必须合法是为了保障他人的合法权利不至因为证据的违法取得而受到侵害。（4）证据程序合法。证据材料最后要作为证据还必须经过一定的诉讼程序，没有经过法律规定的程序，该证据仍然不能作为认定案件的根据。这一程序就是证据的质证程序。《最高人民法院关于适用〈中华人民共和国民事诉讼法〉的解释》（以下简称《民诉法司法解释》）第103条规定，证据应当在法庭上出示，由当事人互相质证。未经当事人质证的证据，不得作为认定案件事实的根据。当事人在审理前的准备阶段认可的证据，经审判人员在庭审中说明后，视为质证过的证据。

相关法律条文

《中华人民共和国民法典》（2020年5月28日公布，2021年1月1日起施行）

第一百一十一条　自然人的个人信息受法律保护。任何组织或者个人需要获取他人个人信息的，应当依法取得并确保信息安全，不得非法收集、使用、加工、传输他人个人信息，不得非法买卖、提供或者公开他人个人信息。

第二百一十九条　利害关系人不得公开、非法使用权利人的不动产登记资料。

第一千零三十四条　自然人的个人信息受法律保护。

个人信息是以电子或者其他方式记录的能够单独或者与其他信息结合识别特定自然人的各种信息，包括自然人的姓名、出生日期、身份证件号码、生物识别信息、住址、电话号码、电子邮箱、健康信息、行踪信息等。

个人信息中的私密信息，适用有关隐私权的规定；没有规定的，适用有关个人信息保护的规定。

第一千零三十五条　处理个人信息的，应当遵循合法、正当、必要原则，不得过度处理，并符合下列条件：

（一）征得该自然人或者其监护人同意，但是法律、行政法规另有规定的除外；

（二）公开处理信息的规则；

（三）明示处理信息的目的、方式和范围；

（四）不违反法律、行政法规的规定和双方的约定。

个人信息的处理包括个人信息的收集、存储、使用、加工、传输、提供、公开等。

第一千零三十六条　处理个人信息，有下列情形之一的，行为人不承担民事责任：

（一）在该自然人或者其监护人同意的范围内合理实施的行为；

（二）合理处理该自然人自行公开的或者其他已经合法公开的信息，但是该自然人明确拒绝或者处理该信息侵害其重大利益的除外；

（三）为维护公共利益或者该自然人合法权益，合理实施的其他行为。

第一千零三十七条　自然人可以依法向信息处理者查阅或者复制其个人信息；发现信息有错误的，有权提出异议并请求及时采取更正等必要措施。

自然人发现信息处理者违反法律、行政法规的规定或者双方的约定处理其个人信息的，有权请求信息处理者及时删除。

第一千零三十八条　信息处理者不得泄露或者篡改其收集、存储的个人信息；未经自然人同意，不得向他人非法提供其个人信息，但是经过加工无法识别特定个人且不能复原的除外。

信息处理者应当采取技术措施和其他必要措施，确保其收集、存储的个人信息安全，防止信息泄露、篡改、丢失；发生或者可能发生个人信息泄露、篡改、丢失的，应当及时采取补救措施，按照规定告知自然人并向有关主管部门报告。

第一千零三十九条　国家机关、承担行政职能的法定机构及其工作人员对于履行职责过程中知悉的自然人的隐私和个人信息，应当予以保密，不得泄露或者向他人非法提供。

第一千二百二十六条　医疗机构及其医务人员应当对患者的隐私和个人信息保密。泄露患者的隐私和个人信息，或者未经患者同意公开其病历资料的，应当承担侵权责任。

《中华人民共和国消费者权益保护法》（1993 年 10 月 31 日通过，2009 年 8 月 27 日第一次修正，2013 年 10 月 25 日第二次修正）

第二十九条　经营者收集、使用消费者个人信息，应当遵循合法、正当、必要的原则，明示收集、使用信息的目的、方式和范围，并经消费者同意。经营者收集、使用消费者个人信息，应当公开其收集、使用规则，不得违反法律、法规的规定和双方的约定收集、使用信息。

经营者及其工作人员对收集的消费者个人信息必须严格保密，不得泄露、出售或者非法向他人提供。经营者应当采取技术措施和其他必要措施，确保信息安全，防止消费者个人信息泄露、丢失。在发生或者可能发生信息泄露、丢失的情况时，应当立即采取补救措施。

经营者未经消费者同意或者请求，或者消费者明确表示拒绝的，不得向其发送商业性信息。

相关司法解释规定

《最高人民法院关于适用〈中华人民共和国民事诉讼法〉的解释》（法释〔2015〕5 号，2014 年 12 月 18 日通过，2020 年 12 月 23 日修正）

第一百零六条　对以严重侵害他人合法权益、违反法律禁止性规定或者严重违背公序良俗的方法形成或者获取的证据，不得作为认定案件事实的根据。

相关案例　证据收集程序的合法性

北大方正公司、红楼研究所与高术天力公司、高术公司计算机软件著作权侵权纠纷案最高人民法院（2006）民三提字第 1 号民事判决书

北大方正公司、红楼研究所是方正世纪 RIP 软件的著作权人，该软件安装在独立的计算机上，与激光照排机联机后，即可实现软件的功能。2001 年 7 月 20 日，北大方正公司的员工以个人名义（化名），与高术天力公司签订了《电子出版系统订货合同》，约定的供货内容为某型激光照排机（不含 RIP），单价为 41.5 万元。2001 年 8 月 22 日，高术天力公司的员工在北大方正公司的员工临时租用的房间内，安装了激光照排机，并在北大方正公司自备的两台计算机内安装了盗版方正 RIP 软件和方正文合软件，并提供了刻录有上述软件的光盘。应北大方正公司的申请，北京市国信公证处先后于 2001 年 7 月 16 日、7 月 20 日、7 月 23 日和 8 月 22 日，对北大方正公司的员工以普通消费者的身份，与高术天力公司联系购买激光照排机设备及高术天力公司在该激光照排机配套使用的北大方正公司自备计算机上安装方正 RIP 软件、方正文合软件的过程进行了现场公证，并对安装了盗版方正 RIP 软件、方正文合软件的北大方正公司自备的两台计算机及盗版软件进行了公证证据保全，制作了公证笔录五份。2001 年 9 月 3 日，北大方正公司、红楼研究所以高术天力公司、高术公司非法复制、安装、销售行为，侵犯了其享有的计算机软件著作权为由提起侵权诉讼。2001 年 11 月 29 日，在一审法院主持下，双方当事人参加了对公证证据保全的两台北大方正公司自备计算机及相关软件进行的勘验。勘验结果表明，在被保全的计算机中安装了盗版方正文合软件，被保全的软件中包括盗版方正 RIP 软件及方正文合软件。双方当事人对勘验结果均不持异议。

一审法院判决认为，北大方正公司为了获得高术天力公司、高术公司侵权的证据，投入较为可观的成本，其中包括购买激光照排机、租赁房屋等，采取的是"陷阱取证"的方式，该方式并未被法律所禁止，应予认可。公证书亦证明了高术天力公司、高术公司实施安装盗版方正软件的过程，同时对安装有盗版方正软件的计算机和盗版软件进行了证据保全，上述公证过程和公证保全的内容已经法庭确认，高术天力公司、高术公司未提供足以推翻公证书内容的相反证据。以该证据为依据，法院支持了原告的诉讼请求。

高术天力公司、高术公司不服一审判决，向北京市高级人民法院提起上诉。其

上诉理由是：一审法院已查明北大方正公司伪装身份、编造谎言、利诱高术天力公司的员工，要求将激光照排机捆绑销售的正版软件换成方正盗版软件，但未予认定；高术天力公司、高术公司除被利诱陷害安装了涉案的一套盗版方正软件外，没有其他复制销售盗版方正软件的行为，但一审法院却认定高术天力公司、高术公司安装方正软件数量难以查清；公证员未亮明身份，未当场记录，记录的事实不完整，公证的是违法的事实，故公证书不合法；北大方正公司的做法是违法的，一审法院认定这种做法为"陷阱取证"，并予以支持是错误的。

二审法院经审理后认为，北京市国信公证处出具的公证书，高术天力公司、高术公司没有举出足够的相反证据推翻该公证书记载内容，故该公证书是合法有效的民事证据，对该公证书所记载的内容予以认定。但结合本案其他证据，对于北大方正公司长达一个月的购买激光照排机的过程来说，该公证记录仅对五处场景作了记录，对整个的购买过程的记载缺乏连贯性和完整性。北大方正公司在未取得其他能够证明高术天力公司、高术公司侵犯其软件著作权证据的情况下，派其员工在外租用民房，化名购买高术天力公司、高术公司代理销售的激光照排机，并主动提出购买盗版方正软件的要求，由此可以看出，北大方正公司购买激光照排机是假，欲获取高术天力公司、高术公司销售盗版方正软件的证据是真。北大方正公司的此种取证方式并非获取高术天力公司、高术公司侵权证据的唯一方式，此种取证方式有违公平原则，一旦被广泛利用，将对正常的市场秩序造成破坏，故对该取证方式不予认可。鉴于高术天力公司、高术公司并未否认其在本案中售卖盗版方正软件的行为，公证书中对此事实的记载得到了印证，故可对高术天力公司、高术公司在本案中销售一套盗版方正 RIP 软件、方正文合软件的事实予以确认。

北大方正公司不服二审判决，申请再审。理由是，北大方正公司采取的取证方式不违反法律、法规的禁止性规定。如果不采取这样的取证方式，不但不能获得直接的、有效的证据，也不可能发现高术天力公司、高术公司进行侵权行为的其他线索。北大方正公司不存在违背公平及扰乱市场秩序的问题，其没有大量购买激光照排机，提高赔偿额。北大方正公司进行调查取证并提起诉讼的目的，是为了打击盗版，维护自身合法权益。

二审判决生效后，北大方正公司、红楼研究所按照公证中现场记录所反映的购买和使用盗版软件的高术天力公司、高术公司客户线索向有关工商行政管理部门进行举报。2002 年 10 月，在有关工商行政管理部门对文化公司 A 及 B 等用户进行调查的过程中，北大方正公司委托北京市国信公证处公证人员随同，对用户安装软件的情况进行了证据保全公证。A 公司在接受调查中向工商行政管理部门提供了其从高术公司购买激光照排机的合同，并书面说明其安装的盗版软件系从高术公司处购买。在北大方正公司、红楼研究所对 B 公司另案提起的诉讼中，经法院判决确认 B 公司安装的盗版软件系从高术公司购买。高术天力公司、高术公司未能就其销售盗版软件的来源提供相关证据。

最高人民法院再审判决认为，高术天力公司安装盗版方正软件是本案公证证明的事实，因高术公司、高术天力公司无相反证据足以推翻，对于该事实的真实性应予认定。以何种方式获取的公证证明的事实，涉及取证方式本身是否违法，如果采取的取证方式本身违法，即使其为公证方式所证明，所获取的证据亦不能作为认定案件事实的依据。因为，如果非法证据因其为公证所证明而取得合法性，那就既不符合公证机关需审查公证事项合法性的公证规则，也不利于制止违法取证行为和保护他人合法权益。二审法院在否定北大方正公司取证方式合法性的同时，又以该方式获取的法律事实经过公证证明而作为认定案件事实的依据，是不妥当的。在民事诉讼中，尽管法律对于违法行为作出了较多的明文规定，但由于社会关系的广泛性和利益关系的复杂性，除另有明文规定外，法律对于违法行为不采取穷尽式的列举规定，而存在较多的空间根据利益衡量、价值取向来解决，故对于法律没有明文禁止的行为，主要根据该行为实质上的正当性进行判断。就本案而言，北大方正公司通过公证取证方式，不仅取得了高术天力公司现场安装盗版方正软件的证据，而且获取了其向其他客户销售盗版软件，实施同类侵权行为的证据和证据线索，其目的并无不正当性，其行为并未损害社会公共利益和他人合法权益。加之计算机软件著作权侵权行为具有隐蔽性较强、取证难度大等特点，采取该取证方式，有利于解决此类案件取证难问题，起到威慑和遏制侵权行为的作用，也符合依法加强知识产权保护的法律精神。此外，北大方正公司采取的取证方式亦未侵犯高术公司、高术天力公司的合法权益。北大方正公司、红楼研究所申请再审的理由正当，应予支持。据此，本案涉及的取证方式合法有效，对其获取证据所证明的事实应作为定案根据。二审法院关于"此种取证方式并非获取侵权证据的唯一方式，且有违公平原则，一旦被广泛利用，将对正常的市场秩序造成破坏"的认定不当。

本案侵权事实主要通过对取证过程的证据保全公证和对相关物证的公证证据保全两种方式得以证明，公证机关在本案基本事实的证明上发挥了重要作用。案件的争议焦点之一是隐名公证证据保全的合法性问题，三次审理的法院分别作出了不同的判断，各自理由也有所不同。比较而言，再审判决的理由更为全面、合理，综合考察了取证方式是否唯一和必要、有无严重侵犯他人合法权益和保护知识产权的司法政策等因素，支持了本案公证机关的隐名公证证据保全。不过，认同隐名或假名取证的合法性也是有条件的，必须严格限定在唯一、必要且综合考量相关情形，如此方能保障公证证据保全的程序正义和诚信守则。

二、证据的调查与收集

1. 当事人及其诉讼代理人收集证据

导读

《民事诉讼法》第 64 条第 1 款规定，当事人对自己提出的主张，有责任提供证据。该条即为当事人举证责任或证据提出责任。民事诉讼法通过对当事人举证责任的设置，促使当事人尽可能提出能够证明自己的事实主张的证据。由于当事人双方利益和诉讼地位的对立，在许多情形下，有助于解明案件事实的证据就会被双方提出来，法院可以通过双方提出的证据判明原告的诉讼请求是否成立，被告的反驳主张是否成立，并由此作出裁判。由于存在举证责任，民事诉讼法就必须赋予当事人自行收集证据的权利。在符合法律规定的情形下，当事人有权利获得自己所需要的所有证据。只有如此，法院的裁判才能尽可能建立在案件事实的基础之上，达到实质公正的目的。

除了当事人自己收集证据之外，当事人也可以委托自己的代理人或其他人收集证据。其中也包括委托专业的调查公司收集证据。基于现代纠纷的复杂性、诉讼的专业化，获取信息的手段也呈现出专业化、职业化的趋势。人们对委托证据收集的需要也越来越高。当事人委托他人包括专业调查公司或机构收集证据在实践中的法律问题是，当受委托人或专业调查公司或机构在收集证据中构成侵权时委托人的法律责任问题。由于是委托关系，委托人就受委托人的侵权行为不会承担法律责任。但如果委托事项和内容与侵权后果有关，委托人与受委托人则构成连带侵权关系，委托人须承担连带责任。

相关法律条文

《中华人民共和国民事诉讼法》（2017 年 6 月 27 日修正）

第六十四条　当事人对自己提出的主张，有责任提供证据。

当事人及其诉讼代理人因客观原因不能自行收集的证据，或者人民法院认为审理案件需要的证据，人民法院应当调查收集。

人民法院应当按照法定程序，全面地、客观地审查核实证据。

《中华人民共和国律师法》（1996 年 5 月 15 日通过，2001 年 12 月 29 日第一次修正，2007 年 10 月 28 日修订，2012 年 10 月 26 日第二次修正，2017 年 9 月 1 日第三次修正）

第三十五条　受委托的律师根据案情的需要，可以申请人民检察院、人民法院收集、调取证据或者申请人民法院通知证人出庭作证。

律师自行调查取证的，凭律师执业证书和律师事务所证明，可以向有关单位或者个人调查与承办法律事务有关的情况。

相关司法解释规定

《最高人民法院关于适用〈中华人民共和国公司法〉若干问题的规定（四）》（法释〔2017〕16 号，2016 年 12 月 5 日通过，2020 年 12 月 23 日修正）

第七条　股东依据公司法第三十三条、第九十七条或者公司章程的规定，起诉请求查阅或者复制公司特定文件材料的，人民法院应当依法予以受理。

公司有证据证明前款规定的原告在起诉时不具有公司股东资格的，人民法院应当驳回起诉，但原告有初步证据证明在持股期间其合法权益受到损害，请求依法查阅或者复制其持股期间的公司特定文件材料的除外。

第八条　有限责任公司有证据证明股东存在下列情形之一的，人民法院应当认定股东有公司法第三十三条第二款规定的"不正当目的"：

（一）股东自营或者为他人经营与公司主营业务有实质性竞争关系业务的，但公司章程另有规定或者全体股东另有约定的除外；

（二）股东为了向他人通报有关信息查阅公司会计账簿，可能损害公司合法利益的；

（三）股东在向公司提出查阅请求之日前的三年内，曾通过查阅公司会计账簿，向他人通报有关信息损害公司合法利益的；

（四）股东有不正当目的的其他情形。

第九条　公司章程、股东之间的协议等实质性剥夺股东依据公司法第三十三条、第九十七条规定查阅或者复制公司文件材料的权利，公司以此为由拒绝股东查阅或者复制的，人民法院不予支持。

第十条　人民法院审理股东请求查阅或者复制公司特定文件材料的案件，对原告诉讼请求予以支持的，应当在判决中明确查阅或者复制公司特定文件材料的时间、地点和特定文件材料的名录。

股东依据人民法院生效判决查阅公司文件材料的，在该股东在场的情况下，可以由会计师、律师等依法或者依据执业行为规范负有保密义务的中介机构执业人员辅助进行。

第十一条　股东行使知情权后泄露公司商业秘密导致公司合法利益受到损害，

公司请求该股东赔偿相关损失的，人民法院应当予以支持。

根据本规定第十条辅助股东查阅公司文件材料的会计师、律师等泄露公司商业秘密导致公司合法利益受到损害，公司请求其赔偿相关损失的，人民法院应当予以支持。

第十二条 公司董事、高级管理人员等未依法履行职责，导致公司未依法制作或者保存公司法第三十三条、第九十七条规定的公司文件材料，给股东造成损失，股东依法请求负有相应责任的公司董事、高级管理人员承担民事赔偿责任的，人民法院应当予以支持。

《最高人民法院关于诉讼代理人查阅民事案件材料的规定》（法释〔2002〕39 号，2002 年 11 月 4 日通过，2020 年 12 月 23 日修正）

为保障代理民事诉讼的律师和其他诉讼代理人依法行使查阅所代理案件有关材料的权利，保证诉讼活动的顺利进行，根据《中华人民共和国民事诉讼法》第六十一条的规定，现对诉讼代理人查阅代理案件有关材料的范围和办法作如下规定：

第一条 代理民事诉讼的律师和其他诉讼代理人有权查阅所代理案件的有关材料。但是，诉讼代理人查阅案件材料不得影响案件的审理。

诉讼代理人为了申请再审的需要，可以查阅已经审理终结的所代理案件有关材料。

第二条 人民法院应当为诉讼代理人阅卷提供便利条件，安排阅卷场所。必要时，该案件的书记员或者法院其他工作人员应当在场。

第三条 诉讼代理人在诉讼过程中需要查阅案件有关材料的，应当提前与该案件的书记员或者审判人员联系；查阅已经审理终结的案件有关材料的，应当与人民法院有关部门工作人员联系。

第四条 诉讼代理人查阅案件有关材料应当出示律师证或者身份证等有效证件。查阅案件有关材料应当填写查阅案件有关材料阅卷单。

第五条 诉讼代理人在诉讼中查阅案件材料限于案件审判卷和执行卷的正卷，包括起诉书、答辩书、庭审笔录及各种证据材料等。

案件审理终结后，可以查阅案件审判卷的正卷。

第六条 诉讼代理人查阅案件有关材料后，应当及时将查阅的全部案件材料交回书记员或者其他负责保管案卷的工作人员。

书记员或者法院其他工作人员对诉讼代理人交回的案件材料应当当面清查，认为无误后在阅卷单上签注。阅卷单应当附卷。

诉讼代理人不得将查阅的案件材料携出法院指定的阅卷场所。

第七条 诉讼代理人查阅案件材料可以摘抄或者复印。涉及国家秘密的案件材料，依照国家有关规定办理。

复印案件材料应当经案卷保管人员的同意。复印已经审理终结的案件有关材料，诉讼代理人可以要求案卷管理部门在复印材料上盖章确认。

复印案件材料可以收取必要的费用。

第八条 查阅案件材料中涉及国家秘密、商业秘密和个人隐私的，诉讼代理人应当保密。

第九条 诉讼代理人查阅案件材料时不得涂改、损毁、抽取案件材料。

人民法院对修改、损毁、抽取案卷材料的诉讼代理人，可以参照民事诉讼法第一百一十一条第一款第（一）项的规定处理。

第十条 民事案件的当事人查阅案件有关材料的，参照本规定执行。

第十一条 本规定自公布之日起施行。

《最高人民法院关于民事诉讼证据的若干规定》（法释〔2019〕19号，2001年12月6日通过，2019年10月14日修正）

第一条 原告向人民法院起诉或者被告提出反诉，应当提供符合起诉条件的相应的证据。

第十九条 当事人应当对其提交的证据材料逐一分类编号，对证据材料的来源、证明对象和内容作简要说明，签名盖章，注明提交日期，并依照对方当事人人数提出副本。

人民法院收到当事人提交的证据材料，应当出具收据，注明证据的名称、份数和页数以及收到的时间，由经办人员签名或者盖章。

相关司法文件

《最高人民法院、司法部关于为律师提供一站式诉讼服务的意见》（法发〔2021〕3号，2020年12月16日）

第七条 积极为律师提供一网通办服务。律师可以通过律师服务平台办理立案、调解、庭审、阅卷、保全、鉴定，申请回避、撤诉，申请人民法院调查收集证据、延长举证期限、延期开庭、核实代理关系等事务，以及在线查收人民法院电子送达材料等，实现诉讼事务在线办理、网上流转、全程留痕。

律师服务平台实时接收律师在线提交的电子材料。受理案件的人民法院对确有核实、归档需要的身份证明、授权委托书或者书证、鉴定意见等需要质证的证据，以及对方当事人提出异议且有合理理由的诉讼材料和证据材料，可以要求律师提供原件。

《最高人民法院关于依法妥善审理涉新冠肺炎疫情民事案件若干问题的指导意见（三）》（法发〔2020〕20号，2020年6月8日）

二、关于诉讼证据

2. 对于在我国领域外形成的证据，当事人以受疫情或者疫情防控措施影响无法在原定的举证期限内提供为由，申请延长举证期限的，人民法院应当要求其说明拟收集、提供证据的形式、内容、证明对象等基本信息。经审查理由成立的，应当准许，适当延长举证期限，并通知其他当事人。延长的举证期限适用于其他当事人。

3. 对于一方当事人提供的在我国领域外形成的公文书证，因疫情或者疫情防控措施无法及时办理公证或者相关证明手续，对方当事人仅以该公文书证未办理公证或者相关证明手续为由提出异议的，人民法院可以告知其在保留对证明手续异议的前提下，对证据的关联性、证明力等发表意见。

经质证，上述公文书证与待证事实无关联，或者即使符合证明手续要求也无法证明待证事实的，对提供证据一方的当事人延长举证期限的申请，人民法院不予准许。

《最高人民法院关于为设立科创板并试点注册制改革提供司法保障的若干意见》（法发〔2019〕17号，2019年6月20日）

14. 加强配套程序设计，提高投资者举证能力。证券侵权案件中，投资者在取得和控制关键证据方面往往处于弱势地位。探索建立律师民事诉讼调查令制度，便利投资者代理律师行使相关调查权，提高投资者自行收集证据的能力。研究探索适当强化有关知情单位和个人对投资者获取证据的协助义务，对拒不履行协助取证义务的单位和个人要依法予以民事制裁。

《最高人民法院司法责任制实施意见（试行）》（法发〔2017〕20号，2017年8月1日起试行）

（十一）档案查阅

57. 庭审录像和案件卷宗正卷应当向当事人及诉讼代理人公开。

查阅庭审录像的，由诉讼服务中心在核实查阅人员身份信息后直接提供查阅；查阅已归档电子档案的，经承办法官和档案管理部门批准后提供查阅，查阅未归档电子卷宗的，经承办法官批准后提供查阅。

当事人及诉讼代理人查阅上述材料，书记员应核对身份证件及代理权限后提供查阅，并安排专门人员监督阅卷。

《最高人民法院、最高人民检察院、公安部、民政部关于依法处理监护人侵害未成年人权益行为若干问题的意见》（法发〔2014〕24号，2015年1月1日起施行）

四、申请撤销监护人资格诉讼

28. 有关单位和人员向人民法院申请撤销监护人资格的，应当提交相关证据。

有包含未成年人基本情况、监护存在问题、监护人悔过情况、监护人接受教育辅导情况、未成年人身心健康状况以及未成年人意愿等内容的调查评估报告的，应当一并提交。

29. 有关单位和人员向公安机关、人民检察院申请出具相关案件证明材料的，公安机关、人民检察院应当提供证明案件事实的基本材料或者书面说明。

五、撤销监护人资格案件审理和判后安置

33. 人民法院应当全面审查调查评估报告等证据材料，听取被申请人、有表达能力的未成年人以及村（居）民委员会、学校、邻居等的意见。

《人民法院诉讼档案管理办法》（法〔2013〕283 号，2014 年 1 月 1 日起施行）

第十六条　案件当事人持身份证或者其他有效身份证明（当事人是法人的，应持法定代表人身份证明、工商登记证明复印件），可以查阅诉讼档案正卷有关内容。

律师持执业证、律师事务所介绍信、当事人授权委托书、当事人身份证明复印件，可以查阅诉讼档案正卷有关内容。

其他诉讼代理人持身份证或者其他有效身份证明、当事人授权委托书、当事人身份证明复印件，可以查阅诉讼档案正卷有关内容。

第十七条　当事人或者诉讼代理人可以申请复制所查阅的档案材料。经批准复制的材料，由档案工作人员核对无误后，加盖人民法院档案证明专用章，与档案原件具有同等的效力。

《人民法院电子诉讼档案管理暂行办法》（2014 年 1 月 1 日起施行）

第三十一条　各级人民法院电子诉讼档案的利用范围参照纸质诉讼档案执行。各级人民法院应当根据电子诉讼档案的保密等级和不同查阅主体的实际需要，规定相应的审批程序。

各级人民法院及其工作人员利用电子诉讼档案时，档案机构应当根据利用主体的身份和职责，设置跨合议庭、跨部门、跨法院等利用权限。

当事人及其诉讼代理人查阅涉及国家秘密、商业秘密、个人隐私和可能造成不良影响、后果的电子诉讼档案，档案机构在提供利用前应当交相关审判业务部门进行审查，严格限制利用范围。

第三十四条　各级人民法院应当提供必要的电子诉讼档案阅览场所，并配备相应设施设备。

《最高人民法院关于认真贯彻律师法依法保障律师在诉讼中执业权利的通知》（法〔2006〕38 号，2006 年 3 月 13 日）

三、各级人民法院应当依照律师法和诉讼法的规定，结合本地的实际情况，制定各种行之有效的措施，创造良好的律师执业环境，维护正常的法律服务秩序。

（一）在诉讼活动，特别是庭审过程中，应当充分尊重律师作为诉讼代理人或者辩护人参与举证、质证、辩论、提问等依法享有的诉讼权利，严格遵守最高人民法院颁布的《法官行为规范（试行）》。

（二）依法保障律师在刑事诉讼审判阶段会见被告人的权利。

（三）在裁判文书中，应当准确反映律师的辩护意见和代理意见的主要观点；律师的辩护词和代理意见应当按照规定归档入卷。

（四）要创造条件为律师查阅、摘抄、复印、复制案件材料提供必要的方便。

（五）根据案件情况开庭前给予律师合理的准备时间。

（六）对于律师提出请求人民法院调取证据，凡是符合法律规定和最高人民法院司法解释要求的，不得推诿、拒绝。

（七）根据十届全国人大常委会第十七次会议审议的《全国人大常委会执法检查组关于检查〈中华人民共和国律师法〉实施情况的报告》的要求，人民法院可以在民事诉讼中积极探索和试行证据调查令做法，并认真研究相关问题，总结经验。①

（八）严格按照民事诉讼法等法律规定和最高人民法院司法解释要求，审查公民代理人的资格，规范公民代理案件的行为。

《人民法院档案管理办法》（法〔办〕发〔1991〕46号，1991年12月24日）

第十四条　本院工作人员因工作需要借阅档案，须持所在庭、室领导签字的借卷单，借出的档案应按规定期限退还。该工作人员调动工作时，应经档案管理部门办理清结手续。

第十五条　党委、人大常委会和有关法院、公安机关、国家安全机关、检察院借用档案，须持正式介绍信和工作证（身份证），经有关领导批准后，办理借卷手续，并限期归还。其他单位原则上不准借用。

第十六条　外单位查阅档案，应持有县、团级以上（本县、区的，应持乡、街道办事处以上）介绍信，按有关外调规定办理。涉及国家机密、个人隐私和对社会有不良影响的案卷，不得查阅。律师查阅档案，应通过原案件承办人办理。卷内材料除判决书、裁定书、调解书等结论性材料外，其他材料原则上不准摘抄和复制。

第十七条　档案利用人对借出、查阅的档案，不得拆封、抽取材料、涂改、勾画、污损，违反者应追究责任。

第十八条　各级人民法院应当设阅卷室，供内查外调使用，以利于保密和监督。

---

①　关于民事调查令或律师调查令的全国性规范文件还有：《中共中央办公厅、国务院办公厅关于深化律师制度改革的意见》（2016年4月6日）、《最高人民法院关于全面加强知识产权审判工作为建设创新型国家提供司法保障的意见》（2007年1月11日）、《最高人民法院关于依法制裁规避执行行为的若干意见》（2011年5月27日）、《关于依法保障律师执业权利的规定》（2015年9月16日"两院三部"联合出台）等。地方性规范文件主要有：《天津市高级人民法院关于在民事诉讼中实行律师调查令的若干规定（试行）》（2017年12月4日）、《河北省律师执业保障和规范条例》（2017年9月28日河北省人民代表大会常务委员会通过）、《陕西省高级人民法院关于民事诉讼调查令实施办法（试行）》（2015年6月8日）、《浙江省高级人民法院关于民事诉讼立案审查阶段适用调查令的意见》（2014年1月2日）、《安徽省关于律师执业的若干规定》（2013年3月27日安徽省人民代表大会常务委员会通过修订）、《新疆维吾尔自治区高级人民法院关于民事诉讼证据调查令的若干规定（试行）》（2008年12月31日）、《上海法院调查令实施规则》《上海市高级人民法院关于立案审查阶段适用调查令的操作规则（试行）》、《北京市高级人民法院关于委托调查制度的若干意见（试行）》（2004年8月16日）、《福建省高级人民法院关于民事诉讼调查令的实施意见（试行）》、《重庆市高级人民法院关于在民事诉讼中试行律师调查令的意见》、《宁夏回族自治区高级人民法院关于在民事诉讼程序中试行律师调查令的意见》等。

相关部门规章

《企业登记档案资料查询办法》(工商企字〔1996〕第398号，1996年12月16日发布，2003年3月13日修改）

第五条　企业登记档案资料的查询，按照提供途径，可以分为机读档案资料查询和书式档案资料查询。

机读档案资料的查询内容包括：

（一）企业登记事项：名称、住所、经营场所、法定代表人或负责人、经济性质或企业类别、注册资金或注册资本、经营范围、经营方式、主管部门、出资人、经营期限、注册号、核准登记注册日期等。

（二）企业登记报批文件：部门批准文件、章程、验资证明、住所证明、法人资格证明或自然人身份证明、法定代表人任职文件和身份证明、名称预先核准通知书。

（三）企业变更事项：核准设立子公司或分支机构日期、变更有关名称、住所、法定代表人、经济性质或企业类别、注册资金或注册资本、经营范围、经营方式等事项的各种登记文件及核准变更日期。

（四）企业注销（吊销）事项：法院破产裁定、企业决议或决定、行政机关责令关闭的文件、清算组织及清算报告、核准注销（吊销）日期。

（五）监督检查事项：企业被处罚记录及日期、年度检验情况（企业经营情况、财务状况、开户银行及账号除外）。

书式档案资料的查询内容包括核准登记企业的全部原始登记档案资料。

第六条　各组织、个人均可向各地工商行政管理机关进行机读档案资料查询。

第七条　各级公安机关、检察机关、审判机关、国家安全机关、纪检监察机关、审计机关，持有关公函，并出示查询人员有效证件，可以向各级工商行政管理机关进行书式档案资料查询。律师事务所代理诉讼活动，查询人员出示法院立案证明和律师证件，可以进行书式档案资料查询。

书式档案资料中涉及的机密事项，须经工商行政管理机关批准方可查阅。

工商行政管理机关内部审批文书，在办理涉及工商行政管理机关的案件时方可查阅。

第八条　机读档案资料、书式档案资料查询，应查询人的要求，可以加盖工商行政管理机关档案资料查询专用章。

第九条　查阅企业登记档案资料，任何人不得在案卷上修改、涂抹、拆取和标注，不得损毁和擅自抄录。

查询人不得利用获得的资料开展有偿服务活动，也不得公布企业登记档案资料。

第十条　查询、复制企业登记档案资料，查询人应当交纳查询费、复制费。公、检、法、国家安全、纪检监察、审计机关查询档案资料不收费。

查询费、复制费具体收费标准，由省级以上工商行政管理机关报同级物价部门核定。

2. 法院调查收集证据

导读

人民法院调查收集证据包括两种情形：一种是根据自己的需要依职权主动调查收集证据；另一种是根据当事人的申请调查收集证据。

《中华人民共和国民事诉讼法》（以下简称为《民事诉讼法》）第64条第2款规定，人民法院认为审理案件需要的证据，人民法院应当调查收集。这一规定即为法院的职权收集。从民事诉讼体制理论的角度看，这也是我国民事诉讼体制职权主义的例证。由于这一规定有偏离裁判中立的质疑，因此，《民诉法司法解释》第96条对民诉法规定的法院职权收集进行了限定。《民诉法司法解释》第96条规定，民事诉讼法第64条第2款规定的人民法院认为审理案件需要的证据包括：（1）涉及可能损害国家利益、社会公共利益的；（2）涉及身份关系的；（3）涉及民事诉讼法第五十五条规定诉讼的；（4）当事人有恶意串通损害他人合法权益可能的；（5）涉及依职权追加当事人、中止诉讼、终结诉讼、回避等程序性事项的。

《民事诉讼法》第64条规定，当事人及其诉讼代理人因客观原因不能自行收集的证据，人民法院应当调查收集。《最高人民法院关于民事诉讼证据的若干规定》（以下简称《民事证据规定》）进一步明确此种情况虽然人民法院应当收集，但必须有当事人的申请，并满足一定的条件。根据当事人的申请收集证据的做法，在一定程度上的确有助于解决当事人证据收集难的问题，有利于发现真实。但法院根据当事人申请收集证据也会导致当事人过分依赖法院，使法院负担增加，同时可能使法院偏离裁判中立，成为当事人诉讼的工具。因此，为了避免这两点，在制度设计上必须对其范围和条件予以限定。基于此，《民诉法司法解释》第94条将《民事诉讼法》第64条第2款规定的当事人及其诉讼代理人因客观原因不能自行收集的证据界定为：（1）证据由国家有关部门保存，当事人及其诉讼代理人无权查阅调取的；（2）涉及国家秘密、商业秘密或者个人隐私的；（3）当事人及其诉讼代理人因客观原因不能自行收集的其他证据。

相关法律条文

《中华人民共和国民事诉讼法》（2017 年 6 月 27 日修正）

第六十四条　当事人对自己提出的主张，有责任提供证据。

当事人及其诉讼代理人因客观原因不能自行收集的证据，或者人民法院认为审理案件需要的证据，人民法院应当调查收集。

人民法院应当按照法定程序，全面地、客观地审查核实证据。

第六十七条　人民法院有权向有关单位和个人调查取证，有关单位和个人不得拒绝。

人民法院对有关单位和个人提出的证明文书，应当辨别真伪，审查确定其效力。

相关司法解释规定

《最高人民法院关于适用〈中华人民共和国民事诉讼法〉的解释》（法释〔2015〕5 号，2014 年 12 月 18 日通过，2020 年 12 月 23 日修正）

第九十四条　民事诉讼法第六十四条第二款规定的当事人及其诉讼代理人因客观原因不能自行收集的证据包括：

（一）证据由国家有关部门保存，当事人及其诉讼代理人无权查阅调取的；

（二）涉及国家秘密、商业秘密或者个人隐私的；

（三）当事人及其诉讼代理人因客观原因不能自行收集的其他证据。

当事人及其诉讼代理人因客观原因不能自行收集的证据，可以在举证期限届满前书面申请人民法院调查收集。

第九十五条　当事人申请调查收集的证据，与待证事实无关联、对证明待证事实无意义或者其他无调查收集必要的，人民法院不予准许。

第九十六条　民事诉讼法第六十四条第二款规定的人民法院认为审理案件需要的证据包括：

（一）涉及可能损害国家利益、社会公共利益的；

（二）涉及身份关系的；

（三）涉及民事诉讼法第五十五条规定诉讼的；

（四）当事人有恶意串通损害他人合法权益可能的；

（五）涉及依职权追加当事人、中止诉讼、终结诉讼、回避等程序性事项的。

除前款规定外，人民法院调查收集证据，应当依照当事人的申请进行。

第九十七条　人民法院调查收集证据，应当由两人以上共同进行。调查材料要由调查人、被调查人、记录人签名、捺印或者盖章。

《最高人民法院关于民事诉讼证据的若干规定》（法释〔2019〕19 号，2001 年 12 月 6 日通过，2019 年 10 月 14 日修正）

第二条　人民法院应当向当事人说明举证的要求及法律后果，促使当事人在合理期限内积极、全面、正确、诚实地完成举证。

当事人因客观原因不能自行收集的证据，可申请人民法院调查收集。

第十八条　双方当事人无争议的事实符合《最高人民法院关于适用〈中华人民共和国民事诉讼法〉的解释》第九十六条第一款规定情形的，人民法院可以责令当事人提供有关证据。

第二十条　当事人及其诉讼代理人申请人民法院调查收集证据，应当在举证期限届满前提交书面申请。

申请书应当载明被调查人的姓名或者单位名称、住所地等基本情况、所要调查收集的证据名称或者内容、需要由人民法院调查收集证据的原因及其要证明的事实以及明确的线索。

第二十一条　人民法院调查收集的书证，可以是原件，也可以是经核对无误的副本或者复制件。是副本或者复制件的，应当在调查笔录中说明来源和取证情况。

第二十二条　人民法院调查收集的物证应当是原物。被调查人提供原物确有困难的，可以提供复制品或者影像资料。提供复制品或者影像资料的，应当在调查笔录中说明取证情况。

第二十三条　人民法院调查收集视听资料、电子数据，应当要求被调查人提供原始载体。

提供原始载体确有困难的，可以提供复制件。提供复制件的，人民法院应当在调查笔录中说明其来源和制作经过。

人民法院对视听资料、电子数据采取证据保全措施的，适用前款规定。

第二十四条　人民法院调查收集可能需要鉴定的证据，应当遵守相关技术规范，确保证据不被污染。

相关司法文件

《最高人民法院关于依法妥善审理高空抛物、坠物案件的意见》（法发〔2019〕25号，2019年10月21日）

10. 综合运用民事诉讼证据规则。人民法院在适用侵权责任法第八十七条裁判案件时，对能够证明自己不是侵权人的"可能加害的建筑物使用人"，依法予以免责。要加大依职权调查取证力度，积极主动向物业服务企业、周边群众、技术专家等询问查证，加强与公安部门、基层组织等沟通协调，充分运用日常生活经验法则，最大限度查找确定直接侵权人并依法判决其承担侵权责任。

12. 依法确定物业服务企业的责任。物业服务企业不履行或者不完全履行物业服务合同约定或者法律法规规定、相关行业规范确定的维修、养护、管理和维护义务，造成建筑物及其搁置物、悬挂物发生脱落、坠落致使他人损害的，人民法院依法判决其承担侵权责任。有其他责任人的，物业服务企业承担责任后，向其他责任人行使追偿权的，人民法院应予支持。物业服务企业隐匿、销毁、篡改或者拒不向人民法院提供相应证据，导致案件事实难以认定的，应当承担相应的不利后果。

《关于依法制裁规避执行行为的若干意见》（法〔2011〕195号，2011年5月27日）

1.严格落实财产报告制度。对于被执行人未按执行通知履行法律文书确定义务的，执行法院应当要求被执行人限期如实报告财产，并告知拒绝报告或者虚假报告的法律后果。对于被执行人暂时无财产可供执行的，可以要求被执行人定期报告。

2.强化申请执行人提供财产线索的责任。各地法院可以根据案件的实际情况，要求申请执行人提供被执行人的财产状况或者财产线索，并告知不能提供的风险。各地法院也可根据本地的实际情况，探索尝试以调查令、委托调查函等方式赋予代理律师法律规定范围内的财产调查权。

3.加强人民法院依职权调查财产的力度。各地法院要充分发挥执行联动机制的作用，完善与金融、房地产管理、国土资源、车辆管理、工商管理等各有关单位的财产查控网络，细化协助配合措施，进一步拓宽财产调查渠道，简化财产调查手续，提高财产调查效率。

18.充分调查取证。各地法院在执行案件过程中，在行为人存在拒不执行判决裁定或者妨害公务行为的情况下，应当注意收集证据。认为构成犯罪的，应当及时将案件及相关证据材料移送犯罪行为发生地的公安机关立案查处。

《涉及家庭暴力婚姻案件审理指南》（最高人民法院中国应用法学研究所2008年3月）①

第五十一条 人民法院调取、收集相关证据

当事人可以申请人民法院调取、收集以下因客观原因不能自行收集的证据：

1.当事人之外的第三人持有的证据；

2.由于加害人对家庭财产的控制，受害人不能收集到的与家庭财产数量以及加害人隐匿、转移家庭财产行为有关的证据；

3.愿意作证但拒绝出庭的证人的证言。

经审查确需由人民法院取证的，人民法院可以直接取证，也可以应当事人或其代理人申请签发调查令，由其代理人到相关部门取证。

---

① 《涉及家庭暴力婚姻案件审理指南》在效力级别上属于司法解释性质文件，虽然不能直接作为裁判依据，但是这一法律文件具有相当的科学性、指导性和普适性，有助于我们对法律规范的理解和适用，所以这里列举出来作为参照。

《最高人民法院办公厅关于转发国家工商行政管理局〈关于立即停止对法院办案取证收费的函〉的通知》（法办〔1989〕78 号，1989 年 8 月 14 日）[①]

各省、自治区、直辖市高级人民法院，解放军军事法院：

国家工商行政管理局于 1989 年 8 月 5 日发出了《关于立即停止对法院办案取证收费的函》，现转发给你们，以便工作中参照执行。

附：国家工商行政管理局关于立即停止对法院办案取证收费的函　工商政字〔1989〕第 170 号

深圳市工商行政管理局：

据最高人民法院反映，你局在法院因办案需要了解被告办理企业登记的情况时，向法院收取咨询费，这种做法不对。按照《刑事诉讼法》和《民事诉讼法》的有关规定，人民法院审理案件，有权向有关国家机关、企事业单位、人民团体和个人收集和调取证据。法院收集、调取证据不同于一般的业务咨询，不得对此搞"有偿服务"。希望你局立即停止这种收费。

《国家安全部、人民银行关于国家安全机关向银行查询、要求停止支付个人在银行的存款事项的通知》（1985 年 1 月 20 日）

（一）国家安全机关因侦查案件，需要向银行查询与案件直接有关的个人存款时，必须向银行提出县级和县级以上国家安全机关正式查询公函，并提供存款人的有关线索，如存款人的姓名、存款日期、金额等情况；经银行县、市支行或分行区办一级核对，指定所属储蓄所提供资料。查询单位不能径自到储蓄所查阅账册；对银行提供的存款情况，应保守秘密。

（三）查询、暂停支付华侨储蓄存款时，由地（市）以上的国家安全机关依照上述规定手续办理。

相关部门文件

《金融机构协助查询、冻结、扣划工作管理规定》（银发〔2002〕1 号，2002 年 1 月 15 日）

第四条　本规定所称有权机关是指依照法律、行政法规的明确规定，有权查询、冻结、扣划单位或个人在金融机构存款的司法机关、行政机关、军事机关及行使行政职能的事业单位（详见附表）。

第七条　金融机构应当在其营业机构确定专职部门或专职人员，负责接待要求协助查询、冻结和扣划的有权机关，及时处理协助事宜，并注意保守国家秘密。

[①] 禁止对法院调查取证实行有偿服务的类似规定还有：《最高人民法院关于转发卫生部卫医司字〔1989〕第 35 号文的通知》（1989 年 5 月 5 日）、《最高人民法院关于转发国家档案局〈关于为公、检、法部门办案调阅档案实行无偿服务的通知〉的通知》（1989 年 7 月 22 日）。

第八条　办理协助查询业务时，经办人员应当核实执法人员的工作证件，以及有权机关县团级以上（含，下同）机构签发的协助查询存款通知书。

第十二条　金融机构应当按照内控制度的规定建立和完善协助查询、冻结和扣划工作的登记制度。

金融机构在协助有权机关办理查询、冻结和扣划手续时，应对下列情况进行登记：有权机关名称，执法人员姓名和证件号码，金融机构经办人员姓名，被查询、冻结、扣划单位或个人的名称或姓名，协助查询、冻结、扣划的时间和金额，相关法律文书名称及文号，协助结果等。

登记表应当在协助办理查询、冻结、扣划手续时填写，并由有权机关执法人员和金融机构经办人签字。

金融机构应当妥善保存登记表，并严格保守有关国家秘密。

金融机构协助查询、冻结、扣划存款，涉及内控制度中的核实、授权和审批工作时，应当严格按内控制度及时办理相关手续，不得拖延推诿。

第十三条　金融机构对有权机关办理查询、冻结和扣划手续完备的，应当认真协助办理。在接到协助冻结、扣划存款通知书后，不得再扣划应当协助执行的款项用于收贷收息，不得向被查询、冻结、扣划单位或个人通风报信，帮助隐匿或转移存款。

金融机构在协助有权机关办理完毕查询存款手续后，有权机关要求予以保密的，金融机构应当保守秘密。金融机构在协助有权机关办理完毕冻结、扣划存款手续后，根据业务需要可以通知存款单位或个人。

第十四条　金融机构协助有权机关查询的资料应限于存款资料，包括被查询单位或个人开户、存款情况以及与存款有关的会计凭证、账簿、对账单等资料。对上述资料，金融机构应当如实提供，有权机关根据需要可以抄录、复制、照相，但不得带走原件。

金融机构协助复制存款资料等支付了成本费用的，可以按相关规定收取工本费。

第十五条　有权机关在查询单位存款情况时，只提供被查询单位名称而未提供账号的，金融机构应当根据账户管理档案积极协助查询，没有所查询的账户的，应如实告知有权机关。

第二十一条　查询、冻结、扣划存款通知书与解除冻结、扣划存款通知书均应由有权机关执法人员依法送达，金融机构不接受有权机关执法人员以外的人员代为送达的上述通知书。

《中央纪委关于〈关于领导干部收入申报材料可否作为民事诉讼证据使用的请示〉的答复意见》（中纪法复〔2002〕10号，2002年4月17日）

上海市纪委法规室：

你们《关于领导干部收入申报材料可否作为民事诉讼证据使用的请示》收悉。

经研究，答复如下：

根据《关于党政机关县（处）级以上领导干部收入申报的规定》第三条的规定，领导干部收入申报的范围未包括馈赠的收入，你们请示中所述案情所涉及的赠款，不在规定的收入申报范围之内。对以上情况，可对有关单位和个人进行适当解释。

由于领导干部上报的收入申报材料，是党政机关对领导干部进行监督管理的内部材料，党政机关对于涉及领导干部个人情况的有关材料负有保密的义务，如果没有法律规定，律师个人不能对有关材料进行查阅。但根据《中华人民共和国民事诉讼法》第六十五条"人民法院有权向有关单位和个人调查取证，有关单位和个人不得拒绝"的规定，如果人民法院依法进行调查取证，有关单位应当予以协助配合。

由于《关于党政机关县（处）级以上领导干部收入申报的规定》没有纪检监察机关和组织人事部门应当对领导干部收入申报材料进行核实的规定，所以，根据人民法院的要求提供其查阅的领导干部收入申报的材料，如果需要作为证据使用，应当由人民法院根据《中华人民共和国民事诉讼法》的规定予以查证，提供材料的纪检监察机关和组织人事部门不能以证人身份进入诉讼程序。

《中国人民银行、最高人民法院、最高人民检察院、公安部关于查询、冻结、扣划企业事业单位、机关、团体银行存款的通知》（1993 年 12 月 11 日）

一、关于查询单位存款、查阅有关资料的问题

人民法院因审理或执行案件，人民检察院、公安机关因查处经济违法犯罪案件，需要向银行查询企业事业单位、机关、团体与案件有关的银行存款或查阅有关的会计凭证、账簿等资料时，银行应积极配合。查询人必须出示本人工作证或执行公务证和出具县级（含）以上人民法院、人民检察院、公安局签发的"协助查询存款通知书"，由银行行长或其他负责人（包括城市分理处、农村营业所和城乡信用社主任。下同）签字后并指定银行有关业务部门凭此提供情况和资料，并派专人接待。查询人对原件不得借走，需要的资料可以抄录、复制或照相，并经银行盖章。人民法院、人民检察院、公安机关对银行提供的情况和资料，应当依法保守秘密。

四、关于异地查询、冻结、扣划问题

作出查询、冻结、扣划决定的人民法院、人民检察院、公安机关与协助执行的银行不在同一辖区的，可以直接到协助执行的银行办理查询、冻结、扣划单位存款，不受辖区范围的限制。

八、关于各单位的协调与配合

人民法院、人民检察院、公安机关、银行要依法行使职权和履行协助义务、积极配合。遇有问题或人民法院、人民检察院、公安机关与协助执行的银行意见不一致时，不应拘留银行人员，而应提请双方的上级部门共同协商解决。银行人员违反有关法律规定，无故拒绝协助执行、擅自转移或解冻已冻结的存款，为当事人通风报信、协助其转移、隐匿财产的，应依法承担责任。

《中国人民银行、最高人民法院、最高人民检察院、公安部、司法部关于查询、停止支付和没收个人在银行的存款以及存款人死亡后的存款过户或支付手续的联合通知》（〔1980〕银储字第 18 号，1980 年 11 月 22 日）

一、关于查询、停止支付和没收个人存款

（一）人民法院、人民检察院和公安机关因侦查、起诉、审理案件，需要向银行查询与案件直接有关的个人存款时，必须向银行提出县级和县级以上法院、检察院或公安机关正式查询公函，并提供存款人的有关线索，如存款人的姓名、存款日期、金额等情况；经银行县、市支行或市分行区办一级核对，指定所属储蓄所提供资料。查询单位不能径自到储蓄所查阅账册；对银行提供的存款情况，应保守秘密。

（四）查询、暂停支付华侨储蓄存款时，公安机关由地（市）以上的公安厅（局）、处依照上述规定手续办理；人民法院、人民检察院由对案件有法定管辖权的法院、检察院依照上述规定手续办理。

（五）为了严密制度、手续，特制定有关查询、停止支付个人储蓄存款的几种文书格式，随文附发。使用这些法律文书时，应统一编号，妥慎保管。

相关案例　法院依申请调查收集证据程序

国际华侨公司诉长江影业公司影片发行权许可合同纠纷案——最高人民法院（2001）民三终字第 3 号民事判决书

广州国际华侨投资公司（以下简称投资公司）1998 年 5 月与江苏长江影业有限责任公司（以下简称长江公司）经协商达成口头协议，约定投资公司许可长江公司在江苏省 13 个市发行放映《下辈子还做母子》（以下简称《下》片）。影片票房收入双方按比例分成，长江公司须于上映两周后将投资公司应得的分成收入金额以电汇方式汇入指定账户，发行日期结束后的一周内，将投资公司应得所有分成汇入指定账户。长江公司须检查各市、县电影公司和影院上报《下》片票房收入的真实性，如经投资公司查出发行放映《下》片的影院或公司有漏、瞒报票房收入，由长江公司按漏、瞒报票款的 10 倍对投资公司承担经济赔偿责任。1999 年 4 月投资公司与长江公司签订书面《影片票房分账发行放映合同》，对 1998 年 5 月口头协议予以确认，并约定投资公司分成 32%、长江公司分成 68%。1999 年 1 月，长江公司根据江苏省各市、县电影公司上报的《下》片映出成绩日报表、放映收入结算表，汇总制作分账影片江苏省映出成绩指标分析表、江苏省映出成绩累计分析表，统计全省《下》片票款总额为 1337081.40 元，投资公司应得 387937.20 元。

投资公司于 1999 年 7 月 6 日向法院提起诉讼，要求长江公司支付漏、瞒报票款和未付款项，并承担违约责任。诉讼中投资公司为证明长江公司存在漏、瞒报票款的事实及漏、瞒报票款的具体数额，向一审法院提交江苏省 1095 份学校填写的调查表。调查表源于有关部门向全省中小学校发函而进行的一项调查活动，调查目的是协助全国中小学生影视教育协调工作委员会对江苏省学生和家长观看《下》片情况进行调研，调查表中含有电影票款栏，并要求写明票款。该 1095 份调查表的 300 余份是学校填写后直接寄往指定地点，其余由投资公司派员到各学校收取，有的还要求学校尽量多填写票款额。

一审法院经审查认为，投资公司提供的 1095 份调查表中海安县 15 所学校从观影时间上排除了与本案的关联，一审法院对其中部分学校的调查也证实了此点，该 15 份证据对本案事实无证明力。其余 1080 份调查表所涉学校分布在全省 60 个市、县，经一审法院委托相关法院调查、自行调查、发函调查以及长江公司对 18 份调查表的认同，852 所学校观影情况及票款数额已经查明，228 所学校因学校撤销、当事人调离、原始凭证无法查找或其他原因，无法查明实际观影情况或实际支出票款数额。同时，一审法院将查明的 852 所学校观影情况与投资公司提交的调查表进行对比，最终认定长江公司漏、瞒报 42680 元、查明市、县漏、瞒报 260980.85 元、推定市、县漏、瞒报 5 万元，三项共计漏、瞒报票款 353660.85 元。但是，投资公司认为一审判决对长江公司瞒报票房数额的认定错误，提起上诉。

二审期间，投资公司于 2001 年 3 月 26 日递交了《关于请求最高院为瞒报票房案直接调查取证的申请》，请求二审法院直接查清长江公司和江苏各市、县电影公司及影院实际瞒报的《下》片票房收入数。但二审法院驳回了投资公司要求对江苏全省放映《下》片的票房收入进行全面调查取证的请求。理由是：（1）涉及该事实的证据不属于当事人因客观原因无法自行收集的证据。投资公司已经向法院提交了 1095 份证明漏、瞒报情况的调查表，说明该证据并非其无法收集，只是因调查范围广、欲全面、准确收集存在困难。而投资公司举证的困难，是其在与长江公司签订合同时应当预见到的。（2）该证据亦非属于人民法院因审理案件需要而必须自行收集的证据。合同明确约定，长江公司对投资公司查出漏、瞒报数额承担 10 倍赔偿责任，投资公司依照合同约定可以获得 10 倍经济赔偿。根据权利义务对等原则，投资公司亦应当按照合同约定承担举证责任。人民法院应当对投资公司所提交的证明漏、瞒报数额的证据予以审查核实，而不是代替投资公司履行举证义务。一审法院已经就投资公司所提供的 1000 余份调查表的真实性进行了审查核实，如果由二审法院调查收集投资公司举证范围之外的其他证据，实际上是代替投资公司履行举证义务，不仅违背了当事人之间的约定，也有悖于法院作为司法机关的中立地位，对另一方当事人亦不公平。（3）根据本案具体情况和当事人之间的约定，全面、准确查清漏、瞒报数额不仅难以实现，而且由于 10 倍赔偿责任的约定已经使投资公司在不能全面查清漏、瞒报数额的情况下，仍可以较大程度地弥补其经济损失，故也不是审理本案所必须的。因此，本案关于证明《下》片票房收入漏、瞒报事实的证据，不属于《中华人民共和国民事诉讼法》第六十四条第二款所规定的应当由人民法院调查收集的证据。

3．书证的收集

导读

当书证为提出证据的一方当事人持有时，持有该书证的当事人可直接将其提交给法院，但如果该书证为对方当事人或第三人持有时，在我国的诉讼实践中，允许当事人向法院提出申请，将该书证作为当事人因客观原因不能收集的证据，由法院根据当事人的申请予以收集。

《民诉法司法解释》第112条规定，书证在对方当事人控制之下的，承担举证证明责任的当事人可以在举证期限届满前书面申请人民法院责令对方当事人提交。申请理由成立的，人民法院应当责令对方当事人提交，因提交书证所产生的费用，由申请人负担。对方当事人无正当理由拒不提交的，人民法院可以认定申请人所主张的书证内容为真实。这是我国民事诉讼中首次设立书证提出义务制度。2019年出台的新《民事证据规定》对"书证提出命令"的申请条件、审查程序、客体范围以及不遵守命令的法律后果作出了进一步的完善。在现代型诉讼中，证据尤其是书证，常常存在证据偏在的情形，因为涉及当事人自身的利益，所以一旦持有证据的当事人不提出该证据，负有证明责任的对方当事人便无法对案件主要事实予以证明，导致权利救济难以实现。追求真实是诉讼的重要价值之一，因此，为了应对证据偏在的情形，使裁判尽量接近案件真实，在特定条件下，应当赋予持有书证的一方当事人在对方当事人的请求下提出该书证的义务。

相关法律条文

《中华人民共和国民法典》（2020年5月28日公布，2021年1月1日起施行）

第九十四条　捐助人有权向捐助法人查询捐助财产的使用、管理情况，并提出意见和建议，捐助法人应当及时、如实答复。

捐助法人的决策机构、执行机构或者法定代表人作出决定的程序违反法律、行政法规、法人章程，或者决定内容违反法人章程的，捐助人等利害关系人或者主管机关可以请求人民法院撤销该决定。但是，捐助法人依据该决定与善意相对人形成的民事法律关系不受影响。

第二百一十八条　权利人、利害关系人可以申请查询、复制不动产登记资料，登记机构应当提供。

第二百六十四条　农村集体经济组织或者村民委员会、村民小组应当依照法律、行政法规以及章程、村规民约向本集体成员公布集体财产的状况。集体成员有权查阅、复制相关资料。

第一千零二十九条　民事主体可以依法查询自己的信用评价；发现信用评价不当的，有权提出异议并请求采取更正、删除等必要措施。信用评价人应当及时核查，经核查属实的，应当及时采取必要措施。

第一千二百二十五条　医疗机构及其医务人员应当按照规定填写并妥善保管住院志、医嘱单、检验报告、手术及麻醉记录、病理资料、护理记录等病历资料。

患者要求查阅、复制前款规定的病历资料的，医疗机构应当及时提供。

《中华人民共和国职业病防治法》（2001 年 10 月 27 日通过，2011 年 12 月 31 日第一次修正，2016 年 7 月 2 日第二次修正，2017 年 11 月 4 日第三次修正，2018 年 12 月 29 日第四次修正）

第三十六条　用人单位应当为劳动者建立职业健康监护档案，并按照规定的期限妥善保存。

职业健康监护档案应当包括劳动者的职业史、职业病危害接触史、职业健康检查结果和职业病诊疗等有关个人健康资料。

劳动者离开用人单位时，有权索取本人职业健康监护档案复印件，用人单位应当如实、无偿提供，并在所提供的复印件上签章。

第四十七条　用人单位应当如实提供职业病诊断、鉴定所需的劳动者职业史和职业病危害接触史、工作场所职业病危害因素检测结果等资料；卫生行政部门应当监督检查和督促用人单位提供上述资料；劳动者和有关机构也应当提供与职业病诊断、鉴定有关的资料。

职业病诊断、鉴定机构需要了解工作场所职业病危害因素情况时，可以对工作场所进行现场调查，也可以向卫生行政部门提出，卫生行政部门应当在十日内组织现场调查。用人单位不得拒绝、阻挠。

相关司法解释规定

《最高人民法院关于审理医疗损害责任纠纷案件适用法律若干问题的解释》（法释〔2017〕20 号，2017 年 3 月 27 日通过，2020 年 12 月 23 日修正）

第五条　患者依据民法典第一千二百一十九条规定主张医疗机构承担赔偿责任的，应当按照前条第一款规定提交证据。

实施手术、特殊检查、特殊治疗的，医疗机构应当承担说明义务并取得患者或者患者近亲属明确同意，但属于民法典第一千二百二十条规定情形的除外。医疗机构提交患者或者患者近亲属明确同意证据的，人民法院可以认定医疗机构尽到说明义务，但患者有相反证据足以反驳的除外。

第六条　民法典第一千二百二十二条规定的病历资料包括医疗机构保管的门诊病历、住院志、体温单、医嘱单、检验报告、医学影像检查资料、特殊检查（治疗）

同意书、手术同意书、手术及麻醉记录、病理资料、护理记录、出院记录以及国务院卫生行政主管部门规定的其他病历资料。

患者依法向人民法院申请医疗机构提交由其保管的与纠纷有关的病历资料等，医疗机构未在人民法院指定期限内提交的，人民法院可以依照民法典第一千二百二十二条第二项规定推定医疗机构有过错，但是因不可抗力等客观原因无法提交的除外。

《最高人民法院关于适用〈中华人民共和国民事诉讼法〉的解释》（法释〔2015〕5号，2014年12月18日通过，2020年12月23日修正）

第一百一十二条　书证在对方当事人控制之下的，承担举证证明责任的当事人可以在举证期限届满前书面申请人民法院责令对方当事人提交。

申请理由成立的，人民法院应当责令对方当事人提交，因提交书证所产生的费用，由申请人负担。对方当事人无正当理由拒不提交的，人民法院可以认定申请人所主张的书证内容为真实。

第一百一十三条　持有书证的当事人以妨碍对方当事人使用为目的，毁灭有关书证或者实施其他致使书证不能使用行为的，人民法院可以依照民事诉讼法第一百一十一条规定，对其处以罚款、拘留。

《最高人民法院关于审理建筑物区分所有权纠纷案件具体应用法律若干问题的解释》（法释〔2009〕7号，2009年3月23日通过，2020年12月23日修正）

第十三条　业主请求公布、查阅下列应当向业主公开的情况和资料的，人民法院应予支持：

（一）建筑物及其附属设施的维修资金的筹集、使用情况；

（二）管理规约、业主大会议事规则，以及业主大会或者业主委员会的决定及会议记录；

（三）物业服务合同、共有部分的使用和收益情况；

（四）建筑区划内规划用于停放汽车的车位、车库的处分情况；

（五）其他应当向业主公开的情况和资料。

《最高人民法院关于民事诉讼证据的若干规定》（法释〔2019〕19号，2001年12月6日通过，2019年10月14日修正）

第四十五条　当事人根据《最高人民法院关于适用〈中华人民共和国民事诉讼法〉的解释》第一百一十二条的规定申请人民法院责令对方当事人提交书证的，申请书应当载明所申请提交的书证名称或者内容、需要以该书证证明的事实及事实的重要性、对方当事人控制该书证的根据以及应当提交该书证的理由。

对方当事人否认控制书证的，人民法院应当根据法律规定、习惯等因素，结合案件的事实、证据，对于书证是否在对方当事人控制之下的事实作出综合判断。

第四十六条　人民法院对当事人提交书证的申请进行审查时，应当听取对方当事人的意见，必要时可以要求双方当事人提供证据、进行辩论。

当事人申请提交的书证不明确、书证对于待证事实的证明无必要、待证事实对于裁判结果无实质性影响、书证未在对方当事人控制之下或者不符合本规定第四十七条情形的，人民法院不予准许。

当事人申请理由成立的，人民法院应当作出裁定，责令对方当事人提交书证；理由不成立的，通知申请人。

第四十七条　下列情形，控制书证的当事人应当提交书证：

（一）控制书证的当事人在诉讼中曾经引用过的书证；

（二）为对方当事人的利益制作的书证；

（三）对方当事人依照法律规定有权查阅、获取的书证；

（四）账簿、记账原始凭证；

（五）人民法院认为应当提交书证的其他情形。

前款所列书证，涉及国家秘密、商业秘密、当事人或第三人的隐私，或者存在法律规定应当保密的情形的，提交后不得公开质证。

第四十八条　控制书证的当事人无正当理由拒不提交书证的，人民法院可以认定对方当事人所主张的书证内容为真实。

控制书证的当事人存在《最高人民法院关于适用〈中华人民共和国民事诉讼法〉的解释》第一百一十三条规定情形的，人民法院可以认定对方当事人主张以该书证证明的事实为真实。

《最高人民法院关于适用〈中华人民共和国企业破产法〉若干问题的规定（一）》（**法释〔2011〕22号，2011年9月26日起施行**）

第六条　债权人申请债务人破产的，应当提交债务人不能清偿到期债务的有关证据。债务人对债权人的申请未在法定期限内向人民法院提出异议，或者异议不成立的，人民法院应当依法裁定受理破产申请。

受理破产申请后，人民法院应当责令债务人依法提交其财产状况说明、债务清册、债权清册、财务会计报告等有关材料，债务人拒不提交的，人民法院可以对债务人的直接责任人员采取罚款等强制措施。

相关部门文件

《关于确立劳动关系有关事项的通知》（劳社部发〔2005〕12号，2005年5月25日）

二、用人单位未与劳动者签订劳动合同，认定双方存在劳动关系时可参照下列凭证：

（一）工资支付凭证或记录（职工工资发放花名册）、缴纳各项社会保险费的记录；

（二）用人单位向劳动者发放的"工作证""服务证"等能够证明身份的证件；

（三）劳动者填写的用人单位招工招聘"登记表""报名表"等招用记录；

（四）考勤记录；

（五）其他劳动者的证言等。

其中，（一）、（三）、（四）项的有关凭证由用人单位负举证责任。

4. 证据保全①

导读

　　民事诉讼是以证据为基础展开的。只有依据有关证据，当事人和法院才能了解或查明案件真相，明确争议的原因，正确、合理地解决纠纷。然而，从纠纷的发生到开庭审理必然有一段时间间隔，在这段时间内，某些证据可能会由于自然或人为原因，灭失或者到开庭时难以取得。为了保障当事人的合法权益，防止出现这类情况给当事人的举证和法院审理带来困难，民事诉讼法规定了证据保全制度。在证据出现可能灭失或以后难以取得的情况下，法院通过对证据的固定和保护，可以避免在开庭审理时，由于证据的灭失或难以取得给案件的审理带来困难，从而维护当事人的合法权益。

　　由于证据保全的目的在于防止因证据灭失或难以取得而给当事人举证、质证和法庭调查带来困难，因此证据保全应符合以下条件：第一，证据可能灭失或以后难以取得。这是法院决定采取证据保全措施的原因。"证据可能灭失"，是指证人可能因病死亡，物证和书证可能会腐烂、销毁。所谓证据"以后难以取得"，是指虽然证据没有灭失，但如果不采取保全措施，以后取得该证据可能会成本过高或者难度加大，如证人出国定居或留学。造成证据可能灭失或以后难以取得，既有自然原因，也有人为原因。前者如物证的腐烂，后者如证书的销毁。第二，证据保全应在开庭审理前提出。这是对证据保全在时间上的要求。在开庭后，由于已经进入证据调查阶段，已没有实施证据保全的必要。

---

　　① 可供参考的地方性司法文件还有：《浙江省高级人民法院民三庭关于知识产权民事诉讼证据保全的实施意见》（2014 年 7 月）等。

相关法律条文

《中华人民共和国民事诉讼法》（2017 年 6 月 27 日修正）

第八十一条　在证据可能灭失或者以后难以取得的情况下，当事人可以在诉讼过程中向人民法院申请保全证据，人民法院也可以主动采取保全措施。

因情况紧急，在证据可能灭失或者以后难以取得的情况下，利害关系人可以在提起诉讼或者申请仲裁前向证据所在地、被申请人住所地或者对案件有管辖权的人民法院申请保全证据。

证据保全的其他程序，参照适用本法第九章保全的有关规定。①

《中华人民共和国公证法》（2005 年 8 月 28 日通过，2015 年 4 月 24 日第一次修正，2017 年 9 月 1 日第二次修正）

第十一条　根据自然人、法人或者其他组织的申请，公证机构办理下列公证事项：

（一）合同；

（二）继承；

（三）委托、声明、赠与、遗嘱；

（四）财产分割；

（五）招标投标、拍卖；

（六）婚姻状况、亲属关系、收养关系；

（七）出生、生存、死亡、身份、经历、学历、学位、职务、职称、有无违法犯罪记录；

（八）公司章程；

（九）保全证据；

（十）文书上的签名、印鉴、日期，文书的副本、影印本与原本相符；

（十一）自然人、法人或者其他组织自愿申请办理的其他公证事项。

法律、行政法规规定应当公证的事项，有关自然人、法人或者其他组织应当向公证机构申请办理公证。

第三十一条　有下列情形之一的，公证机构不予办理公证：

（一）无民事行为能力人或者限制民事行为能力人没有监护人代理申请办理公证的；

（二）当事人与申请公证的事项没有利害关系的；

（三）申请公证的事项属专业技术鉴定、评估事项的；

（四）当事人之间对申请公证的事项有争议的；

---

① 参照的保全规定也包括《最高人民法院关于人民法院办理财产保全案件若干问题的规定》（2016 年 10 月 17 日最高人民法院审判委员会第 1696 次会议通过，自 2016 年 12 月 1 日起施行，法释〔2016〕22 号）。

（五）当事人虚构、隐瞒事实，或者提供虚假证明材料的；

（六）当事人提供的证明材料不充分或者拒绝补充证明材料的；

（七）申请公证的事项不真实、不合法的；

（八）申请公证的事项违背社会公德的；

（九）当事人拒绝按照规定支付公证费的。

《中华人民共和国海事诉讼特别程序法》（2000 年 7 月 1 日起施行）

第六十二条　海事证据保全是指海事法院根据海事请求人的申请，对有关海事请求的证据予以提取、保存或者封存的强制措施。

第六十三条　当事人在起诉前申请海事证据保全，应当向被保全的证据所在地海事法院提出。

第六十四条　海事证据保全不受当事人之间关于该海事请求的诉讼管辖协议或者仲裁协议的约束。

第六十五条　海事请求人申请海事证据保全，应当向海事法院提交书面申请。申请书应当载明请求保全的证据、该证据与海事请求的联系、申请理由。

第六十六条　海事法院受理海事证据保全申请，可以责令海事请求人提供担保。海事请求人不提供的，驳回其申请。

第六十七条　采取海事证据保全，应当具备下列条件：

（一）请求人是海事请求的当事人；

（二）请求保全的证据对该海事请求具有证明作用；

（三）被请求人是与请求保全的证据有关的人；

（四）情况紧急，不立即采取证据保全就会使该海事请求的证据灭失或者难以取得。

第六十八条　海事法院接受申请后，应当在四十八小时内作出裁定。裁定采取海事证据保全措施的，应当立即执行；对不符合海事证据保全条件的，裁定驳回其申请。

第六十九条　当事人对裁定不服的，可以在收到裁定书之日起五日内申请复议一次。海事法院应当在收到复议申请之日起五日内作出复议决定。复议期间不停止裁定的执行。被请求人申请复议的理由成立的，应当将保全的证据返还被请求人。

利害关系人对海事证据保全提出异议，海事法院经审查，认为理由成立的，应当裁定撤销海事证据保全；已经执行的，应当将与利害关系人有关的证据返还利害关系人。

第七十条　海事法院进行海事证据保全，根据具体情况，可以对证据予以封存，也可以提取复制件、副本，或者进行拍照、录像，制作节录本、调查笔录等。确有必要的，也可以提取证据原件。

第七十一条　海事请求人申请海事证据保全错误的，应当赔偿被请求人或者利害关系人因此所遭受的损失。

第七十二条　海事证据保全后，有关海事纠纷未进入诉讼或者仲裁程序的，当事人就该海事请求，可以向采取证据保全的海事法院或者其他有管辖权的海事法院提起诉讼，但当事人之间订有诉讼管辖协议或者仲裁协议的除外。

相关司法解释规定

《最高人民法院关于人民法院执行工作若干问题的规定（试行）》（法释〔1998〕15 号，1998 年 6 月 11 日通过，2020 年 12 月 23 日修正）

9. 在国内仲裁过程中，当事人申请财产保全，经仲裁机构提交人民法院的，由被申请人住所地或被申请保全的财产所在地的基层人民法院裁定并执行；申请证据保全的，由证据所在地的基层人民法院裁定并执行。

10. 在涉外仲裁过程中，当事人申请财产保全，经仲裁机构提交人民法院的，由被申请人住所地或被申请保全的财产所在地的中级人民法院裁定并执行；申请证据保全的，由证据所在地的中级人民法院裁定并执行。

《最高人民法院关于适用〈中华人民共和国民事诉讼法〉的解释》（法释〔2015〕5 号，2014 年 12 月 18 日通过，2020 年 12 月 23 日修正）

第九十八条　当事人根据民事诉讼法第八十一条第一款规定申请证据保全的，可以在举证期限届满前书面提出。

证据保全可能对他人造成损失的，人民法院应当责令申请人提供相应的担保。

《最高人民法院关于民事诉讼证据的若干规定》（法释〔2019〕19 号，2001 年12 月 6 日通过，2019 年 10 月 14 日修正）

第二十五条　当事人或者利害关系人根据民事诉讼法第八十一条的规定申请证据保全的，申请书应当载明需要保全的证据的基本情况、申请保全的理由以及采取何种保全措施等内容。

当事人根据民事诉讼法第八十一条第一款的规定申请证据保全的，应当在举证期限届满前向人民法院提出。

法律、司法解释对诉前证据保全有规定的，依照其规定办理。

第二十六条　当事人或者利害关系人申请采取查封、扣押等限制保全标的物使用、流通等保全措施，或者保全可能对证据持有人造成损失的，人民法院应当责令申请人提供相应的担保。

担保方式或者数额由人民法院根据保全措施对证据持有人的影响、保全标的物的价值、当事人或者利害关系人争议的诉讼标的金额等因素综合确定。

第二十七条　人民法院进行证据保全，可以要求当事人或者诉讼代理人到场。

根据当事人的申请和具体情况，人民法院可以采取查封、扣押、录音、录像、复制、鉴定、勘验等方法进行证据保全，并制作笔录。

在符合证据保全目的的情况下，人民法院应当选择对证据持有人利益影响最小的保全措施。

第二十八条　申请证据保全错误造成财产损失，当事人请求申请人承担赔偿责任的，人民法院应予支持。

第二十九条　人民法院采取诉前证据保全措施后，当事人向其他有管辖权的人民法院提起诉讼的，采取保全措施的人民法院应当根据当事人的申请，将保全的证据及时移交受理案件的人民法院。

第九十九条　本规定对证据保全没有规定的，参照适用法律、司法解释关于财产保全的规定。

除法律、司法解释另有规定外，对当事人、鉴定人、有专门知识的人的询问参照适用本规定中关于询问证人的规定；关于书证的规定适用于视听资料、电子数据；存储在电子计算机等电子介质中的视听资料，适用电子数据的规定。

相关部门文件

《公证程序规则》（司法部令第 103 号，2020 年 10 月 20 日修正）

第五十四条　公证机构派员外出办理保全证据公证的，由二人共同办理，承办公证员应当亲自外出办理。

办理保全证据公证，承办公证员发现当事人是采用法律、法规禁止的方式取得证据的，应当不予办理公证。

《司法部律师公证工作指导司关于〈关于公证处办理证据保全公证中对物证能否采用封签进行封存的请示〉的复函》（1999 年 12 月 3 日）

贵州省司法厅公证管理处：

你处今年十一月二十二日《关于公证处办理证据保全公证中对物证能否采用封签进行封存的请示》收悉。经研究认为，公证处的保全证据是根据《公证暂行条例》的规定和公民、法人的申请，为维护各方利益，对证据的证明力进行保全的活动。在保全证据过程中，为了保证保全行为的连续性、客观性和真实性，在紧急情况下，对放置清点过程中或待清点的物品的房间，可以采取粘贴临时性封签的方式对物证及其存放环境等事实进行固定，以防止不测情况发生。此种粘贴封签的行为不具有行政或司法机关查封的性质。

此复。

《房屋拆迁证据保全公证细则》（司法部1993 年 12 月 1 日发布，1994 年 2 月 1 日起施行）

第一条　为规范城市房屋拆迁证据保全公证活动，根据《中华人民共和国公证暂行条例》、《城市房屋拆迁管理条例》、《公证程序规则（试行）》，制订本细则。

第二条　房屋拆迁证据保全公证是指在房屋拆迁之前，公证机关对房屋及附属物的现状依法采取勘测、拍照或摄像等保全措施，以确保其真实性和证明力的活动。

第三条　本细则适用于《城市房屋拆迁管理条例》规定的拆除依法代管的房屋，代管人是房屋主管部门的；拆除有产权纠纷的房屋，在房屋拆迁主管部门公布的规定期限内纠纷未解决的；拆除设有抵押权的房屋实行产权调换，抵押权人和抵押人在房屋拆迁主管部门公布的规定期限内达不成抵押协议的以及其他房屋拆迁证据保全的公证事项。

第四条　房屋拆迁证据保全公证，由被拆迁房屋所在地公证处管辖。

第五条　房屋拆迁证据保全公证申请人是拆迁人或被拆迁人，房屋拆迁主管部门也可以作为申请人。上述申请人可以委托他人代为提出公证申请。

第六条　申请人应填写公证申请表，并提交下列材料：

（一）身份证明；申请人为法人的，应提交法人资格和法定代表人的身份证明；被拆迁人为公民个人的，应提交身份证明；

（二）资格证明；拆迁人应提交房屋拆迁主管部门核发的拆迁许可证明；接受拆迁委托的被委托人应提交房屋拆迁资格证书；被拆迁人应提交作为被拆除房屋及其附属物的所有人（包括代管人、国家授权的国有房屋及其附属物的管理人）和被拆除房屋及其附属物的使用人的证明；

（三）拆除有产权纠纷的房屋，提交由县级以上人民政府房屋拆迁主管部门批准的补偿安置方案的证明；

（四）实施强制拆迁的房屋，提交县级以上人民政府作出的限期拆迁的决定或人民法院院长签发的限期拆迁的公告；

（五）公证人员认为应当提交的其他有关材料。

第七条　符合下列条例的申请，公证处应予受理，并书面通知申请人：

（一）申请人符合本细则第五条的规定；

（二）申请公证事项属于本公证处管辖；

（三）提供本细则第六条所需材料。

不符合前款规定条件的申请，公证处应作出不予受理的决定，通知申请人，并告知对拒绝受理不服的复议程序。

受理或拒绝受理的决定，应在申请人依据本细则规定正式提出申请后的七日内作出。

第八条　公证人员应认真接待申请人，应按《公证程序规则（试行）》第二十四条的规定制作谈话笔录，并着重记录下列内容：

（一）申请证据保全的目的和理由；

（二）申请证据保全的种类、名称、地点和现存状况；

（三）证据保全的方式；

（四）公证人员认为应当记录的其他内容。

申请人也可以提交包含上述内容的书面材料。

第九条　符合证据保全公证条件的，公证处应派两名以上公证人员（其中至少有一名公证员）参与整个证据保全活动。

第十条　办理房屋拆迁证据保全公证、公证员应当客观、全面地记录被拆迁房屋的现场状况，收集、提取有关证据。应该根据被保全对象的不同特点，采取勘测、拍照、摄像等进方式进行证据保全。

第十一条　对房屋进行勘测的，应当制作勘测记录，记明勘测时间、地点、测验人、记录人、被保全房屋的产权人、座落、四至、房屋性质、结构、层次、面积、新旧程度、屋面及地面质地、附属设施以及其他应当记明的事项；能够用图示标明的房屋长度、宽度应当图示；记录应当由勘测人、公证员签名或者盖章；拆迁活动当事人在场的，应请当事人签名或盖章；该当事人拒绝签名或盖章的，公证员应在记录中记明。

第十二条　对房屋进行拍照和摄像的，应当全面反映、记录房屋的全貌。房屋结构、门窗、厨房以及附属设施等，要有单独的图片显示。

第十三条　公证机关对保全事项认为需要勘测的，应当聘请专业技术部门或其他部门中有该项能力的人员进行勘测。

专业技术部门及其勘测人应当提出书面勘测结论，在勘测书上签名或者盖章。其他部门勘测人勘测的，应由勘测人所在单位加盖印章，证明勘测人身份。

第十四条　实施强制拆迁房屋证据保全时，公证机关应通知被拆迁人到场。如其拒不到场，公证员应在笔录中记明。

实施强制拆迁房屋中有物品的，公证员应当组织对所有物品逐一核对、清点、登记，分类造册。并记录上述活动的时间、地点，交两名有完全行为能力的在场人员核对后，由公证员和在场人在记录上签名。被拆迁人拒绝签名的，公证员应在记录中记明。

物品清点登记后，凡不能立即交与被拆迁人接收的，公证员要监督拆迁人将物品存放在其提供的仓库中，并对物品挂签标码，丢失损坏的，仓库保管人应承担赔偿责任。

拆迁人应制作通知书，通知当事人在一定期限内领取物品。逾期不领的，公证处可以接受拆迁人的提存申请，办理提存。

第十五条　公证员对房屋证据保全的活动结束后应出具公证书。公证书应当按照《公证程序规则（试行）》第三十八条的规定及《公证书格式（试行）》第四十八式保全证据公证书格式（之二）制作。公证词应当记明申请保全的理由及时间，公证员审查申请人主体资格及证据情况的内容，采取保全的时间、地点、方法，保全证据所制作的笔录、拍摄的照片、录像带的名称、数量及保存地点。

第十六条　本细则自 1994 年 2 月 1 日起施行。

相关司法文件

《最高人民法院关于依法加大知识产权侵权行为惩治力度的意见》（法发〔2020〕33号，2020年9月14日）

一、加强适用保全措施

3.权利人有初步证据证明存在侵害知识产权行为且证据可能灭失或者以后难以取得的情形，申请证据保全的，人民法院应当依法及时审查并作出裁定。涉及较强专业技术问题的证据保全，可以由技术调查官参与。

三、证明责任与证明标准

1．举证证明责任

导读

证明责任（也被称为"举证责任"，《民诉法司法解释》称为"举证证明责任"），是当作为裁判基础的法律要件事实在诉讼中处于真伪不明的状态时，一方当事人因此而承担的诉讼上的不利后果。法院在裁判案件争议时，首先确定作为裁判基础的事实关系是否存在，然后才能适用相应的法律做出裁判。但在有的情形中，由于当事人所主张的事实没有证据或证据不足不能证明该事实存在与否时，就发生了法院在此时应当如何裁判的问题。在民事诉讼中，即使案件事实真伪不明法院也必须做出裁判，而且其裁判后果总是对其中一方当事人不利。应当证明的事实处于真伪不明时所导致的这种对一方当事人不利的后果或危险就是证明责任。在真伪不明时，法律上规定由谁承担由此带来的不利后果就是所谓证明责任的分配。证明责任分配不仅决定主要事实真伪不明时，谁应当承担相应的不利后果，避免裁判的不确定性。同时，证明责任分配也是当事人民事实体行为和诉讼行为的指引。基于人们趋利避害的心理，人们会根据证明责任分配的结果实施相应的行为。在诉讼前或诉讼中积极实施证据收集、保存和证明的准备。相应的，证明责任的分配也就客观上有利于避免在现实中法律事实真伪不明的状况，一旦发生民事纠纷也能够充分地还原案件真实，使法院能够根据案件真实作出裁判。

相关法律条文

《中华人民共和国个人信息保护法》（2021 年 11 月 1 日起施行）

第六十九条　处理个人信息侵害个人信息权益造成损害，个人信息处理者不能证明自己没有过错的，应当承担损害赔偿等侵权责任。

前款规定的损害赔偿责任按照个人因此受到的损失或者个人信息处理者因此获得的利益确定；个人因此受到的损失和个人信息处理者因此获得的利益难以确定的，根据实际情况确定赔偿数额。

《中华人民共和国民法典》（2020 年 5 月 28 日公布，2021 年 1 月 1 日起施行）

第三百五十二条　建设用地使用权人建造的建筑物、构筑物及其附属设施的所有权属于建设用地使用权人，但是有相反证据证明的除外。

第五百二十七条　应当先履行债务的当事人，有确切证据证明对方有下列情形之一的，可以中止履行：

（一）经营状况严重恶化；

（二）转移财产、抽逃资金，以逃避债务；

（三）丧失商业信誉；

（四）有丧失或者可能丧失履行债务能力的其他情形。

当事人没有确切证据中止履行的，应当承担违约责任。

第六百一十四条　买受人有确切证据证明第三人对标的物享有权利的，可以中止支付相应的价款，但是出卖人提供适当担保的除外。

第八百二十三条　承运人应当对运输过程中旅客的伤亡承担赔偿责任；但是，伤亡是旅客自身健康原因造成的或者承运人证明伤亡是旅客故意、重大过失造成的除外。

前款规定适用于按照规定免票、持优待票或者经承运人许可搭乘的无票旅客。

第八百三十二条　承运人对运输过程中货物的毁损、灭失承担赔偿责任。但是，承运人证明货物的毁损、灭失是因不可抗力、货物本身的自然性质或者合理损耗以及托运人、收货人的过错造成的，不承担赔偿责任。

第八百九十七条　保管期内，因保管人保管不善造成保管物毁损、灭失的，保管人应当承担赔偿责任。但是，无偿保管人证明自己没有故意或者重大过失的，不承担赔偿责任。

第九百二十五条　受托人以自己的名义，在委托人的授权范围内与第三人订立的合同，第三人在订立合同时知道受托人与委托人之间的代理关系的，该合同直接约束委托人和第三人；但是，有确切证据证明该合同只约束受托人和第三人的除外。

第一千零六十四条　夫妻双方共同签名或者夫妻一方事后追认等共同意思表示所负的债务，以及夫妻一方在婚姻关系存续期间以个人名义为家庭日常生活需要所负的债务，属于夫妻共同债务。

夫妻一方在婚姻关系存续期间以个人名义超出家庭日常生活需要所负的债务，不属于夫妻共同债务；但是，债权人能够证明该债务用于夫妻共同生活、共同生产经营或者基于夫妻双方共同意思表示的除外。

第一千一百六十五条　行为人因过错侵害他人民事权益造成损害的，应当承担侵权责任。

依照法律规定推定行为人有过错，其不能证明自己没有过错的，应当承担侵权责任。

第一千一百七十条　二人以上实施危及他人人身、财产安全的行为，其中一人或者数人的行为造成他人损害，能够确定具体侵权人的，由侵权人承担责任；不能确定具体侵权人的，行为人承担连带责任。

第一千一百九十九条 无民事行为能力人在幼儿园、学校或者其他教育机构学习、生活期间受到人身损害的，幼儿园、学校或者其他教育机构应当承担侵权责任；但是，能够证明尽到教育、管理职责的，不承担侵权责任。

第一千二百二十二条 患者在诊疗活动中受到损害，有下列情形之一的，推定医疗机构有过错：

（一）违反法律、行政法规、规章以及其他有关诊疗规范的规定；

（二）隐匿或者拒绝提供与纠纷有关的病历资料；

（三）遗失、伪造、篡改或者违法销毁病历资料。

第一千二百三十条 因污染环境、破坏生态发生纠纷，行为人应当就法律规定的不承担责任或者减轻责任的情形及其行为与损害之间不存在因果关系承担举证责任。

第一千二百三十七条 民用核设施或者运入运出核设施的核材料发生核事故造成他人损害的，民用核设施的营运单位应当承担侵权责任；但是，能够证明损害是因战争、武装冲突、暴乱等情形或者受害人故意造成的，不承担责任。

第一千二百三十八条 民用航空器造成他人损害的，民用航空器的经营者应当承担侵权责任；但是，能够证明损害是因受害人故意造成的，不承担责任。

第一千二百三十九条 占有或者使用易燃、易爆、剧毒、高放射性、强腐蚀性、高致病性等高度危险物造成他人损害的，占有人或者使用人应当承担侵权责任；但是，能够证明损害是因受害人故意或者不可抗力造成的，不承担责任。被侵权人对损害的发生有重大过失的，可以减轻占有人或者使用人的责任。

第一千二百四十条 从事高空、高压、地下挖掘活动或者使用高速轨道运输工具造成他人损害的，经营者应当承担侵权责任；但是，能够证明损害是因受害人故意或者不可抗力造成的，不承担责任。被侵权人对损害的发生有重大过失的，可以减轻经营者的责任。

第一千二百四十二条 非法占有高度危险物造成他人损害的，由非法占有人承担侵权责任。所有人、管理人不能证明对防止非法占有尽到高度注意义务的，与非法占有人承担连带责任。

第一千二百四十三条 未经许可进入高度危险活动区域或者高度危险物存放区域受到损害，管理人能够证明已经采取足够安全措施并尽到充分警示义务的，可以减轻或者不承担责任。

第一千二百四十六条 违反管理规定，未对动物采取安全措施造成他人损害的，动物饲养人或者管理人应当承担侵权责任；但是，能够证明损害是因被侵权人故意造成的，可以减轻责任。

第一千二百四十八条 动物园的动物造成他人损害的，动物园应当承担侵权责任；但是，能够证明尽到管理职责的，不承担侵权责任。

第一千二百五十二条　建筑物、构筑物或者其他设施倒塌、塌陷造成他人损害的，由建设单位与施工单位承担连带责任，但是建设单位与施工单位能够证明不存在质量缺陷的除外。建设单位、施工单位赔偿后，有其他责任人的，有权向其他责任人追偿。

因所有人、管理人、使用人或者第三人的原因，建筑物、构筑物或者其他设施倒塌、塌陷造成他人损害的，由所有人、管理人、使用人或者第三人承担侵权责任。

第一千二百五十三条　建筑物、构筑物或者其他设施及其搁置物、悬挂物发生脱落、坠落造成他人损害，所有人、管理人或者使用人不能证明自己没有过错的，应当承担侵权责任。所有人、管理人或者使用人赔偿后，有其他责任人的，有权向其他责任人追偿。

第一千二百五十四条　禁止从建筑物中抛掷物品。从建筑物中抛掷物品或者从建筑物上坠落的物品造成他人损害的，由侵权人依法承担侵权责任；经调查难以确定具体侵权人的，除能够证明自己不是侵权人的外，由可能加害的建筑物使用人给予补偿。可能加害的建筑物使用人补偿后，有权向侵权人追偿。

物业服务企业等建筑物管理人应当采取必要的安全保障措施防止前款规定情形的发生；未采取必要的安全保障措施的，应当依法承担未履行安全保障义务的侵权责任。

发生本条第一款规定的情形的，公安等机关应当依法及时调查，查清责任人。

第一千二百五十五条　堆放物倒塌、滚落或者滑落造成他人损害，堆放人不能证明自己没有过错的，应当承担侵权责任。

第一千二百五十六条　在公共道路上堆放、倾倒、遗撒妨碍通行的物品造成他人损害的，由行为人承担侵权责任。公共道路管理人不能证明已经尽到清理、防护、警示等义务的，应当承担相应的责任。

第一千二百五十七条　因林木折断、倾倒或者果实坠落等造成他人损害，林木的所有人或者管理人不能证明自己没有过错的，应当承担侵权责任。

第一千二百五十八条　在公共场所或者道路上挖掘、修缮安装地下设施等造成他人损害，施工人不能证明已经设置明显标志和采取安全措施的，应当承担侵权责任。

窨井等地下设施造成他人损害，管理人不能证明尽到管理职责的，应当承担侵权责任。

《中华人民共和国水污染防治法》（1984 年 5 月 11 日通过，1996 年 5 月 15 日第一次修正，2008 年 2 月 28 日修订，2017 年 6 月 27 日第二次修正）

第九十八条　因水污染引起的损害赔偿诉讼，由排污方就法律规定的免责事由及其行为与损害结果之间不存在因果关系承担举证责任。

《中华人民共和国消费者权益保护法》（1993 年 10 月 31 日通过，2009 年 8 月 27 日第一次修正，2013 年 10 月 25 日第二次修正）

第二十三条　经营者应当保证在正常使用商品或者接受服务的情况下其提供的商品或者服务应当具有的质量、性能、用途和有效期限；但消费者在购买该商品或者接受该服务前已经知道其存在瑕疵，且存在该瑕疵不违反法律强制性规定的除外。

经营者以广告、产品说明、实物样品或者其他方式表明商品或者服务的质量状况的，应当保证其提供的商品或者服务的实际质量与表明的质量状况相符。

经营者提供的机动车、计算机、电视机、电冰箱、空调器、洗衣机等耐用商品或者装饰装修等服务，消费者自接受商品或者服务之日起六个月内发现瑕疵，发生争议的，由经营者承担有关瑕疵的举证责任。

《中华人民共和国劳动争议调解仲裁法》（2008 年 5 月 1 日起施行）

第六条　发生劳动争议，当事人对自己提出的主张，有责任提供证据。与争议事项有关的证据属于用人单位掌握管理的，用人单位应当提供；用人单位不提供的，应当承担不利后果。

第三十九条　当事人提供的证据经查证属实的，仲裁庭应当将其作为认定事实的根据。

劳动者无法提供由用人单位掌握管理的与仲裁请求有关的证据，仲裁庭可以要求用人单位在指定期限内提供。用人单位在指定期限内不提供的，应当承担不利后果。

《中华人民共和国海商法》（1993 年 7 月 1 日起施行）

第五十一条　【承运人免责事由】在责任期间货物发生的灭失或者损坏是由于下列原因之一造成的，承运人不负赔偿责任：

（一）船长、船员、引航员或者承运人的其他受雇人在驾驶船舶或者管理船舶中的过失；

（二）火灾，但是由于承运人本人的过失所造成的除外；

（三）天灾，海上或者其他可航水域的危险或者意外事故；

（四）战争或者武装冲突；

（五）政府或者主管部门的行为、检疫限制或者司法扣押；

（六）罢工、停工或者劳动受到限制；

（七）在海上救助或者企图救助人命或者财产；

（八）托运人、货物所有人或者他们的代理人的行为；

（九）货物的自然特性或者固有缺陷；

（十）货物包装不良或者标志欠缺、不清；

（十一）经谨慎处理仍未发现的船舶潜在缺陷；

（十二）非由于承运人或者承运人的受雇人、代理人的过失造成的其他原因。

承运人依照前款规定免除赔偿责任的，除第（二）项规定的原因外，应当负举证责任。

第五十二条 【活动物毁损的责任】因运输活动物的固有的特殊风险造成活动物灭失或者损害的，承运人不负赔偿责任。但是，承运人应当证明业已履行托运人关于运输活动物的特别要求，并证明根据实际情况，灭失或者损害是由于此种固有的特殊风险造成的。

第五十四条 【承运人的责任范围】货物的灭失、损坏或者迟延交付是由于承运人或者承运人的受雇人、代理人的不能免除赔偿责任的原因和其他原因共同造成的，承运人仅在其不能免除赔偿责任的范围内负赔偿责任；但是，承运人对其他原因造成的灭失、损坏或者迟延交付应当负举证责任。

第一百一十四条 【承运人的赔偿责任】在本法第一百一十一条规定的旅客及其行李的运送期间，因承运人或者承运人的受雇人、代理人在受雇或者受委托的范围内过失引起事故，造成旅客人身伤亡或者行李灭失、损坏的，承运人应当负赔偿责任。

请求人对承运人或者承运人的受雇人、代理人的过失，应当负举证责任；但是，本条第三款和第四款规定的情形除外。

旅客的人身伤亡或者自带行李的灭失、损坏，是由于船舶的沉没、碰撞、搁浅、爆炸、火灾所引起或者是由于船舶的缺陷所引起的，承运人或者承运人的受雇人、代理人除非提出反证，应当视为其有过失。

旅客自带行李以外的其他行李的灭失或者损坏，不论由于何种事故所引起，承运人或者承运人的受雇人、代理人除非提出反证，应当视为其有过失。

第一百二十六条 【合同无效】海上旅客运输合同中含有下列内容之一的条款无效：

（一）免除承运人对旅客应当承担的法定责任；

（二）降低本章规定的承运人责任限额；

（三）对本章规定的举证责任作出相反的约定；

（四）限制旅客提出赔偿请求的权利。

前款规定的合同条款的无效，不影响合同其他条款的效力。

第一百九十六条 【举证责任】提出共同海损分摊请求的一方应当负举证责任，证明其损失应当列入共同海损。

第二百五十一条 【提供证明和资料的义务】保险事故发生后，保险人向被保险人支付保险赔偿前，可以要求被保险人提供与确认保险事故性质和损失程度有关的证明和资料。

相关司法解释规定

《最高人民法院关于审理使用人脸识别技术处理个人信息相关民事案件适用法律若干问题的规定》（法释〔2021〕15 号，2021 年 8 月 1 日起施行）

第六条　当事人请求信息处理者承担民事责任的，人民法院应当依据民事诉讼法第六十四条及《最高人民法院关于适用〈中华人民共和国民事诉讼法〉的解释》第九十条、第九十一条，《最高人民法院关于民事诉讼证据的若干规定》的相关规定确定双方当事人的举证责任。

信息处理者主张其行为符合民法典第一千零三十五条第一款规定情形的，应当就此所依据的事实承担举证责任。

信息处理者主张其不承担民事责任的，应当就其行为符合本规定第五条规定的情形承担举证责任。

《最高人民法院关于审理银行卡民事纠纷案件若干问题的规定》（法释〔2021〕10 号，2021 年 5 月 25 日起施行）

第四条　持卡人主张争议交易为伪卡盗刷交易或者网络盗刷交易的，可以提供生效法律文书、银行卡交易时真卡所在地、交易行为地、账户交易明细、交易通知、报警记录、挂失记录等证据材料进行证明。

发卡行、非银行支付机构主张争议交易为持卡人本人交易或者其授权交易的，应当承担举证责任。发卡行、非银行支付机构可以提供交易单据、对账单、监控录像、交易身份识别信息、交易验证信息等证据材料进行证明。

第五条　在持卡人告知发卡行其账户发生非因本人交易或者本人授权交易导致的资金或者透支数额变动后，发卡行未及时向持卡人核实银行卡的持有及使用情况，未及时提供或者保存交易单据、监控录像等证据材料，导致有关证据材料无法取得的，应承担举证不能的法律后果。

《最高人民法院关于适用〈中华人民共和国民法典〉有关担保制度的解释》（法释〔2020〕28 号，2021 年 1 月 1 日起施行）

第七条　公司的法定代表人违反公司法关于公司对外担保决议程序的规定，超越权限代表公司与相对人订立担保合同，人民法院应当依照民法典第六十一条和第五百零四条等规定处理：

（一）相对人善意的，担保合同对公司发生效力；相对人请求公司承担担保责任的，人民法院应予支持。

（二）相对人非善意的，担保合同对公司不发生效力；相对人请求公司承担赔偿责任的，参照适用本解释第十七条的有关规定。

法定代表人超越权限提供担保造成公司损失，公司请求法定代表人承担赔偿责任的，人民法院应予支持。

第一款所称善意，是指相对人在订立担保合同时不知道且不应当知道法定代表人超越权限。相对人有证据证明已对公司决议进行了合理审查，人民法院应当认定其构成善意，但是公司有证据证明相对人知道或者应当知道决议系伪造、变造的除外。

第十条　一人有限责任公司为其股东提供担保，公司以违反公司法关于公司对外担保决议程序的规定为由主张不承担担保责任的，人民法院不予支持。公司因承担担保责任导致无法清偿其他债务，提供担保时的股东不能证明公司财产独立于自己的财产，其他债权人请求该股东承担连带责任的，人民法院应予支持。

第五十四条　动产抵押合同订立后未办理抵押登记，动产抵押权的效力按照下列情形分别处理：

（一）抵押人转让抵押财产，受让人占有抵押财产后，抵押权人向受让人请求行使抵押权的，人民法院不予支持，但是抵押权人能够举证证明受让人知道或者应当知道已经订立抵押合同的除外；

（二）抵押人将抵押财产出租给他人并移转占有，抵押权人行使抵押权的，租赁关系不受影响，但是抵押权人能够举证证明承租人知道或者应当知道已经订立抵押合同的除外；

（三）抵押人的其他债权人向人民法院申请保全或者执行抵押财产，人民法院已经作出财产保全裁定或者采取执行措施，抵押权人主张对抵押财产优先受偿的，人民法院不予支持；

（四）抵押人破产，抵押权人主张对抵押财产优先受偿的，人民法院不予支持。

第五十五条　债权人、出质人与监管人订立三方协议，出质人以通过一定数量、品种等概括描述能够确定范围的货物为债务的履行提供担保，当事人有证据证明监管人系受债权人的委托监管并实际控制该货物的，人民法院应当认定质权于监管人实际控制货物之日起设立。监管人违反约定向出质人或者其他人放货、因保管不善导致货物毁损灭失，债权人请求监管人承担违约责任的，人民法院依法予以支持。

在前款规定情形下，当事人有证据证明监管人系受出质人委托监管该货物，或者虽然受债权人委托但是未实际履行监管职责，导致货物仍由出质人实际控制的，人民法院应当认定质权未设立。债权人可以基于质押合同的约定请求出质人承担违约责任，但是不得超过质权有效设立时出质人应当承担的责任范围。监管人未履行监管职责，债权人请求监管人承担责任的，人民法院依法予以支持。

《最高人民法院关于审理劳动争议案件适用法律问题的解释（一）》（法释〔2020〕26 号，2021 年 1 月 1 日起施行）

第四十二条　劳动者主张加班费的，应当就加班事实的存在承担举证责任。但劳动者有证据证明用人单位掌握加班事实存在的证据，用人单位不提供的，由用人单位承担不利后果。

第四十四条　因用人单位作出的开除、除名、辞退、解除劳动合同、减少劳动报酬、计算劳动者工作年限等决定而发生的劳动争议，用人单位负举证责任。

《最高人民法院关于审理建设工程施工合同纠纷案件适用法律问题的解释（一）》（法释〔2020〕25 号，2021 年 1 月 1 日起施行）

第六条　建设工程施工合同无效，一方当事人请求对方赔偿损失的，应当就对方过错、损失大小、过错与损失之间的因果关系承担举证责任。

损失大小无法确定，一方当事人请求参照合同约定的质量标准、建设工期、工程价款支付时间等内容确定损失大小的，人民法院可以结合双方过错程度、过错与损失之间的因果关系等因素作出裁判。

第十条　当事人约定顺延工期应当经发包人或者监理人签证等方式确认，承包人虽未取得工期顺延的确认，但能够证明在合同约定的期限内向发包人或者监理人申请过工期顺延且顺延事由符合合同约定，承包人以此为由主张工期顺延的，人民法院应予支持。

当事人约定承包人未在约定期限内提出工期顺延申请视为工期不顺延的，按照约定处理，但发包人在约定期限后同意工期顺延或者承包人提出合理抗辩的除外。

《最高人民法院关于适用〈中华人民共和国民法典〉物权编的解释（一）》（法释〔2020〕24 号，2021 年 1 月 1 日起施行）

第十四条　受让人受让不动产或者动产时，不知道转让人无处分权，且无重大过失的，应当认定受让人为善意。

真实权利人主张受让人不构成善意的，应当承担举证证明责任。

《最高人民法院关于适用〈中华人民共和国民法典〉婚姻家庭编的解释（一）》（法释〔2020〕22 号，2021 年 1 月 1 日起施行）

第二十二条　被确认无效或者被撤销的婚姻，当事人同居期间所得的财产，除有证据证明为当事人一方所有的以外，按共同共有处理。

第二十九条　当事人结婚前，父母为双方购置房屋出资的，该出资应当认定为对自己子女个人的赠与，但父母明确表示赠与双方的除外。

当事人结婚后，父母为双方购置房屋出资的，依照约定处理；没有约定或者约定不明确的，按照民法典第一千零六十二条第一款第四项规定的原则处理。

第三十三条　债权人就一方婚前所负个人债务向债务人的配偶主张权利的，人民法院不予支持。但债权人能够证明所负债务用于婚后家庭共同生活的除外。

第三十七条　民法典第一千零六十五条第三款所称"相对人知道该约定的"，夫妻一方对此负有举证责任。

《最高人民法院关于审理民间借贷案件适用法律若干问题的规定》（2015 年 6 月 23 日通过，2020 年 8 月 18 日第一次修正，2020 年 12 月 23 日第二次修正）

第二条　出借人向人民法院提起民间借贷诉讼时，应当提供借据、收据、欠条等债权凭证以及其他能够证明借贷法律关系存在的证据。

当事人持有的借据、收据、欠条等债权凭证没有载明债权人，持有债权凭证的当事人提起民间借贷诉讼的，人民法院应予受理。被告对原告的债权人资格提出有事实依据的抗辩，人民法院经审查认为原告不具有债权人资格的，裁定驳回起诉。

第十五条　原告仅依据借据、收据、欠条等债权凭证提起民间借贷诉讼，被告抗辩已经偿还借款的，被告应当对其主张提供证据证明。被告提供相应证据证明其主张后，原告仍应就借贷关系的存续承担举证责任。

被告抗辩借贷行为尚未实际发生并能作出合理说明的，人民法院应当结合借贷金额、款项交付、当事人的经济能力、当地或者当事人之间的交易方式、交易习惯、当事人财产变动情况以及证人证言等事实和因素，综合判断查证借贷事实是否发生。

第十六条　原告仅依据金融机构的转账凭证提起民间借贷诉讼，被告抗辩转账系偿还双方之前借款或者其他债务的，被告应当对其主张提供证据证明。被告提供相应证据证明其主张后，原告仍应就借贷关系的成立承担举证责任。

第十七条　依据《最高人民法院关于适用〈中华人民共和国民事诉讼法〉的解释》第一百七十四条第二款之规定，负有举证责任的原告无正当理由拒不到庭，经审查现有证据无法确认借贷行为、借贷金额、支付方式等案件主要事实的，人民法院对原告主张的事实不予认定。

第十八条　人民法院审理民间借贷纠纷案件时发现有下列情形之一的，应当严格审查借贷发生的原因、时间、地点、款项来源、交付方式、款项流向以及借贷双方的关系、经济状况等事实，综合判断是否属于虚假民事诉讼：

（一）出借人明显不具备出借能力；

（二）出借人起诉所依据的事实和理由明显不符合常理；

（三）出借人不能提交债权凭证或者提交的债权凭证存在伪造的可能；

（四）当事人双方在一定期限内多次参加民间借贷诉讼；

（五）当事人无正当理由拒不到庭参加诉讼，委托代理人对借贷事实陈述不清或者陈述前后矛盾；

（六）当事人双方对借贷事实的发生没有任何争议或者诉辩明显不符合常理；

（七）借款人的配偶或者合伙人、案外人的其他债权人提出有事实依据的异议；

（八）当事人在其他纠纷中存在低价转让财产的情形；

（九）当事人不正当放弃权利；

（十）其他可能存在虚假民间借贷诉讼的情形。

《最高人民法院关于审理医疗损害责任纠纷案件适用法律若干问题的解释》（法释〔2017〕20号，2017年3月27日通过，2020年12月23日修正）

第四条　患者依据民法典第一千二百一十八条规定主张医疗机构承担赔偿责任的，应当提交到该医疗机构就诊、受到损害的证据。

患者无法提交医疗机构或者其医务人员有过错、诊疗行为与损害之间具有因果关系的证据，依法提出医疗损害鉴定申请的，人民法院应予准许。

医疗机构主张不承担责任的，应当就民法典第一千二百二十四条第一款规定情形等抗辩事由承担举证明责任。

第七条 患者依据民法典第一千二百二十三条规定请求赔偿的，应当提交使用医疗产品或者输入血液、受到损害的证据。

患者无法提交使用医疗产品或者输入血液与损害之间具有因果关系的证据，依法申请鉴定的，人民法院应予准许。

医疗机构，医疗产品的生产者、销售者、药品上市许可持有人或者血液提供机构主张不承担责任的，应当对医疗产品不存在缺陷或者血液合格等抗辩事由承担举证证明责任。

《最高人民法院关于适用〈中华人民共和国保险法〉若干问题的解释（三）》（法释〔2015〕21号，2015年9月21日通过，2020年12月23日修正）

第二十一条 保险人以被保险人自杀为由拒绝承担给付保险金责任的，由保险人承担举证责任。

受益人或者被保险人的继承人以被保险人自杀时无民事行为能力为由抗辩的，由其承担举证责任。

第二十二条 保险法第四十五条规定的"被保险人故意犯罪"的认定，应当以刑事侦查机关、检察机关和审判机关的生效法律文书或者其他结论性意见为依据。

第二十三条 保险人主张根据保险法第四十五条的规定不承担给付保险金责任的，应当证明被保险人的死亡、伤残结果与其实施的故意犯罪或者抗拒依法采取的刑事强制措施的行为之间存在因果关系。

被保险人在羁押、服刑期间因意外或者疾病造成伤残或者死亡，保险人主张根据保险法第四十五条的规定不承担给付保险金责任的，人民法院不予支持。

《最高人民法院关于审理环境侵权责任纠纷案件适用法律若干问题的解释》（法释〔2015〕12号，2015年2月9日通过，2020年12月23日修正）

第六条 被侵权人根据民法典第七编第七章的规定请求赔偿的，应当提供证明以下事实的证据材料：

（一）侵权人排放了污染物或者破坏了生态；

（二）被侵权人的损害；

（三）侵权人排放的污染物或者其次生污染物、破坏生态行为与损害之间具有关联性。

第七条 侵权人举证证明下列情形之一的，人民法院应当认定其污染环境、破坏生态行为与损害之间不存在因果关系：

（一）排放污染物、破坏生态的行为没有造成该损害可能的；

（二）排放的可造成该损害的污染物未到达该损害发生地的；

（三）该损害于排放污染物、破坏生态行为实施之前已发生的；

（四）其他可以认定污染环境、破坏生态行为与损害之间不存在因果关系的情形。

《最高人民法院关于适用〈中华人民共和国民事诉讼法〉的解释》（法释〔2015〕5号，2014年12月18日通过，2020年12月23日修正）

第九十条　当事人对自己提出的诉讼请求所依据的事实或者反驳对方诉讼请求所依据的事实，应当提供证据加以证明，但法律另有规定的除外。

在作出判决前，当事人未能提供证据或者证据不足以证明其事实主张的，由负有举证证明责任的当事人承担不利的后果。

第九十一条　人民法院应当依照下列原则确定举证证明责任的承担，但法律另有规定的除外：

（一）主张法律关系存在的当事人，应当对产生该法律关系的基本事实承担举证证明责任；

（二）主张法律关系变更、消灭或者权利受到妨害的当事人，应当对该法律关系变更、消灭或者权利受到妨害的基本事实承担举证证明责任。

《最高人民法院关于审理融资租赁合同纠纷案件适用法律问题的解释》（法释〔2014〕3号，2013年11月25日通过，2020年12月23日修正）

第八条　租赁物不符合融资租赁合同的约定且出租人实施了下列行为之一，承租人依照民法典第七百四十四条、第七百四十七条的规定，要求出租人承担相应责任的，人民法院应予支持：

（一）出租人在承租人选择出卖人、租赁物时，对租赁物的选定起决定作用的；

（二）出租人干预或者要求承租人按照出租人意愿选择出卖人或者租赁物的；

（三）出租人擅自变更承租人已经选定的出卖人或者租赁物的。

承租人主张其系依赖出租人的技能确定租赁物或者出租人干预选择租赁物的，对上述事实承担举证责任。

《最高人民法院关于适用〈中华人民共和国公司法〉若干问题的规定（三）》（法释〔2011〕3号，2010年12月6日通过，2014年2月17日第一次修正，2020年12月23日第二次修正）

第二十条　当事人之间对是否已履行出资义务发生争议，原告提供对股东履行出资义务产生合理怀疑证据的，被告股东应当就其已履行出资义务承担举证责任。

《最高人民法院关于审理食品药品纠纷案件适用法律若干问题的规定》（法释〔2013〕28号，2013年12月9日通过，2020年12月23日修正）

第五条　消费者举证证明所购买食品、药品的事实以及所购食品、药品不符合合同的约定，主张食品、药品的生产者、销售者承担违约责任的，人民法院应予支持。

消费者举证证明因食用食品或者使用药品受到损害，初步证明损害与食用食品或者使用药品存在因果关系，并请求食品、药品的生产者、销售者承担侵权责任的，人民法院应予支持，但食品、药品的生产者、销售者能证明损害不是因产品不符合质量标准造成的除外。

第六条　食品的生产者与销售者应当对于食品符合质量标准承担举证责任。认定食品是否合格，应当以国家标准为依据；对地方特色食品，没有国家标准的，应当以地方标准为依据。没有前述标准的，应当以食品安全法的相关规定为依据。

《最高人民法院关于适用〈中华人民共和国保险法〉若干问题的解释（二）》（法释〔2013〕14号，2013年5月6日通过，2020年12月23日修正）

第四条　保险人接受了投保人提交的投保单并收取了保险费，尚未作出是否承保的意思表示，发生保险事故，被保险人或者受益人请求保险人按照保险合同承担赔偿或者给付保险金责任，符合承保条件的，人民法院应予支持；不符合承保条件的，保险人不承担保险责任，但应当退还已经收取的保险费。

保险人主张不符合承保条件的，应承担举证责任。

第六条　投保人的告知义务限于保险人询问的范围和内容。当事人对询问范围及内容有争议的，保险人负举证责任。

保险人以投保人违反了对投保单询问表中所列概括性条款的如实告知义务为由请求解除合同的，人民法院不予支持。但该概括性条款有具体内容的除外。

第十三条　保险人对其履行了明确说明义务负举证责任。

投保人对保险人履行了符合本解释第十一条第二款要求的明确说明义务在相关文书上签字、盖章或者以其他形式予以确认的，应当认定保险人履行了该项义务。但另有证据证明保险人未履行明确说明义务的除外。

《最高人民法院关于审理道路交通事故损害赔偿案件适用法律若干问题的解释》（法释〔2012〕19号，2012年9月17日通过，2020年12月23日修正）

第七条　因道路管理维护缺陷导致机动车发生交通事故造成损害，当事人请求道路管理者承担相应赔偿责任的，人民法院应予支持。但道路管理者能够证明已经依照法律、法规、规章的规定，或者按照国家标准、行业标准、地方标准的要求尽到安全防护、警示等管理维护义务的除外。

依法不得进入高速公路的车辆、行人，进入高速公路发生交通事故造成自身损害，当事人请求高速公路管理者承担赔偿责任的，适用民法典第一千二百四十三条的规定。

《最高人民法院关于审理因垄断行为引发的民事纠纷案件应用法律若干问题的规定》（法释〔2012〕5号，2012年1月30日通过，2020年12月23日修正）

第七条　被诉垄断行为属于反垄断法第十三条第一款第一项至第五项规定的垄

断协议的，被告应对该协议不具有排除、限制竞争的效果承担举证责任。

第八条　被诉垄断行为属于反垄断法第十七条第一款规定的滥用市场支配地位的，原告应当对被告在相关市场内具有支配地位和其滥用市场支配地位承担举证责任。

被告以其行为具有正当性为由进行抗辩的，应当承担举证责任。

《最高人民法院关于适用〈中华人民共和国企业破产法〉若干问题的规定（一）》（法释〔2011〕22号，2011年9月26日起施行）

第三条　债务人的资产负债表，或者审计报告、资产评估报告等显示其全部资产不足以偿付全部负债的，人民法院应当认定债务人资产不足以清偿全部债务，但有相反证据足以证明债务人资产能够偿付全部负债的除外。

第五条　企业法人已解散但未清算或者未在合理期限内清算完毕，债权人申请债务人破产清算的，除债务人在法定异议期限内举证证明其未出现破产原因外，人民法院应当受理。

《最高人民法院关于审理建筑物区分所有权纠纷案件适用法律若干问题的解释》（法释〔2009〕7号，2009年3月23日通过，2020年12月23日修正）

第十一条　业主将住宅改变为经营性用房，本栋建筑物内的其他业主，应当认定为民法典第二百七十九条所称"有利害关系的业主"。建筑区划内，本栋建筑物之外的业主，主张与自己有利害关系的，应证明其房屋价值、生活质量受到或者可能受到不利影响。

第十四条　建设单位、物业服务企业或者其他管理人等擅自占用、处分业主共有部分、改变其使用功能或者进行经营性活动，权利人请求排除妨害、恢复原状、确认处分行为无效或者赔偿损失的，人民法院应予支持。

属于前款所称擅自进行经营性活动的情形，权利人请求建设单位、物业服务企业或者其他管理人等将扣除合理成本之后的收益用于补充专项维修资金或者业主共同决定的其他用途的，人民法院应予支持。行为人对成本的支出及其合理性承担举证责任。

《最高人民法院关于审理不正当竞争民事案件应用法律若干问题的解释》（法释〔2007〕2号，2006年12月30日通过，2020年12月23日修正）

第一条　在中国境内具有一定的市场知名度，为相关公众所知悉的商品，应当认定为反不正当竞争法第五条第（二）项规定的"知名商品"。人民法院认定知名商品，应当考虑该商品的销售时间、销售区域、销售额和销售对象，进行任何宣传的持续时间、程度和地域范围，作为知名商品受保护的情况等因素，进行综合判断。原告应当对其商品的市场知名度负举证责任。

在不同地域范围内使用相同或者近似的知名商品特有的名称、包装、装潢，在后使用者能够证明其善意使用的，不构成反不正当竞争法第五条第（二）项规定的不正当竞争行为。因后来的经营活动进入相同地域范围而使其商品来源足以产生混淆，在先使用者请求责令在后使用者附加足以区别商品来源的其他标识的，人民法院应当予以支持。

第十三条 商业秘密中的客户名单，一般是指客户的名称、地址、联系方式以及交易的习惯、意向、内容等构成的区别于相关公知信息的特殊客户信息，包括汇集众多客户的客户名册，以及保持长期稳定交易关系的特定客户。

客户基于对职工个人的信赖而与职工所在单位进行市场交易，该职工离职后，能够证明客户自愿选择与自己或者其新单位进行市场交易的，应当认定没有采用不正当手段，但职工与原单位另有约定的除外。

第十四条 当事人指称他人侵犯其商业秘密的，应当对其拥有的商业秘密符合法定条件、对方当事人的信息与其商业秘密相同或者实质相同以及对方当事人采取不正当手段的事实负举证责任。其中，商业秘密符合法定条件的证据，包括商业秘密的载体、具体内容、商业价值和对该项商业秘密所采取的具体保密措施等。

《最高人民法院关于审理人身损害赔偿案件适用法律若干问题的解释》（法释〔2003〕20号，2003年12月4日通过，2020年12月23日修正）

第六条 医疗费根据医疗机构出具的医药费、住院费等收款凭证，结合病历和诊断证明等相关证据确定。赔偿义务人对治疗的必要性和合理性有异议的，应当承担相应的举证责任。

医疗费的赔偿数额，按照一审法庭辩论终结前实际发生的数额确定。器官功能恢复训练所必要的康复费、适当的整容费以及其他后续治疗费，赔偿权利人可以待实际发生后另行起诉。但根据医疗证明或者鉴定结论确定必然发生的费用，可以与已经发生的医疗费一并予以赔偿。

第七条 误工费根据受害人的误工时间和收入状况确定。

误工时间根据受害人接受治疗的医疗机构出具的证明确定。受害人因伤致残持续误工的，误工时间可以计算至定残日前一天。

受害人有固定收入的，误工费按照实际减少的收入计算。受害人无固定收入的，按照其最近三年的平均收入计算；受害人不能举证证明其最近三年的平均收入状况的，可以参照受诉法院所在地相同或者相近行业上一年度职工的平均工资计算。

第十八条 赔偿权利人举证证明其住所地或者经常居住地城镇居民人均可支配收入或者农村居民人均纯收入高于受诉法院所在地标准的，残疾赔偿金或者死亡赔偿金可以按照其住所地或者经常居住地的相关标准计算。

被扶养人生活费的相关计算标准，依照前款原则确定。

《最高人民法院关于审理期货纠纷案件若干问题的规定》（法释〔2003〕10号，2003年5月16日通过，2020年12月23日修正）

第十六条 期货公司在与客户订立期货经纪合同时，未提示客户注意《期货交易风险说明书》内容，并由客户签字或者盖章，对于客户在交易中的损失，应当依据民法典第五百条第三项的规定承担相应的赔偿责任。但是，根据以往交易结果记载，证明客户已有交易经历的，应当免除期货公司的责任。

第十八条　期货公司与客户签订的期货经纪合同对下达交易指令的方式未作约定或者约定不明确的，期货公司不能证明其所进行的交易是依据客户交易指令进行的，对该交易造成客户的损失，期货公司应当承担赔偿责任，客户予以追认的除外。

第二十六条　期货公司与客户对交易结算结果的通知方式未作约定或者约定不明确，期货公司未能提供证据证明已经发出上述通知的，对客户因继续持仓而造成扩大的损失，应当承担主要赔偿责任，赔偿额不超过损失的百分之八十。

第三十条　期货公司进行混码交易的，客户不承担责任，但期货公司能够举证证明其已按照客户交易指令入市交易的，客户应当承担相应的交易结果。

第五十条　因期货交易所的过错导致信息发布、交易指令处理错误，造成期货公司或者客户直接经济损失的，期货交易所应当承担赔偿责任，但其能够证明系不可抗力的除外。

第五十六条　期货公司应当对客户的交易指令是否入市交易承担举证责任。

确认期货公司是否将客户下达的交易指令入市交易，应当以期货交易所的交易记录、期货公司通知的交易结算结果与客户交易指令记录中的品种、买卖方向是否一致、价格、交易时间是否相符为标准，指令交易数量可以作为参考。但客户有相反证据证明其交易指令未入市交易的除外。

第五十七条　期货交易所通知期货公司追加保证金，期货公司否认收到上述通知的，由期货交易所承担举证责任。

期货公司向客户发出追加保证金的通知，客户否认收到上述通知的，由期货公司承担举证责任。

《最高人民法院关于审理票据纠纷案件若干问题的规定》（法释〔2000〕32号，2000年2月24日通过，2020年12月23日修正）

第八条　票据诉讼的举证责任由提出主张的一方当事人承担。

依照票据法第四条第二款、第十条、第十二条、第二十一条的规定，向人民法院提起诉讼的持票人有责任提供诉争票据。该票据的出票、承兑、交付、背书转让涉嫌欺诈、偷盗、胁迫、恐吓、暴力等非法行为的，持票人对持票的合法性应当负责举证。

第九条　票据债务人依照票据法第十三条的规定，对与其有直接债权债务关系的持票人提出抗辩，人民法院合并审理票据关系和基础关系的，持票人应当提供相应的证据证明已经履行了约定义务。

第十条　付款人或者承兑人被人民法院依法宣告破产的，持票人因行使追索权而向人民法院提起诉讼时，应当向受理法院提供人民法院依法作出的宣告破产裁定书或者能够证明付款人或者承兑人破产的其他证据。

第十一条　在票据诉讼中，负有举证责任的票据当事人应当在一审人民法院法庭辩论结束以前提供证据。因客观原因不能在上述举证期限以内提供的，应当在举证期限届满以前向人民法院申请延期。延长的期限由人民法院根据案件的具体情况决定。

票据当事人在一审人民法院审理期间隐匿票据、故意有证不举，应当承担相应的诉讼后果。

相关司法文件

《全国法院贯彻实施民法典工作会议纪要》（法〔2021〕94号，2021年4月6日）

7. 提供格式条款的一方对格式条款中免除或者减轻其责任等与对方有重大利害关系的内容，在合同订立时采用足以引起对方注意的文字、符号、字体等特别标识，并按照对方的要求以常人能够理解的方式对该格式条款予以说明的，人民法院应当认定符合民法典第四百九十六条所称"采取合理的方式"。提供格式条款一方对已尽合理提示及说明义务承担举证责任。

8. 民法典第五百三十五条规定的"债务人怠于行使其债权或者与该债权有关的从权利，影响债权人的到期债权实现的"，是指债务人不履行其对债权人的到期债务，又不以诉讼方式或者仲裁方式向相对人主张其享有的债权或者与该债权有关的从权利，致使债权人的到期债权未能实现。相对人不认为债务人有怠于行使其债权或者与该债权有关的从权利情况的，应当承担举证责任。

9. 对于民法典第五百三十九条规定的明显不合理的低价或者高价，人民法院应当以交易当地一般经营者的判断，并参考交易当时交易地的物价部门指导价或者市场交易价，结合其他相关因素综合考虑予以认定。

转让价格达不到交易时交易地的指导价或者市场交易价百分之七十的，一般可以视为明显不合理的低价；对转让价格高于当地指导价或者市场交易价百分之三十的，一般可以视为明显不合理的高价。当事人对于其所主张的交易时交易地的指导价或者市场交易价承担举证责任。

11. 民法典第五百八十五条第二款规定的损失范围应当按照民法典第五百八十四条规定确定，包括合同履行后可以获得的利益，但不得超过违约一方订立合同时预见到或者应当预见到的因违约可能造成的损失。

当事人请求人民法院增加违约金的，增加后的违约金数额以不超过民法典第五百八十四条规定的损失为限。增加违约金以后，当事人又请求对方赔偿损失的，人民法院不予支持。

当事人请求人民法院减少违约金的，人民法院应当以民法典第五百八十四条规定的损失为基础，兼顾合同的履行情况、当事人的过错程度等综合因素，根据公平原则和诚信原则予以衡量，并作出裁判。约定的违约金超过根据民法典第五百八十四条规定确定的损失的百分之三十的，一般可以认定为民法典第五百八十五条第二款规定的"过分高于造成的损失"。当事人主张约定的违约金过高请求予以适当减少的，应当承担举证责任；相对人主张违约金约定合理的，也应提供相应的证据。

《全国法院民商事审判工作会议纪要》（法〔2019〕254号，2019年11月8日）

14.【怠于履行清算义务的认定】公司法司法解释（二）第18条第2款规定的"怠于履行义务"，是指有限责任公司的股东在法定清算事由出现后，在能够履行清算义务的情况下，故意拖延、拒绝履行清算义务，或者因过失导致无法进行清算的消极行为。股东举证证明其已经为履行清算义务采取了积极措施，或者小股东举证证明其既不是公司董事会或者监事会成员，也没有选派人员担任该机关成员，且从未参与公司经营管理，以不构成"怠于履行义务"为由，主张其不应当对公司债务承担连带清偿责任的，人民法院依法予以支持。

15.【因果关系抗辩】有限责任公司的股东举证证明其"怠于履行义务"的消极不作为与"公司主要财产、账册、重要文件等灭失，无法进行清算"的结果之间没有因果关系，主张其不应对公司债务承担连带清偿责任的，人民法院依法予以支持。

18.【善意的认定】前条所称的善意，是指债权人不知道或者不应当知道法定代表人超越权限订立担保合同。《公司法》第16条对关联担保和非关联担保的决议机关作出了区别规定，相应地，在善意的判断标准上也应当有所区别。一种情形是，为公司股东或者实际控制人提供关联担保，《公司法》第16条明确规定必须由股东（大）会决议，未经股东（大）会决议，构成越权代表。在此情况下，债权人主张担保合同有效，应当提供证据证明其在订立合同时对股东（大）会决议进行了审查，决议的表决程序符合《公司法》第16条的规定，即在排除被担保股东表决权的情况下，该项表决由出席会议的其他股东所持表决权的过半数通过，签字人员也符合公司章程的规定。另一种情形是，公司为公司股东或者实际控制人以外的人提供非关联担保，根据《公司法》第16条的规定，此时由公司章程规定是由董事会决议还是股东（大）会决议。无论章程是否对决议机关作出规定，也无论章程规定决议机关为董事会还是股东（大）会，根据《民法总则》第61条第3款关于"法人章程或者法人权力机构对法定代表人代表权的限制，不得对抗善意相对人"的规定，只要债权人能够证明其在订立担保合同时对董事会决议或者股东（大）会决议进行了审查，同意决议的人数及签字人员符合公司章程的规定，就应当认定其构成善意，但公司能够证明债权人明知公司章程对决议机关有明确规定的除外。

债权人对公司机关决议内容的审查一般限于形式审查，只要求尽到必要的注意义务即可，标准不宜太过严苛。公司以机关决议系法定代表人伪造或者变造、决议程序违法、签章（名）不实、担保金额超过法定限额等事由抗辩债权人非善意的，人民法院一般不予支持。但是，公司有证据证明债权人明知决议系伪造或者变造的除外。

20.【越权担保的民事责任】依据前述 3 条规定，担保合同有效，债权人请求公司承担担保责任的，人民法院依法予以支持；担保合同无效，债权人请求公司承担担保责任的，人民法院不予支持，但可以按照担保法及有关司法解释关于担保无效的规定处理。公司举证证明债权人明知法定代表人超越权限或者机关决议系伪造或者变造，债权人请求公司承担合同无效后的民事责任的，人民法院不予支持。

28.【实际出资人显名的条件】实际出资人能够提供证据证明有限责任公司过半数的其他股东知道其实际出资的事实，且对其实际行使股东权利未曾提出异议的，对实际出资人提出的登记为公司股东的请求，人民法院依法予以支持。公司以实际出资人的请求不符合公司法司法解释（三）第 24 条的规定为由抗辩的，人民法院不予支持。

50.【违约金过高标准及举证责任】认定约定违约金是否过高，一般应当以《合同法》第 113 条规定的损失为基础进行判断，这里的损失包括合同履行后可以获得的利益。除借款合同外的双务合同，作为对价的价款或者报酬给付之债，并非借款合同项下的还款义务，不能以受法律保护的民间借贷利率上限作为判断违约金是否过高的标准，而应当兼顾合同履行情况、当事人过错程度以及预期利益等因素综合确定。主张违约金过高的违约方应当对违约金是否过高承担举证责任。

52.【高利转贷】民间借贷中，出借人的资金必须是自有资金。出借人套取金融机构信贷资金又高利转贷给借款人的民间借贷行为，既增加了融资成本，又扰乱了信贷秩序，根据民间借贷司法解释第 14 条第 1 项的规定，应当认定此类民间借贷行为无效。人民法院在适用该条规定时，应当注意把握以下几点：一是要审查出借人的资金来源。借款人能够举证证明在签订借款合同时出借人尚欠银行贷款未还的，一般可以推定为出借人套取信贷资金，但出借人能够举反证予以推翻的除外；二是从宽认定"高利"转贷行为的标准，只要出借人通过转贷行为牟利的，就可以认定为是"高利"转贷行为；三是对该条规定的"借款人事先知道或者应当知道的"要件，不宜把握过苛。实践中，只要出借人在签订借款合同时存在尚欠银行贷款未还事实的，一般可以认为满足了该条规定的"借款人事先知道或者应当知道"这一要件。

75.【举证责任分配】在案件审理过程中，金融消费者应当对购买产品（或者接受服务）、遭受的损失等事实承担举证责任。卖方机构对其是否履行了适当性义务承担举证责任。卖方机构不能提供其已经建立了金融产品（或者服务）的风险评估及相应管理制度、对金融消费者的风险认知、风险偏好和风险承受能力进行了测试、向金融消费者告知产品（或者服务）的收益和主要风险因素等相关证据的，应当承担举证不能的法律后果。

78.【免责事由】因金融消费者故意提供虚假信息、拒绝听取卖方机构的建议等自身原因导致其购买产品或者接受服务不适当，卖方机构请求免除相应责任的，人民法院依法予以支持，但金融消费者能够证明该虚假信息的出具系卖方机构误导的除外。卖方机构能够举证证明根据金融消费者的既往投资经验、受教育程度等事实，适当性义务的违反并未影响金融消费者作出自主决定的，对其关于应当由金融消费者自负投资风险的抗辩理由，人民法院依法予以支持。

87.【合同无效的责任承担】场外配资合同被确认无效后，配资方依场外配资合同的约定，请求用资人向其支付约定的利息和费用的，人民法院不予支持。

配资方依场外配资合同的约定，请求分享用资人因使用配资所产生的收益的，人民法院不予支持。

用资人以其因使用配资导致投资损失为由请求配资方予以赔偿的，人民法院不予支持。用资人能够证明因配资方采取更改密码等方式控制账户使得用资人无法及时平仓止损，并据此请求配资方赔偿其因此遭受的损失的，人民法院依法予以支持。

用资人能够证明配资合同是因配资方招揽、劝诱而订立，请求配资方赔偿其全部或者部分损失的，人民法院应当综合考虑配资方招揽、劝诱行为的方式、对用资人的实际影响、用资人自身的投资经历、风险判断和承受能力等因素，判决配资方承担与其过错相适应的赔偿责任。

94.【受托人的举证责任】资产管理产品的委托人以受托人未履行勤勉尽责、公平对待客户等义务损害其合法权益为由，请求受托人承担损害赔偿责任的，应当由受托人举证证明其已经履行了义务。受托人不能举证证明，委托人请求其承担相应赔偿责任的，人民法院依法予以支持。

103.【票据清单交易、封包交易案件中的票据权利】审判实践中，以票据贴现为手段的多链条融资模式引发的案件应当引起重视。这种交易俗称票据清单交易、封包交易，是指商业银行之间就案涉票据订立转贴现或者回购协议，附以票据清单，或者将票据封包作为质押，双方约定按照票据清单中列明的基本信息进行票据转贴现或者回购，但往往并不进行票据交付和背书。实务中，双方还往往再订立一份代保管协议，约定由原票据持有人代对方继续持有票据，从而实现合法、合规的形式要求。

出资银行仅以参与交易的单个或者部分银行为被告提起诉讼行使票据追索权，被告能够举证证明票据交易存在诸如不符合正常转贴现交易顺序的倒打款、未进行背书转让、票据未实际交付等相关证据，并据此主张相关金融机构之间并无转贴现的真实意思表示，抗辩出资银行不享有票据权利的，人民法院依法予以支持。

出资银行在取得商业承兑汇票后又将票据转贴现给其他商业银行，持票人向其前手主张票据权利的，人民法院依法予以支持。

《第八次全国法院民事商事审判工作会议（民事部分）纪要》（法〔2016〕399号，2016年11月21日）

三、关于侵权纠纷案件的审理

（三）关于医疗损害赔偿责任问题

11. 患者一方请求医疗机构承担侵权责任，应证明与医疗机构之间存在医疗关系及受损害的事实。对于是否存在医疗关系，应综合挂号单、交费单、病历、出院证明以及其他能够证明存在医疗行为的证据加以认定。

12. 对当事人所举证据材料，应根据法律、法规及司法解释的相关规定进行综合审查。因当事人采取伪造、篡改、涂改等方式改变病历资料内容，或者遗失、销毁、抢夺病历，致使医疗行为与损害后果之间的因果关系或医疗机构及其医务人员的过错无法认定的，改变或者遗失、销毁、抢夺病历资料一方当事人应承担相应的不利后果；制作方对病历资料内容存在的明显矛盾或错误不能作出合理解释的，应承担相应的不利后果；病历仅存在错别字、未按病历规范格式书写等形式瑕疵的，不影响对病历资料真实性的认定。

四、关于房地产纠纷案件的审理

（二）关于一房数卖的合同履行问题

15. 审理一房数卖纠纷案件时，如果数份合同均有效且买受人均要求履行合同的，一般应按照已经办理房屋所有权变更登记、合法占有房屋以及合同履行情况、买卖合同成立先后等顺序确定权利保护顺位。但恶意办理登记的买受人，其权利不能优先于已经合法占有该房屋的买受人。对买卖合同的成立时间，应综合主管机关备案时间、合同载明的签订时间以及其他证据确定。

五、关于物权纠纷案件的审理

（一）关于农村房屋买卖问题

20. 在涉及农村宅基地或农村集体经营性建设用地的民事纠纷案件中，当事人主张利润分配等合同权利的，应提供政府部门关于土地利用规划、建设用地计划及优先满足集体建设用地等要求的审批文件或者证明。未提供上述手续或者虽提供了上述手续，但在一审法庭辩论终结前土地性质仍未变更为国有土地的，所涉及的相关合同应按无效处理。

八、关于民事审判程序

（二）关于诉讼代理人资格问题

36. 以当事人的工作人员身份参加诉讼活动，应当按照《最高人民法院关于适用〈中华人民共和国民事诉讼法〉的解释》第八十六条的规定，至少应当提交以下证据之一加以证明：

（1）缴纳社保记录凭证；

（2）领取工资凭证；

（3）其他能够证明其为当事人工作人员身份的证据。

《最高人民法院关于当前商事审判工作中的若干具体问题》（最高人民法院民事审判第二庭庭长杨临萍，2015 年 12 月 24 日）

二、关于证券投资类金融纠纷案件的审理问题

1. 在审理程序方面要注意：在诉讼方式上，根据案件具体情况，有的可以单独立案、分别审理，有的可以依据《民事诉讼法》第五十四条实践代表人诉讼制度。在调查取证上，除了法官到现场调查取证外，还可以积极探索利用调查令、书面通知持有证据的单位提供证据等多种手段，补强查明案件事实所需要的证据。另要充分发挥专家辅助人作用，以利形成司法判断。

三、关于票据纠纷案件的审理问题

第一，关于正确理解票据无因性和认定票据权利人问题。无因性是《票据法》的基本原则。票据行为具有独立性，不受原因关系的影响。持票人行使票据权利时不负证明给付原因的责任。持票人只要能够证明票据的真实和背书的连续，即可以对票据债务人行使票据权利。但应予注意的是，票据无因性的宗旨在于促进票据流通，保护善意第三人而非非法持票人，因此，《票据法》规定了无因性的例外情形，其中之一为持票人取得票据的手段不合法，不得取得票据权利。

第二，关于票据追索权问题。

1. 行使票据追索权需具备实质要件和形式要件。其中，实质要件是持票人的付款请求权得不到实现。《票据法》第六十一条规定的"拒绝付款"，不仅包括付款人明确表示"拒绝付款"的情形，还包括付款人客观上无力履行付款义务而无法付款的情形。票据追索权行使的形式要件是指持票人应提供被拒绝承兑或被拒绝付款的证明。所谓证明，可以是退票理由书、拒绝证明，也可以是法院的有关司法文书、行政管理机关的处罚决定等。

第三，关于票据公示催告程序适用问题。近年来，伪报票据丧失事实而申请公示催告的案件明显增多，法院在适用该程序时应审慎判断。

1. 公示催告程序的适格申请人应是票据丧失前的最后合法持票人。尽管《票据法》及其司法解释、《民事诉讼法》及其司法解释界定公示催告申请人的文义表述不尽一致，但两者内涵和外延相同，公示催告申请人应为"最后合法持票人"。法院应结合票据存根、丧失票据的复印件、出票人关于签发票据的证明、申请人合法取得票据的证明、银行挂失止付通知书、报案证明等证据，综合判定申请人是否为适格申请人。

四、关于保险合同纠纷案件的审理问题

第三，区分不同法律关系，正确审理保险代位求偿权纠纷案件。审理保险人向第三者主张权利的保险代位求偿权纠纷案件时，应正确区分保险合同法律关系与被保险人对第三者损害赔偿法律关系。

2. 在保险人向第三者行使保险代位求偿权的损害赔偿纠纷案件中，保险人在理赔中委托保险公估机构作出的公估报告属于认定第三者应承担的赔偿数额的证据。保险人未经第三者同意单方委托作出的公估报告，属于保险人自行委托作出的鉴定结论。第三者有证据足以反驳并申请重新鉴定的，应予准许。

3. 注意审查被保险人在保险代位求偿权纠纷案件中所作陈述的真实性，防止被保险人取得保险金后又与第三者串通来对抗保险人，防止骗保发生。

六、关于银行卡纠纷案件的审理问题

第二，关于伪卡交易情形下的责任认定问题。伪卡交易引发的银行卡纠纷是目前银行卡纠纷中的主要类型。在审理时，应注意：

1. 关于举证责任问题。持卡人应当对因伪卡交易导致其银行卡账户内资金减少或者透支款数额增加的事实承担举证责任。发卡行、收单机构、特约商户应提交由其持有的案涉刷卡行为发生时的对账单、签购单、监控录像等证据材料。无正当理由拒不提供的，应承担不利法律后果。

十、关于商事审判与刑事、行政诉讼等交叉的正当法律程序问题

第三，要妥善处理商事案件和行政诉讼等交叉的问题。

3. 要准确识别行政行为合法性与民事证据合法性问题。行政机关实施行政行为中作出的批准文件、权利凭证等行政文书，商事审判中可将其作为证据并按照民事诉讼证据的规定进行审查，但商事审判无权对作出行政文书的行政行为进行合法性审查。商事审判中法院发现行政机关明显超越职权作出行政文书或者有相反证据足以推翻行政文书记载内容的，应否定其作为证据的合法性，不予采信。

《最高人民法院关于当前民事审判工作中的若干具体问题》（最高人民法院民事审判第一庭庭长程新文，2015年12月24日）

三、关于婚姻家庭、继承纠纷等家事案件的审理问题

第一，关于夫妻共同债务的认定问题。

这个问题已经引起社会的广泛关注，每年全国两会后，也总有一定数量全国人大代表、全国政协委员的建议、提案是针对此问题提出的，今年尤其多。夫妻一方举债的情形在现实生活中非常复杂，不仅存在夫妻一方以个人名义在婚姻关系存续期间举债给其配偶造成损害的情况；也存在夫妻合谋以离婚为手段，将共同财产分配给一方，而将债务分配另一方，借以达到逃避债务、损害债权人利益目的的情形。

从我们了解的情况看，各地法院对这个问题争议也非常大，包括共同债务除借款外是否还包括侵权等其他债务；在夫妻共同债务的认定上，除"用于夫妻共同生活"的标准外，是否要考虑增加"为了家庭共同利益"的标准；在举债人配偶一方举证证明举债人所借债务明显超出日常生活及生产经营所需，或者举债人具有赌博、吸毒等不良嗜好的，举证证明责任能否转移等问题。这些问题目前争议都非常大，

我们也正在研究中。

总体意见是，处理这类纠纷一定要兼顾债权人信赖利益的保护和妇女儿童权益的维护两个方面。就婚姻关系存续期间夫妻一方以个人名义所负债务性质的考量，应区分规制不同的法律关系，分别适用婚姻法第四十一条和《婚姻法司法解释（二）》[《最高人民法院关于适用〈中华人民共和国婚姻法〉若干问题的解释（二）》]。

四、关于侵权责任纠纷案件的审理问题

第二，关于医疗损害责任纠纷案件的审理。近几年来，医患关系日趋紧张，时有恶性事件见诸报端，对此，一定要加以重视。审理此类案件的总体思路和理念是，要通过司法审判引导构建和谐医患关系，维护社会稳定。既要通过举证证明责任、证明标准等法律技术手段充分保护患者的合法权益，也要注意医学面对的领域永远是未知大于已知、医护人员的职业特殊性和病患复杂性等特点，为医学发展和医疗水平的提高提供司法保障。医疗损害责任纠纷案件中，最关键的是举证证明责任分配和鉴定问题。

2011 年的会议纪要对举证证明责任分配问题作出了比较详细的规定，我们也放到了本次会议纪要中，大家要把它作为审理相关案件的基本指引。此外，由于医疗纠纷问题专业性强，可以考虑引导当事人通过申请专家辅助人的方式查明事实，分清责任。鉴定乱、鉴定滥依然是审理此类案件的瓶颈。目前，国务院正在修订《医疗事故处理条例》，其中对鉴定问题也有较大改变，要密切关注条例的修订情况。去年以来，最高人民法院还参加了中央主导、国务院卫计委牵头的"平安医院"建设活动，取得了丰富成果，我们将适时对成果进行转化，以指导全国医疗纠纷的审判实践。

十、关于民间借贷司法解释实施中需要注意的问题

第一，关于举证证明责任问题。要正确理解民事诉讼法司法解释第九十条的规定。负有举证责任的当事人要完成的是举证证明责任。在没有达到证明责任标准的情况下，不能认定其完成了举证证明责任。民间借贷纠纷中，尤其是出借人主张大额现金交付的，对于借贷事实是否发生，是出借人需要举证证明的重要内容，欠缺这个事实，只提供借据、欠条等债权凭证的，不能视为其完成了举证证明责任，需要当事人进一步提供证据来证明。

对于这一点，自 2011 年以来，应该说我们的司法政策是一贯的，包括 2011 年《最高人民法院关于依法妥善审理民间借贷纠纷案件促进经济发展维护社会稳定的通知》、2011 年杭州会议纪要和 2015 年的民间借贷司法解释。总体要求就是对借贷事实是否发生要结合借贷金额、款项交付、当事人的经济能力、当地或者当事人之间的交易方式、交易习惯、当事人财产变动情况以及当事人陈述、证人证言等事实进行综合判断。只有在贷款人提供的证据能够证明待证事实的发生具有高度可能性、足以使法官对现金交付的存在形成内心确信的标准时，才能被视为完成证明责任。

实践中，要注意不宜以借款数额大小为标准来划分举证责任轻重。

《最高人民法院民一庭关于婚姻关系存续期间夫妻一方以个人名义所负债务性质如何认定的答复》（〔2014〕民一他字第 10 号，2014 年 7 月 12 日）

江苏省高级人民法院：

你院〔2014〕苏民他字第 2 号《关于婚姻关系存续期间夫妻一方以个人名义所负债务的性质如何认定问题的请示》收悉。

经研究，同意你院审判委员会的倾向性意见。在不涉及他人的离婚案件中，由以个人名义举债的配偶一方负责举证证明所借债务用于夫妻共同生活，如证据不足，则其配偶一方不承担偿还责任。在债权人以夫妻一方为被告起诉的债务纠纷中，对于案涉债务是否属于夫妻共同债务，应当按照《最高人民法院关于适用〈中华人民共和国婚姻法〉若干问题的解释（二）》第二十四条规定认定。如果举债人的配偶举证证明所借债务并非用于夫妻共同生活，则其不承担偿还责任。

《最高人民法院关于全面加强环境资源审判工作　为推进生态文明建设提供有力司法保障的意见》（法发〔2014〕11 号，2014 年 6 月 23 日）

8. 依法审理环境资源民事案件。畅通司法救济渠道，完善司法便民措施，依法及时受理环境资源保护民事案件。妥善审理与土地、矿产、草场、林场、渔业、水、电、气、热力以及海洋等环境资源保护相关的物权、合同和侵权案件，特别要加强对污染土壤、污染水源等环境侵权案件的审理。对于涉及到矿业权、林权及其他自然资源权属的股权转让、承包、联营、出租、抵押等案件，要将保护生态环境和自然资源作为裁判的重要因素予以综合考量。充分发挥保全和先予执行措施的预防和减损作用，对于保全和先予执行申请，要及时受理、迅速审查、依法裁定、立即执行。依法确定当事人举证责任，对于因污染环境、破坏生态发生的纠纷，原告应当就存在污染行为和损害承担举证责任，并提交污染行为和损害之间可能存在因果关系的初步证据，被告应当就法律规定的不承担责任或者减轻责任的情形及其行为与损害之间不存在因果关系承担举证责任。

13. 探索完善环境民事公益诉讼的审判程序。探索立案沟通协调机制，及时将环境公益诉讼起诉情况通报环境资源保护行政执法机关。探索建立受理公告制度，及时公告环境公益诉讼受理情况。对于审理案件需要的涉及社会公共利益的证据原告因客观原因无法取得的，可以依职权调取。对于原告承担举证责任的涉及社会公共利益的事实需要鉴定的，可以依职权委托鉴定。对于当事人达成的调解协议或者和解撤诉申请，应当特别注重审查是否损害国家利益、社会公共利益或者他人合法权益。对于需要采取强制执行措施的生效判决，可以依法移送执行。

《最高人民法院关于认真学习贯彻实施消费者权益保护法的通知》（法〔2013〕288 号，2013 年 12 月 18 日）

四、顺应变革，正确适用。新《消费者权益保护法》对耐用商品和装饰装修等服务的瑕疵，规定了举证责任倒置，突破了"谁主张，谁举证"的一般举证规则，加重了经营者的举证责任。新《消费者权益保护法》施行后，人民法院要合理分配当事人的举证责任，既要充分运用举证责任倒置，解决当事人商品信息不对称的问题，充分保护消费者的合法权益，又要明确消费者的初步举证的义务，及时查明案情，分清是非责任。经营者不能提交充分证据证明商品没有质量问题，或者损害是由于消费者使用不当等原因造成的，应承担举证不能的不利后果。要正确划分商品的"瑕疵"和"缺陷"的法律界限，确认经营者应当承担的责任。

《关于在审判执行工作中切实规范自由裁量权行使保障法律统一适用的指导意见》（法发〔2012〕7号，2012年2月28日）

四、正确运用证据规则。行使自由裁量权，要正确运用证据规则，从保护当事人合法权益、有利查明事实和程序正当的角度，合理分配举证责任，全面、客观、准确认定证据的证明力，严格依证据认定案件事实，努力实现法律事实与客观事实的统一。

《关于当前形势下审理民商事合同纠纷案件若干问题的指导意见》（法发〔2009〕40号，2009年7月7日）

8. 为减轻当事人诉累，妥当解决违约金纠纷，违约方以合同不成立、合同未生效、合同无效或者不构成违约进行免责抗辩而未提出违约金调整请求的，人民法院可以就当事人是否需要主张违约金过高问题进行释明。人民法院要正确确定举证责任，违约方对于违约金约定过高的主张承担举证责任，非违约方主张违约金约定合理的，亦应提供相应的证据。合同解除后，当事人主张违约金条款继续有效的，人民法院可以根据合同法第九十八条的规定进行处理。

11. 人民法院认定可得利益损失时应当合理分配举证责任。违约方一般应当承担非违约方没有采取合理减损措施而导致损失扩大、非违约方因违约而获得利益以及非违约方亦有过失的举证责任；非违约方应当承担其遭受的可得利益损失总额、必要的交易成本的举证责任。对于可以预见的损失，既可以由非违约方举证，也可以由人民法院根据具体情况予以裁量。

13. 合同法第四十九条规定的表见代理制度不仅要求代理人的无权代理行为在客观上形成具有代理权的表象，而且要求相对人在主观上善意且无过失地相信行为人有代理权。合同相对人主张构成表见代理的，应当承担举证责任，不仅应当举证证明代理行为存在诸如合同书、公章、印鉴等有权代理的客观表象形式要素，而且应当证明其善意且无过失地相信行为人具有代理权。

14. 人民法院在判断合同相对人主观上是否属于善意且无过失时，应当结合合同缔结与履行过程中的各种因素综合判断合同相对人是否尽到合理注意义务，此外还要考虑合同的缔结时间、以谁的名义签字、是否盖有相关印章及印章真伪、标的物的交付方式与地点、购买的材料、租赁的器材、所借款项的用途、建筑单位是否知道项目经理的行为、是否参与合同履行等各种因素，作出综合分析判断。

《最高人民法院关于审理涉及金融不良债权转让案件工作座谈会纪要》（法发〔2009〕19号，2009年4月3日）

八、关于举证责任分配和相关证据的审查

会议认为，人民法院在审查不良债权转让合同效力时，要加强对不良债权转让合同、转让标的、转让程序以及相关证据的审查，尤其是对受让人权利范围、受让人身份合法性以及证据真实性的审查。不良债权转让合同中经常存在诸多限制受让人权利范围的条款，人民法院应当要求受让人向法庭披露不良债权转让合同以证明其权利合法性和权利范围。受让人不予提供的，人民法院应当责令其提供；受让人拒不提供的，应当承担举证不能的法律后果。人民法院在对受让人身份的合法性以及是否存在恶意串通等方面存在合理怀疑时，应当根据最高人民法院《关于民事诉讼证据的若干规定》及时合理地分配举证责任；但人民法院不得仅以不良债权出让价格与资产账面额之间的差额幅度作为引起怀疑的证据，而应当综合判断。对当事人伪造或变造借款合同、担保合同、借款借据、修改缔约时间和债务人还贷时间以及产生诉讼时效中断证据等情形的，人民法院应当严格依据相关法律规定予以制裁。

《涉及家庭暴力婚姻案件审理指南》（最高人民法院中国应用法学研究所2008年3月）

第四十条　一定情况下的举证责任转移

人民法院在审理涉及家庭暴力的婚姻案件时，应当根据此类案件的特点和规律，合理分配举证责任。

对于家庭暴力行为的事实认定，应当适用民事诉讼的优势证据标准，根据逻辑推理、经验法则做出判断，避免采用刑事诉讼的证明标准。

原告提供证据证明受侵害事实及伤害后果并指认系被告所为的，举证责任转移到被告。被告虽否认侵害由其所为但无反证的，可以推定被告为加害人，认定家庭暴力的存在。

《最高人民法院关于审理期货纠纷案件座谈会纪要》（1995年10月27日）

九、关于期货纠纷案件中的举证责任问题

会议认为，人民法院审理期货纠纷案件，一般应当贯彻民事诉讼法第六十四条规定的"谁主张，谁举证"的原则，但是如果客户主张经纪公司未入市交易，经纪公司否认的，应由经纪公司负举证责任。如果经纪公司提供不出相应的证据，就应当推定没有入市交易。

2. 免予举证证明

导读

按照约束性辩论原则的要求，只有当事人主张的主要事实才能作为裁判的依据，当事人没有主张的主要事实不能作为裁判依据。除了当事人双方没有争议的事实之外，这些主要事实就构成证明的对象。没有争议的事实包括自认的事实，因此，自认的事实无须加以证明。如果不是主要事实，而是间接事实或辅助事实，按照约束性辩论原则，无须当事人主张，法院可以职权探知。而在没有规定约束性辩论原则的诉讼体制中，即使当事人没有主张的主要事实，法院也可以职权探知。虽然当事人主张的主要事实为证明的对象，但基于某种原因，法律（包括具有实际规范作用的司法解释）也规定有些特定的事实无须加以证明。如上所述，按照约束性辩论原则的要求，自认的事实无须提出证据加以证明。我国尽管没有规定约束性辩论原则，没有完全承认自认，但《民诉法司法解释》已规定自认的事实无须证明。除此之外，《民诉法司法解释》还从节约证明成本的角度规定了自然规律、定理、定律、众所周知的事实、法律推定的事实、通过事实或日常生活经验法则所推定的事实、生效仲裁裁决所确认的事实、生效裁判确认的事实、有效公证文书证明的事实等无须证明。《民诉法司法解释》所谓的"无须证明"是指无须在本案中提出证据加以证明。因为实际上这些事实（除了众所周知的事实之外）在某种程度上是已经被证明了的事实。从节约证明成本的角度考虑也就没有必要在本案中再加以证明。因此在这个意义上还不能说这些事实是无须证明的事实，只有自认的事实是恒定的无须证明的事实。

相关司法解释规定

《最高人民法院关于适用〈中华人民共和国民事诉讼法〉的解释》（法释〔2015〕5号，2014年12月18日通过，2020年12月23日修正）

第九十三条　下列事实，当事人无须举证证明：

（一）自然规律以及定理、定律；

（二）众所周知的事实；

（三）根据法律规定推定的事实；

（四）根据已知的事实和日常生活经验法则推定出的另一事实；

（五）已为人民法院发生法律效力的裁判所确认的事实；

（六）已为仲裁机构生效裁决所确认的事实；

（七）已为有效公证文书所证明的事实。

前款第二项至第四项规定的事实，当事人有相反证据足以反驳的除外；第五项至第七项规定的事实，当事人有相反证据足以推翻的除外。

《最高人民法院关于民事诉讼证据的若干规定》（法释〔2019〕19号，2001年12月6日通过，2019年10月14日修正）

第十条　下列事实，当事人无须举证证明：

（一）自然规律以及定理、定律；

（二）众所周知的事实；

（三）根据法律规定推定的事实；

（四）根据已知的事实和日常生活经验法则推定出的另一事实；

（五）已为仲裁机构的生效裁决所确认的事实；

（六）已为人民法院发生法律效力的裁判所确认的基本事实；

（七）已为有效公证文书所证明的事实。

前款第二项至第五项事实，当事人有相反证据足以反驳的除外；第六项、第七项事实，当事人有相反证据足以推翻的除外。

3. 自　认

导读

　　自认是一方当事人对另一方当事人主张的案件事实予以承认。当事人所承认的事实就是自认的事实。自认的对象仅限于事实，法律法规、经验法则、法律解释、法律问题都不是自认的对象。自认的基本功能在于通过当事人对对方主张事实的承认，免除了当事人对主张事实的证明责任（证明责任在对方时，免除了对方的证明责任；证明责任在自己一方，同样也因为自认免除了证明责任。其基本原理是双方没有争议的事实不管该事实的证明责任在哪一方，都不需要加以证明），简化了诉讼程序（省略了法院的证据调查程序、当事人双方对证据的质辩等），从而降低了诉讼成本，提高了诉讼效率。自认的这一价值与自认的约束力有着内在的关联性，如果自认对当事人和法院没有约束力，当事人可以任意反悔，法院可以进行调查否定自认，自认的价值也就不复存在了。一旦当事人和法院不受自认的约束力，还将导致突袭裁判。例如，在诉讼开始阶段，当事人一方对对方当事人的事实主张予以承认后，主张一方当事人基于约束力，就不必再收集和调查证据，也没有必要再保留相关证据，也不需要申请证据保全。但如果后来或第二审甚至再审中，对方当事人反悔，否认对当事人事实主张的承认，则必将使主张一方当事人陷于不利境地，严重违反诚实信用原则。

相关司法解释规定

《最高人民法院关于适用〈中华人民共和国民事诉讼法〉的解释》（法释〔2015〕5 号，2014 年 12 月 18 日通过，2020 年 12 月 23 日修正）

第九十二条　一方当事人在法庭审理中，或者在起诉状、答辩状、代理词等书面材料中，对于已不利的事实明确表示承认的，另一方当事人无需举证证明。

对于涉及身份关系、国家利益、社会公共利益等应当由人民法院依职权调查的事实，不适用前款自认的规定。

自认的事实与查明的事实不符的，人民法院不予确认。

《最高人民法院关于民事诉讼证据的若干规定》（法释〔2019〕19 号，2001 年 12 月 6 日通过，2019 年 10 月 14 日修正）

第三条　在诉讼过程中，一方当事人陈述的于己不利的事实，或者对于己不利的事实明确表示承认的，另一方当事人无需举证证明。

在证据交换、询问、调查过程中，或者在起诉状、答辩状、代理词等书面材料中，当事人明确承认于己不利的事实的，适用前款规定。

第四条　一方当事人对于另一方当事人主张的于己不利的事实既不承认也不否认，经审判人员说明并询问后，其仍然不明确表示肯定或者否定的，视为对该事实的承认。

第五条　当事人委托诉讼代理人参加诉讼的，除授权委托书明确排除的事项外，诉讼代理人的自认视为当事人的自认。

当事人在场对诉讼代理人的自认明确否认的，不视为自认。

第六条　普通共同诉讼中，共同诉讼人中一人或者数人作出的自认，对作出自认的当事人发生效力。

必要共同诉讼中，共同诉讼人中一人或者数人作出自认而其他共同诉讼人予以否认的，不发生自认的效力。其他共同诉讼人既不承认也不否认，经审判人员说明并询问后仍然不明确表示意见的，视为全体共同诉讼人的自认。

第七条　一方当事人对于另一方当事人主张的于己不利的事实有所限制或者附加条件予以承认的，由人民法院综合案件情况决定是否构成自认。

第八条　《最高人民法院关于适用〈中华人民共和国民事诉讼法〉的解释》第九十六条第一款规定的事实，不适用有关自认的规定。

自认的事实与已经查明的事实不符的，人民法院不予确认。

第九条　有下列情形之一，当事人在法庭辩论终结前撤销自认的，人民法院应当准许：

（一）经对方当事人同意的；

（二）自认是在受胁迫或者重大误解情况下作出的。

人民法院准许当事人撤销自认的，应当作出口头或者书面裁定。

4．证　明　标　准

导读

证明标准是法院在诉讼中认定案件事实所要达到的证明程度。证明标准是法院判断待证事实的基准。在诉讼中，如果该待证事实的证明没有达到证明标准时，该待证事实就处于真伪不明的状态，证明已达到证明标准时，法院就应当以该事实作为裁判的依据。证明标准与当事人行使诉讼权利，法院行使审判权以及证明责任问题之间有密切的关系，当有争议的待证事实一旦确定由哪一方当事人承担证明责任后，紧接着的问题就是，证明应当达到怎样的程度，才不至于使待证事实处于真伪不明的状态。如果证明没有达到这一状态，便要实际承担相应的不利后果。证明标准的意义在于，对于当事人来讲，只有了解了证明标准，才知道应当具有哪些证据或如何证明才能达到证明的要求，而不至于当事人因证据不足而贸然提起诉讼，或者在已经达到证明标准时仍未提起诉讼。在诉讼中反证的运用也与证明标准有密切的关联。当负有证明责任的一方当事人的证明已经达到证明标准，法官有可能认定时，就必须提出反证推翻本证。这样可以避免反证的盲目性。对于具体认定案件的法官来说，只有明确证明标准，才能够正确把握认定案件事实所需要具备何种程度的证据，才能以此衡量待证事实是否已经得到证明，进而要求当事人进一步补充证据加以证明。

相关司法解释规定

《最高人民法院关于适用〈中华人民共和国民事诉讼法〉的解释》（法释〔2015〕5号，2014年12月18日通过，2020年12月23日修正）

第一百零八条　对负有举证证明责任的当事人提供的证据，人民法院经审查并结合相关事实，确信待证事实的存在具有高度可能性的，应当认定该事实存在。

对一方当事人为反驳负有举证证明责任的当事人所主张事实而提供的证据，人民法院经审查并结合相关事实，认为待证事实真伪不明的，应当认定该事实不存在。

法律对于待证事实所应达到的证明标准另有规定的，从其规定。

第一百零九条　当事人对欺诈、胁迫、恶意串通事实的证明，以及对口头遗嘱或者赠与事实的证明，人民法院确信该待证事实存在的可能性能够排除合理怀疑的，应当认定该事实存在。

《最高人民法院关于民事诉讼证据的若干规定》（法释〔2019〕19 号，2001 年12 月 6 日通过，2019 年 10 月 14 日修正）

第八十六条　当事人对于欺诈、胁迫、恶意串通事实的证明，以及对于口头遗嘱或赠与事实的证明，人民法院确信该待证事实存在的可能性能够排除合理怀疑的，应当认定该事实存在。

与诉讼保全、回避等程序事项有关的事实，人民法院结合当事人的说明及相关证据，认为有关事实存在的可能性较大的，可以认定该事实存在。

相关案例　恶意串通的证明标准

"北京瑞邦安信投资顾问有限公司与北京帅府大厦发展有限公司等确认合同无效纠纷上诉案"评析——北京市第三中级人民法院（2015）三中民终字第 00603 号民事判决书

2009 年年初，北京帅府大厦发展有限公司（以下简称帅府公司）授权北京瑞邦安信投资顾问有限公司（以下简称瑞邦公司）对帅府大厦项目用地进行环境整治及建设管理工作，后瑞邦公司经王府井管理办公室许可投资修建临时建筑。2009 年12 月双方签订《备忘录》约定瑞邦公司有偿使用项目用地，瑞邦公司清场腾退时帅府公司支付临建拆迁补偿金。2011 年 10 月双方签订《场地租赁协议》约定瑞邦公司租赁项目场地和相关设施用作自行办公及临时商业设施，三年租赁期内年租金 100 万元，帅府公司启动开发项目时合同解除。2012 年 2 月双方达成《补充协议》延长租赁期限。后瑞邦公司拖欠当年租金 90 万元，2012 年 12 月帅府公司以启动项目开发为由发出《腾退通知》，通知瑞邦公司解除合同、腾退场地。2013 年 4 月帅府公司又以同等条件将项目场地及临建设施出租给北京东建置业投资顾问有限公司（以下简称东建公司）用于建设经营。2014 年 8 月瑞邦公司以帅府公司和东建公司恶意串通侵害其合法权益为由起诉，请求确认两被告的《场地租赁合同》无效。一审法院以瑞邦公司无证据证明其对临时建筑的所有权为由驳回原告请求；二审法院认为帅府公司与东建公司存在恶意串通，支持了原告的诉讼请求。

本案争议焦点是帅府公司与东建公司是否存在恶意串通达成《场地租赁合同》的情形，以及该《场地租赁合同》是否侵害了瑞邦公司对项目场地内临时建筑的所有权。瑞邦公司的请求权基础依据的是《合同法》第 52 条第 2 款，合同无效的法律后果需要两个构成要件，一是主观要件，两被告存在恶意串通的情形，而"恶意串通"又存在主观故意和串通合意两个特征；二是客观要件，两被告的订约行为损害了国家、集体或者第三人的利益，具体到本案即指向瑞邦公司对临时建筑的所有权。关于客观要件，瑞邦公司是基于修建临时建筑的事实行为取得对临时建筑的所有权，且所有权不受添附的影响。对于主观要件，依据《民诉解释》第 109 条的规定，恶意串通事实的证明需要达到排除合理怀疑的证明标准，这是比《民诉解释》第 108 条高度盖然性标准更高的证明标准，实际上也是强化了主张恶意串通事实的一方当事人的证明责任，对方当事人只需提出合理怀疑拉低证明责任一方的证明度即可。

就本案而论，二审法院论证了两项裁判理由：第一，帅府公司 2012 年 12 月《腾退通知》中的解约理由是《场地租赁协议》约定的合同解除条件——启动项目开发，而非瑞邦公司拖欠租金的违约情形，而 2013 年 8 月帅府公司向王府井管理办公室申请备案的后一份《场地租赁合同》时发出的函件显示前份合同的终止理由却是已经到期，两者明显不一致，帅府公司存在刻意隐瞒转租意图的主观故意，一方面尽快摆脱与瑞邦公司的合同拘束，利用瑞邦公司违约在先的不利局面使其忽视或者放弃对临时建筑的主张；另一方面轻易获得对临时建筑的实际控制，为下一步寻租获益做好铺垫。第二，东建公司的法定代表人张某同时也是瑞邦公司的两个股东之一，其举报瑞邦公司法定代表人即另一股东秦某职务侵占罪，致秦某于 2013 年 1 月 31 日至同年 11 月 15 日被羁押而丧失对瑞邦公司的实际控制。由此推定东建公司明知瑞邦公司与帅府公司签订有《备忘录》及《场地租赁协议》，张某利用秦某被羁押的机会取得对瑞邦公司的控制，隐瞒事实，消极履行股东责任，存在侵害瑞邦公司利益的恶意。

二审判决的这两项裁判理由是从正面证成恶意串通成立，看不出被告的合理怀疑以及法院排除合理怀疑的论证。同时，恶意串通属于当事人的内心主观状态，较为隐蔽，法院是基于帅府公司和东建公司的行为外观推定双方存在恶意串通，而推定实际是降低证明标准的一种方法。帅府公司恶意侵害瑞邦公司对临时建筑的所有权应无疑义，但东建公司是否有恶意串通还存在合理怀疑，本案的审理程度尚无法达到排除合理怀疑的证明标准：（1）秦某羁押期间是在《腾房通知》之后、后份《场地租赁合同》签订之前，秦某丧失对瑞邦公司的实际控制距《腾房通知》1 个月有余，在这段时间内可能安排瑞邦公司与帅府公司的场地租赁争议，瑞邦公司没有向法院提出合同解除的异议，也没有向帅府公司提出临时建筑处理的协商要求，似乎是暂时搁置争议或是对己方违约的妥协，东建公司并无恶意促成瑞邦公司违约的可能。（2）东建公司明知瑞邦公司与帅府公司签订有《备忘录》及《场地租赁协议》，只能说明东建公司有放任租赁临时建筑会侵害瑞邦公司所有权的间接故意，但是否有与帅府公司的串通合意尚难以认定。虽然《腾房通知》要求的腾退之日恰好与后份《场地租赁合同》的签订之日间隔一日，但是这可能是帅府公司与东建公司的商事谈判安排，帅府公司在场地清退之后才有可能出租给下家。（3）瑞邦公司完全可以向帅府公司就临时建筑的权属和收益主张赔偿，而且这更能获得实际利益，而瑞邦公司迂回主张后份租赁合同无效，且仅就临时建筑主张权益，实有干扰帅府公司和东建公司的正常交易之嫌。即使判决支持了瑞邦公司的诉讼请求，帅府公司也可以在后续的争议中实际取得临时建筑的所有权，其取得所有权的费用也可能与瑞邦公司的违约损害赔偿抵销，瑞邦公司可能完全不会从合同无效中取得任何利益。

四、证据的提出

1. 举 证 期 限

导读

　　举证期限是一种限制当事人诉讼行为的制度，其建立的主要根据是民事诉讼诚实信用原则。根据诚实信用原则，当事人应当诚实守信地实施诉讼行为，不能以不正当的目的实施影响诉讼公正或效率的诉讼行为。如果当事人没有正当理由，以诉讼上的"突然袭击"为目的，故意迟延提出证据，就是违反诚实信用原则的行为。举证期限制度设立的目的在于以下几点：（1）促使当事人积极举证，提高诉讼效率，更准确地讲，应当是提高庭审效率。通过提高庭审效率，实现诉讼效率。在诉讼实践中，影响庭审效率的一个重要原因是因为没有在庭审前限制当事人举证的期间，在诉讼中，当事人可以随时提出证据，导致反复开庭进行事实调查，无法提高庭审效率。举证期限制度有助于促使当事人在开庭前完成举证事项，提高庭审效率。（2）有利于防止证据上的"突然袭击"。（3）有利于法院对诉讼争点问题和证据进行整理。允许当事人随时提出证据，就必然造成证据上的"突然袭击"，从而迟延诉讼，也影响法院尽早对诉讼争点和证据进行整理。从以上三点看，有利于法院对诉讼争点和证据进行整理应当是其最主要的目的。因为举证期限仅仅在于促使当事人在开庭审理前提出证据，部分证据实际上是无法在开庭审理前提出的，例如在开庭审理中发现需要提出的证据。（4）举证期限制度是与证据交换制度紧密联系在一起的，是证据交换制度的配套制度。证据交换的目的也是有利于焦点问题和证据的整理，当然焦点问题的整理和证据整理也是为了提高庭审的效率。没有举证期限制度，证据交换也难以达成。

相关法律条文

《中华人民共和国民事诉讼法》（2017 年 6 月 27 日修正）

　　第六十五条　当事人对自己提出的主张应当及时提供证据。

　　人民法院根据当事人的主张和案件审理情况，确定当事人应当提供的证据及其期限。当事人在该期限内提供证据确有困难的，可以向人民法院申请延长期限，人民法院根据当事人的申请适当延长。当事人逾期提供证据的，人民法院应当责令其说明理由；拒不说明理由或者理由不成立的，人民法院根据不同情形可以不予采纳该证据，或者采纳该证据但予以训诫、罚款。

相关司法解释规定

《最高人民法院关于适用〈中华人民共和国民事诉讼法〉的解释》（法释〔2015〕5 号，2014 年 12 月 18 日通过，2020 年 12 月 23 日修正）

第九十九条　人民法院应当在审理前的准备阶段确定当事人的举证期限。举证期限可以由当事人协商，并经人民法院准许。

人民法院确定举证期限，第一审普通程序案件不得少于十五日，当事人提供新的证据的第二审案件不得少于十日。

举证期限届满后，当事人对已经提供的证据，申请提供反驳证据或者对证据来源、形式等方面的瑕疵进行补正的，人民法院可以酌情再次确定举证期限，该期限不受前款规定的限制。

第一百条　当事人申请延长举证期限的，应当在举证期限届满前向人民法院提出书面申请。

申请理由成立的，人民法院应当准许，适当延长举证期限，并通知其他当事人。延长的举证期限适用于其他当事人。

申请理由不成立的，人民法院不予准许，并通知申请人。

第一百零一条　当事人逾期提供证据的，人民法院应当责令其说明理由，必要时可以要求其提供相应的证据。

当事人因客观原因逾期提供证据，或者对方当事人对逾期提供证据未提出异议的，视为未逾期。

第一百零二条　当事人因故意或者重大过失逾期提供的证据，人民法院不予采纳。但该证据与案件基本事实有关的，人民法院应当采纳，并依照民事诉讼法第六十五条、第一百一十五条第一款的规定予以训诫、罚款。

当事人非因故意或者重大过失逾期提供的证据，人民法院应当采纳，并对当事人予以训诫。

当事人一方要求另一方赔偿因逾期提供证据致使其增加的交通、住宿、就餐、误工、证人出庭作证等必要费用的，人民法院可予支持。

《最高人民法院关于民事诉讼证据的若干规定》（法释〔2019〕19 号，2001 年 12 月 6 日通过，2019 年 10 月 14 日修正）

第四十九条　被告应当在答辩期届满前提出书面答辩，阐明其对原告诉讼请求及所依据的事实和理由的意见。

第五十条　人民法院应当在审理前的准备阶段向当事人送达举证通知书。

举证通知书应当载明举证责任的分配原则和要求、可以向人民法院申请调查收集证据的情形、人民法院根据案件情况指定的举证期限以及逾期提供证据的法律后果等内容。

第五十一条　举证期限可以由当事人协商，并经人民法院准许。

人民法院指定举证期限的，适用第一审普通程序审理的案件不得少于十五日，当事人提供新的证据的第二审案件不得少于十日。适用简易程序审理的案件不得超过十五日，小额诉讼案件的举证期限一般不得超过七日。

举证期限届满后，当事人提供反驳证据或者对已经提供的证据的来源、形式等方面的瑕疵进行补正的，人民法院可以酌情再次确定举证期限，该期限不受前款规定的期间限制。

第五十二条　当事人在举证期限内提供证据存在客观障碍，属于民事诉讼法第六十五条第二款规定的"当事人在该期限内提供证据确有困难"的情形。

前款情形，人民法院应当根据当事人的举证能力、不能在举证期限内提供证据的原因等因素综合判断。必要时，可以听取对方当事人的意见。

第五十三条　诉讼过程中，当事人主张的法律关系性质或者民事行为效力与人民法院根据案件事实作出的认定不一致的，人民法院应当将法律关系性质或者民事行为效力作为焦点问题进行审理。但法律关系性质对裁判理由及结果没有影响，或者有关问题已经当事人充分辩论的除外。

存在前款情形，当事人根据法庭审理情况变更诉讼请求的，人民法院应当准许并可以根据案件的具体情况重新指定举证期限。

第五十四条　当事人申请延长举证期限的，应当在举证期限届满前向人民法院提出书面申请。

申请理由成立的，人民法院应当准许，适当延长举证期限，并通知其他当事人。延长的举证期限适用于其他当事人。

申请理由不成立的，人民法院不予准许，并通知申请人。

第五十五条　存在下列情形的，举证期限按照如下方式确定：

（一）当事人依照民事诉讼法第一百二十七条规定提出管辖权异议的，举证期限中止，自驳回管辖权异议的裁定生效之日起恢复计算；

（二）追加当事人、有独立请求权的第三人参加诉讼或者无独立请求权的第三人经人民法院通知参加诉讼的，人民法院应当依照本规定第五十一条的规定为新参加诉讼的当事人确定举证期限，该举证期限适用于其他当事人；

（三）发回重审的案件，第一审人民法院可以结合案件具体情况和发回重审的原因，酌情确定举证期限；

（四）当事人增加、变更诉讼请求或者提出反诉的，人民法院应当根据案件具体情况重新确定举证期限；

（五）公告送达的，举证期限自公告期届满之次日起计算。

第五十九条　人民法院对逾期提供证据的当事人处以罚款的，可以结合当事人逾期提供证据的主观过错程度、导致诉讼迟延的情况、诉讼标的金额等因素，确定罚款数额。

相关司法文件

《最高人民法院关于适用〈关于民事诉讼证据的若干规定〉中有关举证时限规定的通知》（法发〔2008〕42号，2008年12月11日）

全国地方各级人民法院、各级军事法院、各铁路运输中级法院和基层法院、各海事法院，新疆生产建设兵团各级法院：

最高人民法院《关于民事诉讼证据的若干规定》（以下简称《证据规定》）自2002年4月1日施行以来，对于指导和规范人民法院的审判活动，提高诉讼当事人的证据意识，促进民事审判活动公正有序地开展，起到了积极的作用。但随着新情况、新问题的出现，一些地方对《证据规定》中的个别条款，特别是有关举证时限的规定理解不统一。为切实保障当事人诉讼权利的充分行使，保障人民法院公正高效行使审判权，现将适用《证据规定》中举证时限规定等有关问题通知如下：

一、关于第三十三条第三款规定的举证期限问题。《证据规定》第三十三条第三款规定的举证期限是指在适用一审普通程序审理民事案件时，人民法院指定当事人提供证据证明其主张的基础事实的期限，该期限不得少于三十日。但是人民法院在征得双方当事人同意后，指定的举证期限可以少于三十日。前述规定的举证期限届满后，针对某一特定事实或特定证据或者基于特定原因，人民法院可以根据案件的具体情况，酌情指定当事人提供证据或者反证的期限，该期限不受"不得少于三十日"的限制。

二、关于适用简易程序审理案件的举证期限问题。适用简易程序审理的案件，人民法院指定的举证期限不受《证据规定》第三十三条第三款规定的限制，可以少于三十日。简易程序转为普通程序审理，人民法院指定的举证期限少于三十日的，人民法院应当为当事人补足不少于三十日的举证期限。但在征得当事人同意后，人民法院指定的举证期限可以少于三十日。

三、关于当事人提出管辖权异议后的举证期限问题。当事人在一审答辩期内提出管辖权异议的，人民法院应当在驳回当事人管辖权异议的裁定生效后，依照《证据规定》第三十三条第三款的规定，重新指定不少于三十日的举证期限。但在征得当事人同意后，人民法院可以指定少于三十日的举证期限。

四、关于对人民法院依职权调查收集的证据提出相反证据的举证期限问题。人民法院依照《证据规定》第十五条调查收集的证据在庭审中出示后，当事人要求提供相反证据的，人民法院可以酌情确定相应的举证期限。

五、关于增加当事人时的举证期限问题。人民法院在追加当事人或者有独立请求权的第三人参加诉讼的情况下，应当依照《证据规定》第三十三条第三款的规定，为新参加诉讼的当事人指定举证期限。该举证期限适用于其他当事人。

六、关于当事人申请延长举证期限的问题。当事人申请延长举证期限经人民法院准许的，为平等保护双方当事人的诉讼权利，延长的举证期限适用于其他当事人。

七、关于增加、变更诉讼请求以及提出反诉时的举证期限问题。当事人在一审举证期限内增加、变更诉讼请求或者提出反诉，或者人民法院依照《证据规定》第三十五条的规定告知当事人可以变更诉讼请求后，当事人变更诉讼请求的，人民法院应当根据案件的具体情况重新指定举证期限。当事人对举证期限有约定的，依照《证据规定》第三十三条第二款的规定处理。

八、关于二审新的证据举证期限的问题。在第二审人民法院审理中，当事人申请提供新的证据的，人民法院指定的举证期限，不受"不得少于三十日"的限制。

九、关于发回重审案件举证期限问题。发回重审的案件，第一审人民法院在重新审理时，可以结合案件的具体情况和发回重审的原因等情况，酌情确定举证期限。如果案件是因违反法定程序被发回重审的，人民法院在征求当事人的意见后，可以不再指定举证期限或者酌情指定举证期限。但案件因遗漏当事人被发回重审的，按照本通知第五条处理。如果案件是因认定事实不清、证据不足发回重审的，人民法院可以要求当事人协商确定举证期限，或者酌情指定举证期限。上述举证期限不受"不得少于三十日"的限制。

十、关于新的证据的认定问题。人民法院对于"新的证据"，应当依照《证据规定》第四十一条、第四十二条、第四十三条、第四十四条的规定，结合以下因素综合认定：

（一）证据是否在举证期限或者《证据规定》第四十一条、第四十四条规定的其他期限内已经客观存在；

（二）当事人未在举证期限或者司法解释规定的其他期限内提供证据，是否存在故意或者重大过失的情形。

《最高人民法院关于适用简易程序审理民事案件的若干规定》（法释〔2003〕15 号，2003 年 12 月 1 日起施行，2020 年 12 月 23 日修正）

第十二条　适用简易程序审理的民事案件，当事人及其诉讼代理人申请人民法院调查收集证据和申请证人出庭作证，应当在举证期限届满前提出。

第二十二条　当事人双方同时到基层人民法院请求解决简单的民事纠纷，但未协商举证期限，或者被告一方经简便方式传唤到庭的，当事人在开庭审理时要求当庭举证的，应予准许；当事人当庭举证有困难的，举证的期限由当事人协商决定，但最长不得超过十五日；协商不成的，由人民法院决定。

《最高人民法院关于依法做好抗震救灾恢复重建期间民事审判和执行工作的通知》（法〔2008〕164 号，2008 年 6 月 6 日）

五、对于宣告失踪、宣告死亡案件，人民法院要依法积极受理，以便尽快明确身份关系和财产关系。由于四川汶川特大地震后，"下落不明人住所地基层人民法院"

受到严重破坏，难以开展审判工作，不能行使管辖权的，上级人民法院可以依照民事诉讼法第三十七条第一款的规定，指定其他基层人民法院管辖。

对灾区输出农民工追讨劳动报酬等纠纷案件，必须做到快立、快审，切实加强诉讼指导和法律释明，必要时可以先予执行。对因灾区输出农民工返乡参加抗震救灾，用人单位请求解除劳动关系的，人民法院应慎重处理。

对于起诉到人民法院的民事案件，当事人提出证据保全申请的，有关法院要依法采取保全措施。对于因地震毁损和灭失相关证据，带来当事人举证困难的，可以放宽举证期限，并加强依职权调查取证。要主动推出便民利民措施，为灾区当事人诉讼提供便利。要加大缓、减、免诉讼费用的力度，保证灾区群众不因缴不起诉讼费用而无法打官司。

相关行政法规

《诉讼费用交纳办法》（中华人民共和国国务院令第 481 号，2007 年 4 月 1 日起施行）

第四十条　当事人因自身原因未能在举证期限内举证，在二审或者再审期间提出新的证据致使诉讼费用增加的，增加的诉讼费用由该当事人负担。

相关案例　举证期限

李某与张某房屋租赁合同纠纷案——广东省广州市中级人民法院（2016）粤01 民终 3488 号民事判决书

2013 年 7 月 17 日，张某（甲方）与李某（乙方）签订《补充协议》，约定：甲方将承租的永某汽车用品城商铺委托乙方全权管理使用，按原合同免租 4 年，但不过户；4 年合同期满后与甲方无关，需重新办理过户，由甲方出面与市场办理；原商铺押金 12000 元和装修费用由乙方使用；使用费 4 年 8 万元……2015 年 5 月 29 日，李某以永某汽车城未实际开业及张某未交付涉案商铺为由向法院提起诉讼，要求张某向李某退还商铺使用费 8 万元及利息。

在一审庭审前，李某始终未提供其证据清单上所列证据 4 "转账记录" 的原件或副本，亦未提出延长举证期限的申请。据此一审法院向张某公告送达的证据副本内亦不包含上述 "转账记录"。在一审庭审中，李某迟于法院给予一定时间后才提供该证据原件。对于逾期提供证据的理由，李某称 "立案时未查询到该证据"。一审法院判决认为，在张某下落不明不能应诉的情况下，李某负有证明案件事实的义务，但李某在诉讼过程中故意逾期举证，又不愿按照确定金额缴纳罚款，故依法对其逾期提交的 "转账记录" 不予采纳。鉴于其在举证中存在不诚信的行为以及近 2 年时间未起诉维权的事实，对其称永某汽车城未实际开业及张某未交付涉案商铺的陈述（未提供证据）不予采信。因此，李某要求张某退还 "使用费" 及支付利息证据不足，不予支持。

李某不服，依法提起上诉。二审法院判决认为，关于李某有无向张某支付8万元的问题，原审法院开庭审理时，李某的代理人已经当庭出示其提交的证据4原件，此证据关系到李某有无向张某支付该笔款项的事实认定问题，为本案重要的事实认定。《最高人民法院关于适用〈中华人民共和国民事诉讼法〉的解释》第102条第1、2款规定，"当事人因故意或者重大过失逾期提供的证据，人民法院不予采纳。但该证据与案件基本事实有关的，人民法院应当采纳，并依照民事诉讼法第六十五条、第一百一十五条第一款的规定予以训诫、罚款。当事人非因故意或者重大过失逾期提供的证据，人民法院应当采纳，并对当事人予以训诫"。根据上述条款的规定，即使在当事人因故意或者重大过失逾期提供证据的情况下，如果该证据与案件基本事实有关的，人民法院仍应当采纳，而本案李某主张张某返还8万元，该8万元有无支付给张某是本案基本事实的认定。如上所述，李某在提交关键证据时存在疏忽，但仍在开庭审理过程中提交了该证据，而张某未提出反驳意见，结合《租铺合同》《补充协议》约定的内容，对于李某提交的"转账记录"本院予以采信，至于法院对于李某的行为是否采取训诫、罚款等措施，不影响对该证据的采信，上述条款并没有规定以法院对当事人训诫、罚款为采信证据的前提，故原审法院以李某逾期举证又不愿意接受罚款为由对于"转账记录"不予采纳依据不足，本院予以纠正。张某作为出租人，有义务举证证明已将租赁物交付给李某使用，在张某未能证明已将涉案商铺交付给李某的情况下，李某要求张某返还8万元及利息合理有据，本院予以支持。

本案审理期间跨越2012年《民事诉讼法》施行后一年至2015年《民诉法司法解释》施行后一年，一审法院和二审法院截然相反的判决结果一定程度上反映了超出举证期限举证的法律后果在法律规范上的变迁。一审法院依据《民事诉讼法》第65条第2款的规定，认为原告逾期提供证据且理由不成立，鉴于原告拒不缴纳相应罚款，逾期举证的主观恶性严重，不予采纳逾期提出的证据。二审法院则依据《民诉法司法解释》第102条第1款的规定，即使原告逾期举证存在重大过失，但由于该证据与案件基本事实相关，是否缴纳罚款并非采纳证据的前提，因此还是采纳了该项逾期提出的证据。由于《民诉法司法解释》进一步细化了逾期举证的情形，限制了法院对举证失权判断上的自由裁量权，二审法院才会对逾期举证的法律后果予以宽松化处理。实际上，对举证失权宽松对待的做法早已有迹可循，《民诉法司法解释》的规定可以说是对司法实践的肯认，例如最高人民法院（2004）民二终字第207号民事判决书曾有表述，"由于本案系二审，对于当事人在二审中提供的证据材料，本院可以根据个案情况决定主持质证。原材料公司和建设总公司以广州办事处直至二审期间才提供上述证据材料，已超过举证期限为由，不同意质证，并不影响本院根据个案情况对上述证据材料予以审查和采信。因原材料公司和建设总公司对其在《催收通知书》上加盖公章一事予以认可，故应当认定该《催收通知书》是真实的。"

2．证据材料的提交与收取

导读

　　原告向人民法院起诉或者被告提出反诉，应当提供符合起诉条件的相应的证据［《最高人民法院关于民事诉讼的若干规定》（2019 年修正）第 1 条］。这是根据《民事诉讼法》第 119 条、第 120 条、第 121 条就诉权行使和证据要求之间的关系所做的解释。起诉应当向人民法院递交起诉状，而起诉状应当记明证据和证据来源。因此，要求民事权益主体在行使诉权时提供相应的证据材料，符合我国民事诉讼立法的基本精神，也有明确具体的法律依据。在实践中，如何正确理解原告在起诉时应当提供的证据材料的范围以及证据证明力的程度，是人民法院在立审分离、由立案审查制向立案登记制改革后亟待统一和规范的重要理论与实践问题。

　　《最高人民法院关于人民法院登记立案若干问题的规定》第 6 条对当事人起诉应当提交的材料作出了细化规定，其中第 5 项为"与诉请相关的证据或者证明材料"。此项与诉请相关的证据或证明材料应当包含如下内容：（1）说明原告与本案有直接利害关系的证据材料、支持诉求之事实和理由的证明材料（一定程度上能说明被告与起诉人存在作为诉讼请求基础的法律关系）属于作为起诉基础条件的必要材料，一旦缺乏，可能导致案件不能登记立案。（2）有利于支持诉求的证据及其他材料，这些材料的多少及其证明效力不影响案件的立案审理，但会影响甚至决定随后的诉讼结果。立案证据材料的提供应当依照《最高人民法院关于人民法院登记立案若干问题的规定》的有关规定处理。

相关法律条文

《中华人民共和国民事诉讼法》（2017 年 6 月 27 日修正）

　　第六十六条　人民法院收到当事人提交的证据材料，应当出具收据，写明证据名称、页数、份数、原件或者复印件以及收到时间等，并由经办人员签名或者盖章。

相关司法解释规定

《**最高人民法院关于民事诉讼证据的若干规定**》（法释〔2019〕19号，2001年12月6日通过，2019年10月14日修正）

第一条 原告向人民法院起诉或者被告提出反诉，应当提供符合起诉条件的相应的证据。

第十九条 当事人应当对其提交的证据材料逐一分类编号，对证据材料的来源、证明对象和内容作简要说明，签名盖章，注明提交日期，并依照对方当事人人数提出副本。

人民法院收到当事人提交的证据材料，应当出具收据，注明证据的名称、份数和页数以及收到的时间，由经办人员签名或者盖章。

《**最高人民法院关于人民法院登记立案若干问题的规定**》（法释〔2015〕8号，2015年5月1日起施行）

第四条 民事起诉状应当记明以下事项：

（一）原告的姓名、性别、年龄、民族、职业、工作单位、住所、联系方式，法人或者其他组织的名称、住所和法定代表人或者主要负责人的姓名、职务、联系方式；

（二）被告的姓名、性别、工作单位、住所等信息，法人或者其他组织的名称、住所等信息；

（三）诉讼请求和所根据的事实与理由；

（四）证据和证据来源；

（五）有证人的，载明证人姓名和住所。

行政起诉状参照民事起诉状书写。

第六条 当事人提出起诉、自诉的，应当提交以下材料：

（一）起诉人、自诉人是自然人的，提交身份证明复印件；起诉人、自诉人是法人或者其他组织的，提交营业执照或者组织机构代码证复印件、法定代表人或者主要负责人身份证明书；法人或者其他组织不能提供组织机构代码的，应当提供组织机构被注销的情况说明；

（二）委托起诉或者代为告诉的，应当提交授权委托书、代理人身份证明、代为告诉人身份证明等相关材料；

（三）具体明确的足以使被告或者被告人与他人相区别的姓名或者名称、住所等信息；

（四）起诉状原本和与被告或者被告人及其他当事人人数相符的副本；

（五）与诉请相关的证据或者证明材料。

相关司法文件

《最高人民法院巡回法庭审判管理工作指导意见》（法发〔2017〕9 号，2017 年
4 月 6 日）

13. 对于案件审理过程中收到的证据材料，由承办主审法官负责指导法官助理或
者书记员同步扫描形成电子文档，并上传办案平台。主审法官、法官助理和书记员
应当依托办案平台完成各种笔录、报告、裁判文书的整理与起草工作，或者在完成
上述工作后及时上传办案平台。

《最高人民法院关于处理涉及汶川地震相关案件适用法律问题的意见（一）》
（2008 年 7 月 14 日）

六、当事人在诉讼中提交给法院的证据如系原件，在未经质证的情况下在地震
中灭失，待证事实或者损毁灭失的证据内容又不能通过其他证明方法证明的，人民
法院应当通过调解等办法妥善处理。

3. 证 明 妨 碍

导读

　　证明妨碍是不负有证明责任的一方当事人通过作为或不作为阻碍负有证明
责任的一方当事人对其事实主张的证明。在民事诉讼中，当事人要使自己的事实
主张能够得以认可，就需要对该主张进行证明。对方当事人的阻碍行为必然导致
负有证明责任的当事人有可能不能证明其主张的事实，而承担其不能证明的不利
后果。因此，证明妨碍的非正义是不言自明的。在我国，随着民事诉讼体制的转
轨、民事审判方式的改革，越来越强调当事人在揭示案件事实方面的作用。当事
人的证明责任（举证责任）已经在民事诉讼中得以确立，法院也不再像过去那样
大量进行职权调查，法院的作用转变为更为消极的证据审查与判断。这种转变也
自然增加了当事人自行收集证据的压力，当事人需要掌握更多的证据来证明自己
的主张，以摆脱因不能证明所带来的不利后果。由于当事人利益的对立性，对方
当事人的成功证明，也就意味着对己方的不利，因此，在现实中也就必然会发
生一方当事人阻碍另一方当事人证明的现象，常见的阻碍行为如销售、藏匿、篡
改可用于对方证明的证据资料；通过手段阻止证人出庭作证；等等。实践中就曾
发生过债务人将债权人出示的欠条当场吞下或撕毁的事情。法院在遭遇此类情形
时，认为无法依据事实进行裁判，往往不知如何裁判，如果承认当事人的请求，
这样的裁判是否是错判。这种吞下或撕毁欠条行为的实质是销毁证据，当然也

属于妨碍证明的行为。妨碍证明的行为从原理上讲是违反民事诉讼诚实信用原则的，是民事诉讼法不能允许的行为。因此，如何应对是立法、司法和理论上应当探讨的问题。

相关司法解释规定

《最高人民法院关于适用〈中华人民共和国民法典〉婚姻家庭编的解释（一）》（法释〔2020〕22 号，2021 年 1 月 1 日起施行）

第三十九条　父或者母向人民法院起诉请求否认亲子关系，并已提供必要证据予以证明，另一方没有相反证据又拒绝做亲子鉴定的，人民法院可以认定否认亲子关系一方的主张成立。

父或者母以及成年子女起诉请求确认亲子关系，并提供必要证据予以证明，另一方没有相反证据又拒绝做亲子鉴定的，人民法院可以认定确认亲子关系一方的主张成立。

《最高人民法院关于民事诉讼证据的若干规定》（法释〔2019〕19 号，2001 年 12 月 6 日通过，2019 年 10 月 14 日修正）

第九十五条　一方当事人控制证据无正当理由拒不提交，对待证事实负有举证责任的当事人主张该证据的内容不利于控制人的，人民法院可以认定该主张成立。

4. 伪造、毁灭证据的责任

导读

伪造、毁灭证据的行为属于妨害民事诉讼的行为，须对行为人采取一定的强制措施。妨害民事诉讼的行为是指当事人或者其他诉讼参与人在诉讼（包括审判和执行）过程中故意实施的扰乱民事诉讼程序、妨害民事诉讼程序顺利进行的行为。其构成必须具备以下条件：第一，必须是已经实施并且妨害了民事诉讼的行为。这是妨害民事诉讼行为的客观要件。如果只是行为人主观上的一种打算而没有实际实施，或者尽管实施了但不足以妨害民事诉讼，都不是妨害民事诉讼的行为。从程度上看，如果行为人所实施的妨害民事诉讼行为已经很严重，构成了犯罪，那么就应当按照刑法的规定处以刑罚，而不再处以民事诉讼中的强制措施。妨害民事诉讼的行为，可以是作为，也可以是不作为。第二，必须是行为人故意实施的行为。这是妨害民事诉讼行为的主观要件。如果是因为行为人主观上的过失实施了客观上妨害民事诉讼的行为，那么这种行为也被称为妨害民事诉讼的行为。第三，必须是在诉讼过程中实施的行为。这是妨害民事诉讼行为的时间要件。此处所说的"诉讼过程中"，不仅包括审判过程中，而且包括执行过程中。也就是说，只要是行为人在受理起诉以后执行结束之前实施了妨害民事诉讼的行为，无论该行为是在法庭上实施的，还是在法庭外实施的，都构成妨害民事诉讼的行为。

相关法律条文

《中华人民共和国民事诉讼法》（2017 年 6 月 27 日修正）

第一百一十一条　诉讼参与人或者其他人有下列行为之一的，人民法院可以根据情节轻重予以罚款、拘留；构成犯罪的，依法追究刑事责任：

（一）伪造、毁灭重要证据，妨碍人民法院审理案件的；

（二）以暴力、威胁、贿买方法阻止证人作证或者指使、贿买、胁迫他人作伪证的；

（三）隐藏、转移、变卖、毁损已被查封、扣押的财产，或者已被清点并责令其保管的财产，转移已被冻结的财产的；

（四）对司法工作人员、诉讼参加人、证人、翻译人员、鉴定人、勘验人、协助执行的人，进行侮辱、诽谤、诬陷、殴打或者打击报复的；

（五）以暴力、威胁或者其他方法阻碍司法工作人员执行职务的；

（六）拒不履行人民法院已经发生法律效力的判决、裁定的。

人民法院对有前款规定的行为之一的单位，可以对其主要负责人或者直接责任人员予以罚款、拘留；构成犯罪的，依法追究刑事责任。

相关司法解释规定

《最高人民法院关于适用〈中华人民共和国民事诉讼法〉的解释》（法释〔2015〕5 号，2014 年 12 月 18 日通过，2020 年 12 月 23 日修正）

第一百八十九条　诉讼参与人或者其他人有下列行为之一的，人民法院可以适用民事诉讼法第一百一十一条的规定处理：

（一）冒充他人提起诉讼或者参加诉讼的；

（二）证人签署保证书后作虚假证言，妨碍人民法院审理案件的；

（三）伪造、隐藏、毁灭或者拒绝交出有关被执行人履行能力的重要证据，妨碍人民法院查明被执行人财产状况的；

（四）擅自解冻已被人民法院冻结的财产的；

（五）接到人民法院协助执行通知书后，给当事人通风报信，协助其转移、隐匿财产的。

《最高人民法院关于人民法院执行工作若干问题的规定（试行）》（法释〔1998〕5号，1998年6月11日通过，2020年12月23日修正）

57. 被执行人或其他人有下列拒不履行生效法律文书或者妨害执行行为之一的，人民法院可以依照民事诉讼法第一百一十一条的规定进行处罚：

（1）隐藏、转移、变卖、毁损向人民法院提供执行担保的财产的；

（2）案外人与被执行人恶意串通转移被执行人财产的；

（3）故意撕毁人民法院执行公告、封条的；

（4）伪造、隐藏、毁灭有关被执行人履行能力的重要证据，妨碍人民法院查明被执行人财产状况的；

（5）指使、贿买、胁迫他人对被执行人的财产状况和履行义务的能力问题作伪证的；

（6）妨碍人民法院依法搜查的；

（7）以暴力、威胁或其他方法妨碍或抗拒执行的；

（8）哄闹、冲击执行现场的；

（9）对人民法院执行人员或协助执行人员进行侮辱、诽谤、诬陷、围攻、威胁、殴打或者打击报复的；

（10）毁损、抢夺执行案件材料、执行公务车辆、其他执行器械、执行人员服装和执行公务证件的。

《最高人民法院关于民事诉讼证据的若干规定》（法释〔2019〕19号，2001年12月6日通过，2019年10月14日修正）

第九十八条　对证人、鉴定人、勘验人的合法权益依法予以保护。

当事人或者其他诉讼参与人伪造、毁灭证据，提供虚假证据，阻止证人作证，指使、贿买、胁迫他人作伪证，或者对证人、鉴定人、勘验人打击报复的，依照民事诉讼法第一百一十条、第一百一十一条的规定进行处罚。

相关司法文件

《最高人民检察院法律政策研究室关于通过伪造证据骗取法院民事裁判占有他人财物的行为如何适用法律问题的答复》（〔2002〕高检研发第18号，2002年10月24日）

山东省人民检察院研究室：

你院《关于通过伪造证据骗取法院民事裁决占有他人财物的行为能否构成诈骗罪的请示》（鲁检发研字〔2001〕第11号）收悉经研究答复如下：

以非法占有为目的，通过伪造证据骗取法院民事裁判占有他人财物的行为所侵害的主要是人民法院正常的审判活动，可以由人民法院依照民事诉讼法的有关规定作出处理，不宜以诈骗罪追究行为人的刑事责任。如果行为人伪造证据时，实施了伪造公司、企业、事业单位、人民团体印章的行为，构成犯罪的，应当依照刑法第二百八十条第二款的规定，以伪造公司、企业、事业单位、人民团体印章罪追究刑事责任；如果行为人有指使他人作伪证行为，构成犯罪的应当依照刑法第三百零七条第一款的规定，以妨害作证罪追究刑事责任。

5．证据交换与庭前会议

导读

　　我国民事诉讼中的证据交换是于诉讼答辩期届满之后，开庭审理之前，在人民法院的主持下，当事人之间相互明示其持有证据的行为或过程。证据交换制度的确立并非是民事审判改革者的臆想，而是民事审判实践的需要。随着民事程序的正义性越来越为人们所重视，民事审判的公开性也显得日益重要，具体体现在开庭审理和证据质辩的实在化。但由于没有完善的开庭审理前准备程序，直接将证据在开庭中提出并予以质证和认定，加重了庭审的负担，直接影响了庭审的效率，不利于当事人的诉讼防御，往往使正式庭审程序成为预审程序。要提高庭审的效率，就必须有证据交换制度，使当事人双方能够在开庭审理前彼此了解对方的证据，也便于法院对双方争议的焦点和证据问题进行整理。1993 年最高人民法院《全国经济审判工作座谈会纪要》(已失效)就提倡在开庭前当事人进行证据交换和核对。在以后的最高人民法院的司法解释文件中也多次提到进行证据交换。在审判实践中，各地法院根据最高人民法院的这些精神相继试行证据交换制度，积累了一些经验。最高人民法院正是根据民事诉讼的需要和实践经验积累，在旧《民事证据规定》(法释〔2001〕33 号)中明确了证据交换制度，并在《民诉法司法解释》和新《民事证据规定》(法释〔2019〕19 号)中对其作出了进一步的完善。

相关司法解释规定

　　《最高人民法院关于适用〈中华人民共和国民事诉讼法〉的解释》(法释〔2015〕5 号，2014 年 12 月 18 日通过，2020 年 12 月 23 日修正)

　　第二百二十四条　依照民事诉讼法第一百三十三条第四项规定，人民法院可以在答辩期届满后，通过组织证据交换、召集庭前会议等方式，作好审理前的准备。

第二百二十五条 根据案件具体情况，庭前会议可以包括下列内容：

（一）明确原告的诉讼请求和被告的答辩意见；

（二）审查处理当事人增加、变更诉讼请求的申请和提出的反诉，以及第三人提出的与本案有关的诉讼请求；

（三）根据当事人的申请决定调查收集证据，委托鉴定，要求当事人提供证据，进行勘验，进行证据保全；

（四）组织交换证据；

（五）归纳争议焦点；

（六）进行调解。

第二百二十六条 人民法院应当根据当事人的诉讼请求、答辩意见以及证据交换的情况，归纳争议焦点，并就归纳的争议焦点征求当事人的意见。

第二百二十九条 当事人在庭审中对其在审理前的准备阶段认可的事实和证据提出不同意见的，人民法院应当责令其说明理由。必要时，可以责令其提供相应证据。人民法院应当结合当事人的诉讼能力、证据和案件的具体情况进行审查。理由成立的，可以列入争议焦点进行审理。

《最高人民法院关于民事诉讼证据的若干规定》（法释〔2019〕19 号，2001 年 12 月 6 日通过，2019 年 10 月 14 日修正）

第五十六条 人民法院依照民事诉讼法第一百三十三条第四项的规定，通过组织证据交换进行审理前准备的，证据交换之日举证期限届满。

证据交换的时间可以由当事人协商一致并经人民法院认可，也可以由人民法院指定。当事人申请延期举证经人民法院准许的，证据交换日相应顺延。

第五十七条 证据交换应当在审判人员的主持下进行。

在证据交换的过程中，审判人员对当事人无异议的事实、证据应当记录在卷；对有异议的证据，按照需要证明的事实分类记录在卷，并记载异议的理由。通过证据交换，确定双方当事人争议的主要问题。

第五十八条 当事人收到对方的证据后有反驳证据需要提交的，人民法院应当再次组织证据交换。

相关司法文件

《最高人民法院司法责任制实施意见（试行）》（法发〔2017〕20 号，2017 年 8 月 1 日起试行）

（三）庭前准备

29. 遇有重大、疑难、复杂案件或上诉案件有新证据的，合议庭可以召集庭前会议交换证据、组织质证、排除非法证据等。

对于适宜调解的案件，合议庭可以通过庭前会议促成当事人和解或达成调解协议。

（四）庭审

36. 经庭前会议已确认无争议的事实和证据，合议庭在庭审中作出说明后，可以简化庭审举证和质证。

38. 案件审理中收集到的证据材料，由书记员负责同步扫描形成电子文档并上传办案平台。

五、实物证据

1. 书 证

导读

书证是以文字、符号、图形等形式所记载的内容或表达的思想来证明案件事实的证据。例如，各种书面文件或纸面文字材料，如合同文本、各种信函、电报、传真、图纸、图表、文件等。但书证内容的物质载体并不限于纸面材料，非纸类的物质亦可成为载体，如木、竹、石、金属等。书证具有以下特征：（1）书证以其文字、符号、图形等内容来证明案件的事实，而不是以其外形、质量等来证明案件的事实。这是书证与物证的最大区别。（2）书证往往能够直接证明案件的主要事实。（3）书证的真实性较强，不易伪造。书证往往是民事纠纷双方当事人在民事法律关系过程中所形成的文书资料，例如，合同、承诺书、欠条、借条、关于交易的记录、纪要等，且这些文书也往往都有各自的签名盖章，也就成为证明案件事实最直接的证据。

文书与书证的关系：文书属于书证的一部分。文书通常是以文本作为表现形式，因此，文书具有可复制性。书证内容的载体形式则不限于文本，包括所有反映其书证的所有形式。文书的特点在于其内容具有一定的思想含义。书证的思想含义，是指表达人对事物的认识和看法。例如，借条作为文书表达了借贷人对于具体借贷关系的认识；而书证的内容则不一定具有思想含义。正因为文书具有一定的思想含义，因此，对于证明案件事实具有更重要的意义。如果说书证在民事诉讼中是证据之王，则文书是证据中的王中王。

相关法律条文

《中华人民共和国民法典》（2020年5月28日公布，2021年1月1日起施行）

第十五条 自然人的出生时间和死亡时间，以出生证明、死亡证明记载的时间为准；没有出生证明、死亡证明的，以户籍登记或者其他有效身份登记记载的时间为准。有其他证据足以推翻以上记载时间的，以该证据证明的时间为准。

第二百一十七条 不动产权属证书是权利人享有该不动产物权的证明。不动产权属证书记载的事项，应当与不动产登记簿一致；记载不一致的，除有证据证明不动产登记簿确有错误外，以不动产登记簿为准。

《中华人民共和国民事诉讼法》（2017 年 6 月 27 日修正）

第七十条　书证应当提交原件。物证应当提交原物。提交原件或者原物确有困难的，可以提交复制品、照片、副本、节录本。

提交外文书证，必须附有中文译本。

《中华人民共和国反家庭暴力法》（2016 年 3 月 1 日起施行）

第二十条　人民法院审理涉及家庭暴力的案件，可以根据公安机关出警记录、告诫书、伤情鉴定意见等证据，认定家庭暴力事实。

相关司法解释规定

《最高人民法院关于适用〈中华人民共和国民法典〉有关担保制度的解释》（法释〔2020〕28 号，2021 年 1 月 1 日起施行）

第四十七条　不动产登记簿就抵押财产、被担保的债权范围等所作的记载与抵押合同约定不一致的，人民法院应当根据登记簿的记载确定抵押财产、被担保的债权范围等事项。

《最高人民法院关于审理建设工程施工合同纠纷案件适用法律问题的解释（一）》（法释〔2020〕25 号，2021 年 1 月 1 日起施行）

第八条　当事人对建设工程开工日期有争议的，人民法院应当分别按照以下情形予以认定：

（一）开工日期为发包人或者监理人发出的开工通知载明的开工日期；开工通知发出后，尚不具备开工条件的，以开工条件具备的时间为开工日期；因承包人原因导致开工时间推迟的，以开工通知载明的时间为开工日期。

（二）承包人经发包人同意已经实际进场施工的，以实际进场施工时间为开工日期。

（三）发包人或者监理人未发出开工通知，亦无相关证据证明实际开工日期的，应当综合考虑开工报告、合同、施工许可证、竣工验收报告或者竣工验收备案表等载明的时间，并结合是否具备开工条件的事实，认定开工日期。

第二十条　当事人对工程量有争议的，按照施工过程中形成的签证等书面文件确认。承包人能够证明发包人同意其施工，但未能提供签证文件证明工程量发生的，可以按照当事人提供的其他证据确认实际发生的工程量。

第二十二条　当事人签订的建设工程施工合同与招标文件、投标文件、中标通知书载明的工程范围、建设工期、工程质量、工程价款不一致，一方当事人请求将招标文件、投标文件、中标通知书作为结算工程价款的依据的，人民法院应予支持。

《最高人民法院关于适用〈中华人民共和国民法典〉物权编的解释（一）》（法释〔2020〕24 号，2021 年 1 月 1 日起施行）

第二条　当事人有证据证明不动产登记簿的记载与真实权利状态不符、其为该不动产物权的真实权利人，请求确认其享有物权的，应予支持。

《最高人民法院关于适用〈中华人民共和国民事诉讼法〉的解释》（法释〔2015〕5 号，2014 年 12 月 18 日通过，2020 年 12 月 23 日修正）

第一百一十一条　民事诉讼法第七十条规定的提交书证原件确有困难，包括下列情形：

（一）书证原件遗失、灭失或者毁损的；

（二）原件在对方当事人控制之下，经合法通知提交而拒不提交的；

（三）原件在他人控制之下，而其有权不提交的；

（四）原件因篇幅或者体积过大而不便提交的；

（五）承担举证证明责任的当事人通过申请人民法院调查收集或者其他方式无法获得书证原件的。

前款规定情形，人民法院应当结合其他证据和案件具体情况，审查判断书证复制品等能否作为认定案件事实的根据。

第一百一十四条　国家机关或者其他依法具有社会管理职能的组织，在其职权范围内制作的文书所记载的事项推定为真实，但有相反证据足以推翻的除外。必要时，人民法院可以要求制作文书的机关或者组织对文书的真实性予以说明。

第一百一十五条　单位向人民法院提出的证明材料，应当由单位负责人及制作证明材料的人员签名或者盖章，并加盖单位印章。人民法院就单位出具的证明材料，可以向单位及制作证明材料的人员进行调查核实。必要时，可以要求制作证明材料的人员出庭作证。

单位及制作证明材料的人员拒绝人民法院调查核实，或者制作证明材料的人员无正当理由拒绝出庭作证的，该证明材料不得作为认定案件事实的根据。

《最高人民法院关于适用〈中华人民共和国保险法〉若干问题的解释（二）》（法释〔2013〕14 号，2013 年 5 月 6 日通过，2020 年 12 月 23 日修正）

第十八条　行政管理部门依据法律规定制作的交通事故认定书、火灾事故认定书等，人民法院应当依法审查并确认其相应的证明力，但有相反证据能够推翻的除外。

《最高人民法院关于审理道路交通事故损害赔偿案件适用法律若干问题的解释》（法释〔2012〕19 号，2012 年 9 月 17 日通过，2020 年 12 月 23 日修正）

第二十四条　公安机关交通管理部门制作的交通事故认定书，人民法院应依法审查并确认其相应的证明力，但有相反证据推翻的除外。

《最高人民法院关于审理买卖合同纠纷案件适用法律问题的解释》（法释〔2012〕8 号，2012 年 3 月 31 日通过，2020 年 12 月 23 日修正）

第一条　当事人之间没有书面合同，一方以送货单、收货单、结算单、发票等主张存在买卖合同关系的，人民法院应当结合当事人之间的交易方式、交易习惯以及其他相关证据，对买卖合同是否成立作出认定。

对账确认函、债权确认书等函件、凭证没有记载债权人名称，买卖合同当事人一方以此证明存在买卖合同关系的，人民法院应予支持，但有相反证据足以推翻的除外。

第四条　民法典第五百九十九条规定的"提取标的物单证以外的有关单证和资料"，主要应当包括保险单、保修单、普通发票、增值税专用发票、产品合格证、质量保证书、质量鉴定书、品质检验证书、产品进出口检疫书、原产地证明书、使用说明书、装箱单等。

第五条　出卖人仅以增值税专用发票及税款抵扣资料证明其已履行交付标的物义务，买受人不认可的，出卖人应当提供其他证据证明交付标的物的事实。

合同约定或者当事人之间习惯以普通发票作为付款凭证，买受人以普通发票证明已经履行付款义务的，人民法院应予支持，但有相反证据足以推翻的除外。

《最高人民法院关于审理铁路运输人身损害赔偿纠纷案件适用法律若干问题的解释》（法释〔2010〕5号，2010年1月4日通过，2020年12月23日修正）

第十四条　有权作出事故认定的组织依照《铁路交通事故应急救援和调查处理条例》等有关规定制作的事故认定书，经庭审质证，对于事故认定书所认定的事实，当事人没有相反证据和理由足以推翻的，人民法院应当作为认定事实的根据。

《最高人民法院关于审理船舶碰撞纠纷案件若干问题的规定》（法释〔2008〕7号，2008年4月28日通过，2020年12月23日修正）

第八条　碰撞船舶船载货物权利人或者第三人向碰撞船舶一方或者双方就货物或其他财产损失提出赔偿请求的，由碰撞船舶方提供证据证明过失程度的比例。无正当理由拒不提供证据的，由碰撞船舶一方承担全部赔偿责任或者由双方承担连带赔偿责任。

前款规定的证据指具有法律效力的判决书、裁定书、调解书和仲裁裁决书。对于碰撞船舶提交的国外的判决书、裁定书、调解书和仲裁裁决书，依照民事诉讼法第二百八十二条和第二百八十三条规定的程序审查。

第十条　审理船舶碰撞纠纷案件时，人民法院根据当事人的申请进行证据保全取得的或者向有关部门调查收集的证据，应当在当事人完成举证并出具完成举证说明书后出示。

第十一条　船舶碰撞事故发生后，主管机关依法进行调查取得并经过事故当事人和有关人员确认的碰撞事实调查材料，可以作为人民法院认定案件事实的证据，但有相反证据足以推翻的除外。

《最高人民法院关于审理人身损害赔偿案件适用法律若干问题的解释》（法释〔2003〕20号，2003年12月4日通过，2020年12月23日修正）

第九条　交通费根据受害人及其必要的陪护人员因就医或者转院治疗实际发生

的费用计算。交通费应当以正式票据为凭；有关凭据应当与就医地点、时间、人数、次数相符合。

《最高人民法院关于民事诉讼证据的若干规定》（法释〔2019〕19 号，2001 年 12 月 6 日通过，2019 年 10 月 14 日修正）

第十一条　当事人向人民法院提供证据，应当提供原件或者原物。如需自己保存证据原件、原物或者提供原件、原物确有困难的，可以提供经人民法院核对无异的复制件或者复制品。

第十六条　当事人提供的公文书证系在中华人民共和国领域外形成的，该证据应当经所在国公证机关证明，或者履行中华人民共和国与该所在国订立的有关条约中规定的证明手续。

中华人民共和国领域外形成的涉及身份关系的证据，应当经所在国公证机关证明并经中华人民共和国驻该国使领馆认证，或者履行中华人民共和国与该所在国订立的有关条约中规定的证明手续。

当事人向人民法院提供的证据是在香港、澳门、台湾地区形成的，应当履行相关的证明手续。

第十七条　当事人向人民法院提供外文书证或者外文说明资料，应当附有中文译本。

第四十四条　摘录有关单位制作的与案件事实相关的文件、材料，应当注明出处，并加盖制作单位或者保管单位的印章，摘录人和其他调查人员应当在摘录件上签名或者盖章。

摘录文件、材料应当保持内容相应的完整性。

第九十一条　公文书证的制作者根据文书原件制作的载有部分或者全部内容的副本，与正本具有相同的证明力。

在国家机关存档的文件，其复制件、副本、节录本经档案部门或者制作原本的机关证明其内容与原本一致的，该复制件、副本、节录本具有与原本相同的证明力。

第九十二条　私文书证的真实性，由主张以私文书证证明案件事实的当事人承担举证责任。

私文书证由制作者或者其代理人签名、盖章或捺印的，推定为真实。

私文书证上有删除、涂改、增添或者其他形式瑕疵的，人民法院应当综合案件的具体情况判断其证明力。

《最高人民法院关于审理证券市场因虚假陈述引发的民事赔偿案件的若干规定》（法释〔2003〕2 号，2003 年 2 月 1 日起施行）

第六条　投资人以自己受到虚假陈述侵害为由，依据有关机关的行政处罚决定或者人民法院的刑事裁判文书，对虚假陈述行为人提起的民事赔偿诉讼，符合民事诉讼法第一百零八条规定的，人民法院应当受理。

投资人提起虚假陈述证券民事赔偿诉讼，除提交行政处罚决定或者公告，或者人民法院的刑事裁判文书以外，还须提交以下证据：

（一）自然人、法人或者其他组织的身份证明文件，不能提供原件的，应当提交经公证证明的复印件；

（二）进行交易的凭证等投资损失证据材料。

相关司法文件

《涉及家庭暴力婚姻案件审理指南》（最高人民法院中国应用法学研究所 2008 年 3 月）

第四十八条　国家机关、社会团体和组织相关的记录与证明

家庭暴力受害人在提起诉讼之前曾向公安机关、人民调解组织、妇联组织、庇护所、村委会等国家机关、社会团体和组织投诉，要求庇护、接受调解的，或者家庭暴力受害人曾寻求过医学治疗、心理咨询或治疗的，上述机构提供的录音或文字记载，及出具的书面证词、诊断或相关书证，内容符合证据材料要求的，经人民法院审查后认为真实可靠的，可以作为认定家庭暴力发生的重要证据。被告人否认但又无法举出反证，且无其他证据佐证的，人民法院可以推定其为加害人。

第四十九条　公安机关的接警或出警记录

人民法院在认定家庭暴力事实时，应当将公安机关的接警和出警记录作为重要的证据。

接警或出警记录施暴人、受害人的，人民法院可以据此认定家庭暴力事实存在。

出警记录记载了暴力行为、现场描述、双方当事人情绪、第三方在场（包括未成年子女）等事项的，人民法院应当综合各种因素，查明事实，做出判断。

报警或出警记录仅记载"家务纠纷、已经处理"等含糊内容的，人民法院可以根据需要或当事人的申请，通知处理该事件的警察出庭作证。

2．物证与勘验

导读

物证是以物的外形、性状、质地、规格等证明案件争议事实的证据。例如，产品质量纠纷中的产品、建筑物质量纠纷中的建筑物等。在民事诉讼中，物证也是一种十分常见的证据形式或证据方法。不过，相比刑事诉讼，民事诉讼中物证的作用没有刑事诉讼中物证那么突出。可以说，在刑事诉讼中，物证是证据之王。而在民事诉讼中，一般而言书证是证据之王。由于书证尤其是文书是民事法

律关系成立、有效的法定形式，所以，这些文书也就成为最具有证明力的证据。在刑事诉讼中，书证虽然也是重要的证据，但由于犯罪分子会尽量掩盖自己的罪行，会销毁对己不利的书证，尤其是文书，所以书证的作用就不如民事诉讼中那么突出。

勘验及勘验笔录的法定程序由我国《民事诉讼法》第80条加以明确。勘验笔录是勘验人员对案件有关现场进行调查、勘验所做的记录，包括诉讼外勘验笔录和诉讼内勘验笔录两类。诉讼内勘验笔录是法院指派的有关人员对现场的调查、勘验所做的笔录。诉讼外勘验笔录通常是在诉讼前实施的。例如，交通事故发生之后，交警部门对事故现场进行调查、勘验所做的笔录。勘验笔录诉讼实践中经常被采用，尤其是在涉及交通事故侵权、建筑施工合同纠纷中。勘验笔录可以用文字记载，也可以拍照、录像、绘图或制作模型等。笔录内容必须保持客观真实，对勘验当时的情况如实记载。笔录用语必须准确、明确，不能模棱两可。笔录必须是在勘验过程中当场制作，完整反映勘验的经过和结果，不能根据人们的记忆制作。

相关法律条文

《中华人民共和国民事诉讼法》（2017年6月27日修正）

第八十条　勘验物证或者现场，勘验人必须出示人民法院的证件，并邀请当地基层组织或者当事人所在单位派人参加。当事人或者当事人的成年家属应当到场，拒不到场的，不影响勘验的进行。

有关单位和个人根据人民法院的通知，有义务保护现场，协助勘验工作。

勘验人应当将勘验情况和结果制作笔录，由勘验人、当事人和被邀参加人签名或者盖章。

相关司法解释规定

《最高人民法院关于适用〈中华人民共和国民事诉讼法〉的解释》（法释〔2015〕5号，2014年12月18日通过，2020年12月23日修正）

第一百二十四条　人民法院认为有必要的，可以根据当事人的申请或者依职权对物证或者现场进行勘验。勘验时应当保护他人的隐私和尊严。

人民法院可以要求鉴定人参与勘验。必要时，可以要求鉴定人在勘验中进行鉴定。

《最高人民法院关于民事诉讼证据的若干规定》（法释〔2019〕19号，2001年12月6日通过，2019年10月14日修正）

第十一条　当事人向人民法院提供证据，应当提供原件或者原物。如需自己保存证据原件、原物或者提供原件、原物确有困难的，可以提供经人民法院核对无异的复制件或者复制品。

第十二条　以动产作为证据的，应当将原物提交人民法院。原物不宜搬移或者不宜保存的，当事人可以提供复制品、影像资料或者其他替代品。

人民法院在收到当事人提交的动产或者替代品后，应当及时通知双方当事人到人民法院或者保存现场查验。

第十三条　当事人以不动产作为证据的，应当向人民法院提供该不动产的影像资料。

人民法院认为有必要的，应当通知双方当事人到场进行查验。

第四十三条　人民法院应当在勘验前将勘验的时间和地点通知当事人。当事人不参加的，不影响勘验进行。

当事人可以就勘验事项向人民法院进行解释和说明，可以请求人民法院注意勘验中的重要事项。

人民法院勘验物证或者现场，应当制作笔录，记录勘验的时间、地点、勘验人、在场人、勘验的经过、结果，由勘验人、在场人签名或者盖章。对于绘制的现场图应当注明绘制的时间、方位、测绘人姓名、身份等内容。

3. 视听资料与电子数据

导读

视听资料是利用录音、录像等技术手段反映的声音、图像以及电子计算机储存的数据证明案件事实的证据。视听资料作为一种新的证据方法是现代科技发展的结果，随着电子产品日益普及化，在诉讼中人们也越来越多地使用视听资料作为证据。常见的视听资料如录像带，录音带，胶卷，储存于软盘、光盘、硬盘中的电脑数据等。视听资料利用了现代科技手段储存音像和数据，因此具有易于保存的特点。一方面，视听资料中反映音像的资料还具有生动逼真的特点，比较直观地再现了案件当时发生的过程；但另一方面，视听资料也容易被人利用技术手段加以篡改。

电子数据是基于电子技术生成、以数字化形式存在于磁盘、磁带等载体，其内容可与载体分离，并可多次复制到其他载体的，能够证明案件事实的数据。我们常见的电子合同、电子提单、电子保险单、电子发票、电子文章、电子邮件、短信、光盘、网页、域名等都涉及电子数据，用这些电子数据可以在诉讼中证明某一事实。2012年我国《民事诉讼法》修改后，电子数据成为一种独立的法定证据类型。而将电子数据作为新的证据类型后，视听资料与电子数据在理论上的区别将是一个问题。抽象地讲，以电子数据是一种以数字化方式存在的证据信息载体是难以划清与视听资料界限的。因为录音、录像也都是以数字化方式生成的。以表现形成加以区别，在一般情况下是可以的。视听资料可以限制在可视、可听、动态化的形式上加以把握。例如，录音资料、录像资料等。

相关法律条文

《中华人民共和国民事诉讼法》（2017年6月27日修正）

第七十一条　人民法院对视听资料，应当辨别真伪，并结合本案的其他证据，审查确定能否作为认定事实的根据。

《中华人民共和国电子签名法》（2004年8月28日通过，2015年4月24日第一次修正，2019年4月23日第二次修正）

第二条　本法所称电子签名，是指数据电文中以电子形式所含、所附用于识别签名人身份并表明签名人认可其中内容的数据。

本法所称数据电文，是指以电子、光学、磁或者类似手段生成、发送、接收或者储存的信息。

第四条　能够有形地表现所载内容，并可以随时调取查用的数据电文，视为符合法律、法规要求的书面形式。

第五条　符合下列条件的数据电文，视为满足法律、法规规定的原件形式要求：

（一）能够有效地表现所载内容并可供随时调取查用；

（二）能够可靠地保证自最终形成时起，内容保持完整、未被更改。但是，在数据电文上增加背书以及数据交换、储存和显示过程中发生的形式变化不影响数据电文的完整性。

第六条　符合下列条件的数据电文，视为满足法律、法规规定的文件保存要求：

（一）能够有效地表现所载内容并可供随时调取查用；

（二）数据电文的格式与其生成、发送或者接收时的格式相同，或者格式不相同但是能够准确表现原来生成、发送或者接收的内容；

（三）能够识别数据电文的发件人、收件人以及发送、接收的时间。

第七条　数据电文不得仅因为其是以电子、光学、磁或者类似手段生成、发送、接收或者储存的而被拒绝作为证据使用。

第八条 审查数据电文作为证据的真实性，应当考虑以下因素：

（一）生成、储存或者传递数据电文方法的可靠性；

（二）保持内容完整性方法的可靠性；

（三）用以鉴别发件人方法的可靠性；

（四）其他相关因素。

相关司法解释规定

《最高人民法院关于适用〈中华人民共和国民事诉讼法〉的解释》（法释〔2015〕
5 号，2014 年 12 月 18 日通过，2020 年 12 月 23 日修正）

第一百一十六条 视听资料包括录音资料和影像资料。

电子数据是指通过电子邮件、电子数据交换、网上聊天记录、博客、微博客、
手机短信、电子签名、域名等形成或者存储在电子介质中的信息。

存储在电子介质中的录音资料和影像资料，适用电子数据的规定。

《最高人民法院关于民事诉讼证据的若干规定》（法释〔2019〕19 号，2001 年
12 月 6 日通过，2019 年 10 月 14 日修正）

第十四条 电子数据包括下列信息、电子文件：

（一）网页、博客、微博客等网络平台发布的信息；

（二）手机短信、电子邮件、即时通信、通信群组等网络应用服务的通信信息；

（三）用户注册信息、身份认证信息、电子交易记录、通信记录、登录日志等
信息；

（四）文档、图片、音频、视频、数字证书、计算机程序等电子文件；

（五）其他以数字化形式存储、处理、传输的能够证明案件事实的信息。

第十五条 当事人以视听资料作为证据的，应当提供存储该视听资料的原始
载体。

当事人以电子数据作为证据的，应当提供原件。电子数据的制作者制作的与原
件一致的副本，或者直接来源于电子数据的打印件或其他可以显示、识别的输出介
质，视为电子数据的原件。

第九十三条 人民法院对于电子数据的真实性，应当结合下列因素综合判断：

（一）电子数据的生成、存储、传输所依赖的计算机系统的硬件、软件环境是否
完整、可靠；

（二）电子数据的生成、存储、传输所依赖的计算机系统的硬件、软件环境是否
处于正常运行状态，或者不处于正常运行状态时对电子数据的生成、存储、传输是
否有影响；

（三）电子数据的生成、存储、传输所依赖的计算机系统的硬件、软件环境是否
具备有效的防止出错的监测、核查手段；

（四）电子数据是否被完整地保存、传输、提取，保存、传输、提取的方法是否可靠；

（五）电子数据是否在正常的往来活动中形成和存储；

（六）保存、传输、提取电子数据的主体是否适当；

（七）影响电子数据完整性和可靠性的其他因素。

人民法院认为有必要的，可以通过鉴定或者勘验等方法，审查判断电子数据的真实性。

第九十四条　电子数据存在下列情形的，人民法院可以确认其真实性，但有足以反驳的相反证据的除外：

（一）由当事人提交或者保管的于己不利的电子数据；

（二）由记录和保存电子数据的中立第三方平台提供或者确认的；

（三）在正常业务活动中形成的；

（四）以档案管理方式保管的；

（五）以当事人约定的方式保存、传输、提取的。

电子数据的内容经公证机关公证的，人民法院应当确认其真实性，但有相反证据足以推翻的除外。

第九十九条　本规定对证据保全没有规定的，参照适用法律、司法解释关于财产保全的规定。

除法律、司法解释另有规定外，对当事人、鉴定人、有专门知识的人的询问参照适用本规定中关于询问证人的规定；关于书证的规定适用于视听资料、电子数据；存储在电子计算机等电子介质中的视听资料，适用电子数据的规定。

相关案例 1　视听资料证明力

中国建设银行某县支行诉杨某不当得利纠纷案——《最高人民法院公报》2003 年第 6 期

原告中国建设银行某县支行（以下简称某建行）诉称，2002 年 2 月 16 日上午，被告杨某及妻子到该银行的 × 街储蓄所，持存折和储蓄卡要求取款 2.1 万元。储蓄所工作人员在其储蓄卡上登记取款 1000 元，在其存折上登记取款 2 万元，但实际付款时，误将 3.1 万元作为 2.1 万元付给被告，致使被告多领 1 万元现金。当时工作人员支付给被告的现金为 4 把，其中，50 元面额的纸币两把，每把 100 张；100 元面额的纸币两把，每把 100 张。事后，工作人员经查账并查看当时的录像，发现被告多领 1 万元现金，遂与其协商并向公安机关报案，但被告始终拒不退还。故请求判令被告退还多领的 1 万元现金，并承担本案诉讼费用。原告提交的主要证据是：1. × 街储蓄所 2002 年 2 月 16 日的有关账目。2. × 街储蓄所向公安机关的报案记录。3. 公安机关刑事案件登记表、初查报告、询问杨某的笔录和情况说明。4. 杨某的取款凭证及取款过程的录像带。

被告辩称，并未从储蓄所多领 1 万元。取款时储蓄所工作人员再三要求当面清点，被告当场点清领取的是 2.1 万元后才离开。领取的现金是：100 元面额的纸币 10 张；50 元面额的纸币两把，每把 100 张；100 元面额的纸币两把，每把 50 张，总共取款 2.1 万元。原告查账时发现短款就认为是被告不当得利，没有任何依据。

庭审质证中，被告杨某对原告某建行提供的录像带及取款凭证的真实性无异议，但认为录像带不能反映其多领取了 1 万元现金，并认为公安机关采用欺骗手段将其传唤讯问，有关笔录不能说明原告的主张。

一审法院认为，公安机关的受理刑事案件登记表、情况说明、询问笔录、初查报告，不能证明本案双方当事人争议的事实是否存在，故不予确认。对原告某建行提交的 × 街储蓄所 2002 年 2 月 16 日的账目记录、杨某的取款凭证以及取款经过的录像带，其真实性予以确认。

双方当事人的争议焦点是，被告杨某在取款时，是否多领了 1 万元现金。原告某建行和被告杨某对 2002 年 2 月 16 日杨某取走了 4 把封好的纸币和 10 张零散的 100 元纸币无异议，只是对面额为 100 元的两把纸币其中的张数有争议。从储蓄所的监控录像带中可以看出，储蓄所工作人员交给杨某的 4 把纸币，均已封好。按照银行系统的规定，整点纸币现金时，无论纸币面额大小，均应以 100 张为单位扎成把，这已形成惯例。据此应认为，本案双方当事人争议的两把 100 元面额纸币，每把应按 100 张计算，每把为 1 万元，两把共计 2 万元。加上无争议的 1000 元现金和 50 元面额的两把纸币，杨某当日取走现金总计 3.1 万元。由于储蓄所工作人员的疏忽大意，误将 3.1 万元当作 2.1 万元交付给杨某，杨某当日实际多领 1 万元。根据《民法通则》第 92 条的规定，杨某多领的 1 万元现金没有合法根据，也给该建行造成了损失，应属不当得利，杨某有责任返还。对杨某关于 100 元面额的纸币每把仅为 50 张的抗辩主张，不予支持。

杨某向云南省某市中级人民法院上诉称，原判仅根据有疑点的视听资料和银行惯例就作出判决，缺乏说服力。请求撤销原判，改判驳回被上诉人该建行的诉讼请求。二审期间，被上诉人该建行为证实储蓄所工作人员在营业活动中经手的纸币，每把均为 100 张，向法庭提交了由该行会计国库发行科出具的证明以及《全国银行出纳基本制度》这一规范性文件。上诉人杨某对《全国银行出纳基本制度》的真实性表示认可，但强调每把纸币应为 100 张的规定，仅适用于银行内部整点收入现金的情况，对外支出的现金则应以当面点清的为准。每把纸币的封签只能在银行内部发挥作用，对外是无效的。

二审法院认为，在民事诉讼过程中，法庭只能对各当事人提交证据所反映的情况进行综合评判，从而确认案件的法律事实，并以所确认的法律事实为前提，适用相关的法律规定作出裁判。这里必须强调的是，案件的法律事实，只能是法庭依照法律程序和规定所认定的客观事实。法庭认定案件事实时，只能以双方当事人提交的证据和发表的质证意见为基础。如果当事人具有举证责任却无法充分、有效地举证证明其主张，那么该当事人主张的事实，就不能被认定为案件的法律事实。

本案中，双方争议的焦点是取款的数额问题。直接决定取款数额的，是纸币的种类及数量。双方当事人均认可当日取款时有 10 张零散的 100 元面额纸币，4 把打着封条的纸币，只是对其中两把 100 元面额的纸币，每把应有多少张存在争议。这个争议决定着上诉人杨某是否多领取 1 万元现金。被上诉人该建行既然起诉主张杨某多领取了 1 万元现金，就要对杨某领取的两把 100 元面额纸币每把肯定是 100 张负举证责任。该建行根据《全国银行出纳基本制度》中对成把纸币张数的规定，主张杨某领取的 100 元面额纸币每把也是 100 张。该出纳制度的第 8 条规定："付出现金要当面点交清楚，银行封签（包括原封新票币）对外无效"，第 10 条也规定："凡收入的现金，必须进行复点整理，未经复点不得对外支付和解缴人民银行发行库。"这些说明，每把纸币为 100 张的规定，仅是银行内部对收入现金进行清点及封存的标准，是银行系统的内部规定，只对银行系统内部的出纳工作具有规范作用。虽然双方当事人对领取纸币的把数无异议，但银行向储户支付现金，不能以"把"数为计量单位。对支付给储户的现金，必须当面清点，并以当面清点的金额为准。该建行的举证，虽然能够证实储蓄所的工作人员给杨某支付了 4 把封好的现金，却不能确切地证实所支付现金每把都是 100 张，故无法证实当时杨某领取的现金是 3.1 万元。另外，从当日杨某取款所填写的取款凭条及储蓄所内部记录的流水账中，均只能证实杨某的取款金额是 2.1 万元。所以，该建行认为杨某取走了 3.1 万元，主张其获得 1 万元的不当得利，该主张没有充分的证据，故依法不予支持。原审法院认定事实不清，适用法律不当，应依法改判。

相关案例 2　电子数据的公证证明

湖北省体育彩票管理中心与吕某彩票合同纠纷上诉案——《人民司法·案例》2010 年第 10 期

2008 年 10 月 19 日，原告吕某在被告湖北体彩中心所属某销售点购买 × 期足彩胜负彩。其通过网络聊天的方式，分两次向该销售点负责人刘某发送了两组共 × 注投注数据，并经建设银行的网上银行支付现金 1.5 万元，连同刘某帮助原告取兑的前期彩票中得奖金 5000 元，作为此次购买彩票的部分费用，且约定剩余费用次日取票时支付。

2008 年 10 月 20 日，足球彩票胜负游戏第 × 期开奖结果公布，原告吕某得知向刘某发送的投注数据中，有一等奖一注、二等奖 4 注，税后应得奖项金额为658240 元。当原告吕某找刘某索要中奖彩票时，刘某表示 10 月 19 日有部分彩票没有打印出来，未向原告移交应打印的中奖彩票，致使原告失去中奖机会。随即发生纠纷并报警，在两名警察到场的情况下，将该销售点的电脑主机封存，由 × 市体彩分中心主任康某和刘某在主机外壳封条上签字认可并交由原告吕某保管。后原告吕某申请法院对该主机进行证据保全，公证机关从该主机提取的网络聊天内容和15796 注预测结果与从原告吕某主机中提取的内容完全一致。

原告吕某诉称：该体彩销售点是被告湖北体彩中心委托设立的机构，原告经该销售点购买体育彩票，双方即产生合同关系，应受合同法规制，因被告在销售彩票过程中存在过错，无法向原告提供中奖彩票，导致原告失去中奖机会，无法实现合同目的，要求被告赔偿原告由此遭受的经济损失。

被告湖北体彩中心辩称：无法确定原告吕某传输给刘某的投注数据里面有中奖号码；根据中国体育中心发布的中奖公告，可知该地区当期未中奖；体育彩票是中奖、兑奖的唯一凭证，原告未能出示有效的中奖彩票，没有出示彩票合同就没有成立，故无权要求赔偿经济损失，原告的诉讼请求不能成立。

一审法院经审理认为：彩票合同是一种无名合同，其实质是投注者通过支付一定的对价向彩票发行人交换一个中奖机会。2008 年 10 月 19 日，原告吕某通过网络向被告湖北体彩中心的销售代理人刘某发送两组数据，共 15796 注投注足球彩票胜负游戏第 × 期，并在网上支付了部分票款 1.5 万元，连同前期中奖款项，双方约定剩余票款第二天取票时付清。在原告的授意下，刘某同意为其打印上述 15796 注彩票，原告即与被告形成合同关系，原告的主要义务是向被告支付购票款，被告的主要义务是向原告移交打印有上述 15796 注的彩票。原告支付部分票款，双方达成一致，故不应视为违约，被告无法履行合同给付义务向原告交付打印有上述 15796 注数据的全部彩票，构成违约，依法应当赔偿原告损失，包括合同履行后原告可得收益。根据 2008 年 10 月 20 日足球彩票胜负游戏第 × 期开奖结果，如双方彩票合同得以完全履行，即被告湖北体彩中心向原告吕某移送了打印有上述 15796 注数据的全部彩票，原告可中得一等奖一注、二等奖 4 注，税后实际收益 613498.54 元。因被告的违约行为给原告造成了巨大经济损失，被告理应承担赔偿责任。一审判决被告湖北体彩中心赔偿原告吕某损失 613498.54 元。

宣判后，被告湖北体彩中心不服一审判决，认为公证机关的证据保全不具有证明效力，彩票合同依其规则应以出票为合同成立的唯一要件，被告湖北体彩中心未向原告吕某打印彩票，双方的合同关系不成立，原审判决其承担违约责任，属认定事实和适用法律定性错误，遂向湖北省 × 市中级人民法院提起上诉。要求二审法院依法撤销原判，驳回被上诉人吕某的全部诉讼请求。二审法院经审理，驳回上诉，维持原判。

本案事实部分的争议焦点是公证机关出具的公证书是否真实有效，能否证明原告通过网络聊天向某销售点代理人刘某传输的数据中含有中奖号码。被告湖北体彩中心主张刘某的电脑主机在托管期间，其中存储的数据可能被更改，公证机关公证的程序上有瑕疵，所出具的公证书不能作为有效证据被采信。法院审理查明，公证机关公证行为的程序合法，公证的内容具有客观性，能够证明原告吕某所发送的电脑数据中含有中奖号码。理由如下：其一，公证机关的公证程序无瑕疵。从公证机关在本次公证中的工作性质来看，其仅对存在的计算机数据进行固定保全，而无须鉴定该数据的真伪。公证机关通知两台主机的管理人即原告吕某和被告销售代理人刘某到场查验了主机的外观，且在下载数据之前，吕某和刘某均输入了自己的账号密码，而公证员对整个过程进行了现场监督。湖北体彩中心主张其未被通知到场，公证程序有瑕疵，同时，要求公证机关在公证程序中应鉴定所保全数据的真伪，其主张显然不能成立，公证机关的公证程序是合法的。其二，公证的内容具有客观性。两台电脑主机记录吕某和刘某的聊天记录如足彩投注号码等内容是一致的；从电脑主机记录的数据时间来看，吕某向刘某传输投注号码形成的两组数据文件，在各自的主机中记录该文件的创建时间及修改时间均是 2008 年 10 月 19 日，并在时间点上形成了发送与接收的衔接。两份公证书证明的内容完整、一致，具有客观性。被告湖北体彩中心提出了刘某的主机在托管期间，其中存储的数据可能被修改的主张。但是，依据《民事证据规定》第 9 条、《民诉法解释》第 93 条，已为有效公证文书所证明的事实，当事人无须举证证明，对方当事人有相反证据足以推翻的除外。由于被告湖北体彩中心没有提交足够充分的证据证明其反驳理由，因此原审认定的事实属实。

六、言辞证据

1．当事人陈述

导读

　　当事人陈述是当事人在诉讼中就本案的事实向法院所作的陈述。当事人在诉讼中向法院所作的陈述中涉及多方面的内容，而作为证据的当事人陈述是指那些能够证明案件事实的陈述，例如，关于争议法律关系形成事实的陈述。作为证据的当事人陈述具有以下特征：（1）外观上的模糊性。在具体的诉讼程序运作中，当事人陈述与其他证据种类相比，往往不能从内容和外观上加以明确识别，当事人的陈述完全分散或交融于不同的场景下他们所做的口头主张、辩论或提交的书面材料之中。（2）属性上的双重性。把当事人陈述作为证据意味着对同一事实的陈述同时具有了事实主张和证明这一主张的证据的双重属性。（3）证明上的直接性。当事人陈述一般能够直接证明案件事实。这是因为，当事人作为争讼权利义务的直接承担者，对争议发生的过程有着其他人无法比拟的感知。（4）证明上的补充性。孤立的当事人陈述不能发挥证明案件事实的作用，必须与其他证据相结合，才能确定其是否能够作为认定案件事实的依据。基于趋利避害的特性，当事人的陈述与其他证据比较，易夹带虚假的成分，为了追求胜诉，当事人可能向法院作一些不真实的陈述，这是当事人陈述的特点。因为当事人陈述是在诉讼中的陈述，故在证据交换中，不存在当事人陈述这类证据，而且也无法就此种证据进行交换。在法院的判决书中也很少直接将当事人陈述作为证据，仅仅是作为当事人对案件事实的描述。

相关法律条文

《中华人民共和国民事诉讼法》（2017 年 6 月 27 日修正）

　　第七十五条　人民法院对当事人的陈述，应当结合本案的其他证据，审查确定能否作为认定事实的根据。

　　当事人拒绝陈述的，不影响人民法院根据证据认定案件事实。

相关司法解释规定

《最高人民法院关于适用〈中华人民共和国民事诉讼法〉的解释》（法释〔2015〕5 号，2014 年 12 月 18 日通过，2020 年 12 月 23 日修正）

第一百一十条　人民法院认为有必要的，可以要求当事人本人到庭，就案件有关事实接受询问。在询问当事人之前，可以要求其签署保证书。

保证书应当载明据实陈述、如有虚假陈述愿意接受处罚等内容。当事人应当在保证书上签名或者捺印。

负有举证证明责任的当事人拒绝到庭、拒绝接受询问或者拒绝签署保证书，待证事实又欠缺其他证据证明的，人民法院对其主张的事实不予认定。

《最高人民法院关于民事诉讼证据的若干规定》（法释〔2019〕19 号，2001 年 12 月 6 日通过，2019 年 10 月 14 日修正）

第六十三条　当事人应当就案件事实作真实、完整的陈述。

当事人的陈述与此前陈述不一致的，人民法院应当责令其说明理由，并结合当事人的诉讼能力、证据和案件具体情况进行审查认定。

当事人故意作虚假陈述妨碍人民法院审理的，人民法院应当根据情节，依照民事诉讼法第一百一十一条的规定进行处罚。

第六十四条　人民法院认为有必要的，可以要求当事人本人到场，就案件的有关事实接受询问。

人民法院要求当事人到场接受询问的，应当通知当事人询问的时间、地点、拒不到场的后果等内容。

第六十五条　人民法院应当在询问前责令当事人签署保证书并宣读保证书的内容。

保证书应当载明保证据实陈述，绝无隐瞒、歪曲、增减，如有虚假陈述应当接受处罚等内容。当事人应当在保证书上签名、捺印。

当事人有正当理由不能宣读保证书的，由书记员宣读并进行说明。

第六十六条　当事人无正当理由拒不到场、拒不签署或宣读保证书或者拒不接受询问的，人民法院应当综合案件情况，判断待证事实的真伪。待证事实无其他证据证明的，人民法院应当作出不利于该当事人的认定。

第九十九条　本规定对证据保全没有规定的，参照适用法律、司法解释关于财产保全的规定。

除法律、司法解释另有规定外，对当事人、鉴定人、有专门知识的人的询问参照适用本规定中关于询问证人的规定；关于书证的规定适用于视听资料、电子数据；存储在电子计算机等电子介质中的视听资料，适用电子数据的规定。

相关司法文件

《最高人民法院关于防范和制裁虚假诉讼的指导意见》（法发〔2016〕13号，2016年6月20日）

2. 实践中，要特别注意以下情形：（1）当事人为夫妻、朋友等亲近关系或者关联企业等共同利益关系；（2）原告诉请司法保护的标的额与其自身经济状况严重不符；（3）原告起诉所依据的事实和理由明显不符合常理；（4）当事人双方无实质性民事权益争议；（5）案件证据不足，但双方仍然主动迅速达成调解协议，并请求人民法院出具调解书。

4. 在民间借贷、离婚析产、以物抵债、劳动争议、公司分立（合并）、企业破产等虚假诉讼高发领域的案件审理中，要加大证据审查力度。对可能存在虚假诉讼的，要适当加大依职权调查取证力度。

5. 涉嫌虚假诉讼的，应当传唤当事人本人到庭，就有关案件事实接受询问。除法定事由外，应当要求证人出庭作证。要充分发挥民事诉讼法司法解释有关当事人和证人签署保证书规定的作用，探索当事人和证人宣誓制度。

2. 证人出庭作证

导读

如果证人不出庭作证，当事人就无法对其进行质询，不易判断证言的真实性。证人在人民法院组织双方当事人交换证据时出席陈述证言的，可视为出庭作证。如果应当出庭的证人没有出庭作证，则向法院提供的书面证词将不能被采信。证人在法庭上具有就案件所知的事实进行真实陈述的义务。真实陈述自己所知案件事实是民事诉讼法诚实信用原则的要求。这里的真实陈述是一种主观真实，而非客观真实。因为证人感知的案件事实毕竟受主观因素的影响，所以要求证人的陈述做到客观真实也是不现实的。但如果证人违背诚实信用，故意作虚假陈述，构成伪证行为的，就可能要承担相应的法律责任。为了保障证人作证的真实性，证据法中通常规定了证人作证时有宣誓的义务。《民诉法司法解释》第119条第1款规定，人民法院在证人出庭作证前应当告知其如实作证的义务以及作伪证的法律后果，并责令其签署保证书，但无民事行为能力人和限制民事行为能力人除外。新《民事证据规定》对证人保证制度做了进一步完善。无论是证人宣誓制度，还是证人保证制度，其法律作用主要是有两点：其一，没有宣誓或予以承诺保证的，不能作证。其二，有宣誓或签署保证书的，在虚假作证或作伪证的情形下就可对该证人予以法律制裁。宣誓或保证就是实施法律制裁的前提条件。

相关法律条文

《中华人民共和国民事诉讼法》（2017 年 6 月 27 日修正）

第七十二条　凡是知道案件情况的单位和个人，都有义务出庭作证。有关单位的负责人应当支持证人作证。

不能正确表达意思的人，不能作证。

第七十三条　经人民法院通知，证人应当出庭作证。有下列情形之一的，经人民法院许可，可以通过书面证言、视听传输技术或者视听资料等方式作证：

（一）因健康原因不能出庭的；

（二）因路途遥远，交通不便不能出庭的；

（三）因自然灾害等不可抗力不能出庭的；

（四）其他有正当理由不能出庭的。

第七十四条　证人因履行出庭作证义务而支出的交通、住宿、就餐等必要费用以及误工损失，由败诉一方当事人负担。当事人申请证人作证的，由该当事人先行垫付；当事人没有申请，人民法院通知证人作证的，由人民法院先行垫付。

相关司法解释规定

《最高人民法院关于适用〈中华人民共和国民事诉讼法〉的解释》（法释〔2015〕5 号，2014 年 12 月 18 日通过，2020 年 12 月 23 日修正）

第一百一十七条　当事人申请证人出庭作证的，应当在举证期限届满前提出。

符合本解释第九十六条第一款规定情形的，人民法院可以依职权通知证人出庭作证。

未经人民法院通知，证人不得出庭作证，但双方当事人同意并经人民法院准许的除外。

第一百一十八条　民事诉讼法第七十四条规定的证人因履行出庭作证义务而支出的交通、住宿、就餐等必要费用，按照机关事业单位工作人员差旅费用和补贴标准计算；误工损失按照国家上年度职工日平均工资标准计算。

人民法院准许证人出庭作证申请的，应当通知申请人预缴证人出庭作证费用。

第一百一十九条　人民法院在证人出庭作证前应当告知其如实作证的义务以及作伪证的法律后果，并责令其签署保证书，但无民事行为能力人和限制民事行为能力人除外。

证人签署保证书适用本解释关于当事人签署保证书的规定。

第一百二十条　证人拒绝签署保证书的，不得作证，并自行承担相关费用。

《最高人民法院关于民事诉讼证据的若干规定》（法释〔2019〕19 号，2001 年 12 月 6 日通过，2019 年 10 月 14 日修正）

第六十七条　不能正确表达意思的人，不能作为证人。

待证事实与其年龄、智力状况或者精神健康状况相适应的无民事行为能力人和限制民事行为能力人，可以作为证人。

第六十八条　人民法院应当要求证人出庭作证，接受审判人员和当事人的询问。证人在审理前的准备阶段或者人民法院调查、询问等双方当事人在场时陈述证言的，视为出庭作证。

双方当事人同意证人以其他方式作证并经人民法院准许的，证人可以不出庭作证。

无正当理由未出庭的证人以书面等方式提供的证言，不得作为认定案件事实的根据。

第六十九条　当事人申请证人出庭作证的，应当在举证期限届满前向人民法院提交申请书。

申请书应当载明证人的姓名、职业、住所、联系方式，作证的主要内容，作证内容与待证事实的关联性，以及证人出庭作证的必要性。

符合《最高人民法院关于适用〈中华人民共和国民事诉讼法〉的解释》第九十六条第一款规定情形的，人民法院应当依职权通知证人出庭作证。

第七十条　人民法院准许证人出庭作证申请的，应当向证人送达通知书并告知双方当事人。通知书中应当载明证人作证的时间、地点，作证的事项、要求以及作伪证的法律后果等内容。

当事人申请证人出庭作证的事项与待证事实无关，或者没有通知证人出庭作证必要的，人民法院不予准许当事人的申请。

第七十一条　人民法院应当要求证人在作证之前签署保证书，并在法庭上宣读保证书的内容。但无民事行为能力人和限制民事行为能力人作为证人的除外。

证人确有正当理由不能宣读保证书的，由书记员代为宣读并进行说明。

证人拒绝签署或者宣读保证书的，不得作证，并自行承担相关费用。

证人保证书的内容适用当事人保证书的规定。

第七十二条　证人应当客观陈述其亲身感知的事实，作证时不得使用猜测、推断或者评论性语言。

证人作证前不得旁听法庭审理，作证时不得以宣读事先准备的书面材料的方式陈述证言。

证人言辞表达有障碍的，可以通过其他表达方式作证。

第七十三条　证人应当就其作证的事项进行连续陈述。

当事人及其法定代理人、诉讼代理人或者旁听人员干扰证人陈述的，人民法院应当及时制止，必要时可以依照民事诉讼法第一百一十条的规定进行处罚。

第七十四条　审判人员可以对证人进行询问。当事人及其诉讼代理人经审判人员许可后可以询问证人。

询问证人时其他证人不得在场。

人民法院认为有必要的，可以要求证人之间进行对质。

第七十五条　证人出庭作证后，可以向人民法院申请支付证人出庭作证费用。证人有困难需要预先支取出庭作证费用的，人民法院可以根据证人的申请在出庭作证前支付。

第七十六条　证人确有困难不能出庭作证，申请以书面证言、视听传输技术或者视听资料等方式作证的，应当向人民法院提交申请书。申请书中应当载明不能出庭的具体原因。

符合民事诉讼法第七十三条规定情形的，人民法院应当准许。

第七十七条　证人经人民法院准许，以书面证言方式作证的，应当签署保证书；以视听传输技术或者视听资料方式作证的，应当签署保证书并宣读保证书的内容。

第七十八条　当事人及其诉讼代理人对证人的询问与待证事实无关，或者存在威胁、侮辱证人或不适当引导等情形的，审判人员应当及时制止。必要时可以依照民事诉讼法第一百一十条、第一百一十一条的规定进行处罚。

证人故意作虚假陈述，诉讼参与人或者其他人以暴力、威胁、贿买等方法妨碍证人作证，或者在证人作证后以侮辱、诽谤、诬陷、恐吓、殴打等方式对证人打击报复的，人民法院应当根据情节，依照民事诉讼法第一百一十一条的规定，对行为人进行处罚。

相关案例　证言证明力

王某诉上海浦东冠忠公共交通有限公司人身损害赔偿纠纷案——上海市卢湾区人民法院（2004）卢民一（民）初字第 1651 号民事判决书

原告王某诉称其乘坐被告所属的 × 路公交车，因驾驶员急刹车致其摔倒在车厢内造成右股骨粗隆间骨折。其在驾驶员的哄骗之下被抱下车放在站牌附近，然后驾驶员驾车驶离现场。故请求被告赔偿医疗费、护理费等相关损失。被告上海浦东冠忠公共交通有限公司辩称，原告既无相应车票证明乘坐过其公交车，也未证明是在其公交车上跌倒致伤。原告骨折可能是由于其他原因造成的，而非其侵权所致，故对原告的各项诉讼请求均不同意。

庭审中，经原告申请，四位证人到庭作证：

证人张某述称，事发当天早晨 7 时不到的时候，其骑助动车在重庆南路上向南行驶欲拐弯到合肥路，一辆 × 路公交车在其前面未靠站处斜向停下，其绕过时见驾驶员从车上抱下一名老太太（本案原告），并说"老太太你等着，会有人来的"。车上乘客催促，驾驶员返回车上驾车离开。原告坐在地上哭泣，其上前询问原因，原告说是 × 路公交车刹车时撞伤的。其知道 × 路公交车属冠忠公司，告诉原告去找冠忠公司。此时有人为此事拨打电话报警，其遂离开。

证人彭某述称，事发当天清晨，其与老伴一同乘坐后一路公交车前往重庆南路、合肥路口的教堂。车辆停下后即看到前面停下的公交车上，一男子将一老太太抱下车，放在路边的水泥突出部位上。其当时并未在意。之后做礼拜时，神父在教堂询问是否有人知道此事，其回答自己曾亲眼目睹。

证人蔡某述称，当时其与老伴（上述证人彭某）一同乘坐后一路公交车，在重庆南路、合肥路附近的车站下车，见前面一辆公交车斜向停靠（并未靠在站台上），一男子抱着一名老太太从中门下车并放在路边。

证人钱某述称，事发当天早晨 7 时不到，其在重庆南路、合肥路公交站点附近经营牛奶摊位，见有 × 路和后路公交车开过。其看到有一位老太太（本案原告）坐在地上，表情非常痛苦。听围观者说，老太太是在车上摔倒，并被驾驶员抱下车放在路边。

原告曾申请卢湾公安分局林某、孙某两位警官到庭作证，但二人因工作安排与庭期冲突无法到庭。原告提供了两份庭前由律师制作的调查笔录。其中林某警官述称：2003 年 7 月 27 日早晨 7 时许其骑摩托车路过重庆南路、复兴中路公交站时，见一老太太（本案原告）坐在地上，身旁有一根拐杖。当时以为原告是坐着休息，并未在意。7 点半左右，有群众报警，反映有位老太太坐在公交车站绿化带旁很长时间了。其立即前往，向原告询问原因，原告自述了姓名、年龄，并称是乘坐 780 路公交车到教堂做礼拜，在车上摔倒后被司机抱下来放在路旁。其遂向指挥中心汇报了上述情况，并拨打了"120"电话。孙某警官稍后也赶到了现场。孙某警官述称：2003 年 7 月 27 日晨，其值班时接群众报警，反映有一位老太太在复兴中路公交站出事了，其 7 时 40 分左右赶到现场，发现原告坐在站台绿化带旁。经询问，原告告知是在乘坐 780 路公交车时因急刹车，在车上摔伤并被司机放在该处的，并说无法动弹、腿很疼。当时林某警官已先于其赶到现场，拨打了"120"急救电话，并联系了被告。

被告认为，到庭的四名证人，其证言存在彼此矛盾之处。张某称 × 路公交车未靠站停下，而其他证人都认为车已靠站；蔡某称前面的公交车斜向停靠，因此蔡某应当看不到中门的情况；事发的站台有十几块公交站牌，彭某和蔡某下车后均未看清前面停着的是否为 × 路公交车，因此他们的证言并不可信。钱某和林某、孙某两位警官均未目睹事发经过，其证言缺乏足够的证明力，且两位警官未到庭作证，故两份调查笔录不具证据效力。原告委托代理人以相关新闻报道上刊载的原告照片让证人辨认，是对证人的误导。此外，经过新闻媒体如此广泛的报道，竟无一位 × 路公交车上的乘客到庭作证，有悖常理。被告要求原告从其提供的 70 余份 × 路公交车驾驶员资料中辨认出将其抱下车的驾驶员，未获本院准许。

一审法院分析认为：证人张某、彭某、蔡某均目睹原告被公交车驾驶员抱下车放置路边然后驾车扬长而去，其中，张某还证实系被告的 × 路公交车驾驶员所为，故其证言均系直接证据。张某根据其所处位置判断 × 路公交车还未到站；彭某、蔡某从乘坐的后一路公交车上下车，理所当然地认为车辆已经到站，两者参照物不同，得出的结论自然也有差异，结论虽然不同，但对主要事实的描述是统一的，并且其中的差异可以通过日常生活经验加以合理解释。张某、蔡某均述及原告乘坐的车辆斜向停下，两者吻合。蔡某乘坐的车在 × 路车之后，且其下车后继续前行，是可以看到前面车辆的上下客情况的。证人钱某虽未目睹此事，但首先，其证实当时仅有 × 路和后一路两辆公交车经过（均为被告的公交车辆），这与彭某、蔡某的证言是相吻合的；其次，其当时听围观者讲述的事发经过也与以上三位证人的证言吻合。林某、孙某两位警官由于身处特殊岗位，未能到庭情有可原，律师依职权所作调查笔录可以作为有效的证据。根据调查笔录的内容，原告在第一时间向两位警官陈述了被告的侵权经过，并且时间、地点等也均与以上证人证言吻合。钱某、林某、孙某的证言虽系间接证据，但内容真实可信。被告并未提供任何证据证明以上证人所述不实，其所称各证人证言彼此矛盾缺乏事实依据。事发当时现场仅有原告一人受伤，原告委托代理人以报纸刊载的原告照片让证人辨认并无任何违背法律之处，亦无误导证人之嫌。× 路公交车系无人售票车辆，被告不应苛求原告出示车票。同时，原告作为一位年迈的普通乘客，遭受骨折的巨大伤痛后，更无义务识记将其抱下车的驾驶员的面部特征，故本院对被告要求原告辨认驾驶员的要求未予采纳；只要能够证实，原告是在被告车上受伤，被告就应当承担相应的法律责任。事发后，虽然没有乘坐 × 路公交车的乘客证实当时的情况，但上述证据协调统一、相互印证，已经可以清晰、完整地证明，原告乘坐被告的 × 路公交车，并被驾驶员在重庆南路、合肥路附近的公交站点抱下车，放置路边。

据此，一审法院判决上海浦东冠忠公共交通有限公司承担损害赔偿责任。后被告不服一审判决，提出上诉。上海市第一中级人民法院作出终审判决认为，尽管没有直接证人证明王某的说法，但各位证人的证词与老人所反映的事实基本一致，可以证实王某被 × 路公交车驾驶员抱下车这一事实。另外，王某年事已高，不可能在乘车以前就已骨折，因此可以确认王某是在车上受伤的。因此，判决驳回浦东冠忠公交公司的上诉请求，维持卢湾区法院作出的一审判决。

3. 鉴定的申请与委托 ①

导读

根据《民事诉讼法》第 76 条第 1 款的规定，当事人可以就查明事实的专门性问题向人民法院申请鉴定。当事人申请鉴定的，由双方当事人协商确定具备资格的鉴定人；协商不成的，由人民法院指定。当事人申请鉴定，应当在举证期限内提出。申请鉴定的人一般应当是对鉴定事项负有证明责任的当事人，如果该当事人对该事项不负有证明责任，也就不会申请鉴定。当事人未申请鉴定，人民法院对专门性问题认为需要鉴定的，应当委托具备资格的鉴定人进行鉴定。法院主动依职权开启的鉴定，称为"职权鉴定"。实践中，法院依职权启动鉴定的情形较少。根据《民事诉讼法》司法解释第 121 条第 3 款的规定，符合依职权调查收集证据条件的，人民法院应当依职权委托鉴定，在询问当事人的意见后，指定具备相应资格的鉴定人。

应当注意的是，在诉讼进程中如果出现了需要鉴定的事项，申请鉴定的提出就不应受举证期限的限制。例如，在诉讼中，需要通过鉴定证明其反驳主张成立或将鉴定意见作为反证时，这时的鉴定往往就是根据诉讼进程而适时提出的。

在我国，一般认为鉴定人是指作出鉴定意见的机构或自然人。按照新《民事证据规定》，鉴定机构和鉴定人员，可以由当事人双方协商确定，协商不成的，由人民法院指定。双方协商的鉴定机构、鉴定人员必须具有鉴定资格，这里的鉴定资格是指法律、法规规定具有鉴定资质的机构和人员。

---

① 与民事鉴定相关的法律文件包括：《道路交通事故涉案者交通行为方式鉴定》《亲权鉴定技术规范》《血液中乙醇的测定（顶空气相色谱法）》《生物检材中苯丙胺类兴奋剂、哌替啶和氯胺酮的测定》《血液、尿液中 238 种毒（药）物的检测液相色谱－串联质谱法》《视觉功能障碍法医学鉴定规范》《精神障碍者刑事责任能力评定指南》《精神障碍者服刑能力评定指南》8 项司法鉴定技术规范（2016 年修订版），以及《司法鉴定机构内部管理规范》（司法部 2014 年 4 月 22 日）、《司法部关于进一步加强司法鉴定投诉处理工作的意见》（2013 年 8 月 27 日）、《司法鉴定机构资质认定评审准则》（国家认证认可监督管理委员会、司法部 2012 年 9 月 14 日）、《司法鉴定机构仪器设备配置标准》（司法部 2011 年 12 月 27 日）、《司法鉴定高级专业技术职务任职资格评审细则》（司法部办公厅 2010 年 6 月 4 日）、《司法鉴定人和司法鉴定机构名册管理办法》（司法部 2010 年 4 月 12 日）、《司法鉴定执业活动投诉处理办法》（司法部 2019 年 4 月 4 日）、《司法部办公厅关于推荐适用〈文书鉴定通用规范〉等 25 项司法鉴定技术规范的通知》（司法部 2010 年 4 月 7 日）、《国家级司法鉴定机构遴选办法》《国家级司法鉴定机构评审标准》（司法部 2009 年 12 月 24 日）、《司法鉴定职业道德基本规范》（司法部 2009 年 12 月 23 日）、《司法鉴定人登记管理办法》（司法部 2005 年 9 月 29 日）《司法鉴定机构登记管理办法》（司法部 2005 年 9 月 29 日）、《人民法院司法鉴定人名册制度实施办法》（最高人民法院 2004 年 2 月 9 日）等。至于与刑事鉴定部分共通的鉴定规范，可参见刑事证据部分第 24 节。

相关法律条文

《中华人民共和国民事诉讼法》（2017 年 6 月 27 日修正）

第七十六条 当事人可以就查明事实的专门性问题向人民法院申请鉴定。当事人申请鉴定的，由双方当事人协商确定具备资格的鉴定人；协商不成的，由人民法院指定。

当事人未申请鉴定，人民法院对专门性问题认为需要鉴定的，应当委托具备资格的鉴定人进行鉴定。

《中华人民共和国职业病防治法》（2001 年 10 月 27 日通过，2011 年 12 月 31 日第一次修正，2016 年 7 月 2 日第二次修正，2017 年 11 月 4 日第三次修正，2018 年 12 月 29 日第四次修正）

第四十六条 职业病诊断，应当综合分析下列因素：

（一）病人的职业史；

（二）职业病危害接触史和工作场所职业病危害因素情况；

（三）临床表现以及辅助检查结果等。

没有证据否定职业病危害因素与病人临床表现之间的必然联系的，应当诊断为职业病。

职业病诊断证明书应当由参与诊断的取得职业病诊断资格的执业医师签署，并经承担职业病诊断的医疗卫生机构审核盖章。

第四十八条 职业病诊断、鉴定过程中，用人单位不提供工作场所职业病危害因素检测结果等资料的，诊断、鉴定机构应当结合劳动者的临床表现、辅助检查结果和劳动者的职业史、职业病危害接触史，并参考劳动者的自述、卫生行政部门提供的日常监督检查信息等，作出职业病诊断、鉴定结论。

劳动者对用人单位提供的工作场所职业病危害因素检测结果等资料有异议，或者因劳动者的用人单位解散、破产，无用人单位提供上述资料的，诊断、鉴定机构应当提请卫生行政部门进行调查，卫生行政部门应当自接到申请之日起三十日内对存在异议的资料或者工作场所职业病危害因素情况作出判定；有关部门应当配合。

第五十二条 当事人对职业病诊断有异议的，可以向作出诊断的医疗卫生机构所在地地方人民政府卫生行政部门申请鉴定。

职业病诊断争议由设区的市级以上地方人民政府卫生行政部门根据当事人的申请，组织职业病诊断鉴定委员会进行鉴定。

当事人对设区的市级职业病诊断鉴定委员会的鉴定结论不服的，可以向省、自治区、直辖市人民政府卫生行政部门申请再鉴定。

第五十三条 职业病诊断鉴定委员会由相关专业的专家组成。

省、自治区、直辖市人民政府卫生行政部门应当设立相关的专家库，需要对职业病争议作出诊断鉴定时，由当事人或者当事人委托有关卫生行政部门从专家库中以随机抽取的方式确定参加诊断鉴定委员会的专家。

职业病诊断鉴定委员会应当按照国务院卫生行政部门颁布的职业病诊断标准和职业病诊断、鉴定办法进行职业病诊断鉴定，向当事人出具职业病诊断鉴定书。职业病诊断、鉴定费用由用人单位承担。

第五十四条　职业病诊断鉴定委员会组成人员应当遵守职业道德，客观、公正地进行诊断鉴定，并承担相应的责任。职业病诊断鉴定委员会组成人员不得私下接触当事人，不得收受当事人的财物或者其他好处，与当事人有利害关系的，应当回避。

人民法院受理有关案件需要进行职业病鉴定时，应当从省、自治区、直辖市人民政府卫生行政部门依法设立的相关的专家库中选取参加鉴定的专家。

《中华人民共和国特种设备安全法》（2014 年 1 月 1 日起施行）

第五十三条　特种设备检验、检测机构及其检验、检测人员应当客观、公正、及时地出具检验、检测报告，并对检验、检测结果和鉴定结论负责。

特种设备检验、检测机构及其检验、检测人员在检验、检测中发现特种设备存在严重事故隐患时，应当及时告知相关单位，并立即向负责特种设备安全监督管理的部门报告。

负责特种设备安全监督管理的部门应当组织对特种设备检验、检测机构的检验、检测结果和鉴定结论进行监督抽查，但应当防止重复抽查。监督抽查结果应当向社会公布。

《中华人民共和国劳动争议调解仲裁法》（2008 年 5 月 1 日起施行）

第三十七条　仲裁庭对专门性问题认为需要鉴定的，可以交由当事人约定的鉴定机构鉴定；当事人没有约定或者无法达成约定的，由仲裁庭指定的鉴定机构鉴定。

根据当事人的请求或者仲裁庭的要求，鉴定机构应当派鉴定人参加开庭。当事人经仲裁庭许可，可以向鉴定人提问。

相关司法解释规定

《最高人民法院关于审理建设工程施工合同纠纷案件适用法律问题的解释（一）》（法释〔2020〕25 号，2021 年 1 月 1 日起施行）

第十一条　建设工程竣工前，当事人对工程质量发生争议，工程质量经鉴定合格的，鉴定期间为顺延工期期间。

第二十八条　当事人约定按照固定价结算工程价款，一方当事人请求对建设工程造价进行鉴定的，人民法院不予支持。

第二十九条　当事人在诉讼前已经对建设工程价款结算达成协议，诉讼中一方当事人申请对工程造价进行鉴定的，人民法院不予准许。

第三十条　当事人在诉讼前共同委托有关机构、人员对建设工程造价出具咨询意见，诉讼中一方当事人不认可该咨询意见申请鉴定的，人民法院应予准许，但双方当事人明确表示受该咨询意见约束的除外。

第三十一条　当事人对部分案件事实有争议的，仅对有争议的事实进行鉴定，但争议事实范围不能确定，或者双方当事人请求对全部事实鉴定的除外。

第三十二条　当事人对工程造价、质量、修复费用等专门性问题有争议，人民法院认为需要鉴定的，应当向负有举证责任的当事人释明。当事人经释明未申请鉴定，虽申请鉴定但未支付鉴定费用或者拒不提供相关材料的，应当承担举证不能的法律后果。

一审诉讼中负有举证责任的当事人未申请鉴定，虽申请鉴定但未支付鉴定费用或者拒不提供相关材料，二审诉讼中申请鉴定，人民法院认为确有必要的，应当依照民事诉讼法第一百七十条第一款第三项的规定处理。

第三十三条　人民法院准许当事人的鉴定申请后，应当根据当事人申请及查明案件事实的需要，确定委托鉴定的事项、范围、鉴定期限等，并组织当事人对争议的鉴定材料进行质证。

第三十四条　人民法院应当组织当事人对鉴定意见进行质证。鉴定人将当事人有争议且未经质证的材料作为鉴定依据的，人民法院应当组织当事人就该部分材料进行质证。经质证认为不能作为鉴定依据的，根据该材料作出的鉴定意见不得作为认定案件事实的依据。

《最高人民法院关于审理医疗损害责任纠纷案件适用法律若干问题的解释》（法释〔2017〕20号，2017年3月27日通过，2020年12月23日修正）

第八条　当事人依法申请对医疗损害责任纠纷中的专门性问题进行鉴定的，人民法院应予准许。

当事人未申请鉴定，人民法院对前款规定的专门性问题认为需要鉴定的，应当依职权委托鉴定。

第九条　当事人申请医疗损害鉴定的，由双方当事人协商确定鉴定人。

当事人就鉴定人无法达成一致意见，人民法院提出确定鉴定人的方法，当事人同意的，按照该方法确定；当事人不同意的，由人民法院指定。

鉴定人应当从具备相应鉴定能力、符合鉴定要求的专家中确定。

第十条　委托医疗损害鉴定的，当事人应当按照要求提交真实、完整、充分的鉴定材料。提交的鉴定材料不符合要求的，人民法院应当通知当事人更换或者补充相应材料。

在委托鉴定前，人民法院应当组织当事人对鉴定材料进行质证。

第十一条　委托鉴定书，应当有明确的鉴定事项和鉴定要求。鉴定人应当按照委托鉴定的事项和要求进行鉴定。

下列专门性问题可以作为申请医疗损害鉴定的事项：

（一）实施诊疗行为有无过错；

（二）诊疗行为与损害后果之间是否存在因果关系以及原因力大小；

（三）医疗机构是否尽到了说明义务、取得患者或者患者近亲属明确同意的义务；

（四）医疗产品是否有缺陷、该缺陷与损害后果之间是否存在因果关系以及原因力的大小；

（五）患者损伤残疾程度；

（六）患者的护理期、休息期、营养期；

（七）其他专门性问题。

鉴定要求包括鉴定人的资质、鉴定人的组成、鉴定程序、鉴定意见、鉴定期限等。

《最高人民法院关于适用〈中华人民共和国民事诉讼法〉的解释》（法释〔2015〕5号，2014年12月18日通过，2020年12月23日修正）

第一百二十一条　当事人申请鉴定，可以在举证期限届满前提出。申请鉴定的事项与待证事实无关联，或者对证明待证事实无意义的，人民法院不予准许。

人民法院准许当事人鉴定申请的，应当组织双方当事人协商确定具备相应资格的鉴定人。当事人协商不成的，由人民法院指定。

符合依职权调查收集证据条件的，人民法院应当依职权委托鉴定，在询问当事人的意见后，指定具备相应资格的鉴定人。

《最高人民法院关于民事诉讼证据的若干规定》（法释〔2019〕19号，2001年12月6日通过，2019年10月14日修正）

第三十条　人民法院在审理案件过程中认为待证事实需要通过鉴定意见证明的，应当向当事人释明，并指定提出鉴定申请的期间。

符合《最高人民法院关于适用〈中华人民共和国民事诉讼法〉的解释》第九十六条第一款规定情形的，人民法院应当依职权委托鉴定。

第三十一条　当事人申请鉴定，应当在人民法院指定期间内提出，并预交鉴定费用。逾期不提出申请或者不预交鉴定费用的，视为放弃申请。

对需要鉴定的待证事实负有举证责任的当事人，在人民法院指定期间内无正当理由不提出鉴定申请或者不预交鉴定费用，或者拒不提供相关材料，致使待证事实无法查明的，应当承担举证不能的法律后果。

第三十二条　人民法院准许鉴定申请的，应当组织双方当事人协商确定具备相应资格的鉴定人。当事人协商不成的，由人民法院指定。

人民法院依职权委托鉴定的，可以在询问当事人的意见后，指定具备相应资格的鉴定人。

人民法院在确定鉴定人后应当出具委托书，委托书中应当载明鉴定事项、鉴定范围、鉴定目的和鉴定期限。

第三十三条　鉴定开始之前，人民法院应当要求鉴定人签署承诺书。承诺书中应当载明鉴定人保证客观、公正、诚实地进行鉴定，保证出庭作证，如作虚假鉴定应当承担法律责任等内容。

鉴定人故意作虚假鉴定的，人民法院应当责令其退还鉴定费用，并根据情节，依照民事诉讼法第一百一十一条的规定进行处罚。

第三十四条　人民法院应当组织当事人对鉴定材料进行质证。未经质证的材料，不得作为鉴定的根据。

经人民法院准许，鉴定人可以调取证据、勘验物证和现场、询问当事人或者证人。

第三十五条　鉴定人应当在人民法院确定的期限内完成鉴定，并提交鉴定书。

鉴定人无正当理由未按期提交鉴定书的，当事人可以申请人民法院另行委托鉴定人进行鉴定。人民法院准许的，原鉴定人已经收取的鉴定费用应当退还；拒不退还的，依照本规定第八十一条第二款的规定进行处罚。

第三十六条　人民法院对鉴定人出具的鉴定书，应当审查是否具有下列内容：

（一）委托法院的名称；

（二）委托鉴定的内容、要求；

（三）鉴定材料；

（四）鉴定所依据的原理、方法；

（五）对鉴定过程的说明；

（六）鉴定意见；

（七）承诺书。

鉴定书应当由鉴定人签名或者盖章，并附鉴定人的相应资格证明。委托机构鉴定的，鉴定书应当由鉴定机构盖章，并由从事鉴定的人员签名。

第三十七条　人民法院收到鉴定书后，应当及时将副本送交当事人。

当事人对鉴定书的内容有异议的，应当在人民法院指定期间内以书面方式提出。

对于当事人的异议，人民法院应当要求鉴定人作出解释、说明或者补充。人民法院认为有必要的，可以要求鉴定人对当事人未提出异议的内容进行解释、说明或者补充。

第四十条　当事人申请重新鉴定，存在下列情形之一的，人民法院应当准许：

（一）鉴定人不具备相应资格的；

（二）鉴定程序严重违法的；

（三）鉴定意见明显依据不足的；

（四）鉴定意见不能作为证据使用的其他情形。

存在前款第一项至第三项情形的，鉴定人已经收取的鉴定费用应当退还。拒不退还的，依照本规定第八十一条第二款的规定处理。

对鉴定意见的瑕疵，可以通过补正、补充鉴定或者补充质证、重新质证等方法解决的，人民法院不予准许重新鉴定的申请。

重新鉴定的，原鉴定意见不得作为认定案件事实的根据。

第四十一条　对于一方当事人就专门性问题自行委托有关机构或者人员出具的意见，另一方当事人有证据或者理由足以反驳并申请鉴定的，人民法院应予准许。

第四十二条　鉴定意见被采信后，鉴定人无正当理由撤销鉴定意见的，人民法院应当责令其退还鉴定费用，并可以根据情节，依照民事诉讼法第一百一十一条的规定对鉴定人进行处罚。当事人主张鉴定人负担由此增加的合理费用的，人民法院应予支持。

人民法院采信鉴定意见后准许鉴定人撤销的，应当责令其退还鉴定费用。

《最高人民法院关于审理海洋自然资源与生态环境损害赔偿纠纷案件若干问题的规定》（法释〔2017〕23 号，2018 年 1 月 15 日起施行）

第八条　恢复费用，限于现实修复实际发生和未来修复必然发生的合理费用，包括制定和实施修复方案和监测、监管产生的费用。

未来修复必然发生的合理费用和恢复期间损失，可以根据有资格的鉴定评估机构依据法律法规、国家主管部门颁布的鉴定评估技术规范作出的鉴定意见予以确定，但当事人有相反证据足以反驳的除外。

预防措施费用和调查评估费用，以实际发生和未来必然发生的合理费用计算。

责任者已经采取合理预防、恢复措施，其主张相应减少损失赔偿数额的，人民法院应予支持。

第九条　依照本规定第八条的规定难以确定恢复费用和恢复期间损失的，人民法院可以根据责任者因损害行为所获得的收益或者所减少支付的污染防治费用，合理确定损失赔偿数额。

前款规定的收益或者费用无法认定的，可以参照政府部门相关统计资料或者其他证据所证明的同区域同类生产经营者同期平均收入、同期平均污染防治费用，合理酌定。

《人民法院对外委托司法鉴定管理规定》（法释〔2002〕8 号，2002 年 4 月 1 日起施行）

第一条　为规范人民法院对外委托和组织司法鉴定工作，根据《人民法院司法鉴定工作暂行规定》，制定本办法。

第二条　人民法院司法鉴定机构负责统一对外委托和组织司法鉴定。未设司法鉴定机构的人民法院，可在司法行政管理部门配备专职司法鉴定人员，并由司法行政管理部门代行对外委托司法鉴定的职责。

第三条　人民法院司法鉴定机构建立社会鉴定机构和鉴定人（以下简称鉴定人）名册，根据鉴定对象对专业技术的要求，随机选择和委托鉴定人进行司法鉴定。

第四条　自愿接受人民法院委托从事司法鉴定，申请进入人民法院司法鉴定人名册的社会鉴定、检测、评估机构，应当向人民法院司法鉴定机构提交申请书和以下材料：

（一）企业或社团法人营业执照副本；

（二）专业资质证书；

（三）专业技术人员名单、执业资格和主要业绩；

（四）年检文书；

（五）其他必要的文件、资料。

第五条　以个人名义自愿接受人民法院委托从事司法鉴定，申请进入人民法院司法鉴定人名册的专业技术人员，应当向人民法院司法鉴定机构提交申请书和以下材料：

（一）单位介绍信；

（二）专业资格证书；

（三）主要业绩证明；

（四）其他必要的文件、资料等。

第六条　人民法院司法鉴定机构应当对提出申请的鉴定人进行全面审查，择优确定对外委托和组织司法鉴定的鉴定人候选名单。

第七条　申请进入地方人民法院鉴定人名册的单位和个人，其入册资格由有关人民法院司法鉴定机构审核，报上一级人民法院司法鉴定机构批准，并报最高人民法院司法鉴定机构备案。

第八条　经批准列入人民法院司法鉴定人名册的鉴定人，在《人民法院报》予以公告。

第九条　已列入名册的鉴定人应当接受有关人民法院司法鉴定机构的年度审核，并提交以下材料：

（一）年度业务工作报告书；

（二）专业技术人员变更情况；

（三）仪器设备更新情况；

（四）其他变更情况和要求提交的材料。

年度审核有变更事项的，有关司法鉴定机构应当逐级报最高人民法院司法鉴定机构备案。

第十条　人民法院司法鉴定机构依据尊重当事人选择和人民法院指定相结合的原则，组织诉讼双方当事人进行司法鉴定的对外委托。

诉讼双方当事人协商不一致的，由人民法院司法鉴定机构在列入名册的、符合鉴定要求的鉴定人中，选择受委托人鉴定。

第十一条　司法鉴定所涉及的专业未纳入名册时，人民法院司法鉴定机构可以从社会相关专业中，择优选定受委托单位或专业人员进行鉴定。如果被选定的单位或专业人员需要进入鉴定人名册的，仍应当呈报上一级人民法院司法鉴定机构批准。

第十二条　遇有鉴定人应当回避等情形时，有关人民法院司法鉴定机构应当重新选择鉴定人。

第十三条　人民法院司法鉴定机构对外委托鉴定的，应当指派专人负责协调，主动了解鉴定的有关情况，及时处理可能影响鉴定的问题。

第十四条　接受委托的鉴定人认为需要补充鉴定材料时，如果由申请鉴定的当事人提供确有困难的，可以向有关人民法院司法鉴定机构提出请求，由人民法院决定依据职权采集鉴定材料。

第十五条　鉴定人应当依法履行出庭接受质询的义务。人民法院司法鉴定机构应当协调鉴定人做好出庭工作。

第十六条　列入名册的鉴定人有不履行义务，违反司法鉴定有关规定的，由有关人民法院视情节取消入册资格，并在《人民法院报》公告。

相关司法文件

《最高人民法院关于人民法院民事诉讼中委托鉴定审查工作若干问题的规定》（法〔2020〕202 号，2020 年 9 月 1 日起施行）

为进一步规范民事诉讼中委托鉴定工作，促进司法公正，根据《中华人民共和国民事诉讼法》《最高人民法院关于适用〈中华人民共和国民事诉讼法〉的解释》《最高人民法院关于民事诉讼证据的若干规定》等法律、司法解释的规定，结合人民法院工作实际，制定本规定。

一、对鉴定事项的审查

1. 严格审查拟鉴定事项是否属于查明案件事实的专门性问题，有下列情形之一的，人民法院不予委托鉴定：

（1）通过生活常识、经验法则可以推定的事实；

（2）与待证事实无关联的问题；

（3）对证明待证事实无意义的问题；

（4）应当由当事人举证的非专门性问题；

（5）通过法庭调查、勘验等方法可以查明的事实；

（6）对当事人责任划分的认定；

（7）法律适用问题；

（8）测谎；

（9）其他不适宜委托鉴定的情形。

2. 拟鉴定事项所涉鉴定技术和方法争议较大的，应当先对其鉴定技术和方法的科学可靠性进行审查。所涉鉴定技术和方法没有科学可靠性的，不予委托鉴定。

二、对鉴定材料的审查

3. 严格审查鉴定材料是否符合鉴定要求，人民法院应当告知当事人不提供符合要求鉴定材料的法律后果。

4. 未经法庭质证的材料（包括补充材料），不得作为鉴定材料。

当事人无法联系、公告送达或当事人放弃质证的，鉴定材料应当经合议庭确认。

5. 对当事人有争议的材料，应当由人民法院予以认定，不得直接交由鉴定机构、鉴定人选用。

三、对鉴定机构的审查

6. 人民法院选择鉴定机构，应当根据法律、司法解释等规定，审查鉴定机构的资质、执业范围等事项。

7. 当事人协商一致选择鉴定机构的，人民法院应当审查协商选择的鉴定机构是否具备鉴定资质及符合法律、司法解释等规定。发现双方当事人的选择有可能损害国家利益、集体利益或第三方利益的，应当终止协商选择程序，采用随机方式选择。

8. 人民法院应当要求鉴定机构在接受委托后 5 个工作日内，提交鉴定方案、收费标准、鉴定人情况和鉴定人承诺书。

重大、疑难、复杂鉴定事项可适当延长提交期限。

鉴定人拒绝签署承诺书的，人民法院应当要求更换鉴定人或另行委托鉴定机构。

四、对鉴定人的审查

9. 人民法院委托鉴定机构指定鉴定人的，应当严格依照法律、司法解释等规定，对鉴定人的专业能力、从业经验、业内评价、执业范围、鉴定资格、资质证书有效期以及是否有依法回避的情形等进行审查。

特殊情形人民法院直接指定鉴定人的，依照前款规定进行审查。

五、对鉴定意见书的审查

10. 人民法院应当审查鉴定意见书是否具备《最高人民法院关于民事诉讼证据的若干规定》第三十六条规定的内容。

11. 鉴定意见书有下列情形之一的，视为未完成委托鉴定事项，人民法院应当要求鉴定人补充鉴定或重新鉴定：

（1）鉴定意见和鉴定意见书的其他部分相互矛盾的；

（2）同一认定意见使用不确定性表述的；

（3）鉴定意见书有其他明显瑕疵的。

补充鉴定或重新鉴定仍不能完成委托鉴定事项的，人民法院应当责令鉴定人退回已经收取的鉴定费用。

六、加强对鉴定活动的监督

12. 人民法院应当向当事人释明不按期预交鉴定费用及鉴定人出庭费用的法律后果，并对鉴定机构、鉴定人收费情况进行监督。

公益诉讼可以申请暂缓交纳鉴定费用和鉴定人出庭费用。

符合法律援助条件的当事人可以申请暂缓或减免交纳鉴定费用和鉴定人出庭费用。

13. 人民法院委托鉴定应当根据鉴定事项的难易程度、鉴定材料准备情况，确定合理的鉴定期限，一般案件鉴定时限不超过 30 个工作日，重大、疑难、复杂案件鉴定时限不超过 60 个工作日。

鉴定机构、鉴定人因特殊情况需要延长鉴定期限的，应当提出书面申请，人民法院可以根据具体情况决定是否延长鉴定期限。

鉴定人未按期提交鉴定书的，人民法院应当审查鉴定人是否存在正当理由。如无正当理由且人民法院准许当事人申请另行委托鉴定的，应当责令原鉴定机构、鉴定人退回已经收取的鉴定费用。

14. 鉴定机构、鉴定人超范围鉴定、虚假鉴定、无正当理由拖延鉴定、拒不出庭作证、违规收费以及有其他违法违规情形的，人民法院可以根据情节轻重，对鉴定机构、鉴定人予以暂停委托、责令退还鉴定费用、从人民法院委托鉴定专业机构、专业人员备选名单中除名等惩戒，并向行政主管部门或者行业协会发出司法建议。鉴定机构、鉴定人存在违法犯罪情形的，人民法院应当将有关线索材料移送公安、检察机关处理。

人民法院建立鉴定人黑名单制度。鉴定机构、鉴定人有前款情形的，可列入鉴定人黑名单。鉴定机构、鉴定人被列入黑名单期间，不得进入人民法院委托鉴定专业机构、专业人员备选名单和相关信息平台。

15. 人民法院应当充分运用委托鉴定信息平台加强对委托鉴定工作的管理。

16. 行政诉讼中人民法院委托鉴定，参照适用本规定。

17. 本规定自 2020 年 9 月 1 日起施行。

《第八次全国法院民事商事审判工作会议（民事部分）纪要》（最高人民法院 2016 年 11 月 30 日）

八、关于民事审判程序

（一）关于鉴定问题

35. 当事人对鉴定人作出的鉴定意见的一部分提出异议并申请重新鉴定的，应当着重审查异议是否成立；如异议成立，原则上仅针对异议部分重新鉴定或者补充鉴定，并尽量缩减鉴定的范围和次数。

《最高人民法院关于适用〈中华人民共和国侵权责任法〉若干问题的通知》（法发〔2010〕23号，2010年6月30日）

三、人民法院适用侵权责任法审理民事纠纷案件，根据当事人的申请或者依职权决定进行医疗损害鉴定的，按照《全国人民代表大会常务委员会关于司法鉴定管理问题的决定》、《人民法院对外委托司法鉴定管理规定》及国家有关部门的规定组织鉴定。

《最高人民法院对外委托鉴定、评估、拍卖等工作管理规定》（法办发〔2007〕5号，2007年9月1日起施行）①

第一章　总　　则

第一条　为规范最高人民法院对外委托鉴定、评估、拍卖等工作，保护当事人的合法权益，维护司法公正，根据《中华人民共和国刑事诉讼法》、《中华人民共和国民事诉讼法》、《中华人民共和国行政诉讼法》、《全国人大常委会关于司法鉴定管理问题的决定》和《最高人民法院关于地方各级人民法院设立司法技术辅助工作机构的通知》的规定，结合最高人民法院对外委托鉴定、评估、拍卖等工作实际，制定本规定。

第二条　对外委托鉴定、评估、拍卖等工作是指人民法院审判和执行工作中委托专门机构或专家进行鉴定、检验、评估、审计、拍卖、变卖和指定破产清算管理人等工作，并进行监督协调的司法活动。

第三条　最高人民法院司法辅助工作部门负责统一办理审判、执行工作中需要对外委托鉴定、检验、评估、审计、拍卖、变卖和指定破产清算管理人等工作。

第四条　涉及到举证时效、证据的质证与采信、评估基准日、拍卖保留价的确定，拍卖撤回、暂缓与中止等影响当事人相关权利义务的事项由审判、执行部门决定。

第五条　对外委托鉴定、评估、拍卖等工作按照公开、公平、择优的原则，实行对外委托名册制度，最高人民法院司法辅助工作部门负责《最高人民法院司法技术专业机构、专家名册》（以下简称《名册》）的编制和对入册专业机构、专家的工作情况进行监督和协调。

第二章　收　　案

第六条　最高人民法院的审判、执行部门在工作中对需要进行对外委托鉴定、检验、评估、审计、拍卖、变卖和指定破产清算管理人等工作的，应当制作《对外委托工作交接表》（格式表附后），同相关材料一起移送司法辅助工作部门。

地方各级人民法院和专门人民法院需要委托最高人民法院对外委托鉴定、评估、

---

①　该司法解释根据主题予以摘取，所以在法条序号上存在部分断续。本书列举的其他司法解释也存在这种现象，并非过失遗漏。

拍卖等工作的，应当层报最高人民法院。

第七条　对外委托鉴定、检验、评估、审计、变卖和指定破产清算管理人等工作时，应当移交以下材料：

（一）相关的卷宗材料；

（二）经法庭质证确认的当事人举证材料；

（三）法院依职权调查核实的材料；

（四）既往鉴定、检验、评估、审计、变卖和指定破产清算管理人报告文书；

（五）申请方当事人和对方当事人及其辩护人、代理人的通信地址、联系方式，代理人的代理权限；

（六）与对外委托工作有关的其他材料。

第九条　对外委托的收案工作由司法辅助工作部门的专门人员负责，按以下程序办理：

（一）审查移送手续是否齐全；

（二）审查、核对移送材料是否齐全，是否符合要求；

（三）制作案件移送单并签名，报司法辅助工作部门负责人签字并加盖部门公章。由司法辅助工作部门和审判、执行部门各存一份备查；

（四）进行收案登记。

第十条　司法辅助工作部门负责人指定对外委托案件的监督、协调员。监督、协调员分为主办人和协办人。

主办人负责接收案件，保管对外委托的卷宗等材料，按照委托要求与协办人办理对外委托工作；协办人应积极配合主办人完成工作。

第十一条　主办人接到案件后应在3个工作日内提出初审意见，对不具备委托条件的案件应制作《不予委托意见书》说明理由，报司法辅助工作部门负责人审批后，办理结案手续，并于3个工作日内将案件材料退回审判、执行部门。

第三章　选择专业机构与委托

第十二条　选择鉴定、检验、评估、审计专业机构，指定破产清算管理人实行协商选择与随机选择相结合的方式。选择拍卖专业机构实行随机选择的方式。

凡需要由人民法院依职权指定的案件由最高人民法院司法辅助工作部门按照随机的方式，选择对外委托的专业机构，然后进行指定。

第十三条　司法辅助工作部门专门人员收案后，除第十一条第二款的情况外，应当在3个工作日内采取书面、电传等有效方式，通知当事人按指定的时间、地点选择专业机构或专家。

第十四条　当事人不按时到场，也未在规定期间内以书面形式表达意见的，视为放弃选择专业机构的权利。

第十五条　选择专业机构在司法辅助工作部门专门人员的主持下进行，选择结束后，当事人阅读选择专业机构笔录，并在笔录上签字。

第十六条　协商选择程序如下：

（一）专门人员告知当事人在选择程序中的权利、义务；

（二）专门人员向当事人介绍《名册》中相关专业的所有专业机构或专家的情况。当事人听取介绍后协商选择双方认可的专业机构或专家，并告知专门人员和监督、协调员；

（三）当事人协商一致选择名册以外的专业机构或专家的，司法辅助工作部门应对选择的专业机构进行资质、诚信、能力的程序性审查，并告知双方应承担的委托风险；

（四）审查中发现专业机构或专家没有资质或有违法违规行为的，应当要求双方当事人重新选择；

（五）发现双方当事人选择有可能损害国家利益、集体利益或第三方利益的，应当终止协商选择程序，采用随机选择方式；

（六）有下列情形之一的，采用随机选择方式：

1. 当事人都要求随机选择的；

2. 当事人双方协商不一致的；

3. 一方当事人表示放弃协商选择权利，或一方当事人无故缺席的。

第十七条　随机选择程序主要有两种：

（一）计算机随机法

1. 计算机随机法应当统一使用最高人民法院确定的随机软件；

2. 选择前，专门人员应当向当事人介绍随机软件原理、操作过程等基本情况，并进行操作演示；

3. 专门人员从计算机预先录入的《名册》中选择所有符合条件的专业机构或专家列入候选名单；

4. 启动随机软件，最终选定的候选者当选。

（二）抽签法

1. 专门人员向当事人说明抽签的方法及相关事项；

2. 专门人员根据移送案件的需要，从《名册》中选出全部符合要求的候选名单，并分别赋予序号；

3. 当事人全部到场的，首先确定做签者和抽签者，由专门人员采用抛硬币的方法确定一方的当事人为做签者，另外一方当事人为抽签者。做签者按候选者的序号做签，抽签者抽签后当场交给专门人员验签。专门人员验签后应当将余签向当事人公示；

4. 当事人一方不能到场的，由专门人员做签，到场的当事人抽签。当事人抽签后，专门人员当场验签确定，并将余签向当事人公示。

第十八条　名册中的专业机构仅有一家时，在不违反回避规定的前提下，即为本案的专业机构。

第十九条　专业机构或专家确定后，当事人应当签字确认。对没有到场的当事人应先通过电话、传真送达，再邮寄送达。

第二十条　采用指定方法选择的，司法辅助工作部门负责人到场监督，专门人员应向当事人出示《名册》中所有相关专业机构或专家的名单，由专门人员采用计算机随机法、抽签法中的一种方法选择专业机构或专家。

第二十一条　指定选择时，对委托要求超出《名册》范围的，专门人员应根据委托要求从具有相关专业资质的专业机构或专家中选取，并征求当事人意见。当事人也可以向本院提供相关专业机构或专家的信息，经专门人员审查认为符合委托条件的，应当听取其他当事人意见。

第二十二条　重大、疑难、复杂案件的委托事项，选择专业机构或专家时，应邀请院领导或纪检监察部门和审判、执行部门人员到场监督。

第二十三条　应当事人或合议庭的要求，对重大、疑难、复杂或涉及多学科的专门性问题，司法技术辅助工作部门可委托有资质的专业机构组织相关学科的专家进行鉴定。

组织鉴定由 3 名以上总数为单数的专家组组成。

第二十四条　专业机构确定后，监督、协调员应在 3 个工作日内通知专业机构审查材料，专业机构审查材料后同意接受委托的，办理委托手续，并由专业机构出具接受材料清单交监督、协调员存留。审查材料后不接受委托的，通知当事人在 3 个工作日内重新选择或者由司法辅助工作部门重新指定。

第二十五条　向非拍卖类专业机构出具委托书时，应当明确委托要求、委托期限、送检材料、违约责任，以及标的物的名称、规格、数量等情况。

向拍卖机构出具委托书时，应当明确拍卖标的物的来源、存在的瑕疵、拍卖保留价、保证金及价款的支付方式、期限，写明对标的物瑕疵不承担担保责任，并附有该案的民事判决书、执行裁定书、拍卖标的物清单及评估报告复印件等文书资料。

委托书应当统一加盖最高人民法院司法辅助工作部门对外委托专用章。

第二十六条　司法精神疾病鉴定在正式对外委托前，监督、协调员应当根据委托要求和专业机构鉴定所需的被鉴定人基本情况，做委托前的先期调查工作，将所调查的材料与其他委托材料一并交专业机构。监督、协调员应在调查材料上签名。

第二十七条　监督、协调员向专业机构办理移交手续后，应于 3 个工作日内通知双方当事人，按指定时间、地点在监督、协调员主持下与专业机构商谈委托费用。委托费用主要由当事人与专业机构协商，委托费用数额应结合案件实际情况，以参照行业标准为主，协商为辅的方式进行，监督、协调员不得干涉。报价悬殊较大时，监督、协调员可以调解。对故意乱要价的要制止。确定委托费用数额后，交费一方当事人于 3 个工作日内将委托费用交付委托方。

对于当事人无故逾期不缴纳委托费用的，可中止委托，并书面告知专业机构；当事人即时缴纳委托费用的，仍由原专业机构继续进行鉴定。

第二十八条　对于商谈后不能确定委托费用的，监督、协调员应告知双方当事人可重新启动选择专业机构程序，重新选择专业机构。

公诉案件的对外委托费用在人民法院的预算费用中支付。

第四章　监 督 协 调

第二十九条　专业机构接受委托后，监督、协调员应当审查专业机构专家的专业、执业资格，对不具有相关资质的应当要求换人。专业机构坚持指派不具有资质的专家从事委托事项的，经司法辅助工作部门负责人批准后撤回对该机构的委托，重新选择专业机构。

第三十条　对外委托的案件需要勘验现场的，监督、协调员应提前 3 个工作日通知专业机构和当事人。任何一方当事人无故不到场的，不影响勘验工作的进行。勘验应制作勘验笔录。

第三十一条　需要补充材料的，应由监督、协调员通知审判或执行部门依照法律法规提供。补充的材料须经法庭质证确认或主办法官审核签字。当事人私自向专业机构或专家个人送交的材料不得作为鉴定的依据。

第三十二条　专业机构出具报告初稿，送交监督、协调员。需要听证的，监督、协调员应在 3 个工作日内通知专业机构及当事人进行听证，并做好记录。对报告初稿有异议的当事人，应在规定期限内提出证据和书面材料，期限由监督、协调员根据案情确定，最长不得超过 10 个工作日。

第三十三条　对当事人提出的异议及证据材料，专业机构应当认真审查，自主决定是否采纳，并说明理由。需要进行调查询问时，由监督、协调员与专业机构共同进行，专业机构不得单独对当事人进行调查询问。

第三十四条　专业机构一般应在接受委托后的 30 个工作日内完成工作，重大、疑难、复杂的案件在 60 个工作日内完成。因委托中止在规定期限内不能完成，需要延长期限的，专业机构应当提交书面申请，并按法院重新确定的时间完成受委托工作。

第三十五条　专业机构在规定时间内没有完成受委托的工作，经二次延长时间后仍不能完成的，应终止委托，收回委托材料及全部委托费用，并通知当事人重新选择专业机构。对不能按时完成委托工作的专业机构，一年内不再向其委托。

第五章　结 案

第三十七条　对外委托案件应当以出具鉴定报告、审计报告、评估报告、清算报告等报告形式结案，或者以拍卖成交、流拍、变卖、终止委托或不予委托的方式结案。

第三十八条　以出具报告形式结案的，监督、协调员应在收到正式报告后5个工作日内制作委托工作报告，载明委托部门或单位、委托内容及要求、选择专业机构的方式方法、专业机构的工作过程、对其监督情况等事项，报告书由监督、协调员署名；经司法辅助工作部门负责人签发后加盖司法辅助工作部门印章；填写案件移送清单，与委托材料、委托结论报告、委托工作报告等一并送负责收案的专门人员，由其移送委托方。

第三十九条　具有下列情形之一，影响对外委托工作期限的，应当中止委托：

（一）确因环境因素（如台风、高温）暂时不能进行鉴定工作的；

（二）暂时无法进行现场勘验的；

（三）暂时无法获取必要的资料的；

（四）其他情况导致对外委托工作暂时无法进行的。

第四十条　具有下列情形之一的，应当终结对外委托：

（一）无法获取必要材料的；

（二）申请人不配合的；

（三）当事人撤诉或调解结案的；

（四）其他情况致使委托事项无法进行的。

第四十一条　中止对外委托和终结对外委托的，都应向审判、执行部门出具正式的说明书。

第六章　编制与管理人民法院专业机构、专家名册

第四十二条　法医、物证、声像资料三类鉴定的专业机构名册从司法行政管理部门编制的名册中选录编制。其他类别的专业机构、专家名册由相关行业协会或主管部门推荐，按照公开、公平、择优的原则选录编制。

名册中同专业的专业机构应不少于3个，同专业的专业机构不足3个的除外。

第四十三条　司法辅助工作部门应对名册中的专业机构、专家履行义务的情况进行监督。对不履行法定义务或者违反相关规定的专业机构，司法辅助工作部门应当及时予以指正，视情节轻重，停止其一次至多次候选资格；对乱收鉴定费、故意出具错误鉴定结论、不依法履行出庭义务的，撤销其入册资格，通报给司法行政管理部门和行业协会或行业主管部门；对情节恶劣、造成严重后果的，应报有关部门追究其法律责任。

第八章　附　　则

第四十七条　法院工作人员在对外委托司法辅助工作中有以下行为的，按照《人民法院违法审判责任追究办法（试行）》和《人民法院审判纪律处分办法（试行）》追究责任：

（一）泄露审判机密；

（二）要求当事人选择某一专业机构；

（三）与专业机构或当事人恶意串通损害他人合法权益；

（四）接受当事人或专业机构的吃请、钱物等不正当利益；

（五）违反工作程序或故意不作为；

（六）未经司法辅助工作部门擅自对外委托；

（七）其他违法违纪行为。

构成犯罪的，依法追究其刑事责任。

《人民法院司法鉴定工作暂行规定》（最高人民法院 2001 年 11 月 16 日）

第一章　总　　则

第一条　为了规范人民法院司法鉴定工作，根据《中华人民共和国刑事诉讼法》、《中华人民共和国民事诉讼法》、《中华人民共和国行政诉讼法》、《中华人民共和国人民法院组织法》等法律，制定本规定。

第二条　本规定所称司法鉴定，是指在诉讼过程中，为查明案件事实，人民法院依据职权，或者应当事人及其他诉讼参与人的申请，指派或委托具有专门知识人，对专门性问题进行检验、鉴别和评定的活动。

第三条　司法鉴定应当遵循下列原则：

（一）合法、独立、公开；

（二）客观、科学、准确；

（三）文明、公正、高效。

第四条　凡需要进行司法鉴定的案件，应当由人民法院司法鉴定机构鉴定，或者由人民法院司法鉴定机构统一对外委托鉴定。

第五条　最高人民法院指导地方各级人民法院的司法鉴定工作，上级人民法院指导下级人民法院的司法鉴定工作。

第二章　司法鉴定机构及鉴定人

第六条　最高人民法院、各高级人民法院和有条件的中级人民法院设立独立的司法鉴定机构。新建司法鉴定机构须报最高人民法院批准。

最高人民法院的司法鉴定机构为人民法院司法鉴定中心，根据工作需要可设立分支机构。

第七条　鉴定人权利：

（一）了解案情，要求委托人提供鉴定所需的材料；

（二）勘验现场，进行有关的检验，询问与鉴定有关的当事人。必要时，可申请人民法院依据职权采集鉴定材料，决定鉴定方法和处理检材；

（三）自主阐述鉴定观点，与其他鉴定人意见不同时，可不在鉴定文书上署名；

（四）拒绝受理违反法律规定的委托。

第八条　鉴定人义务：

（一）尊重科学，恪守职业道德；

（二）保守案件秘密；

（三）及时出具鉴定结论；

（四）依法出庭宣读鉴定结论并回答与鉴定相关的提问。

第九条　有下列情形之一的，鉴定人应当回避：

（一）鉴定人系案件的当事人，或者当事人的近亲属；

（二）鉴定人的近亲属与案件有利害关系；

（三）鉴定人担任过本案的证人、辩护人、诉讼代理人；

（四）其他可能影响准确鉴定的情形。

第三章　委托与受理

第十条　各级人民法院司法鉴定机构，受理本院及下级人民法院委托的司法鉴定。下级人民法院可逐级委托上级人民法院司法鉴定机构鉴定。

第十一条　司法鉴定应当采用书面委托形式，提出鉴定目的、要求，提供必要的案情说明材料和鉴定材料。

第十二条　司法鉴定机构应当在 3 日内做出是否受理的决定。对不予受理的，应当向委托人说明原因。

第十三条　司法鉴定机构接受委托后，可根据情况自行鉴定，也可以组织专家、联合科研机构或者委托从相关鉴定人名册中随机选定的鉴定人进行鉴定。

第十四条　有下列情形之一需要重新鉴定的，人民法院应当委托上级法院的司法鉴定机构做重新鉴定：

（一）鉴定人不具备相关鉴定资格的；

（二）鉴定程序不符合法律规定的；

（三）鉴定结论与其他证据有矛盾的；

（四）鉴定材料有虚假，或者原鉴定方法有缺陷的；

（五）鉴定人应当回避没有回避，而对其鉴定结论有持不同意见的；

（六）同一案件具有多个不同鉴定结论的；

（七）有证据证明存在影响鉴定人准确鉴定因素的。

第十五条　司法鉴定机构可受人民法院的委托，对拟作为证据使用的鉴定文书、检验报告、勘验检查记录、医疗病情资料、会计资料等材料作文证审查。

第四章　检验与鉴定

第十六条　鉴定工作一般应按下列步骤进行：

（一）审查鉴定委托书；

（二）查验送检材料、客体，审查相关技术资料；

（三）根据技术规范制定鉴定方案；

（四）对鉴定活动进行详细记录；

（五）出具鉴定文书。

第十七条　对存在损耗检材的鉴定，应当向委托人说明。必要时，应由委托人出具检材处理授权书。

第十八条　检验取样和鉴定取样时，应当通知委托人、当事人或者代理人到场。

第十九条　进行身体检查时，受检人、鉴定人互为异性的，应当增派一名女性工作人员在场。

第二十条　对疑难或者涉及多学科的鉴定，出具鉴定结论前，可听取有关专家的意见。

第五章　鉴定期限、鉴定中止与鉴定终结

第二十一条　鉴定期限是指决定受理委托鉴定之日起，到发出鉴定文书之日止的时间。

一般的司法鉴定应当在 30 个工作日内完成；疑难的司法鉴定应当在 60 个工作日内完成。

第二十二条　具有下列情形之一，影响鉴定期限的，应当中止鉴定：

（一）受检人或者其他受检物处于不稳定状态，影响鉴定结论的；

（二）受检人不能在指定的时间、地点接受检验的；

（三）因特殊检验需预约时间或者等待检验结果的；

（四）须补充鉴定材料的。

第二十三条　具有下列情形之一的，可终结鉴定：

（一）无法获取必要的鉴定材料的；

（二）被鉴定人或者受检人不配合检验，经做工作仍不配合的；

（三）鉴定过程中撤诉或者调解结案的；

（四）其他情况使鉴定无法进行的。

在规定期限内，鉴定人因鉴定中止、终结或者其他特殊情况不能完成鉴定的，应当向司法鉴定机构申请办理延长期限或者终结手续。司法鉴定机构对是否中止、终结应当做出决定。做出中止、终结决定的，应当函告委托人。

第六章　其　　他

第二十四条　人民法院司法鉴定机构工作人员因徇私舞弊、严重不负责任造成鉴定错误导致错案的，参照《人民法院审判人员违法审判责任追究办法（试行）》和《人民法院审判纪律处分办法（试行）》追究责任。

其他鉴定人因鉴定结论错误导致错案的，依法追究其法律责任。

第二十五条　司法鉴定按国家价格主管部门核定的标准收取费用。

第二十六条　人民法院司法鉴定中心根据本规定制定细则。

第二十七条　本规定自颁布之日起实行。

第二十八条　本规定由最高人民法院负责解释。

相关部门文件

《司法部、环境保护部关于规范环境损害司法鉴定管理工作的通知》（司法通〔2015〕118号，2015年12月21日）

各省、自治区、直辖市司法厅（局）、环境保护厅（局）：

为贯彻党的十八大和十八届三中、四中、五中全会精神，落实健全生态环境保护责任追究制度和环境损害赔偿制度的要求，促进生态文明建设，适应环境损害诉讼需要，加强对环境损害司法鉴定机构和鉴定人的管理，根据《全国人民代表大会常务委员会关于司法鉴定管理问题的决定》和《最高人民法院 最高人民检察院 司法部 关于将环境损害司法鉴定纳入统一登记管理范围的通知》（司发通〔2015〕117号），以及有关法律、法规、规章的规定，现就规范环境损害司法鉴定管理工作的有关事项通知如下。

一、鉴定机构设置发展规划

环境损害司法鉴定机构的发展应当遵循统筹规划、合理布局、总量控制、有序发展的原则，根据诉讼活动的实际需求和发展趋势研究制定发展规划。环境损害司法鉴定机构的设立应当严格标准、严格程序、确保质量，特别是在审核登记工作初始阶段要严格限制鉴定机构数量，确保高资质高水平。

二、鉴定事项

环境损害司法鉴定是指在诉讼活动中鉴定人运用环境科学的技术或者专门知识，采用监测、检测、现场勘察、实验模拟或者综合分析等技术方法，对环境污染或者生态破坏讼诉涉及的专门性问题进行鉴别和判断并提供鉴定意见的活动。环境诉讼中需要解决的专门性问题包括：确定污染物的性质；确定生态环境遭受损害的性质、范围和程度；评定因果关系；评定污染治理与运行成本以及防止损害扩大、修复生态环境的措施或方案等。

环境损害司法鉴定的主要领域包括：

（1）污染物性质鉴定，主要包括危险废物鉴定、有毒物质鉴定，以及污染物其他物理、化学等性质的鉴定；

（2）地表水和沉积物环境损害鉴定，主要包括因环境污染或生态破坏造成河流、湖泊、水库等地表水资源和沉积物生态环境损害的鉴定；

（3）空气污染环境损害鉴定，主要包括因污染物质排放或泄漏造成环境空气或室内空气环境损害的鉴定；

（4）土壤与地下水环境损害鉴定，主要包括因环境污染或生态破坏造成农田、矿区、居住和工矿企业用地等土壤与地下水资源及生态环境损害的鉴定；

（5）近海海洋与海岸带环境损害鉴定，主要包括因近海海域环境污染或生态破坏造成的海岸、潮间带、水下岸坡等近海海洋环境资源及生态环境损害的鉴定；

（6）生态系统环境损害鉴定，主要对动物、植物等生物资源和森林、草原、湿地等生态系统，以及因生态破坏而造成的生物资源与生态系统功能损害的鉴定；

（7）其他环境损害鉴定，主要包括由于噪声、振动、光、热、电磁辐射、核辐射等污染造成的环境损害鉴定。

三、审核登记

司法部会同环境保护部制定评审办法，对环境损害鉴定机构和鉴定人资质条件、评审专家、评审程序等作出规定。环境保护部会同司法部建立环境损害司法鉴定评审专家库，各省级环境保护部门应当会同司法行政机关商有关部门，研究提出本地的推荐专家人选名单。

省级司法行政机关应当按照《司法鉴定机构登记管理办法》、《司法鉴定人登记管理办法》规定的条件和程序对申请从事环境损害司法鉴定业务的机构和个人进行审核，并会同同级环境保护部门组织专家进行专业技术评审。

对本通知下发前已审核登记从事环境损害司法鉴定业务的鉴定机构，应当进行重新审核登记。已登记从事环境损害鉴定业务的司法鉴定机构最迟应当于2017年6月前提出重新登记申请。逾期未提出重新登记申请或经审核不符合条件的，撤销登记。重新审核登记期间，已审核登记的环境损害司法鉴定机构可以继续从事环境损害司法鉴定业务。

司法行政机关要把好入口关，防止审核登记的机构过多，导致恶性竞争和鉴定质量下降。要鼓励和支持依托优质资源设立高资质高水平鉴定机构，注重保障司法鉴定机构的中立第三方地位。

四、监督管理

要指导鉴定机构加强规范化建设，健全司法鉴定工作制度，加强内部管理。加强对鉴定人的培训，确保出具的鉴定意见满足诉讼要求。对环境损害司法鉴定机构和鉴定人实行动态管理，完善退出机制。妥善处理信访投诉，加强执业监督，依法查处违法违规执业行为，依法淘汰不合格的鉴定机构和鉴定人。建立与司法机关的衔接配合机制，定期开展交流沟通，及时通报有关情况。司法行政机关和环境保护部门要加强协调配合，定期会商，共同研究解决工作中遇到的各种问题。

各地要切实提高认识，高度重视，结合本地实际，认真做好环境损害司法鉴定登记管理等有关工作。工作中遇有重大问题，请及时报司法部司法鉴定管理局和环境保护部政策法规司。

4．鉴定意见与鉴定人出庭

导读

　　鉴定意见是我国《民事诉讼法》规定的一种证据形式。2012 年《民事诉讼法》修改之前称为"鉴定结论"。涉及诉讼中专门问题的鉴定，通常称为"司法鉴定"。鉴定可分为诉讼内的鉴定和诉讼外的鉴定。诉讼内的鉴定是指在诉讼过程中，经当事人申请，由法院直接指定或委托专门的鉴定机构或具有专门知识的人对诉讼中存在争议的专门性问题所进行的鉴定；反之，诉讼外的鉴定，则是未经法院委托和指定所进行的鉴定。诉讼外的鉴定，既可能在诉讼发生前，也可能在诉讼过程中，是由当事人自行委托有关机构所进行的鉴定，多数情况下是在诉讼发生前所获得的鉴定。例如，关于工伤事故的鉴定。诉讼外的鉴定是否可以作为证据使用，需要得到法院认可。

　　鉴定意见是证据的一种，因此，鉴定意见要作为法院判案的根据，同样需要在开庭中予以质证。《民事诉讼法》第 78 条规定，当事人对鉴定意见有异议或者人民法院认为鉴定人有必要出庭的，鉴定人应当出庭作证。经人民法院通知，鉴定人拒不出庭作证的，鉴定意见不得作为认定事实的根据；支付鉴定费用的当事人可以要求返还鉴定费用。该条明确规定了鉴定人的出庭义务。这里的所谓出庭作证，实际上是鉴定人出庭对鉴定有关事项予以说明，以回应对鉴定有关事项的质疑。关于鉴定费用的返还，当鉴定人拒绝返还时，当事人可以通过司法程序行使其返还请求权。

相关法律条文

《中华人民共和国民事诉讼法》（2017 年 6 月 27 日修正）

　　第七十七条　鉴定人有权了解进行鉴定所需要的案件材料，必要时可以询问当事人、证人。

　　鉴定人应当提出书面鉴定意见，在鉴定书上签名或者盖章。

　　第七十八条　当事人对鉴定意见有异议或者人民法院认为鉴定人有必要出庭的，鉴定人应当出庭作证。经人民法院通知，鉴定人拒不出庭作证的，鉴定意见不得作为认定事实的根据；支付鉴定费用的当事人可以要求返还鉴定费用。

相关司法解释规定

《最高人民法院关于审理医疗损害责任纠纷案件适用法律若干问题的解释》（法释〔2017〕20号，2017年3月27日通过，2020年12月23日修正）

第十二条　鉴定意见可以按照导致患者损害的全部原因、主要原因、同等原因、次要原因、轻微原因或者与患者损害无因果关系，表述诊疗行为或者医疗产品等造成患者损害的原因力大小。

第十三条　鉴定意见应当经当事人质证。

当事人申请鉴定人出庭作证，经人民法院审查同意，或者人民法院认为鉴定人有必要出庭的，应当通知鉴定人出庭作证。双方当事人同意鉴定人通过书面说明、视听传输技术或者视听资料等方式作证的，可以准许。

鉴定人因健康原因、自然灾害等不可抗力或者其他正当理由不能按期出庭的，可以延期开庭；经人民法院许可，也可以通过书面说明、视听传输技术或者视听资料等方式作证。

无前款规定理由，鉴定人拒绝出庭作证，当事人对鉴定意见又不认可的，对该鉴定意见不予采信。

第十五条　当事人自行委托鉴定人作出的医疗损害鉴定意见，其他当事人认可的，可予采信。

当事人共同委托鉴定人作出的医疗损害鉴定意见，一方当事人不认可的，应当提出明确的异议内容和理由。经审查，有证据足以证明异议成立的，对鉴定意见不予采信；异议不成立的，应予采信。

《最高人民法院关于审理环境侵权责任纠纷案件适用法律若干问题的解释》（法释〔2015〕12号，2015年2月9日通过，2020年12月23日修正）

第八条　对查明环境污染、生态破坏案件事实的专门性问题，可以委托具备相关资格的司法鉴定机构出具鉴定意见或者由负有环境资源保护监督管理职责的部门推荐的机构出具检验报告、检测报告、评估报告或者监测数据。

第十条　负有环境资源保护监督管理职责的部门或者其委托的机构出具的环境污染、生态破坏事件调查报告、检验报告、检测报告、评估报告或者监测数据等，经当事人质证，可以作为认定案件事实的根据。

《最高人民法院关于审理因垄断行为引发的民事纠纷案件应用法律若干问题的规定》（法释〔2012〕5号，2012年1月30日通过，2020年12月23日修正）

第十三条　当事人可以向人民法院申请委托专业机构或者专业人员就案件的专门性问题作出市场调查或者经济分析报告。经人民法院同意，双方当事人可以协商确定专业机构或者专业人员；协商不成的，由人民法院指定。

人民法院可以参照民事诉讼法及相关司法解释有关鉴定意见的规定，对前款规定的市场调查或者经济分析报告进行审查判断。

《最高人民法院关于民事诉讼证据的若干规定》（法释〔2019〕19号，2001年12月6日通过，2019年10月14日修正）

第三十八条　当事人在收到鉴定人的书面答复后仍有异议的，人民法院应当根据《诉讼费用交纳办法》第十一条的规定，通知有异议的当事人预交鉴定人出庭费用，并通知鉴定人出庭。有异议的当事人不预交鉴定人出庭费用的，视为放弃异议。

双方当事人对鉴定意见均有异议的，分摊预交鉴定人出庭费用。

第三十九条　鉴定人出庭费用按照证人出庭作证费用的标准计算，由败诉的当事人负担。因鉴定意见不明确或者有瑕疵需要鉴定人出庭的，出庭费用由其自行负担。

人民法院委托鉴定时已经确定鉴定人出庭费用包含在鉴定费用中的，不再通知当事人预交。

第七十九条　鉴定人依照民事诉讼法第七十八条的规定出庭作证的，人民法院应当在开庭审理三日前将出庭的时间、地点及要求通知鉴定人。

委托机构鉴定的，应当由从事鉴定的人员代表机构出庭。

第八十条　鉴定人应当就鉴定事项如实答复当事人的异议和审判人员的询问。当庭答复确有困难的，经人民法院准许，可以在庭审结束后书面答复。

人民法院应当及时将书面答复送交当事人，并听取当事人的意见。必要时，可以再次组织质证。

第八十一条　鉴定人拒不出庭作证的，鉴定意见不得作为认定案件事实的根据。人民法院应当建议有关主管部门或者组织对拒不出庭作证的鉴定人予以处罚。

当事人要求退还鉴定费用的，人民法院应当在三日内作出裁定，责令鉴定人退还；拒不退还的，由人民法院依法执行。

当事人因鉴定人拒不出庭作证申请重新鉴定的，人民法院应当准许。

第八十二条　经法庭许可，当事人可以询问鉴定人、勘验人。

询问鉴定人、勘验人不得使用威胁、侮辱等不适当的言语和方式。

相关案例　鉴定意见的证明力

王某诉许某道路交通事故人身损害赔偿纠纷案——天津市第一中级人民法院（2011）一中四终字第0093号民事判决书

2009年10月21日11时45分许，许某驾驶一轿车沿天津市红桥区回棋路由南向北行驶至红星美凯龙家具装饰广场附近时，遇王某由西向东跨越中心隔离护栏，后王某倒地受伤，被"120"急救车送往天津市人民医院救治。天津市公安交通管理局出具交通事故证明载明："当时双方对此事故的基本事实陈述不一致，都无法提供证人及证明交通事故事实的相关证据。"交警西站大队于2009年10月27日向天津市天津天通司法鉴定中心委托，鉴定轿车是否与行人王某身体接触。《交通事故痕迹鉴定意见书》鉴定意见为："不能确定小客车与人体接触部位。"

2010年12月15日，王某以许某驾车将其撞伤且拒不承认为由向法院起诉，向许某索赔。许某辩称，王某系在跨越过程中自己不慎摔倒在红旗路南向北第一条机动车道内，许某发现情况后立即采取制动措施并向左打转向，车辆在原告身前停住，双方无接触。2011年3月23日经委托天津市天意物证司法鉴定所出具〔2011〕鉴伤字第158号伤残评定意见书载明：王某右下肢损伤构成八级伤残；原告定残时年满六十八周岁，其残疾赔偿金参照2010年天津市城市居民人均可支配收入计算为87454.8元（24293元/年×12天×30%）。原告因鉴定支付鉴定费1000元，检查费90元，原告因就医支付交通费723.6元。

一审法院经审理认为，关于赔偿责任的确定，庭审中，原、被告双方就被告驾驶车辆是否与原告发生碰撞进行诉辩与举证，但根据原告提交的相关证据以及法院自人民医院的调查笔录、天津市天通司法鉴定中心出具的情况说明，法院无法确认被告车辆与原告发生接触，也无法排除被告车辆与原告发生接触。但《中华人民共和国道路交通安全法》第119条规定："'交通事故'，是指车辆在道路上因过错或者意外造成的人身伤亡或者财产损失的事件。"依法律规定，车辆与行人是否发生物理接触并不影响交通事故的成立，假设被告在交通队的自述及法庭的陈述成立，即双方并未发生碰撞，原告系自己摔倒受伤，但被告在并道后发现原告时距离原告只有四五米，在此短距离内，作为行人的原告突然发现被告车辆向其驶来必然会发生惊慌错乱，其倒地定然会受到驶来车辆的影响。因此，原、被告之间是否发生物理接触，本案纠纷都属于交通事故争议，受《中华人民共和国道路交通安全法》调整。本案中，原告王某跨越中心隔离护栏的行为属违法行为，对事故的发生负有不可推卸的主要责任，因此被告应适当承担40%的民事赔偿责任。

许某不服一审判决，向天津市第一中级人民法院提起上诉。二审审理期间，根据许某申请，二审法院向天津市人民医院骨创科朱某（王某主治医师）进行调查，朱某表示对于王某具体伤情因时间太长回忆不起来，医生接诊后只能看到王某的伤情，无法判定是撞伤还是摔伤。王某申请法院对其伤情成因进行鉴定，经征询双方当事人意见，双方当事人同意由法院依法选择具备资质、有备案的鉴定机构进行鉴定。2011年11月16日，在法院主持下，双方当事人以抽签方式确定中选机构的委托顺序，确定法大法庭科学技术研究所为第一顺序鉴定机构，司法部司法鉴定科学技术研究所司法鉴定中心为第二顺序鉴定机构。由于法大法庭科学技术研究所于2011年11月25日向法院出具说明，称因其自身技术力量的原因不接受委托，法院于同日委托司法部司法鉴定科学技术研究所司法鉴定中心进行鉴定。委托事项为：对许某当时驾驶的轿车是否与行人王某发生过碰撞，鉴定王某腿伤形成原因是车辆撞伤或为自行摔伤。2011年12月3日，法院组织双方当事人共同确定鉴定的送检材料，经双方质证后，均同意将王某在天津市人民医院及天津医科大学总医院所作的 CT、核磁、X光影像的电子文档、原版胶片、住院病案、医学影像检查诊断报告书、病历记录、诊断证明书、被上诉人事发时所穿的裤子、涉案车辆外观照片的电子文档、许某当时驾驶的轿车、天津市天通司法鉴定中心出具的（2009）痕鉴字第730号《交通事故痕迹鉴定意见书》、涉案车辆在2010年12月7日与另一车辆发生交通事故的报警记录及维修记录等作为检材送交鉴定机构。

2011年12月28日，司法部司法鉴定科学技术研究所司法鉴定中心出具司鉴中心〔2011〕交鉴字第157号《鉴定意见书》，分析说明及鉴定意见为："1. 据事故现场图及照片所示，受检车在事发路段的位置符合该车在紧急情况下向左避让并制动形成的状态，可以排除该车平缓制动停车的可能性。2. 事故现场照片所示，受检车发动机舱盖的泥灰擦拭痕迹，其右边缘界限明显，形成时间较短，具有与软性物体（如人体）碰擦形成的特征。3. 据王某右膝部的损伤特征：右腓骨小头骨折与右胫骨平台粉碎性骨折基本位于同一水平面，胫骨平台粉碎性骨折，胫骨骨折区向内侧移位伴塌陷，该型胫骨平台骨折符合较大钝性外力作用所致；同时，右膝关节软组织肿胀，前后交叉韧带、外侧副韧带损伤，说明右膝部损伤较严重、广泛。此外，右胫骨未见骨折线延长骨骨干垂直方向延伸的征象，亦未见股骨内、外侧髁骨折，结合右腓骨小头的解剖学位置、膝关节的组织结构特征分析，符合钝性外力由外向内作用于右膝部的致伤特征，单纯摔跌难以形成上述骨关节及韧带的广泛损伤。4. 据王某住院病案中记载，王某交通事故伤后当天查体发现左侧胸部压痛，胸廓挤压征（＋）。上述左胸部和右膝部损伤单纯摔跌一次外力作用难以形成。5. 王某体表检查得到的右下肢损伤高度与车辆检查测量得到的前保险杠防撞条的高度在车辆制动状态下相吻合。综上所述，王某右膝部损伤符合较大钝性外力直接作用所致，该损伤单纯摔跌难以形成，遭受车辆撞击可以形成。"庭审中，鉴定人出庭接受质询。经当庭质证，许某认为因《鉴定意见书》对送检的检材没有予以完全考虑，特别是没有提到天津市天通司法鉴定中心出具的《交通事故痕迹鉴定意见书》，而且该鉴定对王某的伤情是否由许某的车辆撞击形成没有明确的解答，故鉴定结论不应被采纳。鉴定人员陈述，本次鉴定主要是成伤原因鉴定，鉴定人已经查阅了包括（2009）痕鉴字第730号《交通事故痕迹鉴定意见书》在内的所有送检材料，作为检材之一，《交通事故痕迹鉴定意见书》不是本次成伤原因鉴定必须依照的依据。王某对于《鉴定意见书》没有异议。

二审法院判决认为，由于涉案交通事故没有现场监控录像或者目击证人等直接证据，只能根据相关的证据予以认定。根据西站大队现场勘验笔录、事故现场图及照片，事发时许某所驾车辆左前部紧挨中心隔离护栏，左前轮部分压着中心隔离护栏桩基，其位置符合该车在紧急情况下向左避让并制动形成的状态，可以排除该车平缓制动停车的可能性。同时根据司鉴中心〔2011〕交鉴字第157号《鉴定意见书》，王某右膝部的损伤特征符合较大钝性外力由外向内直接作用于右膝部的致伤特征，且右下肢损伤高度与许某所驾车辆的前保险杠防撞条的高度在车辆制动状态下相吻合，该损伤单纯摔跌难以形成，遭受车辆撞击可以形成。关于许某以司鉴中心〔2011〕交鉴字第157号《鉴定意见书》没有考虑（2009）痕鉴字第730号《交通事故痕迹鉴定意见书》为由，提出二审期间所做的成伤原因鉴定结论不应采纳的主张，因天津市天通司法鉴定中心是在涉案交通事故事发后第九日才进行鉴定，且出具的《交通事故痕迹鉴定意见书》对许某当时驾驶的轿车与行人王某身体是否有接触并未得出明确的结论，故无法作为认定案件事实的依据。司法部司法鉴定科学技术研究所司法鉴定中心出具的司鉴中心〔2011〕交鉴字第157号《鉴定意见书》，鉴定单位和鉴定人员均具有相应的鉴定资质，送检材料经双方质证、本院确认，具有合法性，鉴定程序合法；同时，鉴定人员在出庭接受双方当事人对鉴定意见的质询时，分析清楚，说明充分。据此，该鉴定意见的结论，可以作为本案认定王某成伤原因的依据。虽然该鉴定意见书没有直接指出王某的损伤就是许某驾车碰撞所致，但在交管部门处理本案交通事故的过程中及一、二审期间，许某一直主张其看到王某跨越护栏时摔倒受伤，从未辩称事发当时还有任何第三方致伤的可能；同时，从王某尚能从容跨越护栏的行为分析，也可以排除王某在跨越护栏前已被撞受伤的可能。因此，该鉴定结论与事故现场图、照片、勘验笔录、当事人陈述等证据可以形成完整的证据链，足以认定王某腿伤系许某驾车行为所导致，许某的驾车行为与王某的损害之间存在因果关系。许某主张王某是自行摔伤，许某是停车救助的理由不能成立，本院不予支持。

　　本案一审认可了诉讼外鉴定意见的法律效力，受交警西站大队委托的天津市天通司法鉴定中心出具的鉴定意见既无法确认被告车辆与原告发生接触，也无法排除被告车辆与原告发生接触，是否撞伤的事实陷入真伪不明。但一审法院并没有据此适用证明责任的法律规定令原告王某承担相应的不利后果，而是依据经验法则认定王某在短距离内受来车影响倒地受伤，惊吓受伤也属于《道路安全法》中"交通事故"的范畴。一审法院的此种认定缺乏充分的事实依据，略显牵强，由此引发了广泛的社会争议，也无法获得被告方当事人许某对判决的尊重和服从。二审法院在事实认定方面就有所突破，重新进行成伤原因的鉴定，该诉讼内的鉴定程序合法，且鉴定结果可以与本案其他证据形成完整的证据链，法院据此认定许某承担交通事故的赔偿责任也得到了当事人的服判息诉以及社会舆论的支持，这与一审法院的判决效果形成了反差。由此可见，鉴定的合理使用不仅有助于直接推进案件的事实认定，影响裁判结果，而且可以借事实认定的科学化和合理化增进司法判决的权威性和公信力，吸收败诉方当事人的不满情绪，赢得社会舆论的支持和拥护。

5. 专家辅助人 ①

导读

　　专家辅助人是当事人聘请的，具有相应专门知识，就案件专门问题的结论提出质询意见的人。专家辅助人属于诉讼辅佐人的范畴，有的也称为"诉讼辅助人"。2002 年 4 月 1 日起施行的《最高人民法院关于民事诉讼证据的若干规定》（法释〔2001〕33 号）通过司法解释的形式在证据的运用方面确立了不少具体的制度，"专家辅助人"就是其中一种。2012 年《民事诉讼法》修改中吸收了最高人民法院对此的相关规定。其后出台的《民诉法司法解释》和《民事证据规定》（法释〔2019〕19 号）又对该制度进行了细化和完善。

　　有的人认为，鉴定人在对鉴定意见的质证中也要对鉴定意见的鉴定依据、鉴定过程、鉴定方法等进行说明，因此鉴定人也是专家辅助人。这种观点是不正确的。因为鉴定意见作为证据具有价值中立性，鉴定人是基于中立立场所进行的鉴定，鉴定人不应当受雇于任何一方当事人；而专家辅助人与此不同，他总是辅助其中一方，根据一方当事人的要求进行说明，虽然其说明有可能在客观上反而不利于申请人，但主观上一定是为一方申请人的，否则申请人不会申请其作为辅助的说明人。应当注意，在诉讼中不可以专家辅助人的陈述替代鉴定意见，对于案件中的专门问题有争议时，应当争取鉴定意见，因为鉴定意见具有相应的法定要求，具有很高的证据价值和证明力。只有对鉴定意见表示异议时才会动用相应的诉讼辅助人以便质疑鉴定意见的可信性。

相关法律条文

《中华人民共和国民事诉讼法》（2017 年 6 月 27 日修正）

　　第七十九条　当事人可以申请人民法院通知有专门知识的人出庭，就鉴定人作出的鉴定意见或者专业问题提出意见。

---

　　① 代表性的地方司法文件是《浙江省高级人民法院关于专家辅助人参与民事诉讼活动若干问题的纪要的通知》（2014 年 7 月 11 日）。

相关司法文件

《涉及家庭暴力婚姻案件审理指南》（最高人民法院中国应用法学研究所 2008 年 3 月）

第四十四条　专家辅助人

人民法院可以依据当事人申请或者依职权聘请相关专家出庭，解释包括受虐配偶综合征在内的家庭暴力的特点和规律。专家辅助人必要时接受审判人员、双方当事人的询问和质疑。专家辅助人的意见，可以作为裁判的重要参考。

目前司法界以及社会上普遍对家庭暴力领域中的专门问题了解程度不够。这直接影响了科学技术知识在办理此类案件中所起的积极作用。有条件的人民法院或者法院内部的相关审判庭，可以建立一个相关专业机构或专家的名单、联络办法，并事先作好沟通，鼓励其积极参与司法活动。

第四十五条　专家辅助人资格的审查与认定

专家辅助人可以是社会认可的家庭暴力问题研究专家、临床心理学家、精神病学家、社会学家或社会工作者、一线警察、庇护所一线工作人员。他们一般应当有一年以上的直接接触家庭暴力受害人（不包括本案受害人）的研究或工作经历。

人民法院审查专家辅助人的资格时，应当首先审查其理论联系实践的能力和经验，而后审查其之前的出庭经历和获得的相关评价。

第四十六条　专家辅助人的报酬

专家辅助人出庭所需费用，由申请人承担。

第四十七条　专家评估报告

法院可以依据当事人的申请，聘请有性别平等意识的家庭暴力问题专家、青少年问题专家、临床心理学家、精神科专家、社会学家等依据"家庭暴力对未成年人的负面影响"问题清单中的内容，对家庭暴力对未成年人造成的负面影响进行评估，并形成评估报告，以此作为法院判决子女抚养权归属的参考。

评估报告的内容包括家庭暴力的负面影响是否给未成年人造成心理创作及严重程度、目前的症状、过去的成长经历，以及父母或者直接抚养者对未成年人的经历和症状所持的态度。

相关司法解释规定

《最高人民法院关于审理医疗损害责任纠纷案件适用法律若干问题的解释》（法释〔2017〕20 号，2017 年 3 月 27 日通过，2020 年 12 月 23 日修正）

第十四条　当事人申请通知一至二名具有医学专门知识的人出庭，对鉴定意见或者案件的其他专门性事实问题提出意见，人民法院准许的，应当通知具有医学专门知识的人出庭。

前款规定的具有医学专门知识的人提出的意见，视为当事人的陈述，经质证可以作为认定案件事实的根据。

《最高人民法院关于审理环境侵权责任纠纷案件适用法律若干问题的解释》（法释〔2015〕12 号，2015 年 2 月 9 日通过，2020 年 12 月 23 日修正）

第九条 当事人申请通知一至两名具有专门知识的人出庭，就鉴定意见或者污染物认定、损害结果、因果关系、修复措施等专业问题提出意见的，人民法院可以准许。当事人未申请，人民法院认为有必要的，可以进行释明。

具有专门知识的人在法庭上提出的意见，经当事人质证，可以作为认定案件事实的根据。

《最高人民法院关于适用〈中华人民共和国民事诉讼法〉的解释》（法释〔2015〕5 号，2014 年 12 月 18 日通过，2020 年 12 月 23 日修正）

第一百二十二条 当事人可以依照民事诉讼法第七十九条的规定，在举证期限届满前申请一至二名具有专门知识的人出庭，代表当事人对鉴定意见进行质证，或者对案件事实所涉的专业问题提出意见。

具有专门知识的人在法庭上就专业问题提出的意见，视为当事人的陈述。

人民法院准许当事人申请的，相关费用由提出申请的当事人负担。

第一百二十三条 人民法院可以对出庭的具有专门知识的人进行询问。经法庭准许，当事人可以对出庭的具有专门知识的人进行询问，当事人各自申请的具有专门知识的人可以就案件中的有关问题进行对质。

具有专门知识的人不得参与专业问题之外的法庭审理活动。

《最高人民法院关于审理因垄断行为引发的民事纠纷案件应用法律若干问题的规定》（法释〔2012〕5 号，2012 年 1 月 30 日通过，2020 年 12 月 23 日修正）

第十二条 当事人可以向人民法院申请一至二名具有相应专门知识的人员出庭，就案件的专门性问题进行说明。

《最高人民法院关于民事诉讼证据的若干规定》（法释〔2019〕19 号，2001 年 12 月 6 日通过，2019 年 10 月 14 日修正）

第八十三条 当事人依照民事诉讼法第七十九条和《最高人民法院关于适用〈中华人民共和国民事诉讼法〉的解释》第一百二十二条的规定，申请有专门知识的人出庭的，申请书中应当载明有专门知识的人的基本情况和申请的目的。

人民法院准许当事人申请的，应当通知双方当事人。

第八十四条 审判人员可以对有专门知识的人进行询问。经法庭准许，当事人可以对有专门知识的人进行询问，当事人各自申请的有专门知识的人可以就案件中的有关问题进行对质。

有专门知识的人不得参与对鉴定意见质证或者就专业问题发表意见之外的法庭审理活动。

七、证明程序

1. 质 证

导读

　　质证是当事人、诉讼代理人及第三人在法庭的主持下，对当事人及第三人提出的证据就其真实性、合法性、关联性以及证明力有无、大小予以说明和质辩的活动或过程。质证制度的意义在于，通过质证程序使审理更加公开，法院能够正确地认定证据、保障当事人的程序权利。质证的主体范围包括当事人、诉讼代理人和第三人。法院是证据认定的主体，而不是质证的主体。质证的客体范围是当事人向法院提出的证据，包括根据当事人的申请由法院调查收集的证据。法院依职权调查收集的证据不属于质证的对象。法院应当将依职权调查收集的证据在庭审中予以出示，听取当事人的意见，并可以就调查收集该证据的情况予以说明。当事人可以对法院就其调查收集的合法性、真实性和关联性问题提出质疑，但不能同法院就这些问题在法庭上进行质辩。这是由法院在诉讼的中立、裁判的地位所决定。如果法院在听取当事人意见后，发现所收集的证据本身或收集证据的方法有问题时，应当自行撤回该证据。质证不同于诉讼中的对质。对质是在庭审中，双方当事人各自申请的具有专门知识的人相互之间就其对案件事实中专门问题的认识所进行的说明和质辩。质证是在当事人、诉讼代理人、第三人之间进行，而对质则是在案外的具有专门知识的人之间进行的；对质的目的是便于法院通过比较获得对专门问题的正确认识，而质证的目的在于法院正确认定证据。

相关法律条文

《中华人民共和国民事诉讼法》（2017 年 6 月 27 日修正）

　　第六十八条　证据应当在法庭上出示，并由当事人互相质证。对涉及国家秘密、商业秘密和个人隐私的证据应当保密，需要在法庭出示的，不得在公开开庭时出示。

相关司法解释规定

《最高人民法院关于适用〈中华人民共和国民事诉讼法〉的解释》（法释〔2015〕5 号，2014 年 12 月 18 日通过，2020 年 12 月 23 日修正）

　　第一百零三条　证据应当在法庭上出示，由当事人互相质证。未经当事人质证的证据，不得作为认定案件事实的根据。

当事人在审理前的准备阶段认可的证据，经审判人员在庭审中说明后，视为质证过的证据。

涉及国家秘密、商业秘密、个人隐私或者法律规定应当保密的证据，不得公开质证。

第一百零四条　人民法院应当组织当事人围绕证据的真实性、合法性以及与待证事实的关联性进行质证，并针对证据有无证明力和证明力大小进行说明和辩论。

能够反映案件真实情况、与待证事实相关联、来源和形式符合法律规定的证据，应当作为认定案件事实的根据。

《最高人民法院关于民事诉讼证据的若干规定》（法释〔2019〕19号，2001年12月6日通过，2019年10月14日修正）

第六十条　当事人在审理前的准备阶段或者人民法院调查、询问过程中发表过质证意见的证据，视为质证过的证据。

当事人要求以书面方式发表质证意见，人民法院在听取对方当事人意见后认为有必要的，可以准许。人民法院应当及时将书面质证意见送交对方当事人。

第六十一条　对书证、物证、视听资料进行质证时，当事人应当出示证据的原件或者原物。但有下列情形之一的除外：

（一）出示原件或者原物确有困难并经人民法院准许出示复制件或者复制品的；

（二）原件或者原物已不存在，但有证据证明复制件、复制品与原件或者原物一致的。

第六十二条　质证一般按下列顺序进行：

（一）原告出示证据，被告、第三人与原告进行质证；

（二）被告出示证据，原告、第三人与被告进行质证；

（三）第三人出示证据，原告、被告与第三人进行质证。

人民法院根据当事人申请调查收集的证据，审判人员对调查收集证据的情况进行说明后，由提出申请的当事人与对方当事人、第三人进行质证。

人民法院依职权调查收集的证据，由审判人员对调查收集证据的情况进行说明后，听取当事人的意见。

2. 认　　证

导读

认证是法庭对经过质证或者当事人在证据交换中认可的各种证据材料作出审查判断，确认其能否作为认定案件事实的根据。认证的目的是确认证据能否作为认定案件事实的依据，是正确认定案件事实的前提和基础。认证的具体内容是对作为认证对象的证据资料是否具有证明力及证明力大小进行审查确认。认证的正确与否关系到裁判的公正与否这一重大问题。认证虽然是审判人员的判断，但这种判断并不是主观随意的，必须遵循其基本要求和原则性规范。认证的基本要求和原则性规范是：依照法定程序，全面、客观地审核证据，依据法律的规定，遵循法官职业道德，运用逻辑推理和日常生活经验法则。没有遵循这些要求的认证都将是错误和违法的认证，对证据证明力大小、有无的认定就是无效的。为了保证认证的程序正义性，法庭应当公开证据认定的理由和结果。当事人对认证理由和结果有异议的，也可以向法庭提出自己的意见，应当服从法庭对证据的最终认定。审判人员对单一证据可以从下列方面进行审核认定：（1）证据是否为原件、原物，复印件、复制品与原件、原物是否相符；（2）证据与本案事实是否相关；（3）证据的形式、来源是否符合法律规定；（4）证据的内容是否真实；（5）证人或者提供证据的人，与当事人有无利害关系。审判人员对案件的全部证据，应当从各证据与案件事实的关联程度、各证据之间的联系等方面进行综合审查判断。

相关司法解释规定

《最高人民法院关于审理银行卡民事纠纷案件若干问题的规定》（法释〔2021〕10号，2021年5月25日起施行）

第六条　人民法院应当全面审查当事人提交的证据，结合银行卡交易行为地与真卡所在地距离、持卡人是否进行了基础交易、交易时间和报警时间、持卡人用卡习惯、银行卡被盗刷的次数及频率、交易系统、技术和设备是否具有安全性等事实，综合判断是否存在伪卡盗刷交易或者网络盗刷交易。

《最高人民法院关于审理医疗损害责任纠纷案件适用法律若干问题的解释》（法释〔2017〕20号，2017年3月27日通过，2020年12月23日修正）

第十六条　对医疗机构或者其医务人员的过错，应当依据法律、行政法规、规章以及其他有关诊疗规范进行认定，可以综合考虑患者病情的紧急程度、患者个体差异、当地的医疗水平、医疗机构与医务人员资质等因素。

《最高人民法院关于适用〈中华人民共和国民事诉讼法〉的解释》（法释〔2015〕5号，2014年12月18日通过，2020年12月23日修正）

第一百零五条　人民法院应当按照法定程序，全面、客观地审核证据，依照法律规定，运用逻辑推理和日常生活经验法则，对证据有无证明力和证明力大小进行判断，并公开判断的理由和结果。

第一百零七条　在诉讼中，当事人为达成调解协议或者和解协议作出妥协而认可的事实，不得在后续的诉讼中作为对其不利的根据，但法律另有规定或者当事人均同意的除外。

《最高人民法院关于审理存单纠纷案件的若干规定》（法释〔1997〕8号，1997年11月25日通过，2020年12月23日修正）

第五条　对一般存单纠纷案件的认定和处理

（一）认定

当事人以存单或进账单、对账单、存款合同等凭证为主要证据向人民法院提起诉讼的存单纠纷案件和金融机构向人民法院提起的确认存单或进账单、对账单、存款合同等凭证无效的存单纠纷案件，为一般存单纠纷案件。

（二）处理

人民法院在审理一般存单纠纷案件中，除应审查存单、进账单、对账单、存款合同等凭证的真实性外，还应审查持有人与金融机构间存款关系的真实性，并以存单、进账单、对账单、存款合同等凭证的真实性以及存款关系的真实性为依据，作出正确处理。

1. 持有人以上述真实凭证为证据提起诉讼的，金融机构应当对持有人与金融机构间是否存在存款关系负举证责任。如金融机构有充分证据证明持有人未向金融机构交付上述凭证所记载的款项的，人民法院应当认定持有人与金融机构间不存在存款关系，并判决驳回原告的诉讼请求。

2. 持有人以上述真实凭证为证据提起诉讼的，如金融机构不能提供证明存款关系不真实的证据，或仅以金融机构底单的记载内容与上述凭证记载内容不符为由进行抗辩的，人民法院应认定持有人与金融机构间存款关系成立，金融机构应当承担兑付款项的义务。

3. 持有人以在样式、印鉴、记载事项上有别于真实凭证，但无充分证据证明系伪造或变造的瑕疵凭证提起诉讼的，持有人应对瑕疵凭证的取得提供合理的陈述。如持有人对瑕疵凭证的取得提供了合理陈述，而金融机构否认存款关系存在的，金融机构应当对持有人与金融机构间是否存在存款关系负举证责任。如金融机构有充分证据证明持有人未向金融机构交付上述凭证所记载的款项的，人民法院应当认定持有人与金融机构间不存在存款关系，判决驳回原告的诉讼请求；如金融机构不能提供证明存款关系不真实的证据，或仅以金融机构底单的记载内容与上述凭证记载内容不符为由进行抗辩的，人民法院应认定持有人与金融机构间存款关系成立，金融机构应当承担兑付款项的义务。

4. 存单纠纷案件的审理中，如有充足证据证明存单、进账单、对账单、存款合同等凭证系伪造、变造，人民法院应在查明案件事实的基础上，依法确认上述凭证无效，并可驳回持上述凭证起诉的原告的诉讼请求或根据实际存款数额进行判决。如有本规定第三条中止审理情形的，人民法院应当中止审理。

第七条 对存单纠纷案件中存在的委托贷款关系和信托贷款关系的认定和纠纷的处理

（一）认定

存单纠纷案件中，出资人与金融机构、用资人之间按有关委托贷款的要求签订有委托贷款协议的，人民法院应认定出资人与金融机构间成立委托贷款关系。金融机构向出资人出具的存单或进账单、对账单或与出资人签订的存款合同，均不影响金融机构与出资人间委托贷款关系的成立。出资人与金融机构间签订委托贷款协议后，由金融机构自行确定用资人的，人民法院应认定出资人与金融机构间成立信托贷款关系。

委托贷款协议和信托贷款协议应当用书面形式。口头委托贷款或信托贷款，当事人无异议的，人民法院可予以认定；有其他证据能够证明金融机构与出资人之间确系委托贷款或信托贷款关系的，人民法院亦予以认定。

（二）处理

构成委托贷款的，金融机构出具的存单或进账单、对账单或与出资人签订的存款合同不作为存款关系的证明，借款方不能偿还贷款的风险应当由委托人承担。如有证据证明金融机构出具上述凭证是对委托贷款进行担保的，金融机构对偿还贷款承担连带担保责任。委托贷款中约定的利率超过人民银行规定的部分无效。构成信托贷款的，按人民银行有关信托贷款的规定处理。

《最高人民法院关于民事诉讼证据的若干规定》（法释〔2019〕19 号，2001 年12 月 6 日通过，2019 年 10 月 14 日修正）

第八十五条 人民法院应当以证据能够证明的案件事实为根据依法作出裁判。

审判人员应当依照法定程序，全面、客观地审核证据，依据法律的规定，遵循法官职业道德，运用逻辑推理和日常生活经验，对证据有无证明力和证明力大小独立进行判断，并公开判断的理由和结果。

第八十七条 审判人员对单一证据可以从下列方面进行审核认定：

（一）证据是否为原件、原物，复制件、复制品与原件、原物是否相符；

（二）证据与本案事实是否相关；

（三）证据的形式、来源是否符合法律规定；

（四）证据的内容是否真实；

（五）证人或者提供证据的人与当事人有无利害关系。

第八十八条 审判人员对案件的全部证据，应当从各证据与案件事实的关联程度、各证据之间的联系等方面进行综合审查判断。

第八十九条 当事人在诉讼过程中认可的证据，人民法院应当予以确认。但法律、司法解释另有规定的除外。

当事人对认可的证据反悔的，参照《最高人民法院关于适用〈中华人民共和国民事诉讼法〉的解释》第二百二十九条的规定处理。

第九十条　下列证据不能单独作为认定案件事实的根据：

（一）当事人的陈述；

（二）无民事行为能力人或者限制民事行为能力人所作的与其年龄、智力状况或者精神健康状况不相当的证言；

（三）与一方当事人或者其代理人有利害关系的证人陈述的证言；

（四）存有疑点的视听资料、电子数据；

（五）无法与原件、原物核对的复制件、复制品。

第九十六条　人民法院认定证人证言，可以通过对证人的智力状况、品德、知识、经验、法律意识和专业技能等的综合分析作出判断。

第九十七条　人民法院应当在裁判文书中阐明证据是否采纳的理由。

对当事人无争议的证据，是否采纳的理由可以不在裁判文书中表述。

《最高人民法院关于适用〈中华人民共和国企业破产法〉若干问题的规定（一）》（法释〔2011〕22号，2011年9月26日起施行）

第七条　人民法院收到破产申请时，应当向申请人出具收到申请及所附证据的书面凭证。

人民法院收到破产申请后应当及时对申请人的主体资格、债务人的主体资格和破产原因，以及有关材料和证据等进行审查，并依据企业破产法第十条的规定作出是否受理的裁定。

人民法院认为申请人应当补充、补正相关材料的，应当自收到破产申请之日起五日内告知申请人。当事人补充、补正相关材料的期间不计入企业破产法第十条规定的期限。

相关司法文件

《最高人民法院关于依法加大知识产权侵权行为惩治力度的意见》（法发〔2020〕33号，2020年9月14日）

三、依法加大赔偿力度

9. 权利人依法请求根据侵权获利确定赔偿数额且已举证的，人民法院可以责令侵权人提供其掌握的侵权获利证据；侵权人无正当理由拒不提供或者未按要求提供的，人民法院可以根据权利人的主张和在案证据判定赔偿数额。

《最高人民法院关于加强和规范裁判文书释法说理的指导意见》（法发〔2018〕10号，2018年6月13日起施行）

三、裁判文书释法说理，要立场正确、内容合法、程序正当，符合社会主义核心价值观的精神和要求；要围绕证据审查判断、事实认定、法律适用进行说理，反映推理过程，做到层次分明；要针对诉讼主张和诉讼争点、结合庭审情况进行说理，做到有的放矢；要根据案件社会影响、审判程序、诉讼阶段等不同情况进行繁简适度的说理，简案略说，繁案精说，力求恰到好处。

四、裁判文书中对证据的认定，应当结合诉讼各方举证质证以及法庭调查核实证据等情况，根据证据规则，运用逻辑推理和经验法则，必要时使用推定和司法认知等方法，围绕证据的关联性、合法性和真实性进行全面、客观、公正的审查判断，阐明证据采纳和采信的理由。

五、刑事被告人及其辩护人提出排除非法证据申请的，裁判文书应当说明是否对证据收集的合法性进行调查、证据是否排除及其理由。民事、行政案件涉及举证责任分配或者证明标准争议的，裁判文书应当说明理由。

六、裁判文书应当结合庭审举证、质证、法庭辩论以及法庭调查核实证据等情况，重点针对裁判认定的事实或者事实争点进行释法说理。依据间接证据认定事实时，应当围绕间接证据之间是否存在印证关系、是否能够形成完整的证明体系等进行说理。采用推定方法认定事实时，应当说明推定启动的原因、反驳的事实和理由，阐释裁断的形成过程。

七、诉讼各方对案件法律适用无争议且法律含义不需要阐明的，裁判文书应当集中围绕裁判内容和尺度进行释法说理。诉讼各方对案件法律适用存有争议或者法律含义需要阐明的，法官应当逐项回应法律争议焦点并说明理由。法律适用存在法律规范竞合或者冲突的，裁判文书应当说明选择的理由。民事案件没有明确的法律规定作为裁判直接依据的，法官应当首先寻找最相类似的法律规定作出裁判；如果没有最相类似的法律规定，法官可以依据习惯、法律原则、立法目的等作出裁判，并合理运用法律方法对裁判依据进行充分论证和说理。法官行使自由裁量权处理案件时，应当坚持合法、合理、公正和审慎的原则，充分论证运用自由裁量权的依据，并阐明自由裁量所考虑的相关因素。

《最高人民法院关于全面深化人民法院改革的意见——人民法院第四个五年改革纲要（2014—2018）》（法发〔2015〕3 号，2015 年 2 月 4 日）

14. 完善民事诉讼证明规则。强化民事诉讼证明中当事人的主导地位，依法确定当事人证明责任。明确人民法院依职权调查收集证据的条件、范围和程序。严格落实证人、鉴定人出庭制度。发挥庭审质证、认证在认定案件事实中的核心作用。严格高度盖然性原则的适用标准，进一步明确法官行使自由裁量权的条件和范围。一切证据必须经过庭审质证后才能作为裁判的依据，当事人双方争议较大的重要证据都必须在裁判文书中阐明采纳与否的理由。

《最高人民法院关于当前经济形势下知识产权审判服务大局若干问题的意见》（法发〔2009〕23 号，2009 年 4 月 21 日）

16. 增强损害赔偿的补偿、惩罚和威慑效果，降低维权成本，提高侵权代价。在确定损害赔偿时要善用证据规则，全面、客观地审核计算赔偿数额的证据，充分运用逻辑推理和日常生活经验，对有关证据的真实性、合法性和证明力进行综合审查判断，采取优势证据标准认定损害赔偿事实。积极引导当事人选用侵权受损或者侵权获利方法计算赔偿，尽可能避免简单适用法定赔偿方法。对于难以证明侵权受损或侵权获利的具体数额，但有证据证明前述数额明显超过法定赔偿最高限额的，应当综合全案的证据情况，在法定最高限额以上合理确定赔偿额。除法律另有规定外，在适用法定赔偿时，合理的维权成本应另行计赔。适用法定赔偿时要尽可能细化和具体说明各种实际考虑的酌定因素，使最终得出的赔偿结果合理可信。根据权利人的主张和被告无正当理由拒不提供所持证据的行为推定侵权获利的数额，要有合理的根据或者理由，所确定的数额要合情合理，具有充分的说服力。注意参照许可费计算赔偿时的可比性，充分考虑正常许可与侵权实施在实施方式、时间和规模等方面的区别，并体现侵权赔偿金适当高于正常许可费的精神。注意发挥审计、会计等专业人员辅助确定损害赔偿的作用，引导当事人借助专业人员帮助计算、说明和质证。积极探索知识产权损害赔偿专业评估问题，在条件成熟时适当引入由专业机构进行专门评估的损害赔偿认定机制。

《涉及家庭暴力婚姻案件审理指南》（最高人民法院中国应用法学研究所 2008 年 3 月）

第四十一条　一般情况下，受害人陈述的可信度高于加害人

在案件审理中，双方当事人可能对于是否存在家庭暴力有截然不同的说法。加害人往往否认或淡化暴力行为的严重性，受害人则可能淡化自己挨打的事实。但一般情况下，受害人陈述的可信度高于加害人。因为很少有人愿意冒着被人耻笑的风险，捏造自己被配偶殴打、凌辱的事实。

第四十二条　加害人的悔过、保证

加害人在诉讼前做出的口头、书面悔过或保证，可以作为加害人实施家庭暴力的证据。

加害人在诉讼期间因其加害行为而对受害人做出的口头、书面道歉或不再施暴的保证，如无其他实质性的、具体的悔过行动，不应当被认为是真心悔改，也不应当被认为是真正放弃暴力沟通方式的表现，而应当被认为是继续控制受害人的另一有效手段，因此不应作为加害人悔改，或双方感情尚未破裂的证据。

家庭暴力加害人同时伴有赌博、酗酒、吸毒等恶习，之前做出的口头、书面悔过或保证可以视为其不思悔改的重要证据。

加害人的口头、书面道歉或保证应记录在案。

第四十三条　未成年女子的证言

家庭暴力具有隐蔽性。家庭暴力发生时，除了双方当事人和其子女之外，一般无外人在场。因此，子女通常是父母家庭暴力唯一的证人。其证言可以视为认定家庭暴力的重要证据。

借鉴德国、日本以及我国台湾的立法例，具备相应的观察能力、记忆能力和表达能力的2周岁以上的未成年子女提供与其年龄、智力和精神状况相当的证言，一般应当认定其证据效力。

法院判断子女证言的证明力大小时，应当考虑到其有可能受到一方或双方当事人的不当影响，同时应当采取措施最大限度地减少作证可能给未成年子女带来的伤害。

第五十条　互殴情况下对施暴人的认定

夫妻互殴情况下，人民法院应当综合以下因素正确判断是否存在家庭暴力：

1.双方的体能和身高等身体状况；

2.双方互殴的原因，如：一方先动手，另一方自卫；或一方先动手，另一方随手抄起身边的物品反击；

3.双方对事件经过的陈述；

4.伤害情形和严重程度对比，如：一方掐住对方的脖子，相对方挣扎中抓伤对方的皮肤；

5.双方或一方之前曾有过施暴行为等。

第五十二条　非语言信息对案件事实判断的重要性

人的思想控制其外在行为，人的行为反映其思想。心理学研究发现，在人际沟通中，人的非语言动作所传达的信息超过65%，而语言所传达的信息低于35%。很多时候，非语言动作所传达的信息的准确性要远远超过语言所传达的信息的准确性。因此，在审理涉及家庭暴力的离婚案件中，法官应当十分注意观察双方当事人在法庭上的言行举止，特别是双方的语音、语调、眼神、表情、肢体语言等，以便对事实做出正确判断。

《最高人民法院关于严格执行公开审判制度的若干规定》（法发〔1999〕3号，1999年3月8日）

五、依法公开审理案件，案件事实未经法庭公开调查不能认定。

证明案件事实的证据未在法庭公开举证、质证，不能进行认证，但无需举证的事实除外。缺席审理的案件，法庭可以结合其他事实和证据进行认证。

法庭能够当庭认证的，应当当庭认证。

3. 法 庭 调 查

导读

　　法庭调查是人民法院依照法定程序，在法庭上向当事人和其他诉讼参与人调查案件，审查核实各种证据以及当事人举证、质证的活动。根据《民事诉讼法》

第 138 条的规定，法庭调查按下列顺序进行：（1）当事人陈述；（2）证人作证；（3）出示书证、物证和视听资料；（4）宣读鉴定意见；（5）宣读勘验笔录。按照《民事诉讼法》关于庭审辩论程序的规定，法庭调查和法庭辩论是彼此先后的顺序，先行法庭调查，然后法庭辩论。法律的意图是，辩论是建立在事实调查的基础上关于法律问题的辩论。但实际上案件事实的调查与辩论往往是无法分离的。基于此，2020 年修订《民诉法司法解释》时对法庭调查和法庭辩论程序的安排做出了调整。该司法解释第 230 条规定，人民法院根据案件具体情况并征得当事人同意，可以将法庭调查和法庭辩论合并进行。

相关法律条文

《中华人民共和国民事诉讼法》（2017 年 6 月 27 日修正）

第一百三十八条　法庭调查按照下列顺序进行：

（一）当事人陈述；

（二）告知证人的权利义务，证人作证，宣读未到庭的证人证言；

（三）出示书证、物证、视听资料和电子数据；

（四）宣读鉴定意见；

（五）宣读勘验笔录。

第一百三十九条　当事人在法庭上可以提出新的证据。

当事人经法庭许可，可以向证人、鉴定人、勘验人发问。

当事人要求重新进行调查、鉴定或者勘验的，是否准许，由人民法院决定。

相关司法解释规定

《最高人民法院关于人民法院通过互联网公开审判流程信息的规定》（法释〔2018〕7 号，2018 年 9 月 1 日起施行）

第十条　庭审、质证、证据交换、庭前会议、调查取证、勘验、询问、宣判等诉讼活动的笔录，应当通过互联网向当事人及其法定代理人、诉讼代理人、辩护人公开。

第十一条　当事人及其法定代理人、诉讼代理人、辩护人申请查阅庭审录音录像、电子卷宗的，人民法院可以通过中国审判流程信息公开网或者其他诉讼服务平台提供查阅，并设置必要的安全保护措施。

第十二条　涉及国家秘密，以及法律、司法解释规定应当保密或者限制获取的审判流程信息，不得通过互联网向当事人及其法定代理人、诉讼代理人、辩护人公开。

八、特殊程序的证据与证明

1. 因证据的再审

导读

再审事由是法院决定对已生效判决、裁定的案件重新或再次审理的事实和理由。之所以再审是有条件的，是因为再审将导致已经生效的判决和裁定归于无效，已经经过的原有程序也归于无效，这就必然影响生效裁判的稳定性，也影响了受裁判约束的法律关系的稳定性。《民事诉讼法》第200条规定了当事人申请再审和检察机关抗诉时应提起的具体事由，其中与证据有关的再审事由包括：1. 有新的证据，足以推翻原判决、裁定的。该项规定的关键在于什么是新的证据。如果不是新的证据，就谈不上据此判断是否推翻原裁判的问题。2. 原判决、裁定认定的基本事实缺乏证据证明的。3. 原判决、裁定认定事实的主要证据是伪造的。对该项规定的疑问是，是否凡是原判决、裁定"认定事实"的主要证据是伪造的，都应当提起再审？笔者认为应当加以限定，限定为：原判决、裁定认定基本事实的主要证据是伪造的，应当提起再审。因为如果不加以限定，必将扩大再审适用的范围。4. 原判决、裁定认定事实的主要证据未经质证的。对这项规定的理解上可能存在的问题是，是否凡是原判决、裁定"认定事实"的主要证据未经质证的，都应当提起再审？笔者认为应当加以限定，限定为：原判决、裁定认定基本事实的主要证据是未经质证的，应当提起再审。因为如果不加以限定，也将扩大再审适用的范围。5. 对审理案件需要的主要证据，当事人因客观原因不能自行收集，书面申请人民法院调查收集，人民法院未调查收集的。

相关法律条文

《中华人民共和国民事诉讼法》（2017年6月27日修正）

第二百条　当事人的申请符合下列情形之一的，人民法院应当再审：

（一）有新的证据，足以推翻原判决、裁定的；

（二）原判决、裁定认定的基本事实缺乏证据证明的；

（三）原判决、裁定认定事实的主要证据是伪造的；

（四）原判决、裁定认定事实的主要证据未经质证的；

（五）对审理案件需要的主要证据，当事人因客观原因不能自行收集，书面申请人民法院调查收集，人民法院未调查收集的；

（六）原判决、裁定适用法律确有错误的；

（七）审判组织的组成不合法或者依法应当回避的审判人员没有回避的；

（八）无诉讼行为能力人未经法定代理人代为诉讼或者应当参加诉讼的当事人，因不能归责于本人或者其诉讼代理人的事由，未参加诉讼的；

（九）违反法律规定，剥夺当事人辩论权利的；

（十）未经传票传唤，缺席判决的；

（十一）原判决、裁定遗漏或者超出诉讼请求的；

（十二）据以作出原判决、裁定的法律文书被撤销或者变更的；

（十三）审判人员审理该案件时有贪污受贿，徇私舞弊，枉法裁判行为的。

相关司法解释规定

《人民检察院民事诉讼监督规则》（高检发释字〔2021〕1 号，2021 年 8 月 1 日起施行）①

第六十三条　人民检察院可以采取以下调查核实措施：

（一）查询、调取、复制相关证据材料；

（二）询问当事人或者案外人；

（三）咨询专业人员、相关部门或者行业协会等对专门问题的意见；

（四）委托鉴定、评估、审计；

（五）勘验物证、现场；

（六）查明案件事实所需要采取的其他措施。

人民检察院调查核实，不得采取限制人身自由和查封、扣押、冻结财产等强制性措施。

第六十四条　有下列情形之一的，人民检察院可以向银行业金融机构查询、调取、复制相关证据材料：

（一）可能损害国家利益、社会公共利益的；

（二）审判、执行人员可能存在违法行为的；

（三）涉及《中华人民共和国民事诉讼法》第五十五条规定诉讼的；

（四）当事人有伪造证据、恶意串通损害他人合法权益可能的。

人民检察院可以依照有关规定指派具备相应资格的检察技术人员对民事诉讼监督案件中的鉴定意见等技术性证据进行专门审查，并出具审查意见。

第六十五条　人民检察院可以就专门性问题书面或者口头咨询有关专业人员、相关部门或者行业协会的意见。口头咨询的，应当制作笔录，由接受咨询的专业人员签名或者盖章。拒绝签名盖章的，应当记明情况。

---

① 取代了《人民检察院民事诉讼监督规则（试行）》（高检发释字〔2013〕3 号）。

第六十六条 人民检察院对专门性问题认为需要鉴定、评估、审计的，可以委托具备资格的机构进行鉴定、评估、审计。

在诉讼过程中已经进行过鉴定、评估、审计的，一般不再委托鉴定、评估、审计。

第六十七条 人民检察院认为确有必要的，可以勘验物证或者现场。勘验人应当出示人民检察院的证件，并邀请当地基层组织或者当事人所在单位派人参加。当事人或者当事人的成年家属应当到场，拒不到场的，不影响勘验的进行。

勘验人应当将勘验情况和结果制作笔录，由勘验人、当事人和被邀参加人签名或者盖章。

第六十八条 需要调查核实的，由承办检察官在职权范围内决定，或者报检察长决定。

第六十九条 人民检察院调查核实，应当由二人以上共同进行。

调查笔录经被调查人校阅后，由调查人、被调查人签名或者盖章。被调查人拒绝签名盖章的，应当记明情况。

第七十条 人民检察院可以指令下级人民检察院或者委托外地人民检察院调查核实。

人民检察院指令调查或者委托调查的，应当发送《指令调查通知书》或者《委托调查函》，载明调查核实事项、证据线索及要求。受指令或者受委托人民检察院收到《指令调查通知书》或者《委托调查函》后，应当在十五日内完成调查核实工作并书面回复。因客观原因不能完成调查的，应当在上述期限内书面回复指令或者委托的人民检察院。

人民检察院到外地调查的，当地人民检察院应当配合。

第七十一条 人民检察院调查核实，有关单位和个人应当配合。拒绝或者妨碍人民检察院调查核实的，人民检察院可以向有关单位或者其上级主管部门提出检察建议，责令纠正；涉嫌违纪违法犯罪的，依照规定移送有关机关处理。

第七十七条 有下列情形之一的，应当认定为《中华人民共和国民事诉讼法》第二百条第二项规定的"认定的基本事实缺乏证据证明"：

（一）认定的基本事实没有证据支持，或者认定的基本事实所依据的证据虚假、缺乏证明力的；

（二）认定的基本事实所依据的证据不合法的；

（三）对基本事实的认定违反逻辑推理或者日常生活法则的；

（四）认定的基本事实缺乏证据证明的其他情形。

第八十一条 地方各级人民检察院发现同级人民法院已经发生法律效力的民事判决、裁定有下列情形之一的，可以向同级人民法院提出再审检察建议：

（一）有新的证据，足以推翻原判决、裁定的；

（二）原判决、裁定认定的基本事实缺乏证据证明的；

（三）原判决、裁定认定事实的主要证据是伪造的；

（四）原判决、裁定认定事实的主要证据未经质证的；

（五）对审理案件需要的主要证据，当事人因客观原因不能自行收集，书面申请人民法院调查收集，人民法院未调查收集的；

（六）审判组织的组成不合法或者依法应当回避的审判人员没有回避的；

（七）无诉讼行为能力人未经法定代理人代为诉讼或者应当参加诉讼的当事人，因不能归责于本人或者其诉讼代理人的事由，未参加诉讼的；

（八）违反法律规定，剥夺当事人辩论权利的；

（九）未经传票传唤，缺席判决的；

（十）原判决、裁定遗漏或者超出诉讼请求的；

（十一）据以作出原判决、裁定的法律文书被撤销或者变更的。

《最高人民法院关于适用〈中华人民共和国民事诉讼法〉的解释》（法释〔2015〕5号，2014年12月18日通过，2020年12月23日修正）

第三百八十七条　再审申请人提供的新的证据，能够证明原判决、裁定认定基本事实或者裁判结果错误的，应当认定为民事诉讼法第二百条第一项规定的情形。

对于符合前款规定的证据，人民法院应当责令再审申请人说明其逾期提供该证据的理由；拒不说明理由或者理由不成立的，依照民事诉讼法第六十五条第二款和本解释第一百零二条的规定处理。

第三百八十八条　再审申请人证明其提交的新的证据符合下列情形之一的，可以认定逾期提供证据的理由成立：

（一）在原审庭审结束前已经存在，因客观原因于庭审结束后才发现的；

（二）在原审庭审结束前已经发现，但因客观原因无法取得或者在规定的期限内不能提供的；

（三）在原审庭审结束后形成，无法据此另行提起诉讼的。

再审申请人提交的证据在原审中已经提供，原审人民法院未组织质证且未作为裁判根据的，视为逾期提供证据的理由成立，但原审人民法院依照民事诉讼法第六十五条规定不予采纳的除外。

第三百八十九条　当事人对原判决、裁定认定事实的主要证据在原审中拒绝发表质证意见或者质证中未对证据发表质证意见的，不属于民事诉讼法第二百条第四项规定的未经质证的情形。

第四百一十一条　当事人提交新的证据致使再审改判，因再审申请人或者申请检察监督当事人的过错未能在原审程序中及时举证，被申请人等当事人请求补偿其增加的交通、住宿、就餐、误工等必要费用的，人民法院应予支持。

《最高人民法院关于适用〈中华人民共和国民事诉讼法〉审判监督程序若干问题的解释》（法释〔2008〕14 号，2008 年 11 月 10 日通过，2020 年 12 月 23 日修正）

第九条　民事诉讼法第二百条第（五）项规定的"对审理案件需要的主要证据"，是指人民法院认定案件基本事实所必须的证据。

第十三条　人民法院可以根据案情需要决定是否询问当事人。

以有新的证据足以推翻原判决、裁定为由申请再审的，人民法院应当询问当事人。

《最高人民法院关于规范人民法院再审立案的若干意见（试行）》（2002 年 11 月 1 日起施行）

第五条　再审申请人或申诉人向人民法院申请再审或申诉，应当提交以下材料：

（一）再审申请书或申诉状，应当载明当事人的基本情况、申请再审或申诉的事实与理由；

（二）原一、二审判决书、裁定书等法律文书，经过人民法院复查或再审的，应当附有驳回通知书、再审判决书或裁定书；

（三）以有新的证据证明原裁判认定的事实确有错误为由申请再审或申诉的，应当同时附有证据目录、证人名单和主要证据复印件或者照片；需要人民法院调查取证的，应当附有证据线索。

申请再审或申诉不符合前款规定的，人民法院不予审查。

相关司法文件

《全国审判监督工作座谈会关于当前审判监督工作若干问题的纪要》（最高人民法院 2001 年 11 月 1 日）

9.开庭前的准备工作应当充分，保证当事人能够较好地行使诉讼权利及履行诉讼义务。开庭前可召集双方当事人及其诉讼代理人交换、核对证据，对双方无争议的原判事实和证据应当记录在卷，并由双方当事人签字确认，保证开庭时能够针对焦点问题进行充分的调查。

11.经复查听证后进入再审程序的案件，或者开庭前已由书记员核对当事人身份，告知诉讼权利义务，出示、质证当事人认同的证据或事实等事项的案件，开庭后，不必再重复上述程序，但应重申关于申请回避的权利。

13.当事人申请再审提出的新证据，必须当庭质证；出示的书证、物证等应当交由对方当事人当庭辨认，发表质证意见；审判长根据案件的具体情况，经征求合议庭成员意见后，可当庭认证，或经合议庭评议后再行认证。

2. 公 证 证 明①

导读

　　公证证明是国家法定的公证机构按照法律、法规所规定的程序，运用所掌握的证据材料，证明既存的或正在发生的法律行为、有法律意义的文书和事实的真实性、合法性的过程或行为。公证证明具有以下特征：（1）公证证明的主体是国家法定的公证机关。公证证明是国家公证机构根据国家授予的公证职权、代表国家所作的证明，因此公证主体只能是国家法律规定的享有公证权的机关。公证机关一般为依法设立的公证处。（2）公证证明的程序是法定的。公证证明必须按照法定的程序进行，未经法定程序进行的证明活动是不合法的，其证明结果不具有法律效力。（3）公证证明的客体是法律事实、法律文书和法律行为。（4）公证证明的要求是待证事实的真实性和合法性。公证机构不仅要证明待证事项的真实性，而且要证明待证事项的合法性。（5）公证证明具有特殊的法律效力。公证证明具有法律规定的特殊效力。这种效力不仅为我国所承认，也为国际社会普遍接受和承认，是国际上通行的法律文书。正因为公证证明的上述特征，公证证明就具有了证明的公正性、权威性、确定性、可靠性、通用性等效用。公证证明是其他机关、团体、组织或个人的证明所无法比拟的。按照公证法和民事诉讼法的规定，公证证明可以不经审查，直接作为法院认定事实的根据。

---

　　① 与公证有关的其他法律规范还有：《开奖公证细则（试行）》（司法部 2004 年 5 月 29 日）、《公证机构办理抵押登记办法》（司法部 2002 年 2 月 20 日）、《遗嘱公证细则》（司法部 2000 年 3 月 24 日）、《公证投诉处理办法（试行）》（司法部 1999 年 6 月 9 日）、《国家计委、司法部关于印发〈公证服务收费管理办法〉的通知》（1997 年 3 月 3 日）、《最高人民法院、司法部关于涉港公证文书效力问题的通知》（1996 年 2 月 18 日）、《提存公证规则》（司法部 1995 年 6 月 2 日）、《海峡两岸公证书使用查证协议实施办法》（司法部 1993 年 4 月 29 日）、《司法部关于认真办好粮食购销合同公证的通知》（1993 年 3 月 1 日）、《抵押贷款合同公证程序细则》（司法部 1992 年 12 月 31 日发布）、《招标投标公证程序细则》（司法部 1992 年 10 月 19 日发布）、《城市房屋拆迁补偿、安置协议公证细则》（司法部 1992 年 10 月 9 日）、《最高人民法院关于我原驻苏联使馆教育处出具的证明不具有证明效力的复函》（1992 年 9 月 22 日）、《司法部关于办理民间借贷合同公证的意见》（1992 年 8 月 12 日）、《批量办理赡养协议公证细则》（司法部 1992 年 8 月 4 日）、《赠与公证细则》（司法部 1992 年 1 月 24 日）、《司法部关于办理涉台遗产继承公证若干问题的通知》（1991 年 11 月 29 日）、《企业承包经营合同公证程序细则》（司法部 1991 年 9 月 20 日）、《企业租赁经营合同公证程序细则》（司法部 1991 年 9 月 20 日）、《遗赠扶养协议公证细则》（司法部 1991 年 4 月 3 日）、《赡养协议公证细则》（司法部 1991 年 4 月 2 日）、《中国人民银行、最高人民法院、最高人民检察院、公安部、司法部关于没收储蓄存款缴库和公证处查询存款问题几点补充规定》（1983 年 7 月 4 日）等。

相关法律条文

《中华人民共和国民事诉讼法》（2017 年 6 月 27 日修正）

第六十九条　经过法定程序公证证明的法律事实和文书，人民法院应当作为认定事实的根据，但有相反证据足以推翻公证证明的除外。

《中华人民共和国公证法》（2005 年 8 月 28 日通过，2015 年 4 月 24 日第一次修正，2017 年 9 月 1 日第二次修正）

第二条　公证是公证机构根据自然人、法人或者其他组织的申请，依照法定程序对民事法律行为、有法律意义的事实和文书的真实性、合法性予以证明的活动。

第六条　公证机构是依法设立，不以营利为目的，依法独立行使公证职能、承担民事责任的证明机构。

第三十六条　经公证的民事法律行为、有法律意义的事实和文书，应当作为认定事实的根据，但有相反证据足以推翻该项公证的除外。

相关司法解释规定

《最高人民法院关于审理涉及公证活动相关民事案件的若干规定》（法释〔2014〕6 号，2014 年 4 月 28 日通过，2020 年 12 月 23 日修正）

第四条　当事人、公证事项的利害关系人提供证据证明公证机构及其公证员在公证活动中具有下列情形之一的，人民法院应当认定公证机构有过错：

（一）为不真实、不合法的事项出具公证书的；

（二）毁损、篡改公证书或者公证档案的；

（三）泄露在执业活动中知悉的商业秘密或者个人隐私的；

（四）违反公证程序、办证规则以及国务院司法行政部门制定的行业规范出具公证书的；

（五）公证机构在公证过程中未尽到充分的审查、核实义务，致使公证书错误或者不真实的；

（六）对存在错误的公证书，经当事人、公证事项的利害关系人申请仍不予纠正或者补正的；

（七）其他违反法律、法规、国务院司法行政部门强制性规定的情形。

第五条　当事人提供虚假证明材料申请公证致使公证书错误造成他人损失的，当事人应当承担赔偿责任。公证机构依法尽到审查、核实义务的，不承担赔偿责任；未依法尽到审查、核实义务的，应当承担与其过错相应的补充赔偿责任；明知公证证明的材料虚假或者与当事人恶意串通的，承担连带赔偿责任。

第六条　当事人、公证事项的利害关系人明知公证机构所出具的公证书不真实、不合法而仍然使用造成自己损失，请求公证机构承担赔偿责任的，人民法院不予支持。

相关部门文件

《公证程序规则》（2020 年 10 月 20 日修正）

第二十七条　公证机构可以采用下列方式，核实公证事项的有关情况以及证明材料：

（一）通过询问当事人、公证事项的利害关系人核实；

（二）通过询问证人核实；

（三）向有关单位或者个人了解相关情况或者核实、收集相关书证、物证、视听资料等证明材料；

（四）通过现场勘验核实；

（五）委托专业机构或者专业人员鉴定、检验检测、翻译。

第二十八条　公证机构进行核实，应当遵守有关法律、法规和有关办证规则的规定。

公证机构派员外出核实的，应当由二人进行，但核实、收集书证的除外。特殊情况下只有一人外出核实的，应当有一名见证人在场。

第二十九条　采用询问方式向当事人、公证事项的利害关系人或者有关证人了解、核实公证事项的有关情况以及证明材料的，应当告知被询问人享有的权利、承担的义务及其法律责任。询问的内容应当制作笔录。

询问笔录应当载明：询问日期、地点、询问人、记录人，询问事由，被询问人的基本情况，告知内容、询问谈话内容等。

询问笔录应当交由被询问人核对后签名或者盖章、捺指印。笔录中修改处应当由被询问人盖章或者捺指印认可。

第三十条　在向当事人、公证事项的利害关系人、证人或者有关单位、个人核实或者收集有关公证事项的证明材料时，需要摘抄、复印（复制）有关资料、证明原件、档案材料或者对实物证据照相并作文字描述记载的，摘抄、复印（复制）的材料或者物证照片及文字描述记载应当与原件或者物证相符，并由资料、原件、物证所有人或者档案保管人对摘抄、复印（复制）的材料或者物证照片及文字描述记载核对后签名或者盖章。

第三十一条　采用现场勘验方式核实公证事项及其有关证明材料的，应当制作勘验笔录，由核实人员及见证人签名或者盖章。根据需要，可以采用绘图、照相、录像或者录音等方式对勘验情况或者实物证据予以记载。

第三十二条　需要委托专业机构或者专业人员对申请公证的文书或者公证事项的证明材料进行鉴定、检验检测、翻译的，应当告知当事人由其委托办理，或者征得当事人的同意代为办理。鉴定意见、检验检测结论、翻译材料，应当由相关专业机构及承办鉴定、检验检测、翻译的人员盖章和签名。

委托鉴定、检验检测、翻译所需的费用，由当事人支付。

3. 仲裁证据^①

导读

　　与民事诉讼程序相比，仲裁程序是一种更具有当事人对抗特点的纠纷解决程序。在解决民事争议的仲裁程序中，仲裁庭的职责就是根据当事人双方自愿提出的证据来认定事实，适用法律、法规对纠纷进行裁决。仲裁裁决所依据的证据和事实是依赖于仲裁当事人利益对抗机制和不能证明主张的风险机制来加以揭示的。由于双方利益、立场的对立，只要条件允许，双方当事人都将尽力提出对自己有利、对对方不利的证据证明对自己有利的事实主张。有的情形下，因为当事人不会提出对自己不利的证据，而对方当事人又不掌握这些证据，就可能使案件事实无法得到充分的揭示。但即使这样，我们也不能强制要求对方提出对己不利的证据。要求对方提出对己不利的证据不过是一种道德要求而已。为了追求裁决所依据的证据更趋近于案件事实，我们可以通过其他符合程序正义的方法和手段，而非简单地强制当事人提出于自己不利的证据。例如，可以根据实体法（如公司法）的规定，要求对方提出自己可以有权阅览的由对方持有的书证；也可以考虑像民事诉讼法那样设置或适用文书书证提出命令制度。在该书证为对方在仲裁程序中已经主张，或者因为双方共同利益而形成的文书书证，都可以要求持有该文书的对方当事人提出，这种方法将更符合证据提出的正当性要求。

相关法律条文

　　《中华人民共和国仲裁法》（1994年8月31日通过，2009年8月27日第一次修正，2017年9月1日第二次修正）

　　第四十三条　当事人应当对自己的主张提供证据。

　　仲裁庭认为有必要收集的证据，可以自行收集。

　　第四十四条　仲裁庭对专门性问题认为需要鉴定的，可以交由当事人约定的鉴定部门鉴定，也可以由仲裁庭指定的鉴定部门鉴定。

---

　　① 其他的仲裁法律规范参见《中国国际经济贸易仲裁委员会仲裁规则》《中国国际经济贸易仲裁委员会网上仲裁规则》《中国国际经济贸易仲裁委员会金融争议仲裁规则》《中国海事仲裁委员会仲裁规则》（中国国际贸易促进委员会、中国国际商会 2015 年 1 月 1 日起施行），以及《农村土地承包经营纠纷仲裁规则》〔农业部（已撤销）、国家林业局（已撤销）2010 年 1 月 1 日起施行〕等。

根据当事人的请求或者仲裁庭的要求，鉴定部门应当派鉴定人参加开庭。当事人经仲裁庭许可，可以向鉴定人提问。

第四十五条　证据应当在开庭时出示，当事人可以质证。

第四十六条　在证据可能灭失或者以后难以取得的情况下，当事人可以申请证据保全。当事人申请证据保全的，仲裁委员会应当将当事人的申请提交证据所在地的基层人民法院。

第六十八条　涉外仲裁的当事人申请证据保全的，涉外仲裁委员会应当将当事人的申请提交证据所在地的中级人民法院。

《中华人民共和国农村土地承包经营纠纷调解仲裁法》（2010年1月1日起施行）

第三十七条　当事人应当对自己的主张提供证据。与纠纷有关的证据由作为当事人一方的发包方等掌握管理的，该当事人应当在仲裁庭指定的期限内提供，逾期不提供的，应当承担不利后果。

第三十八条　仲裁庭认为有必要收集的证据，可以自行收集。

第三十九条　仲裁庭对专门性问题认为需要鉴定的，可以交由当事人约定的鉴定机构鉴定；当事人没有约定的，由仲裁庭指定的鉴定机构鉴定。

根据当事人的请求或者仲裁庭的要求，鉴定机构应当派鉴定人参加开庭。当事人经仲裁庭许可，可以向鉴定人提问。

第四十条　证据应当在开庭时出示，但涉及国家秘密、商业秘密和个人隐私的证据不得在公开开庭时出示。

仲裁庭应当依照仲裁规则的规定开庭，给予双方当事人平等陈述、辩论的机会，并组织当事人进行质证。

经仲裁庭查证属实的证据，应当作为认定事实的根据。

第四十一条　在证据可能灭失或者以后难以取得的情况下，当事人可以申请证据保全。当事人申请证据保全的，农村土地承包仲裁委员会应当将当事人的申请提交证据所在地的基层人民法院。

相关司法解释规定

《最高人民法院关于审理涉及农村土地承包经营纠纷调解仲裁案件适用法律若干问题的解释》（法释〔2014〕1号，2013年12月27日通过，2020年12月23日修正）

第八条　农村土地承包仲裁委员会依法向人民法院提交当事人证据保全申请的，应当提供下列材料：

（一）证据保全申请书；

（二）农村土地承包仲裁委员会发出的受理案件通知书；

（三）申请人的身份证明；

（四）申请保全证据的具体情况。

对证据保全的具体程序事项，适用本解释第五、六、七条关于财产保全的规定。

《最高人民法院关于人民法院办理仲裁裁决执行案件若干问题的规定》（法释〔2018〕5号，2018年3月1日起施行）

第十五条　符合下列条件的，人民法院应当认定为民事诉讼法第二百三十七条第二款第四项规定的"裁决所根据的证据是伪造的"情形：

（一）该证据已被仲裁裁决采信；

（二）该证据属于认定案件基本事实的主要证据；

（三）该证据经查明确属通过捏造、变造、提供虚假证明等非法方式形成或者获取，违反证据的客观性、关联性、合法性要求。

第十六条　符合下列条件的，人民法院应当认定为民事诉讼法第二百三十七条第二款第五项规定的"对方当事人向仲裁机构隐瞒了足以影响公正裁决的证据的"情形：

（一）该证据属于认定案件基本事实的主要证据；

（二）该证据仅为对方当事人掌握，但未向仲裁庭提交；

（三）仲裁过程中知悉存在该证据，且要求对方当事人出示或者请求仲裁庭责令其提交，但对方当事人无正当理由未予出示或者提交。

当事人一方在仲裁过程中隐瞒己方掌握的证据，仲裁裁决作出后以己方所隐瞒的证据足以影响公正裁决为由申请不予执行仲裁裁决的，人民法院不予支持。

相关行业规定

《中国国际经济贸易仲裁委员会证据指引》（2015年3月1日起施行）

第一章　举证责任

第一条　举证责任的承担

（一）当事人对其主张的事实承担举证责任。

（二）对合同成立或生效的事实有争议的，由主张合同成立或生效的一方当事人承担举证责任；主张合同变更、解除、终止、撤销的一方当事人对引起合同关系变动的事实承担举证责任。

（三）对合同履行事实发生争议的，由负有相关履行义务的当事人承担举证责任。

（四）请求损害赔偿与其他救济的一方当事人以及反驳该等请求的对方当事人，应对支持各自主张的事实承担举证责任。主张约定的违约金低于或高于实际损失的，提出该主张的当事人承担举证责任。

第二条　免证事实

（一）下列事实，无需当事人举证，仲裁庭可依职权予以认定：

1、双方当事人没有争议的事实；

2、自然规律及定理；

3、众所周知的事实或常识；

4、根据法律规定、已知事实或日常生活经验法则，能推定出的另一事实。

（二）前款各项，当事人有相反证据足以推翻的除外。

第三条　被申请人的缺席

被申请人无正当理由在仲裁程序中缺席，并不免除申请人对其事实主张的举证责任，但仲裁庭可依申请人提交的证据以及《证据指引》的其他规则对事实作出认定，并可就被申请人无故缺席的事实得出自己的结论。

第二章　举证、取证与证据交换

第四条　当事人举证

当事人应向仲裁庭和对方当事人 [①] 披露和提交其作为依据的所有证据。

第五条　举证期限

（一）仲裁庭可对当事人提交证据规定合理的期限，或对分次提交证据做出期限安排。当事人应在仲裁庭规定的期限内完成举证。对逾期提交的证据，仲裁庭有权不予接受。原则上，举证和证据交换应在仲裁庭就争议实体问题举行开庭审理（"庭审"）之前完成。

（二）当事人在举证期限内提交证据确有困难的，可在期限届满前书面阐明理由，向仲裁庭申请延长举证期限。仲裁庭应根据当事人申请延期理由的充分程度，决定是否准予延期。允许一方延期举证的，仲裁庭亦应同时考虑适当延长另一方的举证期限。

第六条　书证

（一）除纸质文件外，书证包括数据电文（如电子文件、电子邮件）等具有可读性的电子版证据。

（二）当事人提交书证的，可提交与原件相同的纸质复印件或数据电文的打印件。当事人亦可同时提交书证的电子版。

（三）除当事人另有约定或仲裁庭经征求当事人意见后另有决定外，提交在中国内地以外形成的书证，无需经过公证与认证。

第七条　特定披露请求

（一）一方当事人可请求仲裁庭指令对方当事人披露某一特定书证或某一类范围有限且具体的书证（"特定披露请求"）。请求方需阐明请求理由，详细界定该有关书证，以及说明该书证的关联性和重要性。仲裁庭应安排对方当事人对特定披露请求发表意见。对方不反对该请求的，应按照请求披露相关文件。对方反对的，由仲裁庭决定是否准许该请求。

---

① 根据情况，"一方当事人"应理解为包括多方仲裁中作为申请人或被申请人一方的所有当事人。

（二）仲裁庭可对一方提出特定披露请求的期限以及对方对该请求发表意见的期限加以规定。

（三）经对方当事人要求，仲裁庭可因下述理由之一驳回特定披露请求：

1、要求披露的证据与案件之间缺乏足够的关联性或对裁判结果缺乏重要性；

2、披露可能导致违反法律或执业操守；

3、披露将使披露方承受不合理的负担；

4、要求披露的证据不在披露方占有或控制之下或很可能已经灭失；

5、披露将导致国家秘密、商业秘密或技术秘密的泄露；

6、出于程序经济、公平或当事人平等的原因。

第八条　事实证人

（一）当事人安排证人作证的，应事先向仲裁庭确定证人身份及其证明事项。任何能够证明案件事实的人，包括当事人的雇员、代表人和代理人，均可作为证人。

（二）证人应在庭审前提交其书面证言。书面证言应包括证人的姓名、地址、与各当事人间的关系以及个人背景介绍，对有关争议事实的详细说明及其信息来源，以及出具证言的日期和证人本人的签名。

第九条　专家意见

（一）当事人可就特定问题提交专家意见以支持己方的主张。

专家意见应包括：

1、专家的姓名、地址、与各当事人间的关系以及个人专业背景介绍；

2、为出具专家意见而了解的事实、阅读的文件及其他信息来源；

3、专家个人的意见和结论，包括形成意见和得出结论所使用的方法和依据；

4、出具意见的日期及专家本人的签名。

（二）仲裁庭可自行指定一名或多名专家。双方当事人应对仲裁庭指定的专家予以协助，提供其要求的文件和信息。专家应出具专家意见，交由双方当事人评论。

（三）当事人或仲裁庭选定某专业机构出具专家意见的，实际代表该机构出具意见的专家个人视为本条意义上的专家。

第十条　查验与鉴定

（一）仲裁庭可依当事人的请求或自行决定，由仲裁庭或其指定的查验人对现场、货物、文件或其他有关证据进行查验，或由仲裁庭指定的鉴定人对某个专业或技术问题进行鉴定。当事人应事先得到查验的通知并有权到场。查验人、鉴定人完成查验或鉴定后，应出具报告，交由双方当事人评论。

（二）第九条的规定适用于仲裁庭指定的查验人、鉴定人及其所出具的报告。

第十一条　仲裁庭要求披露及收集证据

（一）在仲裁过程中，仲裁庭可以主动要求一方当事人提交仲裁庭认为必要的任何证据。仲裁庭应确保另一方当事人有机会对这些证据发表意见。

（二）应一方当事人请求并在必要和实际可行的情况下，仲裁庭可自行搜集与争议事实有关的证据。仲裁庭搜集的证据应转交双方当事人，并听取其意见。

第十二条　证据保全

（一）当事人可依法请求法院进行证据保全。

（二）如所适用的法律允许，仲裁庭亦可发出保全证据的指令。

第十三条　证据交换方式

双方当事人提交的证据通常应由贸仲委仲裁院转递。但仲裁庭经与当事人协商后，可决定采用其他的证据交换方式。

第十四条　书证的翻译

（一）其他文字的书证是否需要按照仲裁语言翻译，可由仲裁庭在与当事人协商后决定。在决定是否需要翻译，或者是否需要全部或部分翻译时，仲裁庭应考虑双方当事人及其律师的语言能力，以及费用的节省。

（二）仲裁庭与当事人协商后决定书证需要翻译的，译文应与原文同时提交，以便对方当事人对译文的准确性进行核对。

（三）译文与原文有出入的，仲裁庭应以能够正确反映书证原意的译文为准。

第三章　质证

第十五条　当事人的质证意见

仲裁庭应确保一方当事人有机会就对方当事人提交的所有证据发表质证意见。质证意见可以采用口头或书面形式。

第十六条　对书证的质证

（一）开庭审理的案件，书证应在庭审过程中出示，由当事人口头质证。为避免不必要的拖延，当事人应仅针对有争议的书证发表意见，并集中说明哪些书证不应被仲裁庭采纳为证据。

（二）对复印件与原件可能不一致的书证，当事人及仲裁庭可要求核对原件。

（三）对视听资料和物证，准用本条第一款对书证进行质证的原则。视听资料是否在庭审过程中播放，或全部或部分播放，由仲裁庭在与当事人协商后决定。

第十七条　对证人、专家、查验人和鉴定人的质询

（一）原则上，证人和专家应出席庭审或通过远程视频参加庭审，并接受安排其出庭的一方当事人的询问（"询问"）和对方当事人的盘问（"盘问"）。

（二）质询程序由仲裁庭主持。除非双方当事人同意，证人和专家在作证之前不应出席庭审。仲裁庭应确保双方当事人获得质询的机会，但可对询问或盘问的时间加以限制。

（三）对证人和当事人一方聘请的专家的质询，通常可采用询问、盘问和再次询问的顺序。仲裁庭可决定将证人的书面证言或专家的书面意见作为对询问的回答，并直接进入盘问阶段。

（四）仲裁庭指定的专家、查验人或鉴定人应当出席庭审，仲裁庭应确保双方当事人有机会对他们进行质询。

（五）在与当事人协商后，仲裁庭可安排双方的专家或证人进行对质。

（六）仲裁庭可限制当事人提出某个问题，或告知证人、专家、查验人或鉴定人对某个问题无需做出答复。仲裁庭可随时向证人、专家、查验人或鉴定人提问。

第四章　证据的认定

第十八条　一般原则

某项证据是否可予采纳，以及证据的关联性、重要性和证明力，由仲裁庭自行决定。

第十九条　不予采纳

（一）根据仲裁庭认为适当的、免于披露义务的规则，仲裁庭可决定对当事人提交的某项证据不予采纳，尤其是那些律师与客户之间的保密通信或涉及当事人之间和解谈判的证据。

（二）仅在调解程序中披露的证据和信息在仲裁中不具有可采纳性，不得作为仲裁裁决的依据。

第二十条　无原件的书证

对当事人提出质疑的无原件的书证，仲裁庭可结合其他证据、当事双方的事实主张以及全部案情，决定予以采纳。

第二十一条　未经庭审质证的证人证言

无正当理由未出庭接受质询的证人，其证言不得单独作为认定事实的根据。

第二十二条　对本方不利的事实陈述

在仲裁过程中，当事人以书面或口头方式承认的对己方不利的事实，仲裁庭可予以认定，但有相反证据足以推翻该被承认的事实的除外。

第二十三条　不利推定

经仲裁庭准予特定披露请求后，或在仲裁庭直接要求披露特定的证据后，相关当事人无正当理由拒绝披露的，仲裁庭可以做出对拒绝披露方不利的推定。

第二十四条　证明标准

（一）针对某一事实，双方当事人分别举出相反证据的，仲裁庭可依优势证据原则加以认定。

（二）对涉及欺诈的事实，仲裁庭应根据有充分说服力的证据加以认定。

第五章　附则

第二十五条　指引的解释

（一）本指引条文标题不用于解释条文含义。

（二）本指引由仲裁委员会负责解释。

第二十六条　指引的施行

本指引自 2015 年 3 月 1 日起施行。

4. 海事诉讼证据①

导读

　　我国《海事诉讼特别程序法》是以民事诉讼法为基本法的特别法，是一部既符合我国海事审判实际需要，也与国际海事处理规范相适应的程序法。《海事诉讼特别程序法》自 2000 年 7 月 1 日实施以来，对海事法院依法行使管辖权、规范海事审判程序起到了积极的作用。为使该程序法更具可操作性，也为增加法院审判工作的透明度，最高人民法院审议通过了《关于适用〈中华人民共和国海事诉讼特别程序法〉若干问题的解释》，并于 2003 年 2 月 1 日起开始施行。海事证据保全程序是海事诉讼法的一大特色。对于海事证据保全，由于《民事诉讼法》仅对诉讼中证据保全做出了原则性规定，没有规定证据保全的具体程序，海事法院在具体采取证据保全措施时遇到了不少问题，如船舶流动性大、时间紧、海事事故的现场无法保存等。在总结海事审判实践经验的基础上，《海事诉讼特别程序法》设立专章规定海事证据保全程序，对于规范海事证据保全的做法、促进民事证据保全制度的完善具有重要的意义。在海事证据保全程序中，应当注意其与民事诉讼法规定的证据保全的不同之处：海事证据保全只能依据海事请求人的申请，海事法院不能依职权采取海事证据保全措施；海事证据保全不仅限于诉讼中证据保全，而且包含了诉讼前的证据保全。海事诉讼实践中，大多数的证据保全申请是在诉讼前提出的，如对船舶有关航行文件或者船舶碰撞后对有关船舶碰撞痕迹的保全等，这充分体现了海事诉讼案件中证据的特殊性。

相关法律条文

《中华人民共和国海事诉讼特别程序法》（2000 年 7 月 1 日起施行）

第八章　审　判　程　序

第一节　审理船舶碰撞案件的规定

　　第八十二条　原告在起诉时、被告在答辩时，应当如实填写《海事事故调查表》。

　　第八十三条　海事法院向当事人送达起诉状或者答辩状时，不附送有关证据

---

①　关于海事诉讼的证据保全，参见前文。

材料。

第八十四条 当事人应当在开庭审理前完成举证。当事人完成举证并向海事法院出具完成举证说明书后，可以申请查阅有关船舶碰撞的事实证据材料。

第八十五条 当事人不能推翻其在《海事事故调查表》中的陈述和已经完成的举证，但有新的证据，并有充分的理由说明该证据不能在举证期间内提交的除外。

第八十六条 船舶检验、估价应当由国家授权或者其他具有专业资格的机构或者个人承担。非经国家授权或者未取得专业资格的机构或者个人所作的检验或者估价结论，海事法院不予采纳。

第十章 债权登记与受偿程序

第一百一十三条 债权人向海事法院申请登记债权的，应当提交书面申请，并提供有关债权证据。

债权证据，包括证明债权的具有法律效力的判决书、裁定书、调解书、仲裁裁决书和公证债权文书，以及其他证明具有海事请求的证据材料。

第一百一十四条 海事法院应当对债权人的申请进行审查，对提供债权证据的，裁定准予登记；对不提供债权证据的，裁定驳回申请。

第一百一十五条 债权人提供证明债权的判决书、裁定书、调解书、仲裁裁决书或者公证债权文书的，海事法院经审查认定上述文书真实合法的，裁定予以确认。

第一百一十六条 债权人提供其他海事请求证据的，应当在办理债权登记以后，在受理债权登记的海事法院提起确权诉讼。当事人之间有仲裁协议的，应当及时申请仲裁。

海事法院对确权诉讼作出的判决、裁定具有法律效力，当事人不得提起上诉。

相关司法解释规定

《最高人民法院关于适用〈中华人民共和国海事诉讼特别程序法〉若干问题的解释》（法释〔2003〕3号，2003年2月1日起施行）

第四十七条 诉讼前申请海事证据保全，适用海事诉讼特别程序法第六十四条的规定。

外国法院已受理相关海事案件或者有关纠纷已经提交仲裁，当事人向中华人民共和国的海事法院提出海事证据保全申请，并提供被保全的证据在中华人民共和国领域内的相关证据的，海事法院应当受理。

第四十八条 海事请求人申请海事证据保全，申请书除应当依照海事诉讼特别程序法第六十五条的规定载明相应内容外，还应当载明证据收集、调取的有关线索。

第四十九条 海事请求人在采取海事证据保全的海事法院提起诉讼后，可以申请复制保全的证据材料；相关海事纠纷在中华人民共和国领域内的其他海事法院或者仲裁机构受理的，受诉法院或者仲裁机构应海事请求人的申请可以申请复制保全的证据材料。

第五十条　利害关系人对海事法院作出的海事证据保全裁定提出异议，海事法院经审查认为理由不成立的，应当书面通知利害关系人。

第五十一条　被请求人依据海事诉讼特别程序法第七十一条的规定要求海事请求人赔偿损失的，由采取海事证据保全的海事法院受理。

第五十六条　海事诉讼特别程序法第八十四条规定的当事人应当在开庭审理前完成举证的内容，包括当事人按照海事诉讼特别程序法第八十二条的规定填写《海事事故调查表》和提交有关船舶碰撞的事实证据材料。

前款规定的证据材料，当事人应当在一审开庭前向海事法院提供。

第五十七条　《海事事故调查表》属于当事人对发生船舶碰撞基本事实的陈述。经对方当事人认可或者经法院查证属实，可以作为认定事实的依据。

第五十八条　有关船舶碰撞的事实证据材料指涉及船舶碰撞的经过、碰撞原因等方面的证据材料。

有关船舶碰撞的事实证据材料，在各方当事人完成举证后进行交换。当事人在完成举证前向法院申请查阅有关船舶碰撞的事实证据材料的，海事法院应予驳回。

第五十九条　海事诉讼特别程序法第八十五条规定的新的证据指非当事人所持有，在开庭前尚未掌握或者不能获得，因而在开庭前不能举证的证据。

相关司法文件

《最高人民法院民事审判第四庭、中国海事局关于规范海上交通事故调查与海事案件审理工作的指导意见》（法民四〔2006〕第 1 号，2006 年 1 月 19 日）

一、海事调查与海事诉讼

（四）海事法院因审理海事案件需要到海事局调查收集证据时，应派两名法官并应出示工作证件及协助调查通知书，海事局应提供事故当事人提交的证据材料以及其他与海上交通事故有关的证据材料。海事法院收集的证据原件不能提取的，可以复制，由海事局签章确认。海上交通事故当事人在海事局事故调查中签字确认的调查材料，除非有相反的证据和理由，海事法院可以作为证据采信。

（五）海事调查报告及其结论意见可以作为海事法院在案件审理中的诉讼证据，除非有充分事实证据和理由足以推翻海事调查报告及其结论意见。

（六）海事法院在案件审理中，诉讼当事人对海事局的海事调查报告及其结论意见有疑义的，海事法院可以要求海事局对当事人提出的相关问题作出解释和说明。

（七）海事法院在受理船舶碰撞案件中，为查明案件事实，经当事人申请，或者海事法院认为案件审理需要，在出具协助调查通知书后，可以向海事局调取船舶航行记录的信息资料。

（八）中国海事局及其所属机构与外国海事调查机关联合调查的证据材料，不属于海事局向海事法院提供的证据范畴。

（九）海上交通事故发生后，逃逸船舶拒绝接受海事调查或者诉讼中拒绝承认发生碰撞事故，受害船舶当事人有证据证明逃逸船舶当事人持有证据可以证明事故发生的相关事实，逃逸船舶无正当理由拒不提供的，海事法院在案件审理中根据《最高人民法院关于民事诉讼证据的若干规定》第七十五条的规定，结合证明案件事实的有关证据，可以作出逃逸船舶妨碍举证的不利推定。

5. 民事公益诉讼证据与证明

导读

所谓公益诉讼，是指非以维护自身民事权益，由特定的机关、社会团体或个人提起旨在维护社会公共利益为目的的追究其民事责任的诉讼。公益诉讼在性质上不同于普通的民事诉讼，因为其目的不是维护个人的民事权益，而是维护社会公共利益。正是因为涉及社会公共利益，因此，才允许特定机关、社会团体甚至个人提起公益诉讼，也因为公益诉讼不同于普通民事诉讼，因此民事诉讼中的辩论原则、处分原则都并不能完全适用，要受到诸多限制。例如，当事人双方之间不能和解、调解、达成自认等。民事诉讼法之所以规定公益诉讼，是因为虽然公益诉讼不同于一般民事诉讼，但民事诉讼法中的有些程序规定，公益诉讼是可以借用的。

2017 年《民事诉讼法》再次修改，增设了民事检察公益诉讼制度。民事检察公益诉讼是检察机关根据其法律监督职能依法就损害社会公共利益的事项提起诉讼以维护社会公共利益的一种诉讼活动。《民事诉讼法》虽然只作了原则性规定，但为民事检察公益诉讼的具体实施提供了法律依据。2018 年最高人民法院和最高人民检察院联合发布了《关于检察公益诉讼适用法律若干问题的解释》，明确并细化了检察公益诉讼案件的具体程序事项，成为民事检察公益诉讼制度运作的规范依据。2020 年 9 月 28 日最高人民检察院发布了《人民检察院公益诉讼办案规则》（2021 年 7 月 1 日起施行）进一步细化了检察公益诉讼案件的办案流程，其中专设"调查"一节，明确了检察公益诉讼案件的证据调查程序。

相关司法解释规定

《人民检察院公益诉讼办案规则》（2021 年 7 月 1 日起施行）

第四节　调　查

第三十二条　人民检察院办理公益诉讼案件，应当依法、客观、全面调查收集证据。

第三十三条　人民检察院在调查前应当制定调查方案，确定调查思路、方法、步骤以及拟收集的证据清单等。

第三十四条　人民检察院办理公益诉讼案件的证据包括书证、物证、视听资料、电子数据、证人证言、当事人陈述、鉴定意见、专家意见、勘验笔录等。

第三十五条　人民检察院办理公益诉讼案件，可以采取以下方式开展调查和收集证据：

（一）查阅、调取、复制有关执法、诉讼卷宗材料等；

（二）询问行政机关工作人员、违法行为人以及行政相对人、利害关系人、证人等；

（三）向有关单位和个人收集书证、物证、视听资料、电子数据等证据；

（四）咨询专业人员、相关部门或者行业协会等对专门问题的意见；

（五）委托鉴定、评估、审计、检验、检测、翻译；

（六）勘验物证、现场；

（七）其他必要的调查方式。

人民检察院开展调查和收集证据不得采取限制人身自由或者查封、扣押、冻结财产等强制性措施。

第三十六条　人民检察院开展调查和收集证据，应当由两名以上检察人员共同进行。检察官可以组织司法警察、检察技术人员参加，必要时可以指派或者聘请其他具有专门知识的人参与。根据案件实际情况，也可以商请相关单位协助进行。

在调查收集证据过程中，检察人员可以依照有关规定使用执法记录仪、自动检测仪等办案设备和无人机航拍、卫星遥感等技术手段。

第三十七条　询问应当个别进行。检察人员在询问前应当出示工作证，询问过程中应当制作《询问笔录》。被询问人确认无误后，签名或者盖章。被询问人拒绝签名盖章的，应当在笔录上注明。

第三十八条　需要向有关单位或者个人调取物证、书证的，应当制作《调取证据通知书》和《调取证据清单》，持上述文书调取有关证据材料。

调取书证应当调取原件，调取原件确有困难或者因保密需要无法调取原件的，可以调取复制件。书证为复制件的，应当注明调取人、提供人、调取时间、证据出处和"本复制件与原件核对一致"等字样，并签字、盖章。书证页码较多的，加盖骑缝章。

调取物证应当调取原物，调取原物确有困难的，可以调取足以反映原物外形或者内容的照片、录像或者复制品等其他证据材料。

第三十九条 人民检察院应当收集提取视听资料、电子数据的原始存储介质，调取原始存储介质确有困难或者因保密需要无法调取的，可以调取复制件。调取复制件的，应当说明其来源和制作经过。

人民检察院自行收集提取视听资料、电子数据的，应当注明收集时间、地点、收集人员及其他需要说明的情况。

第四十条 人民检察院可以就专门性问题书面或者口头咨询有关专业人员、相关部门或者行业协会的意见。

口头咨询的，应当制作笔录，由接受咨询的专业人员签名或者盖章。书面咨询的，应当由出具咨询意见的专业人员或者单位签名、盖章。

第四十一条 人民检察院对专门性问题认为确有必要鉴定、评估、审计、检验、检测、翻译的，可以委托具备资格的机构进行鉴定、评估、审计、检验、检测、翻译，委托时应当制作《委托鉴定（评估、审计、检验、检测、翻译）函》。

第四十二条 人民检察院认为确有必要的，可以勘验物证或者现场。

勘验应当在检察官的主持下，由两名以上检察人员进行，可以邀请见证人参加。必要时，可以指派或者聘请有专门知识的人进行。勘验情况和结果应当制作笔录，由参加勘验的人员、见证人签名或者盖章。

检察技术人员可以依照相关规定在勘验过程中进行取样并进行快速检测。

第四十三条 人民检察院办理公益诉讼案件，需要异地调查收集证据的，可以自行调查或者委托当地同级人民检察院进行。委托时应当出具委托书，载明需要调查的对象、事项及要求。受委托人民检察院应当在收到委托书之日起三十日内完成调查，并将情况回复委托的人民检察院。

第四十四条 人民检察院可以依照规定组织听证，听取听证员、行政机关、违法行为人、行政相对人、受害人代表等相关各方意见，了解有关情况。

听证形成的书面材料是人民检察院依法办理公益诉讼案件的重要参考。

第四十五条 行政机关及其工作人员拒绝或者妨碍人民检察院调查收集证据的，人民检察院可以向同级人大常委会报告，向同级纪检监察机关通报，或者通过上级人民检察院向其上级主管机关通报。

第四十六条 人民检察院对于符合起诉条件的公益诉讼案件，应当依法向人民法院提起诉讼。

人民检察院提起公益诉讼，应当向人民法院提交公益诉讼起诉书和相关证据材料。起诉书的主要内容包括：

（一）公益诉讼起诉人；

（二）被告的基本信息；

（三）诉讼请求及所依据的事实和理由。

公益诉讼起诉书应当自送达人民法院之日起五日内报上一级人民检察院备案。

第五十条　人民法院通知人民检察院派员参加证据交换、庭前会议的，由出席法庭的检察人员参加。人民检察院认为有必要的，可以商人民法院组织证据交换或者召开庭前会议。

第五十一条　出庭检察人员履行以下职责：

（一）宣读公益诉讼起诉书；

（二）对人民检察院调查收集的证据予以出示和说明，对相关证据进行质证；

（三）参加法庭调查、进行辩论，并发表出庭意见；

（四）依法从事其他诉讼活动。

第五十二条　出庭检察人员应当客观、全面地向法庭出示证据。根据庭审情况合理安排举证顺序，分组列举证据，可以使用多媒体等示证方式。质证应当围绕证据的真实性、合法性、关联性展开。

第五十三条　出庭检察人员向被告、证人、鉴定人、勘验人等发问应当遵循下列要求：

（一）围绕案件基本事实和争议焦点进行发问；

（二）与调查收集的证据相互支撑；

（三）不得使用带有人身攻击或者威胁性的语言和方式。

第五十六条　出庭检察人员参加法庭辩论，应结合法庭调查情况，围绕双方在事实、证据、法律适用等方面的争议焦点发表辩论意见。

第六十条　人民检察院应当在上诉期限内通过原审人民法院向上一级人民法院提交公益诉讼上诉书，并将副本连同相关证据材料报送上一级人民检察院。

第八十八条　刑事侦查中依法收集的证据材料，可以在基于同一违法事实提起的民事公益诉讼案件中作为证据使用。

第九十三条　发布公告后，人民检察院应当对赔偿权利人启动生态环境损害赔偿程序情况、适格主体起诉情况、英雄烈士等的近亲属提起民事诉讼情况，以及社会公共利益受到损害的情况跟进调查，收集相关证据材料。

《最高人民法院关于审理生态环境损害赔偿案件的若干规定（试行）》（法释〔2019〕8号，2019年5月20日通过，2020年12月23日修正）

第五条　原告提起生态环境损害赔偿诉讼，符合民事诉讼法和本规定并提交下列材料的，人民法院应当登记立案：

（一）证明具备提起生态环境损害赔偿诉讼原告资格的材料；

（二）符合本规定第一条规定情形之一的证明材料；

（三）与被告进行磋商但未达成一致或者因客观原因无法与被告进行磋商的

说明；

（四）符合法律规定的起诉状，并按照被告人数提出副本。

第六条　原告主张被告承担生态环境损害赔偿责任的，应当就以下事实承担举证责任：

（一）被告实施了污染环境、破坏生态的行为或者具有其他应当依法承担责任的情形；

（二）生态环境受到损害，以及所需修复费用、损害赔偿等具体数额；

（三）被告污染环境、破坏生态的行为与生态环境损害之间具有关联性。

第七条　被告反驳原告主张的，应当提供证据加以证明。被告主张具有法律规定的不承担责任或者减轻责任情形的，应当承担举证责任。

第八条　已为发生法律效力的刑事裁判所确认的事实，当事人在生态环境损害赔偿诉讼案件中无须举证证明，但有相反证据足以推翻的除外。

对刑事裁判未予确认的事实，当事人提供的证据达到民事诉讼证明标准的，人民法院应当予以认定。

第九条　负有相关环境资源保护监督管理职责的部门或者其委托的机构在行政执法过程中形成的事件调查报告、检验报告、检测报告、评估报告、监测数据等，经当事人质证并符合证据标准的，可以作为认定案件事实的根据。

第十条　当事人在诉前委托具备环境司法鉴定资质的鉴定机构出具的鉴定意见，以及委托国务院环境资源保护监督管理相关主管部门推荐的机构出具的检验报告、检测报告、评估报告、监测数据等，经当事人质证并符合证据标准的，可以作为认定案件事实的根据。

《最高人民法院、最高人民检察院关于检察公益诉讼案件适用法律若干问题的解释》（法释〔2018〕6号，2018年3月2日起施行，修正版2021年1月1日起施行）

第六条　人民检察院办理公益诉讼案件，可以向有关行政机关以及其他组织、公民调查收集证据材料；有关行政机关以及其他组织、公民应当配合；需要采取证据保全措施的，依照民事诉讼法、行政诉讼法相关规定办理。

第九条　出庭检察人员履行以下职责：

（一）宣读公益诉讼起诉书；

（二）对人民检察院调查收集的证据予以出示和说明，对相关证据进行质证；

（三）参加法庭调查，进行辩论并发表意见；

（四）依法从事其他诉讼活动。

第十四条　人民检察院提起民事公益诉讼应当提交下列材料：

（一）民事公益诉讼起诉书，并按照被告人数提出副本；

（二）被告的行为已经损害社会公共利益的初步证明材料；

（三）已经履行公告程序、征询英雄烈士等的近亲属意见的证明材料。

《最高人民法院关于审理消费民事公益诉讼案件适用法律若干问题的解释》（法释〔2016〕10号，2016年2月1日通过，2020年12月23日修正）

第四条　提起消费民事公益诉讼应当提交下列材料：

（一）符合民事诉讼法第一百二十一条规定的起诉状，并按照被告人数提交副本；

（二）被告的行为侵害众多不特定消费者合法权益或者具有危及消费者人身、财产安全危险等损害社会公共利益的初步证据；

（三）消费者组织就涉诉事项已按照消费者权益保护法第三十七条第四项或者第五项的规定履行公益性职责的证明材料。

第八条　有权提起消费民事公益诉讼的机关或者社会组织，可以依据民事诉讼法第八十一条规定申请保全证据。

第十二条　原告在诉讼中承认对己方不利的事实，人民法院认为损害社会公共利益的，不予确认。

第十六条　已为消费民事公益诉讼生效裁判认定的事实，因同一侵权行为受到损害的消费者根据民事诉讼法第一百一十九条规定提起的诉讼，原告、被告均无需举证证明，但当事人对该事实有异议并有相反证据足以推翻的除外。

消费民事公益诉讼生效裁判认定经营者存在不法行为，因同一侵权行为受到损害的消费者根据民事诉讼法第一百一十九条规定提起的诉讼，原告主张适用的，人民法院可予支持，但被告有相反证据足以推翻的除外。被告主张直接适用对其有利认定的，人民法院不予支持，被告仍应承担相应举证证明责任。

第十八条　原告及其诉讼代理人对侵权行为进行调查、取证的合理费用、鉴定费用、合理的律师代理费用，人民法院可根据实际情况予以相应支持。

《最高人民法院关于审理环境民事公益诉讼案件适用法律若干问题的解释》（法释〔2015〕1号，2014年12月8日通过，2020年12月23日修正）

第八条　提起环境民事公益诉讼应当提交下列材料：

（一）符合民事诉讼法第一百二十一条规定的起诉状，并按照被告人数提出副本；

（二）被告的行为已经损害社会公共利益或者具有损害社会公共利益重大风险的初步证明材料；

（三）社会组织提起诉讼的，应当提交社会组织登记证书、章程、起诉前连续五年的年度工作报告书或者年检报告书，以及由其法定代表人或者负责人签字并加盖公章的无违法记录的声明。

第十一条　检察机关、负有环境资源保护监督管理职责的部门及其他机关、社会组织、企业事业单位依据民事诉讼法第十五条的规定，可以通过提供法律咨询、提交书面意见、协助调查取证等方式支持社会组织依法提起环境民事公益诉讼。

第十三条 原告请求被告提供其排放的主要污染物名称、排放方式、排放浓度和总量、超标排放情况以及防治污染设施的建设和运行情况等环境信息，法律、法规、规章规定被告应当持有或者有证据证明被告持有而拒不提供，如果原告主张相关事实不利于被告的，人民法院可以推定该主张成立。

第十四条 对于审理环境民事公益诉讼案件需要的证据，人民法院认为必要的，应当调查收集。

对于应当由原告承担举证责任且为维护社会公共利益所必要的专门性问题，人民法院可以委托具备资格的鉴定人进行鉴定。

第十五条 当事人申请通知有专门知识的人出庭，就鉴定人作出的鉴定意见或者就因果关系、生态环境修复方式、生态环境修复费用以及生态环境受到损害至修复完成期间服务功能丧失导致的损失等专门性问题提出意见的，人民法院可以准许。

前款规定的专家意见经质证，可以作为认定事实的根据。

第十六条 原告在诉讼过程中承认的对己方不利的事实和认可的证据，人民法院认为损害社会公共利益的，应当不予确认。

第二十二条 原告请求被告承担以下费用的，人民法院可以依法予以支持：

（一）生态环境损害调查、鉴定评估等费用；

（二）清除污染以及防止损害的发生和扩大所支出的合理费用；

（三）合理的律师费以及为诉讼支出的其他合理费用。

第二十四条 人民法院判决被告承担的生态环境修复费用、生态环境受到损害至修复完成期间服务功能丧失导致的损失、生态环境功能永久性损害造成的损失等款项，应当用于修复被损害的生态环境。

其他环境民事公益诉讼中败诉原告所需承担的调查取证、专家咨询、检验、鉴定等必要费用，可以酌情从上述款项中支付。

第三十条 已为环境民事公益诉讼生效裁判认定的事实，因同一污染环境、破坏生态行为依据民事诉讼法第一百一十九条规定提起诉讼的原告、被告均无需举证证明，但原告对该事实有异议并有相反证据足以推翻的除外。

对于环境民事公益诉讼生效裁判就被告是否存在法律规定的不承担责任或者减轻责任的情形、行为与损害之间是否存在因果关系、被告承担责任的大小等所作的认定，因同一污染环境、破坏生态行为依据民事诉讼法第一百一十九条规定提起诉讼的原告主张适用的，人民法院应予支持，但被告有相反证据足以推翻的除外。被告主张直接适用对其有利的认定的，人民法院不予支持，被告仍应举证证明。

相关司法文件

《关于加强军地检察机关公益诉讼协作工作的意见》（最高人民检察院　中央军委政法委员会 2020 年 4 月 22 日 ）

二、丰富协作内容

（三）关于线索移送。军地检察机关要综合运用 12309 服务热线、相关信息平台、开展专项活动等途径摸排公益诉讼线索，注重发现涉及国防和军事利益的问题线索。对于管辖不明确、事实不清楚的案件线索，要进行审查评估，必要时可以调查核实，属于本院管辖的及时立案调查；属于对方管辖的，及时将案件线索和相关材料向对方移送，接收方应当及时反馈线索处理或案件办理情况。

（四）关于调查取证。办理公益诉讼案件中，地方检察机关需要向军队单位、人员或者在军队营区内调查取证的，军事检察机关应当予以协助；军事检察机关需要向地方单位或者人员调查取证的，地方检察机关应当予以协助。军地检察机关应当充分发挥自身人才、技术和信息等优势，为对方在专业领域调查取证提供支持。

《最高人民检察院、生态环境部及国家发展和改革委员会、司法部、自然资源部、住房城乡建设部、交通运输部、水利部、农业农村部、国家林业和草原局关于在检察公益诉讼中加强协作配合依法打好污染防治攻坚战的意见》（2019 年 1 月 2 日 ）

三、关于调查取证的问题

7. 建立沟通协调机制。检察机关在调查取证过程中，要加强与行政执法机关的沟通协调。对于重大敏感案件线索，应及时向被监督行政执法机关的上级机关通报情况。行政执法机关应积极配合检察机关调查收集证据。

8. 建立专业支持机制。各行政执法机关可根据自身行业特点，为检察机关办案在调查取证、鉴定评估等方面提供专业咨询和技术支持，如协助做好涉案污染物的检测鉴定工作等。检察机关可根据行政执法机关办案需要或要求，提供相关法律咨询。

9. 做好公益诉讼与生态环境损害赔偿改革的衔接。深化对公益诉讼与生态环境损害赔偿诉讼关系的研究，加强检察机关、行政执法机关与审判机关的沟通协调，做好公益诉讼制度与生态环境损害赔偿制度的配合和衔接。

四、关于司法鉴定的问题

10. 探索建立检察公益诉讼中生态环境损害司法鉴定管理和使用衔接机制。遵循统筹规划、合理布局、总量控制、有序发展的原则，针对司法实践中存在的司法鉴定委托难等问题，适当吸纳相关行政执法机关的鉴定检测机构，加快准入一批诉讼急需、社会关注的生态环境损害司法鉴定机构。针对鉴定规范不明确、鉴定标准不统一等问题，加快对生态环境损害鉴定评估相关标准规范的修订、制定等工作，建立健全标准规范体系。加强对鉴定机构及其鉴定人的监督管理，实行动态管理，完善退出机制，建立与司法机关的管理和使用衔接机制，畅通联络渠道，实现信息共享，不断提高鉴定质量和公信力。

11. 探索完善鉴定收费管理和经费保障机制。司法部、生态环境部会同国家发展和改革委员会等部门指导地方完善司法鉴定收费政策。与相关鉴定机构协商，探索检察机关提起生态环境损害公益诉讼时先不预交鉴定费，待人民法院判决后由败诉方承担。与有关部门协商，探索将鉴定评估费用列入财政保障。

12. 依法合理使用专家意见等证据。检察机关在办案过程中，涉及案件的专门性问题难以鉴定的，可以结合案件其他证据，并参考行政执法机关意见、专家意见等予以认定。

最高人民检察院《关于深化检察改革的意见（2013—2017 年工作规划)》(高检发〔2015〕5 号，2015 年 2 月 15 日）

30. 探索建立检察机关提起公益诉讼制度。探索提起公益诉讼的条件、适用范围和程序，明确公益诉讼的参加人、案件管辖、举证责任分配。健全督促起诉制度，完善检察建议工作机制。

《最高人民法院、民政部、环境保护部关于贯彻实施环境民事公益诉讼制度的通知》(法〔2014〕352 号）

四、人民法院因审理案件需要，向负有监督管理职责的环境保护主管部门调取涉及被告的环境影响评价文件及其批复、环境许可和监管、污染物排放情况、行政处罚及处罚依据等证据材料的，相关部门应及时向人民法院提交，法律法规规定不得对外提供的材料除外。

七、人民法院判决被告承担的生态环境修复费用、生态环境受到损害至恢复原状期间服务功能损失等款项，应当用于修复被损害的生态环境。提起环境民事公益诉讼的原告在诉讼中所需的调查取证、专家咨询、检验、鉴定等必要费用，可以酌情从上述款项中支付。

6. 知识产权诉讼的证据与证明

导读

加强知识产权司法保护，是贯彻落实新发展理念，服务高质量发展，构建新发展格局的必然要求，也是提高我国经济竞争力，实现创新驱动发展的重要保障。2018 年 2 月，中共中央办公厅、国务院办公厅印发《关于加强知识产权审判领域改革创新若干问题的意见》，要求"建立符合知识产权案件特点的诉讼证据规则"。2019 年 11 月，中共中央办公厅、国务院办公厅印发《关于强化知识产权保护的意见》，要求"制定知识产权民事诉讼证据规则司法解释"。为贯彻落实党中央的决策部署，切实解决知识产权权利人诉讼"举证难"、维权成本高等问题，最高人民法院根据民事诉讼法等有关法律规定，结合知识产权民事案件审判实际，起草了《最高人民法院关于知识产权民事诉讼证据的若干规定》，并于2020年11月9日审议通过，于2020年11月18日起施行。该规定着力解决知识产权民事诉讼中与证据有关的突出问题，对于民事诉讼法及民事诉讼法司法解释、民事诉讼证据司法解释已有明确规定的内容，不作重复。该规定的制定，遵循民事诉讼证据基本规则，立足知识产权审判实际，以诉讼诚信为指引，以妨害民事诉讼强制措施为保障，进一步完善了证据提交、证明妨碍、证据保全和司法鉴定等重要制度，适当减轻权利人举证负担，推动构建激励、引导当事人积极、主动举证的知识产权民事诉讼制度。

相关法律条文

《中华人民共和国著作权法》（1990年9月7日通过，2001年10月27日第一次修正，2010年2月26日第二次修正，2020年11月11日第三次修正）

第五十七条　为制止侵权行为，在证据可能灭失或者以后难以取得的情况下，著作权人或者与著作权有关的权利人可以在起诉前依法向人民法院申请保全证据。

第五十九条　复制品的出版者、制作者不能证明其出版、制作有合法授权的，复制品的发行者或者视听作品、计算机软件、录音录像制品的复制品的出租者不能证明其发行、出租的复制品有合法来源的，应当承担法律责任。

在诉讼程序中，被诉侵权人主张其不承担侵权责任的，应当提供证据证明已经取得权利人的许可，或者具有本法规定的不经权利人许可而可以使用的情形。

《中华人民共和国专利法》（1984年3月12日通过，1992年9月4日第一次修正，2000年8月25日第二次修正，2008年12月27日第三次修正，2020年10月17日第四次修正）

第六十六条　专利侵权纠纷涉及新产品制造方法的发明专利的，制造同样产品的单位或者个人应当提供其产品制造方法不同于专利方法的证明。

专利侵权纠纷涉及实用新型专利或者外观设计专利的，人民法院或者管理专利工作的部门可以要求专利权人或者利害关系人出具由国务院专利行政部门对相关实用新型或者外观设计进行检索、分析和评价后作出的专利权评价报告，作为审理、处理专利侵权纠纷的证据；专利权人、利害关系人或者被控侵权人也可以主动出具专利权评价报告。

第六十七条　在专利侵权纠纷中，被控侵权人有证据证明其实施的技术或者设计属于现有技术或者现有设计的，不构成侵犯专利权。

第七十三条　为了制止专利侵权行为，在证据可能灭失或者以后难以取得的情况下，专利权人或者利害关系人可以在起诉前依法向人民法院申请保全证据。

第七十七条　为生产经营目的使用、许诺销售或者销售不知道是未经专利权人许可而制造并售出的专利侵权产品，能证明该产品合法来源的，不承担赔偿责任。

《中华人民共和国商标法》（1982 年 8 月 23 日通过，1993 年 2 月 22 日第一次修正，2001 年 10 月 27 日第二次修正，2013 年 8 月 30 日第三次修正，2019 年 4 月 23 日第四次修正）

第六十三条　侵犯商标专用权的赔偿数额，按照权利人因被侵权所受到的实际损失确定；实际损失难以确定的，可以按照侵权人因侵权所获得的利益确定；权利人的损失或者侵权人获得的利益难以确定的，参照该商标许可使用费的倍数合理确定。对恶意侵犯商标专用权，情节严重的，可以在按照上述方法确定数额的一倍以上五倍以下确定赔偿数额。赔偿数额应当包括权利人为制止侵权行为所支付的合理开支。

人民法院为确定赔偿数额，在权利人已经尽力举证，而与侵权行为相关的账簿、资料主要由侵权人掌握的情况下，可以责令侵权人提供与侵权行为相关的账簿、资料；侵权人不提供或者提供虚假的账簿、资料的，人民法院可以参考权利人的主张和提供的证据判定赔偿数额。

权利人因被侵权所受到的实际损失、侵权人因侵权所获得的利益、注册商标许可使用费难以确定的，由人民法院根据侵权行为的情节判决给予五百万元以下的赔偿。

人民法院审理商标纠纷案件，应权利人请求，对属于假冒注册商标的商品，除特殊情况外，责令销毁；对主要用于制造假冒注册商标的商品的材料、工具，责令销毁，且不予补偿；或者在特殊情况下，责令禁止前述材料、工具进入商业渠道，且不予补偿。

假冒注册商标的商品不得在仅去除假冒注册商标后进入商业渠道。

第六十四条　注册商标专用权人请求赔偿，被控侵权人以注册商标专用权人未使用注册商标提出抗辩的，人民法院可以要求注册商标专用权人提供此前三年内实际使用该注册商标的证据。注册商标专用权人不能证明此前三年内实际使用过该注册商标，也不能证明因侵权行为受到其他损失的，被控侵权人不承担赔偿责任。

销售不知道是侵犯注册商标专用权的商品，能证明该商品是自己合法取得并说明提供者的，不承担赔偿责任。

第六十六条　为制止侵权行为，在证据可能灭失或者以后难以取得的情况下，商标注册人或者利害关系人可以依法在起诉前向人民法院申请保全证据。

相关司法解释

《最高人民法院关于审理侵害植物新品种权纠纷案件具体应用法律问题的若干规定（二）》（法释〔2021〕14号，2021年7月7日起施行）

第六条　品种权人或者利害关系人（以下合称权利人）举证证明被诉侵权品种繁殖材料使用的名称与授权品种相同的，人民法院可以推定该被诉侵权品种繁殖材料属于授权品种的繁殖材料；有证据证明不属于该授权品种的繁殖材料的，人民法院可以认定被诉侵权人构成假冒品种行为，并参照假冒注册商标行为的有关规定确定民事责任。

第九条　被诉侵权物既可以作为繁殖材料又可以作为收获材料，被诉侵权人主张被诉侵权物系作为收获材料用于消费而非用于生产、繁殖的，应当承担相应的举证责任。

第十三条　销售不知道也不应当知道是未经品种权人许可而售出的被诉侵权品种繁殖材料，且举证证明具有合法来源的，人民法院可以不判令销售者承担赔偿责任，但应当判令其停止销售并承担权利人为制止侵权行为所支付的合理开支。

对于前款所称合法来源，销售者一般应当举证证明购货渠道合法、价格合理、存在实际的具体供货方、销售行为符合相关生产经营许可制度等。

第十六条　被诉侵权人有抗拒保全或者擅自拆封、转移、毁损被保全物等举证妨碍行为，致使案件相关事实无法查明的，人民法院可以推定权利人就该证据所涉证明事项的主张成立。构成民事诉讼法第一百一十一条规定情形的，依法追究法律责任。

第二十条　侵害品种权纠纷案件涉及的专门性问题需要鉴定的，由当事人在相关领域鉴定人名录或者国务院农业、林业主管部门向人民法院推荐的鉴定人中协商确定；协商不成的，由人民法院从中指定。

第二十一条　对于没有基因指纹图谱等分子标记检测方法进行鉴定的品种，可以采用行业通用方法对授权品种与被诉侵权物的特征、特性进行同一性判断。

第二十二条　对鉴定意见有异议的一方当事人向人民法院申请复检、补充鉴定或者重新鉴定，但未提出合理理由和证据的，人民法院不予准许。

《最高人民法院关于审理侵害知识产权民事案件适用惩罚性赔偿的解释》（法释〔2021〕4号，2021年3月3日起施行）

第三条　对于侵害知识产权的故意的认定，人民法院应当综合考虑被侵害知识产权客体类型、权利状态和相关产品知名度、被告与原告或者利害关系人之间的关系等因素。

对于下列情形，人民法院可以初步认定被告具有侵害知识产权的故意：

（一）被告经原告或者利害关系人通知、警告后，仍继续实施侵权行为的；

（二）被告或其法定代表人、管理人是原告或者利害关系人的法定代表人、管理人、实际控制人的；

（三）被告与原告或者利害关系人之间存在劳动、劳务、合作、许可、经销、代理、代表等关系，且接触过被侵害的知识产权的；

（四）被告与原告或者利害关系人之间有业务往来或者为达成合同等进行过磋商，且接触过被侵害的知识产权的；

（五）被告实施盗版、假冒注册商标行为的；

（六）其他可以认定为故意的情形。

第四条　对于侵害知识产权情节严重的认定，人民法院应当综合考虑侵权手段、次数，侵权行为的持续时间、地域范围、规模、后果，侵权人在诉讼中的行为等因素。

被告有下列情形的，人民法院可以认定为情节严重：

（一）因侵权被行政处罚或者法院裁判承担责任后，再次实施相同或者类似侵权行为；

（二）以侵害知识产权为业；

（三）伪造、毁坏或者隐匿侵权证据；

（四）拒不履行保全裁定；

（五）侵权获利或者权利人受损巨大；

（六）侵权行为可能危害国家安全、公共利益或者人身健康；

（七）其他可以认定为情节严重的情形。

第五条　人民法院确定惩罚性赔偿数额时，应当分别依照相关法律，以原告实际损失数额、被告违法所得数额或者因侵权所获得的利益作为计算基数。该基数不包括原告为制止侵权所支付的合理开支；法律另有规定的，依照其规定。

前款所称实际损失数额、违法所得数额、因侵权所获得的利益均难以计算的，人民法院依法参照该权利许可使用费的倍数合理确定，并以此作为惩罚性赔偿数额的计算基数。

人民法院依法责令被告提供其掌握的与侵权行为相关的账簿、资料，被告无正当理由拒不提供或者提供虚假账簿、资料的，人民法院可以参考原告的主张和证据确定惩罚性赔偿数额的计算基数。构成民事诉讼法第一百一十一条规定情形的，依法追究法律责任。

《最高人民法院关于审理侵犯专利权纠纷案件应用法律若干问题的解释（二）》（法释〔2016〕1号，2016年1月25日通过，2020年12月23日修正）

第六条　人民法院可以运用与涉案专利存在分案申请关系的其他专利及其专利审查档案、生效的专利授权确权裁判文书解释涉案专利的权利要求。

专利审查档案，包括专利审查、复审、无效程序中专利申请人或者专利权人提交的书面材料，国务院专利行政部门制作的审查意见通知书、会晤记录、口头审理记录、生效的专利复审请求审查决定书和专利权无效宣告请求审查决定书等。

第二十五条　为生产经营目的使用、许诺销售或者销售不知道是未经专利权人许可而制造并售出的专利侵权产品，且举证证明该产品合法来源的，对于权利人请求停止上述使用、许诺销售、销售行为的主张，人民法院应予支持，但被诉侵权产品的使用者举证证明其已支付该产品的合理对价的除外。

本条第一款所称不知道，是指实际不知道且不应当知道。

本条第一款所称合法来源，是指通过合法的销售渠道、通常的买卖合同等正常商业方式取得产品。对于合法来源，使用者、许诺销售者或者销售者应当提供符合交易习惯的相关证据。

第二十七条　权利人因被侵权所受到的实际损失难以确定的，人民法院应当依照专利法第六十五条第一款的规定，要求权利人对侵权人因侵权所获得的利益进行举证；在权利人已经提供侵权人所获利益的初步证据，而与专利侵权行为相关的账簿、资料主要由侵权人掌握的情况下，人民法院可以责令侵权人提供该账簿、资料；侵权人无正当理由拒不提供或者提供虚假的账簿、资料的，人民法院可以根据权利人的主张和提供的证据认定侵权人因侵权所获得的利益。

《最高人民法院关于审理侵害信息网络传播权民事纠纷案件适用法律若干问题的规定》（法释〔2012〕20 号，2012 年 11 月 26 日通过，2020 年 12 月 23 日修正）

第四条　有证据证明网络服务提供者与他人以分工合作等方式共同提供作品、表演、录音录像制品，构成共同侵权行为的，人民法院应当判令其承担连带责任。网络服务提供者能够证明其仅提供自动接入、自动传输、信息存储空间、搜索、链接、文件分享技术等网络服务，主张其不构成共同侵权行为的，人民法院应予支持。

第六条　原告有初步证据证明网络服务提供者提供了相关作品、表演、录音录像制品，但网络服务提供者能够证明其仅提供网络服务，且无过错的，人民法院不应认定为构成侵权。

第八条　人民法院应当根据网络服务提供者的过错，确定其是否承担教唆、帮助侵权责任。网络服务提供者的过错包括对于网络用户侵害信息网络传播权行为的明知或者应知。

网络服务提供者未对网络用户侵害信息网络传播权的行为主动进行审查的，人民法院不应据此认定其具有过错。

网络服务提供者能够证明已采取合理、有效的技术措施，仍难以发现网络用户侵害信息网络传播权行为的，人民法院应当认定其不具有过错。

《最高人民法院关于审理涉及驰名商标保护的民事纠纷案件应用法律若干问题的解释》（法释〔2009〕3 号，2009 年 4 月 22 日通过，2020 年 12 月 23 日修正）

第五条　当事人主张商标驰名的，应当根据案件具体情况，提供下列证据，证明被诉侵犯商标权或者不正当竞争行为发生时，其商标已属驰名：

（一）使用该商标的商品的市场份额、销售区域、利税等；

（二）该商标的持续使用时间；

（三）该商标的宣传或者促销活动的方式、持续时间、程度、资金投入和地域范围；

（四）该商标曾被作为驰名商标受保护的记录；

（五）该商标享有的市场声誉；

（六）证明该商标已属驰名的其他事实。

前款所涉及的商标使用的时间、范围、方式等，包括其核准注册前持续使用的情形。

对于商标使用时间长短、行业排名、市场调查报告、市场价值评估报告、是否曾被认定为著名商标等证据，人民法院应当结合认定商标驰名的其他证据，客观、全面地进行审查。

第六条　原告以被诉商标的使用侵犯其注册商标专用权为由提起民事诉讼，被告以原告的注册商标复制、摹仿或者翻译其在先未注册驰名商标为由提出抗辩或者提起反诉的，应当对其在先未注册商标驰名的事实负举证责任。

第七条　被诉侵犯商标权或者不正当竞争行为发生前，曾被人民法院或者行政管理部门认定驰名的商标，被告对该商标驰名的事实不持异议的，人民法院应当予以认定。被告提出异议的，原告仍应当对该商标驰名的事实负举证责任。

除本解释另有规定外，人民法院对于商标驰名的事实，不适用民事诉讼证据的自认规则。

第八条　对于在中国境内为社会公众所熟知的商标，原告已提供其商标驰名的基本证据，或者被告不持异议的，人民法院对该商标驰名的事实予以认定。

《最高人民法院关于审理侵害植物新品种权纠纷案件具体应用法律问题的若干规定》（法释〔2007〕1号，2006年12月25日通过，2020年12月23日修正）

第三条　侵害植物新品种权纠纷案件涉及的专门性问题需要鉴定的，由双方当事人协商确定的有鉴定资格的鉴定机构、鉴定人鉴定；协商不成的，由人民法院指定的有鉴定资格的鉴定机构、鉴定人鉴定。

没有前款规定的鉴定机构、鉴定人的，由具有相应品种检测技术水平的专业机构、专业人员鉴定。

第四条　对于侵害植物新品种权纠纷案件涉及的专门性问题可以采取田间观察检测、基因指纹图谱检测等方法鉴定。

对采取前款规定方法作出的鉴定意见，人民法院应当依法质证，认定其证明力。

第五条　品种权人或者利害关系人向人民法院提起侵害植物新品种权诉讼前，可以提出行为保全或者证据保全请求，人民法院经审查作出裁定。

人民法院采取证据保全措施时，可以根据案件具体情况，邀请有关专业技术人员按照相应的技术规程协助取证。

《最高人民法院关于审理著作权民事纠纷案件适用法律若干问题的解释》（法释〔2002〕31 号，2002 年 10 月 12 日通过，2020 年 12 月 23 日修正）

第七条　当事人提供的涉及著作权的底稿、原件、合法出版物、著作权登记证书、认证机构出具的证明、取得权利的合同等，可以作为证据。

在作品或者制品上署名的自然人、法人或者非法人组织视为著作权、与著作权有关权益的权利人，但有相反证明的除外。

第八条　当事人自行或者委托他人以定购、现场交易等方式购买侵权复制品而取得的实物、发票等，可以作为证据。

公证人员在未向涉嫌侵权的一方当事人表明身份的情况下，如实对另一方当事人按照前款规定的方式取得的证据和取证过程出具的公证书，应当作为证据使用，但有相反证据的除外。

第十九条　出版者、制作者应当对其出版、制作有合法授权承担举证责任，发行者、出租者应当对其发行或者出租的复制品有合法来源承担举证责任。举证不能的，依据著作权法第四十七条、第四十八条的相应规定承担法律责任。

第二十条　出版物侵害他人著作权的，出版者应当根据其过错、侵权程度及损害后果等承担赔偿损失的责任。

出版者对其出版行为的授权、稿件来源和署名、所编辑出版物的内容等未尽到合理注意义务的，依据著作权法第四十九条的规定，承担赔偿损失的责任。

出版者应对其已尽合理注意义务承担举证责任。

《最高人民法院关于知识产权民事诉讼证据的若干规定》（法释〔2020〕12 号，2020 年 11 月 18 日起施行）

为保障和便利当事人依法行使诉讼权利，保证人民法院公正、及时审理知识产权民事案件，根据《中华人民共和国民事诉讼法》等有关法律规定，结合知识产权民事审判实际，制定本规定。

第一条　知识产权民事诉讼当事人应当遵循诚信原则，依照法律及司法解释的规定，积极、全面、正确、诚实地提供证据。

第二条　当事人对自己提出的主张，应当提供证据加以证明。根据案件审理情况，人民法院可以适用民事诉讼法第六十五条第二款的规定，根据当事人的主张及待证事实、当事人的证据持有情况、举证能力等，要求当事人提供有关证据。

第三条　专利方法制造的产品不属于新产品的，侵害专利权纠纷的原告应当举证证明下列事实：

（一）被告制造的产品与使用专利方法制造的产品属于相同产品；

（二）被告制造的产品经由专利方法制造的可能性较大；

（三）原告为证明被告使用了专利方法尽到合理努力。

原告完成前款举证后，人民法院可以要求被告举证证明其产品制造方法不同于专利方法。

第四条　被告依法主张合法来源抗辩的，应当举证证明合法取得被诉侵权产品、复制品的事实，包括合法的购货渠道、合理的价格和直接的供货方等。

被告提供的被诉侵权产品、复制品来源证据与其合理注意义务程度相当的，可以认定其完成前款所称举证，并推定其不知道被诉侵权产品、复制品侵害知识产权。被告的经营规模、专业程度、市场交易习惯等，可以作为确定其合理注意义务的证据。

第五条　提起确认不侵害知识产权之诉的原告应当举证证明下列事实：

（一）被告向原告发出侵权警告或者对原告进行侵权投诉；

（二）原告向被告发出诉权行使催告及催告时间、送达时间；

（三）被告未在合理期限内提起诉讼。

第六条　对于未在法定期限内提起行政诉讼的行政行为所认定的基本事实，或者行政行为认定的基本事实已为生效裁判所确认的部分，当事人在知识产权民事诉讼中无须再证明，但有相反证据足以推翻的除外。

第七条　权利人为发现或者证明知识产权侵权行为，自行或者委托他人以普通购买者的名义向被诉侵权人购买侵权物品所取得的实物、票据等可以作为起诉被诉侵权人侵权的证据。

被诉侵权人基于他人行为而实施侵害知识产权行为所形成的证据，可以作为权利人起诉其侵权的证据，但被诉侵权人仅基于权利人的取证行为而实施侵害知识产权行为的除外。

第八条　中华人民共和国领域外形成的下列证据，当事人仅以该证据未办理公证、认证等证明手续为由提出异议的，人民法院不予支持：

（一）已为发生法律效力的人民法院裁判所确认的；

（二）已为仲裁机构生效裁决所确认的；

（三）能够从官方或者公开渠道获得的公开出版物、专利文献等；

（四）有其他证据能够证明真实性的。

第九条　中华人民共和国领域外形成的证据，存在下列情形之一的，当事人仅以该证据未办理认证手续为由提出异议的，人民法院不予支持：

（一）提出异议的当事人对证据的真实性明确认可的；

（二）对方当事人提供证人证言对证据的真实性予以确认，且证人明确表示如作伪证愿意接受处罚的。

前款第二项所称证人作伪证，构成民事诉讼法第一百一十一条规定情形的，人民法院依法处理。

第十条　在一审程序中已经根据民事诉讼法第五十九条、第二百六十四条的规定办理授权委托书公证、认证或者其他证明手续的，在后续诉讼程序中，人民法院可以不再要求办理该授权委托书的上述证明手续。

第十一条　人民法院对于当事人或者利害关系人的证据保全申请，应当结合下列因素进行审查：

（一）申请人是否已就其主张提供初步证据；

（二）证据是否可以由申请人自行收集；

（三）证据灭失或者以后难以取得的可能性及其对证明待证事实的影响；

（四）可能采取的保全措施对证据持有人的影响。

第十二条　人民法院进行证据保全，应当以有效固定证据为限，尽量减少对保全标的物价值的损害和对证据持有人正常生产经营的影响。

证据保全涉及技术方案的，可以采取制作现场勘验笔录、绘图、拍照、录音、录像、复制设计和生产图纸等保全措施。

第十三条　当事人无正当理由拒不配合或者妨害证据保全，致使无法保全证据的，人民法院可以确定由其承担不利后果。构成民事诉讼法第一百一十一条规定情形的，人民法院依法处理。

第十四条　对于人民法院已经采取保全措施的证据，当事人擅自拆装证据实物、篡改证据材料或者实施其他破坏证据的行为，致使证据不能使用的，人民法院可以确定由其承担不利后果。构成民事诉讼法第一百一十一条规定情形的，人民法院依法处理。

第十五条　人民法院进行证据保全，可以要求当事人或者诉讼代理人到场，必要时可以根据当事人的申请通知有专门知识的人到场，也可以指派技术调查官参与证据保全。

证据为案外人持有的，人民法院可以对其持有的证据采取保全措施。

第十六条　人民法院进行证据保全，应当制作笔录、保全证据清单，记录保全时间、地点、实施人、在场人、保全经过、保全标的物状态，由实施人、在场人签名或者盖章。有关人员拒绝签名或者盖章的，不影响保全的效力，人民法院可以在笔录上记明并拍照、录像。

第十七条　被申请人对证据保全的范围、措施、必要性等提出异议并提供相关证据，人民法院经审查认为异议理由成立的，可以变更、终止、解除证据保全。

第十八条　申请人放弃使用被保全证据，但被保全证据涉及案件基本事实查明或者其他当事人主张使用的，人民法院可以对该证据进行审查认定。

第十九条　人民法院可以对下列待证事实的专门性问题委托鉴定：

（一）被诉侵权技术方案与专利技术方案、现有技术的对应技术特征在手段、功能、效果等方面的异同；

（二）被诉侵权作品与主张权利的作品的异同；

（三）当事人主张的商业秘密与所属领域已为公众所知悉的信息的异同、被诉侵权的信息与商业秘密的异同；

（四）被诉侵权物与授权品种在特征、特性方面的异同，其不同是否因非遗传变异所致；

（五）被诉侵权集成电路布图设计与请求保护的集成电路布图设计的异同；

（六）合同涉及的技术是否存在缺陷；

（七）电子数据的真实性、完整性；

（八）其他需要委托鉴定的专门性问题。

第二十条　经人民法院准许或者双方当事人同意，鉴定人可以将鉴定所涉部分检测事项委托其他检测机构进行检测，鉴定人对根据检测结果出具的鉴定意见承担法律责任。

第二十一条　鉴定业务领域未实行鉴定人和鉴定机构统一登记管理制度的，人民法院可以依照《最高人民法院关于民事诉讼证据的若干规定》第三十二条规定的鉴定人选任程序，确定具有相应技术水平的专业机构、专业人员鉴定。

第二十二条　人民法院应当听取各方当事人意见，并结合当事人提出的证据确定鉴定范围。鉴定过程中，一方当事人申请变更鉴定范围，对方当事人无异议的，人民法院可以准许。

第二十三条　人民法院应当结合下列因素对鉴定意见进行审查：

（一）鉴定人是否具备相应资格；

（二）鉴定人是否具备解决相关专门性问题应有的知识、经验及技能；

（三）鉴定方法和鉴定程序是否规范，技术手段是否可靠；

（四）送检材料是否经过当事人质证且符合鉴定条件；

（五）鉴定意见的依据是否充分；

（六）鉴定人有无应当回避的法定事由；

（七）鉴定人在鉴定过程中有无徇私舞弊或者其他影响公正鉴定的情形。

第二十四条　承担举证责任的当事人书面申请人民法院责令控制证据的对方当事人提交证据，申请理由成立的，人民法院应当作出裁定，责令其提交。

第二十五条　人民法院依法要求当事人提交有关证据，其无正当理由拒不提交、提交虚假证据、毁灭证据或者实施其他致使证据不能使用行为的，人民法院可以推定对方当事人就该证据所涉证明事项的主张成立。

当事人实施前款所列行为，构成民事诉讼法第一百一十一条规定情形的，人民法院依法处理。

第二十六条　证据涉及商业秘密或者其他需要保密的商业信息的，人民法院应当在相关诉讼参与人接触该证据前，要求其签订保密协议、作出保密承诺，或者以裁定等法律文书责令其不得出于本案诉讼之外的任何目的披露、使用、允许他人使用在诉讼程序中接触到的秘密信息。

当事人申请对接触前款所称证据的人员范围作出限制，人民法院经审查认为确有必要的，应当准许。

第二十七条　证人应当出庭作证，接受审判人员及当事人的询问。

双方当事人同意并经人民法院准许，证人不出庭的，人民法院应当组织当事人对该证人证言进行质证。

第二十八条　当事人可以申请有专门知识的人出庭，就专业问题提出意见。经法庭准许，当事人可以对有专门知识的人进行询问。

第二十九条　人民法院指派技术调查官参与庭前会议、开庭审理的，技术调查官可以就案件所涉技术问题询问当事人、诉讼代理人、有专门知识的人、证人、鉴定人、勘验人等。

第三十条　当事人对公证文书提出异议，并提供相反证据足以推翻的，人民法院对该公证文书不予采纳。

当事人对公证文书提出异议的理由成立的，人民法院可以要求公证机构出具说明或者补正，并结合其他相关证据对该公证文书进行审核认定。

第三十一条　当事人提供的财务账簿、会计凭证、销售合同、进出货单据、上市公司年报、招股说明书、网站或者宣传册等有关记载，设备系统存储的交易数据，第三方平台统计的商品流通数据，评估报告，知识产权许可使用合同以及市场监管、税务、金融部门的记录等，可以作为证据，用以证明当事人主张的侵害知识产权赔偿数额。

第三十二条　当事人主张参照知识产权许可使用费的合理倍数确定赔偿数额的，人民法院可以考量下列因素对许可使用费证据进行审核认定：

（一）许可使用费是否实际支付及支付方式，许可使用合同是否实际履行或者备案；

（二）许可使用的权利内容、方式、范围、期限；

（三）被许可人与许可人是否存在利害关系；

（四）行业许可的通常标准。

第三十三条　本规定自 2020 年 11 月 18 日起施行。本院以前发布的相关司法解释与本规定不一致的，以本规定为准。

《最高人民法院关于技术调查官参与知识产权案件诉讼活动的若干规定》（法释〔2019〕2 号，2019 年 5 月 1 日起施行）

第六条　参与知识产权案件诉讼活动的技术调查官就案件所涉技术问题履行下列职责：

（一）对技术事实的争议焦点以及调查范围、顺序、方法等提出建议；

（二）参与调查取证、勘验、保全；

（三）参与询问、听证、庭前会议、开庭审理；

（四）提出技术调查意见；

（五）协助法官组织鉴定人、相关技术领域的专业人员提出意见；

（六）列席合议庭评议等有关会议；

（七）完成其他相关工作。

第七条　技术调查官参与调查取证、勘验、保全的，应当事先查阅相关技术资料，就调查取证、勘验、保全的方法、步骤和注意事项等提出建议。

《最高人民法院关于知识产权法庭若干问题的规定》（法释〔2018〕22号，2019年1月1日起施行）

第五条　知识产权法庭可以通过电子诉讼平台或者采取在线视频等方式组织证据交换、召集庭前会议等。

《最高人民法院关于审查知识产权纠纷行为保全案件适用法律若干问题的规定》（法释〔2018〕21号，2019年1月1日起施行）

第十九条　申请人同时申请行为保全、财产保全或者证据保全的，人民法院应当依法分别审查不同类型保全申请是否符合条件，并作出裁定。

为避免被申请人实施转移财产、毁灭证据等行为致使保全目的无法实现，人民法院可以根据案件具体情况决定不同类型保全措施的执行顺序。

相关司法文件

《最高人民法院关于依法加大知识产权侵权行为惩治力度的意见》（法发〔2020〕33号，2020年9月14日）

4. 对于已经被采取保全措施的被诉侵权产品或者其他证据，被诉侵权人擅自毁损、转移等，致使侵权事实无法查明的，人民法院可以推定权利人就该证据所涉证明事项的主张成立。属于法律规定的妨害诉讼情形的，依法采取强制措施。

《最高人民法院关于全面加强知识产权司法保护的意见》（法发〔2020〕11号，2020年4月15日）

3. 加强商业标志权益保护。综合考虑商标标志的近似程度、商品的类似程度、请求保护商标的显著性和知名度等因素，依法裁判侵害商标权案件和商标授权确权案件，增强商标标志的识别度和区分度。充分运用法律规则，在法律赋予的裁量空间内作出有效规制恶意申请注册商标行为的解释，促进商标申请注册秩序正常化和规范化。加强驰名商标保护，结合众所周知的驰名事实，依法减轻商标权人对于商标驰名的举证负担。加强地理标志保护，依法妥善处理地理标志与普通商标的权利冲突。

5. 加强商业秘密保护。正确把握侵害商业秘密民事纠纷和刑事犯罪的界限。合理适用民事诉讼举证责任规则，依法减轻权利人的维权负担。完善侵犯商业秘密犯罪行为认定标准，规范重大损失计算范围和方法，为减轻商业损害或者重新保障安全所产生的合理补救成本，可以作为认定刑事案件中"造成重大损失"或者"造成特别严重后果"的依据。加强保密商务信息等商业秘密保护，保障企业公平竞争、人才合理流动，促进科技创新。

10. 切实降低知识产权维权成本。制定知识产权民事诉讼证据司法解释，完善举证责任分配规则、举证妨碍排除制度和证人出庭作证制度，拓宽电子数据证据的收集途径，准确把握电子数据规则的适用，依法支持当事人的证据保全、调查取证申请，减轻当事人的举证负担。

16. 深入推行"三合一"审判机制。建立和完善与知识产权民事、行政、刑事诉讼"三合一"审判机制相适应的案件管辖制度和协调机制，提高知识产权司法保护整体效能。把握不同诉讼程序证明标准的差异，依法对待在先关联案件裁判的既判力，妥善处理知识产权刑事、行政、民事交叉案件。

17. 不断完善技术事实查明机制。适当扩大技术调查人员的来源，充实全国法院技术调查人才库，建立健全技术调查人才共享机制。构建技术调查官、技术咨询专家、技术鉴定人员、专家辅助人参与诉讼活动的技术事实查明机制，提高技术事实查明的中立性、客观性、科学性。

26. 加强知识产权审判信息化建设。加强知识产权司法装备现代化、智能化建设，积极推进跨区域的知识产权远程诉讼平台建设。大力推进网上立案、网上证据交换、电子送达、在线开庭、智能语音识别、电子归档、移动微法院等信息化技术的普及应用，支持全流程审判业务网上办理，提高司法解决知识产权纠纷的便捷性、高效性和透明度。加强对电子卷宗、裁判文书、审判信息等的深度应用，充分利用司法大数据提供智能服务和精准决策。

《最高人民法院关于深化人民法院司法体制综合配套改革的意见——人民法院第五个五年改革纲要（2019—2023）》（法发〔2019〕8号，2019年2月27日）

11. 健全知识产权司法保护机制。充分发挥司法保护知识产权的主导作用，更好服务创新驱动发展战略。完善符合知识产权案件特点的案件管辖、证据规则、审理方式等诉讼制度。完善知识产权侵权损害赔偿制度。强化对知识产权授权确权行政行为和行政执法行为合法性的全面审查和深度审查，切实推动知识产权授权确权标准、行政执法标准与司法标准相一致。

《最高人民法院关于充分发挥审判职能作用为企业家创新创业营造良好法治环境的通知》（法〔2018〕1号，2017年12月29日）

四、依法保护企业家的知识产权。完善符合知识产权案件特点的诉讼证据规则，着力破解知识产权权利人"举证难"问题。推进知识产权民事、刑事、行政案件审判三合一，增强知识产权司法保护的整体效能。建立以知识产权市场价值为指引，补偿为主、惩罚为辅的侵权损害司法认定机制，提高知识产权侵权赔偿标准。探索建立知识产权惩罚性赔偿制度，着力解决实践中存在的侵权成本低、企业家维权成本高的问题。坚持依法维护劳动者合法权益与促进企业生存发展并重的原则，依法保护用人单位的商业秘密等合法权益。

《最高人民法院关于知识产权法院技术调查官参与诉讼活动若干问题的暂行规定》（法〔2014〕360号，2014年12月31日）

六、技术调查官根据法官的要求，就案件有关技术问题履行下列职责：

（一）通过查阅诉讼文书和证据材料，明确技术事实的争议焦点；

（二）对技术事实的调查范围、顺序、方法提出建议；

（三）参与调查取证、勘验、保全，并对其方法、步骤等提出建议；

（四）参与询问、听证、庭审活动；

（五）提出技术审查意见，列席合议庭评议；

（六）必要时，协助法官组织鉴定人、相关技术领域的专业人员提出鉴定意见、咨询意见；

（七）完成法官指派的其他相关工作。

《最高人民法院关于在知识产权审判中贯彻落实〈全国人民代表大会常务委员会关于修改〈中华人民共和国民事诉讼法〉的决定〉有关问题的通知》（法〔2012〕317号，2013年1月1日起施行）

三、正确适用诉前保全制度《民事诉讼法修改决定》施行后，利害关系人因专利、商标和著作权纠纷在起诉前向人民法院申请采取诉前证据保全或者诉前行为保全措施的，适用修改后民事诉讼法。相关司法解释关于诉前证据保全和诉前行为保全的规定与修改后民事诉讼法有关规定不一致的，不再适用；不相冲突的，应继续适用。

《民事诉讼法修改决定》施行后，利害关系人因不正当竞争、植物新品种、垄断等纠纷在起诉前向人民法院申请采取诉前证据保全或者诉前行为保全措施的，人民法院应当依法受理。

《最高人民法院关于充分发挥知识产权审判职能作用推动社会主义文化大发展大繁荣和促进经济自主协调发展若干问题的意见》（法发〔2011〕18号，2011年12月16日）

15.妥善审理产品制造方法发明专利侵权案件，依法保护方法发明专利权。在适当考虑方法专利权利人维权的实际困难的同时，兼顾被诉侵权人保护其商业秘密的合法权益。依法适用新产品制造方法专利的举证责任倒置规则，使用专利方法获得的产品以及制造该产品的技术方案在专利申请日前不为公众所知的，制造相同产品的被诉侵权人应当承担其产品制造方法不同于专利方法的举证责任。使用专利方法获得的产品不属于新产品，专利权人能够证明被诉侵权人制造了同样产品，经合理努力仍无法证明被诉侵权人确实使用了该专利方法，但根据案件具体情况，结合已知事实以及日常生活经验，能够认定该同样产品经由专利方法制造的可能性很大的，可以根据民事诉讼证据司法解释有关规定，不再要求专利权人提供进一步的证据，而由被诉侵权人提供其制造方法不同于专利方法的证据。要针对方法专利侵权举证困难的实际，依法采取证据保全措施，适当减轻方法专利权利人的举证负担。要注意保护被申请人的利益，防止当事人滥用证据保全制度非法获取他人商业秘密。被诉侵权人提供了其制造方法不同于专利方法的证据，涉及商业秘密的，在审查判断时应注意采取措施予以保护。

17. 加强植物新品种权保护，推进农业科技创新，促进农业发展方式加快转变。……依法审查品种权人的证据保全申请，积极采取证据保全措施，保障品种权人及时获得司法救济。对被诉侵权繁殖材料采取证据保全措施，应尽量遵守相应的技术规程，保证取样的客观性和代表性，但不得以未邀请有关专业技术人员协助取样为由简单否定证据保全的效力。

25. 依法加强商业秘密保护，有效制止侵犯商业秘密的行为，为企业的创新和投资创造安全和可信赖的法律环境。根据案件具体情况，合理把握秘密性和不正当手段的证明标准，适度减轻商业秘密权利人的维权困难。权利人提供了证明秘密性的优势证据或者对其主张的商业秘密信息与公有领域信息的区别点作出充分合理的解释或者说明的，可以认定秘密性成立。商业秘密权利人提供证据证明被诉当事人的信息与其商业秘密相同或者实质相同且被诉当事人具有接触或者非法获取该商业秘密的条件，根据案件具体情况或者已知事实以及日常生活经验，能够认定被诉当事人具有采取不正当手段的较大可能性，可以推定被诉当事人采取不正当手段获取商业秘密的事实成立，但被诉当事人能够证明其通过合法手段获得该信息的除外。以符合法定条件的商业秘密信息为依据，准确界定商业秘密的保护范围，每个单独的商业秘密信息单元均构成独立的保护对象。完善商业秘密案件的审理和质证方式，对于涉及商业秘密的证据，要尝试采取仅向代理人展示、分阶段展示、具结保密承诺等措施限制商业秘密的知悉范围和传播渠道，防止在审理过程中二次泄密。妥善处理商业秘密民事侵权诉讼程序与刑事诉讼程序的关系，既注意两种程序的关联性，又注意其相互独立性，在依法保护商业秘密的同时，也要防止经营者恶意启动刑事诉讼程序干扰和打压竞争对手。

27. 加强垄断案件的审理工作，及时有效制止垄断行为，增强市场活力，促进市场结构的完善和市场经济的健康发展。要强化反垄断法的效果思维，全面考虑各种相关因素，综合评估涉嫌垄断行为的反竞争和促进竞争的效果，依法认定垄断行为。注意发挥经济学专家和专业机构的作用，探索引进经济分析方法的途径和方式。要根据不同的垄断行为类型，合理分配垄断民事纠纷案件中当事人的证明责任。对于明显具有严重排除、限制竞争效果的垄断协议，可以不再要求受害人举证证明该协议具有排除、限制竞争的效果；对于公用企业以及其他具有独占经营资格的经营者滥用市场支配地位的，可以根据案件具体情况适当减轻受害人的举证责任。

《最高人民法院关于当前经济形势下知识产权审判服务大局若干问题的意见》（法发〔2009〕23号，2009年4月21日）

16.增强损害赔偿的补偿、惩罚和威慑效果，降低维权成本，提高侵权代价。在确定损害赔偿时要善用证据规则，全面、客观地审核计算赔偿数额的证据，充分运用逻辑推理和日常生活经验，对有关证据的真实性、合法性和证明力进行综合审查判断，采取优势证据标准认定损害赔偿事实。积极引导当事人选用侵权受损或者侵权获利方法计算赔偿，尽可能避免简单适用法定赔偿方法。对于难以证明侵权受损或侵权获利的具体数额，但有证据证明前述数额明显超过法定赔偿最高限额的，应当综合全案的证据情况，在法定最高限额以上合理确定赔偿额。除法律另有规定外，在适用法定赔偿时，合理的维权成本应另行计赔。适用法定赔偿时要尽可能细化和具体说明各种实际考虑的酌定因素，使最终得出的赔偿结果合理可信。根据权利人的主张和被告无正当理由拒不提供所持证据的行为推定侵权获利的数额，要有合理的根据或者理由，所确定的数额要合情合理，具有充分的说服力。注意参照许可费计算赔偿时的可比性，充分考虑正常许可与侵权实施在实施方式、时间和规模等方面的区别，并体现侵权赔偿金适当高于正常许可费的精神。注意发挥审计、会计等专业人员辅助确定损害赔偿的作用，引导当事人借助专业人员帮助计算、说明和质证。积极探索知识产权损害赔偿专业评估问题，在条件成熟时适当引入由专业机构进行专门评估的损害赔偿认定机制。

《最高人民法院关于贯彻实施国家知识产权战略若干问题的意见》（法发〔2009〕16号，2009年3月23日）

9.加强专利权司法保护，保障技术创新权益，促进自主创新。……注重发挥人民陪审员、专家证人和专家咨询、技术鉴定的作用，通过多种途径和渠道有效解决专业技术事实认定问题。

11.加强著作权司法保护，维护著作权人合法权利，提升国家文化软实力。……完善网络环境下的证据规则……

12.加强商业秘密司法保护，保护企业权益和职工择业自由，保障商业信息安全与人才合理流动。……根据商业秘密案件特点，合理分配当事人的举证责任，合理确定当事人和诉讼参与人的保密义务……

13.加强植物新品种权司法保护，激励农业科技创新，促进农业发展。……针对种子生产和销售的季节性特点，注意运用证据保全措施及时固定相关证据。

18.认真审查知识产权诉前临时措施申请，及时慎重裁定，有效制止侵权。……对于证据保全申请，重点考虑证据风险和申请人的取证能力，及时作出裁定。

32.建立健全知识产权相关诉讼制度。按照《纲要》要求，与有关部门协调配合，针对知识产权案件专业性强等特点，建立和完善司法鉴定、专家证人、技术调查等诉讼制度，鼓励有条件的法院在专利等技术性案件审判中积极探索开展技术调查的有效方式和具体做法。完善知识产权诉前临时措施制度，适时启动相关司法解释的起草工作。配合有关部门明确知识产权代理人的诉讼执业资质问题，推动有关部门研究建立相关律师代理制度。

《最高人民法院关于全面加强知识产权审判工作为建设创新型国家提供司法保障的意见》（法发〔2007〕1号，2007年1月11日）

13. 依法加大侵权赔偿和民事制裁力度。严格知识产权侵权损害赔偿适用规则，贯彻全面赔偿原则，努力降低维权成本，加大民事制裁的威慑力度。依法适当减轻权利人的赔偿举证责任；有证据证明侵权人在不同时间多次实施侵权行为的，推定其存在持续侵权行为，相应确认其赔偿范围；作为自然人的原告因侵权行为受到精神损害的，可以根据其请求依法确定合理的精神损害抚慰金；当事人为诉讼支付的符合规定的律师费，应当根据当事人的请求，综合考虑其必要性、全部诉讼请求的支持程度、请求赔偿额和实际判赔额的比例等因素合理确定，并计入赔偿范围；考虑当事人的主观过错确定相应的赔偿责任；依法运用民事制裁惩处侵权人。

14. 依法正确适用临时措施。对于当事人诉前或者诉中提出的临时禁令或者先予执行、财产保全和证据保全等申请，要积极受理、迅速审查、慎重裁定、立即执行。高度重视诉前临时措施的时效性；准确把握采取临时措施的实质性条件，对于临时禁令要在重点审查侵权可能性的同时，考虑诉讼时效和损害状况；对于证据保全，在考虑侵权可能性的同时，重点考虑证据风险和申请人的取证能力；科学、合理地确定担保要求。

15. 妥善处理专业技术事实认定。注重发挥人民陪审员、专家证人、专家咨询、技术鉴定在解决知识产权审判专业技术事实认定难题中的作用。注意把具有专业技术特长和一定法律知识、普遍公认的专家，通过所在城市的基层法院推荐、提请任命为人民陪审员；支持当事人聘请具有专门知识的人员作为诉讼辅助人员出庭就案件的专门性问题进行说明，不受举证时限的限制；复杂、疑难知识产权案件，可以向相关领域的技术和法律专家咨询；对于采取其他方式仍难以作出认定的专业技术事实问题，可以委托进行技术鉴定。对于域外形成的公开出版物等可以直接初步确认其真实性的证据材料，除非对方当事人对其真实性能够提出有效质疑而举证方又不能有效反驳，无需办理公证认证等证明手续。

18. 认真落实司法为民措施。加强诉讼指导和诉讼释明，增进当事人参与诉讼的能力，增强裁判的公信度和执行力。编制知识产权诉讼指南；坚持公开审判制度；全面实行当事人权利义务告知制度；实施诉讼风险提示制度；探索当事人举证指导制度；探索试行调查令制度，对于属于国家有关部门保存而当事人无法自行取得的证据和当事人确因客观原因不能自行收集的其他证据，可以探索由法院授权当事人的代理律师进行调查取证；加大司法救助力度，对经济确有困难的知识分子和特困、濒临破产企业，减免诉讼费；加强对代理人资格的审查，依法规范公民代理知识产权诉讼；依法规范法官和律师的关系，认真审查律师依法提交的诉讼材料，充分听取律师的意见；强化审限意识和效率意识，严格审查决定中止诉讼，避免造成当事人的诉累；提高裁判文书制作水平，做到辨法析理、胜败皆明。

《全国法院知识产权审判工作会议关于审理技术合同纠纷案件若干问题的纪要》（法〔2001〕84号，2001年6月19日）

97.在技术合同纠纷诉讼中，需对合同标的技术进行鉴定的，除法定鉴定部门外，当事人协商推荐共同信任的组织或者专家进行鉴定的，人民法院可予指定；当事人不能协商一致的，人民法院可以从由省级以上科技行政主管部门推荐的鉴定组织或者专家中选择并指定，也可以直接指定相关组织或者专家进行鉴定。

指定专家进行鉴定的，应当组成鉴定组。

鉴定人应当是三人以上的单数。

98.鉴定应当以合同约定由当事人提供的技术成果或者技术服务内容为鉴定对象，从原理、设计、工艺和必要的技术资料等方面，按照约定的检测方式和验收标准，审查其能否达到约定的技术指标和经济效益指标。

99.当事人对技术成果的检测方式或者验收标准没有约定或者约定不明确，依照合同法第六十一条的规定不能达成补充协议的，可以根据具体案情采用本行业常用的或者合乎实用的检测方式或者验收标准进行检测鉴定、专家评议或者验收鉴定。

对合同约定的验收标准明确、技术问题并不复杂的，可以采取当事人现场演示、操作、制作等方式对技术成果进行鉴定。

100.技术咨询合同当事人对咨询报告和意见的验收或者评价办法没有约定或者约定不明确，依照合同法第六十一条的规定不能达成补充协议的，按照合乎实用的一般要求进行鉴定。

101.对已经按照国家有关规定通过技术成果鉴定、新产品鉴定等鉴定，又无相反的证据能够足以否定该鉴定结论的技术成果，或者已经实际使用证明是成熟可靠的技术成果，在诉讼中当事人又对该技术成果的评价发生争议的，不再进行鉴定。

102.不能以授予专利权的有关专利文件代替对合同标的技术的鉴定结论。

《关于全国部分法院知识产权审判工作座谈会纪要》（法〔1998〕65号，1998年7月20日）

二、关于严格诉讼程序问题

（三）举证责任和证据的审查认定问题

知识产权民事纠纷案件与其他民事纠纷案件一样，应当适用"谁主张，谁举证"的举证责任原则。在侵权案件中，原告应当证明自己享有的知识产权等民事权利及被告对其实施了法律所禁止的行为。原告完成举证义务后，由被告进行抗辩。被告提出的抗辩主张，可以是对原告所举事实与证据的否定，也可以提出其他主张，并且应当为此提供必要的证据，例如其主张没有过错不应承担责任时，应当举证证明其主观上没有过错。在举证过程中，人民法院应当注意举证责任的转移问题，即在当事人一方举证证明自己的主张时，对方对该项主张进行反驳的，应当提出充分的反证，这时，举证责任就转移到由对方承担。此外，人民法院对于当事人的某些主张，应当根据法律并从实际情况出发，实行"举证责任倒置"的原则，即一方对于自己的主张，由于证据被对方掌握而无法以合法手段收集证据时，人民法院应当要求对方当事人举证。例如，在方法专利和技术秘密侵权诉讼中的被告，应当提供其使用的方法的证据，被告拒不提供证据的，人民法院可以根据查明的案件事实，认定被告是否构成侵权。侵权行为证实后，权利人要求按照侵权人的获利额进行赔偿时，侵权人应当提供其经营额、利润等情况的全部证据，侵权人拒不提供其侵权获利证据的，人民法院可以查封有关财务账册，依法组织审计。

对证据的提交和审查认定，与会同志认为应当注意以下几个问题：

1. 证据一般应当在开庭前递交，并且应当给各方当事人留有交换证据的时间，交换证据可以通过开庭前组织各方当事人的方式进行。

2. 开庭后提交的证据，必须经过质证才能采信；经过庭审有待进一步查明的事实，可以给予当事人合理的举证期间，但以不影响在审限内结案为原则。

3. 对证据的审查，应当注意其真实性、合法性、关联性，认真审查其证明力。对违法取得的证据不得采信；对与证明案件事实无关的证据应予剔除；当争议双方提出相反证据时，应当结合其他关联证据确定采信哪方提供的证据。

4. 对能够证明案件事实的主要证据，必要时应当及时作出证据保全的裁定。

（四）专业鉴定问题

审理知识产权民事纠纷案件往往涉及对专业技术事实的审查认定，人民法院必须充分重视专业鉴定。不少同志介绍了组织专业鉴定的做法，主要有：

1. 人民法院可以根据审理案件的实际需要，决定是否进行专业鉴定。

2. 如果没有法定鉴定部门，可以由当事人自行协商选择鉴定部门进行鉴定；协商不成的，人民法院根据需要可以指定有一定权威的专业组织为鉴定部门，也可以委托国家科学技术部或各省（自治区、直辖市）主管部门组织专家进行鉴定，但不应委托国家知识产权局、国家工商行政管理局商标局、国家版权局进行专业鉴定。

3. 鉴定部门和鉴定人应当鉴定专业技术问题，对所提交鉴定的事实问题发表意见。

4. 人民法院应当就当事人争议的专业技术事实，向鉴定部门提出明确的鉴定事项和鉴定要求；应当将当事人提供的与鉴定事项有关的全部证据、材料提交给鉴定部门；对当事人提交并要求保密的材料，鉴定部门和鉴定人员负有保密义务。人民法院应当向当事人告知鉴定部门的名称以及鉴定人的身份，当事人有权对鉴定部门提出异议，也有权要求鉴定人回避。

5.当事人有权就鉴定项目的有关问题向鉴定部门和鉴定人提出自己的意见，鉴定部门和鉴定人应当认真研究答复。

6.人民法院应当监督鉴定部门和鉴定人在科学、保密、不受任何组织或者个人干预的情况下作出专业鉴定结论。

7.鉴定部门和鉴定人应当将鉴定结论以及作出结论的事实依据和理由、意见以书面形式提交给人民法院。鉴定结论应当经过当事人质证后决定是否采信；当事人有权要求鉴定人出庭接受质询。未经当事人质证的鉴定结论不能采信。

7．涉及证据的司法协助

导读

　　司法协助是不同国家的法院之间，根据本国缔结或者参加的国际条约，或者根据互惠原则，相互代为实施一定诉讼行为的制度。涉外民事诉讼涉及多个国家的主权，因此一国正在审理的涉外民事案件，常常需要在诉讼文书的送达、证据的收集和生效法律文书的执行方面获得其他国家的协助。各国之间的这种协助，有利于受诉法院审理案件，有利于保护当事人的合法权益，从而能够为各国人员之间的相互交往提供必要的保障。各国之间的司法协助，是以各国缔结或者共同参加的国际条约，或者互惠原则为基础的。从内容上看，主要有两个方面：一是代为实施一般的诉讼行为，即一般司法协助；二是接受外国法院的委托，代为执行外国法院的判决、裁定和仲裁机构的裁决，或者请求外国法院代为执行我国法院的判决和裁定，即特殊司法协助。其中，涉及证据的司法协助是一般司法协助。一般司法协助是根据我国缔结或者参加的国际条约，或者根据互惠原则，我国法院和外国法院之间互相请求，代为送达文书、调查取证等诉讼行为。根据《民事诉讼法》的规定，一般司法协助的进行必须具备一定的条件。

相关法律条文

《中华人民共和国民事诉讼法》（2017年6月27日修正）

第二百七十六条　根据中华人民共和国缔结或者参加的国际条约，或者按照互惠原则，人民法院和外国法院可以相互请求，代为送达文书、调查取证以及进行其他诉讼行为。

外国法院请求协助的事项有损于中华人民共和国的主权、安全或者社会公共利益的，人民法院不予执行。

第二百七十七条　请求和提供司法协助，应当依照中华人民共和国缔结或者参加的国际条约所规定的途径进行；没有条约关系的，通过外交途径进行。

外国驻中华人民共和国的使领馆可以向该国公民送达文书和调查取证，但不得违反中华人民共和国的法律，并不得采取强制措施。

除前款规定的情况外，未经中华人民共和国主管机关准许，任何外国机关或者个人不得在中华人民共和国领域内送达文书、调查取证。

相关司法解释规定

《最高人民法院关于依据国际公约和双边司法协助条约办理民商事案件司法文书送达和调查取证司法协助请求的规定》（法释〔2013〕11号，2013年1月21日通过，2020年12月23日修正）

第一条　人民法院应当根据便捷、高效的原则确定依据海牙送达公约、海牙取证公约，或者双边民事司法协助条约，对外提出民商事案件司法文书送达和调查取证请求。

第二条　人民法院协助外国办理民商事案件司法文书送达和调查取证请求，适用对等原则。

第三条　人民法院协助外国办理民商事案件司法文书送达和调查取证请求，应当进行审查。外国提出的司法协助请求，具有海牙送达公约、海牙取证公约或双边民事司法协助条约规定的拒绝提供协助的情形的，人民法院应当拒绝提供协助。

第四条　人民法院协助外国办理民商事案件司法文书送达和调查取证请求，应当按照民事诉讼法和相关司法解释规定的方式办理。

请求方要求按照请求书中列明的特殊方式办理的，如果该方式与我国法律不相抵触，且在实践中不存在无法办理或者办理困难的情形，应当按照该特殊方式办理。

第五条　人民法院委托外国送达民商事案件司法文书和进行民商事案件调查取证，需要提供译文的，应当委托中华人民共和国领域内的翻译机构进行翻译。

翻译件不加盖人民法院印章，但应由翻译机构或翻译人员签名或盖章证明译文与原文一致。

第六条　最高人民法院统一管理全国各级人民法院的国际司法协助工作。高级人民法院应当确定一个部门统一管理本辖区各级人民法院的国际司法协助工作并指定专人负责。中级人民法院、基层人民法院和有权受理涉外案件的专门法院，应当指定专人管理国际司法协助工作；有条件的，可以同时确定一个部门管理国际司法协助工作。

第七条　人民法院应当建立独立的国际司法协助登记制度。

第八条　人民法院应当建立国际司法协助档案制度。办理民商事案件司法文书送达的送达回证、送达证明在各个转递环节应当以适当方式保存。办理民商事案件调查取证的材料应当作为档案保存。

第九条　经最高人民法院授权的高级人民法院，可以依据海牙送达公约、海牙取证公约直接对外发出本辖区各级人民法院提出的民商事案件司法文书送达和调查取证请求。

第十条　通过外交途径办理民商事案件司法文书送达和调查取证，不适用本规定。

《最高人民法院关于内地与澳门特别行政区法院就民商事案件相互委托送达司法文书和调取证据的安排》（法释〔2001〕26号，2020年修正）

根据《中华人民共和国澳门特别行政区基本法》第九十三条的规定，最高人民法院与澳门特别行政区经协商，现就内地与澳门特别行政区法院就民商事案件相互委托送达司法文书和调取证据问题规定如下：

一、一般规定

第一条　内地人民法院与澳门特别行政区法院就民商事案件（在内地包括劳动争议案件，在澳门特别行政区包括民事劳工案件）相互委托送达司法文书和调取证据，均适用本安排。

第二条　双方相互委托送达司法文书和调取证据，通过各高级人民法院和澳门特别行政区终审法院进行。最高人民法院与澳门特别行政区终审法院可以直接相互委托送达和调取证据。

经与澳门特别行政区终审法院协商，最高人民法院可以授权部分中级人民法院、基层人民法院与澳门特别行政区终审法院相互委托送达和调取证据。

第三条　双方相互委托送达司法文书和调取证据，通过内地与澳门司法协助网络平台以电子方式转递；不能通过司法协助网络平台以电子方式转递的，采用邮寄方式。

通过司法协助网络平台以电子方式转递的司法文书、证据材料等文件，应当确保其完整性、真实性和不可修改性。

通过司法协助网络平台以电子方式转递的司法文书、证据材料等文件与原件具有同等效力。

第四条　各高级人民法院和澳门特别行政区终审法院收到对方法院的委托书后，应当立即将委托书及所附司法文书和相关文件转送根据其本辖区法律规定有权完成该受托事项的法院。

受委托方法院发现委托事项存在材料不齐全、信息不完整等问题，影响其完成受托事项的，应当及时通知委托方法院补充材料或者作出说明。

经授权的中级人民法院、基层人民法院收到澳门特别行政区终审法院委托书后，认为不属于本院管辖的，应当报请高级人民法院处理。

第五条　委托书应当以中文文本提出。所附司法文书及其他相关文件没有中文文本的，应当提供中文译本。

第六条　委托方法院应当在合理的期限内提出委托请求，以保证受委托方法院收到委托书后，及时完成受托事项。

受委托方法院应当优先处理受托事项。完成受托事项的期限，送达文书最迟不得超过自收到委托书之日起两个月，调取证据最迟不得超过自收到委托书之日起三个月。

第七条　受委托方法院应当根据本辖区法律规定执行受托事项。委托方法院请求按照特殊方式执行委托事项的，受委托方法院认为不违反本辖区的法律规定的，可以按照特殊方式执行。

第八条　委托方法院无须支付受委托方法院在送达司法文书、调取证据时发生的费用、税项。但受委托方法院根据其本辖区法律规定，有权在调取证据时，要求委托方法院预付鉴定人、证人、翻译人员的费用，以及因采用委托方法院在委托书中请求以特殊方式送达司法文书、调取证据所产生的费用。

第九条　受委托方法院收到委托书后，不得以其本辖区法律规定对委托方法院审理的该民商事案件享有专属管辖权或者不承认对该请求事项提起诉讼的权利为由，不予执行受托事项。

受委托方法院在执行受托事项时，发现该事项不属于法院职权范围，或者内地人民法院认为在内地执行该受托事项将违反其基本法律原则或社会公共利益，或者澳门特别行政区法院认为在澳门特别行政区执行该受托事项将违反其基本法律原则或公共秩序的，可以不予执行，但应当及时向委托方法院书面说明不予执行的原因。

三、调取证据

第十六条　委托方法院请求调取的证据只能是用于与诉讼有关的证据。

第十七条　双方相互委托代为调取证据的委托书应当写明：

（一）委托法院的名称；

（二）当事人及其诉讼代理人的姓名、地址和其他一切有助于辨别其身份的情况；

（三）委托调取证据的原因，以及委托调取证据的具体事项；

（四）被调查人的姓名、地址和其他一切有助于辨别其身份的情况，以及需要向其提出的问题；

（五）调取证据需采用的特殊方式；

（六）有助于执行该委托的其他一切情况。

第十八条　代为调取证据的范围包括：代为询问当事人、证人和鉴定人，代为进行鉴定和司法勘验，调取其他与诉讼有关的证据。

第十九条　委托方法院提出要求的，受委托方法院应当将取证的时间、地点通知委托方法院，以便有关当事人及其诉讼代理人能够出席。

第二十条　受委托方法院在执行委托调取证据时，根据委托方法院的请求，可以允许委托方法院派司法人员出席。必要时，经受委托方允许，委托方法院的司法人员可以向证人、鉴定人等发问。

第二十一条　受委托方法院完成委托调取证据的事项后，应当向委托方法院书面说明。

未能按委托方法院的请求全部或者部分完成调取证据事项的，受委托方法院应当向委托方法院书面说明妨碍调取证据的原因，采取邮寄方式委托的，应及时退回委托书及所附文件。

当事人、证人根据受委托方的法律规定，拒绝作证或者推辞提供证言的，受委托方法院应当书面通知委托方法院，采取邮寄方式委托的，应及时退回委托书及所附文件。

第二十二条　受委托方法院可以根据委托方法院的请求，并经证人、鉴定人同意，协助安排其辖区的证人、鉴定人到对方辖区出庭作证。

证人、鉴定人在委托方地域内逗留期间，不得因在其离开受委托方地域之前，在委托方境内所实施的行为或者针对他所作的裁决而被刑事起诉、羁押，不得为履行刑罚或者其他处罚而被剥夺财产或者扣留身份证件，不得以任何方式对其人身自由加以限制。

证人、鉴定人完成所需诉讼行为，且可自由离开委托方地域后，在委托方境内逗留超过七天，或者已离开委托方地域又自行返回时，前款规定的豁免即行终止。

证人、鉴定人到委托方法院出庭而导致的费用及补偿，由委托方法院预付。

本条规定的出庭作证人员，在澳门特别行政区还包括当事人。

第二十三条　受委托方法院可以根据委托方法院的请求，并经证人、鉴定人同意，协助安排其辖区的证人、鉴定人通过视频、音频作证。

第二十四条　受委托方法院取证时，被调查的当事人、证人、鉴定人等的代理人可以出席。

四、附　　则

第二十五条　受委托方法院可以根据委托方法院的请求代为查询并提供本辖区的有关法律。

第二十六条　本安排在执行过程中遇有问题的，由最高人民法院与澳门特别行政区终审法院协商解决。

本安排需要修改的，由最高人民法院与澳门特别行政区协商解决。

第二十七条　本安排自2001年9月15日起生效。本安排的修改文本自2020年3月1日起生效。

《最高人民法院关于内地与香港特别行政区法院就民商事案件相互委托提取证据的安排》（法释〔2017〕4号，2017年3月1日起生效）

根据《中华人民共和国香港特别行政区基本法》第九十五条的规定，最高人民法院与香港特别行政区经协商，就民商事案件相互委托提取证据问题作出如下安排：

第一条　内地人民法院与香港特别行政区法院就民商事案件相互委托提取证据，适用本安排。

第二条　双方相互委托提取证据，须通过各自指定的联络机关进行。其中，内地指定各高级人民法院为联络机关；香港特别行政区指定香港特别行政区政府政务司司长办公室辖下行政署为联络机关。

最高人民法院可以直接通过香港特别行政区指定的联络机关委托提取证据。

第三条　受委托方的联络机关收到对方的委托书后，应当及时将委托书及所附相关材料转送相关法院或者其他机关办理，或者自行办理。

如果受委托方认为委托材料不符合本辖区相关法律规定，影响其完成受托事项，应当及时通知委托方修改、补充。委托方应当按照受委托方的要求予以修改、补充，或者重新出具委托书。

如果受委托方认为受托事项不属于本安排规定的委托事项范围，可以予以退回并说明原因。

第四条　委托书及所附相关材料应当以中文文本提出。没有中文文本的，应当提供中文译本。

第五条　委托方获得的证据材料只能用于委托书所述的相关诉讼。

第六条　内地人民法院根据本安排委托香港特别行政区法院提取证据的，请求协助的范围包括：

（一）讯问证人；

（二）取得文件；

（三）检查、拍摄、保存、保管或扣留财产；

（四）取得财产样品或对财产进行试验；

（五）对人进行身体检验。

香港特别行政区法院根据本安排委托内地人民法院提取证据的，请求协助的范围包括：

（一）取得当事人的陈述及证人证言；

（二）提供书证、物证、视听资料及电子数据；

（三）勘验、鉴定。

第七条　受委托方应当根据本辖区法律规定安排取证。

委托方请求按照特殊方式提取证据的，如果受委托方认为不违反本辖区的法律规定，可以按照委托方请求的方式执行。

如果委托方请求其司法人员、有关当事人及其诉讼代理人（法律代表）在受委托方取证时到场，以及参与录取证言的程序，受委托方可以按照其辖区内相关法律规定予以考虑批准。批准同意的，受委托方应当将取证时间、地点通知委托方联络机关。

第八条　内地人民法院委托香港特别行政区法院提取证据，应当提供加盖最高人民法院或者高级人民法院印章的委托书。香港特别行政区法院委托内地人民法院提取证据，应当提供加盖香港特别行政区高等法院印章的委托书。

委托书或者所附相关材料应当写明：

（一）出具委托书的法院名称和审理相关案件的法院名称；

（二）与委托事项有关的当事人或者证人的姓名或者名称、地址及其他一切有助于联络及辨别其身份的信息；

（三）要求提供的协助详情，包括但不限于：与委托事项有关的案件基本情况（包括案情摘要、涉及诉讼的性质及正在进行的审理程序等）；需向当事人或者证人取得的指明文件、物品及询（讯）问的事项或问题清单；需要委托提取有关证据的原因等；必要时，需陈明有关证据对诉讼的重要性及用来证实的事实及论点等；

（四）是否需要采用特殊方式提取证据以及具体要求；

（五）委托方的联络人及其联络信息；

（六）有助执行委托事项的其他一切信息。

第九条　受委托方因执行受托事项产生的一般性开支，由受委托方承担。

受委托方因执行受托事项产生的翻译费用、专家费用、鉴定费用、应委托方要求的特殊方式取证所产生的额外费用等非一般性开支，由委托方承担。

如果受委托方认为执行受托事项或会引起非一般性开支，应先与委托方协商，以决定是否继续执行受托事项。

第十条　受委托方应当尽量自收到委托书之日起六个月内完成受托事项。受委托方完成受托事项后，应当及时书面回复委托方。

如果受委托方未能按委托方的请求完成受托事项，或者只能部分完成受托事项，应当向委托方书面说明原因，并按委托方指示及时退回委托书所附全部或者部分材料。

如果证人根据受委托方的法律规定，拒绝提供证言时，受委托方应当以书面通知委托方，并按委托方指示退回委托书所附全部材料。

第十一条　本安排在执行过程中遇有问题，或者本安排需要修改，应当通过最高人民法院与香港特别行政区政府协商解决。

第十二条　本安排在内地由最高人民法院发布司法解释和香港特别行政区完成有关内部程序后，由双方公布生效日期。

本安排适用于受委托方在本安排生效后收到的委托事项，但不影响双方根据现行法律考虑及执行在本安排生效前收到的委托事项。

《最高人民法院关于人民法院办理海峡两岸送达文书和调查取证司法互助案件的规定》（法释〔2011〕15号，2011年6月25日起施行）

一、总　　则

第一条　人民法院依照协议，办理海峡两岸民事、刑事、行政诉讼案件中的送达文书和调查取证司法互助业务，适用本规定。

第二条　人民法院应当在法定职权范围内办理海峡两岸司法互助业务。

人民法院办理海峡两岸司法互助业务，应当遵循一个中国原则，遵守国家法律的基本原则，不得违反社会公共利益。

二、职　责　分　工

第三条　人民法院和台湾地区业务主管部门通过各自指定的协议联络人，建立办理海峡两岸司法互助业务的直接联络渠道。

第四条　最高人民法院是与台湾地区业务主管部门就海峡两岸司法互助业务进行联络的一级窗口。最高人民法院台湾司法事务办公室主任是最高人民法院指定的协议联络人。

最高人民法院负责：就协议中涉及人民法院的工作事项与台湾地区业务主管部门开展磋商、协调和交流；指导、监督、组织、协调地方各级人民法院办理海峡两岸司法互助业务；就海峡两岸调查取证司法互助业务与台湾地区业务主管部门直接联络，并在必要时具体办理调查取证司法互助案件；及时将本院和台湾地区业务主管部门指定的协议联络人的姓名、联络方式及变动情况等工作信息通报高级人民法院。

第五条　最高人民法院授权高级人民法院就办理海峡两岸送达文书司法互助案件，建立与台湾地区业务主管部门联络的二级窗口。高级人民法院应当指定专人作为经最高人民法院授权的二级联络窗口联络人。

高级人民法院负责：指导、监督、组织、协调本辖区人民法院办理海峡两岸送达文书和调查取证司法互助业务；就办理海峡两岸送达文书司法互助案件与台湾地区业务主管部门直接联络，并在必要时具体办理送达文书和调查取证司法互助案件；登记、统计本辖区人民法院办理的海峡两岸送达文书司法互助案件；定期向最高人民法院报告本辖区人民法院办理海峡两岸送达文书司法互助业务情况；及时将本院联络人的姓名、联络方式及变动情况报告最高人民法院，同时通报台湾地区联络人和下级人民法院。

第六条　中级人民法院和基层人民法院应当指定专人负责海峡两岸司法互助业务。

中级人民法院和基层人民法院负责：具体办理海峡两岸送达文书和调查取证司法互助案件；定期向高级人民法院层报本院办理海峡两岸送达文书司法互助业务情

况；及时将本院海峡两岸司法互助业务负责人员的姓名、联络方式及变动情况层报高级人民法院。

四、调查取证司法互助

第十五条　人民法院办理海峡两岸调查取证司法互助业务，限于与台湾地区法院相互协助调取与诉讼有关的证据，包括取得证言及陈述；提供书证、物证及视听资料；确定关系人所在地或者确认其身份、前科等情况；进行勘验、检查、扣押、鉴定和查询等。

第十六条　人民法院协助台湾地区法院调查取证，应当采用民事诉讼法、刑事诉讼法、行政诉讼法等法律和相关司法解释规定的方式。

在不违反法律和相关规定、不损害社会公共利益、不妨碍正在进行的诉讼程序的前提下，人民法院应当尽力协助调查取证，并尽可能依照台湾地区请求的内容和形式予以协助。

台湾地区调查取证请求书所述的犯罪事实，依照大陆法律规定不认为涉嫌犯罪的，人民法院不予协助，但有重大社会危害并经双方业务主管部门同意予以个案协助的除外。台湾地区请求促使大陆居民至台湾地区作证，但未作出非经大陆主管部门同意不得追诉其进入台湾地区之前任何行为的书面声明的，人民法院可以不予协助。

第十七条　审理案件的人民法院需要台湾地区协助调查取证的，应当填写《〈海峡两岸共同打击犯罪及司法互助协议〉调查取证请求书》附录部分，连同相关材料，一式三份，及时送交高级人民法院。

高级人民法院应当在收到前款所述材料之日起七个工作日内完成初步审查，并将审查意见和《〈海峡两岸共同打击犯罪及司法互助协议〉调查取证请求书》附录部分及相关材料，一式二份，立即转送最高人民法院。

第十八条　最高人民法院收到高级人民法院转送的《〈海峡两岸共同打击犯罪及司法互助协议〉调查取证请求书》附录部分和相关材料以及高级人民法院审查意见后，应当在七个工作日内完成最终审查。经审查认为可以请求台湾地区协助调查取证的，最高人民法院联络人应当填写《〈海峡两岸共同打击犯罪及司法互助协议〉调查取证请求书》正文部分，连同附录部分和相关材料，立即寄送台湾地区联络人；经审查认为欠缺相关材料、内容或者认为不需要请求台湾地区协助调查取证的，应当立即通过高级人民法院告知提出请求的人民法院补充相关材料、内容或者在说明理由后将材料退回。

第十九条　台湾地区成功调查取证并将取得的证据材料寄送最高人民法院联络人，或者未能成功调查取证并将相关材料送还，同时出具理由说明给最高人民法院联络人的，最高人民法院应当在收到之日起七个工作日内完成审查并转送高级人民法院，高级人民法院应当在收到之日起七个工作日内转送提出请求的人民法院。经审查认为欠缺相关材料或者内容的，最高人民法院联络人应当立即与台湾地区联络人联络并请求补充相关材料或者内容。

第二十条　台湾地区请求人民法院协助台湾地区法院调查取证并通过其联络人将请求书和相关材料寄送最高人民法院联络人的，最高人民法院应当在收到之日起七个工作日内完成审查。经审查认为可以协助调查取证的，应当立即转送有关高级人民法院或者由本院办理，高级人民法院应当在收到之日起七个工作日内转送有关下级人民法院办理或者由本院办理；经审查认为欠缺相关材料、内容或者认为不宜协助调查取证的，最高人民法院联络人应当立即向台湾地区联络人说明情况并告知其补充相关材料、内容或者将材料送还。

具体办理调查取证司法互助案件的人民法院应当在收到高级人民法院转送的材料之日起五个工作日内，以"协助台湾地区民事（刑事、行政诉讼）调查取证"案由立案，指定专人办理，并应当自立案之日起一个月内完成协助调查取证，最迟不得超过三个月。因故不能在期限届满前完成的，应当提前函告高级人民法院，并由高级人民法院转报最高人民法院。

第二十一条　具体办理调查取证司法互助案件的人民法院成功调查取证的，应当在完成调查取证之日起七个工作日内将取得的证据材料一式三份，连同台湾地区提供的材料，并在必要时附具情况说明，送交高级人民法院；未能成功调查取证的，应当出具说明函一式三份，连同台湾地区提供的材料，在确认不能成功调查取证之日起七个工作日内送交高级人民法院。

高级人民法院应当在收到前款所述材料之日起七个工作日内完成初步审查，并将审查意见和前述取得的证据材料或者说明函等，一式二份，连同台湾地区提供的材料，立即转送最高人民法院。

最高人民法院应当在收到之日起七个工作日内完成最终审查，由最高人民法院联络人出具《〈海峡两岸共同打击犯罪及司法互助协议〉调查取证回复书》，必要时连同相关材料，立即寄送台湾地区联络人。

证据材料不适宜复制或者难以取得备份的，可不按本条第一款和第二款的规定提供备份材料。

五、附　　则

第二十二条　人民法院对于台湾地区请求协助所提供的和执行请求所取得的相关资料应当予以保密。但依据请求目的使用的除外。

第二十三条　人民法院应当依据请求书载明的目的使用台湾地区协助提供的资料。但最高人民法院和台湾地区业务主管部门另有商定的除外。

第二十四条　对于依照协议和本规定从台湾地区获得的证据和司法文书等材料，不需要办理公证、认证等形式证明。

第二十五条　人民法院办理海峡两岸司法互助业务，应当使用统一、规范的文书样式。

第二十六条　对于执行台湾地区的请求所发生的费用，由有关人民法院负担。但下列费用应当由台湾地区业务主管部门负责支付：

（一）鉴定费用；

（二）翻译费用和誊写费用；

（三）为台湾地区提供协助的证人和鉴定人，因前往、停留、离开台湾地区所发生的费用；

（四）其他经最高人民法院和台湾地区业务主管部门商定的费用。

第二十七条　人民法院在办理海峡两岸司法互助案件中收到、取得、制作的各种文件和材料，应当以原件或者复制件形式，作为诉讼档案保存。

第二十八条　最高人民法院审理的案件需要请求台湾地区协助送达司法文书和调查取证的，参照本规定由本院自行办理。

专门人民法院办理海峡两岸送达文书和调查取证司法互助业务，参照本规定执行。

第二十九条　办理海峡两岸司法互助案件和执行本规定的情况，应当纳入对有关人民法院及相关工作人员的工作绩效考核和案件质量评查范围。

相关司法文件

《最高人民法院关于为深化两岸融合发展提供司法服务的若干措施》（2019 年 3 月 25 日）

9.对涉台案件当事人及其诉讼代理人因客观原因不能自行收集的证据，应当依申请或者主动依职权调查收集；相关证据在台湾地区的，可以通过两岸司法互助途径调查收集。

《关于依据国际公约和双边司法协助条约办理民商事案件司法文书送达和调查取证司法协助请求的规定实施细则（试行）》（法发〔2013〕6 号，2013 年 5 月 2 日起试行）

第一章　总　　则

第一条　根据最高人民法院《关于依据国际公约和双边司法协助条约办理民商事案件司法文书送达和调查取证司法协助请求的规定》，制定本实施细则。

第二条　本实施细则适用于人民法院依据海牙送达公约、海牙取证公约和双边民事、民商事、民刑事和民商刑事司法协助条约、协定（以下简称双边民事司法协助条约）办理民商事案件司法文书送达和调查取证请求。

第三条　人民法院应当根据便捷、高效的原则，优先依据海牙取证公约提出民商事案件调查取证请求。

第四条　有权依据海牙送达公约、海牙取证公约直接对外发出司法协助请求的高级人民法院，应当根据便捷、高效的原则，优先依据海牙送达公约和海牙取证公约提出、转递本辖区各级人民法院提出的民商事案件司法文书送达和调查取证请求。

第五条　人民法院国际司法协助统一管理部门和专门负责国际司法协助工作的人员（国际司法协助专办员）负责国际司法协助请求的审查、转递、督办和登记、统计、指导、调研等工作。

第四章　我国法院委托外国法院协助进行民商事案件调查取证

第二十六条　人民法院审判、执行部门依据海牙取证公约提出调查取证请求时，应当按照下列要求办理：

（一）制作符合海牙取证公约规定的调查取证请求书。

被请求国对请求书及其附件文字未作出声明或者保留的，请求书及其附件应当附有被请求国官方文字、英文或者法文译文。

被请求国对请求书及其附件文字作出声明或者保留的，请求书及其附件应当附有被请求国官方文字的译文。

被请求国不同地区使用不同官方文字的，请求书及其附件应当附有该地区官方文字的译文。

请求书有附件的，附件译文的语种应当与请求书译文的语种一致。

（二）请求书、附件及其译文应当一式两份，参照下列顺序装订成两套：

1. 请求书原文及译文；

2. 附件一原文及译文（附件二、三依此类推）；

3. 证明请求书及其附件的译文与原文一致的翻译证明。

（三）请求书在最终向外国中央机关发出之前，不填写签发日期、地点，也不加盖任一经手法院或者部门的印章。

（四）制作转递函，与请求书及其附件等一并报送国际司法协助专办员或者国际司法协助统一管理部门。

第二十七条　国际司法协助专办员收到本院审判、执行部门或者下级法院报送的依据海牙取证公约提出的调查取证请求后，应当按照下列标准进行审查：

（一）有审判、执行部门或者下级法院的转递函；

（二）被请求国是海牙取证公约缔约国且该公约已经在我国和该国之间生效；

（三）请求书及其附件的译文符合海牙取证公约的规定和被请求国对此所作的声明和保留；附件译文的语种与请求书的语种一致；

（四）请求书的各项内容填写规范、完整；

（五）附件中不含有明确标注密级的材料；

（六）其他应当审查的事项。

第二十八条　国际司法协助专办员对审判、执行部门报送的依据海牙取证公约提出的调查取证请求审查合格的，应当制作转递函，及时报送高级人民法院国际司法协助统一管理部门。高级人民法院审查合格的，应当制作转递函，及时报送最高人民法院国际司法协助统一管理部门。最高人民法院审查合格的，应当在请求书及其译文上填写签发日期、地点并加盖最高人民法院国际司法协助专用章后邮寄被请求国中央机关。

除另有规定外，有权依据海牙取证公约直接对外发出调查取证请求的高级人民法院国际司法协助统一管理部门收到下级法院或者本院审判、执行部门报送的调查取证请求并审查合格的，应当在请求书及其译文上填写签发日期、地点并加盖该高级人民法院国际司法协助专用章后邮寄被请求国中央机关。

第二十九条　人民法院审判、执行部门依据双边民事司法协助条约提出调查取证请求时，应当按照下列要求办理：

（一）制作符合双边民事司法协助条约规定的调查取证请求书。

请求书及其附件应当附有被请求国官方文字的译文。翻译为被请求国官方文字确有困难的，可以翻译为双边民事司法协助条约中规定的第三方文字。被请求国不接受双边民事司法协助条约中规定的第三方文字译文的，请求书及其附件应当附有被请求国官方文字的译文。

（二）请求书、附件及其译文应当一式两份，按照下列顺序装订成两套：

1. 请求书原文及译文；

2. 附件一原文及译文（附件二、三依此类推）；

3. 证明请求书及其附件的译文与原文一致的翻译证明。

（三）请求书加盖提出调查取证请求的人民法院院章。

（四）制作转递函，与请求书及其附件等一并报送国际司法协助专办员或者国际司法协助统一管理部门。

第三十条　国际司法协助专办员收到本院审判、执行部门或者下级法院报送的依据双边民事司法协助条约提出的调查取证请求后，应当按照下列标准进行审查：

（一）有审判、执行部门或者下级法院的转递函；

（二）被请求国与我国签订双边民事司法协助条约且已经生效；

（三）请求书及其附件的译文符合双边民事司法协助条约的规定；附件译文的语种与请求书的语种一致；

（四）请求书的各项内容符合双边民事司法协助条约的具体规定，填写规范、完整；

（五）附件中不含有明确标注密级的材料；

（六）其他应当审查的事项。

第三十一条　国际司法协助专办员对审判、执行部门报送的依据双边民事司法协助条约提出的调查取证请求审查合格的，应当制作转递函，及时报送高级人民法院国际司法协助统一管理部门。高级人民法院审查合格的，应当制作转递函，及时报送最高人民法院国际司法协助统一管理部门。最高人民法院审查合格的，应当制作转递函，及时转递中央机关。

第三十二条　最高人民法院国际司法协助统一管理部门收到中央机关转回的调查取证结果和被请求国事后要求支付相关费用的通知后，应当及时登记并转递有关高级人民法院国际司法协助统一管理部门。

高级人民法院收到最高人民法院转回的调查取证结果、付费通知后，或者有权依据海牙取证公约直接对外发出调查取证请求的高级人民法院收到外国中央机关转回的调查取证结果、付费通知后，应当及时登记并转递提出调查取证请求的人民法院。

第三十三条　被请求国要求支付调查取证费用，符合海牙取证公约或者双边民事司法协助条约规定的，提出调查取证请求的人民法院应当及时向当事人代收，当事人根据被请求国要求支付的费用，应当以汇票等形式支付并通过原途径转交被请求国相关机构。

第五章　外国法院委托我国法院协助进行民商事案件调查取证

第三十四条　最高人民法院国际司法协助统一管理部门收到中央机关转来的外国法院依据海牙取证公约或者双边民事司法协助条约提出的民商事案件调查取证请求后，应当按照下列标准进行审查：

（一）有中央机关的转递函或者请求书；

（二）依据海牙取证公约提出调查取证请求的，该公约在我国与请求国之间已经生效；依据双边民事司法协助条约提出调查取证请求的，该条约已经生效；

（三）属于海牙取证公约或者双边民事司法协助条约规定的范围；

（四）属于人民法院的办理范围；

（五）不具有海牙取证公约或者双边民事司法协助条约中规定的拒绝提供协助的情形；

（六）请求方要求采取特殊方式调查取证的，所要求的特殊方式与我国法律不相抵触，且在实践中不存在无法办理或者办理困难的情形；

（七）请求书及其附件有中文译文或者符合海牙取证公约、双边民事司法协助条约规定的语种译文；

（八）其他应当审查的事项。

第三十五条　我国法院委托外国协助调查取证，请求书及其附件附有双边民事司法协助条约规定的第三方文字译文，但被请求国依然要求必须附有该国官方文字译文的，按照对等原则，该国委托我国协助调查取证的请求书及其附件应当附有中文译文。

第三十六条　最高人民法院国际司法协助统一管理部门审查合格的，应当制作转递函，与请求书及其附件一并转递证据或者证人所在地高级人民法院国际司法协助统一管理部门。同一调查取证请求中的证人或者证据位于不同高级人民法院辖区的，最高人民法院可以指定其中一个高级人民法院统一办理。如有需要，相关高级人民法院应当给予必要的协助。

第三十七条　高级人民法院国际司法协助统一管理部门收到最高人民法院转来的调查取证请求后，应当会同本院审判部门进一步审查。审查后认为可以提供协助的，应当制作转递函，与请求书及其附件一并转递证据或者证人所在地中级或者基层人民法院审查、办理。高级人民法院认为本院办理更为适宜的，可以直接办理。

第三十八条　调查取证请求应当由相应的审判部门的法官办理。

第三十九条　调查取证完毕后，办理调查取证的法官应当对调查取证结果按照下列标准进行审查：

（一）调查取证的内容符合请求书的要求；

（二）不含有明确标注密级的材料；

（三）调查取证结果对外提供后不存在损害国家主权、安全、泄露国家秘密、侵犯商业秘密等情形；

（四）提供的证据材料符合民事诉讼法和相关司法解释规定的形式要件；

（五）其他应当审查的事项。

第四十条　办理调查取证的法官审查合格后，应当将调查取证结果转递本院国际司法协助专办员。国际司法协助专办员应当参照第三十九条的规定对调查取证结果进行审查。审查合格的，应当制作转递函，与调查取证结果一并转递高级人民法院国际司法协助统一管理部门。

第四十一条　高级人民法院收到调查取证结果后，应当参照第三十九条的规定进行审查。审查合格的，应当制作转递函，与调查取证结果一并转递最高人民法院国际司法协助统一管理部门。

第四十二条　对于存在第三十九条第（三）项情形的证据材料，各级人民法院应当在转递函中注明，并将该材料按照第四十条、第四十一条的规定与其他材料一并转递。

第四十三条　最高人民法院收到高级人民法院转来的转递函和调查取证结果后，应当进行审查，认为可以转交请求方的，应当及时转交中央机关。

第四十四条　我国法院协助外国法院调查取证产生的费用，根据海牙取证公约或者双边民事司法协助条约应当由请求方支付的，由办理调查取证的法院提出收费依据和费用清单，通过高级人民法院国际司法协助统一管理部门报请最高人民法院国际司法协助统一管理部门审核。最高人民法院认为应当收取的，通过中央机关要求请求方支付。请求方支付的费用，通过原途径转交办理调查取证的法院。

第六章　附　　则

第四十五条　人民法院办理民商事案件司法文书送达的送达回证、送达证明在各个转递环节均应当扫描为 PDF 文件以电子文档的形式保存，保存期限为三年；人民法院办理民商事案件调查取证的材料应当作为档案保存。

第四十六条　通过外交途径办理民商事案件司法文书送达、调查取证，以及向在国外的中国籍公民进行简单询问形式的调查取证，不适用本实施细则。

《最高人民法院关于进一步规范人民法院涉港澳台调查取证工作的通知》（法〔2011〕243 号，2011 年 8 月 7 日）

各省、自治区、直辖市高级人民法院，解放军军事法院，新疆维吾尔自治区高级人民法院生产建设兵团分院：

近年来，内地与香港特别行政区、澳门特别行政区、台湾地区司法协（互）助的范围和领域不断扩展，方式和内容不断深化，案件数量不断增加。与此同时，人民法院在案件审判尤其是涉港澳台案件审判中需要港澳特区、台湾地区协助调查取证的情况日渐增多。根据《关于内地与澳门特别行政区法院就民商事案件相互委托送达司法文书和调取证据的安排》，内地与澳门特区法院之间可就民商事案件相互委托调查取证；根据《海峡两岸共同打击犯罪及司法互助协议》及《最高人民法院关于人民法院办理海峡两岸送达文书和调查取证司法互助案件的规定》，最高人民法院与台湾地区业务主管部门之间可就民商事、刑事、行政案件相互委托调查取证；内地法院与香港特区目前在调查取证方面尚未建立制度性的安排，但在实践中也存在以个案处理的方式相互协助调查取证的情况。为确保人民法院涉港澳台调查取证工作规范有序地开展，现就有关事项通知如下：

一、人民法院在案件审判中，需要从港澳特区或者台湾地区调取证据的，应当按照相关司法解释和规范性文件规定的权限和程序，委托港澳特区或者台湾地区业务主管部门协助调查取证。除有特殊情况层报最高人民法院并经中央有关部门批准外，人民法院不得派员赴港澳特区或者台湾地区调查取证。

二、人民法院不得派员随同公安机关、检察机关团组赴港澳特区或者台湾地区就特定案件进行调查取证。

三、各高级人民法院应切实担负起职责，指导辖区内各级人民法院做好涉港澳台调查取证工作。对有关法院提出的派员赴港澳特区或者台湾地区调查取证的申请，各高级人民法院要严格把关，凡不符合有关规定和本通知精神的，应当予以退回。

四、对于未经报请最高人民法院并经中央有关部门批准，擅自派员赴港澳特区或者台湾地区调查取证的，除严肃追究有关法院和人员的责任，并予通报批评外，还要视情暂停审批有关法院一定期限内的赴港澳台申请。

请各高级人民法院接此通知后，及时将有关精神传达至辖区内各级人民法院。执行中遇有问题，及时层报最高人民法院港澳台司法事务办公室。

特此通知。

《最高人民法院关于进一步做好边境地区涉外民商事案件审判工作的指导意见》（法发〔2010〕57号，2010年12月8日）

五、当事人提供境外形成的用于证明案件事实的证据时，可以自行决定是否办理相关证据的公证、认证手续。对于当事人提供的证据，不论是否办理了公证、认证手续，人民法院均应当进行质证并决定是否采信。

《第二次全国涉外商事海事审判工作会议纪要》（2005年12月26日）

四、关于诉讼证据

39. 对当事人提供的在我国境外形成的证据，人民法院应根据不同情况分别作如下处理：（1）对证明诉讼主体资格的证据，应履行相关的公证、认证或者其他证明手续；（2）对其他证据，由提供证据的一方当事人选择是否办理相关的公证、认证或者其他证明手续，但人民法院认为确需办理的除外。

对在我国境外形成的证据，不论是否已办理公证、认证或者其他证明手续，人民法院均应组织当事人进行质证，并结合当事人的质证意见进行审核认定。

40. 对当事人提供的在我国境外形成的应履行相关公证、认证或者其他证明手续的证据，应当经所在国公证机关公证，并经我国驻该国使领馆认证，或者履行我国与该所在国订立的有关条约中规定的证明手续。如果其所在国与我国没有外交关系，则该证据应经与我国有外交关系的第三国驻该国使领馆认证，再转由我国驻该第三国使领馆认证。

41. 当事人向人民法院提供外文视听资料的，应附有视听资料中所用语言的记录文本及中文译本。

42. 当事人提交的证据材料不属于新的证据，人民法院经审查认为该证据可能影响裁判结果的，应予以质证。

43. 当事人在一审时未申请鉴定，或者申请鉴定后无正当理由不预交鉴定费用或拒不提交相关材料致使无法鉴定，而在二审或者再审期间申请鉴定的，视下列情况分别处理：（1）人民法院经审查认为，不鉴定不会影响裁判结果的，对当事人的申请不予准许；（2）人民法院经审查认为，不鉴定可能导致案件的主要事实不清的，对当事人的申请应予准许。

44. 当事人在一审时申请人民法院调取证据未获准许，而在二审或者再审期间申请调取证据的，视下列情况分别处理：（1）人民法院经审查认为，不调取证据不会影响裁判结果的，对当事人的申请不予准许；（2）人民法院经审查认为，不调取证据可能导致案件的主要事实不清的，对当事人的申请应予准许。

45. 对经合法传唤的被告未到庭而进行缺席审判的案件，不能免除原告对其诉讼请求的证明责任，人民法院仍应对原告所提交的证据材料进行审查。

十一、关于船舶碰撞纠纷案件

（四）举证责任和证据认定

134. 第三人因船舶碰撞造成的财产损失提出赔偿请求的，船舶碰撞纠纷的当事人对有关船舶碰撞中的过失程度比例承担举证责任。无法举证的，应承担举证不能的后果。

135. 船舶碰撞纠纷的当事人之间就过失程度比例达成协议的，可以按照约定的比例对第三人的财产损失承担相应的赔偿责任，但不得损害第三人的合法利益。

船舶碰撞纠纷的当事人之间仅就相互赔偿数额达成协议，而未明确相互过失程度比例的，按照赔偿数额确定的比例对第三人的财产损失承担相应的赔偿责任，但不得损害第三人的合法利益。

136. 海事法院根据当事人的申请向有关部门调查收集的证据，在当事人完成举证并出具完成举证说明书后出示。

137. 若无相反证据，船舶碰撞事故发生后，主管机关进行事故调查过程中由海事事故当事人确认的海事调查材料，可以作为海事法院认定案件事实的证据。

十二、关于船舶油污损害赔偿纠纷案件

（三）举证责任

147. 国家海事行政主管部门作出的调查报告，若无相反证据，可以作为海事法院审理案件的依据。

148. 因船舶油污引起的损害赔偿诉讼，受损害人应对油污损害承担举证责任，责任人应对法律规定的免责事由及船舶油污与损害之间不存在因果关系承担举证责任。

《关于从国外调取民事或商事证据的公约》（1970 年 3 月 18 日签订，1998 年 2 月 6 日对我国生效）

本公约签字国，希望便利请求书的转递和执行，并促进他们为此目的而采取的不同方法的协调，希望增进相互间在民事或商事方面的司法合作，为此目的，兹决定缔结一项公约，并议定下列各条：

第一章　请　求　书

第一条　在民事或商事案件中，每一缔约国的司法机关可以根据该国的法律规定，通过请求书的方式，请求另一缔约国主管机关调取证据或履行某些其他司法行为。

请求书不得用来调取不打算用于已经开始或即将开始的司法程序的证据。

"其他司法行为"一词不包括司法文书的送达或颁发执行判决或裁定的任何决定，或采取临时措施或保全措施的命令。

第二条　每一缔约国应指定一个中央机关负责接收来自另一缔约国司法机关的请求书，并将其转交给执行请求的主管机关。各缔约国应依其本国法律组建该中央机关。

请求书应直接送交执行国中央机关，无需通过该国任何其他机关转交。

第三条　请求书应载明：

（一）请求执行的机关，以及如果请求机关知道，被请求执行的机关；

（二）诉讼当事人的姓名和地址，以及如有的话，他们的代理人的姓名和地址；

（三）需要证据的诉讼的性质，及有关的一切必要资料；

（四）需要调取的证据或需履行的其他司法行为。

必要时，请求书还应特别载明：

（五）需询问的人的姓名和地址；

（六）需向被询问人提出的问题或对需询问的事项的说明；

（七）需检查的文书或其他财产，包括不动产或动产；

（八）证据需经宣誓或确认的任何要求，以及应使用的任何特殊格式；

（九）依公约第九条需采用的任何特殊方式或程序。

请求书还可以载明为适用第十一条所需的任何资料。

不得要求认证或其他类似手续。

第四条　请求书应以被请求执行机关的文字作成或附该种文字的译文。

但是，除非缔约国已根据第三十三条提出保留，缔约国应该接受以英文或法文作成或附其中任何一种文字译文的请求书。

具有多种官方文字并且因国内法原因不能在其全部领土内接受由其中一种文字作成的请求书的缔约国，应通过声明方式指明请求书在其领土的特定部分内执行时应使用的文字或译文。如无正当理由而未能遵守这一声明，译成所需文字的费用由请求国负担。

每一缔约国可用声明方式指明除上述各款规定的文字以外，送交其中央机关的请求书可以使用的其他文字。

请求书所附的任何译文应经外交官员、领事代表或经宣誓的译员或经两国中的一国授权的任何其他人员证明无误。

第五条　如果中央机关认为请求书不符合本公约的规定，应立即通知向其送交请注书的请求国机关，指明对该请求书的异议。

第六条　如被送交请求书的机关无权执行请求，应将请求书及时转交根据其国内法律规定有权执行的本国其他机关。

第七条　如请求机关提出请求，应将进行司法程序的时间和地点通知该机关，以便有关当事人和他们已有的代理人能够出席。如果请求机关提出请求，上述通知应直接送交当事人或他们的代理人。

第八条　缔约国可以声明，在执行请求时，允许另一缔约国请求机关的司法人员出席。对此，声明国可要求事先取得其指定的主管机关的授权。

第九条　执行请求书的司法机关应适用其本国法规定的方式和程序。

但是，该机关应采纳请求机关提出的采用特殊方式或程序的请求，除非其与执行国国内法相抵触或因其国内惯例和程序或存在实际困难而不可能执行。

请求书应迅速执行。

第十条　在执行请求时，被请求机关应在其国内法为执行本国机关的决定或本国诉讼中当事人的请求而规定的相同的情况和范围内，采取适当的强制措施。

第十一条　在请求书的执行过程中，在下列情况下有拒绝作证的特权或义务的有关人员，可以拒绝提供证据：

（一）根据执行国法律；或

（二）根据请求国法律，并且该项特权或义务已在请求书中列明，或应被请求机关的要求，已经请求机关另行确认。

此外，缔约国可以声明在声明指定的范围内，尊重请求国和执行国以外的其他国家法律规定的特权或义务。

第十二条　只有在下列情况下，才能拒绝执行请求书：

（一）在执行国，该请求书的执行不属于司法机关的职权范围；或

（二）被请求国认为，请求书的执行将会损害其主权和安全。

执行国不能仅因其国内法已对该项诉讼标的规定专属管辖权或不承认对该事项提起诉讼的权利为理由，拒绝执行请求。

第十三条　证明执行请求书的文书应由被请求机关采用与请求机关所采用的相同途径送交请求机关。

在请求书全部或部分未能执行的情况下，应通过相同途径及时通知请求机关，并说明原因。

第十四条　请求书的执行不产生任何性质的税费补偿。

但是，执行国有权要求请求国偿付支付给鉴定人和译员的费用和因采用请求国根据第九条第二款要求采用的特殊程序而产生的费用。

如果被请求国法律规定当事人有义务收集证据，并且被请求机关不能亲自执行请求书，在征得请求机关的同意后，被请求机关可以指定一位适当的人员执行。在征求此种同意时，被请求机关应说明采用这一程序所产生的大致费用。如果请求机关表示同意，则应偿付由此产生的任何费用；否则请求机关对该费用不承担责任。

第二章　外交官员、领事代表和特派员取证

第十五条　在民事或商事案件中，每一缔约国的外交官员或领事代表在另一缔约国境内其执行职务的区域内，可以向他所代表的国家的国民在不采取强制措施的情况下调取证据，以协助在其代表的国家的法院中进行的诉讼。

缔约国可以声明，外交官员或领事代表只有在自己或其代表向声明国指定的适当机关递交了申请并获得允许后才能调取证据。

第十六条 在符合下列条件的情况下，每一缔约国的外交官员或领事代表在另一缔约国境内其执行职务的区域内，亦可以向他执行职务地所在国或第三国国民在不采取强制措施的情况下调取证据，以协助在其代表的国家的法院中进行的诉讼：

（一）他执行职务地所在国指定的主管机关已给予一般性或对特定案件的许可；并且

（二）他遵守主管机关在许可中设定的条件。

缔约国可以声明，无须取得事先许可即可依本条进行取证。

第十七条 在符合下列条件的情况下，在民事或商事案件中，被正式指派的特派员可以在不采取强制措施的情况下在一缔约国境内调取证据，以协助在另一缔约国法院中正在进行的诉讼：

（一）取证地国指定的主管机关已给予一般性或对特定案件的许可；并且

（二）他遵守主管机关在许可中设定的条件。

缔约国可以声明在无事先许可的情况下依本条进行取证。

第十八条 缔约国可以声明，根据第十五条、第十六条、第十七条被授权调取证据的外交官员、领事代表或特派员可以申请声明国指定的主管机关采取强制措施，对取证予以适当协助。声明中可包含声明国认为合适的条件。

如果主管机关同意该项申请，则应采取其国内法规定的适用于国内诉讼程序的一切合适的强制措施。

第十九条 主管机关在给予第十五条、第十六条或第十七条所指的许可或同意第十八条所指的申请时，可规定其认为合适的条件，特别是调取证据的时间和地点。同时，它可以要求得到有关取证的时间、日期和地点的合理的事先通知。在这种情况下，该机关的代表有权在取证时出席。

第二十条 根据本章各条取证时，有关人员可以得到合法代理。

第二十一条 如果外交官员、领事代表或特派员根据第十五条、第十六条或第十七条有权调取证据：

（一）他可以调取与取证地国法律不相抵触并不违背根据上述各条给予的任何许可的各种证据，并有权在上述限度内主持宣誓或接受确认；

（二）要求某人出席或提供证据的请求应用取证地国文字作成或附有取证地国文字的译文，除非该人为诉讼进行地国国民；

（三）请求中应通知该人，他可得到合法代理；在未根据第十八条提出声明的国家，还应通知该人他的出庭或提供证据不受强制；

（四）如果取证地国法律未禁止，可以依受理诉讼的法院所适用的法律中规定的方式调取证据；

（五）被请求提供证据的人员可以引用第十一条规定的特权和义务拒绝提供证据。

第二十二条 因为某人拒绝提供证据而未能依本章规定的程序取证的事实不妨

碍随后根据第一章提出取证申请。

第三章　一般条款

第二十三条　缔约国可在签署、批准或加入时声明，不执行普通法国家的旨在进行审判前文件调查的请求书。

第二十四条　缔约国可以指定除中央机关以外的其他机关，并应决定它们的职权范围。但是在任何情况下，都可以向中央机关送交请求书。

联邦国家有权指定一个以上的中央机关。

第二十五条　有多种法律制度的缔约国可以指定其中一种制度内的机关具有执行根据本公约提出的请求书的专属权利。

第二十六条　如果因为宪法的限制，缔约国可以要求请求国偿付与执行请求书有关的送达强制某人出庭提供证据的传票的费用，该人出庭的费用，以及制作询问笔录的费用。

如果一国根据前款提出请求，任何其他缔约国可要求该国偿付同类费用。

第二十七条　本公约的规定不妨碍缔约国：

（一）声明可以通过第二条规定的途径以外的途径将请求书送交其司法机关；

（二）根据其国内法律或惯例，允许在更少限制的情况下实行本公约所规定的行为；

（三）根据其国内法律或惯例，允许以本公约规定以外的方式调取证据。

第二十八条　本公约不妨碍任何两个或两个以上的缔约国缔结协定排除下列条款的适用：

（一）第二条有关送交请求书方式的规定；

（二）第四条有关使用文字的规定；

（三）第八条有关在执行请求书时司法机关人员出席的规定；

（四）第十一条有关证人拒绝作证的特权和义务的规定；

（五）第十三条有关将执行请求书的文书送回请求机关的方式的规定；

（六）第十四条有关费用的规定；

（七）第二章的规定。

第二十九条　在同为1905年7月17日或1954年3月1日在海牙签订的两个《民事诉讼程序公约》或其中之一的当事国的本公约当事国之间，本公约取代上述两公约第八条至第十六条的规定。

第三十条　本公约不影响1905年公约第二十三条或1954年公约第二十四条规定的适用。

第三十一条　1905年和1954年公约当事国之间的补充协定应被认为同样适用于本公约，除非当事国之间另有约定。

第三十二条　在不影响本公约第二十九条和第三十一条规定的前提下，本公约不影响缔约国已经或即将成为当事国的包含本公约事项的其他公约的适用。

第三十三条　一国可在签署、批准或加入公约时，部分或全部排除第四条第二款和第二章的规定的适用。不允许作其他保留。

缔约国可随时撤回其保留；保留自撤回通知后第六十日起失去效力。

如果一国作出保留，受其影响的任何其他国家可以对保留国适用相同的规则。

第三十四条　缔约国可随时撤销或更改其声明。

第三十五条　缔约国应在交存批准书或加入书时或其后，将根据第二条、第八条、第二十四条和第二十五条指定的机关通知荷兰外交部。

缔约国还应在适当时通知荷兰外交部：

（一）根据第十五条、第十六条和第十八条的相关规定外交官员或领事代表调取证据时应向其递交通知、获取许可、请求协助的机关的指定；

（二）根据第十七条特派员取证时应获其许可和根据第十八条提供协助的机关的指定；

（三）根据第四条、第八条、第十一条、第十五条、第十六条、第十七条、第十八条、第二十三条和第二十五条所作的声明；

（四）任何对上述指定或声明的撤销或更改；

（五）保留的撤回。

第三十六条　缔约国之间因实施本公约产生的任何困难应通过外交途径解决。

第三十七条　本公约应对出席海牙国际私法会议第十一届会议的国家开放签署。本公约需经批准。批准书应交存荷兰外交部。

第三十八条　本公约自第三十七条第二款所指的第三份批准书交存后第 60 日起生效。

对于此后批准公约的签署国，公约自该国交存批准书后第 60 日起生效。

第三十九条　任何未出席第十一届海牙国际私法会议的海牙国际私法会议的成员国、联合国或该组织专门机构的成员国、或国际法院规约当事国可在公约根据第三十八条第一款生效后加入本公约。

加入书应交存荷兰外交部。

自交存加入书后第 60 日起公约对该加入国生效。

加入行为只在加入国和已声明接受该国加入的公约缔约国之间的关系方面发生效力。上述声明应交存荷兰外交部；荷兰外交部应将经证明的副本通过外交途径转送各缔约国。

本公约自加入国和接受该国加入的国家之间自交存接受声明后第 60 日起生效。

第四十条　任何国家可在签署、批准或加入公约时声明，本公约扩展适用于该国负责其国际关系的全部领域或其中一个或几个部分。此项声明自本公约对有关国家生效之日起生效。

此后任一时间的上述扩展适用均应通知荷兰外交部。

本公约自前款所指的通知后第 60 日起对声明所提及的领域生效。

第四十一条　本公约自根据公约第三十八条第一款生效后 5 年内有效，对后来批准或加入本公约的国家同样如此。

如未经退出，本公约每 5 年自动延续一次。

退出应最迟于 5 年期满前 6 个月通知荷兰外交部。

退出可仅限于公约适用的特定区域。

退出仅对通知退出的国家有效。公约对其他缔约国仍然有效。

第四十二条　荷兰外交部应将下列事项通知第三十七条所指的国家和根据第三十九条加入的国家：

（一）第三十七条所指的签署和批准；

（二）公约根据第三十八条第一款生效的日期；

（三）第三十九条所指的加入及其生效日期；

（四）第四十条所指的扩展及其生效日期；

（五）根据第三十三条和第三十五条所作的指定、保留和声明；

（六）第四十一条第三款所指的退出。

下列经正式授权的签署人签署本公约，以昭信守。

1970 年 3 月 18 日订于海牙，用英文和法文写成，两种文本同等作准。正本一份，存放于荷兰政府档案库，其经证明无误的副本应通过外交途径送交出席海牙国际私法会议第十一届会议的国家。

＊本公约于 1972 年 10 月 7 日生效。中华人民共和国于 1997 年 12 月 8 日交存加入书，同时声明：1. 根据公约第二条，指定中华人民共和国司法部为中央机关，负责接收来自另一缔约国司法机关的请求书，并将其转交给执行请求的主管机关；2. 根据公约第二十三条声明，对于普通法国家旨在进行审判前文件调查的请求书，仅执行已在请求书中列明并与案件有直接密切联系的文件的调查请求；3. 根据公约第三十三条声明，除第十五条以外，不适用公约第二章的规定。

本公约于 1998 年 2 月 6 日对我国生效，并适用于香港、澳门。

中央政府为香港特别行政区作了如下声明：一、关于公约第十六条，不允许其他国家外交官员或领事代表在香港特别行政区向中华人民共和国或第三国国民取证。二、根据公约第二十三条声明，香港特别行政区不执行普通法国家旨在进行审判前文件调查的请求书。就本声明而言，旨在进行审判前文件调查的请求书包括要求某人进行下列行为的请求书：（一）说明哪些与请求书所涉及的诉讼有关的文件正在或已在其持有、保管或权限的范围内；（二）提供有被请求法院看来处于或可能处于该人持有、保管或权限范围内，且非请求书中所列明的特定文件的其他任何文件。三、根据公约第二十四条的规定，指定香港特别行政区高等法院司法常务官为在香港特别行政区接收执行请求书的其他机关；根据公约第十七条的规定，指定香港特别行政区政府政务司长为香港特别行政区的主管机关。四、根据公约第四条和第三十三条，香港特别行政区将不接受以法文写成的请求书。

中央政府于 1999 年 12 月 16 日为澳门特别行政区作了如下声明：一、根据公约第二条规定，指定澳门特别行政区检察院为澳门特别行政区的中心当局；二、根据公约第二十三条声明，澳门特别行政区不执行普通法国家旨在进行审判前文件调查的请求书；三、根据公约第二十三条声明，除第十五条外，澳门特别行政区不适用公约第二章的规定；澳门特别行政区不适用公约第四条第二款的规定。

2000 年 11 月 1 日中央政府对澳门特别行政区所适用的上述声明内容做以下修正：

一、将照会（指 1999 年 12 月 16 日中国政府向荷兰递交上述声明的照会。）中提及的"根据公约第二条规定，指定澳门特别行政区检察院为澳门特别行政区的中心当局"改为："根据公约第二十四条的规定，指定澳门特别行政区检察院为澳门特别行政区的其他机关，负责接受来自另一缔约国司法机关的请求书，并将其转交执行请求的主管机关。澳门特别行政区检察院的地址为：澳门新口岸宋玉生广场行政长官办公大楼"。二、中华人民共和国政府补充声明如下："根据公约第四条第三款声明，澳门特别行政区只接收以中文或葡文写成，或附有中文或葡文译文的请求书。"

《全国人民代表大会常务委员会关于我国加入〈关于从国外调取民事或商事证据的公约〉的决定》（1997 年 7 月 3 日通过）

第八届全国人民代表大会常务委员会第二十六次会议决定，中华人民共和国加入 1970 年 3 月 18 日订于海牙的《关于从国外调取民事或商事证据的公约》，同时：

一、根据公约第二条，指定中华人民共和国司法部为负责接收来自另一缔约国司法机关的请求书，并将其转交给执行请求的主管机关的中央机关；

二、根据公约第二十三条声明，对于普通法国家旨在进行审判前文件调查的请求书，仅执行已在请求书中列明并与案件有直接密切联系的文件的调查请求；

三、根据公约第三十三条声明，除第十五条以外，不适用公约第二章的规定。

8. 在线证明程序

导读

在人工智能技术广泛应用于人们的工作和日常生活之时，人工智能也被运用于司法领域，服务于司法，尤其是基于互联网交易、互联网侵权发生的大量纠纷，在司法过程中不可避免地涉及智能化的运用。近些年来，最高人民法院从司法现代化的战略高度，提出要全面打造"智慧法院"，这一政策极大地推动了试点法院智能化技术的应用。互联网法院的设立、"移动微法院"的推广，更是将司法智能化推向了新的高潮。诉讼当事人（特别是青年人群体和精英群体）也越来越重视、熟悉并希望利用智能化技术参与民事诉讼，以此增强证据收集、证据应用、事实主张证明的能力，以降低诉讼成本、提高诉讼效率。无论是法院，还是诉讼当事人以及诉讼参与人，都对民事诉讼的智能化有强烈的需求，对于民事诉讼智能化，诉讼各方均有共同的利益。智能化也正在明显地改变着民事诉讼的形态，其对何谓现代民事诉讼作出了新的阐释。从发展的角度来看，智能化可能是民事诉讼发展过程中最具有革命性的变化。民事主体民事行为的自治性、民事权利的处分性、民事活动的多样性、社会生活的智能化使民事纠纷更多地涉及智能化问题，在民事诉讼权利可自由处分的语境下，民事诉讼在智能化上的运用将有更大的空间。

相关司法解释规定

《人民法院在线诉讼规则》（法释〔2021〕12 号，2021 年 8 月 1 日起施行）

第十一条　当事人可以在诉讼平台直接填写录入起诉状、答辩状、反诉状、代理意见等诉讼文书材料。

当事人可以通过扫描、翻拍、转录等方式，将线下的诉讼文书材料或者证据材料作电子化处理后上传至诉讼平台。诉讼材料为电子数据，且诉讼平台与存储该电子数据的平台已实现对接的，当事人可以将电子数据直接提交至诉讼平台。

当事人提交电子化材料确有困难的，人民法院可以辅助当事人将线下材料作电子化处理后导入诉讼平台。

第十二条　当事人提交的电子化材料，经人民法院审核通过后，可以直接在诉讼中使用。诉讼中存在下列情形之一的，人民法院应当要求当事人提供原件、原物：

（一）对方当事人认为电子化材料与原件、原物不一致，并提出合理理由和依据的；

（二）电子化材料呈现不完整、内容不清晰、格式不规范的；

（三）人民法院卷宗、档案管理相关规定要求提供原件、原物的；

（四）人民法院认为有必要提交原件、原物的。

第十三条　当事人提交的电子化材料，符合下列情形之一的，人民法院可以认定符合原件、原物形式要求：

（一）对方当事人对电子化材料与原件、原物的一致性未提出异议的；

（二）电子化材料形成过程已经过公证机构公证的；

（三）电子化材料已在之前诉讼中提交并经人民法院确认的；

（四）电子化材料已通过在线或者线下方式与原件、原物比对一致的；

（五）有其他证据证明电子化材料与原件、原物一致的。

第十四条　人民法院根据当事人选择和案件情况，可以组织当事人开展在线证据交换，通过同步或者非同步方式在线举证、质证。

各方当事人选择同步在线交换证据的，应当在人民法院指定的时间登录诉讼平台，通过在线视频或者其他方式，对已经导入诉讼平台的证据材料或者线下送达的证据材料副本，集中发表质证意见。

各方当事人选择非同步在线交换证据的，应当在人民法院确定的合理期限内，分别登录诉讼平台，查看已经导入诉讼平台的证据材料，并发表质证意见。

各方当事人均同意在线证据交换，但对具体方式无法达成一致意见的，适用同步在线证据交换。

第十五条　当事人作为证据提交的电子化材料和电子数据，人民法院应当按照法律和司法解释的相关规定，经当事人举证质证后，依法认定其真实性、合法性和关联性。未经人民法院查证属实的证据，不得作为认定案件事实的根据。

第十六条　当事人作为证据提交的电子数据系通过区块链技术存储，并经技术核验一致的，人民法院可以认定该电子数据上链后未经篡改，但有相反证据足以推翻的除外。

第十七条　当事人对区块链技术存储的电子数据上链后的真实性提出异议，并有合理理由的，人民法院应当结合下列因素作出判断：

（一）存证平台是否符合国家有关部门关于提供区块链存证服务的相关规定；

（二）当事人与存证平台是否存在利害关系，并利用技术手段不当干预取证、存证过程；

（三）存证平台的信息系统是否符合清洁性、安全性、可靠性、可用性的国家标准或者行业标准；

（四）存证技术和过程是否符合相关国家标准或者行业标准中关于系统环境、技术安全、加密方式、数据传输、信息验证等方面的要求。

第十八条　当事人提出电子数据上链存储前已不具备真实性，并提供证据证明或者说明理由的，人民法院应当予以审查。

人民法院根据案件情况，可以要求提交区块链技术存储电子数据的一方当事人，提供证据证明上链存储前数据的真实性，并结合上链存储前数据的具体来源、生成机制、存储过程、公证机构公证、第三方见证、关联印证数据等情况作出综合判断。当事人不能提供证据证明或者作出合理说明，该电子数据也无法与其他证据相互印证的，人民法院不予确认其真实性。

第十九条　当事人可以申请具有专门知识的人就区块链技术存储电子数据相关

技术问题提出意见。人民法院可以根据当事人申请或者依职权，委托鉴定区块链技术存储电子数据的真实性，或者调取其他相关证据进行核对。

第二十条　经各方当事人同意，人民法院可以指定当事人在一定期限内，分别登录诉讼平台，以非同步的方式开展调解、证据交换、调查询问、庭审等诉讼活动。

适用小额诉讼程序或者民事、行政简易程序审理的案件，同时符合下列情形的，人民法院和当事人可以在指定期限内，按照庭审程序环节分别录制参与庭审视频并上传至诉讼平台，非同步完成庭审活动：

（一）各方当事人同时在线参与庭审确有困难；

（二）一方当事人提出书面申请，各方当事人均表示同意；

（三）案件经过在线证据交换或者调查询问，各方当事人对案件主要事实和证据不存在争议。

第二十一条　人民法院开庭审理的案件，应当根据当事人意愿、案件情况、社会影响、技术条件等因素，决定是否采取视频方式在线庭审，但具有下列情形之一的，不得适用在线庭审：

（一）各方当事人均明确表示不同意，或者一方当事人表示不同意且有正当理由的；

（二）各方当事人均不具备参与在线庭审的技术条件和能力的；

（三）需要通过庭审现场查明身份、核对原件、查验实物的；

（四）案件疑难复杂、证据繁多，适用在线庭审不利于查明事实和适用法律的；

（五）案件涉及国家安全、国家秘密的；

（六）案件具有重大社会影响，受到广泛关注的；

（七）人民法院认为存在其他不宜适用在线庭审情形的。

采取在线庭审方式审理的案件，审理过程中发现存在上述情形之一的，人民法院应当及时转为线下庭审。已完成的在线庭审活动具有法律效力。

在线询问的适用范围和条件参照在线庭审的相关规则。

第二十九条　经受送达人同意，人民法院可以通过送达平台，向受送达人的电子邮箱、即时通信账号、诉讼平台专用账号等电子地址，按照法律和司法解释的相关规定送达诉讼文书和证据材料。

具备下列情形之一的，人民法院可以确定受送达人同意电子送达：

（一）受送达人明确表示同意的；

（二）受送达人在诉讼前对适用电子送达已作出约定或者承诺的；

（三）受送达人在提交的起诉状、上诉状、申请书、答辩状中主动提供用于接收送达的电子地址的；

（四）受送达人通过回复收悉、参加诉讼等方式接受已经完成的电子送达，并且未明确表示不同意电子送达的。

第三十四条 适用在线诉讼的案件，人民法院应当在调解、证据交换、庭审、合议等诉讼环节同步形成电子笔录。电子笔录以在线方式核对确认后，与书面笔录具有同等法律效力。

《最高人民法院关于互联网法院审理案件若干问题的规定》（法释〔2018〕16号，2018年9月7日起施行）

第一条 互联网法院采取在线方式审理案件，案件的受理、送达、调解、证据交换、庭前准备、庭审、宣判等诉讼环节一般应当在线上完成。

根据当事人申请或者案件审理需要，互联网法院可以决定在线下完成部分诉讼环节。

第五条 互联网法院应当建设互联网诉讼平台（以下简称诉讼平台），作为法院办理案件和当事人及其他诉讼参与人实施诉讼行为的专用平台。通过诉讼平台作出的诉讼行为，具有法律效力。

互联网法院审理案件所需涉案数据，电子商务平台经营者、网络服务提供商、相关国家机关应当提供，并有序接入诉讼平台，由互联网法院在线核实、实时固定、安全管理。诉讼平台对涉案数据的存储和使用，应当符合《中华人民共和国网络安全法》等法律法规的规定。

第九条 互联网法院组织在线证据交换的，当事人应当将在线电子数据上传、导入诉讼平台，或者将线下证据通过扫描、翻拍、转录等方式进行电子化处理后上传至诉讼平台进行举证，也可以运用已经导入诉讼平台的电子数据证明自己的主张。

第十条 当事人及其他诉讼参与人通过技术手段将身份证明、营业执照副本、授权委托书、法定代表人身份证明等诉讼材料，以及书证、鉴定意见、勘验笔录等证据材料进行电子化处理后提交的，经互联网法院审核通过后，视为符合原件形式要求。对方当事人对上述材料真实性提出异议且有合理理由的，互联网法院应当要求当事人提供原件。

第十一条 当事人对电子数据真实性提出异议的，互联网法院应当结合质证情况，审查判断电子数据生成、收集、存储、传输过程的真实性，并着重审查以下内容：

（一）电子数据生成、收集、存储、传输所依赖的计算机系统等硬件、软件环境是否安全、可靠；

（二）电子数据的生成主体和时间是否明确，表现内容是否清晰、客观、准确；

（三）电子数据的存储、保管介质是否明确，保管方式和手段是否妥当；

（四）电子数据提取和固定的主体、工具和方式是否可靠，提取过程是否可以重现；

（五）电子数据的内容是否存在增加、删除、修改及不完整等情形；

（六）电子数据是否可以通过特定形式得到验证。

当事人提交的电子数据，通过电子签名、可信时间戳、哈希值校验、区块链等证据收集、固定和防篡改的技术手段或者通过电子取证存证平台认证，能够证明其真实性的，互联网法院应当确认。

当事人可以申请具有专门知识的人就电子数据技术问题提出意见。互联网法院可以根据当事人申请或者依职权，委托鉴定电子数据的真实性或者调取其他相关证据进行核对。

相关司法文件

《民事诉讼程序繁简分流改革试点问答口径（一）》（2020 年 4 月 15 日）

二十九、当事人提交的电子化材料有何效力？

答：根据《实施办法》第二十二条，经过人民法院审核通过的电子化材料，具有"视同原件"的效力，可以直接在诉讼中使用，但该效力仅针对电子化材料形式真实性，对证据的实质真实性、关联性和合法性必须通过举证质证程序审查。

三十、法官应当如何审核电子化材料？

答：法官审核电子化材料的形式真实性，应当注意以下几个方面：第一，对于审核难度相对较小的诉讼材料，可以通过打通相关部门公民个人身份信息和企业工商登记信息系统进行在线核实，对授权委托书等材料采取电话核实。第二，对于双方都占有的证据材料，主要视对方当事人提出异议情况而定，无异议的可以直接认定，有异议且理由正当的应要求提供原件核对。第三，对于仅单方占有的证据材料，首先考虑是否系制式化、标准化或第三方出具，如发票、交费收据等，这类证据若对方当事人不持异议，可以直接认定；对于单方提供的非制式化并对案件审理具有关键性作用的证据，人民法院认为无法核实真实性时，应当要求提供原件核对。

《最高人民法院关于新冠肺炎疫情防控期间加强和规范在线诉讼工作的通知》（法〔2020〕49 号，2020 年 2 月 14 日）

一、各级人民法院要提高政治站位，充分认识疫情防控的重要意义和严峻形势，切实增强责任感和紧迫感，立足审判职能，努力服务和保障疫情防控工作大局。要将深入推进在线诉讼作为坚决打赢防控疫情的人民战争、总体战、阻击战的重要举措，积极依托中国移动微法院、诉讼服务网、12368 诉讼服务热线等在线诉讼平台，全面开展网上立案、调解、证据交换、庭审、宣判、送达等在线诉讼活动，有效满足疫情防控期间人民群众司法需求，确保人民法院审判工作平稳有序运行。

七、当事人及其诉讼代理人通过电子化方式提交诉讼材料和证据材料的，经人民法院审核通过后，可以不再提交纸质原件。当事人及其诉讼代理人采取邮寄等方式提交纸质材料的，人民法院应当及时扫描录入案件办理系统。对提交的纸质原件材料，要及时立卷归档。人民法院应当积极引导当事人及其诉讼代理人提交电子化材料，为其提供平台支撑和技术便利。

民事证据法篇

行政证据法篇

刑事证据法篇

一、证据的种类与属性

1. 证 据 种 类

《中华人民共和国行政诉讼法》（1989 年 4 月 4 日通过，2014 年 11 月 1 日第一次修正，2017 年 6 月 27 日第二次修正）

第五条 【以事实为根据，以法律为准绳原则】人民法院审理行政案件，以事实为根据，以法律为准绳。

第三十三条 【证据种类】证据包括：

（一）书证；

（二）物证；

（三）视听资料；

（四）电子数据；

（五）证人证言；

（六）当事人的陈述；

（七）鉴定意见；

（八）勘验笔录、现场笔录。

以上证据经法庭审查属实，才能作为认定案件事实的根据。

《中华人民共和国居民身份证法》（2003 年 6 月 28 日通过，2011 年 10 月 29 日修正）

第十三条 公民从事有关活动，需要证明身份的，有权使用居民身份证证明身份，有关单位及其工作人员不得拒绝。

有关单位及其工作人员对履行职责或者提供服务过程中获得的居民身份证记载的公民个人信息，应当予以保密。

第十四条 有下列情形之一的，公民应当出示居民身份证证明身份：

（一）常住户口登记项目变更；

（二）兵役登记；

（三）婚姻登记、收养登记；

（四）申请办理出境手续；

（五）法律、行政法规规定需要用居民身份证证明身份的其他情形。

依照本法规定未取得居民身份证的公民，从事前款规定的有关活动，可以使用符合国家规定的其他证明方式证明身份。

相关部门规章

《医疗保障行政处罚程序暂行规定》（2021 年 7 月 15 日起施行）

第十九条　办案人员应当依法收集证据。证据包括：

（一）书证；

（二）物证；

（三）视听资料；

（四）电子数据；

（五）证人证言；

（六）当事人的陈述；

（七）鉴定意见；

（八）勘验笔录、现场笔录。

立案前核查或者监督检查过程中依法取得的证据材料，可以作为案件的证据使用。

对于移送的案件，移送机关依职权调查收集的证据材料，可以作为案件的证据使用。

证据经查证属实，作为认定案件事实的根据。

《中华人民共和国海关办理行政处罚案件程序规定》（2021 年 7 月 15 日起施行）

第十八条　海关办理行政处罚案件的证据种类主要有：

（一）书证；

（二）物证；

（三）视听资料；

（四）电子数据；

（五）证人证言；

（六）当事人的陈述；

（七）鉴定意见；

（八）勘验笔录、现场笔录。

证据必须经查证属实，方可作为认定案件事实的根据。

以暴力、威胁、引诱、欺骗以及其他非法手段取得的证据，不得作为认定案件事实的根据。

《证券期货违法行为行政处罚办法》（2021 年 7 月 14 日起施行）

第十一条　中国证监会及其派出机构调查、收集的证据包括：

（一）书证；

（二）物证；

（三）视听资料；

（四）电子数据；

（五）证人证言；

（六）当事人的陈述；

（七）鉴定意见；

（八）勘验笔录、现场笔录。

证据必须经查证属实，方可作为认定案件事实的根据。

以非法手段取得的证据，不得作为认定案件事实的根据。

《市场监督管理行政处罚程序规定》（2018 年 12 月 21 日公布，2021 年 7 月 2 日修正）

第二十三条　办案人员应当依法收集证据。证据包括：

（一）书证；

（二）物证；

（三）视听资料；

（四）电子数据；

（五）证人证言；

（六）当事人的陈述；

（七）鉴定意见；

（八）勘验笔录、现场笔录。

立案前核查或者监督检查过程中依法取得的证据材料，可以作为案件的证据使用。

对于移送的案件，移送机关依职权调查收集的证据材料，可以作为案件的证据使用。

上述证据，应当符合法律、法规、规章关于证据的规定，并经查证属实，才能作为认定案件事实的根据。以非法手段取得的证据，不得作为认定案件事实的根据。

《国家外汇管理局行政处罚办法》（2020 年 10 月 1 日起施行）

第二十三条　处理外汇违法行为的证据包括：

（一）书证；

（二）物证；

（三）视听资料；

（四）电子数据；

（五）证人证言；

（六）当事人的陈述；

（七）鉴定意见；

（八）勘验笔录、现场笔录。

证据必须经查证属实，方可作为认定案件事实的根据。

以非法手段取得的证据，不得作为认定案件事实的根据。

《公安机关办理行政案件程序规定》（2012年12月19日公安部修订发布，2014年6月29日第一次修正，2018年11月25日第二次修正，2020年8月6日第三次修正）

第三条　办理行政案件应当以事实为根据，以法律为准绳。

第二十六条　可以用于证明案件事实的材料，都是证据。公安机关办理行政案件的证据包括：

（一）物证；

（二）书证；

（三）被侵害人陈述和其他证人证言；

（四）违法嫌疑人的陈述和申辩；

（五）鉴定意见；

（六）勘验、检查、辨认笔录，现场笔录；

（七）视听资料、电子数据。

证据必须经过查证属实，才能作为定案的根据。

《专利行政执法证据规则（试行）》（国知发管字〔2016〕31号，2016年5月5日起施行）

第1章　专利行政执法中证据规则概述

第1节　专利行政执法中常见的证据类型

根据证据提交主体的不同，专利行政执法中常见的证据可以分为三种类型：请求人提供的证据、被请求人提供的证据、管理专利工作的部门依职权调查收集的证据。

1.1.1　请求人提供的证据种类

根据拟证明的对象或者内容，请求人提供的证据可分为三类。

1.1.1.1　涉及请求人主体资格和权利的证据

专利权人或其利害关系人请求管理专利工作的部门处理专利侵权纠纷，必须首先证明其具有提起请求的主体资格且其主张的专利权合法有效。为此，请求人可以提供以下证明文件：

（1）请求人主体资格证明。请求人为自然人的，应当提供身份证；请求人为企事业单位的，应当提供营业执照或事业单位登记证；请求人为外国主体的，应当提供相关证明文件。

（2）专利证书。用于证明专利授权时的权属状况。

（3）专利登记簿副本。用于证明专利权的变更以及现实归属。当权利人没有提供专利登记簿副本时，管理专利工作的部门应当要求其提供。

（4）专利授权公告文本。发明或实用新型专利的授权公告文本为权利要求书、说明书及附图、说明书摘要及摘要附图；外观设计专利的授权公告文本为公告授权的图片或照片及简要说明。

（5）专利年费收据。用于证明专利权持续有效。在权利人提供了专利登记簿副本的情况下，该证据可以不提供。

（6）实用新型、外观设计专利检索报告（评价报告）。请求处理侵犯实用新型或外观设计专利侵权纠纷的请求人，可以主动或者应管理专利工作的部门要求出具由国务院专利行政部门作出的检索报告或专利权评价报告（申请日在 2009 年 10 月 1 日之前的实用新型专利，出具的应为检索报告；申请日在 2009 年 10 月 1 日之后的实用新型或外观设计专利，出具的应为专利权评价报告）。

（7）被许可人还应当提供有关专利实施许可合同及其在国务院专利行政部门备案的证明材料，未经备案的应当提交专利权人的证明，或者证明其享有权利的其他证据。

（8）排他实施许可合同的被许可人单独提出申请的，应当提交专利权人放弃申请的证明材料。

（9）专利财产权利的继承人应当提交已经继承或者正在继承的证据材料。

1.1.1.2 涉及侵权行为的证据

专利权人或其利害关系人请求管理专利工作的部门处理专利侵权纠纷，应当提交被请求人存在侵权行为的相关证据，比如：

（1）被控侵权人已经实施或即将实施侵犯专利权行为的证据。如对购买涉嫌侵权产品的过程及购得的涉嫌侵权产品进行公证保全的证据，或对涉嫌侵权现场（如许诺销售）、涉嫌侵权产品的安装地进行勘查后取得的证据，以及产品宣传册、销售侵权产品人员的名片、购货发票或收据、销售发票、购销合同等。

（2）与被控侵权产品 / 方法相关的证据。如从市场上或其他渠道获得的涉嫌侵权产品的实物、照片、产品目录、工艺、配方以及生产步骤等。购得的涉嫌侵权产品由公证人员封存并拍照的，提交前，请求人应确保封条完好无损。

（3）其他证据。如其他部门查处各类违法行为的过程中取得的与专利侵权有关的证据。

（4）请求人主张被请求人侵犯其新产品制造方法的发明专利的，为证明被请求人生产的产品与自己依照专利方法直接获得的产品属于同样的产品，可以提交被请求人的产品和 / 或其产品说明书、第三方出具的鉴定报告等证据。

1.1.1.3 涉及权利人利益损失的证据

专利权人或其利害关系人在请求管理专利工作的部门就专利侵权纠纷进行调处时，应当提供证据证明其损失，比如：

（1）专利实施许可合同。专利权人与他人签订的专利实施许可合同中约定的许可使用费可以作为请求赔偿的依据。当专利权人或其利害关系人提交的专利实施许可合同是与其业务单位签订的名义上的专利实施许可合同时，合同约定的许可使用费能否作为赔偿的参照依据需要管理专利工作的部门根据具体案情加以识别与判定。

（2）请求人因侵权所受的损失。请求人主张以自己所受到的损失作为赔偿数额的依据时，需要提供自己单位产品销售数量减少情况以及销售利润的财务账册资料或财务数据，请求人因被请求人侵权造成销售量减少的总数与每件被控侵权产品销售的合理利润相乘之积为请求人的损失数额的依据。

（3）被控侵权人因侵权行为所获的收益。请求人主张以被请求人的获利作为赔偿数额的依据时，需要提供被请求人的相应账册，或申请管理专利工作的部门对被请求人的财务会计账册进行调查勘验，以被请求人因侵权导致的销售量增加的总数或者被请求人制造的被控侵权产品的总数，与每件被控侵权产品销售的合理利润相乘之积为被请求人所获收益的依据。

（4）法定赔偿的依据。当权利人的损失、侵权人获得的利益和专利许可使用费均难以确定时，管理专利工作的部门可以要求请求人提供证明侵权人侵权行为的情节及专利产品市场价值的辅助证据，作为确定具体赔偿数额时的参照因素。

1.1.2 被请求人提供的证据

根据拟证明的对象或者内容，被请求人提交的证据可以分为以下几类。

1.1.2.1 涉及权利瑕疵抗辩的证据

被请求人可以针对请求人的主体资格、专利权的归属等提出权利瑕疵抗辩，并提供相应的证据，例如请求人不具备启动侵权纠纷处理程序的主体资格的证据、专利权终止的证据等。

1.1.2.2 涉及不落入专利权保护范围抗辩的证据

为证明涉嫌侵权产品未落入专利权保护范围，被请求人可以提供证据加以证明。

被请求人提供的证据一般包括技术词典、教科书等证据，用以证明权利要求中某术语或技术特征的确切含义。

被请求人以禁止反悔原则主张不侵权的，应当提供专利审查档案，包括初步审查、实质审查、复审请求审查、无效宣告请求审查中的档案及当事人在上述程序中的书面及口头陈述意见作为证据，管理专利工作的部门也可以要求被请求人提供所有的专利审查文档。

1.1.2.3 涉及现有技术（设计）抗辩的证据

被请求人主张本人实施的技术为现有技术或现有设计的，可以提供现有技术出版物，或者有确切来源、销售或使用时间的产品实物以及有关的辅助凭证，如产品说明书、产品图册、销售发票以及证人证言等。

1.1.2.4 涉及先用权抗辩的证据

被请求人主张先用权抗辩的，可以提供以下证据：

（1）在涉案专利的申请日前其已经制造、使用涉嫌侵权产品或方法的证据；

（2）在涉案专利的申请日前其尚未制造、使用，但已经作好制造、使用涉嫌侵权产品或方法准备的证据，如：（A）在涉案专利的申请日之前其已完成的设计图纸和工艺文件；（B）在涉案专利的申请日之前其已购置的设备、原材料及产能的资料。

1.1.2.5 涉及合法来源抗辩提出的证据

被请求人主张合法来源抗辩的，可以提供证明合法来源的证据，如买卖合同、租赁合同、发票、运输单据等，以及其他证明交易合法成立的证据；必要时，也可以提供封存的样品、产品的图片等相关证据。

1.1.3 管理专利工作的部门收集的证据

管理专利工作的部门收集的证据主要分为两种类型。

1.1.3.1 就专门技术问题委托鉴定的证据

管理专利工作的部门将案件争议的技术问题委托具有一定权威性的机构组织专家进行鉴定，鉴定人将鉴定意见以证据的形式提交给管理专利工作的部门，经当事人质证后作为定案依据。鉴定可以采用委托专门机构进行技术鉴定、召开专家咨询或专家论证会、专家证人参与等方式。鉴定意见通常为书证。

1.1.3.2 依申请或依职权调取的证据

管理专利工作的部门依据当事人的申请或依职权调取的证据通常包括：

（1）查阅、复制的与案件有关的合同、账册、生产记录等书证；

（2）采用拍照、摄像等方式对被控侵权产品、被控侵权方法的生产操作过程、假冒专利产品的外形、场所布置情况等进行保全形成的视听资料证据；

（3）采用复制计算机数据、电子文档等方式形成的电子证据；

（4）对易于调取的书证、产品实物等采用暂扣、抽样等方式提取的证据；

（5）对不易搬动的大件物品或被控侵权产品等采用测量等方式进行现场勘验或检查形成的勘验或检查笔录；

（6）在勘验现场时对相关人员进行询问或讯问等形成的录音资料或询问或讯问笔录。

第 2 节　专利行政执法中证据的分类与表现形式

1.2.1 证据的分类

1.2.1.1 原始证据与传来证据

按照证据的不同来源，可以将证据划分为原始证据与传来证据。

凡是直接来源于案件事实本身的证据材料即为原始证据，例如专利证书的原件、假冒专利产品原物。凡是经过中间传抄、转述环节获取的证据材料即为传来证据，也称为派生证据，例如营业执照的复印件、物品的照片等。

1.2.1.2 直接证据与间接证据

根据证据与待证事实的关系，可以将证据划分为直接证据与间接证据。

凡是能够单独证明案件主要事实的证据为直接证据，例如直接见证销售侵权产品的公证书。凡是只能证明案件事实的某一个侧面或者某一个环节，需要与其他证据结合使用才能证明案件事实的证据为间接证据。例如，销售某款产品的销售发票，虽然能证明发票开具日以前已经销售了某款产品，但是，该产品的形状、内部结构需要结合其他证据才能确定。

1.2.1.3 言词证据与实物证据

根据证据的表现形式，可以将其划分为言词证据与实物证据。

凡是能够证明案件情况的事实是通过自然人的陈述形式表现出来的证据，称为言词证据，例如销售人员出具的在某时某地销售某产品的证言。凡是能够证明案件情况的事实是通过物品的外部形态特征或者记载的内容思想表现出来的证据，称为实物证据，例如涉嫌侵权的产品或者产品使用说明书。

1.2.1.4 本证与反证

根据当事人对所主张事实是否负有证明责任，可以将证据分为本证与反证。

凡是由负有证明责任的一方当事人提出的用来证明该方主张事实的证据，即为本证。例如，某市知识产权局主张某公司存在制造销售假冒专利产品的行为，举出当事人陈述两份、现场勘验笔录一份，这些证据即为本证。凡是为了推翻对方所主张的事实而提出与对方相反的即相抵消的事实根据的，称为反证。例如，以上案件中，某公司提出，某市知识产权局举证的当事人陈述中所指的产品制造时间正值公司设备检修的停业期间，所谓的制造销售假冒专利产品一事纯属造谣，并举出相应的书证与证人证言，这些证据即为反证。

1.2.2 证据的表现形式

根据证据的不同表现形式，证据一般分为八种法定形式。

1.2.2.1 书证

书证是指用文字、符号或图形所表达的思想内容来证明案件事实的证据，是以其内容来证明待证事实的有关情况的文字材料。凡是以文字来记载人的思想和行为以及采用各种符号、图案来表达人的思想，其内容对待证事实具有证明作用的物品都是书证。书证形式上取决于它所采用的书面形式，内容上取决于它所记载或表达的思想内涵与案情具有关联性。

专利纠纷中常见的书证包括各个国家、地区的专利说明书、公证书、期刊、报纸、杂志、发票、单据、合同等。

1.2.2.2 物证

物证，即以物品、痕迹等客观物质实体的外形、性状、质地、规格等证明案件事实的证据，如被控侵权产品等。

1.2.2.3 视听资料

视听资料是指以音响、图像等方式记录有信息的载体。视听资料一般可分为三种类型。

（1）视觉资料，也称无声录像资料，包括图片、摄影胶卷、幻灯片、投影片、无声录像带、无声影片、无声机读件等。

（2）听觉资料，也称录音资料，包括唱片、录音带等。

（3）声像资料，也称音像资料或音形资料，包括电影片、电视片、录音录像片、声像光盘等。

1.2.2.4 证人证言

证人证言，是证人就其所感知的案件情况所作的陈述。以本人所知道的情况对案件事实作证的人，称为证人。

专利纠纷中，证人证言通常包括两种类型：自然人证言和单位证明。其中，单位证明形式上是一种书证，但实质上还是一种证人证言。对于单位行政职权范围内的证明内容，通常不需出庭质证即可认定其真实性（内容），但对于非行政职权范围内的证明内容，需要派员出庭质证并可能需要与其他证据结合使用才能认定其真实性。

证言有口头形式与书面形式、录音形式、视听资料形式等，无论以何种形式表现的证言，都应按照内容划为证言，而不应按照载体来划分为书证、视听资料等。

1.2.2.5 当事人陈述

当事人陈述是当事人就案件事实向合议组所作的陈述。广义上，当事人陈述还包括当事人关于请求的陈述、关于与案件有关的其他事实的陈述以及关于案件性质和法律问题的陈述。

作为证据形式的当事人陈述是以询问当事人本人为手段所获得的关于案件事实的证据。

代理人的承认视为当事人的承认。但是，未经特别授权的代理人对事实的承认直接导致承认对方请求的除外；当事人在场但对其代理人的承认不作否认表示的，视为当事人的承认。

1.2.2.6 鉴定意见

鉴定意见，是具有某方面知识的专家凭自己的专业知识、技能、工艺以及各种科学仪器、设备等，对特定事实及专门性问题进行分析鉴别后所作的专门性意见。该证据的产生依赖科学技术方法而不是对有关情况的回忆。

1.2.2.7 勘验笔录

勘验笔录，是管理专利工作的部门指派的勘验人员对案件涉及的标的物和有关证据，经过现场勘验、调查所作的记录。

勘验笔录可以用文字记载，也可以附以拍照、摄像、绘图或制作模型等。勘验人应当将勘验情况和结果制作笔录，由勘验人、当事人和被邀请参加人签名或者盖章。

管理专利工作的部门可以依当事人的申请勘验现场，也可以依职权主动对现场进行勘验。

1.2.2.8 电子证据

电子证据是指基于电子技术生成、以数字化形式存在于磁盘、光盘、存储卡、手机等各种电子设备载体，其内容可与载体分离，并可多次复制到其他载体的文件。

电子证据可以分为以下几种类型：

（1）文字处理文件：通过文字处理系统形成的文件，由文字、标点、表格、各种符号或其他编码文本组成。

（2）图形处理文件：由专门的计算机软件系统辅助设计或辅助制造的图形数据，通过图形人们可以直观地了解非连续性数据间的关系，使得复杂的信息变得生动明晰。

（3）数据库文件：由若干原始数据记录所组成的文件。数据库系统的功能是输入和存储数据、查询记录以及按照指令输出结果，它具有很高的信息价值，但只有经过整理汇总之后，才具有实际的用途和价值。

（4）程序文件：计算机进行人机交流的工具，软件就是由若干个程序文件组成的。

（5）影、音、像文件：通常所说的"多媒体"文件，通常经过扫描识别、视频捕捉、音频录入等综合编辑而成。

2. 证 据 资 格

相关司法解释规定

《最高人民法院关于适用〈中华人民共和国行政诉讼法〉的解释》（法释〔2018〕1号，2018年2月8日起施行）[①]

第四十二条 能够反映案件真实情况、与待证事实相关联、来源和形式符合法律规定的证据，应当作为认定案件事实的根据。

《最高人民法院关于行政诉讼证据若干问题的规定》（法释〔2002〕21号，2002年10月1日起施行）

第五十五条 法庭应当根据案件的具体情况，从以下方面审查证据的合法性：

（一）证据是否符合法定形式；

（二）证据的取得是否符合法律、法规、司法解释和规章的要求；

（三）是否有影响证据效力的其他违法情形。

[①] 本解释施行后，《最高人民法院关于执行〈中华人民共和国行政诉讼法〉若干问题的解释》（法释〔2000〕8号）、《最高人民法院关于适用〈中华人民共和国行政诉讼法〉若干问题的解释》（法释〔2015〕9号）同时废止。

第五十六条　法庭应当根据案件的具体情况，从以下方面审查证据的真实性：

（一）证据形成的原因；

（二）发现证据时的客观环境；

（三）证据是否为原件、原物，复制件、复制品与原件、原物是否相符；

（四）提供证据的人或者证人与当事人是否具有利害关系；

（五）影响证据真实性的其他因素。

第五十七条　下列证据材料不能作为定案依据：

（一）严重违反法定程序收集的证据材料；

（二）以偷拍、偷录、窃听等手段获取侵害他人合法权益的证据材料；

（三）以利诱、欺诈、胁迫、暴力等不正当手段获取的证据材料；

（四）当事人无正当事由超出举证期限提供的证据材料；

（五）在中华人民共和国领域以外或者在中华人民共和国香港特别行政区、澳门特别行政区和台湾地区形成的未办理法定证明手续的证据材料；

（六）当事人无正当理由拒不提供原件、原物，又无其他证据印证，且对方当事人不予认可的证据的复制件或者复制品；

（七）被当事人或者他人进行技术处理而无法辨明真伪的证据材料；

（八）不能正确表达意志的证人提供的证言；

（九）不具备合法性和真实性的其他证据材料。

第五十九条　被告在行政程序中依照法定程序要求原告提供证据，原告依法应当提供而拒不提供，在诉讼程序中提供的证据，人民法院一般不予采纳。

第六十条　下列证据不能作为认定被诉具体行政行为合法的依据：

（一）被告及其诉讼代理人在作出具体行政行为后或者在诉讼程序中自行收集的证据；

（二）被告在行政程序中非法剥夺公民、法人或者其他组织依法享有的陈述、申辩或者听证权利所采用的证据；

（三）原告或者第三人在诉讼程序中提供的、被告在行政程序中未作为具体行政行为依据的证据。

第六十一条　复议机关在复议程序中收集和补充的证据，或者作出原具体行政行为的行政机关在复议程序中未向复议机关提交的证据，不能作为人民法院认定原具体行政行为合法的依据。

相关案例

松业石料厂诉荥阳市劳保局工伤认定案（《最高人民法院公报》2005 年第 8 期刊载）

【裁判摘要】根据最高人民法院《关于行政诉讼证据若干问题的规定》第五十九

条，劳动保障行政部门受理工伤认定申请后，依照法定程序要求用人单位在规定时间内提供相关证据，用人单位无正当理由拒不向行政机关提供证据，事后在行政诉讼程序中向人民法院提供的，人民法院可不予采纳。

【基本案情】第三人李某是原告松业石料厂的职工。2003 年 5 月 21 日 16 时许，李某在该厂砸石头时，被飞起的石片崩伤右眼，经诊断为右眼外伤、角膜溃疡。受伤后，李某向被告荥阳市劳保局申请工伤赔偿争议仲裁，荥阳市劳保局仲裁科进行了调查。由于松业石料厂坚持认为李某不构成工伤，仲裁无果，李某只得于 2004 年 2 月 20 日向荥阳市劳保局申请工伤认定。荥阳市劳保局于 2 月 23 日受理，并于 3 月 4 日向松业石料厂下达了《工伤认定协助调查通知书》，要求松业石料厂在 10 日内将与李某申请工伤认定的有关材料函告或当面陈述。在指定期限内，松业石料厂只向荥阳市劳保局提交了一份认为不构成工伤的答辩状，未附任何证据。荥阳市劳保局根据调查结果，依照《工伤保险条例》第十四条第一项的规定，于 3 月 24 日作出《工伤认定书》，认定李某所受伤害为工伤。松业石料厂不服，在法定期限内向市政府申请行政复议。7 月 21 日，市政府以《复议决定书》，作出维持《工伤认定书》的决定。松业石料厂遂提起本案行政诉讼。

【裁判结果】荥阳市人民法院依照《中华人民共和国行政诉讼法》第五十四条第（一）项的规定，于 2004 年 10 月 11 日判决：维持被告荥阳市劳保局作出的《工伤认定书》。案件受理费 100 元，由原告松业石料厂负担。郑州市中级人民法院依照《中华人民共和国行政诉讼法》第六十一条第（一）项的规定，于 2005 年 1 月 14 日判决：驳回上诉，维持原判。诉讼费 100 元，由上诉人松业石料厂负担。

【裁判理由】本案争议焦点：对松业石料厂在行政程序中未提交而在诉讼程序中提交的证据，人民法院应否采纳？

河南省郑州市中级人民法院认为：上诉人松业石料厂未在行政程序中提交而在诉讼程序中提交的四个证据，被上诉人荥阳市劳保局和第三人李某在一审质证时均持异议。在决定取舍这样的证据时，司法解释既然规定"一般不予采纳"而不是"一律不予采纳"，就不能只从形式上看该证据是何时提交的，还应当从内容上看采纳该证据是否有利于人民法院查明案情。这四个证据是：1.2004 年 5 月 13 日以崔庙卫生院眼科医师陈某转名义出具的诊断证明书，所证内容是 2003 年 5 月 14 日一名普通患者在该院的就诊情况。2003 年 5 月 26 日，崔庙卫生院曾以同一个医师的名义，为李某出具过一份《诊断证明书》，其上记载的患者主诉是右眼被石子碰伤一天余伴视物不清；医师诊断结果是右眼外伤、右眼角膜溃疡。2004 年 5 月 13 日又出具的这份诊断证明书，把李某的就诊时间从 2003 年 5 月 26 日提前到 2003 年 5 月 14 日，把对李某的诊断结果从右眼外伤、右眼角膜溃疡改变为角膜溃疡。由于这份诊断证明书上既没有患者主诉也没有医师检查所见，从字面上无法得知患者是哪只眼角膜溃疡，因何溃疡。崔庙卫生院何以在一年后出具这样一份残缺不全的诊断证明书？该诊断证明书既然能对一年前的患者姓名、准确就医时间以及诊断结果记录得如此清晰，却为什么说不出患者是哪只眼有病？如果崔庙卫生院是靠该院病案记载内容出具这份诊断证明书的，为什么不能将病案记载内容直接作为证据提供？如果2004年5月13日的这份诊断证明书反映的是事实真相，那么崔庙卫生院对2003年5月26日出具的那份《诊断证明书》，又该作何解释？这些疑点，出具该证据的崔庙卫生院和提供该证据的松业石料厂有义务说明。2. 松业石料厂2003年5月份的记工表。该证据出自松业石料厂，是记工员一人在笔记本上书写的，极易伪造，如无其他证据印证，则不具有证明力。3. 2004年9月3日原告的委托代理人对李某亮的调查笔录一份。在这份笔录中，李某亮说：他不识字，只是在人家写好的内容上签名捺了指印；2003年5月21日他不上班，不知道李某崩着眼的事，也没有听说李某去医院看眼睛。对与工伤认定有利害关系的李某来说，李某亮的这一理由，足以推翻李某在先给其出具的证言。然而，荥阳市劳保局工作人员与工伤认定无任何利害关系；在荥阳市劳保局工作人员向李某亮调查时，李某亮所述内容仍与其给李某出具证言的内容一致，已经被荥阳市劳保局工作人员记录在案。李某亮翻证后的证言，不足采信。4. 2004年9月3日原告的委托代理人对李某木的调查笔录一份。在这份笔录中，李某木说到：他们在一起干活时的距离很近，如果有人崩着眼，别人应该知道，就是当场没看见，也会听他说一声；而李某木说他既看到李某眼睛红，也听到李某说过是崩着眼了。该证言不能否定李某在工作时眼睛受伤的事实。再者，从四个证据的内容分析，这四个证据完全能在行政机关调查工伤情况时形成，松业石料厂当时如果持有这四个证据，完全有条件向行政机关提供。松业石料厂不在《工伤认定协助调查通知书》指定的期间内向行政机关提交这些证据，确实违背了《行政诉讼证据规定》第五十九条的规定。一审在这些证据受到对方当事人质疑的情况下，根据《行政诉讼证据规定》第五十九条的规定，决定不采纳松业石料厂提供的有疑问证据，是正确的。

综上所述，被上诉人荥阳市劳保局在收到第三人李某的工伤认定申请后，经调查核实，认定李某所受伤害为工伤，认定事实清楚，证据充分，适用法规正确，程序合法。一审判决维持荥阳市劳保局作出的该工伤认定决定，认定事实清楚，适用法律正确，程序合法，应予维持。上诉人松业石料厂的上诉理由不能成立，应当驳回。

3．非法证据排除规则

相关法律条文

《中华人民共和国行政诉讼法》（1989 年 4 月 4 日通过，2014 年 11 月 1 日第一次修正，2017 年 6 月 27 日第二次修正）

第四十三条　【证据适用规则】证据应当在法庭上出示，并由当事人互相质证。对涉及国家秘密、商业秘密和个人隐私的证据，不得在公开开庭时出示。

人民法院应当按照法定程序，全面、客观地审查核实证据。对未采纳的证据应当在裁判文书中说明理由。

以非法手段取得的证据，不得作为认定案件事实的根据。

相关司法解释规定

《最高人民法院关于适用〈中华人民共和国行政诉讼法〉的解释》（法释〔2018〕1 号，2018 年 2 月 8 日起施行）

第四十三条　有下列情形之一的，属于行政诉讼法第四十三条第三款规定的"以非法手段取得的证据"：

（一）严重违反法定程序收集的证据材料；

（二）以违反法律强制性规定的手段获取且侵害他人合法权益的证据材料；

（三）以利诱、欺诈、胁迫、暴力等手段获取的证据材料。

《最高人民法院关于行政诉讼证据若干问题的规定》（法释〔2002〕21 号，2002 年 10 月 1 日起施行）

第五十八条　以违反法律禁止性规定或者侵犯他人合法权益的方法取得的证据，不能作为认定案件事实的依据。

相关案例

张某不服上海市闵行区城市交通行政执法大队交通行政处罚案（上海市闵行区人民法院（2009）闵行初字第 76 号）

【裁判要点】"钓鱼式"行政执法是指行政执法机关为了达到一定的行政管理目的制造虚假的行政违法诱因，诱使行政相对人作出相应的违法行为，进而作出相应处理的一种执法方式。"钓鱼式"行政执法违反了行政合法性原则、比例原则和正当程序原则，不符合法治的目的，应当坚决禁止。

【基本案情】2009 年 9 月 14 日，被告闵行交通执法大队作出第 × 号行政处罚决定，认定原告张某于 2009 年 9 月 8 日在闵行区实施了无营运证擅自从事出租汽车经营行为。同年 10 月 26 日，被告以"该案的取证方式不正当，导致认定违法事实不清"为由，作出《撤销〈行政处罚决定书〉的决定书》，撤销了被诉行政处罚决定，并向原告送达了该撤销决定书。原告表示不撤诉。

原告诉称：2009 年 9 月 8 日，原告开车去单位。在元江路等候红灯时，遇一男子恳求原告开车带其一段路。原告出于同情让其搭乘了车，且两次拒绝对方主动提出的付费请求。当车开至北松公路转弯处时，原告应该男子要求停车，遭被告粗暴执法，被抢下车钥匙，强行搜去车辆行驶证。原告被非法拘禁半小时。被告扔下一份调查处理通知书后离去。之后，被告未经认真调查，并在非法剥夺原告陈述、申辩等权利的情况下，于 2009 年 9 月 14 日对原告作出被诉行政处罚决定。原告认为，被告所作具体行政行为没有事实和法律依据，且程序违法，要求撤销被告作出的第 × 号行政处罚决定。

被告辩称：其已于 2009 年 10 月 26 日撤销原作出的行政处罚决定，并撤回举证期限内提交的答辩状及证据材料。原作出的行政处罚决定因采用了以利诱的不正当取证方式取得的证据，导致认定事实错误，故原先向法院提供的相关证据已不具合法性，且提供不出其他证明原告非法营运的合法有效证据。被告对由此造成原告被错误查处及期间所遭受的强制、滞留、申辩受阻等表示歉意。

【裁判结果】上海市闵行区人民法院经审理认为，根据《上海市出租汽车管理条例》第四条第二款的规定，被告闵行交通执法大队具有查处擅自从事出租汽车经营行为的法定职责，在行政诉讼中应对被诉具体行政行为的合法性承担举证责任。然被告已于庭审前自行撤销了对原告张某作出的行政处罚决定，在庭审中被告亦表示："原作出的行政处罚决定因采信了以利诱的不正当取证方式取得的证据，导致认定事实错误，原先向法院提供的相关证据已不具合法性，亦无其他证明原告非法营运的合法有效证据，故不能认定原告有非法营运的事实。"鉴于被告已自行撤销对原告作出的行政处罚决定，法院根据《最高人民法院关于执行〈中华人民共和国行政诉讼法〉若干问题的解释》第五十条第三款之规定，作出确认被告上海市闵行区城市交通行政执法大队 2009 年 9 月 14 日所作的第 × 号行政处罚决定违法的判决，并判令案件受理费由被告负担。

4．刑事与行政程序的证据通用

相关法律条文

《中华人民共和国刑事诉讼法》（2018 年 10 月 26 日修正）

第五十四条 【证据的收集与使用】人民法院、人民检察院和公安机关有权向有关单位和个人收集、调取证据。有关单位和个人应当如实提供证据。

行政机关在行政执法和查办案件过程中收集的物证、书证、视听资料、电子数据等证据材料，在刑事诉讼中可以作为证据使用。

对涉及国家秘密、商业秘密、个人隐私的证据，应当保密。

凡是伪造证据、隐匿证据或者毁灭证据的，无论属于何方，必须受法律追究。

相关行政法规

《行政执法机关移送涉嫌犯罪案件的规定》（2001 年 7 月 9 日公布，2020 年 8 月 7 日修订）

第三条 行政执法机关在依法查处违法行为过程中，发现违法事实涉及的金额、违法事实的情节、违法事实造成的后果等，根据刑法关于破坏社会主义市场经济秩序罪、妨害社会管理秩序罪等罪的规定和最高人民法院、最高人民检察院关于破坏社会主义市场经济秩序罪、妨害社会管理秩序罪等罪的司法解释以及最高人民检察院、公安部关于经济犯罪案件的追诉标准等规定，涉嫌构成犯罪，依法需要追究刑事责任的，必须依照本规定向公安机关移送。

知识产权领域的违法案件，行政执法机关根据调查收集的证据和查明的案件事实，认为存在犯罪的合理嫌疑，需要公安机关采取措施进一步获取证据以判断是否达到刑事案件立案追诉标准的，应当向公安机关移送。

第四条 行政执法机关在查处违法行为过程中，必须妥善保存所收集的与违法行为有关的证据。

行政执法机关对查获的涉案物品，应当如实填写涉案物品清单，并按照国家有关规定予以处理。对易腐烂、变质等不宜或者不易保管的涉案物品，应当采取必要措施，留取证据；对需要进行检验、鉴定的涉案物品，应当由法定检验、鉴定机构进行检验、鉴定，并出具检验报告或者鉴定结论。

第六条 行政执法机关向公安机关移送涉嫌犯罪案件，应当附有下列材料：

（一）涉嫌犯罪案件移送书；

（二）涉嫌犯罪案件情况的调查报告；

（三）涉案物品清单；

（四）有关检验报告或者鉴定结论；

（五）其他有关涉嫌犯罪的材料。

相关部门规章

《中华人民共和国海关办理行政处罚案件程序规定》（2021 年 7 月 15 日起施行）

第二十一条 刑事案件转为行政处罚案件办理的，刑事案件办理过程中收集的证据材料，经依法收集、审查后，可以作为行政处罚案件定案的根据。

《关于依法惩治非法野生动物交易犯罪的指导意见》（公通字〔2020〕19号，2020年12月18日起施行）

八、办理非法野生动物交易案件中，行政执法部门依法收集的物证、书证、视听资料、电子数据等证据材料，在刑事诉讼中可以作为证据使用。

对不易保管的涉案野生动物及其制品，在做好拍摄、提取检材或者制作足以反映原物形态特征或者内容的照片、录像等取证工作后，可以移交野生动物保护主管部门及其指定的机构依法处置。对存在或者可能存在疫病的野生动物及其制品，应立即通知野生动物保护主管部门依法处置。

《公安机关办理刑事案件程序规定》（公安部2012年12月13日修订发布，2020年7月20日修正）

第六十三条　公安机关接受或者依法调取的行政机关在行政执法和查办案件过程中收集的物证、书证、视听资料、电子数据、鉴定意见、勘验笔录、检查笔录等证据材料，经公安机关审查符合法定要求的，可以作为证据使用。

《公安机关办理行政案件程序规定》（公安部2012年12月19日修订发布，2014年6月29日第一次修正，2018年11月25日第二次修正，2020年8月6日第三次修正）

第三十三条　刑事案件转为行政案件办理的，刑事案件办理过程中收集的证据材料，可以作为行政案件的证据使用。

相关司法解释规定

《最高人民法院关于适用〈中华人民共和国刑事诉讼法〉的解释》（法释〔2021〕1号，2021年3月1日起施行）

第七十五条　行政机关在行政执法和查办案件过程中收集的物证、书证、视听资料、电子数据等证据材料，经法庭查证属实，且收集程序符合有关法律、行政法规规定的，可以作为定案的根据。

根据法律、行政法规规定行使国家行政管理职权的组织，在行政执法和查办案件过程中收集的证据材料，视为行政机关收集的证据材料。

《人民检察院刑事诉讼规则》（高检发释字〔2019〕4号，2019年12月30日起施行）

第六十四条　行政机关在行政执法和查办案件过程中收集的物证、书证、视听资料、电子数据等证据材料，经人民检察院审查符合法定要求的，可以作为证据使用。

行政机关在行政执法和查办案件过程中收集的鉴定意见、勘验、检查笔录，经人民检察院审查符合法定要求的，可以作为证据使用。

《人民检察院办理行政执法机关移送涉嫌犯罪案件的规定》（高检发释字〔2001〕4号，2001年12月3日起施行）

根据《中华人民共和国刑事诉讼法》的有关规定，结合《行政执法机关移送涉嫌犯罪案件的规定》，现就人民检察院办理行政执法机关移送涉嫌犯罪案件的有关问题作如下规定：

一、对于行政执法机关移送检察机关的涉嫌犯罪案件，统一由人民检察院控告检察部门受理。

人民检察院控告检察部门受理行政执法机关移送的涉嫌犯罪案件后，应当登记，并指派二名以上检察人员进行初步审查。

二、人民检察院控告检察部门审查行政执法机关移送的涉嫌犯罪案件，应当根据不同情况，提出移送有关部门的处理意见，三日内报主管副检察长或者检察长批准，并通知移送的行政执法机关：

（一）对于不属于检察机关管辖的案件，移送其他有管辖权的机关处理；

（二）对于属于检察机关管辖，但不属于本院管辖的案件，移送有管辖权的人民检察院办理；

（三）对于属于本院管辖的案件，转本院反贪、渎职侵权检察部门办理。

对于性质不明、难以归口办理的案件，可以先由控告检察部门进行必须的调查。

三、对于不属于本院管辖但又必须采取紧急措施的案件，人民检察院控告检察部门在报经主管副检察长或者检察长批准后，应当先采取紧急措施，再行移送。

四、对于行政执法机关移送的涉嫌犯罪案件，人民检察院反贪、渎职侵权检察部门应当审查是否附有下列材料：

（一）涉嫌犯罪案件移送书；

（二）涉嫌犯罪案件情况的调查报告；

（三）涉案物品清单；

（四）有关检验报告或者鉴定结论；

（五）其他有关涉嫌犯罪的材料。

人民检察院可以要求移送案件的行政执法机关补充上述材料和证据。

五、对于行政执法机关移送的涉嫌犯罪案件，人民检察院经审查，认为符合立案条件的，应当及时作出立案决定，并通知移送的行政执法机关。

六、对于行政执法机关移送的涉嫌犯罪案件，人民检察院经审查，认为不符合立案条件的，可以作出不立案决定；对于需要给予有关责任人员行政处分、行政处罚或者没收违法所得的，可以提出检察意见，移送有关主管部门处理，并通知移送的行政执法机关。

七、对于人民检察院的不立案决定，移送涉嫌犯罪案件的行政执法机关可以在收到不立案决定书后五日内要求作出不立案决定的人民检察院复议。人民检察院刑事申诉检察部门应当指派专人进行审查，并在收到行政执法机关要求复议意见书后七日内作出复议决定。

行政执法机关对复议决定不服的，可以在收到人民检察院复议决定书后五日内向上一级人民检察院提请复核。上一级人民检察院应当在收到行政执法机关提请复核意见书后十五日内作出复核决定。对于原不立案决定错误的，应当及时纠正，并通知作出不立案决定的下级人民检察院执行。

八、对于人民检察院决定立案侦查的案件，办理案件的人民检察院应当将立案决定和案件的办理结果及时通知移送案件的行政执法机关。

九、移送涉嫌犯罪案件的行政执法机关对公安机关不予立案决定或者不予立案的复议决定有异议，建议人民检察院依法进行立案监督的，统一由人民检察院侦查监督部门办理。

十、人民检察院应当依法对公安机关办理行政执法机关移送涉嫌犯罪案件进行立案监督。对于具有下列情形之一的，人民检察院应当要求公安机关在收到人民检察院《要求说明不立案理由通知书》后七日内将关于不立案理由的说明书面答复人民检察院：

（一）人民检察院认为公安机关对应当立案侦查的案件而不立案侦查的；

（二）被害人认为公安机关对应当立案侦查的案件而不立案侦查，向人民检察院提出的；

（三）移送涉嫌犯罪案件的行政执法机关对公安机关不予立案决定或者不予立案的复议决定有异议，建议人民检察院依法进行立案监督的。

人民检察院认为公安机关不立案理由不能成立，应当通知公安机关在收到《通知立案书》后十五日内决定立案，并将立案决定书送达人民检察院。

十一、对于人民检察院认为公安机关不立案理由成立的，或者认为公安机关的不立案理由不成立而通知公安机关立案，公安机关已经立案的，人民检察院应当及时通知提出立案监督建议的行政执法机关。

十二、各级人民检察院对行政执法机关不移送涉嫌犯罪案件，具有下列情形之一的，可以提出检察意见：

（一）检察机关发现行政执法机关应当移送的涉嫌犯罪案件而不移送的；

（二）有关单位和个人举报的行政执法机关应当移送的涉嫌犯罪案件而不移送的；

（三）隐匿、销毁涉案物品或者私分涉案财物的；

（四）以行政处罚代替刑事追究而不移送的。

有关行政执法人员涉嫌犯罪的，依照刑法的有关规定，追究刑事责任。

十三、各级人民检察院对公安机关不接受行政执法机关移送的涉嫌犯罪案件，或者逾期不作出立案或者不予立案决定，在检察机关依法实施立案监督后，仍不接受或者不作出决定的，可以向公安机关提出检察意见。

有关公安人员涉嫌犯罪的，依照刑法的有关规定，追究刑事责任。

十四、最高人民检察院对地方各级人民检察院，上级人民检察院对下级人民检察院办理的行政执法机关移送的涉嫌犯罪案件，应加强指导和监督，对不依法办理以及办理过程中的违法违纪问题，要依照有关规定严肃处理；构成犯罪的，依法追究刑事责任。

十五、各级人民检察院对于其他机关和部门移送的涉嫌犯罪案件，依照本规定办理。

相关司法文件

最高人民检察院《关于深化检察改革的意见（2013—2017 年工作规划）》（高检发〔2015〕5 号，2015 年 2 月 15 日起施行）

31. 健全行政执法与刑事司法衔接机制。配合有关部门完善移送案件标准和程序，建立与行政执法机关的信息共享、案情通报、案件移送制度，坚决克服有案不移、有案难移、以罚代刑现象，实现行政处罚和刑事处罚的有效衔接。推进信息共享平台建设，明确信息共享范围、录入时限，建立责任追究机制。

《最高人民检察院、全国整顿和规范市场经济秩序领导小组办公室、公安部、监察部关于在行政执法中及时移送涉嫌犯罪案件的意见》（高检会〔2006〕2 号，2006 年 1 月 26 日起施行）

各省、自治区、直辖市人民检察院、整顿和规范市场经济秩序领导小组办公室、公安厅（局）、监察厅（局），新疆生产建设兵团人民检察院、整顿和规范市场经济秩序领导小组办公室、公安局、监察局：

为了完善行政执法与刑事司法相衔接工作机制，加大对破坏社会主义市场经济秩序犯罪、妨害社会管理秩序犯罪以及其他犯罪的打击力度，根据《中华人民共和国刑事诉讼法》、国务院《行政执法机关移送涉嫌犯罪案件的规定》等有关规定，现就在行政执法中及时移送涉嫌犯罪案件提出如下意见：

一、行政执法机关在查办案件过程中，对符合刑事追诉标准、涉嫌犯罪的案件，应当制作《涉嫌犯罪案件移送书》，及时将案件向同级公安机关移送，并抄送同级人民检察院。对未能及时移送并已作出行政处罚的涉嫌犯罪案件，行政执法机关应当于作出行政处罚十日以内向同级公安机关、人民检察院抄送《行政处罚决定书》副本，并书面告知相关权利人。

现场查获的涉案货值或者案件其他情节明显达到刑事追诉标准、涉嫌犯罪的，应当立即移送公安机关查处。

二、任何单位和个人发现行政执法机关不按规定向公安机关移送涉嫌犯罪案件，向公安机关、人民检察院、监察机关或者上级行政执法机关举报的，公安机关、人民检察院、监察机关或者上级行政执法机关应当根据有关规定及时处理，并向举报人反馈处理结果。

三、人民检察院接到控告、举报或者发现行政执法机关不移送涉嫌犯罪案件，经审查或者调查后认为情况基本属实的，可以向行政执法机关查询案件情况、要求行政执法机关提供有关案件材料或者派员查阅案卷材料，行政执法机关应当配合。确属应当移送公安机关而不移送的，人民检察院应当向行政执法机关提出移送的书面意见，行政执法机关应当移送。

四、行政执法机关在查办案件过程中，应当妥善保存案件的相关证据。对易腐烂、变质、灭失等不宜或者不易保管的涉案物品，应当采取必要措施固定证据；对需要进行检验、鉴定的涉案物品，应当由有关部门或者机构依法检验、鉴定，并出具检验报告或者鉴定结论。

行政执法机关向公安机关移送涉嫌犯罪的案件，应当附涉嫌犯罪案件的调查报告、涉案物品清单、有关检验报告或者鉴定结论及其他有关涉嫌犯罪的材料。

五、对行政执法机关移送的涉嫌犯罪案件，公安机关应当及时审查，自受理之日起十日以内作出立案或者不立案的决定；案情重大、复杂的，可以在受理之日起三十日以内作出立案或者不立案的决定。公安机关作出立案或者不立案决定，应当书面告知移送案件的行政执法机关、同级人民检察院及相关权利人。

公安机关对不属于本机关管辖的案件，应当在二十四小时以内转送有管辖权的机关，并书面告知移送案件的行政执法机关、同级人民检察院及相关权利人。

六、行政执法机关对公安机关决定立案的案件，应当自接到立案通知书之日起三日以内将涉案物品以及与案件有关的其他材料移送公安机关，并办理交接手续；法律、行政法规另有规定的，依照其规定办理。

七、行政执法机关对公安机关不立案决定有异议的，在接到不立案通知书后的三日以内，可以向作出不立案决定的公安机关提请复议，也可以建议人民检察院依法进行立案监督。

公安机关接到行政执法机关提请复议书后，应当在三日以内作出复议决定，并书面告知提请复议的行政执法机关。行政执法机关对公安机关不立案的复议决定仍有异议的，可以在接到复议决定书后的三日以内，建议人民检察院依法进行立案监督。

八、人民检察院接到行政执法机关提出的对涉嫌犯罪案件进行立案监督的建议后，应当要求公安机关说明不立案理由，公安机关应当在七日以内向人民检察院作出书面说明。对公安机关的说明，人民检察院应当进行审查，必要时可以进行调查，认为公安机关不立案理由成立的，应当将审查结论书面告知提出立案监督建议的行政执法机关；认为公安机关不立案理由不能成立的，应当通知公安机关立案。公安机关接到立案通知书后应当在十五日以内立案，同时将立案决定书送达人民检察院，并书面告知行政执法机关。

九、公安机关对发现的违法行为，经审查，没有犯罪事实，或者立案侦查后认为犯罪情节显著轻微，不需要追究刑事责任，但依法应当追究行政责任的，应当及时将案件移送行政执法机关，有关行政执法机关应当依法作出处理，并将处理结果书面告知公安机关和人民检察院。

十、行政执法机关对案情复杂、疑难，性质难以认定的案件，可以向公安机关、人民检察院咨询，公安机关、人民检察院应当认真研究，在七日以内回复意见。对有证据表明可能涉嫌犯罪的行为人可能逃匿或者销毁证据，需要公安机关参与、配合的，行政执法机关可以商请公安机关提前介入，公安机关可以派员介入。对涉嫌犯罪的，公安机关应当及时依法立案侦查。

十一、对重大、有影响的涉嫌犯罪案件，人民检察院可以根据公安机关的请求派员介入公安机关的侦查，参加案件讨论，审查相关案件材料，提出取证建议，并对侦查活动实施法律监督。

十二、行政执法机关在依法查处违法行为过程中，发现国家工作人员贪污贿赂或者国家机关工作人员渎职等违纪、犯罪线索的，应当根据案件的性质，及时向监察机关或者人民检察院移送。监察机关、人民检察院应当认真审查，依纪、依法处理，并将处理结果书面告知移送案件线索的行政执法机关。

十三、监察机关依法对行政执法机关查处违法案件和移送涉嫌犯罪案件工作进行监督，发现违纪、违法问题的，依照有关规定进行处理。发现涉嫌职务犯罪的，应当及时移送人民检察院。

十四、人民检察院依法对行政执法机关移送涉嫌犯罪案件情况实施监督，发现行政执法人员徇私舞弊，对依法应当移送的涉嫌犯罪案件不移送，情节严重，构成犯罪的，应当依照刑法有关的规定追究其刑事责任。

十五、国家机关工作人员以及在依照法律、法规规定行使国家行政管理职权的组织中从事公务的人员，或者在受国家机关委托代表国家机关行使职权的组织中从事公务的人员，或者虽未列入国家机关人员编制但在国家机关中从事公务的人员，利用职权干预行政执法机关和公安机关执法，阻挠案件移送和刑事追诉，构成犯罪的，人民检察院应当依照刑法关于渎职罪的规定追究其刑事责任。国家行政机关和法律、法规授权的具有管理公共事务职能的组织以及国家行政机关依法委托的组织及其工勤人员以外的工作人员，利用职权干预行政执法机关和公安机关执法，阻挠案件移送和刑事追诉，构成违纪的，监察机关应当依法追究其纪律责任。

十六、在查办违法犯罪案件工作中，公安机关、监察机关、行政执法机关和人民检察院应当建立联席会议、情况通报、信息共享等机制，加强联系，密切配合，各司其职，相互制约，保证准确有效地执行法律。

十七、本意见所称行政执法机关，是指依照法律、法规或者规章的规定，对破坏社会主义市场经济秩序、妨害社会管理秩序以及其他违法行为具有行政处罚权的行政机关，以及法律、法规授权的具有管理公共事务职能、在法定授权范围内实施行政处罚的组织，不包括公安机关、监察机关。

相关行政规范性文件

《应急管理部、公安部、最高人民法院、最高人民检察院安全生产行政执法与刑事司法衔接工作办法》（应急〔2019〕54号，2019年4月16日起施行）

第四章　证据的收集与使用

第二十四条　在查处违法行为的过程中，有关应急管理部门应当全面收集、妥善保存证据材料。对容易灭失的痕迹、物证，应当采取措施提取、固定；对查获的涉案物品，如实填写涉案物品清单，并按照国家有关规定予以处理；对需要进行检验、鉴定的涉案物品，由法定检验、鉴定机构进行检验、鉴定，并出具检验报告或者鉴定意见。

在事故调查的过程中，有关部门根据有关法律法规的规定或者事故调查组的安排，按照前款规定收集、保存相关的证据材料。

第二十五条　在查处违法行为或者事故调查的过程中依法收集制作的物证、书证、视听资料、电子数据、检验报告、鉴定意见、勘验笔录、检查笔录等证据材料以及经依法批复的事故调查报告，在刑事诉讼中可以作为证据使用。

事故调查组依照有关规定提交的事故调查报告应当由其成员签名。没有签名的，应当予以补正或者作出合理解释。

第二十六条　当事人及其辩护人、诉讼代理人对检验报告、鉴定意见、勘验笔录、检查笔录等提出异议，申请重新检验、鉴定、勘验或者检查的，应当说明理由。人民法院经审理认为有必要的，应当同意。人民法院同意重新鉴定申请的，应当及时委托鉴定，并将鉴定意见告知人民检察院、当事人及其辩护人、诉讼代理人；也可以由公安机关自行或者委托相关机构重新进行检验、鉴定、勘验、检查等。

二、当事人举证

1．原告举证责任

相关法律条文

《中华人民共和国行政诉讼法》（1989 年 4 月 4 日通过，2014 年 11 月 1 日第一次修正，2017 年 6 月 27 日第二次修正）

第三十二条 【当事人及诉讼代理人权利】代理诉讼的律师，有权按照规定查阅、复制本案有关材料，有权向有关组织和公民调查，收集与本案有关的证据。对涉及国家秘密、商业秘密和个人隐私的材料，应当依照法律规定保密。

当事人和其他诉讼代理人有权按照规定查阅、复制本案庭审材料，但涉及国家秘密、商业秘密和个人隐私的内容除外。

第三十七条 【原告可以提供证据】原告可以提供证明行政行为违法的证据。原告提供的证据不成立的，不免除被告的举证责任。

第三十八条 【原告举证责任】在起诉被告不履行法定职责的案件中，原告应当提供其向被告提出申请的证据。但有下列情形之一的除外：

（一）被告应当依职权主动履行法定职责的；

（二）原告因正当理由不能提供证据的。

在行政赔偿、补偿的案件中，原告应当对行政行为造成的损害提供证据。因被告的原因导致原告无法举证的，由被告承担举证责任。

相关司法解释规定

《最高人民法院关于适用〈中华人民共和国行政诉讼法〉的解释》（法释〔2018〕1 号，2018 年 2 月 8 日起施行）

第四十七条 根据行政诉讼法第三十八条第二款的规定，在行政赔偿、补偿案件中，因被告的原因导致原告无法就损害情况举证的，应当由被告就该损害情况承担举证责任。

对于各方主张损失的价值无法认定的，应当由负有举证责任的一方当事人申请鉴定，但法律、法规、规章规定行政机关在作出行政行为时依法应当评估或者鉴定的除外；负有举证责任的当事人拒绝申请鉴定的，由其承担不利的法律后果。

当事人的损失因客观原因无法鉴定的，人民法院应当结合当事人的主张和在案证据，遵循法官职业道德，运用逻辑推理和生活经验、生活常识等，酌情确定赔偿数额。

《最高人民法院关于审理反补贴行政案件应用法律若干问题的规定》（法释〔2002〕36 号，2003 年 1 月 1 日起施行）

第八条　原告对其主张的事实有责任提供证据。经人民法院依照法定程序审查，原告提供的证据具有关联性、合法性和真实性的，可以作为定案的根据。

被告在反补贴行政调查程序中依照法定程序要求原告提供证据，原告无正当理由拒不提供、不如实提供或者以其他方式严重妨碍调查，而在诉讼程序中提供的证据，人民法院不予采纳。

第九条　在反补贴行政调查程序中，利害关系人无正当理由拒不提供证据、不如实提供证据或者以其他方式严重妨碍调查的，国务院主管部门根据能够获得的证据得出的事实结论，可以认定为证据充分。

《最高人民法院关于审理反倾销行政案件应用法律若干问题的规定》（法释〔2002〕35 号，2003 年 1 月 1 日起施行）

第八条　原告对其主张的事实有责任提供证据。经人民法院依照法定程序审查，原告提供的证据具有关联性、合法性和真实性的，可以作为定案的根据。

被告在反倾销行政调查程序中依照法定程序要求原告提供证据，原告无正当理由拒不提供、不如实提供或者以其他方式严重妨碍调查，而在诉讼程序中提供的证据，人民法院不予采纳。

第九条　在反倾销行政调查程序中，利害关系人无正当理由拒不提供证据、不如实提供证据或者以其他方式严重妨碍调查的，国务院主管部门根据能够获得的证据得出的事实结论，可以认定为证据充分。

《最高人民法院关于行政诉讼证据若干问题的规定》（法释〔2002〕21 号，2002 年 10 月 1 日起施行）

第四条　公民、法人或者其他组织向人民法院起诉时，应当提供其符合起诉条件的相应的证据材料。

在起诉被告不作为的案件中，原告应当提供其在行政程序中曾经提出申请的证据材料。但有下列情形的除外：

（一）被告应当依职权主动履行法定职责的；

（二）原告因被告受理申请的登记制度不完备等正当事由不能提供相关证据材料并能够作出合理说明的。

被告认为原告起诉超过法定期限的，由被告承担举证责任。

第五条　在行政赔偿诉讼中，原告应当对被诉具体行政行为造成损害的事实提供证据。

第六条　原告可以提供证明被诉具体行政行为违法的证据。原告提供的证据不成立的，不免除被告对被诉具体行政行为合法性的举证责任。

第十八条　证据涉及国家秘密、商业秘密或者个人隐私的，提供人应当作出明确标注，并向法庭说明，法庭予以审查确认。

第十九条　当事人应当对其提交的证据材料分类编号，对证据材料的来源、证明对象和内容作简要说明，签名或者盖章，注明提交日期。

第二十条　人民法院收到当事人提交的证据材料，应当出具收据，注明证据的名称、份数、页数、件数、种类等以及收到的时间，由经办人员签名或者盖章。

相关部门规章

《重大专利侵权纠纷行政裁决办法》（2021年6月1日起施行）

第五条　请求对重大专利侵权纠纷进行行政裁决的，应当依据《专利行政执法办法》的有关规定提交请求书及有关证据材料，同时还应当提交被请求人所在地或者侵权行为地省、自治区、直辖市管理专利工作的部门出具的符合本办法第三条所述情形的证明材料。

第十二条　当事人对自己提出的主张，有责任提供证据。当事人因客观原因不能收集的证据，可以提交初步证据和理由，书面申请国家知识产权局调查或者检查。根据查明案件事实的需要，国家知识产权局也可以依法调查或者检查。

办案人员在调查或者检查时不得少于两人，并应当向当事人或者有关人员出示办案证件。

《国家版权局关于进一步做好著作权行政执法证据审查和认定工作的通知》（国版发〔2020〕2号，2020年11月15日起施行）

一、关于权利证明

1. 投诉人向著作权行政执法部门投诉时，著作权行政执法部门应当要求投诉人提供其主张的著作权或者与著作权有关的权利的证据。

2. 投诉人提交的下列材料，可以作为著作权或者与著作权有关的权利归属的证据：作品底稿、原件；合法出版物；著作权登记证书；取得权利的合同；国家著作权行政管理部门指定的著作权认证机构或者著作权集体管理组织出具的著作权认证文书；其他可以据以推定权利归属的证明材料。

3. 著作权行政执法部门应当查明投诉人提出权利主张的作品、表演或录音制品受《中华人民共和国著作权法》保护且尚在保护期内。如无相反证据，著作权行政执法部门应当推定投诉人主张的著作权或者与著作权有关的权利存在于该作品、表演或录音制品中。

4. 如无相反证据，以通常方式署名的作者、出版者、表演者或录音制作者，著作权行政执法部门应当推定为该作品、表演或录音制品的著作权人或者与著作权有关的权利人。

5. 著作权行政执法部门在依据本通知第4条推定权利归属时，如被投诉人无法提交相反证据，不再要求投诉人为证明其权利归属、已取得许可或者被投诉人的行为构成侵权而提交著作权或者与著作权有关的权利的许可、转让协议或者其他书面证据。

二、关于侵权证据

6. 投诉人向著作权行政执法部门投诉时，著作权行政执法部门应当要求投诉人提供被投诉人侵犯其著作权或者与著作权有关的权利的证据。

7. 投诉人提交的下列材料，可以作为其提出权利主张的作品、表演或录音制品被侵权的证据：侵权作品、表演或录音制品和购买记录；涉及侵权行为的账目、合同和加工、制作单据；证明侵权行为的照片、视频或网页截图；证明出版者、复制发行者伪造、涂改授权许可文件或者超出授权许可范围的证据；其他能够证明侵权行为的材料。

《专利行政执法证据规则（试行）》（国知发管字〔2016〕31 号，2016 年 5 月 5 日起施行）

第 2 章　举证与收集证据
第 1 节　当事人举证

2.1.1 举证责任的分配

请求人和被请求人应对自己主张的利己事实承担举证责任。

2.1.1.1 "谁主张谁举证"

"谁主张谁举证"就是当事人对自己提出的主张提供证据并加以证明。在专利行政执法中，"谁主张谁举证"是指请求人应提供证据来证明被请求人存在侵权事实，被请求人或假冒专利行为人应提供证据证明不构成侵权或不存在假冒专利行为的事实。

若被请求人承认存在侵权事实，则构成自认，此时无须请求人证明，即可将自认事实作为决定的依据；若被请求人否认侵权事实的存在，则请求人对该事实承担举证责任。

无论是请求人对存在侵权事实的举证，还是被请求人对不构成侵权的举证，举证若达不到相应的证明标准，负有举证责任的当事人即需承担举证不能或不利的后果。

【案例 2 - 1】

请求人获得的"竹块不夹发枕席"实用新型专利在有效期内。请求人认为被请求人所生产的竹块枕席侵犯了其专利权，向所在地知识产权局提交专利侵权纠纷处理请求。被请求人在口头审理过程中陈述认为：涉案专利的申请日之前，在 20 世纪 90 年代初期，浙江义乌的小商品市场上早已有这种结构的枕席出现。但被请求人未提交相关证据。

经审理，被请求人生产的枕席落入涉案专利的保护范围，且虽然被请求人主张其使用的是现有技术，但未提供相关证据，合议组最终对被请求人的现有技术抗辩主张不予支持。

分析与评述：

本案中，被请求人主张涉嫌侵权产品已于20世纪90年代初期进行生产、销售，即涉嫌侵权的技术产品属于现有技术。但是，被请求人并未提交任何能够证明涉嫌侵权的技术属于现有技术的证据，未能完成对所主张的不构成侵权的事实承担的举证责任，因此其主张不能获得支持。

【案例2-2】

请求人获得的"墨盒"发明专利在有效期内。请求人认为被请求人销售的若干型号的某品牌墨盒在产品技术特征上与涉案专利完全一致，向所在地知识产权局提出专利侵权纠纷处理请求。审理过程中，被请求人辩称：被请求人自公司成立之日起从未制造墨盒，所销售的墨盒是从其他企业购买再进行分销的，对所购买的墨盒是否涉嫌侵权并不知晓。被请求人提交了营业执照、销售合同原件作为证据，同时出示了从某公司处购买墨盒的合同原件、发货凭证、增值税发票原件等证据。

经审查，合议组认为：首先，被请求人持有的营业执照上所表明的经营范围以及销售合同均限于分销墨盒等产品，并不涉及生产墨盒；其次，从被请求人提交的购买墨盒的合同、发货凭证等证据来看，被请求人虽然销售了专利产品，且未经专利权人许可，但其销售的墨盒具有合法来源，因此可免除其赔偿责任。

分析与评述：

本案中，被请求人主张其并未生产墨盒，其销售的墨盒也具有合法来源，不应承担赔偿责任，并且提交了相关证据以证明其并未生产涉嫌侵权产品，同时进一步提供证据证明所分销的涉嫌侵权产品具有合法来源。在这些证据均能被认可的情况下，被请求人完成了对其所主张的事实应承担的举证责任，因此，其主张得到了合议组的支持。

【案例2-3】

请求人获得的"瓷盘"外观设计专利在有效期内。请求人认为某厂生产、销售的彩色瓷盘侵犯其外观设计专利权，于是向所在地知识产权局提出专利侵权纠纷处理请求，同时提交了一份公证书复印件。公证内容是：在某商场购买彩色瓷盘并拍照、封存所购买的彩色瓷盘。公证书后附有购买彩色瓷盘的发票复印件以及所拍摄的彩色瓷盘照片。在口头审理当庭，请求人提交公证书原件，并将公证时封存的瓷盘当庭开封。

经审理，合议组对请求人所提供的证据予以采信。经技术特征对比，认定被请求人生产并销售的该彩色瓷盘落入了涉案专利的保护范围，构成侵权。

分析与评述：

本案中，请求人主张某厂生产并销售的彩色磁盘侵犯其外观设计专利权，为证明被请求人存在侵权事实，请求人通过公证购买、封存所购买产品的方式固定证据，提交了相关公证书和涉嫌侵权产品的样品作为证明被请求人存在侵权事实的证据，可见，请求人已经完成了相应的举证责任，所提交的证据也足以支持其主张。

【案例2-4】

请求人获得的"作弊探测器"实用新型专利在有效期内，该专利的申请日为2006年1月4日。请求人认为被请求人在未获得其允许的情况下生产和销售名为"作弊克"的产品构成侵权，于是向所在地知识产权局提出专利侵权纠纷处理请求。

经审查，被请求人生产并销售的产品"作弊克"确实落入了涉案专利的保护范围。被请求人辩称，"作弊克"在涉案专利申请日前就已经投放市场，为此，被请求人提交了一系列证据，其中包括如下证据：

证据1：2006年1月6日的《×××晨报》原件，其上刊登有"考场'黑匣子'在××研制成功"一文，文中记载："近日，在进行全国大学英语四、六级考试×××大学考场中，巡考教师手中的'黑匣子'吸引了众人的目光。这是由黑龙江大学科研团队自发研制成功的'隐形耳机作弊探测仪'（学名作弊克）。"

证据2：某省招考办中招字某号文件，其上记载：全国大学英语四、六级考试的时间为2005年12月24日。

证据3：某大学研制的"作弊克"产品实物。

经审查，合议组认定这些证据表明"作弊克"于涉案专利申请日前已投放市场使用，被请求人的现有技术抗辩成立，"作弊克"未侵犯涉案专利权。

分析与评述：

本案中，被请求人主张涉嫌侵权产品已于涉案专利申请日之前投放市场使用，即该涉嫌侵权产品使用的技术属于现有技术。为证明该主张，被请求人提交了报刊、招考文件等作为证明涉嫌侵权产品使用的技术属于现有技术的证据，完成了对所主张的不构成侵权的事实所应承担的举证责任。鉴于其所提交的证据均可采信，并构成了完整的证据链，因此其主张得到了合议组的支持。

2.1.1.2 举证责任倒置

专利行政执法中，涉及举证责任倒置的法定情形仅有一种，即对于新产品制造方法发明专利，不是由请求人举证被控方法侵权，而是由被请求人对其产品制造方法不同于专利方法承担举证责任。

被请求人承担证明其产品制造方法不同于专利方法的举证责任需要满足一定的前提条件，即请求人必须举证证明两项内容：（1）依照所述制造方法权利要求获得的产品为"新产品"；（2）被控侵权产品与依照专利方法直接获得的产品相同。如果请求人未完成以上两项内容的证明责任，则举证责任不能转移，被请求人无须举证证明"其产品制造方法不同于专利方法"。

被请求人应当就其制造方法不同于专利方法举证，而不是提供证据证明使用不同于专利方法的另外一种方法也可以制造出相同产品。

2.1.1.2.1 "新产品"的举证责任分配

所谓"新产品",是指产品或者制备产品的技术方案在专利申请日前不为国内外公众所知。不能将"新产品"认定为专利申请日前在国内未曾出现过的产品,更不能将其认定为专利申请日前没有在国内上市的产品。

请求人对于"新产品"的举证应当是初步举证。请求人完成该初步举证责任的形式可以是提供该产品在某一国家被授权的证明、提供相关部门出具的检索报告等。

如果请求人能够初步举证,则举证证明该产品是已知产品的责任就转移给被请求人。如果被请求人不能提供相应的证据证明该产品是已知产品或者制备该产品的技术方案在专利申请日前已为公众所知,则认为请求人已经完成了证明其专利方法获得的产品为新产品的举证责任。

2.1.1.2.2 "被控侵权产品与依照专利方法直接获得的产品相同"的举证责任

所谓"依照专利方法直接获得的产品",是指完成专利方法的最后一个步骤后所获得的最初产品。当主题名称中的目标产品与完成最后一个方法步骤后获得的最初产品一致时,主题名称中的目标产品就是制备方法直接获得的产品;当主题名称中的目标产品与完成最后一个方法步骤后获得的最初产品不一致时,需要根据说明书的内容,考察二者的关系。如果说明书中已经明确最后一个方法步骤获得的最初产品能通过常规的方法转化为主题名称中的目标产品,则该权利要求直接获得的产品是所述主题名称中的目标产品;如果说明书中没有明确最后一个方法步骤获得的最初产品如何转化为主题名称中的目标产品,并且转化方法非所属领域的公知技术,则该权利要求直接获得的产品是最后一个方法步骤获得的最初产品。

请求人举证证明"被控侵权产品与依照专利方法直接获得的产品相同"可能采用多种形式,例如提供司法鉴定中心出具的鉴定报告、被控侵权产品的产品说明书等。

【案例 2 - 5】

说明书中公开的制备方法是:原料 A 与 B 反应形成 C,C 经过转化形成 D。

情形	权利要求
情形 1	产品 D 的制备方法,其特征在于由 A 与 B 反应形成 C,然后 C 转化为 D
情形 2	产品 C 的制备方法,其特征在于由 A 与 B 反应形成 C,然后 C 转化为 D
情形 3	产品 D 的制备方法,其特征在于包括使 A 与 B 反应形成 C 的步骤

分析与评述:

对于情形 1,权利要求主题名称中的目标产物与最后一个工艺步骤获得的产物完全一致(均为 D),此时,该制备方法权利要求直接获得的产品应当是 D。

对于情形 2,权利要求主题名称中的目标产物为 C,但工艺步骤特征中,C 仅仅作为中间产品存在，C 还通过另外的步骤转化为产品 D。此时，如果将 C 视为该制备方法权利要求直接获得的产品，将会导致在解释权利要求时实质上忽略将 C 转化为 D 的步骤，这显然与解释权利要求的一般性规则相违背。因此，该制备方法权利要求直接获得的产品应当是 D。

对于情形 3，权利要求的工艺步骤特征不完整，仅仅包括得到中间体 C 的步骤，缺少由中间体 C 转化为最终产物 D 的步骤描述，由此导致主题名称中的目标产物与工艺步骤得到的产物表面上不完全一致。此时，如果说明书中已经明确 C 通过常规的方法转化为 D，则结合该说明书的内容和本领域技术人员的通常理解，将该制备方法权利要求直接获得的产品理解为 D 应当是合理的。但是，如果说明书中未明确 C 是如何转化为 D 的，并且也无证据表明 C 转化为 D 的方法为公知技术，此时，即便结合说明书的内容和本领域技术人员的常识，也无法知道 C 如何转化为 D，这种情况下，把该制备方法权利要求直接获得的产品理解为 C 应当是合理的。

【案例 2 - 6】

请求人的"以亮菌为原料制备液体口服药物的方法"获得发明专利权。请求人曾与被请求人（某制药公司）签订合作生产该药品的合同，但在该合同解除后，被请求人仍在生产亮菌口服液。请求人因此向所在地知识产权局提出专利侵权纠纷处理请求。其除了提交经某公证处公证封存的被请求人生产的亮菌口服液实物、从某药店公证购买亮菌口服液的公证书之外，还提交了两份证据：证据一是国家知识产权局专利检索咨询中心出具的检索报告，称在涉案专利之前未检索到与涉案专利相同的亮菌口服液；证据二是某司法鉴定中心出具的鉴定报告，该中心在对被请求人的亮菌口服液进行鉴定后认为，其与请求人专利中的组成完全相同。但请求人未提供涉嫌侵权的口服液制造方法的相关证据。

被请求人辩称：该专利是产品制造方法专利，其生产销售的亮菌口服液的生产方法与专利生产方法相比，在工艺、原料配比上存在重大不同，为此提交经批准的《亮菌口服液生产工艺规程》。同时，被请求人申请当地知识产权局执法人员前往口服液生产车间了解口服液生产过程。当地知识产权局执法人员赴其生产场所对口服液生产车间进行现场勘验，并详细记录了其生产方法的流程、处方等内容。最终判定被控侵权技术方案没有落入专利权保护范围，不构成侵权。

分析与评述：

本案涉及产品制造方法的发明专利，根据《专利法》第六十一条第一款的规定，"专利侵权纠纷涉及新产品制造方法的发明专利"的，"制造同样产品的单位或者个人应当提供其产品制造方法不同于专利方法的证明"。本案实行举证责任倒置，即由被请求人举证证明其口服液生产工艺与专利方法不同的前提条件是，请求人需要举证证明专利方法中亮菌口服液是新产品，同时被请求人生产的亮菌口服液与专利方法得到的亮菌口服液相同。请求人提交的证据一和证据二分别证明了以上内容，因此，提供其产品制造方法不同于专利方法的证明责任转移到被请求人。

被请求人提交的证据包括《亮菌口服液生产工艺规程》，其中记载了被请求人生产亮菌口服液的工艺、处方、培养基配方、工艺标准等内容。从该规程记载的内容看，被请求人的生产方法与请求人的专利方法不同。进一步地，当地知识产权局现场勘验结果也表明，被请求人的亮菌口服液虽与涉案专利所要求保护的方法所得到的最终产品组成相同，但二者在培养基配方、工艺和标准方面均存在区别。

本案中，在请求人完成了其对产品为新产品、被控侵权产品与涉案专利方法所得到的产品相同的情况下，由被请求人承担证明其生产涉嫌侵权产品的方法不同于专利方法的举证责任。

【案例 2 - 7】

请求人已获得"空心砖"发明专利权并维持其有效。其中，权利要求保护一种制造空心砖的方法，包括特征"……使得所述空心砖的空心率为 25%~35%……"。请求人认为某空心砖厂（被请求人）生产的空心砖侵犯上述专利权，向当地知识产权局提出专利侵权纠纷处理请求，并提交了购买被请求人生产的空心砖的购买凭证以及购买的空心砖样品作为证据。

被请求人辩称：其空心砖的制造方法与专利方法并不相同，不构成侵权。

将请求人提交的空心砖样品与涉案专利权利要求进行比对，大部分特征均吻合，但涉案权利要求中还包括涉及空心率具体数值的特征，合议组要求请求人证明被请求人生产的空心砖的空心率落入权利要求所述的 25%~35% 的范围。对此，请求人提交了上述所购买的空心砖的随附说明书，但其中未涉及被请求人生产空心砖的空心率的具体数值。

分析与评述：

本案涉及产品制造方法的发明专利，根据《专利法》第六十一条第一款的规定，请求人除需要对依照专利方法制造的产品属于新产品初步举证外，还需要证明被控侵权产品与依照专利方法直接获得的产品相同。本案中，请求人所提交的证据无法证明被控侵权产品与涉案专利方法制造的空心砖的空心率相同，从而无法证明两产品相同，因此请求人未完成"相同产品"的证明责任，举证责任不能转移，被请求人无须举证证明"其产品制造方法不同于专利方法"。

2.1.1.2.3 举证责任倒置的注意事项

举证责任倒置与被请求人举证是两个完全不同的概念。前者是指对于请求人提出的事实主张，本该由提出该主张的请求人加以举证证明，但是法律却将相应的举证责任交由被请求人承担。相对地，被请求人举证除了举证责任倒置的情形外，还存在另外一种情形，即被请求人提出某一事实主张，其需承担证明该主张成立的举证责任。例如，被请求人根据《专利法》第六十二条的规定，主张"其实施的技术或者设计属于现有技术或者现有设计"，该主张属于有利于被请求人的抗辩事实，被请求人对此作出证明，属于举证责任的一般性分配原则，即"谁主张谁举证"的范畴。

2.1.1.3 举证责任的免除

以下情形，当事人可免于举证：

（1）一方当事人陈述的案件事实，另一方当事人明确承认的；

（2）众所周知的事实；

（3）自然规律及定理；

（4）根据法律规定或者已知事实和日常生活经验法则，能推定出的另一事实；

（5）已为人民法院发生法律效力的裁判所确认的事实；

（6）已为仲裁机构的生效裁决所确认的事实；

（7）已为有效公证文书所证明的事实。

其中，第（2）（4）（5）（6）（7）项，当事人有相反证据足以推翻的除外。

2.1.2 证据的提交

2.1.2.1 物证和书证

请求人提交被控侵权产品的样品、照片、相应的购买发票、购物收据或者购买被控侵权产品的公证文书、宣传画册等物证或者书证作为证据的，原则上应当提交原物或者原件，或者在质证时应对方当事人的要求出示原物或原件。确有困难无法提交或出示原物或原件的，应当提交经受理该案的管理专利工作的部门核对无异的复制品或者复制件。

仅提交复制品或者复制件未提交原物或原件，导致无法核实复制品或复制件与原物或原件是否一致，从而无法认可其真实性，同时对方当事人也不认可其真实性的，将由承担举证责任的一方当事人承担举证不利的后果。

【案例 2 - 8】

请求人申请了三项外观设计专利均获得专利权，分别是"双炮小礼花弹""三炮小礼花弹""礼花弹（四炮形）"。请求人认为被请求人（某烟花厂）制造的"双炮弹""三炮弹"和"四炮弹"分别侵犯了其外观设计专利权，向所在地知识产权局提出专利侵权纠纷处理请求并提交了相关证据。

被请求人辩称：上述专利申请日之前，"双炮弹""三炮弹"和"四炮弹"已经设计并制造、销售，因此不构成对涉案专利权的侵犯。被请求人提交了如下证据：

（1）八家单位分别致被请求人的生产订单复印件，其上显示盖有相关单位的公章，生产订单上记载的时间早于上述涉案专利的申请日，涉及的产品名称包括"双炮弹""三炮弹""四炮弹"等，上述单位包括烟花制造有限责任公司 A、B，花炮股份有限公司 C，烟花进出口有限公司 D 等。

（2）被请求人的财务票据复印件共 17 张，包括：增值税发票 10 张、与发票相关的销售明细表 4 张，以及银行转账通知单 3 张。上述票据开出时间均早于上述专利申请日，销售明细表记载的产品名称包括"双炮弹""三炮弹""四炮弹"。

经审查，合议组认为，被请求人生产的"双炮弹""三炮弹""四炮弹"落入上述专利保护范围。然而，被请求人所提交的生产订单和财务票据均是复印件，在审理过程中，被请求人未能提交上述票据的原件，请求人也不认可上述票据的真实性，因此合议组对上述证据无法采信，被请求人不能证明被请求人在专利申请日前就已制造并销售涉嫌侵权产品，现有设计抗辩不成立。

分析与评述：

本案中，被请求人主张涉嫌侵权产品的生产时间早于涉案专利的申请日，也即主张涉嫌侵权产品使用的设计属于现有设计。被请求人提交生产订单和财务票据作为证据，但是，其仅提交了生产订单和财务票据的复印件，并未提交原件，导致无法核实复印件与原件或原物是否一致，从而无法认可其真实性，因此须承担举证不能的法律后果。

2.1.2.2 外文证据

请求人提交外文证据的，应当提交相应的中文译本；未提交中文译本的，该外文证据视为未提交。请求人仅提交外文证据部分中文译本的，该外文证据中没有提交中文译本的部分，不能作为证据使用。

2.1.2.3 域外证据及其证明手续

"域外证据"，是指在中华人民共和国法律管辖外的地域形成的证据，既包括在中华人民共和国领域外形成的证据，也包括在中国香港、澳门、台湾地区形成的证据。

2.1.2.3.1 域外证据的一般证明手续

在中华人民共和国领域外形成的证据，应当经所在国公证机关予以证明，并经中华人民共和国驻该国使领馆予以认证，或者履行中华人民共和国与该所在国订立的有关条约中规定的证明手续。

对于在香港地区形成的证据，主要应当通过委托公证人制度进行办理；对于在澳门地区形成的证据，需要由中国法律服务（澳门）有限公司或者澳门司法事务室下属的民事登记局出具公证证明；对于在台湾地区形成的证据，首先应当经过台湾地区的公证机关予以公证，并由台湾海基会根据《海峡两岸公证书使用查证协议》提供相关证明材料。

【案例 2-9】

请求人申请并获得了"茶叶袋"的外观设计专利。请求人认为被请求人销售的袋泡茶所使用的茶叶袋涉嫌侵犯其专利权，向当地知识产权局提出侵权纠纷处理请求，并提交了相关证据。

被请求人辩称，自己销售的袋泡茶早于涉案专利申请日就已进入市场，其是通过美国 A 公司原装进口的。被请求人提交其与 A 公司在国内签订的中英文合同及其随附的产品规格参数要求等文件原件，用以证明袋泡茶的进口。

请求人对 A 公司提出质疑。被请求人随即提交如下证据以证明 A 公司是真实存在的美国公司：

（1）马萨诸塞州州务卿签名并加盖州印的证明以及由某翻译公司翻译的中文译文，用以证明马萨诸塞州州务卿为 William Francis Galvin、所附文件上其签名真实。

（2）马萨诸塞州州务卿签署的证明文件以及由某翻译公司翻译的中文译文，用以证明 A 公司是依法成立、合法存在并且状况良好的马萨诸塞州内公司。

（3）中华人民共和国驻纽约总领事馆出具的认证，粘贴于证据 1 的背面，用以证明其前面文书上美国马萨诸塞州州政府的印章和该州州务卿 William Francis Galvin 的签字均属实。

口头审理当庭，请求人对被请求人提交证据 1~3 的真实性有异议，对其中文译文准确性无异议。合议组认为，上述证据 1~3 是 A 公司的注册地政府出具的证明，并由中华人民共和国驻纽约总领事馆认证，能够证明 A 公司是在美国马萨诸塞州注册并存在的一家公司，是真实、有效的证明文件。

分析与评述：

本案中，证据 1 和证据 2 用于证明 A 公司是真实、合法存在的。由于证据 1 和证据 2 形成于我国领域外，因此需要由我国驻该国使领馆对其予以认证。本案中证据 3 即我国驻美领事馆出具的认证，履行了证明手续。证据 1~3 构成证据链，可以予以采信。

2.1.2.3.2 关于域外证据的难点问题

当双方当事人就是否属于域外证据或者是否应当办理公证、认证等证明手续存在争议时，管理专利工作的部门可以根据以下原则适当进行变通。

（1）证明当事人主体资格的证据，例如法人或组织资格证明、形成于域外的授权委托书等，应当办理相应的证明手续。

（2）以下几种情况，当事人可以不履行公证认证等证明手续：①有证据证明对方当事人已经认可；②已被法院生效判决或仲裁机构生效裁决确认的；③能够从官方或公共渠道获得的公开出版物、专利文献等。

管理专利工作的部门在对证据关联性、真实性、合法性进行审查时，不应直接以"未履行相应的公证认证手续"为由直接否定证据，须结合相关案情全面考虑。

相关司法文件

《最高人民法院第二巡回法庭关于援引〈关于执行《中华人民共和国行政诉讼法》若干问题的解释〉的意见》（法二巡〔2016〕4 号，2016 年 8 月 16 日起施行）

第二十七条　原告对下列事项承担举证责任：

（一）证明起诉符合法定条件，但被告认为原告起诉超过起诉期限的除外；

（二）在起诉被告不作为的案件中，证明其提出申请的事实；

（三）在一并提起的行政赔偿诉讼中，证明因受被诉行为侵害而造成损失的事实；

（四）其他应当由原告承担举证责任的事项。

注释：本条可以继续援引。

行政诉讼法第三十八条规定："在起诉被告不履行法定职责的案件中，原告应当提供其向被告提出申请的证据。但有下列情形之一的除外：（一）被告应当依职权主动履行法定职责的；（二）原告因正当理由不能提供证据的。""在行政赔偿、补偿的案件中，原告应当对行政行为造成的损害提供证据。因被告的原因导致原告无法举证的，由被告承担举证责任。"

本条规定第（一）项与行政诉讼法关于举证责任的基本原则不冲突，第（二）（三）项内容被行政诉讼法吸收。

《最高人民法院关于审理证券行政处罚案件证据若干问题的座谈会纪要》（法〔2011〕225 号，2011 年 7 月 13 日起施行）

四、关于上市公司信息披露违法责任人的证明问题

会议认为，根据证券法第六十八条规定，上市公司董事、监事、高级管理人员对上市公司信息披露的真实性、准确性和完整性应当承担较其他人员更严格的法定保证责任。人民法院在审理证券法第一百九十三条违反信息披露义务行政处罚案件时，涉及对直接负责的主管人员和其他直接责任人员处罚的，应当区分证券法第六十八条规定的人员和该范围之外其他人员的不同责任标准与证明方式。

监管机构根据证券法第六十八条、第一百九十三条规定，结合上市公司董事、监事、高级管理人员与信息披露违法行为之间履行职责的关联程度，认定其为直接负责的主管人员或者其他直接责任人员并给予处罚，被处罚人不服提起诉讼的，应当提供其对该信息披露行为已尽忠实、勤勉义务等证据。

对上市公司董事、监事、高级管理人员之外的人员，监管机构认定其为上市公司信息披露违法行为直接负责的主管人员或者其他直接责任人员并给予处罚的，应当证明被处罚人具有下列情形之一：（一）实际履行董事、监事和高级管理人员的职责，并与信息披露违法行为存在直接关联；（二）组织、参与、实施信息披露违法行为或直接导致信息披露违法。

《最高人民法院关于当前形势下做好行政审判工作的若干意见》（法发〔2009〕38 号，2009 年 6 月 26 日起施行）

七、高度重视民生类案件的审理，切实维护公民、法人和其他组织的合法权益

依法审理好因企业经营状况恶化而引发的劳动和社会保障类行政案件。正确把握法律规范的原则性和灵活性，注重维护劳动者实体权益。在涉及养老、失业、医疗、工伤和生育保险等社会保险费用和工人工资的金额认定方面，合理分配举证责任，准确把握证明标准。行政机关认定的基本事实成立，但在相关金额计算上存在错误的，人民法院可以依法确定相应数额。

相关行业规定

《律师承办行政案件规范（试行）》（2005 年 3 月 12 日经中华全国律师协会第五届常务理事会审议通过，2005 年 3 月 12 日起施行）

第四章　律师代理行政诉讼案件

第二节　调查取证

第四十一条　律师应根据案件需要协助委托人依法调查、收集证据材料。

第四十二条　律师应当注意，以违反法律禁止性规定或者侵犯他人合法权益的方法取得的证据，不能作为认定案件事实的依据。

第四十三条　律师不得伪造或授意委托人伪造证据、捏造事实。

第四十四条　委托人和律师无法自行收集的证据，律师可以申请人民法院收集和调取证据。

第四十五条　律师可以代理委托人向人民法院申请勘验现场。

第四十六条　需要申请人民法院调取证据的，律师应当在举证期限内提交调取证据书面申请。

第四十七条　需要申请证人出庭作证的，律师应在举证期限届满前向法院提出书面申请。

第四十八条　律师代理委托人向人民法院申请保全证据的，应当在举证期限届满前以书面形式提出，并说明证据的名称和地点、保全的内容和范围、申请保全的理由等事项。

第四十九条　如有证据或者正当理由表明对方据以认定案件事实的鉴定结论有错误，律师可以代理委托人在举证期限内书面申请重新鉴定。

第五十条　在诉讼过程中，被告及其代理律师不得自行向原告和证人收集证据。

第五十一条　律师应妥善保管委托人提供的证据材料原件；因律师保管不善，遗失原件，给委托人造成损失的，律师事务所及承办律师应承担相应的赔偿责任。

相关案例

最高人民法院指导案例 101 号：罗某诉某县地方海事处政府信息公开案

【裁判要点】在政府信息公开案件中，被告以政府信息不存在为由答复原告的，人民法院应审查被告是否已经尽到充分合理的查找、检索义务。原告提交了该政府信息系由被告制作或者保存的相关线索等初步证据后，若被告不能提供相反证据，并举证证明已尽到充分合理的查找、检索义务的，人民法院不予支持被告有关政府信息不存在的主张。

【基本案情】原告罗某是兴运 × 号船的船主，在乌江流域从事航运、采砂等业务。2014 年 11 月 17 日，罗某因诉重庆大唐国际彭水水电开发有限公司财产损害赔偿纠纷案需要，通过邮政特快专递向被告某海事处（以下简称该海事处）邮寄书面政府信息公开申请书，具体申请的内容为：（1）公开县港航管理处、该县地方海事处的设立、主要职责、内设机构和人员编制的文件。（2）公开下列事故的海事调查报告等所有事故材料：兴运 × 号在 2008 年 5 月 18 日、2008 年 9 月 30 日的 2 起安全事故及鑫源 3×6 号、鑫源 3×8 号、高谷 × 号、荣华号等船舶在 2008 年至 2010 年发生的安全事故。

该县地方海事处于 2014 年 11 月 19 日签收后，未在法定期限内对罗某进行答复，罗某向该县人民法院（以下简称该县法院）提起行政诉讼。2015 年 1 月 23 日，该县地方海事处作出《政府信息告知书》，载明：一是对申请公开的该县港航处、该县地方海事处的内设机构名称等信息告知罗某获取的方式和途径；二是对申请公开的海事调查报告等所有事故材料经查该政府信息不存在。该县法院于 2015 年 3 月 31 日对该案作出行政判决，确认该县地方海事处在收到罗某的政府信息公开申请后未在法定期限内进行答复的行为违法。

2015 年 4 月 22 日，罗某以该县地方海事处作出的《政府信息告知书》不符合法律规定，且与事实不符为由，提起行政诉讼，请求撤销该县地方海事处作出的《政府信息告知书》，并由该县地方海事处向罗某公开海事调查报告等涉及兴运 × 号船的所有事故材料。

另查明，罗某提交了涉及兴运 × 号船于 2008 年 5 月 18 日整船搁浅事故以及于 2008 年 9 月 30 日发生沉没事故的《问题调查评估报告》《事故的情况报告》《问题调查评估的函》等材料。在案件二审审理期间，该县地方海事处主动撤销了其作出的《政府信息告知书》，但罗某仍坚持诉讼。

【裁判结果】该县人民法院于 2015 年 6 月 5 日作出行政判决，驳回罗某的诉讼请求。罗某不服一审判决，提起上诉。该市第四中级人民法院于 2015 年 9 月 18 日作出行政判决，撤销县人民法院作出的行政判决；确认该县地方海事处于 2015 年 1 月 23 日作出的《政府信息告知书》行政行为违法。

【裁判理由】法院生效裁判认为：《中华人民共和国政府信息公开条例》第十三条规定，除本条例第九条、第十条、第十一条、第十二条规定的行政机关主动公开的政府信息外，公民、法人或者其他组织还可以根据自身生产、生活、科研等特殊需要，向国务院部门、地方各级人民政府及县级以上地方人民政府部门申请获取相关政府信息。案例中某县地方海事处作为行政机关，负有对罗某提出的政府信息公开申请作出答复和提供政府信息的法定职责。根据《中华人民共和国政府信息公开条例》第二条"本条例所称政府信息，是指行政机关在履行职责过程中制作或者获取的，以一定形式记录、保存的信息"的规定，罗某申请公开该县港航处、该县地方海事处的设立、主要职责、内设机构和人员编制的文件，属于该县地方海事处在履行职责过程中制作或者获取的，以一定形式记录、保存的信息，当属政府信息。该县地方海事处已为罗某提供了该县编发相关通知的复制件，明确载明了该县港航处、地方海事处的机构性质、人员编制、主要职责、内设机构等事项，罗某已知晓，予以确认。

罗某申请公开涉及兴运 × 号船等船舶发生事故的海事调查报告等所有事故材料的信息，根据《中华人民共和国内河交通事故调查处理规定》的相关规定，船舶在内河发生事故的调查处理属于海事管理机构的职责，其在事故调查处理过程中制作或者获取的，以一定形式记录、保存的信息属于政府信息。该县地方海事处作为该县的海事管理机构，负有对该县行政区域内发生的内河交通事故进行立案调查处理的职责，其在事故调查处理过程中制作或者获取的，以一定形式记录、保存的信息属于政府信息。罗某提交了兴运 × 号船于 2008 年 5 月 18 日发生整船搁浅事故以及于 2008 年 9 月 30 日发生沉没事故的相关线索，而该县地方海事处作出的《政府信息告知书》第二项告知罗某申请公开的该项政府信息不存在，仅有该县地方海事处的自述，没有提供印证证据证明其尽到了查询、翻阅和搜索的义务。故该县地方海事处作出的《政府信息告知书》违法，应当予以撤销。在案件二审审理期间，该县地方海事处主动撤销了其作出的《政府信息告知书》，罗某仍坚持诉讼。根据《中华人民共和国行政诉讼法》第七十四条第二款第二项之规定，判决确认该县地方海事处作出的政府信息告知行为违法。

2．行政机关举证责任

相关法律条文

《中华人民共和国行政诉讼法》（1989 年 4 月 4 日通过，2014 年 11 月 1 日第一次修正，2017 年 6 月 27 日第二次修正）

第三十四条　【被告举证责任】被告对作出的行政行为负有举证责任，应当提供作出该行政行为的证据和所依据的规范性文件。

被告不提供或者无正当理由逾期提供证据，视为没有相应证据。但是，被诉行政行为涉及第三人合法权益，第三人提供证据的除外。

第三十五条　【行政机关收集证据的限制】在诉讼过程中，被告及其诉讼代理人不得自行向原告、第三人和证人收集证据。

相关司法解释规定

《最高人民法院关于审理行政协议案件若干问题的规定》（法释〔2019〕17 号，2020 年 1 月 1 日起施行）

第十条　被告对于自己具有法定职权、履行法定程序、履行相应法定职责以及订立、履行、变更、解除行政协议等行为的合法性承担举证责任。

原告主张撤销、解除行政协议的，对撤销、解除行政协议的事由承担举证责任。

对行政协议是否履行发生争议的，由负有履行义务的当事人承担举证责任。

《最高人民法院关于适用〈中华人民共和国行政诉讼法〉的解释》（法释〔2018〕1号，2018年2月8日起施行）

第三十四条　根据行政诉讼法第三十六条第一款的规定，被告申请延期提供证据的，应当在收到起诉状副本之日起十五日内以书面方式向人民法院提出。人民法院准许延期提供的，被告应当在正当事由消除后十五日内提供证据。逾期提供的，视为被诉行政行为没有相应的证据。

《最高人民法院关于审理政府信息公开行政案件若干问题的规定》（法释〔2011〕17号，2011年8月13日起施行）

第五条　被告拒绝向原告提供政府信息的，应当对拒绝的根据以及履行法定告知和说明理由义务的情况举证。

因公共利益决定公开涉及商业秘密、个人隐私政府信息的，被告应当对认定公共利益以及不公开可能对公共利益造成重大影响的理由进行举证和说明。

被告拒绝更正与原告相关的政府信息记录的，应当对拒绝的理由进行举证和说明。

被告能够证明政府信息涉及国家秘密，请求在诉讼中不予提交的，人民法院应当准许。

被告主张政府信息不存在，原告能够提供该政府信息系由被告制作或者保存的相关线索的，可以申请人民法院调取证据。

被告以政府信息与申请人自身生产、生活、科研等特殊需要无关为由不予提供的，人民法院可以要求原告对特殊需要事由作出说明。

原告起诉被告拒绝更正政府信息记录的，应当提供其向被告提出过更正申请以及政府信息与其自身相关且记录不准确的事实根据。

《最高人民法院关于审理反补贴行政案件应用法律若干问题的规定》（法释〔2002〕36号，2003年1月1日起施行）

第七条　被告对其作出的被诉反补贴行政行为负举证责任，应当提供作出反补贴行政行为的证据和所依据的规范性文件。

人民法院依据被告的案卷记录审查被诉反补贴行政行为的合法性。被告在作出被诉反补贴行政行为时没有记入案卷的事实材料，不能作为认定该行为合法的根据。

《最高人民法院关于审理反倾销行政案件应用法律若干问题的规定》（法释〔2002〕35号，2003年1月1日起施行）

第七条　被告对其作出的被诉反倾销行政行为负举证责任，应当提供作出反倾销行政行为的证据和所依据的规范性文件。

人民法院依据被告的案卷记录审查被诉反倾销行政行为的合法性。被告在作出被诉反倾销行政行为时没有记入案卷的事实材料，不能作为认定该行为合法的根据。

《最高人民法院关于行政诉讼证据若干问题的规定》（法释〔2002〕21 号，2002 年 10 月 1 日起施行）

第三条　根据行政诉讼法第三十三条的规定，在诉讼过程中，被告及其诉讼代理人不得自行向原告和证人收集证据。

相关司法文件

《最高人民法院第一巡回法庭关于行政审判法律适用若干问题的会议纪要》（2018 年 7 月 23 日）

二、证据

9. 原告对征收补偿决定提起诉讼，理由是征收决定违法，人民法院应当如何审查征收决定的合法性。

答：人民法院应当将征收决定作为被诉征收补偿决定合法性的证据进行审查，征收决定不存在重大且明显违法的，可以作为认定被诉征收补偿决定合法的证据予以采信。

理由：起诉征收补偿决定，征收决定仅仅是征收补偿决定案件中的主要证据之一，并非被诉行政行为。人民法院应当对征收决定进行证据审查，只要征收决定不存在重大且明显违法，不属于无效的行政行为，就可以作为证据予以采信。

10. 发回重审或指令继续审理案件，是否应当再给被告一次举证的机会。

答：发回重审或指令继续审理案件，重审或继续审理的人民法院按照一审程序审理，应当给予被告举证的机会。

理由：无论是撤销一审判决发回重审，还是撤销一审裁定指令继续审理，回到一审后，都是一个新的案件，人民法院应当按照行政诉讼法规定的一审程序，给予被告举证的机会。否则，人民法院无法对被诉行政行为合法性进行有效审查，难以实质化解行政争议。

《最高人民法院关于审理证券行政处罚案件证据若干问题的座谈会纪要》（法〔2011〕225 号，2011 年 7 月 13 日起施行）

为进一步完善证券行政处罚案件的证据规则，推动证券监管机构依法行政，保护广大投资者合法权益，促进资本市场健康发展，最高人民法院对证券行政处罚案件证据运用中存在的突出问题进行了专题调研，在充分听取有关法院和部门意见并反复论证的基础上，根据《中华人民共和国行政诉讼法》、《中华人民共和国行政处罚法》和《中华人民共和国证券法》等法律规定，起草了证券行政处罚案件中有关证据问题的意见。2011 年 6 月 23 日，最高人民法院会同有关部门在北京召开专题座谈会，对证券行政处罚案件中有关证据审查认定等问题形成共识。现将有关内容纪要如下：

一、关于证券行政处罚案件的举证问题

会议认为，监管机构根据行政诉讼法第三十二条、最高人民法院《关于行政诉讼证据若干问题的规定》第一条的规定，对作出的被诉行政处罚决定承担举证责任。人民法院在审理证券行政处罚案件时，也应当考虑到部分类型的证券违法行为的特殊性，由监管机构承担主要违法事实的证明责任，通过推定的方式适当向原告、第三人转移部分特定事实的证明责任。

监管机构在听证程序中书面明确告知行政相对人享有提供排除其涉嫌违法行为证据的权利，行政相对人能够提供但无正当理由拒不提供，后又在诉讼中提供的，人民法院一般不予采纳。行政处罚相对人在行政程序中未提供但有正当理由，在诉讼中依照最高人民法院《关于行政诉讼证据若干问题的规定》提供的证据，人民法院应当采纳。

监管机构除依法向人民法院提供据以作出被诉行政处罚决定的证据和依据外，还应当提交原告、第三人在行政程序中提供的证据材料。

五、关于内幕交易行为的认定问题

会议认为，监管机构提供的证据能够证明以下情形之一，且被处罚人不能作出合理说明或者提供证据排除其存在利用内幕信息从事相关证券交易活动的，人民法院可以确认被诉处罚决定认定的内幕交易行为成立：（一）证券法第七十四条规定的证券交易内幕信息知情人，进行了与该内幕信息有关的证券交易活动；（二）证券法第七十四条规定的内幕信息知情人的配偶、父母、子女以及其他有密切关系的人，其证券交易活动与该内幕信息基本吻合；（三）因履行工作职责知悉上述内幕信息并进行了与该信息有关的证券交易活动；（四）非法获取内幕信息，并进行了与该内幕信息有关的证券交易活动；（五）内幕信息公开前与内幕信息知情人或知晓该内幕信息的人联络、接触，其证券交易活动与内幕信息高度吻合。

相关行政规范性文件

《税务行政应诉工作规程》（税总发〔2017〕135 号，2018 年 1 月 1 日起施行）

第十三条　被诉行政行为承办机构应当积极参与行政应诉工作，并在收到起诉状副本之日起 5 日内，向工作小组提交作出行政行为的全部证据和依据，并提交书面意见，结合相关证据和依据说明作出行政行为的全部过程。

证据应当提交原件并办理移交手续。证据应当按照时间顺序或者办理流程进行编号排列，并编制目录。案件办理完结后，证据原件应当退回被诉行政行为承办机构。

法制工作机构负责处理工作小组的其他事务。

第十六条　工作小组应当及时拟定答辩状、证据清单、法律依据以及授权委托书，报领导小组审定。

第十八条　证据清单应当载明证据的编号、名称、来源、内容、证明目的，并列明案号、举证人和举证时间。

第二十条　税务机关应当自收到应诉通知书和起诉状副本之日起 15 日内，将据以作出被诉行政行为的全部证据和所依据的规范性文件，连同答辩状、证据清单、法律依据、授权委托书、法定代表人身份证明及其他诉讼材料一并递交人民法院。

答辩状、证据清单、授权委托书及法定代表人身份证明应当加盖税务机关印章，授权委托书还应当加盖法定代表人签名章或者由法定代表人签字。

第二十一条　共同被告案件，作出原行政行为税务机关和复议机关对原行政行为的合法性共同承担举证责任。作出原行政行为税务机关对原行政行为的合法性进行举证，复议机关对复议程序的合法性进行举证。

第二十二条　税务机关因不可抗力等正当事由不能按期举证的，以及原告或者第三人提出了其在行政处理程序中没有提出的理由或者证据的，应当分别在举证期限内向人民法院提出延期提供证据或者补充证据的书面申请。

第二十三条　人民法院要求提供或者补充证据的，税务机关应当按要求提交证据。

《国务院办公厅关于加强和改进行政应诉工作的意见》（国办发〔2016〕54 号，2016 年 6 月 27 日起施行）

三、认真做好答辩举证工作。被诉行政机关要严格按照行政诉讼法的规定，向人民法院提交答辩状，提供作出行政行为的证据和依据。要提高答辩举证工作质量，做到答辩形式规范、说理充分，提供证据全面、准确、及时，不得拒绝或者无正当理由迟延答辩举证。

五、配合人民法院做好开庭审理工作。被诉行政机关出庭应诉人员要熟悉法律规定、了解案件事实和证据，配合人民法院查明案情。要积极协助人民法院依法开展调解工作，促进案结事了，不得以欺骗、胁迫等非法手段使原告撤诉。要严格遵守法庭纪律，自觉维护司法权威。

七、明确行政应诉工作职责分工。要强化被诉行政行为承办机关或者机构的行政应诉责任，同时发挥法制工作机构或者负责法制工作的机构在行政应诉工作中的组织、协调、指导作用。行政复议机关和作出原行政行为的行政机关为共同被告的，应当共同做好原行政行为的应诉举证工作，可以根据具体情况确定由一个机关实施。

相关案例

最高人民法院指导案例 41 号：宣某等诉浙江省某市国土资源局收回国有土地使用权案

【裁判要点】行政机关作出具体行政行为时未引用具体法律条款，且在诉讼中不能证明该具体行政行为符合法律的具体规定，应当视为该具体行政行为没有法律依据，适用法律错误。

【基本案情】原告宣某等 18 人系某市某中学教工宿舍楼的住户。2002 年 12 月 9 日，该市发展计划委员会根据第三人建设银行该市分行（以下简称该市分行）的报告，经审查同意该市分行在原有的营业综合大楼东南侧扩建营业用房建设项目。同日，该市规划局制定建设项目选址意见，该市分行为扩大营业用房等，拟自行收购、拆除占地面积为 205 平方米的该中学教工宿舍楼，改建为露天停车场，具体按规划详图实施。18 日，该市规划局又规划出该市分行扩建营业用房建设用地平面红线图。20 日，该市规划局发出建设用地规划许可证，该市分行建设项目用地面积 756 平方米。25 日，被告某市国土资源局（以下简称该市国土局）请示收回该市中学教工宿舍楼住户的国有土地使用权 187.6 平方米，报该市人民政府审批同意。同月 31 日，该市国土局作出该市国土（2002）37 号《收回国有土地使用权通知》（以下简称《通知》），并告知宣某等 18 人其正在使用的国有土地使用权将收回及诉权等内容。该《通知》说明了行政决定所依据的法律名称，但没有对所依据的具体法律条款予以说明。原告不服，提起行政诉讼。

【裁判结果】该市 × 区人民法院于 2003 年 8 月 29 日作出行政判决：撤销被告某市国土资源局 2002 年 12 月 31 日作出的《收回国有土地使用权通知》。宣判后，双方当事人均未上诉，判决已发生法律效力。

【裁判理由】法院生效裁判认为：被告某市国土局作出《通知》时，虽然说明了该通知所依据的法律名称，但并未引用具体法律条款。在庭审过程中，被告辩称系依据《中华人民共和国土地管理法》（以下简称《土地管理法》）第五十八条第一款作出被诉具体行政行为。《土地管理法》第五十八条第一款规定："有下列情况之一的，由有关人民政府土地行政主管部门报经原批准用地的人民政府或者有批准权的人民政府批准，可以收回国有土地使用权：（一）为公共利益需要使用土地的；（二）为实施城市规划进行旧城区改建，需要调整使用土地的……"该市国土局作为土地行政主管部门，有权依照《土地管理法》对辖区内国有土地的使用权进行管理和调整，但其行使职权时必须具有明确的法律依据。被告在作出《通知》时，仅说明是依据《土地管理法》及该省的有关规定作出的，但并未引用具体的法律条款，故其作出的具体行政行为没有明确的法律依据，属于适用法律错误。

本案中，该市国土局提供的该市发展计划委员会《关于同意扩建营业用房项目建设计划的批复》《建设项目选址意见书审批表》《建设银行该市分行扩建营业用房建设用地规划红线图》等有关证据，难以证明其作出的《通知》符合《土地管理法》第五十八条第一款规定的"为公共利益需要使用土地"或"实施城市规划进行旧城区改造需要调整使用土地"的情形，主要证据不足，故被告主张其作出的《通知》符合《土地管理法》规定的理由不能成立。根据《中华人民共和国行政诉讼法》及其相关司法解释的规定，在行政诉讼中，被告对其作出的具体行政行为承担举证责任，被告不提供作出具体行政行为时的证据和依据的，应当认定该具体行政行为没有证据和依据。

综上，被告作出的收回国有土地使用权具体行政行为主要证据不足，适用法律错误，应予撤销。

3. 举证期限

相关法律条文

《中华人民共和国行政诉讼法》（1989 年 4 月 4 日通过，2014 年 11 月 1 日第一次修正，2017 年 6 月 27 日第二次修正）

第三十六条　【被告延期提供证据和补充证据】被告在作出行政行为时已经收集了证据，但因不可抗力等正当事由不能提供的，经人民法院准许，可以延期提供。

原告或者第三人提出了其在行政处理程序中没有提出的理由或者证据的，经人民法院准许，被告可以补充证据。

相关司法解释规定

《最高人民法院关于适用〈中华人民共和国行政诉讼法〉的解释》（法释〔2018〕1 号，2018 年 2 月 8 日起施行）

第三十四条　根据行政诉讼法第三十六条第一款的规定，被告申请延期提供证据的，应当在收到起诉状副本之日起十五日内以书面方式向人民法院提出。人民法院准许延期提供的，被告应当在正当事由消除后十五日内提供证据。逾期提供的，视为被诉行政行为没有相应的证据。

第三十五条　原告或者第三人应当在开庭审理前或者人民法院指定的交换证据清单之日提供证据。因正当事由申请延期提供证据的，经人民法院准许，可以在法庭调查中提供。逾期提供证据的，人民法院应当责令其说明理由；拒不说明理由或者理由不成立的，视为放弃举证权利。

原告或者第三人在第一审程序中无正当事由未提供而在第二审程序中提供的证据，人民法院不予接纳。

第三十六条　当事人申请延长举证期限，应当在举证期限届满前向人民法院提出书面申请。

申请理由成立的，人民法院应当准许，适当延长举证期限，并通知其他当事人。申请理由不成立的，人民法院不予准许，并通知申请人。

《最高人民法院关于行政诉讼证据若干问题的规定》（法释〔2002〕21 号，2002 年 10 月 1 日起施行）

第一条　根据行政诉讼法第三十二条和第四十三条的规定，被告对作出的具体行政行为负有举证责任，应当在收到起诉状副本之日起十日内，提供据以作出被诉具体行政行为的全部证据和所依据的规范性文件。被告不提供或者无正当理由逾期提供证据的，视为被诉具体行政行为没有相应的证据。

被告因不可抗力或者客观上不能控制的其他正当事由，不能在前款规定的期限内提供证据的，应当在收到起诉状副本之日起十日内向人民法院提出延期提供证据的书面申请。人民法院准许延期提供的，被告应当在正当事由消除后十日内提供证据。逾期提供的，视为被诉具体行政行为没有相应的证据。

第二条　原告或者第三人提出其在行政程序中没有提出的反驳理由或者证据的，经人民法院准许，被告可以在第一审程序中补充相应的证据。

第七条　原告或者第三人应当在开庭审理前或者人民法院指定的交换证据之日提供证据。因正当事由申请延期提供证据的，经人民法院准许，可以在法庭调查中提供。逾期提供证据的，视为放弃举证权利。

原告或者第三人在第一审程序中无正当事由未提供而在第二审程序中提供的证据，人民法院不予接纳。

第八条　人民法院向当事人送达受理案件通知书或者应诉通知书时，应当告知其举证范围、举证期限和逾期提供证据的法律后果，并告知因正当事由不能按期提供证据时应当提出延期提供证据的申请。

第五十条　在第二审程序中，对当事人依法提供的新的证据，法庭应当进行质证；当事人对第一审认定的证据仍有争议的，法庭也应当进行质证。

第五十一条　按照审判监督程序审理的案件，对当事人依法提供的新的证据，法庭应当进行质证；因原判决、裁定认定事实的证据不足而提起再审所涉及的主要证据，法庭也应当进行质证。

第五十二条　本规定第五十条和第五十一条中的"新的证据"是指以下证据：

（一）在一审程序中应当准予延期提供而未获准许的证据；

（二）当事人在一审程序中依法申请调取而未获准许或者未取得，人民法院在第二审程序中调取的证据；

（三）原告或者第三人提供的在举证期限届满后发现的证据。

相关司法文件

《最高人民法院关于开展行政诉讼简易程序试点工作的通知》（法〔2010〕446 号，2010 年 11 月 17 日起施行）

二、适用简易程序审理的案件，被告应当在收到起诉状副本或者口头起诉笔录副本之日起 10 日内提交答辩状，并提供作出行政行为时的证据、依据。被告在期限届满前提交上述材料的，人民法院可以提前安排开庭日期。

《最高人民法院关于审理与低温雨雪冰冻灾害有关的行政案件若干问题座谈会纪要》（法〔2008〕139 号，2008 年 4 月 29 日起施行）

二、关于期限问题

（二）关于举证期限。被告因低温雨雪冰冻灾害逾期提供证据，或者无法在收到起诉状副本之日起 10 日内向人民法院提出延期提供证据书面申请的，人民法院应当认定属于《最高人民法院关于行政诉讼证据若干问题的规定》第一条规定的不可抗力或者客观上不能控制的其他正当事由，一般不视为被诉具体行政行为没有相应的证据。原告或者第三人因低温雨雪冰冻灾害申请延期提供证据的，经人民法院准许，可以在法庭调查中提供。由于低温雨雪冰冻灾害属于众所周知的事实，原则上无须诉讼当事人举证证明。

4. 免证事实

相关司法解释规定

《最高人民法院关于行政诉讼证据若干问题的规定》（法释〔2002〕21 号，2002 年 10 月 1 日起施行）

第六十八条　下列事实法庭可以直接认定：

（一）众所周知的事实；

（二）自然规律及定理；

（三）按照法律规定推定的事实；

（四）已经依法证明的事实；

（五）根据日常生活经验法则推定的事实。

前款（一）（三）（四）（五）项，当事人有相反证据足以推翻的除外。

第七十条　生效的人民法院裁判文书或者仲裁机构裁决文书确认的事实，可以作为定案依据。但是如果发现裁判文书或者裁决文书认定的事实有重大问题的，应当中止诉讼，通过法定程序予以纠正后恢复诉讼。

三、证据的收集

1．法院调取证据

《中华人民共和国行政诉讼法》（1989 年 4 月 4 日通过，2014 年 11 月 1 日第一次修正，2017 年 6 月 27 日第二次修正）

第三十九条 【法院要求当事人提供或者补充证据】人民法院有权要求当事人提供或者补充证据。

第四十条 【法院调取证据】人民法院有权向有关行政机关以及其他组织、公民调取证据。但是，不得为证明行政行为的合法性调取被告作出行政行为时未收集的证据。

第四十一条 【申请法院调取证据】与本案有关的下列证据，原告或者第三人不能自行收集的，可以申请人民法院调取：

（一）由国家机关保存而须由人民法院调取的证据；

（二）涉及国家秘密、商业秘密和个人隐私的证据；

（三）确因客观原因不能自行收集的其他证据。

《最高人民法院关于适用〈中华人民共和国行政诉讼法〉的解释》（法释〔2018〕1 号，2018 年 2 月 8 日起施行）

第三十七条 根据行政诉讼法第三十九条的规定，对当事人无争议，但涉及国家利益、公共利益或者他人合法权益的事实，人民法院可以责令当事人提供或者补充有关证据。

第三十九条 当事人申请调查收集证据，但该证据与待证事实无关联、对证明待证事实无意义或者其他无调查收集必要的，人民法院不予准许。

《最高人民法院关于行政诉讼证据若干问题的规定》（法释〔2002〕21 号，2002 年 10 月 1 日起施行）

第九条 根据行政诉讼法第三十四条第一款的规定，人民法院有权要求当事人提供或者补充证据。

对当事人无争议，但涉及国家利益、公共利益或者他人合法权益的事实，人民法院可以责令当事人提供或者补充有关证据。

第二十二条 根据行政诉讼法第三十四条第二款的规定，有下列情形之一的，人民法院有权向有关行政机关以及其他组织、公民调取证据：

（一）涉及国家利益、公共利益或者他人合法权益的事实认定的；

（二）涉及依职权追加当事人、中止诉讼、终结诉讼、回避等程序性事项的。

第二十三条　原告或者第三人不能自行收集，但能够提供确切线索的，可以申请人民法院调取下列证据材料：

（一）由国家有关部门保存而须由人民法院调取的证据材料；

（二）涉及国家秘密、商业秘密、个人隐私的证据材料；

（三）确因客观原因不能自行收集的其他证据材料。

人民法院不得为证明被诉具体行政行为的合法性，调取被告在作出具体行政行为时未收集的证据。

第二十四条　当事人申请人民法院调取证据的，应当在举证期限内提交调取证据申请书。

调取证据申请书应当写明下列内容：

（一）证据持有人的姓名或者名称、住址等基本情况；

（二）拟调取证据的内容；

（三）申请调取证据的原因及其要证明的案件事实。

第二十五条　人民法院对当事人调取证据的申请，经审查符合调取证据条件的，应当及时决定调取；不符合调取证据条件的，应当向当事人或者其诉讼代理人送达通知书，说明不准许调取的理由。当事人及其诉讼代理人可以在收到通知书之日起三日内向受理申请的人民法院书面申请复议一次。

人民法院应当在收到复议申请之日起五日内作出答复。人民法院根据当事人申请，经调取未能取得相应证据的，应当告知申请人并说明原因。

第二十六条　人民法院需要调取的证据在异地的，可以书面委托证据所在地人民法院调取。受托人民法院应当在收到委托书后，按照委托要求及时完成调取证据工作，送交委托人民法院。受托人民法院不能完成委托内容的，应当告知委托的人民法院并说明原因。

2. 证 据 交 换

相关司法解释规定

《最高人民法院关于适用〈中华人民共和国行政诉讼法〉的解释》（法释〔2018〕1号，2018年2月8日起施行）

第三十八条　对于案情比较复杂或者证据数量较多的案件，人民法院可以组织当事人在开庭前向对方出示或者交换证据，并将交换证据清单的情况记录在卷。

当事人在庭前证据交换过程中没有争议并记录在卷的证据，经审判人员在庭审中说明后，可以作为认定案件事实的依据。

《最高人民法院关于行政诉讼证据若干问题的规定》（法释〔2002〕21号，2002年10月1日起施行）

第二十一条　对于案情比较复杂或者证据数量较多的案件，人民法院可以组织当事人在开庭前向对方出示或者交换证据，并将交换证据的情况记录在卷。

相关部门规章

《专利行政执法证据规则（试行）》（国知发管字〔2016〕31号，2016年5月5日起施行）

第3章　证据交换与质证
第1节　证据交换

专利行政执法中，证据交换多用于专利侵权纠纷调处案件。对于假冒专利纠纷查处案件，无须进行证据交换。

3.1.1 证据交换的时机

管理专利工作的部门应当在立案之日起5个工作日内将请求书及其附件的副本送达被请求人，要求其在收到之日起15日内提交答辩书并按照请求人的数量提供答辩书副本。被请求人提交答辩书的，管理专利工作的部门应当在收到之日起5个工作日内将答辩书副本送达请求人。

通过上述方式未送达的证据材料，双方当事人可在口头审理前提交并相互交换。

3.1.2 依职权调查收集证据的出示

管理专利工作的部门依职权调查收集的证据未经质证，不能作为定案的依据。

在专利侵权纠纷处理中，依职权调查收集的证据一般是在口头审理中出示给双方当事人，由双方当事人对其进行确认和质证。在假冒专利行为查处案件中，依职权调查收集的证据在听证会上出示、宣读和辨认，涉及国家秘密、商业秘密和个人隐私的证据由听证会验证。

【案例3-1】

请求人某玩具公司发现被请求人陈某在未经许可的情况下生产销售的电动玩具车侵犯了其专利权，向当地知识产权局提交侵权纠纷处理请求，并提交了涉案专利证书等相关证据。

当地知识产权局依职权到被请求人的生产厂所进行勘验检查，查获涉嫌侵权产品电动玩具车共175箱、生产涉嫌侵权产品的模具共8套，对查获的涉嫌侵权产品抽样取证3箱，对模具抽样取证1套。执法人员制作了勘验检查笔录，并填写了勘验检查登记清单。

当地知识产权局选择书面审理，经审理发出处理决定书，判定被请求人生产销售的电动玩具车侵权。

被请求人不服，向人民法院起诉。法院判决撤销了该处理决定，主要理由是：在专利侵权纠纷处理决定作出之前，当地知识产权局未告知被请求人作出行政处理决定所依据的事实、理由和依据。

分析与评述：

程序合法是依法行政的基本准则，程序违法将会导致行政机关在行政诉讼中败诉的后果。在作出不利于当事人的行政决定之前，应当保证当事人对决定所依据的事实、理由和证据具有陈述、申辩的机会。本案中，管理专利工作的部门依照其依职权调查收集的证据作出对被请求人不利的结论，在作出决定之前，即使不举行口头审理，也应书面告知被请求人即将作出行政处理决定的事实、理由和依据（包括依职权调查收集的证据），并给予被请求人一定的答复期限，以保证其有充分陈述和申辩的机会。

相关司法文件

《最高人民法院关于推进行政诉讼程序繁简分流改革的意见》（法发〔2021〕17号，2021年6月1日起施行）

第十四条　开庭前准备阶段已核实当事人身份、告知权利义务、进行证据交换的，开庭审理时不再重复进行。

开庭前准备阶段确认的没有争议并记录在卷的证据，经人民法院在法庭调查时予以说明、各方当事人确认后，可以作为认定案件事实的依据。

3. 证 据 保 全

相关法律条文

《中华人民共和国行政诉讼法》（1989年4月4日通过，2014年11月1日第一次修正，2017年6月27日第二次修正）

第四十二条　【证据保全】在证据可能灭失或者以后难以取得的情况下，诉讼参加人可以向人民法院申请保全证据，人民法院也可以主动采取保全措施。

《最高人民法院关于行政诉讼证据若干问题的规定》（法释〔2002〕21号，2002年10月1日起施行）

第二十七条　当事人根据行政诉讼法第三十六条的规定向人民法院申请保全证据的，应当在举证期限届满前以书面形式提出，并说明证据的名称和地点、保全的内容和范围、申请保全的理由等事项。

当事人申请保全证据的，人民法院可以要求其提供相应的担保。

法律、司法解释规定诉前保全证据的，依照其规定办理。

第二十八条 人民法院依照行政诉讼法第三十六条规定保全证据的，可以根据具体情况，采取查封、扣押、拍照、录音、录像、复制、鉴定、勘验、制作询问笔录等保全措施。

人民法院保全证据时，可以要求当事人或者其诉讼代理人到场。

相关部门规章

《医疗保障行政处罚程序暂行规定》（2021 年 7 月 15 日起施行）

第二十六条 医疗保障行政部门在收集证据时，在证据可能灭失或者以后难以取得的情况下，经医疗保障行政部门负责人批准，可以先行登记保存，并应当在七个工作日内及时作出处理决定。

情况紧急，需要当场采取先行登记保存措施的，执法人员应当在二十四小时内向医疗保障行政部门负责人报告，并补办批准手续。医疗保障行政部门负责人认为不应当采取先行登记保存措施的，应当立即解除。

第二十七条 先行登记保存有关证据，应当当场清点，开具清单，由当事人和办案人员签名或者盖章。清单交当事人一份，并当场交付先行登记保存证据通知书。

先行登记保存期间，当事人或者有关人员不得损毁、销毁或者转移证据。

第二十八条 对于先行登记保存的证据，医疗保障行政部门可以根据案件需要采取以下处理措施：

（一）根据情况及时采取记录、复制、拍照、录像等证据保全措施；

（二）可依法采取封存措施的，决定予以封存；

（三）违法事实不成立，或者违法事实成立但不予行政处罚的，决定解除先行登记保存措施。

逾期未采取相关措施的，先行登记保存措施自动解除。

第二十九条 医疗保障行政部门对可能被转移、隐匿或者灭失的资料，无法以先行登记保存措施加以证据保全，采取封存措施；采取或者解除封存措施的，应当经医疗保障行政部门负责人批准。

情况紧急，需要当场采取封存等行政强制措施的，执法人员应当在二十四小时内向医疗保障行政部门负责人报告，并补办批准手续。医疗保障行政部门负责人认为不应当采取行政强制措施的，应当立即解除。

第三十条 医疗保障行政部门实施封存等行政强制措施应当依照《中华人民共和国行政强制法》规定的程序进行，并当场交付实施行政强制措施决定书和清单。

第三十一条 封存的期限不得超过三十日；情况复杂的，经医疗保障行政部门负责人批准，可以延长，但是延长期限不得超过三十日。延长封存的决定应当及时书面告知当事人，并说明理由。

第三十二条 封存的资料应妥善保管，防止丢失、损毁、篡改和非法借阅；医疗保障行政部门可以委托第三人保管，第三人不得损毁、篡改或者擅自转移、处置。

第三十三条　有下列情形之一的，医疗保障行政部门应当及时作出解除封存决定：

（一）当事人没有违法行为；

（二）封存的资料与违法行为无关；

（三）对违法行为已经作出处理决定，不再需要封存；

（四）封存期限已经届满；

（五）其他不再需要采取封存措施的情形。

解除封存应当立即退还资料，并由办案人员和当事人在资料清单上签名或者盖章。

《**市场监督管理行政处罚程序规定**》（2021 年 7 月 15 日起施行）

第三十三条　在证据可能灭失或者以后难以取得的情况下，市场监督管理部门可以对与涉嫌违法行为有关的证据采取先行登记保存措施。采取或者解除先行登记保存措施，应当经市场监督管理部门负责人批准。

情况紧急，需要当场采取先行登记保存措施的，办案人员应当在二十四小时内向市场监督管理部门负责人报告，并补办批准手续。市场监督管理部门负责人认为不应当采取先行登记保存措施的，应当立即解除。

第三十四条　先行登记保存有关证据，应当当场清点，开具清单，由当事人和办案人员签名或者盖章，交当事人一份，并当场交付先行登记保存证据通知书。

先行登记保存期间，当事人或者有关人员不得损毁、销毁或者转移证据。

第三十五条　对于先行登记保存的证据，应当在七个工作日内采取以下措施：

（一）根据情况及时采取记录、复制、拍照、录像等证据保全措施；

（二）需要检测、检验、检疫、鉴定的，送交检测、检验、检疫、鉴定；

（三）依据有关法律、法规规定可以采取查封、扣押等行政强制措施的，决定采取行政强制措施；

（四）违法事实成立，应当予以没收的，作出行政处罚决定，没收违法物品；

（五）违法事实不成立，或者违法事实成立但依法不应当予以查封、扣押或者没收的，决定解除先行登记保存措施。

逾期未采取相关措施的，先行登记保存措施自动解除。

《**证券期货违法行为行政处罚办法**》（2021 年 7 月 14 日起施行）

第二十三条　采取封存、先行登记保存措施的，应当当场清点，出具决定书或通知书，开列清单并制作现场笔录。

对于封存、先行登记保存的证据，中国证监会及其派出机构可以自行或采取委托第三方等其他适当方式保管，当事人和有关人员不得隐藏、转移、变卖或者毁损。

第二十四条　对于先行登记保存的证据，应当在七日内采取下列措施：

（一）根据情况及时采取记录、复制、拍照、录像、提取电子数据等证据保全措施；

（二）需要检查、检验、鉴定、评估的，送交检查、检验、鉴定、评估；

（三）依据有关法律、法规可以采取查封、扣押、封存等措施的，作出查封、扣押、封存等决定；

（四）违法事实不成立，或者违法事实成立但依法不应予以查封、扣押、封存的，决定解除先行登记保存措施。

《药品检查管理办法（试行）》（国药监药管〔2021〕31 号，2021 年 5 月 24 日起施行）

第二十一条　检查中发现被检查单位可能存在药品质量安全风险的，执法人员应当立即固定相关证据，检查组应当将发现的问题和处理建议立即通报负责该被检查单位监管工作的药品监督管理部门和派出检查单位，负责该被检查单位监管工作的药品监督管理部门应当在三日内进行风险评估，并根据评估结果作出是否暂停生产、销售、使用、进口等风险控制措施的决定，同时责令被检查单位对已上市药品的风险进行全面回顾分析，并依法依规采取召回等措施。

被检查单位是受托生产企业的，负责该被检查单位监管工作的药品监督管理部门应当责令该药品上市许可持有人对已上市药品采取相应措施。被检查单位是跨区域受托生产企业的，检查组应当将检查情况通报该药品上市许可持有人所在地省级药品监督管理部门，该药品上市许可持有人所在地省级药品监督管理部门应当在上述规定时限内进行风险评估，作出相关风险控制决定，并责令该药品上市许可持有人采取相应措施。

《国家外汇管理局行政处罚办法》（2020 年 10 月 1 日起施行）

第三十条　对可能被转移、隐匿、毁损或者灭失的证据，经外汇局负责人批准，外汇执法人员可以将证据做好封存标记后进行现场或者异地封存。封存的证据必须是与外汇违法行为有直接关系的物品和资料。

第三十一条　封存证据时，外汇执法人员应当会同证据的持有人对证据进行当场清点，并对证据名称、数量、特征等进行登记，制作封存决定书，并可以根据需要对封存的证据拍照或者录像。

封存决定书由外汇执法人员和证据持有人签字，并各执一份。

第三十二条　封存期限不得超过三十日，情况复杂的，经外汇局负责人批准可延长，延长期限不得超过三十日。

经查封存的证据确实与外汇违法行为无关的，应当发给证据持有人解除封存决定书，解除封存措施。经查确属外汇违法行为证据的，应当取回留档或者继续封存。

第三十三条　对有证据表明已经或者可能转移、隐匿违法资金等涉案财产或者隐匿、伪造、损毁重要证据的，外汇局可以申请人民法院冻结或者查封。

《公安机关办理行政案件程序规定》（2012 年 12 月 19 日公安部修订发布，2014 年 6 月 29 日第一次修正，2018 年 11 月 25 日第二次修正，2020 年 8 月第三次修正）

第七章　调查取证
第七节　证据保全

第一百零七条　对下列物品，经公安机关负责人批准，可以依法扣押或者扣留：

（一）与治安案件、违反出境入境管理的案件有关的需要作为证据的物品；

（二）道路交通安全法律、法规规定适用扣留的车辆、机动车驾驶证；

（三）《中华人民共和国反恐怖主义法》等法律、法规规定适用扣押或者扣留的物品。

对下列物品，不得扣押或者扣留：

（一）与案件无关的物品；

（二）公民个人及其所扶养家属的生活必需品；

（三）被侵害人或者善意第三人合法占有的财产。

对具有本条第二款第二项、第三项情形的，应当予以登记，写明登记财物的名称、规格、数量、特征，并由占有人签名或者捺指印。必要时，可以进行拍照。但是，与案件有关必须鉴定的，可以依法扣押，结束后应当立即解除。

第一百零八条　办理下列行政案件时，对专门用于从事无证经营活动的场所、设施、物品，经公安机关负责人批准，可以依法查封。但对与违法行为无关的场所、设施，公民个人及其扶养家属的生活必需品不得查封：

（一）擅自经营按照国家规定需要由公安机关许可的行业的；

（二）依照《娱乐场所管理条例》可以由公安机关采取取缔措施的；

（三）《中华人民共和国反恐怖主义法》等法律、法规规定适用查封的其他公安行政案件。

场所、设施、物品已被其他国家机关依法查封的，不得重复查封。

第一百零九条　收集证据时，经公安机关办案部门负责人批准，可以采取抽样取证的方法。

抽样取证应当采取随机的方式，抽取样品的数量以能够认定本品的品质特征为限。

抽样取证时，应当对抽样取证的现场、被抽样物品及被抽取的样品进行拍照或者对抽样过程进行录像。

对抽取的样品应当及时进行检验。经检验，能够作为证据使用的，应当依法扣押、先行登记保存或者登记；不属于证据的，应当及时返还样品。样品有减损的，应当予以补偿。

第一百一十条　在证据可能灭失或者以后难以取得的情况下，经公安机关办案部门负责人批准，可以先行登记保存。

先行登记保存期间，证据持有人及其他人员不得损毁或者转移证据。

对先行登记保存的证据，应当在七日内作出处理决定。逾期不作出处理决定的，视为自动解除。

第一百一十一条 实施扣押、扣留、查封、抽样取证、先行登记保存等证据保全措施时，应当会同当事人查点清楚，制作并当场交付证据保全决定书。必要时，应当对采取证据保全措施的证据进行拍照或者对采取证据保全的过程进行录像。证据保全决定书应当载明下列事项：

（一）当事人的姓名或者名称、地址；

（二）抽样取证、先行登记保存、扣押、扣留、查封的理由、依据和期限；

（三）申请行政复议或者提起行政诉讼的途径和期限；

（四）作出决定的公安机关的名称、印章和日期。

证据保全决定书应当附清单，载明被采取证据保全措施的场所、设施、物品的名称、规格、数量、特征等，由办案人民警察和当事人签名后，一份交当事人，一份附卷。有见证人的，还应当由见证人签名。当事人或者见证人拒绝签名的，办案人民警察应当在证据保全清单上注明。

对可以作为证据使用的录音带、录像带，在扣押时应当予以检查，记明案由、内容以及录取和复制的时间、地点等，并妥为保管。

对扣押的电子数据原始存储介质，应当封存，保证在不解除封存状态的情况下，无法增加、删除、修改电子数据，并在证据保全清单中记录封存状态。

第一百一十二条 扣押、扣留、查封期限为三十日，情况复杂的，经县级以上公安机关负责人批准，可以延长三十日；法律、行政法规另有规定的除外。延长扣押、扣留、查封期限的，应当及时书面告知当事人，并说明理由。

对物品需要进行鉴定的，鉴定期间不计入扣押、扣留、查封期间，但应当将鉴定的期间书面告知当事人。

第一百一十三条 公安机关对恐怖活动嫌疑人的存款、汇款、债券、股票、基金份额等财产采取冻结措施的，应当经县级以上公安机关负责人批准，向金融机构交付冻结通知书。

作出冻结决定的公安机关应当在三日内向恐怖活动嫌疑人交付冻结决定书。冻结决定书应当载明下列事项：

（一）恐怖活动嫌疑人的姓名或者名称、地址；

（二）冻结的理由、依据和期限；

（三）冻结的账号和数额；

（四）申请行政复议或者提起行政诉讼的途径和期限；

（五）公安机关的名称、印章和日期。

第一百一十四条　自被冻结之日起二个月内，公安机关应当作出处理决定或者解除冻结；情况复杂的，经上一级公安机关负责人批准，可以延长一个月。

延长冻结的决定应当及时书面告知恐怖活动嫌疑人，并说明理由。

第一百一十五条　有下列情形之一的，公安机关应当立即退还财物，并由当事人签名确认；不涉及财物退还的，应当书面通知当事人解除证据保全：

（一）当事人没有违法行为的；

（二）被采取证据保全的场所、设施、物品、财产与违法行为无关的；

（三）已经作出处理决定，不再需要采取证据保全措施的；

（四）采取证据保全措施的期限已经届满的；

（五）其他不再需要采取证据保全措施的。

作出解除冻结决定的，应当及时通知金融机构。

第一百一十六条　行政案件变更管辖时，与案件有关的财物及其孳息应当随案移交，并书面告知当事人。移交时，由接收人、移交人当面查点清楚，并在交接单据上共同签名。

相关行政规范性文件

《税务行政应诉工作规程》（税总发〔2017〕135 号，2018 年 1 月 1 日起施行）

第二十四条　税务机关发现证据可能灭失或者以后难以取得的，可以向人民法院申请保全证据。

《城市房屋拆迁行政裁决工作规程》（建住房〔2003〕252 号，2004 年 3 月 1 日起施行）

第二十条　房屋拆迁管理部门申请行政强制拆迁，应当提交下列资料：

（一）行政强制拆迁申请书；

（二）裁决调解记录和裁决书；

（三）被拆迁人不同意拆迁的理由；

（四）被拆迁房屋的证据保全公证书；

（五）被拆迁人提供的安置用房、周转用房权属证明或者补偿资金证明；

（六）被拆迁人拒绝接收补偿资金的，应当提交补偿资金的提存证明；

（七）市、县人民政府房屋拆迁管理部门规定的其他材料。

第二十二条　行政强制拆迁应当严格依法进行。强制拆迁时，应当组织街道办事处（居委会）、被拆迁人单位代表到现场作为强制拆迁证明人，并由公证部门对被拆迁房屋及其房屋内物品进行证据保全。

4．证明妨碍规则

相关法律条文

《中华人民共和国海警法》（2021 年 2 月 1 日起施行）

第三十五条　海警机构办理海上行政案件时，有证据证明当事人在海上实施将物品倒入海中等故意毁灭证据的行为，给海警机构举证造成困难的，可以结合其他证据，推定有关违法事实成立，但是当事人有证据足以推翻的除外。

相关司法解释规定

《最高人民法院关于适用〈中华人民共和国行政诉讼法〉的解释》（法释〔2018〕1 号，2018 年 2 月 8 日起施行）

第四十五条　被告有证据证明其在行政程序中依照法定程序要求原告或者第三人提供证据，原告或者第三人依法应当提供而没有提供，在诉讼程序中提供的证据，人民法院一般不予采纳。

第四十六条　原告或者第三人确有证据证明被告持有的证据对原告或者第三人有利的，可以在开庭审理前书面申请人民法院责令行政机关提交。

申请理由成立的，人民法院应当责令行政机关提交，因提交证据所产生的费用，由申请人预付。行政机关无正当理由拒不提交的，人民法院可以推定原告或者第三人基于该证据主张的事实成立。

持有证据的当事人以妨碍对方当事人使用为目的，毁灭有关证据或者实施其他致使证据不能使用行为的，人民法院可以推定对方当事人基于该证据主张的事实成立，并可依照行政诉讼法第五十九条规定处理。

《最高人民法院关于行政诉讼证据若干问题的规定》（法释〔2002〕21 号，2002 年 10 月 1 日起施行）

第六十九条　原告确有证据证明被告持有的证据对原告有利，被告无正当事由拒不提供的，可以推定原告的主张成立。

5．妨害证明的法律制裁

相关法律条文

《中华人民共和国食品安全法》（2009 年 2 月 28 日通过，2015 年 4 月 24 日修订，2018 年 12 月 29 日第一次修正，2021 年 4 月 29 日第二次修正）

第一百零三条　发生食品安全事故的单位应当立即采取措施，防止事故扩大。事故单位和接收病人进行治疗的单位应当及时向事故发生地县级人民政府食品安全监督管理、卫生行政部门报告。

县级以上人民政府农业行政等部门在日常监督管理中发现食品安全事故或者接到事故举报，应当立即向同级食品安全监督管理部门通报。

发生食品安全事故，接到报告的县级人民政府食品安全监督管理部门应当按照应急预案的规定向本级人民政府和上级人民政府食品安全监督管理部门报告。县级人民政府和上级人民政府食品安全监督管理部门应当按照应急预案的规定上报。

任何单位和个人不得对食品安全事故隐瞒、谎报、缓报，不得隐匿、伪造、毁灭有关证据。

第一百二十八条　违反本法规定，事故单位在发生食品安全事故后未进行处置、报告的，由有关主管部门按照各自职责分工责令改正，给予警告；隐匿、伪造、毁灭有关证据的，责令停产停业，没收违法所得，并处十万元以上五十万元以下罚款；造成严重后果的，吊销许可证。

《中华人民共和国行政诉讼法》（1989 年 4 月 4 日通过，2014 年 11 月 1 日第一次修正，2017 年 6 月 27 日第二次修正）

第五十九条　【妨害行政诉讼强制措施】诉讼参与人或者其他人有下列行为之一的，人民法院可以根据情节轻重，予以训诫、责令具结悔过或者处一万元以下的罚款、十五日以下的拘留；构成犯罪的，依法追究刑事责任：

（一）有义务协助调查、执行的人，对人民法院的协助调查决定、协助执行通知书，无故推拖、拒绝或者妨碍调查、执行的；

（二）伪造、隐藏、毁灭证据或者提供虚假证明材料，妨碍人民法院审理案件的；

（三）指使、贿买、胁迫他人作伪证或者威胁、阻止证人作证的；

（四）隐藏、转移、变卖、毁损已被查封、扣押、冻结的财产的；

（五）以欺骗、胁迫等非法手段使原告撤诉的；

（六）以暴力、威胁或者其他方法阻碍人民法院工作人员执行职务，或者以哄闹、冲击法庭等方法扰乱人民法院工作秩序的；

（七）对人民法院审判人员或者其他工作人员、诉讼参与人、协助调查和执行的人员恐吓、侮辱、诽谤、诬陷、殴打、围攻或者打击报复的。

人民法院对有前款规定的行为之一的单位，可以对其主要负责人或者直接责任人员依照前款规定予以罚款、拘留；构成犯罪的，依法追究刑事责任。

罚款、拘留须经人民法院院长批准。当事人不服的，可以向上一级人民法院申请复议一次。复议期间不停止执行。

《最高人民法院关于行政诉讼证据若干问题的规定》（法释〔2002〕21 号，2002 年 10 月 1 日起施行）

第七十六条　证人、鉴定人作伪证的，依照行政诉讼法第四十九条第一款第（二）项的规定追究其法律责任。

第七十七条　诉讼参与人或者其他人有对审判人员或者证人、鉴定人、勘验人及其近亲属实施威胁、侮辱、殴打、骚扰或者打击报复等妨碍行政诉讼行为的，依照行政诉讼法第四十九条第一款第（三）项、第（五）项或者第（六）项的规定追究其法律责任。

第七十八条　对应当协助调取证据的单位和个人，无正当理由拒不履行协助义务的，依照行政诉讼法第四十九条第一款第（五）项的规定追究其法律责任。

相关行政法规

《政府督查工作条例》（2021 年 2 月 1 日起施行）

第二十五条　督查对象及其工作人员不得阻碍督查工作，不得隐瞒实情、弄虚作假，不得伪造、隐匿、毁灭证据。有上述情形的，由政府督查机构责令改正；情节严重的，依法依规追究责任。

相关部门规章

《文化市场综合执法行政处罚裁量权适用办法》（文旅综执发〔2021〕11 号，2021 年 7 月 15 日起施行）

第十四条　有下列情形之一的，应当依法从重处罚：

（一）危害国家文化安全和意识形态安全，严重扰乱市场经营秩序的；

（二）在共同实施的违法行为中起主要作用或者教唆、胁迫、诱骗他人实施违法行为的；

（三）经执法部门通过新闻媒体、发布公告等方式禁止或者告诫后，继续实施违法行为的；

（四）经执法部门责令改正违法行为后，继续实施同一违法行为的；

（五）因同种违法行为一年内受到三次及以上行政处罚的；

（六）隐匿、破坏、销毁、篡改有关证据，或者拒不配合、阻碍、以暴力威胁执法人员依法执行职务的；

（七）对证人、举报人或者执法人员打击报复的；

（八）违法行为引起群众强烈反映、引发群体性事件或者造成其他不良社会影响的；

（九）违反未成年人保护相关规定且情节严重的；

（十）扰乱公共秩序、妨害公共安全和社会管理，情节严重、尚未构成犯罪的；

（十一）法律、法规、规章规定的其他情形。

《规范医疗保障基金使用监督管理行政处罚裁量权办法》（2021 年 7 月 15 日起施行）

第十六条　有下列情形之一的，医疗保障行政部门应当从重处罚：

（一）违法情节恶劣，造成严重危害后果的；

（二）责令改正拒不改正，或者一年内实施两次以上同一性质违法行为的；

（三）妨碍、阻挠或者抗拒执法人员依法调查、处理其违法行为的；

（四）故意转移、隐匿、毁坏或伪造证据，或者对举报投诉人、证人打击报复的；

（五）法律、法规、规章规定应当从重处罚的其他情形。

《证券期货违法行为行政处罚办法》（2021 年 7 月 14 日起施行）

第三十八条　有下列拒绝、阻碍执法情形之一的，按照《证券法》第二百一十八条的规定追究责任：

（一）殴打、围攻、推搡、抓挠、威胁、侮辱、谩骂执法人员的；

（二）限制执法人员人身自由的；

（三）抢夺、毁损执法装备及执法人员个人物品的；

（四）抢夺、毁损、伪造、隐藏证据材料的；

（五）不按要求报送文件资料，且无正当理由的；

（六）转移、变卖、毁损、隐藏被依法冻结、查封、扣押、封存的资金或涉案财产的；

（七）躲避推脱、拒不接受、无故离开等不配合执法人员询问，或在询问时故意提供虚假陈述、谎报案情的；

（八）其他不履行配合义务的情形。

《药品检查管理办法（试行）》（国药监药管〔2021〕31 号，2021 年 5 月 24 日起施行）

第六十三条　被检查单位拒绝、逃避监督检查，伪造、销毁、隐匿有关证据材料的，视为其产品可能存在安全隐患，药品监督管理部门应当按照《中华人民共和国药品管理法》第九十九条的规定进行处理。

被检查单位有下列情形之一的，应当视为拒绝、逃避监督检查，伪造、销毁、隐匿记录、数据、信息等相关资料：

（一）拒绝、限制检查员进入被检查场所或者区域，限制检查时间，或者检查结束时限制检查员离开的；

（二）无正当理由不如实提供或者延迟提供与检查相关的文件、记录、票据、凭证、电子数据等材料的；

（三）拒绝或者限制拍摄、复印、抽样等取证工作的；

（四）以声称工作人员不在或者冒名顶替应付检查、故意停止生产经营活动等方式欺骗、误导、逃避检查的；

（五）其他不配合检查的情形。

四、行政机关调查取证

1．调查程序的一般规定

相关法律条文

《中华人民共和国海警法》（2021年2月1日起施行）

第二十三条　海警机构对违反海上治安、海关、海洋资源开发利用、海洋生态环境保护、海洋渔业管理等法律、法规、规章的组织和个人，依法实施包括限制人身自由在内的行政处罚、行政强制或者法律、法规规定的其他措施。

海警机构依照海洋资源开发利用、海洋生态环境保护、海洋渔业管理等法律、法规的规定，对海上生产作业现场进行监督检查。

海警机构因调查海上违法行为的需要，有权向有关组织和个人收集、调取证据。有关组织和个人应当如实提供证据。

海警机构为维护海上治安秩序，对有违法犯罪嫌疑的人员进行当场盘问、检查或者继续盘问的，依照《中华人民共和国人民警察法》的规定执行。

第三十条　对不适用当场处罚，但事实清楚，当事人自愿认错认罚，且对违法事实和法律适用没有异议的海上行政案件，海警机构征得当事人书面同意后，可以通过简化取证方式和审核审批等措施快速办理。

对符合快速办理条件的海上行政案件，当事人在自行书写材料或者询问笔录中承认违法事实、认错认罚，并有视听资料、电子数据、检查笔录等关键证据能够相互印证的，海警机构可以不再开展其他调查取证工作。

使用执法记录仪等设备对询问过程录音录像的，可以替代书面询问笔录。必要时，对视听资料的关键内容和相应时间段等作文字说明。

对快速办理的海上行政案件，海警机构应当在当事人到案后四十八小时内作出处理决定。

第六十八条　海警机构询问、讯问、继续盘问、辨认违法犯罪嫌疑人以及对违法犯罪嫌疑人进行安全检查、信息采集等执法活动，应当在办案场所进行。紧急情况下必须在现场进行询问、讯问或者有其他不宜在办案场所进行询问、讯问的情形除外。

海警机构应当按照国家有关规定以文字、音像等形式，对海上维权执法活动进行全过程记录，归档保存。

《中华人民共和国行政处罚法》（1996 年 3 月 17 日通过，2009 年 8 月 27 日第一次修正，2017 年 9 月 1 日第二次修正，2021 年 1 月 22 日修订，2021 年 7 月 15 日起施行）[①]

第五十四条　除本法第五十一条规定的可以当场作出的行政处罚外，行政机关发现公民、法人或者其他组织有依法应当给予行政处罚的行为的，必须全面、客观、公正地调查，收集有关证据；必要时，依照法律、法规的规定，可以进行检查。

符合立案标准的，行政机关应当及时立案。

第五十五条　执法人员在调查或者进行检查时，应当主动向当事人或者有关人员出示执法证件。当事人或者有关人员有权要求执法人员出示执法证件。执法人员不出示执法证件的，当事人或者有关人员有权拒绝接受调查或者检查。

当事人或者有关人员应当如实回答询问，并协助调查或者检查，不得拒绝或者阻挠。询问或者检查应当制作笔录。

第五十六条　行政机关在收集证据时，可以采取抽样取证的方法；在证据可能灭失或者以后难以取得的情况下，经行政机关负责人批准，可以先行登记保存，并应当在七日内及时作出处理决定，在此期间，当事人或者有关人员不得销毁或者转移证据。

第五十七条　调查终结，行政机关负责人应当对调查结果进行审查，根据不同情况，分别作出如下决定：

（一）确有应受行政处罚的违法行为的，根据情节轻重及具体情况，作出行政处罚决定；

（二）违法行为轻微，依法可以不予行政处罚的，不予行政处罚；

（三）违法事实不能成立的，不予行政处罚；

（四）违法行为涉嫌犯罪的，移送司法机关。

对情节复杂或者重大违法行为给予行政处罚，行政机关负责人应当集体讨论决定。

《中华人民共和国公职人员政务处分法》（2020 年 7 月 1 日起施行）

第五条　给予公职人员政务处分，应当事实清楚、证据确凿、定性准确、处理恰当、程序合法、手续完备。

[①]　行政执法程序的证据与证明规则：《民用航空器事件调查规定》（2020 年 4 月 1 日起施行）、《科研诚信案件调查处理规则（试行）》（国科发监〔2019〕323 号，2019 年 9 月 25 日起施行）、《专利侵权纠纷行政裁决办案指南》（国知发保字〔2019〕57 号，2019 年 12 月 26 日起施行）、《专利行政执法证据规则（试行）》（国知发管字〔2016〕31 号，2016 年 5 月 5 日起施行）、《重大税务案件审理办法》（2021 年 8 月 1 日起施行）、《环境行政处罚证据指南》（环办〔2011〕66 号，2011 年 5 月 30 日起施行）。相关的地方行政规范性文件有《黑龙江煤矿安全监察行政处罚证据规则（试行）》（黑煤安监监一〔2018〕65 号）。

第四十二条 监察机关对涉嫌违法的公职人员进行调查，应当由二名以上工作人员进行。监察机关进行调查时，有权依法向有关单位和个人了解情况，收集、调取证据。有关单位和个人应当如实提供情况。

严禁以威胁、引诱、欺骗及其他非法方式收集证据。以非法方式收集的证据不得作为给予政务处分的依据。

第四十三条 作出政务处分决定前，监察机关应当将调查认定的违法事实及拟给予政务处分的依据告知被调查人，听取被调查人的陈述和申辩，并对其陈述的事实、理由和证据进行核实，记录在案。被调查人提出的事实、理由和证据成立的，应予采纳。不得因被调查人的申辩而加重政务处分。

《中华人民共和国商标法》（1982 年 8 月 23 日通过，1993 年 2 月 22 日第一次修正，2001 年 10 月 27 日第二次修正，2013 年 8 月 30 日第三次修正，2019 年 4 月 23 日第四次修正）

第六十二条 县级以上工商行政管理部门根据已经取得的违法嫌疑证据或者举报，对涉嫌侵犯他人注册商标专用权的行为进行查处时，可以行使下列职权：

（一）询问有关当事人，调查与侵犯他人注册商标专用权有关的情况；

（二）查阅、复制当事人与侵权活动有关的合同、发票、账簿以及其他有关资料；

（三）对当事人涉嫌从事侵犯他人注册商标专用权活动的场所实施现场检查；

（四）检查与侵权活动有关的物品；对有证据证明是侵犯他人注册商标专用权的物品，可以查封或者扣押。

工商行政管理部门依法行使前款规定的职权时，当事人应当予以协助、配合，不得拒绝、阻挠。

在查处商标侵权案件过程中，对商标权属存在争议或者权利人同时向人民法院提起商标侵权诉讼的，工商行政管理部门可以中止案件的查处。中止原因消除后，应当恢复或者终结案件查处程序。

《中华人民共和国土壤污染防治法》（2018 年 8 月 31 日通过，2019 年 1 月 1 日起施行）

第七十八条 企业事业单位和其他生产经营者违反法律法规规定排放有毒有害物质，造成或者可能造成严重土壤污染的，或者有关证据可能灭失或者被隐匿的，生态环境主管部门和其他负有土壤污染防治监督管理职责的部门，可以查封、扣押有关设施、设备、物品。

《中华人民共和国治安管理处罚法》（2005年8月28日通过，2012年10月26日修正）

第四章　处罚程序

第一节　调查

第七十九条　公安机关及其人民警察对治安案件的调查，应当依法进行。严禁刑讯逼供或者采用威胁、引诱、欺骗等非法手段收集证据。

以非法手段收集的证据不得作为处罚的根据。

第八十条　公安机关及其人民警察在办理治安案件时，对涉及的国家秘密、商业秘密或者个人隐私，应当予以保密。

《中华人民共和国反垄断法》（2007年8月30日通过，2008年8月1日起施行）

第六章　对涉嫌垄断行为的调查

第三十八条　反垄断执法机构依法对涉嫌垄断行为进行调查。

对涉嫌垄断行为，任何单位和个人有权向反垄断执法机构举报。反垄断执法机构应当为举报人保密。

举报采用书面形式并提供相关事实和证据的，反垄断执法机构应当进行必要的调查。

第三十九条　反垄断执法机构调查涉嫌垄断行为，可以采取下列措施：

（一）进入被调查的经营者的营业场所或者其他有关场所进行检查；

（二）询问被调查的经营者、利害关系人或者其他有关单位或者个人，要求其说明有关情况；

（三）查阅、复制被调查的经营者、利害关系人或者其他有关单位或者个人的有关单证、协议、会计账簿、业务函电、电子数据等文件、资料；

（四）查封、扣押相关证据；

（五）查询经营者的银行账户。

采取前款规定的措施，应当向反垄断执法机构主要负责人书面报告，并经批准。

第四十条　反垄断执法机构调查涉嫌垄断行为，执法人员不得少于二人，并应当出示执法证件。

执法人员进行询问和调查，应当制作笔录，并由被询问人或者被调查人签字。

第四十一条　反垄断执法机构及其工作人员对执法过程中知悉的商业秘密负有保密义务。

第四十二条　被调查的经营者、利害关系人或者其他有关单位或者个人应当配合反垄断执法机构依法履行职责，不得拒绝、阻碍反垄断执法机构的调查。

第四十三条　被调查的经营者、利害关系人有权陈述意见。反垄断执法机构应当对被调查的经营者、利害关系人提出的事实、理由和证据进行核实。

第四十四条　反垄断执法机构对涉嫌垄断行为调查核实后，认为构成垄断行为的，应当依法作出处理决定，并可以向社会公布。

第四十五条　对反垄断执法机构调查的涉嫌垄断行为，被调查的经营者承诺在反垄断执法机构认可的期限内采取具体措施消除该行为后果的，反垄断执法机构可以决定中止调查。中止调查的决定应当载明被调查的经营者承诺的具体内容。

反垄断执法机构决定中止调查的，应当对经营者履行承诺的情况进行监督。经营者履行承诺的，反垄断执法机构可以决定终止调查。

有下列情形之一的，反垄断执法机构应当恢复调查：

（一）经营者未履行承诺的；

（二）作出中止调查决定所依据的事实发生重大变化的；

（三）中止调查的决定是基于经营者提供的不完整或者不真实的信息作出的。

《中华人民共和国反洗钱法》（2006年10月31日通过，2007年1月1日起施行）

第四章　反洗钱调查

第二十三条　国务院反洗钱行政主管部门或者其省一级派出机构发现可疑交易活动，需要调查核实的，可以向金融机构进行调查，金融机构应当予以配合，如实提供有关文件和资料。

调查可疑交易活动时，调查人员不得少于二人，并出示合法证件和国务院反洗钱行政主管部门或者其省一级派出机构出具的调查通知书。调查人员少于二人或者未出示合法证件和调查通知书的，金融机构有权拒绝调查。

第二十四条　调查可疑交易活动，可以询问金融机构有关人员，要求其说明情况。

询问应当制作询问笔录。询问笔录应当交被询问人核对。记载有遗漏或者差错的，被询问人可以要求补充或者更正。被询问人确认笔录无误后，应当签名或者盖章；调查人员也应当在笔录上签名。

第二十五条　调查中需要进一步核查的，经国务院反洗钱行政主管部门或者其省一级派出机构的负责人批准，可以查阅、复制被调查对象的账户信息、交易记录和其他有关资料；对可能被转移、隐藏、篡改或者毁损的文件、资料，可以予以封存。

调查人员封存文件、资料，应当会同在场的金融机构工作人员查点清楚，当场开列清单一式二份，由调查人员和在场的金融机构工作人员签名或者盖章，一份交金融机构，一份附卷备查。

第二十六条　经调查仍不能排除洗钱嫌疑的，应当立即向有管辖权的侦查机关报案。客户要求将调查所涉及的账户资金转往境外的，经国务院反洗钱行政主管部门负责人批准，可以采取临时冻结措施。

侦查机关接到报案后，对已依照前款规定临时冻结的资金，应当及时决定是否继续冻结。侦查机关认为需要继续冻结的，依照刑事诉讼法的规定采取冻结措施；

认为不需要继续冻结的，应当立即通知国务院反洗钱行政主管部门，国务院反洗钱行政主管部门应当立即通知金融机构解除冻结。

临时冻结不得超过四十八小时。金融机构在按照国务院反洗钱行政主管部门的要求采取临时冻结措施后四十八小时内，未接到侦查机关继续冻结通知的，应当立即解除冻结。

《中华人民共和国价格法》（1997 年 12 月 29 日通过，1998 年 5 月 1 日起施行）

第三十四条　政府价格主管部门进行价格监督检查时，可以行使下列职权：

（一）询问当事人或者有关人员，并要求其提供证明材料和与价格违法行为有关的其他资料；

（二）查询、复制与价格违法行为有关的账簿、单据、凭证、文件及其他资料，核对与价格违法行为有关的银行资料；

（三）检查与价格违法行为有关的财物，必要时可以责令当事人暂停相关营业；

（四）在证据可能灭失或者以后难以取得的情况下，可以依法先行登记保存，当事人或者有关人员不得转移、隐匿或者销毁。

第三十五条　经营者接受政府价格主管部门的监督检查时，应当如实提供价格监督检查所必需的账簿、单据、凭证、文件以及其他资料。

第三十六条　政府部门价格工作人员不得将依法取得的资料或者了解的情况用于依法进行价格管理以外的任何其他目的，不得泄露当事人的商业秘密。

相关行政法规

《防范和处置非法集资条例》（2021 年 5 月 1 日起施行）

第十九条　对本行政区域内的下列行为，涉嫌非法集资的，处置非法集资牵头部门应当及时组织有关行业主管部门、监管部门以及国务院金融管理部门分支机构、派出机构进行调查认定：

（一）设立互联网企业、投资及投资咨询类企业、各类交易场所或者平台、农民专业合作社、资金互助组织以及其他组织吸收资金；

（二）以发行或者转让股权、债权，募集基金，销售保险产品，或者以从事各类资产管理、虚拟货币、融资租赁业务等名义吸收资金；

（三）在销售商品、提供服务、投资项目等商业活动中，以承诺给付货币、股权、实物等回报的形式吸收资金；

（四）违反法律、行政法规或者国家有关规定，通过大众传播媒介、即时通信工具或者其他方式公开传播吸收资金信息；

（五）其他涉嫌非法集资的行为。

第二十条　对跨行政区域的涉嫌非法集资行为，非法集资人为单位的，由其登记地处置非法集资牵头部门组织调查认定；非法集资人为个人的，由其住所地或者经常居住地处置非法集资牵头部门组织调查认定。非法集资行为发生地、集资资产所在地以及集资参与人所在地处置非法集资牵头部门应当配合调查认定工作。

处置非法集资牵头部门对组织调查认定职责存在争议的，由其共同的上级处置非法集资牵头部门确定；对跨省、自治区、直辖市组织调查认定职责存在争议的，由联席会议确定。

第二十一条　处置非法集资牵头部门组织调查涉嫌非法集资行为，可以采取下列措施：

（一）进入涉嫌非法集资的场所进行调查取证；

（二）询问与被调查事件有关的单位和个人，要求其对有关事项作出说明；

（三）查阅、复制与被调查事件有关的文件、资料、电子数据等，对可能被转移、隐匿或者毁损的文件、资料、电子设备等予以封存；

（四）经处置非法集资牵头部门主要负责人批准，依法查询涉嫌非法集资的有关账户。

调查人员不得少于2人，并应当出示执法证件。

与被调查事件有关的单位和个人应当配合调查，不得拒绝、阻碍。

第二十二条　处置非法集资牵头部门对涉嫌非法集资行为组织调查，有权要求暂停集资行为，通知市场监督管理部门或者其他有关部门暂停为涉嫌非法集资的有关单位办理设立、变更或者注销登记。

第二十三条　经调查认定属于非法集资的，处置非法集资牵头部门应当责令非法集资人、非法集资协助人立即停止有关非法活动；发现涉嫌犯罪的，应当按照规定及时将案件移送公安机关，并配合做好相关工作。

行政机关对非法集资行为的调查认定，不是依法追究刑事责任的必经程序。

《中华人民共和国海关行政处罚实施条例》（2004年11月1日起施行）

第三十四条　海关立案后，应当全面、客观、公正、及时地进行调查、收集证据。

海关调查、收集证据，应当按照法律、行政法规及其他有关规定的要求办理。

海关调查、收集证据时，海关工作人员不得少于2人，并应当向被调查人出示证件。

调查、收集的证据涉及国家秘密、商业秘密或者个人隐私的，海关应当保守秘密。

第四十四条　海关收集的物证、书证应当是原物、原件。收集原物、原件确有困难的，可以拍摄、复制，并可以指定或者委托有关单位或者个人对原物、原件予以妥善保管。

海关收集物证、书证，应当开列清单，注明收集的日期，由有关单位或者个人确认后签字或者盖章。

海关收集电子数据或者录音、录像等视听资料，应当收集原始载体。收集原始载体确有困难的，可以收集复制件，注明制作方法、制作时间、制作人等，并由有关单位或者个人确认后签字或者盖章。

第四十五条　根据案件调查需要，海关可以对有关货物、物品进行取样化验、鉴定。

海关提取样品时，当事人或者其代理人应当到场；当事人或者其代理人未到场的，海关应当邀请见证人到场。提取的样品，海关应当予以加封，并由海关工作人员及当事人或者其代理人、见证人确认后签字或者盖章。

化验、鉴定应当交由海关化验鉴定机构或者委托国家认可的其他机构进行。

化验人、鉴定人进行化验、鉴定后，应当出具化验报告、鉴定结论，并签字或者盖章。

第四十六条　根据海关法有关规定，海关可以查询案件涉嫌单位和涉嫌人员在金融机构、邮政企业的存款、汇款。

海关查询案件涉嫌单位和涉嫌人员在金融机构、邮政企业的存款、汇款，应当出示海关协助查询通知书。

《中华人民共和国反倾销条例》（2001 年 11 月 26 日公布，2004 年 3 月 31 日修订，2004 年 6 月 1 日起施行）[①]

第三章　反倾销调查

第十五条　申请书应当附具下列证据：

（一）申请调查的进口产品存在倾销；

（二）对国内产业的损害；

（三）倾销与损害之间存在因果关系。

第十八条　在特殊情形下，商务部没有收到反倾销调查的书面申请，但有充分证据认为存在倾销和损害以及二者之间有因果关系的，可以决定立案调查。

第二十条　商务部可以采用问卷、抽样、听证会、现场核查等方式向利害关系方了解情况，进行调查。

商务部应当为有关利害关系方提供陈述意见和论据的机会。

商务部认为必要时，可以派出工作人员赴有关国家（地区）进行调查；但是，有关国家（地区）提出异议的除外。

第二十一条　商务部进行调查时，利害关系方应当如实反映情况，提供有关资料。利害关系方不如实反映情况、提供有关资料的，或者没有在合理时间内提供必

---

① 反倾销和反补贴领域对应的部门规章有：《反倾销产业损害调查规定》《反补贴产业损害调查规定》《保障措施产业损害调查规定》（2003 年 11 月 17 日起施行），《反补贴调查实地核查暂行规则》（2002 年 4 月 15 日起施行），《反补贴调查立案暂行规则》（2002 年 3 月 13 日起施行）。

要信息的，或者以其他方式严重妨碍调查的，商务部可以根据已经获得的事实和可获得的最佳信息作出裁定。

第二十二条　利害关系方认为其提供的资料泄露后将产生严重不利影响的，可以向商务部申请对该资料按保密资料处理。

商务部认为保密申请有正当理由的，应当对利害关系方提供的资料按保密资料处理，同时要求利害关系方提供一份非保密的该资料概要。

按保密资料处理的资料，未经提供资料的利害关系方同意，不得泄露。

第二十三条　商务部应当允许申请人和利害关系方查阅本案有关资料；但是，属于按保密资料处理的除外。

第四十九条　反倾销税生效后，商务部可以在有正当理由的情况下，决定对继续征收反倾销税的必要性进行复审；也可以在经过一段合理时间，应利害关系方的请求并对利害关系方提供的相应证据进行审查后，决定对继续征收反倾销税的必要性进行复审。

价格承诺生效后，商务部可以在有正当理由的情况下，决定对继续履行价格承诺的必要性进行复审；也可以在经过一段合理时间，应利害关系方的请求并对利害关系方提供的相应证据进行审查后，决定对继续履行价格承诺的必要性进行复审。

《中华人民共和国反补贴条例》（2001 年 11 月 26 日公布，2004 年 3 月 31 日修订，2004 年 6 月 1 日起施行）

第十五条　申请书应当附具下列证据：

（一）申请调查的进口产品存在补贴；

（二）对国内产业的损害；

（三）补贴与损害之间存在因果关系。

第二十条　商务部可以采用问卷、抽样、听证会、现场核查等方式向利害关系方了解情况，进行调查。

商务部应当为有关利害关系方、利害关系国（地区）政府提供陈述意见和论据的机会。

商务部认为必要时，可以派出工作人员赴有关国家（地区）进行调查；但是，有关国家（地区）提出异议的除外。

第二十一条　商务部进行调查时，利害关系方、利害关系国（地区）政府应当如实反映情况，提供有关资料。利害关系方、利害关系国（地区）政府不如实反映情况、提供有关资料的，或者没有在合理时间内提供必要信息的，或者以其他方式严重妨碍调查的，商务部可以根据可获得的事实作出裁定。

第二十二条　利害关系方、利害关系国（地区）政府认为其提供的资料泄露后将产生严重不利影响的，可以向商务部申请对该资料按保密资料处理。

商务部认为保密申请有正当理由的，应当对利害关系方、利害关系国（地区）

政府提供的资料按保密资料处理，同时要求利害关系方、利害关系国（地区）政府提供一份非保密的该资料概要。

按保密资料处理的资料，未经提供资料的利害关系方、利害关系国（地区）政府同意，不得泄露。

第二十三条　商务部应当允许申请人、利害关系方和利害关系国（地区）政府查阅本案有关资料；但是，属于按保密资料处理的除外。

第四十八条　反补贴税生效后，商务部可以在有正当理由的情况下，决定对继续征收反补贴税的必要性进行复审；也可以在经过一段合理时间，应利害关系方的请求并对利害关系方提供的相应证据进行审查后，决定对继续征收反补贴税的必要性进行复审。

承诺生效后，商务部可以在有正当理由的情况下，决定对继续履行承诺的必要性进行复审；也可以在经过一段合理时间，应利害关系方的请求并对利害关系方提供的相应证据进行审查后，决定对继续履行承诺的必要性进行复审。

相关部门规章

《医疗保障行政处罚程序暂行规定》（2021 年 7 月 15 日起施行）

第十七条　除依据《行政处罚法》第五十一条规定的可以当场作出的行政处罚外，医疗保障行政部门发现公民、法人或者其他组织有依法应当给予行政处罚的行为的，必须全面、客观、公正地调查，收集有关证据；必要时，依照法律、法规的规定，可以进行检查。

医疗保障行政部门及参与案件办理的有关单位和人员对调查或者检查过程中知悉的国家秘密、商业秘密和个人隐私应当依法保密。不得将调查或者检查过程中获取、知悉的被调查或者被检查对象的资料或者相关信息用于医疗保障基金使用监管管理以外的其他目的，不得泄露、篡改、毁损、非法向他人提供当事人的个人信息和商业秘密。

第十八条　医疗保障行政部门开展行政执法，可以采取下列措施：

（一）进入被调查对象有关的场所进行检查，询问与调查事项有关的单位和个人，要求其对有关问题作出解释说明、提供有关材料；

（二）采取记录、录音、录像、照相或者复制等方式收集有关情况和资料；

（三）从相关信息系统中调取数据，要求被检查对象对疑点数据作出解释和说明；

（四）对可能被转移、隐匿或者灭失的资料等予以封存；

（五）聘请符合条件的会计师事务所等第三方机构和专业人员协助开展检查；

（六）法律、法规规定的其他措施。

第二十五条　为查明案情，需要对案件相关医疗文书、医疗证明等内容进行评审的，医疗保障行政部门可以组织有关专家进行评审。

第三十四条　医疗保障行政部门在案件办理过程中需要其他行政区域医疗保障行政部门协助调查取证的，应当出具书面协助调查函。被请求协助的医疗保障行政部门在接到协助调查函之日起十五日内完成相关协查工作。需要延期完成或者无法协助的，应当在期限届满前告知提出协查请求的医疗保障行政部门。

第三十五条　医疗保障行政部门应当依法以文字、音像等形式，对行政处罚的立案、调查取证、审核决定、送达执行等进行全部过程进行记录，归档保存。

第三十六条　案件调查终结，办案机构应当撰写案件调查终结报告，案件调查终结报告包括以下内容：

（一）当事人的基本情况；

（二）案件来源、调查经过及采取行政强制措施的情况；

（三）调查认定的事实及主要证据；

（四）违法行为性质；

（五）处理意见及依据；

（六）其他需要说明的事项。

第四十七条　具有下列情形之一的，经医疗保障行政部门负责人批准，终止案件调查：

（一）涉嫌违法的公民死亡（或者下落不明长期无法调查的）或者法人、其他组织终止，并且无权利义务承受人等原因，致使案件调查无法继续进行的；

（二）移送司法机关追究刑事责任的；

（三）其他依法应当终止调查的。

对于终止调查的案件，已经采取强制措施的应当同时解除。

《中华人民共和国海关办理行政处罚案件程序规定》（2021 年 7 月 15 日起施行）

第二十一条　刑事案件转为行政处罚案件办理的，刑事案件办理过程中收集的证据材料，经依法收集、审查后，可以作为行政处罚案件定案的根据。

第二十九条　除依法可以当场作出的行政处罚外，海关发现公民、法人或者其他组织有依法应当由海关给予行政处罚的行为的，必须全面、客观、公正地调查，收集有关证据；必要时，依照法律、行政法规的规定，可以进行检查。符合立案标准的，海关应当及时立案。

第三十条　执法人员在调查或者进行检查时，应当主动向当事人或者有关人员出示执法证件。

当事人或者有关人员有权要求执法人员出示执法证件。执法人员不出示执法证件的，当事人或者有关人员有权拒绝接受调查或者检查。

当事人或者有关人员对海关调查或者检查应当予以协助和配合，不得拒绝或者阻挠。

第四十五条　在调查走私案件时，执法人员查询案件涉嫌单位和涉嫌人员在金融机构、邮政企业的存款、汇款，应当经直属海关关长或者其授权的隶属海关关长批准。

执法人员查询时，应当主动向当事人或者有关人员出示执法证件和海关协助查询通知书。

第五十三条　经调查，行政处罚案件有下列情形之一的，海关可以终结调查并提出处理意见：

（一）违法事实清楚、法律手续完备、据以定性处罚的证据充分的；

（二）违法事实不能成立的；

（三）作为当事人的自然人死亡的；

（四）作为当事人的法人或者其他组织终止，无法人或者其他组织承受其权利义务，又无其他关系人可以追查的；

（五）案件已经移送其他行政机关或者司法机关的；

（六）其他依法应当终结调查的情形。

第一百零四条　快速办理行政处罚案件，当事人在自行书写材料或者查问笔录中承认违法事实、认错认罚，并有查验、检查记录、鉴定意见等关键证据能够相互印证的，海关可以不再开展其他调查取证工作。

使用执法记录仪等设备对当事人陈述或者海关查问过程进行录音录像的，录音录像可以替代当事人自行书写材料或者查问笔录。必要时，海关可以对录音录像的关键内容及其对应的时间段作文字说明。

第一百零六条　快速办理的行政处罚案件有下列情形之一的，海关应当依照本规定第三章至第五章的规定办理，并告知当事人：

（一）海关对当事人提出的陈述、申辩意见无法当场进行复核的；

（二）海关当场复核后，当事人对海关的复核意见仍然不服的；

（三）当事人要求听证的；

（四）海关认为违法事实需要进一步调查取证的；

（五）其他不宜适用快速办理的情形。

快速办理阶段依法收集的证据，可以作为定案的根据。

《证券期货违法行为行政处罚办法》（2021 年 7 月 14 日起施行）

第四条　中国证监会及其派出机构实施行政处罚，遵循公开、公平、公正、效率和审慎监管原则，依法、全面、客观地调查、收集有关证据。

第十七条　对于涉众型违法行为，在能够充分证明基本违法事实的前提下，执法人员可以按一定比例收集和调取书证、证人证言等证据。

第十八条　下列证据材料，经审查符合真实性、合法性及关联性要求的，可以作为行政处罚的证据：

（一）中国证监会及其派出机构在立案前调查或者监督检查过程中依法取得的证据材料；

（二）司法机关、纪检监察机关、其他行政机关等保存、公布、移交的证据材料；

（三）中国证监会及其派出机构通过依法建立的跨境监督管理合作机制获取的证据材料；

（四）其他符合真实性、合法性及关联性要求的证据材料。

第二十条　中国证监会及其派出机构可以依法要求当事人或与被调查事件有关的单位和个人，在指定的合理期限内，通过纸质、电子邮件、光盘等指定方式报送与被调查事件有关的文件和资料。

《市场监督管理行政处罚程序规定》（2018 年 12 月 21 日公布，2021 年 7 月 2 日修正）[①]

第十八条　市场监督管理部门对依据监督检查职权或者通过投诉、举报、其他

[①]　其他相关行政处罚的部门规章：《中华人民共和国海关办理行政处罚案件程序规定》（2021 年 7 月 15 日起施行）、《中国银保监会行政处罚办法》（2020 年 8 月 1 日起施行）、《邮政行政处罚程序规定》（2020 年 5 月 15 日修正）、《国家国际发展合作署行政处罚实施办法》（2020 年 5 月 1 日起施行）、《自然资源行政处罚办法》（2020 年 3 月 20 日修正）、《农业行政处罚程序规定》（2020 年 3 月 1 日起施行）、《中华人民共和国海上海事行政处罚规定》（2019 年 4 月 12 日修正）、《中华人民共和国内河海事行政处罚规定》（2021 年 8 月 11 日修正）；《商务部行政处罚实施办法》（2019 年 1 月 11 日起施行）、《安全生产违法行为行政处罚办法》（2015 年 4 月 2 日修正）、《违反〈铁路安全管理条例〉行政处罚实施办法》（2014 年 1 月 1 日起施行）、《旅游行政处罚办法》（2013 年 10 月 1 日起施行）、《社会组织登记管理机关行政处罚程序规定》（2012 年 10 月 1 日起施行）、《商务行政处罚程序规定》（2012 年 7 月 1 日起施行）、《医疗废物管理行政处罚办法》（2010 年 12 月 22 日修改）、《安全生产行政处罚自由裁量适用规则（试行）》（2010 年 10 月 1 日起施行）、《烟草专卖行政处罚程序规定》（2010 年 5 月 1 日起施行）、《环境行政处罚办法》（2010 年 3 月 1 日起施行）、《著作权行政处罚实施办法》（2009 年 6 月 15 日起施行）、《气象行政处罚办法》（2009 年 4 月 4 日修订）、《国防科学技术工业委员会行政处罚实施办法（试行）》（2007 年 3 月 1 日起施行）、《文物行政处罚程序暂行规定》（2005 年 1 月 24 日起施行）、《煤矿安全监察行政处罚办法》（2015 年 6 月 8 日修正）、《中国民用航空行政处罚实施办法》（2003 年 6 月 1 日起施行）、《海洋行政处罚实施办法》（2003 年 3 月 1 日起施行）、《通信行政处罚程序规定》（2001 年 5 月 10 日起施行）、《中国人民银行行政处罚程序规定》（2001 年 2 月 9 日起施行）、《中华人民共和国渔业港航监督行政处罚规定》（2000 年 6 月 13 日起施行）、《档案行政处罚程序暂行规定》（2000 年 5 月 10 日起施行）、《建设行政处罚程序暂行规定》（1999 年 2 月 3 日起施行）、《教育行政处罚暂行实施办法》（1998 年 3 月 6 日起施行）、《渔业行政处罚规定》（1998 年 1 月 5 日起施行）、《出版管理行政处罚实施办法》（1998 年 1 月 1 日起施行）、《水行政处罚实施办法》（1997 年 12 月 26 日起施行）、《中华人民共和国进出境动植物检疫行政处罚实施办法》（1997 年 10 月 10 日起施行）、《医药行政处罚程序暂行规定》（1997 年 8 月 7 日起施行）、《煤炭行政处罚办法》（1997 年 5 月 19 日起施行）、《司法行政机关行政处罚程序规定》（1997 年 2 月 13 日起施行）、《广播电影电视行政处罚程序暂行规定》（1996 年 12 月 19 日起施行）、《违反森林法行政处罚暂行办法》（1987 年 5 月 1 日起施行）等。以上部门规章均有涉及证据与证明的条文规范，因相对分散，故不在本书正文逐一列明。

部门移送、上级交办等途径发现的违法行为线索，应当自发现线索或者收到材料之日起十五个工作日内予以核查，由市场监督管理部门负责人决定是否立案；特殊情况下，经市场监督管理部门负责人批准，可以延长十五个工作日。法律、法规、规章另有规定的除外。

检测、检验、检疫、鉴定以及权利人辨认或者鉴别等所需时间，不计入前款规定期限。

第二十一条　办案人员应当全面、客观、公正、及时进行案件调查，收集、调取证据，并依照法律、法规、规章的规定进行检查。

首次向当事人收集、调取证据的，应当告知其享有陈述权、申辩权以及申请回避的权利。

第二十二条　办案人员调查或者进行检查时不得少于两人，并应当主动向当事人或者有关人员出示执法证件。

第三十一条　市场监督管理部门抽样取证时，应当通知当事人到场。办案人员应当制作抽样记录，对样品加贴封条，开具清单，由办案人员、当事人在封条和相关记录上签名或者盖章。

通过网络、电话购买等方式抽样取证的，应当采取拍照、截屏、录音、录像等方式对交易过程、商品拆包查验及封样等过程进行记录。

法律、法规、规章或者国家有关规定对实施抽样机构的资质或者抽样方式有明确要求的，市场监督管理部门应当委托相关机构或者按照规定方式抽取样品。

第四十三条　办案人员在调查取证过程中，无法通知当事人，当事人不到场或者拒绝接受调查，当事人拒绝签名、盖章或者以其他方式确认的，办案人员应当在笔录或者其他材料上注明情况，并采取录音、录像等方式记录，必要时可以邀请有关人员作为见证人。

第四十四条　进行现场检查、询问当事人及其他有关单位和个人、抽样取证、采取先行登记保存措施、实施查封或者扣押等行政强制措施时，按照有关规定采取拍照、录音、录像等方式记录现场情况。

第四十五条　市场监督管理部门在办理行政处罚案件时，确需有关机关或者其他市场监督管理部门协助调查取证的，应当出具协助调查函。

收到协助调查函的市场监督管理部门对属于本部门职权范围的协助事项应当予以协助，在接到协助调查函之日起十五个工作日内完成相关工作。需要延期完成的，应当在期限届满前告知提出协查请求的市场监督管理部门。

第四十六条　有下列情形之一的，经市场监督管理部门负责人批准，中止案件调查：

（一）行政处罚决定须以相关案件的裁判结果或者其他行政决定为依据，而相关案件尚未审结或者其他行政决定尚未作出的；

（二）涉及法律适用等问题，需要送请有权机关作出解释或者确认的；

（三）因不可抗力致使案件暂时无法调查的；

（四）因当事人下落不明致使案件暂时无法调查的；

（五）其他应当中止调查的情形。

中止调查的原因消除后，应当立即恢复案件调查。

第四十七条　因涉嫌违法的自然人死亡或者法人、其他组织终止，并且无权利义务承受人等原因，致使案件调查无法继续进行的，经市场监督管理部门负责人批准，案件终止调查。

第六十七条　适用简易程序当场查处违法行为，办案人员应当向当事人出示执法证件，当场调查违法事实，收集必要的证据，填写预定格式、编有号码的行政处罚决定书。

行政处罚决定书应当由办案人员签名或者盖章，并当场交付当事人。当事人拒绝签收的，应当在行政处罚决定书上注明。

《国家外汇管理局行政处罚办法》（2020 年 10 月 1 日起施行）

第二十四条　执法人员应当对案件事实进行全面、客观、公正的调查，并依法充分收集证据。

立案前依法调查获取的证明材料符合行政处罚证据要求的，可以作为行政处罚案件的证据，但应当在立案审批表中说明情况。

任何机构和个人不得损毁或者转移证据。

第二十五条　外汇局依法进行监督检查或者调查，执法人员不得少于 2 人，并应当向当事人或有关人员出示国家外汇管理局执法证（以下称执法证），同时出示执法公函或通知书。

第二十六条　外汇局调查涉嫌外汇违法行为的事实包括：

（一）当事人的基本情况；

（二）当事人有无外汇违法行为；

（三）当事人实施外汇违法行为的时间、地点、手段、后果以及其他情节；

（四）当事人有无从重、从轻、减轻以及不予处罚的情形；

（五）与外汇违法行为有关的其他事实。

第二十七条　外汇执法人员收集证据应当列出证据清单。证据清单应当由收集证据的外汇执法人员、证据提供人或保管人确认后盖章或者签字。证据是复制的，应当注明原物或者原件保存地点。

第二十八条　外汇执法人员收集书证、物证、电子数据或者视听资料等证据，应当收集原件、原物或者原始载体。

收集原件、原物或者原始载体有困难的，可以收集其复制件、影印件或者抄录件，并注明出处和收集时间、制作人、证明对象以及原件、原物或者原始载体存放处等，制作足以反映原物内容或者外形的照片、录像等，并附制作过程及原物存放处的文字说明，经提供人或者保管人核对无误后盖章或者签字，由提供人或者保管人妥善保管原件、原物或者原始载体。

第三十五条　外汇局调查外汇违法行为，可以查询当事人和直接有关的单位和个人开立的账户，个人储蓄账户除外。

查询账户应当经国家外汇管理局或其分局（外汇管理部）负责人批准，并制作协助调查账户通知书，在查询时向被查询单位出示。

查询账户应当由 2 名以上的外汇执法人员实施。

第四十二条　调查结束时，外汇执法人员可以根据需要制作事实确认书，交当事人签字或者盖章确认。当事人予以确认的，可以作为认定违法事实的证据。若无其他证据予以佐证，一般不能单独作为认定违法事实的证据。

第四十三条　当事人或有关人员拒绝接受调查、拒绝提供有关证据材料或者拒绝在证据材料上签字、盖章的，外汇执法人员应当在相关证据材料上载明，或以录音、录像等视听资料加以证明。必要时，外汇执法人员可以邀请无利害关系第三方作为见证人。

通过上述方式获取的材料可以作为认定相关事实的证据。

《道路交通安全违法行为处理程序规定》（2020 年 5 月 1 日起施行）

第八条　交通警察应当全面、及时、合法收集能够证实违法行为是否存在、违法情节轻重的证据。

第九条　交通警察调查违法行为时，应当查验机动车驾驶证、行驶证、机动车号牌、检验合格标志、保险标志等牌证以及机动车和驾驶人违法信息。对运载爆炸物品、易燃易爆化学物品以及剧毒、放射性等危险物品车辆驾驶人违法行为调查的，还应当查验其他相关证件及信息。

第十条　交通警察查验机动车驾驶证时，应当询问驾驶人姓名、住址、出生年月并与驾驶证上记录的内容进行核对；对持证人的相貌与驾驶证上的照片进行核对。必要时，可以要求驾驶人出示居民身份证进行核对。

第十二条　交通警察对机动车驾驶人不在现场的违法停放机动车行为，应当在机动车侧门玻璃或者摩托车座位上粘贴违法停车告知单，并采取拍照或者录像方式固定相关证据。

第十五条　公安机关交通管理部门可以利用交通技术监控设备、执法记录设备收集、固定违法行为证据。

交通技术监控设备、执法记录设备应当符合国家标准或者行业标准，需要认定、检定的交通技术监控设备应当经认定、检定合格后，方可用于收集、固定违法行为证据。

交通技术监控设备应当定期维护、保养、检测，保持功能完好。

第十八条　作为处理依据的交通技术监控设备收集的违法行为记录资料，应当清晰、准确地反映机动车类型、号牌、外观等特征以及违法时间、地点、事实。

第十九条　交通技术监控设备收集违法行为记录资料后五日内，违法行为发生地公安机关交通管理部门应当对记录内容进行审核，经审核无误后录入道路交通违法信息管理系统，作为处罚违法行为的证据。

第二十三条　经查证属实，单位或者个人提供的违法行为照片或者视频等资料可以作为处罚的证据。

对群众举报的违法行为照片或者视频资料的审核录入要求，参照本规定执行。

第二十七条　有下列情形之一的，依法扣留车辆：

（一）上道路行驶的机动车未悬挂机动车号牌，未放置检验合格标志、保险标志，或者未随车携带机动车行驶证、驾驶证的；

（二）有伪造、变造或者使用伪造、变造的机动车登记证书、号牌、行驶证、检验合格标志、保险标志、驾驶证或者使用其他车辆的机动车登记证书、号牌、行驶证、检验合格标志、保险标志嫌疑的；

（三）未按照国家规定投保机动车交通事故责任强制保险的；

（四）公路客运车辆或者货运机动车超载的；

（五）机动车有被盗抢嫌疑的；

（六）机动车有拼装或者达到报废标准嫌疑的；

（七）未申领《剧毒化学品公路运输通行证》通过公路运输剧毒化学品的；

（八）非机动车驾驶人拒绝接受罚款处罚的。

对发生道路交通事故，因收集证据需要的，可以依法扣留事故车辆。

第三十三条　违反机动车停放、临时停车规定，驾驶人不在现场或者虽在现场但拒绝立即驶离，妨碍其他车辆、行人通行的，公安机关交通管理部门及其交通警察可以将机动车拖移至不妨碍交通的地点或者公安机关交通管理部门指定的地点。

拖移机动车的，现场交通警察应当通过拍照、录像等方式固定违法事实和证据。

第四十三条　对违法行为人处以警告或者二百元以下罚款的，可以适用简易程序。

对违法行为人处以二百元（不含）以上罚款、暂扣或者吊销机动车驾驶证的，应当适用一般程序。不需要采取行政强制措施的，现场交通警察应当收集、固定相关证据，并制作违法行为处理通知书。其中，对违法行为人单处二百元（不含）以上罚款的，可以通过简化取证方式和审核审批手续等措施快速办理。

对违法行为人处以行政拘留处罚的，按照《公安机关办理行政案件程序规定》实施。

《公安机关办理行政案件程序规定》（2012 年 12 月 19 日公安部修订发布，2014 年 6 月 29 日第一次修正，2018 年 11 月 25 日第二次修正，2020 年 8 月 6 日第三次修正）

第四章　证　据

第二十七条　公安机关必须依照法定程序，收集能够证实违法嫌疑人是否违法、违法情节轻重的证据。

严禁刑讯逼供和以威胁、欺骗等非法方法收集证据。采用刑讯逼供等非法方法收集的违法嫌疑人的陈述和申辩以及采用暴力、威胁等非法方法收集的被侵害人陈述、其他证人证言，不能作为定案的根据。收集物证、书证不符合法定程序，可能严重影响执法公正的，应当予以补正或者作出合理解释；不能补正或者作出合理解释的，不能作为定案的根据。

第二十八条　公安机关向有关单位和个人收集、调取证据时，应当告知其必须如实提供证据，并告知其伪造、隐匿、毁灭证据，提供虚假证词应当承担的法律责任。

需要向有关单位和个人调取证据的，经公安机关办案部门负责人批准，开具调取证据通知书，明确调取的证据和提供时限。被调取人应当在通知书上盖章或者签名，被调取人拒绝的，公安机关应当注明。必要时，公安机关应当采用录音、录像等方式固定证据内容及取证过程。

需要向有关单位紧急调取证据的，公安机关可以在电话告知人民警察身份的同时，将调取证据通知书连同办案人民警察的人民警察证复印件通过传真、互联网通信工具等方式送达有关单位。

第七章　调查取证
第一节　一般规定

第四十九条　对行政案件进行调查时，应当合法、及时、客观、全面地收集、调取证据材料，并予以审查、核实。

第五十条　需要调查的案件事实包括：

（一）违法嫌疑人的基本情况；

（二）违法行为是否存在；

（三）违法行为是否为违法嫌疑人实施；

（四）实施违法行为的时间、地点、手段、后果以及其他情节；

（五）违法嫌疑人有无法定从重、从轻、减轻以及不予行政处罚的情形；

（六）与案件有关的其他事实。

第五十一条　公安机关调查取证时，应当防止泄露工作秘密。

第五十二条　公安机关进行询问、辨认、检查、勘验，实施行政强制措施等调查取证工作时，人民警察不得少于二人，并表明执法身份。

接报案、受案登记、接受证据、信息采集、调解、送达文书等工作，可以由一名人民警察带领警务辅助人员进行，但应当全程录音录像。

第五十三条　对查获或者到案的违法嫌疑人应当进行安全检查，发现违禁品或者管制器具、武器、易燃易爆等危险品以及与案件有关的需要作为证据的物品的，应当立即扣押；对违法嫌疑人随身携带的与案件无关的物品，应当按照有关规定予以登记、保管、退还。安全检查不需要开具检查证。

前款规定的扣押适用本规定第五十五条和第五十六条以及本章第七节的规定。

第五十四条　办理行政案件时，可以依法采取下列行政强制措施：

（一）对物品、设施、场所采取扣押、扣留、查封、先行登记保存、抽样取证、封存文件资料等强制措施，对恐怖活动嫌疑人的存款、汇款、债券、股票、基金份额等财产还可以采取冻结措施；

（二）对违法嫌疑人采取保护性约束措施、继续盘问、强制传唤、强制检测、拘留审查、限制活动范围，对恐怖活动嫌疑人采取约束措施等强制措施。

第五十五条　实施行政强制措施应当遵守下列规定：

（一）实施前须依法向公安机关负责人报告并经批准；

（二）通知当事人到场，当场告知当事人采取行政强制措施的理由、依据以及当事人依法享有的权利、救济途径。当事人不到场的，邀请见证人到场，并在现场笔录中注明；

（三）听取当事人的陈述和申辩；

（四）制作现场笔录，由当事人和办案人民警察签名或者盖章，当事人拒绝的，在笔录中注明。当事人不在场的，由见证人和办案人民警察在笔录上签名或者盖章；

（五）实施限制公民人身自由的行政强制措施的，应当当场告知当事人家属实施强制措施的公安机关、理由、地点和期限；无法当场告知的，应当在实施强制措施后立即通过电话、短信、传真等方式通知；身份不明、拒不提供家属联系方式或者因自然灾害等不可抗力导致无法通知的，可以不予通知。告知、通知家属情况或者无法通知家属的原因应当在询问笔录中注明。

（六）法律、法规规定的其他程序。

勘验、检查时实施行政强制措施，制作勘验、检查笔录的，不再制作现场笔录。

实施行政强制措施的全程录音录像，已经具备本条第一款第二项、第三项规定的实质要素的，可以替代书面现场笔录，但应当对视听资料的关键内容和相应时间段等作文字说明。

第五十六条　情况紧急，当场实施行政强制措施的，办案人民警察应当在二十四小时内依法向其所属的公安机关负责人报告，并补办批准手续。当场实施限制公民人身自由的行政强制措施的，办案人民警察应当在返回单位后立即报告，并补办批准手续。公安机关负责人认为不应当采取行政强制措施的，应当立即解除。

第五十七条　为维护社会秩序，人民警察对有违法嫌疑的人员，经表明执法身份后，可以当场盘问、检查。对当场盘问、检查后，不能排除其违法嫌疑，依法可以适用继续盘问的，可以将其带至公安机关，经公安派出所负责人批准，对其继续盘问。对违反出境入境管理的嫌疑人依法适用继续盘问的，应当经县级以上公安机关或者出入境边防检查机关负责人批准。

继续盘问的时限一般为十二小时；对在十二小时以内确实难以证实或者排除其违法犯罪嫌疑的，可以延长至二十四小时；对不讲真实姓名、住址、身份，且在二十四小时以内仍不能证实或者排除其违法犯罪嫌疑的，可以延长至四十八小时。

第五十八条　违法嫌疑人在醉酒状态中，对本人有危险或者对他人的人身、财产或者公共安全有威胁的，可以对其采取保护性措施约束至酒醒，也可以通知其家属、亲友或者所属单位将其领回看管，必要时，应当送医院醒酒。对行为举止失控的醉酒人，可以使用约束带或者警绳等进行约束，但是不得使用手铐、脚镣等警械。

约束过程中，应当指定专人严加看护。确认醉酒人酒醒后，应当立即解除约束，并进行询问。约束时间不计算在询问查证时间内。

第五十九条　对恐怖活动嫌疑人实施约束措施，应当遵守下列规定：

（一）实施前须经县级以上公安机关负责人批准；

（二）告知嫌疑人采取约束措施的理由、依据以及其依法享有的权利、救济途径；

（三）听取嫌疑人的陈述和申辩；

（四）出具决定书。

公安机关可以采取电子监控、不定期检查等方式对被约束人遵守约束措施的情况进行监督。

约束措施的期限不得超过三个月。对不需要继续采取约束措施的，应当及时解除并通知被约束人。

《反倾销问卷调查规则》（2018 年 5 月 4 日起施行）

第三条　调查机关在反倾销调查过程中，可以向被调查国家（地区）的生产商或出口商、国内生产者、国内进口商和下游用户以及其他有利害关系的组织、个人（以下统称利害关系方）发放问卷。

第四条　利害关系方应当按照调查机关的要求，完整、准确地填写调查问卷，并提交相应的证据材料。

第六条　利害关系方向调查机关报名登记时，应当以书面形式表示参加反倾销调查的意愿，载明利害关系方的名称、地址、联系方式和联系人，并按下列要求提交信息：

（一）被调查国家（地区）的生产商或出口商应当提交调查期内向中国出口被调查产品的数量、金额；

（二）中国国内生产者应当提交调查期内的生产能力、产量、销售数量和销售金额；

（三）中国国内进口商应当提交调查期内被调查产品的进口数量、进口金额；

（四）调查机关要求的其他信息。

利害关系方本人、法定代表人或经其依法授权的人应当在报名登记文件上盖章和（或）签字。

第十条　答卷应当以规范汉字和符合国家标准的数字符号填制，并按要求提供相关证据材料。所有证据材料均应注明来源和出处。证据材料原件是外文的，应当按照外文原文的格式提供中文翻译件，并附外文原件或复印件。

《专利行政执法证据规则（试行）》（国知发管字〔2016〕31号，2016年5月5日起施行）

第2章　举证与收集证据

第2节　依职权调查收集证据

在处理专利侵权纠纷、查处假冒专利行为过程中，管理专利工作的部门可以依当事人的书面请求或者根据需要依职权调查收集有关证据。调查收集证据的途径可以是现场勘验、现场检查、委托鉴定、证据保全等。管理专利工作的部门在调查收集证据时，应当遵守《行政强制法》的有关规定。

2.2.1 调查收集证据的条件

2.2.1.1 当事人请求调查收集证据的条件

以下情形，当事人及其代理人可以请求管理专利工作的部门调查收集证据：

（1）请求调查收集的证据属于国家有关部门保存并须管理专利工作的部门依职权调取的档案材料；

（2）当事人及其代理人确因客观原因不能自行收集的其他材料；

（3）证据可能灭失或者以后难以取得。

当事人及其代理人请求管理专利工作的部门调查收集证据，应当提交书面申请。管理专利工作的部门认为符合依申请调查取证条件的，应当启动调查取证程序；认为不符合调查取证条件的，可以不进行调查取证。

【案例2-10】

某工业陶瓷厂申请并获得了"新型耐火隔热空心球成型机"发明专利权，后将专利权转让给某工贸公司。某工业陶瓷厂的员工韩某向某科技发展公司提供了空心球成型机（本案中涉嫌侵权的产品）设备草图等技术材料、操作设备，培养操作人员，并收取报酬。某工贸公司随即向当地公安分局以韩某涉嫌假冒专利为由报案，当地公安分局开展调查，查明韩某在某科技发展公司帮助生产空心球成型机等基本事实。但是，公安机关认为侵犯专利权的行为属于民事行为，未予立案，因此某工贸公司（请求人）转而向所在地知识产权局提交专利侵权纠纷处理请求，请求对某科技发展公司（被请求人）侵犯其专利权进行处理，并提交了相关证据。

当地知识产权局成立合议组对该案进行口头审理。请求人请求合议组调取此前韩某涉嫌假冒专利案的相关资料。合议组认为请求人申请调查取证的请求符合相关条件，到当地公安分局调取"韩某涉嫌假冒专利"案卷宗。

分析与评述：

请求人曾向公安机关以涉及假冒专利为由报案，该案中的涉嫌假冒专利产品即本案的涉嫌侵权产品，公安机关展开调查取证，但由于不属于假冒专利，因此并未处理。尽管如此，相关的调查取证证据已经作为档案材料存在公安机关。本案中，请求人针对同一产品向当地知识产权局提出侵权纠纷处理请求时，请求当地知识产权局调取公安机关在涉嫌假冒专利案件中依职权调查取得的涉及涉嫌侵权产品的证据，属于上述情形（1），即申请调查收集的证据属于国家有关部门保存并须管理专利工作的部门依职权调取的档案材料。因此，当地知识产权局认为符合依申请调查取证的条件，启动了调查启动程序，从当地公安机关调取了相关证据。

2.2.1.2 依职权调查收集证据的条件

专利侵权纠纷调处中，管理专利工作的部门可以根据案情需要或者在证据可能灭失或以后难以取得的情况下，对侵权可能性大的案件依职权调查收集证据。在假冒专利行为查处中，管理专利工作的部门如发现或接受举报发现涉嫌假冒专利行为，可以根据需要依职权调查收集证据。依职权调查收集证据尤其要针对那些对解决争议可能有决定作用的事实证据。

【案例 2 – 11】

某管理专利工作的部门在例行巡查中，发现某门店所销售的电热水壶外包装上标有"中国专利 ZL200530119250.2"，经查实，该专利号并不存在，在该电热水壶上标注上述专利标识构成假冒专利行为。

随后，该管理专利工作的部门通过前往该电热水壶相关生产厂家进行现场勘验，查明该厂的确生产该电热水壶，现场勘验中对生产数量、外包装数量等进行了仔细清点、记录，询问相关人员，并抽样取证。

分析与评述：

本案中，管理专利工作的部门在巡查过程中发现了假冒专利产品，需要进一步对其生产厂家进行查处，于是依职权调查收集证据。由于已经确认了存在假冒专利这一事实，因此现场勘验的重点是假冒专利产品的数量、外包装数量、生产或出货记录等内容，以便通过涉案产品的数量、金额等确定行政处罚的金额，这是作出合法、合理的处理决定的客观依据。此外，为了全面掌握案件情况、固定证据，也需要对查验的产品及外包装物进行抽样取证，出具抽样取证的通知，并通过询问相关人员全面了解情况，将查验过程、询问情况记录在案。

【案例2－12】

请求人申请并获得了"包装袋"外观设计专利权。请求人认为被请求人（某烧烤调料店）销售的"美味鲜"包装袋侵犯其专利权，向当地知识产权局提交专利侵权纠纷处理请求，同时提交了涉案专利证书复印件、授权公告文本以及年费缴费收据复印件、落款为被请求人（某烧烤调料店）的收条复印件一张、涉嫌侵权的"美味鲜"产品照片、被请求人店面照片等证据。

当地知识产权局初步审理后认为，请求人所提交的证据表明被请求人侵权可能性很大，但是尚缺乏被请求人正在销售侵权产品的直接证据，不足以证实请求人所主张的侵权事实，因此前往被请求人处现场勘验，进行调查取证。经取证，当地知识产权局获得"美味鲜"产品的进货及销售凭证、在被请求人货架上销售"美味鲜"的货架陈列照片以及正在销售的"美味鲜"产品的样品。

经审理，合议组认为被请求人销售的"美味鲜"包装袋侵犯了请求人的相关专利权，发出侵权纠纷处理决定书。

分析与评述：

本案中，请求人提交了涉嫌侵权产品的照片以及被请求人销售涉嫌侵权产品的初步证据，从这些证据来看，被请求人存在侵权行为的可能性极大，但还不足以完全证实请求人所主张的侵权事实。由于涉嫌侵权产品的销售证据对解决争议有着决定作用，因此管理专利工作的部门通过现场勘验，查证核实了相关事实。采取的取证方式包括对请求人所销售的涉嫌侵权产品抽样取证，收集能够证明其销售行为的相关证据，如对货架陈列的涉嫌侵权产品进行拍照，对其进货、销售、送货等相关凭证进行收集和取证。

2.2.2 调查收集证据的途径

2.2.2.1 现场勘验

现场勘验系指执法人员对涉嫌专利侵权的场所进行勘验检查，采取法定方式固定、采集证据的工作。

2.2.2.1.1 现场勘验方式

现场勘验中，除了对现场客观情况与环境进行取证外，执法人员也可以对相关人员进行询问。进行现场勘验的方式包括但不限于：

（1）对被请求人的生产场地、储存仓库、陈列展示柜台等有关场所进行勘验检查；

（2）对相关的产品、模具、模板、专用工具以及包装物等物品进行测绘、拍照；

（3）对现场勘验检查过程进行录音、摄像；

（4）对涉嫌侵权产品予以清点，抽取样品；

（5）对于无法进行抽样取证的证据，应当拍照、摄像或者进行证据登记保存；

（6）涉及方法专利的，要求被调查人进行现场演示，对生产方法和工艺过程进行拍照和摄像；

（7）查阅、复制与案件有关的档案、图纸、资料、账册等证据，复制件应当要求被调查人签名并加盖公章，并将有关情况记录在勘验检查笔录中；

（8）对相关人员进行询问。

2.2.2.1.2 现场勘验笔录

现场勘验笔录需要记载的重要事项参见《专利行政执法操作指南（试行）》相关规定。现场勘验检查笔录应当交由被调查人员核对、确认、签名或者盖章并加盖公章；当事人及有关人员拒绝签名或者盖章的，执法人员应当注明原因，并可以要求其他在场人员签名或者盖章予以证明。当事人及有关人员和其他在场人员拒绝签字或盖章的，由执法人员注明情况。

2.2.2.2 现场检查

现场检查，系指管理专利工作的部门对涉嫌假冒专利的行为人的生产经营场所进行实地勘察，采取法定方式固定、采集证据的工作。

2.2.2.2.1 现场检查重点事项

在现场检查中，执法人员应当先对当事人的生产场地、储存仓库、陈列展示等有关场所进行现场检查，围绕案情，运用各种手段全面、客观、公正地收集相关证据。具体应当对以下事项进行重点检查：

（1）根据举报人举报、其他部门移交、该局检查发现的线索进行检查；

（2）对标注有专利号的产品进行检查；

（3）对标注有"专利产品仿冒必究"等字样的产品进行检查；

（4）对标注有"已申请专利"等字样的产品进行检查；

（5）对宣称运用专利技术的产品或方法进行检查；

（6）对标注有专利号的说明书等材料进行检查；

（7）其他涉嫌假冒专利的产品或行为。

2.2.2.2.2 现场检查证据形式

现场检查证据应当注意：

（1）调查收集的书证，可以是原件或经核对无误的副本或者复制件。当提取书证副本或者复制件时，执法人员应当要求当事人在该书证副本或者复制件上签名或盖章，并在调查笔录中载明来源和取证情况。

（2）调查收集的物证应当是原物；提供原物确有困难的，应当要求其提供复制品或者照片；提供复制品或者照片的，执法人员应当在调查笔录中说明取证情况。

（3）执法人员应当对涉嫌违法的物品提取样品，可以从涉嫌假冒专利的产品中抽取一部分作为样品。被抽取样品的数量以能够证明事实为限。

（4）采取抽样取证的方式调查收集证据时，应当向当事人制发抽样取证决定，并制作抽样取证笔录，载明案由、被取证人姓名或名称、被取证人联系方式、被抽样取证物品名称、专利标识、生产厂家、数量、单价等事项，笔录由执法人员和当事人及其他有关人员签名或盖章。

（5）执法人员应当制作现场检查笔录。笔录制作须有 2 名以上执法人员在场，将重要的事项记入笔录，同时可以使用录音、摄像设备进行记录。

2.2.2.3 委托鉴定

管理专利工作的部门可以就专业性问题委托专门机构进行鉴定或提供咨询。

2.2.2.3.1 技术鉴定的提出

是否需要委托鉴定机构或专家对技术问题出具鉴定或咨询意见，合议组既可以根据案情需要自行决定，也可以根据当事人的申请决定。

2.2.2.3.2 鉴定机构的确定

鉴定或咨询机构由双方当事人协商确定，协商不成的可以由合议组指定。

原则上，鉴定机构或者鉴定人应当具有鉴定资格。如果没有符合资格的鉴定机构或鉴定人，由具有相应技术水平的专业机构或专业人员进行鉴定。所述专业机构或专业人员一般是相关技术领域的权威机构或专家，应当具有相关技术领域的专门性知识和技术，并且具备必要的鉴定设备和条件。

2.2.2.3.3 鉴定范围的确定

委托鉴定前，鉴定材料应当交由双方当事人认可，并在听取双方当事人意见的基础上确定鉴定范围。

当事人对鉴定范围有异议的，应当提出相应的证据予以证明，管理专利工作的部门可以结合异议人提出的证据综合确定鉴定范围和内容。

双方当事人均申请鉴定但鉴定范围不尽相同的，管理专利工作的部门应当组织双方就鉴定的范围和理由进行说明，综合确定鉴定范围。

2.2.2.3.4 重新委托鉴定

当事人对鉴定意见不服，申请重新委托鉴定的，由当事人协商一致决定是否重新委托新的鉴定机构；当事人不能协商达成一致意见的，由管理专利工作的部门决定是否重新委托鉴定。对于当事人提出的重新委托鉴定的理由，管理专利工作的部门应当予以严格审核。

2.2.2.3.5 鉴定意见的作出

经管理专利工作的部门允许，鉴定人可以向当事人收集其认为必要的技术资料、对当事人的技术人员进行询问、查看技术实施现场、进行必要的测试检验等工作。

鉴定意见应当包括下列内容：

（1）委托人姓名或者名称、委托鉴定的内容；

（2）委托鉴定的材料；

（3）鉴定的依据及使用的科学技术手段；

（4）对鉴定过程的说明；

（5）明确的鉴定结论；

（6）鉴定人的鉴定资格；

（7）鉴定人员及鉴定机构签名或盖章。

【案例 2 - 13】

请求人申请并获得了"一种能使金刚石刀头冷却的药剂"发明专利权。请求人认为被请求人（王某）生产销售的某型号冷却液侵犯其专利权，向当地知识产权局提交专利侵权纠纷处理请求并提交相关证据：

证据 1：涉案专利证书的复印件以及涉案专利授权公告说明书复印件；

证据 2：被请求人开具的销货收据和使用配方复印件；

证据 3：被请求人销售的产品照片及宣传网站有关网页的打印页。

当地知识产权局立案并开展调查。被请求人向合议组提交涉案专利申请日前，被请求人开具的销货收据复印件（证据 1'）。

执法人员进行现场勘验，取得如下证据：

证据 A：执法人员现场勘验时对有关人员的调查笔录；

证据 B：执法人员在被请求人销售场所拍摄的销售场所照片、所销售化学品实物照片；

证据 C：从被请求人处提取的"冷却液"实物样本 3 份。

当地知识产权局委托某市化学工业研究所对现场勘验抽样取证的冷却液样品（上述证据 C）其中一份进行鉴定，该研究所出具《化学品鉴定报告》认为：所委托鉴定的样品含有与涉案专利权利要求中相同的化学成分。当地知识产权局根据鉴定意见作出处理决定，认定涉嫌侵权产品落入涉案专利保护范围，构成专利侵权。

被请求人对处理决定不服，起诉到人民法院，理由如下：

（1）抽取样品的场所（销售被请求人生产的冷却液的经销处）的营业执照上登记的经营者并不是被请求人，因此，现场抽样的被抽样人非被请求人，且当地知识产权局也无有效证据来证明被请求人当时在抽样现场；

（2）案件审理过程中，被请求人不认可送鉴样品为其销售的产品，当地知识产权局也不能提供证据证明送鉴样品为被请求人所生产销售，因此，抽样取证不符合依法行政的维护正当程序原则；

（3）该鉴定单位所作的《化学品鉴定报告》鉴定意见落款处只有鉴定单位公章，无鉴定人签名和鉴定人鉴定资格的说明，该报告不能作为专利纠纷处理依据。

经审理，法院判决撤销了上述处理决定。

分析与评述：

经查，本案现场勘验时，由于该经销处的实际控制人是被请求人，且被请求人王某始终在场，执法人员没有注意到该经销处的个体工商户营业执照登记的经营者为被请求人的父亲王某某；执法人员在现场勘验、取证过程中，未取得被请求人在场并同意和确认取样相应的录像、照片证据；现场勘验时，在勘验笔录、勘验检查登记表和取样样品上签字的均是王某某（被请求人的父亲）。

将样品送鉴获得的《化学品鉴定报告》，依照检验单位的固定格式，在登记页面有检验人员签字，但是，在附页中的送鉴结论中没有鉴定人签名，且没有鉴定人鉴定资格的说明。

本案中，现场勘验和样品鉴定环节均存在一定的瑕疵，导致证据链出现脱漏，最终使得法院未能采信勘验证据和鉴定意见。

本案的启示在于：（1）现场勘验时，需要注意：①应确认现场勘验取证与当事人的关联性；②勘验检查登记表应有当事人签字，当事人拒不签字的，应当有其他证明材料（录像、照片、案外人签字等）佐证；③取证过程应当经采用照相、摄像、录音等措施进行记录，必要时可以采用隐蔽拍摄方式。（2）委托鉴定时：①需要鉴定的，鉴定机构可由双方当事人协商确定，协商不成的可以由合议组指定；②由具备资质的检验机构提供的书面鉴定意见应当由出具该意见的单位加盖公章，同时由制作人员签字并附具鉴定单位的资质证明。

2.2.2.4 登记保存

2.2.2.4.1 登记保存的条件

当事人申请管理专利工作的部门对证据进行登记保存或者管理专利工作的部门根据实际需要依职权对某些证据进行登记保存应当满足以下条件：

（1）证据可能灭失或者以后难以取得；

（2）请求或者需要保全的证据对待证事实有证明作用；

（3）请求或者需要保全的证据的线索清晰。

2.2.2.4.2 登记保存的方式

登记保存时，应当根据证据的不同特点采取不同的方法，以客观地反映案件的真实情况。

（1）对于证人证言，可以采取制作笔录或录音、摄像的方法；

（2）对于物证，如涉嫌侵权或者构成假冒专利的机器、设备及其他物品，可以采取扣押、拍照、摄像的方法，同时清点涉嫌侵权或假冒专利物品的数量并制作笔录；

（3）对于书证，如财务账册等，可以采取扣押或就地封存的方式并辅之以复制、拍照等方法；

（4）对于计算机软件等证据材料，可以采取下载、拆下硬盘、由双方当事人指派的专家当场对内存上的软件进行比对并制作笔录等方法。

【案例2-14】

请求人在网上发现被请求人在未经许可的情况下使用请求人的烫印机专利技术，生产销售某型号液压烫印机。请求人向当地知识产权局提交侵权纠纷处理请求，并提交了涉案专利证书原件、被请求人宣传其产品的相关网页打印件作为证据。同时提出因被请求人生产经营活动私密，难以取得证据，请求当地知识产权局依职权调取相关证据。

当地知识产权局执法人员赴被请求人生产厂勘验取证，但该厂工作人员称不能私自打开厂房，当天未能完成保全。执法人员次日再次进行勘验，在厂房内发现正在组装的烫印机 15 台，但缺少关键部件，被请求人称上述烫印机正在研发阶段，尚未进行销售。经仔细检查，执法人员在仓库中发现已经组装完毕、部件完全的烫印机 1 台，执法人员对组装完毕的烫印机进行了拍照、封存等登记保存措施。经审理，被请求人生产的烫印机构成侵权。

分析与评述：

本案中，由于请求人无法进入被请求人的生产经营场所，难以取得证据，因此向管理专利工作的部门书面提交调取相关证据的请求。经审查，该请求符合相关规定，依请求人的请求，执法人员进行调查取证。在第一次勘验由于被请求人方不能配合打开厂房而未能进行的情况下，被请求人得知已存在专利侵权纠纷请求后将涉嫌侵权产品的关键部件转移的可能性很大。此时证据容易被转移或灭失而难以取得，因此在再次进行勘验时，当发现装配完毕的涉嫌侵权产品时，应及时对其进行登记保存。对具有一定体积和重量、搬运困难的大型机械，对其与涉案专利相关部分现场进行拆解并拍照、摄像，对关键部件可采用抽样取证的方式进行登记保存，同时结合对相关人员的询问制作笔录，对事实进行周密详尽的调查。

2.2.3 调查收集证据的注意事项

管理专利工作的部门依职权调查收集证据需要注意以下事项。

（1）区分专利侵权纠纷调处与假冒专利行为查处案件

在专利侵权纠纷调处中，管理专利工作的部门应当更严格地审查是否确实存在依职权调查取证的需求、当事人是否确实无法自行收集或由公证机关公证收集证据、需要依职权调取的证据是否确实对案件事实有决定作用等，避免成为请求人的"代言人"。

（2）注重调查取证的方式

管理专利工作的部门调查收集证据应注重调查取证的方式方法，避免对被请求人正常生产、经营造成不必要的影响。例如，对于需要保全的产品采用抽样取证，对设计、生产图纸可采用复印并由当事人签字、盖章方式确认来代替直接取走原件，以笔录、照相、摄像等方式详尽记载勘验或检查的产品等。

相关司法文件

《关于审理公司登记行政案件若干问题的座谈会纪要》（法办〔2012〕62号，2012年3月7日）

一、以虚假材料获取公司登记的问题

因申请人隐瞒有关情况或者提供虚假材料导致登记错误的，登记机关可以在诉讼中依法予以更正。登记机关依法予以更正且在登记时已尽到审慎审查义务，原告不申请撤诉的，人民法院应当驳回其诉讼请求。原告对错误登记无过错的，应当退还其预交的案件受理费。登记机关拒不更正的，人民法院可以根据具体情况判决撤销登记行为、确认登记行为违法或者判决登记机关履行更正职责。

公司法定代表人、股东等以申请材料不是其本人签字或者盖章为由，请求确认登记行为违法或者撤销登记行为的，人民法院原则上应按照本条第一款规定处理，但能够证明原告此前已明知该情况却未提出异议，并在此基础上从事过相关管理和经营活动的，人民法院对原告的诉讼请求一般不予支持。

因申请人隐瞒有关情况或者提供虚假材料导致登记错误引起行政赔偿诉讼，登记机关与申请人恶意串通的，与申请人承担连带责任；登记机关未尽审慎审查义务的，应当根据其过错程度及其在损害发生中所起作用承担相应的赔偿责任；登记机关已尽审慎审查义务的，不承担赔偿责任。

二、登记机关进一步核实申请材料的问题

登记机关无法确认申请材料中签字或者盖章的真伪，要求申请人进一步提供证据或者相关人员到场确认，申请人在规定期限内未补充证据或者相关人员未到场确认，导致无法核实相关材料真实性，登记机关根据有关规定作出不予登记决定，申请人请求判决登记机关履行登记职责的，人民法院不予支持。

行政规范性文件

《交通警察道路执勤执法工作规范》（公通字〔2008〕58号，2009年1月1日起实施）

第八十二条 交警大队应当设立专职法制员，交警中队应当设立兼职法制员。法制员应当重点审查交通警察执勤执法的事实依据、证据收集、程序适用、文书制作等，规范交通警察案卷、文书的填写、制作。

2. 询问查证

相关法律条文

《中华人民共和国治安管理处罚法》(2005年8月28日通过，2012年10月26日修正)

第四章　处罚程序

第一节　调查

第八十二条　需要传唤违反治安管理行为人接受调查的，经公安机关办案部门负责人批准，使用传唤证传唤。对现场发现的违反治安管理行为人，人民警察经出示工作证件，可以口头传唤，但应当在询问笔录中注明。

公安机关应当将传唤的原因和依据告知被传唤人。对无正当理由不接受传唤或者逃避传唤的人，可以强制传唤。

第八十三条　对违反治安管理行为人，公安机关传唤后应当及时询问查证，询问查证的时间不得超过八小时；情况复杂，依照本法规定可能适用行政拘留处罚的，询问查证的时间不得超过二十四小时。

公安机关应当及时将传唤的原因和处所通知被传唤人家属。

第八十四条　询问笔录应当交被询问人核对；对没有阅读能力的，应当向其宣读。记载有遗漏或者差错的，被询问人可以提出补充或者更正。被询问人确认笔录无误后，应当签名或者盖章，询问的人民警察也应当在笔录上签名。

被询问人要求就被询问事项自行提供书面材料的，应当准许；必要时，人民警察也可以要求被询问人自行书写。

询问不满十六周岁的违反治安管理行为人，应当通知其父母或者其他监护人到场。

第八十五条　人民警察询问被侵害人或者其他证人，可以到其所在单位或者住处进行；必要时，也可以通知其到公安机关提供证言。

人民警察在公安机关以外询问被侵害人或者其他证人，应当出示工作证件。

询问被侵害人或者其他证人，同时适用本法第八十四条的规定。

第八十六条　询问聋哑的违反治安管理行为人、被侵害人或者其他证人，应当有通晓手语的人提供帮助，并在笔录上注明。

询问不通晓当地通用的语言文字的违反治安管理行为人、被侵害人或者其他证人，应当配备翻译人员，并在笔录上注明。

相关行政法规

《中华人民共和国海关行政处罚实施条例》（2004 年 11 月 1 日起施行）

第四十三条　海关查问违法嫌疑人或者询问证人，应当个别进行，并告知其权利和作伪证应当承担的法律责任。违法嫌疑人、证人必须如实陈述、提供证据。

海关查问违法嫌疑人或者询问证人应当制作笔录，并当场交其辨认，没有异议的，立即签字确认；有异议的，予以更正后签字确认。

严禁刑讯逼供或者以威胁、引诱、欺骗等非法手段收集证据。

海关查问违法嫌疑人，可以到违法嫌疑人的所在单位或者住处进行，也可以要求其到海关或者海关指定的地点进行。

相关部门规章

《中华人民共和国海关办理行政处罚案件程序规定》（2021 年 7 月 15 日起施行）

第三十一条　执法人员查问违法嫌疑人、询问证人应当个别进行，并且告知其依法享有的权利和作伪证应当承担的法律责任。

违法嫌疑人、证人应当如实陈述、提供证据。

第三十二条　执法人员查问违法嫌疑人，可以到其所在单位或者住所进行，也可以要求其到海关或者指定地点进行。

执法人员询问证人，可以到其所在单位、住所或者其提出的地点进行。必要时，也可以通知证人到海关或者指定地点进行。

第三十三条　查问、询问应当制作查问、询问笔录。

查问、询问笔录上所列项目，应当按照规定填写齐全，并且注明查问、询问开始和结束的时间；执法人员应当在查问、询问笔录上签字。

查问、询问笔录应当当场交给被查问人、被询问人核对或者向其宣读。被查问人、被询问人核对无误后，应当在查问、询问笔录上逐页签字或者捺指印，拒绝签字或者捺指印的，执法人员应当在查问、询问笔录上注明。如记录有误或者遗漏，应当允许被查问人、被询问人更正或者补充，并且在更正或者补充处签字或者捺指印。

第三十四条　查问、询问聋、哑人时，应当有通晓聋、哑手语的人作为翻译人员参加，并且在笔录上注明被查问人、被询问人的聋、哑情况。

查问、询问不通晓中国语言文字的外国人、无国籍人，应当为其提供翻译人员；被查问人、被询问人通晓中国语言文字不需要提供翻译人员的，应当出具书面声明，执法人员应当在查问、询问笔录中注明。

翻译人员的姓名、工作单位和职业应当在查问、询问笔录中注明。翻译人员应当在查问、询问笔录上签字。

第三十五条　海关首次查问违法嫌疑人、询问证人时，应当问明违法嫌疑人、证人的姓名、出生日期、户籍所在地、现住址、身份证件种类及号码、工作单位、文化程度、是否曾受过刑事处罚或者被行政机关给予行政处罚等情况；必要时，还应当问明家庭主要成员等情况。

违法嫌疑人或者证人不满十八周岁的，查问、询问时应当依法通知其法定代理人或者其成年家属、所在学校的代表等合适成年人到场，并且采取适当方式，在适当场所进行，保障未成年人的名誉权、隐私权和其他合法权益。

第三十六条　被查问人、被询问人要求自行提供书面陈述材料的，应当准许；必要时，执法人员也可以要求被查问人、被询问人自行书写陈述。

被查问人、被询问人自行提供书面陈述材料的，应当在陈述材料上签字并且注明书写陈述的时间、地点和陈述人等。执法人员收到书面陈述后，应当注明收到时间并且签字确认。

第三十七条　执法人员对违法嫌疑人、证人的陈述必须充分听取，并且如实记录。

《医疗保障行政处罚程序暂行规定》（2021 年 7 月 15 日起施行）

第二十四条　办案人员可以询问当事人及其他有关单位和个人。询问应当个别进行。询问应当制作笔录，笔录应当交被询问人核对；对阅读有困难的，应当向其宣读。笔录如有差错、遗漏，应当允许其更正或者补充。涂改部分应当由被询问人签名、盖章或者以其他方式确认。经核对无误后，由被询问人在笔录上逐页签名、盖章或者以其他方式确认。办案人员应当在笔录上签名。

《证券期货违法行为行政处罚办法》（2021 年 7 月 14 日起施行）

第十六条　当事人的陈述、证人证言可以通过询问笔录、书面说明等方式调取。询问应当分别单独进行。询问笔录应当由被询问人员及至少二名参与询问的执法人员逐页签名并注明日期；如有修改，应当由被询问人签字确认。

通过书面说明方式调取的，书面说明应当由提供人逐页签名或者盖章并注明日期。

《市场监督管理行政处罚程序规定》（2021 年 7 月 2 日修正）

第二十九条　办案人员可以询问当事人及其他有关单位和个人。询问应当个别进行。询问应当制作笔录，询问笔录应当交被询问人核对；对阅读有困难的，应当向其宣读。笔录如有差错、遗漏，应当允许其更正或者补充。涂改部分应当由被询问人签名、盖章或者以其他方式确认。经核对无误后，由被询问人在笔录上逐页签名、盖章或者以其他方式确认。办案人员应当在笔录上签名。

《国家外汇管理局行政处罚办法》（2020 年 10 月 1 日起施行）

第三十六条　外汇局可以调查和询问当事人和有关人员，询问应当分别进行；

询问前应当告知其有如实陈述事实、提供证据的义务。

第三十七条　询问当事人、证人和调查有关情况时，外汇执法人员应当制作调查笔录。调查笔录应当场交被询问人核对，对无阅读能力的应当向其宣读。如果记录有误或者遗漏的，允许被询问人更正或者补充，更正或补充部分应由被询问人签字或捺指印确认。经核对无误后，外汇执法人员应当在笔录上签字；被询问人应当在调查笔录末页注明笔录内容与被询问人所述一致，注明日期，并逐页签字或者捺指印。

制作调查笔录应当由 2 名以上的外汇执法人员实施。

第三十八条　当事人请求自行书写陈述的，应当准许。必要时，外汇执法人员也可以要求当事人自行书写陈述。当事人应当在书面陈述的下方逐页签字或者捺指印。外汇执法人员收到书面陈述后，应当在首页右上方写明收到日期并签字。

第三十九条　询问当事人、证人和调查有关情况，应当分别对每个被调查人进行询问。被调查人不满十八周岁或者为精神病人的，调查时应当由监护人陪同，并由监护人同时在调查笔录上签字或者捺指印。确实无法通知或者通知后未到场的，应当记录在案。

第四十条　询问聋、哑人，以及外国人、无国籍人或者非汉语系少数民族等人员，应当由通晓聋、哑手语、所在国家或者地区语言、少数民族语言的翻译人员参加，并在调查笔录上注明被询问人的聋、哑情况，国籍、民族以及翻译人员的姓名、住址、工作单位和职业。

外国人、无国籍人或者非汉语系少数民族等人员，明确表示可以直接接受汉语询问，无需翻译人员参加的除外。

第四十一条　询问当事人、证人和调查有关情况，在文字记录的同时，可以根据需要录音、录像。

《公安机关办理行政案件程序规定》（2012 年 12 月 19 日公安部修订发布，2014 年 6 月 29 日第一次修正，2018 年 11 月 25 日第二次修正，2020 年 8 月 6 日第三次修正）

第三节　询　问

第六十六条　询问违法嫌疑人，可以到违法嫌疑人住处或者单位进行，也可以将违法嫌疑人传唤到其所在市、县内的指定地点进行。

第六十七条　需要传唤违法嫌疑人接受调查的，经公安派出所、县级以上公安机关办案部门或者出入境边防检查机关负责人批准，使用传唤证传唤。对现场发现的违法嫌疑人，人民警察经出示人民警察证，可以口头传唤，并在询问笔录中注明违法嫌疑人到案经过、到案时间和离开时间。

单位违反公安行政管理规定，需要传唤其直接负责的主管人员和其他直接责任人员的，适用前款规定。

对无正当理由不接受传唤或者逃避传唤的违反治安管理、出境入境管理的嫌疑人以及法律规定可以强制传唤的其他违法嫌疑人，经公安派出所、县级以上公安机关办案部门或者出入境边防检查机关负责人批准，可以强制传唤。强制传唤时，可以依法使用手铐、警绳等约束性警械。

公安机关应当将传唤的原因和依据告知被传唤人，并通知其家属。公安机关通知被传唤人家属适用本规定第五十五条第一款第五项的规定。

第六十八条　使用传唤证传唤的，违法嫌疑人被传唤到案后和询问查证结束后，应当由其在传唤证上填写到案和离开时间并签名。拒绝填写或者签名的，办案人民警察应当在传唤证上注明。

第六十九条　对被传唤的违法嫌疑人，应当及时询问查证，询问查证的时间不得超过八小时；案情复杂，违法行为依法可能适用行政拘留处罚的，询问查证的时间不得超过二十四小时。

不得以连续传唤的形式变相拘禁违法嫌疑人。

第七十条　对于投案自首或者群众扭送的违法嫌疑人，公安机关应当立即进行询问查证，并在询问笔录中记明违法嫌疑人到案经过、到案和离开时间。询问查证时间适用本规定第六十九条第一款的规定。

对于投案自首或者群众扭送的违法嫌疑人，公安机关应当适用本规定第五十五条第一款第五项的规定通知其家属。

第七十一条　在公安机关询问违法嫌疑人，应当在办案场所进行。

询问查证期间应当保证违法嫌疑人的饮食和必要的休息时间，并在询问笔录中注明。

在询问查证的间隙期间，可以将违法嫌疑人送入候问室，并按照候问室的管理规定执行。

第七十二条　询问违法嫌疑人、被侵害人或者其他证人，应当个别进行。

第七十三条　首次询问违法嫌疑人时，应当问明违法嫌疑人的姓名、出生日期、户籍所在地、现住址、身份证件种类及号码，是否为各级人民代表大会代表，是否受过刑事处罚或者行政拘留、强制隔离戒毒、社区戒毒、收容教养等情况。必要时，还应当问明其家庭主要成员、工作单位、文化程度、民族、身体状况等情况。

违法嫌疑人为外国人的，首次询问时还应当问明其国籍、出入境证件种类及号码、签证种类、入境时间、入境事由等情况。必要时，还应当问明其在华关系人等情况。

第七十四条　询问时，应当告知被询问人必须如实提供证据、证言和故意作伪证或者隐匿证据应负的法律责任，对与本案无关的问题有拒绝回答的权利。

第七十五条　询问未成年人时，应当通知其父母或者其他监护人到场，其父母或者其他监护人不能到场的，也可以通知未成年人的其他成年亲属，所在学校、单位、居住地基层组织或者未成年人保护组织的代表到场，并将有关情况记录在案。确实无法通知或者通知后未到场的，应当在询问笔录中注明。

第七十六条　询问聋哑人，应当有通晓手语的人提供帮助，并在询问笔录中注明被询问人的聋哑情况以及翻译人员的姓名、住址、工作单位和联系方式。

对不通晓当地通用的语言文字的被询问人，应当为其配备翻译人员，并在询问笔录中注明翻译人员的姓名、住址、工作单位和联系方式。

第七十七条　询问笔录应当交被询问人核对，对没有阅读能力的，应当向其宣读。记录有误或者遗漏的，应当允许被询问人更正或者补充，并要求其在修改处捺指印。被询问人确认笔录无误后，应当在询问笔录上逐页签名或者捺指印。拒绝签名和捺指印的，办案人民警察应当在询问笔录中注明。

办案人民警察应当在询问笔录上签名，翻译人员应当在询问笔录的结尾处签名。

询问时，可以全程录音、录像，并保持录音、录像资料的完整性。

第七十八条　询问违法嫌疑人时，应当听取违法嫌疑人的陈述和申辩。对违法嫌疑人的陈述和申辩，应当核查。

第七十九条　询问被侵害人或者其他证人，可以在现场进行，也可以到其单位、学校、住所、其居住地居（村）民委员会或者其提出的地点进行。必要时，也可以书面、电话或者当场通知其到公安机关提供证言。

在现场询问的，办案人民警察应当出示人民警察证。

询问前，应当了解被询问人的身份以及其与被侵害人、其他证人、违法嫌疑人之间的关系。

第八十条　违法嫌疑人、被侵害人或者其他证人请求自行提供书面材料的，应当准许。必要时，办案人民警察也可以要求违法嫌疑人、被侵害人或者其他证人自行书写。违法嫌疑人、被侵害人或者其他证人应当在其提供的书面材料的结尾处签名或者捺指印。对打印的书面材料，违法嫌疑人、被侵害人或者其他证人应当逐页签名或者捺指印。办案人民警察收到书面材料后，应当在首页注明收到日期，并签名。

3．扣押实物证据

相关法律条文

《中华人民共和国出境入境管理法》（2013 年 7 月 1 日起施行）

第五十八条　本章规定的当场盘问、继续盘问、拘留审查、限制活动范围、遣送出境措施，由县级以上地方人民政府公安机关或者出入境边防检查机关实施。

第六十八条　对用于组织、运送、协助他人非法出境入境的交通运输工具，以及需要作为办案证据的物品，公安机关可以扣押。

对查获的违禁物品、涉及国家秘密的文件、资料以及用于实施违反出境入境管理活动的工具等，公安机关应当予以扣押，并依照相关法律、行政法规规定处理。

《中华人民共和国治安管理处罚法》(2005 年 8 月 28 日通过，2012 年 10 月 26 日修正)

第八十九条　公安机关办理治安案件，对与案件有关的需要作为证据的物品，可以扣押；对被侵害人或者善意第三人合法占有的财产，不得扣押，应当予以登记。对与案件无关的物品，不得扣押。

对扣押的物品，应当会同在场见证人和被扣押物品持有人查点清楚，当场开列清单一式二份，由调查人员、见证人和持有人签名或者盖章，一份交给持有人，另一份附卷备查。

对扣押的物品，应当妥善保管，不得挪作他用；对不宜长期保存的物品，按照有关规定处理。经查明与案件无关的，应当及时退还；经核实属于他人合法财产的，应当登记后立即退还；满六个月无人对该财产主张权利或者无法查清权利人的，应当公开拍卖或者按照国家有关规定处理，所得款项上缴国库。

相关行政法规

《中华人民共和国海关行政处罚实施条例》(2004 年 11 月 1 日起施行)

第三十八条　下列货物、物品、运输工具及有关账册、单据等资料，海关可以依法扣留：

（一）有走私嫌疑的货物、物品、运输工具；

（二）违反海关法或者其他有关法律、行政法规的货物、物品、运输工具；

（三）与违反海关法或者其他有关法律、行政法规的货物、物品、运输工具有牵连的账册、单据等资料；

（四）法律、行政法规规定可以扣留的其他货物、物品、运输工具及有关账册、单据等资料。

第三十九条　有违法嫌疑的货物、物品、运输工具无法或者不便扣留的，当事人或者运输工具负责人应当向海关提供等值的担保，未提供等值担保的，海关可以扣留当事人等值的其他财产。

第四十条　海关扣留货物、物品、运输工具以及账册、单据等资料的期限不得超过 1 年。因案件调查需要，经直属海关关长或者其授权的隶属海关关长批准，可以延长，延长期限不得超过 1 年。但复议、诉讼期间不计算在内。

第四十一条　有下列情形之一的，海关应当及时解除扣留：

（一）排除违法嫌疑的；

（二）扣留期限、延长期限届满的；

（三）已经履行海关行政处罚决定的；

（四）法律、行政法规规定应当解除扣留的其他情形。

第四十二条　海关依法扣留货物、物品、运输工具、其他财产以及账册、单据等资料，应当制发海关扣留凭单，由海关工作人员、当事人或者其代理人、保管人、见证人签字或者盖章，并可以加施海关封志。加施海关封志的，当事人或者其代理人、保管人应当妥善保管。

海关解除对货物、物品、运输工具、其他财产以及账册、单据等资料的扣留，或者发还等值的担保，应当制发海关解除扣留通知书、海关解除担保通知书，并由海关工作人员、当事人或者其代理人、保管人、见证人签字或者盖章。

第四十七条　海关依法扣留的货物、物品、运输工具，在人民法院判决或者海关行政处罚决定作出之前，不得处理。但是，危险品或者鲜活、易腐、易烂、易失效、易变质等不宜长期保存的货物、物品以及所有人申请先行变卖的货物、物品、运输工具，经直属海关关长或者其授权的隶属海关关长批准，可以先行依法变卖，变卖所得价款由海关保存，并通知其所有人。

相关部门规章

《中华人民共和国海关办理行政处罚案件程序规定》（2021 年 7 月 15 日起施行）

第四十六条　海关实施扣留应当遵守下列规定：

（一）实施前须向海关负责人报告并经批准，但是根据《中华人民共和国海关法》第六条第四项实施的扣留，应当经直属海关关长或者其授权的隶属海关关长批准；

（二）由两名以上执法人员实施；

（三）出示执法证件；

（四）通知当事人到场；

（五）当场告知当事人采取扣留的理由、依据以及当事人依法享有的权利、救济途径；

（六）听取当事人的陈述和申辩；

（七）制作现场笔录；

（八）现场笔录由当事人和执法人员签名或者盖章，当事人拒绝的，在笔录中予以注明；

（九）当事人不到场的，邀请见证人到场，由见证人和执法人员在现场笔录上签名或者盖章；

（十）法律、行政法规规定的其他程序。

海关依法扣留货物、物品、运输工具、其他财产及账册、单据等资料，可以加施海关封志。

第四十七条　海关依法扣留的货物、物品、运输工具，在人民法院判决或者海关行政处罚决定作出之前，不得处理。但是，危险品或者鲜活、易腐、易烂、易失效、易变质等不宜长期保存的货物、物品以及所有人申请先行变卖的货物、物品、运输工具，经直属海关关长或者其授权的隶属海关关长批准，可以先行依法变卖，变卖所得价款由海关保存；依照法律、行政法规的规定，应当采取退运、销毁、无害化处理等措施的货物、物品，可以依法先行处置。

海关在变卖前，应当通知先行变卖的货物、物品、运输工具的所有人。变卖前无法及时通知的，海关应当在货物、物品、运输工具变卖后，通知其所有人。

第四十八条　海关依法解除对货物、物品、运输工具、其他财产及有关账册、单据等资料的扣留，应当制发解除扣留通知书送达当事人。解除扣留通知书由执法人员、当事人或者其代理人签字或者盖章；当事人或者其代理人不在场，或者当事人、代理人拒绝签字或者盖章的，执法人员应当在解除扣留通知书上注明，并且由见证人签字或者盖章。

第四十九条　有违法嫌疑的货物、物品、运输工具应当或者已经被海关依法扣留的，当事人可以向海关提供担保，申请免予或者解除扣留。

有违法嫌疑的货物、物品、运输工具无法或者不便扣留的，当事人或者运输工具负责人应当向海关提供等值的担保。

第五十条　当事人或者运输工具负责人向海关提供担保时，执法人员应当制作收取担保凭单并送达当事人或者运输工具负责人，执法人员、当事人、运输工具负责人或者其代理人应当在收取担保凭单上签字或者盖章。

收取担保后，可以对涉案货物、物品、运输工具进行拍照或者录像存档。

第五十一条　海关依法解除担保的，应当制发解除担保通知书送达当事人或者运输工具负责人。解除担保通知书由执法人员及当事人、运输工具负责人或者其代理人签字或者盖章；当事人、运输工具负责人或者其代理人不在场或者拒绝签字或者盖章的，执法人员应当在解除担保通知书上注明。

第五十二条　海关依法对走私犯罪嫌疑人实施人身扣留，依照《中华人民共和国海关实施人身扣留规定》规定的程序办理。

4. 现 场 勘 验

相关法律条文

《中华人民共和国道路交通安全法》（2003 年 10 月 28 日通过，2007 年 12 月 29 日第一次修正，2011 年 4 月 22 日第二次修正，2021 年 4 月 29 日第三次修正）

第七十二条　【交警处理交通事故程序】公安机关交通管理部门接到交通事故报警后，应当立即派交通警察赶赴现场，先组织抢救受伤人员，并采取措施，尽快恢复交通。

交通警察应当对交通事故现场进行勘验、检查，收集证据；因收集证据的需要，可以扣留事故车辆，但是应当妥善保管，以备核查。

对当事人的生理、精神状况等专业性较强的检验，公安机关交通管理部门应当委托专门机构进行鉴定。鉴定结论应当由鉴定人签名。

第七十三条　【交通事故认定书】公安机关交通管理部门应当根据交通事故现场勘验、检查、调查情况和有关的检验、鉴定结论，及时制作交通事故认定书，作为处理交通事故的证据。交通事故认定书应当载明交通事故的基本事实、成因和当事人的责任，并送达当事人。

相关行政法规

《中华人民共和国道路交通安全法实施条例》（2004 年 4 月 30 日公布，2017 年 10 月 7 日修订）

第九十二条　发生交通事故后当事人逃逸的，逃逸的当事人承担全部责任。但是，有证据证明对方当事人也有过错的，可以减轻责任。

当事人故意破坏、伪造现场、毁灭证据的，承担全部责任。

第九十三条　公安机关交通管理部门对经过勘验、检查现场的交通事故应当在勘查现场之日起 10 日内制作交通事故认定书。对需要进行检验、鉴定的，应当在检验、鉴定结果确定之日起 5 日内制作交通事故认定书。

相关部门规章

《医疗保障行政处罚程序暂行规定》（2021 年 7 月 15 日起施行）

第二十条　办案人员在进入现场检查时，应当通知当事人或者有关人员到场，并按照有关规定采取拍照、录音、录像等方式记录现场情况。现场检查应当制作现场笔录，并由当事人或者有关人员以逐页签名或盖章等方式确认。

无法通知当事人或者有关人员到场，当事人或者有关人员拒绝接受调查及签名、盖章或者拒绝以其他方式确认的，办案人员应当在笔录或者其他材料上注明情况。

《药品检查管理办法（试行）》（国药监药管〔2021〕31号，2021年5月24日起试行）

第五十一条　检查中发现被检查单位涉嫌违法的，执法人员应当立即开展相关调查、取证工作，检查组应当将发现的违法线索和处理建议立即通报负责该被检查单位监管工作的药品监督管理部门和派出检查单位。负责被检查单位监管工作的药品监督管理部门应当立即派出案件查办人员到达检查现场，交接与违法行为相关的实物、资料、票据、数据存储介质等证据材料，全面负责后续案件查办工作；对需要检验的，应当立即组织监督抽检，并将样品及有关资料等寄送至相关药品检验机构检验或者进行补充检验方法和项目研究。

涉嫌违法行为可能存在药品质量安全风险的，负责被检查单位监管工作的药品监督管理部门应当在接收证据材料后，按照本办法第二十一条规定进行风险评估，作出风险控制决定，责令被检查单位或者药品上市许可持有人对已上市药品采取相应风险控制措施。

《生态环境保护专项督察办法》（中生环督办〔2021〕1号，2021年5月8日起施行）

（三）开展现场核查核实。主要方式包括：

1. 调取书证。书证要与督察事项直接相关，能够起到支撑性、基础性、关键性证据作用。

2. 询问取证。对与督察事项直接相关的责任部门及其有关人员进行谈话询问，制作调查询问笔录。

3. 现场勘察取证。对重要情况和问题线索，根据需要进行现场勘察取证，必要时制作现场检查（勘察）笔录，并留存相关影像资料。

根据督察需要，督察组可以要求有关地方、部门（单位）和个人就有关情况和问题提供书面说明。

督察进驻期间一般不受理群众信访事项，但有关信访举报涉及专项督察事项的，应当开展查证。

《国家外汇管理局行政处罚办法》（2020年10月1日起施行）

第二十九条　外汇执法人员对实施外汇违法行为的现场，可以拍摄现场照片或者录像，制作现场勘验笔录和现场图。现场勘验笔录应当由外汇执法人员、当事人或者见证人签字或盖章。

《公安机关办理行政案件程序规定》（2012年12月19日公安部修订发布，2014年6月29日第一次修正，2018年11月25日第二次修正，2020年8月6日第三次修正）

第八十一条　对于违法行为案发现场，必要时应当进行勘验，提取与案件有关的证据材料，判断案件性质，确定调查方向和范围。

现场勘验参照刑事案件现场勘验的有关规定执行。

5．检查与笔录

相关法律条文

《中华人民共和国治安管理处罚法》（2005年8月28日通过，2012年10月26日修正）

第八十七条　公安机关对与违反治安管理行为有关的场所、物品、人身可以进行检查。检查时，人民警察不得少于二人，并应当出示工作证件和县级以上人民政府公安机关开具的检查证明文件。对确有必要立即进行检查的，人民警察经出示工作证件，可以当场检查，但检查公民住所应当出示县级以上人民政府公安机关开具的检查证明文件。

检查妇女的身体，应当由女性工作人员进行。

第八十八条　检查的情况应当制作检查笔录，由检查人、被检查人和见证人签名或者盖章；被检查人拒绝签名的，人民警察应当在笔录上注明。

相关行政法规

《中华人民共和国海关行政处罚实施条例》（2004年11月1日起施行）

第三十五条　海关依法检查走私嫌疑人的身体，应当在隐蔽的场所或者非检查人员的视线之外，由2名以上与被检查人同性别的海关工作人员执行。

走私嫌疑人应当接受检查，不得阻挠。

第三十六条　海关依法检查运输工具和场所，查验货物、物品，应当制作检查、查验记录。

相关部门规章

《中华人民共和国海关办理行政处罚案件程序规定》（2021年7月15日起施行）

第三十条　执法人员在调查或者进行检查时，应当主动向当事人或者有关人员出示执法证件。

当事人或者有关人员有权要求执法人员出示执法证件。执法人员不出示执法证件的，当事人或者有关人员有权拒绝接受调查或者检查。

当事人或者有关人员对海关调查或者检查应当予以协助和配合，不得拒绝或者阻挠。

第三十八条　执法人员依法检查运输工具和场所，查验货物、物品，应当制作检查、查验记录。

检查、查验记录应当由执法人员、当事人或者其代理人签字或者盖章；当事人或者其代理人不在场或者拒绝签字或者盖章的，执法人员应当在检查、查验记录上注明，并且由见证人签字或者盖章。

第三十九条　执法人员依法检查走私嫌疑人的身体，应当在隐蔽的场所或者非检查人员视线之外，由两名以上与被检查人同性别的执法人员执行，并且制作人身检查记录。

检查走私嫌疑人身体可以由医生协助进行，必要时可以前往医疗机构检查。

人身检查记录应当由执法人员、被检查人签字或者盖章；被检查人拒绝签字或者盖章的，执法人员应当在人身检查记录上注明。

《市场监督管理行政处罚程序规定》（2018 年 12 月 21 日公布，2021 年 7 月 2 日修正）

第二十八条　对有违法嫌疑的物品或者场所进行检查时，应当通知当事人到场。办案人员应当制作现场笔录，载明时间、地点、事件等内容，由办案人员、当事人签名或者盖章。

《公安机关办理行政案件程序规定》（2012 年 12 月 19 日公安部修订发布，2014 年 6 月 29 日第一次修正，2018 年 11 月 25 日第二次修正，2020 年 8 月 6 日第三次修正）

第八十二条　对与违法行为有关的场所、物品、人身可以进行检查。检查时，人民警察不得少于二人，并应当出示人民警察证和县级以上公安机关开具的检查证。对确有必要立即进行检查的，人民警察经出示人民警察证，可以当场检查；但检查公民住所的，必须有证据表明或者有群众报警公民住所内正在发生危害公共安全或者公民人身安全的案（事）件，或者违法存放危险物质，不立即检查可能会对公共安全或者公民人身、财产安全造成重大危害。

对机关、团体、企业、事业单位或者公共场所进行日常执法监督检查，依照有关法律、法规和规章执行，不适用前款规定。

第八十三条　对违法嫌疑人，可以依法提取或者采集肖像、指纹等人体生物识别信息；涉嫌酒后驾驶机动车、吸毒、从事恐怖活动等违法行为的，可以依照《中华人民共和国道路交通安全法》《中华人民共和国禁毒法》《中华人民共和国反恐怖主义法》等规定提取或者采集血液、尿液、毛发、脱落细胞等生物样本。人身安全检查和当场检查时已经提取、采集的信息，不再提取、采集。

第八十四条　对违法嫌疑人进行检查时，应当尊重被检查人的人格尊严，不得以有损人格尊严的方式进行检查。

检查妇女的身体，应当由女性工作人员进行。

依法对卖淫、嫖娼人员进行性病检查，应当由医生进行。

第八十五条　检查场所或者物品时，应当注意避免对物品造成不必要的损坏。

检查场所时，应当有被检查人或者见证人在场。

第八十六条　检查情况应当制作检查笔录。检查笔录由检查人员、被检查人或者见证人签名；被检查人不在场或者拒绝签名的，办案人民警察应当在检查笔录中注明。

检查时的全程录音录像可以替代书面检查笔录，但应当对视听资料的关键内容和相应时间段等作文字说明。

6. 辨　认

相关部门规章

《市场监督管理行政处罚程序规定》（2018 年 12 月 21 日公布，2021 年 7 月 2 日修正）

第三十条　办案人员可以要求当事人及其他有关单位和个人在一定期限内提供证明材料或者与涉嫌违法行为有关的其他材料，并由材料提供人在有关材料上签名或者盖章。

市场监督管理部门在查处侵权假冒等案件过程中，可以要求权利人对涉案产品是否为权利人生产或者其许可生产的产品进行辨认，也可以要求其对有关事项进行鉴别。

《公安机关办理行政案件程序规定》（2012 年 12 月 19 日公安部修订发布，2014 年 6 月 29 日第一次修正，2018 年 11 月 25 日第二次修正，2020 年 8 月 6 日第三次修正）

第六节　辨　认

第一百零一条　为了查明案情，办案人民警察可以让违法嫌疑人、被侵害人或者其他证人对与违法行为有关的物品、场所或者违法嫌疑人进行辨认。

第一百零二条　辨认由二名以上办案人民警察主持。

组织辨认前，应当向辨认人详细询问辨认对象的具体特征，并避免辨认人见到辨认对象。

第一百零三条　多名辨认人对同一辨认对象或者一名辨认人对多名辨认对象进行辨认时，应当个别进行。

第一百零四条　辨认时，应当将辨认对象混杂在特征相类似的其他对象中，不得给辨认人任何暗示。

辨认违法嫌疑人时，被辨认的人数不得少于七人；对违法嫌疑人照片进行辨认的，不得少于十人的照片。

辨认每一件物品时，混杂的同类物品不得少于五件。

　　同一辨认人对与同一案件有关的辨认对象进行多组辨认的，不得重复使用陪衬照片或者陪衬人。

　　第一百零五条　辨认人不愿意暴露身份的，对违法嫌疑人的辨认可以在不暴露辨认人的情况下进行，公安机关及其人民警察应当为其保守秘密。

　　第一百零六条　辨认经过和结果，应当制作辨认笔录，由办案人民警察和辨认人签名或者捺指印。必要时，应当对辨认过程进行录音、录像。

五、实物证据

1. 书　　证

《最高人民法院关于审理商标授权确权行政案件若干问题的规定》（法释〔2017〕2号，2016年12月12日通过，2020年12月23日修正）

第十九条　当事人主张诉争商标损害其在先著作权的，人民法院应当依照著作权法等相关规定，对所主张的客体是否构成作品、当事人是否为著作权人或者其他有权主张著作权的利害关系人以及诉争商标是否构成对著作权的侵害等进行审查。

商标标志构成受著作权法保护的作品的，当事人提供的涉及商标标志的设计底稿、原件、取得权利的合同、诉争商标申请日之前的著作权登记证书等，均可以作为证明著作权归属的初步证据。

商标公告、商标注册证等可以作为确定商标申请人为有权主张商标标志著作权的利害关系人的初步证据。

《最高人民法院关于审理工伤保险行政案件若干问题的规定》（法释〔2014〕9号，2014年9月1日起施行）

第一条　人民法院审理工伤认定行政案件，在认定是否存在《工伤保险条例》第十四条第（六）项"本人主要责任"、第十六条第（二）项"醉酒或者吸毒"和第十六条第（三）项"自残或者自杀"等情形时，应当以有权机构出具的事故责任认定书、结论性意见和人民法院生效裁判等法律文书为依据，但有相反证据足以推翻事故责任认定书和结论性意见的除外。

前述法律文书不存在或者内容不明确，社会保险行政部门就前款事实作出认定的，人民法院应当结合其提供的相关证据依法进行审查。

《工伤保险条例》第十六条第（一）项"故意犯罪"的认定，应当以刑事侦查机关、检察机关和审判机关的生效法律文书或者结论性意见为依据。

《最高人民法院关于审理涉及农村集体土地行政案件若干问题的规定》（法释〔2011〕20号，2011年9月5日起施行）

第八条　土地权属登记（包括土地权属证书）在生效裁判和仲裁裁决中作为定案证据，利害关系人对该登记行为提起诉讼的，人民法院应当依法受理。

《最高人民法院关于行政诉讼证据若干问题的规定》（法释〔2002〕21号，2002年10月1日起施行）

第十条　根据行政诉讼法第三十一条第一款第（一）项的规定，当事人向人民法院提供书证的，应当符合下列要求：

（一）提供书证的原件，原本、正本和副本均属于书证的原件。提供原件确有困难的，可以提供与原件核对无误的复印件、照片、节录本；

（二）提供由有关部门保管的书证原件的复制件、影印件或者抄录件的，应当注明出处，经该部门核对无异后加盖其印章；

（三）提供报表、图纸、会计账册、专业技术资料、科技文献等书证的，应当附有说明材料；

（四）被告提供的被诉具体行政行为所依据的询问、陈述、谈话类笔录，应当有行政执法人员、被询问人、陈述人、谈话人签名或者盖章。

法律、法规、司法解释和规章对书证的制作形式另有规定的，从其规定。

相关部门规章

《**医疗保障行政处罚程序暂行规定**》（2021 年 7 月 15 日起施行）

第二十一条　收集、调取的书证、物证应当是原件、原物。调取原件、原物有困难的，可以提取复制件、影印件或者抄录件，也可以拍摄或者制作足以反映原件、原物外形或者内容的照片、录像。复制件、影印件、抄录件和照片、录像由证据提供人核对无误后注明与原件、原物一致，并注明取证日期、证据出处，同时由证据提供人签名或者盖章。

《**中华人民共和国海关办理行政处罚案件程序规定**》（2021 年 7 月 15 日起施行）

第十九条　海关收集的物证、书证应当是原物、原件。收集原物、原件确有困难的，可以拍摄、复制足以反映原物、原件内容或者外形的照片、录像、复制件，并且可以指定或者委托有关单位或者个人对原物、原件予以妥善保管。

海关收集物证、书证的原物、原件的，应当开列清单，注明收集的日期，由有关单位或者个人确认后盖章或者签字。

海关收集由有关单位或者个人保管书证原件的复制件、影印件或者抄录件的，应当注明出处和收集时间，经提供单位或者个人核对无异后盖章或者签字。

海关收集由有关单位或者个人保管物证原物的照片、录像的，应当附有关制作过程及原物存放处的文字说明，并且由提供单位或者个人在文字说明上盖章或者签字。

提供单位或者个人拒绝盖章或者签字的，执法人员应当注明。

《**证券期货违法行为行政处罚办法**》（2021 年 7 月 14 日起施行）

第十二条　书证原则上应当收集原件。收集原件确有困难的，可以收集与原件核对无误的复印件、照片、节录本。复印件、照片、节录本由证据提供人核对无误后注明与原件一致，同时由证据提供人逐页签名或者盖章。提供复印内容较多且连续编码的，可以在首尾页及骑缝处签名、盖章。

《**市场监督管理行政处罚程序规定**》（2018 年 12 月 21 日公布，2021 年 7 月 2 日修正）

第二十四条 收集、调取的书证、物证应当是原件、原物。调取原件、原物有困难的，可以提取复制件、影印件或者抄录件，也可以拍摄或者制作足以反映原件、原物外形或者内容的照片、录像。复制件、影印件、抄录件和照片、录像由证据提供人核对无误后注明与原件、原物一致，并注明出证日期、证据出处，同时签名或者盖章。

《**公安机关办理行政案件程序规定**》（2012 年 12 月 19 日公安部修订发布，2014 年 6 月 29 日第一次修正，2018 年 11 月 25 日第二次修正，2020 年 8 月 6 日第三次修正）

第三十条 收集、调取的书证应当是原件。在取得原件确有困难时，可以使用副本或者复制件。

书证的副本、复制件，经与原件核实无误或者经鉴定证明为真实的，可以作为证据使用。书证有更改或者更改迹象不能作出合理解释的，或者书证的副本、复制件不能反映书证原件及其内容的，不能作为证据使用。

第三十一条 物证的照片、录像，书证的副本、复制件，视听资料的复制件，应当附有关制作过程及原件、原物存放处的文字说明，并由制作人和物品持有人或者持有单位有关人员签名。

《**专利行政执法证据规则（试行）**》（国知发管字〔2016〕31 号，2016 年 5 月 5 日起施行）

第 4 章 证据的审核认定
第 3 节 几种典型类型证据的审核认定

4.3.1 书证

书证是指用文字、符号或图形所表达的思想内容来证明案件事实的证据，是以其内容来证明待证事实的有关情况的书面材料。

4.3.1.1 书证的种类

（1）文字书证、符号书证或者图形书证。文字书证是以文字记载的内容证明案件事实，如各类公文文书、合同、账册、票据等；符号书证是以符号表达的内容证明案件事实的书证；图形书证是以图形表现的内容证明案件事实的书证，如图纸。

（2）公文书证和非公文书证。公文书证，是指国家职权机关在法定职权范围内制作的文书，包括国家权力机关、行政机关、审判机关以及法律、法规授权的组织制作的公文文书，如裁判文书、行政处罚决定书、公证文书等。非公文书证，是指公文书证以外的其他文书。

（3）处分性书证与报道性书证。处分性书证是以发生特定法律后果为目的而制作的书证，如行政处罚决定书、裁判文书、合同书等；报道性书证是记载了某种与案件事实有关的内容而不以发生特定法律后果为目的的书证，它是以书证中所记载或表述的内容，反映制作人对客观事实的认识或体会等，如会议记录、诊断书等。

（4）一般书证与特别书证。在条件、格式和程序方面有特别要求的为特别书证，否则为一般书证。行政处罚决定书、裁判文书均为特别书证。

（5）原本、正本、副本、节录本、影印本和译本。原本是最初制作的书证文本，是书证的初始状态，能够最客观地反映文书所记载的内容。正本是按照原本的内容制作（抄录或印制）的对外正式使用的文本，效力等同于原本。原本一般保留在制作者手中或存档待查，正本则发送给收件人。副本是照原本全文抄录、印制而效力不同于原本的文件，一般是发送给主收件人以外的其他须知晓原本内容的有关单位或者个人。节录本是指从原本或者正本中摘抄其部分内容形成的文本。影印本是指运用影印技术将原本、正本或副本进行摄影、复印形成的文本。译本是以另一种文字将原本或者正本翻译而成的文本。

4.3.1.2 书证的提供要求

（1）提供书证的原件，原本、正本和副本均属于书证的原件。提供原件有困难的，可以提供与原件核对无误的复印件、照片、节录本；外文书证应当附有中文译文。

（2）提供由有关部门保管的书证原件的复制件、影印件或抄录件的，应当注明出处，经该部门核对无异后加盖其印章。

（3）提供报表、图纸、会计账册、专业技术资料、科技文献等书证的，应当附有说明材料。

4.3.1.3 书证的审核认定

书证的证据能力审查，主要涉及对书证在制作上的真实性和合法性进行审查，主要包括审查书证制作人的资格，审查制作书证的手续，审查制作书证的程序，审查书证有无伪造、变造的痕迹，审查书证获取的过程、是否提交原件。

书证的证明力认定，是指对书证所记载、表述的事实的真实性、可靠性等实质证据力进行审查，主要涉及书证的内容与待证事实的关联性。管理专利工作的部门应从以下几方面对书证的证明力加以审查认定：审查认定书证所记载、表达的内容的确切含义，审查认定书证内容是否为有关人员的真实意思表示，审查认定书证内容与待证事实是否具有内在的、必然的联系，审查认定书证内容是否与法律、法规抵触。

4.3.1.4 常见书证的审核认定

专利案件中常见书证形式有：专利文献、科技杂志、科技书籍、学术论文、专业文献、教科书、技术手册、正式公布的会议记录或者技术报告、报纸、小册子、样本、产品目录、发票、合同等。

4.3.1.4.1 专利文献

专利文献是各国专利局及国际性专利组织在审批专利过程中产生的官方文件及其出版物的总称。作为公开出版物的专利文献主要有：各种类型的发明专利说明书、实用新型说明书和工业品外观设计简要说明，各种类型的发明专利、实用新型和工业品外观设计公报、文摘和索引，发明和实用新型、外观设计的分类表。

各类专利说明书作为证据提交，一般应提交全文，仅使用部分内容的，在证明其真实性的基础上，可部分提交。发明专利的公开说明书和授权说明书由于内容和公开日期的不同，应视为不同的证据，根据情况分别审核。

中国专利文献的真实性可以在国家知识产权局网站核实，外国或国际组织的专利文献可以在该国专利局或该组织网站核实。缺少核实途径的，应当要求当事人提交其获取途径的证明（如图书馆馆藏证明或检索机构证明）。域外形成的应办理公证认证手续。外文专利文献应提交有资质的翻译机构或翻译人员出具的译文，其中外观设计专利应至少翻译文献的国别、类型、公开日期、专利名称、简要说明、附图说明等，以满足审查需求为准。

专利文献一般构成专利法意义上的出版物，其公开日期以其记载的公开日或授权公告日为准，有证据证明其未对公众公开或未在上述日期公开的除外。

4.3.1.4.2 图书类出版物

图书类出版物指的是带有国际标准书号（ISBN）、国际标准刊号（ISSN）、国内统一刊号且通过正规渠道出版发行的书籍、期刊和杂志等。

在当事人提供原件或有证据证明复印件与原件一致时，图书类出版物的真实性一般应当予以认可。

图书类出版物的印刷日视为公开日。同版次多印次或者多版次多印次的图书类出版物，一般应当将该印次的印刷日视为公开日。有证据证明实际公开日的，应当以实际公开日为准。

【案例 4 – 14】

某专利侵权案中，被请求人提交《汽车底盘设计与构造》一书用于现有技术抗辩。经合议组审查，该书虽已印刷完毕，但因存在印刷错误导致该出版物并未实际在印刷日发行，因此应当将该出版物的实际发行日视为公开日。

【案例 4 – 15】

某专利侵权案中，被请求人为进行现有技术抗辩提交的《计算机数据结构》一书的版权页上标有"1996 年 10 月第 1 版 1998 年 6 月第 2 次印刷"的字样，该书的公开日一般应当认定为 1998 年 6 月 30 日。但是如果有证据证明该书在 1996 年 10 月第一次发行以来未经任何修正或者对所使用的部分未经任何修正，则该书的公开日应当认定为 1996 年 10 月 31 日。

4.3.1.4.3 产品样本、产品说明书类证据

产品样本、产品说明书类证据包括产品目录、产品样本、产品说明书、产品宣传册、产品宣传页等。

带有国际标准书号、国际标准刊号、国内统一刊号的产品样本、产品说明书类证据的真实性和公开日审核认定参照图书类出版物的规定。其他产品样本、产品说明书类证据，需有其他证据佐证其真实性和公开性。

当事人提交了产品样本、产品说明书类证据的原件，综合其他证据印证或者由证据本身载明的信息可以证明该产品样本、产品说明书类证据是专门机构（如行业协会、展会主办机构）定期出版发行的，可以认定该产品样本、产品说明书类证据的真实性和公开性。

【案例 4 – 16】

某专利侵权案中，当事人提交了《×××行业采购大全》2005 年上期、2005 年下期 2006 年上期以及 2006 年下期的原件，各期的《×××行业采购大全》封面上均印制有"××××年上期总第×期"或"××××年下期总第×期""××协会主编"以及该广告公司的地址、电话、传真号、索阅派发网点等信息。对方当事人虽对该证据的真实性提出质疑，但未提出充足的理由，也未提供证据支持其理由。在此情形下，可以认定该《×××行业采购大全》的真实性和公开性。

其他企业自行印制的产品样本、产品说明书类证据，即使当事人提供了原件或者提供证据证明复印件与原件一致，也需要其他证据予以佐证，才能认可其真实性。但对方当事人予以认可的除外。

产品样本、目录类证据通常用于推销产品，一般情况下对产品感兴趣的公众可以不受限制地得到这类资料。当这类资料具有可靠的载体，其真实性可以确认时，如果该资料上还记载有能够表明其发表者以及发表时间，或者有其他证据可以佐证其公开者或公开日期，可以认定其为专利法意义上的公开出版物。

可以佐证产品样本、产品说明书类证据的真实性和公开性的证据通常包括可以证明其来源的印刷证据、能够证明其公开性的销售证据等。

【案例 4 – 17】

某专利侵权案中，当事人提交了某企业的产品宣传册和与该产品宣传册对应的印刷合同、发票原件作为证据使用，对方当事人虽对该证据的真实性提出质疑，但未提出充足的理由，也未提供证据支持其理由。在此情形下，应当认定该产品宣传册的真实性。

4.3.1.4.4 带有版权标识的出版物

根据《世界版权公约》的要求，版权标记一般包括三项内容：（1）享有著作权的声明或将声明的英文缩写字母 C 外面加上一个正圆，对音像制品则是字母 P 外面加上一个正圆；（2）著作权人的姓名或名称；（3）作品出版发行的日期。在出版物

上印有版权标记，表明作者愿意或者授权他人公开发表其作品。对于该类出版物的真实性，可以参照图书类出版物的认定方式。

在其真实性可以确认的情况下，印制有版权标识的印刷品一般可以视为专利法意义上的公开出版物，但因要求保密或者限定发行范围导致其不具备公开性的除外。该类出版物版权页上版权标识后所记载的首次出版年份，一般应当以该记载确定其公开日，但有相反证据的除外。

在当事人提供原件或有证据证明复印件与原件一致时，印制有国际标准音像制品编码的音像制品类出版物的真实性一般应当予以认可。

国际标准音像制品编码（ISCR）的音像制品类出版物的录制年码可用于确定其公开日。

【案例 4 – 18】

某专利侵权案中，被请求人提交作为证据的光盘上标有"ISCR-CN-C12-97-21-0/VG4"的字样。以上标识中，"CN"为国家码，代表中国；"C12"为出版者码；"97"为录制年码；"21"为记录码；"0/VG4"为记录项码。可以认定该光盘的公开日为1997 年 12 月 31 日。

【案例 4 – 19】

某专利侵权案中，当事人提交一本版权页上标有"printed in U.S.A © Envirex inc.1989"的某美国公司的产品说明书，综合其他证据可以确认其真实性，且没有其他证据证明该产品说明书要求保密或者限定发行范围时，应当确认其公开日期为1989 年 12 月 31 日。

4.3.1.4.5 标准

为规范产品和产品生产而制定的标准包括国家标准、行业标准、地方标准和企业标准。

国家标准由国务院标准化行政主管部门制定。对没有国家标准而又需要在全国某个行业范围内统一的技术要求，通常通过制定行业标准来约束。行业标准由国务院有关行政主管部门制定，并报国务院标准化行政主管部门备案。对没有国家标准和行业标准而又需要在省、自治区、直辖市范围内统一的工业产品的安全、卫生要求，根据规定应当制定地方标准。企业生产的产品没有国家标准和行业标准的，根据规定应当制定企业标准，作为组织生产的依据。

通常情况下，国家标准、行业标准、地方标准都属于专利法意义上的公开出版物。企业标准是内部标准，不能视为专利法意义上的公开出版物。

药品领域中的《中国药典》、部颁药品标准汇编本、地方药品标准汇编，其他领域的国家标准、行业标准、地方标准一般应认定为专利法意义上的公开出版物。药品领域中进口药品标准一般不应认定为专利法意义上的公开出版物。药品领域中未汇编成册的部颁标准、地方药品标准、企业药品标准和其他领域的企业标准是否属于专利法意义上的公开出版物应当结合相关法规、规章及其他证据认定。

【案例 4 - 20】

专利权人 A 指控 B 公司侵犯其专利权，其专利申请日为 2003 年 1 月 20 日。B 公司主张，根据《国家中成药标准汇编——中成药地方标准上升国家标准部分（骨伤科分册）》（以下简称"汇编"）一书可知，B 公司实施的技术为现有技术，因此不应承担侵权责任。A 认可该汇编的真实性，但认为，该汇编没有标明出版发行号、书号、条码、定价等国家规定的正规出版图书所应有的特征标识，不是国家公开出版发行物，也没有印刷日期，其公开日期也不能确定，因此不能作为现有技术抗辩证据使用。经查，该汇编封面上盖有"成都力思特制药股份有限公司资料专用章"，有"国家药品监督管理局编二〇〇二年"字样，前言页记载"从 2001 年初开始，我局对尚未纳入国家药品标准管理的中成药地方标准进行了清理整顿工作。在广大中医、药学专家的帮助下，此项工作已全面完成……标准的试行日期为自 2002 年 12 月 1 日起"和落款日期"2002 年 11 月 20 日"。

分析与评述：

专利法意义上的公开出版物，应当以其在申请日以前处于能够为社会公众获得的状态即可，并不以该出版物是否具有出版发行号、书号、条码等信息为必要条件。仅以汇编没有记载上述信息为由而否定其为公开出版物，依据不足。该汇编是由负责国家药品监督管理的行政部门编纂发行的药品标准汇编，目的是在全国范围内统一药品的生产工艺和质量标准，因此这种药品标准的汇编本是任何人不受约束都可获得的，理应处于公众想得知就能够得知的状态。该汇编上盖有"成都力思特制药股份有限公司资料专用章"，而该公司并不是此药品标准的提出单位，这也佐证了其是公开发行的，是公众可获得的。而对于该汇编的具体公开日期，根据封面和前言的记载可知，该书在 2002 年 11 月 20 日已汇编完成，其标准于 2002 年 12 月 1 日开始试行。出于在全国范围内统一药品的生产工艺和质量标准的目的，该汇编应当在试行起始日 2002 年 12 月 1 日前公开发行。即便考虑到从汇编完成到印刷完成的合理时间，其最迟公开日也应早于 2003 年。综上，该汇编属于专利法意义上的公开出版物，公开日早于涉案专利申请日，可以作为本案现有技术抗辩的证据使用。

【案例 4 - 21】

A 公司指控 B 公司的产品侵犯其专利权。B 公司则主张，其依据《上海市 ×× 企业标准一 ×× 系列腰椎固定带》制造所述产品，该产品属于现有技术，因此不侵犯 A 公司的专利权。对此，A 公司认为，该标准为企业标准，不属于公开出版物，因此不能作为现有技术抗辩的证据使用。

分析与评述：

《上海市 ×× 企业标准——×× 系列腰椎固定带》属于企业内部标准，双方对这一事实均予以确认。但是，在一般情况下，企业标准是内部标准，没有公开渠道能够查询其内容的，难以认定为专利法意义上的公开出版物。本案中，B公司并未提交其他证据佐证该标准可以从公众渠道获得，该标准自身也未标注任何能够确认其公开时间的信息。在此情形下，即便该标准披露了被控侵权产品的技术方案，也不能认定B公司的现有技术抗辩主张成立。

4.3.1.4.6 合同票据单据类

合同是平等民事主体之间设立、变更、终止民事权利义务关系的协议。通常与其他证据结合，证明某种产品销售行为的发生。票据是依法签发和流通的、反映债权债务关系、以无条件支付一定金额为目的的有价证券，包括汇票、本票和支票。单据通常是指办理货物的交付和货款的支付的一种依据，以及提取货物的货权凭证，其种类包括发票、保险单、订货单、销售单、出库单、运货单、提货单、装箱单、商检报告等。

商业发票由税务机关统一监制，由指定的印刷单位统一印刷，并由税务机关统一登记、发放和管理，与其他普通单据相比，具有较强的防伪性，其真实性容易得到确认。发票一般还记载货物名称、数量、单价、货款、买卖双方名称等，对于销售行为的发生具有较强的证明力。发票一般不会记载产品的技术内容，通常无法单独证明销售产品构成侵权，需要有其他证据佐证。

送货单、收据等的印制和发放不受税务机关的监督和管理，其真实性较难确认。对于送货单、收据等单据的真实性和证明力，应结合全案证据综合加以考虑，不能一概不予认定，也不能不加分析当作证据链中证明销售行为的主要证据概然接受。

【案例4－22】

甲是某汽车锁专利的专利权人。2008年8月21日，甲请求公证处对某网站的相关网页内容进行了公证，该网页显示所有者为"天汇万博公司"，营业地址为"××市××区××路1号"。随后，甲和公证员来到××市××区××路1号，向自称为"天汇万博公司"业务经理的乙公证购买了车锁一台，取得加盖"天汇卧龙销售中心"财务专用章的发票一张，还取得一份载有网址的产品宣传册。甲请求××市知识产权局对天汇万博公司的侵权行为进行处理。天汇万博公司辩称：公证书中销售发票落款是"天汇卧龙销售中心"，与天汇万博公司无关。甲主张：虽然销售发票落款是"天汇卧龙销售中心"，而不是"天汇万博公司"，但一个公司两块牌子很常见，只要公证的全过程真实可靠，对具有公信力的公证行为都应予认定。

分析与评述：

虽然销售发票上加盖的是"天汇卧龙销售中心"财务专用章，并非"天汇万博公司"，但实践中一个公司借用或者以其他机构的名义出具发票属于常见情形，并且，本案公证取证的地点与天汇万博公司网站中所载明的该公司地址一致，在天汇万博公司没有相反证据的情况下，在该营业场所接待客户并进行销售的人应推定为该公司的销售人员，其行为所引发的责任应由天汇万博公司承担。因此，××市知识产权局认定天汇万博公司实施了销售行为。

【案例 4 – 23】

专利权人乙指控甲公司制造的 M–100CC 型号产品侵犯其专利权。甲公司辩称，被控侵权产品虽落入专利保护范围，但乙原为甲公司工作人员，申请日前乙向其领取过该产品，证明甲公司在申请日前已经制造相同产品，甲公司享有先用权，不侵犯该专利权。甲公司提交了《申领样机审批表》和《出库单》对这一事实予以证明。乙认为，《申领样机审批表》和《出库单》上乙的签名为自己所写，但《申领样机审批表》上的产品型号 M–100CC 并非自己所写，是甲公司后添加上去的，因此其不能证明该申领产品为 M–100CC 产品；此外，即便其型号为真，相隔数年生产都标明型号是 M–100CC 的产品，并不必然是同样的产品。甲公司 M–100CC 型号产品并未经有关部门备案或批准。所谓 M–100CC 完全是其自己所编制，其执行自己的型号带有很大的随意性。甲公司对于产品型号并非乙所写予以确认，但否认为事后添加，而是其他工作人员先填写型号由乙随后签字确认。

分析与评述：

《申领样机审批表》上记载乙领取型号为 M–100CC 的样品，《出库单》也载明乙领取了 M–100CC 产品。虽然乙否认《申领样机审批表》产品型号"M–100CC"是其所写，但其承认《出库单》上型号为其所写，也承认两份证据上的签名为自己所写，即乙并未否认《出库单》的真实性。在此情形下，由于《出库单》的佐证支持，甲公司关于《申领样机审批表》上型号并非事后添加的解释更为合理，应予采纳。因此，上述两份证据的真实性能够确认，两者相互印证可以证明乙公司在申请日前已制造型号为 M–100CC 的产品。依惯例，同一公司生产的同一型号的产品通常具有相同的结构和组成，根据"谁主张谁举证"的举证责任分配原则，乙如认为证据中的 M–100CC 产品与本案被控侵权产品不同，应该举证予以证明。在没有相反证据的情况下，应推定两者结构相同。因此，甲公司享有先用权，不侵犯乙的专利权。

2. 物　证

《最高人民法院关于行政诉讼证据若干问题的规定》（法释〔2002〕21 号，2002 年 10 月 1 日起施行）

第十一条　根据行政诉讼法第三十一条第一款第（二）项的规定，当事人向人民法院提供物证的，应当符合下列要求：

（一）提供原物。提供原物确有困难的，可以提供与原物核对无误的复制件或者证明该物证的照片、录像等其他证据；

（二）原物为数量较多的种类物的，提供其中的一部分。

相关部门规章

《医疗保障行政处罚程序暂行规定》（2021 年 7 月 15 日起施行）

第二十一条　收集、调取的书证、物证应当是原件、原物。调取原件、原物有困难的，可以提取复制件、影印件或者抄录件，也可以拍摄或者制作足以反映原件、原物外形或者内容的照片、录像。复制件、影印件、抄录件和照片、录像由证据提供人核对无误后注明与原件、原物一致，并注明取证日期、证据出处，同时由证据提供人签名或者盖章。

《中华人民共和国海关办理行政处罚案件程序规定》（2021 年 7 月 15 日起施行）

第十九条　海关收集的物证、书证应当是原物、原件。收集原物、原件确有困难的，可以拍摄、复制足以反映原物、原件内容或者外形的照片、录像、复制件，并且可以指定或者委托有关单位或者个人对原物、原件予以妥善保管。

海关收集物证、书证的原物、原件的，应当开列清单，注明收集的日期，由有关单位或者个人确认后盖章或者签字。

海关收集由有关单位或者个人保管书证原件的复制件、影印件或者抄录件的，应当注明出处和收集时间，经提供单位或者个人核对无异后盖章或者签字。

海关收集由有关单位或者个人保管物证原物的照片、录像的，应当附有关制作过程及原物存放处的文字说明，并且由提供单位或者个人在文字说明上盖章或者签字。

提供单位或者个人拒绝盖章或者签字的，执法人员应当注明。

《证券期货违法行为行政处罚办法》（2021 年 7 月 14 日起施行）

第十三条　物证原则上应当收集原物。收集原物确有困难的，可以收集与原物核对无误的复制品或者证明该物证的照片、录像等其他证据。原物为数量较多的种类物的，可以收集其中一部分。收集复制品或者影像资料的，应当在现场笔录中说明取证情况。

《市场监督管理行政处罚程序规定》（2018 年 12 月 21 日公布，2021 年 7 月 2 日修正）

第二十四条　收集、调取的书证、物证应当是原件、原物。调取原件、原物有困难的，可以提取复制件、影印件或者抄录件，也可以拍摄或者制作足以反映原件、原物外形或者内容的照片、录像。复制件、影印件、抄录件和照片、录像由证据提供人核对无误后注明与原件、原物一致，并注明出证日期、证据出处，同时签名或者盖章。

《公安机关办理行政案件程序规定》（2012年12月19日公安部修订发布，2014年6月29日第一次修正，2018年11月25日第二次修正，2020年8月6日第三次修正）

第二十九条　收集调取的物证应当是原物。在原物不便搬运、不易保存或者依法应当由有关部门保管、处理或者依法应当返还时，可以拍摄或者制作足以反映原物外形或者内容的照片、录像。

物证的照片、录像，经与原物核实无误或者经鉴定证明为真实的，可以作为证据使用。

第三十一条　物证的照片、录像，书证的副本、复制件，视听资料的复制件，应当附有关制作过程及原件、原物存放处的文字说明，并由制作人和物品持有人或者持有单位有关人员签名。

《专利行政执法证据规则（试行）》（国知发管字〔2016〕31号，2016年5月5日起施行）

第4章　证据的审核认定

第3节　几种典型类型证据的审核认定

4.3.2 物证

物证是能够证明案件事实的物品或者痕迹。物证一般不能直接用来证明案件事实，需要与其他证据结合发挥证明作用。

4.3.2.1 物证的种类

物证有原物和派生物之分。原物是指直接来源于案件事实本身，并以自身存在的外形、重量、规格、损坏程度等特征来证明案件事实的一部分或者全部的物品或者痕迹。派生物是指并非直接来源于案件本身，但记载了能证明案件事实的物品或者痕迹的外形、重量、规格、损坏程度等特征的载体，比如物证的照片、复制品等。

4.3.2.2 物证的提交要求

提供物证应当符合下列要求：

（1）提供原物。提供原物确有困难的，例如对于不便移动、保存或者提取的物品以及无法提取的大型物品，可以提供与原物核对无误的复制件或者证明该物证的照片、录像等其他证据。

（2）物为数量较多的种类物的，提供其中的一部分。

4.3.2.3 物证的审核认定

物证的审核认定一般包括：

（1）审查判断物证是否伪造和有无发生变形、变色或变质的情况；

（2）审查判断物证与案件事实有无客观联系；

（3）审查判断物证的来源，查明物证是原物还是同类物或复制品。

原物的证明力优于复制品。无法与原物核对的复制品不能单独作为定案依据。

当事人无正当理由拒不提供原物，又无其他证据印证，且对方当事人不予认可的证据的复制品不能作为定案依据。

对于物证，可以先对关联性、合法性、真实性进行认定，然后决定是否对其证明力进行认定。若经初步判断，能够确定所提交的物证材料不具有合法性或与案件不具有关联性的，可以不进一步认定其真实性；证据提交方无法证明其提交的物证材料的真实性，在对方当事人对该证据的真实性不予认可的情形下，可以不进一步判断其证明力；若经初步质证，可以认定物证材料真实性的，应当当庭展示，审核其证明力。对于无法从外部直接得知其技术结构的物证材料，应当当庭拆卸。对于公证保全的证据，在出示前，应当请双方当事人共同确认封条是否完整，详细记录当事人的意见和证据的封存情况，当庭打开封存，演示证据，并详细记录演示情况，演示结束后如果有必要，可以制作封条，恢复封存，并请双方当事人在封条上签字确认。对于不作为证据的产品实物的一般性演示，其演示目的主要目的在于帮助合议组了解技术方案，仅供合议组参考，不能作为定案的依据，可不严格进行质证程序。

物证演示过程中，应注意以下内容的调查：

（1）设备铭牌所反映的信息，包括型号、生产厂家、出厂日期等。这些信息是物证与其他证据的关联性所在，决定物证是否可以与其他证据（如发票、合同等）构成证据链。

（2）派生物能否反映原物的结构，如复制件是否与原物相一致，照片、录像等是否是对原物结构的真实记录。

（3）实物所反映的具体结构。对于某些仅能演示产品功能的实物，对于其功能是如何实现的，应特别注意调查。

（4）对涉案专利的特征比对。

【案例 4 – 24】

请求人 A 公司请求某市知识产权局处理被请求人 B 公司侵犯其"泪道探通导引针"实用新型专利权。请求人 A 公司称 B 公司仿制其专利产品，大量印制宣传资料宣传推广并招收代理商销售，请求责令被请求人立即停止生产销售的侵权行为。

请求人为证明其主张的事实存在，向合议组提交了以下证据：

证据 1：被请求人的产品"鼻泪管支架""泪道探通引导针、导丝"实物；

证据 2：被请求人的产品网站资料公证书；

证据 3：被请求人的产品宣传彩页；

证据 4：被请求人的宣传光碟；

证据 5：被请求人的产品说明书。

被请求人辩称：请求人的专利是一种泪道探通导引针，请求人提交的证据记载的内容中找不到请求人专利权利要求记载的技术特征。而判断被控侵权产品是否构成侵权，需要严格按照《专利法》相关规定进行对比，从而判断是否构成侵权。因此，请求人提供的证据不构成其指责被请求人侵犯其专利的依据。请求某市知识产权局驳回请求人的请求事项。

庭审中，双方当事人对请求人提交的五份证据进行了质证，并发表了质证意见。被请求人意见如下：

对证据1"鼻泪管支架""泪道探通引导针、导丝"实物的真实性有异议，认为请求人不能证明其合法来源。

对证据2"被请求人产品网站资料公证书"的真实性无异议，但认为与本案无关联性，网站内容只是宣传意向，没有说明被请求人生产销售涉嫌侵权产品，而且网站内容没有涉嫌侵权产品的结构。

对证据3"被请求人产品宣传彩页"的真实性有异议，没有相关证据证明该宣传彩页是被请求人的，不能作为证据使用。

对证据4"被请求人宣传光碟"的真实性有异议，没有相关证据证明该光碟是被请求人的，不能作为证据使用。

对证据5"被请求人产品说明书"的真实性有异议，"鼻泪管支架"包装盒是打开的，因此无法证明说明书是包装盒内的。并且，说明书仅仅是文字说明，没有产品结构说明。

合议组经审理后认为，请求人提交的证据1"鼻泪管支架"实物包装盒已开封，"泪道探通引导针、导丝"实物无生产企业标识，不能证明该"泪道探通引导针、导丝"实物是"鼻泪管支架"实物包装盒内的产品，请求人无法证明其合法来源，该证据不予采信。

请求人提交的证据2"被请求人产品网站资料公证书"形式无瑕疵，被请求人也认可该证据真实性，对该证据予以采信。

请求人提交的证据3"宣传彩页"，由于请求人无法证明宣传彩页的合法来源，对该证据不予采信。

请求人提交的证据4"宣传光碟"，因请求人无法证明该宣传光碟的合法来源，对该证据不予采信。

请求人提交的证据5"'鼻泪管支架'产品说明书"，因"鼻泪管支架"包装盒是打开的，无法证明说明书是包装盒内的，无法证明其真实性，对该证据不予采信。

由证据2"被请求人产品网站公证书"中的网站图片可以看出被控侵权产品的部分技术特征。但从图片中无法看出"针芯在针管内自由拉动，针管的针头端封闭呈钝圆锥形，针管的针头端有一定长度的实体段，倾斜面与侧壁孔的后壁成钝角"等涉案专利权利要求记载的技术特征，不能认定其落入涉案专利权的保护范围，构成专利侵权。请求人提交的证据缺乏证明力，不足以支持其主张的事实，应当承担举证不能的法律后果。

分析与评述：

对于物证而言，如果取证过程中未能将证据来源予以固定，且该证据本身又不具有与其他证据相联系的信息，则该物证通常无法证明特定的使用和销售事实。对于经公证的网络证据，公证本身仅能确认证据形式上的真实性，对于证据内容的可靠性以及在案件中的证明作用，还需进一步判断。对于宣传彩页等制作随意性较大的书证，如果证据提交方不能证明其证据来源，对方当事人亦不认可的，通常难以确认其真实性。

【案例 4-25】

A 公司指控 B 公司销售的制动器总成侵犯其专利权，提供了从 B 公司公证购买的发票和实物予以证明。B 公司辩称，该制动器总成并非自己制造，而是购买于 C 公司，为此提供了增值税专用发票和照片为证，证明被控侵权产品有合法来源，不承担侵权赔偿责任。

经查，增值税专用发票记载 C 公司向 B 公司出售的产品为"1058 汽刹制动器"，照片中反映的制动器总成上印有产品型号"1058"和 C 公司名称，但看不到内部结构，被控侵权物与照片中产品外形相似，但外表无产品型号和制造厂商名称等信息。

分析与评述：

B 公司虽声称照片所摄为从 C 公司购买的产品，且其上具有产品型号和 C 公司名称，可以与增值税发票相互印证，但由于照片形成时间和过程不明，无法认定照片中的产品即为增值税发票中所指产品。在此情形下，即便 B 公司确实曾向 C 公司购买过 1058 汽刹制动器，但增值税发票所指产品与被控侵权产品无任何客观联系，不能证明后者有合法来源；其次，即便认定照片中产品即为 1058 汽刹制动器，但被控侵权物外表无产品型号和制造厂商名称等信息。照片中的产品也无法看到内部结构，不能确定两者技术特征相一致，即照片中产品并非与被控侵权产品指向相同，仍不能合理推断出被控侵权产品即为 1058 汽刹制动器。因此，B 公司有关产品合法来源的抗辩主张不能成立。

【案例 4-26】

专利权人傅某拥有名称为"茶叶包装盒"外观设计专利，上述专利授权公告日为 2003 年 10 月 25 日。傅某称，2004 年 11 月 26 日，自己在天方茶叶批发部发现被控侵权产品，遂购买了被控侵权产品一个，该批发部出具了一张饮食业发票，由包装可知，该产品为天方公司生产，因此天方公司应承担侵权责任。傅某提供了如下证据：（1）被控侵权产品包装盒；（2）饮食业定额发票 1 张。

经查，被控侵权产品茶叶包装盒上印有"天方公司荣誉出品""天方"等字样，盒侧面贴有一张白色标贴，该标贴覆盖了茶盒上的部分说明文字，其上注有"生产日期 2004 年 3 月 17 日"等字样。饮食业定额发票上盖有"天方茶业批发部专用章"，但"客户名称"以及"开具日期"栏均为空白。对此，天方公司认为，被控侵权产品上的生产日期覆盖了包装上的产品介绍内容，违反了国家有关规定；饮食业定额发票与其购买的被控侵权产品之间无互相印证关系，因此，不能证明天方公司制造、销售了被控侵权产品。天方公司出示了其生产的部分茶叶产品包装，以证明其生产日期系以喷码形式印制。

分析与评述：

傅某提供的被控侵权产品上虽印有天方公司的相关信息，但用于证明该产品生产日期的标贴系另行贴附于包装盒上，容易拆卸，被控侵权产品的生产日期标注方式亦与天方公司在先产品中以喷涂方式标注生产日期的方式明显不同。傅某提供的饮食业定额发票中虽盖有"天方茶业批发部茶楼宾馆专用章"，但"客户名称"以及"开具日期"栏均为空白，不符合国家有关发票的管理制度，由于其为定额发票，其对应的产品也不明确，发票与被控侵权产品不能相互印证，无法证明天方公司销售了被控侵权产品。

3. 视听资料与电子数据

相关司法解释规定

《最高人民法院关于行政诉讼证据若干问题的规定》（法释〔2002〕21号，2002年10月1日起施行）

第十二条　根据行政诉讼法第三十一条第一款第（三）项的规定，当事人向人民法院提供计算机数据或者录音、录像等视听资料的，应当符合下列要求：

（一）提供有关资料的原始载体。提供原始载体确有困难的，可以提供复制件；

（二）注明制作方法、制作时间、制作人和证明对象等；

（三）声音资料应当附有该声音内容的文字记录。

第六十四条　以有形载体固定或者显示的电子数据交换、电子邮件以及其他数据资料，其制作情况和真实性经对方当事人确认，或者以公证等其他有效方式予以证明的，与原件具有同等的证明效力。

相关部门规章

《医疗保障行政处罚程序暂行规定》（2021年7月15日起施行）

第二十二条　收集、调取的视听资料应当是有关资料的原始载体。调取视听资料原始载体有困难的，可以提取复制件，并注明制作方法、制作时间、制作人等。声音资料应当附有该声音内容的文字记录。视听资料制作记录、声音文字记录同时由证据提供人核对无误后签名或者盖章。

第二十三条　医疗保障行政部门可以利用网络信息系统或者设备收集、固定违法行为证据。用来收集、固定违法行为证据的网络信息系统或者设备应当符合相关规定，保证所收集、固定电子数据的真实性、完整性。

医疗保障行政部门可以指派或者聘请具有专门知识的人员，辅助办案人员对案件关联的电子数据进行调取。

收集、调取的电子数据应当是有关数据的原始载体。收集电子数据原始载体有困难的，可以采用拷贝复制、委托分析、书式固定、拍照录像等方式取证，并注明制作方法、制作时间、制作人等。

医疗保障行政部门利用电子技术监控设备收集、固定违法事实的，证据记录内容应符合法律、法规的规定。

《中华人民共和国海关办理行政处罚案件程序规定》（2021 年 7 月 15 日起施行）

第二十条　海关收集电子数据或者录音、录像等视听资料，应当收集原始载体。

收集原始载体确有困难的，可以采取打印、拍照或者录像等方式固定相关证据，并附有关过程等情况的文字说明，由执法人员、电子数据持有人签名，持有人无法或者拒绝签名的，应当在文字说明中予以注明；也可以收集复制件，注明制作方法、制作时间、制作人、证明对象以及原始载体持有人或者存放处等，并且由有关单位或者个人确认后盖章或者签字。

海关对收集的电子数据或者录音、录像等视听资料的复制件可以进行证据转换，电子数据能转换为纸质资料的应当及时打印，录音资料应当附有声音内容的文字记录，并且由有关单位或者个人确认后盖章或者签字。

《证券期货违法行为行政处罚办法》（2021 年 7 月 14 日起施行）

第十四条　视听资料原则上应当收集有关资料的原始载体。收集原始载体确有困难的，可以收集与原始载体核对无误的复制件，并以现场笔录或其他方式注明制作方法、制作时间、制作人和证明对象等。声音资料应当附有该录音内容的文字记录。

第十五条　电子数据原则上应当收集有关数据的原始载体。收集电子数据原始载体确有困难的，可以制作复制件，并以现场笔录或其他方式记录参与人员、技术方法、收集对象、步骤和过程等。具备条件的，可以采取拍照或录像等方式记录取证过程。对于电子数据的关键内容，可以直接打印或者截屏打印，并由证据提供人签字确认。

《市场监督管理行政处罚程序规定》（2018 年 12 月 21 日公布，2021 年 7 月 2 日修正）

第二十五条　收集、调取的视听资料应当是有关资料的原始载体。调取视听资料原始载体有困难的，可以提取复制件，并注明制作方法、制作时间、制作人等。声音资料应当附有该声音内容的文字记录。

第二十六条　收集、调取的电子数据应当是有关数据的原始载体。收集电子数据原始载体有困难的，可以采用拷贝复制、委托分析、书式固定、拍照录像等方式取证，并注明制作方法、制作时间、制作人等。

市场监督管理部门可以利用互联网信息系统或者设备收集、固定违法行为证据。用来收集、固定违法行为证据的互联网信息系统或者设备应当符合相关规定，保证所收集、固定电子数据的真实性、完整性。

市场监督管理部门可以指派或者聘请具有专门知识的人员，辅助办案人员对案件关联的电子数据进行调查取证。

市场监督管理部门依照法律、行政法规规定利用电子技术监控设备收集、固定违法事实的，依照《中华人民共和国行政处罚法》有关规定执行。

《公安机关办理行政案件程序规定》（2012 年 12 月 19 日公安部修订发布，2014 年 6 月 29 日第一次修正，2018 年 11 月 25 日第二次修正，2020 年 8 月 6 日第三次修正）

第三十二条　收集电子数据，能够扣押电子数据原始存储介质的，应当扣押。

无法扣押原始存储介质的，可以提取电子数据。提取电子数据，应当制作笔录，并附电子数据清单，由办案人民警察、电子数据持有人签名。持有人无法或者拒绝签名的，应当在笔录中注明。

由于客观原因无法或者不宜依照前两款规定收集电子数据的，可以采取打印、拍照或者录像等方式固定相关证据，并附有关原因、过程等情况的文字说明，由办案人民警察、电子数据持有人签名。持有人无法或者拒绝签名的，应当注明情况。

《专利行政执法证据规则（试行）》（国知发管字〔2016〕31 号，2016 年 5 月 5 日起施行）

第 4 章　证据的审核认定
第 3 节　几种典型类型证据的审核认定

4.3.3 视听资料

视听资料是指采用先进的科学技术，利用图像、音响及电脑等储存反映的数据资料等来证明案件情况的一种证据形式。

4.3.3.1 表现形式

视听资料表现为录像带、录音带、传真资料、微型胶卷、电话录音、电脑储存数据和资料等具体形式。

4.3.3.2 视听资料的提交要求

（1）当事人应当提供有关资料的原始载体。提供原始载体确有困难的，可以提供复制件。提供复制件的，应当说明其来源和制作经过。

（2）注明制作方法、制作时间、制作人和证明对象等。

（3）声音资料应当附有该声音内容的文字记录。

4.3.3.3 视听资料的审核认定

4.3.3.3.1 证据资格审核认定

视听资料证据资格主要审核证据的合法性，即证据是否为非法取得。所谓非法取得，主要指是否以窃听等违反法律禁止性规定的手段取得，或是否以侵害他人合法权益的方式取得。

4.3.3.3.2 证明力审核认定

（1）视听资料载体、制作过程是否可靠

审查视听资料所依赖的设备、软件是否达到一定的质量标准，是否具备一定的灵敏度，使用期限如何等；视听资料制作、存储、传递的方法是否科学，程序是否合理。

（2）视听资料的真实性

审查视听资料有无被加工、改造的可能，必要时，可以运用鉴定方法。被当事人或者他人进行技术处理而无法辨认真伪的证据材料不能作为定案依据。难以识别是否经过修改的视听资料不能单独作为定案依据。

（3）视听资料形成时的条件

审查视听资料的制作主体、方式、形成时间、地点、条件及周边环境，确认由何人录制、摄制、输入，制作具体地点、时间和具体环境情况。例如，对于录音、录像资料，应当查明当事人的有关言辞陈述是否出于自愿或真实意思表示，还是在受到威胁的情况下被迫作出的。

（4）视听资料的证明力判断标准

视听资料载体及其制作过程可靠性强，证明力也强。存有疑点的视听资料不能单独作为认定案件事实的依据。

4.3.8 电子证据

电子证据是以电子形式表现出来的、能够证明案件事实的一切材料。所谓电子就是在技术上具有电的、数字的、磁性的、无线电的、光学的、电磁的或类似的性能。电子证据的形式除了包括网站、电子公告、博客、电子邮件、交互式交流工具（QQ、BBS、微信等）、新闻组及 Ftp 上下载文件等外，还包括表现为电子数据交换（EDI）、电子资金划拨（EFT）和电子签章（E-signature）等样式的各种证据。

4.3.8.1 电子证据的审核认定

4.3.8.1.1 合法性认定

域外形成的电子证据原则上应经过公证认证，否则不予采纳。对于国外网站信息等可以在我国域内通过正当途径获得的电子证据，无须进行公证认证，可以直接作为证据予以接纳。取证手段的合法性主要需考虑证据的取得是否侵害他人合法权益（如故意违反社会公共利益和社会公德、侵害他人隐私等）或者采用违反法律禁止性规定的方法（如窃听），除此之外，不能随意认定为非法证据。未经对方当事人同意私自录制其谈话所取得的录音资料，如未违反上述原则，不宜简单以不具有合法性予以排除。

4.3.8.1.2 真实性认定

当事人均认可的电子证据，一般予以采纳；对方当事人有充分理由反驳的，应当要求提交电子证据的当事人提供其他证据予以佐证。经查证属实，电子证据可以作为单独认定案件事实的依据。

审核电子证据的真实性时，还需要考虑以下因素：

（1）电子证据的形成过程，包括电子证据是否是在正常的活动中按常规程序自动生成的、生成系统是否受到他人的控制、系统是否处于正常状态等。

（2）电子证据的存储方式，包括存储方式是否科学、存储介质是否可靠、存储人员是否独立、是否具有遭受未授权的接触的可能性。

（3）电子证据的收集过程，包括电子证据的收集人身份、收集人与案件当事人有无利害关系，收集方法（备份、打印输出等）是否科学、可靠等。

（4）电子证据的完整性。一般情况下，应依法指派或聘请具有专门技术知识的人对其进行鉴定，就有关电子证据的技术问题进行说明，不能仅凭生活常识来判定电子证据有无删改。

4.3.8.1.3 证明力认定

（1）经公证的电子证据的证明力大于未经公证的电子证据。经公证的电子证据仍然是电子证据，同样需要适用判断电子证据真实性的规则。

（2）在正常业务活动中制作的电子证据证明力，大于为诉讼目的而制作的电子证据。

（3）由不利方保存的电子证据的证明力最大，由中立的第三方保存的电子证据证明力次之，由有利方保存的电子证据证明力最小。

相关司法文件

《最高人民法院关于审理证券行政处罚案件证据若干问题的座谈会纪要》（法〔2011〕225号，2011年7月13日起施行）

二、关于电子数据证据

会议认为，证券交易和信息传递电子化、网络化、无线化等特点决定电子交易信息、网络IP地址、通信记录、电子邮件等电子数据证据在证券行政案件中至关重要。但由于电子数据证据具有载体多样，复制简单、容易被删改和伪造等特点，对电子数据证据的证据形式要求和审核认定应较其他证据方法更为严格。根据行政诉讼法第三十一条第一款第（三）项的规定，最高人民法院《关于行政诉讼证据若干问题的规定》第十二条、第六十四条的规定，当事人可以向人民法院提供电子数据证据证明待证事实，相关电子数据证据应当符合下列要求：

（一）无法提取电子数据原始载体或者提取确有困难的，可以提供电子数据复制件，但必须附有不能或者难以提取原始载体的原因、复制过程以及原始载体存放地点或者电子数据网络地址的说明，并由复制件制作人和原始电子数据持有人签名或者盖章，或者以公证等其他有效形式证明电子数据与原始载体的一致性和完整性。

（二）收集电子数据应当依法制作笔录，详细记载取证的参与人员、技术方法、步骤和过程，记录收集对象的事项名称、内容、规格、类别以及时间、地点等，或者将收集电子数据的过程拍照或录像。

（三）收集的电子数据应当使用光盘或者其他数字存储介质备份。监管机构为取证人时，应当妥善保存至少一份封存状态的电子数据备份件，并随案移送，以备法庭质证和认证使用。

（四）提供通过技术手段恢复或者破解的与案件有关的光盘或者其他数字存储介质、电子设备中被删除的数据、隐藏或者加密的电子数据，必须附有恢复或破解对象、过程、方法和结果的专业说明。对方当事人对该专业说明持异议，并且有证据表明上述方式获取的电子数据存在篡改、剪裁、删除和添加等不真实情况的，可以向人民法院申请鉴定，人民法院应予准许。

相关行政规范性文件

《**国务院办公厅关于全面推行行政执法公示制度执法全过程记录制度重大执法决定法制审核制度的指导意见**》（**国办发〔2018〕118号，2018年12月5日起施行**）

三、全面推行执法全过程记录制度

行政执法全过程记录是行政执法活动合法有效的重要保证。行政执法机关要通过文字、音像等记录形式，对行政执法的启动、调查取证、审核决定、送达执行等全部过程进行记录，并全面系统归档保存，做到执法全过程留痕和可回溯管理。

（七）完善文字记录。文字记录是以纸质文件或电子文件形式对行政执法活动进行全过程记录的方式。要研究制定执法规范用语和执法文书制作指引，规范行政执法的重要事项和关键环节，做到文字记录合法规范、客观全面、及时准确。司法部负责制定统一的行政执法文书基本格式标准，国务院有关部门可以参照该标准，结合本部门执法实际，制定本部门、本系统统一适用的行政执法文书格式文本。地方各级人民政府可以在行政执法文书基本格式标准基础上，参考国务院部门行政执法文书格式，结合本地实际，完善有关文书格式。

（八）规范音像记录。音像记录是通过照相机、录音机、摄像机、执法记录仪、视频监控等记录设备，实时对行政执法过程进行记录的方式。各级行政执法机关要根据行政执法行为的不同类别、阶段、环节，采用相应音像记录形式，充分发挥音像记录直观有力的证据作用、规范执法的监督作用、依法履职的保障作用。要做好音像记录与文字记录的衔接工作，充分考虑音像记录方式的必要性、适当性和实效性，对文字记录能够全面有效记录执法行为的，可以不进行音像记录；对查封扣押财产、强制拆除等直接涉及人身自由、生命健康、重大财产权益的现场执法活动和执法办案场所，要推行全程音像记录；对现场执法、调查取证、举行听证、留置送达和公告送达等容易引发争议的行政执法过程，要根据实际情况进行音像记录。要建立健全执法音像记录管理制度，明确执法音像记录的设备配备、使用规范、记录要素、存储应用、监督管理等要求。研究制定执法行为用语指引，指导执法人员规范文明开展音像记录。配备音像记录设备、建设询问室和听证室等音像记录场所，要按照工作必需、厉行节约、性能适度、安全稳定、适量够用的原则，结合本地区经济发展水平和本部门执法具体情况确定，不搞"一刀切"。

《国家工商行政管理总局关于工商行政管理机关电子数据证据取证工作的指导意见》（工商市字〔2011〕248 号，2011 年 12 月 12 日起施行）

各省、自治区、直辖市及计划单列市、副省级市工商行政管理局、市场监督管理局：

为规范工商行政管理机关电子数据证据取证工作，加强网络商品交易及有关服务违法行为查处工作，根据《中华人民共和国行政诉讼法》、《中华人民共和国电子签名法》、《最高人民法院关于行政诉讼证据若干问题的规定》以及《工商行政管理机关行政处罚程序规定》，现就工商行政管理机关电子数据证据（以下简称电子证据）取证工作提出如下指导意见：

一、电子证据取证是指工商行政管理执法人员在查处网络商品交易及有关服务违法行为时，运用技术手段收集、调取违法行为的电子数据证明材料或者与违法行为有关的其他电子数据材料。

二、本意见所称电子证据是指以电子数据的形式存在于计算机存储器或外部存储介质中，能够证明案件真实情况的电子数据证明材料或与案件有关的其他电子数据材料。

三、电子证据取证应当严格遵守国家法律、法规、规章的有关规定，除与案件有关联的电子证据外，不得随意复制、泄露案件当事人储存在计算机系统中的私人材料和商业秘密。

四、电子证据取证工作任务应当至少有 2 名执法人员参与进行，其中至少有 1 名人员应当熟练掌握计算机操作知识。

五、执法人员应当收集电子证据的原始载体。收集原始载体有困难的，可以采用以下四种方式取证，取证时应当注明制作方法、制作时间、制作人和证明对象等。

（一）书式固定。对于计算机系统中的文字、符号、图画等有证据效力的文件，可以将有关内容直接进行打印，按书面证据进行固定。书式固定应注明证据来源并保持其完整性。

（二）拍照摄像。如果电子证据中含有动态文字、图像、声音、视频或者需要专门软件才能显示的内容，可以采用拍照、录音或摄像方法，将其转化为视听资料证据。

（三）拷贝复制。执法人员可以将涉嫌违法的计算机文件拷贝到 U 盘或刻录到光盘等计算机存储设备，也可以对整个硬盘进行镜像备份。在复制之前，应当检验确认所准备的计算机存储设备完好且没有数据。在复制之后，应当及时检查复制的质量，防止因保存方式不当等导致复制不成功或被病毒感染，同时要现场封存好复制件。

案件当事人拒绝对打印的相关书证和转化的视听证据进行核对确认，执法人员应当注明原因，必要时可邀请与案件无关的第三方人员进行见证。

（四）委托分析。对于较为复杂的电子证据或者遇到数据被删除、篡改等执法人员难以解决的情况，可以委托具有资质的第三方电子证据鉴定机构或司法部门进行检验分析。

委托专业机构或司法部门分析时，执法人员应填写委托书，同时提交封存的计算机存储设备或相关设备清单。专业机构按规定程序和要求分析设备中包含的电子数据，提取与案件相关的电子证据，并制作鉴定结论。

六、在计算机终端设备中进行电子证据取证时，应当了解掌握提供证据单位的计算机的密码设置、应用软件安装、资料存放位置等情况。

七、在网络交易平台中进行电子证据取证时，按照《网络商品交易有及有关服务行为管理暂行办法》《互联网信息服务管理办法》有关规定，网络服务经营者应提供有关数据，并在输出的电子证据书件上加盖公章予以确认。

八、工商行政管理机关查处违法案件涉及电子证据时，执法人员在案件现场应制作现场检查记录，现场检查记录应客观、详细、真实地记录计算机系统中显示与违法事实相关的内容和储存位置。

在案件调查阶段制作询问笔录中，对于现场检查记录、打印书证、拷贝复制文件时已经取得的电子证据内容，应专门询问案件当事人，并详细记载回答内容，使询问笔录与其他证据相互印证。

九、根据法律、法规的规定，执法人员对于专门用于违法经营的计算机系统中发现涉及违法经营的证据材料，经报请批准，可以直接对计算机及相关设备进行查封或扣押，防止案件当事人损毁、破坏数据。

十、对现场计算机设备实施行政强制措施进行查封时，其查封方法应当保证在不解除查封状态的情况下，无法使用被查封的设备。查封前后应当拍摄被查封计算机设备的照片，清晰反映封口或张贴封条处的状况。

请各地按照此文件精神，进一步规范电子证据取证工作。在实际工作中遇到的新情况新问题，请及时通报总局市场规范管理司。

4．勘验笔录与现场笔录

相关法律条文

《中华人民共和国行政强制法》（2012 年 1 月 1 日起施行）

第十八条　行政机关实施行政强制措施应当遵守下列规定：

（一）实施前须向行政机关负责人报告并经批准；

（二）由两名以上行政执法人员实施；

（三）出示执法身份证件；

（四）通知当事人到场；

（五）当场告知当事人采取行政强制措施的理由、依据以及当事人依法享有的权利、救济途径；

（六）听取当事人的陈述和申辩；

（七）制作现场笔录；

（八）现场笔录由当事人和行政执法人员签名或者盖章，当事人拒绝的，在笔录中予以注明；

（九）当事人不到场的，邀请见证人到场，由见证人和行政执法人员在现场笔录上签名或者盖章；

（十）法律、法规规定的其他程序。

相关司法解释规定

《最高人民法院关于行政诉讼证据若干问题的规定》（法释〔2002〕21 号，2002 年 10 月 1 日起施行）

第十五条　根据行政诉讼法第三十一条第一款第（七）项的规定，被告向人民法院提供的现场笔录，应当载明时间、地点和事件等内容，并由执法人员和当事人签名。当事人拒绝签名或者不能签名的，应当注明原因。有其他人在现场的，可由其他人签名。法律、法规和规章对现场笔录的制作形式另有规定的，从其规定。

第三十三条　人民法院可以依当事人申请或者依职权勘验现场。

勘验现场时，勘验人必须出示人民法院的证件，并邀请当地基层组织或者当事人所在单位派人参加。当事人或其成年亲属应当到场，拒不到场的，不影响勘验的进行，但应当在勘验笔录中说明情况。

第三十四条　审判人员应当制作勘验笔录，记载勘验的时间、地点、勘验人、在场人、勘验的经过和结果，由勘验人、当事人、在场人签名。

勘验现场时绘制的现场图，应当注明绘制的时间、方位、绘制人姓名和身份等内容。

当事人对勘验结论有异议的，可以在举证期限内申请重新勘验，是否准许由人民法院决定。

《医疗保障行政处罚程序暂行规定》（2021 年 7 月 15 日起施行）

第二十条　办案人员在进入现场检查时，应当通知当事人或者有关人员到场，并按照有关规定采取拍照、录音、录像等方式记录现场情况。现场检查应当制作现场笔录，并由当事人或者有关人员以逐页签名或盖章等方式确认。

无法通知当事人或者有关人员到场，当事人或者有关人员拒绝接受调查及签名、盖章或者拒绝以其他方式确认的，办案人员应当在笔录或者其他材料上注明情况。

《证券期货违法行为行政处罚办法》（2021 年 7 月 14 日起施行）

第二十五条　执法人员制作现场笔录的，应当载明时间、地点和事件等内容，并由执法人员和当事人等在场有关人员签名或者盖章。

当事人或者有关人员拒绝或不能在现场笔录、询问笔录、证据材料上签名、盖章的，执法人员应当在现场笔录、询问笔录、证据材料上说明或以录音录像等形式加以证明。必要时，执法人员可以请无利害关系第三方作为见证人签名。

《国家外汇管理局行政处罚办法》（2020 年 10 月 1 日起施行）

第二十九条　外汇执法人员对实施外汇违法行为的现场，可以拍摄现场照片或者录像，制作现场勘验笔录和现场图。现场勘验笔录应当由外汇执法人员、当事人或者见证人签字或盖章。

《专利行政执法证据规则（试行）》（国知发管字〔2016〕31 号，2016 年 5 月 5 日起施行）

第 4 章　证据的审核认定

第 3 节　几种典型类型证据的审核认定

4.3.7 勘验笔录

勘验笔录，是执法人员对于与案件有关的现场或者物品进行勘验所作的实况记录，是对物品、现场等进行查看、检验后所作的能够证明案件情况的记录。现场笔录是专指行政机关及其工作人员在执行职务的过程中，在实施具体行政行为时，对某些事项当场所作的能够证明案件事实的记录。

4.3.7.1 笔录的制作流程

勘验现场时，勘验人必须出示执法证件，并邀请当地基层组织或者当事人所在单位参加。当事人或其成年亲属应到场，拒不到场的，不影响勘验的进行，但应当在勘验笔录中说明情况。勘验人员应当制作勘验笔录，记载勘验的时间、地点、勘验人、在场人、勘验的经过和结果，由勘验人、当事人、在场人签名。勘验现场时绘制的现场图，应当注明绘制的时间、方位、绘制人姓名和身份等。现场勘验笔录的内容，一般包括现场笔录、现场照相、现场摄像和现场绘图。

现场笔录，由行政执法机关及其人员现场制作，应当载明时间、地点和事件等内容，并由执法人员和当事人签名。当事人拒绝签名或者不能签名的，应当注明原因。有其他人在现场的，可由其他人签名。

4.3.7.2 笔录的审核认定

4.3.7.2.1 程序是否合法

勘验必须严格依法进行，对笔录的审查应注意审查勘验的程序是否合法，例如参加人员是否达到法定数额、是否依照法定步骤进行、应当签名的人员是否签名等。

4.3.7.2.2 笔录是否反映了现场、物品等的真实情况

对于笔录，应当审查笔录上所记载的物证、场地环境情况等与从现场收集到实物证据是否吻合；采用文字记录以及绘图、现场摄像、拍照方式反映案件事实的各个部分是否互相照应，有无互相抵触的情形；现场所记录的重要情况有无遗漏之处，所使用的文字表述是否确切，记录的数字是否准确无误；笔录所表述的内容有无推测之处。

4.3.7.2.3 笔录的证明力大小

现场笔录、勘验笔录证明力优于其他书证、视听资料和证人证言。

行政机关主持所制作的勘验笔录证明力优于其他部门主持勘验所制作的勘验笔录。

六、言辞证据

1. 证人作证与证人证言

《最高人民法院关于适用〈中华人民共和国行政诉讼法〉的解释》（法释〔2018〕1号，2018年2月8日起施行）

第四十条　人民法院在证人出庭作证前应当告知其如实作证的义务以及作伪证的法律后果。

证人因履行出庭作证义务而支出的交通、住宿、就餐等必要费用以及误工损失，由败诉一方当事人承担。

第四十一条　有下列情形之一，原告或者第三人要求相关行政执法人员出庭说明的，人民法院可以准许：

（一）对现场笔录的合法性或者真实性有异议的；

（二）对扣押财产的品种或者数量有异议的；

（三）对检验的物品取样或者保管有异议的；

（四）对行政执法人员身份的合法性有异议的；

（五）需要出庭说明的其他情形。

《最高人民法院关于行政诉讼证据若干问题的规定》（法释〔2002〕21号，2002年10月1日起施行）

第十三条　根据行政诉讼法第三十一条第一款第（四）项的规定，当事人向人民法院提供证人证言的，应当符合下列要求：

（一）写明证人的姓名、年龄、性别、职业、住址等基本情况；

（二）有证人的签名，不能签名的，应当以盖章等方式证明；

（三）注明出具日期；

（四）附有居民身份证复印件等证明证人身份的文件。

第四十一条　凡是知道案件事实的人，都有出庭作证的义务。有下列情形之一的，经人民法院准许，当事人可以提交书面证言：

（一）当事人在行政程序或者庭前证据交换中对证人证言无异议的；

（二）证人因年迈体弱或者行动不便无法出庭的；

（三）证人因路途遥远、交通不便无法出庭的；

（四）证人因自然灾害等不可抗力或者其他意外事件无法出庭的；

（五）证人因其他特殊原因确实无法出庭的。

第四十二条　不能正确表达意志的人不能作证。

根据当事人申请，人民法院可以就证人能否正确表达意志进行审查或者交由有关部门鉴定。必要时，人民法院也可以依职权交由有关部门鉴定。

第四十三条　当事人申请证人出庭作证的，应当在举证期限届满前提出，并经人民法院许可。人民法院准许证人出庭作证的，应当在开庭审理前通知证人出庭作证。

当事人在庭审过程中要求证人出庭作证的，法庭可以根据审理案件的具体情况，决定是否准许以及是否延期审理。

第四十四条　有下列情形之一，原告或者第三人可以要求相关行政执法人员作为证人出庭作证：

（一）对现场笔录的合法性或者真实性有异议的；

（二）对扣押财产的品种或者数量有异议的；

（三）对检验的物品取样或者保管有异议的；

（四）对行政执法人员的身份的合法性有异议的；

（五）需要出庭作证的其他情形。

第四十五条　证人出庭作证时，应当出示证明其身份的证件。法庭应当告知其诚实作证的法律义务和作伪证的法律责任。

出庭作证的证人不得旁听案件的审理。法庭询问证人时，其他证人不得在场，但组织证人对质的除外。

第四十六条　证人应当陈述其亲历的具体事实。证人根据其经历所作的判断、推测或者评论，不能作为定案的依据。

第七十四条　证人、鉴定人及其近亲属的人身和财产安全受法律保护。

人民法院应当对证人、鉴定人的住址和联系方式予以保密。

第七十五条　证人、鉴定人因出庭作证或者接受询问而支出的合理费用，由提供证人、鉴定人的一方当事人先行支付，由败诉一方当事人承担。

相关部门规章

《公安机关办理行政案件程序规定》（2012 年 12 月 19 日公安部修订发布，2014 年 6 月 29 日第一次修正，2018 年 11 月 25 日第二次修正，2020 年 8 月 6 日第三次修正）

第三十四条　凡知道案件情况的人，都有作证的义务。

生理上、精神上有缺陷或者年幼，不能辨别是非、不能正确表达的人，不能作为证人。

《专利行政执法证据规则（试行）》（国知发管字〔2016〕31号，2016年5月5日起施行）

4.3.4 证人证言

证人证言是人们对客观发生事件在头脑所形成印象的一种表达。

4.3.4.1 证人资格

不能正确表达意志的人，不能作为证人，其证言不能作为定案依据。待证事实与其年龄、智力状况或者精神健康状况相适应的无民事行为能力人和限制民事行为能力人，可以作为证人。

4.3.4.2 证人证言的审核认定

4.3.4.2.1 证人作证的基本要求

证人应当陈述其亲历的具体事实。证人根据其经历所作的判断、推测或者评论，不能作为定案的依据。证人证言的质证应当结合提交的书面证言，围绕证人的感知、记忆能力、证言内容的真实性、证人身份及证人与案件的利害关系等进行。出庭作证的证人应当客观陈述其亲身感知的事实。证人为聋哑人的，可以其他表达方式作证。证人作证时，不得使用猜测、推断或者评论性的语言。

当事人提供证人证言的，应当符合下列要求：

（1）写明证人的姓名、年龄、性别、职业、住址等基本情况；

（2）有证人的签名，不能签名的，应当以盖章等方式证明；

（3）注明出具日期；

（4）附有居民身份证复印件等证明证人身份的文件。

4.3.4.2.2 询问证人的程序和注意事项

询问证人应当包括如下步骤：

（1）核实证人身份（核对身份证件、并要求其提供复印件）；

（2）询问证人的姓名、年龄、性别、职业、住址等基本情况；

（3）告知证人有如实作证的义务及作伪证的责任；

（4）双方当事人对证人证言质证：

①提供证言一方询问和反方询问；

②正方再询问和反方再询问；

③如有多个证人，可以让证人对质；

（5）合议组成员对未予明确的问题询问。

合议组对证人的询问不得使用诱导性语言；合议组可以根据案件的具体情况，选择不同的询问方法，以查明证人的感知、记忆和表述能力，证人是否亲历其作证事实，证人与当事人或代理人有无利害关系，证言前后有无矛盾之处，证言与其他客观证据有无矛盾之处等。

当事人对证人询问不得使用诱导性的语言，不得威胁、侮辱证人，询问的事项应当与案件事实相关。询问和质证内容应当形成文字材料，可以在口头审理过程中记录并由证人签名，也可以由本人书写，并注明日期。出席口头审理作证的证人不得旁听案件的审理。合议组询问证人时，其他证人不得在场，但组织证人对质的除外。

4.3.4.2.3 证人证言证明力的判断

对于证人证言的证明力，应通过对证人的智力状况、品德、知识、经验、法律意识和专业技能等的综合分析作出判断。针对同一事实，有多个证人证言的，应当综合分析、判断、相互印证。

其他证人证言优于与当事人有亲属关系或者其他密切关系的证人提供的对该当事人有利的证言；出庭作证的证人证言优于未出庭作证的证人证言。未成年人所作的与其年龄和智力状况不相适应的证言，与一方当事人有亲属关系或者其他密切关系的证人所作的对该当事人有利的证言，或者与一方当事人有不利关系的证人所作的对该当事人不利的证言，均不能单独作为定案依据。

4.3.4.2.4 证人不能出庭的情形

以下证人确有困难不能出庭的情形，经管理专利工作的部门许可，证人可以提交书面证言或者视听资料或者通过双向视听传输技术手段作证：

（1）年迈体弱或者行动不便无法出庭的；

（2）特殊岗位确实无法离开的；

（3）路途特别遥远，交通不便难以出庭的；

（4）因自然灾害等不可抗力的原因无法出庭的；

（5）其他无法出庭的特殊情况。

如果证人无正当理由不出庭作证，其证言不能单独作为认定事实的依据。

4.3.4.2.5 证人证言是否公证对证明力的影响

经过公证的证言仍然属于证人证言的范畴，只能证明证人作出了如书面证言所述的陈述，不能证明其所述情况属实。

2．当事人陈述与自认

相关司法解释规定

《最高人民法院关于适用〈中华人民共和国行政诉讼法〉的解释》（法释〔2018〕1号，2018年2月8日起施行）

第四十四条　人民法院认为有必要的，可以要求当事人本人或者行政机关执法人员到庭，就案件有关事实接受询问。在询问之前，可以要求其签署保证书。

保证书应当载明据实陈述、如有虚假陈述愿意接受处罚等内容。当事人或者行政机关执法人员应当在保证书上签名或者捺印。

负有举证责任的当事人拒绝到庭、拒绝接受询问或者拒绝签署保证书，待证事实又欠缺其他证据加以佐证的，人民法院对其主张的事实不予认定。

第一百一十三条　人民法院根据审查再审申请案件的需要决定是否询问当事人；新的证据可能推翻原判决、裁定的，人民法院应当询问当事人。

《最高人民法院关于行政诉讼证据若干问题的规定》（法释〔2002〕21号，2002年10月1日起施行）

第六十五条　在庭审中一方当事人或者其代理人在代理权限范围内对另一方当事人陈述的案件事实明确表示认可的，人民法院可以对该事实予以认定。但有相反证据足以推翻的除外。

第六十六条　在行政赔偿诉讼中，人民法院主持调解时当事人为达成调解协议而对案件事实的认可，不得在其后的诉讼中作为对其不利的证据。

第六十七条　在不受外力影响的情况下，一方当事人提供的证据，对方当事人明确表示认可的，可以认定该证据的证明效力；对方当事人予以否认，但不能提供充分的证据进行反驳的，可以综合全案情况审查认定该证据的证明效力。

相关部门规章

《专利行政执法证据规则（试行）》（国知发管字〔2016〕31号，2016年5月5日起施行）

4.3.5 当事人陈述

当事人陈述是当事人就有关案件的事实情况向管理专利工作的部门所作出的陈述，包括当事人自己说明的案件事实以及对案件事实的承认。当事人陈述通常缺乏可靠性，难以单独作为定案依据。相比当事人作出的利己陈述，其作出的不利于己、只有利于对方当事人的事实陈述，可信度相对较高。

对于当事人陈述，主要审查当事人陈述与其他证据有无矛盾、是否能够相互印证。不仅要审查一方当事人陈述与其所提供的其他证据是否存在相互抵触，还要审查该当事人陈述与对方当事人及所提供的其他证据是否存在矛盾。

3．鉴定的申请与委托

相关法律条文

《中华人民共和国治安管理处罚法》（2005年8月28日通过，2012年10月26日修正）

第九十条　为了查明案情，需要解决案件中有争议的专门性问题的，应当指派或者聘请具有专门知识的人员进行鉴定；鉴定人鉴定后，应当写出鉴定意见，并且签名。

相关行政法规

《建设工程抗震管理条例》（2021 年 9 月 1 日起施行）

第十九条　国家实行建设工程抗震性能鉴定制度。

按照《中华人民共和国防震减灾法》第三十九条规定应当进行抗震性能鉴定的建设工程，由所有权人委托具有相应技术条件和技术能力的机构进行鉴定。

国家鼓励对除前款规定以外的未采取抗震设防措施或者未达到抗震设防强制性标准的已经建成的建设工程进行抗震性能鉴定。

第二十条　抗震性能鉴定结果应当对建设工程是否存在严重抗震安全隐患以及是否需要进行抗震加固作出判定。

抗震性能鉴定结果应当真实、客观、准确。

相关司法解释规定

《最高人民法院关于适用〈中华人民共和国行政诉讼法〉的解释》（法释〔2018〕1 号，2018 年 2 月 8 日起施行）

第四十七条　根据行政诉讼法第三十八条第二款的规定，在行政赔偿、补偿案件中，因被告的原因导致原告无法就损害情况举证的，应当由被告就该损害情况承担举证责任。

对于各方主张损失的价值无法认定的，应当由负有举证责任的一方当事人申请鉴定，但法律、法规、规章规定行政机关在作出行政行为时依法应当评估或者鉴定的除外；负有举证责任的当事人拒绝申请鉴定的，由其承担不利的法律后果。

当事人的损失因客观原因无法鉴定的，人民法院应当结合当事人的主张和在案证据，遵循法官职业道德，运用逻辑推理和生活经验、生活常识等，酌情确定赔偿数额。

《最高人民法院关于行政诉讼证据若干问题的规定》（法释〔2002〕21 号，2002 年 10 月 1 日起施行）

第二十九条　原告或者第三人有证据或者有正当理由表明被告据以认定案件事实的鉴定结论可能有错误，在举证期限内书面申请重新鉴定的，人民法院应予准许。

第三十条　当事人对人民法院委托的鉴定部门作出的鉴定结论有异议申请重新鉴定，提出证据证明存在下列情形之一的，人民法院应予准许：

（一）鉴定部门或者鉴定人不具有相应的鉴定资格的；

（二）鉴定程序严重违法的；

（三）鉴定结论明显依据不足的；

（四）经过质证不能作为证据使用的其他情形。

对有缺陷的鉴定结论，可以通过补充鉴定、重新质证或者补充质证等方式解决。

第三十一条　对需要鉴定的事项负有举证责任的当事人，在举证期限内无正当理由不提出鉴定申请、不预交鉴定费用或者拒不提供相关材料，致使对案件争议的事实无法通过鉴定结论予以认定的，应当对该事实承担举证不能的法律后果。

相关部门规章

《中华人民共和国海关办理行政处罚案件程序规定》（2021 年 7 月 15 日起施行）

第四十条　为查清事实或者固定证据，海关或者海关依法委托的机构可以提取样品。

提取样品时，当事人或者其代理人应当到场；当事人或者其代理人未到场的，海关应当邀请见证人到场。海关认为必要时，可以径行提取货样。

提取的样品应当予以加封确认，并且填制提取样品记录，由执法人员或者海关依法委托的机构人员、当事人或者其代理人、见证人签字或者盖章。

第四十一条　海关或者海关依法委托的机构提取的样品应当一式两份以上；样品份数及每份样品数量以能够满足案件办理需要为限。

第四十二条　为查清事实，需要对案件中专门事项进行检测、检验、检疫、技术鉴定的，应当由海关或者海关依法委托的机构实施。

第四十三条　检测、检验、检疫、技术鉴定结果应当载明委托人和委托事项、依据和结论，并且应当有检测、检验、检疫、技术鉴定人的签字和海关或者海关依法委托的机构的盖章。

检测、检验、检疫、技术鉴定的费用由海关承担。

第四十四条　检测、检验、检疫、技术鉴定结果应当告知当事人。

《市场监督管理行政处罚程序规定》（2021 年 7 月 2 日修正）

第三十二条　为查明案情，需要对案件中专门事项进行检测、检验、检疫、鉴定的，市场监督管理部门应当委托具有法定资质的机构进行；没有法定资质机构的，可以委托其他具备条件的机构进行。检测、检验、检疫、鉴定结果应当告知当事人。

《出版物鉴定管理办法》（国新出发〔2020〕22 号，2021 年 7 月 1 日起施行）
第二章　出版物鉴定机构

第九条　出版物鉴定机构应当具有健全的工作制度和专业的鉴定人员队伍，能够独立开展出版物鉴定活动，承担相应的管理责任和法律责任。

第十条　出版物鉴定机构应当规范鉴定委托受理、委托手续办理等工作程序，建立完善鉴定材料审核、接收、保管、使用、退还、存档等工作制度。

接到涉及重大社会影响案件的鉴定委托后，出版物鉴定机构应当在受理委托24 小时内向同级出版主管部门报告相关信息。

第十一条　出版物鉴定人员应当具备以下基本条件：

（一）拥护中华人民共和国宪法，遵守国家法律和社会公德；

（二）熟悉国家有关新闻出版的法律法规和政策规范；

（三）具备出版物鉴定业务知识和专业技能；

（四）具有新闻出版相关工作经验。

第十二条　出版物鉴定机构应当成立出版物鉴定委员会，研究决定本机构受理的复杂、疑难或者有重大争议的鉴定事项等。出版物鉴定委员会应当由本机构负责人、鉴定人员以及与鉴定业务相关的人员组成，组成人数应当为单数。

出版物鉴定机构可以聘请其他相关专业领域的专家，为出版物鉴定事项提供咨询意见。

第十三条　出版物鉴定人员、鉴定委员会成员存在以下情形的，应当回避：

（一）是鉴定事项当事人或者当事人近亲属的；

（二）与鉴定事项有利害关系的；

（三）与鉴定事项有其他关系可能影响公正鉴定的。

委托单位、鉴定相关人员提出回避申请的，应当说明理由，并经出版物鉴定机构负责人批准。

第十四条　出版物鉴定机构应当加强鉴定文书管理，严格鉴定文书的制作、复核、审核及签发、发送等工作流程，确保鉴定过程规范高效、鉴定结果准确客观。

第十五条　出版物鉴定机构应当建立鉴定人员上岗培训、继续教育、业务考评制度，支持鉴定人员参加教育培训和业务交流活动，确保鉴定人员具备较高的政治素养和较强的专业技能。

第三章　出版物鉴定程序

第十六条　委托单位应当委托所在行政区域内同级出版物鉴定机构进行鉴定；同级无具备相应鉴定职责的出版物鉴定机构的，应当委托上一级出版物鉴定机构进行鉴定。

有关少数民族语言文字类出版物的鉴定，委托单位所在省级行政区域内无具备相应鉴定能力的出版物鉴定机构的，经省级出版主管部门同意，委托单位可以委托具有鉴定能力的其他省级出版物鉴定机构进行鉴定。

省级以上出版主管部门根据工作需要，可以指定本行政区域内具备相应鉴定职责的出版物鉴定机构受理鉴定委托。

违禁出版物的鉴定应当由省级以上出版物鉴定机构作出。

第十七条　委托单位向出版物鉴定机构提供的鉴定材料应当真实、客观、完整、充分，对鉴定材料及其来源的真实性、合法性负责。

第十八条　出版物鉴定机构收到鉴定委托后，应当与委托单位办理接收手续，核对并记录鉴定材料的名称、种类、数量、送鉴时间等。鉴定材料包括：

（一）鉴定委托函件；

（二）鉴定事项说明；

（三）鉴定样本及清单；

（四）鉴定所需的其他材料。

第十九条　出版物鉴定机构应当自收到鉴定委托之日起 5 个工作日内作出是否受理的决定。对于复杂、疑难或者特殊鉴定事项，经本机构负责人批准，可以延长至 10 个工作日。

第二十条　出版物鉴定机构应当对委托鉴定事项、鉴定材料等进行审查。对属于本机构鉴定职责、鉴定材料能够满足鉴定需要的，应当受理。

对于鉴定材料不完整、不充分、不能满足鉴定需要的，出版物鉴定机构可以要求委托单位补充，经补充后能够满足鉴定需要的，应当受理。

第二十一条　具有下列情形之一的鉴定委托，出版物鉴定机构不予受理：

（一）鉴定事项超出本机构鉴定职责范围的；

（二）鉴定材料不完整、不充分，经补充后仍无法满足鉴定需要的；

（三）委托单位就同一鉴定事项同时委托其他鉴定机构鉴定的；

（四）法律法规规定的其他情形。

第二十二条　出版物鉴定机构决定受理鉴定委托的，应当与委托单位办理委托手续，明确鉴定事项、鉴定用途、鉴定时限，以及需要约定的其他事项等。

出版物鉴定机构决定不予受理的，应当向委托单位书面说明理由，并退还鉴定材料。

第二十三条　出版物鉴定机构应当自受理委托生效之日起 20 个工作日内完成鉴定。情况复杂确需延长的，经本机构负责人批准，延长时限不得超过 20 个工作日。鉴定时限延长的，应当及时告知委托单位。

鉴定过程中补充或者重新提取鉴定材料所需的时间，以及与相关单位进行信息核实所需的时间，不计入鉴定时限。

第二十四条　出版物鉴定机构受理鉴定委托后，应当指定不少于 2 名鉴定人员进行鉴定。鉴定人员应当对鉴定方法和鉴定过程等进行记录，记录内容应当真实、客观、规范、完整。

第二十五条　出版物鉴定机构在鉴定过程中，需要就所鉴定样本的出版、印刷或者复制、进口等情况，与相关部门和单位进行核实时，应当出具书面文件，并加盖公章。相关部门和单位应当就出版物鉴定机构提出的核实事项及时提供真实、明确的书面说明及相关证据材料，并加盖公章。

第二十六条　出版物鉴定机构在鉴定过程中有下列情形之一的，应当终止鉴定：

（一）有本办法第二十一条规定情形的；

（二）鉴定材料发生损毁或者灭失，影响作出鉴定意见且委托单位不能补充提供的；

（三）委托单位撤回鉴定委托的；

（四）因不可抗力致使鉴定无法继续进行的；

（五）对复杂、疑难或者有重大争议的鉴定事项难以作出鉴定意见的；

（六）其他需要终止鉴定的情形。

出版物鉴定机构终止鉴定的，应当向委托单位书面说明理由，并退还鉴定材料。

第二十七条　有下列情形之一的，委托单位可以委托出版物鉴定机构进行补充鉴定：

（一）委托单位因故导致鉴定事项有遗漏的；

（二）委托单位就原鉴定事项补充新的鉴定材料的；

（三）其他需要补充鉴定的情形。

补充鉴定应当委托原鉴定机构进行，超出原鉴定机构鉴定职责范围的除外。

第二十八条　有下列情形之一的，委托单位可以委托出版物鉴定机构进行重新鉴定：

（一）原鉴定机构超出鉴定职责范围组织鉴定的；

（二）原鉴定相关人员应当回避没有回避的；

（三）委托单位确有合理理由，需要重新鉴定的；

（四）其他需要重新鉴定的情形。

第二十九条　对于出版物鉴定机构难以作出鉴定意见而终止鉴定的，以及需要重新鉴定的，委托单位可以委托上一级出版物鉴定机构进行鉴定。

第三十条　出版物鉴定机构完成鉴定后，应当将与鉴定事项相关的鉴定样本、核实的信息材料、其他鉴定材料、鉴定记录、鉴定委员会决定、鉴定专家意见、鉴定文书等整理立卷、存档保管。鉴定样本数量较大的，可以存档保管其主要信息页的扫描件、复印件或者照片。

委托单位需要取回鉴定材料的，应当提交书面说明。出版物鉴定机构应当将鉴定样本主要信息以及其他鉴定材料进行扫描、复印或者拍照留存。

出版物鉴定档案保管期限不少于 30 年，重要鉴定事项档案应当永久保存。

《证券期货违法行为行政处罚办法》（2021 年 7 月 14 日起施行）

第十九条　中国证监会及其派出机构根据案情需要，可以委托下列单位和人员提供协助：

（一）委托具有法定鉴定资质的鉴定机构对涉案相关事项进行鉴定，鉴定意见应有鉴定人签名和鉴定机构盖章；

（二）委托会计师事务所、资产评估事务所、律师事务所等中介机构以及专家顾问提供专业支持；

（三）委托证券期货交易场所、登记结算机构等检验、测算相关数据或提供与其职能有关的其他协助。

《职业病诊断与鉴定管理办法》（2021 年 1 月 4 日起施行）

第四章　鉴　定

第三十四条　当事人对职业病诊断机构作出的职业病诊断有异议的，可以在接到职业病诊断证明书之日起三十日内，向作出诊断的职业病诊断机构所在地设区的市级卫生健康主管部门申请鉴定。

职业病诊断争议由设区的市级以上地方卫生健康主管部门根据当事人的申请组织职业病诊断鉴定委员会进行鉴定。

第三十五条　职业病鉴定实行两级鉴定制，设区的市级职业病诊断鉴定委员会负责职业病诊断争议的首次鉴定。

当事人对设区的市级职业病鉴定结论不服的，可以在接到诊断鉴定书之日起十五日内，向原鉴定组织所在地省级卫生健康主管部门申请再鉴定，省级鉴定为最终鉴定。

第三十六条　设区的市级以上地方卫生健康主管部门可以指定办事机构，具体承担职业病诊断鉴定的组织和日常性工作。职业病鉴定办事机构的职责是：

（一）接受当事人申请；

（二）组织当事人或者接受当事人委托抽取职业病诊断鉴定专家；

（三）组织职业病诊断鉴定会议，负责会议记录、职业病诊断鉴定相关文书的收发及其他事务性工作；

（四）建立并管理职业病诊断鉴定档案；

（五）报告职业病诊断鉴定相关信息；

（六）承担卫生健康主管部门委托的有关职业病诊断鉴定的工作。

职业病诊断机构不能作为职业病鉴定办事机构。

第三十七条　设区的市级以上地方卫生健康主管部门应当向社会公布本行政区域内依法承担职业病诊断鉴定工作的办事机构的名称、工作时间、地点、联系人、联系电话和鉴定工作程序。

第三十八条　省级卫生健康主管部门应当设立职业病诊断鉴定专家库（以下简称专家库），并根据实际工作需要及时调整其成员。专家库可以按照专业类别进行分组。

第三十九条　专家库应当以取得职业病诊断资格的不同专业类别的医师为主要成员，吸收临床相关学科、职业卫生、放射卫生、法律等相关专业的专家组成。专家应当具备下列条件：

（一）具有良好的业务素质和职业道德；

（二）具有相关专业的高级专业技术职务任职资格；

（三）熟悉职业病防治法律法规和职业病诊断标准；

（四）身体健康，能够胜任职业病诊断鉴定工作。

第四十条　参加职业病诊断鉴定的专家，应当由当事人或者由其委托的职业病鉴定办事机构从专家库中按照专业类别以随机抽取的方式确定。抽取的专家组成职业病诊断鉴定委员会（以下简称鉴定委员会）。

经当事人同意，职业病鉴定办事机构可以根据鉴定需要聘请本省、自治区、直辖市以外的相关专业专家作为鉴定委员会成员，并有表决权。

第四十一条　鉴定委员会人数为五人以上单数，其中相关专业职业病诊断医师应当为本次鉴定专家人数的半数以上。疑难病例应当增加鉴定委员会人数，充分听取意见。鉴定委员会设主任委员一名，由鉴定委员会成员推举产生。

职业病诊断鉴定会议由鉴定委员会主任委员主持。

第四十二条　参加职业病诊断鉴定的专家有下列情形之一的，应当回避：

（一）是职业病诊断鉴定当事人或者当事人近亲属的；

（二）已参加当事人职业病诊断或者首次鉴定的；

（三）与职业病诊断鉴定当事人有利害关系的；

（四）与职业病诊断鉴定当事人有其他关系，可能影响鉴定公正的。

第四十三条　当事人申请职业病诊断鉴定时，应当提供以下资料：

（一）职业病诊断鉴定申请书；

（二）职业病诊断证明书；

（三）申请省级鉴定的还应当提交市级职业病诊断鉴定书。

第四十四条　职业病鉴定办事机构应当自收到申请资料之日起五个工作日内完成资料审核，对资料齐全的发给受理通知书；资料不全的，应当当场或者在五个工作日内一次性告知当事人补充。资料补充齐全的，应当受理申请并组织鉴定。

职业病鉴定办事机构收到当事人鉴定申请之后，根据需要可以向原职业病诊断机构或者组织首次鉴定的办事机构调阅有关的诊断、鉴定资料。原职业病诊断机构或者组织首次鉴定的办事机构应当在接到通知之日起十日内提交。

职业病鉴定办事机构应当在受理鉴定申请之日起四十日内组织鉴定、形成鉴定结论，并出具职业病诊断鉴定书。

第四十五条　根据职业病诊断鉴定工作需要，职业病鉴定办事机构可以向有关单位调取与职业病诊断、鉴定有关的资料，有关单位应当如实、及时提供。

鉴定委员会应当听取当事人的陈述和申辩，必要时可以组织进行医学检查，医学检查应当在三十日内完成。

需要了解被鉴定人的工作场所职业病危害因素情况时，职业病鉴定办事机构根据鉴定委员会的意见可以组织对工作场所进行现场调查，或者依法提请卫生健康主管部门组织现场调查。现场调查应当在三十日内完成。

医学检查和现场调查时间不计算在职业病鉴定规定的期限内。

职业病诊断鉴定应当遵循客观、公正的原则，鉴定委员会进行职业病诊断鉴定时，可以邀请有关单位人员旁听职业病诊断鉴定会议。所有参与职业病诊断鉴定的人员应当依法保护当事人的个人隐私、商业秘密。

第四十六条　鉴定委员会应当认真审阅鉴定资料，依照有关规定和职业病诊断标准，经充分合议后，根据专业知识独立进行鉴定。在事实清楚的基础上，进行综合分析，作出鉴定结论，并制作职业病诊断鉴定书。

鉴定结论应当经鉴定委员会半数以上成员通过。

第四十七条　职业病诊断鉴定书应当包括以下内容：

（一）劳动者、用人单位的基本信息及鉴定事由；

（二）鉴定结论及其依据，鉴定为职业病的，应当注明职业病名称、程度（期别）；

（三）鉴定时间。

诊断鉴定书加盖职业病鉴定委员会印章。

首次鉴定的职业病诊断鉴定书一式五份，劳动者、用人单位、用人单位所在地市级卫生健康主管部门、原诊断机构各一份，职业病鉴定办事机构存档一份；省级鉴定的职业病诊断鉴定书一式六份，劳动者、用人单位、用人单位所在地省级卫生健康主管部门、原诊断机构、首次职业病鉴定办事机构各一份，省级职业病鉴定办事机构存档一份。

职业病诊断鉴定书的格式由国家卫生健康委员会统一规定。

第四十八条　职业病鉴定办事机构出具职业病诊断鉴定书后，应当于出具之日起十日内送达当事人，并在出具职业病诊断鉴定书后的十日内将职业病诊断鉴定书等有关信息告知原职业病诊断机构或者首次职业病鉴定办事机构，并通过职业病及健康危害因素监测信息系统报告职业病鉴定相关信息。

第四十九条　职业病鉴定结论与职业病诊断结论或者首次职业病鉴定结论不一致的，职业病鉴定办事机构应当在出具职业病诊断鉴定书后十日内向相关卫生健康主管部门报告。

第五十条　职业病鉴定办事机构应当如实记录职业病诊断鉴定过程，内容应当包括：

（一）鉴定委员会的专家组成；

（二）鉴定时间；

（三）鉴定所用资料；

（四）鉴定专家的发言及其鉴定意见；

（五）表决情况；

（六）经鉴定专家签字的鉴定结论。

有当事人陈述和申辩的，应当如实记录。

鉴定结束后，鉴定记录应当随同职业病诊断鉴定书一并由职业病鉴定办事机构存档，永久保存。

《国家外汇管理局行政处罚办法》（2020 年 10 月 1 日起施行）

第三十四条　外汇局调查外汇违法行为，对专业技术性问题需鉴定的，应当聘请依法成立的专业鉴定机构鉴定。

《公安机关办理行政案件程序规定》（2012 年 12 月 19 日公安部修订发布，2014 年 6 月 29 日第一次修正，2018 年 11 月 25 日第二次修正，2020 年 8 月 6 日第三次修正）

第七章　调查取证
第五节　鉴　定

第八十七条　为了查明案情，需要对专门性技术问题进行鉴定的，应当指派或者聘请具有专门知识的人员进行。

需要聘请本公安机关以外的人进行鉴定的，应当经公安机关办案部门负责人批准后，制作鉴定聘请书。

第八十八条　公安机关应当为鉴定提供必要的条件，及时送交有关检材和比对样本等原始材料，介绍与鉴定有关的情况，并且明确提出要求鉴定解决的问题。

办案人民警察应当做好检材的保管和送检工作，并注明检材送检环节的责任人，确保检材在流转环节中的同一性和不被污染。

禁止强迫或者暗示鉴定人作出某种鉴定意见。

第八十九条　对人身伤害的鉴定由法医进行。

卫生行政主管部门许可的医疗机构具有执业资格的医生出具的诊断证明，可以作为公安机关认定人身伤害程度的依据，但具有本规定第九十条规定情形的除外。

对精神病的鉴定，由有精神病鉴定资格的鉴定机构进行。

第九十条　人身伤害案件具有下列情形之一的，公安机关应当进行伤情鉴定：

（一）受伤程度较重，可能构成轻伤以上伤害程度的；

（二）被侵害人要求作伤情鉴定的；

（三）违法嫌疑人、被侵害人对伤害程度有争议的。

第九十一条　对需要进行伤情鉴定的案件，被侵害人拒绝提供诊断证明或者拒绝进行伤情鉴定的，公安机关应当将有关情况记录在案，并可以根据已认定的事实作出处理决定。

经公安机关通知，被侵害人无正当理由未在公安机关确定的时间内作伤情鉴定的，视为拒绝鉴定。

第九十二条　对电子数据涉及的专门性问题难以确定的，由司法鉴定机构出具鉴定意见，或者由公安部指定的机构出具报告。

第九十三条　涉案物品价值不明或者难以确定的，公安机关应当委托价格鉴证机构估价。

根据当事人提供的购买发票等票据能够认定价值的涉案物品，或者价值明显不够刑事立案标准的涉案物品，公安机关可以不进行价格鉴证。

第九十四条　对涉嫌吸毒的人员，应当进行吸毒检测，被检测人员应当配合；对拒绝接受检测的，经县级以上公安机关或者其派出机构负责人批准，可以强制检测。采集女性被检测人检测样本，应当由女性工作人员进行。

对涉嫌服用国家管制的精神药品、麻醉药品驾驶机动车的人员，可以对其进行体内国家管制的精神药品、麻醉药品含量检验。

第九十五条　对有酒后驾驶机动车嫌疑的人，应当对其进行呼气酒精测试，对具有下列情形之一的，应当立即提取血样，检验血液酒精含量：

（一）当事人对呼气酒精测试结果有异议的；

（二）当事人拒绝配合呼气酒精测试的；

（三）涉嫌醉酒驾驶机动车的；

（四）涉嫌饮酒后驾驶机动车发生交通事故的。

当事人对呼气酒精测试结果无异议的，应当签字确认。事后提出异议的，不予采纳。

第九十六条　鉴定人鉴定后，应当出具鉴定意见。鉴定意见应当载明委托人、委托鉴定的事项、提交鉴定的相关材料、鉴定的时间、依据和结论性意见等内容，并由鉴定人签名或者盖章。通过分析得出鉴定意见的，应当有分析过程的说明。鉴定意见应当附有鉴定机构和鉴定人的资质证明或者其他证明文件。

鉴定人对鉴定意见负责，不受任何机关、团体、企业、事业单位和个人的干涉。多人参加鉴定，对鉴定意见有不同意见的，应当注明。

鉴定人故意作虚假鉴定的，应当承担法律责任。

第九十七条　办案人民警察应当对鉴定意见进行审查。

对经审查作为证据使用的鉴定意见，公安机关应当在收到鉴定意见之日起五日内将鉴定意见复印件送达违法嫌疑人和被侵害人。

医疗机构出具的诊断证明作为公安机关认定人身伤害程度的依据的，应当将诊断证明结论书面告知违法嫌疑人和被侵害人。

违法嫌疑人或者被侵害人对鉴定意见有异议的，可以在收到鉴定意见复印件之日起三日内提出重新鉴定的申请，经县级以上公安机关批准后，进行重新鉴定。同一行政案件的同一事项重新鉴定以一次为限。

当事人是否申请重新鉴定，不影响案件的正常办理。

公安机关认为必要时，也可以直接决定重新鉴定。

第九十八条　具有下列情形之一的，应当进行重新鉴定：

（一）鉴定程序违法或者违反相关专业技术要求，可能影响鉴定意见正确性的；

（二）鉴定机构、鉴定人不具备鉴定资质和条件的；

（三）鉴定意见明显依据不足的；

（四）鉴定人故意作虚假鉴定的；

（五）鉴定人应当回避而没有回避的；

（六）检材虚假或者被损坏的；

（七）其他应当重新鉴定的。

不符合前款规定情形的，经县级以上公安机关负责人批准，作出不准予重新鉴定的决定，并在作出决定之日起的三日以内书面通知申请人。

第九十九条　重新鉴定，公安机关应当另行指派或者聘请鉴定人。

第一百条　鉴定费用由公安机关承担，但当事人自行鉴定的除外。

4．鉴定意见与鉴定人出庭

相关司法解释规定

《最高人民法院关于行政诉讼证据若干问题的规定》（法释〔2002〕21号，2002年10月1日起施行）

第十四条　根据行政诉讼法第三十一条第一款第（六）项的规定，被告向人民法院提供的在行政程序中采用的鉴定结论，应当载明委托人和委托鉴定的事项、向鉴定部门提交的相关材料、鉴定的依据和使用的科学技术手段、鉴定部门和鉴定人鉴定资格的说明，并应有鉴定人的签名和鉴定部门的盖章。通过分析获得的鉴定结论，应当说明分析过程。

第三十二条　人民法院对委托或者指定的鉴定部门出具的鉴定书，应当审查是否具有下列内容：

（一）鉴定的内容；

（二）鉴定时提交的相关材料；

（三）鉴定的依据和使用的科学技术手段；

（四）鉴定的过程；

（五）明确的鉴定结论；

（六）鉴定部门和鉴定人鉴定资格的说明；

（七）鉴定人及鉴定部门签名盖章。

前款内容欠缺或者鉴定结论不明确的，人民法院可以要求鉴定部门予以说明、补充鉴定或者重新鉴定。

第四十七条　当事人要求鉴定人出庭接受询问的，鉴定人应当出庭。鉴定人因正当事由不能出庭的，经法庭准许，可以不出庭，由当事人对其书面鉴定结论进行质证。

鉴定人不能出庭的正当事由，参照本规定第四十一条的规定。

对于出庭接受询问的鉴定人，法庭应当核实其身份、与当事人及案件的关系，并告知鉴定人如实说明鉴定情况的法律义务和故意作虚假说明的法律责任。

第六十二条　对被告在行政程序中采纳的鉴定结论，原告或者第三人提出证据证明有下列情形之一的，人民法院不予采纳：

（一）鉴定人不具备鉴定资格；

（二）鉴定程序严重违法；

（三）鉴定结论错误、不明确或者内容不完整。

相关部门规章

《出版物鉴定管理办法》（国新出发〔2020〕22 号，2021 年 7 月 1 日起施行）
第四章　出版物鉴定文书

第三十一条　出版物鉴定机构完成鉴定后，鉴定人员应当及时规范地制作鉴定文书。

鉴定文书制作完成后，出版物鉴定机构应当指定其他鉴定人员进行复核，并提出复核意见。

出版物鉴定机构负责人对复核后的鉴定文书进行审核与签发。

第三十二条　出版物鉴定文书一般应当包括标题、编号、基本情况、鉴定情况、鉴定意见、署名、日期等内容，并符合下列要求：

（一）标题，写明出版物鉴定机构全称和鉴定文书名称；

（二）编号，写明出版物鉴定机构缩略名、文书性质缩略语、年份及序号；

（三）基本情况，写明委托单位、委托事项、样本信息等内容；

（四）鉴定情况，写明对鉴定样本及相关鉴定材料的核查与分析情况；

（五）鉴定意见，应当依法、规范、明确，有针对性和适用性；

（六）附件，对鉴定文书中需要解释或者列明的内容加以说明；

（七）署名，注明出版物鉴定机构全称，同时加盖出版物鉴定机构鉴定专用章；

（八）日期，注明鉴定文书的制作日期。

第三十三条　出版物鉴定机构应当按照规定或者与委托单位约定的方式，向委托单位发送鉴定文书。

第三十四条　鉴定文书发送后，因补充鉴定、重新鉴定或者其他原因需要对鉴定文书进行更改时，出版物鉴定机构应当重新制作鉴定文书，并作出声明："本鉴定文书为 × × 号鉴定文书的更改文书，原鉴定文书作废。"更改后的鉴定文书应当在原鉴定文书收回后发送。原鉴定文书作为更改文书的原始凭据存档保管。

《专利行政执法证据规则（试行）》（国知发管字〔2016〕31号，2016年5月5日起施行）

第4章　证据的审核认定
第3节　几种典型类型证据的审核认定

4.3.6 鉴定意见

鉴定意见是鉴定人接受委托或聘请，运用自己的专门知识和技能，对案件中所涉及的某些专门性问题进行分析、判断后所作出的结论性意见。

4.3.6.1 鉴定人与鉴定文书

具有鉴定资格的专业人员通常称作鉴定人，鉴定人有自然人和机构之分。鉴定意见以鉴定文书为载体。鉴定文书是鉴定委托、鉴定过程和鉴定结果的书面表达方式，是鉴定人将鉴定所依据的资料、鉴定的步骤与方法、鉴定的依据与标准、分析得出的数据图像等用文字和图片的形式表述出来的一种法律文书，包括鉴定书、检验报告书和鉴定意见书等形式。作出肯定或否定鉴定结论的为鉴定书，叙述检验过程和检验结果的为检验报告书，提供倾向性、可能性分析意见的为鉴定意见书。

4.3.6.2 鉴定意见的审核认定

4.3.6.2.1 证据资格审查

（1）鉴定书是否符合形式要求

鉴定书应当载明委托人姓名或名称、委托鉴定的事项、委托鉴定的材料、鉴定的依据和使用的科学技术手段、鉴定过程的说明、明确的鉴定结论、对鉴定人鉴定资格的说明，并应有鉴定人的签名和鉴定部门的盖章。

（2）鉴定机构与鉴定人是否合格

鉴定机构应当是依照法律、法规、规章的规定成立的具有鉴定资格的机构，鉴定人应当是具有某方面的专业知识并依法取得鉴定人资格的人员。审查鉴定意见时应首先审查鉴定机构与鉴定人的资质条件。

（3）鉴定程序是否合法

程序法定是保证鉴定质量的重要措施，鉴定对象的提取、保管、送鉴定、鉴定均需依照法定程序进行。鉴定人数与鉴定书不符合鉴定要求、鉴定人与当事人有利害关系应当回避而没有回避，都属于违反法定程序的情况。

（4）鉴定人有无受到不正常干扰和影响

应当对鉴定人是否受到不正常干扰和影响进行审查。如果鉴定人受到他人干涉，鉴定意见的正确性就可能受到影响。

4.3.6.2.2 证明力审查

（1）鉴定意见依据的材料是否充分和可靠

鉴定所依据的材料应当真实、充分。应当审查鉴定人是否存在出于某种目的，故意更换、增减鉴定材料的情况。

（2）鉴定的方法是否科学，使用的设备和其他条件是否完善

应当审查鉴定人在鉴定过程中，检验、实验的程序规范或者检验方法是否符合法定标准或行业标准，所使用的技术设备是否先进可靠，技术手段是否有效可靠。

（3）鉴定意见是否符合逻辑

应当审查鉴定意见的论据是否充分、推论是否合理、论据与结论之间是否存在矛盾、鉴定结论与其他证据是否存在矛盾、鉴定意见是否明确、内容是否完整。

（4）鉴定意见是否超越职权

鉴定意见只能解决事实问题，不能解决法律问题。鉴定意见中针对法律问题的结论虽不会导致鉴定意见必然无效，但该意见仅能供执法人员参考，不能被不加分析地直接接受。

（5）鉴定委托人的影响

鉴定委托人为案件一方当事人，其鉴定意见的证明力低于鉴定委托人为管理专利工作的部门、人民法院或其他中立机构的鉴定意见。

（6）鉴定人是否出庭接受质询

鉴定人无正当理由不出庭，对方当事人对其鉴定意见提出相反证据或合理怀疑足以推翻其结论的，该鉴定意见不能作为定案依据。

（7）鉴定意见的证明力大小

在证明同一个事实的数个证据中，鉴定意见优于其他书证、视听资料和证人证言。

5．专家辅助人

相关司法解释规定

《最高人民法院关于行政诉讼证据若干问题的规定》（法释〔2002〕21号，2002年10月1日起施行）

第四十八条　对被诉具体行政行为涉及的专门性问题，当事人可以向法庭申请由专业人员出庭进行说明，法庭也可以通知专业人员出庭说明。必要时，法庭可以组织专业人员进行对质。

当事人对出庭的专业人员是否具备相应专业知识、学历、资历等专业资格等有异议的，可以进行询问。由法庭决定其是否可以作为专业人员出庭。

专业人员可以对鉴定人进行询问。

相关部门规章

《专利行政执法证据规则（试行）》（国知发管字〔2016〕31号，2016年5月5日起施行）

第4章　证据的审核认定

第3节　几种典型类型证据的审核认定

4.3.6.2.3 关于有专门知识的人出庭说明有关问题

当事人可以申请有专门知识的人出庭说明有关问题，包括对鉴定人作出的鉴定意见提出意见和对专业问题提出意见。

"有专门知识的人"，又称专家，是指在科学、技术以及其他专业知识方面具有特殊的专门知识或者经验的人，根据当事人的申请，出庭就鉴定人作出的鉴定意见或者案件事实所涉及的专门问题进行说明或者发表专业意见的人。所谓"专门知识"，是指不为一般人所掌握而只有一定范围的专家熟知的那些知识，不包括现行法律、法规的规定等法律知识。

需要有专门知识的人出庭的，应当由当事人向审理机关提出申请，说明理由。审理机关接受申请后，应当进行审查，如果符合法律规定，理由充分，应当通知有专门知识的人出庭；如果不符合法律规定或者理由不成立，就应当驳回当事人的申请。

【案例4-29】

2009年3月，请求人张某请求某市知识产权局处理被请求人王某侵犯其名称为"一种能使金刚石刀头冷却的药剂"的发明专利权的行为。

该局立案后，于2009年3月17日到被请求人销售现场进行调查取证，于2009年6月4日到被请求人的销售现场对其经销的冷却液原料进行抽样取证，并委托某市化学工业研究所对样品进行鉴定，确定原料为涉案专利权利要求中对应的化学成分。该局据此作出〔2009〕第4号专利侵权纠纷处理决定书，认定涉嫌侵权产品中的原料落入涉案专利保护范围，构成专利侵权。被请求人不服该局处理决定，向该市中级人民法院提起行政诉讼。

该市中级人民法院审理认为：抽取样品的场所（销售被请求人生产的冷却粉的经销处）的营业执照登记不是被请求人，现场抽样的被抽样人为王某某，非被请求人王某；市知识产权局无有效证据证明被请求人王某当时在抽样现场；王某不认可送鉴样品为其销售的产品，该市知识产权局不能提供证据证明送鉴样品为王某生产销售的，抽样取证不符合依法行政的维护正当程序原则。鉴定单位所做的《化学品鉴定报告》鉴定结论落款处只有鉴定单位公章，无鉴定人签名和鉴定人鉴定资格的说明，违反了《最高人民法院关于行政诉讼证据若干问题的规定》第十四条，该报告不能作为专利纠纷处理依据。判决撤销该市知识产权局〔2009〕字第4号专利纠纷处理决定书，由该市知识产权局重新作出具体行政行为。

分析与评述：

本案存在以下几个问题：（1）请求人在提起侵权处理请求时，被请求人为王某。该局在取证过程中，并没有注意到该经销处的个体工商户营业执照登记的经营者为王某的父亲王某某；（2）取证过程中王某在场，但未取得相应的摄像、照片证据；（3）现场取证的被取证人签字为王某某，王某没有在取证记录及样品上签字。以上存在的问题导致证据无法相互印证，不能证明王某为取证样品的被取证人，也无法进一步证明王某为被控侵权产品的生产者，导致鉴定程序不合法。此外，《化学品鉴定报告》依照检验单位的固定格式，在登记页面有检验人员签字，但是在附页中的送鉴结论中没有鉴定人签名，且没有鉴定人鉴定资格的说明，也导致鉴定结果未被认可。

本案例的指引意义在于：（1）执法人员在取证时，应当确认证据与当事人的关联性；（2）取样登记表应当有当事人签字，当事人拒不签字的，应当有其他证明材料（录像、照片、案外人签字等）佐证；（3）取证过程应当经采用照相、摄像、录音等措施进行记录，必要时可以采用隐蔽拍摄方式；（4）鉴定意见应当有对鉴定人鉴定资格的说明，并应有鉴定人的签名和鉴定部门的盖章。

【案例 4 – 30】

专利权人李某以公证购买的形式取得被控侵权产品、《今晨实业广东营销中心出货单》。被控侵权产品上印有"Jinchen"字样，外包装上印有今晨公司的名称、地址、服务热线、注册商标以及今晨公司的主页网址等相关信息；出货单上盖有"今晨公司"印章。据此，李某主张今晨公司应承担侵权责任。

今晨公司认为，出货单上的印章系伪造。为证明这一主张，今晨公司委托司法鉴定所进行了鉴定，鉴定意见为"倾向认为检材上复印的印文'今晨公司'与样本1、样本2上的印文不是出自同一枚印章"。该鉴定意见书以《今晨实业广东营销中心出货单》复印件上的印文"今晨公司"为检材，以《印鉴样式》原件上加盖的印文"今晨公司"为比对印文样本1，以公司名称为"今晨公司"的《公司年检报告书》（2009年度）复印件上复印的印文"今晨公司"为比对印文样本2。

李某认为，鉴定意见书使用的鉴定材料样本系由今晨公司单方提供，其真实性有待确认。鉴定意见中的分析说明表明今晨公司系提供复印件作为检材，不具备准确性。此外，一个企业制有两枚公司印章属于常见现象，不能因为今晨公司本部的印章与其广东营销中心的公司印章不一致，就当然推出其广东营销中心公司的印章为假冒。

分析与评述：

鉴定意见书虽倾向认为，送货单复印件上的印文与样本1、样本2中的印文不是出自同一枚印章，但由于检材为复印件，并且出货单上载明的单位名称为"今晨实业广东营销中心"，样本 1、样本 2 上的单位名称"今晨公司"，两者并不完全相同。因此，即使印文不完全一致，亦不足以认定出货单上的印文为伪造。

相关司法文件

《最高人民法院关于审理证券行政处罚案件证据若干问题的座谈会纪要》（法〔2011〕225 号，2011 年 7 月 13 日）

三、关于专业意见

会议认为，对被诉行政处罚决定涉及的专门性问题，当事人可以向人民法院提供其聘请的专业机构、特定行业专家出具的统计分析意见和规则解释意见；人民法院认为有必要的，也可以聘请相关专业机构、专家出具意见。

专业意见应当在法庭上出示，并经庭审质证。当事人可以申请人民法院通知出具相关意见的专业人员出庭说明，人民法院也可以通知专业人员出庭说明。专业意见之间相互矛盾的，人民法院可以组织专业人员进行对质。

人民法院应当根据案件的具体情况，从以下方面审核认定上述专业意见：（一）专业机构或者专家是否与本案有利害关系；（二）专业机构或者专家是否具有合法资质；（三）专业机构或者专家所得出的意见是否超出指定的范围，形式是否规范，内容是否完整，结论是否明确；（四）行政程序中形成的专业意见是否告知对方当事人，并听取对方当事人的质辩意见。

七、质证认证

1. 质 证 程 序

相关法律条文

《中华人民共和国行政诉讼法》（1989 年 4 月 4 日通过，2014 年 11 月 1 日第一次修正，2017 年 6 月 27 日第二次修正）

第四十三条 【证据适用规则】证据应当在法庭上出示，并由当事人互相质证。对涉及国家秘密、商业秘密和个人隐私的证据，不得在公开开庭时出示。

人民法院应当按照法定程序，全面、客观地审查核实证据。对未采纳的证据应当在裁判文书中说明理由。

以非法手段取得的证据，不得作为认定案件事实的根据。

相关司法解释规定

《最高人民法院关于行政诉讼证据若干问题的规定》（法释〔2002〕21 号，2002 年 10 月 1 日起施行）

第三十五条 证据应当在法庭上出示，并经庭审质证。未经庭审质证的证据，不能作为定案的依据。

当事人在庭前证据交换过程中没有争议并记录在卷的证据，经审判人员在庭审中说明后，可以作为认定案件事实的依据。

第三十六条 经合法传唤，因被告无正当理由拒不到庭而需要依法缺席判决的，被告提供的证据不能作为定案的依据，但当事人在庭前交换证据中没有争议的证据除外。

第三十七条 涉及国家秘密、商业秘密和个人隐私或者法律规定的其他应当保密的证据，不得在开庭时公开质证。

第三十八条 当事人申请人民法院调取的证据，由申请调取证据的当事人在庭审中出示，并由当事人质证。

人民法院依职权调取的证据，由法庭出示，并可就调取该证据的情况进行说明，听取当事人意见。

第三十九条 当事人应当围绕证据的关联性、合法性和真实性，针对证据有无证明效力以及证明效力大小，进行质证。

经法庭准许，当事人及其代理人可以就证据问题相互发问，也可以向证人、鉴定人或者勘验人发问。

当事人及其代理人相互发问，或者向证人、鉴定人、勘验人发问时，发问的内容应当与案件事实有关联，不得采用引诱、威胁、侮辱等语言或者方式。

第四十条　对书证、物证和视听资料进行质证时，当事人应当出示证据的原件或者原物。但有下列情况之一的除外：

（一）出示原件或者原物确有困难并经法庭准许可以出示复制件或者复制品；

（二）原件或者原物已不存在，可以出示证明复制件、复制品与原件、原物一致的其他证据。

视听资料应当当庭播放或者显示，并由当事人进行质证。

第四十九条　法庭在质证过程中，对与案件没有关联的证据材料，应予排除并说明理由。

法庭在质证过程中，准许当事人补充证据的，对补充的证据仍应进行质证。

法庭对经过庭审质证的证据，除确有必要外，一般不再进行质证。

第五十条　在第二审程序中，对当事人依法提供的新的证据，法庭应当进行质证；当事人对第一审认定的证据仍有争议的，法庭也应当进行质证。

第五十一条　按照审判监督程序审理的案件，对当事人依法提供的新的证据，法庭应当进行质证；因原判决、裁定认定事实的证据不足而提起再审所涉及的主要证据，法庭也应当进行质证。

相关部门规章

《专利行政执法证据规则（施行）》（国知发管字〔2016〕31号，2016年5月5日起施行）

第3章　证据交换与质证
第2节　质证

质证，是指在口头审理过程中，由案件的当事人就口头审理过程中出示的证据采取辨认、质疑、说明、辩论等形式进行对质核实，以确认其证据能力和证明力的活动。质证是口头审理的重点环节。证据只有经过必要的质证程序后，才能作为定案的根据。

3.2.1 质证的基本原则

质证中，当事人应当围绕证据的真实性、关联性、合法性，针对证据证明力有无以及证明力大小，进行质疑、说明与辩驳。

经合议组组长准许，当事人及其代理人可以就证据问题相互发问，也可以向证人、鉴定人或者勘验人发问。当事人及其代理人相互发问，或者向证人、鉴定人、勘验人发问时，发问的内容应当与案件事实有关联，不得采用引诱、威胁、侮辱等语言或者方式。

在质证过程中，对与案件没有关联的证据材料，应予排除并说明理由。当事人双方均已认可的证据，无须进行质证。涉及国家秘密、商业秘密、个人隐私或者法律规定的其他应当保密的证据，不得在开庭时公开质证。

3.2.2 质证顺序

质证一般按下列顺序进行：

（1）请求人出示证据，被请求人发表质证意见；

（2）被请求人出示证据，请求人发表质证意见。

管理专利工作的部门依照当事人申请调查收集的证据，作为提出申请的一方当事人提供的证据。

管理专利工作的部门依照职权调查收集的证据在口头审理中出示时，听取双方当事人的意见，并就调查收集该证据的情况予以说明。

质证中，双方当事人可以围绕相关证据进行辩论。

3.2.3 不同类型证据的质证

3.2.3.1 书证和物证

对书证、物证进行质证时，当事人有权要求出示证据的原件或者原物，但有下列情况之一的除外：

（1）出示原件或者原物确有困难并经管理专利工作的部门准许出示复制件或者复制品的；

（2）原件或者原物已不存在，但有证据证明复制件、复制品与原件或原物一致的。

3.2.3.2 证人证言

证人应当出庭作证，接受当事人的质询。

证人确有困难不能出庭的，可以提交书面证言或者视听资料，或者通过双向视听传输技术手段作证。"确有困难不能出庭"是指有下列情形：

（1）年迈体弱或者行动不便无法出庭的；

（2）特殊岗位确实无法离开的；

（3）路途特别遥远，交通不便难以出庭的；

（4）因自然灾害等不可抗力的原因无法出庭的；

（5）其他无法出庭的特殊情况。

出庭作证的证人应当客观陈述其亲身感知的事实，不得使用猜测、推断或者评论性的语言。证人为聋哑人的，可以其他表达方式作证。

执法人员和当事人可以对证人进行询问。证人不得旁听口头审理；询问证人时，其他证人不得在场。合议组认为有必要的，可以让证人进行对质。

出具鉴定意见的鉴定人、进行现场勘验的勘验人虽然非典型意义上的证人，但其应当出庭接受双方当事人的质询（确因特殊原因无法出庭的除外）。

证人出庭作证的形式包括通过视频通信软件远距离传输图像、声音等形式。

相关行政规范性文件

《**税务行政应诉工作规程**》（**税总发**〔2017〕135**号，**2018**年**1**月**1**日起施行**）

第二十五条　工作小组在开庭审理前应当组织召开庭前准备会议，研究拟定质证意见、法庭辩论提纲和最后陈述，并对可能出现的突发状况准备应急预案。对行政赔偿、补偿及税务机关行使法律、法规规定的自由裁量权的案件，还应当做好是否接受调解的预案并报领导小组审定。

第三十六条　在举证过程中，税务机关应当出示证据材料，说明证据的名称、来源、内容和证明目的。

第三十七条　在质证过程中，税务机关应当从以下三个方面对其余各方当事人提交的证据发表质证意见：

（一）对证据关联性的质证

证据与被诉行政行为是否具有法律、事实上的关系。

（二）对证据合法性的质证

1. 证据的来源是否合法；

2. 证据的形式是否合法；

3. 是否存在影响证据效力的其他违法情形。

（三）对证据真实性的质证

1. 证据的内容是否真实；

2. 证据是否为原件、原物，复印件、复制件与原件、原物是否一致；

3. 提供证据的主体或者证人与当事人是否具有利害关系；

4. 是否存在影响证据真实性的其他情形。

税务机关应当发表结论性意见，明确是否认可其余各方当事人提交证据的证明目的。

经法庭许可，税务机关可以向证人、鉴定人、勘验人发问，可以申请重新鉴定、调查或者勘验。

2. 认 证 程 序

相关司法解释规定

《**最高人民法院关于行政诉讼证据若干问题的规定**》（法释〔2002〕21**号，**2002**年**10**月**1**日起施行**）

第七十二条　庭审中经过质证的证据，能够当庭认定的，应当当庭认定；不能当庭认定的，应当在合议庭合议时认定。

人民法院应当在裁判文书中阐明证据是否采纳的理由。

第七十三条　法庭发现当庭认定的证据有误，可以按照下列方式纠正：

（一）庭审结束前发现错误的，应当重新进行认定；

（二）庭审结束后宣判前发现错误的，在裁判文书中予以更正并说明理由，也可以再次开庭予以认定；

（三）有新的证据材料可能推翻已认定的证据的，应当再次开庭予以认定。

相关部门规章

《国家版权局关于进一步做好著作权行政执法证据审查和认定工作的通知》（国版发〔2020〕2号，2020年11月15日）

三、关于侵权认定

8. 投诉人提交权利证明文件以及侵权证据等相关证据材料后，被投诉人主张已经取得著作权人或者与著作权有关的权利人许可的，应当提交取得许可的证据，著作权行政执法部门应当进行调查核实。被投诉人不能提交上述证据且现有证据足以支持侵权认定的，或者被投诉人提交的证据不足以证明取得许可的，著作权行政执法部门应当认定被投诉人的行为构成侵权。

9. 复制品的出版者、制作者不能证明其出版、制作有合法授权的，复制品的发行者不能证明其发行的复制品有合法来源的，著作权行政执法部门应当认定其行为构成侵权。

10. 根据投诉人提交的权利证明文件以及侵权证据，著作权行政执法部门能够直接认定被投诉人的行为构成侵权的，无需委托鉴定机构进行鉴定。

11. 著作权行政执法部门依法查处通过虚构授权、虚假授权等方式非法传播他人作品的侵权行为，依法规范权属不清、不正当维权等行为。

3．证明力的审查核实

相关法律条文

《中华人民共和国行政诉讼法》（1989年4月4日通过，2014年11月1日第一次修正，2017年6月27日第二次修正）

第四十三条　【证据适用规则】证据应当在法庭上出示，并由当事人互相质证。对涉及国家秘密、商业秘密和个人隐私的证据，不得在公开开庭时出示。

人民法院应当按照法定程序，全面、客观地审查核实证据。对未采纳的证据应当在裁判文书中说明理由。

以非法手段取得的证据，不得作为认定案件事实的根据。

相关司法解释规定

《最高人民法院关于行政诉讼证据若干问题的规定》（法释〔2002〕21号，2002年10月1日起施行）

第五十三条　人民法院裁判行政案件，应当以证据证明的案件事实为依据。

第五十四条　法庭应当对经过庭审质证的证据和无需质证的证据进行逐一审查和对全部证据综合审查，遵循法官职业道德，运用逻辑推理和生活经验，进行全面、客观和公正地分析判断，确定证据材料与案件事实之间的证明关系，排除不具有关联性的证据材料，准确认定案件事实。

第六十三条　证明同一事实的数个证据，其证明效力一般可以按照下列情形分别认定：

（一）国家机关以及其他职能部门依职权制作的公文文书优于其他书证；

（二）鉴定结论、现场笔录、勘验笔录、档案材料以及经过公证或者登记的书证优于其他书证、视听资料和证人证言；

（三）原件、原物优于复制件、复制品；

（四）法定鉴定部门的鉴定结论优于其他鉴定部门的鉴定结论；

（五）法庭主持勘验所制作的勘验笔录优于其他部门主持勘验所制作的勘验笔录；

（六）原始证据优于传来证据；

（七）其他证人证言优于与当事人有亲属关系或者其他密切关系的证人提供的对该当事人有利的证言；

（八）出庭作证的证人证言优于未出庭作证的证人证言；

（九）数个种类不同、内容一致的证据优于一个孤立的证据。

第七十一条　下列证据不能单独作为定案依据：

（一）未成年人所作的与其年龄和智力状况不相适应的证言；

（二）与一方当事人有亲属关系或者其他密切关系的证人所作的对该当事人有利的证言，或者与一方当事人有不利关系的证人所作的对该当事人不利的证言；

（三）应当出庭作证而无正当理由不出庭作证的证人证言；

（四）难以识别是否经过修改的视听资料；

（五）无法与原件、原物核对的复制件或者复制品；

（六）经一方当事人或者他人改动，对方当事人不予认可的证据材料；

（七）其他不能单独作为定案依据的证据材料。

相关部门规章

《专利行政执法证据规则（试行）》（国知发管字〔2016〕31号，2016年5月5日起施行）

第4章　证据的审核认定

第1节　与证据审核认定有关的基本概念

4.1.1 证据资格

证据资格，又称证据能力、证据的可采性。它是指证据作为定案的根据时应当具有的性质，是证据材料作为证据的能力。证据资格通常主要指证据的三性：真实性（客观性）、合法性、关联性。

4.1.1.1 证据的真实性

证据的真实性，也叫作证据的客观性，是指证据所反映的内容应当是真实的、客观存在的。

案件审理中，应当根据案件的具体情况，从以下方面审查证据的真实性：

（1）证据形成的原因和方式；

（2）发现证据时的客观环境；

（3）证据是否为原件、原物，复制件、复制品与原件、原物是否相符；

（4）提供证据的人或者证人与当事人是否具有利害关系；

（5）影响证据真实性的其他因素。

需要注意，证据资格中所指的真实性是指形式上的真实性，即用于证明案件事实的证据必须在形式上或表面上是真实的，若完全虚假或者伪造则不得被采纳。证据在实质上的真实程度，是指证据内容的可靠性大小，属于判断其证明力的范畴。

4.1.1.2 证据的合法性

证据的合法性，是指提供证据的主体、证据的形式和证据的收集程序或提取方法必须符合法律的有关规定。不按照法定程序提供、调查收集的证据一般无法作为认定案件事实的根据。

证据的合法性主要从以下方面审查：

（1）证据是否符合法定形式；

（2）证据的取得是否符合法律、法规、司法解释和规章的要求；

（3）是否有影响证据效力的其他违法情形。

需要注意，对违反法定程序收集的证据，需具体情形具体分析。对严重违反法定程序收集的证据，应当坚决否定其证据能力；对那些虽违反程序，但仅属于程序瑕疵，既不影响对人权的保障，也不破坏程序公正性的情形，应承认其证据的证据能力，以利于查清事实，提高效率。

4.1.1.3 证据的关联性

证据的关联性，是指证据必须与案件所要查明的事实存在逻辑上的联系，能以其自身的存在单独或与其他事实一起证明案件事实。如果作为证据的事实与要证明的事实之间没有联系，即使它是真实的，也不能作为证明争议事实的证据。

4.1.2 证明力

证明力是指具有证据能力的证据对案件的证明程度的大小。证明力越大，证据对案件事实的证明作用越大。证据的证明力取决于证据同案件事实的客观、内在联系及其联系的紧密程度。一般而言，同案件事实存在直接的内在联系的证据，其证明力较大；反之其证明力较小。

证明力的判断可以考虑以下几方面：

（1）原始证据的证明力大于传来证据；

（2）直接证据的证明力大于间接证据；

（3）物证、历史档案、鉴定结论、勘验笔录或者经过公证、登记的书证的证明力一般高于其他书证、视听资料和证人证言；

（4）证人提供的对与其有亲属或者其他密切关系的当事人有利的证言，其证明力一般小于其他证人证言。

4.1.3 现有技术或者现有设计的公开性

在专利侵权纠纷案件中，被请求人有权主张被控侵权技术方案或者设计是现有技术或者现有设计，即申请日（有优先权的，指优先权日）以前在国内外为公众所知的技术或者设计。申请日（有优先权的，指优先权日）前在国内外出版物上公开发表、在国内外公开使用或者以其他方式为公众所知构成现有技术或者设计的公开性。

现有技术或者现有设计的公开性包括两层含义，一是公开，二是必须在申请日（有优先权的，指优先权日）之前公开。所谓公开，是指处于公众能够得知的状态。处于保密状态的技术或者设计内容不属于现有技术或者现有设计。所谓保密状态，不仅包括受保密规定或协议约束的情形，还包括社会观念或者商业习惯上被认为应当承担保密义务的情形（默契保密）。负有保密义务的人违反规定、协议或者默契泄露秘密，导致技术内容或者设计公开，使公众能够得知这些技术或者设计的，不构成现有技术或者设计的公开。

4.1.3.1 公开出版物构成现有技术或者现有设计的证据

专利法意义上的公开出版物，是指记载有技术或者设计内容的独立的有形传播载体，其上记载有或者有证据表明其发表者或出版者以及其公开发表和出版时间。

专利法意义上的公开出版物不仅包括由出版社、报社或杂志社出版的专利文献、书籍、期刊、杂志、文集、报纸等，也包括正式公布的会议记录或报告、产品样本、产品目录、小册子等。作为公开出版物的载体本身可以是印刷或打字的纸件，也可以是光盘等以电子信息方式存储的载体。需要注意，对于产品样本、手册、宣传册、产品目录、会议资料等，只有通过证明其被"正式公布"，处于公众可以获得的状态，才具有公开性。

通常情况下，国家标准、行业标准和地方标准属于专利法意义上的公开出版物。一般情况下，企业标准是内部标准，在没有证据证明其属于公众想得知就能得知的情况下，不属于公开出版物。

对于公开出版物，要注意核查其公开时间是否在专利申请日（有优先权的，指优先权日）前。一般情况下，出版物的印刷日视为公开日，有其他证据证明其公开日的除外。印刷日只写明年月或者年份的，以所写月份的最后一日或者所写年份的12月31日为公开日。

管理专利工作的部门认为出版物的公开日期存在疑义的，可以要求该出版物证据的提交人提出证明。

【案例4-1】

某侵权纠纷案中，涉案专利申请日为2001年6月30日。被请求人提交了《2000进口设备汇编》一书作为现有技术抗辩证据。该书没有记载出版时间和印刷时间，"前言"部分的落款时间为2001年4月22日，被请求人主张以此为公开日。

分析与评述：

"前言"部分的落款时间仅表明编辑完成"前言"部分的时间，并不排除例如该书编辑作好"前言"后搁置较长时间才印刷出版的可能性。所以，在没有其他证据予以佐证的情况下，并不能确定该书印刷时间和出版时间，也不能推定出其公开时间在涉案专利申请日前。因此不能认定该书所载内容构成涉案专利的现有技术。

【案例4-2】

某侵权纠纷案中，被请求人提交了青岛某食品有限公司在青岛市质量技术监督局备案的某食品企业标准，用以证明其为现有技术。

分析与评述：

首先，企业标准是企业组织生产、经营活动的依据，目的在于企业内生产和质量控制，其效力仅及于企业本身。其次，企业标准所规范的内容往往与企业掌握的核心技术有关，还可能涉及其技术秘密，因此，通常情况下不对外公布，备案后发布的通常是企业产品标准目录，而不是标准的具体内容，而且公众不能从备案机关获得该标准的文本。因此，本案中并没有证据证明在涉案专利申请日前该企业标准已经公开，因此该证据不能作为现有技术证据使用。

4.1.3.2 使用公开构成现有技术或者现有设计的相关证据

使用公开是指由于使用而导致技术方案或者设计公开或者处于公众可以得知的状态。对于当事人主张使用公开构成现有技术或者现有设计的，管理专利工作的部门需核实相关证据链的完整性，以及技术内容或者设计是否在申请日前被公开。

【案例 4 – 3】

某侵权纠纷案中，某市知识产权局在认定被控侵权人 A 公司以使用公开为由进行现有技术抗辩是否成立时，重点确定了如下事项：A 公司提交了 B 某 2002 年 3 月、4 月、6 月分别从 C 公司领取样机的审批表，其中，2002 年 6 月 19 日的《销售样机审批表》表明 C 公司销售的是型号为 M–100CC 的样机；C 公司同日的《出库单》载明其销售了 M–100CC 产品 1 套。以上两证据能够互相印证，证明 C 公司在 2002 年 6 月 19 日已制造并公开销售 M–100CC 产品。证人 B 某对其在以上《申领样机审批表》和《出库单》中签名的真实性均予以确认。可以根据对账单、销售样机审批表、出库单、收款收据、产品型号、证人证言等认定 A 公司生产的产品在涉案专利申请日 2005 年 2 月 4 日前已经公开销售。某市知识产权局在对上述证据构成的证据链进行确认后，认定现有技术抗辩成立。

4.1.3.3 以其他方式公开的现有技术或者现有设计证据

为公众所知的其他方式主要是指口头公开，例如口头交谈、报告、讨论会发言、广播、电视、电影等能够使公众得知技术内容的方式。口头交谈、报告、讨论会发言以其发生之日为公开日；公众可接收的广播、电视或电影的报道，以其播放日为公开日。

第 2 节　证据审核认定的一般规则

4.2.1 证据认定的考虑因素

管理专利工作的部门应当依照法定程序，全面、客观地对当事人提供和自行收集的证据进行审查，从各证据与案件事实的关联程度、各证据之间的联系等方面进行综合判断。

4.2.1.1 单一证据的证明力判断

对单一证据有无证明力以及证明力大小，可以从下列方面进行审核认定：

（1）证据是否是原件、原物，复印件、复制品与原件、原物是否相符；

（2）证据与本案事实是否相关；

（3）证据的形式、来源是否符合法律规定；

（4）证据的内容是否真实；

（5）证人或者提供证据的人与当事人有无利害关系。

【案例 4 – 4】

某专利权权属纠纷案中，A 提交了与 B 共同签署的协议作为证据，欲证明 A 为涉案专利的共同申请人。该协议约定 A 与 B 共同作为药物"得力生注射液"的研制者申报国家新药。

发明创造的研制人与专利法所称的"发明人"并不一样。根据《专利法实施细则》第十三条的规定，发明人或者设计人，是指对发明创造的实质性特点作出创造性贡献的人。本案协议中未涉及 A 对涉案专利"参芪抑癌注射液"或药物"得力生注射液"技术方案的实质性特点作出创造性贡献的事实,协议中表述的"研制人"并不能证明 A 是涉案专利"参芪抑癌注射液"的共同完成人(对发明创造的实质性特点作出创造性贡献的人)。协议中对"参芪抑癌注射液""得力生注射液"的技术方案申请专利的权利的归属并没有约定,不能证明双方是"参芪抑癌注射液""得力生注射液"技术方案申请专利的共同权利人。根据《专利法》第八条的规定,如果合作各方没有就合作完成的发明创造申请专利的权利及专利权的归属达成协议,申请专利的权利及取得的专利权应当归属于完成或者共同完成发明创造的一方或几方。专利法对于发明创造的归属侧重保护实际完成发明创造一方的利益,应当以是否对发明创造的实质性特点作出了创造性的贡献确定完成人,以保障共同完成人的权利,故《专利法》第八条中的"共同完成的单位或者个人"并不包括约定的研制者或发明人。本案中,即使当事人约定共同研制人的真实意思表示是将 A 约定为共同发明人,从法律效果讲也仅限于 A 为发明人的资格,不同于《专利法》第八条所称的"共同完成"的个人,不能延及申请专利的权利。因此,该协议在证明涉案专利的申请人问题上无证明力。

4.2.1.2 多项证据的证明力判断

就数个证据对同一事实的证明力,可以依照下列原则认定:

(1)国家机关以及其他职能部门依职权制作的公文文书优于其他书证;

(2)鉴定结论、档案材料以及经过公证或者登记的书证优于其他书证、视听资料和证人证言;

(3)直接证据优于间接证据;

(4)法定鉴定部门的鉴定结论优于其他鉴定部门的鉴定结论;

(5)原始证据优于传来证据;

(6)其他证人证言优于与当事人有亲属关系或者其他密切关系的证人提供的对该当事人有利的证言;

(7)参加口头审理作证的证人证言优于未参加口头审理作证的证人证言;

(8)数个种类不同、内容一致的证据优于一个孤立的证据。

【案例 4-5】

某专利侵权案件中,A 公司提交了公证书证明 B 公司销售其专利产品,侵犯了其专利权。B 公司辩称公证书本身就是错误的,该公证书认定"龙小姐"是 B 公司的员工与事实不符,违反了《公证法》的规定。B 公司提供了该公司人事部门经理以及"龙小姐"出具的两份证人证言,欲说明"龙小姐"不属于 B 公司员工。

合议组经审理查明,2008 年 1 月 22 日,A 公司的受托人来到 B 公司一楼,由该公司龙姓女士接待,购买了 025 号计步器(蓝色)一部,并从该公司当场取得收据和产品清单各 1 张。该收据上除有 B 公司的印章外,还有"龍"字签名。该产品清单上载明,"1215,025,1PCS;8.00/1PCS,ABS 透明料;10.0/1PCS,亚克力,B

公司龙小姐，TEL：0755-×××××"。广东省深圳市龙岗区公证处见证了上述过程，并出具公证书 1 份。

分析与评述：

本案涉及公证书的证据资格、证明对象及其证明力问题。

公证书只是一种特殊形式的书证，其特殊性在于公证书记载的内容具有推定的证明力，除非有相反的证据可以推翻。对于公证书，管理专利工作的部门同样应该全面、客观地进行审核，依据法律的规定，遵循职业道德，运用逻辑推理和日常生活经验，对公证书的证据资格、证明对象及证明力作出综合认定。

本案公证书由公证人员依法制作，具有证据资格。该公证书可以证明，一个自称为"龙小姐"的人在 B 公司的营业地接待了 A 公司的受托人，以 B 公司员工的名义出具了产品清单，以 B 公司名义出具了收据并在上面签名。因此，该公证书所证明的核心内容不在于"龙小姐"是否属于 B 公司的员工，而在于"龙小姐"的行为是否代表了 B 公司。"龙小姐"在 B 公司的营业地接待了 A 公司的受托人，销售了被控侵权产品，以 B 公司员工的名义出具了产品清单并在上面签名，在 B 公司没有证据证明"龙小姐"无权代表该公司的情况下，应该认为"龙小姐"代表 B 公司实施了上述销售行为，其行为所引发的责任应由 B 公司承担。公证书中关于"龙小姐"是 B 公司的职员，表述虽欠妥当，但其实质在于认定"龙小姐"代表 B 公司实施上述销售行为，因而并无明显不妥。B 公司人事部门经理以及"龙小姐"均与 B 公司为利害关系人，在无其他证据证明的情况下，其证人证言不能证明"龙小姐"与 B 公司无关。"龙小姐"在 B 公司的营业地接待了 A 公司的受托人，以 B 公司员工的名义出具了产品清单，以 B 公司名义出具了收据并在上面签名。该产品清单和收据产生于同一销售过程中。在 B 公司没有提供充分证据证明"龙小姐"无权代表 B 公司的情况下，应该认为，"龙小姐"的销售行为是 B 公司行为。

4.2.1.3 证明责任

证明责任是证据审核认定的一项重要内容。

（1）当事人对自己提出的请求所依据的事实或者反驳对方请求所依据的事实有义务提供证据加以证明。没有证据或者证据不足以证明当事人的事实主张的，由负有举证责任的当事人承担不利后果。

（2）因新产品制造方法发明专利引起的专利侵权纠纷，请求人就涉案产品为新产品以及涉案产品与所述新产品相同承担举证责任，制造同样产品的单位或者个人对其产品制造方法不同于涉案的专利方法承担举证责任。

（3）对当事人无争议的事实，无须举证、质证。

（4）对一方当事人陈述的事实，另一方当事人既未表示承认也未否认，经执法人员充分说明并询问后，其仍不明确表示肯定或者否定的，视为对该项事实的承认。

（5）当事人委托代理人参加纠纷处理的，代理人的承认视为当事人的承认，但未经特别授权的代理人对事实的承认直接导致承认对方请求的除外。当事人在场但对其代理人的承认不作否认表示的，视为当事人的承认。

【案例4-6】

某专利侵权纠纷案中，甲公司发明专利涉及药物A的制备方法，被控侵权方乙公司生产的产品为药物A已为乙公司所承认。该药物A在专利申请日前不为国内外公众所知，因此该专利属于新产品的制备方法，对此双方并无争议。乙公司认为甲公司并无直接证据证明乙公司生产药物A的制备方法就是专利方法，没有提供充分证据证明侵权事实存在。

分析与评述：

该药物A在专利申请日前不为国内外公众所知，对此乙公司并无异议，因此该专利属于新产品的制备方法。根据《专利法》第六十一条第一款的规定，专利侵权纠纷涉及新产品制备方法的发明专利的，被控侵权人负有举证证明其产品制备方法不同于专利方法的责任。故乙公司由于未能证明其使用了不同于涉案专利的方法来生产药物A，可认定其侵犯了甲公司的专利权。

4.2.1.4 可以采信的证据

一方当事人提出的下列证据，对方当事人提出异议但没有足以反驳的相反证据的，应当确认其证明力：

（1）书证原件或者与书证原件核对无误的复印件、照片、副本、节录本。

（2）物证原物或者与物证原物核对无误的复制件、照片、录像资料等。

（3）有其他证据佐证并以合法手段取得的、无疑点的视听资料或者与视听资料核对无误的复制件。

（4）一方当事人委托鉴定机构作出的鉴定结论。

（5）一方当事人提出的证据，另一方当事人认可或者提出的相反证据不足以反驳的，可以确认其证明力。一方当事人提出的证据，另一方当事人有异议并提出反驳证据，对方当事人对反驳证据认可的，可以确认反驳证据的证明力。

（6）双方当事人对同一事实分别举出相反的证据，但都没有足够的依据否定对方证据的，应当结合案件情况，判断一方提供证据的证明力是否明显大于另一方提供证据的证明力，并对证明力较大的证据予以确认。因证据的证明力无法判断，导致争议事实难以认定的，应当依据举证责任分配原则作出判断。

（7）处理过程中，当事人在请求书、答辩书、陈述及其委托代理人的代理词中承认的对己方不利的事实和认可的证据，应当予以确认，但当事人反悔并有相反证据足以推翻的除外。

【案例4-7】

某专利侵权纠纷案中，证据2是一份某纺织印染厂出具的证明，内容为证明请求人于2005年10月8日在某纺织印染厂办理证据保全的设备的标牌为原始标牌，未作过改动。请求人在口头审理中出示了证据 2 的原件，但证据 2 所示《证明》材料仅有"××纺织印染厂""2005 年 10 月 8 日"的落款和单位名称，没有该单位印章和单位负责人的签名，缺少单位出具证明文书类证据的形式要件，但是由于被请求人对该证据的真实性以及所证事实并无异议，故合议组对该证据予以采信。

分析与评述：

本案中，某纺织印染厂出具的单位证明属证人证言，这类证言从证据形式要件角度考虑一般需要盖单位印章，同时附具单位负责人签名。如果缺少这一形式要件，同时又没有其他客观证据对相关事实加以佐证的话，该证言通常难以被采信。本案中，所述证据虽然缺少形式要件，但其仍被采信的原因在于，被请求人认可了该证据的真实性，同时对所证事实亦无异议。

4.2.1.5 不能单独采信的证据

下列证据不能单独作为认定案件事实的依据：

（1）未成年人所作的与其年龄和智力状况不相适应的证言；

（2）与一方当事人有亲属关系、隶属关系或者其他密切关系的证人所作的对该当事人有利的证言，或者与一方当事人有不利关系的证人所作的对该当事人不利的证言；

（3）应当参加口头审理作证而无正当理由不参加口头审理作证的证人证言；

（4）难以识别是否经过修改的视听资料；

（5）无法与原件、原物核对的复制件或者复制品；

（6）经一方当事人或者他人改动，对方当事人不予认可的证据材料；

（7）只有当事人本人陈述而不能提出其他相关证据的主张，不予支持，但对方当事人认可的除外；

（8）其他依法不能单独作为认定案件事实依据的证据材料。

【案例 4 – 8】

某专利侵权纠纷案中，被请求人提交的现有技术抗辩证据是证人证言，主张证人与被请求人所签订的技术培训协议可证明该技术为现有技术。证人并未出席口头审理，也没有证据显示其不出席口头审理有正当理由。由于未经质证的证人证言所述内容的真实性不能确定，因此不能作为定案依据，并且在只有证人证言但无其他相关证据显示该技术为现有技术的情况下，被请求人关于现有技术抗辩的主张不能成立。

分析与评述：

证人证言系证人向执法人员所作的关于自己亲身感知的案件事实的陈述。其形成包括感知、记忆和表达三个阶段。任何一个阶段的客观性、真实性都受到诸多因素，比如证人情绪、动机等的影响，因此，直接观察证人作出证言时的细节对于证言的采信与否非常重要。这也是未经质证的证人证言不能单独作为定案依据的原因所在。本案中，所述证人证言之所以未被采信，原因在于证人无合理理由不出席口头审理，同时又没有其他客观证据与证言所述内容相佐证来证明其真实性。

4.2.1.6 不得采信的证据

凡有下列情形之一的证据不得采信：

（1）未经双方质证或一方有异议而无法确认的；

（2）不能说明证据合法来源的；

（3）非法取得的；

（4）证人证言前后不一致，且又不能获得印证的；

（5）当事人自行委托鉴定又未得到合议组审核查实的；

（6）没有原件印证的复印件，且另一方有异议的；

（7）不能正确表达意志的人的证言或书证。

【案例 4 - 9】

某专利侵权纠纷案中，请求人提交了从被请求人处购买被控侵权产品的销售发票复印件，口头审理中请求人解释该发票原件被对方当事人撕毁，并不是拒不提供原件，而是客观上无法提供。合议组认为，结合出库单、证人证言和视频录像等证据，可以认定被请求人撕毁发票的事实以及被请求人曾向请求人销售被控侵权产品的事实，对该发票复印件予以采信。法律及相关司法解释并未禁止对书证复印件证据的采用，在有其他证据与书证复印件相互印证的条件下，其仍可以作为认定事实的依据，以做到客观真实和法律真实的统一。

4.2.2 公证书

公证，是指公证机关根据当事人的申请，依法对法律行为、法律事实和法律文书确认其真实性、合法性的证明活动。

经过公证的文书，若没有相反证据足以推翻公证证明的事实，则应当直接将公证书作为确定案件事实的基础；有相反证据足以推翻公证证明的，可否定公证书的证据效力。

公证书必须经过质证才能采信。管理专利工作的部门在审核认定公证书时，不仅要审查其形式要件，还应对其是否符合证据的真实性、合法性、关联性进行实质审查。

如果公证文书在形式上存在严重缺陷，例如缺少公证人员签章，则该公证文书不能作为认定案件事实的依据。

如果公证文书的结论明显缺乏依据或者公证文书的内容存在自相矛盾之处，则相应部分的内容不能作为认定案件事实的依据。例如，公证文书仅根据证人的陈述而得出证人陈述内容具有真实性的结论，则该公证文书的结论不能作为认定案件事实的依据。

【案例 4 – 10】

案情同【案例 4 – 5】。该案中，请求人 A 公司提交的公证书公证了对 B 公司销售侵权产品取证的详细过程并附有相应证据，是认定 B 公司构成侵犯专利权行为的决定性证据；即使 B 公司提交的证人证言经过了公证，也仅能证明证人证言出具人确实进行了相应的意见陈述，不能代表其证人证言内容的真实。

4.2.3 域外证据

"域外证据"，是指在中华人民共国法法律管辖外的地域形成的证据，既包括在中华人民共和国领域外形成的证据，也包括在中国香港、澳门、台湾地区形成的证据。当事人提交域外证据的，一般应当履行相关的证明手续。

专利行政执法案件中。证明主体资格的域外证据应当严格要求当事人办理公证、认证等相关证明手续，对于其他域外证据，是否需要办理，视每个案件的具体情况而定。

以下三种情况，当事人可以不办理相关的证明手续：

（1）该证据是能够从除香港、澳门、台湾地区外的国内公共渠道获得的，如从专利局获得的国外专利文件，或者从公共图书馆获得的国外文献资料；

（2）有其他证据足以证明该证据真实性的；

（3）对方当事人认可该证据的真实性的。

【案例 4 – 11】

某专利侵权纠纷案中，A 公司提交了提货单和销售证明，以证明其销售给 B 农科公司和 C 作物公司委托代理人的 500 克氟虫腈 800WDG 系 A 公司驻越南办事处在越南北宁省蒲山购买的农药样品，具有合法来源。该提货单和销售证明由越南店主 D 在越南北宁省出具。该证据系在中华人民共和国领域外形成，A 公司对此应履行公证和认证手续。但是，A 公司只对翻译 E 先生的身份及其保证将该提货单和销售证明由越南文翻译为英文履行了公证和认证手续，对于该提货单和销售证明的出具人越南店主 D 的身份及其签名的真实性并未履行公证和认证手续，也没有提供相关证据加以证明。在此情况下，该店主的身份、提货单及销售证明的真实性均难以确认，A 公司据此主张其销售的本案 500 克氟虫腈 800WDG 有合法来源，证据不足。

4.2.4 自认

自认，是指一方当事人就对方当事人所主张的不利于己方的事实作出明确承认，或者不明确予以否认。

专利行政执法中，对于当事人的自认，可遵循以下规则：

（1）一方当事人明确认可的另外一方当事人提交的证据，管理专利工作的部门应当予以确认。但其与事实明显不符，或者有损国家利益、社会公共利益，或者当事人反悔并有相反证据足以推翻的除外。

（2）对一方当事人陈述的案件事实，另外一方当事人明确表示承认的，管理专利工作的部门应当予以确认。但其与事实明显不符，或者有损国家利益、社会公共利益，或者当事人反悔并有相反证据足以推翻的除外。另一方当事人既未承认也未否认，经合议组充分说明并询问后，其仍不明确表示肯定或者否定的，视为对该项事实的承认。

（3）当事人委托代理人参加案件的处理的，代理人的承认视为当事人的承认。但未经特别授权的代理人对事实的承认直接导致承认对方的请求的除外；当事人在场但对其代理人的承认不作否认表示的，视为当事人的承认。

为维护公共利益，某些情况下自认的效力应受到限制，使其不发生拘束当事人和行政机关的效力：

（a）应依职权调查的事项，不适用自认的规定。例如当事人资格事项、管辖事项等，不受当事人自认的约束。

（b）和解、调解中的让步不能视为自认。

（c）当事人在案件审理程序以外（包括在其他案件的审理程序中）对当事人主张作出的自认，不属于本案件审理中的自认，只能作为一种证据资料，供合议组参考。

（d）如果一方当事人的自认是因他人的欺诈、胁迫等违法犯罪行为而作出，或者是由于误解而承认了不真实的事实，允许当事人说明原因后撤回该自认，管理专利工作的部门应不予确认该承认的法律效力。

（e）自认应针对具体事实。对于法律问题和法律后果的承认，管理专利工作的部门不应仅依据其自认来进行审查，而应在认定事实的基础上根据相应法律法规进行法律问题的判断。

需要注意，虽然当事人自认的事实可直接作为定案依据，但不宜仅依据当事人的自认定案。管理专利工作的部门应结合相关证据，对具体技术问题和事实进行分析认定，如果存在相反证据或自认明显与事实不符，可以否定自认。对于自认后又反悔的，应要求当事人提出反证或反证线索，不能提供反证或反证线索查证不属实的应采信自认。当事人委托的代理人调查取证时的承认视为当事人的承认，但应当提交经当事人特别授权的授权委托书；当事人在场但对其代理人的承认不作否认表示的，视为当事人的承认，但应当在询问调查笔录中进行记载。当事人在行政处罚决定送达前反悔的，除非其有充分证据证明其承认是在受胁迫或者重大误解情况下作出的与事实不符的承认，否则其承认应作为认定案件事实的根据。

【案例 4 - 12】

某专利侵权纠纷案中，根据涉案专利的权利要求 1，其必要技术特征应当包含：（1）一个干熄焦除尘设备的除尘单元；（2）包括旋风子、直管和螺旋导向机构，螺旋导向机构内外侧与直管、旋风子之间紧密配合；（3）螺旋导向机构与直管、旋风子制为一体。涉案专利的权利要求 2 又进一步强调涉案专利的三个部分之间制为一体。被控侵权物也由三部分组成，包括直管、直管导向器旋风子的综合件和旋风子的下半部分，被请求人某机械厂自认被控侵权物的三个部分之间也是必须紧密结合，否则无法实现除尘功能。合议组结合被控侵权人的解释，认定被控侵权技术覆盖了涉案专利的必要技术特征，落入了涉案专利权的保护范围。

分析与评述：

本案争议的焦点在于，被控侵权物与涉案专利的三个部分在组成及其连接关系上是否相同。除了用涉案专利的权利要求书（包括说明书）对涉案专利进行解释，结合被控侵权物相应的三个部分的作用及相互配合关系对被控侵权物作出解释，并将二者进行对比之外，被控侵权人对相关事实的自认也是合议组认定案件事实的重要依据。

4.2.5 认知

认知是指在案件审理过程中，对某些特定的事项无须证明而直接确认其真实的一种证明制度。认知的内容一般为常识性、公认性及部分专业性的事实，包括：众所周知的事实；自然规律及定理；法律、法规；其他明显的当事人不能提出合理争议的事实。对于认知的内容也应履行听证程序，给予当事人陈述意见和提出反证的机会。

4.2.6 推定

推定是指根据已知的事实可以认定推定事实存在，除非有相反证据推翻这种推论。

专利行政执法中，有证据证明一方当事人持有证据无正当理由拒不提供，如果对方当事人主张该证据的内容不利于证据持有人，可以推定该主张成立。

【案例 4 - 13】

某专利侵权纠纷案中，通过对专利的必要技术特征进行分析，可以看出专利主要由接闪装置和接地装置组成。请求人 A 举证证明，从被控侵权方 B 百货公司所使用的避雷装置的外部形状看，被控侵权物的外部表现形式与涉案专利权利要求的接闪装置完全相同，唯一区别在于，仅从被控侵权物的外部形状无法知晓其使用的接地中和部分的结构。B 百货公司未举证证明其避雷设备与涉案专利有不同之处。

分析与评述：

作为避雷设备，接地中和部分是必备的，而这一部分的结构与设备一般不暴露在外部。本案中，被控侵权物的接地中和部分在其建筑物外部不可见，专利权人无法接触并自行取证。从技术角度讲，根据涉案专利的放电灭雷原理，该装置的稳定运行与专利要求的限流装置的功能密不可分。被控侵权的避雷设备已稳定运行多年，故可以直接推定被控侵权物采取了与涉案专利相同或等同的技术特征，解决了接闪设备放电所产生的脉冲电流的稳定、释放和中和作用。被控侵权物是否落入涉案专利的保护范围，本应由专利权人举证证明，但涉案被控侵权物由 B 百货公司掌控，故提交证据以证明被控侵权物内部结构的责任应由 B 百货公司承担。因此，在请求人 A 已举证证明 B 百货公司的设备具有与涉案专利相同的主动灭雷功能的外部结构后，即已完成其初步举证责任。此时，B 百货公司应当举证证明其设备采用了与涉案专利不同的内部结构进行避雷，但 B 百货公司未能完成证据提交责任，故应承担相应不利后果，因此可以认定 B 百货公司的避雷设备落入涉案专利的保护范围，构成专利侵权。

第 3 节　几种典型类型证据的审核认定

4.3.4.3 单位证明

单位证明是指以法人单位或者其他非法人组织的名义作出的，以其文字内容来证明案件事实情况的证明材料，如工商行政管理局出具的企业法人变更登记情况表、国家图书馆出具的馆藏证明、档案馆出具的馆藏证明、企业单位出具的对产品销售情况的陈述、行业协会出具的意见等。

4.3.4.3.1 单位证明的分类

根据所记载的内容或表达的思想，单位证明可分为以下几类：

（1）书证性质的单位证明，具体可分为公书证类证明和私书证类证明。公书证类证明是指国家机关（如工商行政管理机关、海关部门等）或者公共职能部门（如图书馆、标准馆、档案馆等）在职权范围内制作的证明；私书证类证明是指企事业单位提供的案件发生前和案件发生过程中形成的文件或档案等证明材料，或将单位持有的文件或档案进行摘录、总结归纳或将其作为附件而形成的证明材料。

（2）证人证言性质的单位证明。是指为证明某一案件事实，应一方或多方当事人的请求，以单位的名义出具的、对单位参与的业务活动的记忆性陈述，或者以单位的名义出具的，单位工作人员对案件事实的陈述。如：单位在某年某月某日同另一单位签订了购买某产品的合同，合同标的为专利产品；或者单位的工作人员根据完成的工作进行陈述，如在具体的某个日期开始使用某种型号的产品、产品的结构如何等。

（3）行业意见类单位证明。例如建筑材料行业协会出具关于某专利在本行业取得良好应用效果的说明，电器行业协会出具关于某种型号的电器已经公开使用的证明，以及其他行业协会或者专业技术部门出具的某种技术方案与涉案专利构成等同的意见等。这类单位证明类似于专家意见，是对某一案件事实的解释、说明。

4.3.4.3.2 单位证明的审核认定

（1）单位证明的法定形式要求

由有关单位向案件审理机关提出的证明文书，应由单位负责人签名或者盖章，并加盖单位印章。对于单位证明，若其缺少单位的签章或单位负责人签名或者盖章，在对方当事人不予认可的情况下，应当不予采纳。单位在自然人（单位职员）的书面证明上盖章确认的，该份证明材料只能作为自然人的书面证言，不应该被当作单位证明，单位的盖章只能视为单位对证人身份资格的证明。

（2）证明力认定

关于书证性质的单位证明。国家机关、公共职能部门在职权范围内制作的公书证类证明文书，在确认复印件与原件一致，且无其他反证的情况下，可以确认其证明力。在认定能够作为公书证的单位证明时，应当注意辨别单位主体的性质、证明内容的性质、单位证明的形成时间以及该证明所涉及实体内容的形成时间。注意出具该材料的主体和材料内容是否符合要求，如果该单位不是依照法律、法规或法令等授权而享有相应职能、职责的国家机关或公共职能机构，或者材料的内容不在上述单位的法定职权范围内，该单位证明不能被当作公书证，只能作为私书证类证明或证人证言对待。对于私书证类证明，当事人一般应当提供出具该单位证明文书所依据的证明材料。在当事人取证确有困难的情况下，可以依当事人的申请调取证据；若当事人提交经公证的单位证明，且该公证书附有相关证据材料的复印件，而单位证明的内容又与所附材料相一致时，可以确认单位证明的证明力；若当事人提交经公证的单位证明而公证书未附所依据的证据材料的复印件，在对方当事人提出合理异议，且没有其他证据佐证的情况下，不宜确认其证明力。

对于证人证言性质的单位证明，质证规则可以适用证人证言的质证规则，当事人对单位证明存有异议的情况下，签字的单位负责人或者相关事项的具体经办人应当出庭接受质证。未经质证的单位证明，通常不能单独作为定案的依据。经过质证的单位证明的证明力通常要大于未出庭质证的单位证明的证明力。单位证明的证明力要大于自然人证言的证明力。

行业意见类单位证明的作用仅仅是帮助审案人员了解案情，解释、说明案件的情况，可以作为审查案件时的参考，一般不宜将其作为证据使用。

【案例4-27】

请求人靳某就被请求人某烤肉店侵犯其"烧烤盘"实用新型专利一案，向某市知识产权局提出处理请求。

请求人靳某称：某烤肉店未经其本人授权，私自使用与其专利相同的烧烤盘并应用于相同的行业。上述事实已请公证处人员进行现场公证。请求人请求某市知识产权局责令被请求人立即停止侵权行为。

请求人提供了由某市公证处出具的第1号公证书作为证据。

被请求人某烤肉店辩称：被请求人使用的烧烤盘是被请求人到西安一家烤肉店购买的，具有合法来源，因此被请求人不承担侵权责任。

被请求人提供的证据有：

证据A：证人李某（被请求人员工）去西安拉货的证言；

证据B：被请求人提供的流水账复印件，同时出示了原件。

对请求人提供的公证书证据，被请求人无异议。对被请求人提供的证据，请求人认为：对证据 A 中的证人证言至多只能证明去西安拉货，不能证明从西安拉的货就是被控侵权产品；证据 B 的流水账只是随身笔记，形成时间不能确定。

合议组经审理后认为：被请求人提供的证据中，证人证言以及流水账复印件无法证明与本案中的被控侵权产品烧烤盘有关联性，不予采信；同时被请求人提供的租赁合同无法证明与本案中的被控侵权产品烧烤盘有关联性，不予采信。因此，被请求人的合法来源抗辩不成立。

分析与评述：

本案中，被请求人虽提交了证人证言证明被控侵权产品购自西安某烤肉店，但该证人为被请求人员工，与本案具有利害关系，其证明力较弱，不能单独作为认定产品具有合法来源的依据。虽然被请求人还提交了流水账，但该证据同样来源于被请求人自身，其真实性难以确认，不能用于佐证证人证言的真实性。

【案例 4-28】

专利权人 A 指控 B 公司在 ×× 住宅使用的产品侵犯其"纱窗拉梁堵头"专利权，B 公司承认其使用的产品落入专利权保护范围，但主张被控侵权产品是由中天正阳塑料厂生产，学永建材经营部经销，B 公司通过支付合理市场对价后购入，具有合法来源，不应承担赔偿责任。B 公司提交了如下证据予以证明：（1）《中天正阳隐形纱窗厂证明》，其中载明："×× 住宅小区的隐形纱窗配件是由我厂生产销售的，即：中天正阳隐形纱窗厂"。（2）学永建材经营部业主赵某出具的两张购货增值税发票，一张为辽宁省增值税专用发票，其中载明购货单位为 B 公司，销货单位为"鑫龙铝业有限公司"，货物名称"电泳铝型材"；另一张为山东省增值税专用发票，其中载明购货单位为 B 公司，销货单位为"建美铝业有限公司"，货物名称"铝型材"。（3）赵某出具的《证明》，其中载明被控侵权产品是其从中天正阳塑料厂购进，学永建材经营部销售给 B 公司的，赵某委托建美铝业有限公司和鑫龙铝业有限公司代开发票。（4）B 公司的《入库单》《建设开发公司（××× 项）赊货欠款单》《记账凭证》等，其中记载从赵某处购买隐形纱窗配件等货物，以及相应的金额。上述证明中出证人均未出庭作证。

分析与评述：

本案中，B 公司用于合法来源抗辩的证据主要包括两类，一是证人证言，包括中天正阳隐形纱窗厂出具的单位证明和赵某出具的证明材料；二是一些书证，如增值税发票《入库单》《建设开发公司（××× 项）赊货欠款单》《记账凭证》等。对于这些证据，一是要单独审核某一证据本身的真实性；二是要看这些证据之间能否相互印证，形成完整的证据链。

（1）《中天正阳隐形纱窗厂证明》系单位出具的证明，但经办人或负责人均未出庭作证，仅凭该证据无法认定其所述事实的真实性。

（2）两张增值税发票中记载的货物名称均与被控侵权产品不符，与 B 公司主张的学永建材经营部业主赵某从中天正阳塑料厂购买被控侵权产品的事实不一致。

（3）赵某出具的《证明》，其中载明被控侵权产品是赵某从中天正阳塑料厂购进，学永建材经营部销售给 B 公司的，赵某委托建美铝业有限公司和鑫龙铝业有限公司代开发票。但该《证明》和中天正阳隐形纱窗厂出具的证明所记载的生产销售单位不符，在没有其他证据佐证两者属于同一主体的情况下，两者无法相互印证。

（4）关于 B 公司的《入库单》《建设开发公司（×××项）赊货欠款单》《记账凭证》等，由于该组证据均是 B 公司的内部材料，来源于本案一方当事人自身，且其制作随意性较大，较为容易修改，其真实性亦不能认定。

鉴于 B 公司提交的各组证据均无法证明其主张，其提出的被控侵权产品具有合法来源从而应免除赔偿责任的主张不能成立。

4.3.8.2　网络证据的审核认定

网络证据是电子证据的一种，又称互联网证据，是指以数字形式存在的，以通信网络作为传播媒介，公众能够从不特定的网络终端获取，需要借助一定的计算机系统予以展现，并且用于证明案件事实的证据材料。

对于网络证据，既不能因其修改不易留痕迹的特点而一律不予接受，也不能不加分析地对网络证据一概接受，而应根据个案情况对网络证据综合加以认定。

网络证据认定的关键在于其真实性。网络证据真实性具有三个层面的含义：一是网络证据是否客观存在，即是否具有形式上的真实性；二是网络证据的内容是否反映了形成时的状态，即其内容是否具有真实性；三是网络证据是否反映事实的客观情况，表述的内容是否可靠。

形式真实性认定主要在于判断网络证据的表现形式是否能证明其来源。内容真实性认定主要在于判断网络证据是否经过篡改，是否经过篡改可以从网站的资质和网站与当事人之间的利害关系考虑。网络证据是否可靠主要从网站的资质进行判断。

在审核认定网络证据时，应先判断其是否具备形式真实性，然后综合考查网站的资质和与当事人的利害关系，判断其内容真实性，最后再综合判断其内容的可靠性。

4.3.8.2.1　网络证据的表现形式

网络证据的表现形式主要包括两种：网页内容的打印件、记载网页内容打印件以及访问过程的公证书。

（1）网页内容的打印件

网页内容的打印件性质上属于复印件，如果通过审理案件现场演示的方式能够证明打印件与网页内容实质相同，则可以初步确认该网络证据的证据来源。

现场演示中，需要注意：①通常应采用案件审理者或中立方的计算机及网络进行演示。如受条件所限，确需采用一方当事人的计算机及网络进行演示的，应首先检验网络是否正常，并对计算机进行清洁性操作；②应注意核对网页网址、网页主要内容是否一致，网页容易发生改动部分（如广告）以及因为显示方式变化出现的细微差别不影响认定；③对于演示过程中表现出来的关键性内容及双方当事人的质证意见，应进行详细记录，防止当事人事后反悔；④现场演示无法访问该网页，或该网页与打印件内容实质不同时，可认定该证据来源不可靠；⑤现场演示可以证明证据来源的，一方当事人于事后主张该网页无法访问或内容发生较大变化的，不影响对该证据的认定，该证据的内容以现场演示时为准；⑥通过网页快照可以确认打印件内容与网页快照内容一致性的，该网络证据的来源应得到认可，有相反证据予以推翻的除外。

（2）记载网页内容打印件以及访问过程的公证书

网络证据的公证，是指公证机构根据当事人的申请，依照法定程序对网络证据的形成过程进行证明的活动。当事人提供记载了网页内容打印件及访问过程的公证书的，该公证书既能够证明该网络证据的证据来源，也能够证明该打印件与该打印件形成时间时的网页相一致，能够初步认定其形式上的真实性。需要注意，网络证据的公证仅能证明公证时相关网页的内容，不能证明网页内容的历史情况以及网页内容的真实性。

4.3.8.2.2 网站的资质

网站的资质是指网站的内在属性。其主要取决于以下因素：网站系统的可靠性与稳定性、网站的权限管理机制。

网站系统的可靠性与稳定性是指构成网站系统的硬件、软件与固件的稳定情况以及正常运行的情况。如果网站的硬件系统没有出现过故障或者具有完备的日志系统与备份系统，网站的软件系统运行比较可靠，则网络证据被黑客入侵非法篡改的可能性较小。

网络的权限管理机制是指网站中各个不同角色的权限情况，其标志着网站信息的可修改性以及修改的难易程度。如果网站的管理比较严格，具有完善的管理制度和权限分配机制，则该网站的网络证据被非法篡改的可能性较小。如果网站的管理比较宽松，没有完善的管理制度和权限分配机制，则该网站的网络证据被非法篡改的可能性较大。

4.3.8.2.3 网站与当事人之间的利害关系

网站与当事人之间的利害关系主要指网站与本案件的当事人之间是否存在特殊关系，例如投资关系、合同关系、管理关系等。

如果网站属于独立运营的网站，与双方当事人没有任何利害关系，该网站管理者缺少篡改网络证据的动机，则该证据被篡改的可能性较小；如果一方当事人与网站有利害关系，例如系网站的赞助商或者广告商、该网站管理者具有篡改网络证据的动机，则应对证据是否经过篡改予以认真审核。

4.3.8.2.4 常见网站的分类及审核认定

常见网站的性质包括以下几种。

（1）政府网站、国际组织网站及公共组织网站类

政府网站主要包括全国人大、国务院及其组成部门与直属机构、最高人民法院、最高人民检察院以及地方各级人大、政府、人民法院、人民检察院等的网站。国际组织网站例如联合国、欧洲专利局、国际标准化组织等网站。

（2）公立学校网站、科研机构网站、非营利性事业单位网站、公益性财团法人网站类

公立学校网站是指政府财政拨款设立的大学、中学等学校的网站，例如清华大学网站、北京大学网站等。科研机构网站是指政府财政拨款设立的专门从事科学研究工作的科研单位的网站，例如中国科学院软件研究所网站、中国科学院计算技术研究所网站等。非营利性事业单位网站例如中国计算机学会、中国通信学会等的网站。公益性财团法人网站是指为了公益事业建立的非营利性的财团法人的网站，例如中国红十字会网站等。

（3）知名的专业在线期刊网站、知名的在线数据库类网站类

知名的专业在线期刊网站是指业界公认的专业期刊的在线网站，例如软件学报网站、计算机工程与应用网站、计算机应用网站等。知名的在线数据库类网站，例如中国知识基础设施工程（CNKI）网站、超星数字图书馆网站、万方数据网站、中国药物专利数据库检索系统网站等。

（4）具有一定知名度的门户网站类

该类网站例如新浪、搜狐、腾讯、网易等综合性门户网站。

（5）具有一定知名度的在线交易网站类

在线交易网站是指网络使用者能够输入意图出售的产品信息以及意图购买的产品信息，能够在计算机网络上完成买卖交易行为的网站。

上述五类网站的网络证据被篡改的可能性较小。对于门户网站和在线交易类网站，应在认定网络证据内容真实性的基础上，进一步判断其内容的可靠性。例如，某门户网站上发布了一则新闻，内容为某公司发布了某款产品，该网页新闻的真实性是指能够认定该网站曾发布相关内容的新闻，且并未被非法篡改，对于该新闻的可靠性，也即某公司是否发布了某款产品，应结合网站权威性、新闻来源等其他客观情况予以综合认定，不能简单地认为网页证据本身具有真实性即代表该证据能够起到证明作用。

（6）公司、企业等私营网站类

公司、企业的网站是指由营利性公司运营的网站。该类网站因管理机制、可靠性与稳定性安全机制千差万别而需根据个案谨慎认定其真实性。在判断该类网站上的网络证据的真实性时，需要考虑网站和当事人之间的利害关系。

（7）BBS、个人讨论区、个人博客、个人网站类

对于 BBS、个人讨论区、个人博客和个人网站等由网络使用者发布消息、相互交流的网站，因管理机制、可靠性与稳定性安全机制千差万别而需根据个案谨慎认定其真实性，对于该类网络证据内容的可信度也需要慎重审查。

4.3.8.2.5 网络证据的公开

4.3.8.2.5.1 网络证据公开性认定

下述类型的网站发布的信息一般被认为构成专利法意义上的公开：

（1）在搜索引擎上加以注册并能进行搜索的网站；

（2）其存在和位置为公众所知的网站（例如与知名网站链接的网站）；

（3）对于需要输入口令的网站，如果公众中的任何人通过非歧视性的正常途径就能够获得所需口令访问网站，则该网站发布的信息可被认为是公众可以得到的。

（4）对于需要付费的网站，如果公众中的任何人仅仅需要缴纳一定的费用就可以访问，则该信息可被认为是公众可以得到的。

下述类型网站发布的信息一般不能被认为构成专利法意义上的公开：

（1）其网络资源定位地址没有公开的网站；

（2）只有特定机构或者特定的成员才能访问，并且其中的信息被作为秘密对待的网站；

（3）网站信息采用了特殊的编码方式，一般公众无法阅读的网站。

4.3.8.2.5.2 网络证据公开时间的认定

网络证据可能涉及的时间点包括网页的撰稿时间、网页的上传时间、网页的发布时间、网页上记载的时间以及网页中嵌入的 Word、PDF 等特定文件信息中包含的时间。

网页的撰稿时间是指网页内容的撰稿人完成文件的撰写，并且将文件录入网站的内容管理系统的时间，通常表现为网站的内容管理系统记载的进入系统时间以及网页文件的生成时间。网页的上传时间是指撰稿生成的网页被上传到网站并且进入网站的数据库的时间。网页的发布时间是指网页被业务层应用于网站的事务管理中，网站访问者可以看到该网页内容的起始时间，同时也是搜索引擎能够抓取网页的起始时间。网页中嵌入的 Word、PDF 等特定文件信息中包含的时间，一般仅能表明该文件所涉及的信息被创作或修改的时间。

在网络证据具备真实性的前提下，第一，网页上记载的时间通常可以代表网页的发布时间，构成专利法意义上的公开的起始时间，除非当事人能够提供证据证明网页经过修改；第二，网页的撰稿时间、网页的上传时间不能构成专利法意义上的公开的起始时间；第三，网页中嵌入的 Word、PDF 文件信息中包含的时间一般不能构成专利法意义上的公开的起始时间；第四，网络证据所标记或被证明的当地时间作为其公开时间，确定公开日时通常无须考虑时区的影响，但不考虑时区影响对当

事人实体权益造成损害的除外。

第 4 节　证据链的审核认定

证据链是指在证据与被证事实之间建立连接关系，相互间依次传递相关的联系的若干证据的组合。

在案件审理中出现当事人提交多个证据试图构成证据链证明某一事实时，管理专利工作的部门应当从各证据与案件事实的关联程度、各证据之间的联系等方面综合审查判断。

在证据链的审查中，一般应先逐个审查每个证据的真实性、合法性、关联性及证明力，再审查证据之间是否具有紧密联系。需要注意的是，如果某一证据不是形成证据链的必要证据，那么即便其不具备证据能力或证明力，也不影响整个证据链的形成。

否定证据链的成立并不需要否定每个证据的证据能力或证明力。形成证据链的必要证据中只要有一个不具有证据能力或证明力，抑或至少两个证据之间完全不具备任何联系，则可以认定这些证据不能构成能够证明案件事实的证据链。

专利侵权纠纷案件中，对于一组证据进行调查时，一般应首先调查被控侵权的销售、制造等行为是否属实，之后再调查销售、制造的产品所涉及的技术方案，最后将该技术方案与涉案专利权利要求进行比对，判断是否落入其保护范围。以销售为例，可以先审查发票等证据是否足以证明被控侵权人销售了某产品，之后再审查该销售的产品的技术方案是否可以得到证明，比如发票上记载的产品型号是否可以与公证保全的实物上的型号相对应、公证保全的实物反映出的技术方案是什么，最后将实物的技术方案与涉案专利的技术方案进行比对，作出是否构成侵权的认定。

【案例 4－31】

2005 年 4 月 8 日，A 公司向国家知识产权局申请名称为"沙发"的外观设计专利，2005 年 12 月 28 日获得授权并于同日公告。

B 厂为个人独资企业，经营范围为制造家具。2007 年 12 月 28 日，B 厂获得"SJ"注册商标。

2008 年 6 月 1 日，李四与某市家具会展中心签订《承包合同》，约定由李四承包经营家具会展中心某商铺，商铺名称为艺名轩家居，经营品牌为"SJ"。

请求人 A 公司主张：2008 年 8 月 7 日，A 公司的委托代理人来到某市家具会展中心"SJ"专卖店，通过现金支付的方式购买了沙发一张，并取得李四名片一张、收据一张、"SJ"家具使用说明书一份。公证员现场公证了该交易过程，代理人将所购物品运至公证处并进行了拍摄，并由公证人员在上述所购物品上粘贴了公证处封签，公证员根据公证过程制作了第 738 号公证书。根据上述事实，可以认定李四销售了被控侵权产品，而该被控侵权产品是 B 厂制造、销售的"SJ"家具。另外，根据网页证据可知，B 厂制造的"SJ"家具一直在模仿 A 公司产品的外观，可以佐证

B 厂的侵权事实。因此，请求李四和 B 厂承担侵权赔偿责任。

请求人提交证据的情况为：

（1）第 738 号公证书，附有名片、收据、"SJ"家具质量保修卡的复印件。其中，名片上记载有李四为艺名轩家居经理、经营品牌为"SJ"家具，收据上记载商品名称为"602 沙发"、盖章为"艺名轩家居"，质量保修卡上印刷有"SJ"商标，但无产品型号，无盖章。

（2）公证处封存的沙发一张，沙发上没有商标标识。

（3）公证处封存的李四名片、收据、"SJ"家具质量保修卡原件，内容与复印件一致。

（4）某家具论坛网页打印件，内容为多名网上用户讨论"SJ"家具一款床产品与 A 公司产品相似。经当庭演示，该网页可以访问，并且其内容与打印件一致。

被请求人 B 厂答辩：认可公证书、名片、收据的真实性，认可李四承包经营的某市家具会展中心商铺是"SJ"产品的签约专卖店，认可被控侵权产品是从李四处购买，但主张该产品没有"SJ"的商标标识，收据上也未注明是"SJ"产品，收据加盖的是"艺名轩家居"章，并非"SJ"专卖店章，因此不能证明 B 厂生产、销售了被控侵权产品。对于"SJ"家具质量保修卡，不认可其真实性。对于网页打印件，认为其与本案无关。综上，B 厂不存在生产、销售被控侵权产品的行为。此外，虽然被控侵权产品与涉案专利相近似，但根据某市家具协会的证明，与涉案专利相似的产品早在申请日前就在某市家具行业普遍生产、销售，根据现有设计抗辩原则，即便该产品是 B 厂制造的，B 厂也不应构成侵权。

被请求人 B 厂提交证据的情况：

（1）某市家具协会出具的证明原件，内容为证明早在 2005 年 4 月 8 日之前某市家具行业普遍生产、销售过与涉案专利产品相似的产品。该证明盖有某市家具协会红章，但没有单位负责人或经办人签字。

被请求人李四答辩：认可公证书、名片、收据的真实性，认可封存的沙发是其销售的且与涉案专利构成相近似，认可质量保修卡是从自己处取得，但主张其与被控侵权产品不对应，是自己给付错误。本人虽主要销售"SJ"产品，但也销售其他产品，被控侵权产品是其本人于 2008 年 6 月 19 日向某家具厂订购的，某家具厂于 2008 年 6 月 20 日委托某货运部发货，李四于 2008 年 8 月 9 日通过中国工商银行向其家具厂员工张三汇款支付货款。有订货单、发货单及中国工商银行个人业务凭证为证。因此，其所销售的被控侵权产品是从 × 家具厂购入的，具有合法来源，不应承担侵权责任。

被请求人李四提交证据的情况：

（1）订货单原件，日期为 2008 年 6 月 19 日，印有为某家具厂标志，销售方处未盖章，金额为 9200 元。

（2）发货单复印件，发货日期为2008年6月20日，货物名称为"××"牌沙发，盖有福山市某货运部章。

（3）中国工商银行个人业务凭证原件，记载有汇款人为李四、收款人为张三、汇款金额9950元。

（4）证人证言，证人名称为张三，内容为张三自称曾是某家具厂员工，经手销售给李四沙发一件，附有张三签名和身份证复印件。该证人未出庭作证，李四对此解释理由为其工作繁忙，没有时间出庭。

A公司对发货单的真实性不予认可，认为订货单与中国工商银行个人业务凭证之间缺少关联，证人未出庭接受质询，对其真实性不予认可。

分析与评述：

证据的审核包括两项内容，一是单独证据的审核认定，二是各证据之间是否相互印证、是否形成证据链的审核认定。

（1）证据的审核认定

对于公证书、收据、名片和封存的沙发，由于两被请求人均认可其真实性，且其并不具有明显瑕疵，因此对其真实性应予以认可。其证明力留待证据链的认定中予以判断。

对于质量保修卡，李四认可其真实性，B厂否认其真实性。B厂作为"SJ"质量保修卡的制造、使用者，应有能力就"SJ"质量保修卡的真实情况予以举证，但其并未提交相关证据，因此对其真实性应予认可，该质量保修卡为"SJ"产品的质量保修卡。其证明力留待证据链的认定中予以判断。

关于某家具论坛网页打印件，虽然当庭演示能够访问该网页，且其显示内容与打印件一致，但由于该证据明显与本案其他证据无关联，也即B厂是否生产过其他侵权产品并不能证明本案被控侵权产品是B厂所制造，其对于本案没有证明作用，故可以跳过对其真实性的认定，直接对该证据不予采纳。

关于某市家具协会出具的证明，就其证明目的来看，其想证明申请日前涉案专利已经公开使用，这一事实并不属于家具协会的职能范畴，也不是对本单位所掌握的档案材料的归纳说明，因此该证明不能归入书证的范畴。虽然其上盖有家具协会的公章，但其缺少单位负责人或经办人的签字，单位负责人或经办人也没有出庭接受质询，因此也不能认定为证人证言，其对于本案无证明作用，不应予以采纳。

对于订货单，A公司虽未否认其真实性，但其缺少某家具厂的盖章，该订货单形式要件有所欠缺，其证明力留待证据链的认定中予以判断。

对于中国工商银行个人业务凭证原件，A公司未否认其真实性，且其并不具有明显瑕疵，因此对其真实性应予以认可。其证明力留待证据链的认定中予以判断。

对于发货单，李四并未提交原件，且A公司对其真实性不予认可，因此应对其不予采纳。

关于证人证言，由于该证人无正当理由不出庭作证，不接受双方当事人和案件审理者的质询，因此该证据无法单独作为定案的依据。其对于本案的证明力应结合其他证据综合考虑。

（2）证据链的审核认定

综合当事人的陈述，各方对于被控侵权产品为李四销售并无异议，因此，本案认定的核心焦点是被控侵权产品是否为 B 厂所制造并销售给李四。对此，B 厂予以否认，但并未提交相关证据。李四则主张该产品为从某家具厂购买，具有合法来源，并提交了一系列证据予以支持。这一系列证据与 A 公司提交的证据的证明目的截然相反，因此两者至多只能有其一成立。也即认定 A 公司的证据链成立的必要条件是李四的证据链不能成立，反之亦然。并且，需要注意的是，李四的证据链不能成立并非 A 公司的证据链成立的充分条件，即李四不能证明该产品为从某家具厂购买，并不能得到该产品一定是从 B 厂购买的结论，即便李四的证据链经审核不能成立，仍需依证明标准对 A 公司的证据链进行审核，判断其主张是否成立。因此，本案除非 A 公司的证据链显然不能成立，否则无论如何都需要对李四证据链的成立进行认定。然而本案并非前述情形，因此对证据链的认定应从李四的证据开始。

李四提供订货单用以证明李四向某家具厂订购了沙发一张，虽然该订货单上有某家具厂的标识、货款总额为 9200 元等信息，但依商业惯例，订货单仅是买卖双方交易的非正式凭证，至多能说明存在交易意向，并且该订货单签章栏没有销售单位某家具厂的签章，如没有其他证据加以佐证，该订货单难以充分证明该交易的实际发生。

中国工商银行个人业务凭证是银行与客户之间办理款项清讫的凭证，无法体现出付款的事由，况且，由于证人证言的真实性无法确认，导致收款人张三与某家具厂是否具有关联无法认定，该凭证不能证明该笔款项对应的就是订货单的货款，不能用于佐证该交易的实际发生。即便考虑证人证言的内容，认定张三为某家具厂销售员工，但该凭证上载明的金额与订货单上的金额不一致，并且将货款汇给销售员工个人账户而不是企业账户不合商业惯例，该凭证仍不能证明交易的实际发生。

综合以上三份证据的情况，虽然证人证言在张三身份及销售事实的发生等节点上，与订货单和中国工商银行个人业务凭证上具有形式上的关联，但鉴于其自身内容的可靠性难以确认，故难以对另两份证据予以支持。中国工商银行个人业务凭证虽具有客观上的真实性，但鉴于其与订货单的联系具有重大瑕疵，因此也不足以构成对订货单的有力支持。因此，李四提交的一系列证据无法相互印证，形成可靠的证据链证明被控侵权产品是从某家具厂购买。因此，李四认为被控侵权产品具有合法来源的抗辩理由不成立。

A 公司所购买的产品上没有 "SJ" 的商标标识，收据上也未注明是 "SJ" 商品，收据加盖的是 "艺名轩家具" 章，并非 "SJ" 专卖店章。但该产品沙发是在 "SJ"

专卖店购买的，名片记载李四商铺名称为艺名轩家居、销售品牌为"SJ"，这一事实为各方当事人所认可。按照一般消费心理及商业习惯，消费者在专卖店购买应该是该品牌的产品，B公司认为专卖店还可能销售其他产品并无证据支持，本案中艺名轩家居与专卖店是同一实体的不同名称，盖章的不同并不必然决定产品的差别。并且代理人购买沙发时，取得了"SJ"产品质量反馈卡，普通消费者对此的合理理解，就是产品的制造者、销售者愿意就该产品作出质量保证，能够佐证该产品属于"SJ"品牌。与之相应，李四给付错误的解释，既不符合常理，又缺少其他证据佐证，发生的可能性非常小，其主张难以成立。因此，结合李四无法解释其产品合法来源的事实，依据高度盖然性的证明标准，可以认定A公司的系列证据能够相互印证，证明该产品是由B厂制造的。

综上所述，在两被请求人认可被控侵权产品与涉案专利相近似及B厂现有设计抗辩不成立的基础上，可以认定两被请求人的制造、销售行为侵犯了请求人的专利权，应当承担侵权责任。

相关司法文件

《最高人民法院第二巡回法庭关于规范和加强行政审判工作的意见》（法二巡〔2016〕3号，2016年8月16日）

一、全面准确认识和贯彻落实行政诉讼法的立法目的

……二是要充分保护当事人的合法权益，尽可能通过行政审判，使当事人受到侵害的合法权益得到恢复和救济。对于原告确有损失，但难以举证证明的，应当根据案件实际情况，遵循法官职业道德，运用逻辑推理和生活经验，合理酌定当事人的损失；行政机关采取野蛮手段违法强制拆除非法建筑，造成当事人可回收的合法建筑材料损失的，亦应判决赔偿；人民法院判决行政机关因违法行政行为承担的行政赔偿责任范围和数额，不得小于在合法行政情况下应当给予当事人行政补偿的范围和数额……

四、进一步规范程序性裁定案件的审理

……二是要审查认定事实。程序性裁定案件也需要认定案件的基本事实，这些事实主要是与当事人起诉是否符合法定的起诉条件相关联的事实。例如，人民法院认为当事人的起诉超过法定起诉期限，应当裁定不予立案，至少要对以下几项事实作出认定：被诉行政行为是何时作出，主要内容是什么；起诉人何时知道被诉行政行为的主要内容；起诉人向人民法院提起本案行政诉讼的具体时间，具体诉讼请求是什么。只有把这些基本事实审查认定清楚，人民法院以超过法定起诉期限为由裁定不予立案，才符合主要事实清楚、证据充分的基本审判要求。三是要针对当事人的诉讼请求逐项分析论证。审查当事人的起诉是否符合法定起诉条件，必须针对双方当事人的争议焦点展开，逐项进行分析论证；存在多个被诉行政行为的，应当就

每一个被诉行政行为是否符合法定起诉条件，逐一进行事实认定、法律分析。二审或者再审认为原告起诉符合法定条件，裁定下级法院立案受理或者继续审理的，应当对原告起诉是否符合全部法定起诉条件进行全面审理认定，不得简单以原审裁定不予立案、驳回起诉理由不能成立，即裁定下级法院立案受理或继续审理。

六、积极探索新类型案件及典型案件的审判规律

……三是房屋征收补偿案件。这类案件目前在行政诉讼中占比较大，关系到人民群众的重大财产利益，各级人民法院应高度重视此类案件的审理和判决。对于征收补偿决定或协议案件中，原告对征收决定等前置行为的合法性提出质疑的，人民法院应当将该前置行为作为征收补偿决定或协议的主要证据或者依据进行审查，除非该前置行为存在重大明显违法，一般应当认可其证据效力……

4．证 明 标 准

相关司法文件

《中华人民共和国行政诉讼法》（1989 年 4 月 4 日通过，2014 年 11 月 1 日第一次修正，2017 年 6 月 27 日第二次修正）

第六十九条 【驳回原告诉讼请求判决】行政行为证据确凿，适用法律、法规正确，符合法定程序的，或者原告申请被告履行法定职责或者给付义务理由不成立的，人民法院判决驳回原告的诉讼请求。

第七十条 【撤销判决和重作判决】行政行为有下列情形之一的，人民法院判决撤销或者部分撤销，并可以判决被告重新作出行政行为：

（一）主要证据不足的；

（二）适用法律、法规错误的；

（三）违反法定程序的；

（四）超越职权的；

（五）滥用职权的；

（六）明显不当的。

《行政审判办案指南（一）》（法办〔2014〕17 号，2014 年 2 月 24 日）

10."知道具体行政行为内容"的证明问题

被告或者第三人认为原告在特定时间已经知道具体行政行为内容，但其就此提供的证据无法排除合理怀疑且原告否认的，可以推定原告当时不知道具体行政行为

内容。（8 号）^①

11. 行政裁决申请事实的举证问题

最高人民法院《关于行政诉讼证据若干问题的规定》第四条第二款关于"在起诉被告不作为的案件中，原告应当提供其在行政程序中曾经提出申请的证据材料"之规定，针对的是申请人起诉的情形。被申请人起诉时，只要证明存在申请人申请裁决的事实，即可视为满足该款规定的举证要求。（52 号）

12. 简易行政程序情形下执法人员陈述的证明力问题

被诉行政行为适用简易程序，只有一名执法人员从事执法活动的，该执法人员就有关事实所作的陈述具有比原告陈述更高的证明力，但其陈述存在明显影响证明力的瑕疵的除外。（6 号）

相关案例

廖某诉重庆市公安局交通管理局第二支队道路交通管理行政处罚决定案（载《最高人民法院公报》2007 年第 1 期）

【裁判摘要】一、依照道路交通安全法第八十七条规定，交通警察执行职务时，对所在辖区内发现的道路安全违法行为，有权及时纠正。交通警察对违法行为所作陈述如果没有相反证据否定其客观真实性，且没有证据证明该交通警察与违法行为人之间存在利害关系，交通警察的陈述应当作为证明违法行为存在的优势证据。

二、交通警察一人执法时，对违法行为人当场给予 200 元以下罚款，符合道路交通安全法关于依法管理，方便群众，保障道路交通有序、安全、畅通的原则和该法第一百零七条规定，也符合《道路交通安全违法行为处理程序规定》第八条规定，是合法的具体行政行为。

【基本案情】2005 年 7 月 26 日 8 时 30 分，原告廖某驾驶车其小轿车，沿滨江路向上清寺方向行驶。在大溪沟滨江路口，被告交警二支队的执勤交通警察陶某示意原告靠边停车。陶某向廖某敬礼后，请廖某出示驾驶执照，指出廖某在大溪沟嘉陵江滨江路加油（气）站的道路隔离带缺口处，无视禁止左转弯交通标志违规左转弯。廖某申辩自己未左转弯，警察未看清楚。陶某认为廖某违反禁令标志行车的事实是清楚的，其行为已违反道路交通安全法的规定，依法应受处罚，遂向廖某出具 516 号处罚决定书。廖某拒不承认违法事实，拒绝在处罚决定书上签字，陶某均在 516 号处罚决定书上注明，并将该处罚决定书的当事人联交给廖某。廖某不服 516 号处罚决定书，向重庆市公安局申请行政复议。2005 年 9 月 13 日，重庆市公安局作出行政复议决定，维持了 516 号处罚决定书。廖某仍不服，遂提起本案行政诉讼。

---

① 最高人民法院行政审判庭编写的《中国行政审判案例编号》，下同。具明该号便于各级人民法院审判人员对照参考具体案例，全面准确理解本指南要指。

【裁判结果】据此，重庆市渝中区人民法院依照《中华人民共和国行政诉讼法》第五十四条第（一）项规定，于 2006 年 8 月 22 日判决：维持被告交警二支队作出的 516 号处罚决定书。

【裁判理由】本案争议焦点是：交通警察一人执法时的证据效力如何认定？交通警察一人执法时当场给予行政管理相对人罚款 200 元的行政处罚，是否合法？

重庆市渝中区人民法院认为：

一、《道路交通安全法》第五条规定："县级以上地方各级人民政府公安机关交通管理部门负责本行政区域内的道路交通安全管理工作。"第八十七条规定："公安机关交通管理部门及其交通警察对道路交通安全违法行为，应当及时纠正。"根据上述规定，对辖区内的道路交通安全进行管理，是被告交警二支队的法定职责。陶某作为交警二支队派遣执行勤务的交通警察，对在辖区内发生的道路安全违法行为，有权力及时纠正。根据陶某陈述，2005 年 7 月 26 日 8 时 30 分，原告廖某驾驶的小轿车在大溪沟嘉陵江滨江路加油（气）站的道路隔离带缺口处，无视禁止左转弯交通标志违规驾车左转弯。经查，大溪沟嘉陵江滨江路加油（气）站道路隔离带确实有一缺口，此处确实树立着禁止左转弯的交通标志，而且 2005 年 7 月 26 日 8 时许廖某确实驾车途经此处。对廖某是否在此处违反禁令左转弯，虽然只有陶某一人的陈述证实，但只要陶某是依法执行公务的人员，其陈述的客观真实性得到证实，且没有证据证明陶某与廖某之间存在利害关系，陶某一人的陈述就是证明廖某有违反禁令左转弯行为的优势证据，应当作为认定事实的根据。

二、行政处罚法确实有当场对公民作出的罚款只能在 50 元以下，行政机关调查或者检查时执法人员不得少于两人的规定。但行政处罚法制定于 1996 年，此后的 2003 年 10 月 28 日，第十届全国人民代表大会常务委员会第五次会议通过了道路交通安全法。《道路交通安全法》第一条规定："为了维护道路交通秩序，预防和减少交通事故，保护人身安全，保护公民、法人和其他组织的财产安全及其他合法权益，提高通行效率，制定本法。"说明该法是处理道路交通安全问题的专门法律。为了落实道路交通安全法，国务院于 2004 年 4 月 28 日颁布了《中华人民共和国道路交通安全法实施条例》，公安部也于 2004 年 4 月 30 日发布了《道路交通安全违法行为处理程序规定》。一切因道路交通安全管理产生的社会关系，应当纳入上述法律、行政法规和规章的调整范畴。

道路交通安全管理具有其特殊性。道路上的交通违法行为一般都是瞬间发生，对这些突发的交通违法行为如果不及时纠正，就会埋下交通安全隐患，甚至当即引发交通安全事故，破坏道路交通安全秩序。但要及时纠正这些突发的交通违法行为，则会面临取证难题。交通警察发现交通违法行为后应当及时纠正，如果必须先取证再纠正违法，则可能既无法取得足够的证据，也无法及时纠正违法行为，甚至还可能在现场影响车辆、行人的通行。考虑到上述因素，为了遵循《道路交通安全法》

第三条确立的依法管理，方便群众，保障道路交通有序、安全、畅通的原则，《道路交通安全法》第七十九条规定："公安机关交通管理部门及其交通警察实施道路交通安全管理，应当依据法定的职权和程序，简化办事手续，做到公正、严格、文明、高效。"第一百零七条规定："对道路交通违法行为人予以警告、二百元以下的罚款，交通警察可以当场作出行政处罚决定，并出具行政处罚决定书。"《道路交通安全违法行为处理程序规定》第八条规定："公安机关交通管理部门按照简易程序作出处罚决定的，可以由一名交通警察实施。"因此，交通警察一人执法时，当场给予行政管理相对人罚款 200 元的行政处罚，是合法的具体行政行为。

综上所述，原告廖某违反禁令行车的事实可以认定。被告交警二支队的执勤交通警察当场作出 516 号处罚决定书，决定对廖某的违法行为给予罚款 200 元的行政处罚，适用法律正确，符合法定程序，依法应予维持。廖某的诉讼请求不能成立，不予支持。

八、特殊程序的证据与证明

1. 行政复议的证据与证明

《中华人民共和国行政复议法》（1999 年 4 月 29 日通过，2009 年 8 月 27 日第一次修正，2017 年 9 月 1 日第二次修正）

第二十二条 【书面审查原则及例外】行政复议原则上采取书面审查的办法，但是申请人提出要求或者行政复议机关负责法制工作的机构认为有必要时，可以向有关组织和人员调查情况，听取申请人、被申请人和第三人的意见。

第二十三条 【复议程序事项】行政复议机关负责法制工作的机构应当自行政复议申请受理之日起七日内，将行政复议申请书副本或者行政复议申请笔录复印件发送被申请人。被申请人应当自收到申请书副本或者申请笔录复印件之日起十日内，提出书面答复，并提交当初作出具体行政行为的证据、依据和其他有关材料。

申请人、第三人可以查阅被申请人提出的书面答复、作出具体行政行为的证据、依据和其他有关材料，除涉及国家秘密、商业秘密或者个人隐私外，行政复议机关不得拒绝。

第二十四条 【被申请人不得自行取证】在行政复议过程中，被申请人不得自行向申请人和其他有关组织或者个人收集证据。

《中华人民共和国行政复议法实施条例》（2007 年 8 月 1 日起施行）

第二十一条 有下列情形之一的，申请人应当提供证明材料：

（一）认为被申请人不履行法定职责的，提供曾经要求被申请人履行法定职责而被申请人未履行的证明材料；

（二）申请行政复议时一并提出行政赔偿请求的，提供受具体行政行为侵害而造成损害的证明材料；

（三）法律、法规规定需要申请人提供证据材料的其他情形。

第三十三条 行政复议机构认为必要时，可以实地调查核实证据；对重大、复杂的案件，申请人提出要求或者行政复议机构认为必要时，可以采取听证的方式审理。

第三十四条 行政复议人员向有关组织和人员调查取证时，可以查阅、复制、调取有关文件和资料，向有关人员进行询问。

调查取证时，行政复议人员不得少于 2 人，并应当向当事人或者有关人员出示证件。被调查单位和人员应当配合行政复议人员的工作，不得拒绝或者阻挠。

需要现场勘验的，现场勘验所用时间不计入行政复议审理期限。

第三十五条　行政复议机关应当为申请人、第三人查阅有关材料提供必要条件。

第三十六条　依照行政复议法第十四条的规定申请原级行政复议的案件，由原承办具体行政行为有关事项的部门或者机构提出书面答复，并提交作出具体行政行为的证据、依据和其他有关材料。

第三十七条　行政复议期间涉及专门事项需要鉴定的，当事人可以自行委托鉴定机构进行鉴定，也可以申请行政复议机构委托鉴定机构进行鉴定。鉴定费用由当事人承担。鉴定所用时间不计入行政复议审理期限。

相关部门规章

《国家外汇管理局行政复议程序》（2020 年 10 月 28 日起施行）

第十二条　在行政复议过程中，被申请人不得自行向申请人或其他有关组织或者个人收集证据。

《税务行政复议规则》（2010 年 2 月 10 日国家税务总局公布，2015 年 12 月 28 日和 2018 年 6 月 15 日修正）[①]

第八章　税务行政复议证据

第五十二条　行政复议证据包括以下类别：

（一）书证；

（二）物证；

[①]　相关的行政复议部门规章：《国家国际发展合作署行政复议实施办法》（2020 年 5 月 1 日起施行）、《自然资源行政复议规定》（2019 年 9 月 1 日起施行）、《水利部行政复议工作暂行规定》（2017 年 12 月 22 日修正）、《交通运输行政复议规定》（2015 年 9 月 9 日修正）、《住房城乡建设行政复议办法》（2015 年 11 月 1 日起施行）、《海关行政复议办法》（2014 年 3 月 13 日修改）、《国家食品药品监督管理总局行政复议办法》（2014 年 1 月 1 日起施行）、《国家知识产权局行政复议规程》（2012 年 9 月 1 日起施行）、《国家电力监管委员会行政复议办法》（2010 年 9 月 1 日起施行）、《中国证券监督管理委员会行政复议办法》（2010 年 7 月 1 日起施行）、《人力资源社会保障行政复议办法》（2010 年 3 月 16 日起施行）、《中国保险监督管理委员会行政复议办法》（2010 年 3 月 1 日起施行）、《环境行政复议办法》（2008 年 12 月 30 日起施行）、《文化部行政复议工作程序规定》（2008 年 3 月 1 日起施行）、《安全生产行政复议规定》（2007 年 11 月 1 日起施行）、《国防科学技术工业委员会行政复议实施办法》（2007 年 2 月 7 日修订）、《国家发展和改革委员会行政复议实施办法》（2006 年 7 月 1 日起施行）、《民航总局行政复议办法》（2006 年 3 月 20 日起施行）、《中国银行业监督管理委员会行政复议办法》（2005 年 2 月 1 日起施行）、《商务部行政复议实施办法》（2004 年 7 月 1 日起施行）、《司法行政机关行政复议应诉工作规定》（2001 年 6 月 22 日起施行）、《广播电影电视行政复议办法》（2001 年 5 月 9 日起施行）、《中国人民银行行政复议办法》（2001 年 2 月 1 日起施行）、《气象行政复议办法》（2000 年 5 月 2 日起施行）、《民政部行政复议与行政应诉办法》（1999 年 12 月 23 日起施行）、《地震行政复议规定》（1999 年 10 月 1 日起施行）、《国内贸易部行政复议工作办法》（1994 年 12 月 13 日起施行）等。由于上述行政复议部门规章没有独立专门的证据篇章，故不在本书详细列明。

（三）视听资料；

（四）电子数据；

（五）证人证言；

（六）当事人的陈述；

（七）鉴定意见；

（八）勘验笔录、现场笔录。

第五十三条　在行政复议中，被申请人对其作出的具体行政行为负有举证责任。

第五十四条　行政复议机关应当依法全面审查相关证据。行政复议机关审查行政复议案件，应当以证据证明的案件事实为依据。定案证据应当具有合法性、真实性和关联性。

第五十五条　行政复议机关应当根据案件的具体情况，从以下方面审查证据的合法性：

（一）证据是否符合法定形式。

（二）证据的取得是否符合法律、法规、规章和司法解释的规定。

（三）是否有影响证据效力的其他违法情形。

第五十六条　行政复议机关应当根据案件的具体情况，从以下方面审查证据的真实性：

（一）证据形成的原因。

（二）发现证据时的环境。

（三）证据是否为原件、原物，复制件、复制品与原件、原物是否相符。

（四）提供证据的人或者证人与行政复议参加人是否具有利害关系。

（五）影响证据真实性的其他因素。

第五十七条　行政复议机关应当根据案件的具体情况，从以下方面审查证据的关联性：

（一）证据与待证事实是否具有证明关系。

（二）证据与待证事实的关联程度。

（三）影响证据关联性的其他因素。

第五十八条　下列证据材料不得作为定案依据：

（一）违反法定程序收集的证据材料。

（二）以偷拍、偷录和窃听等手段获取侵害他人合法权益的证据材料。

（三）以利诱、欺诈、胁迫和暴力等不正当手段获取的证据材料。

（四）无正当事由超出举证期限提供的证据材料。

（五）无正当理由拒不提供原件、原物，又无其他证据印证，且对方不予认可的证据的复制件、复制品。

（六）无法辨明真伪的证据材料。

（七）不能正确表达意志的证人提供的证言。

（八）不具备合法性、真实性的其他证据材料。

行政复议机构依据本规则第十一条第（二）项规定的职责所取得的有关材料，不得作为支持被申请人具体行政行为的证据。

第五十九条　在行政复议过程中，被申请人不得自行向申请人和其他有关组织或者个人收集证据。

第六十条　行政复议机构认为必要时，可以调查取证。

行政复议工作人员向有关组织和人员调查取证时，可以查阅、复制和调取有关文件和资料，向有关人员询问。调查取证时，行政复议工作人员不得少于 2 人，并应当向当事人和有关人员出示证件。被调查单位和人员应当配合行政复议工作人员的工作，不得拒绝、阻挠。

需要现场勘验的，现场勘验所用时间不计入行政复议审理期限。

第六十一条　申请人和第三人可以查阅被申请人提出的书面答复、作出具体行政行为的证据、依据和其他有关材料，除涉及国家秘密、商业秘密或者个人隐私外，行政复议机关不得拒绝。

相关司法解释规定

《最高人民法院关于适用〈中华人民共和国行政诉讼法〉的解释》（法释〔2018〕1 号，2018 年 2 月 8 日起施行）

第一百三十五条　复议机关决定维持原行政行为的，人民法院应当在审查原行政行为合法性的同时，一并审查复议决定的合法性。

作出原行政行为的行政机关和复议机关对原行政行为合法性共同承担举证责任，可以由其中一个机关实施举证行为。复议机关对复议决定的合法性承担举证责任。

复议机关作共同被告的案件，复议机关在复议程序中依法收集和补充的证据，可以作为人民法院认定复议决定和原行政行为合法的依据。

2．国家赔偿程序的证据与证明

相关法律条文

《中华人民共和国行政诉讼法》（1989 年 4 月 4 日通过，2014 年 11 月 1 日第一次修正，2017 年 6 月 27 日第二次修正）

第三十八条　【原告举证责任】在起诉被告不履行法定职责的案件中，原告应当提供其向被告提出申请的证据。但有下列情形之一的除外：

（一）被告应当依职权主动履行法定职责的；

（二）原告因正当理由不能提供证据的。

在行政赔偿、补偿的案件中，原告应当对行政行为造成的损害提供证据。因被告的原因导致原告无法举证的，由被告承担举证责任。

《中华人民共和国国家赔偿法》（1994 年 5 月 12 日通过，2010 年 4 月 29 日第一次修正，2012 年 10 月 26 日第二次修正）

第二章 行政赔偿

第十五条 人民法院审理行政赔偿案件，赔偿请求人和赔偿义务机关对自己提出的主张，应当提供证据。

赔偿义务机关采取行政拘留或者限制人身自由的强制措施期间，被限制人身自由的人死亡或者丧失行为能力的，赔偿义务机关的行为与被限制人身自由的人的死亡或者丧失行为能力是否存在因果关系，赔偿义务机关应当提供证据。

第三章 刑事赔偿

第二十六条 人民法院赔偿委员会处理赔偿请求，赔偿请求人和赔偿义务机关对自己提出的主张，应当提供证据。

被羁押人在羁押期间死亡或者丧失行为能力的，赔偿义务机关的行为与被羁押人的死亡或者丧失行为能力是否存在因果关系，赔偿义务机关应当提供证据。

第二十七条 人民法院赔偿委员会处理赔偿请求，采取书面审查的办法。必要时，可以向有关单位和人员调查情况、收集证据。赔偿请求人与赔偿义务机关对损害事实及因果关系有争议的，赔偿委员会可以听取赔偿请求人和赔偿义务机关的陈述和申辩，并可以进行质证。

相关司法解释规定

《最高人民法院关于国家赔偿监督程序若干问题的规定》（法释〔2017〕9 号，2017 年 5 月 1 日起施行）

第八条 赔偿委员会对于立案受理的申诉案件，应当着重围绕申诉人的申诉事由进行审查。必要时，应当对原决定认定的事实、证据和适用法律进行全面审查。

第十二条 申诉人在申诉阶段提供新的证据，应当说明逾期提供的理由。

申诉人提供的新的证据，能够证明原决定认定的基本事实或者处理结果错误的，应当认定为本规定第十一条第一项规定的情形。

第十八条 赔偿委员会重新审理案件，采取书面审理的方式，必要时可以向有关单位和人员调查情况、收集证据，听取申诉人、被申诉人或者赔偿请求人、赔偿义务机关的陈述和申辩。有本规定第十一条第一项、第三项情形，或者赔偿委员会认为确有必要的，可以组织申诉人、被申诉人或者赔偿请求人、赔偿义务机关公开质证。

对于人民检察院提出意见的案件，赔偿委员会组织质证时应当通知提出意见的人民检察院派员出席。

第十九条　赔偿委员会重新审理案件，应当对原决定认定的事实、证据和适用法律进行全面审理。

《最高人民法院关于人民法院赔偿委员会适用质证程序审理国家赔偿案件的规定》（法释〔2013〕27 号，2014 年 3 月 1 日起施行）

为规范人民法院赔偿委员会（以下简称赔偿委员会）适用质证程序审理国家赔偿案件，根据《中华人民共和国国家赔偿法》等有关法律规定，结合国家赔偿工作实际，制定本规定。

第一条　赔偿委员会根据国家赔偿法第二十七条的规定，听取赔偿请求人、赔偿义务机关的陈述和申辩，进行质证的，适用本规定。

第二条　有下列情形之一，经书面审理不能解决的，赔偿委员会可以组织赔偿请求人和赔偿义务机关进行质证：

（一）对侵权事实、损害后果及因果关系有争议的；

（二）对是否属于国家赔偿法第十九条规定的国家不承担赔偿责任的情形有争议的；

（三）对赔偿方式、赔偿项目或者赔偿数额有争议的；

（四）赔偿委员会认为应当质证的其他情形。

第三条　除涉及国家秘密、个人隐私或者法律另有规定的以外，质证应当公开进行。

赔偿请求人或者赔偿义务机关申请不公开质证，对方同意的，赔偿委员会可以不公开质证。

第四条　赔偿请求人和赔偿义务机关在质证活动中的法律地位平等，有权委托代理人、提出回避申请，提供证据、申请查阅、复制本案质证材料，进行陈述、质询、申辩，并应当依法行使质证权利，遵守质证秩序。

第五条　赔偿请求人、赔偿义务机关对其主张的有利于自己的事实负举证责任，但法律、司法解释另有规定的除外。

没有证据或者证据不足以证明其事实主张的，由负有举证责任的一方承担不利后果。

第六条　下列事实需要证明的，由赔偿义务机关负举证责任：

（一）赔偿义务机关行为的合法性；

（二）赔偿义务机关无过错；

（三）因赔偿义务机关过错致使赔偿请求人不能证明的待证事实；

（四）赔偿义务机关行为与被羁押人在羁押期间死亡或者丧失行为能力不存在因果关系。

第七条　下列情形，由赔偿义务机关负举证责任：

（一）属于法定免责情形；

（二）赔偿请求超过法定时效；

（三）具有其他抗辩事由。

第八条　赔偿委员会认为必要时，可以通知复议机关参加质证，由复议机关对其作出复议决定的事实和法律依据进行说明。

第九条　赔偿请求人可以在举证期限内申请赔偿委员会调取下列证据：

（一）由国家有关部门保存，赔偿请求人及其委托代理人无权查阅调取的证据；

（二）涉及国家秘密、商业秘密、个人隐私的证据；

（三）赔偿请求人及其委托代理人因客观原因不能自行收集的其他证据。

赔偿请求人申请赔偿委员会调取证据，应当提供具体线索。

第十条　赔偿委员会有权要求赔偿请求人、赔偿义务机关提供或者补充证据。

涉及国家利益、社会公共利益或者他人合法权益的事实，或者涉及依职权追加质证参加人、中止审理、终结审理、回避等程序性事项的，赔偿委员会可以向有关单位和人员调查情况、收集证据。

第十一条　赔偿请求人、赔偿义务机关应当在收到受理案件通知书之日起十日内提供证据。赔偿请求人、赔偿义务机关确因客观事由不能在该期限内提供证据的，赔偿委员会可以根据其申请适当延长举证期限。

赔偿请求人、赔偿义务机关无正当理由逾期提供证据的，应当承担相应的不利后果。

第十二条　对于证据较多或者疑难复杂的案件，赔偿委员会可以组织赔偿请求人、赔偿义务机关在质证前交换证据，明确争议焦点，并将交换证据的情况记录在卷。

赔偿请求人、赔偿义务机关在证据交换过程中没有争议并记录在卷的证据，经审判员在质证中说明后，可以作为认定案件事实的依据。

第十三条　赔偿委员会应当指定审判员组织质证，并在质证三日前通知赔偿请求人、赔偿义务机关和其他质证参与人。必要时，赔偿委员会可以通知赔偿义务机关实施原职权行为的工作人员或者其他利害关系人到场接受询问。

赔偿委员会决定公开质证的，应当在质证三日前公告案由，赔偿请求人和赔偿义务机关的名称，以及质证的时间、地点。

第十四条　适用质证程序审理国家赔偿案件，未经质证的证据不得作为认定案件事实的依据，但法律、司法解释另有规定的除外。

第十五条　赔偿请求人、赔偿义务机关应围绕证据的关联性、真实性、合法性，针对证据有无证明力以及证明力大小，进行质证。

第十六条　质证开始前，由书记员查明质证参与人是否到场，宣布质证纪律。

质证开始时，由主持质证的审判员核对赔偿请求人、赔偿义务机关，宣布案由，宣布审判员、书记员名单，向赔偿请求人、赔偿义务机关告知质证权利义务以及询问是否申请回避。

第十七条　质证一般按照下列顺序进行：

（一）赔偿请求人、赔偿义务机关分别陈述，复议机关进行说明；

（二）审判员归纳争议焦点；

（三）赔偿请求人、赔偿义务机关分别出示证据，发表意见；

（四）询问参加质证的证人、鉴定人、勘验人；

（五）赔偿请求人、赔偿义务机关就争议的事项进行质询和辩论；

（六）审判员宣布赔偿请求人、赔偿义务机关认识一致的事实和证据；

（七）赔偿请求人、赔偿义务机关最后陈述意见。

第十八条　赔偿委员会根据赔偿请求人申请调取的证据，作为赔偿请求人提供的证据进行质证。

赔偿委员会依照职权调取的证据应当在质证时出示，并就调取该证据的情况予以说明，听取赔偿请求人、赔偿义务机关的意见。

第十九条　赔偿请求人或者赔偿义务机关对对方主张的不利于自己的事实，在质证中明确表示承认的，对方无需举证；既未表示承认也未否认，经审判员询问并释明法律后果后，其仍不作明确表示的，视为对该项事实的承认。

赔偿请求人、赔偿义务机关委托代理人参加质证的，代理人在代理权限范围内的承认视为被代理人的承认，但参加质证的赔偿请求人、赔偿义务机关当场明确表示反对的除外；代理人超出代理权限范围的承认，参加质证的赔偿请求人、赔偿义务机关当场不作否认表示的，视为被代理人的承认。

上述承认违反法律禁止性规定，或者损害国家利益、社会公共利益、他人合法权益的，不发生自认的效力。

第二十条　下列事实无需举证证明：

（一）自然规律以及定理、定律；

（二）众所周知的事实；

（三）根据法律规定推定的事实；

（四）已经依法证明的事实；

（五）根据日常生活经验法则推定的事实。

前款（二）（三）（四）（五）项，赔偿请求人、赔偿义务机关有相反证据否定其真实性的除外。

第二十一条　有证据证明赔偿义务机关持有证据无正当理由拒不提供的，赔偿委员会可以就待证事实作出有利于赔偿请求人的推定。

第二十二条　赔偿委员会应当依据法律规定，遵照法定程序，全面客观地审核证据，运用逻辑推理和日常生活经验，对证据的证明力进行独立、综合的审查判断。

第二十三条　书记员应当将质证的全部活动记入笔录。质证笔录由赔偿请求人、赔偿义务机关和其他质证参与人核对无误或者补正后签名或者盖章。拒绝签名或者盖章的，应当记明情况附卷，由审判员和书记员签名。

具备条件的，赔偿委员会可以对质证活动进行全程同步录音录像。

第二十四条　赔偿请求人、赔偿义务机关经通知无正当理由拒不参加质证或者未经许可中途退出质证的，视为放弃质证，赔偿委员会可以综合全案情况和对方意见认定案件事实。

第二十五条　有下列情形之一的，可以延期质证：

（一）赔偿请求人、赔偿义务机关因不可抗拒的事由不能参加质证的；

（二）赔偿请求人、赔偿义务机关临时提出回避申请，是否回避的决定不能在短时间内作出的；

（三）需要通知新的证人到场，调取新的证据，重新鉴定、勘验，或者补充调查的；

（四）其他应当延期的情形。

第二十六条　本规定自 2014 年 3 月 1 日起施行。

本规定施行前本院发布的司法解释与本规定不一致的，以本规定为准。

《最高人民法院关于人民法院赔偿委员会审理国家赔偿案件程序的规定》（法释〔2011〕6 号，2011 年 3 月 22 日施行）

第二条　赔偿请求人向赔偿委员会申请作出赔偿决定，应当提供以下法律文书和证明材料：

（一）赔偿义务机关作出的决定书；

（二）复议机关作出的复议决定书，但赔偿义务机关是人民法院的除外；

（三）赔偿义务机关或者复议机关逾期未作出决定的，应当提供赔偿义务机关对赔偿申请的收讫凭证等相关证明材料；

（四）行使侦查、检察、审判职权的机关在赔偿申请所涉案件的刑事诉讼程序、民事诉讼程序、行政诉讼程序、执行程序中作出的法律文书；

（五）赔偿义务机关职权行为侵犯赔偿请求人合法权益造成损害的证明材料；

（六）证明赔偿申请符合申请条件的其他材料。

第十二条　赔偿请求人、赔偿义务机关对自己提出的主张或者反驳对方主张所依据的事实有责任提供证据加以证明。有国家赔偿法第二十六条第二款规定情形的，应当由赔偿义务机关提供证据。

没有证据或者证据不足以证明其事实主张的，由负有举证责任的一方承担不利后果。

第十三条　赔偿义务机关对其职权行为的合法性负有举证责任。

赔偿请求人可以提供证明职权行为违法的证据，但不因此免除赔偿义务机关对其职权行为合法性的举证责任。

第十四条　有下列情形之一的，赔偿委员会可以组织赔偿请求人和赔偿义务机关进行质证：

（一）对侵权事实、损害后果及因果关系争议较大的；

（二）对是否属于国家赔偿法第十九条规定的国家不承担赔偿责任的情形争议较大的；

（三）对赔偿方式、赔偿项目或者赔偿数额争议较大的；

（四）赔偿委员会认为应当质证的其他情形。

《最高人民法院关于审理行政赔偿案件若干问题的规定》（法发〔1997〕10号，1997年4月29日起施行）

第二十五条　受害的公民死亡，其继承人和有抚养关系的人提起行政赔偿诉讼，应当提供该公民死亡的证明及赔偿请求人与死亡公民之间的关系证明。

第三十二条　原告在行政赔偿诉讼中对自己的主张承担举证责任。被告有权提供不予赔偿或者减少赔偿数额方面的证据。

相关部门规章

《公安机关办理国家赔偿案件程序规定》（2018年10月1日起施行）

第二章　行政赔偿和刑事赔偿

第一节　申请和受理

第八条　申请赔偿除提交赔偿申请书外，还应当提交下列材料：

（一）赔偿请求人的身份证明材料。赔偿请求人不是受害人本人的，提供与受害人关系的证明。赔偿请求人委托他人代理赔偿请求事项的，提交授权委托书，以及代理人的身份证明；代理人为律师的，同时提交律师执业证明及律师事务所证明；

（二）赔偿请求所涉职权行为的法律文书或者其他证明材料；

（三）赔偿请求所涉职权行为造成损害及其程度的证明材料。

不能提交前款第二项、第三项所列材料的，赔偿请求人应当书面说明情况和理由。

第二节　审查

第十五条　赔偿义务机关应当全面审查赔偿请求的事实、证据和理由。重点查明下列事项：

（一）赔偿请求所涉职权行为的合法性；

（二）侵害事实、损害后果及因果关系；

（三）是否具有国家不承担赔偿责任的法定情形。

除前款所列查明事项外，赔偿义务机关还应当按照本规定第十六条至第十九条的规定，分别重点审查有关事项。

第十七条　赔偿请求人主张生命健康权赔偿的，重点审查下列事项：

（一）诊断证明、医疗费用凭据，以及护理、康复、后续治疗的证明；

（二）死亡证明书，伤残、部分或者全部丧失劳动能力的鉴定意见。

赔偿请求提出因误工减少收入的，还应当审查收入证明、误工证明等。受害人死亡或者全部丧失劳动能力的，还应当审查其是否扶养未成年人或者其他无劳动能力人，以及所承担的扶养义务。

第十八条　赔偿请求人主张财产权赔偿的，重点审查下列事项：

（一）查封、扣押、冻结、收缴、追缴、没收的财物不能恢复原状或者灭失的，财物损失发生时的市场价格；查封、扣押、冻结、收缴、追缴、没收的财物被拍卖或者变卖的，拍卖或者变卖及其价格的证明材料，以及变卖时的市场价格；

（二）停产停业期间必要经常性开支的证明材料。

第十九条　赔偿请求人主张精神损害赔偿的，重点审查下列事项：

（一）是否存在《国家赔偿法》第三条或者第十七条规定的侵犯人身权行为；

（二）精神损害事实及后果；

（三）侵犯人身权行为与精神损害事实及后果的因果关系。

第二十一条　赔偿审查期间，赔偿义务机关法制部门可以调查核实情况，收集有关证据。有关单位和人员应当予以配合。

第二十二条　对赔偿请求所涉职权行为，有权机关已经作出生效法律结论，该结论所采信的证据可以作为赔偿审查的证据。

第三章　刑事赔偿复议

第一节　申请和受理

第三十四条　申请刑事赔偿复议除提交复议申请书外，还应当提交下列材料：

（一）赔偿请求人的身份证明材料。赔偿请求人不是受害人本人的，提供与受害人关系的证明。赔偿请求人委托他人代理复议事项的，提交授权委托书，以及代理人的身份证明。代理人为律师的，同时提交律师执业证明及律师事务所证明；

（二）向赔偿义务机关提交的赔偿申请材料及申请赔偿的证明材料；

（三）赔偿义务机关就赔偿申请作出的决定书。赔偿义务机关逾期未作决定的除外。

第二节　审查

第四十条　复议机关法制部门应当自复议申请受理之日起五个工作日内，将申请材料副本送赔偿义务机关。赔偿义务机关应当自收到之日起十个工作日内向复议机关作出书面答复，并提供相关证据、依据和其他材料。

第四十三条　赔偿请求人和赔偿义务机关对自己的主张负有举证责任。没有证据或者证据不足以证明事实主张的，由负有举证责任的一方承担不利后果。

赔偿义务机关对其职权行为的合法性，以及《国家赔偿法》第二十六条第二款规定的情形负有举证责任。赔偿请求人可以提供证明赔偿义务机关职权行为违法的证据，但不因此免除赔偿义务机关的举证责任。

第四十四条　复议审查期间，复议机关法制部门可以调查核实情况，收集有关证据。有关单位和人员应当予以配合。

相关司法文件

《最高人民法院办公厅关于国家赔偿法实施中若干问题的座谈会纪要》（最高人民法院办公厅法办〔2012〕490 号，2012 年 12 月 25 日起施行）

九、人民法院办理自赔案件，应当充分听取赔偿请求人的意见。案件争议较大或者案情疑难、复杂的，人民法院可以组织赔偿请求人、原案件承办人以及其他相关人员进行听证。

人民法院赔偿委员会审理国家赔偿案件，对符合《最高人民法院关于人民法院赔偿委员会审理国家赔偿案件程序的规定》第十四条规定情形的，可以组织赔偿请求人和赔偿义务机关进行质证。

人民法院或人民法院赔偿委员会进行听证、质证的，应当对听证、质证的情况制作笔录。

十、人民法院赔偿委员会审理国家赔偿案件，赔偿请求人和赔偿义务机关应当依照国家赔偿法第二十六条的规定，对自己提出的主张承担举证责任。

赔偿义务机关主张其行为合法的，应当就其合法性承担举证责任。

被羁押人在羁押期间死亡或丧失行为能力的，赔偿义务机关应当对其行为与被羁押人死亡或者丧失行为能力是否存在因果关系承担举证责任。

《人民检察院国家赔偿工作规定》（高检发〔2010〕29 号，2010 年 12 月 1 日起施行）

第十二条　对已经立案的赔偿案件应当全面审查案件材料，必要时可以调取有关的案卷材料，也可以向原案件承办部门和承办人员等调查、核实有关情况，收集有关证据。原案件承办部门和承办人员应当协助、配合。

第二十三条　复议赔偿案件可以调取有关的案卷材料。对事实不清的，可以要求原承办案件的人民检察院补充调查，也可以自行调查。对损害事实及因果关系、重要证据有争议的，应当听取赔偿请求人和赔偿义务机关的意见。

第三十二条　对立案审查的案件，应当全面审查申诉材料和全部案卷。

具有下列情形之一的，可以进行补充调查：

（一）赔偿请求人由于客观原因不能自行收集的主要证据，向人民法院赔偿委员会提供了证据线索，人民法院未进行调查取证的；

（二）赔偿请求人和赔偿义务机关提供的证据互相矛盾，人民法院赔偿委员会未进行调查核实的；

（三）据以认定事实的主要证据可能是虚假、伪造的；

（四）审判人员在审理该案时可能有贪污受贿、徇私舞弊、枉法处理行为的。

对前款第一至三项规定情形的调查，由本院国家赔偿工作办公室或者指令下级人民检察院国家赔偿工作办公室进行。对第四项规定情形的调查，应当根据人民检察院内部业务分工，由本院主管部门或者指令下级人民检察院主管部门进行。

相关案例

最高人民法院指导案例 91 号：沙明保等诉马鞍山市花山区人民政府房屋强制拆除行政赔偿案

【裁判要点】在房屋强制拆除引发的行政赔偿案件中，原告提供了初步证据，但因行政机关的原因导致原告无法对房屋内物品损失举证，行政机关亦因未依法进行财产登记、公证等措施无法对房屋内物品损失举证的，人民法院对原告未超出市场价值的符合生活常理的房屋内物品的赔偿请求，应当予以支持。

【基本案情】2011 年 12 月 5 日，安徽省人民政府作出《关于某市 2011 年第 35 批次城市建设用地的批复》，批准征收某市某区某街道范围内农民集体建设用地 10.04 公顷，用于城市建设。2011 年 12 月 23 日，该市人民政府作出 2011 年 37 号《某市人民政府征收土地方案公告》，将安徽省人民政府的批复内容予以公告，并载明征地方案由某区人民政府实施。苏某名下的某区某房屋在本次征收范围内。苏某于 2011 年 9 月 13 日去世，其生前将该房屋处置给四原告所有。原告古某系苏某的女儿，原告沙某保、沙某虎、沙某莉系苏某的外孙。在实施征迁过程中，征地单位分别制作了《某市国家建设用地征迁费用补偿表》《某市征迁住房货币化安置（产权调换）备案表》，对苏某户房屋及地上附着物予以登记补偿，原告古某的丈夫领取了安置补偿款。2012 年年初，被告组织相关部门将苏某户房屋及地上附着物拆除。原告沙某保等四人认为某市某区人民政府非法将上述房屋拆除，侵犯了其合法财产权，故提起诉讼，请求人民法院判令某市某区人民政府赔偿房屋损失、装潢损失、房租损失共计 282.7680 万元；房屋内物品损失共计 10 万元，主要包括衣物、家具、家电、手机等 5 万元，实木雕花床 5 万元。

该市中级人民法院判决驳回原告沙某保等四人的赔偿请求。沙某保等四人不服，上诉称：1. 2012 年年初，该市该区人民政府对案涉农民集体土地进行征收，未征求公众意见，上诉人亦不知以何种标准予以补偿；2. 2012 年 8 月 1 日，该市该区人民政府对上诉人的房屋进行拆除的行为违法，事前未达成协议，未告知何时拆迁，屋内财产未搬离、未清点，所造成的财产损失应由该市该区人民政府承担举证责任；3. 2012 年 8 月 27 日，上诉人沙某保、沙某虎、沙某莉的父亲沙某金受胁迫在补偿表上签字，但其父沙某金对房屋并不享有权益且该补偿表系房屋被拆后所签。综上，请求二审法院撤销一审判决，支持其赔偿请求。

该市该区人民政府未作书面答辩。

【裁判结果】该市中级人民法院于 2015 年 7 月 20 日作出行政赔偿判决：驳回沙某保等四人的赔偿请求。宣判后，沙某保等四人提出上诉，安徽省高级人民法院于 2015 年 11 月 24 日作出行政赔偿判决：撤销该市中级人民法院的行政赔偿判决；判令该市该区人民政府赔偿上诉人沙某保等四人房屋内物品损失 8 万元。

【裁判理由】法院生效裁判认为：根据《中华人民共和国土地管理法实施条例》第四十五条的规定，土地行政主管部门责令限期交出土地，被征收人拒不交出的，申请人民法院强制执行。某市某区人民政府提供的证据不能证明原告自愿交出了被征土地上的房屋，其在土地行政主管部门未作出责令交出土地决定亦未申请人民法院强制执行的情况下，对沙某保等四人的房屋组织实施拆除，行为违法。关于被拆房屋内物品损失问题，根据《中华人民共和国行政诉讼法》第三十八条第二款之规定，在行政赔偿、补偿的案件中，原告应当对行政行为造成的损害提供证据。因被告的原因导致原告无法举证的，由被告承担举证责任。该市该区人民政府组织拆除上诉人的房屋时，未依法对屋内物品登记保全，未制作物品清单并交上诉人签字确认，致使上诉人无法对物品受损情况举证，故该损失是否存在、具体损失情况等，依法应由该区人民政府承担举证责任。上诉人主张的屋内物品 5 万元包括衣物、家具、家电、手机等，均系日常生活必需品，符合一般家庭实际情况，且被上诉人亦未提供证据证明这些物品不存在，故对上诉人主张的屋内物品种类、数量及价值应予认定。上诉人主张实木雕花床价值为 5 万元，已超出市场正常价格范围，其又不能确定该床的材质、形成时间、与普通实木雕花床有何不同等，法院不予支持。但出于最大限度保护被侵权人的合法权益考虑，结合目前普通实木雕花床的市场价格，按"就高不就低"的原则，综合酌定该实木雕花床价值为 3 万元。综上，法院作出如上判决。

3．检察监督程序的证据与证明

相关司法解释规定

《人民检察院行政诉讼监督规则（试行）》（2016 年 4 月 15 日起试行）

第五十八条　人民检察院因履行法律监督职责的需要，有下列情形之一的，可以向当事人或者案外人调查核实有关情况：

（一）行政判决、裁定、调解书可能存在法律规定需要监督的情形，仅通过阅卷及审查现有材料难以认定的；

（二）行政审判程序中审判人员可能存在违法行为的；

（三）人民法院行政案件执行活动可能存在违法情形的；

（四）被诉行政行为及相关行政行为可能违法的；

（五）行政相对人、权利人合法权益未得到依法实现的；

（六）其他需要调查核实的情形。

人民检察院不得为证明行政行为的合法性调取行政机关作出行政行为时未收集的证据。

第五十九条　人民检察院通过阅卷以及调查核实难以认定有关事实的，可以听取人民法院相关审判、执行人员的意见，全面了解案件审判、执行的相关事实和理由。

第六十条　人民检察院可以采取以下调查核实措施：

（一）查询、调取、复制相关证据材料；

（二）询问当事人、有关知情人员或者其他相关人员；

（三）咨询专业人员、相关部门或者行业协会等对专门问题的意见；

（四）委托鉴定、评估、审计；

（五）勘验物证、现场；

（六）查明案件事实所需要采取的其他措施。

检察人员应当保守国家秘密和工作秘密，对调查核实中知悉的商业秘密和个人隐私予以保密。

人民检察院调查核实，不得采取限制人身自由和查封、扣押、冻结财产等强制性措施。

第六十一条　有下列情形之一的，人民检察院可以向银行业金融机构查询、调取、复制相关证据材料：

（一）可能损害国家利益、社会公共利益的；

（二）审判、执行人员可能存在违法行为的；

（三）当事人有伪造证据、恶意串通损害他人合法权益可能的。

人民检察院可以依照有关规定指派具备相应资格的检察技术人员对行政诉讼监督案件中的鉴定意见等技术性证据进行专门审查，并出具审查意见。

第六十二条　人民检察院可以就专门性问题书面或者口头咨询有关专业人员、相关部门或者行业协会的意见。口头咨询的，应当制作笔录，由接受咨询的专业人员签名或者盖章。拒绝签名盖章的，应当记明情况。

人民检察院对专门性问题认为需要鉴定、评估、审计的，可以委托具备资格的机构进行鉴定、评估、审计。在诉讼过程中已经进行过鉴定、评估、审计的，除确有必要外，一般不再委托鉴定、评估、审计。

第六十三条　人民检察院认为确有必要的，可以勘验物证或者现场。勘验人应当出示人民检察院的证件，并邀请当地基层组织或者当事人所在单位派人参加。当事人或者当事人的成年家属应当到场，拒不到场的，不影响勘验的进行。

勘验人应当将勘验情况和结果制作笔录，由勘验人、当事人和被邀参加人签名或者盖章。

第六十四条 需要调查核实的，由承办检察官在职权范围内决定，或者报检察长决定。

第六十五条 人民检察院调查核实，应当由二人以上共同进行。

调查笔录经被调查人校阅后，由调查人、被调查人签名或者盖章。被调查人拒绝签名盖章的，应当记明情况。

第六十六条 人民检察院可以指令下级人民检察院或者委托外地人民检察院调查核实。

人民检察院指令调查或者委托调查的，应当发送《指令调查通知书》或者《委托调查函》，载明调查核实事项、证据线索及要求。受指令或者受委托人民检察院收到《指令调查通知书》或者《委托调查函》后，应当在十五日内完成调查核实工作并书面回复。因客观原因不能完成调查的，应当在上述期限内书面回复指令或者委托的人民检察院。

人民检察院到外地调查的，当地人民检察院应当配合。

第六十七条 人民检察院调查核实，有关单位和个人应当配合。拒绝或者妨碍人民检察院调查核实的，人民检察院可以向有关单位或者其上级主管机关提出检察建议，责令纠正，必要时可以通报同级政府、监察机关；涉嫌违纪违法犯罪的，依照规定移送有关机关处理。

第八十二条 申请人提供的新证据以及人民检察院调查取得的证据，能够证明原判决、裁定确有错误的，应当认定为《中华人民共和国行政诉讼法》第九十一条第二项规定的情形，但原审被诉行政机关无正当理由逾期提供证据的除外。

第八十三条 有下列情形之一的，应当认定为《中华人民共和国行政诉讼法》第九十一条第三项规定的"认定事实的主要证据不足"：

（一）认定的事实没有证据支持，或者认定的事实所依据的证据虚假的；

（二）认定的事实所依据的主要证据不合法的；

（三）对认定事实的主要证据有无证明力、证明力大小或者证明对象的判断违反证据规则、逻辑推理或者经验法则的；

（四）认定事实的主要证据不足的其他情形。

相关司法文件

《最高人民法院、最高人民检察院关于对民事审判活动与行政诉讼实行法律监督的若干意见（试行）》（高检会〔2011〕1号，2011年3月10日起试行）

第三条 人民检察院对于已经发生法律效力的判决、裁定、调解，有下列情形之一的，可以向当事人或者案外人调查核实：

（一）可能损害国家利益、社会公共利益的；

（二）民事诉讼的当事人或者行政诉讼的原告、第三人在原审中因客观原因不能自行收集证据，书面申请人民法院调查收集，人民法院应当调查收集而未调查收集的；

（三）民事审判、行政诉讼活动违反法定程序，可能影响案件正确判决、裁定的。

4. 行政许可的证据与证明

相关法律条文

《中华人民共和国专利法》（1984 年 3 月 12 日通过，1992 年 9 月 4 日第一次修正，2000 年 8 月 25 日第二次修正，2008 年 12 月 27 日第三次修正，2020 年 10 月 17 日第四次修正）

第五十九条　依照本法第五十三条第（一）项、第五十六条规定申请强制许可的单位或者个人应当提供证据，证明其以合理的条件请求专利权人许可其实施专利，但未能在合理的时间内获得许可。

第六十九条　负责专利执法的部门根据已经取得的证据，对涉嫌假冒专利行为进行查处时，有权采取下列措施：

（一）询问有关当事人，调查与涉嫌违法行为有关的情况；

（二）对当事人涉嫌违法行为的场所实施现场检查；

（三）查阅、复制与涉嫌违法行为有关的合同、发票、账簿以及其他有关资料；

（四）检查与涉嫌违法行为有关的产品；

（五）对有证据证明是假冒专利的产品，可以查封或者扣押。

管理专利工作的部门应专利权人或者利害关系人的请求处理专利侵权纠纷时，可以采取前款第（一）项、第（二）项、第（四）项所列措施。

负责专利执法的部门、管理专利工作的部门依法行使前两款规定的职权时，当事人应当予以协助、配合，不得拒绝、阻挠。

相关司法解释规定

《最高人民法院关于审理行政许可案件若干问题的规定》（法释〔2009〕20 号，2010 年 1 月 4 日起施行）

第八条　被告不提供或者无正当理由逾期提供证据的，与被诉行政许可行为有利害关系的第三人可以向人民法院提供；第三人对无法提供的证据，可以申请人民法院调取；人民法院在当事人无争议，但涉及国家利益、公共利益或者他人合法权益的情况下，也可以依职权调取证据。

第三人提供或者人民法院调取的证据能够证明行政许可行为合法的，人民法院应当判决驳回原告的诉讼请求。

相关行政法规

《排污许可管理条例》（2021 年 3 月 1 日起施行）

第二十九条　生态环境主管部门依法通过现场监测、排污单位污染物排放自动监测设备、全国排污许可证管理信息平台获得的排污单位污染物排放数据，可以作为判定污染物排放浓度是否超过许可排放浓度的证据。

排污单位自行监测数据与生态环境主管部门及其所属监测机构在行政执法过程中收集的监测数据不一致的，以生态环境主管部门及其所属监测机构收集的监测数据作为行政执法依据。

《中华人民共和国专利法实施细则》（2001 年 6 月 15 日公布，2002 年 12 月 28 日第一次修订，2010 年 1 月 9 日第二次修订）

第三条　依照专利法和本细则规定提交的各种文件应当使用中文；国家有统一规定的科技术语的，应当采用规范词；外国人名、地名和科技术语没有统一中文译文的，应当注明原文。

依照专利法和本细则规定提交的各种证件和证明文件是外文的，国务院专利行政部门认为必要时，可以要求当事人在指定期限内附送中文译文；期满未附送的，视为未提交该证件和证明文件。

第六十五条　依照专利法第四十五条的规定，请求宣告专利权无效或者部分无效的，应当向专利复审委员会提交专利权无效宣告请求书和必要的证据一式两份。无效宣告请求书应当结合提交的所有证据，具体说明无效宣告请求的理由，并指明每项理由所依据的证据。

前款所称无效宣告请求的理由，是指被授予专利的发明创造不符合专利法第二条、第二十条第一款、第二十二条、第二十三条、第二十六条第三款、第四款、第二十七条第二款、第三十三条或者本细则第二十条第二款、第四十三条第一款的规定，或者属于专利法第五条、第二十五条的规定，或者依照专利法第九条规定不能取得专利权。

第六十七条　在专利复审委员会受理无效宣告请求后，请求人可以在提出无效宣告请求之日起 1 个月内增加理由或者补充证据。逾期增加理由或者补充证据的，专利复审委员会可以不予考虑。

5．行政公益诉讼的证据与证明

相关司法解释规定

《人民检察院公益诉讼办案规则》（2021 年 7 月 1 日起施行）

第四节　调　查

第三十二条　人民检察院办理公益诉讼案件，应当依法、客观、全面调查收集证据。

第三十三条　人民检察院在调查前应当制定调查方案，确定调查思路、方法、步骤以及拟收集的证据清单等。

第三十四条　人民检察院办理公益诉讼案件的证据包括书证、物证、视听资料、电子数据、证人证言、当事人陈述、鉴定意见、专家意见、勘验笔录等。

第三十五条　人民检察院办理公益诉讼案件，可以采取以下方式开展调查和收集证据：

（一）查阅、调取、复制有关执法、诉讼卷宗材料等；

（二）询问行政机关工作人员、违法行为人以及行政相对人、利害关系人、证人等；

（三）向有关单位和个人收集书证、物证、视听资料、电子数据等证据；

（四）咨询专业人员、相关部门或者行业协会等对专门问题的意见；

（五）委托鉴定、评估、审计、检验、检测、翻译；

（六）勘验物证、现场；

（七）其他必要的调查方式。

人民检察院开展调查和收集证据不得采取限制人身自由或者查封、扣押、冻结财产等强制性措施。

第三十六条　人民检察院开展调查和收集证据，应当由两名以上检察人员共同进行。检察官可以组织司法警察、检察技术人员参加，必要时可以指派或者聘请其他具有专门知识的人参与。根据案件实际情况，也可以商请相关单位协助进行。

在调查收集证据过程中，检察人员可以依照有关规定使用执法记录仪、自动检测仪等办案设备和无人机航拍、卫星遥感等技术手段。

第三十七条　询问应当个别进行。检察人员在询问前应当出示工作证，询问过程中应当制作《询问笔录》。被询问人确认无误后，签名或者盖章。被询问人拒绝签名盖章的，应当在笔录上注明。

第三十八条　需要向有关单位或者个人调取物证、书证的，应当制作《调取证据通知书》和《调取证据清单》，持上述文书调取有关证据材料。

调取书证应当调取原件，调取原件确有困难或者因保密需要无法调取原件的，可以调取复制件。书证为复制件的，应当注明调取人、提供人、调取时间、证据出处和"本复制件与原件核对一致"等字样，并签字、盖章。书证页码较多的，加盖骑缝章。

调取物证应当调取原物，调取原物确有困难的，可以调取足以反映原物外形或者内容的照片、录像或者复制品等其他证据材料。

第三十九条　人民检察院应当收集提取视听资料、电子数据的原始存储介质，调取原始存储介质确有困难或者因保密需要无法调取的，可以调取复制件。调取复制件的，应当说明其来源和制作经过。

人民检察院自行收集提取视听资料、电子数据的，应当注明收集时间、地点、收集人员及其他需要说明的情况。

第四十条　人民检察院可以就专门性问题书面或者口头咨询有关专业人员、相关部门或者行业协会的意见。

口头咨询的，应当制作笔录，由接受咨询的专业人员签名或者盖章。书面咨询的，应当由出具咨询意见的专业人员或者单位签名、盖章。

第四十一条　人民检察院对专门性问题认为确有必要鉴定、评估、审计、检验、检测、翻译的，可以委托具备资格的机构进行鉴定、评估、审计、检验、检测、翻译，委托时应当制作《委托鉴定（评估、审计、检验、检测、翻译）函》。

第四十二条　人民检察院认为确有必要的，可以勘验物证或者现场。

勘验应当在检察官的主持下，由两名以上检察人员进行，可以邀请见证人参加。必要时，可以指派或者聘请有专门知识的人进行。勘验情况和结果应当制作笔录，由参加勘验的人员、见证人签名或者盖章。

检察技术人员可以依照相关规定在勘验过程中进行取样并进行快速检测。

第四十三条　人民检察院办理公益诉讼案件，需要异地调查收集证据的，可以自行调查或者委托当地同级人民检察院进行。委托时应当出具委托书，载明需要调查的对象、事项及要求。受委托人民检察院应当在收到委托书之日起三十日内完成调查，并将情况回复委托的人民检察院。

第四十四条　人民检察院可以依照规定组织听证，听取听证员、行政机关、违法行为人、行政相对人、受害人代表等相关各方意见，了解有关情况。

听证形成的书面材料是人民检察院依法办理公益诉讼案件的重要参考。

第四十五条　行政机关及其工作人员拒绝或者妨碍人民检察院调查收集证据的，人民检察院可以向同级人大常委会报告，向同级纪检监察机关通报，或者通过上级人民检察院向其上级主管机关通报。

第四十六条　人民检察院对于符合起诉条件的公益诉讼案件，应当依法向人民法院提起诉讼。

人民检察院提起公益诉讼，应当向人民法院提交公益诉讼起诉书和相关证据材料。起诉书的主要内容包括：

（一）公益诉讼起诉人；

（二）被告的基本信息；

（三）诉讼请求及所依据的事实和理由。

公益诉讼起诉书应当自送达人民法院之日起五日内报上一级人民检察院备案。

第五十条　人民法院通知人民检察院派员参加证据交换、庭前会议的，由出席法庭的检察人员参加。人民检察院认为有必要的，可以商人民法院组织证据交换或者召开庭前会议。

第五十一条　出庭检察人员履行以下职责：

（一）宣读公益诉讼起诉书；

（二）对人民检察院调查收集的证据予以出示和说明，对相关证据进行质证；

（三）参加法庭调查、进行辩论，并发表出庭意见；

（四）依法从事其他诉讼活动。

第五十二条　出庭检察人员应当客观、全面地向法庭出示证据。根据庭审情况合理安排举证顺序，分组列举证据，可以使用多媒体等示证方式。质证应当围绕证据的真实性、合法性、关联性展开。

第五十三条　出庭检察人员向被告、证人、鉴定人、勘验人等发问应当遵循下列要求：

（一）围绕案件基本事实和争议焦点进行发问；

（二）与调查收集的证据相互支撑；

（三）不得使用带有人身攻击或者威胁性的语言和方式。

第五十六条　出庭检察人员参加法庭辩论，应结合法庭调查情况，围绕双方在事实、证据、法律适用等方面的争议焦点发表辩论意见。

第六十条　人民检察院应当在上诉期限内通过原审人民法院向上一级人民法院提交公益诉讼上诉书，并将副本连同相关证据材料报送上一级人民检察院。

第七十七条　提出检察建议后，人民检察院应当对行政机关履行职责的情况和国家利益或者社会公共利益受到侵害的情况跟进调查，收集相关证据材料。

《最高人民法院、最高人民检察院关于检察公益诉讼案件适用法律若干问题的解释》（法释〔2018〕6号，2018年3月2日起施行，修正版2021年1月1日起施行）

第六条　人民检察院办理公益诉讼案件，可以向有关行政机关以及其他组织、公民调查收集证据材料；有关行政机关以及其他组织、公民应当配合；需要采取证据保全措施的，依照民事诉讼法、行政诉讼法相关规定办理

第九条　出庭检察人员履行以下职责：

（一）宣读公益诉讼起诉书；

（二）对人民检察院调查收集的证据予以出示和说明，对相关证据进行质证；

（三）参加法庭调查，进行辩论并发表意见；

（四）依法从事其他诉讼活动。

第二十二条　人民检察院提起行政公益诉讼应当提交下列材料：

（一）行政公益诉讼起诉书，并按照被告人数提出副本；

（二）被告违法行使职权或者不作为，致使国家利益或者社会公共利益受到侵害的证明材料；

（三）已经履行诉前程序，行政机关仍不依法履行职责或者纠正违法行为的证明材料。

相关司法文件

《最高人民检察院、国土资源部关于加强协作推进行政公益诉讼促进法治国土建设的意见》（高检会〔2017〕4号，2017年12月27日起施行）

三、依法规范行使职权

（五）检察机关审慎行使权力，依法规范监督。检察机关提起行政公益诉讼，实质上是司法权对行政权的制约，敏感而复杂，而且行政管理还具有自身特点和规律。检察机关既要加强监督制约，又要审慎行使权力。要严守检察权边界，严格在法定范围内依法履行职责，依法规范调查取证，坚持合法性审查原则，不自我扩权，不越权解释，确保检察监督在法治轨道上运行。

行政法规

《中华人民共和国知识产权海关保护条例》（2003年12月2日公布，2010年3月24日第一次修订，2018年3月19日第二次修订）

第五条　进口货物的收货人或者其代理人、出口货物的发货人或者其代理人应当按照国家规定，向海关如实申报与进出口货物有关的知识产权状况，并提交有关证明文件。

第十三条　知识产权权利人请求海关扣留侵权嫌疑货物的，应当提交申请书及相关证明文件，并提供足以证明侵权事实明显存在的证据。

申请书应当包括下列主要内容：

（一）知识产权权利人的名称或者姓名、注册地或者国籍等；

（二）知识产权的名称、内容及其相关信息；

（三）侵权嫌疑货物收货人和发货人的名称；

（四）侵权嫌疑货物名称、规格等；

（五）侵权嫌疑货物可能进出境的口岸、时间、运输工具等。

侵权嫌疑货物涉嫌侵犯备案知识产权的，申请书还应当包括海关备案号。

第十八条　收货人或者发货人认为其货物未侵犯知识产权权利人的知识产权的，

应当向海关提出书面说明并附送相关证据。

第二十四条 有下列情形之一的，海关应当放行被扣留的侵权嫌疑货物：

（一）海关依照本条例第十五条的规定扣留侵权嫌疑货物，自扣留之日起 20 个工作日内未收到人民法院协助执行通知的；

（二）海关依照本条例第十六条的规定扣留侵权嫌疑货物，自扣留之日起 50 个工作日内未收到人民法院协助执行通知，并且经调查不能认定被扣留的侵权嫌疑货物侵犯知识产权的；

（三）涉嫌侵犯专利权货物的收货人或者发货人在向海关提供与货物等值的担保金后，请求海关放行其货物的；

（四）海关认为收货人或者发货人有充分的证据证明其货物未侵犯知识产权权利人的知识产权的；

（五）在海关认定被扣留的侵权嫌疑货物为侵权货物之前，知识产权权利人撤回扣留侵权嫌疑货物的申请的。

6. 域外形成的证据

相关司法解释规定

《最高人民法院关于行政诉讼证据若干问题的规定》（法释〔2002〕21 号，2002 年 10 月 1 日起施行）

第十六条 当事人向人民法院提供的在中华人民共和国领域外形成的证据，应当说明来源，经所在国公证机关证明，并经中华人民共和国驻该国使领馆认证，或者履行中华人民共和国与证据所在国订立的有关条约中规定的证明手续。

当事人提供的在中华人民共和国香港特别行政区、澳门特别行政区和台湾地区内形成的证据，应当具有按照有关规定办理的证明手续。

第十七条 当事人向人民法院提供外文书证或者外国语视听资料的，应当附有由具有翻译资质的机构翻译的或者其他翻译准确的中文译本，由翻译机构盖章或者翻译人员签名。

相关部门规章

《市场监督管理行政处罚程序规定》（2021 年 7 月 2 日修正）

第二十七条 在中华人民共和国领域外形成的公文书证，应当经所在国公证机关证明，或者履行中华人民共和国与该所在国订立的有关条约中规定的证明手续。涉及身份关系的证据，应当经所在国公证机关证明，并经中华人民共和国驻该国使领馆认证，或者履行中华人民共和国与该所在国订立的有关条约中规定的证明手续。

在中华人民共和国香港特别行政区、澳门特别行政区和台湾地区形成的证据，应当履行相关的证明手续。

外文书证或者外国语视听资料等证据应当附有由具有翻译资质的机构翻译的或者其他翻译准确的中文译本，由翻译机构盖章或者翻译人员签名。